Mi vida

Bill Clinton

Mi vida

Traducción de Claudia Casanova

ALFRED A. KNOPF   NUEVA YORK

2004

A mi madre, que me dio el amor a la vida

A Hillary, que me dio una vida de amor

A Chelsea, que le dio sentido y alegría a todo ello

Y a la memoria de mi abuelo,
que me enseñó a admirar a las personas que otros despreciaban,
porque después de todo, no somos tan distintos

Mi vida

Cuando era un joven licenciado recién salido de la facultad de derecho, ansioso por seguir adelante con mi vida, me dejé llevar por el capricho de abandonar por un tiempo mis lecturas habituales, que se centraban en la narrativa y en la historia, y compré uno de esos libros de autoayuda: *Cómo tomar el control de tu tiempo y de tu vida*, de Alan Lakein. La idea fundamental del libro consistía en que era necesario fijarse objetivos a largo, medio y corto plazo, y clasificarlos por orden de importancia: empezar por el grupo A, en el que se incluirían los más importantes, seguir con el B y acabar con el C. A continuación había que escribir bajo cada objetivo una lista de las acciones necesarias para conseguirlo. Aún conservo aquel ejemplar de bolsillo, que ahora tiene casi treinta años. Y estoy seguro de que, aunque no pueda encontrarla, todavía guardo esa vieja lista, enterrada en algún lugar entre mis papeles. Sin embargo, sí recuerdo lo que puse bajo la categoría A. Quería ser un buen hombre, tener un feliz matrimonio e hijos, tener buenos amigos, lograr el éxito en mi carrera política y escribir un gran libro.

Si soy o no un buen hombre, será Dios quien lo juzgue. Sé que no soy tan bueno como mis más leales seguidores creen, o como espero ser, ni tan malo como mis críticos más acérrimos afirman. He sido bendecido con la suerte en mi vida familiar con Hillary y Chelsea. Como en cualquier familia, nuestra vida no es perfecta, pero ha sido maravillosa. Los errores, como todo el mundo sabe, son sobre todo responsabilidad mía, y el compromiso permanente que nos une tiene sus raíces en el amor. No conozco a nadie que haya disfrutado de más o mejores amigos que yo. De hecho, es fácil argüir que llegué a la presidencia a hombros de mis amigos personales, ahora ya legendarios FOB.

Mi vida política ha sido muy dichosa. Me apasionaban las campañas y me gustaba gobernar. Siempre traté que las cosas avanzaran en la dirección correcta; quise ofrecer a cada vez más personas la oportunidad de alcanzar sus sueños, levantar el ánimo de la gente y hacer que se sintieran más unidos los unos con los otros. En base a ello medía mis progresos.

Y en lo que respecta a escribir un gran libro, ¿quién sabe? Desde luego esta es una buena historia.

UNO

Nací a primera hora de la mañana del 19 de agosto de 1946, tras una violenta tormenta de verano. Madre, que era viuda, dio a luz en el hospital Julia Chester en Hope, un pueblo de unos seis mil habitantes situado al sudoeste de Arkansas, a unos cincuenta kilómetros al este de Texarkana, en la frontera con Texas. Madre me llamó William Jefferson Blythe III, como mi padre, William Jefferson Blythe Jr., que era uno de los nueve hijos de un granjero pobre de Sherman, Texas. Mi abuelo murió cuando mi padre tenía diecisiete años. Según sus hermanas, mi padre siempre intentó cuidar de ellas; era un joven muy guapo, trabajador y amante de la diversión. Conoció a mi madre en el hospital Tri-State de Shreveport, Louisiana, en 1943, cuando ella estudiaba para ser enfermera. Cuando crecí, le pedí muchas veces a Madre que me contara la historia de cómo se conocieron y de cómo se hicieron novios y se casaron. Mi padre fue un día al hospital donde trabajaba Madre para que atendieran a la mujer que le acompañaba; él estuvo hablando y flirteando con Madre mientras la otra mujer recibía atención médica. Mientras salía del hospital, él le tocó a Madre el dedo en el que ella llevaba el anillo de su novio y le preguntó si estaba casada. Ella balbuceó «no» . . . era soltera. Al día siguiente, él envió flores a la otra mujer y mi madre sintió que se le encogía el corazón. Pero luego la llamó y le pidió una cita; le dijo que siempre enviaba flores cuando daba por terminada una relación.

Dos meses más tarde se casaron, y él partió a la guerra. Durante la invasión de Italia, estuvo en una unidad mecánica reparando jeeps y tanques. Después de la contienda, volvió a Hope en busca de Madre y se mudaron a Chicago, dónde él recuperó su antiguo empleo de vendedor en la empresa de equipamientos Manbee. Compraron una pequeña casa en el barrio de Forest Park, pero como no podían mudarse hasta al cabo de un par de meses y Madre ya estaba embarazada de mí, decidieron volver a Hope hasta que se trasladaran a la casa nueva. El 17 de mayo de 1946, después de transportar todos los muebles a su nuevo hogar, mi padre salió en coche de Chicago para ir a recoger a su esposa a Hope. A última hora de la noche, mientras circulaba por la carretera 60 en las afueras de Sikeston, Missouri, se le reventó el neumático de la rueda delantera derecha y perdió el control de su coche, un Buick del 42, que patinó sobre el asfalto mojado. Salió despedido fuera del automóvil, y cayó, o se arrastró, hasta una zanja que había sido excavada para drenar una zona pantanosa. En la zanja había casi un metro de agua. Cuando lo encontraron, después de dos horas de búsqueda, vieron que su mano estaba agarrada a una rama que estaba por encima de la superficie del agua. Había intentado salir, pero no lo había logrado. Se ahogó; solo veintiocho años. Su matrimonio había durado dos años y ocho meses, de los cuales solo había pasado siete con Madre.

Esto es prácticamente todo lo que llegué a saber realmente de mi padre. Durante toda mi vida he ansiado poder llenar los vacíos; me he aferrado con avidez a cualquier foto o pedazo de papel que me dijera más del hombre que me dio la vida.

Cuando tenía unos doce años, mientras estaba sentado en el porche de mi tío Buddy, en Hope, un hombre se acercó, subió los peldaños, me miró y dijo: «Tú eres el hijo de Bill Blythe. Eres calcado a él». Resplandecí de alegría durante días.

En 1974, yo me presentaba al Congreso. Era mi primera campaña, y el periódico local hizo un reportaje sobre mi madre. Estaba en su cafetería de costumbre, a primera hora de la mañana, comentando el artículo con un abogado amigo suyo cuando uno de los clientes habituales del lugar, al que ella solo conocía de vista, se acercó y le dijo: «Yo estaba allí. Fui el primero en llegar al lugar del accidente esa noche». Luego le contó a Madre lo que había visto; mi padre debió de permanecer lo suficientemente consciente, o había tenido el suficiente instinto de supervivencia, como para aferrarse a la rama e intentar salir del agua antes de morir. Madre le dio las gracias, se fue a su coche y allí se echó a llorar; luego se secó las lágrimas y se fue a trabajar.

El Día del Padre, en 1993, el primero en que ya era presidente, el *Washington Post* publicó un extenso reportaje de investigación sobre mi padre, al que sucedieron durante los dos meses siguientes otros artículos de investigación de la *Associated Press* y de otros periódicos locales. Las historias que contaban confirmaban lo que mi madre y yo sabíamos. Pero también descubrieron otras cosas que ignorábamos, entre ellas que mi padre probablemente había estado casado tres veces antes de conocer a Madre, y que aparentemente tenía otros dos hijos.

El otro hijo de mi padre era un hombre llamado Leon Ritzenthaler, ex propietario de una agencia de vigilancia escolar en el norte de California. En el artículo, él decía que me había escrito durante la campaña de 1992 pero que no había recibido respuesta. No recuerdo haberme enterado de la existencia de esa carta, y teniendo en cuenta todos los ataques que tratábamos de esquivar en aquel entonces, es posible que mi equipo decidiera no hablarme de ello. O quizá la carta se perdió entre las montañas de sacas de correo que recibíamos. En cualquier caso, cuando me enteré de la existencia de Leon, me puse en contacto con él y más tarde le conocimos, y también a su mujer Judy, durante una de mis visitas al norte de

California. Fue una visita agradable, y desde entonces nos escribimos en las fiestas señaladas. Él y yo nos parecemos y, según su certificado de nacimiento, su padre fue también el mío; hubiera deseado saber de él mucho antes.

Por aquel entonces también recibí una información que me confirmaba las historias publicadas acerca de una hija, Sharon Pettijohn, nacida como Sharon Lee Blythe en Kansas City en 1941, hija de una mujer de la que más tarde mi padre se divorció. Envió una copia de su certificado de nacimiento, de la licencia de matrimonio de sus padres, de una fotografía de mi padre y de una carta dirigida a su madre, en la que él preguntaba acerca de «nuestro bebé» a Betsey Wright, mi ex jefa de gabinete durante mi etapa de gobernador. Siento decir que, por el motivo que sea, no he llegado a conocerla.

Todas estas informaciones salieron a la luz en 1993, y aunque fueron un duro golpe para Madre, que en aquellos momentos llevaba bastante tiempo luchando contra el cáncer, supo sobrellevarlo con entereza. Dijo que, durante la Gran Depresión y la guerra, los jóvenes hicieron muchas cosas que la gente de otras épocas quizá no hubiera aprobado. Lo único que importaba era que mi padre había sido el amor de su vida, y que ella estaba segura de que él la amó. Al margen de los demás hechos, eso era todo cuanto ella necesitaba saber ahora que se acercaba al final de su vida. Y en cuanto a mí, yo no estaba muy seguro de qué pensar, pero teniendo en cuenta la vida que he llevado difícilmente podía sorprenderme que mi padre fuera una persona más compleja de lo que yo había pensado durante casi medio siglo.

En 1994, cuando nos dirigíamos a la celebración del cincuenta aniversario del Día D, vi que varios periódicos habían publicado el historial de guerra de mi padre y una instantánea de él vestido de uniforme. Poco después recibí una carta de Umberto Baron, de Netcong, New Jersey, en la que recordaba sus experiencias personales durante la guerra y la posguerra. Contaba que él era muy joven cuando las fuerzas norteamericanas llegaron a Italia y que le encantaba ir a su campamento, donde cierto soldado se hizo muy amigo suyo y le daba caramelos mientras le enseñaba el funcionamiento de los motores y cómo repararlos. Solo sabía su nombre: Bill. Después de la guerra, Baron vino a Estados Unidos, y gracias a lo que había aprendido del soldado que le llamaba «pequeño infante Joe», abrió su propio garaje y formó una familia. Me contó que había vivido el sueño americano y que ahora era propietario de un próspero negocio y tenía tres hijos. Dijo que, en gran medida, debía su éxito en la vida a ese joven soldado, pero que no había tenido oportunidad de decirle adiós entonces, y que a menudo se había preguntado qué habría sido de él. Luego, dijo: «Este año, el Día de los Caídos, estaba hojeando un ejemplar del *Daily News* de Nueva York mientras tomaba mi café matutino, y de repente sentí como si un rayo hubiera caído sobre mí. En el rincón inferior izquierdo del periódico había una fotografía de Bill. Sentí escalofríos al descubrir que Bill no era otro que el padre del presidente de Estados Unidos».

En 1996, los hijos de una de las hermanas de mi padre vinieron por primera vez a nuestra fiesta familiar de Navidad, que se celebraba en la Casa Blanca, y me trajeron la carta de condolencias que mi tía había recibido de su congresista, el gran Sam Rayburn, tras el fallecimiento de mi padre. Solo es una breve carta estándar, que parece haber sido firmada con el bolígrafo automático de la época, pero me abracé a esa carta con el júbilo de un niño de seis años que recibe de Papá Noel su primer tren de juguete. La colgué en mi despacho privado, en el segundo piso de la Casa Blanca, y la miraba cada noche.

Poco después de dejar la Casa Blanca, estaba a punto de subir a un avión de USAir para ir de Washington a Nueva York cuando un empleado de las líneas aéreas me detuvo y me dijo que su padrastro acababa de contarle que había estado en el ejército con mi padre durante la guerra, y que se habían caído muy bien. Le pedí la dirección y el número de teléfono del veterano; el hombre me dijo que no lo tenía pero que me lo enviaría. Todavía lo estoy esperando, pues alimenta mi ilusión de encontrar otra relación personal entre mi padre y el mundo.

Al término de mi presidencia, escogí algunos lugares especiales para despedirme y dar las gracias al pueblo norteamericano. Uno de ellos fue Chicago, donde Hillary nació; donde me hice con la nominación demócrata el día de San Patricio de 1992; donde muchos de mis más fieles seguidores viven y donde se demostró la validez de gran parte de mis iniciativas políticas más importantes sobre el crimen, el bienestar y la educación. Y por supuesto, el lugar dónde mis padres decidieron vivir después de la guerra. Solía bromear con Hillary, diciendo que si mi padre no hubiera perdido la vida en aquella carretera de Missouri, yo habría crecido a pocos kilómetros de donde vivía ella y probablemente jamás nos hubiéramos conocido. El último evento al que asistí tuvo lugar en el hotel Palmer, escenario de la única fotografía que tengo de mis padres juntos y que se tomó justo antes de que Madre regresara a Hope en 1946. Después del discurso y de las despedidas, fui a una pequeña estancia donde conocí a una mujer, Mary Etta Rees, y a sus dos hijas. Me dijo que había crecido con mi madre y que había ido a la escuela con ella; después viajó al norte, a Indiana, donde trabajó en la industria de la guerra, se casó, se estableció y crió a sus hijos. Mary Etta me entregó otro preciado regalo: la carta que mi madre, a los veintitrés años, le había escrito a su amiga con motivo de su cumpleaños, tres semanas después de que mi padre hubiera muerto; de eso hacía más de cincuenta y cuatro años. Era muy propia de Madre. Con su bella caligrafía, hablaba de su pesar y de su determinación de seguir adelante: «Al principio me pareció imposible, pero verás, estoy embarazada de seis meses y nuestro bebé me infunde fuerzas y pone el mundo a mis pies».

Madre me dejó en herencia el anillo de matrimonio que le dio mi padre, unas pocas historias conmovedoras y la seguridad absoluta de que ella me amó por los dos.

Mi padre me dejó el convencimiento de que tenía que vivir por dos personas, y que si lo hacía lo suficientemente bien, de algún modo podía compensar la vida que él debería haber tenido. Su recuerdo me transmitió, a una edad más temprana que a la mayoría de la gente, el conocimiento de mi propia mortalidad. Saber que también yo podía morir joven me impulsó a extraer el máximo de cada momento de mi vida y a seguir adelante para enfrentarme al siguiente gran reto. Incluso cuando no estaba seguro de adónde me dirigía, siempre tenía prisa por llegar.

DOS

Nací el día del cumpleaños de mi abuelo, un par de semanas antes de lo previsto, y pesé la respetable cifra de dos kilos y medio repartidos a lo largo de cincuenta y tres centímetros de estatura. Madre y yo volvimos a casa de sus padres en la calle Hervey, en Hope, donde yo pasaría los primeros cuatro años de mi vida. Esa vieja casa me parecía entonces enorme y misteriosa, y todavía hoy guardo de ella profundos recuerdos. Años después, los ciudadanos de Hope recaudaron los fondos necesarios para restaurarla, y llenarla de antiguos retratos, recuerdos diversos y muebles de época. La llaman Clinton Birthplace. Ciertamente es el lugar que yo asocio con el despertar a la vida; el olor de los platos tradicionales, las batidoras de mantequilla, los helados caseros, el lavadero y la ropa limpia tendida. También recuerdo los relatos de *Dick and Jane*, mis primeros juguetes, incluido un trozo de cadena, que para mí era el más preciado; las voces extrañas que se oían esporádicamente por nuestro teléfono de «línea colectiva»; mis primeros amigos y la educación que mis abuelos me dieron.

Después de poco más de un año, mi madre decidió que necesitaba volver a Nueva Orleans, al Charity Hospital, donde había realizado parte de sus estudios de enfermera, para convertirse en anestesista. Hasta entonces, los médicos eran quienes administraban la anestesia, de modo que existía mucha demanda de personal para esta profesión relativamente nueva, que le proporcionaría más prestigio a ella y más dinero a la familia. Sin embargo, tuvo que resultar duro para ella dejarme atrás. Por otra parte, Nueva Orleans era un lugar apasionante tras la guerra, llena de gente joven, de música *Dixieland* y de garitos a la última como el club My-Oh-My, donde había travestis que bailaban y cantaban como seductoras mujeres. Supongo que no era un mal lugar para que una bella y joven viuda dejara atrás la pena de su pérdida.

Mi abuela me llevó en tren a Nueva Orleans dos veces para visitar a Madre. Tenía solo tres años, pero recuerdo dos cosas claramente. La primera: nos alojamos al otro lado de Canal Street, frente al Barrio Francés, en el hotel Jung, en uno de los pisos más altos. Era el primer edificio de más de dos plantas que yo veía, y aquella era la primera vez que estaba en una ciudad de verdad. Aún recuerdo mi asombro al contemplar las luces de la ciudad por la noche. La segunda: no recuerdo qué hicimos Madre y yo en Nueva Orleans, pero jamás olvidaré lo que sucedió una de las veces en que me subí al tren, para irme. Cuando empezamos a alejarnos de la estación, Madre se arrodilló junto a las vías y lloró mientras nos decía adiós con la mano. Aún puedo verla allí como si fuera ayer, llorando de rodillas.

Desde aquel primer viaje —de eso hace ya más de cincuenta años— Nueva Orleans ha sido un lugar que me ha fascinado de forma especial. Me encanta su música, su comida, sus gentes y su espíritu. Cuando tenía quince años, fui con mi familia de vacaciones a Nueva Orleans y a la costa del Golfo, y yo pude ver actuar a Al Hirt, el gran trompetista, en su propio club. En un primer momento no me querían dejar entrar porque era menor de edad. Cuando Madre y yo ya nos íbamos, el portero nos dijo que Hirt estaba sentado en su coche, leyendo, a la vuelta de la esquina y que solo él podía lograr que me dejaran pasar. Le encontré —en un Bentley, nada menos—, di unos golpecitos en la ventanilla y le expliqué mi problema. Salió, nos acompañó a Madre y a mí al interior del club e hizo que nos dieran una mesa cerca del escenario. Él y su banda estuvieron magníficos. Fue la primera vez que escuché jazz en vivo. Al Hirt falleció mientras yo era presidente. Escribí a su esposa, le conté esta historia y le expresé mi gratitud por la gentileza que ese día un gran hombre tuvo hacia un niño.

En el instituto toqué un solo de saxo tenor en una obra acerca de Nueva Orleans llamada «Crescent City Suite». Siempre he pensado que si toqué bien fue porque mientras tocaba me acompañaban los recuerdos de mi primera visita a la ciudad. A los veintiún años, gané una beca Rhodes en Nueva Orleans, y creo que el éxito de la entrevista se debió en parte a que me sentía muy cómodo allí. Más tarde, cuando me convertí en un joven profesor de Derecho, Hillary y yo realizamos un par de maravillosos viajes a Nueva Orleans con motivo de las convenciones, y nos alojamos en un delicioso hotelito del Barrio Francés, el Cornstalk. Cuando era gobernador de Arkansas jugamos allí la Sugar Bowl, y perdimos contra Alabama en una de las legendarias y últimas victorias de Bear Bryant. ¡Al menos era oriundo y de Arkansas! Cuando me presenté a presidente, los habitantes de Nueva Orleans me concedieron por dos veces una victoria arrolladora que nos valió para que los votos electorales de Louisiana cayeran de nuestro lado.

A estas alturas he visto la mayoría de las ciudades más grandes del mundo, pero Nueva Orleans siempre seguirá siendo especial: por el café y los buñuelos del Morning Call, en las orillas del Mississippi; por la música de Aaron y Charmaine Neville, los tipos del Preservation Hall y el recuerdo de Al Hirt; por las veces que he salido a hacer jogging en el Barrio Francés a primera hora de la mañana; por las deliciosas comidas en algunos fantásticos restaurantes con John Breaux, el *sheriff* Harry Lee y otros amigos y sobre todo, por esos tempranos recuerdos que tengo de mi madre. Son el imán que sigue atrayéndome y me arrastra Mississippi abajo, hacia Nueva Orleans.

Mientras Madre seguía allí, yo quedé bajo el cuidado de mis abuelos. Se preocupaban muchísimo por mí y me querían mucho; desafortunadamente, mucho más de lo que fueron capaces de amarse el uno al otro, o en el caso de mi abuela, de amar a mi madre. En aquella época, por supuesto, yo vivía feliz e ignoraba que hubiera problemas. Solo sabía que me querían. Más adelante, cuando me interesé por el tema de los niños que crecen en circunstancias difíciles y aprendí algunas nociones sobre el desarrollo infantil gracias al trabajo que Hillary realizaba en el Centro de Estudios Infantiles de Yale, fui comprendiendo gradualmente la suerte que había tenido. A pesar de todos sus enfrentamientos, mis abuelos y mi madre siempre me habían hecho sentir que yo era la persona que más les importaba en el mundo. Muchos niños pueden salir adelante solo con tener una persona que les haga sentirse así. Yo tuve tres.

Mi abuela, Edith Grisham Cassidy, medía poco más de metro y medio y pesaba 82 kilos. Mammaw era aguda, intensa y agresiva, y saltaba a la vista que había sido muy guapa. Tenía una risa sonora, pero también estaba llena de ira, de decepciones y obsesiones que ella misma apenas llegaba a comprender vagamente. Descargaba airadas diatribas contra mi abuelo y contra Madre, tanto antes como después de que yo naciera, aunque a mí me protegieron de la mayoría de ellas. Había sido una buena estudiante y era ambiciosa, de modo que después del instituto se inscribió en un curso de enfermería por correspondencia de la Escuela de Enfermería de Chicago. Cuando yo era un bebé que gateaba, ella era enfermera particular de un hombre que vivía bastante cerca de nuestra casa en la calle Hervey. Aún me acuerdo de cómo salía corriendo a recibirla a la acera cuando volvía del trabajo.

La principal preocupación de Mammaw era que yo comiera y aprendiera mucho, y que siempre fuera limpio y arreglado. Comíamos en la cocina, en una mesa al lado de la ventana. Mi trona miraba hacia la ventana, y Mammaw clavaba naipes en el marco de madera durante las comidas para que yo aprendiera a contar. También me atiborraba en cada comida, pues la sabiduría popular de la época decía que un niño gordo era un niño sano, siempre que se bañara cada día. Diariamente me leía en voz alta mis libros de *Dick and Jane*, hasta que pude leerlos yo solo, y también solía leerme fragmentos de algún volumen de la *World Book Encyclopedia*, que por aquel entonces se vendían puerta a puerta y a menudo eran los únicos libros que la gente trabajadora tenía en casa, aparte de la Biblia. Esta educación que recibí durante mis primeros años probablemente explica por qué todavía hoy soy un gran lector, adoro los juegos de cartas, sigo luchando para no engordar y nunca me olvido de lavarme las manos y cepillarme los dientes.

Adoraba a mi abuelo, la primera influencia masculina de mi vida, y me sentía orgulloso de haber nacido el día de su cumpleaños. James Eldridge Cassidy era un hombre de complexión delgada y de casi un metro ochenta de estatura, pero entonces era todavía un hombre fuerte y apuesto. Yo siempre pensé que se parecía al actor Randolph Scott.

Cuando mis abuelos se mudaron de Bodcaw, que no tenía más de cien habitantes, a la «gran ciudad» que era Hope, Papaw empezó a trabajar para una fábrica de hielo, repartiendo hielo en un vagón tirado por caballos. En aquella época las neveras no eran más que cajas que se enfriaban con grandes trozos de hielo cuyo tamaño variaba en función del aparato. Aunque solo pesaba 68 kilos, mi abuelo transportaba bloques de hielo que llegaban a pesar cuarenta y cinco kilos o más; utilizaba un par de ganchos para deslizárselos sobre la espalda, que protegía con una gran capa de cuero.

Mi abuelo era un hombre increíblemente amable y generoso. Durante la Depresión, cuando nadie tenía dinero, solía invitar a los niños a que llevaran el carromato de hielo con él solo para que no estuvieran tirados en la calle. Les pagaba unos veinticinco centavos al día. En 1976, cuando estaba en Hope como candidato al cargo de fiscal general, hablé con uno de aquellos chicos, el juez John Wilson. Había crecido y se había convertido en un prestigioso abogado, pero todavía recordaba con emoción aquellos días. Me contó que una vez, al final de la jornada, cuando mi abuelo le dio su cuarto de dólar, él le preguntó si podía darle dos monedas de diez centavos y un níquel, para hacerse la ilusión de que tenía más dinero. Los consiguió, y fue hacia su casa, agitando las monedas en su bolsillo, pero lo hizo tan fuerte que una de las monedas de diez cayó al suelo. La buscó durante horas, sin éxito. Me contó que aún entonces, cuarenta años más tarde, siempre que pasaba por aquel tramo de acera, miraba el suelo tratando de encontrar aquella moneda de diez centavos.

Resulta difícil transmitirles a los jóvenes de hoy el impacto que la Depresión tuvo en la generación de mis padres y de mis abuelos, pero yo crecí sintiéndolo. Una de las historias más memorables de mi infancia me la contó Madre; sucedió un Viernes Santo, durante la Depresión, cuando mi abuelo volvió a casa del trabajo y se derrumbó mientras le contaba a mi madre, entre lágrimas, que sencillamente no podía pagar el dólar, céntimo más o menos, que costaba un nuevo vestido de Pascua para ella. Ella jamás lo olvidó, y cada año, durante toda mi infancia, yo recibía un nuevo traje para Pascua, tanto si lo quería como si no. Me acuerdo especialmente de una Pascua, en los años cincuenta, cuando yo estaba gordo y era tímido. Fui a la iglesia con una camisa de color claro y manga corta, pantalones de lino blanco, unos zapatos de color negro y rosa y un cinturón de ante rosa a juego. Fue horrible, pero mi madre logró ser fiel al ritual de Pascua de su padre.

Mientras viví con él, mi abuelo tuvo dos trabajos que me gustaban mucho: llevaba una pequeña tienda de ultramarinos y ganaba un sobresueldo como vigilante nocturno de un aserradero. A mí me encantaba pasar la noche con Papaw en el aserradero. Nos llevábamos una bolsa de papel con bocadillos para cenar, y yo me quedaba durmiendo en el asiento trasero del coche. Las noches en que las estrellas brillaban con fuerza, me subía a las pilas de serrín y aspiraba el mágico olor de la madera recién cortada. A mi abuelo le gustaba también trabajar allí. Era una forma de estar fuera de casa y le recordaba el trabajo que había tenido de joven en un molino, más o menos en la época en que nació mi madre. Exceptuando las veces en que Papaw me pilló los dedos al cerrar la portezuela del coche en la oscuridad, aquellas noches fueron para mí aventuras inolvidables.

La tienda de ultramarinos era una aventura de un tipo distinto. En primer lugar, había una enorme lata de galletas Jackson sobre el mostrador, que yo asaltaba con fruición. En segundo lugar, adultos a los que yo no conocía venían a comprar productos, lo que me permitió entrar en contacto por primera vez con personas mayores que no eran familiares míos. Y en tercer lugar, gran parte de los clientes de mi abuelo eran negros. Aunque en el Sur, en aquellos tiempos, había segregación, era inevitable que en los pequeños pueblos hubiera cierto grado de interacción racial, como siempre había sucedido en el Sur rural. Sin embargo, sí era raro encontrar a un sureño de campo sin educación que no fuera en absoluto racista. Pero así era exactamente mi abuelo. Yo me daba cuenta de que la gente negra tenía un aspecto distinto, pero dado que él les trataba como a todo el mundo y les preguntaba cómo estaban sus hijos y cómo les iba en el trabajo, yo pensaba que eran iguales a mí. A veces, entraban niños negros en la tienda y yo jugaba con ellos. Me llevó años enterarme de qué era la segregación, tener prejuicios y qué significaba ser pobre; me llevó años aprender que la mayoría de los blancos no eran como mi abuelo y mi abuela, cuyos puntos de vista sobre la raza eran quizá una de las pocas cosas que compartía con él. De hecho, Madre me dijo que una de las peores palizas que había recibido fue cuando, a los tres o cuatro años, llamó «negrata» a una mujer negra. Por decirlo suavemente, el castigo corporal que Mammaw le infligió fue una reacción muy poco habitual en una madre blanca y pobre del Sur en plenos años veinte.

Una vez mi madre me dijo que tras la muerte de Papaw, había encontrado entre los viejos libros de contabilidad de la tienda muchas facturas sin pagar, la mayoría de ellas de sus clientes negros. Recordó que él solía decirle que la gente buena que se esforzaba en hacerlo lo mejor posible, merecía poder alimentar a su familia, y que no importaba lo apurado que estuviera, él jamás les negaría alimentos a cuenta. Quizá por eso siempre he creído en los cupones de alimentos.

Después de convertirme en presidente, me llegó otra historia de primera mano acerca de la tienda de mi abuelo. En 1997, hicieron una entrevista a una mujer afro-americana, Ernestine Campbell, para el periódico de su ciudad natal en Toledo, Ohio; en ella contaba que su abuelo compraba comida de Papaw «a cuenta» y que solía llevarla a la tienda. Dijo que recordaba haber jugado conmigo, y que yo era «el único niño blanco de ese vecindario que jugaba con niños negros». Gracias a mi abuelo, yo no me di cuenta de que era el único que lo hacía.

Además de la tienda de mi abuelo, el vecindario era el único lugar en el que tenía contacto con personas que no pertenecían a mi familia. Allí me pasaron muchas cosas. Vi cómo se quemaba una casa al otro lado de la calle, y comprendí que yo no era la única persona a la que le sucedían cosas malas. Me hice amigo de un chico que coleccionaba extrañas criaturas y una vez me invitó a su casa para que viera su serpiente. Dijo que la tenía en el armario. Luego abrió la puerta, me empujó hacia dentro, cerró y me dijo que estaba solo, en la oscuridad, con la serpiente. Gracias a Dios no había ninguna serpiente, pero sin duda me dio un susto de muerte. Comprendí que lo que al más fuerte le parece gracioso, al débil puede resultarle cruel y humillante.

Nuestra casa quedaba a una manzana de un paso subterráneo encima del cual pasaba la vía del ferrocarril. El paso estaba construido con vigas de madera recubiertas de brea. A mí me gustaba sentarme en las vigas y escuchar los trenes traquetear sobre mi cabeza; solía preguntarme adónde iban y si yo alguna vez visitaría aquellos lejanos lugares.

También jugaba en el patio trasero con un niño que vivía en la casa contigua a la mía. Él tenía dos hermanas guapas y una casa más grande y más bonita que la nuestra. Solíamos sentarnos en la hierba durante horas, lanzando su cuchillo al suelo y logrando que se quedara clavado. Su nombre era Vince Foster. Siempre fue amable conmigo y jamás se dio aires de superioridad, tal y como muchos niños mayores hacen con los más pequeños. Se convirtió en un hombre alto y guapo, sabio y bueno. Era un gran abogado y fue un valioso apoyo en los inicios de mi carrera; también era el mejor amigo de Hillary en el bufete Rose. Nos veíamos con su familia en Little Rock, la mayor parte de las veces en su casa, donde su esposa Lisa enseñó a Chelsea a nadar. Vino a la Casa Blanca con nosotros y fue la voz de la calma y la razón durante los primeros y enloquecidos meses.

Hubo otra persona fuera del círculo familiar que influyó mucho en mí durante esa etapa de mi infancia. Odessa era una mujer negra que venía a nuestra casa a limpiar, cocinar y cuidar de mí cuando mis abuelos estaban trabajando. Tenía unos grandes dientes de conejo que hacían que su sonrisa me pareciera todavía más brillante y hermosa. Seguí en contacto con ella durante muchos años después de abandonar Hope. En 1966, un amigo y yo fuimos a ver a Odessa después de visitar las tumbas de mi padre y de mi abuelo. La mayoría de la población negra de Hope vivía cerca del cementerio, al otro lado de la calle donde mi abuelo tenía su tienda. Recuerdo que estuvimos mucho rato en su porche. Cuando llegó la hora de irnos, entramos en mi coche y nos alejamos por las sucias calles. Las únicas calles que vi que no estaban pavimentadas en Hope o, más tarde, en Hot Springs cuando me mudé allí, estaban en los barrios negros, llenos de gente que trabajaba duro e intentaba educar a sus hijos, igual que yo. Era gente que pagaba sus impuestos. Odessa se merecía algo mejor.

Las otras dos figuras importantes de mi niñez eran de la familia: mis bisabuelos por parte de madre, mi tía abuela Otie y mi tío abuelo Carl Russell, y sobre todo, mi tío abuelo Oren —más conocido como Buddy, y uno de los faros de mi vida— y su esposa, la tía Ollie.

Mis bisabuelos Grisham vivían en el campo, en una pequeña casa de madera construida a ras de suelo. Arkansas es la zona del país en la que se producen más tornados, así que mucha gente que vive en casas de madera suele excavar un agujero en el suelo y construir sótanos para resguardarse de ellos. El suyo estaba en el patio delantero, y tenía un camastro y una mesita con una linterna de carbón en ella. Aún recuerdo el primer día que me asomé a aquel pequeño espacio, y oí que mi bisabuelo decía, «Bueno, a veces las serpientes también bajan, pero no te muerden si tienes la lámpara encendida». Jamás descubrí si decía la verdad o no. El otro recuerdo que guardo de mi bisabuelo es de una visita que me hizo al hospital cuando me rompí la pierna a los cinco años. Tomó mi mano y posamos para una fotografía. Él lleva una sencilla chaqueta negra y una camisa blanca abotonada hasta el cuello, y parece viejo como Matusalén, recién salido de *American Gothic*.

La hermana de mi abuela, Opal —a la que llamábamos Otie— era una mujer de aspecto agradable, dotada de la gran carcajada Grisham, cuyo callado marido, Carl, era la primera persona que conocí que cultivaba sandías. La tierra de Hope, arenosa y enriquecida por el río, es ideal para este cultivo; las sandías de Hope se convirtieron en el símbolo del pueblo a principios de los años cincuenta, cuando la comunidad envió la sandía más grande que jamás se había cultivado hasta entonces, pesaba casi setenta y cinco kilos, al presidente Truman. Sin embargo, las sandías que mejor sabían pesaban, como mucho, veinte kilos. Esas eran las que cultivaba mi tío abuelo Carl; con agua de una cuba regaba la tierra que rodeaba a las sandías y contemplaba cómo los tallos la absorbían como si fueran aspiradoras. Cuando me convertí en presidente, el primo del tío

Carl, Carter Russell, aún tenía una parada de sandías en Hope donde se podían comprar buenas sandías rojas o dulces melones.

Hillary dice que la primera vez que me vio fue en la sala de la Facultad de Derecho de Yale; yo estaba fanfarroneando ante mis escépticos compañeros sobre el tamaño de las sandías de Hope. Cuando llegué a presidente, mis viejos amigos de Hope organizaron una Fiesta de la Sandía en el jardín sur de la Casa Blanca, y yo pude contarles todas mis anécdotas sobre sandías a una nueva generación de jóvenes que fingieron estar interesados en un tema sobre el que yo había empezado a aprender hacía mucho tiempo de mi tía Otie y mi tío Carl.

El hermano de mi abuela, el tío Buddy y su esposa Ollie, eran los miembros más importantes del clan familiar. Buddy y Ollie tenían cuatro hijos, tres de los cuales ya se habían ido de Hope cuando yo llegué. Dwayne era un ejecutivo en una fábrica de zapatos de New Hampshire. Conrad y Falba estaban viviendo en Dallas, aunque ambos volvían a Hope a menudo, y hoy viven allí. Myra, la más joven, era una reina del rodeo. Era capaz de montar como un profesional, y más adelante se fugó con un vaquero, tuvo dos niños, se divorció y volvió a casa, dónde llegó a dirigir el instituto de la vivienda local. Myra y Falba son dos mujeres estupendas, que saben reírse de sus penas, y jamás abandonan a su familia ni a sus amigos. Estoy contento de que sigan formando parte de mi vida. Pasé mucho tiempo en casa de Buddy y Ollie, no solo mis seis primeros años en Hope, sino otros cuarenta más, hasta que Ollie murió y Buddy vendió la casa y se fue a vivir con Falba.

La vida social de mi gran familia, igual que la de mucha otra gente de ingresos modestos que creció en el campo, giraba alrededor de las comidas, la conversación y contar viejas historias. No podían permitirse ir de vacaciones, raras veces iban al cine, si es que iban, y hasta bien entrados los años cincuenta no tuvieron televisión. Salían fuera unas cuantas veces al año: a la feria del condado, al festival de la sandía, a algún esporádico baile en la plaza o a escuchar a un coro de gospel. Los hombres se dedicaban a cazar, a pescar y a cultivar verduras y sandías en pequeños terrenos en las afueras, que no vendían cuando se mudaban a la ciudad por cuestiones de trabajo.

Aunque jamás tuvieron dinero, no se consideraban pobres si tenían una casa cuidada, ropa limpia y comida suficiente para alimentar a cualquiera que se presentara a su puerta. Trabajaban para vivir, y no al revés.

Durante mi infancia, mis comidas preferidas tenían lugar en casa de Buddy y Ollie, donde nos reuníamos alrededor de una gran mesa que había en su pequeña cocina. Una comida típica de fin de semana, que llamábamos almuerzo (porque la comida de la noche era la cena), consistía en jamón cocido o un asado, pan de maíz, espinacas o lechuga, puré de patatas, patatas dulces, guisantes, judías verdes o habas, pastel de fruta e inagotables cantidades de té helado que bebíamos en grandes copas. Yo me sentía mayor bebiendo en aquellos enormes vasos. En las ocasiones especiales, hacíamos helado casero para acompañar al pastel. Cuando me levantaba lo suficientemente temprano, me tocaba ayudar a preparar la comida: pelaba las judías o le daba a la manivela de la máquina de hacer helado. Antes, durante y después del almuerzo se hablaba constantemente: de las habladurías del pueblo, de las idas y venidas familiares, y se contaban muchas, muchas historias. Todos mis familiares sabían cómo contar una anécdota; conseguían que los sucesos corrientes, los simples encuentros o los malentendidos entre la gente se convirtieran en una extraordinaria historia llena de emoción y risas.

Buddy era quien mejor las contaba. Como sus dos hermanas, era muy listo. A menudo me he preguntado qué hubiera sido de ellos si hubieran pertenecido de mi generación, o de la de mi hija. Pero había mucha gente como ellos en aquel entonces. El chico de la gasolinera quizá tenía un coeficiente de inteligencia tan alto como el del médico que te extirpaba las amígdalas. Aún queda gente como los Grisham en Estados Unidos, y muchos de ellos son nuevos inmigrantes. Por eso, como presidente, siempre traté de abrir las puertas de la universidad a todos los recién llegados.

Aunque no poseía una educación demasiado amplia, Buddy tenía una mente despierta y un doctorado en naturaleza humana, fruto de toda una vida de observar y hacer frente a sus propios demonios y a los de su familia. Al principio de su matrimonio tuvo serios problemas con la bebida. Un día volvió a casa y le dijo a su mujer que sabía que su adicción le estaba haciendo daño a ella y a su familia, y que jamás volvería a probar una gota de alcohol. Y así fue durante más de cincuenta años.

Incluso cuando ya había cumplido los ochenta, Buddy siguió siendo capaz de contar historias prodigiosas acerca de los perros que había tenido cinco o seis décadas atrás. Recordaba sus nombres, su aspecto, sus hábitos peculiares, cómo llegaron a ser suyos y la manera precisa en que recuperaban los pájaros a los que había acertado. Mucha gente solía visitarle y sentarse en su porche para charlar con él. Después de que se marcharan, él contaba algo sobre los visitantes o sus hijos, a veces algo alegre, a veces algo triste, pero generalmente simpático y siempre comprensivo.

Aprendí mucho de las anécdotas que mi tío, mis tías y mis abuelos me contaron: aprendí que nadie es perfecto pero que la mayoría de la gente es buena; que a las personas no se las puede juzgar únicamente por sus momentos de debilidad; que juzgar con severidad puede convertirnos a todos en unos hipócritas; que gran parte de la vida consiste en estar ahí y quedarse; y que la risa es a menudo la mejor, y a veces la única, respuesta al dolor. Quizá lo más importante que aprendí es que todo el mundo tiene una historia que contar: sobre sueños y pesadillas, esperanzas y dolor, amor y pérdida, valor y miedo, sacrificio y egoísmo. Durante toda mi vida me han interesado las historias de los demás. He querido conocerlas, comprenderlas y sentirlas como propias. Cuando crecí y me metí en política pensé que mi objetivo fundamental y más importante debía ser dar a la gente la oportunidad de vivir mejores historias.

La del tío Buddy fue buena hasta que llegó el final. Le diagnosticaron un cáncer de pulmón en 1974, tuvieron que extirparle uno y aun así llegó hasta los noventa y un años de edad. Me aconsejó sobre mi carrera política, y si hubiera seguido sus indicaciones y hubiera retirado un impopular impuesto sobre los permisos de conducir, probablemente no hubiera perdido mi primera campaña de reelección a gobernador, en 1980. Vivió lo suficiente para ver cómo me elegían presidente, y lo disfrutó de veras. Después de la muerte de Ollie, se mantuvo activo yendo a la tienda de donuts de su hija Falba y regalando a toda una nueva generación de críos sus viejas historias y sus agudas observaciones sobre la condición humana. Jamás perdió su sentido del humor. Aún era capaz de conducir a los ochenta y siete años, y acompañaba a dos amigas, de noventa y uno y noventa y tres años respectivamente, a dar una vuelta, por separado, una vez a la semana. Cuando me contó lo de sus «citas», le pregunté: «¿Así que ahora te gustan las mujeres mayores?». Resopló y dijo: «Pues sí, creo que sí. Creo que están más centradas».

Durante todos los años que pasamos juntos solo vi llorar una vez a mi tío. Pero no fue cuando a Ollie le diagnosticaron Alzheimer y tuvieron que ingresarla en una residencia para ancianos. Ni cuando en los intervalos de lucidez, llamaba por teléfono a Buddy y le decía: «Oren, ¿cómo has podido dejarme aquí después de cincuenta y seis años de casados? Ven a buscarme ahora mismo»; y entonces él conducía obedientemente hasta allí, pero cuando llegaba, ella ya se había perdido de nuevo en las nieblas de la enfermedad y ni siquiera le reconocía.

Fue cuando, durante esa época, me acerqué un día a verle a última hora de la tarde, en nuestra última visita a la vieja casa. Esperaba animarle. En lugar de eso, fue él quien me hizo reír contándome chistes desvergonzados y haciendo bromas sobre la actualidad política. Cuando cayó la noche, le dije que tenía que volver a casa, a Little Rock. Me siguió hasta la puerta, y justo cuando estaba a punto de salir, me agarró el brazo. Me di la vuelta y vi lágrimas en sus ojos por primera y única vez en casi cincuenta años de amor y de amistad. Le dije: «Es duro, ¿verdad?». Jamás olvidaré su respuesta. Sonrió y dijo: «Sí, lo es, pero firmé por todo el trayecto, y la mayor parte fue muy buena». Mi tío Buddy me enseñó que todo el mundo tiene una historia, y él me contó la suya en esa única frase.

TRES

D espués de un año en Nueva Orleans, Madre volvió a casa, a Hope, con muchas ganas de poner en práctica todo lo que había aprendido como anestesista y feliz por reencontrarse conmigo. Volvía a ser la misma de siempre, risueña y divertida. Había salido con muchos hombres en Nueva Orleans, y se lo había pasado muy bien, según ella misma decía en sus memorias, *Leading with My Heart*, que estoy seguro habrían llegado a ser un superventas si ella hubiera vivido lo suficiente como para promocionarlas.

Sin embargo, antes, durante y después de su estancia en Nueva Orleans, Madre se había visto sobre todo con un hombre, el propietario del concesionario local de Buick, Roger Clinton. Ella era una viuda hermosa y llena de vida. Él era guapo, un vividor que se había divorciado dos veces y procedía de Hot Springs, Arkansas, la «Ciudad del Pecado», donde durante varios años se realizaron las mayores operaciones de juego ilegal de todo Estados Unidos. Raymond, el hermano de Roger, poseía el concesionario de Buick de Hot Springs, y Roger, el más joven y la «oveja negra» de una familia de cinco hermanos, se había instalado en Hope para aprovecharse del movimiento industrial provocado por la guerra alrededor de la Zona de Pruebas del Sudoeste, y quizá para escapar de la sombra de su hermano.

A Roger le encantaba beber y pasárselo bien con sus dos mejores amigos de Hot Springs: Van Hampton Lyell, propietario de la planta embotelladora de Coca-Cola que estaba al otro lado de la calle del concesionario Buick de Clinton, y Gabe Crawford, que tenía algunas farmacias en Hot Springs y uno en Hope, y que más tarde construiría el primer centro comercial de la ciudad. Por aquel entonces estaba casado con la preciosa sobrina de Roger, Virginia, una mujer a la que siempre he querido mucho, y que fue la primera Miss Hot Springs. Su idea de pasar un buen rato consistía en jugar, emborracharse y hacer cosas peligrosas y alocadas en coches, aviones o motocicletas. Es un milagro que no murieran jóvenes.

A Madre le gustaba Roger porque era divertido, me hacía caso y era generoso. La ayudó económicamente para que ella pudiera venir a verme varias veces cuando estaba en Nueva Orleans, y probablemente también se hizo cargo de los viajes en tren que Mammaw y yo hacíamos para ver a Madre.

A Papaw le gustaba Roger porque era bueno conmigo y también con él. Durante un tiempo, después de que mi abuelo dejara el reparto de hielo a causa de sus graves problemas de bronquitis, puso una licorería. Hacia finales de la guerra, el condado de Hempstead, cuya capital es Hope, votó a favor de convertirse en una zona «seca». En ese momento, mi abuelo abrió su tienda de ultramarinos. Más tarde me enteré de que Papaw vendía licor ilegalmente a los médicos, abogados y otros ciudadanos respetables que no querían conducir los sesenta kilómetros que había hasta la tienda de licor legal más cercana, que se encontraba en Texarkana, y de la que Roger era el proveedor.

A Mammaw le desagradaba profundamente Roger porque pensaba que no era el tipo de hombre con el cual debían estar su hija y su nieto. La parte negativa que tenía mi abuela, que ni su esposo ni su hija compartían, le permitía ver el lado oscuro de los demás, un don del que ellos carecían. Pensaba que Roger Clinton solo traería problemas. Tenía razón acerca de los problemas, pero se equivocó en lo de «solo». Era más que eso, lo cual hace que su historia sea todavía más triste.

En lo que a mí respecta, todo lo que sabía era que era bueno conmigo y que tenía un pastor alemán marrón enorme llamado Susie, que traía para que jugase conmigo. Susie fue una parte importante de mi infancia, y con ella empezó mi cariño por los perros.

Madre y Roger se casaron en Hot Springs en junio de 1950, poco después de que ella cumpliera veintisiete años. Solo asistieron Gabe y Virginia Crawford. Luego Madre y yo nos fuimos de casa de los abuelos y nos mudamos a vivir con mi nuevo padrastro, al que pronto empecé a llamar Papá; vivíamos en una casita blanca de madera en la parte sur del pueblo, en el número 321 de la calle Trece, esquina con Walker. Poco después, empecé a hacerme llamar Billy Clinton.

Mi nuevo mundo me parecía muy emocionante. En la puerta de al lado vivían Ned y Alice Williams. El señor Ned era un empleado jubilado del ferrocarril que tenía un taller en la parte trasera de su casa lleno de grandes y extraños modelos de trenes eléctricos. En aquella época todo niño quería un tren de juguete de la marca Lionel. Papá me compró uno, y solíamos jugar juntos con él, pero nada podía compararse con las amplias e intrincadas vías y los rápidos y hermosos trenes del señor Ned. Me pasé horas y horas allí. Era como tener mi Disneylandia particular al lado de casa.

Mi barrio era un perfecto ejemplo del *baby boom* que hubo tras la Segunda Guerra Mundial. Había montones de parejas jóvenes con hijos. Al otro lado de la calle vivía una niña muy especial, Mitzi Polk, hija de Minor y Margaret Polk. Mitzi tenía una risa fuerte y estruendosa. Se balanceaba tan alto en su columpio que los postes se salían de donde estaban clavados, mientras chillaba con todas sus fuerzas: «¡Billy está chupando una botella! ¡Billy está chupando una botella!». Me volvía loco. Después de todo, yo ya me estaba haciendo mayor y ya no hacía ese tipo de cosas.

Más tarde me enteré de que Mitzi era disminuida psíquica. Ese término no debió de significar nada para mí en aquel entonces, pero cuando, como gobernador y presidente, impulsé la ampliación de oportunidades para los disminuidos, a menudo pensaba en Mitzi Polk.

Me sucedieron muchas cosas mientras viví en la calle Trece. Empecé a ir a clase, al jardín de infancia Escuela para Gente Pequeña de la señorita Marie Purkins, donde me lo pasé muy bien hasta que un día me rompí la pierna saltando a la cuerda; lo peor es que ni siquiera estaba en movimiento. En el patio teníamos una cuerda, con un extremo atado a un árbol y el otro a un columpio. Los niños nos poníamos en fila y nos turnábamos para salir corriendo y saltarla. Todos los demás niños la saltaron.

Uno de ellos era Mack McLarty, hijo del propietario del concesionario Ford del pueblo; más tarde fue gobernador del Estado de los Muchachos, *quarterback* estrella, legislador estatal, empresario de éxito y más adelante mi primer jefe de gabinete de la Casa Blanca. Mack siempre sabía hacerse cargo de cualquier embrollo. Tuve la suerte de que él siempre aflojaba para que yo pudiera seguir su ritmo.

Yo no pude saltar la cuerda. Estaba un poco regordete y era lento, tan lento que una vez fui el único niño que se quedó sin huevo de Pascua durante la caza del huevo, no porque no pudiera encontrarlos, sino porque no podía llegar a ellos con la suficiente rapidez. El día que traté de saltar la cuerda llevaba botas de vaquero para ir a la escuela; fui tan tonto que no me las saqué para saltar. El tacón se quedó enganchado en la cuerda, me hizo girar, caí y oí como se me rompía la pierna. Me quedé unos minutos retorciéndome de dolor en el suelo hasta que llegó Papá a toda velocidad desde el concesionario para recogerme.

Me había roto la pierna por encima de la rodilla, y como estaba en plena fase de crecimiento el doctor se resistía a ponerme una escayola hasta la cadera. En lugar de eso, me hizo un agujero en el tobillo, pasó una barra de acero inoxidable por él, la ató a una especie de herradura también de acero y dejó suspendida mi pierna en el aire por encima de mi cama del hospital. Estuve así unos dos meses, echado e inmóvil; me sentía a la vez tonto por la pierna y contento por librarme de la escuela y recibir muchas visitas. Me llevó mucho tiempo superar esa fractura. Cuando salí del hospital, mi familia me compró una bicicleta, pero siempre tuve miedo de montar sin las ruedas traseras. Seguí sintiéndome un poco patoso y con falta de equilibrio hasta que, hacia los veintidós años, finalmente empecé a montar en bicicleta en Oxford. Incluso entonces me caí unas cuantas veces, pero me lo tomé como un ejercicio para aumentar mi resistencia al dolor.

Agradecí que Papá viniera a rescatarme cuando me rompí la pierna. También vino a casa desde el trabajo un par de veces para tratar de convencer a Madre de que no debía pegarme cuando hacía algo mal. Al principio de su matrimonio, realmente trató de estar ahí cuando yo le necesitaba. Recuerdo que una vez incluso me llevó en tren a San Luis para ver a los Cardinals, que entonces era el equipo de béisbol de las grandes ligas que teníamos más cerca. Pasamos la noche allí y volvimos a casa al día siguiente. Me lo pasé tremendamente bien. Es una pena que fuera el único viaje que hicimos los dos juntos. Al igual que solo una vez fuimos a pescar, o la única vez que fuimos al bosque para cortar el árbol de Navidad juntos, o cuando fuimos toda la familia de vacaciones fuera del estado. Hubo muchas cosas que significaron mucho para mí, pero que solo sucedieron una vez. Roger Clinton me quería de veras, y también a Madre, pero nunca pudo liberarse realmente de sus propias dudas, de la falsa seguridad que le daba la bebida ni de la diversión que le proporcionaba comportarse como un adolescente. Tampoco pudo superar ni el aislamiento que experimentó al lado de Madre ni la forma en que ella le maltrataba verbalmente, todo lo cual le impidió convertirse en el hombre que pudo haber sido.

Una noche su tendencia alcohólica a la autodestrucción llegó a un punto sin retorno durante una discusión que mantuvo con mi madre, y que jamás olvidaré. Madre quería que fuéramos al hospital a ver a mi bisabuela, a la cual ya no le quedaba mucho tiempo de vida. Papá decía que no podía ir. Estaban gritando en su habitación, en la parte posterior de la casa. Por algún motivo, yo salí al vestíbulo que había frente a su habitación. Y justo cuando aparecí yo, papá sacó una pistola de su espalda y disparó en dirección a Madre. La bala se incrustó en la pared en medio de donde estábamos ella y yo de pie. Me quedé helado y me asusté muchísimo. Jamás hasta entonces había oído el ruido de un disparo y mucho menos había visto a alguien disparar. Madre me agarró y salió corriendo a la calle a casa de los vecinos, y estos llamaron a la policía. Aún recuerdo cómo se llevaron a Papá esposado a la cárcel, donde pasó la noche.

Estoy seguro de que Papá no tenía intención de hacerle daño, y que jamás se lo habría perdonado si la bala accidentalmente nos hubiera alcanzado a alguno de los dos. Pero había algo más venenoso que el alcohol que le impulsaba a degradarse así. Pasaría mucho tiempo antes de que yo pudiera comprender los mecanismos de esas fuerzas en otros, o en mí mismo. Cuando Papá salió de la cárcel, estaba sobrio en más de un sentido y se sentía tan avergonzado que durante un tiempo no volvió a suceder nada malo.

Pasé otro año de mi vida y de escolaridad en Hope. Cursé primero en la Escuela Brookwood; mi profesora fue la señorita Mary Wilson. Aunque solo tenía un brazo, era partidaria de usar la vara, o en su caso, la paleta, en la que había hecho agujeros para reducir la resistencia que el instrumento ofrecía al aire. En más de una ocasión fui objeto de sus atenciones.

Además de mis vecinos y de Mack McLarty, me hice amigo de otros chicos que siguieron a mi lado durante toda la vida. Uno de ellos, Joe Purvis, tuvo una infancia que hacía que la mía pareciera idílica. Se convirtió en un excelente abogado, y cuando me eligieron fiscal general, le llamé para que formara parte de mi equipo. Cuando el estado de Arkansas tenía que presentar un caso importante frente al Tribunal Supremo de Estados Unidos, yo asistía, pero dejaba que Joe hablara e hiciera los alegatos. El magistrado Byron «Whizzer» White me envió una nota desde el estrado para decirme que Joe había hecho un buen trabajo. Más tarde, Joe fue el primer presidente de la Clinton Birthplace Foundation.

Aparte de los amigos y de la familia, mi vida en la calle Trece estuvo marcada por el descubrimiento del cine. En 1951 y 1952, cuando se podía ir al cine por diez centavos —un níquel por entrar y un níquel por una Coca-Cola— iba prácticamente cada dos semanas. Entonces, proyectaban una película de estreno, unos dibujos animados, un serial y un noticiario. Era la época de la guerra de Corea, así que me enteré de lo que pasaba. Flash Gordon y Rocket Man eran los grandes héroes de los seriales, y en cuanto a los dibujos animados, mis personajes preferidos eran Bugs Bunny, Casper el Fantasma Amistoso y Baby Huey, con el cual probablemente me identificaba. Vi muchas películas, pero las que me gustaban especialmente eran las del oeste. Mi preferida era *Solo ante el peligro* —es posible que la viera media docena de veces durante el tiempo en que la proyectaron en Hope—, y la habré visto más de una docena más desde entonces. Todavía es mi película preferida, porque no es el habitual *western* de hombres duros. Me fascinó la película porque, de principio a fin, Gary Cooper estaba muerto de miedo, pero de todos modos hacía lo correcto.

Cuando me eligieron presidente, le dije a un periodista en una entrevista que mi película preferida era *Solo ante el peligro*. En aquel momento, Fred Zinnemann, el director, tenía casi noventa años, y vivía en Londres, pero me mandó una maravillosa carta, una copia de su guión con anotaciones y una foto firmada por él con Cooper y Grace Kelly vestidos de calle en el decorado de la película en 1951. Desde que vi por primera vez aquella película, cuando he tenido que enfrentarme a alguna dificultad, a menudo he pensado en la mirada en los ojos de Gary Cooper cuando tiene que seguir adelante y hacer frente a una derrota casi segura, y en cómo sigue andando pese a sus miedos hasta cumplir con su deber. Eso también funciona bastante bien en la vida real.

CUATRO

En el verano que siguió a mi primer año en la escuela, Papá decidió que quería volver a casa, a Hot Springs. Vendió el concesionario Buick y nos fuimos a una granja de ciento sesenta hectáreas junto a Wildcat Road, a unos pocos kilómetros al oeste de la ciudad. Allí teníamos ganado, ovejas y cabras, pero lo que no había era un lavabo dentro de la casa. De modo que durante el año que pasamos allí, tanto durante los tórridos días de verano como durante las gélidas noches de invierno, teníamos que ir afuera, a una pequeña caseta de madera, para aliviarnos. Fue una experiencia extremadamente interesante, especialmente cuando la serpiente que se había encariñado con nuestro jardín y que, por suerte, no era venenosa, se dedicaba a mirarme desde un agujero mientras yo me moría de ganas de usar el retrete. Más adelante, cuando me metí en política, poder decir que había vivido en una granja con un aseo en el exterior se convirtió en una de mis historias más populares, casi tanto como la de que había nacido en una cabaña de madera.

Me gustaba vivir en una granja, dar de comer a los animales y vivir rodeado de ellos, o al menos me gustó hasta aquel fatídico domingo. Habían venido a comer muchos parientes de papá, entre ellos su hermano Raymond con sus hijos. Me llevé a una de las hijas de Raymond, Karla, al prado donde estaban pastando las ovejas. Yo sabía que había un carnero particularmente agresivo al que teníamos que evitar, pero decidimos tentar la suerte. Fue un gran error. Cuando habíamos penetrado unos noventa metros en el cercado, el carnero nos vio y empezó a correr hacia nosotros. Fuimos a toda velocidad hacia la cerca y, aunque Karla, que era mayor y más grande que yo, logró alcanzarla, yo tropecé con una piedra. Al caerme comprendí que no iba a conseguir llegar hasta la valla antes de que el carnero me alcanzara a mí, así que me dirigí hacia un pequeño árbol cercano con la esperanza de poder mantener al animal alejado corriendo alrededor del tronco hasta que alguien viniera a ayudarme. Ese fue el segundo gran error. Me cazó enseguida y me derribó embistiendo contra las piernas. Antes de que pudiera incorporarme me golpeó de nuevo en la cabeza; me dejó tan maltrecho y atontado que ya no pude levantarme. Entonces se alejó, tomó carrerilla y me volvió a embestir con todas sus fuerzas. Lo hizo una y otra vez, apuntando alternativamente a mi cabeza y a mi estómago. A mí me dolía todo el cuerpo y sangraba sin parar. Después de lo que me parecieron siglos apareció mi tío, agarró una piedra grande y se la tiró al carnero, justo entre los ojos. El carnero sacudió la cabeza y se alejó, aparentemente poco impresionado por la pedrada. Yo me recuperé y solo me quedó de recuerdo una cicatriz en la frente que con el tiempo se fue desplazando hasta quedar debajo del pelo. De aquella experiencia aprendí que podía resistir los golpes, por fuertes que fueran, algo que volvería a comprobar un par más de veces durante mi infancia y otras a lo largo de mi vida.

Unos meses después de que nos mudáramos a la granja, tanto mi padre como mi madre comenzaron a trabajar en la ciudad. Papá abandonó la idea de ser granjero y aceptó un trabajo de encargado de recambios en el concesionario de Buick del tío Raymond, mientras que Mamá descubrió que en Hot Springs había más demanda de servicios de anestesistas de lo que ella jamás sería capaz de cubrir. Un día, de camino al trabajo, recogió a una mujer que iba a pie hacia la ciudad; después de un rato de charla, mi madre le preguntó si conocía a alguien que pudiera ir a casa y cuidar de mí mientras ella y Papá estaban trabajando. La mujer se propuso a sí misma para el trabajo; fue uno de los momentos más afortunados de mi vida. Se llamaba Cora Walters y era una abuela que atesoraba todas las cualidades positivas de una mujer de campo chapada a la antigua. Era inteligente, bondadosa, honrada, muy seria y profundamente cristiana. Se convirtió en un miembro más de nuestra familia durante once años. Todos sus parientes eran buena gente y, después de que nos dejara, su hija, Maye Hightower vino a trabajar para mi madre y se quedó treinta años, hasta que mi madre murió. En otra época, Cora Walters hubiera sido una excelente predicadora. Gracias a su ejemplo aprendí a ser mejor persona, y ciertamente ella no fue responsable de ninguna de mis faltas, ni de las que cometí entonces ni de las que cometería en el futuro. Era también una anciana dura de roer. Un día me ayudó a matar a una enorme rata que merodeaba por nuestra casa. De hecho, yo no hice más que encontrarla y fue ella la que la mató mientras yo la animaba.

Cuando nos trasladamos al campo, a Madre le preocupaba que yo tuviera que ir a una pequeña escuela rural, así que me apuntó en la escuela católica St. John's, que estaba en el centro de la ciudad, donde cursé segundo y tercero. Durante esos dos años mi maestra fue la hermana Mary Amata McGee, una buena profesora que se preocupaba por sus alumnos, pero que no era ninguna blandengue. A menudo yo sacaba todo «A» en las calificaciones que nos daban cada seis semanas, menos una «C» en ciudadanía, que era el eufemismo que se utilizaba para referirse al comportamiento en clase. Lo que más me gustaba era leer y competir en los concursos de ortografía, pero me pasaba demasiado tiempo hablando. Es un problema que tuve durante todos mis años escolares, y como algunos de mis oponentes y todos mis amigos podrían confirmar, jamás he conseguido librarme de él. Hubo una ocasión en que me metí en líos porque dije que tenía que ir al lavabo y me quedé fuera demasiado tiempo mientras se rezaba el rosario. La Iglesia católica me resultaba fascinante, con sus rituales y la devoción que demostraban las monjas, pero arrodillarme en la silla de mi pupitre y apoyarme en el respaldo con las cuentas del rosario en la mano era demasiado para un niño inquieto que hasta entonces solo había estado en contacto con la iglesia en la escuela dominical y la escuela bíblica de verano de la Primera Iglesia Bautista de Hope.

Tras más o menos un año en la granja, Papá decidió que nos mudásemos a Hot Springs. Compró una gran casa al tío Raymond en el 1011 de Park Avenue, en el extremo este de la ciudad. Hizo creer a Madre que había conseguido un buen trato por la casa y que la había comprado con el sueldo de ambos, pero incluso con sus dos sueldos y con los precios de la vivienda, que entonces representaban una parte del gasto familiar mucho menor que hoy en día, no había forma de que nos lo hubiéramos podido permitir. La casa estaba sobre una colina, tenía dos pisos, cinco dormitorios y una sala de baile en el piso de arriba con una barra de bar sobre la que había una gran caja giratoria que contenía dos enormes dados. Aparentemente el primer propietario había sido un jugador. Pasé muchas horas felices en aquella sala, celebrando fiestas o simplemente jugando con mis amigos.

Por fuera, la casa era blanca con adornos verdes, y tenía tejadillos sobre la entrada principal y las dos laterales. El jardín delantero estaba dividido en tres niveles con un camino en el medio y un muro de piedra entre el nivel medio y el bajo. A los lados el jardín era pequeño, pero no tanto como para que Madre no pudiera dedicarse a su pasatiempo al aire libre preferido: la jardinería. Lo que más le gustaba era cultivar rosas, y lo hizo en todas las casas en que estuvo hasta que murió. Madre se ponía morena muy rápido; principalmente porque le tocaba el sol mientras removía el abono alrededor de sus flores vestida con un *top* y pantalones cortos. Detrás de la casa había una pequeña carretera de grava que llevaba a un garaje de cuatro plazas, un agradable jardín con un balancín y, a ambos lados de la carretera, pequeñas terrazas de césped que descendían hasta la calle Circle Drive.

Vivimos en esa casa desde que tenía siete u ocho años hasta los quince. A mí me encantaba. La tierra estaba cubierta de arbustos, matas, flores, largos setos bordeados de madreselva y muchos árboles, entre ellos una higuera, un peral, dos manzanos silvestres y un inmenso y viejo roble en el jardín delantero.

Yo ayudaba a papá a hacerse cargo del terreno. Era una de las cosas que hacíamos juntos, aunque conforme fui creciendo yo era quien trabajaba más. La casa estaba cerca de un bosque, así que siempre me encontraba arañas, tarántulas, ciempiés, escorpiones, avispas, avispones, abejas y serpientes, aunque también había criaturas más benignas, como ardillas,

ardillas listadas, arrendajos azules, petirrojos y pájaros carpinteros. En una ocasión, mientras estaba cortando el césped, miré al suelo y vi que una serpiente de cascabel se deslizaba junto al cortacésped, aparentemente atraída por las vibraciones. A mí las suyas no me gustaron nada, así que salí corriendo como alma que lleva el diablo.

En otra ocasión no tuve tanta suerte. Papá había colocado al final de la carretera que llevaba al garaje una gran caseta de tres pisos para los vencejos, que anidan en grupo. Un día estaba cortando el césped de aquella parte del jardín y descubrí que se había convertido en un hogar no para los vencejos, sino para los abejorros. Se apiñaron a mi alrededor, revoloteando por mi cuerpo, mis brazos y mi cara. Sorprendentemente, ninguno me picó. Huí para recuperar el aliento y decidir qué hacer. Equivocadamente supuse que habían visto que yo no quería hacerles ningún daño, de modo que unos minutos después volví a mi tarea con el cortacésped. No había avanzado ni diez metros cuando ya estaban de nuevo sobre mí, rodeándome; esta vez me picaron por todo el cuerpo. Uno de ellos quedó atrapado entre mi vientre y mi cinturón, y me picó una y otra vez, algo que los abejorros pueden hacer pero las abejas no. Empecé a delirar y tuvieron que llevarme al médico a toda prisa, pero me recuperé pronto; había aprendido otra valiosa lección: los enjambres de abejas avisan una sola vez, no dos. Más de treinta y cinco años después, Kate Ross, la hija de cinco años de mis amigos Michael Ross y Markie Post, me envió una carta que sencillamente decía: «Las abejas pueden picarte. Vigila». Entendí perfectamente qué quería decir.

El traslado a Hot Springs abrió la puerta a nuevas experiencias en mi vida: una ciudad nueva, mucho más grande y cosmopolita; iría a una nueva escuela, haría nuevos amigos y me introduciría en la música; también mi primera experiencia religiosa sería en una nueva iglesia y por supuesto, habría una nueva incorporación al clan Clinton.

Los manantiales de aguas sulfurosas que dan nombre a la ciudad burbujean desde el subsuelo hasta la superficie por una estrecha hendidura situada en las montañas Ouachita, a poco más de ochenta kilómetros al oeste y ligeramente al sur de Little Rock. El primer europeo que las vio fue Hernando de Soto, que cruzó el valle en 1541, vio a los indios bañándose en los humeantes riachuelos y, según dice la leyenda, creyó que había descubierto la fuente de la eterna juventud.

En 1832, el presidente Andrew Jackson aprobó una ley para proteger cuatro parcelas de tierra alrededor de Hot Springs y las convirtió en una reserva federal. Fue la primera ley de este tipo que aprobó el Congreso, mucho antes de que se fundara el Servicio de Parques Nacionales o que Yellowstone se convirtiera en nuestro primer parque nacional. Pronto se construyeron más hoteles, para dar alojamiento a los visitantes. Hacia la década de 1880, a lo largo de la Central Avenue, la calle principal que serpentea a lo largo de unos dos kilómetros hasta la hendidura de las montañas donde se encontraban los manantiales, se abrieron hermosos balnearios a los que acudían más de 100.000 personas al año para tomar las aguas y aliviar cualquier dolencia, desde el reumatismo hasta la parálisis pasando por la malaria, las enfermedades venéreas o simplemente para relajarse. En el primer cuarto del siglo XX se construyeron balnearios más imponentes y los visitantes ascendieron a más de un millón al año. La ciudad se hizo famosa como lugar de descanso en el mundo entero. Después de que pasara de reserva federal a parque nacional, Hot Springs se convirtió en la única ciudad en Estados Unidos que se encontraba dentro de uno de nuestros parques nacionales.

El atractivo de la ciudad creció con la construcción de grandes hoteles, una ópera, y desde mediados del siglo XIX, con la proliferación del juego. Hacia la década de 1880, había varias casas de juego abiertas, y Hot Springs iba camino de ser a la vez un balneario agradable y una ciudad de dudosa reputación. Durante las décadas que precedieron a la Segunda Guerra Mundial y durante ésta, estuvo en manos de un líder digno de cualquier gran ciudad, el alcalde Leo McLaughlin. Llevaba el negocio del juego con la ayuda de un mafioso que había llegado de Nueva York, Owen Vincent «Owney» Madden.

Después de la guerra, una lista de candidatos reformistas compuesta de veteranos, encabezada por Sid McMath, rompió el dominio de McLaughlin a través del movimiento que, poco después, haría de McMath el gobernador más joven de la nación, con treinta y cinco años de edad. A pesar de los esfuerzos de los antiguos soldados y su programa de reformas, el negocio del juego siguió en marcha, con sobornos a políticos locales y estatales, así como a funcionarios de las fuerzas de la ley, hasta bien entrada la década de los sesenta. Owney Madden vivió en Hot Springs como un ciudadano «respetable» durante el resto de su vida. Una vez Madre le administró anestesia para una operación a la que debía someterse. Cuando volvió a casa, me contó entre risas que mirar sus placas de rayos X era como visitar el planetario: las doce balas que aún estaban alojadas en su cuerpo le recordaron a estrellas fugaces.

Resulta irónico, pero la Mafia jamás se hizo cargo del negocio del juego en Hot Springs, pues se trataba de un negocio ilegal; sin embargo, teníamos nuestros propios caciques locales. A veces los que tenían intereses contrapuestos se peleaban, pero normalmente la violencia siempre estaba bajo control. Por ejemplo, se pusieron bombas en el garaje de dos casas, pero se detonaron en un momento en que no había nadie en las viviendas.

Desde 1870 a 1950, el juego atrajo a una asombrosa variedad de tipos a la ciudad: fueras de la ley, gángsteres, héroes del ejército, actores y un sinfín de estrellas de béisbol. El legendario tiburón del billar Minnesota Fats era un visitante habitual de la ciudad. En 1977, cuando yo era fiscal general, jugué contra él para un acto benéfico en Hot Springs. Me ganó de calle en la mesa de billar, pero lo compensó obsequiándome con anécdotas de sus estancias en tiempos pasados, cuando apostaba a las carreras durante el día, luego comía y jugaba en los garitos de toda la Central Avenue, ganando dinero para su cartera y peso alrededor de su famosa cintura.

Hot Springs también atraía a políticos. William Jennings Bryan vino varias veces, y también lo hicieron Teddy Roosevelt en 1910, Herbert Hoover en 1927 y Franklin y Eleanor Roosevelt, en 1936, con motivo del centenario de la creación del estado. Huey Long pasó ahí su segunda luna de miel con su esposa. JFK y Lyndon Johnson estuvieron antes de ser presidentes, y también Harry Truman, el único que jugó, o al menos el único que no lo ocultó.

La oferta del juego y los manantiales de agua caliente de Hot Springs se realiza con las amplias y lujosas casas de subastas, que se alternaban con los garitos de apuestas y los restaurantes de la Central Avenue, al otro lado de la calle, frente a los balnearios; con el hipódromo de Oaklawn, que ofrecía las mejores carreras de pura sangres durante treinta días al año en primavera, y que era la única forma de juego legal de la ciudad; con las máquinas tragaperras que estaban en muchos de los restaurantes, y en las que incluso los niños tenían permiso para jugar, siempre que estuvieran sentados en el regazo de sus padres; y con los tres lagos que había en las cercanías de la ciudad, el más importante de los cuales era el lago Hamilton, donde muchos de los ciudadanos más destacados de la ciudad, incluido el tío Raymond, poseían grandes casas. Miles de personas se arremolinaban en los moteles a la orilla del lago durante las vacaciones de verano. También había una granja de cocodrilos, en la que el ejemplar más grande medía más de cinco metros de largo; una granja de avestruces, que a veces desfilaban por la Central Avenue; el IQZoo de Keller Breland, lleno de animales y donde se exponía el supuesto esqueleto de una sirena; y un famoso burdel dirigido por Maxine Harris (más tarde Maxine Temple Jones), todo un carácter, que depositaba abiertamente su dinero en las cuentas bancarias de las autoridades locales, y que en 1983 escribió un interesante libro sobre su vida: *Llámame Madame: La vida y la época de una madame de Hot Springs*. Cuando tenía diez u once años, en un par de ocasiones mis amigos y yo nos entretuvimos durante horas llamando una y otra vez por teléfono al local de Maxine, ocupando la línea y bloqueando las llamadas de los verdaderos clientes. Se puso furiosa, y nos maldijo con un lenguaje salaz y muy creativo que jamás habíamos oído en boca de una mujer, ni, de hecho, tampoco en la de un hombre. Fue divertidísimo. Creo que a ella también le pareció gracioso, al menos durante los primeros quince minutos.

Para Arkansas, un estado en el que principalmente vivían bautistas blancos del Sur y negros, Hot Springs era sorprendentemente variada, especialmente para una ciudad de solo 35.000 habitantes. Había una parte importante de población negra, y un hotel, el Knights of the Pythias, para visitantes negros. También había dos iglesias católicas y dos sinagogas. Los lugareños judíos poseían algunas de las mejores tiendas y llevaban las casas de subastas. La mejor tienda de juguetes de la ciudad era Ricky's, bautizada por los Silverman con el nombre de su hijo, que era un chico de la pandilla que yo frecuentaba. Lauray's, la tienda de joyas donde yo compraba pequeños detalles para Madre, era propiedad de Marty y Laura Fleishner. Y también estaba el hospital B'nai B'rith's Leo N. Levi, que utilizaba los manantiales calientes para tratar la artritis. En Hot Springs conocí a mis primeros conciudadanos norteamericanos de origen árabe, los Zorub y los Hassin. Cuando los padres de David Zorub fueron asesinados en el Líbano, su tío le adoptó. Llegó a este país con nueve años sin saber hablar ni una palabra de inglés, y al final terminó pronunciando el discurso de graduación de su clase y fue gobernador del Estado de los Muchachos. Ahora es neurocirujano en Pennsylvania. Guido Hassin y sus hermanas eran hijos de un romance que mantuvieron durante la Segunda Guerra Mundial un norteamericano de origen sirio y una mujer italiana; fueron mis vecinos durante los años de instituto. También tenía un amigo de origen japonés, Albert Hahm, y un compañero de clase checo, René Duchac, cuyos padres, inmigrantes, regentaban un restaurante, The Little Bohemia. Había una extensa comunidad griega que incluía una iglesia ortodoxa y Angelo's, un restaurante justo a la vuelta de la esquina del concesionario Clinton de Buick. Era un fantástico local a la antigua; tenía una barra alargada como de heladería antigua y mesas cubiertas con manteles a cuadros rojos y blancos. La especialidad de la casa era un combinado triple de chile, judías y espaguetis.

Mis mejores amigos griegos eran la familia Leopoulos. George llevaba un pequeño café en la calle Bridge, entre la Central Avenue y Broadway; según él aquella era la calle más corta de Estados Unidos, pues se extendía solo un tercio de manzana. La esposa de George, Evelyn, era una mujer menuda que creía en la reencarnación, coleccionaba antigüedades y adoraba a Liberace, que una vez la honró cenando en su local mientras actuaba en Hot Springs. El hijo más joven de Leopoulos, Paul David, fue mi mejor amigo durante cuarto, y desde entonces ha sido como un hermano para mí.

Cuando éramos niños, me encantaba ir al café de su padre, especialmente cuando la feria llegaba a la ciudad, porque todos los feriantes comían allí. Una vez nos dieron entradas gratis para las atracciones. Las utilizamos todas y David lo pasó en grande, pero a mí me dieron mareos y ganas de vomitar. Después de eso me ceñí a los autos de choque y a las norias. Hemos compartido muchas cosas en la vida y nos hemos reído muchísimo.

Hoy en día puede parecer normal que en mi juventud tuviera amigos y conocidos procedentes de orígenes muy diversos, pero en los años cincuenta y en Arkansas solo podría haber sucedido en Hot Springs. Aun así, la mayor parte de mis amigos y yo llevábamos una vida bastante normal, aparte de las llamadas esporádicas al burdel de Maxine y la tentación de saltarnos algunas clases en temporada de carreras, cosa que yo nunca hice, pero a lo que algunos de mis compañeros de instituto les fue imposible resistirse.

De cuarto a sexto curso gran parte de mi vida transcurrió arriba y abajo de Park Avenue. Nuestro barrio era interesante. Había una fila de bonitas casas al este de la nuestra que se extendía hasta llegar al bosque, y otra fila por detrás en Circle Drive. David Leopoulos vivía a un par de manzanas de distancia. Mis mejores amigos en el vecindario eran la familia Crane, que vivía en una casa de madera grande y vetusta, de aspecto misterioso, al otro lado de la entrada trasera de mi casa. Dan, la tía de Edie Crane, solía llevar a los chicos Crane, y a menudo a mí también, a todas partes: al cine; al parque de Snow Springs, para nadar en una piscina llena de agua de deshielo muy fría y también al parque Whittington, para jugar al minigolf. Rose, la mayor, tenía mi edad. Larry, el mediano, era un par de años más joven. Siempre tuvimos una buenísima relación, excepto una vez en que le dije una palabra que acababa de aprender. Estábamos jugando con Rose en mi patio trasero, cuando le dije que su epidermis estaba al descubierto. Eso le puso furioso. Luego le dije que las epidermis de su madre y de su padre también lo estaban. Fue la gota que colmó el vaso. Se fue a su casa, cogió un cuchillo, volvió y me lo tiró. Aunque erró el tiro, desde entonces he recelado de las palabras grandilocuentes. Mary Dan, la más pequeña, me pidió que esperara a que creciera para que pudiéramos casarnos.

Frente a nuestra casa había algunos modestos negocios; uno de ellos era un pequeño garaje hecho de planchas de hojalata. David y yo solíamos escondernos detrás de un roble, y tirábamos bellotas, para que hicieran ruido tamborileando contra las chapas y lo oyeran los tipos que trabajaban ahí. A veces también hacíamos puntería en los tapacubos de los coches que pasaban; y cuando acertábamos, hacía un ruido metálico tintineante muy fuerte. Un día uno de nuestros objetivos se detuvo de repente, bajó del coche, nos vio escondidos tras un arbusto y nos persiguió por la avenida. Después de eso, no lancé tantas bellotas a los coches. Pero era muy divertido.

Al lado del garaje había un edificio de ladrillo en el que había una tienda de alimentación, una lavandería automática y Stubby's, un pequeño restaurante barbacoa familiar; a menudo disfrutaba comiendo solo, sencillamente sentado en la mesa frente a la ventana, preguntándome acerca de la vida de la gente de los coches que pasaban. Conseguí mi primer trabajo a los trece años en esa tienda de alimentación. El propietario, Dick Sanders, ya tenía casi setenta años y, como mucha gente de su edad en aquel entonces, pensaba que era malo ser zurdo, de modo que se propuso cambiar mis hábitos, a mí precisamente, que era una persona profundamente de izquierdas. Un día me hizo llevar con la mano derecha, unas grandes jarras de mayonesa Hellmann's que costaban ochenta y nueve centavos cada una. Apilé mal una de las jarras y cayó; el suelo quedó lleno de vidrios rotos y mayonesa. Lo limpié todo y luego Dick me dijo que tendría que descontar la jarra rota de mi paga. Yo ganaba un dólar la hora, así que reuní todo mi valor y le dije: «Mira, Dick, puedes tener un buen mozo de almacén zurdo por un dólar la hora, pero no puedes tener uno diestro y patoso gratis». Para mi sorpresa, se echó a reír y estuvo de acuerdo. Incluso me dejó empezar mi propio negocio, una parada de tebeos usados frente a la tienda. Yo había conservado cuidadosamente un montón de tebeos; estaban en muy buenas condiciones y podían venderse. En aquel momento estaba muy orgulloso de mí mismo, aunque ahora sé que si los hubiera guardado, hoy en día serían valiosas piezas de coleccionista.

Al lado de casa, hacia el oeste, en dirección al pueblo, estaba el motel Perry Plaza. Me gustaban los Perry y su hija Tavia, que era un año o dos mayor que yo. Un día, yo debía de tener nueve o diez años, fui a verla justo después de que le hubieran regalado una nueva escopeta de aire comprimido; ella cerró la puerta con cerrojo y dijo que si trataba de entrar me dispararía. Por supuesto, lo hice, y ella me disparó. Solo me dio en la pierna, así que pudo haber sido peor. Me propuse firmemente aprender a distinguir mejor cuándo alguien se estaba marcando un farol.

Recuerdo algo más acerca del motel de los Perry. Era de ladrillo amarillo, tenía dos pisos de altura y se extendía desde Park Avenue hasta Circle Drive. A veces la gente alquilaba habitaciones, allí y en otros moteles o pensiones de la ciudad, durante semanas e incluso meses seguidos. Una vez, un hombre de mediana edad estuvo durante bastante tiempo en la habitación situada al fondo del segundo piso. Un día vino la policía y se lo llevaron. Había estado practicando abortos allí. Hasta entonces, creo que yo no sabía lo que era un aborto.

Más abajo en Park Avenue había una pequeña barbería, donde el señor Brizendine me cortaba el pelo; a menos de quinientos metros de allí, Park Avenue desemboca en la calle Ramble, que llevaba cuesta arriba y hacia el sur hasta mi nueva escuela, Ramble Elementary. En cuarto curso empecé a tocar con la banda. La banda de la escuela primaria se componía de estudiantes procedentes de todas las escuelas elementales de la ciudad. El director, George Gray, tenía una forma maravillosa y muy alentadora de tratar a los pequeños, aunque nosotros no dejáramos de chillar. Yo toqué el clarinete durante poco más de un año y luego cambié a saxo tenor porque la banda necesitaba uno, un cambio del que jamás me arrepentiría. Mi recuerdo más nítido de quinto curso es una discusión en clase acerca de la memoria, en la que uno de mis compañeros de clase, Tommy O'Neal, le dijo a nuestra profesora, la señora Caristianos, que creía ser capaz de recordar el momento en que había nacido. No sé si tenía mucha imaginación o le faltaba un tornillo, pero me gustaba; además finalmente había encontrado a alguien que tenía más memoria que yo.

Adoraba a mi profesora de sexto, Kathleen Schaer. Como muchas maestras de su generación, jamás se casó, y entregó su vida a los niños. Vivió hasta bien entrados los ochenta con su prima, que hizo la misma elección. A pesar de lo amable y gentil que era, la señorita Schaer creía que había que ser dura con los niños. El día anterior a nuestra pequeña ceremonia de graduación escolar me hizo quedar después de clase y me dijo que debería haberme graduado el primero de mi clase, empatado con Donna Standiford. Sin embargo, debido a que mis notas de ciudadanía eran muy bajas —puede que entonces la asignatura se llamara «conducta», pero era lo mismo—, había quedado empatado con el tercero de la clase. La señorita Schaer me dijo: «Billy, cuando crezcas vas a terminar o siendo gobernador o metiéndote en líos. Todo depende de si aprendes cuándo debes hablar y cuándo tienes que callar». Resulta que acertó en ambas predicciones.

Mientras estuve en Ramble creció mi interés por la lectura y descubrí la biblioteca pública del condado de Garland, que estaba en el centro, cerca de los juzgados, y no muy lejos de la Clinton Buick Company. Me pasaba horas allí, curioseando entre los libros y leyendo un buen número de ellos. Me fascinaban sobre todo los relatos sobre los nativos norteamericanos, y leía biografías para niños de Gerónimo, el gran apache; de Caballo Loco, el sioux lakota que mató a Custer y acorraló a sus tropas en Little Bighorn; del jefe Joseph de los nez percé, que hizo la paz con esta poderosa declaración: «Desde donde ahora se erige el sol, no volveré a luchar jamás»; y del gran jefe Sequoyah de los cherokee, que desarrolló un alfabeto escrito para su gente. Jamás perdí interés en los nativos norteamericanos ni me pude librar de la sensación de que se les había tratado de forma terriblemente injusta.

Mi última parada en Park Avenue era mi primera iglesia de verdad, la Iglesia Bautista de Park Place. Aunque Madre y Papá no iban a la iglesia, excepto durante la Pascua y alguna vez por Navidad, Madre me animaba a ir, y yo así lo hacía, casi cada domingo. Me encantaba vestirme para la ocasión e ir andando a la iglesia. Desde que cumplí once años hasta que me gradué en el instituto, mi profesor fue A. B. «Sonny» Jeffries. Su hijo

Bert estaba en mi clase, y nos hicimos muy buenos amigos. Cada domingo durante años, íbamos a la escuela dominical y a iglesia juntos; siempre nos sentábamos al fondo, a menudo absortos en nuestro propio mundo. En 1955, yo había asimilado las suficientes enseñanzas de mi iglesia como para comprender que era un pecador y que quería que Jesús me salvara; de modo que me dirigí al altar al final de la misa del domingo, profesé mi fe en Cristo, y pedí que me bautizaran. El reverendo Fitzgerald vino a casa para hablar con Madre y conmigo. Los bautistas exigen una profesión de fe informada y consciente antes del bautismo; quieren que la gente sepa qué está haciendo, al contrario de los metodistas y su ritual de rociamiento infantil, que salvó a Hillary y a sus hermanos de ir al infierno.

A Bert Jeffries y a mí nos bautizaron, junto a algunas personas más, un domingo por la noche. La pila bautismal estaba justo encima de la galería del coro. Cuando las cortinas se abrieron, la congregación pudo ver cómo el pastor, de pie con una túnica blanca, sumergía a los salvados. Justo por delante de Bert y de mí había una mujer a la que visiblemente le asustaba el agua; temblaba a cada paso que daba hacia la pila y cuando el pastor le sujetó la nariz y la sumergió, se quedó completamente rígida. Su pierna derecha se irguió completamente recta hacia arriba y cayó sobre la delgada protección de cristal que separaba la galería del coro de las salpicaduras de agua. Su tacón se quedó atrancado, y no podía sacarlo, de modo que cuando el pastor trató de levantarla, no pudo moverla. Puesto que él tenía la mirada fija en su cabeza sumergida, no se había dado cuenta de lo que sucedía, y seguía tirando de ella. Finalmente, miró a su alrededor, comprendió qué ocurría y sacó la pierna de la pobre mujer antes de que se ahogara. Bert y yo estábamos muertos de risa. No podía evitar pensar que si Jesús tenía tanto sentido del humor, ser cristiano no iba a ser demasiado duro.

Además de mis nuevos amigos, del barrio, de la escuela y de la iglesia, en Hot Springs se amplió la familia, por parte de los Clinton. Mis abuelos políticos eran Al y Eula Mae Cornwell Clinton. Poppy Al, como todos le llamábamos, procedía de Dardanelle, de Yell County, un precioso paraje boscoso a unos ciento quince kilómetros al oeste de Little Rock, remontando el río Arkansas. Conoció allí a su mujer, cuya familia había emigrado desde el Mississippi en la década de 1890, y se casó con ella. A mi nueva abuela la llamábamos Mamá Clinton; pertenecía a la inmensa familia Cornwell, que se extendía por todo Arkansas. Entre los Clinton y la familia de mi madre, yo tenía parientes en quince de los setenta y cinco condados de Arkansas, lo que fue un activo valiosísimo cuando empecé mi carrera política, ya que en aquella época los contactos personales eran más importantes que las credenciales o las posturas políticas sobre temas concretos.

Poppy Al era un hombre pequeño, bajito y más delgado que Papaw; era dulce y amable. La primera vez que le vi aún estábamos viviendo en Hope, y se dejó caer por nuestra casa para ver a su hijo y a su nueva familia. No iba solo. En esa época, aún era funcionario de la condicional para el estado, y tenía bajo custodia a un preso, que debía de haber salido de permiso; él lo llevaba de vuelta a la penitenciaría. Cuando salió del coche para visitarnos, el hombre iba esposado a él. La imagen era muy divertida porque el prisionero era enorme, doblaba en tamaño a Poppy Al. Pero este le hablaba con amabilidad y respeto, y el hombre parecía corresponder. Todo lo que sé es que Poppy Al devolvió al prisionero a tiempo.

Poppy Al y Mama Clinton vivían en un pequeño y viejo caserón en la cima de una colina. Él cuidaba de un gran jardín en el patio trasero, del cual estaba muy orgulloso. Cuando tenía más de ochenta años —murió a los ochenta y cuatro— creció en ese jardín un tomate que pesaba más de un kilo. Tuve que utilizar ambas manos para sostenerlo.

Mama Clinton era la reina de la casa. Se portaba bien conmigo, pero sabía cómo manipular a los hombres de su vida. Siempre trataba a Papá como a un niño que no podía hacer nada malo, y probablemente esa fuera una de las razones por las cuales él jamás creció. Madre le gustaba porque sabía escuchar mejor que la mayoría de los miembros de la familia sus hipocondríacas historias y le daba consejos sensatos y comprensivos. Llegó a los noventa y tres años.

Poppy Al y Mama Clinton tuvieron cinco hijos: una niña y cuatro chicos. La niña, la tía Ilaree, era la segunda mayor. Su hija Virginia, cuyo mote era *Sister*, estaba casada con Gabe Crawford por aquel entonces, y era una buena amiga de Madre. A medida que se hizo mayor, Ilaree se convirtió en un personaje más y más peculiar. Un día Madre la visitó e Ilaree se quejó de que le costaba caminar; se levantó la falda y le mostró un gran bulto en la cara interior de la pierna. Poco después, cuando conoció a Hillary, también volvió a levantarse la falda y a enseñarle el tumor. Fue un buen comienzo. Ilaree fue la primera de los Clinton que cayó realmente bien a Hillary. Madre finalmente la convenció de que le extirparan el tumor, y por primera vez en su vida se subió a un avión para ir a la clínica Mayo. Cuando le quitaron el tumor, este pesaba casi cuatro kilos, pero milagrosamente no se había extendido al resto de la pierna. Me dijeron que la clínica conservaría aquel sorprendente apéndice durante un tiempo para estudiarlo. Cuando la desenvuelta Ilaree volvió a casa, quedó claro que había pasado más miedo a causa de su primer vuelo en avión que por la cirugía o el tumor.

El hijo mayor era Robert. Él y su esposa, Evelyn, eran unas personas calladas que vivían en Texas y que parecían razonablemente felices de tomarse a Hot Springs y al resto de los Clinton en pequeñas dosis.

El segundo hijo, el tío Roy, tenía un almacén de pienso. Su esposa, Janet, y Madre eran las que tenían una personalidad más fuerte fuera de lo que era estrictamente la familia de sangre Clinton, y se convirtieron en grandes amigas. A principios de los cincuenta Roy se presentó al parlamento estatal y ganó. El día de las elecciones, repartí papeletas de voto para él en mi barrio, tan cerca del centro electoral como lo permitía la ley. Fue mi primera experiencia política. El tío Roy solo duró un mandato. Era muy popular, pero no se presentó a la reelección, creo que porque Janet odiaba la política. Roy y Janet jugaron al dominó con mi familia casi cada semana durante años, alternando entre nuestra casa y la suya.

Raymond, el cuarto hijo, era el único Clinton con dinero o permanentemente implicado en política. Había formado parte del partido de veteranos reformistas después de la Segunda Guerra Mundial, aunque él no había estado en el ejército. Tenía tres hijos, que todos eran partidarios míos. Raymond Jr. era más joven que yo, y más inteligente. Se convirtió en ingeniero aeronáutico y se forjó una destacada carrera en la NASA.

Madre siempre tuvo una relación ambigua con Raymond, porque a él le gustaba llevar las riendas y porque, debido al problema que tenía Papá con la bebida, necesitábamos su ayuda más a menudo de lo que a ella le hubiera gustado. Al principio de mudarnos, incluso fuimos a la iglesia del tío Raymond, la Iglesia Presbiteriana, aunque Madre era, teóricamente, bautista. El pastor que había entonces, el reverendo Overholser, era un hombre notable que había tenido dos hijas igualmente notables: Nan Keohane, que se convirtió en presidente de Wellesley, el *alma mater* de Hillary, y luego en la primera mujer presidente de la Universidad de Duke; y Geneva Overholser, que fue editora del *Des Moines Register*, me apoyó cuando me presenté a la presidencia y más tarde fue la defensora del lector del *Washington Post*, donde difundió las quejas legítimas del pueblo pero no las del presidente.

A pesar de las reservas de Madre, a mí me gustaba Raymond. Me impresionaba su fuerza, la influencia que tenía en la ciudad y su genuino interés por los niños en general y por mí en particular. Sus flaquezas egocéntricas no me preocupaban demasiado, aunque éramos tan distintos como el día y la noche. En 1968, cuando yo daba discursos en defensa de los derechos civiles en los clubes sociales de Hot Springs, Raymond apoyaba a George Wallace en su campaña para la presidencia. Pero en 1974, cuando lancé mi aparentemente imposible campaña para el Congreso, Raymond y Gabe Crawford me dieron un cheque de 10.000 dólares para que pudiera empezar. Para mí, en aquel momento, se trataba de una verdadera fortuna. Cuando su esposa, con la que había compartido más de cuarenta y cinco años de matrimonio, falleció, Raymond reanudó la relación con una viuda con la que había salido en el instituto y se casaron; ese matrimonio llevó la felicidad a sus últimos años. Por alguna razón que no logro recordar, Raymond se enfadó mucho conmigo en esa última época de su vida y antes de que pudiéramos reconciliarnos le diagnosticaron Alzheimer. Fui a visitarle dos veces, una en el hospital St. Joseph y otra en una residencia. La primera vez que le vi, le dije que le quería, que lamentaba que por el motivo que fuera nos hubiéramos separado y que siempre le agradecería todo lo que había hecho por mí. Quizá me reconoció durante uno o dos minutos; no puedo estar seguro. La segunda vez, sé que no lo hizo, pero yo quería verle de todos modos. Murió a los ochenta y cuatro años, como mi tía Ollie, mucho después de que su mente se fuera para siempre.

Raymond y su familia vivían en una gran casa a orillas del lago Hamilton, donde solíamos ir de excursión y a pasear en su gran barco de madera, Chris-Craft. Celebrábamos cada Cuatro de Julio allí, con muchos fuegos artificiales. Tras su muerte, los hijos de Raymond decidieron, llenos de tristeza, que tenían que vender la casa. Afortunadamente mi biblioteca y mi fundación necesitaban un lugar, de modo que la compramos y la estamos renovando a tal efecto; de este modo los hijos y los nietos de Raymond aún pueden disfrutar de ella. En este momento veo cómo me sonríe desde el cielo.

No mucho después de que nos mudáramos a Park Avenue, creo que en 1955, los padres de mi madre se trasladaron a Hot Springs, a un pequeño apartamento en una vieja casa en nuestra misma calle, a un kilómetro y medio de donde vivíamos. El motivo principal del traslado fueron problemas de salud; la bronquiectasia de Papaw seguía avanzando, y Mammaw había sufrido un infarto. Papaw consiguió un trabajo en una tienda de licores, de la cual creo que Papá poseía una parte, justo enfrente de la barbería del señor Brizendine. Tenía mucho tiempo libre, puesto que incluso en Hot Springs la mayoría de la gente era demasiado formal para entrar en una licorería a plena luz del día, de modo que yo solía ir mucho por allí a verle. Se dedicaba a hacer solitarios y me enseñaba a mí. Aún los hago a menudo, a tres variantes distintas, cuando estoy reflexionando sobre algún problema y necesito una válvula de escape.

El infarto de Mammaw había sido muy serio, y en la fase inmediatamente posterior, se dejó llevar por un estado de nervios que la hacía gritar continuamente. Imperdonablemente, para calmarla, el doctor le recetó morfina, mucha morfina. Cuando se enganchó a dicha sustancia, Madre les trajo a ambos a Hot Springs. Su comportamiento se volvió cada vez más irracional y, desesperada, Madre aceptó finalmente ingresarla en el hospital mental estatal, a unos cincuenta kilómetros de distancia. No creo que existieran por aquel entonces hospitales para tratar las drogadicciones.

Por supuesto, entonces yo no sabía nada de su problema; solo que estaba enferma. Luego Madre me llevó al hospital estatal para verla. Era horrible. Era un infierno. Entramos en una gran sala abierta; estaba refrigerada por grandes ventiladores eléctricos que habían protegido con enormes rejas metálicas para evitar que los pacientes se hicieran daño con las aspas. Personas con la mirada perdida y cubiertas por anchos vestidos de algodón o pijamas caminaban sin rumbo, murmurando para sí o gritando en el vacío. Aun así, Mammaw parecía normal y contenta de vernos, y tuvimos una agradable conversación. Unos meses después, se había estabilizado lo suficiente como para volver a casa, y jamás volvió a tomar morfina. Su problema me hizo conocer de primera mano el sistema sanitario que en esa epoca atendía a la gran mayoría de norteamericanos que tenían problemas mentales. Cuando fue elegido gobernador, Orval Faubus modernizó nuestro hospital estatal e invirtió mucho dinero en él. A pesar del daño que hizo en otras áreas, siempre le estuve agradecido por ello.

CINCO

En 1956, finalmente tuve un hermano, y nuestra familia por fin consiguió un aparato de televisión. Mi hermano, Roger Cassidy Clinton, nació el 25 de julio, el día del cumpleaños de su padre. Yo era muy feliz; Madre y Papá habían tratado de tener un hijo durante algún tiempo (un par de años atrás ella había sufrido un aborto natural). Creo que tanto ella como probablemente él pensaban que un niño salvaría su matrimonio. La reacción de Papá no fue un buen augurio. Yo estaba con Mammaw y Papaw cuando Madre dio a luz mediante cesárea. Papá me recogió y me llevó a verla, luego me devolvió a casa y se fue. Había estado bebiendo durante los últimos meses, y en lugar de hacerle feliz y transformarlo en una persona responsable, el nacimiento de su único hijo le empujó a caer de nuevo en la botella.

A la alegría que trajo la presencia del nuevo bebé en la casa, se sumó la emoción del nuevo televisor. Había muchos programas y espacios de entretenimiento para niños: dibujos animados, *Captain Kangaroo* y *Howdy Doody*, con Buffalo Bob Smith, que me gustaba especialmente. También estaba el béisbol: Mickey Mantle y los Yankees, Stan Musial y los Cardinals, y mi preferido de todos los tiempos, Willie Mays y los New York Giants de toda la vida.

Pero por extraño que resulte en un niño de diez años, lo que en realidad seguí con pasión ese verano fueron las convenciones republicana y demócrata. Me sentaba en el suelo, frente al televisor, y las seguía, transfigurado. Sé que parecerá raro, pero me sentía absolutamente cómodo, como en casa, en el mundo de la política y de los políticos. Me gustaba el presidente Eisenhower, y me alegré de que volvieran a escogerlo candidato, pero nosotros éramos demócratas, de modo que me concentré mucho más en su convención. El gobernador Frank Clement, de Tennessee, pronunció un emocionante discurso de apertura. Hubo luego una apasionante lucha por hacerse con la candidatura a la vicepresidencia entre el joven senador John F. Kennedy y el que acabó ganando, el senador Estes Kefauver, que había sido senador por Tenneesee junto con el padre de Al Gore. Cuando Adlai Stevenson, el candidato de 1952, aceptó el llamamiento de su partido para presentarse de nuevo, dijo que había rezado para que «se apartase de él ese cáliz». Yo admiraba la inteligencia y la elocuencia de Stevenson, pero incluso entonces era incapaz de comprender por qué alguien querría rechazar la oportunidad de ser presidente. Ahora creo que lo que no quería era encabezar otro esfuerzo que estaba destinado a la derrota. Eso sí lo comprendo. Yo también he perdido un par de elecciones, aunque jamás me he metido en una batalla en la que, al menos al principio, no estuviera realmente convencido de poder ganar.

No me pasaba todo el tiempo frente al televisor. Aún iba mucho al cine, y veía tantas películas como podía. En Hot Springs había dos antiguos cines, el Paramount y el Malco; ambos tenían un gran escenario donde las estrellas de las películas del oeste que hacían giras de ciudad en ciudad ofrecían sus espectáculos. Vi a Lash LaRue, enfundado en su traje negro de vaquero, demostrando su habilidad con un látigo de cuero trenzado, y a Gail Davis, que interpretaba a Annie Oakley en la televisión, dar una exhibición de puntería.

Elvis Presley empezó a rodar películas a finales de los años cincuenta. Yo era un enamorado de Elvis; me sabía todas sus canciones, incluidos los coros de los Jordanaires. Le admiré todavía más cuando decidió cumplir su servicio militar, y me quedé fascinado cuando se casó con la hermosa, y joven, Priscilla. A diferencia de muchos padres, que consideraban que sus movimientos de cadera eran obscenos, a Madre también le gustaba mucho Elvis, quizá aún más que a mí. Vimos juntos su legendaria actuación en *The Ed Sullivan Show*, y nos reímos cuando las cámaras cortaban los movimientos de la parte inferior de su cuerpo para protegernos de la indecencia. Aparte de por su música, yo me identificaba con Elvis por sus raíces sureñas, y sus orígenes de pueblo; además, creía que tenía buen corazón. Steve Clark, un amigo mío que fue fiscal general durante mi etapa de gobernador, llevó una vez a su hermana pequeña, que estaba muriéndose de cáncer, a ver una actuación de Elvis en Memphis. Cuando Elvis se enteró de las circunstancias de la pequeña, mandó que los sentaran en primera fila; después del concierto hizo que la pequeña subiera al escenario y estuvo charlando con ella un buen rato. Jamás olvidé ese gesto.

La primera película que rodó Elvis, *Love Me Tender*, era mi preferida, y sigue siéndolo, aunque también me gustaron mucho *Loving You*, *Jailhouse Rock*, *King Creole* y *Blue Hawaii*. Después, sus películas se volvieron más azucaradas y predecibles. Lo curioso de *Love Me Tender*, un *western* que se desarrollaba después de la guerra de Secesión, era que Elvis, que ya se había convertido en un símbolo sexual nacional, se quedaba con la chica, Debra Paget, pero solo porque ella pensaba que el hermano mayor de Elvis, del que en realidad seguía enamorada, había muerto durante la guerra. Al final de la película, Elvis muere de un disparo y deja a su hermano con su esposa.

Jamás he logrado escapar de la sombra de Elvis. Durante la campaña de 1992, algunos miembros de mi equipo me pusieron Elvis de apodo. Unos años más tarde, cuando nombré juez federal a Kim Wardlaw, de

Los Ángeles, tuvo el detalle de enviarme en agradecimiento un pañuelo que había llevado Elvis y que le había firmado durante uno de sus conciertos a principios de los setenta, cuando ella tenía diecinueve años. Aún lo tengo en mi sala de música. Y lo confieso: aún adoro a Elvis.

Mis películas preferidas durante esa época eran las que contaban historias bíblicas: *La túnica sagrada, Demetrio y los gladiadores, Sansón y Dalila, Ben-Hur* y especialmente *Los diez mandamientos,* la primera película por la que recuerdo haber pagado más de diez centavos de entrada. Vi *Los diez mandamientos* cuando Madre y Papá hicieron un corto viaje a Las Vegas. Me llevé mi bolsa del almuerzo y vi la pelicula entera dos veces seguidas, por el precio de una sola entrada. Años más tarde, cuando recibí a Charlton Heston en la Casa Blanca, como miembro honorario del Kennedy Center, él ya era presidente de la Asociación Nacional del Rifle y un virulento opositor a mis esfuerzos legislativos por evitar que los criminales y los niños tuvieran acceso a las armas. Bromeé con él y con el público, diciendo que me gustaba más de Moisés que en su papel actual. En su honor tengo que decir que se lo tomó con buen humor.

En 1957 los pulmones de mi abuelo finalmente se rindieron. Murió en el hospital Ouachita, una instalación relativamente nueva, donde Madre trabajaba. Solo tenía cincuenta y seis años. Había pasado demasiado tiempo en su vida preocupado por las penurias económicas, los problemas de salud y las riñas domésticas; sin embargo, siempre supo disfrutar de las cosas, incluso en medio de la adversidad, y amaba a Madre y a mí más que a su propia vida. Su amor, y lo que me enseñó, sobre todo con su ejemplo —como saber valorar los regalos de la vida cotidiana y no ser ajeno a los problemas de los demás— me hizo mejor persona de lo que hubiera sido sin él.

El año 1957 también quedó marcado por la crisis del instituto Central High de Little Rock. En septiembre, nueve niños negros, apoyados por Daisy Bates, la editora del *Arkansas State Press,* el periódico negro de Little Rock, se integraron en el instituto de la ciudad. El gobernador Faubus, ansioso por romper la tradición de gobernadores de Arkansas que solo duraban dos mandatos, abandonó la tradición progresista de su familia (su padre había votado a favor de Eugene Debs, el eterno candidato socialista a presidente), y llamó a la Guardia Nacional para impedir que se llevara a cabo la integración de los alumnos. El entonces presidente Dwight Eisenhower declaró que las tropas eran fuerzas federales y les ordenó proteger a los estudiantes, que tuvieron que llegar a la escuela abriéndose paso entre una multitud furiosa que les insultaba con epítetos racistas. La mayoría de mis amigos o estaban en contra de la integración o aparentemente no les importaba. Yo no dije mucho al respecto, probablemente porque mi familia no era especialmente proclive a meterse en

política, pero me repugnó lo que hizo Faubus. Aunque hizo un enorme
daño a la imagen del estado en el exterior, se aseguró no solo un tercer
mandato de dos años de duración, sino tres mandatos más después de ese.
Más tarde trató de regresar y se enfrentó a Dale Bumpers, a David Pryor
y a mí, pero para entonces el estado ya había evolucionado y le había
dejado atrás.

Los Nueve de Little Rock se convirtieron en un símbolo de valentía
en la lucha por la igualdad. En 1987, en el treinta aniversario de la crisis,
cuando era gobernador, invité a los Nueve a que regresaran a Arkansas.
Celebramos una recepción en su honor en la Mansión del Gobernador y
les llevé a la estancia donde Faubus había orquestado la campaña para evitar que fueran a la escuela. En 1997 organizamos una gran ceremonia en
el jardín del Central High, con motivo del cuarenta aniversario de los
hechos. Al final del acto, el gobernador Mike Huckabee y yo sostuvimos
las puertas abiertas del Central High mientras los Nueve las cruzaban.
Elizabeth Eckford, que a sus quince años se había sentido profundamente
herida por el despiadado acoso que sufrió cuando tuvo que caminar sola
entre una multitud airada, terminó reconciliándose con Hazel Massery,
una de las chicas que la había insultado cuarenta años atrás. En 2000, en
una ceremonia que tuvo lugar en el jardín sur de la Casa Blanca, les entregué a los Nueve de Little Rock la medalla de oro del Congreso; fue un
honor que se les concedió por iniciativa del senador Dale Bumpers. En
ese momento, a finales de verano de 1957, los Nueve nos ayudaron a
todos, a blancos y a negros por igual, a liberarnos de las pesadas cadenas
de la segregación y de la discriminación. Al actuar de ese modo, hicieron
más por mí de lo que yo jamás podría haber hecho. Sin embargo, espero
que lo que hice, por ellos y por los derechos civiles, durante los años posteriores, estuviera a la altura de las lecciones que aprendí más de cincuenta años atrás, en la tienda de mi abuelo.

En verano de 1957, y otra vez después de Navidades de ese mismo año,
realicé mi primer viaje fuera de Arkansas (aunque antes ya había ido a
Nueva Orleans para ver a Madre). En ambas ocasiones tomé un autobús
Trailways, con destino a Dallas, para visitar a la tía Ollie. Era un transporte de lujo en el que incluso te servían pequeños bocadillos durante el
trayecto, de los cuales me comí un buen número.

Dallas era la tercera ciudad de verdad que conocía. En quinto curso
hicimos un viaje a Little Rock para ver el capitolio del estado; lo mejor
fue la visita al despacho del gobernador, porque como no estaba allí,
pudimos sentarnos en su silla. Aquello me dejó una impresión tan honda
que años más tarde a menudo organizaba sesiones de fotografías para que
los niños se sentaran en mi silla, tanto en mi etapa de gobernador como
en el Despacho Oval.

Aquellos viajes a Dallas fueron memorables para mí por tres razones, dejando aparte la deliciosa comida mexicana, el zoo y el circuito de minigolf más bonito que jamás había visto. En primer lugar, tuve oportunidad de conocer a algunos de los parientes de mi padre. Su hermano menor, Glenn Blythe, era agente de la ley en Irving, una zona residencial en las afueras de Dallas. Era un hombre alto y atractivo, y estar a su lado me hizo sentir más cerca de mi padre. Lamentablemente, también falleció muy joven, a los cuarenta y ocho años, de un ataque al corazón. La sobrina de mi padre, Ann Grigsby, había sido amiga de Madre desde que ésta se casó con mi padre. Durante esos viajes se convirtió para mí en una amiga para toda la vida; siempre me contaba anécdotas acerca de mi padre y de Madre, de cuando era una joven recién casada. Ann sigue siendo el lazo más fuerte que me une a la familia Blythe.

En segundo lugar, el día de Año Nuevo de 1958 fui al Cotton Bowl; era el primer partido de fútbol americano de las ligas universitarias al que asistía. Rice, liderado por el *quarterback* King Hill, jugó contra Navy, cuyo gran corredor Joe Bellino ganó el trofeo Heisman dos años más tarde. Me senté en las gradas más alejadas, pero me sentí como si estuviera en un trono, pues Navy ganó 20 a 7.

Y tercero, justo después de Navidad fui a ver dos películas yo solo, una tarde que Otie tenía que trabajar. Creo que estaban proyectando *El puente sobre el río Kwai*. La película me encantó, pero no me gustó tanto el hecho de tener que pagar una entrada para adultos, pues yo no había cumplido todavía los doce. Era tan alto para mi edad que el taquillero no me creyó. Era la primera vez en toda mi vida que alguien se negaba a creerme. Me dolió, pero aprendí que hay una gran diferencia entre las grandes ciudades impersonales y los pueblecitos, y así empezó mi largo entrenamiento para la vida en Washington, donde nadie se fía de tu palabra por nada del mundo.

En el año escolar de 1958–59 empecé a ir a la escuela secundaria. Estaba al otro lado de la calle, frente al hospital Ouachita, y al lado del instituto de Hot Springs. Ambos edificios eran de un ladrillo rojo oscuro. El del instituto era de líneas clásicas, acordes con la fecha en que se construyó, 1917; tenía cuatro pisos de altura y un gran y antiguo auditorio. El edificio de la escuela secundaria era un poco más pequeño y prosaico, pero aun así representaba una nueva e importante etapa de mi vida. Sin embargo, lo más destacado que me sucedió ese año no tuvo nada que ver con la escuela. Uno de los profesores de la escuela dominical se ofreció para llevar a algunos chicos de nuestra iglesia a Little Rock, para oír predicar a Billy Graham durante su campaña en el War Memorial Stadium, donde jugaban los Razorbacks. Las tensiones raciales eran aún muy agudas en 1958. Las escuelas de Little Rock cerraron sus puertas, en un último esfuerzo desesperado por detener el proceso de integración, y se repartió a los niños entre las escuelas de los pueblos cercanos. Los segregacionistas del Consejo de Ciudadanos Blancos y otros organismos similares propusieron que, dada la tensión que había en el ambiente, sería mejor que el reverendo Graham restringiera la entrada al acto y solo admitiera a blancos. Él replicó que Jesús amaba a todos los pecadores, y que todos necesitaban una oportunidad de escuchar la palabra de Dios y que por lo tanto prefería desconvocar el acto antes que predicar frente a un público segregado. En aquella época, Billy Graham era la viva encarnación de la autoridad bautista sureña, y la figura religiosa de mayor importancia en el Sur, y quizá en toda la nación. Después de que expresara su posición tal como lo hizo, yo aún tenía más ganas de escucharle predicar. Los segregacionistas rectificaron, y el reverendo Graham realizó un profundo y convincente parlamento, con el que transmitió su mensaje en veinte minutos, tal como solía hacer. Cuando invitó a la gente a bajar al campo de fútbol para que se convirtieran en cristianos o reafirmaran que dedicaban su vida a Cristo, cientos de personas, blancos y negros, bajaron juntos por los pasillos laterales del estadio, permanecieron de pie juntos y rezaron juntos. Fue un emocionante contrapunto a la política racista que se extendía por todo el Sur. Respeté profundamente a Billy Graham por ello. Durante meses le envié regularmente parte de mi reducida paga para mostrarle mi apoyo.

Treinta años más tarde, Billy volvió a Little Rock para otra campaña en el War Memorial Stadium. Como gobernador, me sentí muy honrado de estar en el escenario a su lado aquella noche, y aún más cuando fui con él y mi amigo Mike Coulson a visitar a mi pastor, y viejo amigo de Billy, W. O. Vaught, que estaba muriéndose de cáncer. Era asombroso escuchar cómo aquellos dos hombres de Dios hablaban de la muerte, de sus miedos y de su fe. Cuando Billy se levantó para irse, tomó la mano del pastor Vaught entre las suyas y dijo: «W.O., no nos queda mucho tiempo a ninguno de los dos. Te veré pronto, justo frente a la Puerta del Este», la entrada a la Ciudad Santa.

Cuando me convertí en presidente, Billy y Ruth Graham nos visitaron a Hillary y a mí en nuestra residencia de la Casa Blanca. Billy rezó conmigo en el Despacho Oval, y me escribió inspiradoras cartas de enseñanzas y ánimos que me ayudaron mucho en los momentos de tribulaciones. Durante toda su relación conmigo, al igual que en aquella campaña de 1958, Billy Graham vivió según le dictaba su fe.

La escuela secundaria trajo consigo una serie de nuevas experiencias y retos a mi vida, en un momento en el que empezaba a conocer más mi mente, mi cuerpo, mi espíritu y mi pequeño mundo. La mayoría de las cosas que aprendía de mí me gustaban, pero no todas. Algunas de las ideas que cruzaban mi mente y las nuevas experiencias que entraban en mi vida me tenían aterrorizado: la ira que sentía contra Papá, los primeros indicios de atracción sexual hacia las chicas y las dudas sobre mis convicciones religiosas, que creo que surgieron porque era incapaz de comprender por qué un Dios cuya existencia yo no podía demostrar había creado un mundo en el que sucedían tantas cosas malas.

Mi interés por la música aumentó. Ya asistía a los ensayos diarios de la banda de la escuela y esperaba ansioso los desfiles durante la media parte de los partidos, o durante la cabalgata de Navidad; también acudía a los conciertos, en los festivales regionales y estatales, donde los jueces calificaban a las bandas y también las actuaciones en solitario y en grupo. Gané un buen número de medallas en la escuela secundaria, y cuando no estaba a la altura, invariablemente se debía a que trataba de tocar una obra que era demasiado difícil para mí. Aún conservo algunas de las hojas de valoración de los jueces acerca de mis primeras actuaciones como solista; en ellas señalaban mi poco control de las notas graves, un pésimo fraseo y las mejillas hinchadas. Las calificaciones mejoraron a medida que me hice mayor, pero nunca pude evitar por completo lo de las mejillas hinchadas. En aquel momento mi solo preferido era un arreglo de *Rhapsody in Blue*, que disfrutaba mucho tratando de tocar, y que una vez toqué para los huéspedes del antiguo hotel Majestic. Estaba muy nervioso, pero también estaba decidido a dejar una buena impresión, con mi chaqueta blanca nueva, la pajarita y la faja roja.

Los directores de la banda de la escuela secundaria me animaron a mejorar, y decidí intentarlo. En Arkansas se organizaban campamentos de verano en los campus universitarios, y yo quería ir a alguno. Decidí probar con el campamento del campus principal de la Universidad de Arkansas, en Fayetteville, porque había muy buenos maestros y yo quería pasar un par de semanas en el lugar al que supuse que algún día asistiría como estudiante. Fui allí cada verano durante siete años, hasta el verano posterior a mi graduación en el instituto. Constituyó una de las experiencias más importantes de mi crecimiento y desarrollo. Al principio, me dediqué a tocar sin parar y mejoré mucho. Algunos días me pasaba tocando doce horas, hasta que me dolían tanto los labios que apenas podía moverlos. También pude escuchar y aprender de los músicos con más experiencia y mejores que yo.

El campamento de la banda también resultó ser un lugar ideal para desarrollar habilidades políticas y de liderazgo. Durante toda mi adolescencia, era el único sitio en el que pertenecer a la «banda de la escuela» en lugar de ser un jugador del equipo de fútbol americano no era un inconveniente. También era el único sitio en que ser un chico de la banda no era un impedimento para poder ir con chicas guapas. Nos lo pasábamos de fábula, desde el momento en que bajábamos a desayunar al comedor universitario hasta que nos íbamos a la cama; nos sentíamos muy importantes.

También me gustó mucho el campus. La universidad era la institución pública de enseñanza superior más antigua al oeste del Mississippi. Cuando era un estudiante de instituto hice una redacción sobre ella, y cuando fui gobernador aprobé una expropiación de terrenos para restaurar el Old Main, el edificio más antiguo del campus. Se construyó en 1871 y es un testimonio único de la guerra de Secesión; destaca por sus dos torres de distinta altura: la del norte es más alta que la del sur.

También le debo a la banda haber conocido a mi mejor amigo durante la escuela secundaria, Joe Newman. Era un batería, y muy bueno. Su madre, Rae, era maestra en nuestra escuela, y ella y su marido, Dub, siempre me hicieron sentir bienvenido en su gran casa de madera pintada de blanco en Ouachita Avenue, cerca de donde vivían el tío Roy y la tía Janet. Joe era listo y escéptico, tenía un humor cambiante y era divertido y leal. Me gustaba jugar con él, o sencillamente hablar. Aún lo hago; hemos seguido siendo buenos amigos durante todos estos años.

Mi asignatura preferida en la escuela eran las matemáticas. Era uno de los pocos afortunados que estaban en el primer grupo del pueblo que estudió álgebra en octavo, y no en noveno, de modo que tenía la posibilidad de estudiar geometría, álgebra II, trigonometría y cálculo cuando terminara el instituto. Me gustaban las matemáticas porque me permitían solucionar problemas, y eso siempre me ha motivado mucho, pues hace que mis neuronas funcionen. Aunque no volví a estudiar matemáticas en la universidad, siempre pensé que se me daban bien, hasta que tuve que ayudar a Chelsea en sus deberes cuando estaba en noveno curso. Un desengaño más.

Mary Matassarin me enseñó álgebra y geometría. Su hermana, Verna Dokey, daba historia, y su marido, Vernon, un entrenador retirado, enseñaba ciencia en octavo curso. Todos ellos me gustaban mucho, pero aunque yo no destacaba particularmente en ciencia, fue una de las lecciones del señor Dokey la que recuerdo mejor. Aunque su esposa y su hermana eran mujeres atractivas, Vernon Dokey, por decirlo suavemente, no era un hombre guapo. Era fornido, tenía algo de barriga y llevaba gafas de cristales muy gruesos; fumaba unos cigarrillos baratos con una pequeña boquilla, que le daban a su rostro un aspecto peculiarmente demacrado cuando chupaba el cigarrillo. Generalmente sus modales eran ásperos, pero tenía una amplia sonrisa, un gran sentido del humor y una aguda percepción de la naturaleza humana. Un día nos miró y dijo: «Chicos, dentro de algunos años quizá no recuerden nada de lo que han aprendido durante nuestras clases, de modo que voy a enseñarles algo sobre la naturaleza humana que deberían recordar. Cada mañana, me levanto, voy al baño, me lavo la cara con agua, me afeito y me limpio la crema de afeitar; luego me miro al espejo y me digo: "Vernon, eres guapo y maravilloso". Recuerden eso, chicos. Todo el mundo quiere sentirse «maravilloso». Y lo he recordado, durante más de cuarenta años. Me ha ayudado a comprender cosas que no hubiera entendido si Vernon Dokey no me hubiera dicho que él era guapo y maravilloso, y yo no hubiera llegado a pensar que, de hecho, así era. Yo necesitaba toda la ayuda posible para entender a la gente de mi escuela secundaria. Allí tuve que enfrentarme al hecho de que no estaba destinado a gustarle a todo el mundo, generalmente por motivos que no podía desentrañar. Una vez, cuando me dirigía a la escuela y me quedaba un trecho de una manzana por recorrer, un estudiante mayor, uno de los «matones» del pueblo, que estaba de pie frente a un hueco entre dos edificios fumando un cigarrillo, me tiró la colilla encendida; me dio en el puente de la nariz, y casi llegó a quemarme el ojo. Jamás entendí por qué lo había hecho; pero después de todo, yo era un chico gordito que no llevaba vaqueros a la última (Levi's, preferiblemente sin el punteado de los bolsillos traseros).

Por esa época, un día me peleé con Clifton Bryant, un chico un año mayor que yo, pero más pequeño físicamente. Mis amigos y yo habíamos decidido ir andando a casa desde la escuela, lo cual equivalía a recorrer una distancia de unos cuatro kilómetros y medio. Clifton vivía en la misma dirección, y empezó a seguirnos; se burlaba de mí y me golpeaba en la espalda y en los hombros una y otra vez. Seguimos así buen rato hasta que llegamos a Central Avenue, a la fuente, y luego giramos hacia la derecha en dirección a Park Avenue. Durante un poco más de un kilómetro traté de ignorarle. Finalmente, no pude más y exploté. Me di la vuelta, tomé carrerilla y le golpeé. Fue un buen gancho, pero cuando conseguí darle, él ya se había girado para huir, de modo que solo pude alcanzarle en la espalda. Como he dicho, yo era algo lento. Cuando Clifton se fue corriendo a casa, le grité que volviera y luchara como un hombre, pero él siguió corriendo. Cuando llegué a casa, ya me había calmado y los comentarios y felicitaciones de mis compinches habían perdido brillo. Temía haberle hecho daño, de modo que le pedí a Madre que llamara a su casa para asegurarme de que estaba bien. Jamás tuvimos ningún problema después de aquello. Había aprendido que podía defenderme, pero no lo había pasado bien haciéndole daño a aquel chico, y mi repentino enfado me inquietaba un poco; en el futuro, mis ataques de genio serían más graves y profundos. Ahora sé que mi ira de ese día fue una reacción normal y sana al modo en que me habían tratado. Pero debido al comportamiento de Papá cuando estaba enfadado o borracho, yo asociaba la ira con la pérdida de control y estaba decidido a que eso no me sucediera. De lo contrario, podría dar rienda suelta a la ira constante y permanente que mantenía siempre oculta y encerrada en mi interior porque ignoraba de dónde procedía.

Incluso cuando estaba enfadado, tenía suficiente sentido común como para no aceptar cualquier reto. Concretamente en dos ocasiones durante aquellos años, pasé de largo, o si prefieren ser críticos, me achanté. Un día fui a nadar con los chicos Crane en el río Caddo, al oeste de Hot Springs, cerca de un pueblecito llamado Caddo Gap. Uno de los muchachos del lugar se acercó a la orilla donde yo estaba nadando, y me gritó algún insulto, de modo que yo le respondí en los mismos términos. Luego cogió un pedrusco y me lo tiró. Estaba a unos veinte metros de distancia, pero aun así acertó a darme en toda la cabeza, cerca de la sien, y empecé a sangrar. Quise salir y enfrentarme con él, pero era obvio que era más grande, más fuerte y más duro que yo, así que me alejé a nado. Dadas mis experiencias con el martillo, la escopeta de aire comprimido de Tavia Perry y una serie de incidentes similares que aún tenían que llegar, creo que hice lo correcto.

Pienso que también acerté la segunda vez que opté por abstenerme durante mis años en la escuela secundaria. Los viernes por la noche siempre había un baile en el gimnasio del local del YMCA. Me encantaba el rock and roll y el baile, así que solía ir bastante a menudo, sobre todo a partir de octavo o noveno curso, a pesar de que estaba gordo, no iba a la última y tampoco era muy popular entre las chicas. Además, seguía llevando los vaqueros que no debía.

Una noche, en el local, me dirigí hacia los billares que había cerca del gimnasio, donde se encontraba la máquina de Coca-Cola, para comprar una bebida. Algunos muchachos mayores estaban jugando a billar o mirando la partida; uno de ellos era Henry Hill, cuya familia era propietaria de la antigua bolera del centro, la Lucky Strike Lanes. Henry empezó a meterse con mis vaqueros, que esa noche estaban especialmente raídos. Eran vaqueros de carpintero, con un lazo a un lado para poder colgar un martillo. Yo ya estaba bastante inseguro, y no necesitaba que Henry lo empeorara, así que le solté cuatro frescas. Él me dio un tortazo en la mandíbula, tan fuerte como pudo. Yo estaba crecido para mi edad, pues medía casi metro ochenta y pesaba ochenta y cuatro kilos. Pero Henry medía más de dos metros, y tenía mucha pegada. Ni se me pasó por la cabeza devolverle el golpe; además, para mi asombro, ni siquiera me dolió demasiado. De modo que me quedé frente a él mirándole de hito en hito. Creo que a Henry le sorprendió que no me cayera o me fuera corriendo, porque se rió, me dio una palmada en la espalda y dijo que yo era un buen chico. Siempre mantuvimos una relación amistosa después de aquello. De nuevo, había aprendido que podía encajar un golpe y que hay más de una forma de responder con firmeza a una agresión.

Cuando empecé noveno, en septiembre de 1960, estábamos en plena campaña presidencial. Mi tutora, y profesora de inglés, Ruth Atkins, también procedía de Hope y era, como yo, demócrata hasta la médula. Hizo que leyéramos y que debatiéramos *Grandes esperanzas* de Dickens, pero también nos dejó hablar de política. En aquella época, en Hot Springs había más republicanos que en la mayor parte del resto de Arkansas, pero sus raíces no eran tan conservadoras como actualmente. Algunas de las familias más antiguas llevaban allí desde la guerra de la Independencia y se hicieron republicanas porque estaban en contra de la secesión y la esclavitud. Otras familias tenían raíces republicanas, pero apoyaban el progresismo de Teddy Roosevelt. Otras estaban a favor del conservadurismo moderado de Eisenhower.

Los demócratas de Arkansas eran un grupo aún más variado. Los que seguían las tradiciones de la guerra de la Independencia eran demócratas porque sus antepasados habían apoyado la secesión y la esclavitud. Gran parte de ellos llegaron a las filas del partido durante la Depresión, cuando muchos trabajadores desempleados o campesinos pobres vieron en Roosevelt a un salvador, y más tarde se decantaron por nuestro vecino de Missouri, Harry Truman. También había algunos demócratas que eran inmigrantes, la mayoría originarios de Europa. Muchos negros eran demócratas gracias a Roosevelt, a la defensa de los derechos civiles que hacía Truman y a la intuición de que Kennedy sería más agresivo acerca del tema que Nixon. Un pequeño grupo de blancos también pensaba lo mismo. Yo era uno de ellos.

En la clase de la señorita Atkins la mayoría de los niños iban a favor de Nixon. Recuerdo que David Leopoulos le defendía, aduciendo que tenía mucha más experiencia que Kennedy, especialmente en política exterior, y que su historial pro derechos civiles era bastante bueno, lo cual era cierto. La verdad es que en ese momento yo no tenía nada en contra de Nixon. Todavía ignoraba que en sus campañas se aprovechaba del miedo al comunismo, como lo hizo cuando se presentó al Congreso y al Senado en California contra Jerry Voorhis y Helen Gahagan Douglas, respectivamente. Me gustó la forma en que se mantuvo firme frente a Nikita Jruschov. En 1956, yo sentía admiración tanto por Eisenhower como por Stevenson, pero en 1960 ya había tomado partido. Había apoyado a Lyndon B. Johnson en las primarias a causa de su liderazgo en el Senado, especialmente cuando se aprobó una ley de derechos civiles, en 1957, y también a causa de sus raíces sureñas. También me gustaba Hubert Humphrey, porque era el defensor de los derechos civiles más apasionado, y Kennedy, por su juventud, su fuerza y su compromiso de que el país se pondría en marcha de nuevo. Frente a mis compañeros de clase defendí lo mejor que supe al candidato Kennedy.

Quería que ganara con todas mis fuerzas, especialmente después de que llamara a Coretta King para expresarle su preocupación por el encarcelamiento de su marido, y después de que hablara con los Bautistas del Sur de Houston y defendiera su fe y el derecho de los norteamericanos católicos a presentarse candidatos a la presidencia. La mayoría de mis compañeros, y sus padres, no estaban de acuerdo con eso, pero yo ya empezaba a acostumbrarme a disentir. Unos meses atrás, había perdido las elecciones a presidente del consejo estudiantil. El elegido fue Mike Thomas, un buen chico y uno de mis cuatro compañeros de clase que después murió en Vietnam. Nixon ganó en nuestro condado, pero Kennedy logró hacerlo en Arkansas con el 50,2 por ciento de los votos, una victoria por un margen muy estrecho, pero que no pudieron impedir los esfuerzos de los fundamentalistas protestantes, que intentaban convencer a los demócratas bautistas de que su candidato terminaría aceptando órdenes del Papa.

Por supuesto, el hecho de que fuera católico era una de las razones por las que yo quería que Kennedy fuera presidente. A través de mis propias experiencias en la escuela St. John's y de mis encuentros con las monjas que trabajaban con Madre en el hospital St. Joseph, los católicos me gustaban y les admiraba, especialmente sus valores, su devoción y su conciencia social. También estaba orgulloso de que el único oriundo de Arkansas que se había presentado a unas elecciones nacionales, el senador Joe T. Robinson, fuera el compañero de candidatura del primer católico que se había presentado a la presidencia, el gobernador Al Smith de Nueva York, en 1928. Como Kennedy, Smith ganó en Arkansas, gracias a Robinson.

Dada mi afinidad con los católicos es irónico que, además de la música, mi mayor interés extracurricular desde noveno curso fuera la Orden de DeMolay, una organización de muchachos patrocinada por los masones. Siempre había creído que los masones y los DeMolays eran anticatólicos, aunque no comprendía la razón. DeMolay era, después de todo, un mártir anterior a la Reforma, que murió como un creyente a manos de la Inquisición española. No fue hasta que empecé a documentarme para este libro cuando descubrí que la Iglesia católica había condenado a los masones, a principios del siglo XVIII, por considerar que era una institución peligrosa que amenazaba su autoridad; en realidad, los masones nunca han excluido a nadie por motivos de fe, y de hecho han acogido a algunos miembros católicos a lo largo de los años.

El objetivo de DeMolay era fomentar las virtudes cívicas y personales y la amistad entre los miembros de su organización. Yo disfrutaba con aquella camaradería, y memorizaba todas las partes de los rituales; me esforzaba por llegar a ser el maestro de mi capítulo local, asistía a las convenciones estatales, con su vigorosa vida política, y a las fiestas con las

Chicas Arcoiris, la organización hermana de DeMolay. Aprendí mucho de política participando en la elección estatal de la organización DeMolay, aunque yo jamás me presenté. El hombre más listo que apoyé como candidato a maestro estatal era Bill Ebbert, de Jonesboro. Ebbert hubiera sido un gran alcalde, o un gran presidente de comité del Congreso, en los viejos tiempos en que todavía se respetaba la experiencia. Era gracioso, listo, duro y tan bueno en las negociaciones como Lyndon Johnson. Una vez iba conduciendo a toda velocidad por una autopista de Arkansas, quizá a más de ciento cincuenta kilómetros por hora, cuando un coche de la policía estatal, con las sirenas en marcha, empezó a perseguirle. Ebbert tenía una radio de onda corta, así que llamó a la policía para informar de un grave accidente de coche unos cinco kilómetros más atrás. El coche de policía recibió el aviso y rápidamente cambió de dirección, por lo que el acelerado Ebbert pudo volver a casa libremente. Me pregunto si el policía descubrió alguna vez lo que había ocurrido.

Aunque me lo pasé bien en DeMolay, nunca acabé de creerme que sus rituales secretos fueran un asunto esencial que de algún modo hiciera nuestras vidas más importantes. Después de conseguir mi graduación en DeMolay, no seguí la larga tradición de notables norteamericanos que se remonta a George Washington, Benjamin Franklin y Paul Revere —todos ellos masones— probablemente porque a los veinte años me encontraba en plena fase antiasociacionista y no me gustaba lo que erróneamente consideraba el anticatolicismo latente de la masonería, o la segregación de blancos y negros en distintas ramas (aunque durante mi visita a las convenciones masonas negras de Prince Hall, cuando era gobernador, sus miembros parecían estar pasándolo mucho mejor que los masones que yo había conocido).

Además, tampoco me hacía falta estar metido en una fraternidad secreta para tener algo que ocultar. Tenía mis propios secretos, enraizados en el alcoholismo y los abusos de Papá. Esas tendencias empeoraron cuando yo tenía catorce años —estaba entonces en noveno curso— y mi hermano solo tenía cuatro. Una noche Papá cerró la puerta de su habitación, empezó a gritarle a Madre y luego la golpeó repetidamente. El pequeño Roger estaba aterrorizado, igual que yo nueve años atrás, la noche en que Papá disparó. Al cabo de un rato, no pude soportar más la idea de que a Madre le hicieran daño, ni ver a Roger tan asustado. Cogí un palo de golf de mi bolsa y abrí la puerta a golpes. Madre estaba en el suelo y Papá estaba inclinado sobre ella, pegándola. Le dije que parara, y que si no lo hacía le daría una paliza con el palo de golf. Entonces se derrumbó; se dejó caer en un sillón al lado de la cama y hundió la cabeza en sus manos. Me puse enfermo. En su libro, Madre dice que ella llamó a la policía y que hizo detener a Papá para que pasara la noche en la celda. Yo no lo recuerdo, pero sí sé que no tuvimos más problemas durante mucho tiempo. Supongo que estaba orgulloso de mí mismo por haber defendido a Madre, pero después también sentí tristeza. Sencillamente no podía aceptar el hecho de que una persona que básicamente era buena tratara de borrar su dolor haciéndole daño a otra. Ojalá hubiera tenido a alguien con quien poder hablar de todo aquello, pero no fue así, de modo que tuve que buscarle un sentido yo solo.

Terminé aceptando los secretos de nuestra casa como una parte normal de mi vida. Jamás le hablaba de ello a nadie, ni a los amigos ni a los vecinos ni a los profesores ni al pastor. Muchos años más tarde, cuando me presenté candidato a la presidencia, algunos amigos míos dijeron a los periodistas que ellos no sabían nada de todo aquello. Por supuesto, como siempre sucede con la mayoría de secretos, había gente que sí lo sabía. Papá no podía comportarse correctamente con todo el mundo excepto con nosotros, aunque lo intentara. Todos aquellos que lo supieron —miembros de la familia, amigos íntimos de Madre y un par de policías— no me dijeron que lo sabían, así que yo estaba convencido de que tenía un secreto de verdad, y guardaba silencio sobre el tema. La política familiar era «No preguntes y no lo cuentes».

El otro único secreto que tuve durante mis años escolares fue mandar una parte de mi paga a Billy Graham después de su intervención pública en la campaña de Little Rock. Jamás les dije nada de eso a mis padres o a mis amigos. Un día, cuando iba camino del buzón de correos que estaba cerca del camino a casa que daba a Circle Drive, con el dinero que iba a darle a Billy, vi a Papá trabajando en el patio trasero. Para evitar que me viera, fui por la parte delantera hasta Park Avenue, giré a la derecha y retrocedí por el camino de atrás del motel Perry Plaza que había al lado. Nuestra casa estaba en una colina, y el Perry Plaza en una explanada un poco más baja. Cuando había llegado hacia la mitad del camino, Papá miró hacia abajo y me vio de todos modos con la carta en la mano. Fui al buzón, eché la carta y volví a casa. Sin duda debió de preguntarse qué estaba haciendo, pero no me preguntó nada al respecto. Jamás lo hizo. Supongo que ya tenía su propia carga de secretos.

He reflexionado mucho sobre el tema de los secretos a lo largo de los años. Todos tenemos alguno, y creo que tenemos derecho a ello. Hacen que la vida sea más interesante, y cuando decidimos compartirlos, nuestras relaciones ganan en profundidad y en significado. El lugar donde se ocultan los secretos también puede convertirse en un santuario, ofrecer un espacio de paz alejado del resto del mundo, donde la propia identidad pueda adquirir forma y reafirmarse, donde estar solo pueda traer seguridad y paz. Sin embargo, los secretos también pueden convertirse en una terrible y pesada carga, especialmente si van ligados a algún tipo de sentimiento de vergüenza, aunque el origen de esa vergüenza no radique en el que guarda el secreto. O a veces, el atractivo de nuestros secretos es demasiado fuerte, lo suficiente como para creer que no podemos vivir sin ellos, que ni siquiera seríamos las personas que somos, si no los tuviéramos.

Aunque, por supuesto, yo no tenía ni idea de todo esto en la época en que empecé a convertirme en un guardián de secretos. Ni siquiera le dedicaba mucha atención por aquel entonces. Tengo buena memoria en lo que respecta a muchos detalles de mi niñez, pero no confío en mi memoria para que me diga con exactitud qué sabía realmente, y cuándo fui consciente de ello. Solo sé que al final luchaba para mantener el equilibrio adecuado entre los secretos que me aportaban riqueza interior y aquellos otros relacionados con los miedos soterrados y con la vergüenza; también recuerdo que siempre era renuente a hablar con nadie de las partes más complicadas de mi vida personal, incluida una grave crisis espiritual que pasé a la edad de trece años, cuando mi fe era demasiado débil para sostener la creencia de la existencia de Dios, frente a lo que estaba sucediendo a mi alrededor, y lo que yo mismo experimentaba. Ahora sé que esa lucha fue, al menos en parte, el resultado de crecer en un hogar en el que había problemas de alcoholismo, y que fue fruto de los mecanismos que yo desarrollé para sobrellevar aquella situación. Me llevó mucho tiempo entender eso, y aún resultó mucho más duro aprender qué secretos debía guardar, cuáles podía dejar libres, y qué secretos era mejor evitar tener desde un principio. Aún no estoy seguro de saberlo totalmente. Parece que va a ser tarea de toda una vida.

SEIS

No sé cómo Madre lograba llevarlo tan bien. Cada mañana, sin importar qué hubiera pasado la noche anterior, se levantaba y se ponía la máscara de guerra. Y menuda máscara era. Desde que volvió de Nueva Orleans, cuando yo me levantaba lo suficientemente temprano, disfrutaba sentándome en el suelo del baño y contemplándola mientras maquillaba su hermoso rostro.

Le llevaba su tiempo, en parte porque no tenía cejas. A menudo bromeaba diciendo que ojalá las tuviera grandes y pobladas, de esas que hace falta depilar, como las de Akim Tamiroff, un famoso actor de reparto de la época. En lugar de eso, se dibujaba unas cejas con un lápiz cosmético. Luego se ponía el maquillaje y el pintalabios, generalmente uno de color rojo brillante a juego con su esmalte de uñas.

Recuerdo que hasta que tuve once o doce años su pelo era largo, oscuro y ondulado. Era realmente hermoso y abundante, y me gustaba mirarla mientras se peinaba hasta que quedaba perfecto. Jamás olvidaré el día que volvió del salón de belleza con el pelo corto y sin sus preciosos mechones ondulados. Fue poco después de que tuviéramos que sacrificar a mi primera perra, Susie, que tenía nueve años, y me dolió casi lo mismo. Madre dijo que el pelo corto estaba más de moda y que era más adecuado para una mujer de su edad, de alrededor de treinta años. No me lo creí, y siempre eché de menos su larga mata de pelo, aunque sí me gustó que, unos meses más tarde, dejara de teñirse el mechón de pelos grises que le había salido en el flequillo cuando tenía veintipocos años.

Cuando terminaba de maquillarse, Madre ya se había fumado uno o dos cigarrillos y se había tomado un par de tazas de café. Luego, después de que la señora Walters llegara, se iba al trabajo y a veces, si nuestros horarios coincidían, me acompañaba a la escuela. Cuando yo regresaba a casa de la escuela, me entretenía jugando con mis amigos o con Roger. Me encantaba tener un hermanito pequeño y a mis amigos también les gustaba que estuviera con nosotros; luego se hizo mayor y prefirió a sus propios amigos.

Madre solía llegar a casa hacia las cuatro o las cinco, excepto cuando era temporada de carreras, que a ella le apasionaban. Aunque raramente apostaba más de dos dólares, repartidos en diversas apuestas, se lo tomaba muy en serio; se fijaba en la forma física de los caballos y en las hojas de pronósticos, prestaba mucha atención a los jinetes, a los entrenadores y a los propietarios que lograba conocer y discutía las opciones con los amigos que tenía en el hipódromo. Algunos de sus mejores amigos de toda la vida los encontró allí: a Louise Crain y a su marido, Joe, un agente que más tarde se convirtió en jefe de policía y que solía llevarse en su coche patrulla a mi padre cuando estaba borracho, y daba vueltas y vueltas hasta que Papá se calmaba; a Dixie Seba y a su marido, Mike, que era entrenador y a Marge Mitchell, una enfermera que trabajaba en la enfermería que había en el hipódromo para atender a la gente que pudiera tener problemas de salud mientras estaba en las instalaciones, y que, junto con Dixie Seba y más tarde Nancy Crawford, la segunda esposa de Gabe, probablemente fue la amiga más íntima de Madre y lo más parecido a un confidente que tuvo jamás. Marge y Madre se llamaban «hermana» mutuamente.

Poco después de que volviera a casa tras licenciarme en la Facultad de Derecho tuve ocasión de devolverle a Marge un poco de lo que había hecho por Madre y por mí. Cuando la despidieron de su empleo en el centro de salud mental de la comunidad, decidió recurrir y me pidió que la representara en la vista; incluso mis inexpertas preguntas pusieron de manifiesto que el despido se debía únicamente a un conflicto personal con su supervisor. Rebatí los argumentos que aducían contra ella, y me hizo muchísima ilusión ganar el caso. Merecía recuperar su empleo.

Antes de que yo metiera a Madre en la política, la mayoría de sus amistades tenían relación con su trabajo, y eran médicos, enfermeras o personal del hospital. Tenía muchos amigos en ese ambiente. Jamás conocía a nadie nuevo, se esforzaba siempre por tranquilizar a sus pacientes antes de las operaciones quirúrgicas y disfrutaba sinceramente en compañía de sus colegas de trabajo. Por supuesto, no le gustaba a todo el mundo. Podía llegar a ser muy áspera con la gente que ella creía que tenía un carácter mandón o que se aprovechaban de su posición para tratar injustamente a los demás. A diferencia de mí, ella disfrutaba haciendo enfurecer a esa clase de personas. Yo solía hacer enemigos sin demasiado esfuerzo, solo por ser yo mismo, o, después de entrar en la política, debido a las posiciones que tomaba y a los cambios que intentaba introducir. Cuando a Madre le disgustaba una persona, se esmeraba para que terminara sacando espuma por la boca. Más adelante esto le costó caro en su carrera profesional: luchó durante años para evitar trabajar en el equipo de un médico anestesista concreto, y también tuvo algunos problemas en un par de sus operaciones. Pero con la mayoría de gente se llevaba bien, porque a Madre les gustaba, los trataba con respeto y obviamente amaba la vida.

Nunca comprenderé cómo logró conservar la energía y la vitalidad. Se pasaba el día trabajando, y también divirtiéndose, pero siempre tenía tiempo para mi hermano Roger y para mí. Ni en una sola ocasión se perdió uno de los actos o fiestas de la escuela. También supo encontrar tiempo para dedicarlo a nuestros amigos y siempre se guardó todos sus problemas para sí.

Disfrutaba mucho yendo al hospital a verla. Allí conocía a las enfermeras y a los médicos y veía cómo cuidaban de la gente. Una vez, cuando estaba en la escuela secundaria, me dejaron mirar durante una operación quirúrgica. Solo recuerdo que hacían incisiones todo el rato y que salía mucha sangre, pero yo no me mareé. Me fascinaba la labor de los cirujanos, y pensé que un día quizá me gustaría hacer algo así.

Madre se interesaba mucho por sus pacientes, tanto si podían permitirse los tratamientos como si no. En aquellos tiempos, antes de Medicare y Medicaid, había mucha gente que no tenía medios suficientes para costearse un tratamiento médico. Recuerdo un hombre pobre y orgulloso que llamó a nuestra puerta un día para saldar una deuda. Era recolector de fruta y pagó a Madre con seis fanegas de melocotones frescos; nos duraron mucho tiempo y nos los fuimos comiendo con cereales, en pasteles y en helado casero. ¡Aquello me hizo desear que tuviera más pacientes que andaran cortos de dinero en metálico!

Creo que Madre encontraba en los amigos, en las carreras y en el trabajo un inmenso alivio de las tensiones que le producía su matrimonio. Sin duda debió de haber muchos días en los que lloraba por dentro, o que incluso aguantaba en silencio el dolor físico, pero los demás no se enteraban de nada. Su ejemplo me resultó muy útil cuando me convertí en presidente. Casi nunca me contaba sus problemas personales; supongo que creía que yo ya sabía todo lo que necesitaba saber, que era suficientemente listo para imaginarme el resto y que merecía una niñez lo más normal posible dentro de las circunstancias.

Cuando tenía quince años, los acontecimientos acabaron con la estrategia del silencio. Papá empezó a beber y a comportarse violentamente de nuevo, así que Madre, Roger y yo nos fuimos. Ya lo habíamos hecho en otra ocasión, un par de años antes, cuando nos mudamos durante unas semanas a los apartamentos Cleveland Manor, en la parte sur de Central Avenue, casi al lado del hipódromo. Esta vez, en abril de 1962, nos alojamos durante unas tres semanas en un motel mientras Madre buscaba una casa. Visitamos muchas pero, aunque eran mucho más pequeñas que la nuestra, eran demasiado caras para lo que Madre se podía permitir. Finalmente, se decidió por una casa de tres habitaciones y dos baños en la calle Scully, una calle de apenas una manzana de largo, al sur de Hot Springs y a menos de un kilómetro al oeste de Central Avenue. Era una de las nuevas casas Gold Medallion, con instalación eléctrica completa, desde la calefacción centralizada hasta el aire acondicionado —en la casa de Park Avenue teníamos aparatos unitarios de aire refrigerado con salida en la ventana— y creo que costó unos 30.000 dólares. La casa tenía una agradable sala de estar y un comedor justo a la izquierda de la puerta de entrada. Detrás había un amplio cuarto que conectaba la zona del comedor y la cocina con un fregadero que había en la salida, detrás del garaje. Más allá de esta sala había un porche bastante grande, que más tarde cerramos con una galería acristalada y equipamos con una mesa de billar. Dos de las habitaciones estaban a la derecha del vestíbulo, y a la izquierda había un gran baño y detrás había otro dormitorio que tenía un baño privado con ducha. Madre me cedió el dormitorio grande con ducha; creo que ella prefería el baño grande, donde tenía más espacio para maquillarse y había un espejo. Se quedó el siguiente dormitorio más grande, el de la parte trasera, y a Roger le tocó el pequeño.

Aunque adoraba nuestra casa de Park Avenue y el patio en el que tanto había trabajado, y a mis vecinos y amigos y los escondrijos familiares, me hacía feliz vivir en una casa normal en la que me sentía seguro, quizá más por Madre y por Roger que por mí mismo. Por entonces, aunque yo no sabía nada de psicología infantil, me había empezado a inquietar que el alcoholismo y el comportamiento abusivo de Papá hicieran daño a Roger, más de lo que podría dañarme a mí, porque el pequeño había vivido en ese entorno durante toda su vida, y porque Roger Clinton era su padre natural. Saber que mi padre era otra persona, alguien a quien yo consideraba fuerte, digno de confianza y fiable, me daba más seguridad emocional, y la capacidad de observar lo que sucedía con un poco de distanciamiento, e incluso comprensión. Jamás dejé de querer a Roger Clinton, ni de intentar ayudarle para que cambiara, ni de disfrutar de su compañía cuando estaba sobrio y cumplía sus promesas. Ya entonces tenía miedo de que el pequeño Roger terminara odiando a su padre. Al final acabó sucediendo, y el propio Roger pagó un precio muy alto por ello.

A medida que voy contando estos hechos, que sucedieron hace mucho tiempo, me doy cuenta de lo fácil que es caer en la trampa a la que el Marco Antonio de Shakespeare hace referencia durante su panegírico de Julio César: permitir que el mal que los hombres hacen en vida les sobreviva, mientras que sus actos de bondad se entierran con sus huesos. Como muchos alcohólicos y drogadictos que he conocido, Roger Clinton era en lo fundamental una buena persona. Nos quería a Madre, a mí y al pequeño Roger. Ayudó a Madre para que pudiera verme mientras seguía sus estudios en Nueva Orleans y fue generoso con la familia y con los amigos. Era inteligente y gracioso, pero en su interior había esa mezcla explosiva de temores, inseguridades y vulnerabilidad psicológica que acaba destruyendo la vida de la mayoría de adictos. Y hasta donde yo sé, jamás buscó la ayuda de aquellos que sabían cómo proporcionársela.

Lo realmente preocupante de vivir con un alcohólico es que no siempre es tan duro. Pasaban semanas, incluso a veces meses, durante las que vivíamos como una familia, disfrutábamos con las tranquilas alegrías de la vida corriente. Estoy agradecido, porque no he olvidado todos esos momentos, y si lo hago, aún me quedan algunas postales y cartas que Papá me envió y otras que le envié yo, para que me recordara.

También se tienden a olvidar los malos tiempos. Cuando recientemente repasé mi declaración con motivo de la demanda de divorcio que Madre interpuso, comprobé que contaba un incidente ocurrido hacía tres años, cuando llamé a su abogado para que, tras un episodio violento, avisara a la policía y se llevara a Papá. También decía que, la última vez que le había impedido darle una paliza a Madre, él había amenazado con pegarme, lo cual era más bien risible, puesto que por esas fechas yo era más grande y más fuerte que él cuando estaba sobrio, y no digamos bebido. Yo había olvidado ambos sucesos, quizá a causa de la capacidad de negar la realidad que desarrollan los familiares de alcohólicos mientras pugnan por seguir viviendo con ellos. Por la razón que fuere, aquellos recuerdos en concreto siguieron bloqueados aún después de cuarenta años.

Cinco días después de nuestra marcha, el 14 de abril de 1962, Madre presentó la demanda de divorcio. En Arkansas el divorcio puede ser un proceso muy rápido, y ella sin duda tenía motivos más que razonables. Pero aquello no había terminado. Papá estaba desesperado por recuperarla, a ella y a nosotros. Se derrumbó, perdió mucho peso y a veces se quedaba en el coche, aparcado frente a nuestra casa durante horas; incluso un par de veces se durmió en nuestro porche delantero de cemento. Un día me pidió que fuera a dar una vuelta con él. Fuimos hasta la parte trasera de nuestra vieja casa en Circle Drive, y se detuvo al final del camino. Papá estaba hecho un desastre. Llevaba barba de tres o cuatro días, aunque no creo que hubiera bebido. Me dijo que no podía vivir sin nosotros, y que no le quedaba nada por lo que seguir adelante. Lloró. Me suplicó que hablara con Madre y le pidiera que le dejara volver. Dijo que cambiaría, que jamás volvería a pegarle o a gritarle. Mientras lo decía, él lo creía de veras, pero yo no. Jamás comprendió, o aceptó, la causa de su problema. Nunca reconoció que estaba desarmado frente al alcohol, y que no podía dejarlo por sí solo.

Poco a poco, sus súplicas comenzaron a ablandar a Madre. Creo que se sentía un poco insegura respecto a su capacidad de cuidar de nosotros, en lo puramente económico. Lo cierto es que no llegó a ganar un buen sueldo hasta que se pusieron en marcha Medicaid y Medicare, un par de años más tarde. Pero aún era más determinante su opinión, chapada a la antigua pero a menudo cierta, de que el divorcio, especialmente cuando hay niños de por medio, es malo, si realmente no hay malos tratos. Creo que también pensaba que los problemas de su matrimonio eran en parte culpa suya. Y probablemente es cierto que provocaba cierta inseguridad en él;

después de todo, era una mujer hermosa e interesante a la que le gustaban los hombres, y que trabajaba con algunos mucho más atractivos y triunfadores que su marido. Hasta donde yo sé, jamás fue más allá con ninguno de ellos, aunque no podría culparla si lo hubiera hecho; cuando ella y Papá estuvieron separados, sí estuvo un tiempo viéndose con un hombre guapo y moreno que me regaló unos palos de golf que aún conservo.

Cuando llevábamos algunos meses en la calle Scully, y el divorcio se había hecho efectivo, Madre nos dijo a Roger y a mí que teníamos que celebrar una reunión familiar para hablar de Papá. Dijo que quería que volviera, que se mudara a nuestra nueva casa y que creía que esta vez sería distinto, y luego nos preguntó qué opinábamos. No recuerdo qué dijo Roger; después de todo, solo tenía cinco años y probablemente estaba confundido. Yo le dije que estaba en contra, porque no creía que él fuera capaz de cambiar, pero que apoyaría cualquier decisión que ella tomara. Respondió que necesitábamos a un hombre en casa, y que siempre se sentiría culpable si no le daba otra oportunidad. Y así lo hizo; volvieron a casarse, lo cual, dado el modo en que terminó Papá, resultó bueno para él, pero no tanto para Roger o para Madre. Ignoro qué efecto tuvo en mí, excepto que más tarde, cuando enfermó, me alegró poder compartir sus últimos meses.

Aunque no estaba de acuerdo con la decisión de Madre, comprendía sus sentimientos. Poco antes de que volviera a aceptar a Papá, fui al juzgado y cambié legalmente mi apellido Blythe por el de Clinton, que ya había estado utilizando durante años. Aún no estoy muy seguro de por qué lo hice, pero sé que estaba realmente convencido de que debía hacerlo, en parte porque Roger estaba a punto de empezar a ir a la escuela, y no quería que la diferencia de nuestros orígenes se convirtiera en un problema para él, y también porque quería llevar el mismo nombre que el resto de mi familia. Puede incluso que quisiera hacer algo bonito por Papá, aunque estaba contento de que Madre se hubiera divorciado de él. No se lo dije con antelación, pero ella tuvo que dar su permiso; cuando recibió la llamada del tribunal, dio su conformidad, aunque probablemente pensó que me faltaba un tornillo. No sería la última vez en mi vida en que cuestionaría mis decisiones y mi sentido de la oportunidad.

El deterioro del matrimonio de mis padres, el divorcio y la reconciliación absorbieron gran parte de mi energía emocional a finales de la escuela primaria y durante mi año como estudiante de secundaria en el viejo instituto en la cima de la colina.

Al igual que Madre se volcaba en el trabajo, yo me volqué en el instituto y en mi nuevo barrio de la calle Scully. Era una manzana de casas modestas, en su mayoría nuevas. Al otro lado de la calle había una manzana completamente vacía; era todo lo que quedaba de la granja Wheatley, que hasta hacía poco había ocupado un espacio mucho más grande. Cada año el señor Wheatley plantaba peonías en todo el terreno; alegraban la primavera y atraían a gente en kilómetros a la redonda, que esperaba pacientemente mientras él las cortaba y las repartía.

Vivíamos en la segunda casa de la calle. La primera, en la esquina de Scully y Wheatley, pertenecía al reverendo Walter Yedell, que vivía allí con su esposa Kay, y sus hijos, Carolyn, Lynda, Deborah y Walter. Era pastor de la Segunda Iglesia Bautista y, más tarde, fue presidente de la Convención Bautista. Él y Kay fueron maravillosos con nosotros desde el primer día. Ignoro cómo el hermano Yeldell (así le llamábamos), que falleció en 1987, hubiera vivido en el entorno severo e intransigente de la Convención Bautista del Sur de los noventa, cuando se purgaba de los seminarios a los «liberales», y la iglesia endureció sus posiciones y se volvió más conservadora en todos los aspectos sociales menos en lo relativo a la raza (pidió perdón por los pecados del pasado). El hermano Yeldell era un hombre fornido y ancho que pesaba más de 110 kilos. Bajo una apariencia de timidez, compartía con su mujer un gran sentido del humor y una sonora risa. No eran nada pomposos ni estirados. Él acercaba a la gente a Cristo mediante la enseñanza y el ejemplo, no mediante la condena y el ridículo. No les habría caído muy bien a algunos de los actuales mandamases bautistas, o a los conservadores presentadores de programas de entrevistas de hoy en día, pero sin duda yo disfrutaba charlando con él.

Carolyn, la Yeldell mayor, tenía mi edad. Amaba la música, tenía una voz maravillosa y era una pianista virtuosa. Pasamos muchas horas frente a su piano, cantando. También acompañaba mis solos de saxo de vez en cuando; probablemente no fue la primera vez que el músico acompañante es mejor que el solista. Carolyn se convirtió muy pronto en una de mis mejores amigas y en uno más de nuestro grupo habitual, junto con David Leopoulos, Joe Newman y Ronnie Cecil. Íbamos al cine y a las fiestas escolares juntos, y pasábamos mucho tiempo jugando a cartas o sencillamente holgazaneando, sobre todo en nuestra casa. En 1963, cuando fui a la Nación de los Muchachos de la Legión Americana, y se tomó la ahora famosa fotografía con el presidente Kennedy, Carolyn fue elegida para ir a la Nación de las Muchachas; era la primera ocasión en que algo así sucedía a vecinos de la misma ciudad. Carolyn fue a la Universidad de Indiana y estudió canto. Quería ser una cantante de ópera, pero no le gustaba el estilo de vida que comportaba. En lugar de eso, se casó con Jerry Staley, un excelente fotógrafo, tuvo tres hijos y se convirtió en una pionera de la alfabetización de adultos. Cuando fui elegido gobernador la puse a cargo de nuestro programa de alfabetización para adultos, y ella y su familia se instalaron en una vieja gran casa a unas tres manzanas de la Mansión del Gobernador. Yo solía visitarles con frecuencia para asistir a sus fiestas, jugar a cartas o cantar juntos como hacíamos en los viejos tiempos.

Cuando me convertí en presidente, Carolyn y su familia se mudaron a la zona de Washington, donde ella empezó a trabajar en el Instituto Nacional para la Alfabetización, del que más tarde sería directora. Se quedó allí un tiempo después de que yo dejara la Casa Blanca, y luego siguió los pasos de su padre y se hizo pastor. Los Staley aún son una parte importante de mi vida. Y todo empezó en la calle Scully.

La casa situada al otro lado de la calle pertenecía a Jim y Edith Clark; no tenían niños y me trataban como si fuera su propio hijo. Entre nuestros otros vecinos estaban los Fraser, un matrimonio mayor que siempre me apoyó cuando me lancé a la política. Pero el mayor regalo que me hicieron fue accidental. Durante las vacaciones de 1974, después de perder claramente unas elecciones al Congreso, en un momento en el que me sentía aún bastante desmoralizado, vi a la pequeña nieta de los Fraser, que debía de tener unos cinco o seis años. Sufría una enfermedad crónica aguda que debilitaba extremadamente sus huesos, y estaba envuelta en una escayola que le protegía todo el cuerpo, hasta el pecho, y que también separaba sus piernas hacia fuera para reducir la presión sobre la espina dorsal. Era muy raro verla moviéndose por ahí con las muletas, pero era una chiquilla con una voluntad de hierro, y hacía gala de una total falta de inhibición habitual en los niños que tienen seguridad en sí mismos. Cuando la vi, le pregunté si sabía quién era. Dijo, «Claro, aún eres Bill Clinton». Necesitaba que me recordaran aquello justo en ese momento.

Los Hassin, la familia sirioitaliana que he mencionado antes, vivían todos apretujados —los seis— en una pequeña casita al final de la calle. Debían de gastar todo su dinero en comida. Cada Navidad, y en algunas otras ocasiones a lo largo del año, alimentaban a toda la manzana con abundantes comidas italianas. Aún recuerdo a Mama Gina diciendo, «A-Beel, a-beel, tienes que comer un poco más».

También estaban Jon y Toni Karber, que eran voraces lectores y las personas más intelectuales que conocía, y su hijo Mike, que estaba en mi clase. Y Charley Housley —un hombre de pies a cabeza, que sabía de caza, de pesca, de bricolaje y de reparaciones, las cosas realmente importantes para los chicos jóvenes— que acogió a Roger bajo su ala. Aunque nuestra nueva casa y el patio eran más pequeños que la anterior, y el entorno era menos espectacular, llegué a amar mi nuevo hogar y mi barrio. Fue un buen lugar donde pasar mis años de instituto.

La época del instituto fue fantástica. Me gustaban mis amigos, estudiar, la banda de música, DeMolay y todas las demás cosas que hacía, pero me preocupaba que las escuelas de Hot Springs todavía no estuvieran integradas. Los chicos negros seguían yendo al instituto Langston, cuyo alumno más famoso había sido el legendario corredor de los Washington Redskins, Bobby Mitchell. Yo seguí el movimiento en pro de los derechos civiles a través de los noticiarios de la noche y en nuestro periódico, el *Sentinel-Record*, y también episodios de la Guerra Fría como el de la Bahía de Cochinos y el incidente del U-2 con Francis Gary Powers. Todavía puedo ver a Castro entrando en La Habana al frente de su desarrapado pero victorioso ejército. Pero como sucede con la mayoría de los chicos, la política ocupaba un lugar secundario en mi vida cotidiana. Y aparte de las esporádicas recaídas de mi padre, era feliz con la vida que llevaba.

Fue en el instituto donde me aficioné de verdad a la música. La música clásica, el jazz y la música de orquesta se unieron al rock and roll, al swing y al gospel para conformar mi idea de la felicidad absoluta. Por algún motivo no escuché música *country* y *western* hasta los veinte años, cuando Hank Williams y Patsy Cline me la acercaron desde el cielo.

Además de los conciertos con las bandas y de los desfiles de música, me uní a nuestra banda de música de baile, los Stardusters. Me pasé un año compitiendo con Larry McDougal para lograr el puesto del primer saxo tenor; él tocaba tan bien que parecía como si hubiera debido formar parte de la banda de Buddy Holly, el rockero que murió trágicamente en un accidente aéreo debido a las malas condiciones metereológicas, junto a otras dos grandes estrellas, Big Bopper y Richie Valens, que tenía tan solo diecisiete años. Cuando ya era presidente pronuncié un discurso frente a los estudiantes universitarios de Mason City, Iowa, cerca de donde Holly y sus colegas habían actuado por última vez. Tras el concierto fui a visitar el lugar, la sala de baile Surf, en la vecina Clear Lake, Iowa. Todavía está en pie y debería convertirse en un lugar de peregrinación para aquellos de nosotros que crecimos con aquellos músicos.

En todo caso, por su aspecto y por el estilo con el que tocaba, realmente parecía que el lugar natural de McDougal estaba entre aquellos mitos de la música. Llevaba un peinado *ducktail*, con el pelo cortado casi al rape por arriba y el resto, largo y echado hacia atrás con brillantina.

Cuando le tocaba hacer el solo, se movía y tocaba con un tono estridente, mucho más propio del rock duro que del jazz o del swing. En 1961 yo tocaba mucho peor que él, pero estaba decidido a mejorar. Ese año fuimos a un concurso en Camden, en el sur de Arkansas, donde competimos con otras bandas de jazz. Yo interpretaba un pequeño solo en una preciosa pieza lenta. Al final de la actuación, y para mi gran sorpresa, me dieron el premio al «mejor solista dulce». Al año siguiente había conseguido mejorar lo suficiente como para ser el primer saxo tenor en la banda estatal, un puesto que volví a conseguir en mi cuarto año el mismo año que Joe Newman ganó en batería.

Durante los últimos dos años toqué en un trío de jazz, los 3 Kings, junto a Randy Goodrum, un pianista un año menor que yo pero que tocaba de una forma a la que yo no podía aspirar conseguir jamás. Nuestro primer percusionista era Mike Hardgraves. Mike era hijo de madre soltera y a menudo ella nos invitaba a mí y a otro par de amigos de Mike a su casa para que jugáramos allí a las cartas. En mi último año Joe Newman se convirtió en nuestro batería. Ganábamos un poco de dinero tocando en bailes y actuábamos en fiestas escolares, entre ellas la *Band Variety Show*. Nuestra canción característica era el tema principal de la banda sonora de *El Cid*. Todavía tengo una cinta de una de nuestras interpretaciones, y la verdad es que todavía suena bastante bien después de todos estos años, excepto por una nota falsa que se me escapó durante el final de la pieza. De hecho, siempre he tenido problemas con las notas más graves.

El director de la banda, Virgil Spurlin, era un hombre alto, grande, con el pelo rizado y oscuro, y era muy amable; se hacía querer. Era un director de banda bastante bueno y una persona excelente, como hay pocas en el mundo. El señor Spurlin también era el organizador del Festival Estatal de Bandas, que duraba varios días seguidos y que se celebraba cada año en Hot Springs. Planificaba todas las actuaciones de las bandas y cientos de solos e interpretaciones en grupo desde las aulas de los edificios de la escuela secundaria y del instituto. Cada año programaba los días, horarios y lugares de todos los actos y los escribía en grandes plafones. Algunos de nosotros nos quedábamos después de la escuela y trabajábamos por las noches durante varios días para ayudarle. Fue el primer gran esfuerzo de organización en el que tomé parte, y esa experiencia me enseñó muchas cosas que luego me resultarían muy útiles.

En los festivales estatales gané algunas medallas por solos y actuaciones en grupo, y un par más por dirigir a estudiantes, de las cuales me sentía particularmente orgulloso. Me encantaba leer las partituras y tratar de que la banda tocara las piezas exactamente como yo creía que debían sonar. Durante mi segundo mandato, Leonard Slatkin, director de la Orquesta Sinfónica Nacional de Washington, me preguntó si quería diri-

gir la orquesta cuando interpretara «Barras y estrellas para siempre» de
Sousa, en el Kennedy Center. Me dijo que todo lo que debía hacer era
mover la batuta más o menos al compás y los músicos harían el resto.
Incluso se ofreció a traerme una batuta y enseñarme cómo debía soste-
nerla. Cuando le dije que me encantaría hacerlo pero que quería que me
enviara la partitura de la marcha para revisarla, casi se le cae el teléfono de
la mano. Sin embargo trajo la partitura y la batuta. Cuando me coloqué
frente a la orquesta estaba nervioso, pero nos lanzamos y nos dejamos llevar. Espero que al señor Sousa le gustase.

Mi única otra actividad artística en el instituto fue la obra de teatro
que representamos durante el primer año, *Arsénico por compasión*, una desternillante comedia sobre dos ancianas que envenenan a gente y la escon-
den en la casa que comparten con su sobrino, que no sabe nada de todo el
asunto. Me tocó el papel del sobrino, que en la película interpretaba Cary
Grant. Mi novia era una chica alta y atractiva, Cindy Arnold. La obra
tuvo un gran éxito, principalmente por dos hechos que no tenían nada
que ver con el guión. En una escena se suponía que debía levantar la tapa
de un arcón que había bajo la ventana, encontrar a una de las víctimas de
mis tías y fingir un susto de muerte. Lo había ensayado a fondo y realmente había logrado el gesto perfecto. Pero la noche de la representación, cuando abrí el arcón, me encontré dentro a mi amigo Ronnie Cecil,
que levantó la vista hacia mí y con su mejor voz de vampiro dijo: «Buenas
noches». Y me partí de risa. Por fortuna, también el publicó se partió de
risa. Fuera del escenario pasó algo todavía más gracioso. Cuando besé a
Cindy durante la única escena romántica de la obra, su novio —un jugador de fútbol americano de último curso que se llamaba Allen Broyles y
que estaba sentado en primera fila— emitió un gemido muy cómico que
hizo que de nuevo la platea se tronchara. La verdad es que yo disfruté del
beso igualmente.

En mi instituto había asignaturas de cálculo y trigonometría, química y
física, español, francés y cuatro años de latín, una oferta lectiva de la que
carecían muchas escuelas más pequeñas de Arkansas. Tuvimos la suerte
de contar con muchos profesores inteligentes y eficientes y con una directora extraordinaria, Johnnie Mae Mackey, una alta e imponente mujer
con una espesa melena negra; tanto podía sonreír como lanzar las miradas
más severas, según dictase la ocasión. Johnnie Mae dirigía el instituto con
firmeza y aún así lograba mantener encendido el espíritu de la escuela,
cosa que no era fácil, porque teníamos el equipo de fútbol americano que
más partidos perdía de todo Arkansas, y esto era en la época en que el fútbol era una religión y en la que se esperaba que todo entrenador fuera
Knute Rockne. Estoy seguro de que todos los que estudiamos allí todavía
recordamos la forma en que Johnnie Mae terminaba las sesiones de ánimo

al equipo; rompía el silencio mientras lanzaba el grito de guerra troyano: «*Hullabloo, Ke-neck, Ke-neck, Hullabloo, Ke-neck, Ke-neck, Wo-Hee, Wo-Hi*, ¡Ganar o morir! *¡Ching Chang, Chow Chow! ¡Bing Bang, Bow Wow!* ¡Troyanos! ¡Troyanos! ¡Luchen, luchen, luchen!». Por fortuna solo eran palabras, pues con un registro de seis victorias, veintinueve derrotas y un empate a lo largo de mis tres años, si aquellas frases se hubieran cumplido al pie de la letra nuestro índice de mortalidad hubiera sido muy alto.

Estudié latín cuatro años con la señora Elizabeth Buck, una agradable y refinada mujer de Filadelfia que nos hizo aprender de memoria un montón de frases de *La Guerra de las Galias* de Julio César. Después de que los rusos se nos adelantaran en la carrera al espacio con el *Sputnik*, el presidente Eisenhower, y luego el presidente Kennedy, decidieron que los estadounidenses debían aprender más ciencias y matemáticas, así que yo me apunté a todas las asignaturas de ese tipo que pude. No se me daba muy bien la clase de química de Dick Duncan, pero lo hacía mejor en biología, aunque solo recuerdo una clase memorable, aquella en la que el profesor, Nathan McCauley, nos contó que morimos antes de lo que deberíamos porque la capacidad que tiene nuestro cuerpo de convertir la comida en energía y de procesar los deshechos se va deteriorando con el tiempo. En 2002 un gran estudio médico concluyó que la gente mayor podía aumentar de forma muy significativa su esperanza de vida si reducía radicalmente la cantidad de comida que consumía. El profesor McCauley ya lo sabía hace cuarenta años. Ahora que yo soy una de esas personas mayores, trato de seguir sus consejos.

Mi profesor de historia, Paul Root, era un hombre bajito y fornido que procedía de la Arkansas rural. En él convivían un intelecto de primer orden con unos modales sencillos y un sentido del humor diabólico y poco convencional. Cuando me convertí en gobernador, abandonó su puesto de profesor en la Universidad de Ouachita para trabajar para mí. Un día en 1987 me encontré con Paul en el capitolio estatal; estaba hablando con tres legisladores sobre la reciente caída en desgracia de Gary Hart después de que se descubriera su historia con Donna Rice y el *Monkey Business*. Los legisladores, en un tono de voz afectado, condenaban a Gary al infierno. Paul, un bautista devoto, director del coro de su iglesia y un hombre que jamás se apartaba de la vía recta, les escuchó pacientemente mientras iban descargando toda su batería de condenas. Cuando hicieron una pausa para respirar, les dijo con un tono completamente neutro: «Tienen toda la razón. Lo que hizo fue horrible. Pero, ¿saben qué? Es sorprendente lo mucho que ser bajito, gordo y feo ha contribuido a mi gran caracter moral». Los legisladores cerraron la boca y Paul se fue caminando conmigo. Adoro a ese hombre.

Disfruté mucho con las clases de inglés. John Wilson hizo que el *Julio César* de Shakespeare cobrara vida para los quinceañeros de Arkansas; nos hizo traducir los versos de la obra a lenguaje coloquial y nos preguntaba una y otra vez si nos parecía correcta la visión que Shakespeare ofrecía de la naturaleza y del comportamiento humano. El señor Wilson creía que el viejo Will había acertado de lleno: la vida es comedia y también tragedia.

En la clase de literatura inglesa tuvimos que escribir una pequeña autobiografía. La mía reflejaba una inseguridad que no comprendía y que nunca antes había admitido. Estos son algunos extractos:

> Soy una persona a la que motivan e influyen tal diversidad de fuerzas que a veces me pregunto cómo es posible que siga cuerdo. Soy una paradoja viviente: profundamente religioso y sin embargo no tan convencido de mis creencias como debería estarlo; anhelo tener responsabilidades pero las esquivo; amo la verdad pero a veces cedo a la mentira . . . Odio el egoísmo pero lo veo cada día cuando me miro al espejo . . . Veo a personas, algunas de las cuales me son muy queridas, que nunca han aprendido cómo vivir. Deseo ser distinto a ellas y me esfuerzo por serlo, pero a menudo soy una copia exacta . . . ¡Qué mundo más aburrido y mísero! ¡Yo! Yo, me, mi, mío . . . las únicas cosas que permiten que esas palabras puedan usarse para el bien son las buenas cualidades universales, junto a las cuales no es muy habitual que podamos colocarlas: fe, confianza, amor, responsabilidad, arrepentimiento, saber. Pero los acrónimos de esos símbolos que hacen que la vida valga la pena no pueden ignorarse. Yo, en mi intento de ser honesto, no me convertiré en el hipócrita que odio, y confieso su ominosa presencia en este chico que trabaja honrada y duramente para convertirse en un hombre . . .

Mi maestra, Lonnie Warneke, me puso un diez y dijo que la redacción era un precioso y honesto esfuerzo para «ir muy adentro» y satisfacer la máxima clásica de «conócete a ti mismo». Me sentí muy honrado, pero todavía no sabía qué hacer con lo que había descubierto. No hacía cosas reprobables: no bebía, no fumaba ni iba más allá de las caricias con las chicas, a pesar de que había besado a unas cuantas. Normalmente era feliz, pero jamás podría ser tan bueno como quería ser.

La señorita Warneke llevó a nuestra pequeña clase de excursión al condado de Newton, en lo que fue mi primer viaje al corazón de los Ozarks, en el norte de Arkansas, nuestros Apalaches. En aquel entonces era un paraje de una belleza sobrecogedora, pero también era un lugar afectado por una pobreza endémica y donde los políticos jugaban duro e iban a por todas. El condado tenía unos seis mil habitantes dispersos en colinas y valles a lo largo de más de quinientos kilómetros cuadrados. Jasper, la capital del condado, tenía poco más de trescientos vecinos, un juzgado construido por la WPA, dos cafés, una tienda y un pequeño cine, al que nuestra clase fue por la noche para ver una vieja película del oeste de

Audie Murphy. Cuando me metí en política acabé conociendo todos y cada uno de los municipios del condado de Newton, pero me enamoré de él a los dieciséis años mientras pasábamos por aquellas carreteras de montaña aprendiendo la historia, la geología, la flora y la fauna de los Ozarks. Un día visitamos la cabaña de un montañés que tenía una colección de rifles y pistolas que se remontaban a la guerra de la Independencia. Luego exploramos una cueva que los confederados habían usado como almacén de municiones. Las pistolas todavía podían disparar, y en la cueva quedaban restos del arsenal que una vez contuvo; eran pruebas visibles de la realidad de un conflicto que había sucedido un siglo atrás, en un lugar donde el tiempo transcurría lentamente, las afrentas tardaban en olvidarse y las historias pasaban de padres a hijos y se perpetuaban generación tras generación. A mediados de los setenta, cuando era fiscal general, me invitaron a dar el discurso inaugural en el instituto de Jasper. Dije a los estudiantes que no debían dejar que las adversidades les detuvieran y les puse el ejemplo de Abraham Lincoln y todos los apuros y reveses que había superado. Cuando el acto terminó, los líderes demócratas me llevaron aparte, bajo la noche iluminada por las estrellas en los Ozarks, y me dijeron: «Bill, ha sido un gran discurso. Puedes pronunciarlo en Little Rock tantas veces como quieras. Pero ni se te ocurra volver por aquí y elogiar a aquel presidente republicano otra vez. ¡Si de verdad hubiera sido tan bueno no habríamos tenido una guerra!». No supe qué decir.

En la clase de inglés que nos dio Ruth Sweeney el último año, leímos *Macbeth*, y la maestra nos animó a memorizar y recitar parte de la obra. Yo logré aprenderme unos cien versos más o menos, entre ellos el del famoso monólogo que comienza «El mañana y el mañana y el mañana avanzan a pequeños pasos, de día en día, hasta la última sílaba del tiempo registrado» y termina «La vida no es más que una sombra que pasa, un pobre actor que se pavonea y agita durante su hora sobre el escenario y del que luego nada vuelve a saberse. Es un cuento narrado por un idiota, lleno de ruido y de furia, que no significa nada». Casi treinta años después, cuando ya era gobernador, visité una clase en Vilonia, Arkansas, un día en que los alumnos estaban estudiando *Macbeth* y les recité aquellos versos, cuyas palabras todavía estaban cargadas de significado para mí; eran portadoras de un terrible mensaje que decidí desde muy joven que no se convertiría en la forma en que mediría mi vida.

El verano después de mi tercer curso en el instituto asistí al programa de una semana del Estado de los Muchachos que ofrecía la Legión Americana en Camp Robinson, un viejo campamento del ejército que tenía suficientes rudimentarios barracones de madera como para acoger a mil chicos de dieciséis años. Nos organizaron por ciudades y condados, nos dividieron en dos partidos políticos y nos presentaron como candidatos y votantes a elecciones locales, del condado y estatales. Dentro del programa también se desarrollaban plataformas sobre diversos temas y se votaba sobre asuntos concretos. Escuchamos discursos de personas importantes, hasta del propio gobernador, y pasamos un día en el capitolio del estado, durante el cual el gobernador del Estado de los Muchachos, los demás cargos electos y sus «gabinetes» y legisladores llegaron a ocupar de verdad las oficinas y cámaras legislativas del estado.

Hacia el final de la semana ambos partidos tenían que nombrar a dos candidatos para el programa de la Nación de los Muchachos, que se iba a celebrar a finales de julio en la Universidad de Maryland, en College Park, cerca de la capital de la nación. Se celebró una votación y los dos candidatos con mejores resultados fueron designados para ir a la Nación de los Muchachos como senadores elegidos por Arkansas. Yo fui uno de ellos.

Fui a Camp Robinson expresamente con la intención de presentarme a senador de la Nación de los Muchachos. A pesar de que el puesto más prestigioso era el de gobernador, por aquel entonces no me interesaba, como tampoco me interesó el trabajo real de gobernador hasta muchos años después. Creía que Washington era el lugar donde estaba la acción, donde se luchaba por los derechos civiles, contra la pobreza, por la educación, y donde se decidía la política exterior. Además, no había forma de que pudiera ganar las elecciones a gobernador, pues estaba, por decirlo de alguna forma, «atada y bien atada». Estaba decidida antes de que siquiera se comenzara a votar. Mi viejo amigo de Hope, Mack McLarty, la tenía en el bote. Siendo el presidente de su consejo escolar, un *quarterback* estrella y un estudiante con sobresalientes en todas las asignaturas, había comenzado a recabar apoyos por todo el estado hacía algunas semanas. Nuestro partido nombró candidato a Larry Taunton, un locutor de anuncios de radio con una cadenciosa voz aterciopelada que transmitía sinceridad y confianza, pero McLarty tenía ya los votos garantizados y ganó de calle. Todos estábamos seguros de que sería la primera persona de nuestra generación que alcanzaría el cargo de gobernador, una impresión que no hizo sino reforzarse cuatro años después cuando le eligieron presidente de los estudiantes en la universidad de Arkansas, y de nuevo, tan solo un año después, cuando, a los veintidós años, se convirtió en el miembro más joven de la asamblea legislativa estatal. No mucho después, Mack, que estaba en el negocio de los Ford con su padre, diseñó un innovador sistema de *leasing* para los camiones Ford, un sistema que acabó haciéndole ganar a él y a la Ford una fortuna. Abandonó la política para dedicarse a los negocios, y alcanzó la presidencia de la Compañía de Gas Arkansas-Louisiana, nuestra mayor empresa de gas natural. Pero se mantuvo activo políticamente; aportó su liderazgo y su habilidad para recaudar fondos para muchos demócratas de Arkansas, especialmente para David Pryor y para mí. Estuvo a mi lado durante todo el viaje hasta la Casa Blanca, primero como jefe de gabinete y luego como enviado especial al resto de América. Ahora es socio de Henry Kissinger en una empresa de consultoría y es propietario, entre muchas otras cosas, de doce concesionarios de automóviles en São Paulo, Brasil.

Aunque perdió las elecciones a gobernador, Larry Taunton se llevó un gran premio de consolación: fue el único chico aparte de McLarty cuyo nombre era conocido por el cien por cien de los encuestados. Era una apuesta segura para uno de los dos puestos de senador que daban acceso a la Nación de los Muchachos; solo tenía que presentarse y era suyo. Pero había un problema. Larry era una de las dos «estrellas» de su delegación local. La otra era Bill Rainer, un joven brillante y un atractivo atleta que practicaba multitud de deportes. Habían ido al Estado de los Muchachos acordando de antemano que Taunton se presentaría a gobernador y Rainer a la Nación de los Muchachos. Ahora bien, aunque ambos eran libres de presentarse a la Nación de los Muchachos, estaba claro que no iban a escoger a dos chicos de la misma ciudad. Además, ambos estaban en mi partido y yo llevaba toda una semana haciendo campaña con todas mis fuerzas. En una carta que le escribí a Madre en aquellos momentos le contaba que ya había ganado las elecciones a recaudador de impuestos, secretario del partido y juez municipal, y que me presentaba a juez del condado, que en la arena política real de Arkansas es una posición importante.

En el último minuto, poco antes de que el partido se reuniera para escuchar nuestros discursos de campaña, Taunton rellenó la solicitud para presentarse al cargo. Bill Rainer se quedó tan sorprendido que casi no pudo pronunciar su discurso. Yo todavía guardo una copia del mío, que no tiene nada de especial excepto una referencia al alboroto en el Central High de Little Rock: «Hemos crecido en un estado atormentado por la vergüenza de una crisis que nunca quiso tener». Yo no aprobaba lo que Faubus había hecho, y no me gustaba la imagen que estaba dando Arkansas a la gente de otros estados. Cuando acabó el recuento, Larry Taunton salió el primero con mucha diferencia. Yo quedé segundo con una ventaja cómoda. Rainer quedó muy atrás. Bill había acabado cayéndome muy bien; nunca olvidaré la dignidad con la que encajó su derrota.

En 1992 Bill vivía en Connecticut y se puso en contacto con la gente de mi campaña para ver si podía ayudar en algo. Nuestra amistad, forjada en el dolor de la decepción juvenil, revivió con nuevas fuerzas.

Larry Taunton y yo derrotamos a nuestros oponentes del otro partido tras otro día de campaña y llegué a College Park el 19 de julio de 1963, ansioso por conocer a los demás delegados, votar sobre temas importantes, escuchar a los miembros del gabinete y a otros altos cargos del gobierno y visitar la Casa Blanca, donde esperaba poder ver al presidente.

La semana pasó deprisa; los días estaban llenos de acontecimientos y sesiones legislativas. Recuerdo que me impresionó particularmente el discurso que pronunció el secretario de Trabajo, Willard Wirtz, y también que me cautivaron los debates sobre derechos civiles. Muchos de los chicos eran republicanos y seguidores de Barry Goldwater, que esperaban que derrotaría al presidente Kennedy en 1964, pero había suficientes progresistas en materia de derechos civiles, incluyendo a cuatro de nosotros que veníamos del sur del país, y nuestras propuestas políticas lograron imponerse.

Debido a mi amistad con Bill Rainer y a mis puntos de vista liberales sobre derechos civiles, mantuve una relación bastante tensa con Larry Taunton durante toda la semana de la Nación de los Muchachos. Me complace poder decir que, después de ser presidente, llegué a conocer a Larry Taunton y a sus hijos. Me pareció un buen hombre que había sabido labrarse una buena vida.

El lunes 22 de julio visitamos el capitolio, nos hicimos fotos en los escalones de entrada y conocimos a los senadores de nuestro estado. Larry y yo comimos con J. William Fulbright, presidente del Comité de Relaciones Exteriores, y con John McClellan, presidente del Comité de Asignaciones Presupuestarias. La jerarquía según el grado de veteranía era el sistema vigente y no había ningún estado que supiera aprovecharlo mejor que Arkansas. Además, los cuatro congresistas del estado tenían cargos de gran importancia: Wilbur Mills era el presidente del Comité de Medios y Arbitrios; Oren Harris era presidente del Comité de Comercio; «Took» Gathings era un miembro de peso del Comité de Agricultura y Jim Trimble, que llevaba en el Congreso solo desde 1945, era miembro del poderoso Comité de Reglas, que controla el ritmo de aprobación de las leyes en la Cámara. Qué poco podía imaginarme que en menos de tres años estaría trabajando para Fulbright en el Comité de Relaciones Exteriores. Unos pocos días después de aquel encuentro, Madre recibió una carta del senador Fulbright en la que le decía que había disfrutado mucho de nuestra comida juntos y que podía sentirse orgullosa de mí. Todavía conservo esa carta; era la primera vez que me llegaba el resultado del trabajo bien hecho por parte del equipo de apoyo a un político.

El miércoles 24 de julio fuimos a la Casa Blanca para conocer al presidente en el Jardín de las Rosas. El presidente Kennedy salió del Despacho Oval en aquel día soleado e hizo algunos breves comentarios, en los que alabó nuestro trabajo, especialmente en lo referente al apoyo a los derechos civiles, y nos dio mejor puntuación que a los gobernadores, que no habían sido tan flexibles como nosotros en su reunión veraniega anual. Después de aceptar una camiseta de la Nación de los Muchachos, Kennedy bajó los escalones y comenzó a estrecharnos la mano. Yo estaba en primera fila, y al ser el más alto y también el que más apoyaba al presidente, me aseguré de que me diera la mano aunque solo fuera a dársela a dos o tres de nosotros. Para mí fue un momento glorioso. Conocí al presidente al que había apoyado en los debates de mi clase en noveno curso y a quien todavía admiraba más después de sus dos años y medio en el cargo. Un amigo nos sacó una foto, y más adelante encontramos una película de aquel apretón de manos en la Biblioteca Kennedy.

Se ha hablado mucho de aquel breve encuentro y del impacto que tuvo en mi vida. Mi madre dijo que en cuanto regresé a casa supo que estaba decidido a entrar en política. Después de convertirme en el candidato demócrata a las elecciones presidenciales de 1992, se dijo a menudo que aquella película mostraba el momento en que se iniciaron mis aspiraciones a la presidencia. Yo no estoy tan seguro de ello. Tengo una copia del discurso que pronuncié en la Legión Americana, en Hot Springs, al regresar a casa, y en él apenas mencioné aquel apretón de manos. En aquel momento creía que quería ser senador, pero quizá en mi interior me sentía como Abraham Lincoln cuando, siendo muy joven, escribió: «Estudiaré y me prepararé y quizá llegue mi oportunidad».

Tuve cierto éxito político en el instituto, pues el primer año logré que me eligieran presidente de mi curso; también quería presentarme a presidente del consejo escolar, pero el grupo de acreditación que supervisaba nuestro instituto decidió que los estudiantes de Hot Springs no podían participar en un número excesivo de actividades, y ordenó restricciones. Bajo las nuevas reglas, puesto que ya era el director de la banda, no podía presentarme al consejo escolar ni a presidente de la clase. Tampoco pudo presentarse Phil Jamison, el capitán de nuestro equipo de fútbol y candidato favorito al cargo.

No poder presentarme a presidente del consejo escolar no me supuso un gran trauma, ni tampoco lo fue para Phil Jamison, que se fue a la Academia Naval y, una vez terminó su carrera en la marina, ocupó cargos de responsabilidad en el Pentágono, en asuntos relativos al control de armamentos. Cuando fui presidente, participó en todo el importante trabajo que llevamos a cabo con Rusia, y nuestra amistad me permitió tener información de primera mano acerca de cómo funcionaba el sistema operativo de nuestra política, información que jamás habría obtenido de no haberle conocido.

En una de las maniobras políticas más estúpidas de toda mi carrera, permití que un amigo que estaba molesto por las restricciones de actividad impuestas a los estudiantes propusiera mi nombre como secretario de los alumnos de último curso. Carolyn Yeldell, que era mi vecina y vivía en la casa de al lado, me derrotó fácilmente, como era de esperar. Presentarme fue egoísta y estúpido, y demostró claramente una de mis reglas en política: Nunca te presentes a un cargo que en realidad no quieres y que no tienes ningún motivo para mantener.

A pesar de los reveses, en algún momento de mi decimosexto año de vida decidí que quería participar en la vida pública como cargo electo. Amaba la música, y aunque creía que podía llegar a ser muy bueno, sabía que nunca sería John Coltrane o Stan Getz. Me interesaba la medicina y creía que podría llegar a ser un buen médico, pero también sabía que nunca sería Michael DeBakey. Pero sí sabía que podía lograr grandes cosas en política. Me fascinaban la gente, los políticos y las iniciativas políticas, y creía que podía triunfar a pesar de carecer de una familia adinerada que me apoyase, de contactos o de una postura sobre la raza que se ajustara a las que solían ser tradicionales del Sur. Por supuesto, era improbable, ¿pero acaso América no consiste precisamente en eso?

OCHO

D urante el verano de 1963 me ocurrió otro suceso memorable. El 28 de agosto, nueve días después de que cumpliera diecisiete años, me senté solo en una gran butaca reclinable en nuestra sala y escuché el mejor discurso que he oído en toda mi vida. Martin Luther King Jr. se irguió frente a la audiencia reunida alrededor del monumento a Lincoln y habló de su sueño para Estados Unidos. Con una cadencia rítmica que recordaba los viejos cantos espirituales negros, con la voz a un tiempo decidida y temblorosa, contó a la gran multitud reunida frente a él y a los millones de espectadores que le escuchaban frente al televisor, su sueño de que «un día, sobre las rojas colinas de Georgia, los hijos de los antiguos esclavos y los hijos de los antiguos dueños de esclavos serán capaces de sentarse juntos en la mesa de la hermandad» y que «mis cuatro hijos vivan un día en una nación donde no se les juzgue por el color de su piel sino por los rasgos de su personalidad».

Cuarenta años después es difícil transmitir la emoción y la esperanza que sentí al escuchar el discurso de King, o cuánto significó para una nación que todavía no tenía ninguna ley de derechos civiles, ni derecho al voto, ni vivienda social, y que todavía no había visto cómo Thurgood Marshall llegaba a la Corte Suprema. Es difícil hacerse a la idea hoy de lo que significó en el Sur de Estados Unidos, donde en la mayoría de escuelas seguía habiendo segregación, donde se utilizaba el impuesto de votación para mantener a los negros lejos de las urnas o para forzarlos a votar en bloque por la oligarquía de siempre. Un Sur en que gente que tenía fuste moral para actuar de otra forma seguía usando en público la palabra «negrata».

Me eché a llorar durante el discurso y seguí llorando mucho después de que el doctor King hubiera acabado. Había articulado todo aquello en lo que yo creía y lo había expresado mejor de lo que yo podría hacerlo nunca. Ese discurso fue lo que más me animó, exceptuando quizá el ejemplo de mi propio abuelo, a no cejar durante el resto de mi vida y a hacer cuanto fuera necesario para convertir en realidad el sueño de Martin Luther King.

Un par de semanas después comencé mi último curso en el instituto, todavía con el ánimo muy alto después de la reunión de la Nación de los Muchachos, y decidido a aprovechar mi última oportunidad de disfrutar de mi niñez.

La asignatura más difícil de aquel año fue cálculo. Solo éramos siete alumnos y era una materia que anteriormente no se había impartido. Recuerdo dos momentos con toda claridad. Un día el profesor, el señor Coe, me devolvió un examen en el que había acertado todas las respuestas, pero la nota reflejaba que me había olvidado o fallado una. Cuando le pregunté al señor Coe qué significaba aquello me contestó que no había trabajado bien el problema y que, en consecuencia, debía de haber sacado la respuesta correcta por casualidad y no me podía dar puntos por tener suerte; en el libro de texto el problema requería seguir algunos pasos más de los que yo había usado. En nuestra clase había un auténtico genio, Jim McDougal (no, no es el de Whitewater), que pidió ver mi examen. A continuación le dijo al señor Coe que debería darme los puntos de esa pregunta porque mi respuesta era tan correcta como la del libro y, de hecho, incluso mejor, puesto que era más corta. Se ofreció voluntario para demostrar que estaba en lo cierto. El señor Coe estaba tan impresionado por la inteligencia de Jim como el resto de nosotros, así que le permitió continuar. Jim se puso entonces a escribir y llenó dos pizarras enteras de fórmulas matemáticas que analizaban el problema y demostraban que yo había mejorado la solución propuesta en el libro. Desde luego, a mí me podía engañar como quisiera. Siempre me ha gustado resolver problemas; de hecho, todavía me gusta, pero a duras penas me abría paso a través de aquel laberinto. No entendía nada de lo que estaba diciendo Jim, y no estoy seguro de que el señor Coe lo entendiera, pero al final de su exhibición de virtuosismo, me subió la nota. Ese incidente me enseñó dos cosas. La primera, que para solucionar un problema a veces el instinto puede suplir la insuficiencia de conocimientos; la segunda, que sería mejor abandonar la idea de dedicarme a las matemáticas avanzadas.

Nuestra clase se celebraba en la cuarta hora, justo después de comer. El 22 de noviembre llamaron al señor Coe a las oficinas; cuando regresó estaba blanco como el papel y casi no podía hablar. Nos dijo que habían disparado al presidente Kennedy en Dallas y que probablemente había muerto. Fue un golpe tremendo, y me quedé destrozado. Solo hacía cuatro meses lo había visto en el Jardín de las Rosas, lleno de vida y de energía. Muchas de las cosas que dijo e hizo —el discurso inaugural; la Alianza para el Progreso de América Latina; su sangre fría durante la Crisis de los Misiles; los Cuerpos de Paz; aquella increíble frase del discurso «*Ich bin ein Berliner*» que decía: «La libertad tiene muchas dificultades y la democracia no es perfecta, pero nunca hemos tenido que construir un muro para evitar que nuestros ciudadanos se marchen»—, todo ello encarnaba las esperanzas que yo albergaba para mi país y mi fe en la política.

Cuando acabó la clase, todos los estudiantes que había en el anexo en el que se encontraba mi aula nos dirigimos al edificio principal. Estábamos todos profundamente tristes. Todos menos una persona. Oí que una chica muy guapa que tocaba conmigo en la banda decía que quizá era bueno para el país que lo hubieran matado. Sabía que su familia era más conservadora que la mía, pero me quedé atónito y me enfureció que alguien a quien consideraba una amiga pudiera decir algo así. Era la primera vez que entraba en contacto, más allá del puro racismo, con ese tipo de odio que me encontraría después muy a menudo a lo largo de mi carrera política, y que a lo largo del último cuarto del siglo xx creó un poderoso movimiento político. Me alegra poder decir que mi amiga logró superar aquel odio. Cuando estaba de campaña en Las Vegas, en 1992, acudió a uno de mis actos electorales. Se había convertido en una trabajadora social y en una demócrata, y atesoro el recuerdo de aquel reencuentro, que hizo posible que se cerrara una vieja herida.

Después de ver el funeral del presidente Kennedy y de encontrar cierto consuelo en la sobriedad con la que Lyndon Johnson asumió la presidencia, pronunciando aquellas emotivas palabras de «Con gusto habría dado todo cuanto tengo por no estar hoy aquí», volví lentamente a la vida normal. El resto de mi último año pasó muy rápido, pues estuve volcado en las actividades de DeMolay y de la banda de música. Con esta última realicé un viaje de fin de instituto a Pensacola, Florida; otro viaje a una reunión de las bandas de todo el estado y muchos buenos ratos con mis amigos. Todavía recuerdo aquellas comidas en el Club Café, en el que servían el mejor pastel de manzana con salsa de crema agria que jamás he probado; las películas; los bailes en el Y; los helados en Cook's Dairy y las barbacoas en McClard's, un establecimiento familiar que tenía más de setenta y cinco años y que probablemente tenía la mejor carne a la brasa, y sin duda las mejores judías de todo el país.

Ese año salí durante algunos meses con Susan Smithers, una chica de Benton, Arkansas, una localidad a unos cincuenta kilómetros al este de Hot Springs siguiendo la autopista que iba a Little Rock. Muchas veces, los domingos, iba a la iglesia de Benton y luego comía con su familia. Cuando acabábamos, la madre de Susan, Mary, ponía en la mesa una fuente de pasteles fritos de manzana o de melocotón, y su padre, Reese, y yo nos lanzábamos a devorarlos hasta que nos sacaban a rastras de la mesa. Un domingo, después de la comida, Susan y yo fuimos en coche hasta Bauxite, una ciudad cerca de Benton que tomaba su nombre del mineral empleado para hacer aluminio, que se extraía de las canteras de la región. Cuando llegamos a la ciudad decidimos conducir un trecho más para ver las minas. Salimos de la carretera y fuimos por lo que yo creía que era un sólido suelo arcilloso, justo hasta el borde del enorme cráter de la cantera. Después de dar una vuelta por la explotación volvimos al coche para irnos a casa, pero nuestro buen humor desapareció de golpe. Las ruedas de mi coche se habían hundido profundamente en el suelo blando y húmedo. Giraban sin cesar, pero no nos movíamos ni un centímetro. Encontré algunos viejos tablones y los puse bajo las ruedas para lograr algo de tracción. No funcionó. Después de dos horas ya había gastado el dibujo de la ruedas, estaba oscureciendo y seguíamos atascados. Finalmente, me rendí, caminé hasta la ciudad, pedí ayuda y llamé a los padres de Susan. Al cabo de un rato llegó el rescate y nos remolcaron fuera de los profundos surcos. Al sacar las ruedas comprobé que los neumáticos estaban tan lisos y suaves como el culito de un bebé. Cuando llevé a Susan de vuelta a casa ya había anochecido. Creo que su familia creyó lo que nos había pasado, pero de todas formas su padre le echó un vistazo a las ruedas para asegurarse. En aquellos tiempos, en los que era más inocente, aquello me mortificó.

Conforme mi último curso iba llegando a su fin, empecé a preocuparme cada vez más por el tema de la universidad. Por algún motivo ni me había planteado presentar una solicitud a ninguna universidad de la Ivy League. Sabía exactamente adónde quería ir y solo presenté una solicitud de inscripción allí: la Escuela Diplomática de la Universidad de Georgetown. No quería entrar en el cuerpo diplomático y nunca había visto el campus de Georgetown cuando estuve en la Nación de los Muchachos, pero deseaba volver a Washington; Georgetown era la universidad con mejor reputación académica cerca de la ciudad, me fascinaba el legendario rigor intelectual de los jesuitas y creía que, de alguna forma, aprendería todo lo que tenía que saber sobre temas de política interior simplemente por estar en Washington a mediados de los sesenta. Estaba convencido de que iba a entrar, pues era el cuarto mejor estudiante de los 327 de la promoción, mis notas del instituto era bastante buenas y Georgetown trataba de tener al menos un estudiante de cada estado (¡un temprano programa de discriminación positiva!). Aun así, seguía estando preocupado. Había decidido que si no me aceptaban en Georgetown iría a la Universidad de Arkansas, que aceptaba a todos los graduados de los institutos de Arkansas, y donde los inversores inteligentes decían que debían acudir los que aspiraban a seguir una carrera política. La segunda semana de abril llegó la carta en la que Georgetown me comunicaba que me admitía. Me hizo muy feliz, pero para entonces ya me había comenzado a plantear si realmente era buena idea ir allí. No conseguí una beca y era muy caro: 1.200 dólares por la matrícula y 700 más por la habitación y diversas tasas, más libros, comida y gastos varios. Aunque según los estándares de Arkasas éramos una familia de clase media que vivia con comodidad, a mí me preocupaba que no nos lo pudiéramos permitir. También me inquietaba estar lejos y dejar a Madre y a Roger solos con papá, a pesar de que con la edad se iba moderando. Mi tutora, Edith Irons, estaba absolutamente convencida de que debía ir, que era una inversión en mi futuro que mis padres debían realizar. Madre y Papá estaban de acuerdo con ella. Madre también estaba convencida de que una vez llegara allí y demostrara lo que valía, lograría algún tipo de ayuda económica. Así que decidí darle una oportunidad a Georgetown.

Me gradué en el instituto la tarde del 29 de mayo de 1964, en una ceremonia en Rix Field en la que jugamos partidos de fútbol americano. Al haber finalizado cuarto de la promoción, me tocó dar la bendición. Si las decisiones judiciales sobre la religión en la escuela pública hubieran estado en vigor entonces, los que dirigíamos las oraciones no habríamos podido estar en la programación. Estoy de acuerdo en que el dinero público no debe usarse para favorecer causas puramente religiosas, pero para mí fue un honor poder decir unas palabras al final de mis años de instituto.

Mi bendición reflejó mis profundas convicciones religiosas y también un poco de mis ideas políticas, pues rogué que Dios nos «conserve el idealismo juvenil y la ética que habían hecho fuertes a nuestro pueblo. Que hiciera que rehuyéramos la apatía, la ignorancia y el rechazo para que nuestra generación pudiera desterrar la complacencia, la pobreza y el prejuicio de los corazones de los hombres libres... Que haga que nunca conozcamos la miseria y el caos de la vida sin propósito, de modo que cuando muramos, otros tengan todavía la oportunidad de vivir en libertad».

Sé que a algunas personas que no son religiosas estas palabras les pueden resultar ofensivas o ingenuas, pero estoy contento de haber sido idealista, y todavía creo en cada una de las palabras que pronuncié en aquella oración. Sin embargo, al releerla al cabo de todos estos años, me doy cuenta de que debería haberme referido a los hombres *y* a las mujeres libres.

Tras la ceremonia fui con Mauria Jackson a nuestra fiesta de graduación en el viejo Belvedere Club, que no estaba muy lejos de nuestra casa de Park Avenue. Puesto que ni Mauria ni yo no estábamos saliendo con nadie en aquellos momentos y dado que habíamos ido juntos a la escuela St. Jonn's, nos pareció buena idea ir juntos a la fiesta. Y lo fue.

A la mañana siguiente empezaba el último verano de mi infancia. Fue un típico verano cálido de Arkansas, y pasó muy rápido; hice el que sería el sexto y último viaje al campamento de bandas de la universidad y un viaje de regreso al Estado de los Muchachos como monitor. Ese verano ayudé a Papá durante un par de semanas con el inventario anual en Clinton Buick, algo que ya había hecho en alguna ocasión. Hoy en día se guardan registros informatizados de todo, y los recambios de coche pueden encargarse a eficientes centros de distribución. Es difícil acordarse de aquellos días en que se guardaban en el almacén piezas de recambio para coches que tenían más de diez años de antigüedad, y en que contábamos esas piezas una a una cada año. Las piezas de recambio más pequeñas estaban en pequeños cubículos, en estanterías muy altas dispuestas muy juntas, lo que hacía que la parte de atrás de la tienda de recambios fuera muy oscura y contrastara vivamente con la luminosa sala de exposición de la entrada, que era lo suficientemente grande como para que cupiera uno de los nuevos Buick.

El trabajo era monótono, pero a mí me gustaba, sobre todo porque era lo único que hacía con Papá. También me gustaba estar en el concesionario Buick, visitar al tío Raymond y pasar un rato con los vendedores en el aparcamiento lleno de coches usados o con los mecánicos en la parte de atrás. Había allí tres hombres que me caían especialmente bien. Dos de ellos eran negros. Early Arnold se parecía a Ray Charles y tenía una de las risas más fantásticas que jamás he oído; siempre fue encantador conmigo. James White era más tranquilo; tenía que serlo por fuerza: intentaba criar a sus ocho hijos con lo que le pagaba el tío Raymond y con lo que su esposa, Earlene, ganaba trabajando en nuestra casa para Madre, después de que se marchara la señora Walters. Yo me empapé de la filosofía de café de James. Una vez, cuando le conté lo rápido que habían pasado los años de instituto, me dijo: «Sí, el tiempo pasa tan rápido que casi no puedo seguirle el ritmo cumpliendo años». Entonces creí que era un chiste. Ahora no me hace tanta gracia.

El tipo blanco, Ed Foshee, era un genio con los coches y más adelante abrió su propio taller. Cuando me fui a la universidad le vendimos el Henry J que yo conducía, uno de los seis coches quemados que Papá había reparado en el concesionario Buick de Hope. Me costó separarme de aquel coche, a pesar de que perdía líquido de frenos; hoy daría cualquier cosa por recuperarlo. Con él mis amigos y yo pasamos ratos maravillosos, aunque hubo uno que no lo fue tanto. Una noche salía de Hot Springs por la autopista 7, y el asfalto estaba mojado. Justo delante nuestro iba un coche negro. Cuando pasábamos frente al autocine de Jessie Howe, el coche de delante se paró en seco, al parecer para ver qué película estaban poniendo. Tenía estropeada una de las luces de freno y no vi que se había detenido hasta que fue demasiado tarde. Se combinaron mi falta de atención, mis lentos reflejos y los frenos defectuosos, y me empotré en la parte de atrás del coche negro. Me golpeé la mandíbula contra el volante, que se partió en dos. Por fortuna nadie salió herido de gravedad y mi seguro cubrió los daños del otro coche. Los chicos de Clinton Buick arreglaron el Henry J y lo dejaron como nuevo; me sentí muy afortunado de que se hubiera roto el volante y no mi mandíbula. No me dolió más que cuando Henry Hill me golpeó algunos años atrás, y ni mucho menos tanto como cuando el carnero casi me mató a cornadas. Entonces ya me tomaba este tipo de cosas con más filosofía, con una actitud como la del hombre sabio que dijo: «Es bueno que un perro tenga de vez en cuando algunas pulgas. Hace que deje de preocuparse tanto por ser un perro».

NUEVE

El verano terminó demasiado aprisa, como todos los veranos de la infancia, y el 12 de septiembre Madre y yo volamos a Washington, para hacer turismo durante una semana antes de que comenzara mi curso de orientación como estudiante de primero. No sabía exactamente en qué me metía, pero estaba muy ilusionado y lleno de esperanzas.

El viaje fue más duro para Madre que para mí. Siempre habíamos estado muy unidos y yo sabía que, cuando me miraba, no solo me veía a mí, sino también a mi padre. Estaba seguro de que le preocupaba cómo criar al pequeño Roger y controlar al otro Roger si no me tenía a mí cerca para ayudarla en ambos frentes. Íbamos a echarnos mucho de menos mutuamente; éramos parecidos y, al mismo tiempo, lo suficientemente distintos para disfrutar estando juntos. Mis amigos también la adoraban, y a ella le encantaba recibirlos en nuestra casa. No dejaríamos de hacer todas aquellas cosas, pero a partir de entonces se concentrarían en las fiestas, cuando yo fuera a casa por Navidad o durante el verano.

Entonces no podía darme cuenta, como sí puedo ahora, de lo mucho que se preocupaba por mí. Hace poco encontré una carta que escribió en diciembre de 1963 para acompañar mi solicitud del premio al liderazgo Elks, que se otorgaba a uno o dos institutos superiores cada año en las ciudades que albergaban Clubs Elks. Junto a la petición, que tuvo éxito, escribió que «esta carta es, en cierto modo, una forma de aliviar el complejo de culpabilidad que siento. Soy anestesista, y mi profesión me ha exigido siempre un tiempo que correspondía a mi hijo Bill por derecho. Por ello, el mérito por lo que es y por lo que ha logrado en su vida es, en realidad, totalmente suyo. Cuando le miro veo a un hombre que se ha hecho a sí mismo». ¡Qué equivocada estaba! Fue ella la que me enseñó a levantarme cada día y a seguir adelante; a buscar lo mejor en cada persona, incluso cuando ellos veían lo peor de mí; a ser agradecido por cada día que pasaba, y saludarlo con una sonrisa; a creer que yo podía ser o hacer cualquier cosa que quisiera, siempre que estuviera dispuesto a esforzarme por ello y que, al final, el amor y la amabilidad vencerían a la crueldad y al egoísmo. Madre no era muy religiosa en aquella época, al menos no de una forma convencional, aunque a medida que se hizo mayor se hizo más creyente. Veía fallecer a tanta gente que le resultaba difícil creer en la vida después de la muerte. Pero si Dios es amor, ella era una mujer devota. Cuánto desearía haberle dicho más a menudo que yo era lo menos parecido a un hombre hecho a sí mismo que pueda haber en el mundo.

A pesar de que los grandes cambios que se avecinaban en nuestras vidas nos daban miedo, Madre y yo llegamos a Georgetown animados, alegres y rebosantes de felicidad. A un par de manzanas de distancia del campus principal se encontraba el llamado campus Este, que incluía la Escuela Diplomática y otras instituciones a las que acudían tanto hombres como mujeres de todas las razas y religiones. La facultad fue fundada en 1789 por el arzobispo John Carroll, en el primer año de la presidencia de George Washington, cuya estatua adorna el centro de la gran rotonda que hay a la entrada del campus principal. En 1815, el presidente James Madison aprobó una ley que concedía a Georgetown el derecho a emitir títulos universitarios. Aunque nuestra universidad estuvo abierta desde el principio a gente de cualquier religión, y a pesar de que uno de los grandes presidentes de Georgetown, el padre Patrick Healey, fue desde 1874 a 1882 el primer presidente afroamericano de una universidad predominantemente blanca, el órgano de gobierno estudiantil, llamado Yard, estaba compuesto mayoritariamente por hombres blancos, casi todos católicos. La Escuela Diplomática fue fundada en 1919 por el padre Edmund A. Walsh, un acérrimo anticomunista; cuando yo llegué todavía quedaban en la facultad muchos profesores que habían escapado de los regímenes comunistas de Europa y de China, y que simpatizaban con cualquier actividad anticomunista impulsada por el gobierno estadounidense, incluido Vietnam.

En la Escuela Diplomática el ambiente político era menos conservador, y también lo eran las asignaturas, cuyo legendaria dificultad reflejaba la filosofía educativa jesuita, el *Ratio Studiorum*, desarrollada en el siglo XVI. Durante los primeros dos años había que hacer seis asignaturas casa semestre, para un total de dieciocho o diecinueve horas lectivas, y no había asignaturas optativas hasta el segundo semestre del segundo año. También había normas para la indumentaria. Durante mi primer año, los hombres aún tenían que vestir con camisa, chaqueta y corbata en las clases. Ya existían entonces las camisas de tejidos sintéticos que no necesitaban plancharse después de lavarse, pero eran muy incómodas, así que decidí que durante mi estancia en Georgetown valdría la pena invertir los cinco dólares semanales que costaba limpiar mis cinco camisas en la tintorería. Sacaba ese dinero de los veinticinco dólares de paga que recibía cada semana de casa para comida y otros gastos. Luego estaba el asunto de las reglas de los dormitorios: «Los alumnos de primer curso deben estar en sus habitaciones, estudiando, durante las noches entre semana, y apagar las luces a medianoche. El viernes y el sábado por la noche, los alumnos de primer curso regresarán a sus dormitorios hacia las 12.30

a.m.... No se admitirán invitados del otro sexo, bebidas alcohólicas, mascotas o armas de fuego en los dormitorios universitarios». Aunque sé que las cosas han cambiado bastante desde entonces, cuando Hillary y yo llevamos a Chelsea a Stanford en 1997, me resultó un poco chocante ver a jóvenes de ambos sexos compartiendo el mismo edificio de dormitorios. Al menos, al parecer la Asociación Nacional del Rifle aún no ha logrado que se levante la prohibición relativa a las armas de fuego.

Una de las primeras personas que conocí cuando Madre y yo cruzamos la verja de entrada fue al sacerdote a cargo de la orientación de los estudiantes de primero, el padre Dinneen, quien me recibió diciendo que en Georgetown no lograban explicarse por qué un bautista del Sur que no hablaba idiomas, excepto latín, quería estudiar en la Escuela Diplomática. Por su tono pude entrever que tampoco lograban explicarse por qué me habían aceptado. Me eché a reír y dije que quizá podríamos descubrirlo en uno o dos años. Vi que Madre se había quedado preocupada, así que cuando el padre Dinneen se marchó para hablar con otros alumnos, le dije que quizá no supieran por qué había ido allí, pero desde luego iban a enterarse muy pronto. Sospecho que me estaba marcando un farol, pero la verdad es que la frase sonaba irresistiblemente bien.

Después de las entrevistas preliminares, fuimos a buscar mi habitación para conocer a mi compañero de cuarto. El Loyola Hall está en el cruce de las calles Treinta y cinco y N, justo detrás del edificio Walsh, que es la sede de la Escuela Diplomática. Ambos edificios están conectados entre sí. A mí me asignaron la habitación 225, que estaba justo al otro lado de la entrada principal por la calle Treinta y cinco; desde ahí se veía la casa y el hermoso jardín del distinguido senador Claiborne Pell, de Rhode Island. El senador aún seguía en el cargo cuando me convertí en presidente. Él y su esposa, Nuala, se hicieron amigos nuestros y, treinta años después de que viera por primera vez el exterior de su magnífica y antigua casa, pude por fin ver el interior.

Cuando Madre y yo llegamos a la puerta de mi habitación, me quedé anonadado. La campaña presidencial de 1964 estaba en pleno apogeo, y allí, estampada en la puerta, había una pegatina de Goldwater. ¡Yo creía que había dejado atrás a todos sus seguidores en Arkansas! Pertenecía a mi compañero de habitación, Tom Campbell, un católico irlandés de Huntington, Long Island, que procedía de una familia republicana tradicionalmente conservadora y había sido jugador de fútbol americano en el instituto jesuita Xavier de Nueva York. Su padre era un abogado que había entrado en la judicatura local presentándose en la candidatura del Partido Conservador. Probablemente a Tom le sorprendió más que a mí ver el compañero que le había tocado en suerte. Yo era el primer bautista sureño de Arkansas que conocía, y por si fuera poco, era un demócrata de pies a cabeza, un ferviente partidario de Lyndon Johnson.

Madre no estaba dispuesta a dejar que una menudencia como la política se entrometiera en la buena convivencia entre compañeros. Empezó a charlar con Tom como si le conociera de toda la vida, tal como solía hacer con todo el mundo, y rápidamente se lo metió en el bolsillo. A mí también me cayó bien, y pensé que podíamos probar suerte. Empezamos compartiendo habitación durante cuatro años en Georgetown y, desde entonces, hemos compartido cuarenta años de amistad.

Al cabo de un rato, Madre me dejó tras despedirse de forma alegre y valiente; yo comencé a explorar mi entorno inmediato, empezando por la planta donde estaba el dormitorio. Oí música procedente del vestíbulo del piso de abajo —el tema de Tara de *Lo que el viento se llevó*— y la seguí, esperando encontrar, al menos, a otro estudiante del Sur, ya que no a otro demócrata. Pero cuando entré en la sala de donde procedía la melodía, me topé con Tommy Caplan, un personaje que estaba más allá de cualquier intento de clasificación. Estaba sentado en un balancín, el único que había en toda la planta. Me contó que era hijo único, de Baltimore; que su padre estaba en el negocio de las joyas y que había conocido al presidente Kennedy. Hablaba con un acento inusualmente cerrado que a mí me sonaba aristocrático, me dijo que quería ser escritor y me obsequió con sus anécdotas acerca de Kennedy. Aunque enseguida me cayó bien, lo que no podía saber entonces es que acababa de toparme con la persona que se convertiría en uno de mis mejores amigos. Durante los siguientes cuatro años, Tommy me llevó a conocer Baltimore y me invitó a su casa de Maryland, en la costa Este. De su mano descubrí la iglesia episcopal y su liturgia, el hotel Pierre y el mejor curry indio de todo Nueva York. También pasé con él, en el hotel Carlyle, mi primera experiencia con el carísimo servicio de habitaciones, y cené con él en el Club 21, donde nos reunimos algunos compañeros para celebrar su vigésimo primer cumpleaños. También fui con él a Massachusetts y a Cape Cod, donde casi me ahogué cuando, por mucho que lo intentaba, no conseguía agarrarme a una roca cubierta de percebes, contra la que me dejé las manos, los brazos, el pecho y las piernas hechos trizas. Mientras trataba desesperadamente de volver a la orilla, me salvaron un inesperado banco de arena, largo y estrecho, y la mano de un viejo amigo de la infancia de Tommy, Fife Symington, que más adelante se convertiría en el gobernador republicano de Arizona. (¡Quizá si hubiera podido ver el futuro no habría estado tan dispuesto a ayudarme!) A cambio, gracias a mí Tommy conoció Arkansas, los modales y costumbres del Sur y la política de bases populares. Creo que fue un buen trato.

En los días siguientes, conocí a otros estudiantes y empecé a asistir a las clases. También me las arreglé para vivir con veinticinco dólares a la semana. Cinco dólares se iban en mantener limpias las cinco camisas, otros cinco en comer por un dólar cada día de lunes a viernes y otro dólar para las comidas de fin de semana; de modo que me quedaban catorce dólares para salir el sábado por la noche. En 1964 era perfectamente posible invitar a una chica a cenar por catorce dólares, e incluso a veces también quedaba dinero para ir al cine, aunque tenía que arreglármelas para que ella pidiera primero, y así asegurarme de que nuestra cena, más la propina, no sobrepasaba mi presupuesto. En aquella época había muchos buenos restaurantes en Georgetown a los que podía ir con catorce dólares. Además, durante los primeros meses no tuve una cita cada sábado, de modo que hasta me sobraba un poco de dinero.

No era demasiado difícil vivir con un dólar al día el resto del tiempo; siempre pensé que tenía dinero suficiente, incluso si había algún gasto extraordinario como un baile escolar o algún otro evento especial. En el colmado Wisemiller de la calle Treinta y seis, al otro lado del edificio Walsh, donde tenía la mayor parte de mis clases, compraba cada mañana café y dos donuts por veinte centavos; era la primera vez en mi vida que bebía café, un hábito que aún trato de mantener a raya, sin demasiado éxito. En el almuerzo, derrochaba treinta centavos. Con la mitad de esa cantidad me hacía con una pasta Hostess, de manzana o de cereza, y con el dinero restante compraba una cola Royal Crown de medio litro. Me encantaban las Royal Crown, y me dieron un gran disgusto cuando dejaron de producirlas. La cena era lo más caro: cincuenta centavos; generalmente comía en el Hoya Carry Out, un local de comida para llevar que estaba a un par de manzanas de nuestro dormitorio, y que a pesar de su nombre tenía un mostrador donde se podía cenar. Comer allí era toda una diversión. Por quince centavos, me compraba otra bebida de soda y, por treinta y cinco, un enorme bocadillo de atún con pan de centeno, tan grande que no me cabía en la boca. Por ochenta y cinco centavos, tenían uno de roastbeef igual de grande. De vez en cuando, si no me había pulido los catorce dólares la noche del sábado, me compraba uno de esos.

Pero la verdadera atracción del Hoya Carry Out eran sus dueños, Don y Rose. Don era un tipo con la voz ronca, con un tatuaje en cada uno de sus prominentes bíceps en una época en que los tatuajes eran una rareza (las estrellas de rock, los atletas y los jóvenes a la última moda todavía no los llevaban). Rose llevaba un enorme peinado estilo colmena, tenía un rostro agradable y una espléndida figura de la que le gustaba presumir, poniéndose jerseys ajustados, pantalones aún más ceñidos y tacones de aguja. Era todo un aliciente para los chicos con poco presupuesto y mucha imaginación, y la presencia bonachona pero vigilante de Don garantizaba que solo fuéramos allí a comer. Cuando Rose estaba en plena forma comíamos despacio para asegurarnos una buena digestión.

Durante mis dos primeros años, rara vez me aventuré más allá de los confines de la universidad y sus aledaños: la pequeña área entre la calle M y el río Potomac al sur, la calle Q hacia el norte, la avenida Wisconsin al este y la universidad al oeste. Mis lugares predilectos en Georgetown era el Tombs, una cervecería que estaba en la bodega del restaurante 1789, donde la mayoría de estudiantes iban a beber cerveza y a comer hamburguesas, y también el restaurante Billy Martin's, que tenía buena comida y cierta clase sin que por ello acabara con mi presupuesto. En el Cellar Door, que estaba un poco más abajo desde mi residencia de la calle M, había muy buena música en directo. Allí pude escuchar a Glenn Yarborough, un cantante folk muy popular en los años sesenta; al gran organista de jazz Jimmy Smith y al ahora olvidado grupo de los Mugwumps, que se disolvió poco después de que yo llegara a Georgetown. Dos de los componentes masculinos fundaron una nueva banda, que se hizo muy famosa, los Lovin' Spoonful, y la cantante, Cass Elliott, se convirtió en la Mama Cass de los Mamas and the Papas. A veces el Cellar Door abría sus puertas el domingo por la tarde y podías pasarte horas con una Coca-Cola en la mano y escuchando a los Mugwumps, por un solo dólar.

Aunque a veces me sentía atrapado en Georgetown, la mayor parte del tiempo era feliz, ocupado con mis clases y mis amistades. Sin embargo, también agradecía las ocasiones en que podía viajar fuera. Algunas semanas después del inicio de semestre, fui al Lisner Auditorium para escuchar a Judy Collins. La recuerdo sola y erguida en el escenario, con su larga cabellera rubia, su vestido de algodón que llegaba hasta el suelo y con la guitarra. Desde aquel día me convertí en un gran admirador suyo. En diciembre de 1978, Hillary y yo nos tomamos unas cortas vacaciones en Londres después de haber ganado mis primeras elecciones a gobernador. Un día, mientras íbamos de tiendas por King's Road, en Chelsea, desde los altavoces de una tienda empezaron a sonar los acordes de la versión que Judy hizo de «Chelsea Morning», la canción de Joni Mitchell. En ese momento decidimos que si alguna vez teníamos una hija, la llamaríamos Chelsea.

Aunque no me alejaba demasiado de la zona de Georgetown, me las arreglé para hacer dos viajes a Nueva York durante el primer semestre. Una vez acompañé a Tom Campbell a su casa de Long Island, para pasar juntos el Día de Acción de Gracias. Lyndon Johnson ya había ganado las elecciones, así que me divertí mucho hablando de política con el padre de Tom. Una noche le tomé el pelo; le pregunté si en el agradable barrio en el que vivían había alguna cláusula de «protección» por la que los propietarios se comprometían a no vender sus casas a miembros de grupos marginales, léase negros. Estas cláusulas eran bastante habituales, hasta que el Tribunal Supremo las declaró inconstitucionales. El señor Campbell confesó que efectivamente, la zona donde vivían se había establecido bajo una cláusula, pero que no excluía a los negros, sino a los judíos. Yo vivía en un pueblecito sureño en el que había dos sinagogas y una buena cantidad de antisemitas que tachaban a los judíos de «asesinos de Cristo», pero me sorprendió descubrir tal grado de antisemitismo en Nueva York. Supongo que saber que el Sur no tenía la exclusiva del racismo o del antisemitismo tendría que haberme tranquilizado, pero no fue así.

Unas semanas antes del viaje de Acción de Gracias, le pegué mi primer mordisco a la Gran Manzana, cuando fui a Nueva York con la banda de Georgetown, un grupo muy variopinto. Nos reuníamos para ensayar solo una o dos veces por semana, pero éramos bastante buenos y nos invitaron a tocar en una pequeña escuela católica, el instituto femenino St. Joseph de Brooklyn. El concierto fue bien, y en la reunión posterior conocí a una estudiante que dejó que la acompañara a su casa y me invitó a tomar una Coca-Cola con ella y con su madre. Fue mi primera incursión en uno de aquellos inacabables edificios de apartamentos que proporcionan un techo a la inmensa mayoría de neoyorquinos, ya sean ricos o pobres. No había ascensor, así que tuvimos que subir andando varios pisos hasta llegar a su casa. Me pareció diminuta, pues yo estaba acostumbrado a las casas de una sola planta de Arkansas, con sus patios y sus jardines, que incluso la gente de ingresos modestos podía permitirse. Todo lo que recuerdo de aquel encuentro es que la chica y su madre parecían muy agradables y me sorprendió que pudieran desarrollarse personalidades extrovertidas en espacios tan reducidos.

Tras despedirme, me quedé a mis anchas en la gran ciudad. Paré un taxi y le indiqué que fuera a Times Square. Jamás había visto tal cantidad de luces de neón juntas; había mucho ruido y se palpaba la velocidad; aquel lugar rebosaba vida, aunque también sordidez. Allí vi por primera vez a una prostituta; trataba de ligar con un arquetípico pobre hombre de aspecto patético que llevaba un traje oscuro, el pelo muy corto, gafas de concha negras y que arrastraba un maletín. Saltaba a la vista que se debatía entre la tentación y el terror, y ganó este último. Pasó de largo; ella sonrió, se encogió de hombros y volvió al trabajo. Miré los teatros y las fachadas de los edificios, y me llamó la atención un cartel brillante —Tad's Steaks—, que anunciaba grandes filetes por 1,59 dólares.

Era demasiado tentador para negarse, de modo que entré, pagué por mi filete y busqué una mesa. Sentados a poca distancia, vi a un chico enfadado, y a su madre, destrozada. Él no cesaba de martillear sus oídos con las palabras, «Es barato, mamá. Es barato», y ella repetía que el vendedor le había asegurado que aquél estaba bien. En unos minutos lo vi claro. La madre había ahorrado suficiente dinero para comprarle un tocadiscos a su hijo, que lo quería desesperadamente, pero el sistema del aparato era de alta fidelidad estándar, conocido como «hi-fi», y el hijo quería uno de los nuevos tocadiscos con estéreo, que sonaban mucho mejor, y aparentemente tenían más prestigio entre los chicos a la última. A pesar de sus sacrificios, la madre no podía permitírselo y aquel chico, en lugar de estar agradecido, le estaba gritando en público: «¡Todo lo que tenemos es barato! ¡Yo quería algo bueno!». Me puso enfermo. Tenía ganas de golpearle, de gritarle que era afortunado por tener una madre que le quería, que le alimentaba y le vestía, sin duda a costa de trabajar en un empleo aburrido y mal pagado. Me levanté y salí, disgustado, sin acabarme la ganga de filete que había conseguido. Ese incidente dejó una profunda huella en mí, supongo que a causa de todo lo que mi madre había tenido que soportar. Hizo que comprendiera la lucha cotidiana de las mujeres y los hombres que realizan tareas que preferimos que hagan los demás, pero por las que, al mismo tiempo, no estamos dispuestos a pagar demasiado. Me hizo odiar aún más la ingratitud, y decidí ser más agradecido por lo que tenía. Reforzó mi determinación de disfrutar de las rachas de buena suerte que me regalara la vida sin tomármelas muy en serio y ser consciente de que una vuelta de tuerca del destino podía devolverme a la casilla de salida, o algo peor.

Poco después de mi regreso de Nueva York, dejé la banda para concentrarme en mis estudios y en el consejo estudiantil. Gané las elecciones a presidente de la promoción de primer curso en una de mis mejores campañas; me enfrenté a un electorado dominado por irlandeses y católicos italianos de la costa Este. No recuerdo qué me impulsó a ello, pero recibí mucha ayuda, y fue muy emocionante. En realidad no había gran cosa que debatir ni entraron en juego los contactos que pudiera tener cada uno, de modo que la competición se redujo a mucha política de bases y a un solo discurso. Uno de mis colegas que trabajaba en el equipo de mi campaña me escribió una nota que demostraba la rigurosidad de nuestro proceso de busca de votos: «Bill: problemas en New Men's; Hanover está obteniendo muchos votos. Hay posibilidades en el tercer piso de Loyola (Pallen's), hacia el final del pasillo, cerca del teléfono de pago. Gracias a Dick Hayes. Nos vemos mañana. Descansad, caballeros. King». King era John King, una dínamo que se convirtió en el timonel del equipo de remo de Georgetown, y que compartió grupo de estudio con nuestra compañera Luci Johnson, la hija del presidente, que una vez le invitó a cenar a la Casa Blanca, lo que hizo que todos nos muriésemos de envidia y admiración.

El martes previo a las elecciones, toda la promoción se reunió para escuchar nuestros discursos de campaña. A mí me había nombrado candidato Bob Billingsley, un neoyorquino gregario cuyo tío Sherman había sido propietario del Stork Club, y que solía contarme anécdotas de todas las estrellas que habían frecuentado el local desde los años veinte. Bob dijo que yo tenía un buen historial de liderazgo y que era una persona «que logrará hacer cosas, y hacerlas bien». Luego llegó mi turno. No me centré en ningún tema, solo prometí cumplir con mi deber «en función de lo que se exija de mí en cualquier momento», tanto si ganaba como si perdía, y dar a aquellas elecciones «un espíritu que nos haga una promoción un poco más fuerte, y un poco más orgullosa, cuando esta campaña termine». Fue un esfuerzo modesto, pues así debía ser; como reza el dicho, tenía razones para ser modesto.

Mi adversario con más posibilidades trató de inyectar un poco de seriedad en un momento fundamentalmente lúdico cuando nos dijo que se presentaba porque no quería que nuestra promoción cayera «en el abismo sin fin de la perdición». Yo no sabía a qué se refería; sonaba como el lugar al que uno iba a parar si colaboraba con los comunistas. Este indefinido comentario era una exageración y gracias a él tuve mi primera oportunidad. Trabajamos como locos y salí elegido. Después del recuento de votos, mis amigos reunieron una gran cantidad de monedas de níquel, de diez centavos y de un cuarto de dólar, para que pudiera llamar a casa desde el teléfono de pago más cercano y anunciar mi victoria a la familia. Fue una conversación muy feliz. Comprendí que no había problemas al otro lado de la línea y Madre se dio cuenta de que, poco a poco, yo había superado la añoranza que sentía por estar lejos de casa.

Aunque me gustaban el consejo estudiantil, los viajes a Nueva York y, en general, la estancia en Georgetown, las clases fueron lo más importante en mi primer curso. Por primera vez tenía que trabajar para aprender. Contaba con una gran ventaja: los seis profesores de mis asignaturas eran personas interesantes y capacitadas. Todos los alumnos teníamos que escoger un idioma extranjero; yo opté por el alemán porque tenía interés por el país, y me impresionaban la claridad y la precisión de su idioma. El doctor von Ihering, el profesor de alemán, era un hombre amable que se había ocultado de los nazis en el desván de una granja cuando empezó la quema de libros, entre los que había unos libros infantiles que él había escrito. Arthur Cozzens, el profesor de geografía, tenía una barbita de chivo blanca y era muy quisquilloso. Yo me aburría mucho durante sus clases, hasta que un día nos dijo que en términos geológicos Arkansas era uno de los lugares más interesantes de la tierra, a causa de sus depósitos de diamantes, cristal de cuarzo, bauxita y otros minerales y formaciones terrestres.

Estudiaba lógica con Otto Hentz, un jesuita que aún no había sido ordenado sacerdote. Era brillante, enérgico y se preocupaba mucho por los estudiantes. Un día me preguntó si me apetecía ir a cenar una hamburguesa con él. Me sentí halagado, acepté y fuimos en coche por la avenida Wisconsin hasta un restaurante Howard Johnson. Tras un rato de charla, Otto se puso serio y me preguntó si alguna vez había pensado en hacerme jesuita. Me eché a reír y repliqué, «Pero, ¿no tendría que ser católico primero?». Cuando le dije que era bautista y comenté, medio en broma, que no me veía capaz de respetar los votos del celibato ni siquiera si fuera católico, agitó la cabeza y dijo: «No puedo creerlo. He leído tus trabajos y tus exámenes. Tú escribes como un católico, y piensas como un católico». Solía contar esta anécdota a los grupos de católicos durante mi campaña en Arkansas; les aseguraba que yo era lo más parecido a un gobernador católico que iban a encontrar.

Otro profesor jesuita, Joseph Sebes, era uno de los hombres más notables que he conocido jamás; esbelto, cargado de hombros y un lingüista de gran talento, cuyo principal interés era Asia. Estaba trabajando en China cuando los comunistas subieron al poder, y pasó algún tiempo en prisión, en un pequeño agujero en el suelo. Los maltratos que sufrió en la cárcel le dañaron el estómago y le causaron la pérdida de un riñón; su estado de salud fue muy delicado durante el resto de su vida. Su asignatura se llamaba «Culturas Comparadas», aunque podría haber sido «religiones del mundo», porque estudiábamos el judaísmo, el islam, el budismo, el shinto, el confucianismo, el taoísmo, el hinduismo, el jainismo, el zoroastrismo y otras religiones. Sebes me gustaba mucho, y aprendí infinidad de cosas de él: cómo los distintos pueblos del mundo definían a Dios, la verdad y la vida. Sabía que había muchos estudiantes procedentes del extranjero y ofrecía a todo el mundo la posibilidad de presentarse a un examen oral; era capaz de examinar a los alumnos en nueve idiomas distintos. En el segundo semestre saqué una A, calificación que solo obtuvimos cuatro alumnos; es uno de los logros académicos de los que me siento más orgulloso.

Mis otros dos profesores eran unos personajes muy notables. Robert Irving enseñaba inglés a los estudiantes que empezaban y que estaban completamente indefensos frente a sus comentarios ácidos y veloces como balas acerca de la propensión de los principiantes a la verborrea y a la imprecisión. Escribía mordaces anotaciones en los márgenes de los trabajos que le presentábamos, y una vez tildó a un estudiante de «caprichosa y despreciable bomba de achique», mientras que en otra ocasión replicó, ante la expresión consternada de un alumno, «¿así que te has quedado mudo como un repollo?». Mis trabajos eran objeto de chanzas más prosaicas: en los márgenes, o al final, el doctor Irving escribía «rar» por raro, o «ugh» o «bastante aburrido y patético». En uno de los que luego conservé, anotó finalmente «inteligente y reflexivo»; pero a continuación me pedía que fuera «un buen muchacho» y la próxima vez lo escribiera ¡en un papel de mejor calidad! Un día, para demostrar lo importante que era utilizar un lenguaje cuidado, el doctor Irving leyó en voz alta un trabajo que había escrito sobre Marvell uno de sus antiguos alumnos. El estudiante destacaba que Marvell siguió amando a su mujer aun después de que ésta falleciera, y luego añadía la desafortunada frase: «Claro que el amor físico, la mayor parte de las veces, termina con la muerte del ser amado». Irving rugía, «¡La mayor parte de las veces! ¡La mayor parte de las veces! ¡Supongo que hay gente para la que no hay nada mejor que un cadáver bien fresquito en un día caluroso!». La verdad, ese comentario fue un poco excesivo para unos chicos católicos de dieciocho años, incluido un bautista del Sur. La idea de que el doctor Irving, dondequiera que esté hoy, lea este libro me llena de pavor, y solo acierto a imaginar los mordaces comentarios que garabateará furiosamente en los márgenes.

La asignatura más legendaria de Georgetown estaba a cargo del profesor Carroll Quigley y era «Desarrollo de las Civilizaciones»; era obligatoria para todos los de primero y había más de doscientos alumnos por clase. Aunque no era una asignatura fácil, era muy popular, a causa de la inteligencia, las opiniones y las peculiaridades de Quigley. Entre estas últimas estaba su discurso sobre la realidad de los fenómenos paranormales, en el que afirmaba que había sido testigo de cómo una mesa se había elevado del suelo y de cómo una mujer había salido volando durante una sesión de espiritismo. También destacaba su conferencia en la que condenaba la preferencia de Platón por la racionalidad absoluta en detrimento de la experiencia que nace de la observación, conferencia que daba cada año al final de curso. Siempre terminaba su intervención destrozando un ejemplar de bolsillo de *La república* de Platón, y luego la lanzaba por los aires, gritando: «¡Platón es un fascista!».

Los exámenes estaban llenos de preguntas ideales para devanarse los sesos, como, por ejemplo: «Escriba una historia breve, pero bien estructurada, de la península balcánica desde el principio de la última glaciación hasta la época de Homero», o «¿Cuál es la relación entre el proceso de la evolución cósmica y la dimensión de la abstracción?».

Dos de las teorías de Quigley dejaron en mí una huella especialmente profunda. La primera, en la que sostenía que las sociedades tienen que desarrollar instrumentos organizados para alcanzar sus objetivos intelectuales, religiosos, sociales, económicos, políticos y militares. El problema, según él, era que todos los instrumentos terminan «institucionalizándose», esto es, sucumben a sus propios intereses y se preocupan más por conservar sus prerrogativas que por cumplir los fines o satisfacer las necesidades para los que fueron creados. Una vez sucede eso, el cambio solo puede producirse mediante una reforma o esquivando a las instituciones. Si esto fracasa, llega el declive y el poder se vuelve reaccionario.

Su otra aportación se refería a los orígenes de la grandeza de la civilización occidental y a su permanente capacidad para reformarse y renovarse. Afirmaba que el éxito de nuestra civilización se basaba en unas convicciones filosóficas y religiosas únicas: que el hombre es bueno por naturaleza; que existe la verdad, pero que ningún mortal puede poseerla y que solo podemos acercarnos a ella trabajando juntos. Decía que a través de la fe y de las buenas acciones podemos aspirar a una vida mejor en este mundo y a una recompensa en el otro. De acuerdo con Quigley, estas

ideas eran el motor de nuestra civilización y le conferían su carácter optimista y pragmático, así como la inquebrantable convicción de que es
posible cambiar para mejorar. Resumía nuestra ideología con el término
«preferencia futura», la creencia de que «el futuro puede ser mejor que el
pasado y cada individuo tiene la obligación moral y personal de hacer que
así sea». Desde mi campaña de 1992 y durante mis dos mandatos, cité a
menudo esta frase del profesor Quigley, con la esperanza de alentar a mis
conciudadanos, y también a mí mismo, a practicar lo que él predicaba.

Hacia finales del primer año, ya llevaba meses saliendo con mi primera
novia formal. Denise Hyland era una chica irlandesa alta y pecosa, con
una mirada suave y encantadora y una sonrisa contagiosa. Procedía de
Upper Montclair, New Jersey, y era la segunda de seis hermanos, hija de
un doctor que iba para sacerdote antes de conocer a su futura esposa.
Denise y yo rompimos al final de mi primer año, pero hemos seguido
siendo amigos.

Estaba contento porque iba a volver a casa y reencontrarme con mis
viejos amigos y con el querido y cálido verano de Arkansas. Había un trabajo esperándome en Camp Yorktown Bay, un campamento de la Liga de
la Marina para niños pobres, la mayoría de ellos de Texas y Arkansas.
Estaba en el lago Ouachita, el mayor de los tres lagos de Hot Springs y
uno de los más limpios de Estados Unidos. El fondo, a más de diez
metros de profundidad, se veía con total claridad. El lago, hecho por el
hombre, se encontraba en el bosque nacional de Ouachita, de modo que
el desarrollo urbano de la zona (y por lo tanto el consiguiente volumen de
residuos y contaminantes) siempre fue limitado.

Durante varias semanas, me levantaba temprano cada mañana y conducía hasta el campamento, a unos treinta kilómetros de distancia, donde
era el monitor de natación, baloncesto y otras actividades. Muchos de
esos niños necesitaban pasar una semana lejos de sus vidas cotidianas.
Uno de ellos procedía de una familia de seis hermanos, hijos de madre
soltera, y no tenía ni un céntimo cuando llegó. Su madre se estaba
mudando y ni siquiera sabía dónde iría a vivir cuando volviera del campamento. En otra ocasión, hablé con un niño que había tratado de aprender
a nadar, sin éxito, y al que rescataron del lago en bastante mal estado.
Dijo que no era nada; en su corta vida, ya se había tragado la lengua, había
sufrido un envenenamiento y había sobrevivido a un grave accidente de
tráfico. Por si fuera poco, hacía tres meses había perdido a su padre.

El verano pasó muy rápidamente, lleno de buenos ratos junto a mis
amigos y de interesantes cartas de Denise, que estaba en Francia. Hubo
otro terrible incidente con Papá, el último. Un día llegó a casa temprano
del trabajo, borracho y fuera de sí. Yo estaba con los Yeldell, pero afortunadamente Roger estaba en casa. Papá persiguió a Madre con un par de

tijeras y la empujó hacia el fregadero que había al salir de la cocina. Roger corrió a la puerta de entrada y llegó a casa de los Yeldell gritando: «¡Bubba, ayuda! ¡Papá está matando a Papo!». (Cuando Roger era un bebé aprendió a decir «Papá» antes que «Madre», así que creó el término «Papo» para ella, y siguió usándolo durante mucho tiempo.) Volví corriendo a casa, aparté a Papá de Madre, y le quité las tijeras. Llevé a Madre y a Roger a la sala de estar, y luego volví y le eché la caballería a Papá. Cuando le miré a los ojos vi más miedo que ira. No hacía mucho, le habían diagnosticado un cáncer de garganta y de boca. Los médicos habían recomendado una intervención quirúrgica radical, que le dejaría desfigurado, pero él se negó, así que le proporcionaban el mejor tratamiento posible en aquellas condiciones. Este incidente tuvo lugar dos años antes de que muriera, y creo que la vergüenza que sentía por la vida que había llevado y el miedo a morir le arrastraron hasta el que sería su último estallido. Después de eso, aún siguió bebiendo, pero se volvió más introvertido y pasivo.

Sin embargo, lo que sucedió aquel día tuvo un impacto especialmente devastador en mi hermano. Casi cuarenta años más tarde, me contó lo humillado que se había sentido al tener que salir corriendo en busca de ayuda, la impotencia de verse incapaz de detener a su padre y lo mucho que le había odiado después de aquello. Me di cuenta de que había sido muy poco inteligente por mi parte reaccionar como siempre habíamos hecho en la familia: fingir que no había pasado nada y que todo volvía a la «normalidad». Tendría que haberle dicho a Roger que estaba muy orgulloso de él, y que su vigilancia, su amor y su valentía habían salvado a Madre; que lo que él hizo era mucho más difícil que lo que yo había hecho y que tenía que dejar atrás su odio porque su padre estaba enfermo y odiarle solo contribuiría a que la enfermedad también le afectara a él. Escribí a Roger a menudo, y también solía llamarle cuando estaba de viaje; le animaba en sus estudios y en sus actividades, y le decía que le quería. Sin embargo, se me pasó por alto la profunda herida que había sufrido y el dolor que inevitablemente esta acarreaba. Le llevó mucho tiempo y autodestrucción llegar finalmente a la fuente de su dolor, que no era otra que su propio corazón.

Aunque seguía preocupado por la seguridad de Madre y de Roger, creí a Papá cuando me prometió que ya no habría más violencia. Cada vez estaba más débil y ya casi no podía hacer daño físico a nadie, así que cuando llegó el momento de volver a Georgetown no tuve reparos en embarcarme hacia lo que sería mi segundo año en la universidad. En junio me habían concedido una beca de 500 dólares, y ya no se exigía corbata ni camisa para asistir a las clases, así que mis perspectivas económicas eran más halagüeñas. También me habían reelegido presidente de mi promoción, esta vez con un programa de verdad que se concentraba en el funcionamiento del campus e incluía servicios religiosos no confesionales y una iniciativa de servicios a la comunidad, que copiamos de nuestros compañeros de la promoción anterior: GUCAP, el Programa de Acción Comunitaria de la Universidad de Georgetown, que enviaba voluntarios a los barrios pobres para ayudar a los niños en sus estudios. También supervisábamos a los adultos que trataban de sacarse el bachillerato, a través de un programa de extensión, y hacíamos todo lo posible por ayudar a las familias modestas a salir adelante. Fui varias veces, aunque no tantas como hubiera debido. Además de lo que ya sabía, fruto de mi infancia en Arkansas, vi lo suficiente en Washington para convencerme de que la beneficencia y el trabajo de los voluntarios, por sí solos, jamás bastarían para superar la terrible miseria que nacía de combinar pobreza, discriminación y falta de oportunidades, y que impedía progresar a muchos conciudadanos. Esa convicción reforzó aún más mi determinación de apoyar las iniciativas del presidente Johnson en los temas de derechos civiles, del derecho al voto, y otras medidas contra la pobreza.

Durante mi segundo año, como en el primero, me concentré sobre todo en los estudios, aunque en realidad fue por última vez. A partir de entonces, en mis dos últimos años en Georgetown, hasta mi estancia en Oxford, en la Facultad de Derecho, mis estudios perdieron progresivamente la batalla contra la política, las experiencias personales y mis exploraciones privadas.

De momento, las asignaturas eran más que suficientes para captar mi atención, empezando por mi clase de alemán de segundo año, pasando por el apasionante curso de Mary Bond sobre los principales autores británicos y terminando por la historia del pensamiento político de Ulrich Allers, un alemán algo brusco que escribió estas pocas palabras en un trabajo que hice sobre el sistema legal ateniense: «Pesado, pero muy aceptable». En aquel momento, ese discreto cumplido me supo a poco. Cuando era presidente habría matado para que me dijeran eso.

Saqué una C en la asignatura de microeconomía de Joe White, durante el primer semestre. El profesor White también daba macroeconomía en el segundo semestre, y en esa obtuve una A. Me imagino que ambas notas eran un presagio, pues como presidente hice un buen trabajo con la economía de la nación, pero fui un pésimo gestor de mis propios ahorros, al menos hasta que dejé la Casa Blanca.

Estudié historia de Europa con Luis Aguilar, un expatriado cubano que había liderado la oposición democrática contra Batista antes de que éste fuera derrocado por Castro. Una vez, Aguilar me preguntó qué pretendía hacer con mi vida; le contesté que quería volver a casa y meterme en política, pero que también me interesaban muchas otras cosas. Replicó, nostálgico: «Escoger una profesión es como escoger una esposa entre diez novias. Incluso si te quedas con la más guapa, la más inteligente y la más buena, sigues sintiendo dolor porque has perdido a las otras nueve». Aunque amaba la enseñanza y era muy buen profesor, tuve la impresión de que, para el profesor Aguilar, Cuba era como esas nueve mujeres en una.

La asignatura más interesante de mi segundo año fue la del profesor Walter Giles sobre el gobierno y la constitución estadounidenses; para dar la clase se basaba sobre todo en casos del Tribunal Supremo. Giles era pelirrojo y llevaba el pelo muy corto. Era un soltero empedernido, en cuya vida solo había sitio para sus estudiantes, para su amor por la Constitución y la justicia social y para su pasión por los Washington Redskins, ganaran o perdieran. Celebraba cenas en su casa a las que invitaba a sus alumnos, y unos pocos afortunados incluso le acompañaban a ver jugar a los Redskins. Giles era un demócrata liberal de Oklahoma, algo poco habitual por entonces, y lo suficientemente singular, incluso hoy en día, como para ponerle bajo la protección de la Ley de Especies en Peligro de Extinción.

Creo que se interesó por mí en parte porque procedía de un estado fronterizo con el suyo, aunque disfrutaba tomándome el pelo al respecto. Cuando llegué a su clase yo ya había comenzado mi romance con el insomnio, que me duraría toda la vida, y tenía el hábito, a veces algo embarazoso, de quedarme dormido durante cinco o diez minutos durante la clase, tras los cuales me despertaba fresco como una rosa. Me sentaba en la primera fila de la enorme aula de conferencias de Gilles, lo que era el complemento ideal para su cáustico ingenio. Un día estaba cabeceando y dijo en voz muy alta que la reglamentación del Tribunal Supremo era clara como la luz del día, tanto que cualquiera podía entenderla, «a menos, claro está, que seas un paleto de Arkansas». Me desperté sobresaltado, entre las risas de mis compañeros. Jamás me volví a dormir en su clase.

DIEZ

Cuando acabé segundo de carrera volví a casa sin ningún trabajo en perspectiva pero teniendo muy claro lo que quería hacer con mi vida. En Arkansas se estaba viviendo el final de una época: tras seis mandatos consecutivos, por fin el gobernador Orval Faubus no iba a presentarse a la reelección. Con Faubus fuera de la escena política, nuestro estado podría por fin cerrar la herida abierta en Little Rock y librarse de las acusaciones de compadreo que plagaron los últimos años del polémico gobernador. Yo quería participar en la campaña electoral, no solo para aprender sobre política, sino también para contribuir, siquiera modestamente, a que Arkansas tomara un rumbo más progresista.

Mientras Faubus se eternizó en el poder, nadie pareció capaz de poder disputarle el cargo, pero en cuanto se marchó salieron candidatos a gobernador hasta de debajo de las piedras, siete demócratas y un republicano de peso: Winthrop Rockefeller, el quinto de los seis hijos de John D. Rockefeller Jr., que se había apartado del imperio de su padre para dirigir las actividades benéficas de la Fundación Rockefeller. Había abandonado las ideas conservadoras y patronales de su padre por influencia de su mujer, Abby, y del gran político liberal canadiense Mackenzie King y, finalmente, también se había apartado de las ideas religiosas y retrógradas de su padre y había fundado en Nueva York, junto a Harry Emerson Fosdick, la Iglesia Interconfesional de Riverside.

Todo apuntaba a que Winthrop iba a ser la oveja negra de la familia. Cuando le expulsaron de Yale, no se le ocurrió otra cosa que irse a trabajar a los pozos petrolíferos de Texas. Después de distinguirse en combate en la Segunda Guerra Mundial se casó con una mujer de la alta sociedad de Nueva York y recuperó su reputación como diletante y habitual de las fiestas. En 1953 se mudó a Arkansas, en parte porque allí vivía un ex camarada de guerra que le había convencido de que montar un rancho allí sería una idea fantástica; y en parte porque ese estado tenía una ley que tramitaba un divorcio en treinta días, y estaba deseando poner fin a su primer matrimonio. Rockefeller era un tipo enorme, de metro noventa y cinco, que debía de pesar por lo menos ciento quince kilos. La verdad es que le cogió cariño a Arkansas, donde todos le llamaban Win, un nombre genial para un político. Llevaba siempre botas de vaquero y no se separaba nunca de su Stetson blanco, y al final ambas cosas pasaron a formar parte de su imagen. Compró un terreno enorme en la montaña Petit

Jean, a unos ochenta kilómetros de Little Rock; se convirtió en un ganadero experto en vacas Santa Gertrudis y se casó con la que sería su segunda esposa, Jeannette.

Rockefeller se instaló en su estado adoptivo y se esforzó al máximo por librarse de la fama de vividor que se había ganado en Nueva York. Reconstruyó el pequeño Partido Republicano de Arkansas e hizo lo imposible para atraer a las industrias a nuestro estado. El gobernador Faubus lo nombró presidente de la Comisión de Desarrollo Industrial de Arkansas, y lo cierto es que supo utilizarla para hacer que se crearan muchos nuevos puestos de trabajo. En 1964 ya no pudo más con la imagen retrógrada que Arkansas ofrecía al exterior, y se presentó a gobernador contra Faubus. Todo el mundo valoraba lo que había hecho hasta entonces, pero Faubus contaba con una organización excelente en todos y cada uno de los condados del estado, y la mayoría de los votantes, especialmente en la Arkansas rural, seguían siendo mucho más partidarios de las ideas segregacionistas de Faubus que de los derechos civiles que defendía Rockefeller. Por otra parte, no hay que olvidar que Arkansas seguía fiel a su tradición de estado demócrata.

Para colmo, Rockefeller era de una timidez enfermiza y un pésimo orador, problemas que agravaban su legendaria capacidad para beber sin parar y que solían hacerle llegar tan tarde a todas partes que me hacía parecer puntual a mí. En una ocasión llegó borracho y con más de una hora de retraso a un banquete de la cámara de comercio de Wynne, la capital del condado de Cross. Se había comprometido a dar un discurso a los asistentes y cuando se levantó para hablar dijo: «Me hace muy feliz estar aquí, en . . .». Cuando se dio cuenta de que no se acordaba de dónde estaba, le susurró al maestro de ceremonias: «¿Dónde estoy?». Este le respondió, también susurrando: «Wynne». Rockefeller preguntó una segunda vez y recibió la misma respuesta. Entonces montó en cólera y gritó «¡Maldita sea, ya sé como me llamo! Pero, ¿dónde diablos estoy?». Esa anécdota corrió por todo el estado, pero normalmente se contaba sin mala leche, pues todo el mundo sabía que Rockefeller había escogido ser de Arkansas y la amaba de verdad. En 1966 Rockefeller volvió a presentarse pero, incluso con Faubus fuera de juego, yo seguía creyendo que no lograría ganar.

Además, yo quería apoyar a un demócrata progresista. El que más me gustaba, por cuestiones puramente sentimentales, era Brooks Hays, que había perdido su escaño en el Congreso en 1958 como consecuencia de su apoyo a la integración del Central High de Little Rock. Le derrotó un oftalmólogo segregacionista, el doctor Dale Alford; en aquellas elecciones había que escribir el nombre del candidato en la papeleta, y Alford se impuso porque usó pegatinas con su nombre que los votantes que no sabían escribir, pero que se consideraban lo bastante «listos» como para saber que blancos y negros no debían ir juntos a la escuela, podían pegar fácilmente en las papeletas. Hays era un cristiano devoto que había sido presidente de la Convención Bautistas del Sur antes de que la mayoría de mis hermanos bautistas decidieran que los únicos que podían gobernarles a ellos o al país eran los políticos conservadores. Hays era un hombre maravilloso; era una persona inteligente, humilde, muy gracioso y compasivo, incluso con los jóvenes empleados de la campaña de su rival.

Por una de aquellas ironías de la vida, el doctor Alford se presentaba también a esas mismas elecciones, pero tampoco podía ganarlas, pues los racistas tenían un candidato todavía más radical, el juez Jim Johnson, que había ascendido desde sus humildes raíces en Crossett, en el sudeste de Arkansas, hasta el tribunal supremo del estado amparándose en unas ideas de tal calaña que le granjearon el apoyo público del Ku Klux Klan. Johnson creía que Faubus había sido un blando en el tema de los derechos civiles pues, después de todo, se había rebajado a nombrar a algunos negros miembros de algunas comisiones y consejos estatales. Para Faubus, que tenía una vena genuinamente populista, el racismo no era más que un arma política. Él prefería mejorar las escuelas y las residencias de ancianos, construir carreteras o reformar el sanatorio mental del estado antes que ensañarse con la cuestión de la raza. Para Johnson el racismo era una teología; él florecía con el odio. Sus rasgos angulosos, sus ojos brillantes y su mirada trastornada le daban un aspecto ambicioso y ladino que hubiera sido la envidia del mismísimo Casio de Shakespeare. Era también un político experto que sabía qué querían sus votantes. En lugar de ir a los interminables mítines de campaña, como hicieron sus oponentes, viajó por todo el estado por su cuenta con una banda de música *country* y *western* que utilizaba para atraer a la gente; cuando ya había congregado a una pequeña multitud, lanzaba frenéticos alegatos contra los negros y sus traidores amigos blancos.

Aunque entonces no me di cuenta, estaba ganando puntos entre la gente a la que los otros candidatos no conseguían llegar: ciudadanos que estaban hartos de que el gobierno federal impulsara los derechos civiles, que se avergonzaban de los disturbios de Watts y de otros altercados raciales, que estaba convencida de que la Guerra contra la Pobreza no eran más que ayudas socialistas a los negros. Gente, en suma, frustrada por sus propias condiciones económicas. Psicológicamente, todos somos una mezcla de miedos y esperanzas; cada día, al despertarnos, la balanza se inclina ligeramente de un lado u otro. Si se decanta demasiado hacia la esperanza, nos podemos convertir en personas ingenuas y poco realistas. Si la balanza se inclina demasiado hacia el otro lado, seremos víctimas de la paranoia y el odio. En el Sur el problema siempre ha sido el lado más oscuro de la balanza. En 1966 Jim Johnson era el hombre perfecto para hacer que el lado oscuro se impusiera.

El candidato con más posibilidades reales de ganar era Frank Holt, otro juez del tribunal supremo del estado y ex fiscal general. Tenía el apoyo de la mayoría de la judicatura y de los grandes poderes financieros, pero sus ideas sobre la raza eran mucho más progresistas que las de Faubus y, además, era un hombre honesto y decente. Casi todos los que le conocían le admiraban (excepto los que pensaban que era demasiado blando y que no podría impulsar cambios de verdad). Siempre había querido ser gobernador y, además, quería compensar a su familia con una victoria, pues su hermano, Jack, que era un sureño populista a la antigua usanza, había perdido apenas hacía unos años unas elecciones al Senado contra nuestro más veterano senador conservador, John McClellan.

Mi tío Raymond Clinton, apoyaba a muerte a Holt y me dijo que estaba convencido de que podría meterme en su equipo de campaña. Holt ya se había asegurado el apoyo de cierto número de líderes estudiantiles de las facultades de Arkansas, que se llamaban a sí mismos la «Generación Holt». Al poco tiempo me contrataron por cincuenta dólares a la semana. Creo que el tío Raymond fue quien lo arregló. Después de haber estado viviendo con solo veinticinco dólares a la semana en Georgetown, me sentí un hombre rico.

Los demás estudiantes eran un poco mayores y tenían muchos más contactos que yo. Mac Glover había sido presidente de los alumnos de la Universidad de Arkansas; Dick King era presidente de los alumnos de la Facultad Estatal de Magisterio de Arkansas; Paul Fray era presidente de los jóvenes demócratas bautistas de Ouachita; Bill Allen había sido gobernador de Arkansas en el Estado de los Muchachos y era uno de los principales líderes estudiantiles de Memphis State, que estaba justo al otro lado de la frontera, donde el Mississippi delimitaba Arkansas; Leslie Smith era una chica inteligente y atractiva cuya familia era una de las más poderosas en la clase política de Arkansas y que además había sido Miss Junior del estado.

Al principio de la campaña yo estaba en la segunda división de la Holt Generation. Me encargaba de cosas como clavar carteles de «Holt para Gobernador» en los árboles (entonces éramos así de brutos); trataba de que la gente pusiera pegatinas de Holt en los parachoques y repartía panfletos en los mítines que celebrábamos por todo el estado. Uno de los más importantes, tanto en aquellos tiempos como más adelante, cuando yo fui candidato, era la fiesta del pollo frito en Mount Nebo. Mount Nebo es un paraje maravilloso situado a orillas del Arkansas en el condado de Yell, en el oeste del estado. Era la zona donde se instalaron los primeros Clinton. La gente asistía al acto para disfrutar de la comida, de la música y de los largos discursos de los candidatos. Comenzaban los candidatos a cargos locales y terminaban los aspirantes a gobernador.

Nuestros oponentes llegaron no mucho después de que yo comenzara a trabajarme a la gente. Sin embargo, el juez Holt llegaba tarde. Cuando sus oponentes empezaron a hablar, él todavía no había llegado. Empecé a ponerme nervioso, pues se trataba de un acto importante. Me fui a un teléfono público y de alguna forma conseguí dar con él, algo nada fácil en aquellos tiempos en los que aún no existían los móviles. Me dijo que no iba a poder llegar antes de que acabaran los discursos y me pidió que hablara en su lugar. Me recuperé de la sorpresa y le pregunté si estaba seguro. Dijo que yo sabía cuáles eran las ideas que él defendía y que bastaba con que se las contara a la gente. Dije a los organizadores que el juez Holt no podría llegar a tiempo y les pregunté si podría hablar yo en su lugar. La verdad es que estaba muerto de miedo. Aquello era mucho peor que dar un discurso en mi propio nombre. Cuando terminé, la gente me aplaudió educadamente. No recuerdo qué dije, pero no debió de estar demasiado mal, porque después de aquel día, además de seguir clavando carteles y poner pegatinas en los parachoques, me pidieron que asistiera en representación del juez Holt a algunos mítines menores a los que él no podía ir. Había tantos que ningún candidato podía asistir a todos; Arkansas tenía setenta y cinco condados, y en muchos de ellos se celebraba más de un mitin.

Al cabo de unas semanas de campaña, el equipo de asesores del juez decidió que su esposa, Mary, y sus hijas, Lyda y Melissa, debían acudir a aquellos actos a los que el candidato no podía ir. Mary Holt era una mujer alta e independiente que llevaba una tienda de modas en Little Rock; Lyda estudiaba en la Universidad Mary Baldwin de Staunton, en Virginia, donde había nacido Woodrow Wilson y Melissa todavía iba al instituto. Las tres eran mujeres atractivas que sabían hablar en público, y las tres adoraban al juez Holt y querían hacer todo lo posible para ayudarle en su campaña. Lo único que necesitaban para ponerse en marcha era un chófer. Y al final, no sé por qué, me escogieron a mí.

Recorrimos el estado de punta a punta. Nuestros viajes duraban una semana, tras la cual regresábamos a Little Rock para lavar la ropa, recobrar fuerzas y lanzarnos a la siguiente vuelta. Nos lo pasábamos en grande. Durante aquellos viajes tuve la oportunidad de conocer a fondo el estado y aprendí mucho de las largas conversaciones que sostuve con Mary y con sus hijas. Una noche nos fuimos a Hope para un mitin que se celebraba en la escalinata de entrada del juzgado. Mary, que sabía que mi abuela estaba entre los asistentes, tuvo el detalle de pedirme que hablara yo, a pesar de que le tocaba a Lyda. Creo que las dos se dieron cuenta de que quería aprovechar aquella oportunidad de demostrar a mi gente que había crecido. Mis vecinos me escucharon con atención e incluso conseguí una amable reseña en el periódico local, el *Hope Star*. A Papá le hizo mucha gracia, porque cuando él tenía el concesionario Buick en Hope, el editor de aquel periódico le tenía tanta manía que se compró un perro feísimo, le puso Roger de nombre y lo dejaba a menudo suelto cerca de la tienda Buick para poder ir tras él por la calle gritando: «¡Ven aquí, Roger! ¡Aquí, Roger!».

Esa noche llevé a Lyda a ver la casa en la que había pasado los primeros cuatro años de mi vida y el viejo paso subterráneo de ferrocarril donde solía jugar. Al día siguiente fuimos al cementerio a visitar las tumbas de la familia de Mary Holt, y les mostré las lápidas de mi padre y de mi abuelo.

Guardo celosamente los recuerdos de aquellos viajes en coche. Yo estaba acostumbrado a que las mujeres mandaran, así que nos llevamos bien desde el principio, y creo que mi ayuda les resultó útil. Cambié ruedas pinchadas, ayudé a una familia a salir de su casa en llamas y los mosquitos me comieron vivo; eran tan grandes que cuando te picaban notabas cómo te perforaban la piel. Nos pasábamos horas al volante hablando de política, de la gente y de libros. Y creo que conseguimos convencer a algún que otro votante.

No mucho antes del mitin de Hope, el equipo de la campaña decidió montar un reportaje de televisión de quince minutos donde aparecieran los estudiantes del equipo del juez Holt. Pensaban que eso reforzaría la imagen de Holt como el futuro de Arkansas. Muchos de nosotros hablamos brevemente sobre los motivos que nos habían llevado a apoyarle. No sé si ayudó mucho a Holt, pero la verdad es que disfruté de mi primera aparición en televisión, a pesar de que no llegué a verla. Todavía tenía que hablar en otro mitin en Alread, una remota comunidad rural del condado de Van Buren, en las montañas del norte de Arkansas. Los candidatos que se tomaban la molestia de llegar hasta aquel remoto lugar solían hacerse con los votos de sus habitantes, y yo sabía que íbamos a necesitar todos los votos que pudiéramos conseguir.

Conforme se sucedían las semanas de aquel caluroso verano, descubrí cada vez más indicios de que el Viejo Sur todavía no se había librado de sus fantasmas y de que el Nuevo Sur no tenía todavía la fuerza suficiente para exorcizarlos. En la mayoría de nuestras escuelas todavía había segregación, y la resistencia al cambio era muy fuerte. Nuestro juzgado del condado en el delta del Mississippi todavía tenía lavabos separados para «blancos» y para «gente de color». Cuando le pedí a una anciana señora negra en otra ciudad que votara al juez Holt, me dijo que lo sentía, pero que no podía hacerlo porque no había pagado el impuesto de votación. Le dije que el Congreso había eliminado el impuesto de votación hacía dos años y que lo único que tenía que hacer para votar era registrarse en el censo. No sé si llegó a hacerlo.

Y, sin embargo, algunos detalles anunciaban que se acercaba un nuevo día. Mientras hacíamos campaña en Arkadelphia, a poco más de cincuenta kilómetros al sur de Hot Springs, conocí al candidato que aspiraba a conseguir el escaño del Congreso que correspondía al sur de Arkansas, un joven llamado David Pryor. Era un progresista que creía firmemente en que si llegaba a conocer a suficiente gente, podría convencer a la mayoría de que le votaran. Lo logró en 1966, lo volvió a hacer en las elecciones a gobernador de 1974 y de nuevo en las elecciones al Senado en 1978. Cuando, para mi pesar, en 1996 le llegó el momento de jubilarse de su puesto en el Senado, David Pryor era el político más popular de Arkansas y dejaba tras de sí un gran legado progresista. Todo el mundo lo consideraba un amigo; yo también.

Esta política de ir de pueblo en pueblo, de la que Pryor era un maestro, era muy importante en un estado rural como Arkansas, donde más de la mitad de la población vivía en poblaciones de menos de cinco mil habitantes y decenas de miles vivían simplemente «en el campo». Eran tiempos en que los anuncios en televisión, y especialmente los anuncios negativos, todavía no tenían en las elecciones el papel fundamental de hoy en día. Los candidatos compraban tiempo en televisión principalmente para mirar a la cámara y hablar a los votantes. También se esperaba de ellos que visitaran los juzgados y las principales empresas de todas las capitales de condado, que fueran a la cocina de todos los cafés y que hicieran campaña en las ferias de ganado donde se subastaban los animales. Las ferias de los condados y las cenas con pasteles eran terreno abonado. Y, por supuesto, todo semanario y emisora de radio esperaba recibir la visita del candidato y que le contratara un par de anuncios. Así es cómo aprendí política; y creo que funcionaba mejor que las batallas televisivas. Podías hablar, pero también tenías que escuchar; debías responder a las preguntas de los votantes, algunas de ellas muy duras, a la cara. Por supuesto, también se podía demonizar al contrario, pero al menos tus adversarios tenían que trabajar más que tú para lograrlo. Y cuando le lanzabas un golpe a tu oponente, tenías que estar listo para recibir tú mismo su respuesta. No valía esconderse tras un comité de simpatizantes que, con sus ataques para destruir al adversario, lo único que esperan es sacar tajada cuando ocupes el cargo.

Aunque las campañas eran más personales, eran mucho más que simples concursos de personalidad. Cuando los temas trascendentales se ponían sobre el tapete, no podías evitarlos. Y si la corriente de la opinión pública empujaba fuerte en una dirección en la que, siguiendo tu conciencia, no querías ir, tenías que ser duro, disciplinado y rápido para evitar que te arrastrara.

En 1966 Jim Johnson —o «juez Jim», como le gustaba que le llamaran— no solo se dejaba empujar por aquella corriente sino que la lideraba. Atacó a Frank Holt llamándole «pacífico vegetal» y dio a entender que Rockefeller había mantenido relaciones homosexuales con hombres negros, una acusación risible, teniendo en cuenta que se había ganado a pulso una sólida reputación de mujeriego. El mensaje del juez Jim era simplemente la repetición de una vieja melodía que se canta a los votantes del Sur en tiempos de incertidumbre económica y social: Sois buenos, decentes, creéis en Dios, «ellos» son una amenaza para vuestro modo de vida; vosotros no tenéis que cambiar, es todo culpa suya; elegidme y os defenderé para que podáis seguir siendo como sois y les daremos una buena paliza. La eterna línea divisoria de la política, el viejo nosotros contra ellos. Era malvado, vil y en última instancia perjudicial para la gente que se lo creyó, pero incluso hoy en día la vieja canción todavía funciona cuando la gente se siente descontenta e insegura. La retórica de Johnson era tan radical, y él mismo había aparecido en tan pocas ocasiones durante la campaña habitual, que la mayoría de los observadores políticos creyeron que iba a fracasar. El día de las elecciones se acercaba, y Frank Holt seguía negándose a responder a sus ataques o a los otros candidatos, que supusieron que les llevaba mucha ventaja y comenzaron a acusarle de ser el candidato de la «vieja guardia». En aquellos tiempos no teníamos muchas encuestas y la mayoría de la gente no creía demasiado en las pocas que se publicaban.

La estrategia de Holt nos parecía bien a los jóvenes idealistas que le rodeábamos. Simplemente contestó a todas aquellas acusaciones declarando que era completamente independiente y que no iba a responder a ataques carentes de base ni a atacar a sus oponentes. Dijo que quería ganar por méritos propios «y de ninguna otra forma». Aprendí por fin que ese tipo de expresiones, como «y de ninguna otra forma», las usan a menudo los candidatos que no comprenden que la política es un deporte de contacto. Puede que esa estrategia funcione cuando la gente se siente segura, ve el futuro con esperanza y el candidato se apoya en un programa lleno de propuestas políticas importantes y específicas, pero en el verano de 1966, la gente estaba confusa, en el mejor de los casos, y el programa de Holt era demasiado general y no despertó mucho entusiasmo. Además, aquellos que querían un candidato que ejemplificara la oposición a la segregación podían votar por Brooks Hays.

Pero a pesar de los ataques, mucha gente creía que Frank Holt se llevaría el gato al agua, aunque no con mayoría, y que luego ganaría la segunda vuelta dos semanas después. El 26 de julio el pueblo emitió su veredicto; más de 420.000 ciudadanos acudieron a las urnas. Los resultados sorprendieron a los analistas políticos. Johnson se hizo con el mayor porcentaje de votos, un veinticinco por ciento, seguido de Holt con un veintitrés y Hays con un quince. Alford se llevó un trece por ciento y los otros tres candidatos se repartieron el resto.

Aquello nos sorprendió, pero no perdimos las esperanzas. El juez Holt y Brooks Hays habían sacado entre los dos algunos votos más que la suma de los segregacionistas Johnson y Alford. Además, las elecciones legislativas fueron muy interesantes; un joven abogado progresista educado en Yale, Herb Rule, derrotó a Paul Van Dalsem, un congresista de la vieja guardia. Un par de años atrás Van Dalsem había enojado a los partidarios del cada vez más pujante movimiento feminista, diciendo que las mujeres debían quedarse en casa, «descalzas y embarazadas». Esas declaraciones hicieron que Herb, que luego sería socio de Hillary en el bufete Rose, recibiera el apoyo de un verdadero ejército de voluntarias que se llamaban a sí mismas «Mujeres Descalzas al Poder».

Los resultados de la segunda vuelta eran muy inciertos, porque las segundas vueltas muchas veces dependen en gran medida del índice de participación y de qué candidato convence por una parte, a un número mayor de sus propios votantes para que vuelvan a las urnas y por otra, a más votantes de los que optaron por algún candidato eliminado en la primera vuelta, para que le apoyen en esta ocasión. El juez Holt se esforzó para convertir la segunda vuelta en una elección entre el Viejo Sur y el Nuevo Sur. Johnson no eludió precisamente definir la situación en esos mismos términos cuando fue a televisión a decir a los votantes que él estaba «con Daniel en la guarida del león» y «junto a Juan Bautista en el tribunal de Herodes» al oponerse a la integración atea. Hasta creo que en algún momento de su alocución, el juez Jim terminó subiéndose al caballo de Paul Revere.

Aunque la estrategia de Holt era inteligente y Johnson estaba dispuesto a plantear el debate en términos de lo viejo y lo nuevo, Holt tenía dos graves problemas. En primer lugar los votantes partidarios del Viejo Sur estaban muy motivados para acudir a las urnas, y si algo tenían claro era que su preferido era Johnson, mientras que los votantes del Nuevo Sur no estaban tan seguros de Holt. Su negativa a calzarse los guantes hasta muy avanzada la campaña no contribuyó a disipar las dudas y redujo el interés de esos votantes en acudir a las urnas. En segundo lugar, un número indeterminado de seguidores de Rockefeller querían votar por Johnson porque creían que su candidato vencería a éste más fácilmente que a Holt. Todo el mundo, fuera republicano o demócrata, podía votar en la segunda vuelta a los demócratas mientras no hubiera votado en las primarias a los republicanos; y solo 19.646 personas habían votado en aquellas primarias, puesto que Rockefeller era el único candidato. El día en que se votaba la segunda vuelta, solo acudieron a las urnas cinco mil personas menos que en las primeras primarias. Cada candidato logró el doble de votos que en la primera votación, y Johnson ganó por 15.000 votos, un 52 por ciento contra un 48 por ciento.

Aquel resultado me dio asco; le había cogido cariño al juez Holt y a su familia. Estaba convencido de que hubiera sido mejor gobernador que candidato. Y cada vez sentía un desprecio mayor por todo lo que representaba el juez Jim. La única esperanza era Rockefeller, que de hecho tenía posibilidades; era la segunda vez que se presentaba, y ahora se había organizado mucho mejor. Había echado la casa por la ventana, incluso había comprado cientos de bicicletas a niños negros pobres. En otoño se hizo con la victoria con un 54,5 por ciento de los votos. Me sentí muy orgulloso de mi estado. Para entonces había vuelto a Georgetown y no vi en directo cómo se desarrollaba la campaña, pero mucha gente comentó que Johnson no se había mostrado tan activo durante estas elecciones. Quizá fuera porque sus fondos eran limitados, pero corrió el rumor de que Rockefeller le había «animado» a reducir la intensidad de su campaña. No tengo la menor idea de si fue así o no.

Excepto durante el breve interregno que constituyeron los años de la presidencia de Carter, durante los que fui su avanzadilla en Arkansas, y excepto en una ocasión en que quiso lograr un nombramiento federal para su hijo, Jim Johnson siguió muy lejos de mí, anclado en lo más profundo de la derecha, mostrándose cada vez más hostil conmigo. En la década de 1980, como muchos otros conservadores sureños, se hizo republicano. Se presentó otra vez al tribunal supremo estatal y perdió. Después de esa derrota se dedicó a hacer travesuras desde un segundo plano. Cuando me presenté a presidente, se inventó ingeniosas historias que contaba, tanto él mismo como a través de otros, a cualquiera lo suficientemente crédulo como para prestarle oídos; sorprendentemente, algunos de los llamados medios liberales de la costa Este, a los que tanto le gustaba vilipendiar, picaron y se tragaron especialmente sus cuentos sobre Whitewater. Es un viejo y ladino bribón. Se lo debió pasar en grande engañándoles y, si los republicanos de Washington hubieran logrado echarme de la ciudad, habría podido decir que había reído el último.

Después de la campaña, para despejarme, hice mi primer viaje a la costa Oeste. Un cliente habitual del tío Raymond quería un modelo nuevo de Buick que mi tío no tenía en su almacén, pero que logró localizar en un concesionario de Los Ángeles, donde lo tenían en «exposición», es decir, era el coche que los posibles clientes podían conducir un rato para ver si les gustaba. A menudo, los concesionarios intercambiaban esos coches o se los vendían entre ellos con un descuento. Mi tío me pidió que volara a Los Ángeles y volviera conduciendo el coche junto a Pat Brady, cuya madre era su secretaria, y había sido compañera de mi época en el instituto y había formado parte de la banda. Si íbamos los dos podríamos turnarnos para conducir todo el trayecto de un tirón. Nos moríamos de ganas de ir; además, en aquella época, con los descuentos para estudiantes los billetes eran tan baratos que Raymond nos pudo enviar a los dos en avión por cuatro perras y además conseguir beneficios de la venta del coche.

Aterrizamos en LAX, conseguimos el coche y nos dirigimos de vuelta a casa, pero no en línea recta, sino que hicimos un pequeño rodeo para ir a Las Vegas, un lugar que creímos que jamás tendríamos ocasión de volver a ver. Todavía recuerdo la sensación de conducir por la inmensa llanura del desierto, de noche y con las ventanillas bajadas, con el aire caliente y seco en la cara, y viendo en la distancia las luces de Las Vegas.

Las Vegas era distinta entonces. No existían los grandes hoteles temáticos como el Paris o el Venetian. Solo estaba el Strip, con su juego y sus espectáculos. Pat y yo no andábamos sobrados de dinero, pero queríamos jugar a las tragaperras, así que escogimos una máquina, nos hicimos cada uno con un tubo de monedas de cinco centavos y nos pusimos manos a la obra. A los quince minutos yo había conseguido un jackpot y Pat había sacado dos. Por supuesto, esos premios no pasaron desapercibidos a los habituales de aquellas ladronas de un solo brazo. Estaban convencidos de que estábamos en racha, así que cada vez que dejábamos una máquina sin que nos hubiera tocado, la gente se precipitaba sobre ella, peleándose por el derecho a llevarse el jackpot que habíamos dejado allí esperándoles. Era increíble; estábamos convencidos de que habíamos gastado toda nuestra suerte en esos pocos minutos y no queríamos estropearlo. Volvimos a la carretera con la mayor parte de nuestras ganancias todavía abultándonos los bolsillos. No creo que ya nadie lleve tantas monedas de cinco céntimos como nosotros entonces.

Después de entregarle el coche al tío Raymond, a quien no pareció importarle nuestro pequeño desvío, me preparé para regresar a Georgetown. Al final de la campaña había hablado con Jack Holt acerca de mi interés por trabajar con el senador Fulbright, pero no sabía si saldría algo de aquella conversación. Había escrito a Fulbright solicitándole trabajo la primavera anterior y había recibido una carta de respuesta diciendo que no tenían ningún puesto vacante en esos momentos, pero que tendrían en cuenta mi carta para el futuro. Yo no creía que las cosas hubieran cambiado desde entonces, pero pocos días después de regresar a Hot Springs recibí una llamada a primera hora de la mañana de Lee Williams, el asistente administrativo de Fulbright. Lee dijo que Jack Holt me había recomendado y que había una vacante como asistente del actuario del Comité de Relaciones Exteriores. Dijo: «Puedes trabajar a media jornada por 3.500 dólares o a jornada completa por 5.000». Aunque acababa de despertarme, eso no era algo que se me pudiera pasar por alto. Le dije: «¿Y qué tal dos trabajos a media jornada?» Rió y me dijo que era exactamente la persona que estaba buscando y que me presentara al trabajo el lunes por la mañana. Estaba tan emocionado que casi exploto. El Comité de Relaciones Exteriores se había convertido, bajo los auspicios de Fulbright, en el centro de los debates nacionales sobre política exterior, especialmente en lo relativo a la escalada de la guerra en Vietnam. Ahora podría ver el espectáculo desde primera fila, aunque fuera un puesto de trabajo esclavo. Y podría pagar la universidad sin ayuda de Madre ni de

Papá; los liberaría a ellos de la carga económica y a mí del peso de la culpa. Me había devanado los sesos pensando en cómo diablos iban a pagar las facturas médicas de Papá además de las tasas de Georgetown. Y aunque no se lo dije a nadie entonces, temía tener que abandonar Georgetown para regresar a casa, a una universidad mucho más barata, Ahora, salida de la nada, tenía la oportunidad de seguir en Georgetown y de trabajar para el Comité de Relaciones Exteriores. Buena parte del resto de mi vida se la debo a Jack Holt por recomendarme para ese puesto y a Lee Williams por dármelo.

ONCE

Un par de días después de que Lee Williams llamara yo ya tenía las maletas listas y estaba preparado para salir hacia Washington al volante de un regalo. Debido a que mi nuevo trabajo me exigía ir al Capitolio cada día, Madre y Papá me dieron su «viejo coche», un Buick LeSabre descapotable que solo tenía tres años y que además tenía una tapicería de cuero rojo y blanco. Papá recibía un coche nuevo más o menos cada tres años y daba el viejo para que lo vendieran como coche usado. En esta ocasión en vez de venderlo me lo regaló a mí, y yo estaba como un niño con zapatos nuevos. Era un coche magnífico. Aunque gastaba cuatro litros cada doce kilómetros, la gasolina era barata, a menos de treinta centavos por galón cuando había una «guerra de gasolineras».

Como me habían indicado, la misma mañana del lunes en que llegué a Washington me presenté en el despacho del senador Fulbright, el primero a mano izquierda en el que entonces se conocía como edificio New Senate, y al que ahora se llama edificio Dirksen. Era un edificio de mármol imponente, igual que el edificio Old Senate, que estaba justo enfrente, al otro lado de la calle, pero era mucho más luminoso. Después de hablar un buen rato con Lee, me llevaron al cuarto piso, donde estaban las oficinas y la sala de sesiones del Comité de Relaciones Exteriores. El comité también contaba con unas instalaciones magníficas en el Capitolio. En ellas trabajaba el director, Carl Marcy, y algunos de los altos cargos del personal del comité. También tenían una bonita sala de reuniones donde el comité podía reunirse en privado.

Cuando llegué a las oficinas del comité, me presentaron a Buddy Kendrick, el administrativo encargado de los documentos, que durante los siguientes dos años se convertiría en mi supervisor, me contaría todos los chismes de Washington y compartiría conmigo su peculiar filosofía vital. También conocí al asistente a jornada completa de Buddy, Bertie Bowman, un afroamericano amable y de gran corazón, que además trabajaba como taxista para ganar un segundo sueldo y también ejercía ocasionalmente de chófer del senador Fulbright. Por último me presentaron a los otros dos estudiantes que trabajaban en el comité: Phil Dozier de Arkansas y Charlie Parks, estudiante de derecho de Anniston, Alabama.

Me dijeron que mi tarea consistiría en transportar memorandos y otros documentos del Capitolio al despacho del senador Fulbright. Entre estos documentos habría material confidencial, para cuyo transporte me concederían la preceptiva autorización gubernamental. A parte de eso, tendría que hacer todo lo que hiciera falta, desde leer periódicos e identificar y recortar los artículos importantes para el personal y los senadores interesados, pasando por escribir discursos y otros textos, o introducir nombres en la lista de destinatarios de correo del comité. Hay que tener presente que todo esto sucedía antes de la llegada de los ordenadores y del correo electrónico, incluso antes de que hubiera fotocopiadoras modernas, aunque, todo hay que decirlo, en el período en el que estuve en el comité presencié la transición de las copias en papel carbón a las rudimentarias primeras fotocopias «Xerox». La mayoría de artículos que recortaba jamás se copiaban; sencillamente iban a parar cada día a una carpeta muy grande con una hoja de ruta con los nombres del personal del comité, desde el presidente hasta el último miembro. Cada uno la recibía y la repasaba, ponía una marca al lado de su nombre y la hacía circular al siguiente de la lista. Las principales listas de correo se guardaban en el sótano. Cada nombre y dirección se escribía a máquina en una pequeña placa metálica y luego estas placas se clasificaban por orden alfabético y se guardaban en cajas de archivadores. Cuando hacíamos un envío, las placas se introducían en una máquina, que las impregnaba de tinta y estampaba las direcciones en los sobres a medida que avanzaban.

A mí me gustaba bajar al sótano para teclear nombres y direcciones nuevas en las placas, y también colocarlas en sus archivadores. Puesto que siempre estaba cansado, a menudo aprovechaba para echar una siestecita allí. A veces me bastaba con recostarme contra los archivadores para quedarme dormido. Me lo pasaba en grande leyendo los periódicos y recortando artículos. Durante casi dos años, leí cada día el *New York Times*, el *Washington Post*, el ahora desaparecido *Washington Star*, el *Wall Street Journal*, el *Baltimore Sun* y el *St. Louis Post-Dispatch*, este último porque se consideraba que el comité tenía que ver al menos un buen periódico del «interior». Cuando McGeorge Bundy era el asesor de seguridad nacional del presidente Kennedy, señaló que cualquier ciudadano que leyera seis buenos periódicos cada día sabría lo mismo que él. No sé si sería verdad, pero después de pasarme dieciséis meses haciendo lo que él recomendaba, sabía lo suficiente para sobrevivir a mi entrevista para la beca Rhodes. Y si entonces hubiera existido el juego Trivial Pursuit, quizá hubiera sido campeón nacional.

También nos encargábamos de las peticiones de documentos. El comité generaba muchísimos: informes de viajes al extranjero, testimonios de expertos durante las sesiones y transcripciones completas de las mismas. A medida que el país se iba involucrando más en Vietnam, el senador Fulbright y sus aliados trataban de utilizar las sesiones para instruir a los norteamericanos acerca de las complejidades de la vida y de la política en el norte y el sur de Vietnam, en el resto del Sudeste asiático y en China.

Habitualmente trabajábamos en la sala de documentos. Durante el primer año trabajé media jornada por la tarde, desde la una a las cinco. Puesto que las sesiones del comité y otras actividades se alargaban hasta después de esa hora, a menudo me quedaba trabajando horas extra. Jamás me molestó tener que hacerlo. La gente con la que trabajaba me caía bien, y me gustaba lo que el senador Fulbright trataba de lograr con el comité.

No tuve muchos problemas para combinar ese empleo con mi horario en la universidad, en parte porque durante el tercer año solo había cinco asignaturas en lugar de seis, y en parte porque algunas clases empezaban muy temprano, a las 7 de la mañana. Tres de las obligatorias—Historia y diplomacia de Estados Unidos, Gobiernos extranjeros modernos y Teoría y práctica del comunismo—eran el complemento perfecto para mi nuevo trabajo. También me ayudó a organizarme mejor el tiempo el hecho de que no me presentara candidato a presidente de la promoción.

Cada día esperaba ansioso que terminaran las clases para conducir hasta el Capitolio. Entonces era más fácil encontrar aparcamiento, y estaba viviendo un momento histórico, fascinante. La gran mayoría que había proporcionado una victoria arrolladora a Lyndon Johnson en 1964 estaba empezando a deshacerse. En unos meses, los demócratas verían cómo sus mayorías del Congreso y del Senado se reducirían, durante las elecciones de mitad de mitad de mandato de 1966; el país, como reacción a los disturbios, al malestar social y al crecimiento de la inflación, estaba escorándose a la derecha, mientras que el presidente Johnson seguía adoptando medidas impopulares como el incremento del gasto interior y de nuestra presencia en Vietnam. Johnson afirmaba que nuestro país podía permitirse a la vez «rifles y mantequilla», pero la gente empezaba a dudarlo. Durante sus dos primeros años y medio como presidente, Johnson había logrado impulsar las leyes más ambiciosas que se habían visto en la nación desde los tiempos de Roosevelt: la ley de los derechos civiles de 1964, la ley de derecho al voto de 1965 y una serie de medidas legislativas radicales contra la pobreza, sin olvidar Medicare y Medicaid, que por fin garantizaban cobertura sanitaria para los pobres y los ancianos.

Ahora, cada vez más, la atención del presidente, del Congreso y del resto del país se centraba en Vietnam. A medida que aumentaba la lista de bajas sin que la victoria pareciera un ápice más cercana, la creciente oposición a la guerra comenzó a manifestarse de diversas formas, desde las protestas en el campus hasta los sermones desde los púlpitos; desde discusiones en las cafeterías hasta discursos frente la puerta del Congreso. Cuando fui a trabajar para el Comité de Relaciones Exteriores, no sabía lo suficiente acerca de Vietnam como para tener una opinión formada, pero apoyaba tanto al presidente Johnson que prefería concederle el beneficio de la duda. Sin embargo, estaba claro que los acontecimientos se estaban confabulando para destruir el mágico momento de avances sociales que su impresionante victoria electoral le había permitido desencadenar.

El país estaba dividido también en otros temas, aparte de Vietnam. Los disturbios del barrio de Watts en Los Ángeles en 1965 y el auge de los activistas militantes negros empujaron a sus simpatizantes hacia la izquierda y a sus oponentes hacia la derecha. La ley de derecho al voto, de la cual Lyndon Johnson estaba especial y merecidamente orgulloso, tuvo un efecto similar, sobre todo cuando entró en vigor y empezó a aplicarse. Johnson fue un político excepcionalmente astuto. Cuando aprobó con su firma la ley de votación, dijo que acababa de sentenciar a muerte al Partido Demócrata en el sur de Estados Unidos, al menos durante toda una generación. De hecho lo que se conocía como el Sólido Sur Demócrata hacía tiempo que no era tan sólido. Los demócratas conservadores habían ido perdiendo apoyo desde 1948, cuando retrocedieron frente al emocionante discurso por los derechos civiles que Hubert Humphrey pronunció frente a la convención demócrata, y Strom Thurmond abandonó el partido para presentarse como candidato a la presidencia por los «Dixiecrats». En 1960, Johnson ayudó a Kennedy a obtener el apoyo de suficientes estados del Sur como para asegurar la victoria, pero el compromiso de Kennedy de hacer cumplir las sentencias judiciales que impulsaban la integración en las escuelas públicas y las universidades del Sur lanzó a todavía más votantes blancos y conservadores a los brazos del partido republicano. En 1964, a pesar de que perdió las elecciones de forma abrumadora, Goldwater consiguió ganar en cinco estados del Sur.

Sin embargo, en 1966 muchos segregacionistas blancos aún eran demócratas del Sur, gente como Orval Faubus, Jim Johnson y el gobernador de Alabama, George Wallace. Y también los había en abundancia en el Senado; grandes personajes como Richard Russell, de Georgia, o John Stennis, de Mississippi, entre otros que no poseían ninguna grandeza, sino tan solo poder. Pero el presidente Johnson acertó acerca del impacto de la ley del derecho a voto y sus demás iniciativas a favor de los derechos civiles. En 1968, Richard Nixon y George Wallace, candidato independiente a la presidencia, superarían ambos con creces a Humphrey en el Sur, y desde entonces los únicos demócratas que hemos alcanzado la Casa Blanca hemos sido dos sureños: Jimmy Carter y yo. Los dos ganamos en la cantidad suficiente de estados del Sur para lograr el cargo, y los dos tuvimos un amplio apoyo de los votantes negros y algunos votos blancos más de los que hubiera obtenido un candidato que no procediera del Sur. La etapa Reagan reforzó el dominio del partido republicanos entre los votantes blancos y conservadores del Sur, y los republicanos se esforzaron por hacerles sentir como en casa en su partido.

El presidente Reagan incluso llegó a pronunciar un discurso de campaña en defensa de los derechos de los estados, y por extensión a favor de la resistencia frente a las maniobras federales sobre el tema de los derechos civiles. Habló en Filadelfia, Mississippi, donde los defensores de los derechos civiles Andrew Goodman, Michael Schwerner y James Chaney, dos blancos y un negro, se convirtieron en 1964 en mártires para la causa. Siempre me gustó el presidente Reagan como persona, y habría preferido que no hubiera hecho eso. En las elecciones de mitad de mandato de 2002, incluso con Colin Powell, Condi Rice y otros miembros de minorías en destacados cargos de la administración Bush, los republicanos aún explotaban el tema de la raza para ganar votos; se produjeron violentas reacciones en Georgia y Carolina del Sur contra gobernadores demócratas que decidieron retirar la bandera confederada de la bandera estatal de Georgia y del capitolio de Carolina del Sur. Apenas dos años antes, George W. Bush había llevado su campaña hasta la Universidad Bob Jones de Carolina del Sur, institución notable por sus tendencias conservadoras. Allí declinó tomar partido por el tema de la bandera, arguyendo que era decisión del estado. Cuando una escuela de Texas insistió en izar la bandera confederada cada mañana, el gobernador Bush dijo que no era una cuestión estatal, sino local. ¡Y a mí me decían que evitaba cuestiones! El presidente Johnson era consciente de todo esto en 1965, pero de todos modos siguió fiel a su programa y le agradezco que así lo hiciera.

En verano de 1966, y aún más después de las elecciones de otoño, todos los conflictos nacionales y exteriores tuvieron su reflejo en las deliberaciones del Senado. Cuando trabajé allí, el Senado era una cámara llena de personajes pintorescos y en la que había momentos muy teatrales. Traté de impregnarme de todo aquello. El presidente provisional, Carl Hayden, de Arizona, llevaba en el Congreso desde que su estado ingresó en la Unión en 1912 y de todos esos años había pasado cuarenta en el Senado. Era calvo y estaba muy delgado, lo que le daba un aspecto casi esquelético. Seth Tillman, el brillante redactor de discursos del senador Fulbright, soltó una vez que Carl Hayden era «el único hombre de noventa años del mundo que parece el doble de viejo». El líder de la mayoría del Senado, Mike Mansfield, de Montana, se había alistado a los quince años para ir a la Primera Guerra Mundial y luego había sido profesor universitario, especializado en asuntos asiáticos. Fue líder de la mayoría durante dieciséis años, hasta 1977, cuando el presidente Carter le nombró embajador en Japón. Mansfield era un fanático del ejercicio físico; caminó a diario ocho kilómetros hasta los noventa años. También era un liberal de pies a cabeza, y detrás de su fachada taciturna, un tipo muy ingenioso. Nació en 1903, dos años antes que el senador Fulbright, y llegó hasta los noventa y ocho. Poco después de que me eligieran presidente, Mansfield comió con Fulbright, y cuando le preguntó qué edad tenía y Fulbright le respondió que ochenta y siete, Mansfield replicó: «¡Ah, si pudiera volver a tener ochenta y siete años!».

El líder republicano, Everett Dirksen, de Illinois, había sido una pieza esencial en el proceso de aprobación de algunas medidas políticas del presidente; aportó suficientes votos de republicanos liberales para superar la oposición de los demócratas segregacionistas del Sur. Dirksen poseía un rostro asombroso, con una boca muy ancha y muchas arrugas, y tenía una voz aún más asombrosa. Profunda y rica, disparaba frases concisas a borbotones. Una vez atacó el gasto de los demócratas con esta rima: «Un billón aquí, un billón allá, y al final acabáis hablando de cantidades grandes de verdad». Cuando Dirksen hablaba, era como escuchar la voz de Dios o la de un pomposo embaucador; dependía de la perspectiva que uno adoptase.

El Senado se repartía de forma muy distinta a la actual. En enero de 1967, después de que los demócratas perdieran cuatro escaños en las elecciones de mitad de mandato, aún tenían un margen de sesenta y cuatro a treinta y seis, que es una diferencia mucho mayor de la que suele haber hoy en día. Pero las diferencias también eran profundas, y las posturas y opiniones no venían marcadas únicamente por la política de partido. Aunque algunas cosas siguen sin cambiar: Robert Byrd, de West Virginia, aún sigue en el Senado. En 1966 ya era la máxima autoridad sobre el reglamento y la historia de la cámara.

Ocho estados del Viejo Sur aún tenían dos senadores demócratas cada uno (antes de las elecciones de 1966 había diez estados del Viejo Sur con dos senadores demócratas), pero la mayoría de ellos eran conservadores segregacionistas. Hoy, solo Arkansas, Florida y Louisiana están representadas por dos demócratas. Oklahoma tenía dos senadores demócratas y California dos republicanos, al revés que ahora. En el Oeste interior, firmemente republicano actualmente, Utah, Idaho y Wyoming tenían un senador demócrata progresista cada uno. En Indiana, un estado conservador, había dos senadores demócratas liberales, uno de los cuales, Birch Bayh, es el padre del actual senador Evan Bayh, un líder extraordinario que quizá algún día llegue a presidente, pero que no es tan liberal como lo fue su padre. A Minnesota la representaban el brillante pero tímido intelectual Gene McCarthy y el que sería vicepresidente Walter Mondale, que sucedió a Hubert Humphrey cuando éste se convirtió en vicepresidente de Johnson. El presidente prefirió a Humphrey antes que al senador de Connecticut, Tom Dodd, que fue uno de los principales acusadores de los nazis durante los juicios de Nuremberg. El hijo de Dodd, Chris, es hoy el representante de Connecticut en el Senado. El padre de Al Gore se encontraba en su último mandato, y era un héroe para los jóvenes sureños como yo, porque él y su colega de Tennessee, Estes Kefauver, eran los dos únicos senadores sureños que se negaron a firmar el denominado Manifiesto del Sur de 1956, que hacía un llamamiento a la resistencia en contra de la integración escolar, tal y como ordenaban las sentencias judiciales. Ralph Yarborough era el populista que representaba a Texas, aunque la trayectoria conservadora del estado empezó a apuntarse con la elección en 1961 de un senador republicano, John Tower, y un joven congresista republicano de Houston, George Herbert Walker Bush. Uno de los senadores más interesantes era Wayne Morse, de Oregón, que empezó siendo republicano, se hizo independiente y en 1966 era ya demócrata. Morse, que tenía una forma de hablar muy densa pero era un hombre muy inteligente y un hábil negociador, y el senador demócrata de Alaska, Ernest Gruening, fueron los dos únicos senadores que se opusieron a la resolución del Golfo de Tonkin en 1964, que Lyndon Johnson afirmó que le autorizaba a librar la guerra de Vietnam. La única mujer que había en el Senado era una republicana que fumaba en pipa, Margaret Chase Smith, de Maine. En 2004, había catorce senadoras: nueve demócratas y cinco republicanas. Entonces también existía un buen número de influyentes republicanos liberales, un grupo que desgraciadamente hoy en día prácticamente ya no existe, y que incluía a Edward Brooke, de Massachussetts, el único afroamericano del Senado; a Mark Hatfield de Oregón; a Jacob Javits de Nueva York y a George Aiken de Vermont, un malhumorado oriundo de Nueva Inglaterra que pensaba que nuestra política en Vietnam era una locura y que lacónicamente aconsejaba que lo que debíamos hacer era «declarar la victoria y salir de allí».

El senador primerizo más famoso era, de lejos, Robert Kennedy, de Nueva York, que se sumó a su hermano Ted, en 1965, tras derrotar al senador Kenneth Keating por el escaño que hoy ocupa Hillary. Bobby Kennedy era fascinante. Irradiaba pura energía. Es el único hombre que he conocido que podía caminar encorvado, con la cabeza inclinada, y aun así parecer un muelle a punto de saltar. No era un gran orador según los estándares convencionales, pero hablaba con tanta intensidad y pasión, que podía llegar a ser hipnótico. Y si no captaba la atención de la gente con su nombre, su aspecto y sus palabras, tenía a Brumus, un enorme y peludo terranova, el perro más grande que jamás he visto. El senador Kennedy solía traer a Brumus consigo al trabajo. Cuando Bobby abandonaba su oficina, en el edificio New Senate, para dirigirse al Capitolio a votar, Brumus iba andando a su lado, saltaba por los peldaños del Capitolio hasta la puerta giratoria al nivel de la rotonda y luego se sentaba pacientemente fuera hasta que su dueño volvía. Alguien capaz de ganarse de ese modo el respeto de su perro tenía también el mío.

John McClellan, el senador de Arkansas de más experiencia, no era solo un conservador convencido, también era duro como la piedra, vengativo si le contrariaban, un trabajador prodigioso y muy aficionado al poder y a servirse de él, tanto si era para traer fondos federales a Arkansas como si era para perseguir a los que él consideraba malhechores. McClellan llevó una vida llena de ambición y angustia, una vida difícil cuyos reveses templaron a fuego su voluntad y le dejaron un legado de profundos resentimientos. Era hijo de una abogada y de un granjero; a los diecisiete años se convirtió en el abogado más joven de Arkansas, pues superó una prueba oral con honores después de estudiar derecho en los libros que había sacado de la biblioteca itinerante de la Facultad de Derecho de Cumberland. Después de ir a la Primera Guerra Mundial, volvió a casa y descubrió que su mujer se había enamorado de otro hombre, y se divorció de ella, algo no muy frecuente en Arkansas en aquella época. Su segunda esposa falleció de meningitis espinal en 1935, cuando él ya estaba en la Cámara de Representantes. Dos años más tarde, se casó con su tercera mujer, Norma, que permaneció a su lado durante cuarenta años, hasta su muerte. Pero sus penas estaban lejos de acabar. Entre 1943 y 1958, perdió a sus tres hijos: el primero también a causa de una meningitis espinal, el segundo en un accidente de coche y el tercero en un accidente de avioneta.

McClellan vivió una vida plena pero difícil, y los golpes que sufrió le arrastraron al whisky, que bebía en cantidades suficientes como para enviar al Capitolio flotando río abajo por el Potomac. Después de unos años, decidió que el alcoholismo no ligaba ni con sus valores ni con la imagen que tenía de sí mismo, y dejó la bebida por completo; usó su voluntad de hierro para sellar la única grieta que quedaba en su armadura.

Cuando llegué a Washington, él era presidente del poderoso Comité de Asignaciones Presupuestarias, cargo que utilizó para obtener una gran cantidad de dinero para cosas como el sistema de navegación del río Arkansas. Siguió en el Senado durante otros doce años, un total de seis mandatos, y falleció en 1977 después de anunciar que no se presentaría al séptimo. Cuando estuve trabajando en el Capitolio, McClellan parecía una figura remota y severa, casi intimidatoria; su intención era que la mayoría de la gente le percibiera así. Después de convertirme en fiscal general en 1977, pasé bastante tiempo con él. Me conmovió su amabilidad y su interés por mi carrera; desearía que hubiera sido capaz de mostrar esa faceta suya a más personas y que hubiera permitido que trasluciese más en su labor pública.

Fulbright era tan distinto de McClellan como el día de la noche. Su infancia había sido más despreocupada y segura, su educación más amplia y su mente era menos dogmática. Había nacido en 1905 en Fayetteville, un bonito pueblo de las Ozark situado en el norte de Arkansas, donde se encuentra la universidad. Su madre, Roberta, era la editora abiertamente progresista del periódico local, el *Northwest Arkansas Times*. Fulbright estudió en su universidad local, donde fue un estudiante modélico y *quar-*

terback de los Razorbacks. A los veinte años, fue a Oxford con una beca Rhodes y cuando volvió, dos años más tarde, ya era un internacionalista comprometido. Después de la Facultad de Derecho, y de un breve paso por Washington como abogado del gobierno, volvió a casa junto con su esposa para enseñar en la universidad. Betty era una mujer encantadora y elegante que resultó ser mejor político que su esposo y que durante más de cincuenta años de matrimonio, hasta que él murió en 1985, cuidó de que su taciturno marido no se volviera aún más huraño. Jamás olvidaré una noche, en 1967 o 1968, en la que yo estaba caminando solo por Georgetown cuando vi al senador y a la señora Fulbright, que salían de una residencia muy elegante donde habían ido a una fiesta. Cuando llegaron a la calle y pensaron que estaban a salvo de cualquier mirada, él la tomó en sus brazos y bailaron algunos pasos. De pie entre las sombras, me di cuenta de cómo ella iluminaba su vida. A los treinta y cuatro años, Fulbright fue nombrado presidente de la Universidad de Arkansas, el presidente más joven de la historia de una de las principales universidades de Estados Unidos. Él y Betty parecían destinados a vivir una larga y apacible existencia en las ídilicas Ozarks. Pero un par de años después, el gobernador, Homer Adkins, cortó de raíz su ascenso profesional; le despidió de la universidad furioso por las editoriales muy críticas con la labor del gobierno del estado que publicaba el periódico de su madre.

En 1942, sin nada mejor que hacer, Fulbright se presentó candidato al escaño libre del noroeste de Arkansas para el Congreso. Ganó, y durante su único mandato en el Congreso, propuso la resolución Fulbright, un antecedente de lo que serían las Naciones Unidas, pues instaba a Estados Unidos a que, después de la Segunda Guerra Mundial, participara en una organización internacional que fuera garante de la paz en todo el globo. En 1944, Fulbright se presentó a candidato al Senado, para intentar cobrarse cumplida venganza de las afrentas pasadas, pues su principal oponente no era otro que su némesis, el gobernador Adkins. Éste tenía facilidad para hacer enemigos, un rasgo peligroso en política. Además de haber hecho enfurecer a Fulbright, había cometido el error de oponerse a John McClellan apenas dos años atrás, e incluso había auditado las cuentas de los principales seguidores de McClellan. Como he dicho, éste jamás olvidaba ni perdonaba un desaire; de modo que trabajó duro para ayudar a Fulbright a derrotar a Adkins, y lo consiguieron. Con ello, ambos se resarcieron de los antiguos ataques de Adkins.

A pesar de los treinta años que compartieron en el Senado, Fulbright y McClellan no eran muy amigos. Ninguno de los dos solía entablar amistad con otros políticos. Trabajaron juntos en beneficio de los intereses económicos de Arkansas y votaron con el bloque sureño en contra de los derechos civiles; aparte de eso, no tenían mucho en común.

McClellan era un conservador militarista y anticomunista que solo quería gastar dinero en defensa, infraestructuras y en agentes de policía. Era listo, pero no sutil; para él las cosas solo podían ser o blancas o negras. Hablaba en términos inequívocos, y si alguna vez albergó una duda acerca de algo, jamás lo dijo, por temor a parecer débil. Pensaba que la política consistía en dinero y poder.

Fulbright era más liberal que McClellan. Era un buen demócrata, que simpatizaba con el presidente Johnson, y al que apoyó hasta que discreparon sobre la República Dominicana y Vietnam. Estaba a favor de una política fiscal progresiva, de programas sociales para paliar la pobreza y la desigualdad, de ayudas federales para la educación y de aumentar las contribuciones de Estados Unidos a las instituciones internacionales encargadas de mejorar las condiciones de vida de los países pobres. En 1946 creó el programa Fulbright para el intercambio educativo internacional, que ha costeado la educación de cientos de miles de becarios Fulbright en Estados Unidos y en otros sesenta países. Él pensaba que la política consistía en el poder de las ideas.

En lo que respecta a los derechos civiles, Fulbright jamás trató de defender el sentido de su voto. Sencillamente dijo que, sobre un tema que ellos conocían mucho mejor, tenía que votar con la mayoría de sus electores, lo cual es un eufemismo para decir que no quería que le derrotaran. Firmó el Manifiesto del Sur después de suavizarlo un poco, y no votó a favor de ninguna ley de derechos civiles hasta 1970, durante la administración Nixon, etapa en la que también tuvo un papel destacado en la derrota del candidato del presidente Nixon a la Corte Suprema, G. Harrold Carswell, que estaba en contra de los derechos civiles.

A pesar de su postura sobre este tema, a Fulbright le sobraba valentía. Odiaba a los demagogos mojigatos que se las daban de patriotas. Cuando el senador Joe McCarthy, de Wisconsin, se dedicó a aterrorizar a gente inocente con sus indiscriminadas acusaciones de que pertenecían al Partido Comunista, hizo callar a la mayoría de políticos, incluso a los que le detestaban. Fulbright fue el único miembro del Senado que votó en contra de la propuesta de aumentar los fondos del subcomité de investigación especial de McCarthy. También impulsó una resolución que censuraba a McCarthy y que el Senado finalmente aprobó después de que Joseph Welch le descubriera frente a todo el país como el fraude que era. McCarthy se adelantó a su tiempo; se hubiera sentido muy cómodo entre la gente que se hizo con el Congreso en 1995. Pero a principios de los cincuenta, en un período extremadamente vulnerable a la histeria anticomunista, McCarthy era un gorila de cuatrocientos kilos. Sin embargo, Fulbright se enfrentó a él cuando nadie más se atrevió a hacerlo.

Tampoco eludía la polémica en la política exterior, un tema que, a diferencia de los derechos civiles, conocía mejor que su electorado. Sencillamente, decidió hacer lo que le parecía correcto y convencer a sus votantes de que así era. Estaba a favor de la cooperación multilateral, por encima de las acciones unilaterales. Apostaba por establecer vías de diálogo con la Unión Soviética y con las naciones del Pacto de Varsovia, en lugar de aislarlas, y por ser más generosos en la ayuda internacional y realizar menos intervenciones militares. También era partidario de hacer que la gente adoptara los valores e intereses norteamericanos por propio convencimiento, a través de la fuerza de nuestro ejemplo y no de nuestras armas.

Otra razón por la que me gustaba Fulbright era que le interesaban otras cosas aparte de la política. Pensaba que el objetivo de ésta era permitir que la gente pudiera desarrollar todas sus capacidades y disfrutara al máximo durante su breve vida. La idea de que el poder fuera un fin en sí mismo, en lugar de un medio para garantizar la seguridad y las oportunidades necesarias para la búsqueda de la felicidad, le parecía estúpida y autodestructiva. A Fulbright le gustaba pasar tiempo con su familia y sus amigos, se iba de vacaciones un par de veces al año para descansar y cargar las pilas y leía mucho. También le gustaba cazar patos, y adoraba el golf; a los setenta y ocho años, hacía el recorrido en ese mismo número de golpes. Su conversación era interesante, y hablaba con un acento elegante y peculiar. Cuando estaba relajado era elocuente y persuasivo, pero cuando se impacientaba o se enfadaba, exageraba su forma de hablar, y su voz adquiría un tono que le hacía parecer arrogante y desdeñoso.

Fulbright había apoyado la resolución del Golfo de Tonkin de agosto de 1964, que autorizaba al presidente Johnson a dar respuesta a los supuestos ataques que los barcos estadounidenses habían sufrido allí. Sin embargo, hacia verano de 1966, había decidido que nuestra política en Vietnam era errónea, que estaba destinada al fracaso y que formaba parte de una larga lista de errores que, de no rectificarse, traerían desastrosas consecuencias para Estados Unidos y para el resto del mundo. En 1966 publicó sus puntos de vista sobre Vietnam y una crítica más amplia de la política exterior norteamericana en su libro más famoso, *La arrogancia del poder*. Pocos meses después de mi incorporación a la plantilla del comité tuve el honor de que me firmara un ejemplar.

El argumento principal de Fulbright era que las grandes naciones comienzan a meterse en problemas y corren el riesgo de hundirse en un declive irremediable cuando ejercen el poder de forma «arrogante» y quieren hacer lo que no deben, en zonas en las que no deben estar. Recelaba de cualquier política exterior basada en el fervor misionero, pues pensaba que nos podría arrastrar a compromisos «que aunque generosos y benevolentes, son tan ambiciosos que exceden incluso la gran capacidad de Estados Unidos». También creía que cuando poníamos nuestro poder al servicio de un concepto abstracto, como el anticomunismo, sin comprender a fondo la historia local, la cultura y la política de una región, corríamos el riesgo de hacer más daño que bien. Eso fue lo que sucedió en nuestra intervención unilateral en la guerra civil de la República Dominicana en 1965. El temor de que el presidente Juan Bosch, que era de tendencias izquierdistas, instaurara un gobierno comunista al estilo del de Cuba, llevó a Estados Unidos a prestar apoyo a los que fueran aliados del general Rafael Trujillo y a su régimen represivo, reaccionario y a menudo asesino, una dictadura que había durado treinta años, hasta el asesinato de Trujillo en 1961.

Fulbright estaba convencido de que se estaba cometiendo el mismo error en Vietnam, a una escala mucho mayor. La administración Johnson y sus aliados veían al Vietcong como instrumentos del expansionismo chino en el Sudeste asiático, al que había que detener antes de que las demás «piezas del dominó» asiático cayeran víctimas del comunismo. Eso llevó a Estados Unidos a respaldar al gobierno de Vietnam del Sur, un régimen que, aunque era anticomunista, no era democrático. Puesto que Vietnam del Sur fue incapaz de derrotar al Vietcong por sí solo, fuimos incrementando nuestro apoyo, primero mediante asesores militares y finalmente con una fuerte presencia del ejército para defender lo que Fulbright consideraba «un gobierno débil y dictatorial que no se ha ganado la lealtad de su pueblo». Fulbright creía que Ho Chi Minh, que había sido un admirador de Franklin Roosevelt a causa de su oposición al colonialismo, estaba sobre todo interesado en lograr la independencia de Vietnam. Opinaba que Ho, lejos de ser una marioneta de los chinos, compartía la antipatía y el recelo históricos de los vietnamitas por su vecino del norte. Por lo tanto, no creía que nuestros intereses nacionales en la zona estuvieran tan amenazados como para justificar el sacrificio de tantas vidas. Sin embargo, no estaba a favor de una retirada unilateral. En lugar de eso, su propuesta era un intento de «neutralizar» la zona del Sudeste asiático: una retirada condicionada del ejército estadounidense sobre la base de un acuerdo para conceder la independencia a Vietnam del Sur y un posterior referéndum de reunificación con Vietnam del Norte. Lamentablemente, cuando empezaron las negociaciones de paz en París, en 1968, ya no era posible alcanzar una solución tan racional como aquella.

Hasta donde yo sé, todos lo que trabajaban en el comité compartían la opinión de Fulbright sobre Vietnam. También tenían cada vez mayores sospechas de que los jefes políticos y militares de la administración Johnson exageraban constantemente el progreso de nuestros esfuerzos militares. De modo que se pusieron manos a la obra para tratar de cambiar la política de la administración, del Congreso y del país. Expresado con estas palabras, parece algo razonable y bastante sencillo, pero lo que estaban intentando Fulbright, sus colegas del comité y la plantilla de trabajadores del mismo, era el equivalente a caminar por una cuerda floja sobre un abismo al fondo del cual no había más que rocas afiladas. Los halcones de la guerra de ambos partidos acusaban al comité, y a Fulbright en particular, de proporcionar «ayuda y esperanza» a nuestros enemigos, de dividir a nuestro país y de debilitar nuestra voluntad de luchar hasta la victoria. A pesar de todo, Fulbright no cejó. Aunque tuvo que soportar duras críticas, las sesiones del comité contribuyeron a galvanizar el sentimiento en contra de la guerra, especialmente entre los jóvenes, los cuales acudían cada vez en mayor número a las concentraciones y a las reuniones informativas contra la guerra.

Durante el tiempo que pasé allí, el comité celebró sesiones sobre temas como la actitud de los ciudadanos norteamericanos respecto a la política exterior, las relaciones entre China y Estados Unidos, los posibles conflictos entre objetivos nacionales y política exterior de Estados Unidos, el impacto del enfrentamiento entre China y la Unión Soviética a causa del conflicto de Vietnam y los aspectos psicológicos de las relaciones internacionales. Ante el comité declararon algunos de los críticos más importantes de la política exterior que estaba siguiendo Estados Unidos, gente como Harrison Salisbury del *New York Times*; George Kennan, antiguo embajador en la URSS y creador de la idea de la «contención» de la Unión Soviética; Edwin Reischauer, ex embajador en Japón; Henry Steele Commager, un prestigioso historiador; el general retirado James Gavin; y el profesor Crane Brinton, un experto en movimientos revolucionarios. Por supuesto, la administración también envió sus propios testigos. Uno de los más efectivos fue el subsecretario de Estado Nick Katzenbach, que al menos conmigo ya tenía a un oyente, a causa de su trabajo por los derechos civiles en el Departamento de Justicia del presidente Kennedy. Fulbright también solía reunirse en privado, en su despacho, con Dean Rusk, el secretario de Estado, para tomar café a primera hora de la mañana.

La dinámica que había entre Rusk y Fulbright me pareció fascinante. El propio Fulbright había sido una de las opciones que Kennedy había barajado como secretario de Estado. La mayoría pensó que le habían descartado a causa de su historial en contra de los derechos civiles, especialmente por su apoyo al Manifiesto del Sur. Rusk también era sureño, de Georgia, pero simpatizaba con la causa de los derechos civiles, y no se había enfrentado a la presión política a la que Fulbright había estado expuesto, pues no era miembro del Congreso, sino que tenía un cargo administrativo en la política exterior del país. Rusk se planteaba el problema de Vietnam en términos escuetos y sencillos: era el campo de batalla entre la libertad y el comunismo en Asia. Si perdíamos Vietnam, el comunismo arrasaría el Sudeste asiático, y las consecuencias serían estremecedoras.

Siempre pensé que los puntos de vista completamente opuestos de Fulbright y Rusk respecto a Vietnam se debían en parte a los momentos históricamente tan distintos que habían vivido mientras, gracias a las becas Rhodes, habían estado en Inglaterra. Cuando Fulbright fue a Oxford en 1925, el Tratado de Versalles, que ponía punto final a la Primera Guerra Mundial, ya se estaba aplicando; imponía unas penalizaciones financieras y políticas durísimas a Alemania, y volvió a dibujar el mapa de Europa y de Oriente Próximo después de la caída de los imperios otomano y austrohúngaro. La humillación de Alemania por parte de las potencias europeas victoriosas y la posición aislacionista y proteccionista que Estados Unidos había adoptado en la posguerra —que se había plasmado en el rechazo del Senado a la Liga de las Naciones y en la aprobación de la ley de aranceles Smoot-Hawley— desembocó en una reacción ultranacionalista en Alemania, en la ascensión de Hitler y, posteriormente, en la Segunda Guerra Mundial. Fulbright no estaba dispuesto a que se repitiera el mismo error. Raras veces veía los problemas en blanco y negro, nunca demonizaba a sus adversarios y siempre trataba de solucionar los conflictos con una negociación, preferiblemente en un entorno multilateral.

El caso de Rusk fue distinto. Rusk fue a Oxford a principios de los años treinta, cuando los nazis llegaron al poder en Alemania. Más tarde, siguió de cerca los desesperados intentos del primer ministro británico Neville Chamberlain de negociar con Hitler, un enfoque que la historia llamó de forma punzante: política de apaciguamiento. Rusk consideraba que el comunismo y el nazismo eran las dos caras del totalitarismo, y los despreciaba por igual. La táctica de la Unión Soviética de controlar y convertir al comunismo a la Europa Central y del Este después de la Segunda Guerra Mundial le convenció de que el comunismo era una enfermedad que infectaba a las naciones hostiles a la libertad personal y que estaban dotadas de una insaciable agresividad. Y él estaba decidido a no embarcarse en una política de apaciguamiento. Así, Rusk y Fulbright llegaban al tema de Vietnam desde posiciones enfrentadas, fruto de una división emocional e intelectual imposible de franquear, que tenía su origen décadas antes de que Vietnam apareciera en el radar de Estados Unidos.

Este abismo psicológico se reforzaba entre los que apoyaban la guerra, a causa de la tendencia natural, en tiempos de conflicto, de demonizar al adversario, y por el empecinamiento de Johnson, Rusk y otros de que no debíamos «perder» Vietnam, pues esto perjudicaría permanentemente el prestigio de Estados Unidos y, en última instancia, el suyo propio. Yo mismo tuve ocasión de ver, cuando era presidente, cómo entraban en acción las mismas compulsiones políticas, en tiempos de paz, en mis disputas ideológicas con el Congreso republicano y sus aliados. Cuando no hay entendimiento, respeto o confianza, cualquier compromiso, y no digamos la admisión de un error, es visto como una señal de debilidad o deslealtad, un ingrediente seguro para la derrota.

Para los halcones de Vietnam de finales de los sesenta, Fulbright era la pura imagen de la credulidad y la ingenuidad. La ingenuidad es un problema del que todas las gentes con buenas intenciones deberían tratar de protegerse, pero la testarudez no es menos peligrosa. En política, cuando estás metido en un agujero, la primera regla es dejar de cavar. Si se está ciego y no se admite la posibilidad de haber cometido un error, o se está decidido a negar a toda costa haber hecho algo mal, lo único que se consigue es seguir cavando, y con una pala todavía mayor. Cuanto más difícil se ponía la situación en Vietnam, más manifestaciones había en el país, y más tropas se enviaban. Llegamos a tener allí a más de 540.000 soldados en 1969, antes de que la realidad finalmente nos forzara a cambiar de rumbo.

Fui testigo de todo esto, con una mezcla de asombro y fascinación. Leía todo lo que podía, incluido el material marcado como «confidencial» y «secreto» que me tocaba repartir de vez en cuando, y que demostraba a las claras que se estaba mintiendo a nuestro país acerca de los avances militares, o más bien acerca de la falta de ellos, en la guerra. Y vi cómo crecía la cifra de víctimas, una por una. Cada día Fulbright recibía una lista de los chicos de Arkansas muertos en Vietnam. Me acostumbré a pasarme por su despacho para comprobar la lista, y un día vi el nombre de mi amigo y compañero de escuela Tommy Young. Unos días antes de su regreso, su jeep pisó una mina. Me invadió una gran tristeza. Tommy Young era un chico fuerte, inteligente, desgarbado y sensible, y yo pensaba que tendría una vida larga y feliz. Al ver su nombre en la lista, junto con otros que sin duda también tenían mucho que ofrecer al mundo y mucho que disfrutar de la vida, me asaltaron las primeras punzadas de culpabilidad por ser un estudiante que veía las muertes en Vietnam desde la seguridad del hogar. Flirteé brevemente con la idea de abandonar la universidad y alistarme. Después de todo, yo era demócrata tanto desde un punto de vista filosófico como de afiliación al partido, y no creía que tuviera derecho a escaparme de una guerra a la que iban otros jóvenes norteamericanos, por mucho que pensara que esa guerra era un error y me opusiera a ella. Lo comenté con Lee Williams; me dijo que estaría loco si abandonaba mis estudios, que tenía que seguir haciendo mi labor hasta el final de la guerra y que no iba a demostrar nada convirtiéndome en un soldado más, quizá incluso en una baja más. Entendía lo que me había dicho y comprendía, desde un punto de vista racional, que tenía razón, pero jamás me sentí cómodo con ello. Después de todo, yo era hijo de un veterano de la Segunda Guerra Mundial y respetaba al ejército, incluso si pensaba que muchos de los que estaban al mando no tenían ni idea y que tenían más valor que cerebro. Así empezó mi batalla personal con el sentimiento de culpabilidad, una batalla que libramos muchos de los que amábamos a nuestra nación pero odiábamos la guerra.

Esos lejanos días no son fáciles de recrear para aquellos que no los conocieron. Para los que sí lo hicieron, poco hay que añadir. La guerra también se cobró sus bajas en nuestro país, incluso entre sus adversarios más confiados. Fulbright admiraba al presidente Johnson y sentía simpatía por él. Disfrutaba formando parte de un equipo que estaba contribuyendo al avance del país, incluso si él no podía ayudar en el tema de los derechos civiles. Siempre llegaba animado al trabajo, pero odiaba sentirse como un intruso aislado y despreciado por el gobierno de su propio partido. Una vez, cuando llegué a la oficina a primera hora, vi que andaba solo por el pasillo hacia su despacho, absorto en su tristeza y su frustración, hasta el punto de que se dio contra la pared una o dos veces, mientras se arrastraba penosamente hacia su deplorable deber.

Aunque el Comité de Relaciones Exteriores también abarcaba otras cuestiones, Vietnam lo eclipsó todo, tanto para los miembros del comité como para mí. Durante mis dos primeros años en Georgetown, conservé absolutamente todas mis notas de clase, mis trabajos y mis exámenes. De mi tercer año, apenas guardo dos trabajos de la asignatura de Dinero y banca, nada impresionante. En el segundo semestre hasta me retiré de una asignatura, la única que abandoné en Georgetown, Teoría y práctica del comunismo. Tenía buenos motivos para hacerlo, motivos que no tenían nada que ver con Vietnam.

Hacia la primavera de 1967 el cáncer de Papá se había agravado y tuvo que ingresar en el centro médico Duke en Carolina del Norte, para someterse a algunas semanas de tratamiento. Cada fin de semana, yo recorría los cuatrocientos treinta kilómetros desde Georgetown para verle; partía el viernes por la tarde y volvía el domingo a última hora de la noche. No podía hacer eso y seguir con la asignatura de comunismo, así que la dejé. Fue una etapa agotadora pero importante de mi juventud. Me iba a Durham a última hora del viernes, recogía a Papá y me pasaba el sábado y el domingo, hasta bien entrada la tarde, con él; luego regresaba a la universidad y al trabajo.

El domingo de Pascua, 26 de marzo de 1967, fuimos a la capilla de Duke, una impresionante iglesia gótica. Papá no era hombre de ir mucho a la iglesia, pero me pareció que disfrutaba de la misa. Quizá halló un poco de paz en el mensaje de que Jesús también había muerto por sus pecados. Tal vez, cuando cantamos, creyó en las palabras del maravilloso y viejo himno «Canta con todos los hijos de la gloria»: «Canta con todos los hijos de la gloria, ¡canta la canción de la resurrección! La muerte y la pena, la oscura historia de la Tierra, pertenecen al pasado. A nuestro alrededor las nubes se dispersan, pronto las tormentas del tiempo cesarán. A imagen de Dios el hombre despertará y conocerá la paz eterna». Después de misa, fuimos a Chapel Hill, que acoge la Universidad de Carolina del Norte. Los árboles y los arbustos de colores estaban floreciendo. La mayoría de primaveras sureñas son hermosas, pero esta fue espectacular; sigue siendo mi recuerdo más vivaz de una Pascua.

Durante aquellos fines de semana, Papá me hablaba como jamás lo había hecho. La mayor parte del tiempo charlábamos de cosas sin importancia, o de cómo nos iba la vida, o de Madre y de Roger, de la familia y de los amigos. A veces eran conversaciones más profundas, en las que reflexionaba sobre la vida, cuyo final veía ya cercano. Pero incluso en los menores detalles, hablaba abiertamente, con sinceridad y sin ponerse a la defensiva; era la primera vez que lo veía así. Esos largos y lánguidos fines de semana sirvieron para que hiciéramos las paces el uno con el otro, y él aceptó mi amor y mi perdón. Si hubiera podido mirar a la vida con el mismo valor y sentido del honor con el que se enfrentó a la muerte habría sido un hombre muy notable.

DOCE

A finales de mi tercer año hubo de nuevo una temporada de elecciones. Ya había decidido hacía poco más de un año que me presentaría candidato a la presidencia del consejo estudiantil. Aunque no había estado mucho en el campus, había seguido en contacto con mis amigos y había seguido realizando mis actividades habituales, así que dados mis éxitos anteriores, creí que podía ganar. Pero estaba más desconectado de lo que pensaba. Mi oponente, Terry Modglin, era vicepresidente de nuestra promoción. Se había estado preparando para la elección durante todo el año; había buscado apoyos y diseñado una buena estrategia para ganar. Yo me presenté con un programa concreto, pero convencional. Modglin, en cambio, supo captar el creciente descontento que recorría los campus universitarios de todo Norteamérica, y especialmente el desacuerdo que muchos alumnos expresaban contra la rigidez de las exigencias académicas y las normas del campus de Georgetown. Bautizó a su campaña como la «rebelión Modg», una parodia de la «rebelión Dodge», el eslogan de la compañía de coches. Él y sus seguidores se distinguían llevando sombreros blancos y luchando contra la administración jesuita y contra mí. A causa de mis buenas relaciones con los administradores de la facultad, de mi trabajo, mi coche, mi campaña ortodoxa y mi costumbre de estrechar la mano a todo el mundo, me convertí en el candidato de la clase dirigente. Trabajé duro para cambiar esa imagen, y también lo hizo mi equipo, pero al ver la intensidad de Modglin y de sus ayudantes me di cuenta de que estábamos en un aprieto. Por ejemplo, nuestros carteles desaparecían a un ritmo alarmante. En venganza, una noche cercana a las elecciones, algunos de los míos quitaron los carteles de Modglin, los pusieron en el maletero de un coche, se alejaron y los tiraron. Les pillaron, y recibieron una reprimenda.

Eso fue la puntilla. Modglin me dio una paliza, 717 contra 570. Merecía ganar, porque me había superado en estrategia, organización y trabajo duro. También lo deseaba mucho más. Al mirar atrás, me doy cuenta de que probablemente no tendría ni que haberme presentado. No estaba de acuerdo con la mayoría de mis compañeros en lo de que había que suavizar el currículo; a mí me gustaba tal como estaba. Había perdido la peculiar concentración en la vida del campus que me había proporcionado la energía necesaria para mis anteriores victorias como presidente de la promoción. Mi ausencia diaria del campus también contribuyó a que mis oponentes me pudieran tachar de enchufado y me acusaran de hacerme un hueco en la cumbre aprovechando las aguas turbulentas de la época. Superé la derrota rápidamente y, hacia finales de curso, estaba deseando que llegara el verano para pasarlo en Washington, trabajando para el comité y estudiando. No podía saber que aquel verano de 1967 era la calma que precedía a la tempestad, tanto para mí como para Estados Unidos.

Las cosas se ralentizan durante el verano en Washington, y el Congreso suele estar cerrado en agosto. Si eres joven, estás interesado en la política y no te importa pasar calor, es una época fantástica para estar por allí. Kit Ashby y otro de mis compañeros, Jim Moore, habían alquilado una vieja casa en el 4513 de Potomac Avenue, justo al lado de MacArthur Boulevard y a un kilómetro y medio del campus de Georgetown. Me invitaron a vivir con ellos y también a quedarme durante todo mi cuarto año, durante el que se unirían a nosotros Tom Campbell y Tommy Caplan. La casa daba al río Potomac, y tenía cinco habitaciones, una pequeña sala de estar y una cocina decente. También tenía dos terrazas en las habitaciones del segundo piso, donde podíamos tomar el sol de día y, a veces, dormir por la noche mecidos por la suave brisa veraniega. La casa había pertenecido a un hombre que escribió el código nacional de tuberías a principios de los cincuenta. Aún había un juego de esos fascinantes volúmenes en las estanterías de la sala de estar, extrañamente apoyados en un sujetalibros que representaba a Beethoven al piano. Era el único elemento interesante de toda la casa. Mis compañeros me lo legaron y aún lo conservo.

Kit Ashby era hijo de un médico y procedía de Dallas. Cuando trabajé para el senador Fulbright, él estuvo con el senador Henry «Scoop» Jackson, de Washington, el cual era un liberal en política interna y un halcón en lo relativo a Vietnam, igual que Lyndon Johnson. Kit compartía sus puntos de vista y por ello tuvimos más de una enconada discusión. Jim Moore era hijo de un militar y tenía un físico imponente; era un historiador concienzudo y un intelectual de verdad, y sus opiniones sobre Vietnam se encontraban en un punto medio entre las de Kit y las mías. Durante ese verano y el año siguiente, nació una amistad duradera entre los tres. Después de Georgetown, Kit ingresó en los marines y luego se convirtió en un banquero internacional. Cuando me eligieron presidente, le nombré embajador en Uruguay. Jim Moore siguió los pasos de su padre en el ejército y luego hizo carrera gestionando inversiones de fondos de pensiones estatales. Cuando en los años ochenta muchos estados se vieron en un aprieto a causa de las pensiones, le pedí consejos gratis —y me los dio—acerca de lo que debíamos hacer en Arkansas.

Nos lo pasamos de fábula ese verano. El 24 de junio, fui a Constitution Hall para escuchar a Ray Charles. Mi pareja era Carlene Jann, una joven muy atractiva que había conocido en una de las numerosas reuniones mixtas que las chicas de las facultades cercanas celebraban para los chicos de Georgetown. Era casi tan alta como yo y tenía una larga melena rubia. Nos sentamos en el fondo del gallinero. Éramos de los pocos blancos que había allí. A mí me encantaba Ray Charles desde que había oído aquel gran verso de la canción *What'd I Say:* «Dile a tu mamá, dile a tu papá, que voy a enviarte de vuelta a Arkansas». Al final del concierto, Ray ya tenía a la gente de pie y bailando por los pasillos. Cuando volví a la casa de la avenida Potomac esa noche, estaba tan entusiasmado que no podía dormir. A las 5 de la madrugada, lo dejé e hice una carrera de cinco kilómetros. Seguí llevando la entrada de ese concierto en mi cartera durante diez años.

Constitution Hall había progresado mucho desde que en los años treinta las Hijas de la Revolución Americana le denegaron el permiso para cantar allí a la gran Marian Anderson porque era negra. Pero muchos jóvenes negros no solo hablaban de obtener acceso a las salas de conciertos; en las ciudades norteamericanas, había surgido una nueva militancia, fruto del creciente descontento a causa de la pobreza, de la continua discriminación, de la violencia contra los activistas por los derechos civiles y del desproporcionado número de soldados negros que luchaban y morían en Vietnam. Martin Luther King Jr. luchaba por conseguir las mentes y los corazones de la Norteamérica negra contra la idea, más militante, del «Poder Negro».

A mediados de los sesenta, los disturbios raciales de distinto alcance e intensidad se extendieron por los guetos no sureños. Antes de 1964, Malcom X, el líder negro musulmán, había rechazado la integración; prefería que los ciudadanos negros se esforzaran para luchar contra la pobreza y otros problemas urbanos, y predijo la llegada de «más violencia racial de la que los norteamericanos blancos han conocido jamás».

En verano de 1967, mientras yo me lo pasaba bien en Washington, se producían graves disturbios en Newark y Detroit. Hacia finales del verano, había habido más de 160 disturbios en las ciudades norteamericanas. El presidente Johnson nombró una Comisión Asesora Nacional sobre desórdenes civiles, presidida por Otto Kerner, el gobernador de Illinois, que descubrió que las causas de los disturbios eran el racismo, la brutalidad policial y la falta de oportunidades educativas y laborales para los negros. Sus ominosas conclusiones se resumían en una frase que se hizo famosa: «Nuestra nación se mueve hacia dos sociedades, una blanca y otra negra, separadas y desiguales».

Washington pasó aquel turbulento verano en relativa calma, pero aún así experimentamos el movimiento del Poder Negro cuando, cada noche durante varias semanas, los activistas negros se instalaban en Dupont Circle, no muy lejos de la Casa Blanca, en la intersección de las avenidas Connecticut y Massachusetts. Un amigo mío llegó a entablar amistad con algunos de ellos, y una noche me llevó para que les escuchara. Eran desafiantes, estaban enfadados y a veces eran incoherentes, pero no eran estúpidos, y aunque no estaba de acuerdo con sus soluciones, los problemas que originaban sus protestas eran muy reales.

La división entre la militancia del movimiento a favor de los derechos civiles y de la facción en contra de la guerra empezó a difuminarse progresivamente. Aunque el movimiento contra la guerra empezó como la protesta de estudiantes universitarios blancos, pudientes y de clase media, y de algunos líderes religiosos, artistas e intelectuales más mayores, muchos de sus líderes también habían participado en la lucha por los derechos civiles. En primavera de 1966 el movimiento contra la guerra había superado a sus organizadores. Se producían grandes manifestaciones y reuniones por todo el país, en parte alimentadas por la reacción del pueblo ante las sesiones de Fulbright. En primavera de 1967 más de 300.000 personas se manifestaron contra la guerra en el Central Park de Nueva York.

Mi primer contacto con el activismo comprometido contra la guerra tuvo lugar ese verano, cuando la Asociación Nacional de Estudiantes (ANE) celebró su convención en el campus de la Universidad de Maryland, donde yo había asistido a la Nación de los Muchachos justo cuatro años atrás. La ANE no era tan radical como los Estudiantes para una Sociedad Democrática (ESD), pero se oponía firmemente a la guerra; su credibilidad se había puesto en duda la primavera anterior, cuando se descubrió que durante años la organización había aceptado dinero de la CIA para financiar sus actividades internacionales. Pero a pesar de ello todavía contaba con el apoyo de muchos estudiantes de la nación.

Una noche fui al College Park, a la convención, para ver qué pasaba. Me encontré con Bruce Lindsey, de Little Rock, al que había conocido durante la campaña a gobernador en 1966, cuando él trabajaba para Brooks Hays. Había venido acompañado de la delegada del sudoeste de la ANE, Debbie Sale, que también era de Arkansas. Bruce se convirtió en un buen amigo personal, en mi consejero y confidente cuando fui gobernador y luego presidente. Es el tipo de amigo que todo el mundo necesita y del que ningún presidente puede prescindir. Más adelante, Debbie me ayudó a hacerme un espacio en Nueva York. Pero en la convención de la ANE en 1967 éramos solo tres jóvenes de Arkansas de aspecto y conducta normal que estaban contra la guerra y buscaban compañía.

La ANE estaba llena de gente como yo, gente que no se sentía cómoda con la militancia de la ESD pero que sin embargo quería estar entre las filas de los que trabajaban para que terminara la guerra. El discurso más destacado de la convención fue el de Allard Lowenstein, que animó a los estudiantes a formar una organización nacional para derrotar al presidente Johnson en 1968. En esa época mucha gente pensaba que aquello era descabellado, pero las cosas estaban cambiando a toda velocidad, o en todo caso con la velocidad suficiente para hacer de Al Lowenstein un profeta. En tres meses, el movimiento contra la guerra llevaría 100.000 manifestantes frente al monumento a Lincoln. Trescientos de ellos devolvieron sus tarjetas de reclutamiento, que fueron entregadas al Departamento de Justicia por dos oponentes a la guerra de más edad: William Sloane Coffin, el capellán de la Universidad de Yale, y el doctor Benjamin Spock, el famoso pediatra.

Curiosamente, la ANE también tenía una larga trayectoria de lucha contra los totalitarismos, de modo que allí también había representantes de las «naciones cautivas» bálticas. Conversé con la representante de Letonia, una mujer un poco mayor que yo; me dio la impresión de que asistir a ese tipo de convenciones era su profesión. Habló con convicción de que algún día la Unión Soviética caería y entonces Letonia volvería a ser libre. En aquel momento pensé que le faltaba un tornillo, pero al final resultó ser tan profeta como Al Lowenstein.

Aparte de mi trabajo en el comité y de mis ocasionales excursiones, me apunté a tres asignaturas de la escuela de verano: Filosofía, Ética, y Diplomacia de Estados Unidos en el Lejano Oriente. Por primera vez leí a Kant y a Kierkegaard, a Hegel y a Nietzsche. En la clase de ética tomé muy buenos apuntes, y un día de agosto otro alumno, que era más listo que el hambre pero que raras veces asistía a clase, me preguntó si me importaría repasar mis apuntes con él durante un par de horas antes del examen final. El 19 de agosto, el día de mi veintiún cumpleaños, le dediqué unas cuatro horas, y terminó sacando una B en el examen. Veinticinco años más tarde, cuando me eligieron presidente, mi antiguo compañero de clase Turki al-Faisal, hijo del fallecido rey saudí, era el jefe del servicio secreto de Arabia Saudí, cargo que conservaría durante veinticuatro años. Dudo que su nota de filosofía tuviera mucho que ver con su éxito en la vida, pero nos lo pasamos muy bien comentándolo.

El profesor de la asignatura de diplomacia norteamericana, Jules Davids, era un destacado erudito, que más tarde ayudó a Averell Harriman a escribir sus memorias. Mi trabajo trató de la resolución del Sudeste asiático y del Congreso. La resolución, más conocida como del Golfo de Tonkin, se aprobó el 7 de agosto de 1964, a petición del presidente Johnson, después de que dos destructores norteamericanos, el *USS Maddox* y el *USS C. Turner Joy*, fueran supuestamente atacados por navíos norvietnamitas el 2 y el 4 de agosto respectivamente. Estados Unidos había respondido con acciones de castigo contra bases navales de Vietnam del Norte y contra un depósito de petróleo. La resolución autorizaba al presidente a «tomar todas las medidas necesarias para repeler cualquier ataque armado contra el ejército de Estados Unidos y prevenir cualquier otra agresión», y a «tomar cualquier medida necesaria, incluyendo el uso de la fuerza», para ayudar a cualquier nación incluida en el tratado del SEATO, «en defensa de su libertad».

La tesis principal de mi trabajo era que, exceptuando al senador Wayne Morse, nadie había analizado seriamente, ni siquiera había cuestionado, la constitucionalidad o el acierto de la resolución. El país y el Congreso estaban frenéticos, ansiosos por demostrar que nadie podría avasallarnos ni echarnos del Sudeste asiático. Al doctor Davids le gustó mi trabajo y dijo que merecía ser publicado. Yo no estaba tan seguro; había muchas preguntas sin respuesta. Más allá de la constitucionalidad de la resolución, algunos destacados periodistas habían expresado sus dudas acerca de si los ataques realmente habían existido; cuando yo terminé mi ensayo, Fulbright había pedido al Pentágono más información acerca de los incidentes. El análisis del comité sobre lo sucedido en el golfo de Tonkin se alargó hasta 1968, y las investigaciones parecían confirmar que al menos el 4 de agosto no hubo disparos contra los destructores norteamericanos. Raras veces en la historia un no suceso ha tenido una repercusión tan enorme.

En pocos meses, las consecuencias del incidente caerían sobre Lyndon Johnson. La veloz y casi unánime aprobación de la resolución del Golfo de Tonkin se convirtió en un doloroso ejemplo que confirma aquel viejo proverbio: la mayor maldición de una vida es una plegaria concedida.

TRECE

Mi último año en la facultad fue una mezcla de interesantes experiencias universitarias y de desastrosos acontecimientos personales y políticos. Ahora, al volver la vista atrás y contemplar aquellos años, me parece extraño que andara metido a la vez en tantas cosas, grandes y pequeñas, pero las personas siempre perseguimos el placer y luchamos contra las penas de la vida cotidiana incluso bajo las más estrambóticas circunstancias.

Hubo dos asignaturas que me interesaron particularmente, una era un seminario de derecho internacional y la otra un coloquio sobre la historia de Europa. El doctor William O'Brien era el profesor del seminario y me permitió presentarle un trabajo sobre el tema de la objeción de conciencia selectiva frente al servicio militar, en el que examiné los sistemas de reclutamiento no solo de Estados Unidos, sino también de otros países, y exploré las raíces filosóficas y legales del derecho a la objeción de conciencia. Mi tesis era que la objeción de conciencia no debía limitarse a aquellos que se oponían a todas las guerras porque así se lo exigía su religión, pues se trataba de una negativa que no tenía sus bases en la doctrina teológica, sino en la oposición moral de un individuo al servicio militar. Así pues, aunque fuera complicado juzgar cada caso concreto, en mi opinión el gobierno debía garantizar la objeción de conciencia selectiva una vez se hubiera establecido que la persona que la invocaba lo hacía de forma sincera. Lo cierto es que la supresión del servicio militar obligatorio, en la década de 1970, hizo que la objeción de conciencia dejase de ser un tema polémico.

El coloquio de historia europea era básicamente un repaso de la historia intelectual de Europa. El profesor era Hisham Sharabi, un brillante erudito libanés que defendía de forma apasionada la causa palestina. Éramos, si no recuerdo mal, catorce alumnos y el curso duraba dos horas a la semana durante catorce semanas. Nos leíamos todos los libros de la bibliografía, pero cada semana le correspondía a uno de nosotros iniciar el debate con una presentación de diez minutos sobre el libro que tocaba. El contenido de la presentación era totalmente libre: podías resumir el libro, hablar sobre su tema principal o extenderte sobre algún aspecto que te hubiera interesado particularmente. Lo único que no podías hacer era pasar de los diez minutos. Sharabi creía que si necesitabas más tiempo era que no habías comprendido bien el libro, y nos obligaba a ceñirnos estrictamente al tiempo asignado. Hizo una única excepción con un estudiante de filosofía, la primera persona a la que oí pronunciar la palabra «ontológico», que por lo que yo sabía podía referirse a alguna extraña especialidad médica. El estudiante se pasó muchísimo de los diez minutos a los que tenía derecho, y cuando por fin se le acabó la gasolina, Sharabi le miró con sus grandes y expresivos ojos y le espetó: «Si tuviera una pistola, te mataría». ¡Uf! Mi presentación trató del libro *Capitalismo, Socialismo y Democracia*, de Joseph Schumpeter. No estoy seguro de si lo hice bien, pero lo que puedo jurar es que acabé en poco más de nueve minutos.

Me pasé la mayor parte del otoño de 1967 preparándome para la Conferencia de noviembre de la Comunidad del Atlántico (CONTAC). Como presidente de los nueve seminarios que componían CONTAC, mi trabajo consistía en distribuir a los delegados, decidir los temas sobre los que se debían escribir los trabajos y reclutar expertos para un total de ochenta y una sesiones. En CONTAC, Georgetown unía a estudiantes de Europa, Canadá y Estados Unidos en una serie de seminarios y conferencias que examinaban los temas a los que se enfrentaba la comunidad internacional. Yo había participado en la conferencia dos años atrás. El estudiante que más me impresionó entonces fue Wes Clark, un cadete de West Point natural de Arkansas que era el primero de su promoción y había ganado una beca Rhodes. Nuestra relación con algunas naciones de Europa se había resentido por la frontal oposición de éstas a la guerra de Vietnam, pero la fundamental importancia de la OTAN para la seguridad de Europa durante la Guerra Fría hacía imposible que se produjera una fractura grave entre estas naciones y Estados Unidos. La conferencia fue un gran éxito, gracias, en buena parte, a la calidad de los estudiantes que asistieron a ella.

Más tarde, ese mismo otoño, Papá tuvo otra recaída. El cáncer se había extendido y estaba claro que recibir más tratamientos no iba a ser ya de ninguna ayuda. Estuvo en el hospital durante un tiempo, pero decidió marcharse para morir en casa. Le dijo a Madre que no quería que yo faltara demasiado a clase, así que al principio no me avisaron. Un día, él le dijo: «Ha llegado el momento». Madre me avisó y cogí un avión a casa. Sabía lo que me esperaba allí, y lo único que quería era que Papá todavía estuviera consciente cuando llegara, para poder decirle que le quería.

Cuando llegué, Papá ya solo se levantaba de la cama para ir al lavabo, e incluso para eso necesitaba ayuda. Había perdido mucho peso y se le veía muy débil. Cada vez que trataba de levantarse se le doblaban las rodillas; era como una marioneta cuyos hilos alguien manejara a tirones. Parecía que le gustaba que Roger y yo le ayudáramos. Creo que llevarle y traerle del lavabo fue lo último que hice por él. Se lo tomó todo con buen humor; reía y decía que aquello era un maldito desastre y que era fantástico que se acabara pronto. Cuando se sintió tan débil que ya no pudo caminar ni siquiera con ayuda, tuvo que conformarse con usar una palangana, pero odiaba tener que hacer sus necesidades frente a las enfermeras que eran amigas de Madre y habían venido a ayudar.

A pesar de que estaba perdiendo rápidamente el control de su cuerpo, conservó la mente y la voz intactas más o menos durante tres días después de que yo llegara a casa. Me dijo que todo iría bien después de que él se hubiera ido y que estaba seguro de que me concederían la beca Rhodes una vez hiciera la entrevista, para la cual me quedaba un mes. Pasada una semana ya casi no recobraba la conciencia más que a medias, a pesar de que tuvo períodos de lucidez casi hasta el final. En dos ocasiones se despertó y nos dijo a Madre y a mí que todavía seguía allí. Dos ocasiones en las que se suponía que ya no podía estar en condiciones de recobrar la conciencia, aunque solo fuera porque estaba demasiado sedado para poder pensar o hablar (el cáncer se había extendido por la cavidad torácica y no tenía sentido verle sufrir con aspirinas, que es lo único que había aceptado tomar hasta entonces), nos sorprendió cuando me preguntó si estaba seguro de que podía pasar todo ese tiempo sin ir a clase y añadió que si no podía, no era necesario que me quedara, pues ya no iba a pasar gran cosa y ya habíamos tenido nuestras últimas charlas. Cuando ya no pudo hablar todavía siguió despertándose; miraba a alguno de nosotros y hacía ruidos para que entendiéramos cosas muy simples, como que quería que le girasen en la cama. Solo podía intentar imaginar qué debía de estar pasándole por su cabeza en aquellos momentos.

Tras su último intento de comunicarse con nosotros, resistió durante un día y medio entre horribles sufrimientos. Fue espantoso oír el sonido de su respiración, ver cómo se esforzaba por tomar aire en aspiraciones bruscas y arrítmicas y contemplar cómo el cuerpo se le hinchaba hasta quedar completamente desfigurado. En algún momento hacia el final, Madre entró, le vio, rompió a llorar y le dijo que le quería. Después de todo por lo que él la había hecho pasar, yo quería creer que lo decía de verdad, más por ella misma que por él.

Los últimos días de Papá, como es habitual en el campo, nuestra familia y amigos pasaron por casa para darnos su apoyo. Muchos de ellos traían comida para que no tuviéramos que cocinar y para que pudiéramos ofrecer algo de comer a los demás visitantes. Puesto que yo casi no dormía, y comía con casi todos los que llegaban, gané cuatro kilos y medio en las dos semanas que estuve en casa. Pero tener toda aquella comida y a todos aquellos amigos alrededor era un consuelo cuando lo único que podíamos hacer era esperar a que la muerte llamara a la puerta.

Durante el funeral llovió. Cuando era niño, Papá miraba por la ventana cuando había tormenta y decía: «No me entierren cuando llueva». Era uno de aquellos dichos del Sur que aparecen en todas las conversaciones, así que en aquellos momentos no le presté mayor atención. De alguna forma, sin embargo, conservé el recuerdo de que aquello era algo importante para él, que tenía algún miedo profundo y atávico a iniciar su descanso eterno bajo la lluvia. Y ahora iba a pasarle exactamente eso. Después de todo lo que había tenido que soportar en su larga enfermedad, merecía algo mejor.

Estuvimos preocupados por la lluvia durante todo el trayecto hasta la capilla y durante todo el funeral, mientras el predicador se extendía, diciendo un montón de cosas bonitas sobre el difunto que no eran verdad y de las que él mismo se hubiera burlado si hubiera tenido que oírlas. A diferencia de mí, Papá nunca creyó que los funerales sirvieran para nada, y el suyo tampoco le hubiera gustado particularmente, excepto por los himnos, que había escogido él mismo. Cuando el funeral terminó, casi salimos corriendo fuera a ver si todavía estaba lloviendo. Así era, y en lento convoy hasta el cementerio esa preocupación desplazó al dolor de la pérdida.

Justo cuando estábamos girando para tomar el estrecho camino que conducía al cementerio y nos acercábamos cada vez más a la fosa recién cavada, Roger fue el primero en darse cuenta de que la lluvia había parado, y nos lo dijo casi a gritos. Sentimos una alegría y un alivio increíbles, casi irracionales. Pero no se lo contamos a nadie, guardamos la historia para nosotros; tan solo nos permitimos pequeñas sonrisas de complicidad como la que habíamos visto a menudo en el rostro de Papá cuando se sentía satisfecho de sí mismo. En su largo calvario hasta el fin que nos espera a todos, tuvo la fortuna de encontrar a un Dios piadoso. No le enterramos bajo la lluvia.

Un mes después del funeral, volví a casa otra vez para la entrevista de la beca Rhodes, en la que llevaba interesado desde el instituto. Cada año, se conceden becas Rhodes a treinta y dos estudiantes para que estudien dos años en Oxford, con los gastos pagados por la fundación, que se creó en 1903 merced al testamento de Cecil Rhodes. Rhodes, que amasó una enorme fortuna en las minas de diamantes de Sudáfrica, concedía becas a jóvenes estudiantes de todas las colonias británicas, o de los países que habían sido colonias británicas en el pasado, que hubieran demostrado grandes cualidades intelectuales, atléticas y de liderazgo. Quería enviar a Oxford a gente cuyos logros e intereses fueran más allá de los meramente académicos, pues creía que estos serían más proclives a «apreciar la importancia de los deberes públicos» frente a los puramente privados. Con los años, si el candidato había destacado en otros campos no académicos, los comités daban menos importancia a las virtudes atléticas. Algunos años después se reformó la fundación para que las mujeres también pudieran aspirar a las becas. Un estudiante podía solicitar la beca tanto por el estado en el que residía como por aquél en el que iba a la universidad. En diciembre, cada estado nombraba a dos candidatos; éstos pasaban a una de las ocho competiciones regionales en las que se escogía a los estudiantes para el siguiente año académico. El proceso de selección exigía que el candidato consiguiera él mismo entre cinco y ocho cartas de recomendación, que escribiera sobre por qué quería ir a Oxford y que se sometiera a entrevistas regionales y estatales, que realizaban tribunales compuestos por personas que recibieron en su día la beca Rhodes y por un presidente que no la había recibido. Le pedí al padre Sebes, al doctor Giles, al doctor Davids y a mi profesora de inglés de segundo curso en la universidad, Mary Bond, que me escribieran cartas de recomendación; en casa, se lo pedí al doctor Bennett, a Frank Holt y a Seth Tillman, el redactor de los discursos del senador Fulbright, que era profesor en la Escuela de Estudios Internacionales Avanzados John Hopkins y se había convertido en mi amigo y mi mentor. Siguiendo el consejo de Lee Williams, le pedí también una carta al senador Fulbright. Yo no había querido molestar al senador porque estaba cada vez más preocupado y triste por el desarrollo de la guerra, pero Lee dijo que quería hacerlo, y lo cierto es que acabó escribiéndome una carta muy elogiosa.

El comité de Rhodes pedía a los que escribían las cartas de recomendación que no se limitaran a glosar las virtudes del candidato, sino que hablaran también de sus puntos débiles. La gente de Georgetown dijo, muy suavemente, que quizá yo no fuera un excelente atleta. Seth dijo que, aunque yo era un candidato ideal para la beca, «no es particularmente competente en el trabajo rutinario que realiza para el Comité; este trabajo está por debajo de su capacidad intelectual y a menudo parece tener otras cosas en la cabeza». Primera noticia: yo creía que estaba haciendo un buen trabajo en el comité, pero era cierto que, como él decía, tenía otras cosas en la cabeza. Quizá por esto me costaba mucho concentrarme en el texto que debía escribir yo. Por fin dejé de intentarlo en casa y me fui a un hotel en Capitol Hill que estaba a una manzana del edificio New Senate, para estar completamente aislado. Me resultaba muy difícil explicar mi corta vida y todavía más por qué era buena idea enviarme a Oxford.

Comencé diciendo que había ido a Washington «para prepararme para la vida política»; le pedí al comité que me enviara a Oxford a «estudiar en profundidad todos aquellos temas que tan solo he comenzado a explorar», con la esperanza de que pudiera «formarme un intelecto capaz de soportar las presiones de la vida política». En aquellos momentos me pareció que el texto era bastante bueno. Ahora me parece pretencioso y exagerado, como si estuviera tratando de encontrar el tono que creía que debía tener un cultivado estudiante con beca Rhodes. Aunque puede que solo se tratase de la sinceridad de la juventud sumada al hecho de vivir en unos tiempos en que se exageraban muchas cosas.

Presentar la solicitud por Arkansas me daba una gran ventaja. Debido al pequeño tamaño de nuestro estado y a su poco numerosa población universitaria, había menos competidores; probablemente ni siquiera habría alcanzado el nivel regional si me hubiera presentado por Nueva York, California u otro de los grandes estados; habría tenido que competir con estudiantes de universidades de la Ivy League que tenían sistemas bien afinados para reclutar y preparar a sus mejores alumnos para que obtuvieran una beca Rhodes. De los treinta y dos estudiantes que eligieron en 1968, seis procedían de Harvard y otros tantos de Yale, tres de Dartmouth y otros dos de Princeton y de la Academia Naval. Actualmente los ganadores están mucho más repartidos, como debe ser en un país que cuenta con cientos de buenas universidades; sin embargo, las universidades de élite y las academias del ejército todavía consiguen colocar a muchos de sus candidatos.

El comité de Arkansas lo presidía Bill Nash, un hombre alto y delgado, masón activo y además socio sénior del bufete Rose de Little Rock, la firma de abogados más antigua al oeste de Mississippi, con una historia que se remontaba a 1820. El señor Nash era un hombre chapado a la antigua, que tenía altos ideales y que caminaba varios kilómetros cada día para ir a trabajar, lloviera o hiciera sol. El comité contaba con otro socio del bufete Rose, Gaston Williamson, que también participaba en el comité regional como miembro por Arkansas. Gaston era grande, burlón y brillante, con una voz profunda y fuerte y talante de mando. Se había opuesto a lo que Faubus había hecho en Central High y había hecho cuanto había podido para luchar contra las fuerzas reaccionarias del estado. Me apoyó y me ayudó durante todo el proceso de selección y luego siguió aconsejándome con gran acierto cuando me convertí primero en fiscal general y luego en gobernador. Después de que Hillary entrara a trabajar en Rose en 1977, también entabló amistad con ella y le regaló sus consejos. Gaston adoraba a Hillary. A mí me apoyaba políticamente y sé que le caía bastante bien, pero creo que siempre pensó que yo no era lo suficientemente bueno para ella.

Pasé las entrevistas de Arkansas y me fui a Nueva Orleans para la fase final de selección. Nos alojaron en el Barrio Francés, en el hotel Royal Orleans, donde se celebraban las entrevistas para los finalistas de Arkansas, Oklahoma, Texas, Louisiana, Mississippi y Alabama. Lo único que hice para prepararme fue releer mi texto la noche anterior, leer las revistas *Time*, *Newsweek* y el *U.S. News & World Report* de principio a fin y dormir como un tronco toda la noche. Sabía que habría preguntas inesperadas y quería estar completamente despejado para enfrentarme a ellas. Y no quería dejarme arrastrar por las emociones. Nueva Orleans me traía recuerdos de mis anteriores viajes allí: cuando era un niño pequeño y veía a Madre arrodillarse junto a las vías del ferrocarril y llorar mientras

Mammaw y yo nos alejábamos en el tren; cuando visitamos Nueva Orleans y la costa del golfo del Mississippi durante las únicas vacaciones fuera del estado que nuestra familia hizo junta. No podía sacarme de la cabeza la confianza con la que mi padre predijo en su lecho de muerte que lograría la beca. En parte, también quería lograrla por él.

El presidente del comité era Dean McGee, de Oklahoma, director de la Kerr-McGee Oil Company y uno de los hombres con más poder tanto en los negocios como en la política de su estado natal. El miembro del comité que más me impresionó fue Barney Monaghan, el presidente de Vulcan, una compañía del acero de Birmingham, Alabama. Parecía más un profesor universitario que un empresario sureño, pues vestía un impecable traje de tres piezas.

La pregunta más difícil que me hicieron fue sobre comercio: me preguntaron si estaba a favor del libre comercio, del proteccionismo o de algún sistema intermedio. Cuando les dije que estaba a favor del comercio libre, especialmente en las economías desarrolladas, el que me había hecho la pregunta replicó: «Entonces, ¿cómo justifica los esfuerzos del senador Fulbright para proteger los pollos de Arkansas?». Era una buena pregunta trampa, hecha para hacerme saber que debía escoger, al calor del momento, entre ser incoherente o desleal a Fulbright. Les confesé que no tenía ni idea de en qué consistía el asunto de los pollos, pero que no porque estuviera en desacuerdo con el senador en un tema en concreto dejaba de ser un honor trabajar para él. Gaston Williamson salió en mi defensa y dijo que la cuestión de los pollos no era tan simple como la pregunta daba a entender; de hecho, Fulbright había estado tratando de abrir los mercados extranjeros a nuestros pollos. Lo cierto es que jamás en la vida habría pensado que podía echar a perder la entrevista por no saber lo suficiente sobre pollos. Me prometí que no me volvería a pasar. Cuando fui gobernador, y luego presidente, la gente se quedaba atónita de lo mucho que sabía sobre cómo se crían y se comercializan los pollos, tanto en Estados Unidos como en el extranjero.

Al final de las doce entrevistas, y después de que el comité deliberara durante un rato, nos llevaron de nuevo a una de las salas de recepción del hotel. El comité había escogido a un tipo de Nueva Orleans, a dos de Mississippi y a mí. Después de hablar brevemente con la prensa, llamé a Madre, que había estado esperando hecha un manojo de nervios junto al teléfono, y le pregunté cómo creía que me iba a sentar la ropa de tweed. ¡Señor, qué feliz me sentí! Feliz por Madre, que había pasado por muchas cosas para poderme llevar hasta allí, feliz porque la última predicción de Papá se había hecho realidad y feliz por el honor de disfrutar de esos dos años llenos de promesas que me esperaban. Durante un rato, el mundo se detuvo. No hubo Vietnam ni disturbios raciales ni problemas en casa ni preocupaciones sobre mí mismo o sobre mi futuro. Pasé unas cuantas horas más en Nueva Orleans y disfruté de la ciudad a la que llaman «the Big Easy» como un nativo.

Cuando llegué a casa, después de visitar la tumba de Papá, comenzamos las fiestas de Navidad. Me dedicaron una bonita reseña en el periódico e incluso una editorial muy elogiosa. Hablé en un club cívico local, pasé mucho tiempo con mis amigos y recibí una cascada de cartas y llamadas de felicitación. Las Navidades fueron bonitas pero agridulces; por primera vez desde que nació mi hermano éramos solo tres en la familia.

Después de regresar a Georgetown recibí otra mala noticia. El 17 de enero murió mi abuela. Hacía algunos años, después de que sufriera un segundo ataque, pidió volver a casa, a Hope, para vivir en la residencia que se había abierto en lo que era el antiguo hospital Julia Chester. Pidió, y le dieron, la misma habitación en que estuvo Madre cuando me dio a luz. Su muerte, como la de Papá, debió de despertar sentimientos contradictorios en Madre. Mammaw había sido muy dura con ella; quizá porque estaba celosa de que Papaw amara tanto a su única hija, Madre había sido demasiado a menudo el objeto de sus estallidos de ira. Sus berrinches disminuyeron mucho después de que Papaw muriera, cuando la contrataron como enfermera de una adorable anciana que se la llevaba en sus viajes a Wisconsin y Arizona, saciando de esa forma parte de sus ansias de escapar de su predecible vida. Había sido muy amable conmigo durante mis primeros cuatro años, en los que me enseñó a leer y a contar, a lavar mi plato y a lavarme las manos. Después de que nos mudáramos a Hot Springs, siempre que sacaba todo «A» en la escuela me enviaba cinco dólares. Todavía cuando ya tenía veintiún años seguía queriendo saber si «su bebé se había llevado pañuelos». Me gustaría que hubiera podido entenderse mejor a sí misma y que se hubiera preocupado más por ella misma y por su familia. Pero me quería, y lo hizo lo mejor que pudo para darme un buen comienzo en la vida.

Creí que ya habría pasado lo peor, pero nada me podía preparar para lo que estaba por venir. El año 1968 fue uno de los más movidos y tristes de la historia de Estados Unidos. Lyndon Johnson comenzó el año tratando de mantener el rumbo en Vietnam, de continuar el asalto de la Gran Sociedad al desempleo, la pobreza y el hambre y de lograr su reelección. Pero su país se estaba apartando de él. Aunque yo simpatizaba con el espíritu de los tiempos, no abracé ni el estilo de vida ni la retórica de los más radicales. Llevaba el pelo corto, ni tan siquiera bebía y parte de la música de la época era demasiado ruidosa y dura para mi gusto. No odiaba a Lyndon Johnson; lo único que yo quería era que se acabara aquella guerra, y tenía miedo de que los enfrentamientos culturales fueran a dificultar, en vez de ayudar, a esa causa. Precisamente en respuesta a las protestas juveniles y a los modos de vida «contraculturales», los republicanos y muchos demócratas de la clase trabajadora se desplazaron a la derecha y escucharon a conservadores como el renaciente Richard Nixon y el nuevo gobernador de California, Ronald Reagan, un ex demócrata a lo Franklin Roosevelt.

Los demócratas también se estaban alejando de Johnson. Por la derecha el gobernador George Wallace anunció que se presentaría a presidente como independiente. Por la izquierda, jóvenes activistas como Allard Lowensteins apremiaban a los demócratas antibelicistas para que desafiaran al presidente Johnson en las primarias demócratas. Su primer candidato fue el senador Robert Kennedy, que había estado presionando para que se alcanzara un acuerdo negociado en Vietnam. El senador no aceptó la candidatura; temía que si se presentaba, dado que era sabido que el presidente no le gustaba, parecería que lo hacía más por venganza personal que como adalid de una cruzada moral. El senador George McGovern, de Dakota del Sur, que se presentaba a la reelección en su estado natal, declinó también el nombramiento. El senador Gene McCarthy de Minnesota sí aceptó. Como heredero oficial del legado de liberalismo intelectual en el partido de Adlai Stevenson, McCarthy podía ser muy enojoso y hasta mentir en sus intentos por presentarse como un santo completamente carente de ambición. Pero tuvo el valor de enfrentarse a Johnson, y conforme el año avanzaba, se convirtió en el único caballo por el que podían apostar los que se oponían a la guerra. En enero anunció que se presentaría a las primeras primarias que se celebraban, que eran las de New Hampshire.

En febrero sucedieron dos cosas en Vietnam que aumentaron la oposición a la guerra. Lo primero fue la ejecución sumaria de una persona sospechosa de pertenecer al Vietcong por parte del jefe de la policía nacional de Vietnam del Sur, el general Loan. Loan le disparó un tiro en la cabeza al hombre a plena luz del día en la calle, en Saigon. El asesinato fue recogido por el gran fotógrafo Eddie Adams; aquella foto hizo que todavía más norteamericanos se preguntaran si de verdad nuestros aliados eran mejores que nuestros enemigos, que también eran innegablemente despiadados.

El segundo hecho, mucho más importante, fue la ofensiva del Tet, así llamada porque tuvo lugar durante la fiesta vietnamita del Tet, que marcaba el año nuevo. Las fuerzas de Vietnam del Norte y del Vietcong lanzaron una serie de ataques coordinados contra las posiciones norteamericanas a todo lo largo de Vietnam del Sur, incluyendo ofensivas contra bastiones como Saigon, donde incluso la embajada norteamericana se vio bajo el fuego enemigo. Los ataques fueron rechazados y los vietnamitas del norte y el Vietcong sufrieron graves pérdidas, lo que llevó al presidente Johnson y a nuestros líderes militares a cantar victoria. Sin embargo, Tet fue en realidad una gran derrota psicológica y política para

Estados Unidos, porque los norteamericanos vieron con sus propios ojos, en nuestra primera «guerra televisada», que nuestras fuerzas eran vulnerables incluso en las zonas que controlaban. Más y más estadounidenses comenzaron a preguntarse si realmente podríamos ganar una guerra que los sudvietnamitas no podían ganar por sí mismos, y si valía la pena mandar cada vez más soldados a Vietnam cuando la respuesta a la primera pregunta parecía ser no.

En el frente doméstico, el líder de la mayoría del Senado, Mike Mansfield, pidió el fin de los bombardeos. El secretario de Defensa del presidente Johnson, Robert McNamara, y su asesor más cercano, Clark Clifford, junto con el anterior secretario de Estado, Dean Acheson, le dijeron al presidente que había llegado el momento de que se «replanteara» su política de continuar la escalada en Vietnam para conseguir una victoria militar. Dean Rusk, sin embargo, seguía apoyando esa política y las fuerzas armadas habían pedido el envío de 200.000 soldados más para poder aplicarla. A lo largo de todo el país seguían produciéndose incidentes raciales, algunos de ellos violentos. Richard Nixon y George Wallace anunciaron formalmente sus candidaturas a la presidencia. En New Hampshire la campaña de McCarthy iba ganando impulso, en parte gracias a cientos de estudiantes contrarios a la guerra que iban de puerta en puerta pidiendo el voto para él. Aquellos que no querían cortarse el pelo ni afeitarse trabajaban en la trastienda del cuartel general de su campaña ensobrando cartas. Mientras tanto, Bobby Kennedy seguía indeciso sobre si debía presentarse.

El 12 de marzo, McCarthy logró el 42 por ciento de los votos de New Hampshire, contra el 49 por ciento de Lyndon Johnson. Aunque Johnson era un candidato cuyo nombre ya estaba en las papeletas y que ni siquiera pisó New Hampshire para hacer campaña, aquello fue una gran victoria psicológica para McCarthy y el movimiento antibelicista. Cuatro días más tarde Kennedy entró en la carrera electoral; lo anunció en la misma sala del Senado donde su hermano John había comenzado su campaña en 1960. Trató de sortear las acusaciones de que solo se presentaba por despiadada ambición personal, diciendo que la campaña de McCarthy ya había puesto al descubierto las grandes divisiones internas que había en el partido demócrata, y que quería cambiar el rumbo del país. Por supuesto, ahora tenía otro problema de «falta de piedad»: estaba fastidiándole el espectáculo a McCarthy, a pesar de que había sido éste el que se había atrevido a desafiar al presidente cuando parecía que nadie más se atrevía a hacerlo.

Yo contemplaba todos estos acontecimientos desde una perspectiva muy peculiar. Mi compañero de piso, Tommy Caplan, estaba trabajando para la oficina de Kennedy, así que yo sabía lo que se cocía allí dentro. Y además había comenzado a salir con una compañera de clase que trabajaba como voluntaria en el cuartel general de McCarthy en Washington. Ann Markusen era una brillante estudiante de económicas, capitana del equipo femenino de vela de Georgetown, una apasionada liberal contraria a la guerra y nativa de Minnesota. Admiraba a McCarthy y, como muchos jóvenes que trabajaban para él, odiaba a Kennedy por tratar de robarle la nominación. Tuvimos algunas discusiones feroces, porque a mí me gustaba que Kennedy se hubiera lanzado. Le había visto actuar como fiscal general y como senador, y pensaba que se preocupaba más por los temas domésticos que McCarthy; además, estaba convencido de que sería mucho mejor presidente. McCarthy era un hombre fascinante, alto, de pelo gris y atractivo, un intelectual católico irlandés con una mente ágil y un ingenio mordaz. Pero le había visto en el Comité de Relaciones Exteriores y era demasiado estirado para mi gusto. Hasta que entró en las primarias de New Hampshire pareció mantener una postura curiosamente distante sobre todo lo que estaba sucediendo; se contentaba con votar de la manera correcta y decir las cosas adecuadas.

Por el contrario, justo antes de anunciar su candidatura a presidente, Bobby Kennedy trabajó duro para que se aprobara una resolución impulsada por Fulbright para darle al Senado la oportunidad de intervenir antes de que Lyndon Johnson pudiera enviar 200.000 soldados más a Vietnam. También había ido a los Apalaches para mostrar a todo el país la pobreza que existía en la Norteamérica rural. Además, había realizado un asombroso viaje a Sudáfrica, durante el que había animado a los jóvenes a luchar contra el apartheid. McCarthy, a pesar de que me caía bien, daba la impresión de que prefería estar en casa leyendo a Santo Tomás de Aquino que ir a una cabaña hecha de papel alquitranado para ver cómo vivía la gente pobre, o cruzar medio mundo para pronunciarse contra el racismo. Cada vez que trataba de explicarle todo esto a Ann, me echaba la caballería, y me decía que si Bobby Kennedy hubiera tenido más principios y fuera menos político, habría hecho lo que McCarthy y se habría presentado el primero. El mensaje subliminal era, por supuesto, que yo también tenía demasiado de político. Entonces yo estaba loco por ella y lo último que quería era pelearme, pero quería que mi partido ganara y quería elegir a un buen hombre que pudiera ser un buen presidente.

Me vi implicado en la campaña de una forma todavía más personal cuando el 20 de marzo, cuatro días después de que Kennedy anunciara su candidatura a la presidencia, el presidente Johnson acabó con todas las prórrogas al servicio militar para los estudiantes universitarios, excepto para aquellos que estuvieran en la facultad de medicina, lo que dejaba en el aire mi futuro en Oxford. La decisión de Johnson también me hizo sentir otra punzada de culpabilidad por Vietnam: al igual que Johnson, yo no creía que los estudiantes universitarios debieran gozar de prórrogas, pero, por otra parte, tampoco creía en la política que estábamos siguiendo en Vietnam.

La noche del domingo 31 de marzo estaba previsto que el presidente se dirigiera a la nación para hablar de Vietnam. Había muchas especulaciones sobre si seguiría con la escalada militar o si enfriaría un poco la situación con la esperanza de comenzar negociaciones de paz, pero nadie vio venir lo que estaba a punto de pasar. Recuerdo que yo conducía por Massachusetts Avenue escuchando el discurso en la radio de mi coche. Después de hablar durante un rato, Johnson dijo que había decidido reducir radicalmente los bombardeos en Vietnam del Norte, con la esperanza de encontrar una solución al conflicto. Entonces, cuando pasaba frente al Cosmos Club, justo al noroeste de Dupont Circle, el presidente lanzó su propia bomba: «Con nuestros hijos en campos de batalla lejanos, y nuestras esperanzas de paz en el mundo debatiéndose cada día entre el éxito y el fracaso, no creo que deba dedicar ni un solo día más, ni una sola hora más, a causas partisanas. (. . .) En consecuencia, no voy a presentar, y no aceptaré, la nominación de mi partido a otro mandato para ser vuestro presidente». Anonadado, me detuve en el arcén; me sentí triste por Johnson, que había hecho muchas cosas buenas para Estados Unidos en su política doméstica, pero feliz por mi país y por la esperanza de un nuevo comienzo que la retirada de Johnson representaba.

La felicidad no me duró mucho. Cuatro días después, la noche del 4 de abril, Martin Luther King Jr. fue asesinado en el balcón de su habitación del motel Lorraine de Memphis, a donde había acudido para apoyar una huelga de trabajadores de la limpieza. En los últimos dos años de su vida, había ampliado su programa de derechos civiles para que incluyera la lucha contra la pobreza urbana y la oposición frontal a la guerra. Era un cambio políticamente necesario para sortear el desafío que representaban para su liderazgo algunos dirigentes negros más jóvenes y militantes, pero para todos los que le seguíamos, estaba claro que el doctor King hablaba sinceramente cuando decía que no podía hacer avanzar la causa de los derechos civiles de los negros si no se oponía también a la pobreza y a la guerra de Vietnam.

La noche antes de que le asesinaran, el doctor King dio un discurso extrañamente profético a la multitud que abarrotaba la iglesia Mason Temple. Refiriéndose obviamente a las muchas amenazas que pendían sobre su vida, dijo: «Como cualquiera, quisiera tener una vida muy larga. La longevidad es agradable. Pero ahora eso no me preocupa. Solo quiero que se haga la voluntad de Dios. Y Él me ha permitido subir a la cima de la montaña. Y he mirado al otro lado, y he visto la tierra prometida. Puede que no llegue allí con ustedes, pero quiero que esta noche sepan que nosotros, como pueblo, llegaremos a la tierra prometida. Así que esta noche soy feliz. Nada me inquieta. No tengo miedo. ¡Mis ojos han visto la gloria de la venida del Señor!». A la tarde siguiente, a las 6 de la tarde, le asesinó James Earl Ray, un atracador armado que carecía de lealtades o afinidades políticas y que se había escapado de prisión hacía un año.

La muerte de Martin Luther King Jr. conmocionó al país como solo lo había hecho el asesinato del presidente Kennedy. Esa noche, mientras hacía campaña en Indiana, Robert Kennedy trató de calmar el miedo que sentía Estados Unidos con el que quizá fue el mejor discurso de su vida. Pidió a los negros que no odiaran a los blancos y les recordó que su hermano también había sido asesinado por un hombre blanco. Citó los grandes versos de Esquilo que dicen que el dolor trae sabiduría, contra nuestra voluntad, «a través de la espantosa gracia de Dios». Dijo a la multitud reunida ante él, y al país entero, que le escuchaba por televisión y radio, que superaríamos esos momentos difíciles porque la inmensa mayoría de negros y blancos «quieren vivir juntos, quieren mejorar su calidad de vida y quieren justicia para todos los seres humanos que habitan en nuestra tierra». Cerró su discurso con las siguientes palabras: «Dediquémonos a aquello que los griegos escribieran hace mucho tiempo: a domesticar la parte salvaje del hombre y a hacer mejor la vida en este mundo. Dediquémonos a ello, y recemos por nuestro país y por nuestro pueblo».

La muerte del doctor King provocó más que plegarias; algunos temían —y otros deseaban— que supusiera el fin de la no violencia. Stokely Carmichael dijo que los norteamericanos blancos habían declarado la guerra a los norteamericanos negros y que no había ninguna «alternativa a la venganza». Se produjeron disturbios en Nueva York, Boston, Chicago, Detroit, Memphis y en más de cien ciudades y pueblos. Murieron más de cuarenta personas y hubo cientos de heridos. La situación fue particularmente violenta en Washington, donde se saquearon los comercios regentados por negros entre las calles Catorce y H. El presidente Johnson llamó a la Guardia Nacional para que restableciera el orden, pero la atmósfera siguió siendo tensa.

Georgetown estaba a una distancia segura de los disturbios, pero tuvimos nuestra ración de intranquilidad cuando unos cientos de soldados de la Guardia Nacional acamparon en el gimnasio McDonough, donde jugaba nuestro equipo de baloncesto. Durante los disturbios, muchas familias negras vieron cómo les quemaban la casa, y se refugiaron en las iglesias locales. Yo me apunté a la Cruz Roja para entregarles comida, mantas y otros bienes de primera necesidad. Mi Buick descapotable de 1963 con matrícula de Arkansas y el logotipo de la Cruz Roja pegado en las puertas se hacía extraño en aquellas calles casi vacías, jalonadas por edificios que todavía echaban humo y escaparates con los vidrios destrozados por los saqueadores. Hice el trayecto una vez por la noche y luego de nuevo el domingo por la mañana, acompañado entonces por Carolyn Yeldell, que había venido en avión para pasar allí el fin de semana. A plena luz del día parecía un lugar seguro, así que salimos del coche y paseamos un poco, mirando el caos que los disturbios habían dejado tras de sí. Es la única vez que no me he sentido seguro en un barrio negro. Y pensé, no por primera ni última vez, que era muy triste e irónico que las víctimas de la ira de los negros fueran los propios negros.

La muerte del doctor King dejó un gran vacío en una nación que necesitaba desesperadamente su compromiso con la no violencia y su confianza en la promesa de Norteamérica y que ahora temía perder ambas cosas. El Congreso respondió aprobando la ley del presidente Johnson para prohibir la discriminación racial en la venta o alquiler de casas. Robert Kennedy trató también de ocupar ese vacío. Ganó las primarias de Indiana el 7 de mayo; predicó la reconciliación racial al tiempo que apelaba a los votantes más conservadores, diciéndoles que sería implacable con los delincuentes y que haría que la gente pasara de recibir subsidios estatales a poder trabajar para ganarse un sueldo. Algunos liberales se metieron con su mensaje de «ley y orden», pero era un mensaje políticamente necesario. Y creía en él, igual que creía en terminar con todas las prórrogas a la incorporación al servicio militar.

En Indiana, Bobby Kennedy se convirtió en el primer Nuevo Demócrata, antes de Jimmy Carter, antes del Consejo de Liderazgo Demócrata —que yo ayudé a fundar en 1985— y antes que yo durante mi campaña de 1992. Bobby Kennedy creía en una política de derechos civiles para todos y privilegios para nadie, en echarle una mano a la gente pobre, pero no con unas monedas; el trabajo era mejor que los subsidios. Comprendía de una forma intuitiva que la política progresista necesita que se defiendan tanto las nuevas políticas como los valores fundamentales, tanto los cambios a gran escala como la defensa de la estabilidad social. Si se hubiera convertido en presidente, la trayectoria de Estados Unidos durante el resto del siglo hubiera sido muy distinta.

El 10 de mayo comenzaron en París las conversaciones de paz entre Estados Unidos y Vietnam del Norte; aquello daba esperanzas a los norteamericanos, que deseaban ver llegar el fin de la guerra, y quitaba un poco de presión al vicepresidente, Hubert Humphrey, que había entrado en la carrera electoral a finales de abril y que necesitaba un golpe de suerte para tener alguna posibilidad de conseguir la nominación demócrata y luego ganar las elecciones. Mientras tanto, los disturbios sociales seguían sin remitir. Los manifestantes hicieron que la Universidad de Columbia, en Nueva York, cerrara durante el resto del año académico. Dos sacerdotes católicos, los hermanos Daniel y Philip Berrigan, fueron arrestados por robar y quemar los registros de incorporación a filas. Y en Washington, apenas un mes después de los altercados, los activistas pro derechos civiles continuaron con los planes de Martin Luther King Jr. para una Campaña de los Pobres, levantando tiendas de campaña en el Mall y bautizando su campamento como Resurrection City, para atraer atención sobre los problemas de la pobreza. Llovía a cántaros, lo que convirtió el Mall en un fangal e hizo que las condiciones de vida allí fueran miserables. Un día de junio, Ann Markusen y yo fuimos a verlo y a dar nuestro apoyo a los que estaban allí. Se habían puesto maderos entre las tiendas de modo que se pudiera caminar entre ellas sin hundirse en el fango, pero tras un par de horas de pasear por allí y hablar con la gente, acabamos perdidos de barro. Era una buena metáfora de aquellos tiempos tan confusos.

Mayo acabó con la carrera por la nominación demócrata todavía sin un vencedor claro. Humphrey comenzó a ganar delegados entre los habituales del partido en estados que no tenían elecciones primarias, y McCarthy derrotó a Kennedy en las primarias de Oregón. Las esperanzas de Kennedy de ganar la nominación se concentraban en las primarias californianas del 4 de junio. Me pasé mi última semana de clases en la universidad ansioso por saber el resultado, que se sabría solo cuatro días antes de mi graduación.

El martes por la noche Robert Kennedy ganó en California gracias a la alta participación de los votantes pertenecientes a minorías del condado de Los Ángeles. Tommy Caplan y yo estábamos entusiasmados. Nos quedamos despiertos hasta que Kennedy dio su discurso tras la victoria y luego nos fuimos a la cama; eran casi las tres de la mañana en Washington. Unas horas después Tommy me despertó sacudiéndome y gritando: «¡Han disparado a Bobby! ¡Han disparado a Bobby!». Al poco de que apagáramos la televisión y nos fuéramos a la cama, el senador Kennedy pasaba por la cocina del hotel Ambassador cuando un joven árabe, Sirhan Sirhan, que estaba furioso con Kennedy por su apoyo a Israel, disparó una ráfaga de balas contra él y los que le rodeaban. Cinco personas más resultaron heridas, pero todas se recuperaron. Operaron a Bobby Kennedy de una grave herida en la cabeza, pero murió al día siguiente, con tan solo cuarenta y dos años. Era el 6 de junio, Madre cumplía cuarenta y cinco. Solo habían pasado dos meses y dos días desde el asesinato de Martin Luther King Jr.

El 8 de junio Caplan fue a Nueva York para asistir al funeral que se celebraba en la catedral de San Patricio. Los que admiraban al senador Kennedy, tanto sus seguidores famosos como los anónimos, habían estado acudiendo a su capilla ardiente durante todo el día y la noche anteriores al funeral. El presidente Johnson, el vicepresidente Humphrey y el senador McCarthy asistieron al acto. También el senador Fulbright. Ted Kennedy pronunció un panegírico extraordinario para su hermano, terminando con unas palabras tan poderosas y llenas de amor que creo que jamás las olvidaré: «Mi hermano no necesita que le idealicemos, o que en la muerte le hagamos más de lo que fue en vida. Debemos recordarle simplemente como un hombre bueno y decente, que allí donde veía algo malo trataba de hacer el bien, que allí donde veía sufrimiento trataba de poner remedio, que allí donde había guerra trataba de poner paz. Aquellos de nosotros que lo amábamos, y que hoy le acompañamos hasta su descanso, rezamos para que lo que él significaba para nosotros y lo que él deseaba para otros, acabe haciéndose realidad para todo el mundo».

Eso era también lo que yo deseaba, pero parecía que era más inalcanzable que nunca. Pasamos aquellos últimos días en la universidad como si una niebla espesa nos embotara los sentidos. Tommy cogió el tren funerario de Nueva York a Washington y casi no volvió a tiempo para la graduación. Se habían cancelado todas las demás fiestas que se celebraban con motivo de la graduación, pero la ceremonia iba a llevarse a cabo según lo previsto. Ni siquiera eso, que nos proporcionaría la primera situación frívola en muchos días, funcionó. Justo cuando el principal conferenciante, el alcalde de la ciudad, Walter Washington, se levantó para hablar, unos enormes nubarrones de tormenta cubrieron el cielo. Habló durante unos treinta segundos; nos felicitó, nos deseó lo mejor y cerró su brevísima intervención diciendo que si no nos poníamos a cubierto rápidamente íbamos a acabar todos ahogados. Entonces se puso a diluviar y salimos por piernas. En aquellos momentos nuestra promoción hubiera estado dispuesta a votar al alcalde Washington para presidente. Esa noche los padres de Tommy Caplan nos llevaron a Tommy, a Madre, a Roger, a mí y a unos pocos más a cenar a un restaurante italiano. Tommy llevó el peso de la conversación, y en un momento dado llegó a decir que comprender tal o cual asunto requería un «intelecto maduro». Mi hermano de once años levantó la vista y le preguntó: «Tom, ¿yo tengo un intelecto maduro?». No estaba mal reír un poco y acabar así un día que había sido como una montaña rusa y que había seguido a diez semanas de tristeza.

Tras unos días para hacer las maletas y despedirme de todo el mundo, conduje de vuelta a Arkansas con mi compañero de habitación, Jim Moore, para trabajar en la campaña de reelección del senador Fulbright. Parecía que el senador tenía dos puntos vulnerables: en primer lugar, su oposición declarada a la guerra de Vietnam en un estado que ya estaba conmocionado por el caos en que se había sumido Estados Unidos; y, segundo, su negativa a adaptarse a las exigencias de la política moderna en el Congreso, que hacía que los congresistas y senadores tuvieran que volver a casa la mayoría de los fines de semana para ver a sus votantes. Fulbright había llegado al Congreso en la década de 1940, cuando lo que se esperaba de un senador era muy distinto. En aquellos tiempos se exigía a los miembros del Congreso que volvieran a casa durante las vacaciones y durante el largo período de verano en el que no había sesiones, que respondieran al correo y las llamadas que les llegaban y que recibieran a sus votantes cuando éstos iban a Washington. Durante los fines de semana en la temporada en que el Congreso estaba en sesión, tenían libertad para quedarse en la ciudad, relajarse y reflexionar, como cualquier otro trabajador norteamericano. Cuando regresaban a casa durante el período vacacional, se esperaba de ellos que estuvieran disponibles en horas de oficina en los despachos que tenían en su casa y que hicieran algunos viajes al interior del estado para ver a la gente de allí. La interacción exhaustiva con los votantes se reservaba para las campañas electorales.

Hacia finales de los sesenta, la disponibilidad y la frecuencia de los vuelos y la gran cobertura que proporcionaban los medios de comunicación locales estaban cambiando rápidamente las reglas de la supervivencia política. Más y más senadores y congresistas regresaban a casa la mayoría de los fines de semana y, una vez allí, se desplazaban a cada vez más lugares distintos de sus circunscripciones y hacían declaraciones en los medios locales siempre que podían.

La campaña de Fulbright encontró no poca resistencia por parte de la gente que no estaba de acuerdo con él sobre la guerra o que creía que había perdido el contacto con el estado o ambas cosas a la vez. Él pensaba que la idea de volver a casa en avión cada fin de semana era una locura, y una vez me preguntó, refiriéndose a sus colegas que lo hacían: «¿De dónde sacan tiempo para leer y para pensar?». Por desgracia, desde entonces la presión sobre los miembros del Congreso para que viajen más no ha hecho sino crecer. Los costes cada vez más altos de los anuncios en televisión, radio y demás medios, y el insaciable apetito por tener noticias que cubrir, hacen que muchos senadores y congresistas suban a un avión cada fin de semana y salgan muchas noches entre semana a recaudar fondos en el zona de Washington. Cuando era presidente, dije muchas veces a Hillary y a mi equipo que estaba convencido de que el único motivo por el que los debates en el Congreso se habían vuelto tan ásperos y negativos era porque muchos miembros del Congreso vivían en un estado constante de agotamiento.

En el verano de 1968 el agotamiento no era el problema de Fulbright, a pesar de que estaba cansado de pelearse por lo de Vietnam. Lo que necesitaba no era descanso, sino una forma de volver a conectar con los votantes que se habían alejado de él. Por suerte, la fortuna le bendijo con rivales débiles. Su principal adversario en las primarias no era otro que el juez Jim Johnson, que seguía con su viejo método de visitar las capitales de condado con una banda de *country*, diciendo que Fulbright era demasiado blando con los comunistas. La mujer de Johnson, Virginia, trataba de imitar a la esposa de George Wallace, Lurleen, y suceder a su marido como gobernador. El candidato republicano al Senado era un pequeño empresario desconocido del este de Arkansas, Charles Bernard, que criticaba a Fulbright porque decía que era demasiado liberal para nuestro estado.

Lee Williams había ido a Arkansas para dirigir la campaña, con mucha ayuda del joven pero experimentado político que dirigía la oficina de Little Rock del senador Fulbright, Jim McDougal (el de Whitewater), un populista a la vieja usanza que contaba historias fantásticas con un lenguaje muy colorido y que se deslomaba por Fulbright, al que reverenciaba.

Jim y Lee decidieron volver a presentar al senador a sus votantes como «solo y simplemente Bill», un ciudadano de Arkansas con los pies en el suelo que vestía una camisa deportiva a cuadros rojos. Todo el material impreso de la campaña y la mayoría de los anuncios de televisión lo mostraron de ese modo, aunque no creo que a él le gustase, y la mayoría de los días en que hacía campaña vestía de traje. Para acabar de convertir aquella imagen en realidad, el senador decidió hacer un viaje de campaña y visitar a los votantes de pequeñas ciudades de todo el estado. Le acompañaban solo un chófer y un cuaderno negro en el que llevaba escritos los nombres de los que le habían apoyado en el pasado, que había recopilado Parker Westbrook, un miembro de su equipo que parecía conocer a todo el mundo en Arkansas que hubiera manifestado alguna vez el menor interés por la política. Puesto que el senador Fulbright solo hacía campaña cada seis años, deseábamos, por el bien de todos, que las personas del cuaderno negro siguieran vivitas y coleando.

Lee Williams me dio la oportunidad de ser el chófer del senador durante unos días en un viaje al sudoeste de Arkansas. Por supuesto, le dije que sí enseguida; me fascinaba Fulbright. Le estaba agradecido por la carta que había escrito para el comité de la beca Rhodes y quería saber más sobre qué pensaban los ciudadanos de las pequeñas comunidades de Arkansas. Aquella gente vivía muy lejos de la violencia urbana y de las manifestaciones contra la guerra, pero muchos de ellos tenían a sus chicos en Vietnam.

Un día que visitábamos una pequeña ciudad, un equipo de la televisión nacional siguió a Fulbright; aparcamos y fuimos a una tienda donde los granjeros compraban pienso para sus animales. Con las cámaras rodando, Fulbright le dio la mano a un anciano vestido con un mono y le pidió su voto. El anciano le dijo que no podía dárselo porque Fulbright no se oponía a los «comunistas» y les iba a dejar «que se quedaran con el país». Fulbright se sentó sobre una pila de bolsas de pienso que había en el suelo y comenzó a hablar con el hombre; le dijo que se opondría a los comunistas si había alguno. «Bueno, están por todas partes», replicó el hombre. Entonces Fulbright le dijo: «¿De verdad? ¿Ha visto alguno rondando por aquí? Yo he estado por todas partes y todavía no he visto a ninguno». Era divertido ver a Fulbright en acción. El lugareño creía que estaban teniendo una conversación seria. Estoy seguro de que a la audiencia le encantó, pero a mí me molestó lo que vi. En los ojos de aquel hombre se había levantado un muro; se había cerrado a Fulbright, y por mucho que éste dijera no iba a derribar ese muro mental. Solo esperaba que todavía quedasen en aquella ciudad, y en los cientos de ciudades como aquella que había en Arkansas, votantes a los que todavía pudiéramos llegar.

A pesar del incidente en la tienda de grano, Fulbright seguía convencido de que los votantes de las pequeñas ciudades eran en su gran mayoría gente sabia, práctica y justa. Creía que tenían más tiempo para reflexionar sobre las cosas y que no sería fácil que sus críticos de derechas los pusieran en estampida. Tras un par de días visitando lugares en los que todos los votantes blancos parecían decididos a apoyar a George Wallace, yo no estaba tan seguro de ello. Entonces llegamos a Center Point, y allí se produjo uno de los encuentros más memorables de mi carrera política. Center Point era un pequeño pueblecito que no tenía más de doscientos habitantes. El cuaderno negro decía que la persona a la que había que ir a ver era Bo Reece, un hombre que siempre había apoyado a Fulbright y que vivía en la mejor casa de la ciudad. En los días anteriores a los anuncios por televisión, había un Bo Reece en casi todos los pueblos de Arkansas. Un par de semanas antes de las elecciones la gente preguntaba: «¿Con quién va Bo?». Se sabía a quién votaba, y ese candidato se llevaba dos tercios de los votos, a veces más.

Cuando aparcamos frente a su casa, Bo estaba sentado en el porche. Nos dio la mano a Fulbright y a mí, dijo que le había estado esperando y nos invitó a pasar. Era una casa anticuada con chimenea y cómodas sillas. Tan pronto como nos sentamos, Reece dijo: «Senador, este país tiene muchos problemas. Hay muchas cosas que no van bien». Fulbright se mostró de acuerdo, pero no sabía adónde quería ir a parar Bo Reece, ni yo tampoco. Quizá iba directo hacia Wallace. Entonces Bo nos contó una historia que voy a recordar mientras viva: «El otro día estuve hablando con un plantador amigo mío que cultiva algodón en el este de Arkansas. Tiene unos cuantos aparceros trabajando para él. [Eran campesinos, habitualmente negros, a los que se les pagaba literalmente con un pequeño porcentaje de la cosecha. A menudo vivían en destartaladas chabolas junto a la plantación, y siempre se trataba de gente pobre.] Así que le pregunté, "¿Cómo les va a tus aparceros?" y me dijo: "Bueno, si tenemos un año malo, ni ganan ni pierden nada". Luego rió y dijo: "Y si tenemos un buen año, pues igual, ni ganan ni pierden nada"». Y luego Bo añadió: «Senador, eso no está bien y usted lo sabe. Es por eso por lo que hay tanta pobreza y tantos problemas en nuestra nación, y si consigue usted otro mandato, debe usted hacer algo al respecto. Los negros merecen algo mejor». Tras todos los comentarios racistas que habíamos estado oyendo, Fulbright casi se cayó de la silla. Le aseguró a Bo que intentaría hacer algo sobre ello si salía reelegido, y Bo le prometió que le apoyaría.

Cuando regresamos al coche, Fulbright dijo: «¿Ves? Ya te lo había dicho; hay mucha sabiduría en estas pequeñas ciudades. Bo se sienta en ese porche y piensa sobre las cosas a fondo». Bo Reece causó un gran impacto en Fulbright. Unas semanas más tarde, en un mitin en El Dorado, una ciudad petrolera del sur de Arkansas que era un semillero de sentimientos racistas y de seguidores de Wallace, le preguntaron a Fulbright cuál era el problema más grave al que se enfrentaba Estados Unidos. Sin dudarlo un segundo, respondió: «La probreza». Me sentí orgulloso de él y agradecido a Bo Reece.

Cuando conducíamos de pueblo en pueblo por aquellas calurosas carreteras secundarias, trataba de darle conversación a Fulbright. Aquellas conversaciones me dejaron algunos recuerdos maravillosos, pero pusieron fin rápidamente a mi carrera de chófer. Un día nos pusimos a discutir sobre la Corte Suprema de Warren. Yo estaba a favor de la mayoría de sus decisiones, especialmente en lo relativo a los derechos civiles. Fulbright no estaba de acuerdo. Decía: «Va a haber una tremenda reacción contra la Corte Suprema. No puedes cambiar la sociedad a través de los tribunales. Tienes que hacerlo a través del sistema político. Aunque tarde más tiempo, es más probable que permanezca». Todavía estoy convencido de que Estados Unidos salió muy beneficiado con la labor de la Corte Warren, pero no hay duda de que, en efecto, sus decisiones desencadenaron una reacción muy fuerte que, treinta años después, sigue siendo muy poderosa.

Cuando llevábamos cuatro o cinco días de viaje, comencé una de aquellas discusiones políticas con Fulbright mientras conducíamos a otra pequeña ciudad que iba a ser nuestra siguiente parada. Al cabo de unos cinco minutos Fulbright me preguntó adónde iba. Cuando se lo dije, me replicó: «Pues será mejor que des media vuelta. Estás yendo exactamente en la dirección opuesta». Mientras giraba en redondo, avergonzado, dijo: «Vas a darle mala fama a la beca Rhodes. Te estás comportando como un maldito cabeza hueca que no sabe ni siquiera conducir».

Me sentía avergonzado, por supuesto, mientras daba la vuelta y devolvía al senador a la ruta correcta. Sabía que con aquello mis días de chófer habían terminado. Pero ¡qué demonios! Estaba a punto de cumplir veintidós años y acababa de pasar unos días en los que había tenido conversaciones y experiencias que me durarían toda la vida. Lo que Fulbright necesitaba era un conductor que le pudiera llevar a tiempo a su siguiente destino, y a mí me gustó volver a trabajar en el cuartel general e ir a los mítines, a los picnics y pasarme largas cenas escuchando a Lee Williams,

Jim McDougal y a los otros veteranos contar historias de la política de Arkansas.

No mucho antes de las primarias, Tom Campbell vino a visitarnos de camino a Texas, donde iba a prepararse para ser oficial del cuerpo de los marines. Jim Johnson celebraba esa noche en Batesville uno de sus mítines con banda de *country* en las escaleras del tribunal local. Batesville estaba solo a una hora y media al norte de Little Rock, así que decidí enseñarle a Tom un aspecto de Arkansas del que hasta entonces solo había oído hablar. Johnson estaba en forma. Después de haber calentado a la multitud, sostuvo en alto un zapato y gritó: «¿Veis este zapato? ¡Lo hicieron en la Rumania comunista! [pronunció Rumeinyá] Bill Fulbright votó a favor de dejar entrar en Estados Unidos estos zapatos comunistas y así quitarle el trabajo a la buena gente de Arkansas que trabaja en nuestras fábricas de zapatos». En aquellos tiempos mucha gente trabajaba en esas fábricas, y Johnson les prometió a ellos y al resto de nosotros que en cuanto llegara al Senado acabaría con los zapatos comunistas que invadían Estados Unidos. Yo no tenía ni idea de si estábamos importando zapatos de Rumania o si Fulbright había votado a favor de algún fallido intento de abrirles nuestras fronteras, ni tampoco si Johnson se lo acababa de inventar todo de cabo a rabo, pero fuera como fuera, era una buena historia. Tras el discurso, Johnson se quedó en pie en los escalones y dio la mano a los asistentes. Yo hice cola y esperé pacientemente mi turno. Cuando me dio la mano, le dije que hacía que me avergonzara de ser de Arkansas. Creo que mi sinceridad le divirtió. Me sonrió, me invitó a que le escribiera y le contara qué pensaba y pasó al siguiente apretón.

El 30 de julio Fulbright derrotó a Jim Johnson y a dos candidatos menores. La esposa del juez Jim, Virginia, logró llegar por los pelos a la segunda vuelta de las elecciones gubernamentales tras vencer a un joven reformista llamado Ted Boswell por 409 votos entre más de 400.000 votos emitidos; la gente de Fulbright hizo lo que pudo durante los últimos días de campaña y durante los seis días siguientes para intentar que se contaran o se dejaran de contar algunos votos de más en las circunscripciones que no habían informado de sus resultados. La señora Johnson perdió luego por el 63 por ciento contra el 37 por ciento frente a Marion Crank, un legislador del estado de Foreman, en el sudoeste de Arkansas, que contó con el apoyo de la judicatura y de la maquinaria electoral de Faubus. Arkansas por fin se había hartado de los Johnson. Todavía no habíamos llegado al Nuevo Sur de los setenta, pero teníamos suficiente sentido común para no volver atrás.

En agosto empecé a reducir mi participación en la campaña de Fulbright y a prepararme para ir a Oxford. Pasé algunas noches de aquel verano con Bill y Marge Mitchell, unos amigos de Madre que tenían una casa en el lago Hamilton donde yo era siempre bienvenido. Ese verano conocí a algunas personas muy interesantes en casa de Marge y Bill. Como a Madre, a ambos les gustaban mucho las carreras, y con los años habían llegado a saber mucho de la gente que se dedicaba a los caballos, incluidos dos hermanos de Illinois, W. Hal y «Donkey» Bishop, que criaban y entrenaban caballos. W. Hal Bishop era el que tenía más éxito, pero Donkey era uno de los personajes más increíbles que jamás he conocido. Se pasaba muy a menudo por casa de Bill y Marge. Una noche estábamos junto al lago hablando sobre las experiencias de mi generación con las drogas y las mujeres, y Donkey mencionó que él solía beber mucho y que se había casado diez veces. Me quedé de piedra. «No me mires así —me dijo—. Cuando yo tenía tu edad no era como ahora. Si querías sexo, no bastaba con decir que las querías, ¡tenías que casarte con ellas!» Me reí y le pregunté si se acordaba de los nombres de todas. «De todas menos de dos», me contestó. ¿Su matrimonio más corto? «Una noche. Me desperté en un motel con una resaca horrible y con una mujer que no conocía. Le dije: "¿Quién diablos eres tú?" y ella me contestó: "¡Soy tu mujer, hijo de puta!" Me levanté, me puse los pantalones y me largué de allí corriendo.» En la década de 1950 Donkey conoció a una mujer que era distinta a todas las demás. Le contó toda la verdad sobre su vida y le dijo que si se casaba con él nunca volvería a beber ni a irse de juerga. Ella aceptó aquella increíble promesa y él mantuvo su palabra durante veinticinco años, hasta que se lo llevó la muerte.

Marge Mitchell también me presentó a dos jóvenes profesores que acababan de empezar a dar clases en Hot Springs: Danny Thomason y Jan Biggers. Danny procedía de Hampton, la capital del condado más pequeño de Arkansas, y para demostrarlo tenía un inagotable repertorio de historias rurales. Cuando era gobernador, cantamos cada domingo como tenores el uno junto al otro en el coro de la iglesia bautista Immanuel. Su hermano y su cuñada, Harry y Linda, se convirtieron en dos de los amigos más íntimos de Hillary y de mí, y tuvieron un importante papel en la campaña presidencial de 1992 y durante nuestros años en la Casa Blanca.

Jan Biggers era una chica alta, guapa y extrovertida de Tuckerman, en el noroeste de Arkansas. A mí me gustaba, pero tenía puntos de vista segregacionistas, consecuencia de la manera en que la habían educado, que yo no compartía. Cuando me marché hacia Oxford le di una caja de cartón llena de libros de bolsillo sobre los derechos civiles y la animé a leerlos. Unos meses después se escapó con otro profesor, John Paschal, presidente de la NAACP local. Acabaron en New Hampshire, donde él se convirtió en contratista, ella siguió enseñando y tuvieron tres niños. Cuando me presenté a presidente me quedé muy sorprendido al descu-

brir que era la representante demócrata de uno de los diez condados de
New Hampshire.

Aunque estaba preparándome para ir a Oxford, agosto fue uno de los
meses más locos de 1968, y se hacía difícil mirar hacia delante. Comenzó
con la convención republicana de Miami Beach, donde la derrota de la
candidatura del gobernador de Nueva York, Nelson Rockefeller, que
aspiraba a vencer a un resucitado Richard Nixon, demostró la debilidad
del ala moderada del partido, y donde el gobernador Ronald Reagan, de
California, emergió por primera vez como posible presidente con su llamamiento a los «verdaderos» conservadores. Nixon ganó en la primera
vuelta, con 692 votos a favor contra 277 de Rockefeller y 182 de Reagan.
El mensaje de Nixon era muy simple: estaba a favor de la ley y el orden y
de conseguir una paz honorable en Vietnam. A pesar de que el verdadero
terremoto político llegaría cuando los demócratas se reunieran en Chicago, los republicanos también tuvieron su parte de agitación. El propio
Nixon no hizo sino empeorar la situación con su elección a candidato a
vicepresidente. El gobernador Spiro Agnew, de Maryland, solo había
alcanzado notoriedad nacional gracias a su durísima posición contra la
desobediencia civil. Jackie Robinson, el primer jugador negro en llegar a
las Grandes Ligas y miembro del Hall of Fame de béisbol, dimitió de su
puesto como ayudante de Rockefeller porque no podía apoyar un tándem
republicano al que consideraba «racista». El sucesor de Martin Luther
King Jr., el reverendo Ralph Abernathy, trasladó la Campaña de la Gente
Pobre desde Washington hasta Miami Beach con la esperanza de influir
en la convención republicana y hacer que el partido tomara un rumbo
más progresista. A los allí reunidos les decepcionó tanto el programa de
Nixon como sus discursos y su llamamiento a los ultraconservadores.
Después de que se anunciara la nominación de Agnew, lo que había sido
una reunión pacífica contra la pobreza se convirtió en un motín. Se llamó
a la Guardia Nacional y, ante los ojos de todos, se desarrolló un espectáculo que comenzaba a ser habitual: gas lacrimógeno, palizas, saqueos e
incendios. Cuando acabó habían muerto tres hombres negros, se impuso
un toque de queda de tres días y se arrestaron a 250 personas, que luego
fueron liberadas para acallar las acusaciones de brutalidad policial. Pero
todos aquellos problemas solo sirvieron para reforzar los argumentos de
ley y orden que Nixon estaba ofreciendo a la así llamada mayoría silen-
ciosa de los norteamericanos, que estaban consternados por lo que ellos
decían que era el desmembramiento de la misma urdimbre de la sociedad
norteamericana.

Los conflictos de Miami no fueron sino la antesala de lo que les esperaba a los demócratas cuando se reunieran en Chicago, más adelante
aquel mismo mes. A principios de mes, Al Lowenstein y otros todavía

andaban buscando una alternativa a Humphrey. McCarthy todavía seguía insistiendo, aunque no tenía posibilidades reales de ganar. El 10 de agosto el senador George McGovern anunció su propia candidatura; esperaba conseguir el apoyo de aquellos que habían seguido a Robert Kennedy. Mientras tanto, Chicago se iba llenando de jóvenes que se oponían a la guerra. Un pequeño número de ellos tenía intención de buscar problemas; el resto solo querían tomar parte en diversas formas pacíficas de protesta, incluyendo a los Yippies, que tenían previsto un «Festival de la Vida» contracultural en el que la mayoría de los participantes estarían completamente colocados de marihuana, y el Comité de Movilización Nacional, que tenía en mente protestar de una forma más convencional, pero no violenta. Sin embargo, el alcalde Richard Daley no quería correr el menor riesgo: puso a todo el cuerpo de policía en estado de alerta, pidió al gobernador que enviara a la Guardia Nacional y se preparó para lo peor.

El 22 de agosto la convención se cobró su primera víctima, un nativo norteamericano de diecisiete años al que mataron unos policías que declararon que él había disparado primero cerca de Lincoln Park, donde la gente se reunía cada día. Dos días después, un millar de manifestantes se negaron a abandonar el parque por la noche, como se les ordenaba. Cientos de policías arremetieron contra la multitud con sus porras, mientras sus víctimas les tiraban piedras, les insultaban o salían corriendo. Todo se pudo ver por televisión.

Así es como yo viví Chicago. Fue surrealista. Había ido a Shreveport, Louisiana, con Jeff Dwire, el hombre con el que mi madre mantenía una relación y pronto iba a casarse. Era un hombre poco común: un veterano de la Segunda Guerra Mundial que había combatido en el Pacífico, donde se había lesionado de forma permanente los músculos abdominales cuando al saltar en paracaídas de su avión dañado, cayó sobre un arrecife de coral; era también un carpintero más que competente, un astuto galán de Louisiana y el propietario del salón de belleza donde Madre se iba a cortar el pelo (para pagarse los estudios universitarios había trabajado como peluquero). También había sido jugador de fútbol americano, instructor de judo, constructor de casas, vendedor de equipamientos para pozos petrolíferos y vendedor de valores. Había estado casado, pero se había separado de su mujer, y tenía tres hijas. También había pasado nueve meses en prisión en 1962 por fraude en el mercado de valores. En 1956 recaudó veinticuatro mil dólares para una empresa que se suponía que iba a rodar documentales sobre personajes famosos de Oklahoma, como el gánster Pretty Boy Floyd. El fiscal concluyó que la empresa se gastaba el dinero en cuanto lo recibía y que nunca tuvo la menor intención de rodar ningún documental. Jeff declaró que él había dejado la operación tan pronto como se había enterado de que era un timo, pero fue demasiado tarde. Le respetaba por habérmelo contado todo poco después de conocernos. Fuera lo que fuera lo que pasó, Madre iba en serio con él y quería que pasáramos algunos días juntos, así que acepté ir a Lousiana con él durante unos días mientras él seguía uno de sus negocios para una empresa que fabricaba casas prefabricadas. Shreveport era una ciudad conservadora del noroeste de Louisiana, no muy lejos de la frontera con Arkansas; tenía un periódico de extrema derecha que cada mañana me ofrecía un punto de vista radical conservador sobre lo que había visto la noche anterior por televisión. Las circunstancias eran extrañas, pero me quedé pegado a la televisión durante horas y, de vez en cuando, salía con Jeff a comer o a visitar algún lugar. Me sentía muy aislado. No me identificaba con los jóvenes que participaban en los alborotos ni con el alcalde de Chicago y sus tácticas de matón ni tampoco con los que le apoyaban, entre los que estaba la mayoría de la gente entre la que había crecido. Me dolía que mi partido y sus ideas progresistas se estuvieran desintegrando ante mis ojos.

Toda esperanza de que de la convención saliera un partido unido se fue al traste por culpa del presidente Johnson. En su primera declaración desde el funeral de su hermano, el senador Edward Kennedy pidió un cese unilateral de los bombardeos y una retirada de Vietnam del Sur tanto de las fuerzas estadounidenses como de las norvietnamitas. Su propuesta era la esencia de un programa de compromiso acordado por los líderes de las facciones de Humphrey, Kennedy y McCarthy. Cuando el general Creighton Abrams, el comandante norteamericano a cargo de las operaciones en Vietnam, le dijo a Johnson que un alto en los bombardeos pondría en peligro a las tropas norteamericanas, el presidente le pidió a Humphrey que abandonara aquel acuerdo, y Humphrey cedió. Más adelante, en su biografía, Humphrey dijo: «Debí haberme mantenido firme. (. . .) No debí haber cedido». Pero lo hizo, y con ello se rompió la presa.

La convención se inició el 26 de agosto. Pronunció el discurso de apertura el senador Dan Inouye, de Hawaii, un valiente japonés norteamericano, veterano de la Segunda Guerra Mundial y a quien yo le concedí en 2000 la medalla de honor del Congreso, un tardío reconocimiento del heroísmo que le había costado un brazo, y casi la vida, mientras en casa metíamos a la gente de su raza en campos de detención. Inouye expresó su simpatía por los manifestantes y sus objetivos, pero les rogó que no abandonaran los medios de protesta pacíficos. Habló contra la «violencia y la anarquía», pero también expresó su condena por la apatía y los prejuicios que «se escondían tras la idea de ley y orden», una clara bofetada a Nixon, y quizá también a las tácticas de la policía de Chicago. El discurso de Inouye logró mantener un delicado equilibrio, pero las cosas ya se habían torcido demasiado para que solo con el poder de sus palabras se pudieran enderezar.

La convención estaba dividida por muchos otros motivos además de Vietnam. Algunas de las delegaciones del Sur seguían resistiéndose a la regla del partido de que el proceso de selección de delegados estuviera abierto a los negros. El comité de credenciales, en que estaba el congresista de Arkansas David Pryor, votó por aceptar a la delegación paralela de Mississippi, dirigida por el activista por los derechos civiles Aaron Henry. Las demás delegaciones sureñas estuvieron en su sitio, excepto la de Georgia, que estaba dividida, con la mitad de los puestos concedidos a una lista paralela de un joven congresista estatal llamado Julian Bond, hoy presidente de la NAACP, y la de Alabama, dieciséis de cuyos delegados fueron descalificados porque no se comprometieron a apoyar al nominado del partido, quizá porque el gobernador de Alabama, Wallace, se presentaba como independiente.

A pesar de estas disputas, el tema principal de la convención era la guerra. McCarthy tenía un aspecto miserable. Parecía haber vuelto a su antiguo yo, inseguro y tímido. Era como si se resignase a la derrota y se sintiera completamente ajeno a aquellos chicos a los que maltrataban o pegaban cada noche en Lincoln Park o Grant Park cuando se negaban a irse. En un último esfuerzo por encontrar un candidato que la mayoría de los demócratas consideraran elegible, todo tipo de gente, desde Al Lowenstein al alcalde Daley sondearon a Ted Kennedy. En cuanto vieron que su negativa era firme, la nominación de Humphrey estuvo asegurada; y con ella la postura sobre Vietnam que Johnson quería. Alrededor de un 60 por ciento de los delegados votaron a favor.

La noche en que la convención debía nombrar a su candidato, quince mil personas se reunieron en Grant Park para manifestarse contra la guerra y contra la brutalidad de la policía del alcalde Daley. Después de que uno de ellos comenzara a bajar la bandera de Estados Unidos, la policía acometió contra la multitud, golpeando y arrestando a la gente. Cuando los manifestantes avanzaron hacia el Hilton, la policía les lanzó botes de gas lacrimógeno y les volvió a golpear en Michigan Avenue. En la sede de la convención se pudo ver todo por televisión. Ambas partes se indignaron. McCarthy se dirigió por fin a sus seguidores de Grant Park y les dijo que no les abandonaría y que no apoyaría las candidaturas ni de Humphrey ni de Nixon. El senador Abe Ribicoff, de Connecticut, al nominar a McGovern, condenó las «tácticas dignas de la Gestapo que vemos en las calles de Chicago». Daley fue hacia el estrado y, con las cámaras de televisión grabándole, le lanzó un airado insulto a Ribicoff. Cuando acabaron los discursos comenzaron las votaciones. Humphrey ganó con facilidad, y hacia medianoche la votación ya había terminado. Poco después se conoció su elección a vicepresidente: el senador Edmund Muskie, de Maine. Mientras tanto, las protestas encabezadas por Tom Hayden y por el cómico negro Dick Gregory, continuaban fuera del salón de convenciones. Lo único realmente inspirador que sucedió durante la convención, aparte del discurso inaugural de Inouye, fue el pequeño documental de homenaje a Robert Kennedy que se emitió al final e hizo que las emociones de los delegados se desbordaran. El presidente Johnson, muy astuto, había ordenado que no se mostrase hasta que Humphrey fuera nominado.

En una última vejación, tras la convención, la policía entró en el Hilton para golpear y arrestar a los voluntarios de McCarthy, que estaban celebrando una fiesta de despedida. Dijeron que aquellos jóvenes, mientras ahogaban sus penas, les habían lanzado objetos desde las habitaciones que ocupaban las oficinas de McCarthy en la planta quince. Al día siguiente, Humphrey apoyó totalmente el modo en que Daley se había enfrentado a aquella violencia «planificada y premeditada» y negó que el alcalde hubiera hecho nada malo.

Los demócratas salieron de Chicago cojeando, divididos y desanimados, las últimas víctimas de una guerra cultural que iba mucho más allá de las diferencias sobre la guerra de Vietnam. Esa guerra cultural iba a dar una nueva forma a la política norteamericana y a redefinir sus bandos durante el resto del siglo y más adelante, e iba a frustrar todos los intentos de hacer que el electorado se centrara en los temas que más afectaban a su vida y a su sustento, y no en los que más le preocupaban a un nivel psicológico. Los chicos y sus seguidores veían al alcalde y a los policías como hipócritas autoritarios, ignorantes y violentos. El alcalde y su cuerpo de policía, compuesto en su mayor parte por gente procedente de entornos proletarios, creían que aquellos chicos eran niños bien, blandos, malhablados, inmorales y antipatriotas, que eran demasiado egoístas para comprender lo que hacía falta para mantener unida a una sociedad y demasiado cobardes para ir a combatir en Vietnam.

A medida que contemplaba todo esto desde mi pequeña habitación de hotel en Shreveport, comprendí cómo se sentían ambas partes. Yo estaba en contra de la guerra y de la brutalidad policial, pero haber nacido en Arkansas me había hecho valorar las fatigas de la gente corriente que cada día hace su trabajo. Mi educación también me había dejado un profundo escepticismo ante la grandilocuencia y la superioridad moral, ya surgiera de la derecha o de la izquierda. El fugaz fanatismo de la izquierda todavía no se había agotado, pero ya había desatado una reacción radical en la derecha, una reacción que demostraría ser más duradera, mucho mejor financiada, estar más institucionalizada, contar con más recursos y tener un grado mucho mayor de adicción al poder y mucha mayor habilidad a la hora de conseguirlo y mantenerlo.

Me he pasado buena parte de mi vida pública tratando de tender puentes sobre la gran división psicológica que se había ensanchado hasta convertirse en un abismo en Chicago. Gané muchas elecciones y creo que hice bastantes cosas buenas, pero cuanto más trataba de unir a la gente, más se enfurecían los fanáticos de la derecha. A diferencia de los chicos que se manifestaron aquel año en Chicago, estos fanáticos no quieren que Norteamérica vuelva a estar unida. Ahora tienen un enemigo, y harán cualquier cosa para conservarlo.

CATORCE

Me pasé el mes de septiembre preparando el viaje a Oxford, despidiéndome de los amigos y siguiendo el desarrollo de la campaña presidencial. Puesto que era posible que me llamaran a filas, hablé con el presidente de mi junta de reclutamiento local, Bill Armstrong, y le pregunté cuándo podía recibir el aviso de incorporarme. Aunque las prórrogas por estudios se habían eliminado la primavera anterior, a los estudiantes les permitían acabar el curso en el que se encontraban. Oxford tenía cada año tres cursos de ocho semanas, separados por dos períodos vacacionales de dos semanas de duración. Me dijo que no me llamarían en octubre, y que quizá podría quedarme más de un curso, en función de cuántas personas tendría que aportar mi junta local de reclutamiento. Yo estaba deseando ir a Oxford, aunque solo pudiera quedarme un par de meses. La fundación Rhodes permitía que los estudiantes hiciesen el servicio militar y que luego fueran a Oxford, pero ya que había decidido incluirme en las listas de reclutamiento, y no se adivinaba cuándo llegaría el fin de la guerra en Vietnam, no parecía prudente pensar en el futuro.

En el frente político, aunque creyera que no teníamos ninguna posibilidad de ganar y aunque Humphrey seguía apoyando la política para Vietnam de Lyndon Johnson, yo seguía queriendo que venciera. Los derechos civiles eran motivo suficiente; la raza seguía dividiendo al Sur y, a causa del creciente número de sentencias judiciales que ordenaban el traslado de alumnos fuera de sus zonas para lograr la integración racial entre distritos escolares, el resto del país también se estaba dividiendo. Irónicamente, la candidatura de Wallace benefició a Humphrey, pues muchos de sus votantes eran segregacionistas y fanáticos del «orden público» que habrían votado a Nixon si se hubiera enfrentado él solo contra Humphrey.

Seguían estallando enfrentamientos culturales por todo el país. Los manifestantes contra la guerra se metían más con Humphrey que con Nixon o Wallace. Al vicepresidente también le atacaban por sus repetidas críticas contra la táctica policial del alcalde Daley durante la convención. Aunque una encuesta de Gallup decía que el 56 por ciento de los ciudadanos aprobaba la conducta de la policía contra los manifestantes, la mayoría de este 56 por ciento no formaba parte de las bases demócratas, especialmente en unas elecciones con tres candidatos, entre ellos Wallace.

Por si esto fuera poco, el orden establecido se subvirtió todavía más cuando dos grupos de manifestantes protestaron contra el concurso de Miss América celebrado en Atlantic City. Un grupo negro criticó la ausencia de concursantes negras, y un grupo a favor de la liberación de la mujer protestó contra el propio concurso, por considerarlo degradante para las mujeres. Para asegurarse, muchas de ellas quemaron sus sujetadores, confirmación definitiva para muchos norteamericanos chapados a la antigua de que las cosas iban de mal en peor.

Durante la campaña presidencial, Nixon jugó sobre seguro para no poner en peligro su victoria. Atacó a Humphrey; lo tachó de débil e incapaz y habló lo menos posible de su programa como presidente, excepto cuando hacía el juego a los segregacionistas (y cortejaba a los votantes de Wallace), prometiéndoles revocar la ley que paralizaba las transferencias de fondos federales a los distritos escolares que se negaban a cumplir las sentencias judiciales federales sobre la integración de las escuelas. El compañero de candidatura de Nixon, Spiro Agnew, era el perro de presa de la campaña, apoyado por su redactor de discursos, Pat Buchanan. Su dureza y sus meteduras de pata se estaban volviendo legendarias. Humphrey tenía que soportar las críticas de ruidosos grupos de manifestantes allá donde iba. Hacia finales de mes, Nixon se mantenía en un 4 por ciento según las encuestas, mientras que Humphrey había caído doce puntos, hasta un 28 por ciento, apenas siete puntos por delante del 21 por ciento de Wallace. El último día de septiembre, desesperado, Humphrey mostró públicamente su desacuerdo con el presidente Johnson acerca de Vietnam; afirmó que él detendría los bombardeos de Vietnam del Norte en tanto que «riesgo aceptable para la paz». Finalmente se había independizado, pero solo quedaban cinco semanas para el día de las elecciones.

Cuando Humphrey dio su discurso de «libre al fin», yo estaba en Nueva York preparándome para el viaje en barco hacia Oxford. Denise Hyland y yo tuvimos una fantástica comida con Willie Morris, entonces joven editor de *Harper's Magazine*. Durante mi cuarto curso en Georgetown, había leído sus maravillosas memorias, *North Toward Home*, y me había convertido en un admirador suyo de por vida. Después de ganar la beca Rhodes escribí a Willie para preguntarle si podía ir a verle cuando fuera a Nueva York. En primavera me recibió en su oficina de Park Avenue. Disfruté tanto de la visita que le pedí que nos viéramos otra vez antes de mi partida, y por alguna razón, quizá por pura amabilidad sureña, logró encontrar un hueco.

El 4 de octubre, Denise me acompañó al muelle 86 del río Hudson, donde me embarqué en el *SS United States* hacia Inglaterra. Sabía adónde se dirigía el inmenso transatlántico, pero yo no tenía ni idea de adónde me iba a llevar aquel viaje.

El *United States* era en aquel entonces el buque más rápido de los mares, pero el trayecto duró casi una semana. Era una antigua tradición que los miembros del grupo de Rhodes viajaran juntos, para que así pudieran conocerse mejor. Y efectivamente, durante el pausado avance del navío y las cenas en común tuvimos tiempo de conocernos mejor (después del período obligatorio en que «nos husmeamos mutuamente», como una manada de perros de caza cautelosos y bien educados), de mezclarnos con el resto de pasajeros y de desconectar un poco del enrarecido entorno político de Estados Unidos. La mayoría de nosotros nos tomábamos todo aquello tan en serio que casi nos sentíamos culpables por disfrutar de la travesía; fue sorprendente conocer a gente que estaba mucho menos obsesionada por Vietnam y por la política interior.

El encuentro más insólito que tuve fue con Bobby Baker, el conocido protegido político de Lyndon Johnson, que había sido secretario del Senado durante la etapa del presidente como líder de la mayoría en esa cámara. Un año antes, a Baker lo habían condenado por evasión de impuestos y varios delitos federales, pero aún estaba en libertad porque su caso estaba en apelación. Baker parecía despreocupado, absorto en la política y muy interesado en pasar el rato con los becarios Rhodes. El sentimiento, en general, no era mutuo. Algunos de los miembros del grupo no sabían quién era; la mayoría le veía como la encarnación del amiguismo corrupto de la clase política dirigente. Yo no aprobaba lo que, supuestamente, había hecho, pero me fascinaban las anécdotas que contaba y sus opiniones, que no dudaba en compartir. Bastaba hacerle un par de preguntas y se lanzaba a hablar sin parar.

Con la excepción de Bobby Baker y su séquito, solía estar con los demás becarios Rhodes y con los otros jóvenes que había a bordo. Me gustaba especialmente Martha Saxton, una encantadora y brillante joven escritora. Ella estaba casi todo el tiempo con otro becario Rhodes, pero finalmente tuve mi oportunidad, y cuando nuestro romance terminó, nos convertimos en amigos para toda la vida. Hace poco me dio un ejemplar de su último libro, *Ser bueno: los valores morales de las mujeres en la América de principios de siglo*.

Un día un hombre invitó a algunos de nosotros a tomar unos cócteles en su suite. Yo jamás había probado el alcohol, y no quería empezar. Odiaba lo que el licor le había hecho a Roger Clinton, y temía que tuviera el mismo efecto sobre mí, pero decidí que había llegado el momento de superar mis viejos temores. Cuando nuestro anfitrión preguntó qué quería, le respondí que whisky con soda, una bebida que había preparado para otros cuando fui camarero en un par de fiestas privadas en Georgetown. No tenía ni idea de qué sabor tenía, y cuando lo probé no me gustó demasiado. Al día siguiente probé bourbon con agua, y eso me gustó un poco más. Después de llegar a Oxford, bebí sobre todo cerveza, vino y jerez, y cuando volví a casa, bebía algún gin-tonic y cerveza en verano. En alguna ocasión, entre los veinte y los treinta años, me pasé un poco con la bebida. Después de conocer a Hillary, también bebimos champán en ocasiones especiales, pero afortunadamente jamás me aficioné al licor. Además, a finales de los setenta desarrollé una alergia a todas las bebidas alcohólicas, excepto al vodka. En conjunto, me alegro de que superara mi miedo al licor en aquel barco, y siento alivio de no haber tenido jamás la necesidad de beber. Bastantes problemas he tenido, solo me habría faltado ese.

La mejor parte del viaje, de lejos, fue justamente la que tenía que ser: la compañía de los demás becarios Rhodes. Traté de pasar tiempo con todos ellos; de escuchar sus historias y aprender. Muchos tenían un historial académico más impresionante que el mío, y algunos habían participado activamente en las movilizaciones contra la guerra, en los campus o bien en las campañas de McCarthy y Kennedy. Algunos de los que más me gustaron se convirtieron en amigos míos para toda la vida, y muchos de ellos desarrollaron un importante papel en mi presidencia. Estaba Tom Williamson, un jugador negro de fútbol americano de Harvard, que fue asesor del Departamento de Trabajo durante mi primer mandato; Rick Stearns, licenciado por Harvard, me metió en la campaña nacional de McGovern y más adelante tuve el placer de nombrarle juez federal de Boston; Strobe Talbott, editor del *Yale Daily News*, que sería mi asesor especial sobre Rusia y adjunto al secretario de Estado después de una larga y exitosa trayectoria en la revista *Time*; Dough Eakeley, que fue luego mi compañero de habitación cuando acudí a la facultad de derecho, y al que nombré presidente de la Corporación de Servicios Legales; Alan Bersin, otro jugador de fútbol americano de Harvard procedente de Brooklyn, que luego sería fiscal general en San Diego, donde en la actualidad es superintendente de escuelas; Willie Fletcher, de Seattle, Washington, al que designaría para la Novena Corte de Apelaciones; y Bob Reich, la ya famosa fuente de energía de nuestro grupo, que fue secretario de Trabajo durante mi primer mandato. Dennis Blair, un graduado de la Academia Naval, era almirante en el Pentágono cuando me eligieron presidente, y más tarde fue comandante del ejército en el Pacífico, pero eso lo logró sin que yo le ayudara.

Durante los dos años siguientes, todos vivimos Oxford de distintas maneras, pero compartíamos la incertidumbre y la ansiedad de lo que sucedía en casa; disfrutábamos Oxford, pero nos preguntábamos qué demonios hacíamos allí. La mayoría de nosotros nos volcamos en nuestra nueva vida y también, aunque un poco menos, en las clases y las conferencias. Las conversaciones, las lecturas personales y los viajes parecían más importantes, especialmente para los que creíamos que vivíamos un tiempo prestado. Dos años después, nuestra promoción de becarios Rhodes fue en la que menos estudiantes llegaron a graduarse de toda la historia. Sin embargo, a nuestra manera, dominados por la angustia de la juventud, probablemente aprendimos en Oxford más sobre nosotros mismos y sobre las cosas importantes de la vida que muchos de nuestros predecesores.

Después de cinco días de viaje y de una breve escala en Le Havre, finalmente arribamos a Southampton, donde tuvimos nuestro primer encuentro con Oxford en la persona de sir Edgar «Bill» Williams, el rector de Rhodes House. Nos esperaba en el muelle con un bombín, una gabardina y un paraguas, con aspecto de dandy inglés, que no dejaba adivinar al hombre que durante la Segunda Guerra Mundial había sido jefe de los servicios secretos bajo las órdenes del mariscal de campo Montgomery.

Bill Williams nos llevó a dar una vuelta por Oxford en autobús. Estaba oscuro y llovía, así que no vimos gran cosa. Cuando llegamos a Oxford, eran cerca de las once de la noche, y el pueblo entero estaba cerrado a cal y canto, excepto por un pequeño camión donde se vendían perritos calientes, un horrible café y comida rápida. Estaba en High Street, justo frente al University College, donde me habían asignado. El autobús nos dejó allí y cruzamos las puertas, hasta el patio principal, construido en el siglo XVII, donde nos recibió Douglas Millin, el bedel jefe, que controlaba el acceso al edificio. Millin era un vejete malhumorado que después de retirarse de la armada aceptó aquel empleo en la universidad. Era muy listo, cualidad que se esforzaba por ocultar bajo toneladas de bondadosos improperios. Disfrutaba especialmente metiéndose con los norteamericanos; lo primero que hizo fue lanzar un comentario dirigido a Bob Reich, que mide menos de metro y medio. Dijo que le habían contado que iban a llegar cuatro yanquis, pero que al parecer solo había tres y medio. Jamás dejó de reírse de nosotros, pero en el fondo era un hombre muy sabio, y un astuto juez del carácter de las personas.

Me pasé mucho tiempo charlando con Douglas en esos dos años. En medio de sus habituales «maldita sea» y otros exabruptos ingleses, me enseñó cómo funcionaba realmente la facultad, y me contó historias de los principales profesores y miembros del claustro. También comentábamos la situación actual, incluso las diferencias entre Vietnam y la Segunda Guerra Mundial. Durante los siguientes veinticinco años siempre que viajé a Inglaterra visité a Douglas para poner los pies en la tierra. A finales de 1978, después de que me eligieran gobernador de Arkansas por primera vez, llevé a Hillary a Inglaterra para pasar unas vacaciones que ambos necesitábamos mucho. Cuando llegamos a Oxford, yo me sentía bastante orgulloso de mí mismo mientras cruzaba la puerta principal del edificio. Luego vi a Douglas. No perdió un segundo. «Clinton —me soltó—, me he enterado de que te han elegido rey de un lugar en el que viven tres hombres y un perro.» Adoraba a Douglas Millin.

Mis habitaciones estaban en la parte posterior del edificio, detrás de la biblioteca, en Helen's Court, un curioso y reducido espacio bautizado en honor de la esposa de un ex director. Había dos edificios frente a frente, y el patio interior estaba cerrado. El edificio más viejo, a la izquierda, tenía dos puertas que daban a dos grupos de habitaciones de estudiantes en la planta baja y el segundo piso. A mí me destinaron a la sección de la izquierda, en el segundo piso, bastante lejos de la entrada. Disponía de un pequeño dormitorio y un reducido estudio que, los dos juntos, formaban en realidad una estancia espaciosa. El baño estaba en el primer piso, lo cual a menudo me aseguraba un frío paseo por las escaleras. La ducha estaba en mi planta, y a veces tenía agua caliente. El edificio de la derecha, más moderno, estaba reservado para los estudiantes licenciados, que disfrutaban de apartamentos de dos pisos. En octubre de 2001, ayudé a Chelsea a deshacer sus maletas en un apartamento cuyo dormitorio daba directamente a las habitaciones que yo había ocupado treinta y tres años atrás. Fue uno de esos momentos irrepetibles, en los que la alegría borra todas las tristezas de la vida.

Cuando me levanté en Oxford por primera vez descubrí una de las curiosidades de la vida oxoniense: mi «criado», Archie, que se ocupaba de las habitaciones de Helen's Court. Yo estaba acostumbrado a hacerme la cama y a cuidar de mí, pero gradualmente dejé que Archie se encargara de las tareas que llevaba casi cincuenta años haciendo antes de que le tocara mi habitación. Era un hombre callado y amable, y yo y los demás chicos llegamos a sentir verdadero afecto y respeto por él. En Navidad, o en otras ocasiones especiales, los estudiantes debían hacer un regalo modesto a su criado, y realmente eso era lo único que nos podíamos permitir los becarios de Rhodes, con 1.700 dólares anuales de estipendio. Archie nos hizo saber que lo que de verdad quería era unas botellas de Guinness, una cerveza negra irlandesa. Le regalé muchas durante mi año en Helen's Court, y a veces me tomaba un sorbo con él. A Archie le encantaba esa bebida, y gracias a él, a mí también terminó gustándome un poco.

La vida universitaria se organizaba en función de los veintinueve colegios universitarios, que a su vez se dividían por sexos; había muchos menos colegios femeninos. El papel principal de la universidad en las vidas de los estudiantes es organizar conferencias, a las que los alumnos son libres de asistir, y los exámenes, que se realizan al finalizar el semestre lectivo completo. Aprobar la asignatura o licenciarse, y con qué nota, depende enteramente del rendimiento que uno demuestre durante la semana de exámenes; pero la principal manera de estudiar el material del curso es la clase semanal, para la que normalmente se requiere un pequeño trabajo sobre el tema tratado. Cada colegio dispone de una capilla, un refectorio y una biblioteca independientes. Muchos de ellos tienen cualidades arquitectónicas excepcionales; otros disponen de jardines deslumbrantes, incluso de parques y lagos, o dan al río Cherwell, que colinda con la parte antigua por el este. Un poco más abajo de Oxford, el Cherwell desemboca en el Isis, parte del Támesis, el gran río que da forma a Londres.

Durante las dos primeras semanas, paseé por Oxford, una ciudad antigua y hermosa; exploré sus ríos, sus parques, los caminos bordeados de árboles, las iglesias, el mercado cubierto y, por supuesto, los colegios universitarios.

Aunque el mío no estaba en un terreno muy extenso, y los edificios más antiguos eran del siglo XVII, me gustaba mucho. En el siglo XIV, los miembros de la junta rectora del colegio falsificaron unos documentos para demostrar que era el colegio más antiguo de Oxford, y que sus raíces se remontaban al siglo IX, y a la época de Alfredo el Grande. Desde luego, Univ, como todo el mundo lo llama, es uno de los tres colegios más antiguos, y fue fundado al mismo tiempo que Merton y Balliol en el siglo XIII. En 1292 los estatutos tenían unas reglas muy estrictas, entre ellas la prohibición de cantar baladas y de hablar en inglés. Algunas noches de alboroto, casi deseé que mis contemporáneos también estuvieran obligados a murmurar en latín.

El estudiante más famoso de University, Percy Bysshe Shelley, entró en 1810 para estudiar química. Duró poco más de un año, y le expulsaron, no porque hubiera utilizado sus conocimientos para montar una pequeña destilería en su habitación, sino por su ensayo titulado «La necesidad del ateísmo». En 1894, Univ ya había reclamado a Shelley, en la forma de una bella estatua de mármol del poeta fallecido, que se ahogó en la costa italiana cuando tenía unos veinte años. Los visitantes del colegio que jamás leyeron su poesía pueden comprender, solo contemplando la grácil escena que representa su muerte, por qué los jóvenes de su tiempo sintieron tanta fascinación por él. En el siglo XX, entre los estudiantes y miembros de Univ había tres famosos escritores: Stephen Spender, C. S. Lewis y V. S. Naipaul; el gran físico Stephen Hawking; dos primeros ministros, Clement Attlee y Harold Wilson, y un primer ministro australiano, Bob Hawke, que pulverizó el récord de velocidad en el concurso de cerveza, y que aún permanece imbatido; el actor Michael York y el hombre que mató a Rasputín, el príncipe Felix Yusupov.

Al mismo tiempo que empezaba a conocer Oxford e Inglaterra, también trataba de seguir el proceso electoral desde la distancia, y esperaba con impaciencia que llegase mi tarjeta electoral por correo para poder emitir mi primer voto en unas elecciones presidenciales. Aunque seguía habiendo violencia urbana y manifestaciones estudiantiles, a Humphrey le iban mejor las cosas. Después de su tímida declaración de independencia de Lyndon Johnson respecto a lo de Vietnam, tenía menos oponentes y más apoyo entre los jóvenes. McCarthy finalmente también le respaldó, a su desganada manera, añadiendo que él no se presentaría candidato a las reelecciones del Senado en 1970 ni a la presidencia en 1972. Mientras, Wallace cometió un error garrafal al nombrar a Curtis LeMay, ex jefe de la Junta del Estado Mayor de las fuerzas aéreas, como su candidato a vicepresidente. LeMay, que había presionado al presidente Kennedy para que bombardeara Cuba durante la crisis de los misiles, hizo su debut como candidato afirmando que las bombas nucleares «solo eran un arma más del arsenal», y que «hay muchas ocasiones en las que sería eficaz utilizarlas». Los comentarios de LeMay perjudicaron gravemente a Wallace, que se instaló en una actitud defensiva, y jamás pudo recuperarse de las repercusiones electorales de aquello.

Mientras, Nixon se ciñó a la estrategia que le acercaba a la victoria; se negaba repetidamente a un debate cara a cara con Humphrey. Solo le preocupaban las unánimes y desfavorables comparaciones entre Spiro Agnew y el candidato a la vicepresidencia de Humphrey, el senador Muskie, y el miedo a que Johnson lograra un éxito «por sorpresa, en octubre» durante las negociaciones de paz de París, que llevara a interrumpir los bombardeos. Ahora ya sabemos que Henry Kissinger entregó información confidencial acerca de las negociaciones al equipo de Nixon, pues en tanto que asesor de Averell Harriman, se enteraba de todo lo que sucedía en las reuniones. También sabemos que el jefe de campaña de Nixon, John Mitchell, presionó al presidente de Vietnam del Sur, Thieu, a través de Anna Chennault, amiga de Nixon, para que no cediera a las peticiones de Lyndon Johnson de sumarse a las negociaciones, junto con la oposición sudvietnamita, el Frente de Liberación Nacional. Johnson estaba enterado de los esfuerzos del equipo de Nixon porque tenía bajo vigilancia (con la aprobación del Departamento de Justicia) a Anna Chennault y al embajador de Vietnam del Sur en Washington. Finalmente, el último día del mes de octubre, el presidente Johnson anunció la suspensión total de los bombardeos, la aceptación de Hanoi de que Vietnam del Sur participara en las negociaciones y el visto bueno norteamericano para que el FLN desempeñara un papel importante en el futuro.

Noviembre empezó con buenos augurios para Humphrey y sus seguidores. Subía rápidamente en las encuestas, y estaba claro que creía que la iniciativa de paz le situaría en cabeza. El 2 de noviembre, el sábado anterior a las elecciones, el presidente Thieu anunció que no iría a París porque el FLN estaba invitado. Dijo que eso le obligaría a formar un gobierno de coalición con los comunistas, y que solo hablaría con Vietnam del Norte. El entorno de Nixon se apresuró a acusar a Lyndon Johnson de que se había adelantado anunciando su iniciativa de paz, con objeto de ayudar a Humphrey, sin tener bien cerrados los frentes diplomáticos.

Johnson se subía por las paredes y le dio a Humphrey toda la información sobre Anna Chennault y sus gestiones, para sabotear la iniciativa en beneficio de Nixon. No había necesidad de mantenerlo en secreto, como antes, para evitar el bochorno al presidente Thieu, pero sorprendentemente Humphrey se negó a utilizarlo. Las encuestas hablaban de un empate entre Nixon y él, y pensó que podría ganar sin ese empujón. Al parecer, también tenía miedo de que aquello terminara perjudicándole, pues no existían pruebas de que Nixon supiera lo que los demás, incluido John Mitchell, estaban haciendo en su nombre. Aun así, quedaba claro que Nixon estaba implicado en actividades susceptibles de poder ser consideradas traición. Johnson estaba furioso con Humphrey. Creo que Johnson habría soltado esa carga de profundidad si se hubiera tratado de él; y si los papeles se intercambiaran, Nixon no se lo habría pensado dos veces.

Sus escrúpulos, o sus remilgos, le costaron caros a Humphrey. Perdió las elecciones por una diferencia de 500.000 votos, el 43,4 por ciento frente al 42,7 por ciento, con un 13,5 por ciento para Wallace. Nixon se hizo con 301 escaños electorales, 31 por encima de la mayoría, con victorias apretadas en Ohio y Illinois. Nixon se salió con la suya en la jugada Kissinger-Mitchell-Chennault, pero como dice Jules Witcover en su libro sobre lo sucedido en 1968, *El año en que el sueño murió*, quizá le costó más de lo que parecía. El éxito de aquella maniobra pudo haber contribuido a que la gente de Nixon pensara que podía hacer lo que le viniera en gana, sin que la atraparan, incluidos todos los trapos sucios que salieron a relucir con el caso Watergate.

El 1 de noviembre empecé un diario en una de las dos libretas encuadernadas en cuero que Denise Hyland me había regalado cuando me fui de Estados Unidos. Cuando Archie me despertó con las buenas noticias de la suspensión de los bombardeos, escribí: «Ojalá hubiera visto al senador Fulbright hoy. Una reivindicación más de su incansable y tenaz lucha». Al día siguiente hacía conjeturas sobre la posibilidad de que el alto el fuego desencadenara una reducción de tropas, y que quizá no me reclutasen, o «que muchos de mis amigos que ya están alistados no tengan que ir a Vietnam, y tal vez los que ya estén en la jungla escapen a una muerte temprana». Poco me imaginaba que aún tendrían que morir la mitad de nuestras bajas totales. Terminaba mis dos primeras entradas «ensalzando la misma virtud: la esperanza, que es la fibra de mi ser, y que permanece a mi lado incluso en noches como ésta, cuando he perdido toda capacidad de análisis y de expresión». De acuerdo, era joven y melodramático, pero ya creía en lo que más tarde llamaría «un lugar llamado esperanza» durante mi discurso en la convención demócrata de 1992. Ha sido el motor de toda mi vida.

El 3 de noviembre me olvidé por un rato de las elecciones durante una comida con George Cawkwell, el decano de los licenciados en Univ. Era un hombre grande e imponente, con el mismo aspecto de estrella del rugby que había tenido una vez, cuando fue un becario Rhodes procedente de Nueva Zelanda. En nuestra primera reunión, el profesor Cawkwell me dijo claramente qué pensaba de mi decisión de cambiar la orientación de mis estudios. Poco después de mi llegada a Oxford, me había pasado del programa de política, filosofía y economía, llamado PPE, a una licenciatura en literatura y política, para el que era necesario escribir una disertación de cincuenta mil palabras. Durante mis primeros años en Georgetown había cubierto casi todas las asignaturas que se daban en el PPE, y a causa del reclutamiento, no esperaba poder pasar un segundo año en Oxford. Cawkwell pensó que yo había cometido un terrible error al no apuntarme a las clases semanales, donde se leían, comentaban y defendían los trabajos. En gran parte debido a los argumentos de Cawkwell, volví a cambiar de programa; escogí una licenciatura en filosofía y política, que sí incluía las clases semanales, los trabajos y los exámenes y una tesis más corta.

El día de las elecciones, el 5 de noviembre, también era el día de Guy Fawkes en Inglaterra, en el que se festejaba su intento de quemar el Parlamento en 1605. Mi diario recoge este comentario: «Aquí todo el mundo celebra la ocasión; unos porque Fawkes fracasó, y otros porque lo intentó». Esa noche los alumnos norteamericanos nos reunimos en Rhodes House para seguir los resultados de las elecciones. Los asistentes, en su mayoría a favor de Humphrey, le animaban y le jaleaban. Nos fuimos a dormir sin saber qué había sucedido, aunque nos enteramos de que Fulbright había ganado de largo, lo cual era un alivio, pues solo había logrado imponerse en las primarias contra Jim Johnson y otros dos candidatos menos conocidos por un escaso 52 por ciento. Cuando nos enteramos de su victoria, lanzamos fuertes vítores en Rhodes House.

Al día siguiente supimos que Nixon había ganado y que, como dice mi entrada del 6 de noviembre, «el tío Raymond y sus compinches han ganado Arkansas para Wallace, nuestra primera desviación del partido (demócrata) nacional desde que obtuvimos la categoría de estado en 1836. ... Tengo que enviarle diez dólares al tío Raymond, porque el pasado noviembre aposté con él que Arkansas, el estado sureño más "liberal", jamás votaría por Wallace, ¡lo cual solo demuestra cuánto se equivocan estos seudointelecuales!». («Seudointelectuales» era el mote favorito de Wallace para designar a cualquiera que tuviera un título universitario y que estuviera en desacuerdo con él.) También escribí que, a diferencia del gobierno de Vietnam del Sur, estaba tremendamente decepcionado porque «después de todo lo ocurrido, y de la notable recuperación de Humphrey, las cosas hayan terminado como me imaginé el enero pasado: Nixon en la Casa Blanca».

Para colmo, mi papeleta de voto por correo no llegó a tiempo, y perdí mi primera ocasión de votar a la presidencia. El administrativo del condado la había enviado por correo ordinario, y no por avión. Era más barato, pero tardó tres semanas, y llegó mucho después de las elecciones.

Al día siguiente, me puse al día con mi vida. Llamé a Madre, que por entonces ya había decidido casarse con Jeff Dwire, y era tan feliz que me hizo sentir bien a mí también. También le envié un cheque de diez dólares al tío Raymond y le propuse que Estados Unidos debía establecer el Día de George Wallace, al estilo del de Guy Fawkes. Todos podrían celebrarlo: unos porque se presentó a la presidencia, y el resto de nosotros porque lo hizo pésimamente.

El resto del mes hubo una cantidad de actividades que apartaron la política y Vietnam de mi pensamiento durante un tiempo. Un viernes, Rick Stearns y yo hicimos autoestop y nos subimos a muchos autobuses para viajar a Gales, ida y vuelta, mientras Rick me leía poemas de Dylan Thomas. Fue la primera vez que oí el poema «No te adentres dócil en esa noche amable». Me pareció bellísimo, y sigo pensando que lo es cuando las almas valientes «luchan contra la agonía de la luz».

También me fui de excursión varias veces con Tom Williamson. Una vez decidimos cambiar los papeles, los trasnochados estereotipos de los criados negros obsequiosos y los dueños de plantación racistas del Sur. Cuando un amable conductor inglés se detuvo a recogernos, Tom dijo: «Chico, ve al asiento trasero». «Sí, amo», respondí yo. El inglés debió de creer que nos faltaba un tornillo.

Dos semanas después de las elecciones marqué mi primer *touchdown*, que los ingleses llaman «*try*», para el equipo de rugby del Univ. Fue un gran hito para el ex componente de banda de música. Aunque jamás llegué a comprender cómo funcionaba, me gustaba el rugby. Yo era más corpulento que la mayoría de chicos ingleses, y normalmente podía realizar una aportación aceptable al equipo; corría con la pelota y me interponía entre ésta y los jugadores del equipo contrario, o empujaba fuerte en la segunda fila de la melé, una extraña formación en la que los dos bandos empujaban en sentido contrario para obtener el control de la pelota, colocada en el suelo, en el medio. Aunque Cambridge es más tranquilo que Oxford, que es una ciudad más grande y más industrializada, el equipo contrario jugaba duro y sin piedad. Me dieron un golpe en la cabeza, y probablemente sufrí una pequeña conmoción. Cuando le dije al entrenador que estaba mareado, me recordó que no teníamos suplentes, y que si salía nos quedaríamos con un jugador menos. «Sal ahí fuera y crúzate en el camino de alguien.» Perdimos de todos modos, pero estuve contento de no haberme ido del terreno de juego. Mientras no abandones, siempre te queda una posibilidad.

A finales de noviembre, escribí mi primer trabajo para mi tutor, el doctor Zbigniew Pelczynski, un exiliado polaco, sobre el papel del terror en el totalitarismo soviético («un cuchillo esterilizado que se clava en el cuerpo colectivo, y acaba con el desarrollo de la diversidad y de la independencia»), asistí a mi primera clase semanal y a mi primer seminario académico. Aparte de esos escasos esfuerzos, me pasé el resto del mes dando vueltas por ahí. Fui dos veces a Stratford-upon-Avon, al hogar de Shakespeare, para ver sus obras; a Londres, dos veces, para ver a los ex compañeros de Georgetown de Ann Markusen, Dru Bachman y Ellen McPeake, que vivían y trabajaban allí; a Birmingham para jugar mal al baloncesto y a Derby para dar una charla en un instituto sobre Estados Unidos y el quinto aniversario de la muerte del presidente Kennedy.

Lleno de aprensión por su futuro y el mío, a principios de diciembre empecé a hacer planes para mi regreso sorpresa a casa con motivo de la boda de Madre. Muchos amigos de Madre estaban totalmente en contra de que se casara con Jeff Dwire, porque era ex presidiario y porque desconfiaban de él. Para empeorar las cosas, aún no había conseguido el divorcio de su esposa, de la que llevaba mucho tiempo separado.

Mientras, la incertidumbre de mi propia vida no hizo más que crecer cuando mi amigo Frank Aller, becario Rhodes en el Queen's College, al otro lado de High Street y del Univ, recibió su notificación de reclutamiento, enviada por la junta de servicio selectivo local de Spokane, Washington. Me dijo que haría un viaje a casa para comunicar a sus padres y a su novia que se negaba a obedecer la orden de reclutamiento y que se quedaría en Inglaterra indefinidamente para evitar ir a la cárcel. Frank estaba especializado en China, y comprendía bien la situación en Vietnam. Pensaba que nuestra política era errónea e inmoral. También era un buen chico de clase media que amaba a su país. Estaba triste, destrozado por este dilema. Strobe Talbott, que vivía en el Magdalen College, y yo tratamos de consolarle y mostrarle nuestro apoyo. Frank era un hombre de buen corazón, que sabía que estábamos tan en contra de la guerra como él, y trató de animarnos a su vez. Fue más insistente conmigo; me dijo que, a diferencia de él, yo tenía el deseo y la capacidad de meterme en política y hacer grandes cosas, y que sería un error arrojar mis oportunidades por la borda y no resistirme al reclutamiento. Su generosidad solo me hizo sentir más culpable, como muestran los pasajes angustiados de mi diario. Él era mucho más indulgente conmigo de lo que yo mismo podía permitirme.

El 19 de diciembre aterricé en medio de una fuerte tormenta de nieve en Minneapolis, para verme con Ann Markusen. Había vuelto a casa desde la universidad de Michigan, y albergaba la misma incertidumbre respecto a su futuro y al nuestro, que yo. La amaba, pero en ese momento de mi vida yo no estaba siquiera seguro de mí mismo, y era incapaz de comprometerme con nadie.

El 23 de diciembre volé a casa, para sorpresa de todos. Madre no paró de llorar. Ella, Jeff y Roger parecían muy felices por el inminente matrimonio, tanto que no se metieron demasiado con mi nueva melena. La Navidad fue alegre, a pesar de los últimos esfuerzos desesperados de dos amigas de Madre para que intentara sacarle de la cabeza la idea de casarse con Jeff. Llevé cuatro rosas amarillas a la tumba de Papá, y recé porque su familia apoyara a Madre y a Roger en su nueva vida. Me gustaba Jeff Dwire. Era listo, muy trabajador, bueno con Roger y se veía que quería a Madre. Estaba a favor de la boda, y escribí que «si todos los que expresan sus buenos deseos con escepticismo, y los que en el fondo son negativos y desean que el matrimonio fracase, tienen razón acerca de Jeff y de Madre, su unión lo tendrá difícil para ser peor que las anteriores relaciones que ambos han mantenido». Por un tiempo, me olvidé del tumultuoso año 1968, el que desgarró a la nación y destrozó al partido demócrata; cuando el populismo conservador reemplazó al progresista como la fuerza política dominante de nuestro país; cuando el orden público y la fuerza se convirtieron en feudo republicano y los demócratas quedaron ligados al caos, la debilidad, y las élites autocomplacientes y ajenas a la realidad. El año que trajo a Nixon, y luego a Reagan, Gingrich y George W. Bush. La reacción de la clase media conformaría y distorsionaría la política norteamericana hasta finales de siglo. El nuevo conservadurismo recibiría un golpe con el Watergate, pero sobreviviría. El apoyo del público a esta corriente se debilitaría a medida que los ideólogos de extrema derecha propugnaran la desigualdad económica, la destrucción medioambiental y la división social; pero no moriría. Cuando sus propios excesos amenazasen su supervivencia, el movimiento conservador se comprometería a ser «más amable y moderado», o más «compasivo», mientras destrozaban a los demócratas por su supuesta pérdida de valores, y su debilidad de carácter y de voluntad. Y con eso bastaría para provocar la penosamente predecible reacción, casi pavloviana, entre suficientes votantes de la clase media, para hacerse con la victoria. Por supuesto, es más complicado que eso. A veces las críticas de los conservadores contra los demócratas tenían validez, y siempre hubo republicanos moderados y conservadores de buena voluntad que trabajaron con los demócratas para lograr cambios positivos.

Sin embargo, las pesadillas profundamente enraizadas de 1968 formaron la arena política en la que yo y otros políticos progresistas tuvimos que luchar durante nuestra carrera. Quizá si Martin Luther King Jr. y Robert Kennedy hubieran vivido las cosas habrían sido distintas. Quizá si Humphrey hubiera utilizado la información que poseía sobre las interferencias de Nixon en las negociaciones de París, las cosas habrían sido distintas. O quizá no. Más allá de eso, aquellos de nosotros que creíamos que en la década de los sesenta hubo más cosas buenas que malas, seguimos luchando, inspirados aún por los héroes y los sueños de nuestra juventud.

QUINCE

La mañana de Año Nuevo en 1969 empecé el año con alegría. Acababan de reelegir a Frank Holt para el tribunal supremo estatal, solo dos años después de que le derrotaran cuando se presentó a gobernador. Conduje hasta Little Rock para asistir a la ceremonia de juramento del cargo del juez. En un gesto muy típicamente suyo, nos había rogado que no malgastásemos el día de Año Nuevo para asistir al modesto ritual, pero más de cincuenta de sus más acérrimos seguidores nos plantamos allí de todas formas. En mi diario escribí: «¡Le dije que no iba a retirarme solo porque él fuera ganando!». Irónicamente, como «nuevo» juez del tribunal supremo le asignaron el viejo despacho del juez Jim Johnson.

El 2 de enero, Joe Newman y yo llevamos a Madre en coche a Hope para que dijera al resto de su familia que se iba a casar con Jeff al día siguiente. Cuando llegamos a casa, Joe y yo quitamos la vieja etiqueta que decía «Los Roger Clinton» del buzón. Con su agudo sentido de la ironía, Joe rió y dijo: «Es un poco triste que se suelte con tanta facilidad». A pesar de todos los agoreros, yo creía que el matrimonio iba a funcionar. Como escribí en mi diario: «Si Jeff no es más que un estafador, como dicen algunos, entonces contadme cómo ha estafado».

La ceremonia se celebró la noche siguiente y fue corta y sencilla. Nuestro amigo, el reverendo John Miles les condujo a través de sus votos. Roger encendió la velas y yo fui padrino. Después hubo una fiesta, y Carolyn Yeldell y yo tocamos y cantamos para los invitados. Algunos predicadores se hubieran negado a sancionar aquella boda porque Jeff estaba divorciado, y además recientemente. Pero no John Miles. Era un metodista liberal, agresivo y firme en su creencia de que Dios Padre envió a su hijo Jesús al mundo para darnos a todos segundas oportunidades.

El 4 de enero, gracias a mi amiga Sharon Evans, que conocía al gobernador Rockefeller, me invitaron a una comida con el gobernador en su rancho de la montaña Petit Jean. Rockefeller me pareció un hombre amable y elocuente. Discutimos sobre Oxford, donde su hijo Winthrop Paul también tenía intención de ir. El gobernador quería que me mantuviera en contacto con Paul, que había pasado buena parte de su infancia en Europa, donde inició sus estudios en otoño en el Pembroke College.

Después de comer hablé largo y tendido con Win Paul, tras lo cual fuimos al sudoeste para encontrarnos con Tom Campbell, que había venido conduciendo hasta Arkansas desde Mississippi, donde le estaban entrenando para ingresar en las fuerzas aéreas de los marines. Los tres juntos fuimos hacia la mansión del gobernador, que Win Paul nos había invitado a ver. Nos quedamos todos impresionados. En aquel momento pensé que estaba contemplando con mis ojos una parte importante de la historia de Arkansas, pero ni siquiera podía imaginar que, al cabo de una década, se convertiría en mi hogar durante doce años.

El 11 de enero volé de regreso a Inglaterra en el mismo avión que Tom Williamson, que me enseñaba lo que significaba ser negro en Estados Unidos, y Frank Aller, que me contó lo difíciles que habían sido sus vacaciones, durante las cuales su padre, un conservador, le había obligado a cortarse el pelo, aunque no a presentarse al reclutamiento, si quería pasar las Navidades en casa. Cuando volví al Univ me encontré en el correo una extraordinaria carta de mi viejo amigo y compañero de bautismo, el marine Bert Jeffries. Conservé algunos fragmentos de su carta, que estaba impregnada de un increíble dolor:

> ...Bill, ya he visto muchas cosas y he pasado por otras muchas que nadie en su sano juicio querría ver o experimentar. Aquí se juega para ganar. Y o ganas o pierdes. No es fácil ver cómo un compañero con el que vives y que es tu amigo muere junto a ti, y saber que no hay ninguna buena razón para su muerte. Y te das cuenta de lo fácil que hubiera sido que el muerto fueras tú.
>
> Trabajo para un teniente coronel. Soy su guardaespaldas... El 21 de noviembre llegamos a un lugar llamado Winchester. Nuestro helicóptero nos dejó allí y el coronel, yo mismo y dos hombres más comenzamos a explorar el área... había dos SEVN [Soldados del Ejército de Vietnam del Norte] en un búnker, se echaron sobre nosotros... Dieron al coronel y a los dos otros. Bill, ese día recé. Por fortuna les disparé antes de que me dieran. Maté a mi primer hombre ese día. Y, Bill, es un sentimiento espantoso saber que le has quitado la vida a otro hombre. Y te das cuenta de lo fácil que hubiera sido que el muerto fueras tú.

Al día siguiente, 13 de enero, fui a Londres para el reconocimiento médico del reclutamiento. El doctor, según la descabellada anotación que ese día hice en mi diario, dijo que era «uno de los especímenes más sanos del mundo occidental, ideal para que me exhibieran en escuelas, exhibiciones, zoos, carnavales y campos de instrucción». El día 15 vi *Un delicado equilibrio*, de Edward Albee, que fue «mi segunda experiencia surrealista en los mismos días». Los personajes de la obra de Albee obligaban al público «a preguntarse si algún día, cerca del final, se despertarán y se descubrirán vacíos y asustados». Lo cierto es que yo ya me lo estaba preguntando.

El presidente Nixon inauguró su mandato el día 20 de enero. Su discurso fue un intento de lograr la reconciliación, pero me «dejó bastante frío; era el discurso de las virtudes y la religión de la vieja y buena clase media. Se supone que ese discurso debe resolver nuestros problemas con los asiáticos, que no parten de la tradición judeocristiana; con los comunistas, que no creen en Dios; con los negros, que han sido maltratados tan a menudo por blancos temerosos de Dios que apenas queda ya un terreno común que puedan compartir y con los jóvenes, que han oído esa misma canción y bailado al son de tantos sermones falsos tantas veces que puede ser que prefieran la droga al audaz autoengaño de sus mayores». Lo irónico es que yo también creía en los valores cristianos de la clase media; pero no me parecía que esa creencia y esos valores me llevaran al mismo sitio que a Nixon. Yo creía que vivir de verdad nuestros principios políticos y religiosos nos iba a exigir mucho más, e ir más lejos de lo que el señor Nixon estaba dispuesto.

Decidí volver a mi propia vida en Inglaterra durante todo el tiempo que me quedara. Fui a mi primer debate de la Oxford Union, resumiendo que el hombre había creado a Dios a su imagen y semejanza, «un tema potencialmente muy fértil que no se había trabajado lo suficiente». Fui al norte, a Manchester, y me quedé maravillado ante la belleza de la campiña inglesa, «ceñida por aquellos viejos muros de piedra sin mortero, barro o cemento». Había un seminario sobre «El pluralismo como concepto de la teoría democrática», que me pareció aburrido, tan solo otro intento «de explicar en términos más complejos (y por tanto, por supuesto, más significativos), lo que está sucediendo frente a nuestros propios ojos... Dármelo a mí es como echárselo a un perro, pues en el fondo no soy un intelectual, no conceptualizo la realidad y no soy tan rematadamente listo, lo reconozco, para correr entre gente tan rápida».

El 27 de enero la realidad volvió a asomar su fea cabeza, y algunos de nosotros hicimos una fiesta para Frank Aller el día en que se convirtió oficialmente en insumiso «y tomó la única vía que le quedaba abierta». A pesar del vodka, los brindis y los intentos de hacer broma, la fiesta fue un desastre. Incluso Bob Reich, que con mucho era el más ocurrente de todos nosotros, no logró animarla. Simplemente no éramos capaces de aliviar la carga que había caído sobre los hombros de Frank «ese día, en que refrendó con sus actos lo que tanto había proclamado con palabras». Al día siguiente, Strobe Talbott, cuyo estado en el reclutamiento era ya 1-Y, porque tenía una vieja lesión de sus tiempos de jugador de fútbol americano, quedó inhabilitado de verdad para el servicio militar cuando sus gafas se encontraron con la raqueta de squash de John Isaacson en las pistas del Univ. El doctor se pasó dos horas sacándole cristales de la córnea. Se recuperó y siguió viendo durante los siguientes treinta y cinco años cosas que a la mayoría de los demás se nos pasaban por alto.

Febrero solía ser un mes duro para mí, durante el cual debía luchar contra la tristeza y aguardar la llegada de la primavera. Mi primer febrero en Oxford fue de los más duros. Luché contra ello leyendo, algo a lo que me dediqué mucho en Oxford, sin ninguna pauta en particular excepto la que dictaban mis estudios. Leí cientos de libros. Ese mes leí *La luna se ha puesto*, de John Steinbeck, en parte porque acababa de morir y en parte porque quería recordarle por algún texto suyo que no hubiera leído antes. Releí *North Toward Home*, de Willie Morris, que me ayudaba a comprender mejor mis raíces y la mejor parte de mí. Leí *Soul on Ice*, de Eldridge Cleaver, y reflexioné sobre el significado del alma. «Soul es una palabra que uso a menudo para sentirme Negro, pero por supuesto, a veces pienso que por desgracia, no lo soy... El alma: Yo sé qué es. Es donde siento las cosas, es lo que me mueve, es lo que me hace un hombre, y cuando me aparto de ella, sé que moriré pronto si no la recupero.» Para entonces comenzaba a preocuparme la posibilidad de que la estuviera perdiendo.

Mi lucha contra el reclutamiento reavivó mis viejas dudas sobre si era, o si llegaría a ser, una buena persona de verdad. Al parecer, mucha gente que crecía en circunstancias difíciles acababa asumiendo la culpa de esas circunstancias como propia de forma inconsciente y se consideraban indignos de un destino mejor. Creo que el problema surge de llevar dos vidas paralelas, una vida externa que sigue su curso natural y una vida interior que es donde se guardan los secretos. Cuando yo era niño, mi vida externa estaba llena de amigos y de diversión, de aprendizaje y de actividades. Mi vida interior estaba sembrada de incertidumbres, de ira y del temor de la siempre cercana violencia. Nadie puede llevar dos vidas paralelas con total éxito; ambas tienen que cruzarse en algún punto. En Georgetown, conforme la amenaza de la violencia de Papá fue disipándose y luego desapareció, fui capaz de llevar una vida más coherente. Ahora el dilema del reclutamiento me devolvía a esa segunda vida interior, que me asaltaba con renovadas energías. Bajo mi nueva y apasionante vida externa, los viejos demonios de la duda y la destrucción inminente volvieron a asomar sus feas cabezas.

Esa lucha para unir estas dos vidas paralelas, para vivir con mente, cuerpo y espíritu en un solo lugar, continuaría. Mientras tanto, he tratado de hacer que mi vida externa fuera lo mejor posible, y de sobrevivir a los peligros y aliviar el dolor de mi vida interior. Quizá eso explique mi profunda admiración por el valor personal de los soldados y las demás personas que arriesgan sus vidas por causas nobles, y mi odio visceral hacia la violencia y el abuso de poder; mi pasión por la carrera política y mi profunda compasión por los problemas de los demás; el descanso que hallo en la compañía de otros y las dificultades que he tenido para dejar que se acercaran a los rincones más profundos de mi vida interior. Allí abajo todo era muy oscuro.

Ya había pasado por períodos de depresión antes, pero nunca tan profundos ni tan largos como este. Como dije, por primera vez tuve suficiente conciencia de mí mismo para saber que aquellos sentimientos ya se agazapaban bajo mi carácter alegre y mi disposición optimista cuando era estudiante de primero en el instituto, más de cinco años antes de ir a Oxford. Fue entonces cuando escribí un trabajo autobiográfico para la clase de literatura inglesa de la señorita Warneke donde hablé sobre el «asco que atormenta mi cerebro».

Ese tormento crecía en febrero de 1969, y traté de que remitiera leyendo, viajando y pasando mucho tiempo con gente interesante. Conocí a mucha en el número 9 de Bolton Gardens, en Londres, un espacioso apartamento que se convirtió en mi hogar fuera de Oxford muchos fines de semana. Su dueño era David Edwards, que se había presentado una noche en Helen's Court con Dru Bachman, la compañera de piso de Ann Markusen en Georgetown, vestido con un traje *zoot*, un abrigo con un montón de botones y pantalones acampanados. Hasta entonces yo solo había visto trajes *zoot* en las películas antiguas. El piso de David en Bolton Gardens se convirtió en una casa abierta para una larga serie de jóvenes norteamericanos, británicos y otros que iban y venían de Londres. Había muchas comidas y fiestas, habitualmente financiadas de modo desproporcionado por David, que tenía mucho más dinero que los demás y era generoso casi en exceso.

También pasé mucho tiempo solo en Oxford. Disfrutaba de las lecturas en solitario y me emocionó particularmente un fragmento de *La gente, sí*, de Carl Sandburg:

> Dile que esté solo a menudo y que se busque
> y sobre todo dile que no se mienta sobre sí mismo.
> …
> Dile que la soledad es creativa si es fuerte
> y que las decisiones definitivas se toman en salas silenciosas.
> …
> Está lo suficientemente solo
> y tendrá tiempo para el trabajo
> que sabe que tiene que hacer.

Sandburg me hizo pensar que quizá de todas mis preocupaciones y quimeras acabara saliendo algo bueno. Siempre había pasado mucho tiempo solo, pues fui hijo único hasta que cumplí los diez años, y mis padres trabajaban. Cuando me metí en la política nacional, uno de los mitos más divertidos que propagaron los que no me conocían es que odiaba estar solo, probablemente porque disfruto en compañía de otros, ya sean multitudes o las pequeñas cenas y las partidas de cartas con amigos. Como presidente, me esforcé por distribuir mi tiempo de manera que tuviera un par de horas al día para pensar, reflexionar, planificar o no hacer nada en absoluto. A menudo me quitaba horas de sueño para poder tener ese tiempo a solas conmigo mismo. En Oxford estuve solo mucho tiempo, y lo utilicé para poner en mi existencia el orden que Sandburg dice que es necesario para tener una buena vida.

En marzo, con la primavera acercándose, mi ánimo fue subiendo junto con la temperatura. Durante las cinco semanas de vacaciones hice mi primer viaje al continente. Tomé un tren hasta Dover para ver sus increíbles acantilados blancos y luego fui en ferry hasta Bélgica, desde donde tomé un tren hasta Colonia, en Alemania. A las 9.30 de la noche salí de la estación, y me saludó la sombra de una magnífica catedral medieval que dominaba la colina. Comprendí enseguida por qué los pilotos aliados, durante la Segunda Guerra Mundial, habían arriesgado sus vidas para no destruirla y optaron por volar peligrosamente bajo para bombardear el cercano puente de ferrocarril que cruzaba el Rhin. En esa catedral me sentí muy cerca de Dios, como cada vez que he regresado a ella. A la mañana siguiente me reuní con Rick Stearns, Ann Markusen y mi amigo alemán Rudy Lowe, a quien había conocido durante CONTAC en Washington D.C., para recorrer Baviera. En Bamberg, que tiene más de mil años de historia y era la ciudad natal de Rudy, éste me llevó a ver la cercana frontera con la Alemania Oriental, donde había un soldado de la RDA montando guardia en un puesto de vigilancia elevado tras una alambrada que daba al borde de un bosque.

Mientras yo estaba de viaje, murió el presidente Eisenhower, «uno de los últimos fragmentos que quedaban del Sueño Americano». También murió mi relación con Ann Markusen, víctima de los tiempos y de mi incapacidad para comprometerme. Pasaría mucho tiempo antes de que restableciéramos nuestra amistad.

De vuelta en Oxford asistí a una conferencia que daba George Kennan. Él tenía muchas reservas sobre nuestra política en Vietnam, y mis amigos y yo estábamos ansiosos por escucharle. Por desgracia no habló de política extranjera, y en lugar de ello lanzó una tremenda diatriba contra los estudiantes que se manifestaban y contra toda la «contracultura» antibelicista. Después de que algunos de mis acompañantes, sobre todo Tom Williamson, debatieran con él durante un rato, se acabó el espectáculo. Nuestra impresión del acto quedó muy bien resumida en una chanza de Alan Bersin: «El libro era mejor que la película».

Un par de días después tuve una sorprendente discusión política mientras comíamos con Rick Stearns, que probablemente era el más maduro políticamente y el que tenía más sentido común en nuestro grupo. En la entrada de mi diario veo que Rick «arremetió contra mi oposición al reclutamiento» y me dijo que con ella al final lo único que pasaría era que los pobres acabarían cargando con una parte todavía mayor del servicio militar. En lugar de ello, «Stearns quiere que se reinstaure el servicio nacional y se establezcan medios alternativos para que se desarrollen las fuerzas armadas, pero con un período de incorporación a filas más corto y salarios más altos para mantener un nivel aceptable en las tropas. Cree que todo el mundo, no solo los pobres, deben ofrecer servicios a la comunidad». Así plantó una semilla que más de veinte años después, durante mi primera campaña presidencial, fructificaría en una propuesta de un servicio comunitario nacional para los jóvenes.

En la primavera de 1969 el único servicio nacional era el militar, y su dimensión se medía con el cruel término «saldo de cuerpos». Hacia mediados de abril ese saldo incluía a mi amigo de infancia Bert Jeffries. Con la angustia de la noticia, su mujer dio a luz de forma prematura a un hijo que, como yo, crecería solo con las historias de un padre que jamás llegaría a conocer. Cuando Bert murió, estaba sirviendo en los marines junto a dos de sus mejores amigos de Hot Springs, Ira Stone y Duke Watts. Su familia tenía que escoger a alguien que trajera el cuerpo a casa, una elección importante porque, según el reglamento militar, esa persona no estaba obligada a volver. Escogieron a Ira, que ya había sido herido tres veces, en parte porque a Duke, que ya había escapado por los pelos de la muerte en varias ocasiones, solo le quedaba un mes para cumplir su tiempo en el ejército. Lloré por mi amigo, y me pregunté otra vez si mi decisión de ir a Oxford no estaba más motivada por mi deseo de seguir viviendo que por mi oposición a la guerra. Escribí en mi diario que «el privilegio de vivir en prórroga . . . es imposible de justificar, pero, quizá por desgracia, es todavía más difícil vivir con él».

En casa las protestas contra la guerra seguían sin perder un ápice de fuerza. En 1969, hubo huelgas o se vieron obligadas a cerrar 448 universidades. El 22 de abril me sorprendió leer en *The Guardian* que Ed Whitfield, de Little Rock, había liderado a un grupo de negros para que ocupara un edificio en uno de los campus de la Universidad de Cornell, en Ithaca, Nueva York. Apenas el verano anterior, Ed había sido criticado por un grupo de militantes negros en Little Rock mientras trabajaba para la reelección de Fulbright.

Una semana más tarde, el 30 de abril, la guerra llegó hasta mi puerta, con una extraña visita que era una buena metáfora de aquellos singulares tiempos. Recibí mi notificación de incorporación: se me ordenaba que me presentara para incorporarme a filas el 21 de abril. Estaba claro que la notificación la habían enviado el 1 de abril, pero al igual que mi papeleta de voto por correo unos meses atrás, la habían enviado por correo ordinario. Llamé a casa para asegurarme de que la junta de incorporación era consciente de que no llevaba nueve días de insumiso y les pregunté qué podía hacer. Me dijeron que enviar la carta por correo ordinario era un error suyo y que, además, según el reglamento, tenía derecho a finalizar el curso que estaba realizando, así que podía regresar a casa para el período de instrucción cuando terminase.

Decidí aprovechar al máximo lo que parecían con toda seguridad mis últimos tiempos en Oxford. Disfruté cada momento de aquellos largos días de la primavera inglesa. Fui al pequeño pueblo de Stoke Poges para ver el precioso cementerio de iglesia en el que está enterrado Thomas Gray y leí su «Elegía escrita en un cementerio de una iglesia rural». Luego regresé a Londres para asistir a un concierto y visité el cementerio de Highgate, donde está enterrado Karl Marx bajo un gran busto que se le parece asombrosamente. Pasé tanto tiempo como pude con los demás becarios Rhodes, especialmente con Strobe Talbott y Rick Stearns, de quien todavía seguía aprendiendo cosas. Durante un desayuno en George's, un café decorado a la antigua en el segundo piso de un mercado cubierto de Oxford, Paul Parish y yo discutimos su solicitud para que le concedieran el estado de objetor de conciencia, que yo apoyaba con una carta que escribí para su junta de reclutamiento.

En mayo, junto con Paul Parish y su amiga, Sara Maitland, una inteligente y maravillosa escocesa que luego sería una excelente escritora, fui al Royal Albert Hall de Londres para escuchar a Mahalia Jackson, la gran cantante de gospel. Estuvo increíble, con su voz sonora y su poderosa e inocente fe. Al final del concierto el joven público se arremolinó frente al escenario, aplaudiéndola y pidiendo un bis. Todavía querían creer en algo mayor que ellos mismos. Y yo también.

El día 28 di una fiesta de despedida en el Univ para mis amigos: compañeros del colegio universitario con los que había jugado a rugby y compartido comidas; Douglas y los demás bedeles; Archie, mi criado; el rector y la señora Williams; George Cawkwell y algunos estudiantes norteamericanos, indios, caribeños y sudafricanos con los que había trabado amistad. Solo quería agradecerles que hubieran formado parte de mi año allí. Mis amigos me hicieron regalos de despedida: un bastón, un sombrero de lana inglesa y una copia de bolsillo de *Madame Bovary*, que todavía conservo.

Me pasé la primera mitad de junio en París, pues no quería regresar a casa sin haber visto la ciudad. Alquilé una habitación en el Barrio Latino, acabé de leer *Sin blanca en París y en Londres*, de George Orwell, y vi todos los monumentos, incluyendo uno a la memoria del Holocausto justo detrás de Notre-Dame. Es fácil pasar de largo, pero vale la pena buscarlo. Hay que caminar hacia abajo al final de la isla a un pequeño espacio; te das la vuelta y te encuentras mirando a una cámara de gas.

Mi guía y acompañante durante ese viaje fue Alice Chamberlin, a quien había conocido a través de unos amigos comunes en Londres.

Caminamos por las Tullerías y nos detuvimos en los estanques para ver a los niños con sus barcos de juguete; comimos en interesantes restaurantes vietnamitas, argelinos, etíopes e indios, a precios asequibles; subimos a Montmartre y visitamos la iglesia llamada Sacré-Cœur, donde con reverencia y un punto de humor encendí una vela en honor de mi amigo el doctor Victor Benett, que acababa de morir hacía unos días y que, a pesar de todo su genio, era rabiosa e irracionalmente anticatólico. Traté de que estuviera cubierto allí arriba; era lo menos que podía hacer después de todo lo que había hecho por Madre, por Papá y por mí.

Cuando regresé a Oxford ya casi había luz las veinticuatro horas del día. En las primeras horas de la madrugada, mis amigos ingleses me llevaron al techo de uno de los edificios del Univ para que viera cómo se elevaba el sol sobre el bello horizonte de Oxford. Estábamos tan hambrientos que fuimos a la cocina del Univ a buscar un poco de pan, salchichas, tomates y queso y volvimos a mi habitación para desayunar.

El 24 de junio fui a decirle adiós a Bill Williams. Me deseó lo mejor y dijo que esperaba que me convirtiera en un «distinguido, entusiasta y pomposo ex alumno». Esa noche tomé mi última cena en Oxford en un pub con Tom Williamson y sus amigos. El día 25 dije adiós a Oxford para siempre, o al menos eso creía. Volví a Londres a ver a Frank, Mary y Lyda Holt. Después de asistir a una sesión nocturna del Parlamento y de que el juez y la señora Holt regresaran a casa, me llevé a Lyda a que conociera a algunos amigos en mi última cena en Inglaterra, dormí un par de horas en el piso de David Edwards, me levanté pronto y me dirigí al aeropuerto con seis amigos que fueron a despedirse de mí. No sabíamos cuándo íbamos a vernos de nuevo, o siquiera si íbamos a volver a vernos. Les abracé y corrí hacia el avión.

DIECISÉIS

Aterricé en Nueva York a las 9.45 de la noche, nueve horas más tarde, a causa de retrasos tanto en la salida como en la llegada. Cuando llegué a Manhattan ya era pasada la medianoche, y decidí quedarme despierto hasta la mañana siguiente para poder tomar un vuelo a primera hora. Desperté a Martha Saxton, y nos quedamos charlando dos horas en los peldaños de su apartamento en el Upper West Side. Luego fui a un restaurante abierto las 24 horas, donde comí mi primera hamburguesa decente en mucho tiempo, hablé con dos taxistas, leí el libro *¿Qué es la historia?* de E. H. Carr, y reflexioné acerca del extraordinario año que había vivido, y en qué me depararía el futuro. También contemplé el mejor regalo de despedida que me han hecho nunca: dos pequeñas tarjetas de recuerdo con dichos franceses, tituladas «Amistad» y «Simpatía». Me las había regalado Anik Alexis, una hermosa mujer caribeña negra que vivía en París y que salía con Tom Williamson. Nikki había guardado esas tarjetas durante ocho años, desde que era una colegiala. Agradecí mucho el regalo, pues eran un reflejo de los regalos que yo trataba de dar, compartir y despertar en los demás. Las enmarqué, y siempre las he colgado en la pared de todos los sitios donde he vivido durante los últimos treinta y cinco años.

Me fui de la cafetería con menos de veinte dólares en el bolsillo para llegar a Arkansas, y sin embargo escribí en la última página de mi diario que me sentía «un hombre rico en verdad, lleno de buena fortuna, amigos, esperanza y convicciones un poco más concretas y sopesadas que cuando empecé este diario, el pasado mes de noviembre». En esa época enloquecida, mi ánimo subía y bajaba como un ascensor. Para bien o para mal, Denise Hyland me había enviado un segundo diario en primavera, para que escribiera lo que me sucediera a continuación.

Cuando llegué a casa a finales de junio, disponía de un mes antes de presentarme al reclutamiento, durante el que podía optar por otras alternativas militares. No había plazas disponibles en la Guardia Nacional ni en la reserva. Miré en la fuerza aérea, pero descubrí que no podía ser piloto de cazas porque no tenía visión de fusión. Tenía el ojo izquierdo perezoso y durante mi juventud a menudo se me iba un poco hacia el lateral. Desde entonces se había corregido mucho, pero mi visión aún no podía focalizarse en un único punto, y al parecer las consecuencias que esto podía tener durante un vuelo eran muy graves. También hice una prueba física para entrar en un programa para oficiales navales, pero también fracasé, esta vez a causa de una ligera sordera, un problema del que no me había percatado y que durante una década siguió igual; cuando entré en política a menudo no podía oír lo que la gente me decía, o comprenderles, cuando me hablaban desde el público durante un discurso. La mejor opción que tenía era ingresar en la Facultad de Derecho y en el Cuerpo de entrenamiento de oficiales de reserva del Ejército de la Universidad de Arkansas.

El 17 de julio viajé a Fayetteville y en dos horas ambas instituciones me aceptaron. El oficial a cargo del programa, el coronel Eugene Holmes, me dijo que lo hacía porque serviría mejor a mi país como oficial que como recluta. Su segundo al mando, el teniente coronel Clint Jones, parecía más conservador y escéptico respecto a mí, pero mantuvimos una agradable conversación acerca de su hija, a la cual había conocido en Washington y me había caído muy bien. Entrar en el ROTC significaba que me incorporaría al servicio activo después de la facultad. Al parecer, no podían inscribirme formalmente hasta el siguiente verano, pues tenía que ir a un campamento de verano antes de poder asistir a las clases del ROTC, pero a la junta le bastaba con que firmase una carta de declaración de intenciones para olvidarse de mi fecha de reclutamiento y darme una clasificación de reservista 1-D. Yo tenía sentimientos contradictorios; sabía que tenía una posibilidad de evitar ir a Vietnam, «pero alguien se subirá en ese autobús dentro de diez días, y quizá yo también debería subir».

Sin embargo, diez días después no subí a aquel autobús. En lugar de eso, estaba conduciendo hacia Texas para reencontrarme con mis compañeros de Georgetown que ya estaban en el ejército: Tom Campbell, Jim Moore y Kit Ashby. De camino hacia allí, y durante el trayecto de vuelta, me fijé en cómo había cambiado el país y traté de extraer conclusiones que me indicaran cuál era la vía a seguir. Houston y Dallas estaban llenas de nuevos complejos de apartamentos, que se extendían sin ninguna pauta aparente. Imaginé que esa era la corriente del futuro, pero no estaba seguro de querer seguirla. Traté de descifrar el significado cultural de las pegatinas y de las matrículas personalizadas de los coches. Mi pegatina preferida decía, «No culpes a Jesús si vas al infierno». La mejor matrícula era, increíblemente, la de un coche fúnebre: «Pop Box». Al parecer los lectores tenían que temer el infierno pero morirse de risa.

Yo aún no había llegado a ese punto, pero siempre había sido consciente de mi propia mortalidad, y no era algo que me resultara incómodo. Probablemente porque mi padre había muerto antes de que yo naciera, empecé a pensar en la muerte a una edad temprana. Siempre me han fascinado los cementerios, y disfruto pasando el rato en ellos. De camino a casa desde Texas, me detuve en Hope para ver a Buddy y Ollie y visitar las tumbas de mi padre y de mis abuelos. Mientras arrancaba los hierbajos alrededor de las lápidas, me sorprendió de nuevo el poco tiempo de vida del que disfrutaron: mi padre, veintiocho años, Papaw cincuenta y ocho y Mammaw sesenta y seis (y en Hot Springs, mi padrastro cincuenta y siete). Sabía que quizá no viviría una larga vida, y quería aprovecharla al máximo. Mi actitud hacia la muerte se podía resumir en la frase final de un viejo chiste sobre la hermana Jones, la mujer más devota de su iglesia. Un domingo, su pastor, normalmente muy aburrido, da el sermón de su vida; al final grita, «¡Quiero que todo el mundo que quiera ir al cielo se levante!». Toda la congregación se pone en pie como un solo hombre, todos menos la hermana Jones. El pastor se queda de piedra, y dice: «Hermana Jones, ¿no quiere ir al cielo cuando muera?». La buena mujer se levanta de un salto y dice: «Oh, sí, pastor. Perdone. ¡Pensaba que trataba de reclutar a un puñado para que se fueran ahora mismo!».

Las siguientes seis semanas en Hot Springs fueron más interesantes de lo que me habría imaginado. Me pasé una semana ayudando a un hombre de sesenta y siete años a montar una de las casas prefabricadas de Jeff en un pequeño terreno de Story, al oeste de Hot Springs. El anciano trabajó conmigo al pie del cañón cada día y me regaló su filosofía práctica y su escepticismo rural. Justo un mes antes, los astronautas del Apollo 11, Buzz Aldrin y Neil Armstrong, habían dejado a su colega, Michael Collins, a bordo de la nave *Columbia* para darse una vuelta sobre la luna; se adelantaron cinco meses al objetivo del presidente Kennedy de poner a un hombre sobre la luna antes de que terminara la década. El viejo carpintero me preguntó si realmente creía que aquello había sucedido. Yo le dije que sí, claro, que lo había visto por televisión. No estuvo de acuerdo; dijo que no se lo había creído ni por un segundo, que «los tipejos de la tele» podían hacer que las cosas parecieran lo que no eran. Entonces pensé que era un viejo cascarrabias. Durante mis ocho años en Washington, vi ciertas cosas por la televisión que hicieron que me preguntara si en realidad aquel hombre no estaba adelantándose a su tiempo.

Pasaba la mayoría de las veladas y muchos días con Betsey Reader, que durante la escuela iba un curso por delante de mí y ahora trabajaba en Hot Springs. Era un antídoto maravilloso para mi constante ansiedad: sabia, nostálgica y amable. Nos pidieron que fuéramos al YMCA como presencia semiadulta en algunos actos organizados para los chicos y chicas del instituto, y terminamos adoptando a tres de ellos. Jeff Rosensweig, el hijo de mi pediatra, que sabía mucho de política; Jan Dierks, una chica callada e inteligente, interesada en los derechos civiles y Glenn Mahone, un elocuente y moderno chico negro, que llevaba el pelo a lo afro y al que le gustaba vestirse con dashikis africanas, camisas largas y coloridas por fuera de los pantalones. Íbamos a todas partes juntos y nos lo pasábamos muy bien.

Hubo un par de incidentes raciales en Hot Springs ese verano, y había mucha tensión. Glenn y yo pensamos que podíamos relajar la situación formando un grupo de rock interracial y ofreciendo un baile gratis en el aparcamiento del Kmart. Él cantaba y yo tocaba el saxo. La noche señalada tuvimos bastante público. Tocamos en un camión de plataforma, y la gente bailaba y se mezclaba en el asfalto. Todo fue bien durante aproximadamente una hora. Entonces un apuesto joven negro le preguntó a una bonita chica blanca si quería bailar. Hacían buena pareja . . . demasiado buena. Los chicos de campo no pudieron soportarlo. Estalló una pelea, luego otra y otra. Antes de que nos diéramos cuenta, teníamos un tumulto incontrolable entre manos y los coches de policía tomaron el aparcamiento. Así terminó mi primera iniciativa a favor de la reconciliación racial.

Un día, Mack McLarty, que había sido escogido para el parlamento estatal nada más terminar la facultad, vino a Hot Springs con motivo de una convención de vendedores de Ford. Ya estaba casado e instalado, metido en política y en negocios serios. Quería verle, y decidí gastarle una pequeña broma delante de sus formales colegas. Quedé con él en la plaza frente al centro de convenciones. Él no sabía que me había dejado crecer el pelo y la barba. Eso ya era bastante malo, pero encima me llevé a tres personas: dos inglesas que se habían detenido en Hot Springs durante un viaje que hacían en autobús cruzando el país, y que tenían el aspecto que se tiene después de pasarse dos o tres días en un autobús, y Glenn Mahone y su pelo afro y sus camisas dashiki. Parecíamos refugiados del festival de Woodstock. Cuando Mack salió del centro acompañado de dos amigos, le debimos provocar una úlcera. Pero ni se inmutó: me saludó y nos presentó a todo el mundo. Bajo su camisa almidonada y su pelo corto había un corazón y una mente que simpatizaban con la paz y los movimientos por los derechos civiles. Ha seguido a mi lado en las duras y en las maduras durante toda una vida, pero creo que aquel momento fue la prueba más dura por la que le hice pasar.

A medida que transcurría el verano, cada vez me sentía peor por mi decisión de unirme al ROTC e ir a la Facultad de Derecho de Arkansas. No dormía bien, y me pasaba muchas noches en la galería, en la silla blanca reclinable en la que había escuchado el discurso de Martin Luther King de «Yo tengo un sueño», seis años atrás. Leía hasta que podía conciliar el sueño por unas horas. Dado que me había incorporado demasiado tarde al ROTC, no podía asistir al campamento de verano hasta el verano siguiente, de modo que el coronel Holmes aceptó dejarme volver a

Oxford para el segundo año, lo cual significaba que no empezaría mi servicio militar después de la Facultad de Derecho hasta dentro de cuatro años, en lugar de tres. Seguía debatiéndome en la indecisión.

Una conversación con el hermano del reverendo John Miles me hizo sentir aún más inquieto. Warren Miles dejó la escuela a los dieciocho años para ingresar en los marines e irse a Corea, donde le hirieron en combate. Volvió a casa, fue al Hendrix College y obtuvo una beca Rhodes. Me animaba a cambiar la seguridad de mi vida de entonces y unirme a los marines e ir a Vietnam, donde al menos aprendería algo de verdad. Rechazó de entrada mi oposición a la guerra, diciendo que no había nada que pudiera hacer respecto al propio hecho de la guerra, y que mientras siguiera existiendo, la gente honesta debía ir, experimentarla, aprender y recordar. Era todo un razonamiento. Pero yo ya recordaba. Recordaba lo que había aprendido trabajando para el Comité de Relaciones Exteriores, incluidas las pruebas confidenciales que demostraban que a los ciudadanos norteamericanos, sistemáticamente, se les mantenía desinformados. También recordaba la carta de Bert Jeffries diciéndome que procurara mantenerme alejado. Estaba desgarrado interiormente. Como hijo de un veterano de la Segunda Guerra Mundial y un chico que había crecido viendo películas de John Wayne, siempre había admirado a los militares. Ahora buscaba en mi corazón, tratando de averiguar si la aversión que sentía ante la idea de partir estaba basada en la convicción o en la cobardía. Teniendo en cuenta cómo fueron las cosas, no estoy seguro de que jamás llegara a responder a esa pregunta.

Hacia finales de septiembre, cuando me disponía a volver a Oxford, viajé a Martha's Vineyard para reunirme con activistas contra la guerra que habían trabajado con Gene McCarthy, aunque, por supuesto, yo no había colaborado en su campaña. Rick Stearns me invitó, creo que porque sabía que deseaba ir y porque querían a otro sureño. El único que había era Taylor Branch, un recién licenciado de la Universidad de Carolina del Norte, que acababa de estar en Georgia registrando a los votantes negros para que ejercieran su derecho. Taylor se labró una destacada carrera como periodista y ayudó a John Dean, el de Watergate, y al gran jugador de baloncesto Bill Russell a escribir sus autobiografías. Luego escribió su magnífica obra, *Parting the Waters*, que ganó el Premio Pulitzer, y que era el primer volumen de una trilogía sobre Martin Luther King y el movimiento por los derechos civiles. Taylor y yo forjamos una amistad que nos llevaría a colaborar en la campaña de McGovern por Texas en 1972 y luego, en 1993, casi cada mes, en lo que se convertiría prácticamente en una historia oral de mi presidencia, sin la cual muchos de los recuerdos de aquellos años estarían hoy perdidos.

Además de Rick y de Taylor, había otros cuatro hombres en aquel encuentro con los que he seguido en contacto a lo largo de los años: entre ellos, Sam Brown, uno de los líderes más destacados de los movimientos estudiantiles contra la guerra, y que más tarde entró en la política local, en Colorado. Cuando era presidente, él fue el delegado norteamericano en la Organización para la Seguridad y la Cooperación en Europa, OSCE. También estaban David Mixner, que empezó a los catorce años organizando a sus compañeros de trabajo immigrantes, que luego me visitó varias veces en Inglaterra y más tarde se fue a California, donde se dedicó a la lucha contra el SIDA y a favor de los derechos de los homosexuales, y con cuyo apoyo pude contar en la campaña de 1992; Mike Driver, uno de mis amigos más queridos durante los siguientes treinta años; y Eli Segal, al que conocí durante la campaña McGovern, y que más adelante sería jefe de campaña en la candidatura Clinton-Gore.

Todos los que nos reunimos aquel fin de semana hemos vivido cosas que a finales de otoño de 1969 no podíamos ni imaginar. Solo queríamos que se acabara la guerra. El grupo estaba planificando la siguiente gran manifestación, conocida como la Moratoria de Vietnam, y yo aporté lo que pude a sus deliberaciones. Pero lo que más me preocupaba era el reclutamiento: me sentía cada vez más incómodo por la manera en que lo había afrontado. Poco antes de irme de Arkansas hacia Martha's Vineyard, escribí una carta para Bill Armstrong, presidente de mi junta local de reclutamiento, diciéndole que en realidad no quería entrar en el programa ROTC y pidiéndole que retirara mi prórroga 1-D y volviera a ponerme en la lista de incorporación a filas. Strobe Talbott viajó a Arkansas para verme y terminamos hablando de si debía o no enviarla. Al final no lo hice.

El día que salía hacia Inglaterra, nuestro periódico local publicaba en primera página la noticia de que al teniente del ejército Mike Thomas, que me había vencido en las elecciones a presidente del consejo estudiantil en el instituto, lo habían matado en Vietnam. La unidad de Mike fue atacada y buscó refugio. Él murió cuando volvió a la línea de fuego para rescatar a uno de sus hombres, atrapado en su vehículo. El fuego de mortero les mató a los dos. El ejército le concedió a título póstumo la Estrella de Plata, la Estrella de Bronce y el Corazón Púrpura. Ya habían muerto casi 39.000 norteamericanos en Vietnam, y aún habrían de perecer otros 19.000 más.

El 25 y el 26 de septiembre, escribí en mi diario: «Leyendo *La odisea inacabada de Robert Kennedy* [de David Halberstam], recordé de nuevo que no creo en los aplazamientos. . . . No puedo seguir adelante con lo del ROTC». En algún momento de los días siguientes, llamé a Jeff Dwire, le dije que quería que me pusieran de nuevo en la lista de reclutamiento y le pedí que se lo dijera a Bill Armstrong. El 30 de octubre, la junta me clasificó de nuevo en la categoría 1-A. El 1 de octubre, el presidente Nixon había ordenado un cambio en la política del sistema de servicio selectivo, para permitir que los estudiantes universitarios terminaran todo el curso en el que estuvieran, y no solamente el semestre, de modo que no me llamarían hasta julio. No recuerdo, y en mi diario no lo menciono, si le pedí a Jeff que hablara con la junta local antes o después de enterarme de que las prórrogas para estudiantes universitarios se habían extendido a un año académico entero. Pero me acuerdo que me sentí muy aliviado, tanto porque podría pasar más tiempo en Oxford como porque el problema del reclutamiento ya estaba resuelto. Me reconcilié con el hecho de que probablemente me llamarían a filas a finales del curso de Oxford.

También le pedí a Jeff que hablara con el coronel Holmes. Aún me siento en deuda con él: me había ayudado a evitar el reclutamiento el 28 de julio. Aunque volvía a pertenecer a la categoría 1-A, si exigía que cumpliera mi compromiso con el programa ROTC que empezaba en el campamento de verano, pensé que tendría que respetarlo. Jeff indicó que el coronel había aceptado mi decisión, pero que pensaba que cometía un error.

El 1 de diciembre, después de una ley aprobada por el presidente Nixon cinco días antes, Estados Unidos instauró una lotería de reclutamiento en la que todos los días del calendario salían de un bombo. El orden en que iba tu día de nacimiento era determinante de cuándo podían llamarte a filas. El 19 de agosto estaba en la posición 311. Incluso con un número de lotería alto, durante varios meses, pensé que era bastante probable que me reclutaran. El 21 de marzo de 1970 recibí una carta de Lee Williams, en la que decía que había hablado con el coronel Lefty Hawkins, el responsable del sistema de servicio selectivo de Arkansas, y que éste le había dicho que nos iban a llamar a filas a todos.

Cuando recibí el número de reclutamiento, uno bastante elevado, llamé a Jeff de nuevo y le pedí que le dijera al coronel Holmes que me había reincorporado a la lista sin saber que iba a suceder eso, y que comprendía que él aún podía exigirme el cumplimiento de mis obligaciones en el ROTC. Luego, el 3 de diciembre, escribí al coronel Holmes. Le agradecía por haberme protegido del reclutamiento el verano anterior, le decía lo mucho que le admiraba, y que dudaba de que él me hubiera admirado si conociera más acerca de mis creencias y actividades políticas: «Al menos quizá tendría mejor opinión de mí si me reclutaran que si fuera al ROTC». Le describí mi trabajo en el Comité de Relaciones Exteriores, «en un tiempo en que no había mucha gente que dispusiera de tanta información sobre Vietnam como la que pasaba por mis manos». Le dije que, después de dejar Arkansas el verano anterior, había trabajado a favor de la Moratoria de Vietnam en Washington y en Inglaterra. También le dije que había estudiado el sistema de reclutamiento en Georgetown y que había llegado a la conclusión de que solo estaba justificado cuando, como en la Segunda Guerra Mundial, la nación y nuestro estilo de vida estaban en juego. Expresé mi simpatía por los objetores de conciencia y los insumisos. Le dije que Frank Aller, al que identifiqué solo como mi compañero de estudios, era «uno de los mejores y más valientes hombres que he conocido. Este país necesita hombres como él más de lo que cree. Que le consideren un criminal es una obscenidad». Luego admitía que había considerado hacerme insumiso yo también, y que había aceptado el sistema de reclutamiento «a pesar de mis convicciones, por una razón: para mantener mi viabilidad política dentro del sistema». También admitía que había pedido el ingreso en el programa ROTC porque era la única forma en que podía «posiblemente, pero no con toda seguridad, evitar ir a Vietnam y evitar ser insumiso». Le confesaba que «después de firmar la carta de declaración de intenciones para el ROTC empecé a preguntarme si el compromiso que había adquirido no era más cuestionable que el propio reclutamiento, pues yo no estaba interesado en el ROTC y solo parecía que trataba de protegerme y evitarme daño físico . . . después de que llegáramos a un acuerdo, y de que usted enviara mi prórroga 1-D a mi junta de reclutamiento, la angustia, la pérdida de autoestima y de respeto por mí mismo no me abandonaron en ningún momento». Le conté al coronel que había escrito una carta a la junta local el 12 de septiembre en la que pedía que me reintrodujeran en la lista, pero que jamás la había enviado. No mencioné que le había pedido a Jeff Dwire que me reclasificasen como 1-A porque sabía que Jeff ya se lo había dicho al coronel. Dije que esperaba que «al contarle esta historia particular, pueda comprender mejor por qué tanta gente honrada que ama a su país odia al ejército, al que usted y otros hombres dignos han dedicado años, vidas y el mejor servicio que han podido dar». Así me sentía en esa época: un joven muy agitado y lleno de conflictos acerca de la guerra. En cualquier caso, aún me sentía ligado al compromiso adquirido con el ROTC, si el coronel Holmes me reclamaba. Dado que no contestó mi carta, durante varios meses no sabía cuál sería su decisión.

En marzo de 1970, por la fecha en que Lee Williams me habló del reclutamiento de todos los que estábamos incluidos en la lotería, recibí dos cintas que mi familia había grabado cuando David Edwards les visitó en Hot Springs. En la primera cinta había muchas bromas festivas alrededor de nuestra mesa de billar, y al final Roger terminaba tocando el saxofón para mí mientras nuestro pastor alemán, King, se desgañitaba aullando. La segunda cinta contenía mensajes personales de Madre y de Jeff. Madre me decía lo mucho que me quería y me instaba a que durmiera más. Jeff me informaba de cómo iban los asuntos familiares y decía lo siguiente:

> Me tomé la libertad de llamar al coronel hace poco y de visitarle. Te
> desea lo mejor y espera que encuentres tiempo para ir a verle y salu-

darle cuando vuelvas. Yo no me preocuparía del programa ROTC, al menos por lo que a él respecta, porque al parecer comprende la situación general de nuestra juventud mucho mejor de lo que la gente cree.

De modo que hacia la segunda semana de marzo de 1970, supe que quedaba libre de mis obligaciones con el ROTC, pero no del reclutamiento.

Al final resultó que Lee Williams se había equivocado. La cada vez menor intensidad de los combates conllevaba también una reducción de la necesidad de nuevas tropas, hasta el punto de que jamás llamaron el número que yo tenía. Siempre me sentí mal por escapar del riesgo que se había llevado las vidas de tantos miembros de mi generación, que tenían el mismo derecho legítimo al futuro que yo. A lo largo de los años —como gobernador, cuando estuve al frente de la Guardia Nacional y especialmente durante la presidencia— cuanto más conocí el ejército norteamericano, más deseé haber formado parte de él en mi juventud, aunque nunca cambié de opinión respecto a Vietnam.

Si no hubiera ido a Georgetown y trabajado en el Comité de Relaciones Exteriores, quizá hubiera tomado otras decisiones respecto a mi servicio militar. Durante la época de Vietnam, 16 millones de hombres evitaron el servicio militar por vías legales; 8,7 se alistaron; 2,2 fueron reclutados; solo 209.000 fueron acusados de haber evitado el reclutamiento, o de haberse opuesto, de los cuales 8.750 fueron a la cárcel.

Aquellos de nosotros que pudimos haber ido a Vietnam pero que no fuimos quedamos marcados de todos modos, especialmente los que teníamos amigos que murieron allí. Siempre me interesé por los que tampoco fueron y que más tarde entraron en política, para ver cómo hicieron frente a los temas militares y a las discrepancias políticas. Algunos se convirtieron en superhalcones e hiperpatriotas, y afirmaban que las circunstancias personales eran la justificación de su ausencia del ejército, aunque seguían condenando a los que se opusieron a la guerra que ellos mismos habían evitado. En 2002, al parecer, Vietnam ya había desaparecido, se había desvanecido en las sombras de la psique norteamericana hasta tal punto que, en Georgia, el congresista republicano Saxby Chambliss, que evitó ir la guerra, fue capaz de derrotar al senador Max Cleland, que había perdido tres miembros en Vietnam, cuestionando su patriotismo y su compromiso con la seguridad de Estados Unidos.

En marcado contraste con las actividades de los superhalcones que no fueron a Vietnam, los esfuerzos norteamericanos por reconciliarnos y normalizar las relaciones con ese país corrieron a cargo de distinguidos veteranos de guerra del Congreso, como Chuck Robb, John McCain, John Kerry, Bob Kerrey, Chuck Hagel y Pete Peterson, hombres que cumplieron con su deber y que no tenían nada que ocultar o demostrar.

* * *

Cuando volví a Oxford a principios de octubre para pasar mi segundo año sorpresa, las circunstancias de mi vida eran casi tan complicadas como en Arkansas. No tenía dónde dormir, porque hasta finales de verano creía que no volvería, y solo nos garantizaban alojamiento durante el primer año. Viví con Rick Stearns durante un par de semanas, durante las que trabajamos y participamos en nuestro particular cumplimiento de la Moratoria de Vietnam, frente a la embajada estadounidense en Londres el 15 de octubre, en apoyo del evento principal que tenía lugar en Estados Unidos. También colaboré en la organización de una sesión informativa en la London School of Economics.

Al final encontré un hogar para el resto de mi estancia en Oxford, con Strobe Talbott y Frank Aller, en el 46 de Leckford Road. Su compañero de piso previsto se había ido, y me necesitaban para pagar el alquiler, que ascendía a unas treinta y seis libras al mes, 86,40 dólares al cambio de 2,40 dólares por libra. Era un lugar un poco viejo, pero más que adecuado para nosotros. En el primer piso había una pequeña sala de estar y una habitación para mí, junto con una cocina y un baño, que era lo primero que se veía nada más entrar en la casa. La puerta del baño era de cristal y estaba tapada por una fina hoja de papel con el retrato de una mujer de estilo prerrafaelista, lo cual hacía que desde lejos pareciera una vidriera. Era la parte más elegante de la casa. Las habitaciones y los estudios de Strobe y de Frank estaban en el segundo y tercer piso respectivamente. Teníamos un pequeño y descuidado patio vallado en la parte posterior de la casa.

A diferencia de mí, Strobe y Frank estaban trabajando duro. Frank estaba escribiendo una tesis sobre la épica Larga Marcha de la guerra civil china. Había estado en Suiza para ver a Edgar Snow, cuyo famoso libro *Estrella roja* sobre China es una crónica de sus experiencias únicas con Mao y sus revolucionarios en Yenan. Snow le había dejado a Frank algunos de sus documentos inéditos para que los utilizara, y estaba claro que iba camino de crear un estudio académico de gran valor.

Strobe estaba volcado en un proyecto aún más notable, las memorias de Nikita Jruschov, que era conocido en Estados Unidos por sus enfrentamientos con Kennedy y Nixon, pero tal y como se desarrolló la Guerra Fría, resultó que era un reformista y un personaje fascinante. Había construido la hermosa red de metro de Moscú y denunciado los excesos asesinos de Stalin. Después de que las fuerzas conservadoras ortodoxas lo apartaran del poder e instauraran a Brezhnev y a Kosygin, Jruschov grabó cintas con sus memorias en secreto y, creo que a través de sus amigos de la KGB, hizo que se las mandaran a Jerry Schecter, el entonces jefe de la oficina de *Time* en Moscú. Strobe entendía ruso, y había trabajado para *Time* en Moscú durante el verano anterior. Voló a Copenhague para entrevistarse con Schecter y obtener las cintas. Cuando volvió a Oxford, empezó el laborioso proceso de teclear las palabras de Jruschov en ruso, y luego traducirlas y corregir el texto.

Muchas veces, por la mañana, yo preparaba el desayuno para Frank y Strobe mientras ellos se concentraban en lo suyo. Era un cocinero de comida rápida bastante digno. Solía llevarles los productos de la «cocina sureña de Madre Clinton» y comprobar cómo iba el trabajo. Me fascinaba especialmente oír a Strobe mientras contaba las historias de Jruschov sobre las intrigas del Kremlin. El influyente libro de Strobe, *Khrushchev Remembers*, supuso una extraordinaria contribución para que la sociedad occidental comprendiera los mecanismos internos y las tensiones que asolaban la Unión Soviética, y dio alas a la esperanza de que algún día la reforma interior traería más libertad y apertura.

El 15 de noviembre se celebró la segunda y más multitudinaria manifestación de la Moratoria, con más de quinientas personas desfilando por Grosvenor Square, frente a la embajada estadounidense. Con nosotros se encontraba el padre Richard McSorley, jesuita de la facultad de Georgetown, que llevaba tiempo implicándose en el movimiento pacifista. Como capellán durante la Segunda Guerra Mundial, McSorley sobrevivió a la marcha de la muerte de Bataán, y más tarde hizo amistad con Robert Kennedy y con su familia. Después de la manifestación, celebramos una misa en la iglesia St. Mark's, cerca de la embajada. El padre McSorley recitó la plegaria de la paz de San Francisco de Asís, y Rick Stearns leyó los famosos versos de John Donne que terminan: «Nunca preguntes por quién doblan las campanas; doblan por ti».

Después del día de Acción de Gracias, Tom Williamson y yo volamos a Dublín para reunirnos con Hillary Hart y Martha Saxton, con la que había estado viéndome durante varios meses. Más de treinta años después, Martha me recordó que en ese viaje le dije que ella era demasiado triste para mí. De hecho, entonces, con lo angustiado que andaba por el asunto de Vietnam, el que era demasiado triste era yo, para ella o para cualquier otra persona. Pero aunque triste, Irlanda me apasionó, y allí me sentí como en casa. No me gustó nada tener que irme después de pasar únicamente un fin de semana.

Tres días después de escribir mi carta al coronel Holmes, el sábado 6 de diciembre, estaba en Londres, en casa de David Edwards, para todo un acontecimiento: un partido de fútbol americano de Arkansas contra Texas. Ambos equipos se mantenían invictos. Texas iba primero y Arkansas segundo en las clasificaciones nacionales. Se jugaban el campeonato nacional en el último partido de la temporada regular, el número cien desde que se jugaba al fútbol universitario. Alquilé una radio de onda corta que no era demasiado cara, pero por la que tuve que depositar una fianza de cincuenta libras, una fortuna para mí. David se hizo con un gran bote de chile del bueno. Invitamos a unos cuantos amigos que pensaron que nos habíamos vuelto locos, mientras vitoreábamos y aullábamos durante un partido de fútbol americano que fue tan emocionante que lo bautizaron como el partido del siglo. Por unas pocas horas, fuimos inocentes de nuevo; estábamos totalmente inmersos en la competición.

El partido y su contexto cultural y político ha sido maravillosamente descrito por Terry Frei en su libro *Horns, Hogs, and Nixon Coming*. El subtítulo del libro es *Texas v. Arkansas in Dixie's Last Stand*, porque fue el último gran evento deportivo en el que participaron dos equipos en los que todos los jugadores eran blancos.

Unos días antes, la Casa Blanca había anunciado que el presidente Nixon, un fanático del fútbol, asistiría al partido y entregaría el trofeo del campeonato nacional al ganador. Nueve miembros del Congreso irían con él, incluyendo su adversario sobre Vietnam, el senador Fulbright, que había jugado en los Razorbacks más de cuarenta años atrás, y un joven congresista tejano, George H. W. Bush. También estaba previsto que asistieran los adjuntos a la Casa Blanca Henry Kissinger, H. R. Haldeman, y el secretario de prensa, Ron Ziegler.

Arkansas salió presionando a Texas, forzó una pérdida de pelota en la primera posesión y marcó al minuto y medio de empezar el partido. En el descanso, con Arkansas ganando por 7 a 0, entrevistaron al presidente Nixon. Dijo: «Espero que ambos equipos marquen en la segunda parte. La pregunta es si el equipo de Texas, que es superior, y me refiero a que probablemente sus suplementes son más fuertes, puede ganar en el último cuarto. Así es como yo lo veo». Durante la primera jugada del último cuarto, con Arkansas ganando por 14 a 0, el *quarterback* de Texas, James Street, hizo una impresionante carrera de cuarenta y dos yardas que terminó en *touchdown*, en lo que había empezado como una jugada sin posibilidades. Texas fue a por la conversión de dos puntos, la obtuvo y el marcador quedó 14 a 8. En la siguiente posesión, Arkansas hizo llegar rápidamente la pelota a la línea de siete yardas de Texas. Con el mejor marcador del país, Arkansas podría haber obtenido un *field goal*, subir el marcador a 17 contra 8 y obligar a Texas a marcar dos veces para ganar. Pero optó por una jugada de pase, que se quedó corto y fue interceptado. Faltando poco menos de cinco minutos de juego, Texas tenía un cuarto *down* y tres yardas para correr, saliendo desde la yarda cuarenta y tres de su propio campo. Su *quarterback* completó un pase milagroso hasta un receptor bien defendido en la yarda trece de Arkansas. Dos jugadas más tarde, Texas marcó y se puso en cabeza, con 15 a 14. En su último ataque, Arkansas movió la pelota a la mano en pases cortos, la mayoría de ellos eran mérito del talento de su defensa, Bill Burnett, que tenía un día inspirado con las carreras y que pronto se convertiría en el yerno del coronel Eugene Holmes. Después de una jugada emocionante, Texas interceptó un pase de Arkansas, conservó la pelota durante el último minuto y veintidós segundos que marcó el tiempo reglamentario y ganó por 15 a 14.

Fue un partido espléndido. Varios jugadores del propio equipo de Texas dijeron que nadie merecía perder. Lo único que me dejó mal sabor de boca fueron las predicciones del presidente Nixon en la media parte, de que Texas muy bien podría ganar en el último cuarto. Durante muchos años, creo que le reproché eso casi tanto como lo del Watergate.

El hecho de que David Edwards y yo nos tomáramos la molestia de alquilar una radio de onda corta para seguir un partido de fútbol americano no le sorprenderá a nadie que haya crecido en la fanática cultura del deporte de Estados Unidos. Apoyar al equipo de fútbol de los Razorbacks formaba parte de lo que significaba ser de Arkansas. Antes de que nuestra familia comprara un televisor, yo escuchaba todos los partidos por la radio. Durante el instituto, acarreaba los bultos de los Razorbacks solo para poder entrar en los partidos. En Georgetown, seguí todos los partidos suyos que emitieron por televisión. Cuando volví a casa, y fui profesor de derecho, fiscal general y gobernador, logré seguir casi todos los partidos que jugaron en casa. Cuando Eddie Sutton se convirtió en entrenador de baloncesto y su esposa Patsy colaboró activamente en mi campaña de 1980, también empecé a asistir a todos los partidos que pude. Cuando el equipo de Arkansas del entrenador Nolan Richardson ganó el campeonato de la liga universitaria de baloncesto contra Duke en 1994, yo estaba en el campo.

De entre todos los grandes partidos que he visto a lo largo de mi vida, solo el partido del siglo tuvo impacto en mi carrera política. Aunque los manifestantes contra la guerra no salían por televisión, estaban allí. Uno de ellos estaba sentado en un árbol en la colina que daba al estadio. Al día siguiente, su fotografía estaba en muchos periódicos y revistas semanales de Arkansas. Cinco años más tarde, en 1974, poco antes de mis primeras elecciones al Congreso, los integrantes del equipo de campaña de mis oponentes llamaron a los periódicos de todo el distrito para preguntarles si habían conservado una copia de «esa foto de Bill Clinton colgado del árbol y manifestándose contra Nixon en el partido Arkansas-Texas». El rumor se propagó como la pólvora, y me costó muchos votos. En 1978, cuando me presenté como candidato a gobernador por primera vez, un agente estatal del sur de Arkansas juró a mucha gente que él en persona me había hecho bajar del árbol ese día. En 1979, durante mi primer año como gobernador, y diez años después del partido, cuando estaba respondiendo a las preguntas de una asamblea estudiantil en Berryville, a una hora en coche de Fayetteville, un estudiante me preguntó si realmente era yo el que estaba en ese árbol. Cuando pregunté quién había oído ese rumor, la mitad de los alumnos y tres cuartas partes del profesorado levantaron la mano. En 1983, catorce años después del partido, fui a Tontitown, una pequeña comunidad al norte de Fayetteville, para coronar a la reina del festival de las uvas de cada año. Después de la ceremonia, la chica, de unos dieciséis años, me miró y me preguntó: «¿De verdad se subió desnudo a ese árbol para manifestarse contra el presidente Nixon y contra la guerra?». Cuando le dije que no, replicó: «Oh, vaya. ¡Esa era la razón por la que siempre le he apoyado!». Aunque a medida que la historia maduraba yo había perdido mi ropa por el camino, las tornas habían cambiado. Lástima que poco después un irreverente periódico liberal semanal de Fayetteville, *The Grapevine*, finalmente puso las cosas en su sitio y publicó la historia del verdadero manifestante, incluida la famosa imagen de él subido al árbol. El autor del artículo también dijo que cuando el gobernador Clinton era joven, era demasiado «niño bien» para hacer algo tan arriesgado.

Ese partido de fútbol americano tan lejano fue mi ocasión para disfrutar de un deporte que amaba, y para sentirme más cerca de mi hogar. Había empezado a leer *You Can't Go Home Again*, de Thomas Wolfe, y temía que mi vida terminara convertida en eso. Yo estaba a punto de irme más lejos de casa de lo que jamás había estado, en más de un sentido.

A finales de la primera semana de diciembre, durante nuestras largas vacaciones de invierno, empecé un viaje de cuarenta días que me llevaría de Ámsterdam a los países escandinavos y a Rusia, y luego de vuelta a Oxford pasando por Praga y Munich. Fue, y sigue siéndolo, el viaje más largo de toda mi vida.

Viajé a Amsterdam con mi amiga y artista Aimée Gautier. Las calles estaban adornadas con luces navideñas y a ambos lados había tiendas preciosas. En el famoso Barrio Rojo, las prostitutas, totalmente legales, estaban sentadas en sus escaparates, a la vista de todo el mundo. Aimée me preguntó en broma si quería entrar en algún local, pero me abstuve.

Visitamos las principales iglesias, vimos los Van Gogh del Museo Municipal y los Vermeer y Rembrandt del Rijksmuseum. A la hora del cierre nos pidieron que nos fuéramos de aquel maravilloso lugar. Fui al guardarropa para recoger nuestros abrigos. Solo había otra persona en la cola, esperando como nosotros. Cuando se dio la vuelta me di de bruces con Rudolf Nureyev. Intercambiamos algunas frases y me preguntó si quería tomar una taza de té. Sabía que a Aimée le encantaría, pero frente a la puerta, un joven apuesto y ceñudo estaba paseándose; estaba claro que esperaba a Nureyev, así que decliné la invitación. Años más tarde, cuando fui gobernador, coincidí con Nureyev en un hotel de Taipei, en Taiwan. Finalmente nos tomamos aquella taza de té una noche, después de haber cumplido con nuestras respectivas obligaciones. Obviamente, no recordaba nuestro primer encuentro.

En Ámsterdam me despedí de Aimée, que se iba a su casa, y tomé el tren hacia Copenhague, Oslo y Estocolmo. En la frontera entre Noruega y Suecia, casi me dejan tirado en medio de la nada.

En una diminuta estación de tren, los guardias registraron el equipaje de todos los jóvenes, buscando drogas. En mi bolsa hallaron muchas píldoras Contac, que yo llevaba para un amigo en Moscú. Contac era un producto relativamente nuevo, y por alguna razón aún no estaba en la lista de fármacos aprobados por el gobierno sueco. Traté de explicarles que solo eran pastillas para el resfriado, que se vendían en las tiendas norteamericanas y que no tenían ningún efecto adictivo. El guardia me confiscó las pastillas, pero al menos no me arrojaron por tráfico de drogas al desolado paisaje nevado, donde me habría convertido en una interesante escultura de hielo, perfectamente preservado hasta la llegada del rocío primaveral.

Después de pasar un par de días en Estocolmo, tomé un ferry nocturno hasta Helsinki. A última hora de la noche estaba solo en una mesa del bar, leyendo un libro y bebiendo café, y de repente se desató una pelea. Dos hombres muy borrachos se peleaban por la única chica que había. Ambos estaban demasiado ebrios y no podían defenderse, pero se lanzaban golpes mutuamente. A los pocos minutos estaban ensangrentados. Uno de ellos era miembro de la tripulación, y dos o tres de sus compañeros estaban ahí de pie, mirando. Finalmente, no pude más y me levanté para tratar de detener la pelea antes de que se hicieran daño de verdad. Cuando estaba a menos de tres metros, uno de los otros miembros de la tripulación me interceptó y me dijo: «No puedes detener la pelea. Si lo intentas, irán los dos a por ti. Y nosotros les ayudaremos». Cuando le pregunté por qué, solo sonrió y replicó: «Porque somos finlandeses». Me encogí de hombros, me alejé, recogí mi libro y me fui a la cama, después de haber aprendido otra lección sobre las distintas culturas. Apuesto a que ninguno de los dos se quedó con la chica.

Me registré en un hotelito y empecé a pasear por la ciudad con mi compañero de Georgetown Richard Shullaw, cuyo padre era adjunto a la embajada norteamericana en Finlandia.

El día de Navidad, el primero que pasaba lejos de casa, caminé hasta la bahía de Helsinki. El hielo era grueso, y había suficiente nieve para caminar. En medio de aquel hermoso paraje natural vi una pequeña cabaña a unos metros de la costa, y un pequeño agujero redondo en el hielo un poco más allá. La casita era una sauna, y de ella salió al cabo de poco rato un hombre con un reducido traje de baño. Se fue directo al hielo y se dejó caer en el agujero y en el agua helada. Después de un par de minutos, salió, volvió a la sauna y repitió el ritual. Pensé que estaba aún más loco que los dos tipos del bar. Con el tiempo llegué a disfrutar del chorro caliente de la sauna, pero a pesar de mi creciente amor por Finlandia, fruto de varios viajes que hice, jamás pude meterme en el agua helada.

En Nochevieja tomé el tren a Moscú; hacía una parada en la Estación Finlandia de Leningrado. Era el mismo camino que había tomado Lenin en 1917 cuando volvió a Rusia para retomar las riendas de la revolución. Lo tenía presente porque acababa de leer el maravilloso libro de Edmund Wilson, *Hacia la estación de Finlandia*. Cuando llegamos a la frontera rusa, en otro solitario reducto, conocí a mi primer comunista de carne y hueso, un rechoncho guardia de aspecto angelical. Miró mis maletas con sospecha, y me dispuse a que las registrara en busca de drogas. En lugar de eso, preguntó en inglés con un fuerte acento: «¿Libros guarros, libros guarros? ¿Tener libros guarros?». Me eché a reír y abrí mi maleta, repleta de ediciones Penguin de las novelas de Tolstoi, Dostoievski y Turguéniev. Se quedó muy decepcionado. Imagino que deseaba revistas de contrabando que animaran las largas y solitarias noches en la helada frontera.

El tren soviético estaba lleno de espaciosos compartimientos. Cada vagón tenía un samovar gigante con té caliente, que una anciana servía junto con pan negro. Compartí el mío con un hombre muy interesante, que había sido entrenador del equipo estonio de boxeo durante los Juegos Olímpicos de 1936, tres años antes de que la Unión Soviética absorbiera los estados bálticos. Los dos hablábamos suficiente alemán como para entendernos. Era un tipo animado, que me dijo completamente confiado que un día Estonia sería libre de nuevo. En 2002, cuando viajé a Tallinn, la bella y antigua capital de Estonia, le conté esta anécdota al público que me escuchaba. Mi amigo, el ex presidente Lennart Meri, estaba presente e hizo unas rápidas pesquisas para mí. El nombre de aquel hombre era Peter Matsov, y había muerto en 1980. A menudo pienso en él y en nuestro viaje compartido de Nochevieja. Ojalá hubiera vivido una década más, para ver su sueño hecho realidad.

Ya era casi medianoche, y el amanecer de una nueva década, cuando llegamos a Leningrado. Salí y caminé durante unos minutos, pero todo lo que vi fueron policías arrastrando a borrachos en medio de una increíble tormenta de nieve. Tendrían que pasar casi treinta años para que pudiera contemplar el esplendor de la ciudad. Para entonces los comunistas ya no estaban y había recuperado su nombre original, San Petersburgo.

En la mañana del día de Año Nuevo de 1970, empezaron cinco días asombrosos. Me había preparado para el viaje a Moscú comprándome una guía y un buen callejero en inglés, pues era incapaz de leer el alfabeto cirílico ruso.

Me registré en el hotel National, en la Plaza Roja. Tenía un enorme vestíbulo de techos altísimos, habitaciones muy cómodas y un restaurante y un bar muy agradables.

La única persona que conocía en Moscú era Nikki Alexis, que me había regalado dos tarjetas de amistad cuando volví a casa desde Oxford el verano anterior. Era una mujer increíble, nacida en Martinica, en las Indias Occidentales, que vivía en París porque su padre era diplomático y estaba destinado allí. Nikki estaba estudiando en la Universidad de Lumumba, bautizada en honor del líder congoleño que fue asesinado en 1961, al parecer con la complicidad de la CIA. La mayoría de los estudiantes eran gente pobre, procedente de países pobres. Obviamente los rusos esperaban que después de recibir educación, volvieran a sus países para ganar conversos para el comunismo.

Una noche me subí a un autobús hacia la Universidad de Lumumba para cenar con Nikki y algunos amigos suyos. Uno de ellos era una mujer haitiana llamada Hélène cuyo marido estaba estudiando en París. Tenía una hija que estaba viviendo con él. No tenía dinero para viajar, y no se habían visto en casi dos años. Cuando me fui de Rusia unos días después, Hélène me regaló uno de esos típicos sombreros de piel rusos. No era muy caro, pero ella no tenía dinero. Le pregunté si estaba segura de que quería dármelo. Respondió: «Sí. Fuiste amable conmigo y me has dado esperanza». En 1994, cuando era presidente y tomé la decisión de derrocar al dictador militar de Haití, el general Raoul Cédras, y devolver el poder al presidente democráticamente elegido, Jean-Bertrand Aristide, pensé en aquella buena mujer por primera vez en muchos años, y me pregunté si alguna vez había logrado volver a Haití.

Hacia las doce volví en autobús a mi hotel. Solo había otro pasajero. Se llamaba Oleg Rakito y hablaba inglés mejor que yo. Me hizo montones de preguntas y me dijo que trabajaba para el gobierno: prácticamente confesó que su misión era vigilarme. Dijo que le gustaría continuar nuestra conversación durante el desayuno a la mañana siguiente. Mientras comíamos tocino frío y huevos, me dijo que leía las revistas *Time* y *Newsweek* cada semana, y que le gustaba mucho la estrella del pop Tom Jones; obtenía sus canciones en cintas de contrabando. Si Oleg estaba tratando de sacarme información porque me habían dado una autorización para ver documentos confidenciales durante mi temporada con el senador Fulbright, lo tenía claro. Pero yo sí me enteré de cosas gracias a él: de la sed de un joven detrás del Cortina de Hierro por obtener información verdadera del mundo exterior. Me acordé de esa impresión durante toda mi vida, hasta llegar a la Casa Blanca.

Oleg no era el único ruso amistoso que conocí. La política de *deténte* del presidente Nixon estaba dando resultados palpables. Unos meses antes, la televisión rusa había mostrado a los norteamericanos caminando sobre la luna. La gente aún hablaba de eso, y les fascinaba cualquier cosa que viniera de Estados Unidos. Envidiaban nuestra libertad y suponían que todos éramos ricos. Supongo que comparados con la mayoría de la población de allí, lo éramos. Siempre que me subía al metro, la gente se acercaba a mí y decía orgullosa, «¡Hablo inglés! Bienvenido a Moscú». Una noche cené con algunos huéspedes del hotel, un taxista local y su hermana. La chica había bebido un poco, y decidió que quería quedarse conmigo. Su hermano tuvo que arrastrarla fuera del hotel, por la nieve, y meterla en el taxi. Jamás supe si de lo que tenía miedo era que quedarse conmigo le garantizara un interrogatorio de la KGB, o sencillamente pensaba que no merecía a su hermana.

Mi aventura más interesante en Moscú empezó con un encuentro casual en un ascensor del hotel. Cuando subí, había otros cuatro hombres. Uno de ellos llevaba un pin del Virginia Lions Club. Obviamente pensó que yo era un forastero, con mi barba y mi larga melena, las botas de cuero, y la chaqueta verde guisante de la armada inglesa. Me preguntó con un típico acento sureño: «¿De dónde es?». Cuando sonreí y respondí que de Arkansas, él replicó: «Demonio, ¡pensé que era danés o algo así!». El hombre se llamaba Charlie Daniels. Era de Norton, Virginia, lugar de nacimiento de Francis Gary Powers, el piloto de U-2 al que habían abatido y capturado en Rusia en 1960. Le acompañaban Carl McAfee, abogado de Norton que había colaborado en la liberación de Powers, y un granjero de pollos del estado de Washington, Henry Fors, cuyo hijo había desaparecido en Vietnam. Todos habían viajado a Moscú para ver si los norvietnamitas que vivían allí podían informarles de si su hijo estaba vivo o muerto. El cuarto hombre era de París, y como los de Virginia, miembro del Lions Club. Había ido con ellos porque los norvietnamitas hablaban francés. Todos estaban allí sin ninguna garantía de que los rusos les permitieran hablar con los vietnamitas ni de que, si lo lograban, pudieran obtener alguna información. Ninguno de ellos hablaba ruso. Me preguntaron si conocía a alguien que pudiera ayudarles. Mi vieja amiga Nikki Alexis estaba estudiando inglés, francés y ruso en la Universidad de Lumumba. Se la presenté, y pasaron un par de días haciendo la ronda; visitaron la embajada estadounidense, pidieron ayuda a los rusos y finalmente pudieron entrevistarse con los norvietnamitas, que al parecer se quedaron impresionados de que el señor Fors y sus amigos se embarcaran en tal empresa para descubrir cuál había sido la suerte de su hijo y de algunos otros muchachos desaparecidos en combate. Dijeron que harían averiguaciones y que les dirían algo. Unas semanas más tarde, le comunicaron a Henry Fors que su hijo había muerto cuando su avión fue derribado. Al menos encontró un poco de paz de espíritu. Pensé en Henry Fors cuando, durante la presidencia, trabajaba para solucionar los casos de soldados norteamericanos desaparecidos en combate y para ayudar a los vietnamitas a descubrir qué había sido de sus 300.000 desaparecidos.

El 6 de enero, Nikki y su amiga haitiana Hélène me metieron en un tren hacia Praga, una de las ciudades más antiguas y bellas de Europa, que aún se estaba recuperando de la dura represión soviética de la Primavera de Praga, el movimiento reformista de agosto de 1968 que Alexander Dubcek había tratado de impulsar. Me habían invitado a quedarme con los padres de Jan Kopold, que jugaba al baloncesto conmigo en Oxford. Los Kopold eran personas muy amables, cuya historia personal estaba profundamente ligada a la Checoslovaquia moderna. El padre de la señora Kopold había sido editor en jefe del periódico comunista *Rude Pravo;* murió luchando contra los nazis durante la Segunda Guerra Mundial, y le pusieron su nombre a un puente de Praga. Tanto el señor como la señora Kopold eran académicos y ambos habían apoyado mucho a Dubček. La madre de la señora Kopold también vivía con ellos. Me llevaba de paseo por la ciudad durante el día, mientras los Kopold trabajaban. Vivían en un bonito apartamento en un edificio moderno de muchas plantas que tenía una impresionante vista de la ciudad. Yo dormía en la habitación de Jan, y estaba tan emocionado que me despertaba tres o cuatro veces cada noche solamente para contemplar el horizonte.

La familia Kopold, como todos los checos que conocí, se aferraban a la creencia de que volverían a tener otra oportunidad de liberarse. Se la merecían tanto como cualquiera. Eran inteligentes, orgullosos y tenían determinación. Los jóvenes checos eran especialmente pro-americanos. Apoyaban a nuestro gobierno en Vietnam porque estaba a favor de la libertad y los rusos no. Una vez, el señor Kopold me dijo: «Ni siquiera los rusos pueden desafiar para siempre las leyes del desarrollo histórico». Y efectivamente, así fue. Veinte años más tarde, Václav Havel y su pacífica «revolución de terciopelo» honraría la promesa de la Primavera de Praga.

Diez meses después de dejar a los Kopold para volver a Oxford, recibí la siguiente nota de ellos, escrita en una sencilla hoja de papel blanco, con bordes negros: «Con inmenso dolor queremos informar a sus amigos que el 29 de julio, en el hospital universitario de Smirna, Turquía, a la corta edad de 23 años, falleció Jan Kopold… Durante mucho tiempo su deseo fue visitar los restos de la cultura helénica. Cayó desde mucha altura no lejos de Troya, y murió a causa de las heridas sufridas». Jan me caía realmente bien, con su sonrisa siempre dispuesta y su mente despierta. Cuando le conocí, le torturaba el conflicto entre su amor por Checoslovaquia y su amor por la libertad. Ojalá hubiera vivido para disfrutar de ambos.

Después de seis días en Praga, me detuve en Munich para celebrar la Faschingsfest con Rudy Lowe, y luego volví a Inglaterra con renovada fe en Estados Unidos y en la democracia. A pesar de sus defectos, había descubierto que mi país aún era un faro de luz para mucha gente oprimida bajo el comunismo. Irónicamente, cuando me presenté como candidato a la presidencia, en 1992, los republicanos trataron de utilizar ese viaje en mi contra, afirmando que había confraternizado con los comunistas en Moscú.

Con el nuevo curso, volví a mis clases semanales de política y a las conferencias sobre la relevancia de las teorías científicas en la planificación estratégica; el problema de convertir un ejército de reclutas en uno patriótico, desde Napoleón a Vietnam y los problemas que China y Rusia planteaban para la diplomacia estadounidense. Leí a Herman Kahn y su trabajo sobre las probabilidades de la guerra nuclear, de los distintos grados de destrucción y los comportamientos posteriores al ataque. Era poco convincente y propio del doctor Strangelove. En mi diario escribí que «lo que suceda una vez empiecen los fuegos artificiales quizá no siga el curso fijado por ningún sistema científico o modelo de análisis».

Mientras hacía lo posible por soportar otro invierno inglés sin ver el sol, me fueron llegando algunas cartas y postales desde casa. Mis amigos encontraban trabajo, se casaban, seguían adelante con sus vidas. Después de toda la angustia que yo había pasado por lo de Vietnam, me sentó muy bien ver que la vida iba recuperando su ritmo normal.

Marzo, y la llegada de la primavera, trajeron un poco más de luz. Leía a Hemingway, asistía a las clases semanales y hablaba con mis amigos; había uno nuevo y fascinante. Mandy Merck había llegado a Oxford procedente del Reed College de Oregón. Era hiperactiva y muy inteligente, la única norteamericana que conocí en Oxford capaz de superar a sus compañeros británicos con su rápida y fluida conversación. También era la primera mujer abiertamente lesbiana que conocía. Marzo fue un mes importante en mi toma de conciencia frente a la homosexualidad. Paul Parish también me confesó que lo era y estaba aterrado ante la posibilidad de que eso lo convirtiera en un paria. Sufrió durante mucho tiempo, pero ahora vive en San Francisco, y en sus propias palabras, «a salvo y dentro de la ley». Mandy Merck se quedó en Inglaterra y se convirtió en periodista y defensora de los derechos de los gays. Sus brillantes e ingeniosos comentarios me alegraron aquella primavera.

Una noche, Rick Stearns me dejó de piedra cuando me soltó que yo no estaba hecho para la política. Dijo que Huey Long y yo teníamos un estilo político magnífico, a lo sureño, pero que Long era un genio político que comprendía cómo había que obtener y utilizar el poder. Dijo que mis cualidades eran más literarias, que tenía que hacerme escritor, porque escribía mejor de lo que hablaba y además, no era suficientemente duro para la política. Muchas personas han compartido esa opinión a lo largo de los años. Rick no se equivocó demasiado. Jamás me ha gustado el poder en sí mismo, pero cuando mis adversarios me atacaban, siempre lograba reunir fuerzas suficientes para sobrevivir. Además, no creía que pudiera hacer nada mejor.

A principios de 1970, después de recibir la cinta de Jeff Dwire con el resumen de su conversación con el coronel Holmes y el número alto de lotería, sabía que no tenía que ir al ROTC y que no me llamarían a filas al menos hasta final de año. Si no me reclutaban, las opciones estaban entre volver por tercer año a Oxford, posibilidad que la beca Rhodes podría cubrir, o bien ir a la Facultad de Derecho de Yale, si me aceptaban.

Me gustaba Oxford, quizá demasiado. Temía que si volvía por tercera vez consecutiva, quizá me instalaría en una vida académica cómoda pero sin objeto, que al final me decepcionaría. Dado lo que sentía acerca de la guerra, ni siquiera estaba seguro de lograr nada en el terreno de la política, pero me decantaba por volver a casa y probar suerte.

En abril, durante la pausa entre el primer y el segundo trimestre, hice un último viaje, a España, con Rick Stearns. Había estado leyendo sobre España y el país me tenía enamorado, gracias a *La esperanza*, de André Malraux, *Homenaje a Cataluña*, de George Orwell y la gran obra de Hugh Thomas, *La guerra civil española*. Malraux exploraba el dilema que la guerra plantea a los intelectuales, muchos de los cuales se lanzaron a luchar contra Franco. Decía que los intelectuales querían establecer distinciones y saber concretamente por qué se lucha y cómo debe lucharse, una actitud que es por definición antimaniquea, pero los guerreros son por definición lo contrario. Para matar y sobrevivir deben verse las cosas en blanco y negro, el bien y el mal claramente definidos. Reconocí eso mismo años más tarde, cuando los conservadores de la extrema derecha se hicieron con el partido republicano y con el Congreso. Para ellos, la política era sencillamente una guerra que se libraba con otros medios. Necesitaban un enemigo y yo fui el demonio al otro lado de su frontera maniquea.

Jamás dejé de sentir el romántico atractivo de España, el pulso salvaje de la tierra, el espíritu comunicativo e inquebrantable de su gente, los recuerdos siempre presentes de la Guerra Civil perdida, el Prado, la belleza de la Alhambra. Cuando era presidente, Hillary y yo nos hicimos amigos del rey Juan Carlos y de la reina Sofía. (En mi último viaje a España, el rey Juan Carlos recordó que le había mencionado lo mucho que me había gustado Granada y nos llevó de vuelta allí a Hillary y a mí. Treinta años después caminé de nuevo por la Alhambra, en una España democrática y libre del franquismo, en muy buena parte gracias al propio rey.)

A finales de abril, cuando volví a Oxford, Madre llamó para decirme que la madre de David Leopoulos, Evelyn, había sido asesinada, apuñalada cuatro veces en el corazón en su tienda de antigüedades. El crimen jamás se resolvió. Entonces yo estaba leyendo el *Leviatán* de Thomas Hobbes, y recuerdo que pensé que quizá tenía razón en que la vida era «mediocre, repugnante, brutal y corta». David vino a verme unas semanas después, de camino a su unidad en Italia y traté de animarle como pude. Su pérdida finalmente me hizo terminar un relato corto sobre el último año y medio de Papá y su muerte. Obtuve críticas bastante buenas de mis amigos y escribí en mi diario: «Quizá puedo dedicarme a escribir, en lugar de ser un portero, ahora que mi carrera política está de capa caída». De vez en cuando había fantaseado con la idea de hacerme portero del hotel Plaza de Nueva York, al sur de Central Park. Los porteros del Plaza llevaban uniformes muy elegantes y conocían a gente interesante procedente de todo el mundo. Me imaginaba aceptando enormes propinas de los huéspedes, que pensarían que, a pesar de mi acento sureño, tenía una conversación agradable.

A finales de mayo, me aceptaron en Yale y decidí ir. Terminé los trabajos de mis clases sobre el concepto de la oposición, el primer ministro británico y la teoría política, prefiriendo a Locke antes que a Hobbes. El 5 de junio, pronuncié un último discurso en la ceremonia de graduación del instituto militar norteamericano. Me senté en un estrado lleno de generales y coroneles y en mi discurso hablé de por qué amaba a Estados Unidos, respetaba a su ejército y me oponía a la guerra de Vietnam. A los chicos les gustó y creo que los oficiales respetaron la forma en que lo formulé.

El 26 de junio tomé un avión a Nueva York, después de muchas emotivas despedidas, especialmente de Frank Aller, Paul Parish y David Edwards, esta vez de verdad. Así de rápido, aquello había terminado; los dos años más extraordinarios de mi vida. Empezaron las vísperas de las elecciones que llevaron a Richard Nixon al poder y terminaron con el anuncio de los Beatles de que se separaban, mientras su última película llegaba a una multitud de fans fieles y entristecidos. Yo había viajado mucho y lo había disfrutado todo. Me había aventurado en las profundidades de mi corazón y de mi mente; había luchado por decidirme respecto al reclutamiento y también había examinado mi ambivalencia respecto a mis ambiciones y mi incapacidad de establecer relaciones con las mujeres que no fueran únicamente breves interludios. No había obtenido ningún título, pero había aprendido mucho. Mi «largo y serpenteante camino» me llevaba a casa y esperaba que, como cantaban los Beatles en «Hey Jude», al menos podría «tomar una canción triste y hacerla mejor».

DIECISIETE

En julio fui a Washington para trabajar en el Proyecto Cartera, un grupo de presión ciudadana a favor de la enmieda McGovern-Hatfield, que solicitaba una reducción de los fondos destinados a la guerra de Vietnam a finales de 1971. No teníamos ninguna posibilidad de que se aprobara, pero la campaña era una forma de movilizar e identificar a la creciente oposición a la guerra que había entre los votantes de ambos partidos.

Encontré una habitación para aquel verano en casa de Dick y Helen Dudman, que vivían en el noroeste de Washington, en una gran casa antigua de dos pisos con un gran porche delantero. Dick era un destacado periodista. Él y Helen se oponían a la guerra y apoyaban a los jóvenes que trataban de detenerla. Se portaron maravillosamente conmigo. Una mañana me invitaron a desayunar en el porche delantero con su amigo y vecino, el senador Gene McCarthy. Era su último año en el Senado, pues en 1968 ya había anunciado que no se presentaría de nuevo. Aquella mañana estaba animado y comunicativo; hizo un análisis muy agudo de los acontecimientos del momento y expresó su nostalgia ante la idea de dejar el Senado. McCarthy me gustó más de lo que esperaba, especialmente después de que me prestara unos zapatos para la cena de gala de la Organización de Mujeres Periodistas, para la que probablemente los Dudman me consiguieron una invitación. Asistió el presidente Nixon y estrechó la mano a mucha gente, aunque no a mí. Yo estaba sentado en la mesa de Clark Clifford, que había venido a Washington desde Missouri con el presidente Truman, y había sido un estrecho colaborador y posteriormente secretario de Defensa del presidente Johnson durante su último año de mandato. Respecto a Vietnam, Clifford dijo escuetamente: «Realmente es uno de los peores lugares del mundo donde meterse». La cena fue una experiencia emocionante, especialmente porque tenía los pies en el suelo gracias a los zapatos de Gene McCarthy.

Poco después de empezar a trabajar en el Proyecto Cartera, me tomé un largo fin de semana de vacaciones y fui en coche a Springfield, Massachusetts, con motivo de la boda de mi compañero de Georgetown, el teniente de marines Kit Ashby.

De vuelta a Washington, me detuve en Cape Cod para visitar a Tommy Caplan y a Jim Moore, que también asistió a la boda de Kit. Por la noche, fuimos a ver a Carolyn Yeldell, que durante el verano cantaba allí con un grupo de jóvenes artistas. Nos lo pasamos muy bien, pero me quedé despierto hasta muy tarde; cuando volví a ponerme al volante estaba agotado. Antes incluso de llegar a la autopista interestatal de Massachusetts, un coche salió de repente de un área de descanso. El conductor no me vio y yo tampoco le vi a él hasta que fue demasiado tarde. Viré bruscamente para no chocar, pero le di bastante fuerte a la parte posterior izquierda de su coche. El hombre y la mujer que iban dentro se quedaron aturdidos, pero no parecía que estuvieran heridos. Yo tampoco me había hecho nada, pero el Volkswagen escarabajo que Jeff Dwire me había prestado para el verano sufrió daños. Tuve un problema aún mayor cuando la policía llegó: había perdido mi carnet de conducir durante el traslado de casa a Inglaterra y no podía demostrar que era un conductor legal. En aquella época no había registros informatizados de ese tipo de cosas, así que no podían verificar mis afirmaciones hasta la mañana siguiente. El oficial dijo que tendría que pasar la noche en la cárcel. Cuando llegamos allí, eran las 5 de la madrugada. Me confiscaron mis pertenencias y se quedaron con mi cinturón para que no pudiera colgarme; luego me dieron una taza de café y me encerraron en una celda con una dura litera de metal, una manta, un maloliente retrete embozado y una luz que se quedó encendida toda la noche. Después de un par de horas de duermevela, llamé a Tommy Caplan. Él y Jim Moore fueron al tribunal conmigo y pagaron la fianza. El juez fue comprensivo, pero me soltó una reprimenda por no llevar el carnet. Y funcionó. Después de aquella noche en prisión, jamás volví a salir sin carnet.

Dos semanas después de mi viaje a Massachusetts, volví a Nueva Inglaterra para pasar una semana en Connecticut trabajando con Joe Duffey en las elecciones primarias demócratas al Senado. Duffey se presentaba como el candidato de la paz; principalmente, los que le ayudaban eran los que habían apoyado a Gene McCarthy dos años atrás. El senador saliente, el demócrata Tom Dodd, era un habitual de la escena política de Connecticut. Había perseguido a los nazis en los tribunales de crímenes de guerra de Nuremberg, y su historial progresista era bueno, pero tenía dos problemas. Primero, el Senado le había censurado por utilizar para fines personales los fondos que había recaudado en su calidad de funcionario. En segundo lugar, había apoyado la posición del presidente Johnson acerca de Vietnam, y era probable que los votantes demócratas de las primarias estuvieran en contra de la guerra. Dodd se sentía herido y furioso a causa de la censura del Senado y no estaba dispuesto a abandonar su escaño sin dar guerra; en lugar de enfrentarse a un electorado hostil en unas primarias demócratas, se presentó como independiente a las elecciones generales de noviembre. Joe Duffey era un profesor de ética en la Fundación Seminario Hartford y presidente del movimiento liberal

Americanos para la Acción Demócrata. Aunque era hijo de un minero del oeste de Virginia, sus seguidores más fieles eran liberales prósperos, procedentes de las zonas residenciales, que habían recibido una buena educación y que estaban en contra de la guerra; también atraía a los jóvenes por su pasado en defensa de los derechos civiles y de la paz. El codirector de su campaña, Paul Newman, trabajó muy duro. En el comité financiero estaban la fotógrafa Margaret Bourke-White, el artista Alexander Calder, la dibujante del *New Yorker* Dana Fradon y una larga lista de escritores e historiadores, entre los que se encontraban Francine du Plessix Gray, John Hersey, Arthur Miller, Vance Packard, William Shirer, William Styron, Barbara Tuchman y Thornton Wilder. Sus nombres quedaban de fábula en el papel de cartas de la campaña, pero probablemente no impresionaban demasiado a los votantes de la clase obrera y a los de color.

Entre el 29 de julio y el 5 de agosto, me pidieron que preparara dos locales en el quinto distrito electoral del Congreso, Bethel y Trumbull. En los dos había un gran número de antiguas casas blancas de madera, con amplios porches delanteros; había muchas historias sobre ellas en los registros locales. El primer día ya instalamos teléfonos en el local de Bethel; después, organizamos una campaña telefónica de solicitud de votos y un seguimiento con entrega personalizada de material informativo a todos los votantes indecisos. Las oficinas permanecían abiertas hasta última hora, gracias al esfuerzo de los voluntarios y yo estaba seguro de que Duffey conseguiría el máximo número posible de votos de aquella zona. Las oficinas de Trumbull no estaban totalmente operativas; los voluntarios llamaban a algunos votantes y visitaban a otros. Les insté a que ampliaran su horario de oficina de 10 de la mañana a 7 de la tarde, de lunes a sábado, y que copiaran el sistema de solicitud de votos de Bethel, que garantizaba dos contactos con todos los posibles votantes. También supervisé las acciones en dos otros pueblos que estaban peor organizados; propuse a la oficina estatal que al menos se aseguraran de tener las listas completas de los votantes y que obtuvieran los medios necesarios para realizar un seguimiento telefónico.

El trabajo me gustó y conocí a mucha gente que luego sería importante en mi vida, como John Podesta, que fue un magnífico jefe de personal, jefe adjunto de gabinete y jefe de gabinete de la Casa Blanca, y Susan Thomases, que cuando estuve en Nueva York me dejó dormir en el sofá de su apartamento de Park Avenue, donde aún vive, y que más tarde se convirtió en una íntima amiga y asesora de Hillary y mía.

Cuando Joe Duffey ganó las elecciones primarias, me pidieron que coordinara el tercer distrito para las elecciones generales. La mayor ciudad de la zona era New Haven, donde estaba la facultad de derecho a la que asistiría, y Milford, el distrito en el que iba a vivir. El trabajo haría que me perdiera muchas clases hasta el final de las elecciones, a principios de noviembre, pero pensé que podría salir adelante pidiendo apuntes y estudiando mucho a final de curso.

New Haven me gustaba mucho, con su mezcla de minorías étnicas tradicionales y de estudiantes activistas. En East Haven, que estaba al lado, predominaban los italianos, mientras que el cercano Orange era sobre todo irlandés. Las ciudades más alejadas de New Haven eran más pudientes y las diferencias raciales estaban más difuminadas. Los dos pueblos situados en el extremo oriental del distrito, Guilford y Madison, eran especialmente hermosos y antiguos. Me pasé muchas horas conduciendo por aquella zona, para asegurarme de que nuestro equipo había diseñado un buen plan de campaña y que disponían del apoyo y de los materiales que necesitaban de las oficinas centrales. Dado que mi Volkswagen no sobrevivió al accidente de Massachusetts, conducía una camioneta Opel de color teja, que de todos modos era más práctica para el reparto de materiales. Hice muchos kilómetros al volante de esa vieja camioneta.

Cuando mi trabajo en la campaña lo permitía, asistía a mis clases de Derecho Constitucional, Procedimientos Legales y Responsabilidades Contractuales. La clase más interesante de todas era sin duda Derecho Constitucional; la daba Robert Bork, que más tarde perteneció al Tribunal de Apelación del Distrito de Columbia y que en 1987 fue nombrado juez de la Corte Suprema por el presidente Reagan. La filosofía legal de Bork era extremadamente conservadora, y era muy agresivo cuando defendía sus puntos de vista, pero también era justo con los estudiantes que discrepaban de él. En un memorable diálogo que sostuvimos, le señalé que su argumento acerca de la cuestión debatida era circular. Él replicó: «Por supuesto que sí. Los mejores argumentos lo son».

Después de las elecciones primarias, me esforcé por atraer a los seguidores de los demás candidatos hacia la campaña de Duffey, pero era complicado. Me presentaba en las zonas obreras y en los barrios étnicos y les soltaba mi mejor discurso, pero saltaba a la vista que me estaba dando cabezazos contra la pared. Había demasiados blancos demócratas, de distintas procedencias, que pensaban que Joe Duffey, al cual el vicepresidente Agnew había tildado de «marxista revisionista», era demasiado radical y se identificaba excesivamente con los *hippies* fumadores de marihuana que se manifestaban contra la guerra. Muchos demócratas de distintas etnias también empezaban a estar contra la guerra, pero aún no se sentían cómodos en compañía de los que se habían opuesto a ella desde el principio. La campaña para hacernos con sus votos se complicaba aún más debido al hecho que el senador Dodd se presentaba como independiente, de modo que los demócratas decepcionados tenían otra alternativa. Joe Duffey hizo una buena campaña y se entregó a ella en cuerpo y alma; aunque se convirtió en una inspiración para los jóvenes de todo el país, fue derrotado por el candidato republicano, el congresista Lowell Weicker, un inconformista que más tarde dejó el Partido Republicano y fue elegido gobernador de Connecticut como independiente. Weicker obtuvo un poco menos del 42 por ciento, suficiente para vencer cómodamente a Duffey, que sacó menos del 34 por ciento, mientras que el senador Dodd se hizo con un 25 por ciento de votos. Nos vencieron claramente en las zonas con mucha presencia étnica, como East Haven y West Haven.

Ignoro si Duffey habría ganado de no presentarse Dodd, pero estaba seguro de que el Partido Demócrata iba a terminar siendo minoritario a menos que recuperáramos al tipo de gente que se había decantado por Dodd. Después de las elecciones hablé largamente sobre el tema con Anne Wexler, que había hecho un espléndido trabajo como jefa de campaña. Estaba dotada de un agudo sentido político y se relacionaba bien con todo tipo de gente, pero en 1970 la mayoría de los votantes no se quedaba solo con el mensaje o con el mensajero. Anne se convirtió en una buena amiga mía y consejera a lo largo de los años. Después de que ella y Joe Duffey se casaran seguí en contacto con ellos. Cuando estuve en la Casa Blanca, nombré a Joe director de la Agencia de Información de Estados Unidos, que se encargaba de las emisiones de *The Voice of America*; desde ahí pudo difundir el mensaje de nuestra nación a un mundo más receptivo que el del electorado que había en Connecticut en 1970. Pensé que, en cierto modo, aquella era la última campaña de Joe y sin duda la ganó.

El momento álgido de noviembre de 1970 fue la elección de un joven gobernador demócrata, Dale Bumpers, en Arkansas. Derrotó cómodamente al anterior gobernador Faubus en las primarias y ganó las elecciones generales contra el gobernador Rockefeller de forma arrolladora. Bumpers era un ex marine y un gran abogado. Era muy divertido y podía convencer a un búho de que cerrara los ojos. También era un verdadero progresista; había logrado que en su pequeño pueblo natal de Charleston, en la zona conservadora del oeste de Arkansas, llegara la integración a las escuelas pacíficamente, en marcado contraste con los desórdenes que Little Rock había sufrido. Dos años más tarde fue reelegido por un amplio margen y dos años después se convirtió en senador. Bumpers demostró que la capacidad de liderazgo para animar y unir a las personas en una causa común podía superar las viejas divisiones políticas del Sur. Esto era exactamente lo que yo quería hacer. No me importaba si durante nuestra lucha en defensa de los derechos civiles o en contra de la guerra había que apoyar a candidatos que iban a perder casi a ciencia cierta. Pero más pronto o más tarde, hay que ganar para poder cambiar las cosas. Fui a la

Facultad de Derecho de Yale para aprender más de política. Y en caso de que mis aspiraciones políticas no tuvieran éxito, quería hallar una profesión de la que jamás me obligaran a retirarme.

Después de las elecciones me instalé en el día a día de la vida universitaria; estudiaba como un loco para los exámenes, conocía mejor a algunos estudiantes y disfrutaba de mi casa y de mis tres compañeros. Doug Eakeley, también becario Rhodes en el Univ, había encontrado un enorme caserón en Long Island Sound, en Milford. Tenía cuatro dormitorios, una cocina de notables dimensiones y un amplio porche cubierto que daba directamente a la playa; era un lugar precioso y perfecto para hacer barbacoas. Cuando la marea estaba baja, teníamos suficiente espacio para jugar a fútbol americano de contacto. El único inconveniente era que se trataba de una casa de verano y no tenía protección contra el azote de los vientos invernales. Pero éramos jóvenes y nos acostumbramos. Aún recuerdo como si fuera ayer un helado día de invierno después de las elecciones, en el que, envuelto en una manta, leía en el porche *El ruido y la furia* de William Faulkner.

Mis otros compañeros del número 889 de East Broadway eran Don Pogue y Bill Coleman. Don era más izquierdista que el resto de nosotros y se parecía más a un obrero; parecía un bloque de cemento y era fuerte como un buey. Iba en moto a la facultad de derecho, donde se enzarzaba en debates políticos con todos los recién llegados. Afortunadamente para nosotros, también era buen cocinero y solía portarse bien gracias a su novia inglesa, Susan Bucknell, que era igualmente apasionada pero más moderada. Bill era uno de los cada vez más numerosos estudiantes negros de Yale. Su padre era un abogado republicano liberal —aún existían en esa época— que había trabajado como ayudante del juez Felix Frankfurter en la Corte Suprema, y también como secretario de Transporte del presidente Ford. En apariencia, Bill era el más relajado de nuestro grupo.

Además de mis compañeros de piso, entablé amistad con otros estudiantes cuando regresé a Yale después de la campaña Duffey, como mi amigo de Louisiana de los tiempos de la Nación de los Muchachos, Fred Kammer y Bob Reich. Como secretario de nuestra promoción de becarios Rhodes, Bob seguía en contacto con todo el mundo; era una inagotable fuente de información y de divertida desinformación acerca de lo que nuestra vieja pandilla andaba haciendo.

Bob vivía en una casa cercana al campus con otros tres estudiantes, una de ellos, Nancy Bekavac, se convirtió en una amiga muy especial. Era una liberal apasionada, cuyas convicciones contra la guerra se habían confirmado el verano anterior cuando estuvo de periodista en Vietnam. Escribía bonitos poemas, cartas conmovedoras y tomaba excelentes apuntes que me dejaba cuando yo tardaba dos meses en aparecer por clase.

A través de Bill Coleman, llegué a conocer a algunos estudiantes negros. Me interesaba descubrir cómo habían llegado a Yale y qué planeaban hacer después con lo que, en esa época, aún era una oportunidad única para los afroamericanos. Además de Bill, me hice amigo de Eric Clay, de Detroit, que más tarde formó parte del Tribunal de Apelación de Estados Unidos; y de Nancy Gist, una compañera de Hillary en Wellesley que estuvo en el Departamento de Justicia cuando fui presidente. También conocí a Lila Coleburn, que abandonó el derecho para hacerse psicoterapeuta; a Rufus Cormier, un hombre imponente y callado que había sido una estrella de fútbol americano jugando como defensa en el equipo de la Universidad Metodista del Sur; y a Lani Guinier, a la que traté de nombrar adjunta del fiscal general por los derechos civiles, una triste historia que relataré con detalle más adelante. El juez de la Corte Suprema, Clarence Thomas, también estaba allí, pero no llegué a conocerlo.

Hacia el final del curso supimos que Frank Aller había decidido regresar a Estados Unidos. Volvió a Boston y se fue a casa, a Spokane, para enfrentarse al reclutamiento. Lo arrestaron, lo llevaron ante el juez y lo soltaron en libertad condicional, pendiente de juicio. Frank había decidido que su resistencia al reclutamiento ya había dado sus frutos; además, no quería pasarse el resto de su vida fuera del país, con la única perspectiva de una madurez amarga en alguna universidad británica o canadiense y marcado de por vida por lo de Vietnam. Una noche de diciembre, Bob Reich dijo que le parecía una tontería por parte de Frank arriesgarse a ir a la cárcel cuando había tanto que hacer fuera del país. En mi diario escribí mi respuesta: «Un hombre es más que la suma de todas las cosas que puede hacer». La decisión de Frank se basaba en quién era él, no en lo que podía conseguir. Pensé que había acertado. Poco tiempo después de volver, Frank se sometió a un examen psiquiátrico que determinó que padecía una depresión y que no era apto para el servicio militar activo. Presentó el examen a la junta de reclutamiento y, como a Strobe, le declararon 1-Y, susceptible de ser reclutado únicamente en caso de emergencia nacional.

El día de Navidad, volví a Hot Springs, un lugar muy distinto al que estuve durante la Navidad anterior, cuando había paseado sobre el hielo en la bahía de Helsinki. En lugar de eso, paseé por el patio de mi antigua escuela primaria, reflexioné sobre lo afortunado que era y pensé en los cambios que se habían producido en mi vida. Muchos de mis mejores amigos se iban a casar; yo les deseaba lo mejor y me preguntaba si alguna vez me ocurriría lo mismo.

Pensé mucho en el pasado y en mis raíces. El día del Año Nuevo, terminé el libro *The Burden of Southern History*, de C. Vann Woodward, en el que el autor destacaba la «peculiar conciencia histórica» de los sureños, lo que Eudora Welty llamaba «el sentido de lugar». Arkansas era mi lugar. A diferencia de Thomas Wolfe, cuya prosa torrencial admiraba, sabía que podía volver a casa y, en realidad, tenía que hacerlo. Pero antes, debía terminar la carrera de derecho.

Mi segundo curso en Yale, como estudiante de derecho con dedicación plena, fue el año en el que más horas lectivas hice de los que pasé allí. Mi profesor de Derecho Mercantil era John Baker, el primer miembro de la facultad que era negro. Se portó muy bien conmigo; me encargó un trabajo de investigación para que pudiera aumentar mis escasos ingresos y me invitaba a su casa a cenar. John y su mujer habían ido a la Universidad de Fisk, una facultad para estudiantes negros en Nashville, Tennesse; fue a principios de los sesenta, cuando el movimiento por los derechos civiles estaba en pleno apogeo. Me contó historias fascinantes sobre el miedo que pasaron y la alegría que, tanto él como sus compañeros, sintieron dedicándose al movimiento.

Charles Reich era el profesor de Derecho Constitucional, y era tan liberal como Bob Bork era conservador. También era autor de una de las obras «contraculturales» más destacadas sobre los años sesenta, *The Greening of America*. Steve Duke se encargaba de la asignatura de Derecho Penal; era un hombre ingenioso y mordaz, además de un excelente profesor con el cual más tarde hice un seminario sobre delitos económicos. Con Tom Emerson disfruté mucho de la asigntura de Derechos Civiles y Políticos; era un hombrecillo atildado que había pertenecido a la administración de Franklin Roosevelt, y autor del libro de texto que seguíamos al pie de la letra. También estudié Derecho Nacional y Filosofía con el profesor William Leon McBride, colaboré en algún asunto legal y encontré un trabajo de media jornada. Durante unos meses iba a Hartford cuatro veces por semana para ayudar a Dick Suisman, un hombre de negocios demócrata que conocí durante la campaña de Duffey, con su trabajo en el ayuntamiento. Dick sabía que yo necesitaba trabajo, y creo que fui de alguna ayuda para él.

A finales de febrero, volé a California y pasé unos días con Frank Aller y con Strobe Talbott y su novia, Brooke Shearer. Nos encontramos en Los Ángeles, en casa de los padres de Brooke, que eran extraordinariamente acogedores y generosos. Marva y Lloyd Shearer escribieron durante años la columna de cotilleos sobre famosos más leída de todo el país, titulada «El desfile de personalidades de Walter Scott». En marzo, fui a Boston, donde Frank estaba viviendo y buscando trabajo como periodista, para verles de nuevo a él y a Strobe. Dimos largos paseos a lo largo de la cercana costa de New Hampshire y por los bosques que había detrás de la casa de Frank. Parecía contento de estar en casa, pero seguía triste. Aunque había evitado el reclutamiento e ir a la cárcel, parecía estar hundido en una depresión, como la que Turguéniev afirma que «solo los más jóvenes conocen y para la cual no existe razón aparente». Creí que ya lo superaría.

La primavera me levantó el ánimo, como siempre. Las noticias del mundo de la política eran diversas: la Corte Suprema aprobó por unanimidad transportar a escolares fuera de su zona de residencia para lograr el equilibrio racial. Los chinos aceptaron una invitación norteamericana para devolver la visita del equipo de ping-pong de Estados Unidos a China y enviaron a su propio equipo a nuestro país. Seguían las manifestaciones contra la guerra. El senador McGovern vino a New Haven el 16 de mayo, con la intención clara de presentarse candidato a la presidencia en 1972. Me gustaba y creía que tenía posibilidades de ganar gracias a su heroico pasado como piloto de un bombardero de la Segunda Guerra Mundial, a su liderazgo en el programa Alimentos por la Paz de la administración Kennedy y a las nuevas reglas para la selección de delegados en la siguiente convención demócrata. McGovern encabezaba la comisión encargada de redactarlas de forma que aseguraran una convención más plural, en cuanto a edad, raza y sexo. La nueva reglamentación, y el peso que los liberales que se oponían a la guerra tenían en las primarias, garantizaban con toda seguridad que en 1972 los viejos pesos pesados de la política tendrían menos influencia en el proceso de nombramiento del candidato, en detrimento de los activistas del partido. Rick Stearns había trabajado para la comisión y yo estaba seguro de que sería lo suficientemente listo y firme como para diseñar un sistema favorable a McGovern.

Aunque la facultad y la política iban bien, mi vida personal era un desastre. Acababa de romper con una joven que había vuelto a casa para casarse con su antiguo novio y luego sufrí una dolorosa ruptura con una estudiante de derecho que me gustaba mucho, pero con la que no podía comprometerme. Estaba casi resignado a quedarme solo y decidí que no mantendría ninguna relación durante un tiempo. Pero un día, mientras estaba sentado al fondo de la clase de Derechos Civiles y Políticos del profesor Emerson, me fijé en una mujer que no había visto hasta entonces. Al parecer asistía a la clase incluso con menos frecuencia que yo. Tenía una mata de pelo rubio oscuro y llevaba gafas; iba sin maquillaje y transmitía una sensación de fuerza y autocontrol que raramente había visto en nadie, ya fuera hombre o mujer. Después de la clase la seguí con la intención de presentarme. Cuando estaba a menos de un metro, estiré la mano para tocar su hombro e inmediatamente la retiré. Fue casi una reacción física. De algún modo, sabía que no iba a ser un gesto cualquiera, que quizá empezaría algo que no podría detener.

Vi a la chica varias veces por la facultad durante los días siguientes, pero no me acerqué. Una noche, estaba de pie al final de la larga y estrecha Biblioteca de Derecho de Yale hablando con otro estudiante, Jeff Gleckel, acerca de la posibilidad de incorporarme al *Yale Law Journal*. Jeff me animaba a hacerlo porque así me aseguraría un buen empleo de adjunto de un juez federal o en algún buen bufete de abogados. No le faltaba razón, pero a mí sencillamente no me interesaba; iba a volver a Arkansas y mientras, seguía prefiriendo la política al derecho académico. Al cabo de un rato, dejé de prestar atención a sus convencidos razonamientos pues vislumbré de nuevo a la chica, de pie al otro lado de la sala. Por una vez, la que me observaba era ella. Después de unos momentos cerró su libro, cruzó toda la biblioteca, me miró a los ojos y dijo: «Si vas a estar mirándome, y yo te devuelvo la mirada, al menos tendríamos que presentarnos. Yo me llamo Hillary Rodham. ¿Y tú?». Me impresionó tanto que me quedé boquiabierto y sin palabras durante unos segundos. Finalmente reaccioné y le dije mi nombre. Intercambiamos unas palabras y se fue. No sé qué pensó el pobre Jeff Gleckel de todo aquello, pero jamás volvió a mencionarme lo del *Yale Review*.

Un par de días más tarde me dirigía hacia la planta baja de la facultad cuando volví a ver a Hillary. Llevaba una falda, con un alegre estampado floreado, que casi llegaba hasta el suelo. Decidí que quería pasar más tiempo con ella. Me contó que iba a matricularse para las clases del siguiente curso, de modo que le dije que yo también iría. Hicimos cola y charlamos. Pensé que las cosas iban bastante bien hasta que llegamos a la mesa. La secretaria levantó la vista y me dijo: «Bill, ¿pero qué haces otra vez aquí si ya te has matriculado esta mañana?». Me puse rojo como un tomate y Hillary soltó una carcajada de las suyas. Me había descubierto, así que le pedí que diera un paseo conmigo hasta la galería de arte de Yale para ver una exposición de Mark Rothko. Estaba tan ilusionado y nervioso que me olvidé de que había una huelga en la universidad y que el museo estaba cerrado. Afortunadamente había un guardia de servicio. Le supliqué que nos dejara entrar y me ofrecí a quitar las ramas y la hojarasca del jardín del museo si aceptaba.

El guardia nos echó un vistazo, se dio cuenta de qué iba la cosa y nos dejó pasar. Teníamos toda la exposición para nosotros. Fue maravilloso, y desde entonces me encanta Rothko. Al terminar, fuimos al jardín y recogí las ramas. Supongo que por primera y única vez en mi vida me convertí en un esquirol, pero los sindicatos no tenían piquetes a la salida del museo y, además, la política era lo último que me preocupaba en aquel momento. Después de cumplir con la promesa que le había hecho al guardia, Hillary y yo nos quedamos en el jardín durante casi una hora. Había una enorme y hermosa escultura de Henry Moore que representaba a una mujer sentada. Hillary se sentó encima y yo a su lado mientras charlamos. Al poco rato, sin pensarlo, me incliné y puse mi mano en su hombro. Fue nuestra primera cita.

Estuvimos juntos durante varios días, simplemente pasando el rato, hablando de todo lo humano y lo divino. El fin de semana siguiente Hillary fue a Vermont, una visita que tenía planeada desde hacía tiempo, para ver al hombre con el que había estado saliendo. Yo estaba preocupado, no quería perderla. Cuando volvió a casa, a última hora de la noche del domingo, la llamé. Estaba resfriada y se sentía muy enferma, así que le llevé sopa de pollo y jugo de naranja. Desde ese momento fuimos inseparables. Ella pasaba mucho tiempo en nuestra casa de la playa y rápidamente se ganó a Doug, Don y Bill.

No le fue tan bien con Madre, cuando vino de visita unas semanas más tarde, en parte porque Hillary trató de cortarse el pelo ella misma justo antes de que Madre llegara. Fue un pequeño fiasco: parecía más bien una rockera *punk*, y desde luego no tenía aspecto de haber salido del salón de belleza de Jeff Dwire. Sin maquillaje, con camiseta y vaqueros y los pies descalzos manchados de alquitrán a causa de los paseos por la playa de Milford, más bien parecía un extraterrestre. Cuando Madre vio que iba en serio con ella casi le da un ataque. En su libro, llamó a Hillary una «experiencia de crecimiento personal». Era una chica «sin maquillaje, con gafas de vidrio de botella de Coca-Cola y un pelo castaño sin estilo», frente a una mujer que se ponía pintalabios de color rosa chillón, se pintaba las cejas y llevaba una mecha plateada en el pelo. Tengo que admitir que me lo pasé en grande observando cómo trataban de entenderse. Al cabo del tiempo lo lograron; cuando a Madre empezó a importarle menos el aspecto de Hillary y a Hillary empezó a preocuparle más. A pesar de sus estilos distintos, ambas eran mujeres inteligentes, fuertes, resistentes y apasionadas. Cuando se aliaban contra mí, no tenía nada que hacer.

Hacia mediados de mayo, yo solo quería estar con Hillary. En consecuencia, conocí a algunos amigos suyos. Entre ellos estaban Susan Graber, una compañera de Wellesley a la que más tarde nombré juez federal en Oregón; Carolyn Ellis, una inteligente y divertida mujer libanesa de Mississippi que podía ser hasta «más sureña» que yo y que hoy es rectora de la Universidad de Mississippi; y Neil Steinman, el hombre más inteligente que conocí en Yale, y que recaudó mis primeros fondos para la campaña de Pennsylvania, en 1992.

Descubrí la infancia de Hillary en Park Ridge, Illinois; sus cuatro años en Wellesley, donde dejó de ser republicana y se hizo demócrata a causa de la guerra y de los derechos civiles; y su viaje a Alaska con motivo de su graduación, donde limpió pescado para ganarse la vida. Supe de su interés por la atención legal a los desfavorecidos y por los temas de derechos de los menores. También me enteré de su famoso discurso de apertura en Wellesley, donde supo expresar los sentimientos contradictorios de nuestra generación, que se debatía entre el desinterés por el sistema político y la determinación de construir una Norteamérica mejor. El discurso tuvo bastante repercusión a escala nacional, y fue su primer contacto con la fama más allá de los límites de su entorno inmediato. Lo que más me gustaba de sus tendencias políticas era que, como yo, podía ser a la vez idealista y práctica. Quería cambiar las cosas y sabía que para ello hacía falta un esfuerzo constante. Estaba tan cansada como yo de las derrotas y de considerarlas una prueba de superioridad moral y de virtud. Hillary era una persona formidable en la facultad de derecho, una de las estudiantes más destacadas en nuestra pequeña pero competitiva comunidad. Yo era más bien un ente flotante, que iba y venía a la deriva.

Muchos estudiantes que ambos conocíamos hablaban con Hillary como si se sintieran intimidados. No era mi caso; yo solo quería estar con ella. Pero el tiempo se nos acababa. Hillary había aceptado un empleo durante el verano en Treuhaft, Walker y Burnstein, un bufete de abogados de Oakland, California, y a mí me habían ofrecido ser coordinador de los estados del Sur para la campaña del senador McGovern. Hasta que conocí a Hillary tenía muchas ganas de empezar mi tarea. Estaría en Miami, y tendría que viajar por todo el Sur para organizar las campañas estatales. Sabía que lo haría bien y aunque no confiaba en que McGovern venciera en las elecciones generales en el Sur, pensaba que podía obtener el apoyo de un buen número de delegados de convención en las elecciones primarias. Además, sería la experiencia política más importante de mi vida. Era una oportunidad única para un chico de veinticinco años; me había llegado gracias a mi amistad con Rick Stearns, que ocupaba un importante cargo en la campaña, y también a la discriminación positiva: ¡necesitaban al menos un sureño para un puesto de responsabilidad!

El problema era que ya no quería hacerlo. Sabía que si me iba a Florida, Hillary y yo quizá nos perderíamos el uno al otro. Aunque la perspectiva de la campaña me atraía, tenía miedo, como escribí en mi diario, de que se convirtiera en «una manera de formalizar mi soledad», y de mantener a la gente a distancia, aunque tuviera mis razones. Con Hillary no había distancias; desde el principio estuvo muy cerca de mí y, antes de darme cuenta, de mi corazón.

Me armé de valor y le pregunté a Hillary si podía pasar el verano con ella en California. Al principio no se lo creía; sabía lo mucho que me interesaba la política y cuánto me importaba luchar contra la guerra. Le dije que tendría el resto de mi vida para el trabajo y mis ambiciones, pero que estaba enamorado de ella y quería ver si lo nuestro podía funcionar. Respiró profundamente y aceptó que la acompañara a California. Apenas llevábamos un mes juntos.

Hicimos una breve escala en Park Ridge para conocer a su familia. Su madre, Dorothy, era una mujer encantadora y atractiva con la que me llevé bien desde el principio. Sin embargo, con el padre de Hillary tuve las mismas dificultades que Hillary con Madre. Hugh Rodham era un republicano inflexible y áspero que, por decirlo suavemente, sospechaba de mí. Pero cuanto más charlamos, más le gustaba. Decidí no seguir hasta que se rindiera y me aceptara. No tardamos en volver a conducir hacia Berkeley, California; ya estábamos cerca del empleo en Oakland, donde planeaba hospedarse en la pequeña casa de Adeline, la hermanastra de su madre. Después de un par de días crucé el país y volví a Washington, para decirle a Rick Stearns y a Gary Hart, el director de campaña del senador McGovern, que no podía ir a Florida. Gary pensó que estaba loco si rechazaba aquella oportunidad, pero la vida se construye tanto con las oportunidades que uno deja atrás como con las que aprovecha.

Me sentía mal por dejar la campaña y me ofrecí a ir a Connecticut durante un par de semanas para, al menos, preparar la organización. Tan pronto como conseguí un equipo de gente para cada distrito del congreso, me volví a California, esta vez por el Sur, para detenerme en casa.

Disfruté del viaje al Oeste, incluso paré en el Gran Cañón. Llegué allí a última hora de la tarde, y me fui a una escarpada roca al borde del cañón para contemplar la puesta de sol. Era impresionante ver cómo el sol bajaba lentamente y, progresivamente, se oscurecían las rocas, comprimidas en distintas capas durante millones de años.

Después de dejar atrás el Cañón, emprendí una travesía abrasadora por el Valle de la Muerte, el lugar más caluroso de Estados Unidos, y luego giré hacia el norte, para pasar el verano con Hillary. Cuando entré en su casa de Berkeley, me recibió con un pastel de melocotón, mi preferido, que había hecho ella misma. Estaba bueno y no tardó en acabarse. Durante el día, cuando se iba a trabajar, yo me dedicaba a pasear por la ciudad, leía libros en los parques y en las cafeterías y exploraba San Francisco. Por la noche íbamos al cine o a cenar fuera, o sencillamente nos quedábamos en casa y charlábamos. El 24 de julio fuimos a Stanford para escuchar a Joan Baez, que actuaba en el anfiteatro, al aire libre. Para que todos sus fans pudieran verla, Joan fijó el precio de la entrada en 2,50 dólares, una notable diferencia con lo que sucede hoy en día con los precios de los conciertos multitudinarios. Baez cantó sus viejos éxitos y también «The Night They Drove Old Dixie Down»; fue una de las primeras veces que la cantó en público.

Al final del verano, Hillary y yo estábamos lejos de haber terminado nuestra conversación, así que nos fuimos a vivir juntos en New Haven, decisión que sin duda causó preocupación en nuestras familias. Encontramos un apartamento en la planta baja de una casa en el número 21 de la avenida Edgewood, cerca de la facultad.

La puerta principal de nuestro apartamento daba a una diminuta sala de estar detrás de la cual había un comedor aún más pequeño y una reducidísima habitación. Un poco más allá había una vieja cocina y un baño tan pequeño que a veces la tapa del retrete chocaba con la bañera. La casa era viejísima, tanto que el suelo era muy desigual y estaba inclinado hacia el centro; tuve que poner topes de madera en las patas de la pequeña mesa del comedor para que no se balanceara. Pero el precio era el adecuado para unos estudiantes de derecho en apuros económicos: setenta dólares al mes. Lo mejor de aquel lugar era la chimenea de la sala de estar. Aún me acuerdo de cuando nos sentábamos frente al fuego durante un frío día invernal y leíamos juntos la biografía de Napoleón, de Vincent Cronin.

Éramos demasiados felices y pobres, pero nos sentíamos orgullosos de nuestro nuevo hogar. Disfrutábamos invitando a comer a nuestros amigos. Entre los invitados más asiduos estaban Rufus e Yvonne Cormier. Ambos eran hijos de pastores afroamericanos de Beaumont, Texas. Habían crecido en el mismo barrio y asistido a la misma escuela durante años, antes de casarse. Mientras Rufus estudiaba derecho, Yvonne sacaba su doctorado en bioquímica. Terminó siendo doctora, y él se convirtió en el primer socio negro de un gran bufete de Houston, Baker y Botts. Una noche, durante la cena, Rufus, que era uno de los mejores de nuesra clase, se quejó de las muchas horas que dedicaba al estudio. «Sabes —dijo con su acento arrastrado—, la vida está organizada al revés. Te pasas los mejores años estudiando y luego trabajando. Cuando te jubilas, a los sesenta y cinco años, eres demasiado viejo para disfrutarlo. La gente tendría que jubilarse entre los veintiuno y los treinta y cinco y luego trabajar como locos hasta el día de su muerte.» Por supuesto, la cosa no terminó funcionando así. Todos nosotros estamos acercándonos a los sesenta y cinco y seguimos al pie del cañón.

Me esforcé mucho durante mi tercer semestre en la facultad. Tenía asignaturas de Finanzas Corporativas, Procedimiento Penal, Régimen Tributario, Propiedades, y un seminario de Responsabilidad Social Corporativa. Burke Marshall, una leyenda a causa de su etapa como ayudante del fiscal general para los derechos civiles bajo las órdenes de Robert Kennedy, y Jan Deutsch, el único, en esa época, que había logrado una matrícula de honor en todas las asignaturas de la carrera de derecho en Yale, eran los profesores del seminario. Marshall era pequeño y nervioso, con ojos brillantes y expresivos; hablaba muy bajito, poco más que un susurro, pero había acero en su voz y en su espíritu. Deutsch tenía un estilo discursivo extraño, arrastrado, como si fuera un monólogo interior, y pasaba rápidamente de una frase inacabada a otra. Al parecer, se debía a una grave herida en la cabeza que había sufrido cuando lo atropelló un coche; salió volando y cayó sobre el suelo de asfalto. Permaneció inconsciente durante semanas y cuando se despertó llevaba una placa de metal en la cabeza. Sin embargo, era brillante y cuando finalmente comprendí su manera de hablar pude traducirla a mis compañeros que no sabían descifrar sus palabras. Jan Deutsch también era el único hombre que he conocido que se comía las manzanas enteras, incluido el corazón. Decía que todos los minerales buenos estaban allí. Era más listo que yo, así que un día lo probé. De vez en cuando aún lo hago y recuerdo con cariño al profesor Deutsch.

Marvin Chirelstein daba las clases de Finanzas Corporativas y de Régimen Tributario. Yo era un desastre en esta última asignatura. La legislación fiscal estaba llena de excesivas distinciones artificiales que no me interesaban en absoluto. Daba la impresión de que solo servían para que los abogados fiscales ayudaran a sus clientes a evitar pagar su contribución al avance social de Norteamérica. Una vez, en lugar de seguir la clase, me puse a leer *Cien años de soledad*, de Gabriel García Márquez. Al final de la hora, el profesor Chirelstein me preguntó qué era aquello tan interesante que había estado leyendo. Levanté el libro y le dije que era la mejor novela que se había escrito desde la muerte de William Faulkner, y sigo pensándolo.

Me redimí en Finanzas Corporativas con un examen final irreprochable. Cuando el profesor Chirelstein me preguntó cómo podía ser tan bueno en aquella asignatura y tan malo en Régimen Tributario, le contesté que las finanzas corporativas eran como la política: partiendo de un determinado número de reglas, se desarrollaba una constante lucha por el poder, en la que todas las partes trataban de no ser devoradas pero intentaban perjudicar al máximo a su oponente.

Además de mis trabajos de clase, tenía dos empleos. Incluso con una beca y dos préstamos estudiantiles distintos, necesitaba dinero. Trabajaba unas horas a la semana para Ben Moss, un abogado local; me encargaba de prepararle la documentación legal y de hacer recados. Lo de documentar enseguida se me hizo aburrido, pero los recados eran interesantes. Un día tuve que entregar unos papeles en un edificio alto del centro; mientras subía la escalera hasta el tercer o el cuarto piso, me crucé con un hombre que estaba en el rellano con la mirada vidriosa y una aguja hipodérmica y una jeringuilla colgándole del brazo. Acababa de inyectarse heroína. Entregué la documentación y salí de allí volando.

Mi otro empleo era menos arriesgado, pero tenía más alicientes. Enseñaba Derecho Penal a los alumnos universitarios de primero de la Universidad de New Haven. Mi puesto estaba financiado por el programa federal de apoyo al cumplimiento de la ley que acababa de ponerse en marcha bajo el mandato de Nixon. El objetivo de las clases era preparar más profesionales de la ley y el orden, para que pudieran arrestar, registrar y encerrar a los delincuentes de forma constitucional. A menudo tenía que preparar las clases del día siguiente a última hora de la noche del día anterior. Para mantenerme despierto solía trabajar en un bar de la calle Elm, a una manzana de nuestra casa. Estaba abierto las veinticuatro horas, tenía un café buenísimo y un delicioso pastel de fruta; estaba lleno de personajes de la vida nocturna de New Haven. Tony, un inmigrante griego, cuyo tío era el dueño del bar, se encargaba del local por las noches. Me traía tazas de café gratis, una tras otra, mientras yo me concentraba en mis notas.

La calle en la que estaba el bar era la frontera que dividía el territorio de dos grupos de prostitutas callejeras. De vez en cuando la policía se las llevaba, pero pronto volvían al trabajo. Las chicas solían ir al bar para beber café y entrar en calor. Cuando se enteraron de que estaba en la facultad de derecho, muchas se acercaban por mi reservado en busca de asesoramiento legal gratis. Lo hice lo mejor que pude, pero ninguna aceptó mi mejor consejo: que buscaran otro empleo. Una noche, un travesti negro y alto se sentó frente a mí y me dijo que su club social quería sortear un aparato de televisión para recaudar dinero; quería saber si la lotería era un delito según la ley contra el juego. Más tarde descubrí que lo único que le preocupaba era que el televisor era robado. Un amigo suyo, que compraba bienes robados y los revendía con descuento, lo había «donado» al club. En cualquier caso, le dije que había grupos que organizaban loterías continuamente, así que era muy improbable que el club resultara sospechoso de ninguna actividad ilegal. A cambio de mi sabio consejo, me pagó la única minuta que recibí por mis consejos en el bar de la calle Elm: un billete de lotería. No gané el televisor, pero me sentí bien pagado con un billete que tenía el nombre del club social impreso en grandes letras: «Las negras exclusivas».

El 14 de septiembre, cuando Hillary y yo entrábamos en el Blue Bell Café, alguien se me acercó y me dijo que tenía que llamar a Strobe Talbott urgentemente. Él y Brooke estaban de visita en la casa de los padres de Brooke en Cleveland. Mientras introducía las monedas en el teléfono público que había en la calle tenía un nudo en el estómago. Brooke contestó al teléfono y me dijo que Frank Aller se había suicidado. Le acababan de ofrecer un empleo en *Los Angeles Times*, en la oficina de Saigón, y había aceptado. Animado, había vuelto a su casa de Spokane para recoger sus cosas, hacer las maletas y preparar el viaje a Vietnam. Creo que quería ser testigo de la guerra contra la que se había opuesto y escribir sobre ello. O tal vez su intención era ponerse en peligro para demostrar que no era un cobarde. Justo cuando las cosas empezaban a funcionar en su vida, al menos superficialmente, algo que debió de pasar por su interior le obligó a ponerle fin.

Sus amigos estábamos aturdidos, pero probablemente no había razón para sorprenderse. Seis semanas atrás yo había escrito en mi diario que Frank volvía a estar de nuevo desanimado, pues hasta el momento aún no había encontrado trabajo como periodista en Vietnam o en China. Mi entrada decía que «finalmente se había derrumbado física y emocionalmente, derrotado por las tensiones, las dudas internas, el dolor de los últimos años que ha tenido que soportar casi siempre en soledad». Los amigos íntimos de Frank, muy racionales, supusimos que si recuperaba el control de su vida externa podría calmar su desazón interior. Pero como aprendí ese terrible día, la depresión vence a la racionalidad y se ensaña con ella. Es una enfermedad que en su etapa más avanzada queda más allá de las preguntas razonadas de esposos, hijos, amantes o amigos. No creo que lo comprendiera realmente hasta que leí el valiente relato de mi amigo Bill Styron sobre su propia lucha contra la depresión y las tendencias suicidas, *Esa visible oscuridad: memoria de la locura*. Cuando Frank se mató, sentí pesar e ira, contra él por lo que había hecho, y contra mí porque no fui capaz de preverlo y animarle a que buscara ayuda profesional. Ojalá hubiera sabido entonces lo que sé ahora, aunque quizá nada habría cambiado lo que sucedió.

Tras la muerte de Frank, perdí mi habitual optimismo y mi interés por las clases, la política y la gente. No sé qué habría hecho sin Hillary. Cuando empezamos a salir juntos pasó una breve etapa de dudas, pero de cara a los demás parecía tan fuerte que no creo que se enterasen ni siquiera sus amigas íntimas. El hecho de que fuera sincera y abierta conmigo no hacía sino reforzar y confirmar la profundidad de mis sentimientos hacia ella. La necesité mucho en aquel momento y ella estuvo a mi lado, recordándome que lo que yo aprendía, hacía y pensaba era importante.

Durante el curso de primavera, todas mis clases me resultaban aburridas, excepto la de Pruebas, que daba el profesor Geoffrey Hazard. Las reglas sobre lo que se admite y lo que no como prueba en un juicio justo, y el proceso de realizar un alegato honesto y razonado, basado en las pruebas disponibles, me parecieron fascinantes; aquella asignatura dejó en mí una honda huella. Siempre he tratado de demostrar las cosas basándome en las pruebas, tanto en la política como en el derecho.

Las pruebas eran muy importantes en la principal actividad que había en la facultad de derecho durante ese curso: la competición jurídica anual del sindicato de abogados. El 28 de marzo, Hillary y yo competimos en las semifinales; en ellas se escogía a cuatro estudiantes más dos suplentes para que participaran en un auténtico juicio basado en un caso que debía preparar un estudiante de tercer año. Lo hicimos muy bien y ambos superamos la prueba.

Durante el siguiente mes nos preparamos para el juicio final: «El Estado contra Porter». Porter era un policía acusado de apalear hasta la muerte a un joven melenudo. El 29 de abril, Hillary y yo actuamos como fiscales contra el señor Porter, con la ayuda de nuestro suplente, Bob Alsdorf. Los abogados de la defensa eran Mike Conway y Tony Rood, y Doug Eakeley era su suplente. El juez era Abe Fortas, un juez retirado de la Corte Suprema. Se tomó su papel en serio y lo hizo de forma impecable; mientras fallaba una y otra vez en función de nuestras objeciones, evaluaba a los cuatro durante todo el ejercicio, para decidir quién se haría con el premio. Si bien mi actuación en las semifinales fue el mejor discurso público que di durante mi trayectoria en la facultad, el que pronuncié durante el juicio real fue el peor. Tenía un mal día y no merecía ganar. Hillary, por el contrario, estuvo soberbia. Al igual que Mike Conway, que hizo un alegato final emotivo y eficaz. Fortas le dio el premio a Conway. En aquel momento pensé que el severo Fortas no le había dado el premio a Hillary en parte por culpa de su vestimenta, impropia de una fiscal. Llevaba una chaqueta de terciopelo azul, pantalones acampanados de terciopelo naranja chillón —y quiero decir muy chillón— y una blusa azul, naranja y blanca. Hillary se convirtió en una buena abogada, pero jamás volvió a ir a un tribunal con esos pantalones naranja.

Aparte del juicio del concurso, volqué mis instintos competitivos en la campaña de McGovern. A principios de año dejé mi cuenta bancaria limpia, para poder abrir una oficina cerca del campus. Tenía suficiente dinero, unos 200 dólares, para pagar el alquiler de un mes y poner un teléfono. En tres semanas teníamos ochocientos voluntarios y suficientes contribuciones, en pequeñas cantidades, para recuperar mi inversión y mantener el pequeño centro abierto.

Los voluntarios eran importantes de cara a la campaña de elecciones primarias que se avecinaba. Suponía que tendríamos que enfrentarnos con la organización demócrata y a su poderoso jefe, Arthur Barbieri. Cuatro años atrás, en 1968, las fuerzas de McCarthy obtuvieron buenos resultados en las primarias de New Haven, en parte porque los votantes demócratas habituales habían supuesto que el vicepresidente Humphrey ganaría. No me hacía ilusiones: Barbieri no cometería ese mismo error, así que traté de convencerle para que apoyara a McGovern. Decir que era una maniobra optimista por mi parte sería quedarse corto. Cuando fui a su oficina y me presenté, Barbieri estuvo amable pero fue al grano. Se reclinó en su sillón con las manos cruzadas sobre el pecho, mostrando dos enormes anillos de diamantes, uno circular con muchas piedras y el otro con sus iniciales, formadas también por diamantes. Sonrió y me dijo que 1972 no sería una repetición de 1968 y que ya tenía montado un equipo de encuestadores y una flota de vehículos para que llevara a su gente a pie de encuestas. Dijo que había gastado 50.000 dólares, una suma impresionante en aquella época para una localidad como New Haven. Repliqué que yo no tenía mucho dinero, pero que disponía de ochocientos voluntarios dispuestos a llamar a la puerta de cada casa de su feudo y a contarles a las madres italianas que Arthur Barbieri quería seguir mandando a sus hijos a luchar y morir en Vietnam. «A usted no le hace falta ese problema —dije—. ¿Qué le importa quién gane la nominación? Apoye a

McGovern. Fue héroe de guerra en la Segunda Guerra Mundial. Él se dedicará a la paz y usted conservará el control de New Haven.» Barbieri me escuchó y dijo: «Sabes, chico, no eres tonto. Pensaré en ello. Vuelve dentro de diez días». Cuando volví, Barbieri dijo: «He estado pensando en ello. Creo que el senador McGovern es un buen hombre y que debemos salir de Vietnam. Voy a decirles a mis chicos lo que vamos a hacer y quiero que tú estés ahí para explicarlo».

Unos días más tarde, fui con Hillary a la extraordinaria reunión con los líderes del partido de Barbieri en un club italiano de la localidad, el Melebus, que estaba en el sótano de un viejo edificio del centro. La decoración era roja y negra. Era muy oscuro, muy exótico y muy poco del estilo de McGovern. Cuando Barbieri dijo a sus hombres que íbamos a apoyar a McGovern para que no murieran más chicos de New Haven en Vietnam, hubo gruñidos y jadeos de asombro. «Pero Arthur, si casi es un rojo», soltó un hombre. Otro dijo, «Arthur, habla como un marica», refiriéndose al deje nasal de las altas praderas que tenía el senador. Barbieri ni se inmutó. Me presentó, les habló de mis ochocientos voluntarios y me dejó hablar con ellos para convencerlos. Insistí mucho en el gran historial de guerra de McGovern y en su trabajo en la administración Kennedy. Al final de la velada, se convencieron.

Yo estaba eufórico. Durante todo el proceso de las elecciones primarias, Arthur Barbieri y Matty Troy, de Queens, en Nueva York, fueron los únicos demócratas de la línea dura que respaldaron a McGovern, cosa que no gustó a todo el mundo. Tras anunciarse el apoyo, dos de nuestros incondicionales de Trumbull con los que había colaborado durante la campaña Duffey me llamaron en mitad de la noche, airados. No podían creer que hubiera vendido el espíritu de la campaña a cambio de un compromiso tan desastroso. «Lo siento —grité al auricular—. Creí que nuestro objetivo era ganar», y colgué. Barbieri demostró ser leal y eficiente. En la convención demócrata, el senador McGovern obtuvo en la primera ronda cinco de los seis votos de nuestro distrito electoral. En las votaciones de noviembre, New Haven fue la única ciudad de Connecticut que apostó por él. Barbieri cumplió con su palabra. Cuando me eligieron presidente, le busqué. Estaba enfermo y hacía tiempo que se había retirado de la política. Le invité a la Casa Blanca y mantuvimos una agradable charla en el Despacho Oval, poco antes de su muerte. Barbieri era lo que James Carville llama una «pegatina», un ejemplo de persistencia. No hay nada mejor en política.

Al parecer mi labor en Connecticut me redimió a los ojos de la campaña McGovern, pues me pidieron que me sumara al equipo nacional para trabajar en la convención demócrata en Miami Beach. Mi misión era concentrarme en las delegaciones de Arkansas y Carolina del Sur.

Mientras, Hillary había ido a Washington a trabajar para Marian Wright Edelman en el Proyecto Investigación, un grupo en defensa de los derechos de los menores, que pronto cambiaría de nombre y se convertiría en la Fundación en Defensa de la Infancia. Su labor consistía en investigar todas las escuelas sureñas blancas que se creaban como respuesta a la integración de escuelas públicas por mandato judicial. En el norte, los padres blancos que no querían que sus hijos asistieran a las escuelas del centro de la ciudad se mudaban más lejos, a las zonas residenciales. Esa opción no existía en las pequeñas áreas rurales del Sur, pues los alrededores no eran zonas residenciales, sino prados de pastos y campos de soja. El problema era que la administración Nixon no estaba haciendo cumplir la ley que prohibía a esas escuelas reclamar la exención de impuestos, un gesto de la administración que claramente animaba a los blancos del Sur a abandonar la escuela pública.

Empecé a trabajar para McGovern en Washington, aunque primero visité a Lee Williams y a mis demás amigos del equipo del senador Fulbright. Luego fui a ver al congresista Wilbur Mills, el poderoso presidente del Comité de Medios y Arbitrio. Mills, que era toda una leyenda en Washington gracias a su detallado conocimiento del régimen tributario y a su habilidad presidiendo su comité, había anunciado que sería el candidato de Arkansas y su «hijo predilecto» en la convención de Miami. Este tipo de anuncios se lanzaban con la esperanza de impedir que una delegación estatal votara por el favorito, aunque en aquel entonces, los hijos predilectos jugaban con la posibilidad de que les tocara la lotería y terminaran al menos con una candidatura a vicepresidente entre manos. En el caso de Mills, su candidatura cumplía ambos objetivos. Los demócratas de Arkansas pensaban que McGovern, que estaba mejor situado en el recuento de delegados, seguramente fracasaría estrepitosamente en casa en las elecciones generales, y Mills sin duda pensaba que él sería mejor presidente. Nuestro encuentro fue cordial. Le dije al presidente del comité Mills que suponía que los delegados permanecerían leales a él, pero que trataría de obtener su apoyo en las votaciones de procedimiento, y en una hipotética segunda ronda si el senador McGovern la necesitaba.

Después de entrevistarme con Mills volé a Columbia, en Carolina del Sur, para conocer a tantos delegados de convención como fuera posible. Muchos eran favorables a McGovern y yo pensé que nos ayudarían en las votaciones importantes, a pesar de que sus credenciales estaban sujetas a cambios, pues en la delegación no había tanta diversidad racial, de edad y de sexo como exigían las reglas estipuladas por la Comisión McGovern.

Antes de Miami también fui a la convención demócrata de Arkansas en Hot Springs, para ganarme a los delegados de mi estado natal. Sabía que el gobernador Bumpers, que presidiría la delegación en Miami, pensaba que McGovern perjudicaría a los demócratas de Arkansas pero, al igual que en Carolina del Sur, muchos delegados estaban contra la guerra y a favor de McGovern. Dejé Miami, satisfecho de las delegaciones en las que estaba trabajando.

En la convención que se celebró a mediados de julio, la mayoría de los candidatos se instalaron en hoteles alrededor de Miami y Miami Beach, pero las acciones se llevaban desde una fila de caravanas aparcadas en el exterior del centro de convenciones. Gary Hart se encargaba de la de McGovern, en tanto que director nacional de la campaña, junto con Frank Mankiewicz como director nacional político y portavoz, y mi amigo Rick Stearns como director de investigación y de las acciones estatales del *Caucus*. Rick sabía más que nadie acerca del funcionamiento de la convención. Los que nos ocupábamos de las delegaciones estábamos abajo, siguiendo las instrucciones de la caravana. La campaña McGovern había llegado muy lejos, gracias a un puñado de voluntarios comprometidos, al liderazgo de Hart, a la habilidad de Mankiewicz con la prensa y a la estrategia diseñada por Stearn. McGovern se había enfrentado, y había vencido, a políticos con más trayectoria y más carisma, o ambas cosas a la vez: Hubert Humphrey; Ed Muskie; el alcalde John Lindsay de Nueva York, que había cambiado de partido para presentarse; el senador Henry Jackson de Washington y George Wallace, que quedó paralítico a causa del disparo fallido de un asesino durante la campaña. La congresista Shirley Chisholm de Nueva York también se presentó; fue la primera afroamericana en hacerlo.

Pensamos que McGovern tenía suficientes votos para ganar en la primera ronda si podía superar el reto de la delegación de California. Las nuevas reglas del estatuto McGovern exigían que cada estado donde se celebraban unas elecciones primarias hiciera un prorrateo, lo más preciso posible, del porcentaje de votos que tenía. Sin embargo, California aún funcionaba con el sistema de un único ganador y se reafirmaba en su derecho a conservar ese método porque, cuando se celebró la convención, la asamblea legislativa estatal aún no había cambiado la ley de elecciones. Irónicamente, McGovern estaba a favor del sistema de California, a pesar de sus propias reglas, porque había ganado las primarias con un 44 por ciento de los votos, pero ya tenía casi comprometidos a los 271 delegados del resto de estados. Los grupos antiMcGovern le tachaban de hipócrita y decían que la convención solo debía acoger un 44 por ciento, es decir 120 delegados para él y reservar 151 para el resto de los candidatos, según la proporción que obtuvieran en las votaciones primarias californianas. El Comité de Credenciales de la convención estaba en contra de McGovern y votó para conservar el sistema de California; de ese modo se reducía el número de delegados de McGovern a 120 y se ponía en peligro su victoria en primera ronda.

Las decisiones del Comité de Credenciales podían ser anuladas si así lo decidía la mayoría de los delegados de la convención. Los partidarios de McGovern querían precisamente que se hiciera eso con California. La delegación de Carolina del Sur también aprobaba la medida, pues corría el riesgo de perder sus votos porque también violaba las reglas: solo un 25 por ciento eran mujeres, en lugar de la mitad necesaria. McGovern estaba nominalmente en contra de la posición de Carolina del Sur a causa de esa menor representación.

Lo que sucedió a continuación fue muy complicado y no vale la pena entrar en detalles. En resumen, Rick Stearns decidió que debíamos sacrificar el voto de Carolina del Sur y forzar a nuestros oponentes con una regla de procedimiento que nos beneficiaría; de ese modo ganaríamos la votación en California. Y funcionó. La delegación de Carolina del Sur perdió su voto y nuestros adversarios se frotaron las manos; cuando se dieron cuenta de que les habíamos tendido una trampa ya era demasiado tarde: nos llevamos a los 271 delegados y nos hicimos con la nominación. El desafío de California probablemente fue uno de los grandes ejemplos de jiu-jitsu político que tuvo lugar en una convención de partido desde que las primarias se convirtieron en el método predominante para la selección de delegados. Como he dicho, Rick Stearns era un genio con las reglas. Yo estaba eufórico. Ahora McGovern ya tenía casi garantizada una victoria en primera ronda y los chicos de Carolina del Sur, que me habían llegado a caer bien, podían quedarse.

Desgraciadamente, todo fue cuesta abajo a partir de ese momento. Las encuestas de opinión decían que McGovern llegaba a la convención colocado muy por detrás del presidente Nixon, pero con posibilidades reales; esperábamos recuperar cinco o seis puntos durante la semana, gracias a varios días de intensa presencia en los medios de comunicación. Sin embargo, para lograr ese fuerte incremento hacía falta la misma capacidad de controlar los acontecimientos de la que nuestro equipo había hecho gala durante el desafío de los delegados. Pero, por alguna razón, esa energía se evaporó. Primero, un grupo en defensa de los gays hizo una sentada en el hotel de McGovern y se negaron a moverse a menos que se reuniera con ellos. Cuando lo hizo, los medios de comunicación y los republicanos dijeron que se había rendido, y le tildaron de débil y de excesivamente liberal. Luego, el jueves por la tarde, después de escoger al senador Tom Eagleton de Missouri como compañero de candidatura, McGovern permitió que se presentaran otras candidaturas durante la votación de esa noche. Así, entraron seis nombres más en la competición, con los consiguientes discursos de candidatura y una larga votación en la que se pasó lista. Aunque la victoria de Eagleton era más que previsible, los otros seis recibieron algunos votos. También se votó por Roger Mudd, de las noticias de la CBS; por el personaje televisivo Archie Bunker y por Mao Zedong. Fue un desastre. Aquel ejercicio inútil había ocupado la hora de máxima audiencia de las televisiones; casi dieciocho millones de hogares siguieron la convención. Los actos realmente importantes que habíamos preparado para los medios —el discurso del senador Edward Kennedy en el que nombraba a McGovern y el discurso de aceptación de este— se emitieron a altas horas de la madrugada. El senador Kennedy estuvo brillante y pronunció un discurso entusiasta. McGovern también estuvo bien. Reclamó a Estados Unidos que «volviera a casa... desde la decepción que asolaba las altas cumbres... desde el derroche de las manos vacías... desde el prejuicio... Volver a casa, a la afirmación de que sí tenemos un sueño... A la convicción de que podemos hacer que el mundo avance... a la creencia de que podemos buscar un mundo nuevo». El problema fue que McGovern empezó a hablar a las 2.48 de la mañana, o «la hora de máxima audiencia en Samoa», como apostilló el humorista Mark Shields. Había perdido casi el 80 por ciento de la audiencia televisiva.

Por si eso fuera poco, rápidamente se hizo público que Eagleton estaba bajo tratamiento a causa de una depresión y que le estaban aplicando una terapia de electrochoques. Lamentablemente, eran tiempos de gran ignorancia acerca de la naturaleza y el alcance de las enfermedades mentales. Tampoco se sabía entonces que otros presidentes, como Lincoln o Wilson, habían sufrido depresiones periódicas. La idea de que el senador Eagleton fuera el suplente del presidente si McGovern salía elegido inquietaba a mucha gente, sobre todo porque Eagleton no le había comentado nada a McGovern. Si McGovern hubiera estado informado, y a pesar de todo le hubiera escogido, quizá podríamos haber progresado en la percepción pública de las enfermedades mentales, pero la forma en que se descubrió planteó preguntas acerca del buen juicio de McGovern y también de su capacidad y competencia. Nuestra cacareada acción de campaña ni siquiera había cotejado la selección de Eagleton con el gobernador demócrata de Missouri, Warren Hearnes, que sabía lo de su enfermedad.

Una semana después de la convención de Miami estábamos aún peor que cuando los demócratas perdieron en Chicago cuatro años atrás; entonces parecieron demasiado liberales y demasiado ineptos. Cuando se supo lo de Eagleton, al principio McGovern dijo que apoyaba a su compañero de candidatura «al mil por mil». Unos días después, a causa de la agotadora e implacable presión de sus propios seguidores, prescindió de él. No encontramos a un sustituto hasta la segunda semana de agosto. Sargent Shriver, el cuñado del presidente Kennedy, aceptó después de que Ted Kennedy, el senador Abe Ribicoff de Connecticut, el gobernador Reubin Askew de Florida, Hubert Humphrey y el senador Muskie rechazaran de plano la oferta de la candidatura a la vicepresidencia. Yo estaba convencido de que la mayoría de norteamericanos votarían por un candidato que defendiera la paz y que fuera progresista pero no demasiado liberal; antes de Miami, pensaba que podíamos lograrlo con McGovern. Ahora estábamos de nuevo como al principio. Después de la convención, fui a Washington para ver a Hillary; estaba tan agotado que me pasé veinticuatro horas durmiendo.

Unos días más tarde, hice las maletas y me fui a Texas para coordinar la campaña para las elecciones generales. Mientras volaba de Washington a Arkansas para recoger un coche me di cuenta de que sería duro. Me senté al lado de un joven de Jackson, Mississippi, que me preguntó a qué me dedicaba. Cuando se lo dije, casi gritó: «¡Es el único blanco que he conocido que está a favor de McGovern!». Más tarde, mientras veía por la televisión a John Dean testificando acerca de las fechorías de la Casa Blanca de Nixon frente al senador Sam Ervin, del Comité Watergate, el teléfono sonó. Era el joven que había conocido en el avión. Dijo: «Solo llamaba para que me pudiera decir, 'Se lo dije'». Jamás volví a verle, pero agradecí su llamada. Era sorprendente lo mucho que había cambiado la opinión pública en solo dos años, desde que estalló el escándalo Watergate.

Sin embargo, en el verano de 1972 viajar a Texas era un esfuerzo inútil, aunque fascinante. Desde John Kennedy, en 1960, durante las presidenciales demócratas se enviaba a la gente de fuera del estado para que supervisara las campañas estatales clave, basándose en la teoría de que lograrían unir a las facciones enfrentadas y se asegurarían de que todas las decisiones eran en interés de los candidatos, y no en beneficio privado. Esa era la teoría; en la práctica, los forasteros despertaban resentimiento entre la gente, especialmente en una campaña tan problemática como la de McGovern y en un entorno tan fracturado y polémico como el de Texas.

Decidieron que Taylor Branch, al cual conocí en Martha's Vineyard en 1969, como he mencionado anteriormente, y yo iríamos a Texas. Como póliza de seguridad, la campaña designó al exitoso y joven abogado de Houston, Julius Glickman, para que fuera el tercer miembro de nuestro triunvirato. Puesto que Taylor y yo éramos sureños y dispuestos a la cooperación, pensé que podíamos hacer un buen trabajo en Texas. Organizamos unas oficinas en la calle Seis Oeste de Austin, no lejos del capitolio estatal, y compartimos un apartamento en una colina al otro lado del río Colorado. Taylor dirigía las acciones de campaña y controlaba el presupuesto. No teníamos mucho dinero, así que tuvimos suerte de que fuera tacaño y tuviera más facilidad que yo para decir no a la gente. Yo trabajé con las organizaciones del condado y Julius trató de conseguir el apoyo de los tejanos destacados que él conocía. Nuestro equipo estaba formado por gente joven y entusiasta. Tres de ellos se convirtieron en buenos amigos de Hillary y míos: Garry Mauro, que terminó siendo miembro de la Comisión del Suelo de Texas y desempeñó un papel clave en mi campaña presidencial, y Roy Spence y Judy Trabulsi, que crearon una agencia de publicidad que se convertiría en la más importante de todo el país, sin contar Nueva York. Garry, Roy y Judy nos apoyarían a mí y a Hillary en todas nuestras campañas.

La tejana que más influyó en mi carrera fue Betsey Wright, la hija de un doctor de Alpine, una pequeña ciudad del oeste de Texas. Era tan solo un par de años mayor que yo pero tenía mucha más experiencia en política de bases, pues había trabajado para el Partido Demócrata del estado y para Causa Común. Era brillante, intensa, leal y concienzuda casi hasta la exageración. Es la única persona que he conocido que estuviera todavía más entusiasmada y consumida por la política que yo. A diferencia de algunos de nuestros colegas con menos experiencia, ella sabía perfectamente que nos estaban dando una paliza, pero aun así trabajaba dieciocho horas diarias.

Después de unas semanas en Texas, Hillary se reunió conmigo en la sede de la campaña, pues Anne Wexler la había contratado para que hiciera un registro de votantes para el Partido Demócrata. Se llevaba muy bien con el resto del equipo y su presencia iluminaba hasta los días más duros.

La campaña de Texas comenzó de forma un tanto tumultuosa, principalmente a causa del desastre de Eagleton, pero también en buena parte debido a que los demócratas locales no querían que se les identificara con McGovern. El senador Lloyd Bentsen, que había derrotado al fiero senador liberal Ralph Yarborough dos años atrás, no aceptó presidir la campaña. El candidato a gobernador, Dolph Briscoe, un ranchero del sur de Texas que años después se convirtió en buen amigo y partidario mío, ni siquiera quería aparecer en público con nuestro candidato. El ex gobernador John Connally, que estaba en el coche con Kennedy nueve años atrás cuando le dispararon y que había sido un aliado muy cercano del presidente Johnson, dirigía un grupo al que había bautizado como «Demócratas por Nixon».

No obstante, Texas era un estado demasiado grande para darlo por perdido sin luchar y Humphrey se lo había llevado hacía cuatro años solo por 38.000 votos. Al final, dos funcionarios estatales aceptaron copresidir la campaña: el comisionado de Agricultura, John White, y el comisionado del Suelo, Bob Armstrong. White, un demócrata de Texas chapado a la antigua, sabía que no teníamos ninguna posibilidad, pero quería que el tándem demócrata lo hiciera lo mejor posible en Texas. John se convirtió más adelante en el presidente del Comité Nacional Demócrata. Bob Armstrong era un ferviente defensor del medio ambiente al que le gustaba tocar la guitarra y pasar el rato con nosotros en el Scholtz's Beer

Garden, la bolera local, o en el Armadillo Music Hall, donde nos llevó a Hillary y a mí a ver a Jerry Jeff Walker y Willie Nelson.

A mí me parecía que las cosas iban mejor en agosto, cuando teníamos previsto que el senador McGovern y Sargent Shriver vinieran a Texas a ver al presidente Johnson. Shriver era un hombre que se hacía querer; tenía un carácter optimista que aportaba energía y *gravitas* a la pareja candidata. Había sido uno de los fundadores de la Corporación de Servicios Legales, que daba asistencia legal a los pobres, el primer director de los Cuerpos de Paz del presidente Kennedy y el primer director de la Guerra contra la Pobreza del presidente Johnson.

La reunión de McGovern y Shriver con el presidente Johnson fue bastante bien, pero no dio muchos frutos políticos porque Johnson insistió en que no hubiera periodistas y porque ya había hecho unas muy poco entusiastas declaraciones de apoyo a McGovern en un periódico local pocos días antes de que se conocieran. Lo máximo que saqué de aquello fue una fotografía firmada del presidente que consiguió Taylor cuando fue al rancho de Lyndon Johnson para ultimar los detalles unos días antes de la reunión. Quizá porque ambos éramos sureños y estábamos a favor de la lucha por los derechos civiles, a Taylor y a mí nos gustaba Johnson más que a la mayoría de nuestros compañeros del equipo de McGovern.

Después de la reunión, McGovern regresó a su habitación del hotel, en Austin, para reunirse con algunos de sus principales partidarios y con los colaboradores de su campaña. Hubo muchas quejas sobre el caos que había reinado en la campaña. Desde luego había desorganización. Taylor y yo no habíamos estado allí el tiempo suficiente como para instalarnos debidamente, y mucho menos para montar una organización eficaz. Además, nuestra base liberal estaba desanimada después de que su candidato, Sissy Farenthold, perdiera en unas dolorosas primarias al gobernador con Dolph Briscoe. Por algún motivo, el cargo estatal de más alto rango que apoyaba a McGovern, el secretario de Estado Bob Bullock ni siquiera fue invitado. McGovern le escribió una carta pidiéndole disculpas, pero fue un descuido muy significativo.

No mucho después de que McGovern se marchara de Texas, la sede central de la campaña decidió que necesitábamos la supervision de algún adulto, así que nos enviaron a un irlandés malhumorado y de pelo gris de Sioux City, Iowa, llamado Don O'Brien, que había formado parte de la campaña de John Kennedy y que había sido fiscal con Robert Kennedy. Me gustaba mucho Don O'Brien, pero era un machista anticuado que ponía nerviosas a muchas de nuestras mujeres jóvenes e independientes. Aun así, lo cierto es que hizo funcionar la campaña y yo me sentí aliviado porque podía pasar más tiempo en la carretera. Aquellos fueron mis mejores días en Texas.

Fui al norte, a Waco, donde conocí al magnate de los seguros Bernard Rapoport, un liberal que en el futuro sería uno de mis partidarios. Viajé también al este de Dallas, donde conocí a Jess Hay, un hombre de negocios moderado y leal demócrata, que también siguió siendo mi amigo y mi partidario, y me encontré también con un senador estatal negro, Eddie Bernice Johnson, que se convirtió en uno de mis aliados más sólidos en el Congreso cuando me eligieron presidente. Luego fui a Houston, donde conocí y me enamoré de la madrina de todos los liberales de Texas, Billie Carr, una mujer grande y escandalosa que me recordaba un poco a Madre. Billie me tomó bajo su protección y no dejó de cuidar de mí hasta el día de su muerte. Se quedó a mi lado incluso cuando la decepcioné por ser menos liberal que ella.

Entré en contacto por primera vez con norteamericanos de origen mexicano, a los que entonces se llamaban chicanos y llegué a valorar y a disfrutar de su carácter, su cultura y su comida. En San Antonio descubrí dos restaurantes, Mario's y Mi Tierra, donde una vez comí tres veces en dieciocho horas.

Trabajé en el sur de Texas con Franklin Garcia, un duro sindicalista con un gran corazón, y con su amigo Pat Robards. Una noche Franklin y Pat nos llevaron a Hillary y a mí a través del Río Grande a Matamoros, México. Nos llevaron a un garito en el que tocaba una banda de mariachis, actuaba una *stripper* sin demasiada convicción y servían un menú en el que había cabrito. Yo tenía tanto sueño que me quedé dormido mientras la *stripper* bailaba y la cabeza del cabrito me miraba desde la bandeja.

Un día, mientras conducía por el sur rural de Texas, me detuve en una gasolinera para reposar y entablé una conversación con un joven de origen mexicano que me llenó el depósito. Le pedí que votase por McGovern. «No puedo», me dijo. Cuando le pregunté por qué me dijo: «Por Eagleton. No debió haberle abandonado. Mucha gente tiene problemas, pero tienes que apoyar a tus amigos». Nunca olvidé su sabio consejo. Cuando era presidente, los hispanos sabían que trataba de estar cerca de ellos, y me correspondieron con creces.

En la última semana de la campaña, a pesar de que todo estaba ya perdido, viví dos momentos memorables. El congresista Henry B. Gonzales celebró en San Antonio la Cena Demócrata del Condado de Bexar, en el hotel Menger, cerca de El Álamo, donde más de doscientos tejanos dirigidos por Jim Bowie y Davy Crockett murieron luchando para que Texas se independizara de México. Más de sesenta años después, Teddy Roosevelt se había alojado en el Menger mientras estaba entrenando a los Rough Riders para su épica batalla de la colina de San Juan, en Cuba. En el Menger sirven un helado de mango exquisito, a la que me volví completamente adicto. En la víspera del día de las elecciones de 1992, cuando nos detuvimos en San Antonio, mi equipo compró helado por valor de cuatrocientos dólares y todos los miembros de la campaña lo probaron durante la noche.

El conferenciante durante la cena fue el líder de la mayoría del Congreso, Hale Boggs, de Louisiana. Hizo un discurso apasionado a favor de McGovern y del Partido Demócrata. A la mañana siguiente lo desperté temprano para que cogiera un avión hacia Alaska, donde estaba previsto que hiciera campaña con el congresista Nick Begich. Al día siguiente, en un viaje a través de las cumbres nevadas de las montañas, su avión se perdió y no se encontró jamás. Yo admiraba a Hale Boggs y deseé que aquel día nos hubiéramos dormido. Dejó tras de sí a una familia notable. Su esposa, Lindy, una mujer encantadora y una política de primera línea, le sucedió en su escaño por Nueva Orleans y fue uno de mis grandes apoyos en Louisiana. La nombré embajadora de Estados Unidos en el Vaticano.

El otro momento memorable tuvo lugar durante la última visita de Sargent Shriver a Texas. Celebramos un gran mitin en McAllen, en lo más profundo del sur de Texas, y luego tuvimos que ir corriendo al aeropuerto para volar a Texarkana, donde el congresista Wright Patman había reunido a varios miles de personas en State Line Boulevard, en la frontera entre Arkansas y Texas. Por algún motivo nuestro avión no despegaba. Tras unos minutos nos dijeron que un piloto que piloteaba una avioneta de un solo motor se había perdido en aquel cielo nublado sobre McAllen y estaba volando en círculos sobre el aeropuerto, esperando que le dieran instrucciones para bajar. Debían dárselas en español. Primero tuvieron que encontrar a un piloto experto que supiera hablar español y luego tuvieron que calmar a aquel tipo para que pudiera aterrizar. Mientras el drama se desarrollaba, yo estaba sentado frente a Shriver y le informaba sobre la parada en Texarkana. Si nos quedaba alguna duda de la mala suerte que había perseguido a la campaña, esto las despejó por completo. Shriver se lo tomó todo con mucha calma y pidió a las azafatas que sirvieran la cena. Al poco rato había dos aviones en McAllen rodeados de miembros de la campaña y de periodistas que comían filetes sobre la pista de despegue. Cuando por fin llegamos a Texarkana, más de tres horas tarde, el mitin se había suspendido, pero doscientos acérrimos, entre ellos el congresista Patman, fueron al aeropuerto a recibir a Shriver. Saltó del avión y dio la mano a todos y cada uno de ellos como si fuera el primer día de una campaña electoral muy reñida.

McGovern perdió Texas con 33 contra 67 por ciento de los votos, un resultado un poco mejor que el que había conseguido en Arkansas, donde solo lo apoyó el 31 por ciento de los votantes. Tras las elecciones, Taylor y yo nos quedamos algunos días para dar las gracias a la gente y hacer las maletas. Luego Hillary y yo volvimos a Yale, después de unas breves vacaciones en Zihuatanejo, en la costa mexicana del Pacífico. Ahora es una zona muy edificada, pero entonces era todavía una pequeña aldea mexicana con calles irregulares y sin pavimentar, bares abiertos las veinticuatro horas y pájaros tropicales en los árboles.

Llegamos a nuestros exámenes finales en buena forma, sobre todo teniendo en cuenta el tiempo que habíamos pasado lejos de la universidad. A mí me costó mucho dominar los arcanos del Derecho Marítimo, una asignatura en la que me matriculé solo porque quería asistir al curso que impartía Charles Black, un tejano elocuente y cortés al que los estudiantes respetaban mucho y que apreciaba especialmente a Hillary. Para mi sorpresa, el Derecho Marítimo tenía jurisdicción en Estados Unidos sobre cualquier vía que hubiera sido navegable originariamente. Eso incluía los lagos que se habían creado al poner presas en ríos que una vez fueron navegables en mi Arkansas natal.

En el curso de primavera de 1973 me matriculé en muchas asignaturas, pero seguía preocupado por mi regreso a casa y por mi relación con Hillary. Los dos disfrutamos mucho ese año, redactando el caso para la competición jurídica del sindicato de abogados. Escribimos un juicio basado en los personajes de la película *Casablanca*. El marido de Ingrid Bergman era asesinado y se acusaba a Humphrey Bogart del asesinato. John Doar, antiguo compañero en el Departamento de Justicia y amigo de Burke Marshall, vino con su joven hijo a ejercer de juez. Hillary y yo le presentamos nuestro caso y comprendimos porqué había logrado de forma tan eficiente que se aplicaran los derechos civiles en el Sur. Era tranquilo, directo, inteligente y fuerte. Llevó bien el juicio y el jurado declaró inocente a Bogie.

Un día, después de mi clase sobre Régimen Tributario de las Empresas, el profesor Chirelstein me preguntó qué pensaba hacer cuando me graduara. Le conté que volvería a casa y que probablemente abriría mi propio bufete, pues no había recibido ninguna oferta. Dijo que había una repentina e inesperada vacante en la Facultad de Derecho de la Universidad de Arkansas, en Fayetteville. Me aconsejó que me presentara a aquel puesto y se ofreció a recomendarme. Jamás se me había ocurrido considerar un puesto docente, pero la idea era atractiva. Pocos días después, a finales de marzo, volví en coche a casa para las vacaciones de Semana Santa. Cuando llegué a Little Rock, salí de la autopista, fui a una cabina, llamé al decano de la facultad de derecho, Wylie Davis, me presenté, le dije que me había enterado de que había una vacante y que me gustaría presentarme al puesto. Él me dijo que era demasiado joven y que carecía de experiencia. Me reí y le dije que llevaba años oyendo lo mismo pero que si estaba en apuros yo era una buena elección pues trabajaría duro y daría las asignaturas que él quisiera. Además, no sería titular, así que podría despedirme en cuanto quisiera. Se rió a su vez y me invitó a ir a Fayetteville para una entrevista, así que volé allí durante la primera semana de mayo. Llevaba conmigo unas cartas de recomendación muy elogiosas del profesor Chirelstein, Burke Marshall, Steve Duke, John Baker y Caroline Dinegar, presidente del Departamento de Ciencias Políticas de la Universidad de New Haven, donde yo había enseñado a los estudiantes de licenciatura Derecho Constitucional y Derecho Penal. Las entrevistas fueron bastante bien y el 12 de mayo recibí una carta de Dean Davis ofreciéndome un puesto de profesor ayudante con un sueldo de 14.706 dólares. A Hillary le parecía una oferta magnífica y diez días más tarde acepté el puesto.

No era mucho dinero, pero dar clases me permitiría devolver mi crédito al organismo de educación nacional trabajando, en lugar de tener que pagarlo en efectivo. Mi otro crédito universitario era peculiar, pues exigía que yo y mis demás compañeros de promoción lo devolviéramos mediante una pequeña fracción de nuestros ingresos anuales hasta que la deuda total de nuestra promoción quedara saldada. Obviamente, a los que les iba mejor podían pagar más, pero eso ya lo sabíamos cuando pedimos el préstamo. Mi experiencia con el programa de créditos de Yale me impulsó a cambiarlo cuando me convertí en presidente; de ese modo los estudiantes podían devolver los créditos durante un período de tiempo más largo y con un tanto por ciento fijo de sus ingresos. Así era menos probable que abandonaran la universidad por temor a no poder satisfacer el pago y, al mismo tiempo, estarían más dispuestos a aceptar trabajos de gran utilidad social pero con un sueldo bajo. Cuando ofrecimos a los estudiantes la opción de los créditos reembolsables a partir de un porcentaje en función de los ingresos, muchos jóvenes se lanzaron a aprovechar la oportunidad.

Aunque no fui el estudiante más diligente, estoy satisfecho de los años que pasé en la facultad de derecho. Aprendí mucho de algunos profesores entregados y brillantes y también de mis compañeros de estudios, más de veinte de los cuales ocuparían luego cargos públicos en mi administración o en tribunales federales. Conseguí una visión más certera y afinada del papel que desempeña la ley en la conservación del orden y la justicia en nuestra sociedad y en ofrecer un medio de progresar. Además, vivir en New Haven me permitió ser testigo del realidad y la diversidad de la Norteamérica urbana. Y, por supuesto, fue en New Haven donde conocí a Hillary.

Gracias a las campañas de Duffey y McGovern, hice buenos amigos que compartían mi pasión por la política y además aprendí más sobre la mecánica de las elecciones. También comprendí que para ganar unas elecciones siendo progresista hay que poner mucho cuidado y disciplina en elaborar un mensaje que dé a la gente la confianza que necesita para cambiar de rumbo. Nuestra sociedad solo puede asumir un determinado número de cambios al mismo tiempo y cuando se avanza hay que hacerlo de modo que se reafirmen nuestras convicciones más profundas: las oportunidades y la responsabilidad, el trabajo y la familia, la fuerza y la compasión... En suma, los valores que han sido los cimientos del éxito de Estados Unidos. La mayoría de la gente ya tiene bastantes problemas con educar a los hijos, hacer bien su trabajo y pagar las facturas. No piensan en la política del gobierno tanto como lo hacen los liberales, ni les obsesiona el poder, como le sucede a la nueva derecha conservadora. Tienen mucho sentido común y desean comprender cuáles son las grandes fuerzas que modelan nuestras vidas, pero no se les puede pedir que abandonen de la noche a la mañana los valores y convenciones sociales que al menos les permiten sobrevivir y sentirse bien con ellos mismos. Desde 1968, los conservadores han sabido convencer a la Norteamérica media de que los candidatos, las ideas y las políticas progresistas son contrarias a sus valores y una amenaza para su seguridad. Joe Duffey era hijo de un minero de carbón al que transformaron en un elitista ultraliberal blando. George McGovern era un auténtico héroe de guerra, al que los votantes conservadores de la Dakota del Sur rural habían enviado al Senado, y que también se transformó de repente en un fanático izquierdista blando que no defendería a Estados Unidos, sino que ahogaría a la gente con impuestos y se dedicaría a gastar sin medida. En ambos casos, los candidatos y sus campañas cometieron errores que reforzaron la imagen que de ellos se esforzaban por crear sus oponentes. Yo ya había descubierto lo difícil que era acarrear la pesada roca de los derechos civiles, la libertad y los programas de lucha contra la pobreza por la empinada pendiente de la política. Sabía que no podíamos esperar ganar siempre, pero estaba decidido a impedir que nuestros adversarios lo hicieran fácilmente. Luego, cuando era gobernador y cuando era presidente, cometí de nuevo algunos de estos errores, pero no tantos como habría cometido si no hubiera tenido la oportunidad de trabajar para aquellos dos buenos hombres: Joe Duffey y George McGovern.

Me alegraba volver a casa y tener un trabajo en perspectiva, pero seguía sin saber qué hacer con Hillary. Ni siquiera sabía qué sería mejor para ella. Siempre he creído que ella tenía tantas (o más) posibilidades de éxito en la política que yo, y quería que aprovechara su oportunidad. Por aquel entonces yo lo deseaba más que ella misma y creía que si venía a Arkansas conmigo acabaría con sus perspectivas de seguir una carrera política. No quería que esto sucediera, pero tampoco quería perderla. Hillary ya había decidido que no iría a trabajar a ningún gran bufete y que tampoco quería ser la ayudante de un juez. Prefería trabajar con Marian Edelman en su Fundación en Defensa de la Infancia, que había abierto oficinas en Cambridge, Massachusetts, así que íbamos a estar separados por una gran distancia.

Era todo lo que sabíamos en aquel momento, cuando terminé la facultad de derecho y llevé a Hillary en su primer viaje transoceánico. Le enseñé Londres y Oxford y luego fuimos al oeste, a Gales, y volvimos a Inglaterra para ver la zona de los lagos donde yo aún no había estado. Es un lugar muy bonito y romántico a finales de primavera. Una tarde, mientras se ponía el sol a orillas del lago Ennerdale, le pedí a Hillary que se casara conmigo. No podía creer que finalmente lo hubiera hecho. Y ella tampoco. Me dijo que me quería pero que no podía decirme que sí. No podía culparla pero tampoco quería perderla. Así que le pedí que viniera a Arkansas conmigo, para ver si le gustaba y que se presentara al examen del Colegio de Abogados de Arkansas, solo por si acaso.

DIECIOCHO

En junio, Hillary voló a Little Rock para hacerme una visita. La llevé a casa por el camino más largo para enseñarle una parte del estado que me gustaba especialmente. Condujimos hacia el oeste remontando el río Arkansas durante ciento diez kilómetros y luego fuimos hacia el sur por la autopista 7 a través de las montañas Ouachita y del Bosque Nacional; nos deteníamos a cada trecho para admirar las vistas. Pasamos un par de días en Hot Springs con Madre, Jeff y Roger, y luego regresamos a Little Rock, donde los dos estábamos matriculados en el curso preparatorio para el examen del Colegio de Abogados de Arkansas, un curso que nos fue muy útil, pues tanto Hillary como yo aprobamos el examen.

Después de examinarnos, Hillary volvió a Massachusetts, donde empezó a trabajar para el Fondo de Defensa de la Infancia, y yo fui a Fayetteville a iniciar una nueva etapa en mi vida como profesor de derecho. Hallé el lugar perfecto para vivir, una preciosa casita diseñada por Fay Jones, el famoso arquitecto de Arkansas cuya asombrosa capilla Thorncrown, construida en la cercana Eureka Springs, había ganado numerosos premios y galardones internacionales. Alrededor de la casa había más de treinta y dos hectáreas de terreno situado a unos doce kilómetros al este de Fayetteville, junto a la autopista 16. El límite oriental del terreno daba a la bifurcación del río White y en los prados pastaban una docena de vacas. La casa, construida a mediados de la década de 1950, era esencialmente una estructura de una sola habitación, larga y estrecha, dividida por la mitad por el baño, que parecía estar en el centro como un bloque divisorio. Tanto las paredes delanteras como las de atrás estaban formadas por puertas correderas que, junto con los tragaluces del dormitorio y el baño, hacían que fuera muy luminosa. En la parte delantera, a lo largo de toda la longitud de la sala de estar, había un porche acristalado que emergía de la casa conforme al terreno descendía en pendiente hacia la carretera. La casa demostró ser una bendición por la tranquilidad y el silencio del lugar, características que valoré todavía más después de empezar mi primera campaña. Me encantaba sentarme en el porche, relajarme cerca de la chimenea o caminar entre las vacas que pastaban en los prados junto al río.

La casa, sin embargo, tenía algunas inconveniencias. Cada noche recibíamos la incómoda visita de los ratones. Cuando por fin acepté el hecho de que no iba a poder librarme de ellos y vi que se contentaban con quedarse en la cocina, comencé a dejarles migas de pan. El campo estaba lleno de arañas, garrapatas y otros bichos; por lo general no me preocupaban demasiado, pero cuando una araña ermitaña marrón picó a Hillary, la pierna se le hinchó monstruosamente y la hinchazón tardó mucho en remitir. Además era imposible vigilar aquel lugar. Ese verano hubo una serie de robos en el noroeste de Arkansas. El ladrón entraba en las casas que se encontraban a todo lo largo de la autopista 16. Una noche, cuando llegué a casa, me dio la sensación de que alguien había estado allí, aunque no faltaba nada. Quizá llegué cuando el ladrón estaba en plena faena y lo asusté. En un impulso, me senté y le escribí una carta por si se decidía a volver:

> Querido ladrón:
>
> Las cosas estaban más o menos igual que las dejé, así que no sé si entró usted o no ayer en mi casa. Si no lo hizo, esto es lo que puede encontrar dentro: una televisión que, nueva, costó ochenta dólares hace un año y medio; una radio que costó cuarenta dólares hace tres años; un minúsculo tocadiscos que, nuevo, costó cuarenta dólares hace tres años; y un montón de recuerdos, pequeños detalles la inmensa mayoría de los cuales no costaron más de diez dólares. Casi toda la ropa tiene dos o tres años. La verdad, no creo que valga la pena que se arriesgue a ir a la cárcel por tan poco.
>
> William J. Clinton

Pegué la carta a la chimenea con celo. Por desgracia, la estratagema no salió demasiado bien. Al día siguiente, mientras estaba en el trabajo, aquel tipo volvió y se llevó la televisión, la radio, el tocadiscos y algo que yo había dejado intencionadamente fuera de la lista: una preciosa espada militar labrada de la Primera Guerra Mundial. Me dolió mucho perderla porque me la había dado Papá y porque, tan solo hacía un año, me habían robado del coche, en Washington, mi única otra posesión de valor, el saxo tenor Selmer Mark VI que Madre y Papá me habían regalado en 1963. Al final remplacé el saxo por un modelo Selmer «*cigar cutter*» de 1935, pero jamás pude reemplazar la espada.

Me pasé las últimas semanas de aquel tórrido agosto preparando mis clases y corriendo en las pistas de la universidad durante las horas más calurosas del día, y mi peso bajó a 85 kilos por primera (y última) vez desde los trece años. En septiembre comencé a dar mis primeras clases: Antimonopolio, asignatura que yo había estudiado en Yale y que me había gustado especialmente, y Agencia y Sociedad, que trataba de las relaciones contractuales y las responsabilidades legales que derivan de ellas. Tuve dieciséis estudiantes en Antimonopolio y cincuenta y seis en A y S. La Ley Antimonopolio está basada en la idea de que el gobierno debe intervenir para impedir que se formen monopolios y para evitar otras prácticas que perjudiquen la libre competencia, para así garantizar el buen funcionamiento de la economía de mercado. Yo sabía que no todos los estudiantes tenían nociones de economía, así que me esforcé por hacer que las clases fueran muy claras y los principios en los que me basaba fácilmente comprensibles. Agencia y Sociedad, por el contrario, parecía lo suficientemente clara por sí sola. Temía que los estudiantes se aburrieran y no comprendieran la importancia que tiene definir la naturaleza exacta de las relaciones entre las partes en cualquier empresa, así que siempre intentaba ofrecerles ejemplos interesantes y clarificadores para que fueran los propios estudiantes los que mantuvieran vivos los debates con sus intervenciones. Por ejemplo, las sesiones del Watergate y la respuesta de la Casa Blanca a las sucesivas revelaciones habían planteado muchas preguntas sobre quién había perpetrado el allanamiento. ¿Eran agentes del presidente y, si no lo eran, para quién y bajo qué autoridad actuaban? En todas las clases que di, siempre intenté que participara en las discusiones el mayor número posible de estudiantes y que me encontraran siempre que quisieran en mi despacho o en la facultad.

Disfrutaba preparando los exámenes y mi esperanza era que los alumnos los encontraran interesantes, exigentes y justos. En los comentarios que he tenido ocasión de leer sobre mis años de profesor, se ha cuestionado a menudo mi sistema de calificaciones; se me acusa de que era demasiado blando, quizá porque tenía miedo de ofender a gente cuyo apoyo podría necesitar cuando me presentara a un cargo público. En Yale las únicas notas eran Matrícula de honor, Aprobado y Suspenso. Era muy difícil sacar matrícula y era prácticamente imposible suspender. En muchas otras facultades de derecho, especialmente en aquellas en que los requisitos de admisión eran mucho menos exigentes, las notas solían ser más severas y era normal que entre el 20 y el 30 por ciento de la clase suspendiera. Ese no era mi estilo. Si un estudiante sacaba una mala nota yo sentía el fracaso como mío, por no haber logrado que se interesara y se esforzara lo bastante. Casi todos los estudiantes tenían la suficiente capacidad intelectual para conseguir una C. Por otra parte, en mi opinión, una mala nota tiene que significar algo. En mis clases más numerosas, de entre cincuenta y noventa estudiantes, daba solo dos o tres A y prácticamente el mismo número de D. En una clase de setenta y siete solo di una A y solo suspendí a un alumno. Habitualmente los estudiantes que sabían que iban a suspender preferían retirarse de la asignatura en lugar de arriesgarse a una F. En dos de las clases menos numerosas, di más A porque los estudiantes trabajaron más duro, aprendieron mucho y se las ganaron.

A pesar de que el primer estudiante negro había ingresado en la Facultad de Derecho de la Universidad de Arkansas hacía ya veinticinco años, no fue hasta principios de los setenta cuando empezó a matricularse un número notable de jóvenes negros en las facultades de derecho estatales de todo el Sur. Muchos de ellos no tenían muy buena preparación, especialmente los que se habían visto forzados a estudiar en escuelas segregadas y con escasos recursos. Entre 1973 y 1976 asistieron a mis clases unos veinte estudiantes negros y llegué a conocer a todos los demás que estaban matriculados en la facultad. Casi todos ellos trabajaban mucho; querían tener éxito y vivían bajo una enorme presión porque tenían miedo de no lograrlo. A veces sus miedos estaban justificados. Nunca olvidaré un examen de un estudiante negro, que me produjo una mezcla de incredulidad y de ira. Sabía que había estudiado muchísimo y que comprendía la asignatura, pero su examen no lo demostraba. Las respuestas correctas estaban en el texto, pero para encontrarlas había que abrirse paso a través de una jungla de faltas de ortografía, de errores gramaticales y de frases mal construidas. Unos conocimientos que merecían una A quedaban eclipsados por una presentación que no pasaba de una F, con errores que deberían haberse corregido durante la educación primaria. Le puse una B–, le corregí los errores gramaticales y las faltas y tomé la decisión de iniciar tutorías para que los estudiantes negros pudieran rentabilizar su esfuerzo y su inteligencia obteniendo mejores resultados. Creo que aquellas tutorías les ayudaron, tanto en un sentido práctico como psicológico, a pesar de que muchos estudiantes siguieron arrastrando deficiencias en su escritura y un pesado lastre emocional, consecuencia de tener un pie metido en la puerta de la oportunidad y el otro atrapado por el cepo de la segregación vivida. Cuando muchos de ellos lograron ejercer con éxito como abogados y jueces, los clientes que defendieron y los acusados que juzgaron probablemente no tenían ni idea de qué alta había sido la montaña que habían tenido que escalar para llegar hasta allí. Cuando la Corte Suprema ratificó el principio de la discriminación positiva, en 2003, volví a pensar en mis estudiantes negros, en lo duro que habían trabajado y en todo lo que habían tenido que sobrellevar. Para mí, ellos eran la prueba viviente de que había que apoyar esa sentencia.

Aparte de mi relación con los estudiantes, lo mejor de ser profesor de derecho era formar parte de un cuerpo docente cuyos miembros eran gente que me gustaba y a la que admiraba. Mis mejores amigos en la facultad fueron dos personas de mi edad, Elizabeth Osenbaugh y Dick Atkinson. Elizabeth era una mujer brillante que había crecido en una granja de Iowa. Era una buena demócrata y una maestra entregada a sus alumnos; también se hizo amiga íntima de Hillary. Al final volvió a Iowa para trabajar en el despacho del fiscal general. Cuando me eligieron presidente, la convencí para que viniera al Departamento de Justicia, pero al cabo de pocos años regresó a casa, principalmente porque creía que su estado natal era mejor lugar para que creciera su hija Betsy. Desgraciada-mente, Elizabeth murió de cáncer en 1998, y su hija se fue a vivir con su tío, hermano de Elizabeth. He tratado de mantenerme en contacto con Bessy a lo largo de todos estos años. Su madre fue una de las personas más maravillosas que he conocido. Dick Atkinson era un amigo de la facultad de derecho que se había acabado hartando de la práctica privada en Atlanta. Le aconsejé que probara a enseñar derecho y le animé a venir a Fayetteville para que le entrevistaran. Lo hizo, le ofrecieron una plaza en nuestra facultad y él aceptó. Los estudiantes adoraban a Dick y él adoraba enseñar. En 2003 se convertiría en decano de la Facultad de Derecho de Arkansas. Nuestro profesor más famoso y fascinante era Robert Leflar, la eminencia jurídica más imponente que nuestro estado ha dado en toda su historia. Era la máxima autoridad en indemnizaciones, conflictos de dere-cho y apelaciones. En 1973 ya había dejado atrás los setenta años, la edad de jubilación obligatoria, y todavía seguía enseñando a jornada completa por un sueldo simbólico de un dólar al año. Llevaba en la facultad desde que tenía veintiséis años. Desde mucho antes de conocerle, daba clases simultáneamente en Fayetteville y en Nueva York, donde impartía un curso de apelación a los jueces federales y estatales en la facultad de dere-cho de la Universidad de Nueva York; más de la mitad de los jueces de la Corte Suprema habían asistido a aquel curso. Nunca llegó tarde a una clase en ninguno de los dos sitios.

Bob Leflar era un hombre pequeño, nervudo, con unos ojos enormes y penetrantes, y era fuerte como un buey. Debía de pesar menos de sesenta y ocho kilos, pero cuando trabajaba en su jardín levantaba en vilo enormes losas de piedra que a mí me costaba muchísimo mover. Después de cada primer partido de temporada de los Razorbacks, Bob y su mujer, Helen, celebraban una fiesta en su casa. A veces los invitados jugaban a fútbol americano en su patio delantero. Recuerdo uno de esos partidos, en el que Bob, un joven abogado y yo jugábamos contra dos jóvenes muy fuertes y un chaval de nueve años. Íbamos empatados y habíamos deci-dido que el primero en marcar, ganaba. Nuestro equipo tenía la pelota. Le pregunté a Bob si de verdad quería ganar. Él me contestó: «Pues claro». Era más competitivo que Michael Jordan. Así pues, le dije al joven abogado que sacara la pelota, dejara que el primer defensor me persi-guiera y él fuera a la derecha para bloquear al defensor del fondo del campo. El niño de nueve años cubriría a Bob; creía que yo le pasaría la pelota al joven, que era más alto, y que, aunque se la pasara a Bob, todavía podría tocarlo. Le dije a Bob que fintara al chaval también hacia la dere-cha y luego corriera rápido a la izquierda, donde le lanzaría la pelota antes de que el primer defensor me alcanzara. Cuando sacamos, Bob estaba tan emocionado que echó al chaval al suelo de un empujón y corrió hacia la izquierda. Nuestro compañero de equipo completó el bloqueo y le dejó completamente desmarcado. Le lancé la pelota en parábola y cruzó la línea de gol; era el hombre de setenta y cinco años más feliz de todo Estados Unidos. Bob Leflar tenía una mente afilada como un cuchillo, el corazón de un león, una voluntad férrea y amaba la vida con un entusiasmo casi infantil. Era una versión demócrata de Strom Thurmond. Si tuviéramos a más gente como él, ganaríamos las elecciones más a menudo. Bob murió a los noventa y tres años y a mí me pareció que todavía era demasiado joven para dejarnos.

Las decisiones sobre el funcionamiento de la facultad de derecho las tomaba el profesorado en sus reuniones periódicas. A veces me parecían demasiado largas y centradas en detalles que sería mejor dejar al decano y a los demás administradores de la universidad, pero en ellas aprendí mucho sobre la administración académica y su política interna. Generalmente me sometía a mis colegas cuando había consenso porque ellos sabían más que yo sobre la universidad y, además, su compromiso con la vida académica era a largo plazo. No obstante, insté a los demás profesores a ampliar sus programas de asistencia letrada gratuita y a relajar el imperativo de «publicar o morir» que pendía sobre todos los docentes y lo sustituyeran por un mayor énfasis en la enseñanza en las aulas y por pasar más tiempo fuera de clase con los estudiantes.

Yo mismo ofrecía asistencia letrada gratuita y me encargaba de algunos problemas menores de los estudiantes y de un joven profesor asistente que trataba —sin éxito— de convencer a más médicos de Springdale, justo al norte de Fayetteville, de que aceptaran tratar a pacientes pobres en Medicaid. También preparé un informe para la Corte Suprema en un caso antimonopolio a petición del fiscal general, Jim Guy Tucker, y en mi primera aparición como abogado frente a un juez, presenté una alegación para defender a mi amigo, el congresista del estado Steve Smith, en una disputa sobre la ley electoral en Madison County.

Huntsville, la capital del condado y la ciudad natal de Orval Faubus, tenía poco más de mil habitantes. Los demócratas ocupaban todos los puestos del juzgado, desde el de juez y el de sheriff para abajo, pero había un montón de republicanos en las colinas y en los valles del norte de Arkansas, la mayoría de ellos descendientes de la gente que se oponía a la secesión en 1861. Los republicanos habían obtenido buenos resultados en 1972, alentados por el éxito arrollador de Nixon en las presidenciales, y pensaban que si conseguían anular suficientes papeletas de los votos por correo podrían dar la vuelta a los resultados de las elecciones locales y recuperar algunos de los puestos.

El caso se juzgó en el viejo tribunal del condado de Madison ante el juez Bill Enfield, un demócrata que luego se convertiría en amigo y simpatizante mío. Los representantes de los demócratas eran dos verdaderos personajes: Bill Murphy, un abogado de Fayetteville cuyas grandes pasio-

nes eran la Legión Americana —en la que servía como comandante de
Arkansas— y el Partido Demócrata; y un abogado local, W. Q. Hall,
conocido como «Q», un manco con un sentido del humor tan afilado
como el garfio que se había colocado en el brazo izquierdo. La gente que
vino a testificar por qué había votado por correo era un vivo retrato de las
fieras lealtades, la política cuerpo a cuerpo y las presiones económicas que
formaban parte de la vida de los habitantes de las colinas de Arkansas. Un
hombre tuvo que defenderse de haber votado por correo en el último
minuto, sin haberlo solicitado en el plazo que requería la ley. Explicó que
trabajaba para la Comisión de Caza y Pesca del Estado y que había ido a
votar el día anterior a las elecciones porque le habían ordenado sin previo
aviso que llevara la única trampa para osos que había en el estado a través
de malas carreteras secundarias hasta el condado de Stone precisamente
el día de las elecciones. Su voto por correo se declaró válido. A otro hombre le hicieron venir desde Tulsa, Oklahoma, donde trabajaba, para que
testificara. Admitió que llevaba viviendo en Tulsa diez años pero que
todavía votaba por correo en el condado de Madison en todas las elecciones, a pesar de que legalmente ya no estaba empadronado allí. Ante el
acoso del abogado republicano, declaró, emocionado, que el condado de
Madison era su hogar y que se había ido a Tulsa solo porque en las colinas
no podía ganar un sueldo con el que vivir; añadió que ni sabía nada ni le
preocupaban en absoluto los políticos de Tulsa y que en unos diez años,
tan pronto como pudiera jubilarse, pensaba regresar a casa. No recuerdo
si el voto se declaró válido o no, pero su fidelidad a sus raíces me impresionó profundamente.

Steve Smith testificó porque había recogido los votos por correo de los
inquilinos de la residencia para la tercera edad que tenía su padre. Al parecer, la ley permitía que la gente relacionada con las residencias geriátricas
ayudara a los ancianos a rellenar las papeletas, pero exigía que fuera un
miembro de la familia, o alguien con autorización, quien las enviara. Steve
había recogido los votos de los ancianos y los había echado en el buzón
más cercano. Yo pronuncié un alegato que me pareció muy persuasivo. Le
dije que no tenía sentido que Steve no pudiera enviarlas; nadie había dado
a entender que hubiera alterado su contenido ni que los residentes no
desearan que las enviara. Por lo que sabíamos, ni tan solo era seguro que
todos los residentes tuvieran parientes a quienes encargar que le echaran
el correo. El juez Enfield dictaminó contra mí y Steve respecto a esos
votos, pero convalidó los suficientes para que el juez del condado Charles
Whorton, el sheriff Ralph Baker y su equipo siguieran en el cargo.

Yo había perdido mi parte del caso, pero a cambio había tenido la
oportunidad de conocer en profundidad a los habitantes de las colinas de
Arkansas y me había hecho amigo de algunos de los políticos más eficientes que conocería jamás. Si una persona se mudaba al condado de Madi-

son, sabían en menos de una semana si era demócrata o republicana. Si querían votar, los republicanos tenían que ir a registrarse al juzgado, mientras que a los demócratas los registraba en sus casas el secretario del condado. Dos semanas antes de cada elección aquella gente llamaba a todos los demócratas y les pedían sus votos. Les volvían a llamar la mañana de las elecciones. Si no habían votado a la última hora de la tarde, alguien iba a sus casas y les acompañaba a las urnas. El día de mis primeras elecciones al gobernador, en 1974, llamé a Charles Whorton para ver cómo íbamos. Me dijo que una lluvia torrencial había derrumbado un puente en una parte remota del condado y que por eso quizá algunas personas no podrían llegar a los colegios electorales, pero estaban esforzándose y creía que ganaríamos por unos 500 votos. Gané en el condado de Madison por, exactamente, 501 votes.

Un par de meses después de mudarme a Fayetteville ya me sentía como en casa. Me gustaba mucho dar clases, ir a los partidos de los Razorbacks, conducir entre las montañas y vivir en una comunidad universitaria con gente que consideraba importantes las mismas cosas que yo. Me hice amigo de Carl Whillock, un vicepresidente de la universidad que era muy tímido y tenía el pelo cano y corto. Le conocí durante una comida en la cafería Wyatt's, en el gran centro comercial que había en una colina entre Fayetteville y Springdale. Todo el mundo en nuestra mesa estaba criticando al presidente Nixon excepto Carl, que permanecía callado. No tenía ni idea de qué opinaba, así que se lo pregunté. Nunca olvidaré su respuesta, sin una palabra más alta que la otra: «Estoy de acuerdo con Harry Truman cuando dijo que Richard Nixon es el tipo de hombre que robaría los céntimos de madera de los ojos de un muerto». En los viejos tiempos, los céntimos de madera eran unos pequeños círculos de madera que los empleados de pompas fúnebres colocaban sobre los ojos de los difuntos para que estuvieran cerrados mientras les embalsamaban. Carl Whillock era un libro que no se podía juzgar por la cubierta. Bajo su apariencia discreta escondía una mente clara y un corazón valiente.

Me gustaban especialmente dos profesoras cuyos maridos estaban en la cámara legislativa estatal. Ann Henry enseñaba en la facultad de empresariales; su marido, Morriss, era oftalmólogo y miembro del Senado de Arkansas. Ann y Morriss se hicieron muy amigos míos y de Hillary: cuando nos casamos celebramos el banquete en su casa. Diane Kincaid era profesora del Departamento de Ciencias Políticas y estaba casada con el congresista estatal Hugh Kincaid. Diane era bella, brillante y tenía mucho instinto político. Cuando Hillary se mudó a Fayetteville, Diane y Hillary se hicieron más que amigas, se hicieron almas gemelas. Encontraron la una en la otra la comprensión, el estímulo, el apoyo y el cariño que tan difícil es hallar en la vida.

A pesar de que Fayetteville, como todo el noroeste de Arkansas, estaba creciendo rápidamente, todavía conservaba su tradicional pequeña plaza de pueblo con una vieja estafeta de correos en el centro, que luego se transformaría en un bar restaurante. Los cuatro lados de la plaza estaban llenos de tiendas, oficinas y bancos, y cada sábado por la mañana se llenaba de granjeros que ofrecían sus productos. Mi primo Roy Clinton llevaba los grandes almacenes que había en la esquina noroeste de la plaza. A su lado aprendí mucho sobre la ciudad que se había convertido en mi hogar. El juzgado estaba a solo una manzana de la plaza. Los abogados locales que ejercían allí tenían sus oficinas cerca y formaban una impresionante colección de viejos astutos y jóvenes brillantes, muchos de los cuales pronto se convertirían en partidarios míos.

Las tertulias políticas de la localidad tenían lugar en el restaurante de Billie Schneider, en la autopista 71, al norte de la ciudad. Billie era una mujer dura de voz profunda y palabras fuertes que había visto de todo, pero no por ello había perdido ni su idealismo ni su pasión por la política. Todos los políticos locales iban a su restaurante, incluido Don Tyson, el magnate de los pollos cuya empresa se acabaría convirtiendo en la compañía agrícola más grande del mundo, y el abogado de Don, Jim Blair, un idiosincrásico genio de metro noventa y cinco que se convertiría en uno de mis mejores amigos. Unos meses después de que me mudara a Fayetteville, Billie cerró su restaurante y abrió un bar discoteca en el sótano de un hotel, justo enfrente del juzgado. Allí acudían los parroquianos de siempre, pero además supo atraer a muchos estudiantes universitarios, a los que convencía para que apoyaran a su candidato en las elecciones. Billie fue una parte muy importante de mi vida hasta el día en que nos dejó.

Dejé mi madriguera en las montañas durante unos días para ir a Cambridge a visitar a Hillary el Día de Acción de Gracias. No pudimos aclarar nuestra situación, pero sí aceptó verme durante las vacaciones de Navidad. Yo la amaba y quería estar con ella, pero comprendía sus reservas. Yo era un joven apasionado y decidido, pero la verdad, no había nada en mi pasado que ofreciera garantías de que fuera capaz de tener un matrimonio estable. Sabía que casarse conmigo era una operación de alto riesgo en más de un sentido. Además, entonces Arkansas le debía de parecer un lugar muy extraño donde vivir, a pesar de que había conseguido que ya no tuviera el aspecto de una extraterrestre. Y, como he dicho, yo no estaba seguro de ser un buen partido para ella. Creía que Hillary debía seguir su propia carrera política. En ese momento de mi vida yo pensaba que el trabajo era más importante que mis relaciones personales. Había conocido a la gente más capacitada de mi generación, y aun así seguía estando convencido de que Hillary tenía más facultades para la política que ellos. Era muy inteligente, tenía buen corazón, era mucho más organizada que yo y casi tan buena política como yo, y eso que yo tenía más experiencia. La amaba y la quería para mí solo pero, al mismo tiempo, quería lo mejor para ella. Era un gran dilema.

 Cuando regresé a Arkansas encontré el estado en medio de un frenesí de actividad política. Al igual que los demócratas de toda la nación, nuestra gente estaba movilizándose a causa de las revelaciones de las sesiones sobre el Watergate que dirigía el senador Sam Ervin y a causa de la guerra. Todo indicaba que podríamos conseguir algún avance en las elecciones al Congreso de mitad de mandato, especialmente después de que se disparara el precio del petróleo y comenzara a racionarse la gasolina. Sin embargo, los demócratas locales no creían que tuviéramos muchas posibilidades de derrotar al congresista John Paul Hammerschmidt. Este había votado siempre a las opciones más conservadoras y era un defensor acérrimo del presidente Nixon. Pero contaba en su haber con un carácter sencillo y amigable; además, la mayoría de fines de semana volvía a su casa y viajaba por su circunscripción. También había logrado un éxito muy concreto y palpable para sus votantes cuando consiguió que los pueblos pequeños recibieran ayudas federales para construir cañerías para el agua corriente y había logrado paquetes de ayudas para muchos de sus votantes, a título individual. A menudo eran programas que cuando estaba de vuelta en Washington y tenía que juzgarlos a un nivel colectivo, había votado por reducir. Hammerschmidt estaba en el negocio de la madera y muchos pequeños empresarios del distrito le apoyaban. Además, cuidaba muy bien los intereses de las grandes madereras, las empresas avícolas y los transportistas, que entre todos sumaban un factor más que notable de nuestra economía.

Durante ese otoño pregunté a mucha gente si estaban dispuestos a presentarse. Pregunté a Hugh y Diane Kincaid, a Ann Henry, Steve Smith y al congresista estatal Rudy Moore, que era el cuñado de Clark Whillock. Todos creían que hacía falta alguien, pero nadie se decidía. Pensaban que era imposible ganar. Además, al parecer, el gobernador Bumpers, que era inmensamente popular, estaba dispuesto a desafiar al senador Fulbright en las primarias demócratas. Fulbright era de Fayetteville, y la mayoría de mis amigos, aunque simpatizaban con Bumpers, se sentían obligados a apoyar al senador en lo que sin duda iba a ser una batalla muy difícil.

Cada vez estaba más claro que nadie de la zona, capaz de liderar una opción con posibilidades, pensaba presentarse, así que me lo planteé yo mismo. A primera vista parecía absurdo. Acaba de regresar a casa hacía apenas seis meses, después de pasarme nueve años fuera, llevaba solo tres meses en mi nuevo trabajo y carecía de contactos en la mayor parte del distrito. Sin embargo, Fayetteville, con su población de estudiantes y demócratas liberales, era la ciudad más grande en el extremo sur del distrito. Y el condado de Yell, lugar de origen de los Clinton, también formaba parte de él. En suma, tenía parientes en cinco de los veintiún condados del distrito. Era joven, soltero y estaba dispuesto a trabajar día y noche. E incluso si no ganaba, lograr un resultado aceptable no me perjudicaría en posibles campañas futuras. Aunque, por supuesto, si me daban un baño mi deseada carrera política habría acabado antes de empezar. Tenía muchas cosas en la cabeza cuando Hillary vino a visitarme poco después de Navidad. Estábamos hablando de ello en mi casa una mañana a principios de enero, cuando sonó el teléfono. Era John Doar, con quien Hillary y yo habíamos pasado algún tiempo la primavera anterior cuando vino a Yale como juez durante nuestro juicio del caso «Casablanca». Me contó que acaba de aceptar el cargo de abogado principal de la investigación del Comité Judicial de la Cámara sobre si Nixon debía ser sometido a un proceso de *impeachment*, y que Burke Marshall me había recomendado para trabajar con él. Quería que tomara una excedencia en la facultad de derecho, fuera a trabajar con él y le ayudara a reclutar a otros buenos abogados jóvenes. Le respondí que estaba considerando presentarme al Congreso, pero que pensaría en su oferta y le diría algo el día siguiente. Tenía que pensar rápido y, como tantas veces sucedería durante los años venideros, me volví hacia Hillary en busca de su buen juicio y sus consejos. Cuando le devolví la llamada a John, ya me había decidido. Le di las gracias por su oferta pero la rechacé, pues iba a emprender la carrera hacia el Congreso, por difícil que fuera. Habría montones de abogados jóvenes con talento que darían cualquier cosa por trabajar en la investigación del *impeachment* con él, pero solo yo estaba dispuesto a plantear una batalla en Arkansas. Estoy seguro de que John pensó que me había vuelto loco y, probablemente, así era desde cualquier punto de vista mínimamente racional. Pero, como he dicho antes, buena parte de nuestras vidas se definen por las oportunidades que rechazas, y no solo por las que aceptas.

Propuse a John que contratara a Hillary y a nuestros compañeros de clase Mike Conway y Rufus Cormier. Se rió y me dijo que Burke Marshall también se los había recomendado. Al final todos fueron a trabajar para John e hicieron un trabajo excelente. Doar reunió a un extraordinario grupo de jóvenes talentos, demostrando que, tal como yo le había dicho, no me necesitaba para formar un gran equipo.

Un par de días después, Hillary tenía que volver a Cambridge. La llevé a Huntsville, a unos cuarenta kilómetros al este de mi casa, para que conociera al ex gobernador Faubus. Si iba a presentarme al Congreso, tarde o temprano tendría que hacerle una visita de cortesía. Además, a pesar de lo mucho que me disgustaba lo que había hecho en Little Rock, era un hombre muy inteligente y una inagotable fuente de conocimientos sobre la política de Arkansas. Faubus vivía en una preciosa y enorme casa de Fay Jones que sus seguidores le habían construido cuando, tras doce años, abandonó el cargo de gobernador sin un dólar en el bolsillo. Estaba viviendo entonces con su segunda esposa, Elizabeth, una atractiva mujer de Massachusetts que todavía llevaba un peinado colmena estilo años sesenta y que, antes de su matrimonio, había tenido una breve carrera como comentarista política en Little Rock. Era extremadamente conservadora y tanto su personalidad como su aspecto contrastaban enormemente con la primera mujer del gobernador, Alta, que había sido una populista de la zona de las colinas y la editora del periódico local, el *Madison County Record*.

Nos hicieron pasar a Hillary y a mí y nos invitaron a sentarnos a una gran mesa redonda en una alcoba con paredes de vidrio y unas vistas maravillosas de los Ozarks y de la ciudad cercana. Durante las siguientes cuatro o cinco horas, yo hice preguntas y Orval no dejó de hablar; nos ofreció un fascinante relato de la historia y de la política de Arkansas: cómo era la vida durante la Gran Depresión y la Segunda Guerra Mundial; por qué seguía defendiendo lo que hizo en Little Rock y por qué dudaba de que los problemas del presidente Nixon afectaran a la carrera electoral al Congreso. Yo no dije gran cosa. Me limitaba a hacer otra pregunta cuando Faubus terminaba de contestar la anterior. Hillary se mantuvo en silencio. Sorprendentemente, durante más de cuatro horas tampoco Elizabeth Faubus dijo nada. Se limitó a cuidar de que no nos faltaran café y galletas.

Por fin, cuando se hizo patente que la entrevista llegaba a su fin, Elizabeth Faubus me lanzó una mirada muy dura y dijo: «Todo eso está muy bien, señor Clinton, pero ¿qué opina usted sobre la conspiración internacional para destronar a Estados Unidos?». Le devolví la mirada y le contesté: «Bueno, estoy en contra, señora Faubus, ¿no lo está también usted?». Poco después los Faubus se mudaron a Houston. Allí Elizabeth fue brutalmente asesinada en su apartamento. El asesinato destrozó a Orval. Cuando llegué a ser gobernador en 1979, invité a todos los anteriores gobernadores a acudir a la toma de posesión, incluido Faubus. Fue un gesto que levantó mucha polémica entre mis seguidores más progresistas; pensaron que era un balón de oxígeno para un viejo bribón. No hizo sino demostrar el viejo dicho de que ninguna buena acción queda sin castigo. Aun así, lo volvería a hacer; aunque solo fuera para poder volver a sostener aquel intercambio de palabras sobre la amenaza roja con Elizabeth Faubus.

Cuando Hillary se marchó, fui a ver al decano Davis. Le dije que quería presentarme al Congreso y le prometí que seguiría con mis clases y que encontraría tiempo para atender a mis estudiantes. Me habían asignado las clases de Procesal, de Penal y de Marítimo para el curso de primavera y yo ya había comenzado a prepararlas. Para mi sorpresa, Wylie me dio su bendición, probablemente porque era demasiado tarde para pasarle aquellas asignaturas a otro.

El Tercer Distrito de Arkansas estaba compuesto de veintiún condados situados en el cuadrante noroccidental del estado, y era una de las circunscripciones más rurales del Congreso. En él estaban los grandes condados de Washington y Benton, en el extremo noroeste; ocho condados en el valle del río Arkansas bajo ellos, y cuatro más en las montañas Ouachita, en el sudoeste. Gracias a Wal-Mart, a Tyson Foods y otras compañías avícolas, y a las empresas de transporte por carretera como la J. B. Hunt, Willis Shaw y Harvey Jones, los pueblos en Benton y Washington eran cada vez más prósperos y más republicanos. Al final, la expansión de las iglesias cristianas evangélicas y la influencia de los jubilados del Medio Oeste, se sumaron al éxito de las grandes empresas, e hicieron del noroeste de Arkansas la zona más conservadora y republicana del estado, con la excepción de Fayetteville, donde la universidad mantenía las cosas un poco más equilibradas.

En 1974, Fort Smith, en la frontera con Oklahoma, era la mayor ciudad del distrito con 72.286 habitantes y también la más conservadora. Durante la década de 1960, los notables de la ciudad habían rechazado las subvenciones para la renovación urbana, pues las consideraban el primer paso hacia el socialismo. Cuando se condenó a John Mitchell por el Watergate, sus abogados dijeron que Fort Smith era uno de los tres únicos lugares del país donde su cliente podría conseguir un juicio justo. De hecho, allí le habrían recibido como un héroe. Al este de Fort Smith, en la zona del río Arkansas y en las montañas al norte, los condados tendían a ser populistas, socialmente conservadores y divididos a medias entre demócratas y republicanos.

Los condados de las montañas, especialmente Madison, Newton y Searcy, seguían bastante aislados del resto. Algunas nuevas familias se habían mudado allí, pero la mayoría llevaba en aquellas tierras más de cien años. Hablaban de una manera muy peculiar, usaban expresiones muy pintorescas que yo no había oído nunca. Entre todas ellas, mi preferida era la forma en que se referían a alguien que les caía nada bien: «No le mearía en la oreja ni aunque se le incendiara el cerebro». Los condados rurales de la parte sur del distrito tendían a ser más demócratas, pero aun así eran conservadores, y el condado más grande, Garland, cuya capital era Hot Springs, solía votar republicano en las elecciones presidenciales y además había acogido a un montón de jubilados republicanos del norte. El congresista era muy popular allí.

Había muy pocos negros, la mayoría de ellos se concentraban en Fort Smith, Hot Springs —que era la segunda mayor ciudad del distrito— y en las ciudades de la cuenca del río, como Russellville y Dardanelle, de la parte sudoriental del distrito. Los sindicatos tenían una presencia bastante notable en Fayetteville, Fort Smith y Hot Springs, pero en el resto de la circunscripción apenas se hacían notar. Debido a las malas carreteras que había en las montañas y a que la mayoría de la gente tenía coches viejos o camionetas, el distrito tenía el índice de gasolina usada por vehículo más alto de todo Estados Unidos, un factor a tener muy en cuenta, pues en aquel momento el precio se incrementaba y había más escasez de gasolina. También tenía el porcentaje de veteranos de guerra discapacitados más elevado del país. El congresista Hammerschmidt era un veterano de la Segunda Guerra Mundial con gran poder de convocatoria entre los demás veteranos. En las anteriores elecciones, las fuerzas conservadoras sociales y fiscales habían barrido a los demócratas del núcleo duro, y a los populistas económicos; Nixon derrotó a McGovern por 74 por ciento a 26 por ciento. Hammerschmidt logró un 77 por ciento. No es sorprendente que nadie quisiera presentarse.

Unos días después de que Hillary se fuera, Carl Whillock me acompañó en mi primer viaje de campaña: un recorrido por los condados del norte del distrito. Nos detuvimos primero en el condado de Carroll. En Berryville, un pueblo de unos 1.300 habitantes, visité la tienda de Si Bigham, un influyente demócrata local, al que acompañaba su nieto de cuatro años. Más de veinte años después ese niño, Kris Engskov, se convertiría en mi ayudante personal en la Casa Blanca. También conocí al ministro metodista local, Vic Nixon, y a su esposa, Freddie. Eran unos demócratas liberales que se oponían a la guerra de Vietnam y me prometieron su apoyo. Al final acabaron haciendo mucho más. Freddie se convirtió en mi coordinador del condado, supo engatusar a los líderes de todas las circunscripciones rurales y luego trabajó para mí en la oficina del gobernador, donde nunca dejó de intentar convencerme de que la pena de muerte era un error. Cuando Hillary y yo nos casamos, le pedimos a Vic que oficiara la ceremonia.

Condujimos hacia el este hasta el condado de Boone y visitamos Mountain Home, la capital del condado de Baxter, situado más al nordeste de todo el distrito. Carl quería que conociera a Hugh Hackler, un empresario que nos dijo desde un buen principio que ya se había comprometido a apoyar a otro candidato en las primarias. Aun así, charlamos con él. Cuando descubrió que yo era de Hot Springs me dijo que Gabe Crawford era muy amigo suyo y cuando yo le dije que Gabe fue el mejor amigo de Papá, Hugh rompió su compromiso con el otro y se pasó a mi bando. Conocí también a Vada Sheid, que llevaba una tienda de muebles y era la tesorera del condado. Se dio cuenta de que uno de los botones de mi camisa estaba suelto y me lo cosió cuando la visitamos. También se convirtió en una de mis partidarias. Nunca me volvió a coser otro botón, pero después de ser gobernador, y de que ella se convirtiera en senadora estatal, sus votos a menudo me ayudaron de otras formas.

Después de dejar Mountain Home condujimos hacia el sur hasta el condado de Searcy. Nos detuvimos en St. Joe, de apenas 150 habitantes, para ver al presidente del Partido Demócrata del condado, Will Goggins. Will tenía más de ochenta años, pero conservaba una mente afilada como un cuchillo, aún era físicamente fuerte y todavía le apasionaba la política. Cuando dijo que me apoyaría, supe que con ello había ganado un buen puñado de votos, como pronto se verá. En la capital del condado de Marshall conocí a George Daniel, que llevaba la ferretería local. El hermano menor de George, James, era un estudiante de derecho que más tarde me entregaría una de mis primeras donaciones de mil dólares; su hermano mayor, Charles, era el médico del condado. Me reí mucho con el humor sencillo de George y aprendí una dura lección. Un veterano de Vietnam que había estado fuera del condado durante muchos años fue a su tienda un día y se compró una pistola; dijo que quería hacer un poco de puntería. Al día siguiente mató a seis personas. Resultó que acababa de salir de Fort Roots, el sanatorio mental estatal para veteranos al norte de Little Rock, donde había estado internado muchos años a causa del trauma de la guerra. George Daniel tardó mucho tiempo en superar aquello. Ese incidente es el mejor argumento que jamás he oído a favor de comprobar los antecedentes de todo aquel que quiera comprar un arma, según dispone la propuesta Brady, que finalmente convertí en ley en 1993, tras diecinueve años de asesinatos cometidos por criminales, acosadores fichados y gente con enfermedades mentales; aquellas muertes podían haberse evitado.

Cuando Carl y yo volvimos a Fayetteville, me sentía feliz. Siempre me había gustado la política cara a cara, incluso cuando trabajaba para otros candidatos. Ahora nada me gustaba más que ir a los pueblos pequeños o detenerme en las tiendas, cafés o gasolineras que encontrábamos a lo largo de la carretera. Nunca se me dio muy bien pedir dinero, pero me gustaba entrar en las casas y en los negocios de la gente y pedirles su voto. Además, nunca sabes cuándo te vas a encontrar a un personaje peculiar, oír una historia interesante, aprender algo que vale la pena o hacer un nuevo amigo.

A ese primer día de campaña seguirían decenas de días similares. Cada mañana salía de Fayetteville, trabajaba en tantos pueblos y condados como podía hasta que se hacía de noche y luego, si tenía que dar clase al día siguiente volvía a casa, o me quedaba a pasar la noche en casa de algún demócrata hospitalario para poder seguir por la mañana, hacia otro condado.

Al domingo siguiente volví al este para acabar la ronda de los condados de las montañas. Casi no lo cuento. Me había olvidado de llenar el depósito del American Motors Gremlin de 1970 antes del fin de semana. Debido a la escasez de gasolina, la ley exigía que las gasolineras cerraran el domingo. Pero yo tenía que volver a las colinas. Desesperado, llamé al presidente de nuestra compañía de gas natural local, Charles Scharlau, y le pregunté si me permitiría llenar el depósito de gasolina en el surtidor que tenía en el patio de su almacén. Me dijo que fuera hasta allí y que él se ocuparía de todo. Para mi sorpresa, se presentó y me llenó el depósito personalmente. Charles Scharlau, él solo, hizo posible que mi bisoña campaña siguiera rodando.

Primero fui a Alpena, a visitar al presidente demócrata del condado, Bo Forney, a quien no había podido ver en mi primera parada allí. Encontré su casa fácilmente. En su jardín delantero tenía una camioneta con un soporte para una escopeta, algo habitual en los hombres de aquella zona. Bo me recibió en la puerta delantera en vaqueros y con una camiseta blanca que apenas cubría su generosa cintura. Estaba viendo la tele y no dijo una palabra mientras yo le exponía mis argumentos para que me apoyara. Cuando acabé, dijo que había que derrotar a Hammerschmidt y que aunque en su ciudad natal de Harrison ganaría por mucha diferencia, creía que teníamos posibilidades en la parte rural del condado de Boone. Entonces me dio los nombres de gente a la que tenía que visitar, me insinuó que obtendría más votos si me cortaba el pelo, dijo que me apoyaría y volvió a mirar la televisión. No sabía qué pensar de Bob hasta que, al salir, eché un vistazo más de cerca a su camioneta. En el parachoques tenía una pegatina que decía «A mí qué me cuentas, yo voté por McGovern». Más adelante, cuando le pregunté a Bo sobre aquella pegatina, me dijo que no importaba lo que dijeran sobre McGovern: los demócratas estaban a favor de la gente corriente y los republicanos no. Y eso era todo lo que importaba. Cuando yo era presidente y Bo enfermó, nuestro mutuo amigo y demócrata a ultranza, Levi Phillips, le trajo para que pasara la noche con nosotros en la Casa Blanca. Bo se lo pasó muy bien pero se negó a dormir en el dormitorio Lincoln. No podía perdonarle al Partido Republicano sus excesos durante la reconstrucción tras la guerra de la Independencia ni que se hubiera dedicara solo a los ricos y poderosos a lo largo de todo el siglo XX. Ahora Bo y el señor Lincoln están ambos en el cielo y quiero pensar que han conseguido llevarse bien y arreglar sus diferencias.

Tras Alpena fui a Flippin, un pueblo de unos mil habitantes en el condado de Marion, el que tenía más kilómetros de carretera sin asfaltar de todo nuestro estado. Fui a ver a dos jóvenes para convencerles de que se encargaran de mi campaña en la zona: Jim «Red» Milligan y Kearney Carlton. Me sentaron en medio en la camioneta de Red y empezamos a viajar por una de aquellas polvorientas carreteras hasta Everton, un pequeño pueblecito en la parte más recóndita del condado, para ver a

Leon Swofford, el dueño de la única tienda, cuyo apoyo equivalía a un par de cientos de votos. A unos quince kilómetros de la ciudad, Red detuvo la camioneta en medio de ninguna parte. El polvo nos envolvía por completo. Red sacó un paquete de tabaco de mascar Red Man, se puso un pedazo en la boca y luego se lo pasó a Kearney, que hizo lo mismo. Entonces Kearney me lo acercó y dijo «Queremos ver de qué pasta estás hecho. Si eres lo suficientemente hombre como para mascar este tabaco, te apoyaremos. Si no, te daremos una paliza y te dejaremos para que vuelvas al pueblo andando». Lo pensé un momento y les dije: «Abrid la puñetera puerta». Me miraron durante unos cinco segundos, luego se echaron a reír y seguimos por la carretera hasta la tienda de Swofford. Conseguimos los votos y, con el transcurrir de los años, conseguimos muchos más. Si hubieran tenido que medir mi valía por mi capacidad para mascar tabaco Red Man, todavía estaría vagando por las carreteras secundarias del condado de Marion.

Unas semanas más tarde me volvieron a poner a prueba. Fue en Clarksville, en el valle del río Arkansas y yo estaba con mi líder del condado, Ron Taylor, de veintidós años, que pertenecía a una importante familia de políticos y que tenía un instinto muy afinado para su edad. Me llevó a la feria del condado para que conociera al sheriff, cuyo apoyo, según Ron, necesitábamos para ganar. Le encontramos en la pista de rodeo, a las riendas de un caballo. El rodeo estaba a punto de comenzar con un desfile de caballos por la pista. El sheriff me dio las riendas y me pidió que me uniera al desfile; me dijo que así podría presentarme a los espectadores. Me prometió que el caballo era manso. Yo llevaba un traje oscuro, corbata y zapatos acabados en punta. No había montado a caballo desde los cinco años, y aun entonces solo para posar en una foto vestido de vaquero. Había rechazado mascar tabaco, pero tomé las riendas y me monté en aquel caballo. Después de toda una vida viendo películas del oeste, pensé que no podía ser tan difícil. Cuando empezó el espectáculo, salí a la arena como si supiera lo que estaba haciendo. Cuando habíamos recorrido aproximadamente un cuarto de la pista, justo después de que me presentaran, el caballo se detuvo y se encabritó sobre sus patas traseras. Milagrosamente, no me caí. Los espectadores aplaudieron. Creyeron que lo había hecho adrede. El sheriff, por supuesto, no se dejó engañar por las apariencias, pero aun así me dio su apoyo.

Acabé mi ronda de visitas a las Ozarks en el condado de Newton, uno de los lugares más bellos de Estados Unidos; ahí es donde nace el río Buffalo, que recientemente ha sido designado como el primer río protegido por el Congreso bajo la Ley de Ríos. Mi primera parada fue Pruitt, un pequeño asentamiento junto al Buffalo, para ver a Hilary Jones. Aunque vivía en una casa modesta, era propietario de una constructora y puede que fuera el hombre más rico del condado. Su familia era demócrata desde la guerra de la Independencia, o incluso desde antes, y tenía un árbol genealógico que lo demostraba. Estaba muy enraizado en su tierra junto al río. Su familia había perdido muchos terrenos durante la Gran Depresión, y a su vuelta tras la Segunda Guerra Mundial, él trabajó durante años para recuperarlos. El hecho de que se hubiera declarado protegido el río Buffalo era su peor pesadilla. La mayoría de los propietarios de tierras a lo largo del río recibieron usufructos vitalicios, es decir, no podían vender la tierra a nadie excepto al gobierno mientras vivieran, y tras su muerte solo el gobierno podía comprarla. Puesto que la casa de Hilary estaba junto a la carretera principal, el gobierno iba a expropiarla en breve y a utilizarla como cuartel general de la operación. Él y su mujer Margaret tenían ocho hijos, y querían que heredaran aquellos campos. Había en ellos un viejo cementerio que acogía tumbas desde 1700. Si alguien moría solo y sin familiares en el condado, Hilary pagaba para que le enterraran en aquel cementerio. Yo apoyaba la idea de proteger el río, pero creía que el gobierno debería haber permitido a los propietarios conservar sus tierras imponiéndoles restricciones, para garantizar la preservación del espacio natural, que hubieran impedido cualquier expansión inmobiliaria o degradación medioambiental, a la vez que hubieran permitido a las familias conservar sus tierras de generación en generación. Cuando llegué a la presidencia, mi experiencia con la gente de Buffalo me permitió comprender mejor que la mayoría de los demócratas los resentimientos que creaban las leyes medioambientales cuando chocaban con lo que muchos rancheros del oeste consideraban sus prerrogativas.

Hilary Jones terminó perdiendo su batalla contra el gobierno. Aquella derrota le causó una amarga decepción, pero no acabó con su pasión por la política. Se mudó a una nueva casa y siguió adelante. Pasó una noche memorable con Hillary y conmigo en la Casa Blanca. Casi se echó a llorar cuando Hillary le llevó a la Sala de Mapas y le mostró el mapa de guerra que Franklin Roosevelt estaba usando cuando murió en Warm Springs, Georgia, en 1945. Él idolatraba a Roosevelt. A diferencia de Bo Forney, él pasó la noche en el dormitorio Lincoln. Yo bromeé, diciéndole que Bo se había negado. Hilary dijo que al menos él había «dormido en el lado de la cama que estaba debajo del cuadro de Andrew Jackson».

Desde el día que le conocí hasta el día en que volé desde la Casa Blanca para hablar en su funeral, Hilary Jones fue mi hombre en el condado de Newton. Él encarnaba el espíritu salvaje y hermoso de un lugar muy especial, del que me enamoré cuando lo vi por primera vez, a los dieciséis años.

La capital del condado, Jasper, era un pueblo de menos de cuatrocientos habitantes. Había dos cafés, uno al que solían ir los republicanos y otro al que acudían los demócratas. El hombre que yo quería ver, Walter Brasel, vivía debajo del café demócrata, que regentaba su esposa. Llegué allí un domingo por la mañana y él todavía estaba en la cama. Mientras le esperaba en la sala de estar se despertó, se levantó y comenzó a ponerse los pantalones con la puerta que daba de la sala de estar al dormitorio todavía abierta. No estaba completamente despierto; resbaló y, como era tan enorme, dio dos vueltas de campana y acabó en el suelo dos o tres metros dentro de la sala de estar. Quería su apoyo, así que no podía reírme. Pero él sí se rió. Dijo que hubo un tiempo en que había sido joven, delgado y rápido; era el base titular del equipo de baloncesto del instituto Coal Hill y llevó a su equipo a la victoria en el campeonato estatal en la década de 1930 derrotando a Little Rock Central High en la final; ganó peso durante los años en que fue el contrabandista del condado y desde entonces no lograba perderlo. Al cabo de un rato me dijo que me apoyaría, pero quizá lo hizo solo para poder volver a la cama.

A continuación fui al campo a ver a Bill Fowler, que tenía una granja en Boxley. Bill había sido el representante de Arkansas en el Servicio de Conservación del Suelo Rural de la administración Johnson. Mientras nos deteníamos en una ladera desde donde había una vista espectacular de las montañas me dijo que me apoyaría, pero que no creía que Hammerschmidt «se hubiera manchado lo suficiente con la mierda de Nixon como para apestar el día de las elecciones». Después me dio su opinión sobre el presidente: «Odio decir esto de un republicano, pero Nixon podría haber sido un presidente magnífico. Es muy inteligente y tiene muchas agallas. Pero es un desastre, y no puede evitarlo». Pensé en ello durante todo el camino de vuelta a Fayetteville.

Durante las primeras semanas de la campaña, además de la política de pie, traté de trabajar también en la mecánica de mi maquinaria electoral. Como he dicho antes, el tío Raymond y Gabe Crawford firmaron conjuntamente un cheque por diez mil dólares para que pudiera empezar. Comencé a recaudar dinero, primero casi exclusivamente en la zona de Fayetteville, luego a lo largo y ancho de todo el distrito y al final por todo el estado. Muchos de mis amigos de Georgetown, Oxford y Yale y las campañas de McGovern y Duffey me enviaron pequeños cheques. Mi principal benefactora fue mi amiga Anne Bartley, la hijastra del gobernador Winthrop Rockefeller, que luego, cuando llegué a ser el gobernador, dirigiría la oficina de Arkansas en Washington, D.C. Al final miles de personas me ofrecieron pequeñas contribuciones, a veces billetes de uno, cinco o diez dólares cuando pasábamos la bandeja en los mítines.

El 25 de febrero anuncié formalmente mi candidatura en el motel Avanelle, junto a mi familia y a unos pocos amigos. Era el lugar donde Madre tomaba un café la mayoría de las mañanas antes de ir a trabajar.

El tío Raymond me cedió una pequeña casa muy bien situada, en Hot Springs, para que la utilizáramos como cuartel general. Madre, Rose

Crane —mi vecina de Park Avenue— y Bobby Hargraves, un joven abo-gado con cuya hermana yo había trabajado en Washington, montaron un operativo de primera. Rose se mudó poco después a Little Rock, donde se unió a mi administración cuando fui elegido como el gobernador, pero Madre siguió colaborando en la organización, que utilizaría en muchas campañas subsiguientes. El cuartel principal estaba en Fayetteville, donde mi amigo George Shelton, el banquero, había aceptado presidir nuestra campaña y F. H. Martin, un joven abogado con el que yo había jugado a baloncesto, se había apuntado como tesorero. Alquilé una vieja casa en la avenida College, que los estudiantes universitarios se ocupaban de mantener en marcha, y muchas veces, durante los fines de semana, la hija de quince años de mi primo Roy, Marie Clinton, atendía ella sola las tareas de la oficina. Pintamos dos grandes carteles que rezaban CLIN-TON AL CONGRESO y los colocamos uno a cada lado de la casa. Todavía siguen allí, después de que las distintas empresas que han ocu-pado el lugar los hayan pintado y repintado. Hoy una sola palabra cubre los viejos carteles: TATUAJES. Al final, mi vieja amiga de la infancia, Patty Howe, abrió otra sede de la campaña en Fort Smith y, a medida que se acercaban las elecciones, fueron abriéndose otras por todo el distrito.

Cuando regresé a Little Rock, el 22 de marzo, para inscribir oficial-mente mi candidatura, tenía tres oponentes: el senador estatal Gene Rainwater, un demócrata conservador de pelo muy corto, nacido en Greenwood, justo al sur de Fort Smith; David Stewart, un elegante joven abogado de Danville, en el condado de Yell; y Jim Scanlon, el alto y socia-ble alcalde de Greenland, un pueblo que está a pocos kilómetros al sur de Fayetteville. El que más me preocupaba era Stewart, pues era atractivo, elocuente y procedía del mismo condado que los Clinton, donde yo con-fiaba que mis raíces me ayudarían a ganar.

El primer gran acontecimiento político de la campaña tuvo lugar el 6 de abril: el mitin del valle River en Russellville, una ciudad universitaria en el extremo oriental del distrito. Era obligatorio acudir y todos los can-didatos a puestos federales, estatales y locales estuvieron presentes, incluido el senador Fulbright y el gobernador Bumpers. El senador Robert Byrd, de West Virginia, era el conferenciante estrella. Dio el clá-sico discurso sobre la condenación y el fuego del infierno y entretuvo a la concurrencia tocando el violín. Luego subieron a la escena los candidatos y pronunciaron sus discursos. Los candidatos al Congreso debían inter-venir los últimos. Todo el mundo habló entre tres y cinco minutos, de modo que ya pasaban de las 10 y comprendí que el público estaría can-sado y aburrido cuando fuera mi turno. De todos modos, decidí interve-nir el último. Pensé que sería la única forma de causar cierto efecto al auditorio.

Había trabajado mucho en el discurso y estaba condensado en dos minutos. Era un llamamiento apasionado para un Congreso más fuerte, que defendiera a los ciudadanos corrientes contra la concentración de poder que se daba en la administración republicana y contra los intereses económicos aliados con ella. A pesar de que llevaba el discurso escrito, lo pronuncié de memoria y de corazón. De algún modo toqué una fibra sensible en el público y, a pesar de que la tarde había sido muy larga, la gente tuvo fuerzas suficientes para ponerse en pie y vitorearme. A medida que salían, una vez terminado el acto, mis voluntarios les entregaban copias impresas del discurso. Había empezado bien.

Al final, se me acercó el gobernador Bumpers. Después de felicitarme por el discurso, me dijo que estaba informado de que había trabajado para el senador Fulbright y que pensaba que él no debería tratar de arrebatarle el puesto. Me dejó de una pieza cuando añadió: «En unos doce años puede que tú te encuentres en un dilema similar, respecto a presentarte contra mí. Si llegas a la conclusión de que presentarte es lo correcto, debes hacerlo, y recuerda que fui yo quién te lo dijo». Dale Bumpers era más listo que el hambre. Se podía haber ganado fácilmente la vida como psicólogo.

Durante las siete semanas siguientes hubo una actividad frenética: mítines, fiestas en graneros, cenas con pasteles, recaudación de fondos y política de pie. Recibí un gran empujón financiero y organizativo cuando la AFL-CIO, la federación de sindicatos del país, decidió apoyarme en su reunión de Hot Springs. La Asociación para la Educación en Arkansas también me apoyó, pues sabían que estaba a favor de las ayudas federales para la educación.

Pasé la mayor parte del tiempo en los condados donde era menos conocido y mi organización estaba menos asentada. Así, estuve en el condado de Benton, en el extremo noroeste del distrito, en los condados situados a ambas orillas del río Arkansas y en los condados sudoccidentales de las montañas Ouachita. En el condado de Yell mi campaña la dirigía mi primo Mike Cornwell, el propietario de la funeraria local. Puesto que era el enterrador, conocía a todo el mundo y su carácter optimista le permitía continuar la desigual batalla electoral que sostenía contra su vecino de Danville, David Stewart. Una cantidad asombrosa de gente participó activamente en la campaña: jóvenes profesionales idealistas y gente de negocios, líderes sindicales con talento, funcionarios municipales y del condado, demócratas acérrimos; hubo desde estudiantes de instituto a personas que ya habían dejado atrás los setenta e incluso los ochenta.

Cuando llegó el día en que se votaba en las primarias, nuestra organización era mejor que la de nuestros oponentes y habíamos trabajado más duro que ellos. Logré un 44 por ciento de los votos. El senador Rainwater ganó por los pelos a David Stewart, que le permitía un puesto en la segunda vuelta, pues ganó el 26 por ciento contra el 25 por ciento. El alcalde Scanlon, que no tenía dinero pero que aun así presentó batalla, se llevó el resto.

Yo creía que iba a ganar con facilidad la segunda vuelta del día 11 de junio, a menos que la participación fuera muy baja; de ser así, cualquier resultado era posible. No quería que mis votantes lo dieran todo por hecho y me alarmó el anuncio de Will Goggins, el presidente demócrata del condado de Searcy, de que todas las votaciones tendrían lugar en el tribunal de la plaza de Marshall. La gente que vivía en el campo no iba a conducir cincuenta o sesenta kilómetros por carreteras en mal estado solo para votar en una segunda vuelta de unas primarias. Cuando le llamé e intenté convencerle de que abriera más centros electorales, Will se rió y dijo: «Mira, Bill, cálmate. Si no puedes ganar a Rainwater sin una participación masiva es que no tienes ni una sola oportunidad contra Hammerschmidt. No me puedo permitir abrir los colegios electorales rurales a los que solo irán dos o tres votantes. Ese dinero nos hará falta en noviembre. De todas formas, todos los votos que haya serán para ti».

El 11 de junio gané el 69 por ciento contra el 31 por ciento; me llevé el condado de Searcy, donde la participación fue muy baja, por 177 votos contra 10. Tras las elecciones de noviembre, cuando llamé a Will para agradecerle toda su ayuda, me dijo que quería dejar clara una cosa, por si yo albergaba alguna duda: «Sé que crees que amañé la votación de la segunda vuelta para que ganaras, pero no es cierto. De hecho, ganaste por 177 a 9, pero le di a Rainwater un voto de más porque no podía soportar que alguien no hubiera llegado ni siquiera a dos dígitos».

La campaña de las primarias fue una inyección de optimismo para mí. Me había lanzado de una situación desconocida a otra y había aprendido un montón de cosas sobre la gente —sobre el impacto de las medidas del gobierno en sus vidas, y también cómo definían sus posiciones políticas tanto en razón de sus valores como de sus intereses personales. También seguí con mis clases. Fue duro, pero disfrutaba enseñando y creo que lo hice bastante bien, excepto en una ocasión en que cometí un lamentable error. Tenía que corregir los exámenes de primavera de los alumnos durante el momento álgido de la campaña; me llevé los exámenes de Derecho Marítimo en el coche y los puntué durante los trayectos o por la noche, cuando acababa de trabajar en la campaña. De algún modo, perdí cinco de ellos durante el viaje. Me sentí fatal. Ofrecí a los estudiantes la opción de volver a hacer el examen o de conseguir los créditos sin ninguna nota específica. Todos aceptaron los créditos, pero a una le molestó especialmente la situación porque era una buena estudiante que probablemente hubiera logrado una A y porque era una buena republicana que había trabajado para el congresista Hammerschmidt. No creo que me perdonara jamás, ni por perder su examen ni por presentarme contra su viejo jefe. De hecho, pude comprobar que seguía molesta cuando, más de veinte años después, aquella estudiante, que se había convertido en la juez federal Susan Webber Wright, presidió el juicio del caso de Paula Jones. Susan Webber Wright era muy inteligente y quizá debí de haberle puesto aquella A. Sea como fuere, para las elecciones generales decidí pedir una excedencia no remunerada en la facultad.

Mantuve aquel ritmo infernal durante todo el verano, con pequeños recesos para asistir a la graduación de mi hermano en el instituto, a mi propia reunión de décimo aniversario de mi promoción del instituto, para realizar un viaje a Washington a ver a Hillary y para conocer a la gente que trabajaba con ella en el equipo de la investigación para el *impeachment*. Hillary y sus colegas se deslomaban para cumplir las estrictas exigencias de John, que les pedía que fueran rigurosos, justos y que mantuvieran la boca cerrada. Me preocupó lo agotada que parecía: estaba más delgada que nunca, tanto que su encantadora pero gran cabeza parecía ya demasiado grande para su cuerpo.

Durante el fin de semana me la llevé a los Outer Banks de Carolina del Norte para que se relajara un poco. Nos lo pasamos muy bien juntos y comencé a pensar que tal vez volvería a Arkansas cuando acabara la investigación. Antes, ese mismo año, durante un viaje a Fayetteville, el decano Davis la había invitado a presentarse a una vacante en la facultad de derecho. Volvió unas semanas después, impresionó al comité de admisión y le ofrecieron el trabajo, de modo que ahora podía enseñar y ejercer derecho en Arkansas. La cuestión era si querría hacerlo. Pero lo que más me preocupaba en ese preciso instante era lo delgada que la había visto.

Regresé a casa para continuar con la campaña pero allí me encontré con un problema de salud en mi familia todavía más grave. El 4 de julio hablé en el Festival del Pollo Frito de Mount Nebo por primera vez desde que representé a Frank Holt allí en 1966. Jeff, Madre y Rose Crane fueron hasta allí para escucharme y colaborar. Vi que Jeff no se encontraba bien y me dijeron que no había podido hacer mucho. Dijo que le costaba estar de pie todo el día. Le propuse que viniera a Fayetteville y pasara un par de semanas conmigo. Allí podría trabajar haciendo llamadas, que era más descansado, y aportaría un poco de supervisión adulta al cuartel general. Aceptó mi oferta y parecía divertirse, pero cuando por la noche regresé de mis viajes por carretera comprobé que seguía enfermo. Una noche me asusté al verle arrodillado junto a la cama y estirado cuan largo era. Me dijo que ya no podía respirar si se echaba y que buscaba una postura que le permitiera dormir. Cuando ya no pudo aguantar una jornada de trabajo entera en el cuartel general, regresó a casa. Madre me contó que sus problemas seguramente procedían de su diabetes o de la medicina que llevaba años tomando para combatirla. En el hospital de

veteranos de Little Rock le diagnosticaron cardiomegalia, una enfermedad que provoca la hipertrofia y el deterioro del músculo cardíaco. Al
parecer era incurable. Jeff volvió a casa y trató de disfrutar lo que le quedaba de vida. Unos días más tarde la campaña me llevó a Hot Springs y le
vi un rato para tomar café. Iba de camino al canódromo de West Memphis, tan pulcro como siempre, endomingado con su camisa, pantalones y
zapatos blancos. Fue la última vez que le vi.

El 8 de agosto, el presidente Nixon, ya prácticamente deshauciado
por las cintas que había conservado de sus conversaciones con sus ayudantes, anunció que dimitiría al día siguiente. La decisión del presidente
me pareció buena para el país, pero mala para mi campaña. Tan solo un
par de días antes, el congresista Hammerschmidt había defendido a
Nixon y había criticado la investigación del Watergate en una entrevista
en la primera página del *Arkansas Gazette*. Mi campaña había ido ganando
impulso, pero con Hammerschmidt por fin libre de la sombra de Nixon,
corría el riesgo de que mi éxito se desinflara.

Conseguí una segunda bocanada de aire cuando Hillary me llamó
pocos días después para decirme que venía a Arkansas. Su amiga, Sara
Ehrman, la traía en coche. Sara le llevaba más de veinte años a Hillary,
que para Sara era la promesa por fin cumplida de las nuevas oportunidades para la mujer. Creyó que Hillary estaba loca por ir a Arkansas después
de su excelente labor y de haber hecho muchos amigos en Washington,
así que se tomó su tiempo y durante el viaje trató de hacerla cambiar de
opinión. Cuando por fin llegaron a Fayetteville ya era sábado por la
noche. Yo estaba en un mitin en Bentonville, no muy lejos al norte, así
que condujeron hasta allí para encontrarse conmigo. Intenté pronunciar
un buen discurso, por Hillary y Sara y también por la gente que había
venido a escucharme. Después de estrechar muchas manos, volvimos a
Fayetteville y a nuestro futuro.

Dos días después, Madre llamó para decirme que Jeff había muerto
mientras dormía. Solo tenía cuarenta y ocho años. Estaba destrozada, y
también Roger. Con la muerte de Jeff, había perdido a su tercer marido,
y Roger a su segundo padre. Volví a casa y me encargué de los preparativos del funeral. Jeff había dicho que prefería ser incinerado, así que tuvimos que llevar su cuerpo a Texas porque Arkansas carecía de crematorio
en aquel entonces. Cuando llegaron las cenizas de Jeff, siguiendo sus instrucciones, las esparcimos sobre el lago Hamilton, cerca de su muelle de
pesca preferido, mientras Madre y su amiga Marge Mitchell nos contem-
plaban.

Yo pronuncié el panegírico en su funeral. Traté de recoger en pocas
palabras el amor que le ofreció a Madre, la guía paterna que supuso para
Roger; la amistad y los sabios consejos que me dio. También recordé la
amabilidad que demostraba hacia los niños y la gente que tenía poca

suerte o pocos medios, la dignidad con la que siempre llevaba las cicatrices de su pasado, y el dolor de la enfermedad que al final pudo con él. Como Roger dijo tan a menudo en los días posteriores a su muerte: «¡Se esforzaba tanto!». Fuera lo que fuera antes de entrar en nuestras vidas, durante los seis breves años que compartió con nosotros fue un buen hombre. Todos le echamos de menos durante mucho tiempo.

Antes de que Jeff enfermara, yo no sabía prácticamente nada sobre la diabetes. George Shelton, mi jefe de campaña, murió en 1974 de esa enfermedad. Afecta a dos hijos de mi amigo y antiguo jefe de gabinete, Erskine Bowles, así como a millones de norteamericanos y tiene una incidencia desproporcionada en las minorías. Cuando llegué a ser el presidente descubrí que la diabetes y sus complicaciones representaban un desproporcionado 25 por ciento de los costes totales de Medicaid. Principalmente por eso, como presidente apoyé el programa de investigación con células madre y el programa de autotratamiento de la diabetes, que la Asociación Americana para la Diabetes señaló como el avance más importante desde que se había desarrollado la insulina. Yo lo hice por los niños de Erskine, por George Shelton y por Jeff, que habría querido, más que cualquier otra cosa, evitar a otros el sufrimiento y la muerte prematura que él padeció.

Pocos días después del funeral, Madre me apremió, en su habitual estilo de «levántate y anda», a continuar con mi campaña. La muerte detiene la política, pero no durante mucho tiempo. Así que volví al trabajo, aunque me preocupé de llamar y ver a Madre más a menudo, especialmente después de que Roger se marchara de casa en otoño para asistir al Hendrix College de Conway. Él estaba tan preocupado por ella que al principio casi se negó a ir. Madre y yo tuvimos que convencerle de que lo hiciera.

Al llegar septiembre yo seguía por detrás en las encuestas, con el 59 por ciento contra el 23 por ciento, a pesar de ocho meses de trabajo agotador. Entonces tuve un golpe de suerte. El 8 de septiembre, cinco días antes de la convención demócrata estatal en Hot Springs, el presidente Ford le concedió a Richard Nixon un indulto incondicional por todos los crímenes que «cometiera o pudiera haber cometido» mientras había sido presidente. Al país no le gustó aquello. Volvíamos a tener opciones de ganar.

En la convención estatal toda la atención estaba centrada en la carrera electoral del puesto al que yo aspiraba. El gobernador Bumpers había derrotado al senador Fulbright por un amplio margen en las primarias, y no había ningún otro desafío importante en juego. A mí me daba cien patadas el ver perder a Fulbright, pero era inevitable. Los delegados de la convención estaban muy nerviosos y nosotros le echamos un poco de leña al fuego llenando el centro de convenciones de Hot Springs con amigos de la ciudad y otros partidarios venidos de todo el distrito.

Di un discurso de campeonato, articulando los principios en los que creía, tratando de apelar tanto a los conservadores como a los populistas liberales del distrito. Comencé denotando el perdón que el presidente Ford le había concedido al ex presidente Nixon. Una de mis mejores frases fue: «Si el presidente Ford desea perdonar a alguien, que perdone a los asesores económicos de la administración».

Con los años he cambiado de opinión sobre el perdón a Nixon. Comprendí que la nación necesitaba dejar todo aquello atrás, y creo que el presidente Ford hizo lo correcto, aunque fuera una medida impopular, y así lo dije cuando celebramos juntos en 2000 el segundo centenario de la Casa Blanca. Pero no he cambiado de opinión sobre las políticas económicas republicanas. Todavía creo que Franklin Roosevelt tenía razón cuando dijo «siempre hemos sabido que el egoísmo desenfrenado es moralmente malo. Ahora también sabemos que es económicamente perjudicial». Y este principio es todavía más válido hoy de lo que lo era en 1974.

Dejamos Hot Springs estando en racha. Quedaban siete semanas y teníamos una oportunidad, pero debíamos esforzarnos. Nuestro cuartel general cada vez trabajaba mejor. Mis mejores voluntarios estaban convirtiéndose en verdaderos profesionales de la política.

La persona que el Partido Demócrata envió para ayudarnos hizo muy buenas propuestas. Su nombre era Jody Powell y su jefe, el gobernador Jimmy Carter de Georgia, había desempeñado un papel fundamental en la victoria de los demócratas en 1974. Un par de años después, cuando Jimmy Carter se presentó a la presidencia, muchos de nosotros todavía recordábamos su ayuda y le estábamos agradecidos. En cuanto llegó, Hillary también se puso a colaborar, igual que su padre y su hermano menor, Tony, que colgó carteles por todo el norte de Arkansas y dijo a los jubilados republicanos del Medio Oeste que los Rodham eran republicanos del Medio Oeste, pero que yo era un buen tipo.

Muchos de mis estudiantes de derecho demostraron ser conductores muy fiables. Tenía a mi disposición un par de aviones de alquiler, por si los necesitaba durante la campaña. Uno de mis pilotos era Jay Smith, de sesenta y siete años, que llevaba un parche en un ojo y no dominaba mucho los instrumentos de vuelo, pero llevaba cuarenta años volando sobre las Ozarks. A menudo, cuando hacía mal tiempo, descendía por debajo de las nubes y seguía el valle de algún río entre las montañas mientras nos contaba historias o alababa al senador Fulbright porque se había dado cuenta antes que nadie de que lo de Vietnam era un error.

Steve Smith hizo un trabajo espléndido revisando el historial de votos de Hammerschmidt. Diseñó una serie de ingeniosos panfletos en los que comparaba mis posiciones en ciertos temas con lo que había votado Hammerschmidt al respecto; sacamos uno semanalmente durante las seis últimas semanas de la campaña. Logró que salieran mucho en los periódicos locales y Steve los convirtió en efectivos anuncios de periódico. Por ejemplo, el valle del río Arkansas desde Clarksville a la frontera con Oklahoma al sur de Fort Smith estaba lleno de mineros del carbón, que habían trabajado durante décadas en las minas a cielo abierto y habían destrozado el paisaje, hasta que una ley federal obligó a que se restituyera el suelo a su estado original. Muchos de los mineros habían contraído alguna variante de antracosis después de años de inhalar polvo de carbón, y tenían derecho a recibir ayudas y prestaciones del gobierno federal. El congresista les ayudó a conseguir las prestaciones caso por caso, pero cuando la administración Nixon quiso recortar el programa, votó a favor de esa reducción. La gente del valle del río no lo sabía hasta que Steve y yo se lo dijimos.

Yo también tenía un buen número de propuestas, algunas de las cuales defendería durante los veinte años siguientes: un sistema de impuestos más justo, un programa de cobertura sanitaria pública nacional, fondos públicos para las elecciones presidenciales, una burocracia federal más ligera y eficiente, más fondos federales para la educación y la creación de un Departamento Federal de Educación (en aquel entonces todavía estaba integrado en el Departamento de Sanidad, Educación y Bienestar Social), e incentivos para el ahorro de energía y para el uso de energía solar.

Gracias en buena parte al apoyo financiero de los sindicatos nacionales, a los que mi amigo y líder regional de la AFL-CIO, Dan Powell, presionó mucho, conseguimos suficiente dinero para hacer algunos anuncios en la televisión. El viejo Dan Powell me decía que algún día sería presidente cuando todavía iba veinticinco puntos por detrás de mi oponente en mis primeras elecciones al Congreso. Todo lo que hice fue ponerme frente a una cámara y hablar. Me obligó a pensar a intervalos de veintiocho segundos. Al cabo de un rato ya no me hacía falta ningún cronómetro para saber si me había pasado o me había quedado corto por un segundo. Los costes de producción de aquellos anuncios fueron muy bajos.

Puede que los anuncios de televisión fueran rudimentarios, pero nuestros anuncios de radio eran fantásticos. Uno memorable, producido en Nashville, tenía como protagonista a un cantante de country que sonaba exactamente igual que Johnny Cash, nativo de Arkansas. Se empezaba diciendo, «Si estás cansado de comer verduras y guisantes y te has olvidado de a qué saben el cerdo y los filetes, hay un tipo al que deberías escuchar». A continuación criticaba despiadadamente a la administración Nixon por financiar grandes ventas de grano a la Unión Soviética, con lo que habían provocado incrementos en el precio de la alimentación y del pienso animal y había perjudicado a las empresas avícolas y ganaderas. La canción decía «Ha llegado la hora de quitar de en medio a Earl

Butz [el secretario de Agricultura de Nixon]». Entre cada estrofa sonaba este estribillo: «Bill Clinton está listo, él también está harto. Es muy como yo, es muy como tú. Bill Clinton hará que las cosas se muevan y lo vamos a enviar a Washington». Me encantaba ese anuncio. Don Tyson, que había visto que los costes de producción de sus pollos se disparaban con las ventas de grano y cuyo hermano, Randal, estaba trabajando duro para mí, se aseguró de que no me faltara dinero para que la canción sonara a todas horas en la radio.

A medida que se acercaba el día de la votación, mi popularidad iba creciendo, pero también la fuerza de la oposición. Conseguí que el *Arkansas Gazette*, el mayor periódico del estado, me apoyara, como ya hacían muchos otros periódicos del distrito. Empecé una campaña muy dura en Fort Smith, donde contaba con el firme apoyo de la comunidad negra, especialmente después de unirme a la sección local de la NAACP. Descubrí que tenía muchos seguidores en el condado republicano de Benton. A lo largo del río desde Fort Smith, cuatro o cinco personas casi trabajaron a la muerte para que me llevara el condado de Crawford. En el condado de Scott, al sur de Fort Smith, me recibieron a lo grande durante la reunión anual de cazadores de zorros y lobos. Era un acontecimiento nocturno en el que hombres que amaban a sus perros como si fueran sus hijos (y que les cuidaban con cariño) los exhibían y luego los soltaban para que persiguieran zorros a sus anchas bajo la luna mientras las mujeres se ocupaban de que hubiera abundante comida en las mesas de picnic, durante toda la noche. Conseguí buenos apoyos incluso en Harrison, la ciudad natal del congresista, donde algunas personas valientes no temieron enfrentarse a los poderes fácticos de aquella pequeña ciudad.

Uno de los mítines más emocionantes de toda la campaña se celebró una tarde de otoño junto al río White, no lejos de los infames terrenos de Whitewater en los que más adelante invertí pero que jamás llegué a ver. Los demócratas de la zona estaban soliviantados porque el Departamento de Justicia de Nixon trataba de encarcelar al sheriff demócrata del condado de Searcy, Billy Joe Holder, acusado de evasión de impuestos. Según nuestra constitución de 1876, los salarios de los funcionarios locales y del estado debían ser aprobados por el pueblo. La última vez que se revisaron los sueldos fue en 1910 y los funcionarios del condado solo ganaban cinco mil dólares al año. El gobernador solo se llevaba diez mil, pero al menos tenía una mansión y sus gastos de manutención y transporte estaban cubiertos. Muchos de los funcionarios locales se veían obligados a tirar de sus cuentas de gastos, que creo ascendían hasta siete mil dólares al año, solo para poder vivir. El Departamento de Justicia quería meter en la cárcel al sheriff Holder por impago del impuesto sobre la renta relativo a los gastos personales realizados con aquella cuenta. Creo que el caso de Holder fue la persecución por evasión de impuestos de menor cuantía que jamás emprendió el gobierno federal, y la gente de las colinas estaba convencida de que se escondían motivaciones políticas detrás de aquello. Si así era, les salió el tiro por la culata. Después de una hora y media de deliberaciones, el jurado regresó con un veredicto de no culpabilidad. Resultó que habían votado absolver al acusado desde un buen principio, y luego se habían quedado una hora más en la sala de deliberaciones para dar la impresión de que lo habían debatido mucho. Billy Joe salió del tribunal y fue directamente a nuestro mitin, donde le recibieron como a un héroe de guerra.

En el camino de vuelta a Fayetteville me detuve en Harrison, donde se celebró el juicio, para comentarlo con la señorita Ruth Wilson, una contable pública que gestionaba las declaraciones de renta de buena parte de la gente de las colinas. Le dije a la señorita Ruth que tenía entendido que había ayudado al abogado de Holder, mi amigo F. H. Martin, en la selección del jurado. Me contestó que así era. Le pedí medio en broma si lo había llenado de demócratas. Nunca olvidaré su respuesta: «No, Bill, no lo hice. De hecho, había un buen número de republicanos en ese jurado. Sabes, esos jóvenes que vinieron desde Washington para procesar al sheriff eran tipos listos y estaban muy elegantes con sus trajes caros. Pero sencillamente no conocían a la gente de por aquí. Eso es lo más raro. Nueve de aquellos doce jurados habían sido objeto de un auditoría de Hacienda en los últimos dos años». Me gustó saber que Ruth Wilson y sus chicos estaban de mi parte. Después de que ella se merendara a aquellos abogados de Washington, el Departamento de Justicia empezó a introducir preguntas sobre su historial con Hacienda a los posibles jurados en casos relacionados con impuestos.

Cuando solo quedaban dos semanas, el congresista activó por fin su maquinaria electoral. Había visto una encuesta que le indicaba que de lo contrario el impulso que yo había logrado podría concederme la victoria en un final ajustado. Su gente se lanzó a fondo. Sus amigos empresarios y republicanos se pusieron a trabajar. Alguien comenzó a llamar a todos los periódicos y a preguntar por una inexistente foto mía protestando contra Nixon en el partido entre Arkansas y Texas de 1969, lo que originó la famosa «historia del árbol» que he mencionado anteriormente. En Hot Springs, la cámara de comercio celebró una gran cena para agradecer al congresista todo lo que había hecho. Se presentaron varios cientos de personas y el periódico local cubrió extensamente el acto. Por todo el distrito los republicanos contaron a los empresarios historias para no dormir; dijeron que dado que los sindicatos me respaldaban, no sería sino una marioneta del poder sindical en el Congreso. En Fort Smith, hubo seis mil postales que enviamos a nuestros partidarios políticos que jamás se entregaron. Al parecer el apoyo de los sindicatos no alcanzaba a los trabajadores de correos locales. Las postales aparecieron algunos días después de las elecciones en la basura, detrás de la central de correos. La rama estatal de la Asociación Médica Americana intervino decididamente a favor de Hammerschmidt; criticaba mi iniciativa de hacer que los médicos de la zona de Springdale trataran también a la gente pobre que estaba en Medicaid. Hammerschmidt incluso logró dinero de los fondos de cohesión federales para pavimentar las calles de Gilbert, un pueblecito del condado de Searcy, pocos días antes de las elecciones. Ganó allí por 38 a 34, pero fue el único municipio de ese condado que se llevó.

Me dí cuenta de lo efectivo que había sido su trabajo el fin de semana antes de la votación, cuando acudí a un mitin de clausura en el centro de convenciones de Hot Springs. No conseguimos tanta asistencia como la que hubo en su cena, celebrada unos días antes. Los nuestros habían trabajado denodadamente, pero estaban agotados.

De todas formas, el día de las elecciones todavía pensaba que podíamos ganar. Esperamos los resultados reunidos en mi cuartel general, nerviosos pero esperanzados. Fuimos por delante en el recuento hasta casi media noche, porque Sebastian, el condado más grande —y más republicano— informó tarde de sus resultados. Me llevé doce de los quince condados con menos de ocho mil votos en total, incluidos todos los colegios electorales a lo largo del río Buffalo en los condados de Newton y Searcy. Pero perdí en cinco de los seis mayores, con derrotas por menos de quinientos votos en el condado de Garland, en el que crecí, y de Washington, donde vivía. Perdí el condado de Crawford solo por mil cien votos y me hicieron polvo en los condados de Benton y Sebastian. La diferencia de votos en ambos condados era más del doble del número de votos por el que me ganó Hammerschmidt en total. Los dos obtuvimos un condado con el doble de votos que el otro. Pero él ganó en Sebastian, el mayor, y yo en Perry, el más pequeño. Ahora, cuando los estadounidenses que viven en el campo votan casi todos republicano en las elecciones nacionales, parece irónico que yo comenzara mi carrera política con una base electoral profundamente rural, nacida del estrecho e intenso contacto personal, y de mi disposición a dar respuesta tanto a sus resentimientos como a sus verdaderos problemas. Yo estaba de su parte, y ellos lo notaban. El resultado final fue de 89.324 a 83.030, alrededor de un 52 por ciento contra un 48 por ciento.

En términos nacionales fue una buena noche para los demócratas, que se llevaron cuarenta y nueve escaños del Senado, pero no pudimos superar la enorme popularidad de Hammerschmidt y su contraataque de último momento. Cuando comenzó la campaña, su índice de popularidad era del ochenta y cinco por ciento. Yo había conseguido reducirlo al sesenta y nueve por ciento, mientras que el mío había ido de cero a sesenta y seis por ciento, un resultado muy bueno, pero insuficiente. Todo el mundo dijo que lo había hecho muy bien y que me esperaba un brillante futuro. Era un consuelo, pero yo hubiera querido ganar. Estaba orgulloso de la campaña que habíamos hecho y pensaba que en cierto modo había dejado que perdiera fuelle durante los últimos días. Al permitirlo, había decepcionado a todos los que se habían esforzado tanto por mí e impedía que los cambios por los que habíamos luchado se hicieran realidad. Quizá si hubiera tenido el dinero y la inteligencia de rodar anuncios de televisión sobre el historial de votaciones del congresista podría haberle derrotado. Probablemente no. De todas formas, en 1974 aprendí de primera mano, en miles de encuentros, que los votantes de clase media apoyaban la acción del gobierno para que resolviera sus problemas y los de la gente desfavorecida, pero solo si el esfuerzo se hacía midiendo el gasto, y solo si el aumento de oportunidades iba emparejado con una mayor responsabilidad.

Después de unos días viajando y visitando a gente para dar las gracias, me quedé completamente agotado. Me pasé la mayor parte de las siguientes seis semanas en la bonita casa que Hillary tenía cerca del campus. Estaba casi todo el rato tirado en el suelo, lamiéndome las heridas y pensando en cómo pagar la deuda de más de cuarenta mil dólares que había contraído durante la campaña. Mi nuevo sueldo, dieciséis mil y cuatrocientos cincuenta dólares, era más que suficiente para vivir y pagar mis créditos estudiantiles, pero no bastaba para cubrir esa deuda. En algún momento de diciembre hubo una gran baile en la universidad, al que Hillary me convenció para ir. Después de bailar unas horas, me sentí mejor. De hecho, aún pasaría mucho tiempo hasta que comprendiera que el congresista me había hecho un favor ganándome. Si hubiera ganado y hubiera ido a Washington seguro que jamás me hubieran elegido presidente. Y me hubiera perdido los magníficos dieciocho años que me esperaban en Arkansas.

DIECINUEVE

En enero de 1975, volví a dar clases, y fue el único año en que me dediqué por completo a la docencia, sin interrupciones a causa de la política. Durante el trimestre de primavera, enseñé la asignatura de Antimonopolio y di un seminario sobre delitos económicos. Durante los cursos de verano, impartí Derecho Marítimo y Jurisdicción Federal; y en otoño, de nuevo Delitos Económicos y Derecho Constitucional. En esta última, me pasé dos semanas analizando «Roe contra Wade», la decisión de la Corte Suprema que admitía el derecho constitucional a un aborto confidencial durante los dos primeros trimestres del embarazo, el tiempo aproximado que un feto tarda en ser «viable», esto es, capaz de vivir fuera del útero de la madre. Una vez sobrepasado este límite, la Corte decretó que el estado podría proteger los intereses de un bebé para que naciera, aun en contra de la decisión de la madre, a menos que la vida o la salud de ésta se peligraran a causa del embarazo o del parto. Algunos de mis estudiantes, que creían que Derecho Constitucional era solo otra asignatura más en la que bastaba con memorizar la legislación aplicable a cada caso, no comprendían por qué me pasé tanto tiempo con el caso Roe. Era demasiado fácil memorizar la regla de los tres trimestres y el razonamiento en que se basaba.

Hice que profundizaran en el caso porque entonces creía, y sigo creyendo, que ese caso es la decisión judicial más difícil de toda la historia. Fuera cual fuera su decisión, la Corte tenía que jugar a ser Dios. Todo el mundo sabe que la vida empieza en un sentido biológico, en el momento de la concepción. Nadie sabe cuándo la biología se convierte en humanidad o, para los creyentes, cuándo entra el alma en el cuerpo. La mayoría de abortos que no proceden de un riesgo para la salud o la vida de la madre son en realidad decisiones de mujeres jóvenes asustadas y de chiquillas que no saben qué otra cosa pueden hacer. Gran parte de las personas que están a favor del aborto entienden que es una operación que pone fin a una vida en ciernes, y creen que debería ser legal, segura, y excepcional, y que deberíamos apoyar a las jóvenes madres que, como sucede en la mayoría de los casos, optan por seguir adelante con el embarazo. Los más fervientes defensores del derecho a la vida están totalmente a favor de encausar a los médicos que practican abortos, pero ya no se muestran tan decididos cuando su estricta tesis se lleva hasta las últimas consecuencias: si el aborto es un crimen, la conclusión lógica es que debemos acusar a la madre de asesinato. Incluso los fanáticos que ponen bombas en las clínicas donde se practican abortos no culpabilizan a las mujeres que las utilizan. También hay que tener en cuenta que, como ya sabemos por la experiencia de la Prohibición y más tarde por las leyes contra las drogas —que desde luego tienen más apoyo entre los ciudadanos que el que tendría una prohibición total del aborto—, es difícil aplicar una ley penal a determinados actos que una parte significativa de la ciudadanía no cree que debieran considerarse delitos.

Entonces pensaba, y aún lo creo, que la Corte había llegado a la conclusión correcta aunque como suele suceder en la política norteamericana, su decisión desató una fuerte reacción: el nacimiento de un movimiento antiaborto a escala nacional, muy activo y eficaz, que con el tiempo redujo drásticamente la posibilidad práctica de someterse a abortos en muchas zonas, y atrajo a muchos votantes bajo la nueva ala derecha del Partido Republicano. Independientemente de qué digan las encuestas acerca de la postura de los votantes sobre el aborto, la ambivalencia que existe sobre el tema implica que el impacto que tenga en las elecciones dependerá de qué opción es más vulnerable. Durante la mayor parte de los últimos treinta años, por ejemplo, cuando el derecho de las mujeres a elegir estaba garantizado, los que votaban a favor de la libertad de elección pudieron permitirse el lujo de votar a favor o en contra de un candidato según su postura en otros temas. Por el contrario, para los votantes antiaborto esas otras cuestiones carecían de importancia. El año 1992 fue una excepción. La decisión del Tribunal de Apelaciones en el caso Webster, que tuvo amplias repercusiones y que reducía los supuestos del derecho a elegir, junto con la perspectiva de plazas vacantes en la Corte Suprema en un futuro próximo, hizo que los votantes a favor del aborto se sintieran amenazados y que se movilizaran; de modo que a mí y a los restantes candidatos que estaban a favor del aborto no se nos castigó por nuestra posición, ese año. Después de ser elegido, una vez el derecho a elegir quedó garantizado de nuevo, los habitantes de los barrios residenciales que habían votado para defenderlo se sintieron de nuevo libres de votar a republicanos antiabortistas por otras razones; sin embargo, los demócratas provida y los independientes, que aprobaban mi trayectoria en el campo económico y social, se sentían a menudo obligados a apoyar a los candidatos provida, que casi siempre eran republicanos conservadores.

En 1975, ni conocía en profundidad ni me importaba el debate político sobre el aborto. Lo que me interesaba era el hercúleo esfuerzo de la Corte Suprema por reconciliar convicciones enfrentadas sobre la ley, la moralidad y la vida. En mi opinión, lo hicieron extraordinariamente bien, a falta de un acceso directo a la mente de Dios. Tanto si mis estudiantes estaban de acuerdo con la sentencia como si no, quería que reflexionaran a fondo sobre el tema.

En otoño me asignaron una nueva tarea docente. Me pidieron que fuera al *campus* universitario de Little Rock una vez por semana para dar clases en un seminario nocturno sobre Ley y Sociedad a estudiantes que durante el día trabajaban como agentes de la ley. Lo cierto es que me apetecía hacerlo y me lo pasé muy bien entablando relación con gente que parecía sinceramente interesada en cómo encajaba su trabajo en el departamento de policía o en la oficina del sheriff con la Constitución y con las vidas cotidianas de los ciudadanos.

Además de dar clases, seguí en contacto con la política y tuve algunos empleos jurídicos interesantes. Me nombraron presidente de un comité estatal del Partido Demócrata para impulsar la discriminación positiva. Se creó para garantizar que hubiera una participación cada vez mayor de las mujeres y de las minorías en los asuntos del partido, pero sin caer en la trampa de las reglas de McGovern, que nos proporcionaban delegados en la convención nacional que representaban a cada grupo demográfico del estado, pero que jamás habían trabajado para el partido y eran incapaces de conseguir votos. El encargo me dio la oportunidad de viajar por todo el estado y conocer a demócratas, negros y blancos, a los que les preocupaba el tema.

La otra razón por la que me mantuve políticamente activo era la necesidad de devolver mi préstamo de campaña. Al final lo hice más o menos de la misma forma en que financiamos la propia campaña: con muchos pagos de pequeñas cantidades y con la ayuda de algunos generosos donantes. Jack Yates me dio mis primeros 250 dólares. Era un buen abogado en Ozark que, junto con su socio, Lonnie Turner, había trabajado mucho para mí durante las elecciones. Jack me dio el cheque a las dos semanas de las elecciones. En aquel momento yo no sabía cómo iba a ganarme el próximo dólar y jamás lo olvidé. Desgraciadamente Jack Yates murió de un ataque del corazón un par de meses después de prestarme su ayuda. Tras el funeral, Lonnie Turner me pidió que me quedara con los casos de «pulmones negros» de Jack. La administración Nixon había promulgado una nueva ley que dificultaba la obtención de cobertura sanitaria y establecía la obligatoriedad de una nueva revisión del caso en personas que ya recibían prestaciones. En muchos casos, estas llegaban a revocarse. Empecé a viajar a las Ozarks en coche una o dos veces por semana, para estudiar los archivos y entrevistar a los viejos mineros. El trato era que solo cobraría si ganaba algún caso.

Lonnie sabía que aquel tema me importaba mucho y conocía a fondo cómo funcionaba el programa. Era cierto que en sus inicios, las evaluaciones de los casos no habían sido muy estrictas. Sin embargo, como es habitual en los programas de ayudas gubernamentales, fueron demasiado lejos en su intento por corregir el problema.

Aun antes de hacerme cargo de los casos de Jack Yates, ya había aceptado ayudar a otro hombre en su lucha por conseguir las prestaciones por antracosis. Jack Burns, Sr., procedente de un pueblecito del sur de Fort Smith, era el padre del administrador del hospital de Ouachita en Hot Springs, donde Madre trabajaba. Medía casi un metro setenta, y no pesaba más de cuarenta y tantos kilos. Jack era un hombre tradicional, tranquilo y digno, que sufría mucho a causa de la enfermedad. Tenía derecho a recibir las prestaciones y él y su mujer necesitaban desesperadamente el dinero para pagar las facturas. Durante los meses en que trabajamos juntos, llegué a respetar su paciencia y su determinación. Cuando ganamos el caso, me alegré casi tanto como él.

Creo que había más de cien casos como el de Jack Burns en los montones de archivos que me dio Lonnie Turner. Yo disfrutaba viajando desde Fayetteville hasta Ozark, por la serpenteante carretera llamada la «Cola del cerdo», para trabajar en ellos. Los casos se presentaban ante un juez de lo contencioso administrativo, Jerry Thomasson, que era un republicano imparcial. Luego se llevaban al tribunal de apelación del juez federal de Fort Smith, Paul X. Williams, que era un demócrata comprensivo. También lo era su ayudante de toda la vida, Elsijane Trimble Roy, cuyo apoyo siempre le agradeceré. Me alegré mucho cuando el presidente Carter la nombró la primera mujer juez federal de Arkansas.

Mientras yo seguía con mis clases, la política, y mi trabajo de abogado, Hillary se acostumbraba a la vida de Fayetteville. Estaba claro que le gustaba de verdad, quizá incluso lo suficiente como para quedarse. Enseñaba Derecho Penal y Técnicas Procesales; también supervisaba el servicio de asistencia letrada gratuita y a los estudiantes que trabajaban defendiendo a los presos. Al principio, algunos de los jueces y abogados más quisquillosos, y unos pocos estudiantes, no sabían qué pensar de ella, pero finalmente terminó ganándoselos. Debido a que existe el derecho constitucional a tener un abogado durante un juicio penal, nuestros jueces asignaban abogados locales de oficio para que representaran a los acusados sin medios y, puesto que estos raras veces pagaban, el Colegio de Abogados quería que el servicio de asistencia letrada gratuita de Hillary se ocupara de esos casos. Durante su primer año, atendió a más de trescientos clientes, y se convirtió en una institución permanente de la facultad de derecho. Gracias a su trabajo allí, Hillary se ganó el respeto de nuestra comunidad legal. Ayudó a mucha gente necesitada y estableció el récord que, años más tarde, llevaría al presidente Carter a escogerla para que formara parte de la junta directiva de la Corporación de Servicios Legales del gobierno de Estados Unidos.

Jimmy Carter era el orador invitado del Día del Derecho, a finales del semestre de primavera. Estaba claro que se presentaría candidato a la presidencia. Hillary y yo hablamos con él brevemente y nos invitó a que prosiguiéramos la conversación en Little Rock, donde tenía otro compromiso. Nuestra charla confirmó lo que yo intuía, que tenía posibilidades de salir elegido. Después del Watergate y con todos los problemas económicos que tenía el país, un gobernador del Sur que había tenido éxito, que no estaba mezclado en el clima político de Washington y que podía atraer a la gente que los demócratas habían perdido en 1968 y en 1972 era una bocanada de aire fresco. Seis meses atrás, me había entrevistado con Dale Bumpers para animarle a que se presentara, y le dije: «En 1976, alguien como tú saldrá elegido. Podrías ser tú». Parecía interesado, pero dijo que no se lo planteaba; le acababan de elegir para el Senado, y los votantes de Arkansas no le respaldarían si se largaba inmediatamente para ser candidato a la presidencia. Probablemente tenía razón, pero habría sido un gran candidato y un muy buen presidente.

Además de nuestros empleos y de la vida social habitual con los amigos, Hillary y yo vivimos algunas aventuras por Fayetteville y sus alrededores. Una noche íbamos en coche hacia el Sur por la autopista 71, en dirección a Alma, para asistir a un concierto de Dolly Parton, de la que yo era un gran fan. Se podría decir que Dolly estuvo particularmente generosa con sus talentos en aquella actuación. Pero el mayor impacto de esa noche fue que tuve mi primer contacto con la gente que la había llevado a Alma, Tony y Susan Alamo. En esa época, los Alamo vendían, en Nashville, elegantes trajes de gala a muchas de las grandes estrellas de la música. Pero eso no era todo. Tony, que parecía un Roy Orbison colocado, había sido promotor musical de conciertos de rock en California. Entonces conoció a Susan, que había crecido cerca de Alma pero se había mudado al oeste y se había convertido en una predicadora televisiva. Formaron un equipo y él la promocionó como en su época de rockero. Susan tenía el pelo rubio muy claro, casi blanco, y solía llevar largas túnicas blancas para predicar por televisión. Era bastante buena y él era una máquina de hacer publicidad. Construyeron un pequeño imperio, incluida una extensa granja en la que trabajaban sus jóvenes y devotos seguidores, transfigurados ante la pareja como si fueran acólitos del reverendo Sun Myung Moon. Cuando a Susan le diagnosticaron un cáncer quiso volver a su hogar en Arkansas. Compraron una gran casa en Dyer, su ciudad natal, y abrieron el local de Alma, donde cantaba Dolly Parton, así como una versión más reducida de su tienda de ropa *country* de Nashville al otro lado de la calle. Cada semana hacían traer un camión lleno de alimentos de su granja californiana, que compartían con sus trabajadores. Susan salía por televisión desde casa y disfrutó de cierto éxito hasta que, finalmente, la enfermedad pudo con ella. Cuando murió, Tony anunció que Dios le había dicho que él la resucitaría de entre los muertos algún día, y puso su cuerpo en una gran urna de cristal en su casa, a la espera del día bendito. Trató de conservar su imperio con la promesa del regreso de Susan, pero un promotor está perdido sin su producto. Las cosas le fueron de mal en peor. Cuando me eligieron gobernador, entabló una gran batalla contra la administración acerca de un tema de impuestos y escenificó una especie de protesta, que no duró mucho tiempo, en su casa. Un par de años más tarde, se lió con una muchacha muy joven. Y milagro, Dios habló de nuevo con él para decirle que finalmente Susan no iba a volver, así que la sacó de la urna de cristal y la enterró.

Durante el verano yo daba clases durante los dos semestres de la escuela de verano para ganar un poco más de dinero. Me lo pasé bien en Fayetteville saliendo con Hillary y nuestros amigos. Un día, la llevé al aeropuerto porque tenía que hacer un viaje al este. Mientras conducíamos por California Drive, pasamos frente a una bonita casa de ladrillo rojo y perfil irregular, situada en una ladera, con un muro de piedra que rodeaba el jardín delantero. Había un cartel de EN VENTA en el patio. Hillary comentó lo acogedor que le parecía aquel lugar. Después de dejarla, volví para echar un vistazo a la casa. Era una construcción de una planta, de unos ciento y pico metros cuadrados; tenía un dormitorio, un baño, una cocina con *office*, un pequeño comedor y una preciosa sala de estar con un techo de vigas vistas tan alto como el del resto de la casa. También tenía una chimenea con una repisa muy bonita, una ventana de tribuna, y un amplio porche acristalado que podía utilizarse como habitación de invitados durante la mayor parte del año. No tenía aire acondicionado, pero había un gran ventilador que funcionaba bien. Costaba 20.500 dólares. Compré la casa con una paga y señal de 3.000 dólares; con ese sustancial adelanto los pagos mensuales de la hipoteca solo ascendían a 174 dólares.

Trasladé los pocos muebles que tenía a mi nueva casa, y compré otras cosas, suficientes para que no pareciera medio vacía. Cuando Hillary volvió de su viaje, le dije: «¿Recuerdas aquella casita que tanto te gustó? Pues la he comprado. Ahora tienes que casarte conmigo, porque no puedo vivir allí yo solo». La llevé a ver la casa. Aún le faltaba una mano de pintura, pero mi atrevida jugada salió bien. Aunque ni siquiera me había dicho que estuviera dispuesta a quedarse en Arkansas, por fin me dio el sí.

Nos casamos el 11 de octubre de 1975, en la gran sala de estar de nuestra casita en el 930 de California Drive, que habíamos reformado con el asesoramiento de Marynm Bassett, una buena decoradora que sabía que nuestro presupuesto era limitado. Por ejemplo, nos ayudó a escoger un papel de pared amarillo y brillante para la cocina; lo instalamos nosotros mismos, una experiencia que confirmó mis limitaciones como trabajador manual. El vestido de novia de Hillary era de encaje de estilo victoriano, a la antigua, y me encantó. El reverendo Vic Nixon ofició la ceremonia, a la que asistieron los padres y hermanos de Hillary, Madre y Roger (que fue mi padrino) y algunos amigos íntimos. Entre ellos, la mejor amiga de Hillary de Park Ridge, Betsy Johnson Ebeling y su marido Tom; su compañera de Wellesley Johanna Branson; mi joven prima Marie Clinton; el tesorero de mi campaña, F. H. Martin y su esposa Myrna; nuestros mejores amigos en la facultad de derecho, Dick Atkinson y Elizabeth Osenbaugh, y mi amigo de la infancia e incansable trabajadora de campaña, Patty Howe. Hugh Rodham jamás pensó que entregaría a su hija, metodista y típica muchacha del Medio Oeste, a un baptista sureño de las Ozarks de Arkansas, pero lo hizo. Por entonces yo llevaba tiempo, unos cuatro años, esforzándome para gustarles a él y al resto de los Rodham. A estas alturas esperaba habérmelos ganado, pero lo que sí era cierto es que a mí ellos me habían cautivado.

Después de la ceremonia, unos doscientos amigos se reunieron con nosotros en la casa de Morriss y Ann Henry para celebrarlo; luego bailamos hasta bien entrada la noche en el apartamento de Billie Schneider, en el Downton Motor Inn. Hacia las cuatro de la madrugada, después de que Hillary y yo nos fuéramos a dormir, me llamó mi joven cuñado Tony para avisarme de que estaba en la cárcel del condado de Washington. Mientras acompañaba a una de las invitadas de vuelta a casa después de la fiesta, un agente estatal le paró, pero no porque hubiera excedido el límite de velocidad, o fuera haciendo eses, sino porque su alegre compañera llevaba los pies colgando de la ventana posterior del coche. Después de pedirle que se detuviera, el ayudante del sheriff se dio cuenta de que Tony también había bebido, de modo que le metió entre rejas. Cuando llegué a la cárcel para pagar la fianza, Tony estaba temblando. El carcelero me contó que nuestro sheriff, Herb Marshall, un republicano que me caía bien, mantenía la temperatura de las celdas bastante fría para evitar que los borrachos vomitaran. Cuando nos íbamos, Tony me pidió que pagara la fianza de otro hombre que también estaba allí; se encontraba en la ciudad rodando una película con Peter Fonda. Así lo hice. Temblaba aún más que Tony, tanto que cuando se metió en su coche para irse chocó de lleno contra el pequeño Fiat amarillo de Hillary. A pesar de que le había sacado del calabozo, aquel tipo jamás me pagó los costes de reparación del coche; aunque, por lo menos, no dejó su cena en el suelo de la cárcel del condado. Así terminó mi primera noche de hombre casado.

Durante mucho tiempo pensé que no me casaría nunca. Ahora que lo estaba, me sentía bien, pero no estaba seguro de adónde nos llevaría el matrimonio.

Probablemente se ha escrito y hablado más de nuestro matrimonio que de cualquier otro en toda Norteamérica. Siempre me ha asombrado que la gente creyera que podía analizar, criticar y pontificar sobre mi unión con Hillary. Después de llevar casados casi treinta años y de ser testigo de las experiencias de mis amigos con las separaciones, los divorcios y las reconciliaciones, he aprendido que el matrimonio, con toda su magia y su tristeza, sus alegrías y decepciones, sigue siendo un misterio nada fácil de comprender para los que lo viven y casi totalmente inaccesible para los demás. El 11 de octubre de 1975 yo todavía no sabía nada de esto. Lo único que sabía era que amaba a Hillary y que también amaba la vida, el trabajo, los amigos que teníamos en común y la promesa de lo que podíamos lograr juntos. Además yo estaba orgulloso de ella, y emocionado ante la perspectiva de una relación que quizá jamás sería perfecta, pero que sin duda nunca sería aburrida.

Después de nuestra insomne noche de boda, volvimos al trabajo. Estábamos en mitad del semestre y yo tenía que asistir a mis juicios por la antracosis. Hasta dos meses más tarde no nos fuimos de luna de miel a Acapulco; fue algo inusual pues nos llevamos a toda la familia de Hillary y a la novia de uno de sus hermanos. Pasamos una semana todos juntos en una hermosa suite con ático, dimos largos paseos por la playa y disfrutamos de los restaurantes del lugar. Sé que no fue una luna de miel al uso, pero nos lo pasamos en grande. Yo adoraba a la madre de Hillary, Dorothy, y me gustaba charlar con su padre y sus hermanos mientras jugábamos al pinacle e intercambiábamos anécdotas. Como yo, eran buenos contadores de historias y todos y cada uno de ellos podía hilvanar un buen relato.

En Acapulco leí un libro, *La negación de la muerte* de Ernest Becker, un tema un poco duro para una luna de miel, pero entonces yo solo era un año mayor que mi padre cuando murió y acababa de dar un gran paso. Parecía un buen momento para buscar el sentido de la vida.

Según Becker, a medida que crecemos, en algún momento tomamos conciencia de la muerte y, luego, del hecho de que la gente que conocemos y amamos morirá; entonces comprendemos que un día nosotros moriremos también. La mayoría de nosotros hace lo que puede por evitarlo. Y así, de maneras que apenas entendemos, aceptamos una identidad, y la ilusión de la autosuficiencia. Nos volcamos en actividades, tanto positivas como negativas, y esperamos que éstas nos liberen de las cadenas de una existencia anodina y que quizá alguno de nuestros actos perdure cuando ya no estemos. Todo esto se lleva a cabo en una lucha desesperada contra la certeza de que la muerte es nuestro destino último. Algunos buscan poder y riqueza, otros el amor romántico, el sexo o cualquier otro tipo de placer. Hay gente que quiere ser famosa, otros desean ser buenos y hacer el bien. Tanto si fracasamos como si tenemos éxito, todos moriremos. El único solaz, por supuesto, es pensar que, puesto que fuimos creados, debe existir un Creador, alguien a quien le importa lo que nos suceda, y al que de algún modo volveremos.

¿Dónde nos deja el análisis de Becker? Su conclusión es: «¿Quién sabe cómo será el impulso hacia delante de la vida, en el tiempo futuro?... Lo único que al parecer podemos hacer es darle forma a algo —a un objeto, o a nosotros mismos— y lanzarlo a la confusión, haciendo de él un sacrificio, por así decirlo, en honor de la fuerza de la vida». Ernest Becker murió poco después de que se publicara su libro, pero parece que había sabido cumplir los requisitos por los que Immanuel Kant medía una vida: «Cómo ocupar con propiedad el lugar de la creación asignado al hombre y cómo aprender de ello lo que uno debe hacer para ser un hombre». Me he pasado toda la vida tratando de hacer esto. El libro de Becker me ayudó a convencerme de que era un esfuerzo que valía la pena.

En diciembre, tenía que enfrentarme a otra decisión política. Muchos de mis partidarios querían que me presentara de nuevo al Congreso. Ya había terminado de pagar la deuda y ellos querían la revancha. Pensé que sería más difícil vencer al congresista Hammerschmidt esta vez, aun si Jimmy Carter ganaba la candidatura del partido. Además, ya no deseaba con tanto ahínco ir a Washington, sino que quería quedarme en Arkansas. Cada vez me interesaba más el gobierno del estado, en parte gracias a la oportunidad que me dio el fiscal general Jim Guy Tucker: me encargó que escribiera una informe para la Corte Suprema de Estados Unidos, en nombre de nuestro estado, sobre un caso de antimonopolio relacionado con las tasas de interés que se fijaban para las tarjetas de crédito. Jim Guy se presentaba al Congreso, al escaño que Wilbur Mills había dejado vacío al jubilarse, de modo que el puesto de fiscal general quedaría libre. Era un puesto que me atraía mucho.

Mientras meditaba al respecto, mi amigo David Edwards, que trabajaba para Citibank, me llamó y me pidió que fuéramos con él a Haití. Dijo que tenía suficientes puntos de regalo para pagar los tres billetes de avión y quería ofrecernos el viaje como regalo de boda. Así que poco después de regresar de México partíamos de nuevo hacia el Caribe.

Hacia finales de 1975, Papa Doc Duvalier había desaparecido de escena. Su hijo, un corpulento joven al que todos llamaban Baby Doc, le había sucedido en el poder. Lo vimos un día cuando cruzaba la gran plaza frente a su residencia oficial en Port-au-Prince para dejar una corona en el Monumento a la Independencia de Haití, una estatua que representa a un poderoso esclavo liberado soplando en una caracola. Su fuerza de seguridad, los tristemente famosos Tontons Macoutes, estaban por todas partes y sus gafas de sol y sus pistolas les daban un aspecto muy amenazador.

Los Duvalier se las apañaron para dominar, saquear y desperdiciar los recursos de Haití hasta que lo convirtieron en el país más pobre de todo nuestro hemisferio. Algunas zonas de Port-au-Prince eran todavía muy bellas, pero estaban impregnadas de un sentimiento de decadencia y de glorias pasadas. Recuerdo especialmente las alfombras deshilachadas y los bancos rotos de la Catedral Nacional. A pesar de la situación política y de su pobreza, los haitianos me parecieron fascinantes. Daban la sensación de ser gente animada e inteligente. Su artesanía era preciosa y su música, cautivadora. Me maravillaba la forma en que muchos de ellos no solo sobrevivían sino que se las arreglaban para disfrutar de la vida.

La religión y la cultura del vudú me interesaron particularmente, pues había aprendido algo acerca de ello en Nueva Orleans; era de un culto que en Haití coexistía con el catolicismo.

El nombre de la religión tradicional haitiana procede del dialecto fon de Benín, en África occidental, donde se originó el vudú. Significa «Dios» o «espíritu», sin las connotaciones de magia negra y brujería que se le atribuye en muchas películas. El principal ritual del vudú es un baile durante el que el espíritu posee a los creyentes. El día más interesante del viaje fue cuando tuve la ocasión de asistir a una ceremonia vudú en directo. El contacto de David en el Citibank de Port-au-Prince se ofreció a acompañarle, y también a Hillary y a mí, a un pueblecito cercano para que conociéramos a un sacerdote vudú muy original. Max Beauvoir se pasó quince años en el extranjero estudiando en la Sorbona de París y trabajando en Nueva York. Tenía una preciosa esposa francesa de pelo rubio y dos hijas pequeñas muy inteligentes. Fue ingeniero químico hasta que su abuelo, un sacerdote vudú, le escogió en su lecho de muerte para que le sucediera. Max era creyente así que lo hizo, aunque sin duda fue un reto para su esposa francesa y sus hijas, de costumbres occidentales.

Llegamos a la última hora de la tarde, una hora antes de que empezara la ceremonia del baile. Max permitía que los turistas asistieran al ritual pagando una entrada, así sacaba algo de dinero con el que cubrir parte de los gastos. Nos explicó que en el vudú, Dios se manifiesta a los humanos a través de los espíritus que representan a las fuerzas de la luz y de la oscuridad, del bien y del mal, y que conviven en un cierto equilibrio. Después de que Hillary, David y yo termináramos nuestro breve curso de teología del vudú, nos escoltaron de nuevo a un claro y nos sentaron con otros invitados que habían venido a ver la ceremonia en la que se invoca a los espíritus y estos poseen los cuerpos de los creyentes durante el baile. Después de unos minutos de rítmicos movimientos al son de los tambores, llegaron los espíritus y tomaron el cuerpo de un hombre y de una mujer. El hombre se frotó una antorcha ardiendo por todo el cuerpo y caminó sobre ascuas sin quemarse. La mujer, en pleno frenesí, gritaba repetidamente; luego agarró un pollo vivo y le arrancó la cabeza de un mordisco. Finalmente, los espíritus se fueron y los poseídos cayeron al suelo, exhaustos.

Unos años después de presenciar aquella extraordinaria escena, un científico de la universidad de Harvard llamado Wade Davis, que estaba en Haití en busca de una explicación al fenómeno de los zombis, o muertos vivientes, fue también a ver a Max Beauvoir. Según cuenta en su libro *El enigma zombi*, con ayuda de Max y de su hija, Davis logró desentrañar el misterio de los zombis, que aparentemente mueren y se levantan de sus tumbas de nuevo. Estos, como castigo por algún tipo de crimen, toman una dosis de veneno elaborado por una sociedad secreta. El veneno, la tetrodotoxina, se extrae del pez globo, y en dosis adecuadas es capaz de paralizar el cuerpo y reducir la respiración a niveles tan bajos que incluso los médicos creen que la persona a la que examinan está muerta. Cuando pasa el efecto del veneno, el individuo simplemente se despierta. Se conocen casos similares en Japón, donde el pez globo es un manjar si se prepara debidamente; de lo contrario, al ser muy venenoso, puede causar la muerte.

Describo mi breve incursión en el mundo del vudú porque siempre me han fascinado la forma en que las distintas culturas tratan de buscar un sentido a la vida y a la naturaleza, y la creencia, prácticamente universal, de que hay una fuerza espiritual no corpórea que actúa y está presente en el mundo desde antes de que apareciera el hombre, y que seguirá aquí cuando nosotros nos hayamos extinguido. La noción de la manifestación de Dios en la religión haitiana es muy distinta de lo que creen la mayoría de cristianos, judíos o musulmanes, pero sus experiencias documentadas ciertamente confirman el viejo dicho de que los caminos del Señor son inescrutables.

Cuando volvimos de Haití, yo estaba decidido a presentarme a fiscal general. Volví a pedir una excedencia en mis labores docentes en la facultad de derecho y me puse manos a la obra. Tenía dos oponentes en las primarias demócratas: George Jernigan, el secretario de Estado; y Clarence Cash, responsable de la división de protección del consumidor en la oficina de Jim Guy Tucker. Ambos eran muy elocuentes, y no mucho mayores que yo. Jernigan parecía el adversario más importante, pues tenía numerosos partidarios en la organización del gobernador Pryor, en muchos tribunales del condado y entre los conservadores de todo el estado. Curiosamente, no se presentó ningún republicano; sería la única vez en que fui el único candidato en la elección final.

Sabía que tendría que llevar la campaña desde Little Rock. Además de ser la capital, es el centro neurálgico del estado y donde hay más posibles votantes y más oportunidades para recaudar fondos. Organicé el cuartel general en una antigua casa a un par de manzanas del capitolio estatal. Wally DeRoeck, un joven banquero de Jonesboro, aceptó ser mi presidente de campaña. Steve Smith, que había hecho un espléndido trabajo en las elecciones al Congreso, se apuntó como director de campaña. Linda McGee dirigía la oficina del candidato e hizo maravillas con un presupuesto milimétricamente ajustado. La campaña entera costó menos de cien mil dólares. De algún modo, Linda se las arregló para que la oficina estuviera abierta casi permanentemente y además pagó las facturas y gestionó el trabajo del equipo de voluntarios. Paul Berry, con el que entablé amistad cuando él llevaba la oficina del senador McClellan en Arkansas, me ofreció un lugar donde dormir. Aparte de todo lo que hizo, insistió en que me quedara la única cama de su apartamento, incluso cuando llegaba a las dos o a las tres de la mañana después de un día de duro trabajo. Noche tras noche me arrastraba a su piso; él dormía en el sofá del salón y dejaba encendida la luz de la cocina, donde me tenía listo mi tentempié preferido: mantequilla de cacahuete y zanahorias.

Mis viejos amigos Mack McLarty y Vince Foster me abrieron la puerta de la comunidad empresarial y de profesionales liberales de Little Rock. Contaba con buena parte del apoyo de los líderes sindicales, aunque algunos me lo retiraron cuando me negué a firmar una petición a favor de la lucha de los sindicatos contra la ley del derecho al trabajo en Arkansas, pues pretendían que la cuestión se votara en las elecciones de noviembre. Las leyes del derecho al trabajo permiten que la gente trabaje en fábricas en las que hay sindicatos, sin pagar la cuota sindical. Entonces la ley apelaba a mi faceta libertaria. Más tarde me enteré de que al senador McClellan le impresionó tanto la firmeza de mi posición que pidió a Paul Berry que llamara a sus principales valedores para decirles que estaba de mi parte. Unos años más tarde cambié de opinión acerca del derecho al trabajo. Creo que está mal que alguien disfrute de un salario superior, cobertura sanitaria y planes de pensiones, que normalmente proporcionan las fábricas que tienen sindicatos, sin hacer una contribución a la organización sindical que garantiza esas mejores condiciones laborales.

Mi base en el Tercer Distrito parecía segura. Todos los que habían estado a mi lado en 1974 querían intentarlo de nuevo. También recibí ayuda de los hermanos de Hillary, pues ambos se habían mudado a Fayetteville y habían ingresado en la universidad. También añadieron mucha diversión a nuestras vidas. Una noche, Hillary y yo fuimos a cenar con ellos a su casa y nos pasamos toda la velada escuchando las aventuras de Hugh con los Cuerpos de Paz, en Colombia; parecían historias sacadas de *Cien años de soledad*, pero él juraba y perjuraba que eran ciertas. Nos preparó una piña colada que sabía a zumo de frutas pero que iba bastante cargadita. Después de tomarme dos o tres me entró tanto sueño que salí fuera y subí a la parte trasera de mi camioneta Chevy El Camino, que había heredado de Jeff Dwire. El forro de atrás era de Astroturf, así que dormí como un bebé. Hillary me llevó a casa y al día siguiente volví al trabajo. Me encantaba aquella vieja camioneta; seguí usándola hasta que se averió definitivamente.

En el resto del estado, también contaba con apoyos sólidos en Hope y sus alrededores, pues era mi ciudad natal, y también en cinco o seis condados además de los del Tercer Distrito donde tenía parientes. Empecé con buen pie entre los votantes negros del centro, el sur y el este de Arkansas, gracias a antiguos estudiantes que ejercían en esas zonas. Y también me respaldaron los activistas demócratas que habían apoyado mi carrera electoral contra Hammerschmidt desde la barrera, o que habían tomado parte en los trabajos de mi comité a favor de la discriminación positiva. A pesar de todo, aún quedaban muchas lagunas en la organización y la mayor parte de la campaña nos dedicamos a subsanarlas.

Mientras viajaba por todo el estado, tuve que lidiar con una nueva fuerza política que estaba en auge, la Mayoría Moral, fundada por el reverendo Jerry Falwell, un pastor bautista conservador de Virginia; supo utilizar la gran audiencia que tenía su programa televisivo para crear una organización nacional de tendencias fundamentalistas cristianas y de extrema derecha. Fuera donde fuera, en cualquier lugar del estado, siempre había alguien a quien le estrechaba la mano que me preguntaba si yo era cristiano, a lo que respondía que sí. Luego me preguntaba si era un cristiano renacido. Cuando volvía a contestar afirmativamente, me hacían más preguntas, al parecer todas preparadas por la organización de Falwell. Una vez estaba de campaña en Conway, a unas treinta millas al este de Little Rock, y me encontraba en la oficina administrativa del condado, donde se preparaban las papeletas de voto por correo. Una de las mujeres que trabajaba allí empezó a acribillarme a preguntas. Parece ser que me equivoqué en una de las respuestas y antes de que pudiera irme ya había perdido cuatro votos. No sabía qué hacer. No estaba dispuesto a mentir en el tema de la religión, pero no quería seguir perdiendo votos. Llamé al senador Bumpers, un buen metodista liberal, para pedirle consejo. «Oh, eso me pasa continuamente —me dijo—. Pero no dejes que te hagan una segunda pregunta. Cuando me preguntan si soy cristiano, les digo, "Espero que sí, y siempre me he esforzado por serlo. Pero creo que eso solo puede juzgarlo Dios". Eso suele cerrarles el pico.» Cuando Bumpers terminó, me eché a reír y le dije que ahora sabía por qué él era senador y yo solo candidato a fiscal general. Durante el resto de la campaña, empleé su táctica.

El incidente más divertido de la campaña tuvo lugar en el condado de Mississippi, en el lejano nordeste de Arkansas. El condado tenía dos ciudades, Blytheville y Osceola, y una serie de pueblecitos dominados por hacendados que cultivaban grandes parcelas de terreno. Como de costumbre, los granjeros y los pequeños comerciantes cuyos ingresos dependían del propietario votaban lo mismo que él, por lo general al candidato más conservador; en este caso, el secretario de Estado Jernigan. El condado también contaba con una organización local muy fuerte, encabezada por el juez de la zona, «Shug» Banks, que también estaba con Jernigan. Parecía una misión imposible, pero no podía ignorar el condado, pues era muy grande. Así que dediqué un sábado a visitar Blytheville y Osceola. Estaba solo y, por decirlo suavemente, fue un día descorazonador. Aunque tenía algunos seguidores, gracias a mis ex alumnos de derecho, en ambos pueblos la mayoría de las personas que me conocían estaban contra mí, y las demás ni siquiera me conocían y no les importaba un rábano quién era yo. Aun así estreché todas las manos que se me pusieron a tiro y terminé la jornada en Osceola hacia las once de la noche. Finalmente abandoné al recordar que aún me quedaba un trayecto de tres horas, el viaje de vuelta en coche hasta Little Rock, y no quería quedarme dormido al volante.

Mientras conducía hacia al sur a través de una sucesión de pueblecitos, me di cuenta de que no había probado bocado y que estaba hambriento. Cuando llegué a un lugar llamado Joiner, vi luces en un bar de cervezas. Con la esperanza de que también sirvieran comida, aparqué el coche y entré. En el local solo estaban el encargado del bar y cuatro tipos jugando al dominó. Pedí una hamburguesa y salí llamar a Hillary desde la cabina. Cuando entré de nuevo, decidí presentarme a los jugadores de dominó. Los primeros tres, como la mayoría de gente que había conocido aquel día, ni sabían quién era ni les importaba. El cuarto levantó la vista y sonrió. Jamás olvidaré sus palabras. «Chico, vamos a destrozarte por aquí. Lo sabes, ¿no?» Le respondí que, después de pasarme un día haciendo campaña, tenía la misma impresión, pero que lamentaba que me lo confirmase. «Pues sí —prosiguió—. Eres un *hippy* melenudo y profesor de universidad. Hasta podrías ser un comunista. Pero déjame que te diga algo. Cualquiera que haga campaña en un baruchо de cerveza en Joiner el sábado a medianoche merece llevarse una urna de votos. Así que espera y verás. Terminarás ganando aquí, pero será el único maldito pueblo que te lleves en este condado.»

Aquel hombre se llamaba R. L. Cox, y a fe que tuvo razón. Durante la noche electoral me barrieron en las demás circunscripciones controladas por los grandes propietarios, pero en Joiner obtuve 76 votos y mis dos oponentes 49. Fue la única localidad del condado de Mississippi que me votó, exceptuando dos circunscripciones negras en Blytheville, en las que el fin de semana anterior a las elecciones, LaVester McDonald, un propietario negro de un servicio de pompas fúnebres, y Hank Haines, el editor del periódico local, habían trabajado a fondo.

Por fortuna tuve más éxito en el resto de condados y acabé con más del 55 por ciento de los votos totales. Gané en sesenta y nueve de los setenta y cinco condados, gracias al fuerte apoyo que me dio el sur de Arkansas, donde tenía muchos parientes y buenos amigos, y al impresionante 74 por ciento de los votos en el Tercer Distrito. Todos los que en 1974 se habían volcado en mi campaña finalmente obtuvieron la recompensa de una victoria.

El verano posterior a las elecciones fue una época muy feliz para Hillary y para mí. Pasamos los dos primeros meses divirtiéndonos en Fayetteville con nuestros amigos. Luego, a mediados de julio, nos fuimos de viaje a Europa; hicimos una escala en Nueva York para asistir a una velada de la convención demócrata, después de la cual volamos a París para reunirnos con David Edwards, que trabajaba allí por aquellas fechas. Después de un par de días, nos dirigimos a España. Justo después de cruzar los Pirineos, recibí un mensaje en el que se me pedía que me pusiera en contacto con el equipo de campaña de Carter. Cuando devolví la llamada desde el pueblecito de Castro Urdiales, me pidieron que fuera el presidente de la campaña de Arkansas; aunque tenía que reincorporarme en otoño a mi labor docente en Fayetteville, sabía que podía encargarme del trabajo. Carter era inmensamente popular en Arkansas debido a su historial progresista, a su experiencia como granjero, y a su sincero compromiso con su fe bautista del Sur; también debía su popularidad a sus contactos personales, entre los que había cuatro miembros egregios de la sociedad civil de Arkansas que habían sido compañeros suyos en la Academia Naval. En Arkansas, la cuestión no era tanto si ganaría o no, sino por cuánto. Después de todas las elecciones que habíamos perdido, la perspectiva de llevarnos dos seguidas en un año era demasiado tentadora como para desperdiciarla.

Pusimos fin a nuestras vacaciones en España, no sin antes detenernos en Güernica, en homenaje a la cual Picasso pintó una estremecedora obra que representa el bombardeo que sufrió la ciudad durante la guerra civil española. Cuando llegamos, se estaba celebrando una fiesta vasca. Nos gustaron la música y el baile, pero uno de los manjares locales nos planteó un pequeño problema: era pescado frío con leche. Visitamos las cuevas cercanas, con sus pinturas prehistóricas, y disfrutamos de un precioso día a la sombra de las cumbres nevadas de los Pirineos, en una cálida playa donde había un pequeño restaurante en el que la comida era excelente y muy asequible (la cerveza costaba cinco centavos el vaso). En la frontera con Francia, de regreso —ya a principios de agosto, el mes en el que los europeos suelen tomarse sus vacaciones estivales—, había largas caravanas de coches que se extendían hasta el horizonte, prueba del sentido común de los europeos, para los cuales la vida no es solo trabajo. A mí me iba a resultar cada vez más difícil vivir según esta máxima.

Cuando volvimos a casa, fui a Little Rock para organizar las operaciones de campaña junto con Craig Campbell, un ex director estatal del Partido Demócrata, que trabajaba para Stephens Inc., de Little Rock, el banco de inversiones más importante de Estados Unidos en aquel entonces, aparte de los de Wall Street. Witt y Jack Stephens eran los dueños. Witt era un destacado miembro desde hacía tiempo del panorama político estatal. Jack, que tenía diez años menos, había ido a la Academia Naval con Jimmy Carter. Craig era un tipo grandote, atractivo y amante de la diversión, que era mucho más sensible de lo que parecía, política y personalmente, lo cual le convertía en alguien extremadamente eficiente.

Viajé por todo el estado para asegurarnos de que disponíamos de una organización en activo en cada condado. Un domingo por la noche, fui a una pequeña iglesia negra en las afueras de Little Rock. El pastor era Cato Brooks. Cuando llegué allí, el lugar estaba animadísimo; la gente se movía al ritmo de la música de un fantástico coro de gospel. Durante la segunda o la tercera canción, la puerta se abrió de par en par y apareció una mujer joven que se parecía a Diana Ross, con botas negras hasta la rodilla y un vestido de punto muy ceñido, y caminó hacia el altar, saludó al coro y se sentó al órgano. Jamás había oído música de órgano como aquella. Era tan emocionante que no me habría sorprendido que el instrumento levitara y saliera de la iglesia únicamente con la fuerza de su música. Cuando Cato se levantó para predicar, cuatro o cinco hombres de la iglesia se reunieron a su alrededor y se sentaron en sillas plegables. Entonó y cantó casi la totalidad de su sermón, en rítmicas cadencias punteadas por el sonido de las cucharas que los hombres golpeaban contra sus rodillas. Después del sermón, el reverendo Brooks me presentó para que hablara a favor de Carter. Yo estaba muy motivado, pero no lo hice ni la mitad de bien que Cato. Cuando me senté, me dijo que la iglesia estaría con Carter y me aconsejó que me fuera porque aún estarían allí aproximadamente una hora más. A pocos pasos de la iglesia, una voz a mis espaldas dijo: «Eh, chico blanco, ¿quieres ayuda en tu campaña?». Era la organista, Paula Cotton. Se convirtió en una de las mejores voluntarias. Cato Brooks se mudó a Chicago poco después de la campaña. Era demasiado bueno para quedarse en la granja.

Mientras trabajaba en Arkansas, Hillary también se sumó a la campaña de Carter, para encargarse de un zona mucho más complicada. La designaron coordinadora de campo para Indiana, un estado tradicionalmente republicano en las elecciones presidenciales; sin embargo, el equipo de Carter confiaba en que las raíces granjeras de este le daría una posibilidad de ganar. Se esforzó mucho y vivió curiosas aventuras, que me contaba animadamente durante nuestras conversaciones telefónicas diarias y en el único viaje que hice a Indianápolis.

La campaña de otoño fue una montaña rusa. Carter salió de la convención de Nueva York con una ventaja de treinta puntos respecto al presidente Ford, pero el país estaba todavía más dividido. El presidente Ford se volcó e hizo un esfuerzo impresionante por acortar distancias, sobre todo porque dudaba que un gobernador sureño, cuya principal promesa era hacer un gobierno tan honesto como el pueblo americano, tuviera la experiencia necesaria para ser presidente. Al final, Carter derrotó a Ford por un 2 por ciento en el voto popular y por 297 votos contra 240. Las elecciones fueron demasiado ajustadas como para que los nuestros ganaran en Indiana, pero nos llevamos Arkansas con un 65 por ciento, solo dos puntos menos que el margen del 67 por ciento con el que el presidente Carter contaba en su Georgia natal, y siete puntos más que el siguiente margen electoral más amplio, el de West Virginia.

Después de la campaña, Hillary y yo volvimos a casa algunos meses, durante los cuales me dediqué a mis obligaciones docentes en las asignaturas de Derecho Marítimo y Derecho Constitucional. En tres años y tres meses había dado ocho cursos, repartidos en cinco semestres y en una temporada en la escuela de verano; había impartido dos cursos a los agentes de la ley de Little Rock y me había presentado candidato dos veces, además de gestionar la campaña de Carter. Y había disfrutado cada segundo. Lo único que lamentaba era el tiempo que estaba apartado de nuestra vida y amistades de Fayetteville, y de aquella casita en el 930 de California Drive, que tantas alegrías nos deparó a Hillary y a mí.

VEINTE

D urante los dos últimos meses de 1976 me mudé a Little Rock para prepararme para mi nuevo puesto. Paul Berry me buscó una oficina libre en la planta dieciocho del edificio del Union Bank, donde él trabajaba, para que pudiera entrevistar a posibles candidatos para mi equipo.

Se presentó mucha gente capaz e idealista. Convencí a Steve Smith para que fuera mi jefe de gabinete, pues Steve era una garantía de que, además de resolver el trabajo rutinario, seríamos capaces de avanzar con nuevas iniciativas políticas. En el equipo anterior solo había veinte abogados y algunos de los mejores querían seguir conmigo. Contraté a algunos más, que pertenecían a minorías: los suficientes para tener un veinticinco por ciento de mujeres y un veinte por ciento de abogados negros; cifras nunca vistas en aquellos tiempos.

Alrededor de diciembre, Hillary y yo encontramos una casa en el 5419 de la calle L, en Hillcrest, Little Rock; era un agradable antiguo barrio cerca del centro. Tenía unos 92 metros cuadrados, así que era aún más pequeña que nuestro hogar en Fayetteville, y bastante más cara, 34.000 dólares, pero podíamos permitírnoslo. En las elecciones anteriores, los votantes habían aprobado un incremento salarial para los funcionarios locales y estatales, el primero desde 1910, de modo que el sueldo del fiscal general ascendía a 26.500 dólares anuales. Hillary encontró un buen empleo en el bufete Rose, que estaba lleno de abogados con experiencia y muy respetados, y también de jóvenes brillantes, como mi amigo Vince Foster y Webb Hubbell, ex estrella de fútbol de los Razorbacks, que se convertiría con el tiempo en amigo íntimo de Hillary y mío. Desde ese momento, y hasta que me convertí en presidente y ella abandonó el ejercicio del derecho, Hillary ganó bastante más dinero al año que yo.

Además de elaborar informes sobre cuestiones de legislación estatal, la Oficina del Fiscal General presentaba y defendía demandas civiles en nombre del estado; también actuaba como representante estatal en las apelaciones al tribunal supremo del estado y en casos penales frente al tribunal federal. Proporcionaba asesoramiento legal a las comisiones y juntas estatales y protegía los intereses del consumidor a través de demandas, y de las presiones que ejercía sobre la asamblea legislativa. También teníamos que testificar en los casos relacionados con la fijación de tasas de servicios públicos, ante la Comisión de Servicios Públicos (CSP) del estado. Nuestras tareas eran muchas, diversas e interesantes.

El año empezó ajetreado. La asamblea legislativa inició sus sesiones a principios de enero, y se celebró una audiencia de la CSP acerca de la petición de la Compañía Eléctrica de Arkansas de subir notablemente las tasas a sus clientes, basándose en que habían tenido muchos gastos por su participación en una gran central nuclear en Grand Gulf, Mississippi, que la sociedad matriz, Middle South Utilities (hoy Entergy) estaba construyendo. Dado que Middle South no atendía directamente a sus clientes, los costes de la central de Grand Gulf tenían que repartirse entre sus empresas filiales, que ofrecían electricidad a Arkansas, Louisiana, Mississippi y a la ciudad de Nueva Orleans. El caso Grand Gulf ocupó gran parte de mi tiempo y mi atención durante los siguientes años. Había dos cosas que me molestaban especialmente en ese caso: primero, el hecho de que fuera la empresa madre la que construía la central hacía que no necesitara la aprobación de nuestra CSP estatal, pero luego había que pedir a nuestros contribuyentes que pagaran el 35 por ciento del coste de aquella planta; y, en segundo lugar, creía que podríamos atender la creciente demanda de energía eléctrica con un coste mucho menor si se hacían programas de ahorro de energía y se utilizaban de forma más eficiente las centrales eléctricas ya existentes.

Mientras preparábamos la vista del caso, Wally Nixon, abogado de mi equipo, descubrió el trabajo de Amory Lovins, que demostraba las enormes posibilidades y los beneficios económicos del ahorro de energía y de la energía solar. Pensé que sus tesis tenían mucho sentido y me puse en contacto con él. En aquella época, la mayoría de empresarios y líderes políticos pensaban que el incremento constante de la producción eléctrica era necesario para el crecimiento económico. Desechando las clamorosas pruebas en su favor, el ahorro de energía se consideraba una fantasía descabellada propia de intelectuales despistados. Lamentablemente, aún hay mucha gente que sigue pensando lo mismo.

Durante más de veinte años, como fiscal general, gobernador y presidente, traté de impulsar una política de energías alternativas; me basaba en el trabajo, entre otros, de Amory Lovins para defender mi posición. Aunque obtuve modestos avances desde los tres puestos, me enfrenté a una oposición férrea, especialmente después de que los conservadores se hicieran con el control del Congreso en 1995. Al Gore y yo intentamos infructuosamente durante años que aprobaran una rebaja fiscal del 25 por ciento para la producción o adquisición de energías limpias y demás tecnologías de ahorro de energía; aportamos montañas de documentación y estudios que apoyaban nuestra postura. Los republicanos siempre bloquearon esa iniciativa. Yo solía bromear diciendo que uno de mis mayores logros durante mi segundo mandato fue encontrar al fin una rebaja fiscal que Newt Gingrich y Tom DeLay no querían apoyar.

Mi trabajo con la asamblea legislativa estatal fue fascinante, no solo porque los temas fueran siempre interesantes e impredecibles, sino también porque el Congreso y el Senado estaban llenos de gente de lo más pintoresca y porque, tarde o temprano, medio estado acababa pasando por mi despacho para expresar su posición a favor o en contra de tal o cual medida. Un día, a principios del período de sesiones, tuve que hablar frente a un comité, respecto a cierta medida; iba para expresar nuestra posición, contraria a la misma. La sala estaba llena de gente que representaba a los que estaban a favor de la medida, incluido Vince Foster. Y Hillary. Foster la había traído para que fuera adquiriendo rodaje; no sabía que yo estaría en la parte contraria. Nos limitamos a sonreírnos y a hacer nuestro trabajo. Afortunadamente, el bufete Rose había solicitado la opinión de la Asociación de Colegios de Abogados, que le dijo expresamente que podía contratar los servicios de la esposa del fiscal general y que indicó los pasos necesarios para evitar que se produjera un conflicto de intereses. Hillary los seguía al pie de la letra. Después de que me eligieran gobernador, cuando ella ya era socia del bufete Rose, renunció su parte de beneficios anuales que procedían de las operaciones de bonos del estado, un servicio de asesoramiento legal que el bufete venía ofreciendo desde los años cuarenta.

Cuando me incorporé a mi puesto había muchos dictámenes y trabajo atrasado que había que acabar. Solíamos quedarnos hasta las doce de la noche para recuperar el tiempo perdido, pero la verdad es que nos lo pasamos muy bien y se estableció un fuerte vínculo de amistad entre todos los miembros del equipo. Los viernes, cuando la asamblea no celebraba sesión, yo permitía que todos vistieran de manera informal y los animaba a que se tomaran una larga pausa para comer en un antro cercano que tenía unas hamburguesas de primera, había una máquina del millón y en el que se podía jugar a cartas. Aquel viejo tugurio sin pintar también tenía una enorme canoa en el tejado y un nombre de mal augurio: Whitewater Tavern.

La cada vez más poderosa Mayoría Moral y otros grupos del mismo estilo impulsaron varias iniciativas políticas que muchos legisladores progresistas y moderados no querían aprobar, pero tampoco querían que en su historial apareciera un voto contra ella. La táctica más obvia, en consecuencia, era lograr que el fiscal general dijera que la propuesta de ley era inconstitucional. Era un ejemplo magnífico de las leyes de la política de Clinton: Si alguien puede desviar hacia ti la presión que está soportando no dudará en hacerlo a la menor oportunidad.

Las leyes más divertidas las proponía el representante Arlo Tyer, de Pocahontas, al nordeste de Arkansas. Arlo era un buen hombre que quería ir un paso por delante de la Mayoría Moral. Presentó una propuesta para ilegalizar la proyección de películas pornográficas, incluso para adultos, en cualquier lugar de Arkansas. Me preguntaron si la propuesta podía entenderse como una restricción de la libertad de expresión. Ya podía ver los titulares: «¡Fiscal general a favor de las películas porno!». Llamé a Bob Dudley, un juez de distrito de la ciudad natal de Arlo, para averiguar por qué presentaba aquella propuesta. «¿Acaso ven muchas películas pornográficas por ahí?», le pregunté. Dudley, que era muy mordaz, dijo: «Qué va. Ni siquiera tenemos cines. Solo está celoso de ustedes, que pueden verlas».

Tan pronto como se desestimó la propuesta de las películas, a Arlo se le ocurrió otra perla: un impuesto anual de 1.500 dólares sobre todas las parejas de Arkansas que vivieran bajo el mismo techo sin estar unidos en matrimonio. En mi cabeza se disparó de nuevo la alarma que indicaba titulares peligrosos a la vista: «¡Clinton a favor de la vida en pecado!». Fui directamente a ver al congresista estatal Tyer. «Arlo —le dije—, ¿cuánto tiempo tienen que llevar cohabitando sin estar casados un hombre y una mujer para que deban pagar este impuesto? ¿Un año, un mes, una semana? ¿O basta con un rollo de una noche?» Me contestó: «Pues no se me había ocurrido pensarlo». «¿Y qué hay de la vigilancia? —proseguí—. ¿Acaso vamos a ir tú y yo con nuestras gorras de béisbol y un bate puerta por puerta, y echarlas abajo para ver quién está haciendo qué con quién?» Arlo se encogió de hombros y dijo: «Tampoco había pensado en eso. Quizá sea mejor olvidar esa propuesta». Volví a mi oficina aliviado; acababa de esquivar un buen problema. Pero para mi sorpresa, parte de mi equipo estaba decepcionado. Un par de ellos habían decidido que querían que se aprobara le ley y que le encargaran a nuestra oficina las tareas de vigilancia. Hasta habían diseñado los uniformes: camisetas con el acrónimo SNIF, el Equipo de Investigación contra el Sexo.

Lo pasamos bastante peor con los derechos de los homosexuales. Dos años atrás, el fiscal general Jim Guy Tucker había impulsado un nuevo código penal estatal que supuso un salto cualitativo importante. Simplificaba y clarificaba las definiciones de crímenes delicados que tenían más de cien años y que a veces se solapaban. También eliminó los así llamados delitos juveniles, que habían sido condenados por la Corte Suprema. Para que algo se considere un delito se tiene que haber cometido un acto prohibido, intencional o temerariamente; no basta con que ese acto sea algo que la sociedad considera indeseable. Por ejemplo, estar borracho no constituía un delito, ni tampoco ser homosexual, aunque ambas cosas lo eran antes de que se aprobara el nuevo código.

El representante Bill Stancil tuvo que aguantar una lluvia de críticas de los pastores conservadores de su pueblo natal, Fort Smith, por su voto a favor de la reforma del código penal. Dijeron que había votado para legalizar la homosexualidad. Stancil era un buen hombre, y había sido uno de los mejores entrenadores de fútbol americano en el instituto de Arkansas. Era un tipo musculoso, tenía la mandíbula cuadrada y la nariz rota, y la sutileza no era su fuerte. No podía creer que hubiera votado a favor de la homosexualidad y estaba decidido a rectificar su error antes de que la derecha religiosa le castigara por ello. De modo que presentó una propuesta para que los actos homosexuales se consideraran un delito. Por si acaso, también incluyó la bestialidad, lo cual dio pie a que uno de sus colegas más sarcásticos comentara que obviamente en su distrito no debía de haber demasiados granjeros. La propuesta de Stancil describía con todo lujo de detalles cualquier variante concebible de ambos tipos de relaciones sexuales prohibidas, hasta el punto de que si algún pervertido la leía podía pasarse una semana sin comprar material pornográfico.

No había manera de parar aquella propuesta con una votación directa. Además, a la Corte Suprema aún le faltaba mucho para llegar a su decisión de 2003, cuando declaró que las relaciones homosexuales consentidas están protegidas por el derecho a la privacidad. Que yo dijera que la ley era inconstitucional no era una opción viable. La única estrategia posible consistía en retrasar el avance de la propuesta indefinidamente. En el congreso estatal, tres jóvenes liberales que eran grandes aliados míos —Kent Rubens, Jody Mahoney y Richard Mays— decidieron presentar una interesante enmienda. Corría la voz de que tramaban algo, así que me fui a la atestada galería de visitantes, en el piso superior de la cámara de representantes, para ver en persona los fuegos artificiales. Uno de los chicos se levantó y alabó la propuesta de Stancil, diciendo que ya era hora de que alguien saliera en defensa de la moralidad en Arkansas. El único problema, continuó, era que la propuesta era demasiado blanda y quería añadir una «pequeña enmienda» para reforzarla. Luego, con la cara muy seria, propuso que se considerara un delito de tipo D que cualquier miembro de la asamblea legislativa cometiera adulterio en Little Rock mientras la cámara estaba en período de sesiones.

La galería se vino abajo, muerta de risa. Sin embargo, en el hemiciclo se hizo un silencio de muerte. Para muchos representantes procedentes de pueblecitos pequeños, ir a Little Rock para la asamblea era la única diversión del año, el equivalente a dos meses en París. La enmienda no les divirtió en absoluto y algunos de ellos dijeron a los tres listillos que no aprobarían ninguna otra ley a menos que se retirase la enmienda. Así se hizo; la propuesta de ley siguió adelante y llegó al Senado estatal.

En el Senado teníamos más posibilidades de detenerla, pues asignaron la propuesta a un comité presidido por Nick Wilson, un joven senador de Pocahontas, y uno de los miembros más brillantes y progresistas de la cámara. Pensé que podríamos convencerle para que congelara la propuesta hasta que se aplazara la legislatura.

El último día de sesión, la propuesta aún estaba en manos del comité de Nick, y yo contaba las horas hasta el aplazamiento. Le llamé varias veces para hablar sobre el tema y me quedé por ahí tanto rato que incluso salí una hora más tarde hacia Hot Springs, donde tenía que dar un discurso. Cuando por fin ya no pude esperar más, le llamé una última vez. Me dijo que aplazaría la sesión en media hora y que la propuesta no saldría adelante, de modo que me fui. Quince minutos más tarde, un influyente senador que estaba a favor de la propuesta ofreció a Nick Wilson un nuevo edificio para la escuela técnica y de formación profesional de su distrito si dejaba que la propuesta pasara. Como el portavoz Tip O'Neill solía decir, todo en política es local, así que Nick dejó pasar la ley, y ésta se aprobó fácilmente. Me puse enfermo. Unos años más tarde, el actual congresista de Little Rock, Vic Snyder, trató de anular la ley cuando estuvo en el senado estatal; también fracasó. Que yo sepa jamás se ha puesto en práctica, pero tuvimos que esperar hasta 2003 cuando la decisión de la Corte Suprema la derogó oficialmente.

Otro problema realmente interesante que tuve que analizar como fiscal general fue literalmente un asunto de vida o muerte. Un día recibí una llamada del hospital infantil de Arkansas. Acababan de contratar a un excelente joven cirujano que tenía que operar a unas gemelas siamesas que estaban unidas por el pecho y compartían sistemas respiratorios y vías sanguíneas. Sus sistemas vitales no podían mantenerlas con vida durante mucho tiempo y, sin la cirugía, ambas fallecerían. El problema era que sin duda una de ellas fallecería durante la operación. El hospital quería un dictamen que dijera que no podrían acusar al médico de matar a la gemela que no sobreviviría la operación. Estrictamente hablando, yo no podía garantizar aquello, porque el dictamen de un fiscal general protege al individuo que lo recibe por una demanda civil, no por una acusación penal. Sin embargo, el dictamen serviría para desanimar a algunos fiscales que podrían sentir demasiadas tentaciones de procesar al doctor. Le envié una carta oficial, en la que declaraba mi opinión de que la muerte segura de una de las dos siamesas, para salvar la vida de la otra, en esa situación no constituiría delito. El doctor realizó la operación; una de las gemelas murió, pero la otra sobrevivió.

La mayor parte del trabajo que hacíamos era mucho más convencional que los ejemplos que acabo de citar. Durante dos años, nos esforzamos por emitir informes bien fundamentados y bien redactados, y en hacer un buen trabajo para las agencias estatales y en las ocasiones en que prestábamos nuestro testimonio en casos penales. También intentamos mejorar la calidad de las residencias para ancianos y trabajamos duro para mantener estables las tasas de los servicios públicos. En este sentido, realizamos un gran esfuerzo para que el coste de una llamada desde un teléfono público siguiera siendo de diez centavos, cuando todos los demás estados lo habían subido a veinticinco.

Aparte de mi trabajo, viajaba por el estado tanto como podía, para ampliar mis contactos y reforzar mi organización de cara a las siguientes elecciones. En enero de 1977, pronuncié mi primer discurso como funcionario en el banquete del Rotary Club, en Pine Bluff, la ciudad más importante en el sudeste de Arkansas. En 1976 había obtenido allí un 45 por ciento de los votos, pero tenía que hacerlo mejor en las campañas venideras. Las quinientas personas que asistieron a la cena me dieron una buena oportunidad para mejorar esa marca. Fue una larga velada, con muchos discursos y un sinfín de presentaciones. A menudo, las personas que organizan este tipo de acontecimientos temen que la gente a la que no presentan se vaya a casa furiosa. De ser así, seguro que al finalizar la cena no debían de haber muchas caras largas. Eran casi las 10 de la noche cuando mi anfitrión se levantó para presentarme a mí. Estaba más nervioso que yo. Las primeras palabras que salieron de su boca fueron: «Sabéis, podríamos parar aquí y pasar una velada muy agradable». Sé que su intención era dar a entender que lo mejor estaba por llegar, pero no le salió exactamente así. Gracias a Dios, la gente rió y fue muy receptiva a mi discurso, sobre todo porque fue corto.

También asistí a varios actos de la comunidad negra. Un día el reverendo Robert Jenkins me invitó a su toma de posesión como nuevo pastor de la iglesia bautista Morning Star, una pequeña iglesia de madera en el norte de Little Rock, con suficientes bancos para que 150 personas se sentaran cómodamente. Era una tarde de domingo muy calurosa y habían acudido casi trescientas personas, incluidos los ministros y el coro de algunas otras iglesias, y otro hombre de raza blanca, el juez de nuestro condado, Roger Mears. Todos los coros cantaron y los pastores expresaron sus felicitaciones. Cuando Robert se levantó para pronunciar el sermón, la congregación llevaba un buen rato ahí. Pero él era joven, guapo, un orador brillante y captó su atención. Empezó poco a poco. Dijo que quería ser un pastor accesible, pero no deseaba malentendidos. «Quiero decir unas palabras a las señoras de esta parroquia —dijo—. Si necesitan a un pastor, pueden llamarme cuando quieran, de día o de noche. Pero si necesitan a un hombre, llamen al Señor. Él les proporcionará uno.» Tanta franqueza hubiera sido impensable en cualquier iglesia blanca, pero a su parroquia le gustó. Le saludaron con un enérgico coro de amenes.

Cuando Robert se enfrascó en su sermón, la temperatura pareció subir. De repente, una anciana señora que estaba sentada a mi lado se levantó, temblando y gritando, poseída por el espíritu del Señor. Al cabo de un instante otro hombre se irguió, preso en un estado aún más descontrolado y chillando más fuerte. No podía calmarse, así que una pareja de pastores le acompañó a una pequeña estancia al fondo de la iglesia, donde guardaban las ropas del coro, y cerraron la puerta. Siguió gritando algo ininteligible y aporreando las paredes. Me volví justo a tiempo de verle literalmente arrancar la puerta de los goznes, echarla abajo y salir corriendo al patio de la iglesia, dando alaridos. Me recordó la escena que presencié durante la sesión de Max Beauvoir, en Haití, excepto que estas personas creían que era Jesús el que los había tocado.

Poco después vi cómo cristianos blancos pasaban por experiencias similares; fue cuando la directora financiera de la oficina del fiscal general, Dianne Evans, me invitó a la reunión anual del campamento de verano de la Iglesia Pentecostal en Redfield, a unos cincuenta kilómetros al sur de Little Rock. Dianne era hija de pastores pentecostales y, como otras mujeres devotas, llevaba ropa discreta, nada de maquillaje y no se cortaba el pelo, sino que lo llevaba en un moño. En aquella época, los pentecostales más estrictos no iban al cine ni a ningún acontecimiento deportivo. Algunos únicamente escuchaban música sacra en la radio de su coche. A mí me interesaban su fe y sus prácticas, especialmente después de conocer a Dianne, que era muy lista, muy competente en su trabajo y poseía un excelente sentido del humor. Cuando le tomaba el pelo acerca de las cosas que los pentecostales no podían hacer, ella replicaba que a cambio se lo pasaban en grande en la iglesia. Al poco tiempo descubrí cuánta razón tenía.

Cuando llegué a Redfield, me presentaron al líder estatal de los pentecostales, el reverendo James Lumpkin, y a otros pastores destacados. Luego fuimos al santuario, que acogía a unas tres mil personas. Me senté en la tarima con los predicadores. Después de mi presentación y otros preliminares, empezó el servicio, con una música tan emocionante y rítmica como la que había oído en las iglesias negras. Tras un par de himnos, una hermosa mujer joven se levantó de uno de los bancos, se sentó en el órgano, y empezó a cantar una canción de gospel que yo jamás había oído antes, «En presencia de Jehová». Era impresionante. Antes de darme cuenta, me emocioné tanto que me eché a llorar. La mujer era Mickey Mangun, hija del hermano Lumpkin y esposa del reverendo Anthony Mangun, el cual se encargaba junto con Mickey y sus padres de velar por las almas de una gran iglesia en Alexandria, Louisiana. El pastor pronunció un sermón muy inspirador, que incluía hablar el idioma de «las lenguas» —pronunciar cualquier sílaba al azar que el Espíritu Santo pone en boca de uno—, e invitó a la congregación a acercarse al frente y rezar en una hilera de altares a la altura de la rodilla. Muchos lo hicieron; levantaron las manos, alabaron al Señor y también hablaron el idioma de las lenguas. Jamás olvidaré aquella noche.

Fui a ese campamento cada verano entre 1977 y 1992, y a menudo me acompañó algún amigo. Después de un par de años, cuando se enteraron de que estaba en el coro de mi iglesia, me invitaron a cantar con un cuarteto de pastores que se estaban quedando calvos, conocidos como los *Bald Knobbers*. Me encantó la idea y enseguida fui uno más del grupo, excepto por el tema del pelo.

Cada año presenciaba alguna nueva y asombrosa manifestación de la fe de los pentecostales. Un año, el pastor que daba el discurso, que era un hombre sin demasiada preparación, nos dijo que Dios le había dado el poder de memorizar la Biblia. Citó más de 230 versículos en su sermón. Yo llevaba mi Biblia y comprobé su memoria. Lo dejé después de los primeros 28 versículos; no se había equivocado ni siquiera en una coma. Otro año vi a un joven que sufría una grave disminución física y que cada año respondía a la llamada del altar en su silla de ruedas automática. Se encontraba en el fondo de la iglesia, cuyo suelo estaba ligeramente inclinado, puso su silla de ruedas a velocidad máxima y avanzó a toda velocidad por el pasillo. Cuando estuvo a tres metros del altar, activó los frenos, salió despedido de la silla y aterrizó con las rodillas perfectamente encajadas en el altar, donde procedió a inclinarse y rezar a Dios como el resto de los creyentes.

Las amistades que hice allí fueron todavía más importantes que lo que presencié. Los pentecostales me gustaban, les admiraba porque vivían su fe. Son totalmente contrarios al aborto, pero a diferencia de los demás, se aseguran de que un bebé no deseado, sin importar su raza o sus discapacidades, vaya a un hogar donde le amen. Aunque no compartían mis opiniones sobre el aborto ni sobre los derechos de los homosexuales, respetaban la enseñanza de Cristo de amar al prójimo. En 1980, cuando me derrotaron en la reelección como gobernador, una de las primeras llamadas que recibí fue de un miembro de los *Bald Knobbers*. Dijo que tres de los pastores querían venir a verme. Llegaron a la mansión del gobernador, rezaron conmigo, me dijeron que seguían queriéndome igual que cuando era un ganador y se fueron.

Además de ser sinceros en su fe, los pentecostales que yo conocía eran buenos ciudadanos; pensaban que no votar era pecado. A la mayoría de pastores con los que entablé relación les gustaba la política y los políticos; ellos también actuaban como buenos políticos, a su manera. A mediados de los ochenta, por toda Norteamérica las iglesias fundamentalistas protestaban contra las leyes estatales que exigían que sus guarderías se ajustaran a las normas fijadas por el estado y tuvieran licencias. Era un tema muy delicado en muchos círculos y, al menos un pastor, de un estado del Medio Oeste, optó por ir a la cárcel antes que cumplir con las normas estatales para las guarderías. El tema era potencialmente explosivo en Arkansas, donde habíamos tenido algunos problemas con guarderías religiosas y aún estaba pendiente la aprobación de nuevas normas estatales al respecto. Llamé a un par de mis amigos pastores pentecostales y les pregunté cuál era el verdadero problema. Respondieron que no tenían inconveniente en cumplir con las normas sanitarias y de seguridad del estado; su problema era la obligación de obtener una licencia del estado y colgarla en la pared para que estuviera a la vista. Ellos consideraban que el cuidado de los niños era una parte esencial de su labor de pastores y pensaban que el estado, según el derecho a la libertad religiosa expresado en la Primera Enmienda, no tenía derecho a interferir. Les entregué una copia de las nuevas normas estatales y les pedí que la leyeran y me dieran su opinión. Cuando volvieron al día siguiente dijeron que les parecían justas. A continuación propuse un compromiso: las guarderías religiosas no tendrían la obligación de conseguir un certificado estatal si las iglesias aceptaban cumplir la normativa establecida y permitir que se hicieran inspecciones a intervalos de tiempo regulares. Aceptaron el trato, la crisis pasó, la normativa se cumplió y, hasta donde yo sé, las guarderías religiosas jamás han dado ningún problema.

En los años ochenta, durante una Semana Santa, Hillary y yo llevamos a Chelsea a ver una representación de la Pasión en la iglesia de los Mangun, en Alexandria. El sistema de luces y de sonido eran de primera, el escenario era muy realista, pues había animales vivos, y todos los actores eran miembros de la iglesia. La mayoría de las canciones eran originales y las cantaron muy bien. Cuando era presidente y pasaba por Fort Polk, cerca de Alexandria, durante la Semana Santa, volví a ir a la representación, y convencí a los periodistas que viajaban conmigo para que vinieran, junto con dos congresistas negros de Louisiana, Cleo Fields y Bill Jefferson. En medio de la representación, las luces se apagaron y una mujer empezó a cantar un himno familiar con una bella y profunda voz. El reverendo se inclinó hacia el congresista Jefferson y le preguntó: «Bill, ¿cómo crees que es ese miembro de nuestra iglesia, blanca o negra?». Bill dijo: «No hay duda de que es negra». Al cabo de unos minutos, las luces se encendieron y pudimos ver a una menuda mujer blanca que llevaba un largo vestido negro y el pelo recogido en un moño. Jefferson agitó la cabeza, incrédulo, pero otro hombre negro que estaba sentado dos filas delante nuestro no pudo contenerse y soltó: «¡Dios mío, es una bibliotecaria blanca!». Al final del acto, vi a algunos de los miembros de mi séquito de cínicos periodistas con lágrimas en los ojos; el poder de la música había atravesado las murallas de su escepticismo.

Mickey Mangun y otra amiga pentecostal, Janice Sjostrand, cantaron en la misa inaugural de mi primera toma de posesión y la gente aplaudió a rabiar. Mientras abandonaba la iglesia, Colin Powell, jefe de la Junta del Estado Mayor, se volvió hacia mí y preguntó: «¿Dónde ha encontrado a mujeres blancas que puedan cantar así? No sabía que existieran». Sonreí y le dije que conocer a personas como ellas era una de las razones por las que me eligieron presidente.

Durante mi segundo mandato, cuando los republicanos trataban de echarme de la ciudad y muchos graciosos decían que estaba acabado, Anthony Mangun me llamó y me preguntó si él y Mickey podían venir a verme durante veinte minutos. «¿Veinte minutos? ¿Van a viajar hasta aquí solo para verme veinte minutos?», le pregunté. «Estás ocupado —replicó él—, y no necesitaremos más.» Le dije que de acuerdo. Unos días más tarde, Anthony y Mickey estaban sentados a solas conmigo en el Despacho Oval. Anthony dijo: «Has hecho algo malo, pero no eres un hombre malo. Criamos a nuestros hijos juntos y conozco tu corazón. No te dejes llevar por la desesperación, no abandones. Pero si piensas hacerlo y las ratas empiezan a huir del barco que se hunde, llámame. Yo subí contigo, y quiero caer contigo». Luego rezamos juntos y Mickey me dio una cinta de una maravillosa canción que había escrito para levantarme el ánimo. Se titulaba «Redimido». A los veinte minutos, se levantaron y volaron de regreso a casa.

Conocer a los pentecostales ha enriquecido mi vida y la ha transformado. Es maravilloso contemplar a la gente que vive su fe en el espíritu del amor hacia todo el mundo, no solamente hacia los suyos, sin importar sus puntos de vista religiosos, o la falta de ellos. Si alguna vez tienen ustedes la oportunidad de asistir a una misa pentecostal, no se la pierdan.

Hacia finales de 1977, la ronda política volvió a empezar. El senador McClellan había anunciado su jubilación después de casi treinta y cinco años en el Senado, lo cual dejaba la puerta abierta a una épica batalla para sucederle en el escaño. El gobernador Pryor, que había estado a punto de derrotar a McClellan seis años atrás, iba a presentarse. También lo harían Jim Guy Tucker y el congresista del Cuarto Distrito del sur de Arkansas, Ray Thornton, que se había destacado como miembro del Comité Judicial de la Cámara de Representantes durante el proceso de *impeachment* a Nixon. También era sobrino de Witt y Jack Stephens, así que tenía garantizada la financiación de su campaña.

Tenía que decidir si también iba a lanzarme a las elecciones del Senado. Una encuesta reciente me situaba en segundo lugar, unos diez puntos por detrás del gobernador y con un poco de ventaja sobre los dos congresistas. Me habían elegido cargo público hacía menos de un año, pero a diferencia de los congresistas, yo representaba a todo un estado, pasaba la mayor parte del tiempo en casa, y tenía la buena fortuna de que mi empleo, si se hace bien, suele granjear la aprobación del público de forma natural. No hay mucha gente que esté en contra de la protección al consumidor, de la mejora de los cuidados para los ancianos, de bajar las tasas de los servicios públicos, y de la ley y la orden.

Pero en lugar de eso, decidí presentarme como candidato para el gobernador. Me gustaba la administración del estado, y quería quedarme en casa. Sin embargo, antes de poder presentarme, tenía un último caso importante entre manos como fiscal general. Lo hice a distancia. Después de Navidad, Hillary y yo fuimos a Florida para ver a Arkansas jugar contra Oklahoma en el Orange Bowl. El entrenador Lou Holtz, en su primer año al frente de Arkansas, había logrado que los Razorbacks acabaran la temporada con diez victorias y una derrota y quedaran en el sexto en la clasificación nacional; su única derrota fue contra Texas, que acabó como el primero de la tabla. Oklahoma era el segundo mejor equipo nacional y también había perdido frente a Texas, pero por una diferencia menor.

Tan pronto como llegamos se desató una verdadera tormenta en Arkansas, relacionada con el equipo de fútbol. El entrenador Holtz expedientó a tres jugadores del equipo, lo que les impedía jugar el partido final, porque se habían visto envueltos en un incidente, con una joven de por medio, que había tenido lugar en el dormitorio de los jugadores. No se trataba de tres jugadores cualquiera. Eran el defensa de cierre titular, que tenía el récord de carreras de la Conferencia Suroeste; el zaguero titular y el corredor del flanco, que se movía a velocidad supersónica y que tenía visos de convertirse en jugador profesional. Entre los tres formaban casi toda la capacidad ofensiva del equipo. Aunque no se presentaron cargos, Holtz dijo que los expedientaba porque habían violado la regla de «comportamiento correcto», y que él entrenaba a sus chicos para que fueran buena gente, además de buenos jugadores de fútbol.

Los tres jugadores presentaron una demanda en la que solicitaban que se cerrara el expediente; afirmaban que la suspensión era arbitraria y que, probablemente, se había basado en consideraciones raciales, pues los tres eran negros y la mujer era blanca. También obtuvieron el apoyo del equipo. Otros nueve jugadores dijeron que ellos no irían a la Orange Bowl a menos que sus tres compañeros pudieran jugar.

Mi tarea era defender la decisión de Holtz. Después de hablar con Frank Broyles, que se había hecho director deportivo, decidí quedarme en Florida, desde donde podría hablar por teléfono con él y con Holtz. Pedí a Ellen Brantley, de mi equipo, que se encargara del tema en el tribunal federal de Little Rock. Ellen había ido a Wellesley con Hillary y era una brillante abogada; pensé que no nos perjudicaría para nada tener a una mujer como defensora en el caso. Mientras, los jugadores del resto del equipo empezaron a dar muestras de apoyo a Holtz y de querer jugar el partido.

Durante algunos días de actividad frenética, me pasé al menos ocho horas o más hablando por teléfono, hablando con Ellen en Little Rock y con Broyles y Holtz en Miami. La presión y las críticas estaban haciendo mella en Holtz, especialmente la acusación de racismo. El único indicio contra él era que cuando había sido entrenador en el estado de Carolina del Norte había apoyado la reelección del senador ultraconservador Jesse

Helms. Después de pasarme horas hablando con Holtz, me di cuenta de que ni era un racista ni tenía opiniones políticas definidas. Helms se había portado bien con él y, a su vez, Holtz le había devuelto el favor.

El 30 de diciembre, tres días antes del partido, los jugadores retiraron su demanda y liberaron a sus nueve compañeros de su compromiso de no jugar. Pero la cosa no quedó así. Holtz estaba tan disgustado que me dijo que llamaría a Frank Broyles para presentarle su dimisión. Immediatamente llamé a Frank y le dije que no contestara el teléfono de su habitación esa noche, pasara lo que pasara. Estaba convencido de que por la mañana, Lou se levantaría ansioso por ganar el partido y se olvidaría de la dimisión.

Durante los siguientes dos días, el equipo se deslomó trabajando. Las apuestas consideraban que era el equipo con menos posibilidades, más de dieciocho puntos por debajo; cuando pareció que los tres jugadores estrellas no iban a jugar, el partido llegó incluso a borrarse de las tablas de apuestas. Pero los jugadores se daban ánimos entre sí, frenéticos.

La noche del 2 de enero, Hillary y yo nos sentamos en el Orange Bowl y miramos el precalentamiento de Oklahoma. El día anterior, Texas, el que estaba mejor situado, había perdido en el Cotton Bowl contra el Notre Dame. Todo lo que Oklahoma tenía que hacer para ganar el campeonato nacional era darle una paliza a Arkansas, un equipo que ya estaba tocado. Y Oklahoma, como todo el mundo, pensó que se iba a ser un paseo.

Luego los Razorbacks salieron al campo. Trotaron en línea recta y golpearon el poste de gol antes de que empezara el calentamiento. Hillary los miró, me agarró el brazo, y dijo: «Fíjate, Bill, míralos. Van a ganar». Con una defensa de hierro y una total de de 205 yardas en carrera, un récord, del defensa suplente Roland Sales, los Razorbacks se merendaron a Oklahoma por 31 a 6, quizá la mayor victoria, y sin duda la más inesperada, de toda la historia conocida del fútbol americano de Arkansas. Lou Holtz es un hombrecillo nervioso y flacucho que se pasaba todo el partido yendo arriba y abajo por la banda, y que a Hillary le recordaba a Woody Allen. Me sentí agradecido de que ese singular episodio me diera la oportunidad de conocerle bien. Es brillante y tiene redaños, y quizá es el mejor entrenador en activo en Estados Unidos. Ha tenido otras fantásticas temporadas en Arkansas, Minnesota, Notre Dame y Carolina de Sur, pero jamás volvió a vivir una noche como aquella.

Con el caso de el Orange Bowl cerrado, volví a casa para mi siguiente movimiento. Después de que el senador McClellan anunciara públicamente su jubilación, fui a verle para agradecerle su ayuda y pedirle consejo. Me instó fervientemente a que me presentara a su escaño; no quería que David Pryor ganara y no tenía especial relación con Tucker y Thornton. Dijo que como mucho lo peor que me podía pasar era que perdiera, como le había sucedido a él en su primer intento; y que si ocurría eso, yo era joven y podía probar de nuevo, como él. Cuando le dije que estaba pensando presentarme como gobernador, respondió que era una mala idea ya que estando en el cargo de gobernador uno solo se ganaba la antipatía de la gente. En el Senado, en cambio, se podían hacer grandes cosas por el estado y por la nación. Ser gobernador, me dijo, era un atajo hacia el cementerio político. Históricamente, el análisis de McClellan era correcto, aunque Dale Bumpers había vivido la época de prosperidad y progresismo del Nuevo Sur, que le había llevado del cargo de gobernador a su escaño en el Senado, solo era la excepción que confirmaba la regla. Pryor había ocupado el cargo durante tiempos difíciles y se enfrentaba a un reto complicado tanto si yo me presentaba como si no. Era difícil ser gobernador más de cuatro años. Desde que Arkansas aprobó un mandato de dos años en 1876, solo dos gobernadores, Jeff Davis antes de la Primera Guerra Mundial, y Orval Faubus, habían durado más de cuatro años. Y Faubus tuvo que hacer lo que hizo en Central High para que no le echaran.

McClellan, a sus ochenta y dos años, tenía una mente afilada como un cuchillo y yo respetaba su consejo. También me sorprendieron sus ánimos. Yo era mucho más liberal que él, pero lo mismo podía decirse de todos sus sucesores políticos. Por alguna razón, nos entendíamos, en parte porque yo estaba fuera del estado, estudiando derecho, cuando el gobernador Pryor se presentó contra él y por lo tanto estaba claro que no podía haber colaborado en la campaña de Pryor, lo que sí habría hecho de estar en casa. También respetaba la seria labor de McClellan en contra del crimen organizado, que era una amenaza para todos los norteamericanos, independientemente de sus opiniones políticas o circunstancias económicas. Poco después de nuestra reunión, el senador McClellan falleció antes de poder terminar su mandato.

A pesar de sus consejos y de las garantías de apoyo para las elecciones al Senado que había recibido desde todos los lugares del estado, decidí probar suerte como candidato para gobernador. Me entusiasmaba pensar en todo lo que podía lograr y creía que tenía posibilidades de ganar. Aunque mi edad, treinta y un años, sin duda iría más en contra mío en unas elecciones para gobernador que en unas al Senado, el hecho de que el cargo de gobernador entrañara grandes responsabilidades de gestión y de toma de decisiones hacía que la competencia para el puesto de gobernador fuera mucho menor.

Se presentaron cuatro candidatos más a las primarias demócratas: Joe Woodward, un abogado de Magnolia, en el sur de Arkansas, que había participado en las campañas de Dale Bumpers; Frank Lady, un abogado del nordeste de Arkansas, que era un cristiano evangélico conservador y candidato favorito de los votantes de la Mayoría Moral. Frank Lady que fue el primero, aunque no el último, en criticar públicamente a Hillary, de forma explícita porque ejercía la abogacía e implícitamente porque había conservado su apellido de soltera cuando nos casamos. También se presentaron Randall Mathis, un juez muy elocuente del condado de Clark, justo al sur de Hot Springs, y Monroe Schwarzlose, un jovial propietario de una granja de pavos, ya mayor, del sudeste de Arkansas. Woodward parecía tener las cualidades necesarias para ser el mejor candidato. Era inteligente y se expresaba muy bien; también tenía contactos por todo el estado a raíz de su trabajo con Bumpers. Aun así, yo partía con ventaja y lo único que tenía que hacer para ganar era conservarla. Dado que el interés de la gente se centraba en las elecciones al Senado, solo tenía que esforzarme mucho, evitar cometer errores y seguir haciendo bien mi trabajo de fiscal general.

A pesar de su relativa falta de dramatismo, la campaña tuvo sus momentos álgidos. La «foto del árbol» volvió a salir a la luz cuando un policía que apoyaba a Joe Woodward juró que había sido él en persona quien me había bajado de aquel tristemente famoso árbol, allá en 1969. En Dover, al norte de Russellville, tuve que enfrentarme a otro reto sobre mi virilidad participando en una competición de tirar de la cuerda contra un puñado de transportistas de madera que eran enormes. Yo era el hombre más pequeño de ambos equipos y me pusieron delante de todos los demás. Empezamos a tirar de la cuerda en uno y otro sentido, al borde de un agujero lleno de agua y de barro. Los míos perdieron y terminé cubierto de barro, con las manos destrozadas y sangrando de tanto tirar de la cuerda. Afortunadamente, un amigo que me había animado a competir me dio un par de pantalones de color caqui para que pudiera seguir con mi ruta de campaña. En St. Paul, un pueblo de unos 150 habitantes cerca de Huntsville, estuve estrechando la mano de todos los que participaban en el desfile del Día de los Pioneros, pero me acobardé cuando vi que se acercaba un hombre derecho hacia mí, con su mascota atada con una correa. El animalito era un oso adulto. No sé a quién se supone que debía tranquilizar aquella correa, pero desde luego, a mí no.

Aunque parezca mentira, los tomates desempeñaron un papel importante en la campaña de 1978. Arkansas cultiva muchos en el condado de Bradley y la mayoría los cosechan trabajadores inmigrantes que viajan desde el sur de Texas hasta Arkansas, por el río Mississippi, hasta llegar a Michigan, siguiendo la ruta de la temperatura cálida y de las cosechas. Como fiscal general yo había asistido en Hermitage, en la parte sur del condado, a una reunión de la comunidad en la que trataban los problemas que tenían los pequeños granjeros para aplicar la nueva normativa federal sobre el alojamiento de sus trabajadores. Sencillamente, no podían permitírselo. Les conseguí algunos fondos de la administración Carter para que pudieran construir las instalaciones necesarias y seguir adelante. La gente estaba muy agradecida y cuando anuncié mi candidatura a gobernador establecieron un Día de Agradecimiento a Bill Clinton en el calendario de fiestas, que incluía un desfile en mi honor por la calle principal, encabezado por la banda del instituto. A mí me hacía mucha ilusión, y también me alegraba de que una periodista del *Arkansas Gazette* me acompañara para cubrir la noticia. Por el camino me hizo muchas preguntas sobre mi campaña y sobre diversos temas políticos. Dije algo que puso en duda mi apoyo a la pena de muerte, y eso se convirtió en el titular del día. Todo los habitantes de Hermitage acudieron al desfile, pero la celebración y el motivo de la misma, permanecieron ocultas para el resto del estado, pues ni se mencionaron en el artículo. Me quejé de eso durante días, hasta que finalmente mi equipo decidió que el único modo de hacerme callar era tomándome el pelo. Hicieron camisetas con el lema: «¡Tendrían que haber visto a la gente en Hermitage!». Al menos obtuve casi todos los votos allí y aprendí a ser más cuidadoso en mis contactos con la prensa.

Unas semanas más tarde, estaba de vuelta en el condado de Bradley para ganarme de nuevo el voto del tomate, en el festival anual del Tomate Rosa de Warren, y participé en el concurso de quién comía más tomates. Tres de los siete u ocho competidores eran jóvenes mucho más grandes que yo. Nos dieron a cada uno una bolsa de papel llena de tomates, que habían sido cuidadosamente pesados. Cuando sonó la campana, comimos todos los que pudimos en el tiempo fijado, creo que eran cinco minutos; demasiado tiempo para estar mirando cómo unos hombres adultos comen como cerdos en un abrevadero. Cualquier trozo que no se comiera tenía que colocarse de nuevo en la bolsa, para que el peso exacto de los tomates consumidos pudiera determinarse con precisión. Como un tonto, traté de ganar. Siempre lo intentaba. Terminé tercero o cuarto y no me encontré demasiado bien durante un par de días. Al menos no fue en balde; también obtuve la mayoría de votos en Warren. Pero jamás he vuelto a participar en ese concurso.

El Congreso había aprobado la enmienda a la Constitución sobre la igualdad de derechos y la había enviado a los estados para su ratificación, pero las tres cuartas partes de las asambleas legislativas estatales no lo habían hecho, y jamás lo harían. Aun así, era un tema delicado entre los conservadores sociales de Arkansas, por distintas razones. El senador Kaneaster Hodges, que había sido designado por David Pryor para que completara el mandato del senador McClellan, había pronunciado un elocuente discurso en el Senado a favor de la enmienda. Nuestra amiga Diane Kincaid había vencido a Phyllis Schlafly, la principal oponente del país a la enmienda, en un debate que tuvo mucha repercusión, frente a la asamblea legislativa de Arkansas. Y Hillary y yo nos habíamos declarado

públicamente nuestro apoyo. Los que se oponían a la enmienda predecían el fin de la civilización tal y como la conocíamos si prosperaba: las
mujeres irían a la guerra, habría baños unisex y las familias se romperían
por las nuevas ínfulas de las mujeres, que ya no estarían sometidas a sus
maridos.

A causa de la enmienda, tuve un ligero roce con los seguidores de
Frank Lady en un mitin de unas quinientas personas en Jonesboro, en el
nordeste de Arkansas. Estaba pronunciando mi discurso de campaña,
detallando mis propuestas para el desarrollo económico y comercial,
cuando una mujer mayor con una camiseta de Lady empezó a gritar:
«¡Habla de la enmienda! ¡Habla de la enmienda!». Finalmente, dije: «De
acuerdo, hablaré. Estoy totalmente a favor. Usted está en contra. Pero no
será tan mala como usted cree, ni tan positiva como nosotros querríamos.
Ahora, volvamos al tema de las escuelas y el empleo». No quería dejarlo.
Siguió gritando: «¡Está promoviendo la homosexualidad!». La miré, sonreí y dije: «Señora, en el poco tiempo que llevo en la política, me han acusado de casi todo lo que existe bajo el sol. Pero usted es la primera que me
acusa de promover la homosexualidad». La multitud estalló en carcaja-
das. Incluso algunos de los seguidores de Lady también rieron. Tras
aquello, pude por fin terminar mi discurso.

El día de las elecciones primarias logré el 60 por ciento de los votos y
gané en setenta y uno de los setenta y cinco condados. El voto en las elecciones al Senado estaba dividido casi por igual entre Pryor, Tucker y
Thornton. El gobernador sacó un 34 por ciento y Jim Guy Tucker sacó
algunos votos más que Ray Thornton, de modo que iba a haber una
segunda vuelta. La opinión ortodoxa era que Pryor estaba en un aprieto
porque, como gobernador en ejercicio, debería haber obtenido más del
40 por ciento. Dado que me caía bien y que había disfrutado trabajando
con él en la administración estatal, le animé a que se dejara aconsejar a mi
nuevo jefe de encuestas, Dick Morris, un joven asesor político que había
trabajado en la zona de Nueva York. Morris era brillante, de carácter
brusco y tenía un montón de ideas innovadoras sobre política y medidas e
iniciativas. Creía en las campañas agresivas y creativas, y era tan engreído
cuando hablaba sobre cualquier tema que a mucha gente, especialmente
en un lugar tan sencillo como Arkansas, le costaba conectar con él. Pero a
mí me estimulaba. Y me hizo mucho bien, en parte porque me negué a
dejarme intimidar por su forma de ser y en parte porque tenía buenos instintos acerca de cuándo se equivocaba y cuándo no. Una de las cosas que
más me gustaba de él era que siempre me decía lo que no quería oír.

En la campaña de otoño, mi oponente era Lynn Lowe, un ganadero
que era presidente estatal del Partido Republicano. La campaña fue bastante tranquila, excepto por una conferencia de prensa en la escalera del

capitolio durante la cual se me acusó de haber tratado de evitar el reclutamiento. Les dije que hablaran con el coronel Holmes. Gané las elecciones con el 63 por ciento de los votos y me llevé sesenta y nueve de los
setenta y cinco condados.

A los treinta y dos años me convertí en el gobernador electo del
estado de Arkansas. Tenía dos meses para seleccionar a mi equipo, presentar un programa legislativo y cerrar los asuntos pendientes de mi labor
como fiscal general. Había disfrutado mucho del puesto y, gracias al trabajo y a la dedicación de un equipo excelente, habíamos conseguido
mucho. Cuando me fui ya no había dictámenes retrasados o pendientes;
la cantidad de los que emitimos durante el período que pasé en el cargo
era un récord. También recuperamos más de 400.000 dólares en las
demandas de los consumidores, más que en los cinco años previos juntos,
y dijimos a las juntas estatales y colegios reguladores de las profesiones
que no podían prohibir los anuncios de tarifas de los grupos profesionales
que regulaban, una práctica común en aquellos tiempos en todo el país.
También impulsamos mejores condiciones en las residencias y tratamos
de poner fin a la discriminación por razón de edad. Intervinimos en más
cuestiones relacionadas con las tasas de los servicios públicos de lo que
jamás se había hecho antes, y de ese modo ahorramos a los contribuyentes millones de dólares; redactamos propuestas de ley, que luego fueron
aprobadas, para compensar a las víctimas de los crímenes violentos y pro-
tegimos el derecho a la privacidad de los ciudadanos respecto a los datos
personales que las agencias estatales tenían en sus archivos. También
logré algo especialmente importante para mí. Convencí a las tres cuartas
partes requeridas de ambas cámaras de representantes de que aprobaran
una enmienda a la ley del estado de derecho al voto, para devolver a los
convictos su derecho a votar después de que hubieran cumplido su sentencia. Argumenté que, una vez el delincuente había pagado su deuda con
la sociedad, tenía que poder recuperar plenamente su ciudadanía. Lo hice
por Jeff Dwire, un ciudadano trabajador y respetuoso de la ley, que
pagaba sus impuestos pero que jamás obtuvo el indulto y se moría de
rabia los días de elecciones. Desgraciadamente, más de veinticinco años
después ni el gobierno federal ni muchos estados han seguido todavía este
ejemplo.

VEINTIUNO

Empezamos a planificar mi primer mandato tras las elecciones primarias de mayo, pero fue en noviembre cuando avanzamos de verdad y el cuartel general de mi campaña se convirtió en el centro neurálgico de la transición. Rudy Moore y Steve Smith, con la experiencia que consiguieron por haber trabajado en las cámaras legislativas estatales, fueron de una ayuda inestimable para preparar presupuestos, redactar propuestas de ley que respondieran a mis prioridades políticas y analizar los grandes retos de la administración. También colaboraron en la contratación de mi equipo y en la formación del gobierno.

El Partido Demócrata celebró su convención de mitad de mandato en diciembre en Memphis. Me pidieron que cruzara el Mississippi para moderar un debate sobre sanidad en el que tomarían parte Joe Califano, el secretario de Sanidad, Educación y Bienestar Social, y el senador Edward Kennedy, el principal defensor en el Senado de la cobertura sanitaria universal. Califano hizo una defensa elocuente del punto de vista del presidente Carter, que apoyaba la reforma de la sanidad pero que deseaba realizarla de forma progresiva. Sin embargo, fue Kennedy quien se ganó al público, con un alegato muy emotivo en el que sostenía que el americano medio debía tener acceso a la misma cobertura sanitaria que él, con toda su fortuna, le había podido dar a su hijo Teddy cuando éste enfermó de cáncer. Moderar aquel debate aumentó mi proyección a escala estatal y fue una experiencia muy enriquecedora, pero la convención solo puso de manifiesto las diferencias existentes en el seno del partido, cuando en realidad se suponía que tenía que unirlo y dar ímpetu a los demócratas en aquel año sin elecciones. Más adelante, las convenciones de mitad de mandato se abandonarían definitivamente.

Poco antes de Navidad, Hillary y yo nos tomamos unas muy necesarias vacaciones en Inglaterra. Pasamos el día de Navidad con Sara Maitland, amiga mía de Oxford, y su marido, Donald Lee, un norteamericano que se había hecho ministro de la Iglesia de Inglaterra. Era la primera vez que Donald oficiaba la misa de Navidad. Seguramente estaba un poco nervioso pero empezó con una carta ganadora: hizo un sermón para los niños. Se sentó en los escalones frente a un precioso belén y pidió a todos los niños que se sentaran con él. Cuando lo hubieron hecho, dijo: «Niños, hoy es un día muy especial». Ellos asintieron. «¿Saben qué día es hoy?» «Sí —dijeron todos a coro—. ¡Lunes!» La verdad, no sé cómo pudo continuar. Quizá encontró consuelo en que, al menos en su iglesia, los niños decían la pura y simple verdad cuando se les preguntaba.

Al cabo de un mes nos mudamos a la mansión del gobernador y nos preparamos para la toma de posesión. La mansión era una enorme casa de estilo colonial de unos novecientos metros cuadrados situada en el precioso y antiguo barrio de Quapaw, en Little Rock, no muy lejos del capitolio del estado. El edificio principal estaba flanqueado por dos más pequeños; el de la izquierda se usaba como casa de invitados y el de la derecha como base de los policías que se encargaban de la vigilancia del lugar y de contestar al teléfono veinticuatro horas al día. En el primer piso de la mansión había tres grandes salas públicas, una gran cocina y un pequeño *office* para desayunar. Abajo había un espacioso sótano que convertimos en una sala de recreo y donde teníamos hasta una máquina del millón. En el segundo piso estaban las estancias privadas. A pesar de su tamaño total, la parte destinada a vivienda de la mansión consistía solo en cinco habitaciones pequeñas y dos modestos baños. Pero aun así, era tan grande la diferencia con nuestra casita de la calle L que no teníamos suficientes muebles para llenar aquellas cinco habitaciones.

Lo más difícil de la transición fue acostumbrarse a las medidas de seguridad. Siempre me he enorgullecido de valerme por mí mismo, y he valorado mucho mi tiempo privado. Me las he arreglado solo desde que cumplí veinte años y desde entonces me acostumbré a limpiar la casa, a hacer las compras y los recados y a cocinar. Cuando Hillary y yo fuimos a vivir juntos compartíamos las tareas del hogar. Ahora había otras personas que cocinaban, limpiaban la casa y nos hacían los recados. Desde que empecé a conducir, a los dieciséis años, me encantaba ir solo en coche, escuchando música y reflexionando. Ahora ya no podía hacerlo. Me gustaba correr un poco cada día, habitualmente antes o después del trabajo. Ahora me seguía un policía en un coche sin distintivos. Al principio me irritaba; me daban ganas de correr en contra dirección por calles de un solo sentido. Con el tiempo me acostumbré y agradecía el trabajo que hacía la gente de la mansión y los guardaespaldas. Su dedicación hacía que yo tuviera más tiempo para mi trabajo. Como los policías conducían, podía revisar documentos durante el trayecto. Al final acordamos que los domingos conduciría yo mismo a la iglesia. No era una gran concesión, puesto que mi iglesia y la iglesia metodista a la que asistía Hillary estaban a menos de un kilómetro de la mansión, pero esperaba impacientemente mi viaje en libertad de los domingos. Uno de los guardaespaldas corría conmigo cuando estaba de servicio, y eso me gustaba mucho más que cuando me seguían a distancia. Después de estar en el cargo muchos años y de que fuera obvio que no existía ninguna amenaza, a menudo corría solo por la mañana, pero siempre por una ruta predecible, rodeado de mucha gente en todo momento. Con frecuencia terminaba la carrera en el McDonald's o en la panadería local, a unos ochocientos metros de la mansión, donde me tomaba un vaso de agua y luego volvía a casa caminando.

De vez en cuando los policías tenían que encargarse de algún problema de seguridad real. Por ejemplo, durante mi primer mandato, un hombre que se había fugado de una de nuestras instituciones psiquiátricas llamó a la mansión y dijo que iba a matarme. Puesto que había decapitado a su madre algunos años atrás, se tomaron la amenaza muy en serio. Le atraparon y lo volvieron a encerrar, que tal vez era exactamente lo que deseaba inconscientemente cuando llamó. Un día, un hombre enorme que empuñaba un clavo de ferrocarril entró en la oficina del gobernador y dijo que necesitaba verme a solas. No se lo permitieron. En 1982, mientras trataba de recuperar el cargo de gobernador, un hombre llamó y dijo que Dios le había dicho que mi oponente era el instrumento del Señor y yo el del Diablo, así que cumpliría la voluntad de Dios y me mataría. Resultó que se había fugado de una institución psiquiátrica de Tennessee. Tenía un revólver de un calibre poco común y fue de tienda en tienda buscando la munición adecuada. Puesto que no podía aportar ningún documento de identidad, no pudo conseguirla. Aun así, tuve que llevar un incómodo chaleco antibalas durante la etapa final de la campaña. En una ocasión, alguien no cerró la puerta principal con llave y una anciana trastornada, pero inofensiva, llegó a subir hasta la mitad de la escalera de la zona de vivienda de la segunda planta antes de que los policías la atrapasen mientras me llamaba a gritos. Otro día, detuvieron a un hombre pequeño y enjuto, calzado con botas de combate y vestido con pantalones cortos, mientras trataba de echar abajo la puerta principal. Se había metido un cóctel de drogas que le daba tanta fuerza que hicieron falta dos guardaespaldas más grandes que yo para inmovilizarlo, y eso fue solo después de que se hubiera zafado de uno de ellos y llegara a asomar la cabeza por la ventana del cuartel general de los agentes. Se lo llevaron sujeto con una camisa de fuerza y atado a una camilla. Más adelante, cuando se le pasó el efecto de las drogas, el hombre se disculpó con ellos y les agradeció que hubieran evitado que hiciera daño a alguien.

El servicio de protección policial se convirtió en un tema candente durante mi primer mandato como presidente, cuando dos agentes, que estaban disgustados conmigo y tenían problemas económicos, difundieron calumnias sobre mí a cambio de una pequeña suma de dinero; pretendían hacerse famosos y conseguir una recompensa mayor. Pero la mayoría de los que trabajaron para garantizar nuestra seguridad eran buena gente que hacía bien su trabajo; me hice amigo de muchos de ellos. En enero de 1979 no estaba seguro de si algún día podría acostumbrarme a la vigilancia permanente, pero me gustaba tanto mi trabajo y me concentraba tanto en mi labor que no me quedaba tiempo para preocuparme por otras cosas.

Además del baile inaugural, celebramos una fiesta, al estilo de Arkansas, que bautizamos «Diamantes y vaqueros». Todos los artistas eran de Arkansas; entre ellos estaban el gran cantante de *soul* Al Green, que más adelante se pasó a la música gospel y se hizo ministro de la iglesia, y Randy Goodrum, el pianista de nuestro trío de jazz en el instituto, los 3 Kings. A los treinta y un años ya había ganado un *Grammy* por las canciones que había escrito. Me uní a él con mi saxofón para interpretar «Summertime». Era la primera vez que tocábamos juntos desde 1964.

La toma de posesión fue todo un acontecimiento. Vinieron cientos de personas de todo el estado, además de los amigos que Hillary y yo habíamos hecho a lo largo de los años. Entre estos últimos estaban mi viejo compañero de habitación Tommy Caplan; Dave Matter, que había dirigido la campaña para las elecciones que perdí en Georgetown; Betsey Wright, mis compañeros pro derechos civiles del Estado de los Muchachos de Louisiana, Fred Krammer y Alston Johnson, y tres amigos de Yale, Carolyn Ellis, Greg Craig y Steve Cohen. Carolyn Yeldell Staley viajó desde Indiana para cantar en la ceremonia.

Trabajé duro en mi discurso de toma de posesión. Quería capturar la esencia del momento histórico que vivíamos y contarles a los ciudadanos de Arkansas los valores e ideales que quería transmitir a mi gobierno. La noche anterior, Steve Cohen me dio una idea que añadí al discurso, cuando dijo que le embargaban dos sentimientos que no había tenido en mucho tiempo: «orgullo y esperanza». En el discurso dije algunas cosas que sigo creyendo ahora tan firmemente como entonces, palabras que expresan lo que he tratado de hacer en mi carrera política, incluida mi etapa en la presidencia:

> Desde que recuerdo, he defendido apasionadamente la causa de la igualdad de oportunidades y siempre haré todo cuanto pueda para que prospere. También desde que tengo uso de razón he detestado la arbitrariedad y el uso abusivo del poder por parte de aquellos que ostentan la autoridad, y siempre haré cuanto pueda por evitarlo.
>
> Desde que tengo uso de razón he lamentado el despilfarro y la falta de orden y de disciplina que tan a menudo se dan en el gobierno, y lucharé por acabar con ellos.
>
> Desde que tengo uso de razón he amado la tierra, el aire y el agua de Arkansas, y me esforzaré por protegerlos.
>
> Desde que tengo uso de razón, he deseado aliviar las cargas de aquellos que, sin que medie culpa por su parte, son ancianos o débiles o están necesitados, e intentaré ayudarles.

Desde que tengo uso de razón, me entristece ver a nuestros independientes y trabajadores ciudadanos trabajando demasiado por demasiado poco, porque no han disfrutado de oportunidades para mejorar económicamente, y haré lo que pueda para que esas oportunidades no falten...

Al día siguiente me puse a trabajar y fue el principio de una etapa de dos años que resultarían ser los más apasionantes, agotadores, gratificantes y frustrantes de mi vida. Tenía prisa por hacer muchas cosas, pero en aquella época a menudo trataba de abarcar más de lo razonable. Creo que una definición justa de mi primer mandato gubernamental sería que fue tanto un éxito como un desastre político. Durante el período de sesiones en las cámaras legislativas me fijé dos prioridades de inversión —educación y carreteras— y una serie de importantes reformas en sanidad, energía y desarrollo económico. En 1978, Arkansas era el último estado de la Unión en inversión per cápita en educación. Un estudio de nuestras escuelas llevado a cabo por el doctor Kern Alexander, un reconocido experto en política educativa de la Universidad de Florida, concluyó que nuestro sistema educativo era pésimo: «Desde un punto de vista educativo, al estudiante medio de Arkansas le iría mucho mejor si pudiera asistir a una escuela en cualquier otro estado». Teníamos 369 distritos escolares y muchos de ellos eran demasiado pequeños para ofrecer asignaturas de matemáticas y ciencias. No había ni normativas claras ni sistemas de evaluación estatales y, en la mayoría de las escuelas, el sueldo de los profesores era miserable.

La asamblea legislativa estatal aprobó casi todas mis propuestas educativas, presionada por la Asociación para la Educación en Arkansas, que representaba a los administradores y miembros del consejo escolar, y por los miembros del Congreso favorables a mejorar la educación, entre ellos Clarence Bell, el influyente presidente del comité de Educación del Senado. Aprobaron un aumento del 40 por ciento en la financiación durante los siguientes dos años, que también incluía un aumento de la paga de los profesores de 1.200 dólares anuales; un 67 por ciento de aumento para la educación especial; ayudas para la compra de los libros de texto, transporte y otras operaciones y, por primera vez, ayudas a las escuelas del distrito que tuvieran programas para niños superdotados y para el transporte de los niños a y desde la guardería; un gran avance para que todos los niños pudieran acceder a las guarderías.

El dinero se vinculó a esfuerzos concretos para mejorar el nivel y la calidad de la enseñanza, una medida prudente que yo siempre trataba de aplicar. Aprobamos los primeros programas estatales que establecían la realización de exámenes para medir el rendimiento de los alumnos; de este modo sabríamos las zonas en las que necesitaban mejorar. También decidimos que todos los profesores tuvieran que aprobar el Examen Nacional para el Profesorado para obtener un certificado que les permitiera impartir clases, y una ley que prohibía despedir a los profesores por motivos «arbitrarios, caprichosos o discriminatorios». Además, creamos la Escuela del Gobernador de Arkansas para estudiantes que destacaban por su talento, que se inició en el Hendrix College en el verano de 1980. Hillary y yo hablamos a la primera promoción. Es uno de los logros que más me enorgullecen; todavía sigue siendo una institución sólida y con mucho futuro.

En otras dos cuestiones tuve menos éxito. El informe Alexander recomendaba reducir el número de distritos escolares a doscientos, lo que hubiera ahorrado mucho dinero en costes administrativos. Pero ni siquiera pude aprobar una ley para crear una comisión que estudiara el proyecto, porque muchas ciudades pequeñas creían que si no tenían su propio distrito «la gente de ciudad» cerraría sus escuelas y acabaría con sus comunidades.

La otra idea que topó con mucha resistencia tenía que ver con la fórmula de distribución de las ayudas escolares. Muchos distritos escolares habían presentado una demanda para quejarse de que el sistema era injusto y que, cuando se combinaba con las diferencias que había entre los sistemas locales de impuestos inmobiliarios, las desigualdades en la inversión por alumno en todo el estado eran tan grandes que debían considerarse inconstitucionales. La fórmula no tenía en cuenta debidamente las diferencias en el coste de la propiedad ni en los desplazamientos de la población estudiantil, y daba más dinero por estudiante a los distritos más pequeños, donde los gastos estructurales por estudiante eran mucho más altos. Era muy difícil cambiar el sistema; para dar más dinero a algunos distritos había que quitárselo a otros. Ambos grupos estaban bien representados en la asamblea estatal y cuando los perdedores vieron los listados con los cambios que implicarían para sus distritos, lucharon para detenerlos. Logramos ajustar un poco la fórmula, pero no demasiado. Hasta que no se produjo, en 1983, una sentencia del tribunal supremo estatal en la que se invalidaban las fórmulas escolares, no pudimos emprender cambios significativos.

El programa de autopistas que propuse estaba diseñado para luchar contra el deterioro de las autopistas estatales, las carreteras secundarias y las calles de nuestras ciudades; también exponía la necesidad de construir autopistas nuevas. Arkansas no había tenido un buen programa viario desde hacía más de una década y los baches y la lentitud del tráfico estaban costando tiempo y dinero a la gente. La idea de un programa viario gustaba a todo el mundo, pero los desacuerdos surgían cuando se planteaba de dónde debían salir los fondos para pagarlo. Yo propuse un paquete de medidas impositivas que representaba un considerable aumento de los impuestos para el transporte pesado, que causaba la mayor parte de los daños, y también subidas notables para los coches. En aquel momento el coste del impuesto de matriculación de los coches, al igual que el de los camiones, variaba según el peso del vehículo. A mí me parecía injusto, pues las diferencias de peso entre los coches, al contrario que en los camiones, no eran significativas en cuanto a los daños que causaban a la carretera; además, los coches más pesados solían ser más viejos y pertenecían a la gente con ingresos más bajos. Por ello, propuse fijar las tarifas de matriculación en relación al precio del coche; habría una tarifa de cincuenta dólares para los propietarios de coches más caros y de veinte para los vehículos más viejos y de menor valor. Según mi propuesta, los propietarios de coches viejos y pesados no hubieran tenido que pagar más.

Algunos de los legisladores con más experiencia dijeron que no debíamos subir el impuesto de matriculación en absoluto y que, si necesitábamos financiación, había que subir los impuestos sobre el combustible. Los sindicatos se oponían a ello porque los conductores habituales tendrían que pagar mucho más a lo largo del año, aunque no lo notaran, pues el impuesto se incluiría en el precio del combustible. Yo estaba básicamente de acuerdo con los sindicatos, pero lo cierto es que un incremento en los impuestos sobre el precio de la gasolina hubiera sido mucho menos dañino políticamente que lo que hice.

Ningún grupo de presión, excepto el de constructores de autopistas, apoyó mi propuesta. Los representantes de los transportes y de los intereses avícolas y madereros dijeron que no podían permitirse el aumento de costes que supondría para sus grandes camiones y tendrían que usar camiones más pequeños. Los concesionarios de coches me dijeron que quería cobrar demasiado a sus clientes y que la matriculación vinculada al valor del coche se convertiría en una verdadera pesadilla administrativa. Yo pensaba que sus argumentos eran muy endebles, pero convencieron al parlamento estatal. El grupo de presión de las autopistas estaba representado en el Senado por Knox Nelson, un hábil legislador y contratista de carreteras. Knox quería el dinero, pero no le importaba en absoluto cómo recaudarlo. Al final, la cámara aprobó un fuerte aumento en las tasas de matriculación de vehículos pero utilizó la anterior regulación, la del peso, con lo que casi dobló el importe que debían pagar los vehículos pesados, que pasó de diecinueve a treinta y seis dólares. Tenía que tomar una decisión. Podía sancionar la propuesta, convertirla en ley y tener un buen programa de carreteras financiado de forma injusta, o vetarla y quedarme sin programa de carreteras. Firmé la propuesta. Fue el mayor error político que cometí hasta 1994, cuando acepté que se nombrara un fiscal especial para el caso Whitewater a pesar de que no había ni el menor rastro de pruebas que indicasen que era necesario.

En Arkansas, el impuesto de matriculación de los vehículos se paga anualmente y debe abonarse el día del cumpleaños del propietario, que debe ir a las oficinas locales de la administración de Hacienda de su condado para renovarlo. Después de la entrada en vigor del aumento, el 1 de julio, cada día, durante todo un año, hubo personas que acudían a sus oficinas locales de Hacienda y se encontraban con mi regalo de cumpleaños: el precio de su impuesto de matriculación se había doblado. Muchos de ellos era gente de pueblo que había conducido más de treinta kilómetros hasta la capital del condado para comprar sus nuevas matrículas. Era gente que no tenía talonarios y que a menudo llevaba el dinero justo para pagar lo que las matrículas habían costado hasta entonces, así que tenían que conducir de vuelta a casa, sacar más dinero de los ahorros de la familia y regresar de nuevo para concluir el trámite. Cuando volvían a Hacienda, mientras hacían la habitual cola, lo único que les distraía en las espartanas oficinas de Hacienda era una foto del gobernador que se reía de ellos desde lo alto.

A finales de 1978, cuando me escogieron gobernador por primera vez, Hilary Jones hizo un comentario profético. Dijo que la gente de las colinas me había hecho ganar tres elecciones pero que a partir de entonces tendría que conseguir mis votos en las ciudades. Cuando le pregunté por qué, me contestó que yo me iba a volcar en las escuelas y en el desarrollo económico, que eran cosas necesarias para el estado, pero que todo lo que hiciera para mejorar las escuelas amenazaría la continuidad de las escuelas rurales. Añadió que no sería capaz de crear una gran cantidad de puestos de trabajo en las zonas rurales y que la reciente sentencia de la Corte Suprema, según la cual los funcionarios del gobierno que no estaban en puestos políticos ya no podían ser sustituidos por razones políticas, implicaba que ni siquiera podría despedir a los funcionarios actuales de los condados rurales para sustituirlos por nuestra gente. «Yo seguiré haciendo todo lo que pueda por ti —dijo Hilary—, pero aquí las cosas ya nunca volverán a ser como antes.» Como en tantas otras cosas, Hilary dio en el blanco. Durante mis campañas victoriosas para gobernador conseguí cada vez más partidarios entre los votantes independientes y republicanos de las ciudades y de su extrarradio, pero nunca volví a disfrutar del amplio apoyo que había tenido de los votantes rurales, ni en el Tercer Distrito ni en buena parte del resto del estado. Ahora, además de todo lo que no podía evitar, yo mismo había echado piedras sobre mi tejado con el aumento del impuesto de matriculación y había dado al traste con cinco años de duro trabajo en la Arkansas rural —y también había perdido a buena parte de los votantes urbanos de clase trabajadora— con solo una firma de mi bolígrafo.

Esta pauta, de buenos objetivos políticos y mala implementación, no se limitó a cuestiones legislativas. Organicé la oficina del gobernador prescindiendo de la figura del jefe de gabinete. Repartí las áreas de responsabilidad entre Rudy Moore, Steve Smith y John Danner, un analista político de California cuya mujer, Nancy Pietrafesa, era una vieja amiga de Hillary. Nancy trabajaba también en la administración; se encargaba de temas de educación. El presidente Kennedy había organizado la Casa Blanca de modo similar, pero todos los hombres que había escogido llevaban el pelo corto, vestían trajes aburridos, camisas blancas y corbatas oscuras y estrechas. Rudy, Steve y John llevaban barba y vestían mucho más informal. Mis críticos conservadores en el parlamento estatal se lo pasaron en grande con ellos. Al final estallaron varios conflictos en el seno de mi oficina. Decidí que Rudy se convirtiera en jefe de gabinete, que Steve supervisara la mayor parte de las iniciativas políticas y liberé a John Danner y a su mujer Nancy de sus responsabilidades. En un inexcusable momento de desfallecimiento cometí el error de pedirle a Rudy que se lo comunicara él, en lugar de hacerlo yo mismo. Así lo hizo y se marcharon. Aunque traté de hablar con ellos más adelante, nuestra relación nunca se recobró de aquel golpe. Dudo que me perdonaran que no hubiera hablado con ellos directamente, y no les culpo. Eran buenas personas que trabajaron mucho y aportaron buenas ideas y a las que, debido a mi inexperiencia, puse en una situación imposible. El error fue enteramente mío.

También me metí en líos por traer a mucha gente de fuera del estado para el Departamento de Sanidad, el Departamento de Bienestar Social y sus divisiones de Servicios Sociales y Salud Mental, el Departamento de Educación y el recién creado Departamento de Energía. Era gente capaz y bien intencionada, pero hubieran necesitado tener más contactos y más experiencia para tratar con sus electores si queríamos conseguir los grandes cambios a los que aspirábamos.

Mi falta de experiencia y mi juventud agravaron todos estos problemas. Tenía treinta y dos años, pero parecía todavía más joven. Cuando me convertí en fiscal general, George Fisher, un genial dibujante cómico del *Arkansas Gazette*, me caricaturizó en un cochecito de bebé. Cuando me convertí en el gobernador me ascendió a un triciclo. Pero no me sacó del triciclo y me puso en una camioneta *pickup* hasta que llegué a la presidencia. Y eso que George era uno de mis partidarios. Aquello debió haberme alertado, pero no fue así.

Después de buscar por toda la nación, el doctor Robert Young, que dirigía una exitosa clínica rural en West Virginia, fue nombrado director del Departamento de Sanidad. Quería que hiciera frente a los graves problemas de acceso y calidad de la sanidad en las zonas rurales. El doctor Young y Orson Berry, el director de la Oficina de Sanidad Rural, diseñaron un innovador plan que incluía la creación clínicas dotadas de una consulta médica que atendería un médico, como mínimo cada dos semanas, con enfermeros y asistentes médicos a jornada completa, y que ofrecería a los ciudadanos diagnósticos y tratamientos. A pesar de que no había suficientes médicos dispuestos a hacer visitas en las zonas rurales, nuestros estudios mostraban que la mayoría de los pacientes prefería a un enfermero o a un asistente médico porque pasaban más tiempo con los pacientes. Además, un programa de enfermeras y comadronas que habíamos iniciado en el condado de Mississippi había reducido la mortalidad infantil a la mitad.

Los médicos de Arkansas se oponían rotundamente al plan. El doctor Jim Webber, que representaba a los médicos de familia, dijo: «No creemos que un poco de atención médica sea mejor que nada». A pesar de la oposición de los médicos, la administración Carter apoyó un paquete de ayudas para financiar nuestro plan. Abrimos cuatro clínicas rurales, comenzamos a construir otras tres y ampliamos el programa del condado de Mississippi con enfermeros de medicina general. Esa labor mereció elogios de toda la nación.

Intentamos cooperar con los médicos en todo momento. Apoyé dar la financiación necesaria para equipar una unidad de cuidados intensivos en la maternidad del hospital infantil de Arkansas, que haría especial atención a los bebés prematuros o que por algún motivo estuvieran en peligro. También aprobé la construcción de un instituto de radioterapia en el Centro Médico de la Universidad para ofrecer un mejor tratamiento a los pacientes de cáncer. Nombré a Hillary presidenta de un Comité Asesor de Sanidad Rural, para que recomendara posibles mejoras y ayudara a establecer prioridades entre el gran número de peticiones que nos llegaban de las comunidades locales. Nos esforzamos al máximo para reclutar a médicos que visitaran las zonas rurales y a tal fin constituimos un fondo que podía dar hasta ciento cincuenta mil dólares a cualquier médico que abriera una clínica en una ciudad de menos de seis mil habitantes y que permitía a los médicos de familia de las pequeñas ciudades solicitar un complemento salarial de seis mil dólares anuales. Los médicos apoyaban todas estas iniciativas, que eran especialmente notables porque la recesión de 1980 obligó a realizar severos recortes en el presupuesto del Departamento de Sanidad. Aun así, los médicos jamás nos perdonaron ni al doctor Young ni a mí que no les consultáramos más y que no avanzáramos más lentamente con las clínicas locales. Hacia agosto de 1980, la Sociedad Médica de Arkansas pedía su dimisión. Cuando abandoné el cargo en 1981, se recortaron algunas de mis iniciativas, lo que demuestra de nuevo que puedes hacer buenas políticas a pesar de ser un mal político, pero no puedes ofrecer a la gente un buen gobierno si no tienes ambas cosas.

La energía era un tema muy importante debido a los fuertes aumentos en el precio del petróleo que la OPEP había provocado, aumentos que a su vez hacían subir el coste de todo lo demás. En esta cuestión teníamos una buena política y magníficos políticos, y aun así me las arreglé para granjearme algunos enemigos poderosos. Logré que el parlamento estatal elevara la Oficina de la Energía al rango de departamento del gabinete y traté de crear una amplia coalición entre los contribuyentes, las compañías de suministros, las empresas y el gobierno para ahorrarles dinero a los ciudadanos; también traté de incentivar a las compañías de suministros, a las empresas y a los propietarios para que ahorraran energía e intenté que se desarrollaran nuevas fuentes de energía renovable. Creía que podíamos convertirnos en un estado más autosuficiente y liderar la nación en políticas de ahorro de energía y en energías alternativas. Aprobamos leyes que concedían desgravaciones fiscales al ahorro de energía y del gasto en energía renovable para usos industriales, comerciales y residenciales. Quedaron exentos del impuesto de energía estatal los combustibles que combinaban petróleo y al menos un 10 por ciento de alcohol. Ofrecimos la posibilidad de realizar auditorías medioambientales a empresas comerciales y a fábricas, y entregamos un 50 por ciento de subvenciones equivalentes a escuelas, hospitales y otras instituciones públicas para que adoptaran programas de ahorro de energía. El gobierno federal aportó los fondos necesarios para estas iniciativas y fuimos los primeros de todo el país en ponerlas en práctica. Cuando llegué al cargo, según las estadísticas del gobierno federal, nuestro programa de ahorro de energía era el más deficiente del país. Después de un año, éramos novenos en la clasificación general y terceros en ahorro de energía industrial.

Nuestros esfuerzos en el campo de la regulación de las instalaciones energéticas tuvieron mucho éxito, pero fueron mucho más polémicos. Yo quería que el Departamento de Energía pudiera intervenir mucho más en las sesiones sobre las tarifas de suministros frente a la Comisión de Servicios Públicos; también quería obtener más información y poder realizar inspecciones en las centrales nucleares. La asamblea legislativa, alentada por Max Howell, que era el miembro de mayor experiencia y un liberal en temas educativos e impositivos pero muy vinculado a las compañías de servicios y suministros, debilitó mi primera propuesta y se negó a proporcionar fondos para la segunda. Cuando convencí a la compañía eléctrica Arkansas Power and Light para que ofreciera préstamos sin intereses a sus clientes, para fomentar la adquisición de instalaciones de ahorro de energía, y repercutiera el coste de los mismos a los contribuyentes, todos los que entendían del tema mostraron su apoyo, conscientes de que era un sistema mucho más barato de aumentar la capacidad eléctrica sin construir nuevas instalaciones productoras de energía. Lamentablemente, algunos representantes, que pensaban que el ahorro de energía equivalía a subvertir la economía de mercado, armaron tal escándalo que la empresa se vio obligada a aplazar el programa. Sin embargo, la compañía siguió apoyando nuestros esfuerzos sistemáticos para acondicionar los hogares de la población que tenía los ingresos más bajos de forma que fueran más fríos en verano y más cálidos en invierno, y reducir así sus facturas eléctricas considerablemente.

Por desgracia, ni siquiera nuestras propuestas de ahorro de energía escapaban a las críticas. Un periodista de investigación descubrió que uno de los proyectos subvencionados era una tapadera. Se suponía que tenía que enseñar a los más pobres a cortar madera y a que la distribuyeran a la población más desfavorecida, para sus chimeneas y cocinas de leña. El proyecto especial de Recursos Energéticos Alternativos de Madera tenía un acrónimo descriptivo, SAWER, pero su historial de resultados era pésimo. Habían gastado 62.000 dólares en seis sierras eléctricas y solo habían talado tres pilas de madera. Despedí al director y ordené que se hicieran los cambios pertinentes en el programa, pero lo que la gente recordó fue el despilfarro. Para muchos ciudadanos de Arkansas, 62.000 dólares era mucho dinero.

En el frente de la regulación de precios nos derrotaron en dos puntos importantes. Primero, tratamos denodadamente de detener la inflación de las tarifas de servicios públicos por parte de las compañías eléctricas. Si pedían un incremento del 10 por ciento de la tasa y solo conseguían el 5 por ciento, podían cobrar ese aumento mientras el caso estuviera en el tribunal de apelación. Entretanto, presentaban otra petición de incremento de tasas y repetían la operación, lo cual «hinchaba» las tarifas con incrementos no autorizados uno detrás de otro. Aun si perdían las apelaciones, que era lo más habitual, la consecuencia de este proceso era que los contribuyentes, incluidas muchas personas pobres, estaban dando a las empresas eléctricas un crédito a interés reducido. Estaba mal, pero una vez más las empresas tuvieron más capacidad para presionar a la asamblea legislativa y echaron abajo la propuesta de ley contra la inflación de precios, durante su paso al comité.

En segundo lugar, yo seguía luchando contra la compañía AP&L y su sociedad matriz, la Middle South Utilities, para evitar que los contribuyentes de Arkansas tuvieran que pagar la factura del 35 por ciento del coste de las centrales nucleares de Grand Gulf, mientras la AP&L se proponía construir seis centrales de energía a base de carbón; además, la demanda de electricidad en nuestro estado había descendido tanto que la compañía se planteaba vender electricidad de una de sus instalaciones ya existentes a consumidores de fuera del estado. Según la ley, las empresas de suministros públicos tenían derecho a un beneficio, designado con el eufemismo de «tasa de retorno», sobre todos sus gastos. Y según el plan que tenían previsto para Grand Gulf, los contribuyentes de Arkansas se verían obligados a soportar más de un tercio de los costes de construcción, más la tasa de retorno, incluso si jamás consumían la electricidad que allí se produciría. La AP&L no era propietaria de las instalaciones, sino que pertenecían a una empresa filial sin contribuyentes, y por ende el plan de financiación y construcción solo tenía que ser aprobado por el gobierno federal, que analizaba el proyecto con criterios mucho menos estrictos, por no decir inadecuados. Cuando se publicó la noticia en el *Arkansas Gazette*, se desató una avalancha de protestas. El presidente de la Comisión de Servicios Públicos instó a la AP&L a apartarse del proyecto Grand Gulf. Organizamos una campaña multitudinaria de envío de tarjetas a la Comisión Federal Reguladora de Energía, solicitando que se revocara la decisión respecto a Grand Gulf y se redujera la presión económica sobre Arkansas. Todo fue en vano.

Finalmente, el Tribunal de Apelación del Distrito de Columbia confirmó la decisión acerca de Grand Gulf, pues tenía jurisdicción sobre los casos relacionados con las agencias reguladoras federales. El veredicto lo redactó el juez Robert Bork, mi antiguo profesor de Derecho Constitucional. Igual que cuando estaba en Yale, siempre que se trataba de restringir la libertad de los individuos estaba a favor de los derechos del estado. Por otra parte, cuando las grandes compañías estaban implicadas, su opinión era que la decisión última correspondía al gobierno federal, para proteger a las empresas de los estados que se entrometían en defensa de los ciudadanos de a pie. En 1987, con motivo de una declaración que yo mismo redacté y para la que me documenté personalmente, dirigida al Comité Judicial del Senado, la decisión de Bork sobre el caso Grand Gulf fue una de las razones que cité para oponerme a su nominación a la Corte Suprema de Estados Unidos.

Trabajé mucho y tuve que enfrentarme a muchas oposiciones para poder diseñar un plan de energía, pero me había ganado un serio adversario en la AP&L, que tenía oficinas en la mayor parte de condados. Y no era el último enemigo que me haría. Me disgustaban las prácticas de algunas de nuestras empresas madereras, que en mi opinión talaban excesivamente los bosques, así que encargué a Steve Smith que encabezara un equipo de trabajo para estudiar la situación. Steve aún estaba en su fase de activista por lo que asustó y enfureció a los tipos de las madereras. Yo solo quería que los taladores redujeran la cantidad de árboles que cortaban y que dejaran unas zonas de reserva con árboles a lo largo de las carreteras y los ríos para reducir la erosión del suelo. Mis críticos más vocingleros exclamaron que lo único que pretendía era acabar con los puestos de trabajo derivados del transporte de los troncos y las serrerías. No logramos nada y Steve se disgustó y poco después volvió a su hogar en las colinas.

Incluso me las arreglé para crear malestar a causa de mi trabajo en favor del desarrollo económico. Y eso sí que tiene mérito. Estaba decidido a que el papel del estado fuera más allá de la tradicional función de atraer nuevas industrias. Quería que también fomentáramos la expansión de las ya existentes, que ayudáramos a las empresas pequeñas y a las de las minorías y a los granjeros a comercializar sus productos tanto en nuestro país como en el extranjero. Para ello, aumentamos enormemente la actividad de la oficina europea que nuestro estado tenía en Bruselas y realicé el primer viaje comercial al Lejano Oriente —a Taiwan, Japón y Hong Kong— acompañado de una delegación de empresarios. Nos convertimos en el primer estado del país con un programa propio para el tratamiento de los residuos tóxicos, que fue aprobado por el gobierno federal. También tuvimos éxito en la tarea más tradicional de captar nuevas empresas, pues las inversiones se incrementaron respecto a los años anteriores en un 75 por ciento en 1979 y en un 64 por ciento en 1980. ¿Y cómo me las apañé para molestar a alguien si lo hacíamos tan bien? Pues porque cambié el nombre del departamento; de «Comisión para el Desarrollo Industrial de Arkansas» pasó llamarse «Departamento de Desarrollo Económico», nombre que yo creía que reflejaba mejor la amplitud de sus actividades. Pero resulta que el anterior era una especie de nombre sagrado para muchos empresarios influyentes que habían trabajado en la comisión y para los directores de cámaras de comercio de todo el estado que habían trabajado con aquella institución. Tampoco les gustó que nombrara a Jim Dyke, un empresario de éxito de Little Rock, director del nuevo departamento. Si no le hubiera cambiado el nombre podría haber hecho exactamente lo mismo sin recibir una sola crítica. Pero parece que en 1979 y 1980 yo era una especie de imán para las críticas.

En educación cometí un error muy similar. Nombré al doctor Don Roberts, superintendente de escuelas en Newport News, Virginia, director del Departamento de Educación. Don había sido administrador en el sistema escolar de Little Rock unos años atrás, así que conocía a todas las personas clave. Su carácter amistoso y nada prepotente hacía que se llevara bien con la mayoría de ellos. Se encargó de aplicar las reformas que yo aprobaba en el parlamento estatal, más otra de su propia cosecha, un programa de formación de profesores que denominó PEE, Programa por una Enseñanza Efectiva. El problema fue que para nombrar a Don tuve que pedirle la dimisión a Arch Ford, director del departamento durante mucho tiempo. Arch era todo un caballero que llevaba décadas entregado a los escolares de Arkansas. Había llegado la hora de que se jubilara y, esta vez, no cometí el error de hacer que un tercero le dijera que tenía que marcharse. Pero podía haberlo hecho mucho mejor; hubiera tenido que organizar un gran homenaje de despedida y tomarme mil molestias para hacer que todo pareciera idea suya. La pifié.

En el área de bienestar social habitualmente recibíamos comentarios positivos. Suprimimos los impuestos indirectos sobre las medicinas, una medida que resultó especialmente útil para la gente mayor, y aumentamos en dos tercios el tramo exento que los ancianos tenían en la declaración de patrimonio. En suma, aprobamos más de veinticinco propuestas de ley que beneficiaban directamente a la tercera edad, incluidas algunas que exigían más calidad en las residencias y una ampliación del programa de atención médica domiciliaria.

El año 1979 fue el Año Internacional de la Infancia. Hillary, que había trabajado como presidenta de la Organización de Abogados de Arkansas en Defensa de la Infancia y de las Familias, de la cual había sido fundadora, tomó la iniciativa para impulsar algunos cambios importantes, entre ellos un decreto para la igualdad de custodia, que eliminaba el problema de la custodia en las familias que se trasladaban fuera o se instalaban en nuestro estado. También se ocupó de reducir un 25 por ciento el número de jóvenes internados en los centros de menores; de desarrollar mejores tratamientos en los hospitales para los niños con disminuciones psíquicas graves, con la colaboración de los centros comunitarios; y de colocar a un 35 por ciento más de niños con necesidades especiales en hogares adoptivos.

Finalmente, por primera vez me impliqué en la reforma de la sanidad. La administración Carter eligió a Arkansas entre los pocos estados que iban a participar en un experimento de «bienestar por trabajo», en el que se solicitaba a los receptores de cupones de comida en condiciones laborales óptimas que se registraran en una bolsa de empleo, como requisito para seguir recibiendo los cupones. Aquella experiencia fue la chispa que encendió mi interés por una forma más activa y más orientada hacia el trabajo para ayudar a la gente pobre, una idea que llevé conmigo hasta que, en la Casa Blanca, se aprobó la ley de Reforma del Sistema de Asistencia Social, en 1996.

A medida que avanzaba el año 1980, cada vez me sentía mejor respecto a mi vida y a mi actuación como gobernador. Había enfurecido a algunos grupos de presión muy importantes, y cada vez había más quejas por las matrículas, pero había logrado sacar adelante una larga lista de leyes y de iniciativas administrativas progresistas de las que estaba muy orgulloso.

En septiembre, nuestros amigos Diane Kincaid y Jim Blair se casaron en el jardín trasero de Morriss y Ann Henry, donde Hillary y yo habíamos celebrado nuestro banquete de boda cuatro años atrás. Yo oficié la ceremonia, pues según la Constitución de Arkansas podía hacerlo en tanto que gobernador, y Hillary hizo de dama de honor y de madrina a la vez. Los Blair, que eran muy políticamente correctos, se referían a ella como la «mejor persona». Yo estaba completamente de acuerdo.

Además de ser la mejor, Hillary estaba embarazada. Muy embarazada. Queríamos desesperadamente tener un hijo y lo habíamos intentado durante algún tiempo sin demasiado éxito. Durante el verano de 1979 decidimos ir a ver a un experto en fertilidad de San Francisco tan pronto como volviéramos de nuestras vacaciones en las Bermudas, pero nos lo pasamos de fábula allí, tan bien que nunca llegamos a San Francisco. Poco después de regresar a casa, Hillary descubrió que estaba embarazada. Siguió trabajando durante meses y asistimos juntos a clases de Lamaze porque queríamos que fuera un parto natural. Me lo pasé muy bien en aquellas clases, que compartíamos con otras parejas, casi todas de clase media y que estaban tan contentos como nosotros. Unas semanas antes de la fecha en que salía de cuentas, Hillary comenzó a notar algunos problemas. Su médico le prohibió terminantemente viajar. Confiábamos en él plenamente y sabíamos que debía seguir sus instrucciones. Por desgracia, aquello significaba que no podría acompañarme a la reunión anual en Washington de la Asociación Nacional de Gobernadores, que incluía una cena en la Casa Blanca con el presidente y la señora Carter. Fui a la conferencia y me llevé a la cena de la Casa Blanca a Carolyn Huber, que había abandonado el bufete Rose para dirigir la mansión del gobernador para nosotros. Llamaba a casa a menudo y regresé la noche del 27 de febrero, tan pronto como pude.

Quince minutos después de mi regreso a la mansión del gobernador, Hillary rompió aguas, tres semanas antes de la fecha. Yo estaba nervioso como un novato y llevaba arriba y abajo la lista que Lamaze nos había dado con las cosas que teníamos que llevar al hospital baptista de Arkansas. Los guardaespaldas de la mansión también estaban nerviosos. Les pedí que me trajeran una bolsa de cubitos de hielo para que Hillary pudiera chuparlos mientras conseguía las demás cosas. Y vaya si la trajeron: una bolsa de cuatro kilos, suficiente hielo aunque el parto durara una semana. Con la bolsa en el maletero, los policías nos llevaron al hospital en un santiamén. Poco después de llegar, nos dijeron que Hillary tendría que someterse a una cesárea porque se trataba de un parto pelviano, ya que el niño estaba al revés en la matriz y salía de nalgas. Me dijeron que las normas del centro no permitían la presencia del padre en la sala de partos cuando era necesario operar. Le rogué al administrador del hospital que me dejara entrar; le dije que yo ya había presenciado diversas operaciones quirúrgicas, con Madre, y que ya podían abrir a Hillary en canal, que yo no me marearía ni me desmayaría, mientras que ella estaría muy nerviosa, porque jamás la habían internado en un hospital, y que me necesitaba a su lado. Al final cedieron. A las 11.24 de la noche, tomé la mano de Hillary y miré por encima de la mampara que le impedía ver los pormenores de la operación, para ver cómo el médico sacaba a nuestro bebé de su cuerpo. Fue uno de los momentos más felices de mi vida, uno de los que mi padre jamás conoció.

Nuestra pequeña pesó la muy sana cantidad de dos kilos ochocientos gramos, y lloró como correspondía. Cuando Hillary ya estaba en la sala de maternidad, llevé a Chelsea a Madre, y a cualquier otra persona que estuviera a tiro, para que pudieran ver al bebé más maravilloso del mundo. Le hablé, le canté nanas continuamente y deseé que aquella noche no terminara nunca. Por fin era padre. A pesar de mi entrega a la política y al gobierno, y mis crecientes ambiciones, sabía que ser padre sería la labor más importante de toda mi vida. Gracias a Hillary y a Chelsea también se convirtió en la más gratificante.

Cuando volvimos a casa, Chelsea ya tenía a su disposición a una gran famila, la plantilla de la mansión del gobernador, incluidas Carolyn Huber y Eliza Ashley, que cocinaban allí desde el principio de los tiempos. Liza pensó que yo tenía un aspecto demasiado juvenil para ser gobernador, porque estaba muy delgado; dijo que si me ponía más «fuertote» todavía podría pasar, y estaba decidida a que así fuera. Es una cocinera maravillosa y, desgraciadamente, logró su objetivo.

El bufete Rose le dio a Hillary cuatro meses de baja por maternidad, para que pudiera dedicarse plenamente a Chelsea. Puesto que yo era mi propio jefe, podía decidir cuál sería mi jornada laboral, así que arreglé mi agenda para poder pasar el máximo tiempo en casa durante aquellos primeros meses. Hillary y yo solíamos hablar de lo afortunados que éramos, por disponer de la libertad suficiente para vivir esa etapa tan importante juntos y establecer vínculos afectivos con Chelsea. Hillary me contó que en la mayoría de países desarrollados los ciudadanos disfrutan de bajas por paternidad y por maternidad; nosotros creíamos que los demás padres también tenían derecho a disfrutar de aquella excepcional oportunidad de la que nosotros gozábamos. Pensé en aquellos primeros meses con Chelsea, en febrero de 1993, cuando aprobé mi primera propuesta de ley como presidente, la Ley de Baja Médica y Familiar, que garantiza tres meses de baja para la mayoría de norteamericanos, cuando tienen un hijo o un miembro de la familia cae enfermo. Al término de mi mandato, más de treinta y cinco millones de norteamericanos disfrutaban de protección gracias a esa ley. La gente aún se acerca a mí para contarme su historia y agradecérmelo.

Después de que Chelsea se acostumbrara a los ritmos cotidianos, volví al trabajo en un año que estaría dominado por la política y por el desastre, a menudo intercambiables y difíciles de distinguir.

Una de las cosas que los candidatos apenas mencionan y en la que los votantes no reparan durante las elecciones de gobernador o de presidencia es la gestión de las crisis. ¿Cómo se enfrentará el gobierno a los desastres naturales o a los causados por la mano del hombre? Durante mi primer mandato como gobernador, tuve que hacer frente a no pocos incidentes de ese tipo. El estado sufrió unas terribles tormentas de hielo durante el invierno en que tomé posesión de mi cargo. Llamé a la Guardia Nacional para que distribuyera grupos electrógenos entre la gente

BILL CLINTON

que se había quedado sin electricidad y para que despejara las carreteras rurales y sacara vehículos atrapados en zanjas y cunetas. En primavera de 1979, una racha de tornados asoló la región, y tuve que pedirle al presidente Carter que declarara oficialmente a Arkansas zona catastrófica y, por lo tanto, candidata a recibir fondos federales. Abrimos centros de asistencia para las víctimas del desastre: gente que había perdido sus hogares, sus negocios y sus cosechas. Tuvimos que repetir el mismo proceso cuando en 1980, los tornados volvieron con la primavera.

En verano de 1980, pasamos una tremenda ola de calor que mató a más de 100 personas y trajo la peor sequía desde hacía cincuenta años. Los ciudadanos más ancianos eran los que corrían más peligro. Los centros residenciales ampliaron el horario de atención al público y obtuvimos dinero federal y financiación estatal para comprar ventiladores eléctricos, alquilar aparatos de aire acondicionado y subvencionar las facturas eléctricas. La administración Carter también nos apoyó muchísimo, al aprobar préstamos a bajo interés para los avicultores que habían perdido millones de pollos y para los granjeros cuyos campos se habían incendiado. Las carreteras se deterioraban bajo el extremo calor y alcanzamos un récord de incendios, casi ochocientos, lo que me obligó a prohibir que se quemara hojarasca. La Arkansas rural no estaba muy bien predispuesta en el momento en el que se avecinaban las elecciones de noviembre.

Además de los desastre naturales, también pasamos varias crisis causadas por la acción del hombre, tanto accidental como voluntariamente. El daño que hicieron fue más psicológico que físico o financiero, pero su efecto también fue más profundo. En verano de 1979, el Ku Klux Klan y su director nacional, David Duke, decidió celebrar un encuentro en Little Rock. Yo quería evitar a toda costa la violencia que se había declarado entre los miembros del Klan y los manifestantes en su contra durante una reunión similar que tuvo lugar en Decatur, Alabama. Mi director de seguridad pública, Tommy Robinson, estudió los sucesos de Decatur y estableció estrictas medidas de seguridad para evitar que se repitieran. Teníamos a mucha policía estatal y local vigilando el acto; tenían instrucciones de arrestar a la gente en cuanto hubiera señales de disturbios. Al final detuvieron a seis personas, aunque nadie resultó herido, en gran parte gracias al efecto disuasivo de la amplia presencia policial. Quedé satisfecho de cómo habíamos manejado el problema del Klan, lo que aumentó mi confianza en que podíamos enfrentarnos adecuadamente a cualquier problema que se presentara en el futuro. Un año más tarde, ocurrió algo mucho más serio.

En verano de 1980, Fidel Castro deportó a Estados Unidos a 120.000 prisioneros políticos y a otros «indeseables», muchos de ellos con antecedentes penales o problemas mentales. Desembarcaron en Florida en busca de asilo y crearon un enorme problema a la administración Carter. Inmediatamente adiviné que la Casa Blanca querría enviar a algunos cubanos a Fort Chaffee, una extensa instalación cerca de Fort Smith, porque ya se había sido utilizado anteriormente, a mediados de los años setenta, como centro de redistribución de los refugiados vietnamitas. En general, esa reasignación tuvo éxito; muchas familias vietnamitas aún vivían en el oeste de Arkansas y les iba bien.

Cuando comenté esta cuestión con Gene Eidenberg, el cargo de la Casa Blanca cuya misión era gestionar el problema cubano para el presidente, le dije que la experiencia precedente con los vietnamitas había funcionado en parte gracias a las investigaciones preliminares llevadas a cabo en Filipinas y Tailandia para seleccionar a aquellos que no eran aptos para ser admitidos en Estados Unidos. Le aconsejé que colocara un portaaviones, o un buque de gran tamaño, en la costa de Florida y tomara las mismas medidas previas. Sabía que la mayoría de los refugiados ni eran criminales ni estaban locos, pero así los calificaba la prensa; con el proceso de selección previa se obtendría el apoyo público necesario para los que sí terminarían entrando en el país. Gene dijo que una selección previa no tendría sentido, porque no había ningún lugar donde mandar de vuelta a los rechazados. «Por supuesto que sí —le dije—. Aún tenemos aquella base en Guantánamo, ¿no? Y supongo que habrá una puerta en la muralla que la separa de Cuba. Llévalos a Guantánamo, abre la puerta y deja que vuelvan a Cuba.» Castro estaba poniendo en ridículo a Estados Unidos y la situación daba a entender que el presidente no tenía ningún poder de maniobra. Jimmy Carter ya había pasado por la inflación y la crisis de los rehenes en Irán; no le hacía ninguna falta otro incidente. A mi juicio, la ventaja de mi propuesta era que el presidente parecería fuerte, se cambiarían las tornas, y sentaría las bases para que el público aceptara a los refugiados que obtuvieran permiso de entrada. Cuando la Casa Blanca rechazó mi propuesta de buenas a primeras, tendría que haberme imaginado que nos esperaba un largo y difícil camino.

El 7 de mayo la Casa Blanca me notificó que se utilizaría Fort Chaffee para redistribuir algunos de los cubanos. Insté a la Casa Blanca para que tomara fuertes medidas de seguridad; en una declaración a la prensa, afirmé que los cubanos huían de una «dictadura comunista» y me comprometí a «hacer todo lo que esté en mi mano para cumplir con las responsabilidades que el presidente deposita en los ciudadanos de Arkansas», para facilitar el proceso de redistribución de los refugiados. El 20 de mayo ya habían llegado unos veinte mil cubanos a Fort Chaffee. Casi de la noche a la mañana, los jóvenes e inquietos cubanos, cansados de estar confinados entre cuatro paredes y preocupados por su futuro, empezaron a causar alborotos, que se convirtieron en el pan de cada día en el centro. Como he dicho, Fort Smith era una comunidad muy conservadora y a mucha gente no le gustaba nada que vinieran cubanos. Cuando se propagaron las noticias de los alborotos, la gente de Fort Smith y de los pueblos de la zona se asustó y se enfadó, especialmente los que vivían en el pueblecito de Barling, justo al lado del fuerte. Como dijo en una entrevista el sheriff Bill Cauthron, que durante toda la crisis fue sensato y conservó la calma: «Decir que [los residentes locales] están asustados es un eufemismo. Se están armando hasta los dientes, y eso solo hace que la situación sea más inestable».

El 26 de mayo, un lunes por la noche, un par de cientos de refugiados saltaron las barricadas y escaparon del fuerte por una puerta no vigilada. Al amanecer del día siguiente, día de elecciones de las primarias, ordené que sesenta y cinco soldados de la Guardia Nacional fueran a Fort Chaffee, volé a Fayetteville con Hillary para votar y luego fui al fuerte, donde me pasé el día hablando con la gente que se encontraba al pie del cañón y con la Casa Blanca. El oficial al mando, el general de brigada James «Bulldog» Drummond, era un hombre impresionante con una excelente hoja de servicio. Cuando me quejé de que sus tropas habían dejado escapar a los cubanos de la base, me dijo que no podía detenerlos. Su superior inmediato le había dicho que existía un estatuto federal, la ley de *posse comitatus*, que prohíbe a los militares imponer el cumplimiento de la ley a los civiles. Al parecer, el ejército había llegado a la conclusión de que también se aplicaba en el caso de los cubanos, aunque su estado legal era incierto. No eran ni ciudadanos ni inmigrantes legales, pero tampoco eran extranjeros ilegales. Puesto que no habían infringido ninguna ley, a Drummond le dijeron que no podía retenerlos en el fuerte contra su voluntad, solo porque la población local les odiara y les temiera. El general dijo que su única misión consistía en mantener el orden en la base. Llamé al presidente, le expliqué la situación y solicité que alguien recibiera la autorización necesaria para obligar a los cubanos a quedarse en la base. Temía que la gente de la zona empezara a dispararles. En los comercios de armas en ochenta kilómetros a la redonda la demanda de revólveres y escopetas se había disparado.

Al día siguiente volví a hablar con el presidente, que anunció que mandaría más tropas para que mantuvieran el orden y a los cubanos dentro de la base. Gene Eidenberg me dijo que el Departamento de Justicia iba a enviar una carta al Pentágono para comunicarle que el ejército tenía autoridad legal para ello. A última hora del día, pude relajarme un poco y reflexionar sobre las elecciones primarias, en las que mi único oponente, el viejo granjero de pavos Monroe Schwarzlose, logró un 31 por ciento de los votos, treinta veces más de lo que había obtenido en las primarias de 1978. La población rural me estaba mandando un mensaje acerca de las matrículas. Yo esperaba que se hubieran olvidado del tema, pero era obvio que no había sido así.

La noche del 1 de junio se desató el desastre. Un millar de cubanos huyeron del fuerte, en las narices de las tropas federales, y llegaron a la carretera 22, donde empezaron a andar hacia Barling. Una vez más, los militares no movieron un dedo para detenerlos, de modo que yo sí lo hice. La única barrera entre los cubanos y un centenar de ciudadanos de Arkansas furiosos y armados se compuso de tropas estatales, bajo el mando del capitán Deloin Causey, un jefe entregado y de sangre fría; la Guardia Nacional y los ayudantes del sheriff Bill Cauthron. Di a Causey y a la Guardia Nacional instrucciones estrictas de no dejar pasar a los cubanos. Sabía qué pasaría si avanzaban: un baño de sangre que haría que la crisis de Central High de Little Rock pareciera una excursión dominical. Los cubanos siguieron avanzando hacia nuestras tropas y empezaron a tirar piedras. Finalmente, Causey dio órdenes a la policía estatal de que dispararan al aire. Solo entonces, los cubanos dieron media vuelta y regresaron al fuerte. Cuando todo terminó, el recuento final ascendió a sesenta y dos heridos, cinco a causa de los disparos de escopeta; tres de los edificios de Fort Chaffee habían sido destruidos. Pero nadie murió o fue herido de gravedad.

Volé a Chaffee en cuanto pude para reunirme con el general Drummond y sostuvimos un verdadero concurso de gritos. Yo estaba indignado porque sus tropas no habían detenido a los cubanos, después de que la Casa Blanca me hubiera garantizado que el Pentágono había recibido la aprobación del Departamento de Justicia para ello. El general ni se inmutó. Me dijo que él recibía órdenes de un general de dos estrellas de San Antonio, Texas, y que no le importaba lo que la Casa Blanca me hubiera dicho a mí; sus órdenes no habían cambiado. Drummond era verdaderamente honesto y estaba claro que decía la verdad. Llamé a Gene Eidenberg, le dije lo que Drummond me había contado y le exigí una explicación. En lugar de eso, me dio un sermón. Eidenberg afirmó que le habían dicho que yo estaba exagerando y que intentaba aprovechar aquella ocasión para lucirme después de mis decepcionantes resultados en las primarias. Era obvio que Gene, al que yo consideraba un amigo, no comprendía la situación, o a mí, tan bien como yo había creído.

Me subía por las paredes. Le dije que puesto que obviamente no confiaba un ápice en mi juicio, tenía plena libertad para tomar la siguiente decisión: «O vienes aquí y arreglas esto ahora mismo esta noche, o cierro el fuerte. Pondré mi Guardia Nacional en la entrada y no saldrá ni entrará nadie sin mi permiso».

No daba crédito. «No puedes hacer eso —dijo—, es un recinto federal.» «Quizá —repliqué—, pero es una carretera estatal y está bajo mi control. Tú decides.»

Eidenberg voló a Fort Smith esa noche en un avión del ejército. Fui a buscarle y, antes de dirigirnos al fuerte, le llevé a dar un paseo por Barling.

Eran pasadas las doce, pero en todas las calles por las que avanzábamos, en todas las casas, había ciudadanos armados que vigilaban, sentados en sus jardines, en sus porches, y en un caso, en el tejado. Jamás olvidaré a una señora, parecía tener unos setenta años, estoicamente sentada en su balancín con la escopeta en el regazo. Eidenberg se quedó impresionado. Cuando terminamos el paseo, me miró y dijo: «No tenía ni idea».

Después, nos reunimos con el general Drummond y otros funcionarios locales, estatales y federales durante una hora más o menos. Luego hablamos a la multitud de periodistas que se había congregado en la zona. Eidenberg prometió que se solucionaría el problema de seguridad. Un poco más tarde, ese mismo 2 de junio, la Casa Blanca dijo que el Pentágono había recibido instrucciones claras de mantener el orden e impedir a los cubanos que abandonaran la base. El presidente Carter también reconocía que el pueblo de Arkansas había sufrido una angustia innecesaria y prometió que no se enviarían más cubanos a Fort Chaffee.

Al parecer, los retrasos en la selección previa fueron la razón principal de los tumultos y la gente a cargo del proceso trató de acelerar su labor. Cuando fui de visita al fuerte, poco después, la situación estaba mucho más tranquila y se habían apaciguado los ánimos.

No obstante, a pesar de que las cosas se calmaron, a mí me preocupaba profundamente qué había pasado, o precisamente qué no había pasado, entre el 28 de mayo, cuando Eidenberg me dijo que el ejército había recibido órdenes de impedir que los cubanos se fueran de Chaffee, y el 1 de junio, cuando un millar de ellos escaparon. O bien la Casa Blanca no me había dicho la verdad, o el Departamento de Justicia se había retrasado al entregar su informe jurídico al Pentágono, o alguien de allí había desafiado una orden legítima del comandante en jefe. Si lo que había sucedido era esto último, significaba una grave violación de la Constitución. No estoy seguro de que toda la verdad saliera a la luz. Como descubrí cuando llegué a Washington, después de que las cosas vayan mal, a menudo se desvanece la voluntad de hacerse cargo de las responsabilidades derivadas del error.

En agosto, Hillary y yo fuimos a Denver, para el encuentro de verano de la Asociación Nacional de Gobernadores. Solo se hablaba de las elecciones presidenciales. El presidente Carter había superado el difícil reto de que volvieran a nombrarle candidato demócrata, frente al senador Edward Kennedy, pero en realidad Kennedy no se había retirado. Desayunamos con el famoso abogado criminalista Edward Bennett Williams, al que Hillary conocía desde hacía años y que le había pedido que fuera a trabajar con él después de acabar la facultad. Williams estaba muy a favor de Kennedy y creía que tenía más posibilidades de derrotar a Ronald Reagan en la campaña de otoño, porque el presidente estaba desgastado a causa de la mala marcha de la economía y del cautiverio de nuestros rehenes en Irán, que ya duraba diez meses.

Yo estaba en desacuerdo con él, en lo político y en lo esencial. Carter había tenido una trayectoria muy notable como presidente, no era responsable de la subida de precios de la OPEP, que había motivado la inflación, y tenía diversas opciones para solucionar la crisis de los rehenes. Además, a pesar de los problemas con los cubanos, la Casa Blanca de Carter había mantenido una excelente relación con Arkansas; había enviado ayuda financiera y había apoyado nuestras reformas en educación, energía, sanidad y desarrollo económico. Asimismo, yo había tenido acceso excepcional a la Casa Blanca, tanto por trabajo como por placer. De estas últimas, la mejor visita fue cuando llevé a Madre a escuchar a Willie Nelson, que cantó en el jardín sur de la Casa Blanca durante un almuerzo que el presidente ofreció para la gente de la NASCAR. Después del acto, Madre y yo acompañamos a Nelson y al hijo del presidente, Chip, al hotel Hay-Adams, al otro lado de Lafayette Square, frente a la Casa Blanca; una vez allí, Willie se sentó al piano y cantó para nosotros hasta las dos de la mañana.

Por todo ello, cuando empezó la reunión de la asociación yo me sentía bien acerca de mi relación con la Casa Blanca. Los gobernadores demócratas y sus homólogos republicanos celebraban reuniones separadas. A mí me habían elegido vicepresidente de los gobernadores demócratas en la reunión de invierno, gracias a que el gobernador Jim Hunt, de Carolina del Norte, me propuso para ello. Jim se convirtió en uno de mis mejores amigos entre los gobernadores y en un aliado en la lucha por la reforma educativa, durante todos los años que pasé en la Casa Blanca. Bob Strauss, el presidente del Comité Demócrata Nacional, me pidió que lograra el apoyo público de la Asociación de Gobernadores Demócratas para el presidente Carter, en lugar del senador Kennedy. Después de un rápido sondeo entre los presentes, le dije a Strauss que el voto sería de veinte contra cuatro, a favor de Carter. Tuvimos un debate civilizado, en el que Strauss defendía al presidente y el gobernador Hugh Carey de Nueva York al senador Kennedy. Después del voto de veinte a cuatro, Strauss y yo hicimos unas breves declaraciones a la prensa, en las que destacamos el anuncio del apoyo de la asociación como una muestra de nuestra confianza en el presidente, así como un espaldarazo en un momento en que lo necesitaba.

Unos quince minutos más tarde, me avisaron de que la Casa Blanca trataba de localizarme por teléfono. Pensé que el presidente quería agradecerme que hubiera obtenido el apoyo de los gobernadores. Tuve un desengaño. Lo que el presidente quería decirme era que el tiempo iba a refrescar en Pennsylvania y en Wisconsin, donde el resto de los cubanos estaban alojados. Dado que aquellos fuertes no estaban preparados para

aguantar la dureza del invierno, dijo que había que trasladar a los refugiados. Luego llegó la pega. Ahora que los problemas de seguridad de Fort
Chaffee ya estaban resueltos, los enviarían allí. Le respondí: «Señor presidente, usted me prometió que no enviarían más refugiados a Arkansas.
Envíelos a un fuerte en una zona cálida, al oeste, donde de todos modos
no vaya a ganar en noviembre». El presidente dijo que había pensado en
aquella opción, pero que no podía hacerlo porque costaría 10 millones de
dólares preparar un centro en el oeste. Yo le dije: «Señor presidente, su
palabra a la gente de Arkansas bien vale 10 millones de dólares». Mostró
su desacuerdo y la conversación terminó.

Ahora que he sido presidente, tengo una noción de las presiones a las
que Jimmy Carter estaba sometido. Tenía que hacer frente a una inflación
galopante y a una economía estancada. Los rehenes norteamericanos llevaban casi un año encerrados en Irán por orden del ayatolá Jomeini. Los
cubanos no organizaban ningún alboroto, así que eran el menor de sus
problemas. Pennsylvania y Wisconsin le habían votado en 1976, y tenían
más votos electorales que Arkansas, estado en el que había ganado con
casi dos tercios de los votos. Yo aún aventajaba a mi oponente Frank
White en más de veinte puntos en las encuestas, así que aquello no podía
perjudicarme.

En aquel momento yo tenía una opinión muy distinta. Sabía que al
presidente le haría mucho daño romper su compromiso con Arkansas.
Aunque los fuertes de Pennsylvania y Wisconsin tuvieran que cerrarse a
causa del tiempo o por motivos políticos, enviar al resto de los cubanos al
único lugar al que había prometido que no irían, aunque con ello se aho-
rrara 10 millones de dólares, era un error craso. Llamé a Rudy Moore y a
mi presidente de campaña, Dick Herget, para preguntarles qué creían
que debía hacer yo. Dick me contestó que volara a Washington para
entrevistarme con el presidente; si no podía hacerle cambiar de opinión,
tenía que hacer declaraciones a la prensa, frente a la Casa Blanca y retirar
mi apoyo a su reelección.

Pero yo no podía hacer aquello, por dos motivos. Primero, no quería
ser una versión moderna de Orval Faubus y otros gobernadores sureños
que se resistieron a la autoridad federal durante los años de la lucha por
los derechos civiles. Y en segundo lugar, no quería ayudar a que Ronald
Reagan derrotara a Carter. Reagan había hecho una gran campaña, con
mucho vigor, alimentada por el tema de los rehenes, la pésima situación
económica y el intenso apoyo de los grupos de derechas, ultrajados por
todo, desde el aborto, al hecho de que Carter devolviera el Canal a
Panamá.

Gene Eidenberg me pidió que no anunciara la llegada de los nuevos
refugiados hasta que pudiera viajar a Arkansas y presentarlo de la mejor
manera. La noticia se filtró de todos modos y la visita de Gene no fue de

mucha ayuda. Garantizó convincentemente que no se producirían problemas de seguridad, pero no podía negar que el presidente rompía una promesa clara al estado que más le había apoyado, aparte de su estado natal de Georgia. Participé mucho más a fondo en la supervisión de los preparativos de seguridad e incluí algunas mejoras pero, de todos modos, yo era el hombre de Arkansas del presidente y no había logrado que cumpliera con su palabra.

Cuando volví de Denver me encontré con una situación política muy inestable. Mi oponente en las elecciones, Frank White, estaba ganando terreno. White era un hombretón con una voz profunda y un estilo grandilocuente que no dejaba adivinar su pasado como cadete de la Academia Naval, ejecutivo de cuenta de préstamos y ahorros y ex director de la Comisión de Desarrollo Industrial de Arkansas durante el mandato del gobernador Pryor. Todos los grupos de interés en los que había trabajado le apoyaban, desde las empresas de servicios y suministros públicos hasta los avicultores, pasando por los transportistas, las compañías madereras y las asociaciones médicas. Era un cristiano renacido y contaba con el fuerte respaldo del capítulo estatal de la Mayoría Moral y otros activistas conservadores. Además, estaba al corriente del malestar de los habitantes del campo y los trabajadores acerca de las matrículas. También era una ventaja a su favor el estado de ánimo generalizado de decepción, debido a la economía y a la sequía. Cuando la mala situación económica hizo que los ingresos del estado estuvieran por debajo de las previsiones, me vi forzado a reducir el gasto estatal para equilibrar el presupuesto, lo que incluía recortes en educación que rebajaron el incremento de sueldo de segundo año de los maestros de 1.200 a 900 dólares. A muchos profesores no les importaban los problemas presupuestarios del estado; les habían prometido 1.200 dólares por dos años y querían el segundo pago. Cuando no llegó, la intensidad de su apoyo se debilitó considerablemente.

En abril, Hillary y yo habíamos visto a Frank White en un acto público y le dije que no importaba qué dijeran las encuestas, iba a empezar con un 45 por ciento de los votos. Me las había arreglado para poner a toda aquella gente en mi contra. Después de que se anunciara que todos los refugiados irían a Fort Chaffee, White ya tenía su mantra para las elecciones: matrículas y cubanos. Solo habló de esto durante el resto de la campaña. Yo me volqué en la campaña durante todo el mes de agosto, pero con escaso éxito. En las puertas de las fábricas, los obreros que cambiaban de turno decían que no me votarían porque yo había empeorado la situación económica y les había traicionado aumentando el coste de las matrículas. Una vez, de campaña en Fort Smith, cerca del puente de Oklahoma, un hombre al que acababa de pedirle su voto, me dio una versión muy gráfica de una respuesta que ya había oído cientos de veces: «Usted aumentó mi impuesto de matriculación. ¡No le votaría ni aunque fuese el único hijo de puta en la papeleta!». Estaba furioso y tenía la cara roja como un pimiento. Exasperado, señalé más allá del puente, hacia Oklahoma, y dije: «Mire hacia allí. ¡Si viviera en Oklahoma sus matrículas costarían más del doble de lo que tiene que pagar ahora!». De repente, todo su enfado desapareció. Sonrió, me puso la mano en el hombro, y dijo: «Ves, chico, no lo entiendes. Precisamente por eso vivo en este lado de la frontera».

A finales de agosto, fui a la Convención Demócrata Nacional con la delegación de Arkansas. El senador Kennedy aún seguía en la carrera electoral, aunque era evidente que iba a perder. Algunos buenos amigos míos trabajaban para Kennedy y querían que yo le animara a retirarse antes de la votación, y a pronunciar un generoso discurso a favor de Carter. Las relaciones entre ambos no eran buenas, pero mis amigos pensaban que yo quizá podría convencerle. Fui a la suite de hotel del senador e hice lo que pude. Kennedy finalmente se retiró y dio su apoyo al presidente, aunque cuando aparecieron juntos en la tarima le costó bastante fingir un entusiasmo que claramente no sentía.

Cuando llegaron las convenciones, yo era ya presidente de la Asociación de Gobernadores Demócratas y me invitaron a pronunciar un discurso de cinco minutos. Las convenciones nacionales son ruidosas y caóticas. Normalmente los delegados solo escuchan el discurso de apertura y los discursos de aceptación del presidente y del vicepresidente. Si no eres ninguno de estos tres, la única forma de hacerte escuchar por encima del permanente barullo de conversaciones es ser persuasivo y rápido. Traté de explicar la dolorosa y profundamente distinta situación económica que estábamos viviendo y argumenté que el Partido Demócrata tenía que cambiar para hacer frente a ese reto. Desde la Segunda Guerra Mundial, los demócratas habían creído que Estados Unidos siempre sería un país próspero. Por ello, sus prioridades consistían en aumentar la cobertura sanitaria hasta hacerla universal y conseguir más justicia social. Ahora, teníamos que luchar con la inflación y el desempleo, con los enormes déficits presupuestarios gubernamentales y una constante pérdida de competitividad. Nuestro fracaso había empujado a mucha gente a respaldar a los republicanos, o a sumarse a la creciente porcentaje de abstenciones o de votantes no alineados. Fue un buen discurso y duró menos de los cinco minutos que tenía fijados, pero nadie le prestó demasiada atención.

El presidente Carter se fue de la convención con los mismos problemas que tenía al iniciarla y sin el empuje que un partido unido y verdaderamente entusiasta suele aportar a su candidato. Yo volví a Arkansas decidido a tratar de salvar mi propia campaña, que iba a peor cada día que pasaba.

El 19 de septiembre, estaba en casa, en Hot Springs, después de un largo día de trabajo, cuando el comandante del Mando Estratégico de las Fuerzas Aéreas me llamó para decirme que se había producido una explosión en un silo de misiles Titan II en Damascus, Arkansas, a unos sesenta y cinco kilómetros al noroeste de Little Rock. Era una historia increíble. Un mecánico de las Fuerzas Aéreas estaba reparando el misil cuando se le cayó la llave inglesa, que pesaba un kilo y medio. Cayó a una profundidad de 22 metros, hasta el fondo del silo, rebotó y perforó el tanque lleno de combustible del misil. Cuando el combustible, altamente tóxico, se mezcló con el aire, provocó un incendio y luego una tremenda explosión que se llevó por delante el techo de cemento de 740 toneladas del silo, mató al mecánico e hirió a veinte miembros del personal de las Fuerzas Aéreas que se encontraban en las cercanías. La explosión también destruyó el misil y catapultó la cabeza nuclear a los prados de pastos para vacas donde se encontraba el silo. Me aseguraron que la cabeza nuclear no detonaría, que no se liberaría ningún tipo de material radioactivo y que el ejército la retiraría con garantías de seguridad. Al menos mi estado no sería pasto de las llamas a causa del último episodio en aquella racha de mala suerte que estaba asolando Arkansas. Empezaba a sentirme un poco gafado, pero traté de salir adelante lo mejor que pude. Le ordené a mi director de seguridad pública, Sam Tatom, que diseñara un plan de evacuación de emergencia, en coordinación con los funcionarios federales, por si algo fallaba en alguno de los diecisiete misiles Titan II restantes.

Después de todo lo que habíamos pasado, ahora Arkansas era el único lugar que podía presumir de tener praderas para vacas con su propia cabeza nuclear incorporada. Unos días después del incidente, el vicepresidente Mondale vino a nuestra convención demócrata estatal en Hot Springs. Cuando le pedí que se asegurara de que el ejército cooperaba con nosotros en un nuevo plan de emergencia para los misiles, llamó a Harold Brown, el secretario de Defensa. Sus primeras palabra fueron: «¡Demonios, Harold! ¡Ya sé que te pedí que te aseguraras de que Arkansas no tuviera que preocuparse más del tema de los cubanos, pero esto es un poco excesivo!». A diferencia de su comportamiento en público, más comedido, Mondale tenía un gran sentido del humor. Sabía que los dos nos estábamos hundiendo y, aun así, hacía que pareciera gracioso.

Durante las últimas semanas de la campaña, un fenómeno nuevo en la política de Arkansas hizo su aparición y dominó el ambiente: los anuncios de televisión completamente negativos. Hubo uno muy duro sobre el impuesto de matriculación. Pero el anuncio más eficaz de la campaña de White mostraba a los cubanos descontrolados, con una profunda voz en off que contaba a los espectadores que los gobernadores de Pennsylvania y Wisconsin se preocupaban de su gente y se habían librado de los cubanos, pero que a mí me preocupaba más Jimmy Carter que el pueblo de Arkansas, «y ahora los tenemos a todos aquí». Cuando Hillary y yo lo vimos por primera vez, pensamos que era tan indignante que nadie se lo creería. Una encuesta que se hizo justo antes de que se empezara a emitir el anuncio mostraba que el 60 por ciento de la gente creía que había hecho lo correcto en Fort Chaffee, mientras un 3 por ciento opinaba que había sido demasiado duro y el 20 por ciento, la derecha más conservadora, demasiado blando. Lo único que les habría gustado a estos últimos es que hubiera ordenado disparar contra todos y cada uno de los refugiados que abandonaran el fuerte.

Nos equivocamos acerca de los anuncios; funcionaron. En Fort Smith, los funcionarios locales, entre los que estaban el sheriff Bill Cauthron y el fiscal Ron Fields, me defendieron con vehemencia; afirmaron que había hecho un buen trabajo y que me había arriesgado para proteger a los ciudadanos que vivían cerca del fuerte. Como bien sabemos todos a estas alturas, una conferencia de prensa no contrarresta los efectos de un potente anuncio negativo. Me estaba hundiendo en las arenas movedizas de los cubanos y las matrículas.

Algunos días antes de las elecciones, Hillary llamó a Dick Morris, al cual había reemplazado por Peter Hart porque mi equipo odiaba tener que lidiar con la desagradable personalidad de Dick. Le pidió que hiciera una encuesta para ver si podíamos hacer algo por revertir la situación. En su honor, hay que decir que Dick hizo la encuesta y con su franqueza característica dijo que probablemente perdería. También añadió un par de consejos para hacer nuevos anuncios, que seguimos, pero tal y como predijo, era demasiado poco y demasiado tarde.

El día de las elecciones, el 4 de noviembre, Jimmy Carter y yo obtuvimos un 48 por ciento de los votos de Arkansas, un descenso notable desde su 65 por ciento en 1976 y mi 63 por ciento en 1978. Sin embargo, perdimos de formas muy distintas. El presidente ganó en cincuenta de los setenta y cinco condados; conservó los bastiones demócratas donde el tema cubano había tenido repercusiones pero no había eliminado su margen de victoria. En cambio, le destrozaron en las áreas más republicanas y conservadoras del oeste de Arkansas, donde hubo una gran participación, fomentada por el enfado de los votantes respecto a su promesa rota sobre los refugiados cubanos, y por la alianza de Reagan con cristianos fundamentalistas y su oposición al aborto y a los tratados del canal de Panamá. Arkansas aún no era enteramente republicana. El 48 por ciento de Carter estaba siete puntos por encima de su porcentaje nacional. Si no hubiera sido por el compromiso que incumplió, habría ganado en el estado.

Por el contrario, yo solamente me llevé veinticuatro condados; allí donde había una numerosa población negra y unos pocos donde estaban más a favor, o menos en contra, del programa de carreteras. Perdí los once condados generalmente demócratas del noroeste de Arkansas, casi todo los condados rurales del Tercer Distrito y algunos del sur de Arkansas. Las matrículas me habían hecho polvo. El principal efecto del anuncio sobre Cuba fue quitarme a los votantes que, aunque tenían ciertas reservas, me habían apoyado hasta entonces. La aprobación pública de mi gestión del tema de los refugiados distorsionaba los resultados de mis encuestas y los hacía más altos de lo que hubieran sido si solo hubiera habido la cuestión de las matrículas, la oposición de los grupos de presión y la dura situación económica. Lo que me sucedió en 1980 fue muy parecido a lo que le pasó al presidente George H. W. Bush en 1992. La guerra del Golfo daba buenas cifras en las encuestas, pero por debajo había una profunda corriente de descontento. Cuando la gente decidió que no iban a votarle a causa de la guerra, yo me puse en cabeza. Frank White utilizó el anuncio cubano para hacerme lo mismo a mí.

En 1980, obtuve mejores resultados que el presidente Carter en las zonas republicanas del oeste de Arkansas, donde la gente conocía de primera mano cómo había manejado el asunto cubano. En Fort Smith y en el condado de Sebastian fui el demócrata más votado, a causa de Fort Chaffee. Carter sacó un 28 por ciento. El senador Bumpers, que había ejercido allí durante más de veinte años pero que había cometido el imperdonable pecado de votar que «regalaran» Panamá, obtuvo un 30 por ciento. Yo saqué un 33 por ciento. Así de mal estaban las cosas.

La noche de las elecciones estaba tan hecho polvo que no me creía capaz de hacer frente a la prensa. Hillary fue al cuartel general, agradeció su colaboración a los voluntarios y al equipo, y les invitó a ir a la mansión del gobernador al día siguiente. Después de pasar una noche durmiendo a ratos, Hillary, Chelsea y yo nos reunimos con unos doscientos fieles seguidores en el jardín posterior de la mansión. Hice el mejor discurso que pude; les agradecí todo lo que habían hecho, les dije que debíamos estar orgullosos de lo que se había conseguido y ofrecí mi cooperación a Frank White. Teniendo en cuenta las circunstancias, fueron unas palabras bastante optimistas. En mi interior, estaba lleno de autocompasión e ira, en gran parte contra mí mismo. También lamentaba profundamente no poder seguir en un trabajo que tanto me gustaba. Expresé mi pesar, pero me guardé las quejas y la rabia para mis adentros.

En aquel momento, no parecía que tuviera mucho futuro en la política. Era el primer gobernador de Arkansas en veinticinco años que no lograba un segundo mandato y, probablemente, era el ex gobernador más joven de la historia de Estados Unidos. La advertencia de John McClellan acerca de que el cargo de gobernador podía llevarme al cementerio político parecía revelarse profética. Pero puesto que yo mismo había cavado mi propia tumba, lo más inteligente era esforzarme por salir fuera de ella.

El jueves, Hillary y yo encontramos un nuevo hogar. Era una casita de madera muy bonita, construida en 1911, en la avenida Midland, en la zona de Hillcrest de Little Rock, no muy lejos de donde habíamos vivido antes de mudarnos a la mansión del gobernador. Llamé a Betsey Wright y le pregunté si podría ayudarme a organizar mis archivos, antes de dejar mi despacho. Por suerte aceptó. Se trasladó a la mansión del gobernador y trabajó diariamente junto con mi amiga Gloria Cabe, representante de la cámara estatal, a quien también habían derrotado en la reelección por haber prestado apoyo a todas mis iniciativas políticas.

Los últimos dos meses que me quedaban en el cargo fueron duros para mi equipo. Tenían que encontrar trabajo. La forma habitual de dejar la política consiste en encontrar empleo en alguna de las grandes empresas que trabajan con la administración del estado, pero nos habíamos puesto a todas esas compañías en contra. Rudy Moore trató de ayudar a todo el mundo y asegurarse de que dejábamos todos los temas públicos de importancia bien cerrados antes de entregar el despacho a Frank White. Tanto Rudy como mi secretario, Randy White, también me recordaron, en los momentos de desánimo, que tenía que mostrar más preocupación por el destino y el bienestar futuro de mi equipo. La mayoría de ellos no contaban con suficientes ahorros para poder permitirse tardar mucho en encontrar un empleo. Algunos tenían niños pequeños y otros solo habían trabajado para el estado, entre ellos una serie de personas que habían estado conmigo en la oficina del fiscal general. Aunque de verdad me gustaba el equipo con el que había trabajado y me sentía agradecido, me temo que durante los días posteriores a mi derrota no supe demostrarlo tan claramente como hubiera debido.

Hillary se portó especialmente bien conmigo durante ese espantoso período; combinaba el amor y la comprensión con el asombroso don de lograr que me concentrara en el presente y en el futuro. El hecho de que Chelsea ni siquiera se enterara de que había pasado algo malo me hizo comprender que aquello no era el fin del mundo. Recibí fantásticas llamadas telefónicas de ánimo, de Ted Kennedy, que me dijo que yo volvería, y de Walter Mondale, que hizo gala de un extraordinario sentido del humor frente a su propia y decepcionante derrota. Incluso fui a la Casa Blanca a despedirme del presidente Carter y a agradecerle todas las cosas positivas que su administración había hecho por Arkansas. Aún estaba disgustado por su promesa rota y por el modo en que contribuyó a que a mí me derrotaran y él perdiera Arkansas, pero pensé que la historia sería buena con él, gracias a sus políticas medioambientales y energéticas, especialmente al establecimiento de un enorme Refugio de Vida Salvaje Nacional del Ártico, en Alaska, y a sus logros en política exterior —los acuerdos de Camp David entre Israel y Egipto, los tratados del canal de Panamá y la creciente importancia del tema de los derechos humanos.

Como el resto de mis empleados del despacho del gobernador, yo también tenía que buscar trabajo. Me hicieron diversas ofertas interesantes y me propusieron trabajos fuera del estado. Mi amigo John Y. Brown, gobernador de Kentucky, que se había hecho millonario con Kentucky Fried Chicken, me preguntó si me plantearía presentarme a la presidencia de la Universidad de Louisville. Con su habitual estilo telegráfico, me lo pintó así: «Buena universidad, bonita casa, magnífico equipo de baloncesto». El gobernador de California, Jerry Brown, me dijo que su jefe de personal, Gray Davis, que se convertiría en gobernador más adelante, iba a dejarle, y me ofreció su puesto. Dijo que no podía creer que me hubieran echado por lo de las matrículas, que California era un lugar donde había mucha gente procedente de otros estados y que yo encajaría a la perfección. También se comprometió a garantizarme la posibilidad de influir en las políticas de los temas que a mí me interesaban. Me propusieron encargarme del World Wildlife Fund, un grupo de defensa medioambiental de Washington, cuya labor yo admiraba profundamente. Norman Lear, productor de algunos de los programas de televisión con más éxito de la historia, incluido *All in the Family*, me pidió que presidiera el grupo Ciudadanos por el Estilo Americano, una organización liberal fundada para contrarrestar los ataques conservadores a la libertad de la Primera Enmienda. Varias personas me animaron a que me presentara candidato a la presidencia del Comité Demócrata Nacional, enfrentándome a Charles Manatt, un exitoso abogado de Los Ángeles oriundo de Iowa. La única oferta de trabajo que me hicieron en Arkansas fue para trabajar en Wright, Lindsey & Jennings, un bufete excelente, que me ofreció el puesto de «abogado asesor» por 60.000 dólares al año, casi el doble de lo que ganaba como gobernador.

Estudié a fondo la posibilidad de dedicarme al comité demócrata, porque amaba la política y creía saber lo que realmente hacía falta. Al final, decidí que el puesto no era para mí. Además, Chuck Manatt ansiaba hacerse con la presidencia y probablemente ya tenía los votos asegurados antes de que yo me interesara en aquella posibilidad. Hablé de ello con Mickey Kantor, un socio de Manatt al que yo conocía bastante, de cuando trabajó con Hillary en la junta de la Corporación de Servicios Legales. Mickey me caía muy bien y confiaba en su buen juicio. Dijo que si quería otra oportunidad en un puesto gubernamental no debía intentar ir a por lo del partido. También me desaconsejó que aceptara la oferta de Jerry Brown de formar parte de su equipo. Los otros empleos fuera del estado me atraían bastante, especialmente el del World Wildlife Fund, pero en el fondo sabía que no tenían sentido. No estaba dispuesto a abandonar Arkansas o a mí mismo, así que acepté la oferta de Wright, Lindsey & Jennings.

Casi inmediatamente después de mi derrota, y durante varios meses, pregunté a todos mis conocidos por qué creían que había sucedido aquello. Algunas de las repuestas, más allá del problema de los refugiados cubanos, las matrículas y la enemistad que me había ganado entre todos los grupos de interés, me sorprendieron bastante. Jimmy «Red» Jones, al cual había nombrado general adjunto de la Guardia Nacional de Arkansas después de una larga carrera de auditor del estado, dijo que había perdido demasiados votos por los jóvenes barbudos y la gente de fuera del estado que había metido en el gobierno. También pensaba que la decisión de Hillary de conservar su nombre de soltera me había perjudicado. Quizá era una decisión adecuada para una abogada, pero no para una primera dama. Wally DeRoeck, que había sido mi presidente en 1976 y 1978 dijo que me había volcado tanto en el trabajo de gobernador que había olvidado todo lo demás. Me dijo que después de convertirme en el gobernador, jamás le había vuelto a preguntar por sus hijos. Con un lenguaje un poco más duro, mi amigo George Daniel, propietario de una ferretería en Marshall, en las colinas, dijo lo mismo: «Bill, ¡la gente pensó que eras un gilipollas!». Rudy Moore me dijo que me quejaba mucho de los problemas que tenía pero que en realidad jamás me concentraba en mis problemas políticos el tiempo necesario para reflexionar y encontrar una solución. Mack McLarty, mi mejor amigo desde siempre, que me conocía como la palma de su mano, dijo que en su opinión durante todo el año estuve preocupado por la llegada de Chelsea; que siempre me había afectado el hecho de no llegar a conocer a mi padre y que quería concentrarme con todas mis fuerzas en ser el padre de Chelsea, excepto cuando me distraía algo como la crisis de los cubanos, y que sencillamente no tenía la mente y el corazón puestos en la campaña.

Al cabo de unos meses después de dejar el cargo, me di cuenta de que todas estas razones tenían algo de verdad. Más de un centenar de personas me habían abordado para decirme que votaron contra mí para enviarme un mensaje, pero que no lo habrían hecho de saber que iba a perder. Pensé en todo lo que podría haber hecho si hubiera tenido las cosas claras. Era dolorosamente obvio que miles de personas pensaron que el cargo me quedaba grande, que estaba demasiado obsesionado con lo que yo quería hacer y ajeno a lo que ellos querían que hiciera. El voto de castigo tuvo su parte de culpa, desde luego, pero no marcó la diferencia. Las encuestas poselectorales mostraban que un 12 por ciento de los votantes afirmaron haberme apoyado en 1978 pero votaron en mi contra en 1980 a causa de las matrículas. El 6 por ciento de mis antiguos seguidores adujeron la crisis de los cubanos. Además de todos los demás problemas y errores, quitando esas dos cuestiones, habría ganado. Sin embargo, si no me hubieran derrotado probablemente jamás me hubiera convertido en presidente. Son este tipo de experiencias, en las que te ves prácticamente acabado, las que son más valiosas; me obligó a ser mucho más sensible a los problemas inherentes a las políticas progresistas: el sistema solo acepta determinado número de cambios; nadie puede vencer a todos los intereses creados al mismo tiempo; y si la gente piensa que ya no les escuchas, estás acabado.

El último día que pasé en mi despacho del gobernador, tomé una fotografía de la pequeña Chelsea, que ya tenía diez meses, sentada en mi silla sosteniendo el auricular y luego fui a la asamblea legislativa para pronunciar mi discurso de despedida. Recordé los progresos que habíamos logrado y agradecí su apoyo a los representantes. También señalé que teníamos la segunda carga impositiva más baja de todo el país y que, más pronto o más tarde, tendríamos que encontrar una vía políticamente aceptable que ampliara nuestra base de ingresos para aprovechar al máximo nuestras posibilidades. Luego salí del capitolio y entré en la vida privada, como un pez fuera del agua.

VEINTIDÓS

Wright, Lindsey & Jennings era, para lo habitual en Arkansas, un bufete grande con una reputación intachable y un amplio campo de acción. Los administrativos eran capaces y amables y se esforzaron más allá del deber para que me sintiera cómodo y bienvenido. El bufete también me permitió llevar a mi secretaria, Barbara Kerns, que llevaba conmigo cuatro años y conocía a mi familia, amigos y partidarios. Incluso tuvieron la gentileza de darle una oficina a Betsey Wright para que siguiera llevando mis archivos y empezara a preparar lo que, aunque entonces lo ignorábamos, sería mi siguiente campaña. Trabajé en algunos asuntos y aporté a un par de pequeños clientes al bufete, pero soy consciente de que al echarme aquel salvavidas el bufete no ganó dinero. Lo único que obtuvieron fue mi eterna gratitud y un encargo, pues llevaron mi defensa cuando me convertí en presidente.

Aunque echaba de menos ser gobernador y la ajetreada vida de la política, me gustaba haber recuperado un ritmo más pausado. Llegaba a casa a una hora razonable; pasaba tiempo con Hillary y con la pequeña Chelsea, que despertaba a la vida; salía a cenar con los amigos y conocí mejor a nuestros vecinos, especialmente a la pareja de ancianos que vivía enfrente, Sarge y Louise Lozano. Ellos adoraban a Chelsea y siempre estaban dispuestos a ayudarnos con ella.

Decidí no hacer declaraciones públicas durante varios meses, con una sóla excepción. En febrero fui a Brinkley, a una hora al este de Little Rock por la interestatal, para hablar en el banquete del Lions Club. La gente de aquella zona me había votado en 1980, y mis más fervientes seguidores locales me habían rogado que acudiera a aquel acto. Me dijeron que estar con personas que me apoyaban me levantaría el ánimo, y así fue. Tras la cena, fui a la recepción que ofrecían mis líderes del condado, Don y Betty Fuller, donde me sentí honrado y un poco sorprendido al encontrarme con gente que deseaba que volviera a convertirme en su gobernador. En Little Rock, la mayoría de la gente aún trataba de congraciarse con el nuevo gobernador. Un hombre al que yo había designado para ocupar un puesto en el gobierno del estado y que quería mantener su cargo durante el mandato del gobernador White, llegó incluso a cambiar de acera en una céntrica calle de Little Rock cuando vio que andaba hacia él. Tenía miedo de que le vieran a plena luz del día dándome la mano.

Aunque estaba muy agradecido a mis amigos de Brinkley, no volví a hablar en público en Arkansas durante muchos meses. Frank White empezaba a cometer errores y a perder batallas legislativas, y yo no quería entrometerme. Cumplió su promesa electoral de aprobar una ley para cambiar el nombre del Departamento de Desarrollo Económico y volver a la vieja denominación de Comisión de Desarrollo Industrial de Arkansas; también eliminó el Departamento de Energía. Pero cuando trató de cerrar las clínicas de salud rurales que Hillary y yo habíamos creado, todos los que dependían de ellas se manifestaron en contra de aquella propuesta de ley; consiguieron que no prosperara, y el gobernador tuvo que contentarse con que no se construyeran más clínicas, centros que hubieran atendido a otras muchas personas necesitadas.

Cuando el gobernador hizo una propuesta de ley para anular el aumento en el impuesto de matriculación, el director del Departamento de Autopistas, Henry Gray, los comisionados de las autopistas y los constructores de carreteras opusieron una férrea resistencia. Estaban construyendo y reparando carreteras y ganaban dinero. Muchos miembros de las cámaras les prestaron atención, porque aunque a sus votantes no les gustaba tener que pagar, estaban a favor de las obras en las carreteras. Al final, White consiguió un ligero recorte del impuesto, pero la mayor parte del dinero permaneció en el programa de carreteras.

El principal problema legislativo del gobernador empezó, irónicamente, a raíz de una propuesta de ley que hizo él mismo. La propuesta de ley del llamado «creacionismo científico» obligaba a todas las escuela de Arkansas que impartían clases sobre la teoría de la evolución, a dedicar la misma cantidad de tiempo a enseñar una teoría de la creación compatible con la Biblia: que los humanos no habíamos evolucionado de otras especies a lo largo de cien mil años, sino que fuimos creados por Dios como una especie completamente distinta a las demás, miles de años atrás.

Durante buena parte del siglo xx, los fundamentalistas se habían opuesto a la teoría de la evolución porque era incompatible con una interpretación literal de la descripción bíblica de la creación del hombre; a principios del siglo xx, muchos estados, entre ellos Arkansas, prohibieron la enseñanza de esta teoría. Incluso después de que la Corte Suprema fallara en contra de las prohibiciones, la mayoría de los textos científicos no incluyeron la teoría de la evolución hasta la década de 1960. Hacia finales de esa misma década, una nueva generación de fundamentalistas había tomado el relevo de sus antecesores, y esta vez argumentaban que había pruebas científicas que confirmaban la historia de la creación según la Biblia, y que había ciertos descubrimientos que ponían en entredicho la teoría de la evolución. Al final, se les ocurrió la idea de que las escuelas que enseñaban la evolución también dedicaran una atención similar al «creacionismo científico».

Debido a las intensas campañas de presión de grupos fundamentalistas como FLAG y al apoyo del gobernador, Arkansas se convirtió en el primer estado en abrazar legalmente el concepto de creacionismo científico. La propuesta de ley se aprobó sin demasiada oposición: no había demasiados científicos en la cámara, y muchos políticos temían ofender a los grupos conservadores cristianos, que estaban en la cresta de la ola tras haber elegido a un presidente y un gobernador. Después de que el gobernador White firmara la ley, hubo un alud de protestas de los educadores, que no querían verse obligados a enseñar religión como si fuera ciencia; de los líderes religiosos, que querían conservar la separación constitucional entre Iglesia y Estado y de ciudadanos corrientes, que no querían que Arkansas se convirtiera en el hazmerreír de toda la nación.

Frank White fue objeto de las burlas de los opositores a la ley de la ciencia de la creación. George Fisher, el dibujante cómico que me había caricaturizado en un triciclo, a partir de entonces dibujó al gobernador siempre con un plátano a medio pelar en la mano, dando a entender que no había evolucionado del todo y que quizá era el tan buscado «eslabón perdido» entre los humanos y los chimpancés. Cuando ya no pudo ignorar las críticas, el gobernador White dijo que no había leído la propuesta de ley antes de firmarla, con lo cual solo empeoró el aprieto en el que se encontraba. Al final, el juez Bill Overton declaró que la ley del creacionismo científico era inconstitucional. El juez hizo un trabajo magistral en el juicio y dictó un fallo claro y convincente en el que decía que la ley exigía que se enseñara religión, no ciencia, y que, por tanto, transgredía el muro que la Constitución había erigido entre la Iglesia y el Estado. El fiscal general Steve Clark no quiso apelar la sentencia.

Frank White tenía problemas que iban más allá de lo puramente legislativo. Lo peor que hizo fue permitir que la Arkansas Power and Light Company (AP&L), que llevaba años intentando que subieran las tarifas de los suministros públicos de forma sustancial, entrevistara a los candidatos para la Comisión de Servicios Públicos. En cuanto se supo, la prensa machacó al gobernador. La factura de electricidad de la gente iba a subir más bruscamente que el impuesto de matriculación. Ahora tenían un gobernador que quería dar a la AP&L el derecho de aprobar para el cargo a gente que luego decidiría si la empresa podía subir sus tarifas todavía más.

También estaban las meteduras de pata. Cuando el gobernador anunció una misión comercial a Taiwan y Japón, dijo a la prensa lo contento que estaba de ir a Oriente Próximo. El incidente inspiró a George Fisher uno de sus dibujos más divertidos: en él se ve al gobernador y a su equipo saliendo de un avión en medio de un desierto con palmeras, pirámides, árabes con chilabas y un camello. Con una banana en la mano, el gobernador mira a su alrededor y dice: «¡Perfecto! ¡Paremos una de esas calesas arrastradas por criados!».

Mientras sucedía todo esto, hice algunos viajes políticos fuera del estado. Antes de mi derrota, el gobernador John Evans me había invitado a dar un discurso en Idaho en la cena del Día de Jefferson-Jackson. Después de las elecciones, me pidió que fuera de todas formas.

Fui hasta Des Moines, Iowa, por primera vez en mi vida, para hablar en un seminario del Partido Demócrata para cargos estatales y locales. Mi amigo Sandy Berger me pidió que fuera hasta Washington a comer con Pamela Harriman, la esposa del famoso estadista demócrata Averell Harriman, que había sido el enviado de Franklin Roosevelt ante Churchill y Stalin, el gobernador de Nueva York y nuestro negociador en las conversaciones de paz de París con Vietnam del Norte. Harriman conoció a Pamela durante la Seguda Guerra Mundial, cuando ella estaba casada con el hijo de Churchill y vivía en el número 10 de Downing Street. Se casaron al cabo de treinta años, después de que la segunda esposa de Harriman falleciera. Pamela tenía poco más de sesenta años y todavía era una mujer preciosa. Quería que yo me uniera a la junta de Demócratas de los 80, un nuevo comité de acción política que había fundado para recaudar dinero y difundir ideas que ayudaran a los demócratas a recuperar el poder. Tras la comida, acompañé a Pam en su primera entrevista de televisión. Estaba nerviosa y me pidió consejo. Le dije que se relajara y que hablara en el mismo tono coloquial que había usado durante nuestra comida. Me uní a la junta y durante los años siguientes pasé muchas tardes en la casa de Georgetown de los Harriman, llena de recuerdos políticos y de tesoros del arte impresionista. Cuando me convertí en presidente nombré a Pamela Harriman embajadora en Francia, donde se había ido a vivir tras la Segunda Guerra Mundial y la ruptura de su primer matrimonio. Los franceses la adoraban, y fue una embajadora extraordinariamente eficiente. Fue muy feliz en París hasta que murió, cuando todavía estaba en activo, en 1997.

En primavera parecía que el gobernador sería vulnerable en las siguientes elecciones, y comencé a plantearme la posibilidad de tomarme la revancha. Un día cogí el coche para ir de Little Rock a Hot Springs a ver a Madre. A medio camino me detuve en Lonsdale, en el aparcamiento de una gasolinera con supermercado. Su propietario era un hombre importante en la política local y quería saber si pensaba que tenía alguna posibilidad. Se mostró amigable, pero no se pronunció. Mientras regresaba a mi coche, topé con un anciano que vestía un mono de trabajo. Me dijo: «¿No eres Bill Clinton?». Cuando le dije que sí y le estreché la mano, se apresuró a decirme que había votado contra mí. «Soy uno de los que contribuyó a vencerte. Te costé once votos: el mío, el de mi esposa, el de mis dos hijos y sus esposas y el de cinco de mis amigos. Te dimos una buena tunda.» Le pregunté por qué y me dio la respuesta habitual: «Tuve que hacerlo; subiste el precio de las matrículas». Le señalé a un punto de la autopista no muy lejos de donde estábamos y le dije: «¿Te acuerdas de aquella tormenta de hielo que hubo cuando tomé posesión? Esa parte de la carretera se hundió y hubo coches que se quedaron atascados en la fosa. Tuve que llamar a la Guardia Nacional para sacarlos. Salieron fotos en todos los periódicos. Teníamos que arreglar las carreteras». Me respondió: «No me importa. No creo que fuera yo el que tuviera que pagarlo». Por algún motivo, a pesar de todo lo que había dicho, le pregunté: «Déjame preguntarte una cosa. Si me presentara a gobernador, ¿me votarías?». Sonrió y me dijo: «Pues claro. Ahora ya estamos en paz». Fui directo a la cabina de teléfono, llamé a Hillary, le conté la historia y le dije que creía que podíamos ganar.

Me pasé la mayor parte del resto de 1981 viajando y reuniendo apoyos por todo el estado. Los demócratas querían derrotar a Frank White, y la mayoría de mis viejos partidarios me dijeron que si me presentaba me respaldarían. Dos hombres que amaban profundamente nuestro estado y que sentían pasión por la política se tomaron muchas molestias por ayudarme. Maurice Smith era propietario de una granja de cuatro mil hectáreas y del banco de su pequeño municipio natal, Birdeye. Tenía unos sesenta años, era bajo y delgado, de rostro curtido y voz profunda y bronca, que usaba en pocas ocasiones pero que causaba gran impresión. Maurice era listo como un lince y valioso como el oro; llevaba mucho tiempo metido en política, en Arkansas, y era un auténtico demócrata progresista, una virtud que compartía con toda su familia. No tenía una sola célula racista o elitista en todo el cuerpo y me había apoyado tanto en mi programa de autopistas como en el de educación. Quería que me volviera a presentar y estaba dispuesto a llevar la voz cantante en la recaudación de los fondos necesarios para obtener la victoria y en conseguir el apoyo de gente muy respetada que hasta entonces no se había implicado en política. Su mejor golpe lo dio con George Kell, que había llegado al Hall of Fame jugando a béisbol con los Detroit Tigers y era todavía el locutor deportivo de los partidos de los Tigers. A lo largo de su estelar carrera profesional, Kell había conservado su residencia en Swifton, la pequeña ciudad del norte de Arkansas donde había crecido. Allí era toda una leyenda, pero tenía muchos admiradores a lo largo y ancho del estado. Después de que nos conociéramos, aceptó trabajar de tesorero de mi campaña.

El apoyo de Maurice le dio a mi campaña una credibilidad instantánea, que nos hacía mucha falta, porque hasta entonces ningún gobernador de Arkansas había sido elegido, derrotado y luego elegido de nuevo, a pesar de que algunos lo habían intentado. Pero lo que nos aportó Maurice fue mucho más que una mera cuestión de credibilidad; se convirtió en mi amigo, confidente y asesor. Confiaba en él por completo. Era para mí una mezcla de segundo padre y hermano mayor. Durante el tiempo que pasé en Arkansas, participó en todas mis campañas y colaboró siempre con la oficina del gobernador. Dado que a Maurice le gustaba mucho el toma y daca de la política, era especialmente eficaz en obtener la aprobación de las cámaras a mis programas. Sabía cuándo tenía que luchar y cuándo debía pactar. Gracias a él no me metí en tantos líos como en mi primer mandato. Cuando llegué a la presidencia, la salud de Maurice no era buena, pero pasamos una velada muy feliz en el tercer piso de la Casa Blanca recordando nuestros tiempos juntos.

No conozco a una sola persona que no quisiera y respetase a Maurice Smith. Unas semanas antes de que falleciera, Hillary volvió a Arkansas y fue a verle al hospital. Cuando regresó a la Casa Blanca me miró y dijo: «Adoro a ese hombre». En su última semana de vida, hablamos dos veces por teléfono. Me dijo que esta vez no saldría del hospital y que quería que supiera que «estoy orgulloso de todo lo que hicimos juntos y te quiero». Fue la única vez que me lo dijo.

Cuando Maurice murió, a finales de 1998, regresé a casa para hablar en su funeral. Durante mi época de presidente fui a muchos más funerales de amigos de lo que hubiera querido. De camino a Arkansas, pensé en todo lo que había hecho por mí. Había sido el director financiero de todas mis campañas, el maestro de ceremonias de todas mis tomas de posesión, mi jefe de gabinete, miembro del consejo de administración de la universidad, director del Departamento de Autopistas, principal impulsor de las leyes a favor de los discapacitados —que era la causa principal de su mujer, Jane—. Pero sobre todo recordaba el día después de que perdiera las elecciones de 1980, cuando Hillary, Chelsea y yo estábamos de pie en el jardín de la mansión del gobernador. Mientras yo me hundía bajo el peso de la derrota, un hombre pequeño me puso la mano en el hombro, me miró directamente a los ojos y me dijo, con aquella voz deliciosamente grave: «No pasa nada. Volveremos». Todavía echo de menos a Maurice Smith.

El otro hombre que pertenecía a esta misma categoría era L. W. «Bill» Clark, a quien apenas conocía hasta que me buscó en 1981 para hablar de lo que tendría que hacer para recuperar el cargo de gobernador. Bill era un hombre fortachón al que nada divertía más que una buena pelea política, y que comprendía la naturaleza humana en toda su complejidad. Era de Fordyce, en el sudeste de Arkansas, donde poseía una serrería que convertía la madera de roble blanco en duelas para los barriles de jerez y de whisky. Vendía muchas en España. También poseía un par de franquicias de Burger King. Un día, a principios de primavera, me invitó a que le acompañara a las carreras en Oaklawn Park, en Hot Springs. Yo solo llevaba un par de meses fuera del cargo, y a Bill le sorprendió la poca gente que se acercó a nuestro palco a saludar. Pero en lugar de desanimarle, aquella fría acogida despertó sus instintos competitivos. Decidió que iba a hacerme volver al cargo de gobernador por las buenas o por las malas. Durante 1981 fui varias veces a su casa del lago, en Hot Springs, donde hablábamos de política y conocí a los amigos que trataba de reclutar para que nos ayudaran. En aquellas pequeñas cenas y fiestas conocí a mucha gente que aceptó desempeñar un papel importante en mi campaña en el sur de Arkansas. Algunos de ellos jamás me habían apoyado, pero Bill supo ganárselos. Le debo mucho a Bill Clark por todo lo que hizo por mí, durante los once años siguientes, para ayudarme a ganar elecciones y a que se aprobaran mis iniciativas legislativas. Pero ante todo le debo que creyera en mí en unos momentos en los que ni yo mismo lo hacía.

Mientras yo me volcaba en la campaña electoral, Betsey Wright trabajaba para que la mecánica de mi organización fuera perfecta. Durante los últimos meses de 1981, ella, Hillary y yo hablamos con Dick Morris sobre cómo lanzar mi campaña. Siguiendo sus consejos, volé a Nueva York para entrevistarme con Tony Schwartz, un famoso experto en medios políticos, que rara vez salía de su apartamento de Manhattan. Schwartz y sus ideas sobre cómo influir en las decisiones y los sentimientos de los votantes me parecieron fascinantes. Tuve claro que si quería ganar en 1982, solo dos años después de que me echaran del cargo, tenía que ir con mucho cuidado con la gente de Arkansas; no podía decir a los votantes que habían cometido un error al echarme. Por otra parte, si me subestimaba demasiado, me iba a costar mucho convencerles de que me dieran otra oportunidad. Pensé mucho en ese problema mientras Betsey yo trabajábamos con las listas y diseñábamos la estrategia para las primarias y, posteriormente, para las elecciones al cargo.

Mientras tanto, a medida que 1981 se iba acercando a su fin, realicé dos viajes muy distintos que me prepararon para la batalla que me aguardaba. El gobernador Bob Graham me invitó a ir a Florida a hablar en la convención demócrata estatal, que se reunía en la zona de Miami en diciembre, cada dos años. Pronuncié un apasionado alegato para que los demócratas reaccionaran ante los anuncios negativos de los republicanos. Les dije que estaba bien y que había sido bueno dejarles golpear primero, pero que si se empeñaban en dar golpes bajos, debíamos «coger un hacha de carnicero y cortarles las manos». Fue una expresión un poco melodramática, pero la derecha más conservadora se había hecho con las riendas del Partido Republicano y había cambiado las reglas del combate político mientras su héroe, el presidente Reagan, sonreía y daba la impresión de estar por encima de todo aquello. Los republicanos pensaban que podrían ganar elecciones indefinidamente sirviéndose de sus armas de asalto verbales. Y quizá pudieran, pero al menos yo no estaba dispuesto a poner en práctica otra vez el desarme unilateral.

Mi otro viaje fue un peregrinaje con Hillary a Tierra Santa, al que nos acompañó el pastor de la iglesia bautista Immanuel, W. O. Vaught. En 1980, a instancias de Hillary, me había unido a la parroquia de Immanuel y había empezado a cantar en el coro. No asistía regularmente a la iglesia desde que me fui a Georgetown en 1964, y entonces ya había dejado de cantar en el coro unos años antes. Hillary sabía que echaba de menos ir a la iglesia y que admiraba a W. O. Vaught porque había abandonado los sermones sobre la condenación y el fuego del infierno que predicaba al principio de su ministerio, a favor de una cuidadosa enseñanza de la Biblia a su congregación. Creía que la Biblia era la infalible palabra de Dios, pero que poca gente comprendía su verdadero significado. Se sumergió en el estudio de las primeras versiones disponibles de las Escrituras y daba una serie de sermones sobre uno de los libros de la Biblia o sobre algún tema importante de las Escrituras antes de pasar al siguiente. Yo esperaba ansioso durante toda la semana a que llegase el domingo para ir a la galería del coro y desde allí, mientras veía la calva del doctor Vaught, seguir sus enseñanzas sobre el Nuevo y el Viejo Testamento.

El doctor Vaught viajaba a Tierra Santa desde 1938, diez años antes de que se creara el estado de Israel. Los padres de Hillary vinieron desde Park Ridge a cuidar a Chelsea para que nosotros pudiéramos unirnos al grupo que viajó con el doctor en diciembre de 1981. Nos pasamos la mayor parte del tiempo en Jerusalén. Recorrimos los lugares donde estuvo Jesús y conocimos a los cristianos de la ciudad. Vimos el lugar donde los cristianos creen que Jesús fue crucificado y la pequeña caverna donde se piensa que fue enterrado, y desde la que resucitó. También visitamos el muro de las lamentaciones, sagrado para los judíos, y los lugares sagrados musulmanes: la mezquita de al-Aqsa y la Cúpula de la Roca, el lugar desde donde los musulmanes creen que Mahoma subió al cielo para reunirse con Alá. Fuimos a la iglesia del Santo Sepulcro; al mar de Galilea, donde Jesús caminó sobre las aguas; a Jericó, probablemente la ciudad más antigua del mundo y a Masada, donde un grupo de guerreros judíos, los macabeos, resistió el furioso asalto de los romanos durante largo tiempo, hasta que finalmente la fortaleza cayó y sus defensores entraron en el panteón de los mártires. Desde las alturas de Masada, mientras contemplábamos el valle que se extendía a sus pies, el doctor Vaught nos recordó que los mayores ejércitos de la historia, desde Alejandro Magno hasta Napoleón, habían desfilado por allí, y el libro del Apocalipsis dice que en el fin de los tiempos el valle se llenará de sangre.

Ese viaje dejó una marca imborrable en mí. Cuando regresé a casa comprendía mejor mi propia fe, admiraba profundamente a Israel y, por primera vez, tuve un atisbo de las aspiraciones y las quejas de los palestinos. Ese momento marcó el principio de mi obsesión: ver a todos los hijos de Abraham reconciliados sobre el suelo santo en que nacieron nuestras tres religiones.

Poco después de que volviera a casa, Madre se casó con Dick Kelley, un comerciante de productos alimenticios que conocía desde hacía años y con el que llevaba saliendo un tiempo. Hacía siete años que era viuda, y me hizo feliz que se casara de nuevo. Dick era un tipo grande y atractivo al que le gustaban las carreras de caballos tanto como a ella. También le gustaba viajar, y lo hacía a menudo. Con los años llevó a Madre por todo el mundo. Gracias a Dick, Madre fue a Las Vegas muy a menudo, pero también fue a África antes que yo. El reverendo John Miles les casó en una ceremonia muy tierna en casa de Marge y Bill Mitchell, junto al lago Hamilton, una ceremonia que acabó con Roger cantando la canción de Billy Joel, «Just the Way You Are». Con el tiempo Dick me cayó cada vez mejor, y me sentí agradecido por la felicidad que nos trajo a Madre y a mí. Se convirtió en uno de mis compañeros de golf preferidos. Todavía con ochenta y pico años, cuando él jugaba según su hándicap y yo según el mío, me ganaba más de la mitad de las veces.

En enero de 1982 el golf era lo último en lo que pensaba: había llegado el momento de empezar la campaña. Betsey se había adaptado a Arkansas como un pato al agua y había realizado una labor excelente reconstruyendo nuestra organización, con mis viejos partidarios y gente nueva decepcionada con la gestión del gobernador White. La primera decisión importante que debíamos tomar era cómo empezar. Dick Morris propuso que antes de anunciar oficialmente mi candidatura debía aparecer en televisión, admitir los errores que habían causado mi derrota y pedir a los votantes otra oportunidad. Era una idea arriesgada, pero presentarme solo dos años después de haber perdido también lo era. Si volvía a perder, no habría más segundas oportunidades, al menos no durante mucho tiempo.

Rodamos el anuncio en Nueva York, en el estudio de Tony Schwartz. Pensé que solo funcionaría si reconocía honestamente mis errores y prometía el tipo de liderazgo positivo que me había granjeado tantos apoyos la primera vez que me presenté. El anuncio se emitió sin previo aviso el 8 de febrero. Mi cara llenaba la pantalla mientras decía a los votantes que desde mi derrota había viajado por todo el estado hablando con miles de ciudadanos; explicaba que me habían dicho que había hecho algunas cosas buenas, pero que había cometido graves errores, entre ellos aumentar el impuesto de matriculación y que, aunque necesitábamos el dinero para mejorar las carreteras, hice mal en recaudarlo perjudicando a mucha gente. Les dije entonces que cuando era niño «mi padre nunca tuvo que regañarme dos veces por lo mismo», que el estado necesitaba nuevas políticas de educación y de desarrollo económico, áreas en las que lo había hecho bien, y que, si me daban otra oportunidad, sería un gobernador que había aprendido, gracias a la derrota, que «no puedes gobernar sin escuchar a la gente».

El anuncio se convirtió en tema de conversación en todo el estado y, al menos, sirvió para que un número suficiente de votantes se mostrasen dispuestos a darme una oportunidad de ganar. El 27 de febrero, el día del cumpleaños de Chelsea, anuncié oficialmente mi candidatura. Hillary me dio una foto en la que se nos veía a los tres y sobre la que había escrito: «Segundo cumpleaños de Chelsea y segunda oportunidad de Bill».

Prometí centrarme en los tres temas que creía más importantes para el futuro del estado: mejorar la educación, crear más puestos de trabajo y mantener bajas las tarifas del agua, el gas y la electricidad. Además, eran los temas en que el gobernador White era más vulnerable. Había reducido el impuesto de matriculación en dieciséis millones de dólares, pero su Comisión de Servicios Públicos había aprobado una subida de tarifas eléctricas que representaba unos ingresos adicionales de doscientos veintisiete millones de dólares para la Arkansas Power and Light, subida de tarifas que perjudicaba tanto a particulares como a empresas. La recesión nos había costado una gran cantidad de empleos, y los ingresos del estado eran demasiado escasos para dar un impulso serio a la educación.

El mensaje fue bien recibido por el público, pero la gran noticia de aquel día fue que Hillary aceptó finalmente tomar mi apellido. En adelante, se llamaría Hillary Rodham Clinton. Lo habíamos estado discutiendo durante semanas y, finalmente, Hillary se convenció al ver que muchos amigos nuestros decían que, aunque aquello jamás había figurado en nuestras encuestas como algo negativo, molestaba a mucha gente. Incluso Vernon Jordan se lo mencionó cuando vino a visitarnos a Little Rock unos meses atrás. Con los años, Vernon se había convertido en un íntimo amigo nuestro. Era uno de los principales líderes en defensa de los derechos civiles de la nación y una persona en la que sus amigos sabían que podían confiar. Era sureño y nos llevaba los años suficientes como para saber por qué la cuestión del apellido era importante. Irónicamente, la única persona de fuera de nuestro círculo íntimo que me lo mencionó fue un joven abogado progresista de Pine Bluff que era uno de mis mayores seguidores. Me preguntó si me molestaba que Hillary conservara su apellido de soltera. Le dije que no, que ni siquiera había pensado en ello hasta que alguien me lo comentó. Me miró incrédulo y dijo: «¡Venga ya, te conozco, eres un hombre de verdad! ¡Tiene que molestarte!». Me dejó atónito. No sería la primera ni la última vez en que algo que a mucha gente le preocupaba mucho no tenía la menor importancia para mí.

Le dejé muy claro a Hillary que la decisión era completamente suya y que no creía que la cuestión de su apellido fuera a influir en las elecciones. Poco después de que empezáramos a salir me dijo que quería conservar su apellido de soltera; era una decisión que había tomado siendo niña, mucho antes de que se convirtiera en un símbolo de la igualdad de sexos. Estaba orgullosa del legado de su familia y quería conservarlo. Puesto que yo lo que quería era conservarla a ella, me pareció bien. De hecho, fue una de las muchas cosas que me gustaron de ella.

Al final, Hillary decidió, con su habitual sentido práctico, que no valía la pena ofender a la gente solo por conservar su apellido de soltera. Cuando me lo comentó, únicamente le aconsejé que contara a la gente la verdad sobre los motivos de su decisión. En mi anuncio de televisión yo me había disculpado honestamente por cosas que creía sinceramente que habían sido errores. Ahora no se trataba de eso; creía que quedaríamos como unos hipócritas si dábamos a entender que cambiaba su apellido porque habían cambiado sus convicciones. En su declaración, muy directa, terminó diciendo a los electores que en realidad lo había hecho por ellos.

Empezamos la campaña de las primarias siendo los favoritos en las encuestas, pero nos enfrentábamos a una oposición muy dura. Al principio el candidato más fuerte era Jim Tucker, que había perdido las elecciones al Senado hacía cuatro años contra David Pryor. Desde entonces había ganado bastante dinero con la televisión por cable. Él se dirigía a la misma base progresista que yo y había tenido dos años más para cerrar las cicatrices de su derrota. Mi organización en los condados rurales era mejor que la suya, pero había muchos votantes rurales que todavía no me habían perdonado. Tenían una tercera alternativa en Joe Purcell, un hombre decente y sencillo que había sido fiscal general y teniente del gobernador y había hecho un buen trabajo en ambos puestos. A diferencia de Jim Guy y yo, nunca había hecho enfadar a nadie. Joe quería ser gobernador desde hacía mucho tiempo y, aunque su salud ya no era la de antes, creía que podía ganar presentándose como el amigo de todo el mundo y como una persona menos ambiciosa que sus dos jóvenes competidores. Se presentaron dos candidatos más: el senador estatal Kim Hendren, un conservador del noroeste de Arkansas, y mi viejo enemigo, Monroe Schwarzlose. La carrera electoral al puesto de gobernador le mantenía vivo.

Mi campaña se hubiera hundido durante el primer mes si no hubiera aprendido ya, en 1980, el impacto de los anuncios de televisión negativos. Desde el principio, Jim Guy Tucker emitió un anuncio en el que me criticaba por haber conmutado las sentencias de los asesinos en primer grado durante mi primer mandato. Insistió en el caso de un hombre que cumplió su condena y mató a un amigo a los pocos días de haber salido. Los votantes no tenían el caso muy presente, sin embargo mi disculpa por los errores del pasado no les había inmunizado contra ese tipo de críticas. Caí por debajo de Tucker en las encuestas.

La Junta de Indultos y Libertad Condicional me había recomendado conmutar la condena en cuestión por dos motivos. En primer lugar, la junta y los responsables de nuestro sistema de prisiones estaban convencidos de que era más difícil mantener el orden y disminuir la violencia si los condenados a cadena perpetua sabían que jamás les soltarían, sin que importara su buen comportamiento. En segundo lugar, había muchos prisioneros ya ancianos con graves problemas de salud, que costaban al estado mucho dinero. Si se les liberaba, los costes de su tratamientos los cubriría el programa Medicaid, cuyos fondos procedían en su mayoría del gobierno federal.

El caso del que hablaban en el anuncio era excepcional. El hombre que yo había decidido que reunía los requisitos para la libertad condicional tenía setenta y dos años y había cumplido más de dieciséis años de condena por asesinato. Durante todo ese tiempo había sido un prisionero modelo y solo se le había amonestado una vez. Tenía arterioesclerosis, y los médicos de la prisión decían que le quedaba solo un año de vida y que probablemente quedaría totalmente incapacitado a los seis meses, lo que representaría para el presupuesto de la prisión una pequeña fortuna. Además, tenía una hermana en el sudeste de Arkansas que estaba dispuesta a hacerse cargo de él. A las seis semanas de salir en libertad condicional, mientras tomaba una cerveza con un amigo en la camioneta *pick-up* de éste, se pelearon, cogió la escopeta que su amigo tenía en la parte trasera del coche, le disparó y le robó su cheque de la seguridad social. En el período que medió entre su arresto y la celebración del juicio, el juez dejó a aquel anciano de aspecto indefenso bajo la custodia de su hermana. A los pocos días, montó de paquete en una motocicleta que conducía un hombre de treinta años y fue hacia el norte, hasta Pottsville, un pequeño pueblo cerca de Russellville, donde trataron de atracar el banco local entrando en motocicleta por la puerta principal. Aquel viejo estaba enfermo, ciertamente, aunque no en el sentido que creyeron los médicos de la prisión.

No mucho después, en la oficina del secretario del condado de Pine Bluff, estreché la mano a una mujer que me dijo que el hombre asesinado en aquella camioneta era su tío. Tuvo la amabilidad de decirme: «No creo que usted sea responsable de ello. No había forma humana de haber previsto que aquel tipo haría eso». Pero la mayoría de los votantes no perdonaban tan fácilmente. Prometí no volver a conmutar sentencias de convictos por asesinato en primer grado, y dije que trataría que las víctimas tuvieran un papel más importante en las decisiones de la Junta de Indultos y Libertad Condicional.

Devolví el golpe a Tucker; me mantuve fiel a mi propio consejo de dejar que el adversario golpee primero, pero si lo hace, contraatacar echando toda la carne en el asador. Con la ayuda de David Watkins, un ejecutivo de publicidad local que también era de Hope, rodé un anuncio en el que criticaba el historial de votaciones de Jim Guy en el Congreso. De hecho, había votado muy poco porque se había presentado al Senado no mucho después de que comenzara su mandato en la Cámara de Representantes, así que no asistió a muchas votaciones. Uno de los anuncios sobre su escasa asistencia mostraba a dos personas sentadas a una mesa de cocina que estaban comentando que si solo se presentaran a trabajar la mitad de los días, a ellos no les pagarían el sueldo. Intercambiamos golpes por el estilo durante el resto de la campaña. Mientras tanto, Joe Purcell viajaba por el estado en una caravana, estrechando manos y evitando el fuego cruzado de la guerra de anuncios de televisión.

Además de la guerra en las ondas aéreas, también libramos una dura campaña por tierra. Betsey Wright la llevó de forma impecable. Presionaba mucho a la gente y de vez en cuando perdía los nervios, pero todo el mundo sabía que era brillante, que estaba comprometida con la campaña y que era, con mucho, la persona más entregada de todo el equipo. Estábamos tan en sintonía que a menudo ella sabía lo que yo estaba pensando y viceversa antes de que cualquiera de los dos abriera la boca. Eso ahorraba mucho tiempo.

Empecé la campaña viajando por todo el estado con Hillary y Chelsea en un coche que conducía mi amigo y presidente de campaña, Jimmy «Red» Jones, auditor estatal durante veinte años y que todavía contaba con muchos partidarios entre los líderes de las pequeñas ciudades. Nuestra estrategia consistía en ganar Pulaski y demás condados grandes, llevarnos los condados del sur de Arkansas donde yo partía con ventaja, conseguir una gran mayoría del voto negro y darle la vuelta al resultado en los once condados del nordeste de Arkansas, que se habían pasado a Frank White en 1980. Fui a por esos once condados con la misma pasión que puse en ganar los condados rurales del Tercer Distrito en 1974. Hice campaña en todos y cada uno de los pueblos de la región, a menudo pasando allí la noche con algunos nuevos partidarios. Esta estrategia también me atraía votos en las ciudades más grandes, donde la gente se quedaba impresionada al ver en los periódicos fotos mías estrechando manos en lugares que ningún otro candidato visitaba.

Betsey y yo enrolamos también a tres jóvenes líderes negros cuya ayuda terminó siendo fundamental. Rodney Slater dejó el equipo del Fiscal General Steve Clark para ayudarnos. Ya entonces era un orador impresionante, que se servía de su profundo conocimiento de las escrituras para elaborar potentes argumentos a favor de nuestra causa. A Carol Willis le conocía desde sus tiempos de estudiante de derecho en Fayetteville. Era un gran político chapado a la antigua, que conocía a toda la gente importante de las zonas rurales. Bob Nash, que trabajaba sobre desarrollo económico para la Fundación Rockefeller, nos ayudaba por la noche y durante los fines de semana.

Rodney Slater, Carol Willis y Bob Nash se quedaron a mi lado durante los siguientes diecinueve años. Trabajaron para mí durante mi etapa como gobernador. Cuando fui presidente, Rodney fue administrador de las Autopistas Federales y secretario de Transporte. Carol se encargó de que no hubiera malentendidos con la Norteamérica negra en el Comité Demócrata Nacional. Bob comenzó como subsecretario de Agricultura y luego vino a la Casa Blanca como director de Personal y de Agenda. No sé qué hubiera hecho sin ellos.

Quizá el momento más revelador de las primarias tuvo lugar durante una reunión de unos ochenta líderes negros del Delta que querían oírnos, tanto a Jim Guy Tucker como a mí, para decidir a quién apoyar. Tucker ya había obtenido el respaldo de la Asociación para la Educación en Arkansas prometiéndoles a los profesores un gran aumento de sueldo sin que ello comportara una subida de impuestos. Yo había recibido el apoyo de muchos profesores y administradores, que sabían que el pésimo estado de las finanzas estatales iba a impedir que Tucker cumpliera su promesa y que recordaban lo que yo había hecho por la educación durante mi primer mandato. Podía ganar aunque los profesores estuvieran divididos, pero no podía ganar si no conseguía llevarme el voto negro del Delta. Tenía que hacerme con todos ellos.

Se celebró la reunión en el restaurante de barbacoa Jack Crumbly en Forrest City, a unos ciento cincuenta kilómetros al este de Little Rock. Jim Guy ya había pasado por allí y les había dejado una buena impresión. Yo llegaba tarde y estaba cansado, pero lo hice lo mejor que pude; insistí en las personas de color a las que había nombrado para cargos públicos y en mis esfuerzos para que las comunidades negras rurales, de las que jamás se había acordado nadie, dispusieran de sistemas de alcantarillado y agua corriente.

Cuando terminé, un joven abogado de Lakeview, Jimmy Wilson, se levantó para hablar. Era el principal partidario de Tucker en el Delta. Jimmy dijo que yo era un buen hombre y había sido un buen gobernador, pero que ningún gobernador de Arkansas que hubiera perdido una reelección había vuelto a ser elegido. Dijo que Frank White era muy perjudicial para los negros y que era necesario derrotarle. Les recordó que Jim Guy había defendido los derechos civiles en el Congreso y había contratado a algunos jóvenes negros en su equipo. Afirmó que Jim sería tan bueno para los negros como yo, pero que a diferencia de mí, Jim podía ganar. «Me gusta el gobernador Clinton —dijo—, pero es un perdedor. Y no podemos permitirnos perder.» Era un razonamiento muy persuasivo, especialmente porque había tenido las agallas de decirlo estando yo sentado frente él. Podía palpar en el ambiente cómo se me escapaba el apoyo de la gente allí reunida.

Tras unos segundos de silencio, un hombre del fondo se levantó y dijo que le gustaría hablar. John Lee Wilson era el alcalde de Haynes, una pequeña ciudad de unos 150 habitantes. Era un hombre pesado, de altura media, vestido con vaqueros y una camiseta que se hinchaba por el volumen de sus grandes brazos, cuello y estómago. No le conocía demasiado y no tenía ni idea de qué iba a decir, pero jamás olvidaré sus palabras.

«El abogado Wilson ha hecho un buen discurso —comenzó diciendo—, y quizá tenga razón. Puede que el gobernador sea un perdedor. Yo solo sé que cuando Bill Clinton se convirtió en gobernador, la mierda corría al aire libre por las calles de mi ciudad y nuestros bebés enfermaban porque no teníamos alcantarillas. Y nadie hacía nada por nosotros. Cuando se fue del cargo, teníamos alcantarillas y nuestros bebés ya no se ponían enfermos. E hizo lo mismo por muchos de los que estamos aquí. Dejadme que os pregunte algo. Si no ayudamos a la gente que nos ha ayudado, ¿cómo vamos a conseguir que nos respeten? Puede que sea un perdedor, pero si pierde, yo caeré con él. Y vosotros deberíais hacer lo mismo.» Y, como reza el viejo dicho, aquello fue a misa. Fue uno de esos escasos momentos en el que las palabras de un hombre consiguieron cambiar los sentimientos y las decisiones de la gente.

Por desgracia, John Lee Wilson murió antes de que me eligieran presidente. Hacia el final de mi segundo mandato presidencial realicé un viaje al sur de Arkansas para hablar en el instituto Earle. El director de la escuela era Jack Crumbly, el anfitrión de aquella decisiva reunión de casi dos décadas atrás. Allí conté por primera vez en público la historia del discurso de John Lee Wilson. Se emitió por televisión en todo el este de Arkansas. En una pequeña casa de Haynes, la viuda de John Lee Wilson estaba frente al televisor. Me escribió una carta conmovedora diciéndome lo orgulloso que se hubiera sentido John de ver cómo le alababa el presidente. Y por supuesto que le alabé. Porque si no hubiera sido por John Lee es muy probable que ahora estuviera redactando testamentos y acuerdos de divorcio en lugar de este libro.

A medida que se acercaban las elecciones, mi apoyo oscilaba arriba y abajo; había votantes que no se decidían a darme otra oportunidad. Estuve muy preocupado hasta que una tarde conocí a un hombre en un café de Newark, en el nordeste de Arkansas. Cuando le pedí su voto, me dijo: «La última vez voté contra ti, pero ahora voy a votarte». Aunque ya sabía la respuesta, le pregunté por qué había votado contra mí. «Porque subiste mi impuesto de matriculación.» Cuando le pregunté por qué ahora votaría por mí, me dijo: «Porque subiste mi impuesto de matriculación». Le dije que necesitaba todos los votos posibles y que no quería molestarle, pero que no tenía ningún sentido que votara por el mismo motivo por el que anteriormente había votado contra mí. Sonrió y me dijo: «Oh, sí, tiene todo el sentido del mundo. Puede que seas muchas cosas, pero no eres tonto. Tú eres el candidato que es menos probable que vuelva a subir ese impuesto, así que estoy contigo». Añadí su lógica impecable a mi discurso durante el resto de la campaña.

El 25 de mayo gané las primarias con un 42 por ciento del voto. Jim Guy Tucker, gracias al contraataque de mis anuncios y a la fuerza de mi organización, se quedó en un 23 por ciento. Joe Purcell había conseguido que su campaña, en la que se mantuvo al margen de polémicas, pero donde tampoco se definió sobre nada, le llevara hasta el 29 por ciento, con lo que logró un puesto en la segunda vuelta, que tendría lugar dos semanas después. Era una situación peligrosa. Con nuestros anuncios negativos, Tucker y yo habíamos aumentado la percepción negativa que los votantes tenían de ambos; por su lado, Purcell atraía a los demócratas que no habían superado lo del impuesto de matriculación. Tenía posibilidades de ganar, simplemente porque no era Clinton. Durante diez días traté de provocarle, pero fue astuto y se quedó en su caravana estrechando manos. La noche del jueves, antes de la segunda vuelta, recibí una encuesta que decía que estábamos muy igualados. Probablemente eso significaba que yo perdería, porque el votante indeciso habitualmente suele apostar contra el candidato en el cargo, que a todos los efectos era yo. Acababa de rodar y emitir un anuncio que subrayaba nuestras diferencias sobre si la Comisión de Servicios Públicos, que era la que fijaba las tarifas eléctricas, debía elegirse por votación o ser nombrada a dedo, cambio que yo apoyaba y respecto al que Joe estaba en contra. Esperaba que aquel anuncio marcara las diferencias, pero no estaba seguro de que así fuera.

Al mismísimo día siguiente me pusieron la elección en bandeja gracias a un enorme golpe de suerte. Frank White se moría de ganas de que Purcell ganara la segunda vuelta de las primarias. La valoración negativa del gobernador era incluso más alta que la mía, y yo tenía de mi parte una agenda política clara y una campaña organizada. En cambio, White estaba seguro de que la mala salud de Joe Purcell sería un factor decisivo en las elecciones, lo que le garantizaría a él un segundo mandato. La noche del viernes, cuando era demasiado tarde para contraatacar en televisión, Frank White comenzó a emitir un anuncio donde me atacaba por lo del impuesto de matriculación y pedía a la gente que no lo olvidara. Consiguió que se emitiera a todas horas, durante todo el fin de semana, y convenció a sus amigos empresarios de que retiraran sus anuncios para que pudiera entrar el suyo. Vi el anuncio y sabía que podía perjudicarme en una carrera ya de por sí ajustada. No podía responder por televisión hasta el lunes, y entonces sería ya demasiado tarde. Era una estratagema injusta, que posteriormente prohibió un reglamento federal que exige a las cadenas que permitan la emisión de anuncios en respuesta a los ataques de última hora durante el fin de semana, pero en aquellos momentos no contaba con esa posibilidad.

Betsey y yo llamamos a David Watkins y le pedimos que nos abriera su estudio para grabar un anuncio de radio. Trabajamos el guión sobre la marcha y nos vimos con David a eso de las once de la noche. Para entonces Betsey ya tenía listos a un grupo de jóvenes voluntarios que llevaron el anuncio a las emisoras de radio de todo el estado, de modo que pudiera emitirse desde primera hora de la mañana del sábado. En mi respuesta por radio, preguntaba a la gente si había visto el anuncio de White en mi contra y les pedía que reflexionaran sobre los motivos que le habían llevado a interferir en las primarias demócratas. Solo había una respuesta: quería que su rival fuera Joe Purcell, porque estaba seguro de que yo le derrotaría y que Joe no. Yo sabía que la mayoría de los demócratas que votaban en las primarias eran acérrimos opositores del gobernador y que se rebelarían ante aquel intento de manipulación. David Watkins trabajó toda la noche; hizo suficientes copias de nuestro anuncio como para inundar el estado. Los chavales las llevaron en coche hasta las emisoras a eso de las cuatro de la mañana, junto con cheques de mi campaña para comprar mucho tiempo en antena. El anuncio de radio funcionó tan bien que hacia el sábado por la noche, el anuncio de televisión de White ya me favorecía. El lunes emitimos nuestra respuesta también por televisión, pero ya habíamos ganado la batalla. Al día siguiente, 8 de junio, gané la segunda vuelta por un 54 contra un 46 por ciento de los votos. Fue un resultado ajustado. Me llevé la mayoría de los condados grandes y los que tenían un número importante de votantes negros, pero todavía pasaba apuros en los condados demócratas, que no se olvidaban de las matrículas.

En otoño, la campaña contra Frank White fue dura pero divertida. Esta vez la economía jugaba en su contra, y no en la mía, y podía criticarle por su labor al respecto. Fui despiadado con sus vínculos con las compañías de servicios y suministros públicos, y emití anuncios positivos sobre las medidas políticas que yo impulsaba. White contraatacó con un anuncio en el que aparecía un hombre tratando de quitarle las manchas a un leopardo. El anuncio decía que, igual que un leopardo, yo no podía librarme de mis manchas. Dick Morris realizó un anuncio devastador arremetiendo contra Frank White por dejar que las empresas suministradoras de agua, luz y electricidad hubieran subido de forma salvaje sus tarifas y por haber reducido de cuatro a tres el número de recetas médicas que Medicaid subvencionaba a los ancianos. El eslogan del anuncio era «Frank White: blando con las empresas, duro con los ancianos». Nuestro anuncio de radio más divertido fue una respuesta a un aluvión de falsas acusaciones. Nuestro locutor preguntaba si no estaría bien tener un perro guardián que ladrara cada vez que un político dijera algo que no fuera verdad. Entonces un perro ladraba, «¡Guau, guau!». El locutor iba enunciando cada una de las acusaciones y el perro ladraba justo antes de que el locutor las respondiera. En total, creo que había cuatro «¡Guau, guau!». Cuando el anuncio ya llevaba algunos días en antena, los trabajadores me ladraban «¡Guau, guau!» en broma cada vez que les estrechaba la mano en las fábricas durante el cambio de turno. White acabó de consolidar el voto negro para mí cuando dijo que los negros votarían a un pato si se presentara por los demócratas. Poco después de ese comentario, el obispo L. T. Walker, de la Iglesia de Dios en Cristo, dijo a su gente que había que echar a aquel «viejo cerdo» del cargo.

En todas las campañas llega un momento en el que, en el fondo de tu corazón, sabes si vas a ganar o a perder. En 1982 ese momento llegó en Melbourne, la capital del condado de Izard, en el norte de Arkansas. Perdí el condado en 1980 por el tema de la matriculación a pesar de que el congresista estatal local, John Miller, había votado a favor del impuesto. John era uno de los miembros más veteranos de las cámaras legislativas y probablemente sabía más que nadie sobre el gobierno de Arkansas. Se volcó mucho en mi campaña, y me organizó una visita a la fábrica de componentes para aviones McDonnell Douglas.

A pesar de que los trabajadores pertenecían al sindicato United Auto Workers, yo estaba nervioso, pues habían votado contra mí hacía dos años. Me recibió en la puerta de entrada Una Sitton, una buena demócrata que trabajaba de cara al público. Una me dio la mano y me dijo: «Bill, creo que vas a disfrutar». Abrimos la puerta de la planta y casi me tira al suelo el volumen al que sonaba «City of New Orleans», una mis canciones preferidas, cantada por Willie Nelson y compuesta por Steve Goodman. Yo entré justo en el primer verso del estribillo: «Buenos días América, ¿cómo estás? ¿No me reconoces? Soy tu hijo nativo». Los trabajadores me dieron una ovación. Todos menos uno llevaban chapas de mi campaña. Pasé por todas las filas, dando la mano al ritmo de la música y conteniendo las lágrimas. Supe que la elección era cosa hecha. Mi gente traía al hijo pródigo de vuelta a casa.

Hacia el final de casi todas mis campañas, me presentaba en el turno de la mañana de la fábrica de sopas Campbell en Fayetteville, donde los trabajadores preparaban pavos y pollos para las sopas. A las cinco de la mañana tenía lugar el cambio de turno más madrugador de toda Arkansas. Aquel día de 1982, llovía y hacía frío cuando empecé a estrechar manos en la oscuridad. Un hombre bromeó diciendo que había pensado votar por mí, pero que se lo pensaría mejor y quizá votara por alguien con el suficiente sentido común como para no hacer campaña a oscuras bajo aquella lluvia helada.

Aprendí mucho durante aquellas oscuras mañanas. Nunca olvidaré a un hombre que trajo en coche a su mujer. Cuando se abrió la puerta de su camioneta vi que entre los dos había tres niños pequeños. El hombre me dijo que tenían que despertar a los niños a las cuatro menos cuarto cada mañana. Después acompañaba a su mujer al trabajo y dejaba a los niños en casa de una niñera que les llevaba al colegio, pues él tenía que estar en el trabajo a las siete.

Es fácil para un político metido en esta cultura de medios de masas creer que las elecciones se reducen a recaudar fondos, dar mítines, grabar anuncios y hacer un par de debates. Puede que todo esto sea suficiente para que los votantes tomen una decisión informada e inteligente, pero los candidatos se pierden muchas cosas, entre ellas la lucha de la gente que bastante hace con sobrevivir un día más y que intenta criar a sus hijos lo mejor que puede. Decidí que si aquella gente me daba una segunda oportunidad, jamás les olvidaría.

El 2 de noviembre me dieron esa oportunidad. Gané con el 55 por ciento de los votos; me llevé cincuenta y seis de los setenta y cinco condados y perdí dieciocho condados del oeste republicano de Arkansas y uno en el sur. La mayoría de los condados rurales volvió a apoyarme, aunque en muchos de ellos por un margen muy estrecho. Donde el margen no fue nada estrecho fue en Pulaski, el condado más grande. Arrasé en los once condados del nordeste de Arkansas, donde habíamos trabajado especialmente duro. Además, el voto negro me apoyó masivamente.

Una líder negra que me gustaba especialmente, Emily Bowens, era alcaldesa de la pequeña comunidad de Mitchellville, en el sudeste de Arkansas. La había ayudado durante mi primer mandato y me devolvió el favor con creces: gané Mitchellville en las primarias contra Purcell por 196 votos a 8. Cuando la llamé para agradecerle que me hubiera conseguido el noventa y seis por ciento de los votos, se disculpó por no haberme podido conseguir los ocho votos que habíamos perdido. «Gobernador, voy a encontrar a esas ocho personas y las voy a poner en solfa para noviembre», me prometió. El 2 de noviembre me llevé Mitchellville por 256 votos a cero. Emily no solo había conseguido convencer a aquellas ocho personas, sino que había logrado que acudieran a votar cincuenta y seis más.

Tras las elecciones, me llamó gente de toda la nación. Ted Kennedy y Walter Mondale llamaron, como habían hecho en 1980. Y recibí algunas cartas maravillosas. Una de ellas, de un remitente inesperado: el general James Drummond, que había dirigido las tropas durante la crisis de los cubanos en Fort Chaffee dos años atrás. Dijo que estaba encantado con mi victoria, porque «aunque pudiera parecer que en Fort Chaffee marchábamos al son de dos tambores distintos... aprecio y valoro su capacidad de liderazgo, sus principios y su disposición a levantarse y defender a la gente de Arkansas». Yo también admiraba a Drummond, y su carta significó más para mí de lo que él pudo imaginar.

Los demócratas obtuvieron buenos resultados en toda la nación y especialmente en el Sur, donde se llevaron la mayoría de los treinta y seis cargos de gobernador y obtuvieron escaños en la Cámara de Representantes, que habían quedado libres principalmente por la complicada situación económica de Estados Unidos. Entre los nuevos gobernadores había dos, aparte de mí, que ya habían ocupado el cargo: George Wallace, de Alabama, que, desde su silla de ruedas, se había disculpado ante sus votantes negros por su pasado racista, y Michael Dukakis, de Massachusetts. Como yo, había perdido el cargo tras su primer mandato y acababa de vencer al hombre que le derrotó a él.

Mis seguidores estaban eufóricos. Después de una larga e histórica campaña, tenían todo el derecho a celebrarlo por todo lo alto. En cambio, yo me sentía extrañamente apagado. Estaba contento, pero no sentía la necesidad de regocijarme en mi victoria. No culpaba a Frank White por haberme vencido la última vez o por querer que le reeligieran. Yo perdí a causa de mis propios errores. Lo que yo sentía aquella noche electoral, y lo que sentí durante los días siguientes, fue una profunda y serena gratitud hacia la gente del estado al que tanto amaba por haberme dado una segunda oportunidad. No les decepcionaría.

VEINTITRÉS

El 11 de enero de 1983 juré el cargo por segunda vez, ante la mayor concentración de gente que jamás había asistido a una toma de posesión en nuestro estado. Los asistentes a la celebración me habían rescatado de la muerte política, y su apoyo me mantuvo en el cargo de gobernador durante diez años más, el período de tiempo más largo que he pasado en un trabajo.

El reto al que me enfrentaba era mantener mi promesa de ser más receptivo con la gente, al tiempo que cumplía con mi compromiso de hacer avanzar a nuestro estado. La tarea no era fácil, pero era todavía más esencial dadas las sombrías perspectivas económicas. La tasa de paro del estado era del 10,6 por ciento. En diciembre, como gobernador electo, había ido a Trumann, en el nordeste de Arkansas, para estrechar la mano de seiscientos trabajadores de la fábrica Singer, que llevaba décadas haciendo armarios de madera para máquinas de coser; aquellos hombres salían de unas instalaciones que jamás volverían a pisar. El cierre de la fábrica, uno de los muchos que tuvimos que soportar durante los anteriores dos años, fue un golpe mortal para la economía del condado de Poinsett y tuvo un impacto demoledor en la moral del resto del estado. Aún puedo ver la mirada de desesperación en los rostros de muchos trabajadores de la Singer. Sabían que habían trabajado mucho y que su fuente de ingresos desaparecía, arrastrada por fuerzas que ellos no podían controlar.

Otra consecuencia del maltrecho estado de la economía fue una reducción de los ingresos del estado, que a su vez conllevó la disminución de fondos para la educación y otros servicios esenciales. Para mí estaba claro que salir de aquel aprieto requería que concentrase la atención del estado, y la mía propia, en la educación y el empleo. Y eso hice durante los diez años siguientes. Incluso cuando mi administración aprobó importantes iniciativas en sanidad, medioambiente, reforma penitenciaria y demás, o incluso mientras aumentaba las cuotas de las minorías o de las mujeres en puestos de responsabilidad, jamás dejé que el foco de atención se alejara en exceso de la educación y el empleo. Eran las claves para aumentar las oportunidades y aspiraciones de nuestra población y también eran esenciales para que yo conservara el apoyo político necesario para seguir adelante con mi programa de reformas progresistas. Durante mi primer mandato había aprendido que si distribuía el tiempo por igual entre todas mis responsabilidades, corría el riesgo de que en la mente del público todo se volviera borroso y no quedara ninguna noción concreta de las cosas importantes que se llevaban a cabo. Mi viejo amigo George Frazier, de Hope, dijo una vez a un reportero: «Si Bill tiene algún defecto, y creo que todos tenemos alguno, es que ve todas las cosas que aún quedan por hacer». Jamás corregí del todo ese defecto, y traté de emprender muchas iniciativas, pero durante la siguiente década concentré principalmente mis energías, y mis declaraciones públicas, en la educación y el empleo.

Betsey Wright había hecho un trabajo tan espléndido durante la campaña que estaba convencido de que podría dirigir el despacho del gobernador. Al principio también pedí a Maurice Smith que fuera secretario ejecutivo, para añadir un poco de experiencia en el equipo y garantizar la cordialidad en las relaciones con los representantes de trayectoria más prolongada, con los grupos de presión y con los intermediarios del poder. Formé un sólido equipo para los temas de educación, con Paul Root, mi antiguo profesor de historia, y Don Ernst. Mi asesor legal, Sam Bratton, que había estado conmigo en la oficina del fiscal general, también era un experto en legislación educativa.

Nombré a Carol Rasco mi ayudante para Servicios Sanitarios y de Asistencia Social. Su preparación procedía de sus experiencias personales: su hijo mayor, Hamp, había nacido con parálisis cerebral. Mientras luchaba por su derecho a la educación, entre otros, adquirió un detallado conocimiento de los programas federales y estatales para los disminuidos psíquicos y físicos.

Convencí a Dorothy Moore, de Arkansas City, en el sudeste profundo de Arkansas, para que recibiera a las visitas y atendiera las llamadas de teléfono. La señorita Dorothy ya había cumplido los setenta cuando empezó, y se quedó hasta que dejé el cargo de gobernador. Y finalmente, busqué a una nueva secretaria. Barbara Kerns se había cansado de la política y se quedó en el bufete Wright. A principios de 1983, contraté a Lynda Dixon, que cuidó de mí durante una década y siguió trabajando en mi oficina de Arkansas cuando me convertí en presidente.

Mi nombramiento más destacado fue Mahlon Martin, como Director de Administración y Finanzas, probablemente el cargo más importante en el gobierno estatal después del de gobernador. Anteriormente, Mahlon era gestor local en Little Rock, y muy bueno. Era negro, y de Arkansas de pies a cabeza: siempre quería tomarse libre el primer día de la temporada de caza. En los momentos difíciles era muy creativo, hallando soluciones para los problemas presupuestarios, pero siempre fue muy responsable fiscalmente. Durante los ochenta, en uno de nuestros dos ciclos presupuestarios de dos años, tuvo que reducir el gasto seis veces para equilibrar la contabilidad.

Poco después de convertirme en presidente, Mahlon empezó una larga batalla contra el cáncer, que finalmente perdió. En junio de 1995, volví a Little Rock para inaugurar los apartamentos Mahlon Martin, una iniciativa para gente trabajadora con ingresos reducidos. Mahlon murió dos meses después de aquello. Jamás trabajé con un funcionario público más preparado y entregado.

Betsey se ocupó de organizar mi agenda de forma distinta a como se hizo en mi primer mandato. Entonces, la opinión pública me consideraba inaccesible, en parte porque acepté muchos compromisos —como actos públicos y pronunciar discursos— que me tenían todo el día fuera del estado. Ahora me pasaba más tiempo en el despacho y dedicaba una atención más personalizada a los representantes cuando éstos estaban reunidos; incluso hacíamos unas timbas de cartas, después de las sesiones, en las que me lo pasaba muy bien. Cuando asistía a actos fuera de la ciudad, era generalmente a petición de alguno de mis seguidores. Con mi presencia intentaba recompensar a la gente que me había ayudado; de ese modo ellos reforzaban su posición en sus comunidades y también contribuía a mantener viva nuestra organización.

No importaba lo lejos que fuera el acto ni cuánto durara; siempre volvía a casa por la noche para poder estar ahí cuando Chelsea se despertara. Así podía compartir el desayuno con ella y con Hillary, y cuando Chelsea se hizo mayor, llevarla a la escuela. Lo hice cada día, hasta que me presenté como candidato a la presidencia. También puse un pequeño pupitre en el despacho del gobernador, donde Chelsea podía sentarse para leer o dibujar. Me encantaban los momentos que pasábamos así, los dos sentados en nuestras mesas, trabajando. Los días que la profesión de Hillary la obligaba a llegar tarde por la noche, o a pasarla fuera, yo trataba de estar en casa. Cuando Chelsea fue a la guardería, a ella y a sus compañeros les preguntaron qué hacían sus papás para ganarse la vida. Ella contestó que su madre era abogada y que su padre «habla por teléfono, bebe café y da *iscursos*». A la hora de ir a dormir, Hillary, Chelsea y yo rezábamos una breve oración frente a su cama, y luego Hillary o yo le leíamos un cuento. A veces, yo estaba tan cansado que me dormía leyendo y entonces ella me despertaba con un beso. Me gustaba tanto que a veces fingía dormirme.

Una semana después de iniciar mi mandato, pronuncié mi Discurso del Estado del Estado frente a los representantes de la asamblea legislativa; hice algunas recomendaciones para hacer frente a la grave crisis presupuestaria y les pedí que hicieran cuatro cosas que en mi opinión ayudarían a la economía: dar más autoridad a la Agencia de Desarrollo de la Vivienda de Arkansas, para que emitiera bonos públicos con el fin de aumentar el número de viviendas y fomentar la creación de empleo; promover complejos de empresas en las zonas de mayor desempleo, para incentivar más las inversiones en las mismas; aplicar rebajas fiscales a los empresarios que crearan nuevos empleos y crear una Autoridad de la

Ciencia y la Tecnología de Arkansas, siguiendo el ejemplo de la Autoridad Portuaria de Nueva York y New Jersey, para desarrollar las posibilidades científicas y tecnológicas del Estado. Estas medidas, que se convirtieron todas en ley, fueron los precedentes de iniciativas similares que tomé cuando me convertí en presidente, también en un momento de problemas económicos.

Luché en defensa de mis reformas sobre las compañías de suministros públicos, entre ellas la elección popular de los miembros de la Comisión de Servicios Públicos, pero era consciente de que no conseguiría aprobarlas todas, debido a que la Arkansas Power and Light y otras empresas del ramo tenían mucha influencia en la asamblea legislativa. Tuve que conformarme con designar comisionados que se encargaran de proteger los intereses de la gente y la economía del estado sin provocar la bancarrota de las compañías eléctricas.

Hice propuestas de ley, que terminaron aprobándose, de algunas modestas mejoras educativas, incluida una medida que exigía una oferta obligatoria de guarderías en todos los distritos y una ley que permitía a los estudiantes matricularse de la mitad de sus asignaturas en el distrito escolar más cercano, si dicha oferta lectiva no existía en su distrito natal. Eso era importante, porque muchos de los distritos más pequeños no daban clases de química, física, matemáticas avanzadas o idiomas extranjeros. También pedí a la asamblea que subiera el impuesto sobre el tabaco, la cerveza y el licor, y que dedicara más de la mitad de esos nuevos ingresos a la educación y a las escuelas. Era todo lo que podíamos hacer, dada nuestra situación financiera y el hecho de que estábamos a la espera de un fallo del tribunal supremo estatal sobre un caso: los demandantes afirmaban que, puesto que el sistema financiero de nuestras escuelas era tan desigual en la distribución de fondos, era inconstitucional. Si el tribunal fallaba a favor, cosa que yo esperaba, planeaba convocar una sesión especial de la asamblea legislativa para estudiar qué acciones debíamos tomar. Según lo estipulado, la asamblea solo debía reunirse durante sesenta días cada dos años. Aunque los representantes solían quedarse unos días más, siempre surgía algo que me obligaba a llamarles de vuelta. La decisión del tribunal supremo sería la razón esta vez. No sería una sesión fácil, pero quizá nos proporcionaría la oportunidad de hacer algo realmente grande por la educación, porque la asamblea legislativa, el público y la prensa se concentrarían en el tema de una forma que resultaría imposible repetir en una sesión ordinaria, cuando sucedían demasiadas cosas a la vez.

En abril, la Comisión Nacional para la Excelencia Educativa, nombrada por el secretario de Educación, Terrell Bell, emitió un informe contundente titulado *Una nación en peligro*. El informe señalaba que, sobre diecinueve exámenes internacionales distintos, los estudiantes norteamericanos jamás eran primeros o segundos, y quedaban los últimos siete veces; que 23 millones de norteamericanos adultos, el 13 por ciento de todos los jóvenes de diecisiete años, y casi un 40 por ciento de estudiantes pertenecientes a las minorías eran analfabetos funcionales; el rendimiento medio de los estudiantes de instituto en exámenes estándar era más bajo que el de hacía veintiséis años, cuando se lanzó el *Sputnik;* los resultados del principal examen de ingreso a la universidad, el Examen de Aptitud Académica, habían empeorado desde 1962; una cuarta parte de todas las clases de matemáticas universitarias eran de recuperación —es decir, enseñaban cosas que tendrían que haberse aprendido en el instituto o antes—; los líderes empresariales y militares informaban que cada vez se veían obligados a gastar más dinero en clases de recuperación y, por último, ese descenso del nivel educativo se producía en unos momentos en que la demanda de trabajadores altamente cualificados aumentaba rápidamente.

Hacía apenas cinco años, el doctor Kern Alexander había dicho que los niños estarían mejor en las escuelas de fuera del estado de Arkansas. Si toda nuestra nación corría peligro, estábamos en cuidados intensivos. En 1983, 265 de nuestros institutos no daban clases de biología avanzada, 217 no tenían asignaturas de física y 177 no impartían ningún idioma extranjero. En 164 no se podían cursar matemáticas, y en 126 no había clases de química. En la sesión ordinaria de 1983, pedí a la asamblea legislativa que autorizara la formación de un Comité de Estándares Educativos, compuesto de quince miembros, para que hiciera recomendaciones concretas sobre el diseño de nuevos currículos. Formé un comité capaz y plenamente representativo y pedí a Hillary que fuera la presidenta. Había hecho un excelente trabajo dirigiendo el Comité de Sanidad Rural y en la junta de la Corporación Nacional de Servicios Legales durante mi primer mandato. Era muy buena organizando comités, los niños le importaban mucho y al escogerla a ella enviaba un mensaje claro acerca de lo esencial que era el tema de la educación para mí. Mi argumentación era sólida, pero aun así era un movimiento arriesgado, porque cualquier cambio importante que fuéramos a proponer sin duda molestaría a uno u otro grupo de interés.

En mayo, el tribunal supremo estatal declaró que nuestro sistema de financiación escolar era anticonstitucional. Teníamos que diseñar una nueva fórmula de ayudas y luego conseguir la financiación para ello. Solo había dos alternativas: redistribuir el dinero de los distritos más ricos y más pequeños para dárselo a los más pobres y con mayor ritmo de desarrollo, o generar suficientes ingresos para financiar equitativamente a todos sin perjudicar a los distritos que actualmente recibían un exceso de financiación. Puesto que ningún distrito quería que sus escuelas perdieran fondos, el tribunal nos dio la mejor oportunidad que jamás tendríamos para aumentar los impuestos para la educación. El comité de Hillary celebró sesiones en cada condado del estado durante el mes de julio y obtuvo consejos de los educadores y del público. Me entregó su informe en septiembre, y yo anuncié que convocaría una sesión legislativa el 4 de octubre para hacer frente al tema de la educación.

El 19 de septiembre, pronuncié un discurso por televisión para explicar lo que contenía el programa de educación. También defendí un aumento del uno por ciento en el impuesto al consumo y una subida del impuesto de extracción del gas natural, para financiar el programa. Pedí a la gente que apoyara estas medidas. A pesar de que habíamos trabajado duro para conseguir apoyos para el programa, aún existía en el estado un fuerte sentimiento contra los impuestos, agravado por lo mal que iba la economía. En las elecciones anteriores, un hombre de Nashville, Arkansas, me pidió que si ganaba solo hiciera una cosa: gastar sus dólares de contribuyente igual que si viviera como él, con unos ingresos de 150 dólares semanales. Otro hombre, que estaba trabajando en la construcción del nuevo hotel Excelsior en Little Rock, me pidió que recordara que, aunque el estado siempre necesitaba más dinero, aquel era su último día de trabajo y no tenía ningún empleo en perspectiva. Tenía que ganarme a aquellas personas para la causa.

En mi discurso, afirmé que no podíamos crear nuevos empleos sin mejorar la educación y cité ejemplos de mi propio esfuerzo para atraer a empresas de alta tecnología a la región. Luego dije que no podríamos avanzar realmente mientras «seamos los últimos en gasto educativo por alumno, salarios de maestros e impuestos locales y estatales per cápita». Lo que teníamos que hacer era aumentar el impuesto al consumo y aprobar la normativa de niveles educativos propuesta por el comité de Hillary, «con unas normas de calidad que cuando se pongan en práctica, serán las mejores de la nación».

Las normas incluían guarderías obligatorias; un máximo de dieciséis a veinte alumnos por clase hasta el tercer curso; terapeutas en todas las escuelas primarias; exámenes obligatorios para todos los estudiantes de tercer, sexto y octavo curso, con la obligación de repetir para aquellos que suspendieran en octavo; la obligación de que todas las escuelas con más de un 15 por ciento de fracaso escolar diseñaran un plan de mejora del rendimiento y, si sus estudiantes no mejoraban sus notas en dos años, la posibilidad de realizar cambios en la dirección de la escuela; más asignaturas de matemáticas, ciencias e idiomas extranjeros; un currículo obligatorio, durante el instituto, de cuatro años de inglés y tres de matemáticas, ciencia e historia o ciencias sociales; más tiempo de dedicación al trabajo académico durante el horario escolar y un incremento del año lectivo de 175 a 180 días; oportunidades especiales para los niños superdotados y con talento y, por último, escolaridad obligatoria hasta los dieciséis años. Hasta entonces, los estudiantes podían abandonar después de octavo curso, y muchos lo hacían. Nuestra tasa de abandono era superior al 30 por ciento.

La propuesta más polémica fue la obligación para maestros y administradores de someterse al Examen Nacional para el Profesorado en 1984, «según los mismos estándares aplicados actualmente a los nuevos licenciados que se someten al examen». Recomendé que los profesores que suspendieran recibieran clases de actualización gratis y que tuvieran la oportunidad de hacer el examen tantas veces como fuera necesario, hasta 1987, cuando los estándares educativos escolares entrarían plenamente en vigor.

También propuse mejoras en la educación superior y la formación profesional y tripliqué el programa de educación para adultos, para ayudar a los que habían abandonado la escuela y querían obtener un diploma de bachillerato.

Al final del discurso, pedí a la gente que se sumara a Hillary y a mí y que llevara lazos azules, para demostrar su apoyo al programa y nuestra convicción de que Arkansas podía convertirse en un estado «de lazo azul», en primera fila de la excelencia educativa. Emitimos anuncios por radio y televisión para pedir el apoyo del público, y distribuimos cientos de tarjetas informativas para que la gente las enviara a sus representantes; también repartimos decenas de miles de lazos azules. Mucha gente los llevó cada día hasta que la sesión legislativa terminó. El público empezaba a creer que podíamos hacer algo especial.

Era un programa ambicioso; pocos estados por aquel entonces exigían un currículo base tan sólido como el que yo propuse, y ninguno establecía que los estudiantes de octavo tuvieran que superar un examen antes de ir al instituto. Unos pocos pedían la aprobación de un examen en onceavo o doceavo curso, para obtener un diploma, pero para mí eso era como cerrar la puerta del establo cuando la vaca ya se ha escapado. Quería que los estudiantes tuvieran tiempo de recuperar asignaturas. Ningún estado obligaba a que hubiera terapeutas en la escuela primaria, aunque cada vez más y más niños y adolescentes procedían de hogares problemáticos, y tenían traumas emocionales que dificultaban su aprendizaje. No había ningún estado que permitiera a su departamento de educación realizar cambios en la dirección de las escuelas que tuvieran rendimientos bajos. Nuestras propuestas iban mucho más allá de las del informe *Una nación en peligro*.

Con mucho, lo que nos dio más problemas fue el programa de exámenes al profesorado. La Asociación para la Educación de Arkansas se puso como una furia y me acusó de degradar a los profesores y utilizarles como cabezas de turco. Por primera vez en mi vida, me acusaban de racismo, bajo la hipótesis de que un porcentaje más alto de educadores negros no aprobaría el examen. Los cínicos nos acusaban a Hillary y a mí de tratar de darnos importancia, para conseguir más popularidad entre gente que de otro modo criticaría cualquier aumento de impuestos. Aunque era cierto que el examen para profesores era un fuerte símbolo de responsabilidad para mucha gente, la razón para convocarlo procedía de las sesiones que el Comité de Estándares Educativos había mantenido por todo el estado. Mucha gente se quejaba de profesores en concreto, que no sabían suficientemente las materias que impartían, o que carecían de conocimientos ortográficos y gramaticales básicos. Una mujer me entregó una nota que el profesor le había mandado a través de su hijo. De las veintidós palabras que contenía, tres tenían faltas. No tenía ninguna duda de que la gran mayoría de profesores estaban preparados y se entregaban a su labor, y sabía que muchos de los que tenían problemas habían recibido desde el principio una educación deficiente; por esto, se garantizaba la posibilidad de asistir a clases de recuperación y volver a realizar la prueba tantas veces como fuese necesario. Pero si íbamos a subir los impuestos para mejorar la paga de los maestros y si las normas de calidad de la enseñanza iban a aplicarse para los alumnos, los profesores tenían que ser capaces de impartirlas.

La asamblea legislativa se reunió durante treinta y ocho días, para ponderar las cincuenta y dos propuestas de ley de mi proyecto, y algunas otras planteadas por los propios legisladores. Hillary hizo una presentación brillante frente al Congreso y el Senado, lo que motivó que el representante Lloyd George, del condado de Yell, dijera: «¡Parece que hemos escogido al Clinton equivocado!». Teníamos opositores en tres flancos: la gente en contra de la subida de impuestos; los distritos escolares rurales que temían ser integrados por no poder cumplir con las normativas de calidad y la Asociación para la Educación de Arkansas, AEA, que amenazaba con defenestrar a cualquier representante que votara a favor de los exámenes para el profesorado.

Contrarrestamos el argumento de que el examen era degradante para los profesores con una declaración firmada por diversos maestros del Central High de Little Rock, mayoritariamente reconocido como el mejor instituto del estado. Dijeron que se alegraban de someterse al examen, para así reforzar la confianza del público en su labor. Para desmentir la afirmación de que el examen era racista, convencí a un grupo de destacados pastores negros para que apoyaran mi decisión. Y así lo hicieron: sostuvieron que los niños negros eran los que más necesitaban buenos profesores, y que los que no pasaran el examen a la primera tendrían más ocasiones para presentarse. También obtuve el inestimable apoyo del doctor Lloyd Hackley, el primer rector afroamericano de la Universidad de Arkansas, en Pine Bluff, una institución con un alumnado mayoritariamente negro. Hackley había hecho una labor excelente en la UAPB, y era miembro del Comité de Estándares Educativos de Hillary. En 1980, cuando los licenciados tuvieron que pasar un examen para obtener un certificado y poder enseñar, el 42 por ciento de los estudiantes de la UAPB no aprobaron. En 1986, la tasa de aprobados había aumentado de manera espectacular. Los diplomados en enfermería del doctor Hackley fueron los que más mejoraron en el mismo período. Él sostenía que los estudiantes negros no habían progresado tanto como otros a causa de los bajos estándares y las expectativas reducidas, no por la discriminación. Los resultados demostraron que tenía razón. Él creía en sus estudiantes, y obtenía mucho de ellos. Todos los niños necesitan educadores como él.

Hacia el final de la sesión legislativa, daba la impresión de que la AEA iba a lograr tumbar la propuesta de ley del examen para profesores. Yo iba y venía sin cesar del Senado al Congreso y viceversa, para convencer a la gente y cerrar tratos que nos dieran votos. Finalmente, tuve que amenazar con no aprobar mi propia propuesta de ley sobre el impuesto al consumo si no se aprobaba también la ley sobre el examen del profesorado.

Era una táctica arriesgada; podría haber perdido ambas propuestas de ley. Los sindicatos se oponían al aumento del impuesto al consumo; decían que era injusto para las familias trabajadoras porque yo no había logrado garantizar una devolución del impuesto sobre la renta como compensación por el impuesto al consumo sobre los productos de alimentación. La oposición de los sindicatos atrajo algunos votos liberales al grupo de los que protestaban contra los impuestos, pero no pudieron hacerse con la mayoría. Desde el principio hubo un gran apoyo al programa, y cuando llegó la hora de votar sobre el impuesto, habíamos aprobado una nueva fórmula y los estándares se habían aceptado. Sin un aumento impositivo, muchos distritos perderían las ayudas estatales, según la nueva fórmula, y la mayoría se verían obligados a promulgar grandes aumentos de los impuestos inmobiliarios para cumplir con los estándares. El último día de la sesión lo logramos todo: los estándares, la ley de examen del profesorado y el aumento del impuesto al consumo.

Estaba eufórico, y absolutamente agotado, cuando me lancé al coche para conducir casi noventa y siete kilómetros hacia el norte y asistir a la noche anual del gobernador en Fairfield Bay, un pueblo de jubilados lleno de gente de clase media que llegaba a Arkansas desde el norte en busca de una región más cálida, que, además, aún tenía cuatro estaciones e impuestos bajos. La mayoría, entre ellos muchos profesores jubilados, apoyaban el programa de educación. Uno de ellos, carpintero aficionado, construyó para mí una pequeña escuela de color rojo, con una placa conmemorativa de mis esfuerzos.

A medida que se calmaban los ánimos, Arkansas empezó a recibir amplia cobertura periodística de signo positivo a causa de nuestras reformas educativas, incluidos los elogios del secretario de Educación Bell. Sin embargo, la AEA no se rindió; presentó una demanda contra la ley de exámenes. Peggy Nabors, presidenta de la AEA, y yo sostuvimos un acalorado debate en el programa de Phil Donahue, uno de los muchos que tuvimos en los medios de comunicación nacionales. La empresa propietaria del sistema del Examen Nacional del Profesorado se negó a dejarnos utilizarlo para profesores ya en activo; argumentaba que era una buena medida para saber si alguien puede convertirse en enseñante, pero no para decidir si un profesor debe o no seguir enseñando. De modo que nos vimos obligados a desarrollar un examen enteramente nuevo. Cuando establecimos el examen para profesores y administradores, en 1984, un 10 por ciento no lo aprobó. Fue el mismo porcentaje que siguió sin aprobar en subsiguientes intentos. Al final, 1.215 profesores, un 3,5 por ciento del total, tuvieron que abandonar las aulas porque eran incapaces de aprobar el examen. Otros 1.600 perdieron su certificado de enseñantes porque jamás se presentaron. En las elecciones de 1984, la AEA se negó a apoyarme, al igual que a muchos de los aliados de la educación que había en la asamblea legislativa, a causa de la ley de exámenes. Sus esfuerzos solo lograron defenestrar a un legislador, mi vieja amiga la senadora Vada Sheid, de Mountain Home, que me había cosido un botón de la camisa cuando la conocí en 1974. Los profesores iban de puerta en puerta para apoyar al que se oponía a ella, Steve Luelf, un abogado republicano que había llegado a Arkansas desde California. No hablaban del examen al profesorado; pero, desafortunadamente, Vada tampoco. Cometió un error muy habitual en los candidatos que apoyan la posición de una mayoría desorganizada pero se enfrentan a una minoría movilizada y organizada. La única forma de sobrevivir al ataque es asegurarse de que el tema en cuestión importe tanto a los que votan a tu favor como les importa a los que van a votar en tu contra. Vada solo quería que aquello se olvidara. Siempre me sentí mal por el precio que tuvo que pagar para ayudar a nuestros niños.

Durante los dos años siguientes, el salario de los maestros ascendió a 4.400 dólares, la tasa de aumento más rápida de la nación. Aunque todavía estábamos en el puesto cuarenta y seis, por fin nos situamos por encima de la media nacional del salario de los maestros, en el porcentaje del ingreso per cápita estatal, y casi en la media nacional en gasto por alumno. Hacia 1987, el número de distritos escolares había bajado a 329, y el 85 por ciento de los distritos habían aumentado sus impuestos inmobiliarios, lo cual solo puede hacerse mediante votación popular, para poder cumplir con los estándares.

Los resultados de los estudiantes mejoraron a un ritmo constante en todo el estado. En 1986, la Junta de Educación Regional del Sur hizo un examen para los alumnos de onceavo curso en cinco estados del Sur. Arkansas fue el único estado que obtuvo una puntuación superior a la media nacional. Cuando el mismo grupo pasó el examen cinco años atrás, en 1981, nuestros estudiantes puntuaron por debajo de esa media nacional. Íbamos por el buen camino.

Seguí impulsando reformas educativas durante el resto de mi etapa como gobernador, pero los nuevos estándares, la financiación y las medidas de responsabilización por las subvenciones recibidas fueron la base de todo el progreso ulterior. Finalmente, llegué a reconciliarme con la AEA y con sus dirigentes, mientras trabajábamos codo con codo cada año para mejorar nuestras escuelas y el futuro de nuestros niños. Cuando miro hacia atrás en mi carrera política, la sesión legislativa de 1983 sobre educación es una de las cosas de las que me siento más orgulloso.

En verano de 1983, los gobernadores nos reunimos en Portland, Maine. Hillary, Chelsea y yo nos lo pasamos en grande visitando a mi viejo amigo Bob Reich y a su familia. También fuimos con los demás gobernadores a una barbacoa en la casa del vicepresidente Bush, en el bellísimo pueblo costero de Kennebunkport. Chelsea, con tres años, fue con decisión hacia el vicepresidente y dijo que necesitaba ir al baño. Él la tomó de la mano y la acompañó. Chelsea se lo agradeció, y a Hillary y a mí nos impresionó la amabilidad de George Bush. No sería la última vez.

Sin embargo, yo estaba disgustado con la administración Reagan y había ido a Maine decidido a hacer algo al respecto. Acababan de aumentar radicalmente los requisitos exigidos para obtener prestaciones federales por discapacidad. Como en el programa de ayudas a los afectados por la antracosis, diez años atrás, había habido una mala gestión y gente que se había aprovechado, pero el remedio de Reagan era peor que la enfermedad. Las regulaciones eran tan estrictas que resultaban ridículas. En Arkansas, un conductor de camiones que solo había llegado a noveno grado había perdido un brazo en un accidente. Le negaron la prestación por discapacidad arguyendo que en teoría podía conseguir un empleo administrativo.

Algunos demócratas del Congreso, entre ellos el congresista Beryl Anthony, de Arkansas, trataban de invalidar las regulaciones. Beryl me pidió que convenciera a los gobernadores de que solicitaran la anulación de las mismas. A los gobernadores les interesaba aquella cuestión, pues a muchos de sus electores discapacitados les negaban las prestaciones y estos electores se lo reprochaban, en parte, a ellos. Aunque el programa se financiaba con fondos federales, lo administraban los estados.

Dado que el asunto no estaba en nuestra agenda, tenía que lograr que el comité pertinente votara la anulación de la regulación por dos tercios y luego obtener el apoyo del 75 por ciento de los gobernadores presentes, para respaldar la acción del comité. Era tan importante para la Casa Blanca que la administración mandó a dos secretarios adjuntos del Departamento de Sanidad y Asistencia Social para minar mis esfuerzos. Los gobernadores republicanos estaban en un aprieto. La mayoría de ellos estaban de acuerdo en que había que suavizar los requisitos y, desde luego, no querían defenderlos en público, pero querían estar al lado de su presidente. La estrategia republicana consistió en acabar con la propuesta en el comité. Mi recuento indicaba que ganábamos en el comité por un solo voto, pero solo si todos los que se habían pronunciado a nuestro favor se presentaban. Uno de esos votos era el del gobernador George Wallace. Desde que había terminado en una silla de ruedas, después de que un tipo disparó contra él, necesitaba un par de horas cada mañana para prepararse. Aquella mañana, George Wallace tuvo que levantarse dos horas antes de lo habitual para realizar sus dolorosos preparativos. Vino a la reunión y profirió un sonoro voto de «¡Sí!» a favor de nuestra resolución, después de contarle al comité que mucha gente trabajadora de Alabama, blanca y negra, había salido perjudicada por las nuevas regulaciones sobre discapacidad. El comité aprobó la resolución y la Asociación Nacional de Gobernadores la adoptó. Por tanto, el Congreso anuló las regulaciones y mucha gente que lo merecía obtuvo las ayudas que necesitaba para sobrevivir. Quizá no hubiera sucedido, si George Wallace no hubiera vuelto a las raíces populistas de su juventud aquella mañana en Maine cuando, desde su silla de ruedas, se mantuvo firme e hizo lo correcto.

A finales de año, nuestra familia aceptó una invitación de Phil y Linda Lader para asistir a su reunión de fin de semana para celebrar Año Nuevo en Hilton Head, en Carolina del Sur, en el llamado fin de semana del Renacimiento. Por entonces, solo hacía un par de años que se celebraba aquel acto. Menos de un centenar de familias nos reuníamos para pasar tres días hablando de todo y de nada, desde política y economía hasta religión, y contarnos nuestra vida personal. Los asistentes tenían edades, religiones, razas y pasados distintos, pero a todos ellos les unía su preferencia de pasar el fin de semana compartiendo conversaciones serias y pasándolo bien en familia, en lugar de ir a fiestas durante toda la noche o a partidos de fútbol americano. Fue una extraordinaria experiencia que nos unió mucho. Revelamos y aprendimos cosas de nosotros y de los demás que jamás hubieran salido a la luz en circunstancias normales. Los tres entablamos amistad con mucha gente, muchos de los cuales me ayudaron en 1992 y trabajaron en mi administración. Después de aquella primera reunión, casi todos los años fuimos al fin de semana del Renacimiento, hasta el fin de semana del milenio, 1999–2000, cuando la celebración nacional en el Monumento a Lincoln hizo que tuviéramos que estar en Washington. Después de que me eligieran presidente, asistían casi 1.500 personas a aquel acto, y había perdido algo de su carácter íntimo inicial, pero a mí aún me gustaba asistir.

A principios de 1984 volvía a llegar el momento de presentarme a la reelección. Aunque el presidente Reagan era mucho más popular en Arkansas, y por todo el país, de lo que era en 1980, yo estaba tranquilo. Todo el estado estaba entusiasmado por el proyecto de los estándares escolares, y la economía iba mejorando. Mi principal rival era Lonnie Turner, el abogado de Ozark con el que había trabajado en los casos del «pulmón negro» allá por 1975, después de que falleciera su socio, Jack Yates. Lonnie pensaba que los estándares escolares iban a hacer que se cerraran las puertas de muchas escuelas rurales, y eso le ponía furioso. Me entristecía tener que enfrentarme a él, tanto por nuestra larga amistad como porque pensaba que tendría que habérselo pensado dos veces. En mayo gané las primarias con facilidad, y unos años después nos reconciliamos.

En julio, el coronel Tommy Goodwin, el director de la policía estatal, solicitó entrevistarse conmigo. Me senté junto a Betsey Wright y, asombrado, escuché cómo me contaba que a mi hermano lo habían grabado vendiendo cocaína a un oficial de la policía estatal de paisano al que, irónicamente, habían contratado como parte de la ampliación de las iniciativas estatales contra la droga que yo había pedido a la asamblea que financiara. Tommy me preguntó qué quería que hiciera. Le pregunté qué haría normalmente la policía estatal en un caso como este. Me dijo que Roger no era un traficante importante; solo era un cocainómano que vendía droga para pagarse el hábito. Lo que solían hacer con alguien de su perfil era grabarle algunas veces más, asegurarse de que le tenían bien pillado y luego presionarle con la amenaza de una larga temporada en prisión para que confesara quién era su proveedor. Le dije a Tommy que tratara el caso de Roger como cualquier otro; luego pedí a Betsey que buscara a Hillary. Estaba en un restaurante del centro. Fui a buscarla y le conté lo que había sucedido.

Durante las siguientes seis penosas semanas, nadie más aparte de la policía estatal lo supo, exceptuando a Betsey, Hillary y, según creo, mi secretaria de prensa, de absoluta confianza, Joan Roberts. Y, obviamente, yo. Cada vez que veía o hablaba con Madre, se me rompía el corazón. Cada vez que me miraba en el espejo me ponía enfermo. Estaba tan preocupado por mi vida y por mi trabajo que se me habían pasado por alto todas las señales. Poco después de que Roger ingresara en la universidad, en 1974, formó un grupo de rock, suficientemente bueno como para ganar algún dinero tocando en los clubes de Hot Springs y Little Rock. Fui a escucharle varias veces, y pensé que con la inconfundible voz de Roger y la habilidad musical del grupo, tenían posibilidades reales de triunfar. A él, obviamente, le gustaba mucho y aunque volvió a Hendrix College un par de veces, siempre lo dejaba de nuevo para volver al grupo. Cuando trabajaba, se quedaba hasta bien entrada la noche y dormía hasta tarde. Durante la temporada de carreras, se jugaba bastante dinero; también apostaba en los partidos de fútbol americano. Jamás supe cuánto ganaba o perdía, pero tampoco se lo pregunté. Cuando nuestra familia se reunía para comer juntos en vacaciones, él siempre llegaba tarde, parecía tenso y nervioso y se levantaba un par de veces durante la cena para hacer llamadas. Las señales de alarma estaban ahí; solo que yo estaba demasiado absorto en mis problemas para verlas.

Cuando finalmente arrestaron a Roger, la noticia causó sensación en Arkansas. Hice una breve declaración para la prensa, en la que dije que quería mucho a mi hermano pero que esperaba que la ley siguiera su curso; también pedí que la gente respetara la intimidad de mi familia y rezara por nosotros. Luego les conté a mi hermano y a Madre la verdad: cuánto tiempo hacía que, en realidad, estaba enterado de ello. Para Madre fue una sorpresa, y no estoy muy seguro de que realmente comprendiera qué había sucedido. Roger estaba furioso, aunque más tarde, cuando logró vencer su adicción, lo superó. Todos nos sometimos a terapia. Me enteré de que la adicción de Roger a la cocaína, de la que consumía cuatro gramos diarios, era tan grave que podría haberle matado si no fuera por su constitución, fuerte como un toro. También descubrí que su adicción se debía, en parte, a los traumas de su infancia y, quizá, a una predisposición genética que compartía con su padre.

Desde el momento en que le arrestaron hasta casi el día del juicio, Roger fue incapaz de admitir que era un adicto. Finalmente, un día, mientras estábamos sentados a la mesa del desayuno, le dije que si no era un adicto, deseaba que fuera a la cárcel durante muchísimo tiempo, porque había vendido veneno a cambio de dinero. De algún modo, aquello debió de tocar alguna fibra. Después de que admitiera su problema, empezó el largo camino de vuelta.

El fiscal general, Asa Hutchinson, se hizo cargo del caso. Roger identificó a su proveedor, un inmigrante aún más joven que él, que obtenía la cocaína de sus familiares o amigos en su país de origen. Roger se declaró culpable de dos delitos federales frente al juez Oren Harris, que había sido presidente del Comité de Comercio del Congreso antes de ir a la judicatura. El juez Harris tenía unos ochenta años, pero estaba en plena forma y era muy sabio. Sentenció a Roger a tres años por un cargo y a dos por el otro, y suspendió la sentencia de tres años por a su cooperación. Roger estuvo encarcelado catorce meses, la mayor parte del tiempo en una institución federal para delincuentes no violentos, lo cual fue duro para él pero probablemente salvó su vida.

Hillary y yo estábamos en el tribunal, con Madre, cuando le condenaron. Me impresionó la forma en que el juez Harris hizo frente a todo aquello, así como la profesionalidad del fiscal general, Asa Hutchinson. Su comportamiento fue justo y muy sensible para con la agonía que mi familia estaba pasando. No me sorprendió en absoluto que le eligieran para el Congreso por el Tercer Distrito.

En verano presidí la delegación de Arkansas a la convención demócrata que se celebró en San Francisco, para asistir a la nominación de Walter Mondale y Geraldine Ferraro, y rendí un homenaje a Harry Truman con un discurso de cinco minutos. La cosa empezó mal, y terminó peor, cuando Mondale dijo que propondría un notable aumento de los impuestos para reducir el déficit presupuestario. Su franqueza le honraba, pero lo que hizo fue casi el equivalente a proponer un impuesto de matriculación federal. Aun así, la ciudad organizó una convención fantástica. San Francisco tenía montones de pequeños hoteles encantadores a cinco minutos del centro de convenciones, así como un tráfico muy fluido, de modo que nos ahorramos los tremendos atascos automovilísticos habituales en la mayoría de convenciones. El anfitrión de la delegación de Arkansas, el doctor Richard Sanchez, estaba profundamente interesado en las iniciativas para tratar y prevenir la relativamente nueva enfermedad del SIDA, que estaba asolando la ciudad. Hice muchas preguntas a Richard sobre el problema y qué se podía hacer al respecto. Ese fue mi primer contacto con una batalla que exigiría gran parte de mi atención en la Casa Blanca y después de mi paso por ella.

Tuve que dejar pronto San Francisco para volver a Arkansas y negociar la instalación de una industria de alta tecnología en nuestro estado. Al final no salió bien, pero de todos modos no podría haber hecho nada quedándome en California. Nos dirigíamos hacia el desastre. La economía se recuperaba, y el presidente nos dijo que «ya era de día en América», mientras sus acólitos se burlaban de nosotros y nos tachaban de «demócratas de San Francisco», una no muy velada alusión a nuestras relaciones con la ciudad que contaba con la población gay más numerosa del país. Incluso el vicepresidente Bush cayó en ese estilo machista y dijo que «iba a darnos una patada en el culo».

En las elecciones de noviembre, Reagan venció a Mondale por un 59 contra un 41 por ciento. El presidente ganó el 62 por ciento del voto en Arkansas. Yo me llevé un 63 por ciento en mi enfrentamiento contra Woody Freeman, un atractivo joven empresario de Jonesboro.

Después de disfrutar de la quinta Navidad de Chelsea y nuestro segundo fin de semana del Renacimiento, llegó un nuevo período de sesiones de las cámaras legislativas estatales, esta vez dedicado a la modernización de nuestra economía.

Aunque la marcha de la economía del país mejoraba, el desempleo aún era muy alto en estados como Arkansas, que dependían de la agricultura y de los sectores tradicionales. La mayor parte del crecimiento del empleo en Estados Unidos durante los años ochenta procedía de los sectores de servicios y de la tecnología punta, y se concentraba en las áreas urbanas, o en sus alrededores, y principalmente en estados de las costas este u oeste, o en sus cercanías. El interior industrial y agrícola del país aún no se había recuperado. La pauta era tan pronunciada que la gente empezó a decir que Estados Unidos tenía una economía «bicostera».

Estaba claro que para acelerar la creación de empleo y aumentar el desarrollo, teníamos que reestructurar nuestra economía. El paquete de medidas para el desarrollo que presenté a la asamblea contenía algunos componentes financieros que eran nuevos para Arkansas, pero que ya estaban en marcha en otros estados. Propuse desarrollar la Agencia de Vivienda Estatal y convertirla en un Instituto de Financiación y Desarrollo, que pudiera emitir bonos para financiar los proyectos industriales, agrícolas y de la pequeña y mediana empresa. Recomendé que los fondos de pensiones públicas del estado se fijaran como objetivo invertir al menos un 5 por ciento de sus activos en Arkansas. Éramos un estado sin demasiados recursos de capital; lo último que necesitábamos era exportar fondos públicos cuando había buenas opciones de inversión en casa. También propuse que los bancos tutelados por el estado conservaran los activos fruto de las ejecuciones de las hipotecas durante períodos de tiempo más largos, sobre todo para evitar sobrecargar de terrenos de cultivo un mercado ya bastante deprimido, y que haría que a los granjeros aún les costara más seguir adelante. También pedí a la asamblea que permitiera que los bancos tutelados por el estado no solo prestaran dinero, sino que además pudieran invertir cantidades modestas de capital en las granjas y los negocios que no podían pedir dinero prestado, con la condición de que el granjero o pequeño empresario tuviera derecho a comprar la participación del banco durante un plazo de tres años. Otros gobernadores de estados con un importante sector agrícola se interesaron por esa propuesta de ley y uno de ellos, Bill Janklow, de Dakota del Sur, logró aprobar una versión de la misma en su asamblea legislativa.

Las propuestas económicas eran innovadoras, pero demasiado complejas para que se recibieran y entendieran bien, lo que hacía muy difícil que obtuvieran el apoyo necesario. Sin embargo, me presenté en diversas sesiones del comité para responder a las preguntas de sus miembros e impulsé la reforma a base de muchas conversaciones cara a cara; finalmente, la asamblea aprobó todas las medidas.

Más de una década después de que el fallo de la Corte Suprema del caso «Roe contra Wade» lo autorizara, nuestra asamblea legislativa prohibió el aborto en el tercer trimestre del embarazo. La propuesta de ley fue presentada por el senador Lu Hardin de Russellville, un cristiano que me gustaba mucho, y el senador Bill Henley, católico y hermano de Susan McDougal; se aprobó sin dificultades y la convertí en ley. Una década más tarde, cuando los miembros republicanos del congreso impulsaban una propuesta de ley para prohibir los llamados abortos parciales, sin tener en cuenta la salud de la madre, les insté a que en lugar de eso aprobaran un estatuto federal que prohibiera los abortos cerca del final del embarazo a menos que la vida o la salud de la madre estuvieran en peligro. Dado que algunos estados aún no habían aprobado leyes como la mía de 1985, la ley que les proponía sin duda habría prohibido más abortos que la ley de aborto parcial, que normalmente se utiliza para minimizar el peligro para la madre. El liderazgo del Gran y Viejo Partido republicano impidió que se aprobara.

Además del paquete económico y de la ley del aborto, la asamblea legislativa aprobó mis siguientes propuestas de ley: crear un fondo de indemnizaciones para las víctimas de crímenes violentos; reforzar nuestras medidas para reducir y hacer frente al abuso de menores; fijar un fondo de sanidad para los indigentes, la mayoría mujeres embarazadas, que no tuvieran acceso al programa federal Medicaid; declarar el cumpleaños de Martin Luther King fiesta estatal y crear un programa para ofrecer una mejor formación a los directores de escuela. Estaba convencido de que el rendimiento escolar dependía sobre todo de la calidad de la dirección de la institución, más que de ningún otro factor. Los años venideros no harían más que reforzar esta convicción.

Los únicos fuegos artificiales que tuvimos en una sesión que en su mayor parte se dedicó al buen gobierno y a inofensivas regulaciones secundarias los motivó el hercúleo esfuerzo de la AEA por rechazar la ley de examen del profesorado justo unas semanas antes de la fecha fijada para el primer examen. En una astuta maniobra, los profesores lograron que el representante Ode Maddox impulsara la propuesta de revocación. Ode era un respetado ex superintendente escolar de su pueblecito, Oden. Era un buen demócrata y conservó una gran fotografía de Franklin Roosevelt en el auditorio de su escuela hasta bien entrados los ochenta. También era amigo mío. A pesar de los denodados esfuerzos de mis seguidores, el congreso aprobó la propuesta de revocación. Inmediatamente puse anuncios de radio contándole a la gente lo que había sucedido y pidiéndoles que llamaran al Senado para protestar. La centralita se inundó de llamadas y la propuesta de revocación se abandonó. En su lugar, la asamblea legislativa aprobó una ley que yo impulsé, en la que se exigía que todos los profesores certificados, y no solamente los que estaban en activo en 1985, se examinaran y consiguieran superar la prueba, antes de 1987, si querían conservar sus certificados de enseñanza.

La AEA dijo que los profesores boicotearían el examen. La semana anterior a que se celebrara, 4.000 profesores se manifestaron a las puertas del capitolio estatal y pude oír a un representante de la Asociación Nacional para la Educación acusarme de «asesinar la dignidad de las escuelas públicas y de sus alumnos». Una semana más tarde, más del 90 por ciento de nuestros 27.600 maestros se presentaron al examen.

Antes de que terminaran las sesiones legislativas, también pasamos por otro momento complicado. El Departamento de Autopistas se había movido por todo el estado para impulsar un nuevo programa de carreteras que debía financiarse con un aumento de los impuestos sobre la gasolina y el gasóleo. El Departamento había convencido a los empresarios y a los granjeros locales y se aprobó bastante fácilmente, lo que me creó un problema. Me gustaba el programa y pensaba que sería bueno para la economía, pero durante las elecciones yo me había comprometido a no apoyar ningún aumento sustancial de impuestos. De modo que veté la propuesta de ley y dije a sus impulsores que si hacían caso omiso de mi veto no me opondría. La anulación del mismo se aprobó rápidamente, la única vez en doce años que se revocó uno de mis vetos.

También participé en actividades políticas a escala nacional en 1985. En febrero fui el encargado de leer la respuesta demócrata al discurso del Estado de la Unión del presidente Reagan. El Estado de la Unión era un gran foro para las habilidades oratorias de Reagan, y el que le daba la réplica lo tenía difícil para impresionar a alguien. Ese año nuestro partido adoptó una táctica distinta: destacó las nuevas ideas y los logros económicos de algunos de nuestros gobernadores y alcaldes. Igualmente, me impliqué en el Consejo de Liderazgo Demócrata, de reciente fundación, una organización destinada a dotar a los demócratas de un mensaje ganador que se basara en la responsabilidad fiscal, en nuevas ideas, en la creatividad de las políticas sociales y en el compromiso con una sólida defensa nacional.

La conferencia de verano de gobernadores, celebrada en Idaho, estuvo marcada por una inusitada disputa entre partidos acerca de una carta para recaudar fondos a favor de los gobernadores republicanos firmada por el presidente Reagan. La carta contenía duras referencias a sus colegas demócratas; les criticaba por ser excesivamente liberales con las políticas impositivas y de gasto, lo cual era una violación de nuestro pacto implícito de que en las conferencias de gobernadores no se produjeran enfrentamientos partidistas. Los demócratas estábamos tan furiosos que amenazamos con bloquear la elección del gobernador republicano Lamar Alexander, de Tennessee, como presidente de la Asociación Nacional de Gobernadores, un paso rutinario puesto que era el vicepresidente y la presidencia se alternaba entre ambos partidos anualmente. Lamar me caía bien y dudaba de que estuviera de acuerdo en el fondo de su corazón con el ataque efectuado contra sus colegas demócratas. Ayudé a plantear una solución para el conflicto; los republicanos se disculparon por la carta y dijeron que no volverían a hacerlo, y nosotros votamos a Lamar para presidente. A mí me eligieron vicepresidente. Durante los años setenta y ochenta, hicimos un buen trabajo en las conferencias de gobernadores. En los noventa, cuando hubo mayoría de gobernadores republicanos y se alinearon más con las tesis de su partido nacional, el viejo espíritu de cooperación se redujo notablemente. Quizá fuera una buena estrategia política para ellos, pero desde luego puso trabas a la búsqueda de buenas iniciativas e ideas.

De camino a Idaho, Hillary, Chelsea y yo paramos en Montana, y pasamos unos días muy felices, en gran parte gracias al gobernador Ted Schwinden. Dormimos en su casa y, al amanecer, nos despertó para que remontáramos el río Missouri en helicóptero y viéramos cómo la fauna del río saludaba el nuevo día. Cuando volvimos nos llevó en un cuatro por cuatro, adaptado para poder desplazarse sobre raíles, con el que recorrimos toda la vía norte de Burlington, unos trescientos veinte kilómetros, algunos de ellos a través de un espectacular cañón de más de noventa metros de profundidad. Alquilamos un coche para conducir por la «carretera hacia el sol», donde avistamos monos titís abriéndose paso por encima del límite de las nieves perpetuas, y luego pasamos unos días en el Kootenai Lodge, a orillas del lago Swan. Después de todo lo que he viajado, sigo pensando que el oeste de Montana es uno de los lugares más hermosos que he visto jamás.

Los viajes que emprendí por motivos políticos eran una distracción secundaria respecto a lo que sería mi misión principal después del período de sesiones de 1985 y durante el resto de la década: el fortalecimiento de la economía de Arkansas. Disfruté del reto, y la verdad es que lo hice bastante bien. Primero, tenía que impedir que sucedieran cosas negativas. Cuando International Paper anunció su intención de cerrar una fábrica de papel en Camden que llevaba abierta desde los años veinte, volé a Nueva York para ver al presidente de la compañía, John Georges, y le pregunté qué haría falta para que no cerrara la fábrica. Me dio una lista de cinco o seis condiciones. Logré cumplirlas todas menos una, y él decidió no cerrar la fábrica. Cuando mi amigo Turner Whitson me llamó para decirme que la fábrica de zapatos de Clarksville iba a cerrar sus puertas, le pedí ayuda a Don Munro, que se las había arreglado para mantener seis fábricas de zapatos abiertas en Arkansas durante los peores años de la recesión de los ochenta. Le ofrecí una subvención de un millón de dólares y él se encargó de gestionar la fábrica. Los trabajadores se enteraron de que no perderían sus empleos durante una reunión en la que les enseñaban cómo pedir el subsidio de paro y cómo acogerse a los programas de formación laboral continuada.

Cuando la empresa Sanyo me comunicó que planeaba cerrar su planta de ensamblaje de televisores en Forrest City, Dave Harrington y yo fuimos a Osaka, Japón, para entrevistarnos con Satoshi Iue, el presidente de Sanyo, una multinacional con más de 100.000 empleados en todo el mundo. A lo largo de los años, yo me había hecho bastante amigo del señor Iue. Después de mi derrota en la reelección para gobernador en 1980, me envió un precioso fragmento de caligrafía japonesa que decía, «Aunque el río intente obligarte a cambiar de curso, aférrate a lo que crees». Hice que lo enmarcaran, y cuando me reeligieron en 1982, lo colgué en la puerta de nuestro dormitorio, para así poder verlo cada día. Le dije al señor Iue que no podíamos hacer frente al cierre de la fábrica Sanyo en el este de Arkansas, donde los condados del Delta tenían una tasa de desempleo que superaba el 10 por ciento. Le pregunté si conservaría la fábrica abierta en caso de que Wal-Mart aceptara vender televisiones Sanyo. Cuando dijo que estaba de acuerdo, volé de vuelta a Arkansas y pedí ayuda a Wal-Mart. En septiembre de 2003, Satoshi Iue vino a Chappaqua a comer. Para ese entonces, Wal-Mart había comprado más de veinte millones de esos televisores.

No todo fueron misiones de rescate. También hicimos que sucedieran cosas nuevas: financiamos proyectos de tecnología punta, implicamos a las universidades para que cooperaran en el fomento de nuevas empresas y emprendimos con éxito misiones comerciales y de inversión en Europa y Asia. Apoyamos la expansión de fábricas con buenos resultados como la Daiwa Steel Tube Industries en Pine Bluff, y la Dana Company en Jonesboro, que construía transmisiones de vehículos con trabajadores cualificados y asombrosos robots.

Nuestro mayor y más notable éxito fue lograr que la NUCOR Steel Company se instalara en el nordeste de Arkansas. NUCOR era una empresa altamente rentable que fabricaba acero fundiendo metales ya forjados, en lugar de producirlo desde cero. NUCOR pagaba a sus empleados un sueldo semanal modesto y un sobresueldo según los beneficios, que normalmente ascendía a más de la mitad del salario del trabajador. En 1992, el sueldo medio de un empleado de la NUCOR era de 50.000 dólares. Además, NUCOR proporcionaba a cada empleado la cantidad extra de 1.500 dólares por cada hijo que asistiera a la universidad. Uno de los trabajadores logró pagar la educación de sus once hijos de ese modo. NUCOR no tenía avión corporativo; funcionaba con una sede que estaba en un local de alquiler en Carolina del Norte y con una plantilla administrativa muy reducida. El fundador, Ken Iverson, inspiraba lealtad al estilo antiguo: se la ganaba a pulso. El único año, durante los ochenta, en que las ganancias de NUCOR se redujeron, Iverson envió una carta a sus empleados disculpándose por la reducción de sus sueldos, reducción que se aplicó también a toda la junta directiva porque NUCOR tenía una estricta política contra los despidos. Los beneficios y las cargas se compartían equitativamente, exceptuando al jefe. Iverson dijo que no era culpa de los trabajadores que el mercado fuera mal, pero que él tendría que haber hallado una forma de superar la situación. De modo que redujo su sueldo un 60 por ciento, el triple de la reducción salarial del resto de la empresa; fue un gesto radicalmente distinto de la práctica habitual que ha caracterizado las dos últimas décadas, cuando los ejecutivos aumentan sus retribuciones a un ritmo mucho más elevado que el de los demás empleados, tanto si la compañía funciona bien como si no. Huelga decir que ningún trabajador de NUCOR quería dejar su empleo.

Cuando la empresa de camisas Van Heusen anunció que cerraba su fábrica de Brinkley, Farris y Marilyn Burroughs, que llevaban años trabajando estrechamente para la comunidad y los trabajadores, decidieron comprarla y mantenerla abierta, pero necesitaban más clientes para sus camisas. Pedí a David Glass, presidente de Wal-Mart, si aceptaría venderlas, y de nuevo vino en nuestra ayuda. Poco después, celebré una comida para los ejecutivos de Wal-Mart y nuestros responsables de desarrollo económico para animar a la compañía a que adquiriera más productos fabricados en Estados Unidos y para que hiciera publicidad de esta práctica, como una forma de aumentar sus ventas. La campaña de Wal-Mart «Compra Norteamérica» tuvo un gran éxito y contribuyó a reducir el resentimiento que había contra el gigante de los hipermercados porque sus grandes centros comerciales perjudicaban al pequeño comercio. A Hillary le encantó el programa y lo apoyó decididamente cuando entró a formar parte de la junta de dirección de Wal-Mart un par de años después. En su momento álgido, los productos que vendía Wal-Mart procedían en un 55 por ciento de fábricas norteamericanas, casi un 10 por ciento más que su competidor más cercano. Desafortunadamente, pocos años más tarde Wal-Mart abandonó esta política, en su obsesión comercial por ser el minorista con los costes más bajos, pero, mientras duró, Arkansas supo sacar buen partido de ella.

La labor que llevé a cabo en el desarrollo económico y la educación me convenció de que Arkansas, y Estados Unidos, tenía que emprender grandes cambios para conservar su liderazgo económico y político en el mundo. Sencillamente, no estábamos suficientemente cualificados ni tampoco éramos tan productivos como debiéramos. Llevábamos perdiendo terreno en los ingresos medios desde 1973, y en los años ochenta, cuatro de cada diez trabajadores sufrían reducciones de sueldo. La situación era intolerable y yo estaba decidido a hacer todo lo que estuviera en mi mano para cambiarla. Mis esfuerzos contribuyeron a ampliar mi base política y me granjearon el apoyo de los independientes republicanos y conservadores que jamás me habían votado hasta entonces. A pesar de que en los dos últimos años Arkansas figuraba entre los diez primeros estados en creación de empleo en el porcentaje del empleo total, no podía convertir a todo el mundo. Cuando la refinería de petróleo de El Dorado estaba a punto de cerrar, en una decisión que nos costaría más de trescientos empleos sindicados, ayudé a convencer a unos empresarios de Mississippi para que la compraran y la gestionaran. Sabía cuánto significaba para las familias de los trabajadores, y para la economía local, y tenía ganas de estrechar las manos de los empleados a la puerta de la fábrica durante las siguientes elecciones. Fue como una seda, hasta que me encontré con un hombre que me dijo agriamente que no me votaría bajo ninguna circunstancia. Cuando le pregunté: «¿Acaso no sabe que salvé su puesto de trabajo?», me replicó: «Ya, sé qué hizo, pero yo no le importo un carajo. Solo lo hizo para tener a un desgraciado más al que cobrar impuestos. Por eso quiere que trabaje, para que le pague impuestos. No le votaría ni por todo el oro del mundo». No se puede convencer a todo el mundo.

A principios de 1986, me lancé a la campaña para la reelección, esta vez para un mandato de cuatro años. En 1984 los votantes habían aprobado una enmienda para ampliar los mandatos de dos a cuatro años, por primera vez desde que en 1874, en plena Era de la Reconstrucción, se redactó nuestra Constitución. Si ganaba, me convertiría en el gobernador de Arkansas que llevaba más tiempo en el cargo, después de Orval Faubus. Él ganó su longevidad política con lo de Central High de Little Rock. Yo quería que la mía se basara en la educación y el empleo.

Irónicamente, mi principal adversario era el propio Faubus. Aún me guardaba rencor, porque durante mi primer mandato me negué a que el estado adquiriera su hermosa casa estilo Fay Jones, en Huntsville, para añadirla al circuito de parques del estado y pudiera utilizarse como refugio. Sabía que estaba en apuros y necesitaba dinero, pero al estado le pasaba lo mismo, y yo no podía justificar aquel gasto. La táctica de Faubus consistiría en criticar los nuevos estándares educativos y afirmar que solo habían traído la integración escolar e impuestos más altos para las zonas rurales, y que a estas no les había tocado ninguno de los nuevos empleos de los que yo fanfarroneaba todo el tiempo.

Aparte de Faubus, estaba Frank White, que trataría de disputarle el segundo puesto a Faubus. Sabía que aquellos dos no se iban a privar de decirme de todo. Tenía plena confianza en que Betsey Wright, Dick Morris, David Watkins y yo podríamos hacer frente a casi cualquier cosa, pero me preocupaba cómo se tomaría Chelsea que la gente hablara mal de su padre. Tenía seis años y ya empezaba a ver las noticias e incluso a leer el periódico. Hillary y yo tratamos de advertirla acerca de lo que White y Faubus dirían de mí, y sobre cómo reaccionaría yo. Luego, durante varios días, nos turnamos en el papel de los distintos candidatos. Un día Hillary era Frank White, otro día yo era Faubus, y Chelsea era yo. La acusé de hundir a las pequeñas escuelas con ideas equivocadas sobre la educación. Me soltó: «Bueno, ¡al menos yo no utilicé a la policía estatal para espiar a mis enemigos políticos como tú!». Faubus había hecho eso, después de la crisis del Central High. No estaba mal para una cría de seis años.

Gané las primarias con más del 60 por ciento de los votos, pero Faubus se hizo con un tercio. Incluso a los setenta y seis años, aún tenía tirón en las zonas rurales. Frank White tomó el relevo cuando Faubus abandonó. Aunque él había tachado a los maestros de «avariciosos», cuando reclamaron un aumento de sueldo durante su mandato, logró el apoyo de la Asociación para la Educación de Arkansas en las primarias republicanas, cuando cambió su posición y retiró el apoyo al examen del profesorado. Luego empezó a meterse con Hillary y conmigo.

White dijo que los nuevos estándares de educación eran demasiado complejos y que debían modificarse. Desvié el ataque enseguida, diciendo que si él salía elegido, los «retrasaría hasta el fin de sus días». Luego se metió con Hillary, afirmando que tenía un conflicto de intereses porque el bufete Rose representaba al Estado en su enfrentamiento con las centrales nucleares de Grand Gulf. También teníamos una buena respuesta para aquella acusación. En primer lugar, el bufete Rose trataba de ahorrarle dinero al contribuyente de Arkansas, evitando que le repercutieran el coste de las centrales de Grand Gulf, mientras que White, como miembro de la junta directiva de una de las empresas de suministros de la Middle South, había votado tres veces a favor de la construcción de las centrales. En segundo lugar, la Comisión de Servicios Públicos contrató los servicios del bufete Rose porque los demás bufetes legales representaban a las empresas de suministros u otras partes implicadas en el caso. Tanto la asamblea legislativa como el fiscal general habían aprobado esa decisión. En tercer lugar, el dinero que el estado pagaba al bufete Rose se extraía de la cifra de ingresos de la empresa antes de calcular los beneficios de Hillary como socia, de modo que ella no ganaba un centavo con aquello. White, dije, parecía más interesado en defender a la empresa de suministros para que los contribuyentes de Arkansas pagaran el coste de las centrales que en defender a los ciudadanos de Arkansas de un posible conflicto de intereses. Le pregunté si sus ataques contra Hillary significaban que quería presentarse a primera dama, y no a gobernador. Nuestra campaña incluso llegó a hacer pegatinas y botones que decían, «Frank para Primera Dama».

Las acusaciones finales de White fueron la puntilla. Había trabajado para Stephens, Inc., la mayor empresa de inversión en bonos y acciones fuera de Wall Street. Jack Stephens me había dado su apoyo cuando me presenté a gobernador por primera vez, pero luego escoró hacia la derecha y presidió la organización Demócratas por Reagan en 1984; en 1986, ya se había hecho republicano. Su hermano mayor, Witt, aún era demócrata y me respaldaba, pero Jack llevaba la empresa de inversión, y Frank White era su candidato. Durante muchos años, Stephens había controlado el negocio de los bonos en el estado. Cuando yo aumenté notablemente el volumen de emisión de bonos, insistí en que realizáramos una puja competitiva entre todas las empresas nacionales y que permitiéramos el acceso de más empresas de Arkansas a la venta y negociación de los bonos. La empresa de los Stephens obtuvo buena parte del negocio, pero no controló todas las emisiones, como había hecho en el pasado y volvería a hacer si White ganaba las elecciones. Una de las empresas de Arkansas que también recibió parte de las emisiones fue la que dirigía Dan Lasater, cuya empresa de bonos de Little Rock tuvo éxito hasta que él se hizo adicto a la cocaína y lo perdió todo. Lasater me había apoyado y era amigo de mi hermano, con quien se había salido continuamente de juerga hasta que ambos terminaron atrapados por la cocaína, como demasiados jóvenes durante los años ochenta.

Cuando Betsey Wright y yo nos preparábamos para nuestro debate televisado con White, nos enteramos de que él planeaba retarme a someterme a una prueba de detección de drogas junto a él. La razón obvia era que había que dar buen ejemplo, pero yo sabía que White esperaba que me negara. La tormenta de rumores que la caída de Lasater había desatado incluía uno que decía que yo formaba parte del circuito de fiestas de Dan, lo cual era falso. Betsey y yo decidimos someternos a la prueba de detección de drogas antes del debate. Cuando White me desafió en directo con su propuesta, sonreí y le dije que Betsey y yo ya nos habíamos hecho una; después le aconsejé que él y su director de campaña, Darrel Glascock, imitaran nuestro ejemplo. Glascok también había tenido que soportar bastantes rumores sobre su persona. Su astuta triquiñuela les había explotado en la cara.

White caldeó los ánimos con el anuncio televisivo más mezquino que he visto jamás. Mostraba el despacho de Lasater, seguido por la imagen de una raya de coca, y una voz en *off* que decía que yo había aceptado contribuciones de un delincuente consumidor de cocaína para mi campaña y a cambio le había procurado una parte del negocio de los bonos estatales. La implicación clara era que había dado a Lasater un trato privilegiado, y que al hacerlo, como mínimo yo estaba al corriente de su hábito. Invité al *Arkansas Gazette* a que estudiara los registros del Instituto de Desarrollo Financiero; el periódico publicó un artículo en primera página que demostraba que desde que yo era gobernador, había muchas más empresas que participaban en el negocio de los bonos del estado. Desde que sustituí al gobernador White, la cifra había ascendido de cuatro a quince, y aun así Stephens se había llevado casi 700 millones de dólares de negocio, casi el doble que cualquier otra empresa de Arkansas. También le devolví el golpe con un anuncio de televisión que empezaba preguntando a la gente si habían visto el anuncio de White, y que mostraba unos segundos del mismo. Luego aparecía una imagen de Stephens, Inc. y el locutor decía que White trabajaba allí, y que me atacaba porque ni Stephens ni nadie tenía el control absoluto del negocio de bonos estatales desde que yo era gobernador, pero que lo recuperarían si White salía elegido. Fue uno de los anuncios más eficaces de mi carrera, porque era una respuesta contundente a un golpe bajo y porque los hechos hablaban por sí mismos.

Me alegró que a Roger y a Madre no les hubiera afectado demasiado que White mencionara el problema con las drogas de mi hermano. Después de salir de la cárcel, Roger pasó seis meses en un centro de reinserción social, en Texas, y luego se mudó al norte de Arkansas, donde trabajó para un amigo nuestro en una estación de servicio. Estaba a punto de trasladarse a Nashville, Tennessee, y había recuperado su salud lo suficiente como para no dejar que los viejos fantasmas le hundieran. Madre era feliz con Dick Kelley; en aquel entonces ya sabía que la política era un juego duro y que la única respuesta a un golpe bajo es ganar.

En noviembre gané por el 64 por ciento, y con un asombroso 75 por ciento en Little Rock. Estaba complacido porque la victoria me daba la oportunidad de hacer añicos la acusación de que me había aprovechado de mi cargo de gobernador y la implicación de que las drogas habían tenido parte en ello. A pesar de la dureza de aquella campaña, no soy de los que guardan rencor. A lo largo de los años, Frank White y su esposa, Gay, llegaron a gustarme, y disfrutaba yendo a programas de televisión con él. Tenía un gran sentido del humor y amaba Arkansas, y su muerte en 2003 me entristeció. Afortunadamente, también me reconcilié con Jack Stephens.

En lo que a mí respectaba, la campaña contra Faubus y White era una batalla contra el pasado de Arkansas y contra el estilo de política cada vez más habitual de destruir al adversario. Yo quería que la gente se concentrara en los temas políticos y en el futuro, defendiendo nuestra reforma educativa y desarrollando iniciativas económicas. El *Memphis Commercial Appeal* informó que «los discursos de campaña de Clinton en la zona suenan a la vez a seminarios sobre economía y a peticiones de voto, pero la mayoría de analistas políticos creen que la estrategia funciona».

A menudo cuento la anécdota de mi visita a la planta química Eastman de Arkansas, en el condado rural de Independence. Durante la visita guiada, mi anfitrión insistía en que el equipamiento anticontaminación estaba dirigido por ordenadores y quería que yo conociera al tipo que los controlaba. Habló tanto de aquel hombre que, cuando llegamos a la sala de control de los ordenadores, esperaba conocer a un cruce entre Albert Einstein y el mago de Oz. En lugar de eso, el hombre a cargo de los ordenadores llevaba botas, vaqueros con un cinturón con una enorme hebilla de plata de rodeo y una gorra de béisbol. Estaba escuchando música *country* y mascaba tabaco. Lo primero que me dijo fue: «Mi mujer y yo vamos a votar por usted, porque necesitamos más empleos como éste». Aquel tipo criaba ganado y caballos —era pura cepa de Arkansas—, pero sabía que su bienestar económico dependía más de lo que sabía que de lo que era capaz de hacer con sus manos y su esfuerzo. Había visto el futuro y quería estar allí.

En agosto, cuando la Asociación Nacional de Gobernadores se reunió en Hilton Head, en Carolina del Sur, me convertí en el presidente y celebré mis cuarenta años. Ya había aceptado ser el presidente de la Comisión de Educación de los Estados, una organización destinada a reunir las mejores ideas y reformas educativas para difundirlas por toda la nación. Lamar Alexander también me había propuesto como copresidente demócrata del equipo de trabajo de los gobernadores, en el ámbito de la reforma de la asistencia social. Trabajaríamos conjuntamente con la Casa Blanca y con el Congreso para desarrollar una propuesta consensuada entre ambos partidos, con objeto de mejorar la asistencia social y promover el trabajo, reforzar a las familias y satisfacer las necesidades básicas de los niños. Aunque yo había obtenido un aumento en las escasas prestaciones mensuales de Arkansas, en 1985, quería que la asistencia social fuera solo una parada en el camino hacia la independencia económica.

Mis nuevas responsabilidades me llenaban de gozo. Yo era un animal político y también un obseso de las medidas políticas; siempre tenía ganas de conocer a gente nueva y explorar nuevas ideas. Pensaba que aquellas tareas me ayudarían a ser mejor gobernador, reforzar mi red de contactos nacionales y comprender mejor la economía global emergente y cómo Estados Unidos debía hacer frente a sus retos.

Cuando faltaba poco para terminar el año, hice un rápido viaje a Taiwan para hablar acerca de nuestras futuras relaciones en la Décima Conferencia Anual de Líderes Norteamericanos y Taiwaneses. Los ciudadanos de Taiwan eran buenos clientes de nuestra industria de la soja en Arkansas, y de una amplia variedad de productos manufacturados, desde motores eléctricos a parquímetros. Pero el déficit comercial estadounidense era muy grande y no cesaba de aumentar; cuatro de cada diez trabajadores norteamericanos habían sufrido una reducción en sus ingresos durante los anteriores cinco años. Hablando en nombre de todos los gobernadores, reconocí que Estados Unidos tenía que reducir su déficit para hacer descender los tipos de interés y aumentar la demanda interior, reestructurar y reducir la deuda de nuestros vecinos latinoamericanos, relajar los controles a la exportación en productos de alta tecnología y mejorar la educación y la productividad de nuestra población activa. Luego animé a los taiwaneses a que redujeran sus barreras arancelarias e invirtieran sus enormes reservas de capital en Estados Unidos. Era mi primer discurso sobre economía global para un público extranjero. Mientras lo preparaba, me quedó muy claro qué pensaba que debía hacerse y quién debía encargarse de hacerlo.

Hacia finales de 1986, tenía algunas convicciones básicas acerca de la naturaleza del mundo moderno, que más tarde desarrollé en la llamada Nueva Filosofía Demócrata, que fue la espina dorsal de mi campaña presidencial de 1992. Las esbocé en un discurso que pronuncié a finales de año frente a los ejecutivos de Gannett, la cadena de periódicos que acababa de comprar el *Arkansas Gazette*.

... estas son las nuevas reglas que en mi opinión deben proporcionarnos el marco de trabajo para diseñar las medidas políticas de hoy:

(1) El cambio quizá sea la única constante en la economía de Estados Unidos de hoy en día. Me encontraba en una ceremonia en una vieja iglesia rural en Arkansas, hace unos tres meses, para celebrar su 150 aniversario. Había unas setenta y cinco personas allí, apretadas en la reducida iglesia de madera. Después del servicio, fuimos a la pineda que había fuera para una comida compartida, y terminé charlando con un anciano que era claramente muy perspicaz. Finalmente, le pregunté: «Jefe, ¿cuántos años tiene?». Me respondió: «Ochenta y dos». «¿Y cuándo se unió a esta iglesia?» «En 1916», me dijo. «Si tuviera que resumirlo en una frase, ¿cuál sería la diferencia entre nuestro estado ahora y en 1916?» Se quedó callado un momento, y luego dijo: «Gobernador, eso es bastante fácil. En 1916, cuando nos levantábamos por la mañana, sabíamos qué iba a pasar; ahora, cuando me despierto por la mañana, no tengo la menor idea de qué sucederá». Y esa es la mejor explicación, en una sola frase, de lo que ha sucedido en Estados Unidos, mejor que la que podría dar Lester Thurow...

(2) El capital humano probablemente es ya más importante que el capital físico...

(3) Es esencial que exista una colaboración constructiva entre las empresas y el gobierno, y esto es mucho más importante que el dominio de uno u otro.

(4) A medida que tratamos de solucionar los problemas derivados de la internacionalización de la vida norteamericana y los cambios en nuestra población, la cooperación en todos los frentes es mucho más importante que el conflicto... Tenemos que compartir las responsabilidades y las oportunidades: venceremos o nos hundiremos juntos.

(5) El despilfarro será castigado... Mi opinión es que gastamos miles de millones de dólares de capital de inversión, aumentando la deuda de las empresas sin por ello aumentar su productividad. Más deudas tendrían que traer consigo el incremento de la productividad,

Mi padre, William Jefferson
Blythe, 1944

Mi padre y mi madre, Virginia Cassidy Blythe, en el hotel
Palmer House, en Chicago, 1946

Madre y yo

Yo en 1949. *Arriba a la izquierda:* ante la tumba de mi padre la tarde en que Madre se fue a estudiar enfermería a Nueva Orleans; *arriba en el centro:* en nuestro patio trasero; *arriba a la derecha:* en una foto para el Día de la Madre

Arriba: Mi abuela Edith Grisham Cassidy en 1949. Trabajaba como enfermera particular.

Abajo: Mi abuelo James Eldridge Cassidy (derecha) en su tienda de ultramarinos en Hope, Arkansas, en 1946

La escuela de la señorita Marie Purkins para Gente Menuda en Hope. Yo estoy en el extremo izquierdo, con Vince Foster a mi lado y Mack McLarty en la fila de atrás.

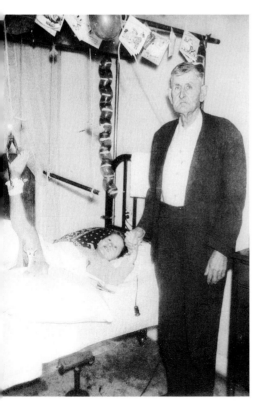

Mi tío abuelo Buddy Grisham, una de las referencias de mi vida, durante mi primera campaña presidencial

Mi bisabuelo, Lem Grisham, vino a visitarme al hospital cuando me rompí una pierna, marzo de 1952.

Papá (mi padrastro, Roger Clinton)

Madre y Papá en 1965

Papá y yo en casa, en Hope, 1951

Abajo: Mi hermano, Roger, y yo con Cora Walters, la maravillosa mujer que se encargó de cuidarnos

Abajo a la derecha: De mi anuario del instituto, Los Tres Ratones Ciegos, más conocidos como Los 3 Reyes: Randy Goodrum al piano, Joe Newman en la batería

Hillary, Carolyn Huber, Emma Phillips, Chelsea y Liza Ashley celebran el cumpleaños de Liza en la mansión del gobernador en 1980.

Arriba: Anunciando mi candidatura a gobernador en 1982. Hillary escribió en la foto: "El segundo cumpleaños de Chelsea, la segunda oportunidad de Bill."

Izquierda: Con tres de mis más firmes partidarios en Arkansas: Maurice Smith, Jim Pledger y Bill Clark, en 1998

Abajo, izquierda: Visitando a los dirigentes del Proyecto Delta de Arkansas, con los que trabajé para potenciar el desarrollo económico de la región

Abajo: Padres y alumnos celebran en la mansión del gobernador el Día de los Estudiantes de Instituto, homenaje a los que habían pronunciado los discursos de apertura y clausura de los institutos de Arkansas.

Durante la campaña, celebré con una fiesta mi trigésimo segundo aniversario. Hillary lleva gafas de sol.

Después de jurar el cargo de gobernador, el 9 de enero de 1979, me dirijo al parlamento estatal en Arkansas

Los jóvenes dirigentes de Arkansas en 1979: el secretario de estado Paul Riviere (31 años); el senador estatal Cliff Hoofman (35); yo (32); el auditor del estado Jimmie Lou Fisher (35) y el fiscal general Steve Clark (31)

Con Chelsea y Zeke

Derecha: Con George Shelton, presidente de mi campaña, y F. H. Martin, tesorero. Aunque ambos fallecieron antes de que llegara a presidente, los hijos de ambos trabajaron en mi gobierno.

Izquierda: De campaña con mis predecesores en el cargo de gobernador, Dale Bumpers y David Pryor

Haciendo campaña para el Congreso en 1974

El día de nuestra boda, el 11 de octubre de 1975

Con mi mentor, J. William Fullbright, y su ayudante administrativo, Lee Williams, en septiembre de 1989. Durante mis años en Georgetown trabajé como administrativo en el Comité de Relaciones Exteriores de Fulbright.

Hillary y yo con nuestros compañeros del sindicato de abogados de la facultad de Derecho de Yale

Arriba: Haciendo campaña para George McGovern en San Antonio, Texas, en 1972

Derecha: Dando clases en la facultad de Derecho de la universidad de Arkansas, en Fayetteville

Frank Holt, en mangas de camisa, estrecha manos y confraterniza durante su campaña de 1966 a gobernador (yo estoy detrás, con traje claro).

Con mi hermano y mis compañeros de habitación —de izquierda a derecha, Kit Ashby, Tommy Caplan, Jim Moore y Tom Campbell— durante nuestra ceremonia de graduación en Georgetown, 1968

Arriba: Mis compañeros de habitación en Oxford: Strobe Talbott (izquierda) y Frank Aller. Yo estoy en mi etapa barbuda.

Derecha: Sorprendí a Madre presentándome en casa para su boda con Jeff Dwire el 3 de enero de 1969. El reverendo John Miles ofició la ceremonia y yo fui el padrino. Roger está delante de nosotros.

Yo estoy en primera fila, justo detrás de los fotógrafos, mientras el presidente Kennedy se dirige a los delegados de la Nación de los Muchachos en el Jardín de las Rosas el 24 de julio de 1963.

David Leopoulos y yo como maestros de ceremonias del Festival Estatal de Bandas en Hot Springs en 1964

Madre, Roger, nuestra perra, Susie, y yo en la nieve frente a nuestra casa de Park Avenue en 1961

De picnic con unos amigos, entre ellos Carolyn Yeldell, David Leopoulos, Ronnie Cecil y Mary Jo Nelson

Arriba: En la fábrica de Sanyo Electric, en Japón

Izquierda: Mi día de trabajo en la fábrica Tosco

De izquierda a derecha: Henry Oliver, Gloria Cabe y Carol Rasco

En el Grand Ole Opry, en Nashville, durante la conferencia de gobernadores de 1984. Yo estoy en pie junto a Minnie Pearl; Hillary está en el extremo izquierdo.

Izquierda: Primer día de Chelsea en la escuela. *Centro:* Betsey Wright y yo sorprendemos a Hillary por su cumpleaños en 1983. *Derecha:* Chelsea disfruta viéndome coger a la boa Derek el Día de la Proclamación.

Bailando con Chelsea y con Hillary durante la fiesta de toma de posesión en enero de 1991

Con el doctor Billy Graham y mi pastor, el doctor W. O. Vaught, en otoño de 1989

En el sentido de las agujas del reloj, desde la izquierda: con Lottie Shackleford, Bobby Rush, Ernie Green, Carol Willis, Avis Lavelle, Bob Nash y Rodney Slater en la Convención Nacional Demócrata, julio de 1992

Izquierda: Tipper Gore tomó esta foto mientras estábamos de gira; *abajo a la izquierda:* la «sala de guerra» con James Carville y Paul Begala chocando los cinco; *abajo a la derecha:* de campaña en Stone Mountain, Georgia; *parte inferior:* Wall Street se vuelca en la calle con Hillary y conmigo.

En la Costa Oeste en 1992. *Arriba a la izquierda:*
Cinco de Mayo; *arriba a la derecha:* mitin en
Seattle; *derecha:* en una reunión de oración tras
los disturbios de Los Ángeles; *arriba:* saludando
a mis seguidores en Los Ángeles

Izquierda: La familia Rodham; de izquierda
a derecha, Maria, Hugh, Dorothy, Hillary
y Tony. El padre de Hillary, Hugh, está
sentado.

El equipo de
campaña

La gira del autobús

Hillary y yo, Tipper y Al Gore, el presidente Jimmy Carter y (a la izquierda) el fundador de Hábitat para la Humanidad, Millard Fuller. Celebramos mi cumpleaños y el de Tipper.

El presidente George H. W. Bush, Ross Perot y yo en el debate en la universidad de Richmond

The Arsenio Hall Show

Mi primer día como presidente electo. *Arriba, derecha:* con Madre; *abajo:* en casa de Carol Yeldell Staley: (fila de delante) Madre, Thea Leopoulos; (segunda fila) Bob Aspell, yo, Hillary, Glenda Cooper, Linda Leopoulos; (fila de arriba) Carolyn Staley, David Leopoulos, Mauria Aspell, Mary Jo Rodgers, Jim French, Tommy Caplan, Phil Jamison, Dick Kelley, Kit Ashby, Tom Campbell, Bob Dangremond, Patrick Campbell, Susan Jamison, Gail y Randy Goodrum, Thaddeus Leopoulos, Amy Ashby, Jim y Jane Moore, Tom y Jude Campbell y Will Staley

el crecimiento y la rentabilidad. Ahora, demasiado a menudo, equivale a menos empleos, menos inversión para investigación y desarrollo y reestructuraciones forzadas para atender una deuda no productiva.

(6) Para que Estados Unidos sea fuerte debe recuperar el sentido de comunidad, una sólida noción de las obligaciones mutuas y la convicción de que no podemos perseguir nuestros intereses individuales independientemente de las necesidades de nuestros conciudadanos...

Si queremos conservar el sueño americano vivo para nuestra gente, y preservar el papel de Estados Unidos en el mundo, tenemos que aceptar las nuevas reglas de una vida social, política y económica exitosa. Y debemos regirnos por ellas.

Durante los cinco años siguientes, perfeccioné mi análisis de la globalización y la interdependencia y propuse más medidas para hacerles frente; compatibilicé lo mejor que pude mi deseo de ser un buen gobernador y ejercer un impacto positivo en las iniciativas políticas nacionales.

En 1987 titulé mi programa para la sesión legislativa «Buenos Comienzos, Buenas Escuelas, Buenos Empleos». Fue un programa coherente con la labor que había desarrollado en la Asociación Nacional de Gobernadores bajo el lema «Haciendo que América funcione». Además de las recomendaciones incluidas en nuestras anteriores medidas para el desarrollo de la educación y de la economía, pedí a la asamblea legislativa que me ayudara a lograr que el creciente número de niños pobres empezaran con buen pie en la vida; para ello era necesario aumentar la cobertura sanitaria y las prestaciones sociales para las madres pobres con hijos, empezando por la asistencia prenatal para reducir la tasa de mortalidad infantil y evitar riesgos a los recién nacidos. También solicité financiación para aumentar la educación para progenitores en los casos de madres con niños en situación de riesgo; para ofrecer educación especial en la infancia para los niños con dificultades de aprendizaje; para el aumento de servicios de guardería o niñeras, a precios asequibles y para reforzar el cumplimiento de la normativa de apoyo a la infancia.

Yo había aprendido de Hillary casi todo lo que sabía de desarrollo infantil y su importancia en la vida adulta. Ella ya estaba interesada en ésto cuando la conocí, y había pasado un cuarto año en la Facultad de Derecho de Yale para trabajar en defensa de la infancia en el Centro de Estudios Infantiles de Yale y en el Hospital Yale-New Haven. Había trabajado mucho para poner en práctica en Arkansas las innovadoras ideas de un programa preescolar que estaba en marcha en Israel, llamado HIPPY, Programa de Instrucción en Casa para Preescolares, un proyecto que ayudaba a desarrollar habilidades educativas en los padres y la capacidad de aprendizaje de los niños. Hillary organizó programas HIPPY por todo el estado. A los dos nos encantaba asistir a los ejercicios de graduación y ver a los niños mostrar lo que habían aprendido y a los padres orgullosos de sus hijos y de sí mismos. Gracias a Hillary, Arkansas disfrutaba del programa más extenso del país; ayudaba a 2.400 madres, y sus hijos mostraron progresos notables.

El punto principal de mis medidas de desarrollo económico era el aumento de las inversiones y las oportunidades para la gente pobre y para las zonas desfavorecidas, la mayor parte de ellas en las zonas rurales de Arkansas. La propuesta más importante fue la de aportar más capital a la gente que tenía el deseo de gestionar pequeños negocios rentables, pero que carecía de los medios para empezar o solicitar un préstamo. El banco South Shore Development de Chicago había sido clave durante la época en que ayudó a carpinteros y electricistas a montar sus propios negocios en el South Side para renovar edificios abandonados que de otro modo se habrían derruido. El resultado fue que toda la zona se recuperó.

Yo estaba enterado del papel desempeñado por el banco gracias a una de sus empleadas, Jan Piercy, que fue una de las mejores amigas de Hillary en Wellesley. Jan nos contó que a South Shore se le ocurrió la idea de financiar artesanos capaces, pero que no podrían obtener préstamos según las normativas convencionales, a raíz de la labor del banco Grameen de Bangladesh, fundado por Muhammad Yunus, que había estudiado económicas en la Universidad Vanderbilt antes de volver a su hogar para ayudar a su pueblo. Organicé un encuentro con él y desayunamos en Washington una mañana. Me explicó cómo funcionaba su programa de «microcréditos». Las mujeres del pueblo, que eran conocidas por su destreza y buena reputación, pero que carecían de activos o propiedades, se organizaron por equipos. Cuando la primera prestataria devolvió su primer pequeño préstamo, la siguiente obtuvo el suyo, y así consecutivamente. Cuando conocí a Yunus, el banco Grameen ya había aprobado cientos de miles de pequeños préstamos, con una tasa de devolución más alta que la de los bancos comerciales de Bangladesh. En 2002, Grameen había realizado más de 2,4 millones de préstamos, el 95 por ciento a mujeres pobres.

Si la idea funcionó en Chicago, yo pensaba que también podría funcionar en las zonas económicamente deprimidas de la Arkansas rural. Como Yunus dijo en una entrevista, «allá donde el sistema bancario rechace dar préstamos, hay espacio para un programa del estilo del Grameen». Fundamos el Southern Development Bank Corporation en Arkadelphia. El Instituto de Desarrollo Financiero puso parte de la inversión inicial, pero la mayor parte procedía de algunas empresas a las que Hillary y yo pedimos que participaran.

Cuando me convertí en presidente, obtuve la aprobación del Con-

greso para un programa de préstamos nacionales a imagen y semejanza
del Banco Grameen, y comenté algunos de sus éxitos en un acto en la
Casa Blanca. La Agencia para el Desarrollo Internacional de Estados
Unidos también financiaba dos millones de microcréditos anuales en los
pueblos pobres de África, América Latina y el este de Asia. En 1999,
cuando viajé al sur de Asia, visité a Muhammad Yunus y a algunas de las
personas a las que había ayudado, entre ellas a mujeres que utilizaban los
préstamos para comprar teléfonos móviles, por cuyo uso cobraban a los
habitantes del pueblo que querían llamar a sus familiares y amigos en
Estados Unidos y Europa. A Muhammad Yunus tendrían que haberle
dado el Premio Nobel de Economía hace años.

Mi otra gran prioridad era la reforma de la asistencia social. Pedí a la
asamblea legislativa que las personas que recibieran asistencia, con niños
de tres años o más a su cargo, firmaran un contrato por el que se comprometían a alcanzar la independencia económica a través de la alfabetización, la formación y el trabajo. En febrero, viajé a Washington con otros
gobernadores para testificar frente al Comité de Medios y Arbitrios del
Congreso sobre las reformas de la asistencia social. Solicitamos al Congreso que nos diera las herramientas necesarias para «promover el trabajo, no la asistencia; la independencia, no la dependencia». Afirmamos
que había que hacer mucho más para evitar que la gente tuviera que solicitar asistencia; en primer lugar era necesario reducir el analfabetismo en
los adultos, los embarazos adolescentes, la tasa de abandono escolar y el
consumo de drogas y alcohol. Respecto a reformar la asistencia social,
defendimos un pacto vinculante entre el receptor de la prestación y el
gobierno, que estableciera los derechos y responsabilidades de ambas
partes. Los receptores se comprometerían a tratar de modificar su situación para no depender de las ayudas gubernamentales, y el gobierno
aceptaría el compromiso de ayudarles, dándoles educación y formación,
cobertura médica, asistencia y guarderías infantiles y una recolocación
laboral. También proponíamos que todos los receptores de prestaciones
con hijos de tres años o más participaran en un programa de trabajo diseñado por los estados y que cada uno tuviera un asistente social asignado a
su caso, comprometido con el objetivo de lograr una transición del estado
de dependencia a la autosuficiencia. Indicamos que debían intensificarse
los esfuerzos para recaudar ingresos a favor de los programas de apoyo a
la infancia, y que había que establecer una nueva fórmula para las ayudas
en efectivo, para que fueran coherentes con el coste de la vida en cada
estado. La ley federal permitía a los estados fijar la cifra de las ayudas
mensuales, siempre que no fuera más baja de lo que había sido a principios de los setenta; sin embargo, en todas partes eran inferiores a esa
cantidad.

Yo había pasado mucho tiempo conversando con gente que recibía ayudas y con asistentes sociales de Arkansas, y sabía que la gran mayoría de ellos querían trabajar y mantener a sus familias. Pero se enfrentaban a barreras infranqueables, aparte de las más obvias, como una preparación deficiente, falta de experiencia laboral o la imposibilidad de contratar a niñeras o pagar el coste de las guarderías. Mucha gente ni siquiera tenía coche, o acceso al transporte público. Si aceptaban los trabajos con salarios reducidos, perderían los cupones de alimentos y la cobertura médica que les proporcionaba Medicaid. Finalmente, la mayoría de ellos sencillamente no se creían capaces de salir adelante en el mercado laboral y no tenían ni idea de por dónde empezar.

En una de nuestras reuniones de gobernadores en Washington, junto con mi copresidente en el tema de la reforma de la asistencia social, el gobernador Mike Castle, de Delaware, organicé un encuentro para los demás gobernadores sobre la reforma de la asistencia. Testificaron ante nosotros dos mujeres que habían venido de Arkansas y que habían pasado de necesitar ayudas a trabajar regularmente. Una joven de Pine Bluff jamás se había subido a un avión, ni a una escalera mecánica, antes de aquel viaje. Habló de forma comedida pero convencida, acerca de la capacidad de la gente pobre para mantenerse por sí solos, a ellos y a sus familias. La otra testigo tenía unos treinta o cuarenta años. Su nombre era Lillie Hardin y recientemente había encontrado trabajo de cocinera. Le pregunté si creía que a la gente capaz que recibía ayudas había que obligarla a aceptar los empleos disponibles. «Desde luego —respondió—. De otro modo se pasan el día mirando telenovelas.» Luego le pregunté a Lillie qué era lo mejor de haber encontrado un empleo. Sin dudarlo un segundo, respondió: «Cuando mi hijo va a la escuela y le preguntan qué hace su mamá para ganarse la vida ya puede contestarles». Era el mejor argumento a favor de la reforma de la asistencia social que había oído jamás. Después de la audiencia, los gobernadores la trataron como si fuera una estrella de rock.

Cuando tuve que enfrentarme a la reforma de la asistencia social como presidente, siempre me hacía gracia que algunos miembros de la prensa la consideraran un tema de los republicanos, como si solo los conservadores apreciaran el valor del trabajo. En 1996, cuando el Congreso aprobó una propuesta de ley que yo estaba dispuesto a aceptar, llevaba más de quince años trabajando para la reforma de la asistencia social. Pero no pensé que fuera un tema de los demócratas. Ni siquiera de los gobernadores. La reforma de la asistencia social trataba sobre Lillie Hardin y su pequeño.

VEINTICUATRO

Gracias al mandato de cuatro años, a la dedicación y competencia de mi personal y de mi gobierno, a una buena relación de trabajo con las cámaras legislativas y a la fuerza de mi organización política, dispuse del espacio necesario para saltar a la arena política nacional.

Los avances realizados en educación, economía y reforma de la asistencia social y mi presidencia de la Asociación Nacional de Gobernadores y de la Comisión de Educación de los Estados me hicieron una persona más o menos conocida, y durante 1987 recibí muchas invitaciones para dar charlas fuera del estado. Acepté más de dos docenas, que me llevaron por quince estados. Aunque solo cuatro fueron actos organizados por el Partido Demócrata, todas me sirvieron para ampliar mi red de contactos y para que aumentaran las especulaciones de que entraría en la carrera presidencial.

Aunque solo tenía cuarenta años en la primavera de 1987, me interesaba presentarme como candidato por tres motivos. En primer lugar, los demócratas tenían una oportunidad magnífica para recuperar la Casa Blanca. Parecía claro que el nominado del Partido Republicano sería el vicepresidente Bush, y desde una perspectiva histórica el único vicepresidente que había pasado de ese cargo al de presidente gracias a unas elecciones había sido Martin Van Buren, en 1836, que sucedió a Andrew Jackson en la última elección, sin una oposición efectiva al Partido Demócrata. En segundo lugar, yo estaba profundamente convencido de que el país necesitaba un cambio de rumbo. El crecimiento económico procedía básicamente de aumentos en el gasto de defensa y de grandes recortes fiscales que beneficiaban a los norteamericanos más ricos de una forma absolutamente desproporcionada y que habían disparado el déficit público. El alto déficit provocó una subida de las tasas de interés, pues el gobierno competía con las entidades privadas por los ahorros de los ciudadanos, y a su vez había provocado un aumento en la cotización del dólar, que hizo que las importaciones fueran más baratas y las exportaciones más caras. A pesar de que los norteamericanos comenzaban a mejorar su productividad y su competitividad, perdíamos puestos de trabajo en las fábricas y en las granjas. Peor aún, debido al gran déficit económico, no había las suficientes inversiones en educación, formación e investigación, que son necesarias para mantener los salarios altos y el desempleo bajo en el marco de una economía global. Así, el 40 por ciento de los norteameri-

canos han sufrido un descenso de su poder adquisitivo real desde mediados de la década de 1970.

El tercer motivo que me impulsaba a plantearme seriamente entrar en
la carrera a la presidencia era la convicción de poder explicar a los norteamericanos lo que sucedía. Además, puesto que tenía un buen historial
contra la delincuencia, en la reforma de la asistencia social, en educación
y en responsabilidad fiscal, estaba seguro de que los republicanos no
podrían convencer a la gente de que yo era un demócrata ultraliberal que
no respetaba los valores de la mayoría y que pensaba que el gobierno
debía meterse en todos y cada uno de los problemas de los ciudadanos.
Estaba convencido de que si lográbamos escapar de la jaula para «extra-
terrestres» en la que los republicanos nos tenían encerrados desde 1968
—con la excepción del éxito del presidente Carter en 1976—, podríamos
recuperar la Casa Blanca.

Quizá era mucho pedir, pues no es fácil que la gente cambie su modo
de ver la política, pero yo estaba convencido de que lo lograría. Y también
lo estaban muchos de mis colegas gobernadores. Cuando fui a las carreras
de 500 millas de Indianápolis en primavera, me encontré con el gobernador de Nebraska, Bob Kerrey. Bob me caía muy bien y pensaba que él
también sería un buen candidato a la presidencia. Había ganado la Medalla de Honor en Vietnam y, como yo, era conservador en lo fiscal y progresista en lo social. Además había sido elegido en un estado todavía más
republicano que Arkansas. Para mi sorpresa, Bob me animó a presentarme y me dijo que, si lo hacía, él sería el presidente de mi campaña en
los estados del Medio Oeste.

Pero tenía un grave problema en casa: Dale Bumpers estaba pensando
seriamente en presentarse. Yo llevaba animándole a hacerlo desde finales
de 1974. Casi lo hizo en 1984, y ahora tenía muchas posibilidades de
ganar. Había servido en los marines durante la Segunda Guerra Mundial,
había sido un gran gobernador y ahora era el mejor orador del Senado.
Sabía que Dale sería un buen presidente y que tendría más posibilidades
de alcanzar el cargo que yo. A mí me hubiera encantado ayudarle; quería
que nuestro bando ganara y cambiase el rumbo del país.

El 20 de marzo, mientras corría por Main Street, en Little Rock, un
periodista local fue tras de mí para decirme que el senador Bumpers acababa de emitir un comunicado y que no iba a presentarse a presidente.
Simplemente no quería hacerlo. Pocas semanas antes, el gobernador de
Nueva York, Mario Cuomo, había tomado la misma decisión. Les dije a
Hillary y a Betsey que quería considerar en serio la posibilidad de presentarnos.

Recaudamos un poco de dinero para los gastos preliminares y Betsey
envió a gente para que realizaran tanteos en Iowa, New Hampshire y
otros estados sureños que votarían a la vez el año siguiente durante el

«Supermartes», poco después de las primarias de New Hampshire. El 7 de mayo, las primarias parecían todavía más accesibles cuando el senador Gary Hart, que casi había derrotado al vicepresidente Mondale en 1984, se retiró de la carrera electoral después de hacerse pública su relación con Donna Rice. Creo que Gary cometió un error desafiando a la prensa a seguirle, para ver si podían encontrar trapos sucios, pero lo sentí mucho por él. Era un político innovador y brillante que siempre pensaba en los grandes retos de Estados Unidos y en cómo enfrentarse a ellos. Después del asunto Hart, aquellos de nosotros que no habíamos llevado una vida perfecta no tuvimos forma de saber hasta dónde llegaría la prensa en su afán por publicar noticias sensacionalistas. Finalmente concluí que si alguien creía tener algo que ofrecer debía presentarse, enfrentarse con cualquier acusación que surgiera y confiar en el pueblo norteamericano. De todas formas, sin una alta resistencia al dolor, no podrás ser un buen presidente.

Me fijé el 14 de julio como fecha límite para tomar una decisión. Algunos de mis viejos amigos de las batallas políticas del pasado fueron a Little Rock, incluidos Mickey Kantor, Carl Wagner, Steve Cohen, John Holum, Kevin O'Keefe, Jim Lyons, Mike Driver y Sandy Berger. Todos creían que debía presentarme. La oportunidad parecía demasiado buena para dejarla pasar; sin embargo, vacilaba. Sabía que estaba listo para ser un buen candidato, pero no estaba seguro de haber vivido lo suficiente para haber adquirido la sabiduría y el buen juicio necesarios para ser presidente. Si salía elegido, tendría cuarenta y dos años, aproximadamente la misma edad que tenía Theodore Roosevelt cuando juró el cargo tras el asesinato del presidente McKinley, y un año menos que John Kennedy cuando salió elegido. Pero ambos procedían de familias ricas y metidas en política, y su infancia se desarrolló en un ambiente que les hacía sentir cómodos en el poder. Mis dos presidentes preferidos, Lincoln y Franklin Roosevelt, tenían cincuenta y un años cuando accedieron al cargo, eran personas ya completamente formadas y con un perfecto dominio de sí mismas y de sus responsabilidades. Durante mi quincuagésimo primer cumpleaños, Al Gore me explicó cómo veían el proceso de envejecimiento los nativos americanos. Los cherokees creían que un hombre no alcanza la madurez hasta que cumple los cincuenta y uno.

La segunda cosa que me preocupaba eran las dificultades que una campaña supondría para mi labor como gobernador. La fecha límite para implementar los estándares educativos era 1987. Ya había convocado una sesión especial con objeto de encontrar financiación para las escuelas y para las cárceles, que estaban desbordadas. Había sido una lucha a muerte que había perjudicado mi relación con muchos miembros de la cámara legislativa y que casi fracasó, si no hubiera sido porque en el último minuto logramos arañar los votos suficientes para emprender la tan necesaria reforma. Yo sabía que, muy probablemente, tendría que convocar otra sesión especial a principios de 1988. Estaba decidido a establecer los estándares educativos y a construir a partir de ahí; era la única posibilidad de un futuro mejor para la mayoría de los niños pobres de mi estado. En la escuela elemental a la que asistía Chelsea había aproximadamente un 60 por ciento de alumnos negros, y más de la mitad de los niños procedían de familias de ingresos bajos. Recuerdo a un pequeño al que invitó a su fiesta de cumpleaños en la mansión que estuvo a punto de no venir porque no podía permitirse comprarle un regalo. Yo estaba decidido a que ese niño tuviera más y mejores oportunidades que las que habían tenido sus padres.

El *Arkansas Gazette*, que me había apoyado en todas y cada una de mis campañas, publicó un editorial diciendo que no debía presentarme, por los dos motivos que más me preocupaban. Aunque reconocían que podía ser un gran líder nacional, el *Gazette* decía: «Bill Clinton no está listo para ser presidente» y «Necesitamos al gobernador Clinton en Arkansas».

La ambición es una fuerza poderosa, y la ambición de ser presidente ha llevado a muchos candidatos a ignorar tanto sus propias limitaciones como las responsabilidades que conllevaba el cargo del cual procedían. Siempre he creído que me crecía ante la adversidad y que podía hacer dos o tres trabajos a la vez. En 1987 podría haber tomado una decisión basándome en mi ambición y en mi confianza en mí mismo, pero no lo hice. Lo que finalmente decantó la balanza fue una parte de mi vida donde no entraba la política: Chelsea. Carl Wagner, que era también padre de una hija única, me dijo que tendría que aceptar estar separado de Chelsea durante los siguientes dieciséis meses. Mickey Kantor me estaba hablando de ello, cuando Chelsea me preguntó adónde iríamos para las vacaciones de verano. Cuando le dije que si me presentaba a presidente quizá no pudiera tener vacaciones de verano, Chelsea replicó: «Entonces iremos mamá y yo sin ti». Y eso fue todo.

Fui al comedor de la mansión del gobernador, donde mis amigos estaban comiendo, les dije que no me iba a presentar y les pedí disculpas por haberles hecho venir. Luego fui al Excelsior para hacer una notificación pública frente a unos cuantos de mis partidarios. Me esforcé por explicarles por qué había sopesado la idea de presentarme y por qué finalmente había decidido echarme atrás:

Necesito un poco de tiempo en familia, un poco de tiempo personal. Los políticos también son personas. Creo que a veces lo olvidamos, pero así es. Lo único que yo u otro candidato ofrecemos cuando nos presentamos a presidente es lo que llevamos dentro. Eso es lo que hace a la gente salir adelante con confianza a convencer a los votantes, vivan en Wisconsin, Montana o Nueva York. Esa parte de mi vida necesita renovarse. La otra razón, incluso más importante, es el impacto que esta campaña tendría en mi hija. La única forma de ganar, entrando tan tarde, después de que otros se han dedicado a la campaña durante dos años, hubiera sido que nos lanzáramos a la carretera desde hoy hasta el final, a jornada completa, y obligar a Hillary a hacer lo mismo… He visto crecer a muchos niños bajo estas presiones, y hace mucho, mucho tiempo, me prometí a mí mismo que si alguna vez tenía la fortuna de tener hijos, nunca crecerían preguntándose quién era su padre.

A pesar de que me había dicho que me apoyaría fuera cual fuera mi decisión, Hillary se sintió aliviada. Creía que yo debía acabar el trabajo que había comenzado en Arkansas y seguir construyendo una base de apoyo nacional. Además, Hillary sabía que no era un buen momento para estar lejos de nuestras familias. Madre tenía problemas con su trabajo de anestesista, Roger llevaba fuera de la cárcel solo un par de años y los padres de Hillary se iban a mudar a Little Rock. En enero de 1983, durante mi discurso de toma de posesión ante las cámaras legislativas, Hugh Rodham se desplomó de su silla. Había sufrido un infarto grave, y se lo llevaron rápidamente al University Medical Center para realizarle un cuádruple *bypass*. Yo estaba junto a él cuando despertó. Después de comprobar que estuviera lúcido, le dije: «¡Hugh, el discurso no era tan bueno como para que te diera un infarto!». En 1987 tuvo un infarto de poca gravedad. Hugh y Dorothy no tenían que quedarse solos en Park Ridge. Queríamos tenerlos cerca y a ellos les parecía bien la idea de mudarse, sobre todo para estar cerca de su única nieta. Aun así, iba a ser un gran cambio para ellos.

Por último, Hillary estaba contenta de mi decisión porque no compartía la creencia generalizada de que los demócratas tenían posibilidades de ganar en 1988. No creía que la «Revolución Reagan» hubiera agotado aún su fuerza y creía que, a pesar del asunto Irán-Contra, George Bush ganaría presentándose como una versión más moderada del propio Reagan. Cuatro años después, cuando las perspectivas de victoria parecían mucho menores, con los índices de popularidad de George Bush por encima del 70 por ciento, Hillary me animó a presentarme. Como era habitual, acertó en las dos ocasiones.

Después de anunciar mi decisión, sentí como si me hubiera quitado un gran peso de encima. Era libre para dedicarme a ser padre, marido y gobernador, y para trabajar y hablar sobre asuntos de interés nacional sin tener que preocuparme por mis ambiciones inmediatas.

En julio, Hillary, Chelsea y yo fuimos a la conferencia de verano de gobernadores, en Traverse City, Michigan, para terminar mi año como presidente. Me sucedió el gobernador de New Hampshire, John Sununu, que prometió continuar nuestro trabajo por la reforma de la asistencia social, y con quien yo tenía muy buena relación. Tras un receso, los gobernadores demócratas viajaron hasta la isla Mackinaw, donde el gobernador Jim Blanchard nos reunió a todos para conocer a nuestros candidatos presidenciales: el senador Al Gore, el senador Paul Simon, el senador Joe Biden, el congresista Dick Gephardt, el reverendo Jesse Jackson, el ex gobernador de Arizona Bruce Babbitt y el gobernador Mike Dukakis. Yo creía que todos eran buenos, pero apoyaba a Dukakis. En Massachusetts había gobernado con éxito y había gestionado una economía de alta tecnología; había equilibrado el presupuesto y logrado avances tanto en educación como en asistencia social. Gobernaba como un «Nuevo Demócrata», y sabía lo que era perder una elección a causa de los ataques negativos y luego triunfar de nuevo. Aunque la mayoría de los norteamericanos consideraban que Massachusetts era un estado liberal, yo estaba convencido de que nuestro candidato sería bien recibido, porque era un gobernador de éxito y porque sabría evitar los errores que nos habían hundido en las elecciones anteriores. Además, éramos amigos. Mike se sintió aliviado cuando anuncié que no entraba en la carrera y me mandó un regalo de cumpleaños adelantado: una camiseta que tenía impresas las siguientes palabras: «¡Felices 41! ¡Clinton en el 96 solo tendrás 49!».

Al final de la reunión, Jim Blanchard montó un magnífico concierto de rock con artistas de la Motown de los sesenta, entre ellos los Four Tops, Martha Reeves and the Vandellas y Jr. Walker, un legendario músico que tocaba el saxo tenor y que lo hacía sonar una octava más alto que la mayoría de nosotros, simples mortales. Hacia el final del espectáculo, una joven se me acercó y me invitó a tocar el saxo con ellos, en el clásico de la Motown «Dancin' in the Street». Yo no había tocado una sola nota en tres años. «¿Tenemos la partitura?», le pregunté. «No», dijo ella. «¿En qué clave está?» Me contestó: «Ni idea». «¿Puedo calentar un par de minutos con el saxo?» De nuevo, «No». Le di la única respuesta posible dadas las condiciones: «Vale, lo haré». Subí al escenario, me dieron un saxo, le conectaron un micro al pabellón y comenzó la música. Toqué tan suavemente como pude hasta que afiné el instrumento y descubrí en qué clave estaban tocando. Luego me incorporé a la melodía y lo hice bastante bien. Todavía tengo una foto de Jr. Walker y yo haciendo un *riff* juntos.

Septiembre fue un mes muy ocupado. Con el comienzo del nuevo año escolar, aparecí en *Meet the Press*, de la NBC, junto con Bill Bennett, que había sucedido a Terrel Bell como secretario de Educación del presidente Reagan. Me llevaba bien con Benett, que respetaba mi exigencia de res-

ponsabilidad en los gastos y la enseñaza de los valores fundamentales en
la escuela, y no discutió conmigo cuando dije que los estados necesitaban
más ayudas federales para pagar los programas educativos preescolares.
Cuando Bennett criticó a la Asociación Nacional para la Educación por
ser un obstáculo para la exigencia de responsabilidades, le dije que en
mi opinión la ANE había mejorado en ese aspecto y le recordé que Al
Shanker, el líder del otro gran sindicato de profesores, la Federación
Americana de Profesores, estaba a favor tanto de la responsabilidad como
de la educación de valores.

Por desgracia, mi relación con Bill Bennett no fue bien después de
que me eligieran presidente y Bennett convirtiera la promoción de la virtud en una forma de ganarse la vida. Aunque una vez me dedicó un libro
con la frase: «A Bill Clinton, el demócrata con sentido común», aparentemente decidió que o bien se había equivocado cuando escribió aquello
o bien yo había perdido todo aquel sentido común.

Más o menos al mismo tiempo que la entrevista con *Meet the Press*, el
senador Joe Biden, el presidente del Comité Judicial, me pidió que testificara contra el juez Robert Bork, que había sido nombrado canadidato a
la Corte Suprema de Estados Unidos por el presidente Reagan. Sé que
Joe me quería porque yo era un gobernador blanco sureño; el hecho de
que Bork hubiera sido mi profesor de derecho constitucional era un
valor añadido. Antes de decir que sí, leí la mayoría de los artículos, sentencias importantes y extractos de los discursos de Bork. Llegué a la conclusión de que el juez Bork no debía llegar a la Corte Suprema. En una
declaración de ocho páginas, dije que me gustaba y respetaba a Bork
como profesor y pensaba que el presidente Reagan debería tener una
amplia libertad en sus nombramientos, pero aun así creía que el Senado
debía rechazar la nominación de Bork. Argumenté que las propias palabras de Bork demostraban que era un reaccionario, no un conservador
moderado. Había criticado casi todas las sentencias más destacadas de la
Corte Suprema que ampliaban los derechos civiles excepto «Brown contra la Junta de Educación». De hecho, Bork había sido uno de los dos
abogados, junto a William Rehnquist, que aconsejaron a Barry Goldwater que votara contra la Ley de Derechos Civiles de 1964. Como sureño,
sabía que era importante no reabrir las antiguas cicatrices raciales revisando aquellas sentencias. Bork tenía un punto de vista más restrictivo
sobre la función de la Corte Suprema respecto a la protección de los
derechos individuales, más que ningún otro candidato desde hacía varias
décadas. Creía que había «docenas» de sentencias que debían revocarse.
Por ejemplo, dijo que el derecho de una pareja casada a usar anticoncep-
tivos no era más digno de protección de la acción del gobierno que el
derecho de una empresa de servicios y suministros a contaminar el aire.

De hecho, como demostró su sentencia contra Arkansas en el caso de Grand Gulf, creía que las empresas de servicios y suministros y los demás negocios tenían derecho a *más* protección que los ciudadanos particulares, contra las interferencias del gobierno que a él no le parecían correctas. Sin embargo, cuando se trataba de proteger los intereses de las grandes empresas, echaba por la ventana las limitaciones a la acción judicial y se convertía en un activista intervencionista. Incluso llegó a decir que los tribunales federales no debían aplicar las leyes antimonopolio porque se basaban en una teoría económica errónea. Pedí al Senado que no se arriesgara a que el juez Bork actuara según las convicciones que durante tanto tiempo había sostenido y que no escuchara las garantías de moderación que ofrecía ahora, en el proceso de confirmación de su candidatura.

Tuve que entregar mi testimonio por escrito en lugar de leerlo en persona, pues las audiencias se retrasaron y tenía que viajar a una misión comercial en Europa. A finales de octubre, el Senado rechazó la nominación de Bork por 58 a 42. Dudo que mi testimonio cambiara un solo voto. Antes, el presidente Reagan propuso a Antonin Scalia, que era tan conservador como Bork, pero que no había escrito ni dicho tantas cosas que lo probasen. La candidatura fue confirmada. En diciembre de 2000, en el caso de «Bush contra Gore», él redactó la opinión de la Corte que concedía una medida cautelar sin precedentes y detenía el recuento de votos en Florida. Tres días después, por cinco votos contra cuatro, la Corte Suprema entregaba las elecciones a George W. Bush, en parte argumentando que los votos restantes en disputa no podían contarse antes de la medianoche de ese mismo día, tal como requería la ley del estado de Florida. Por supuesto que no: ¿cómo iban a contarlos si la propia Corte Suprema había ordenado que dejaran de hacerlo tres días antes? Fue un acto de intromisión judicial que hubiera hecho sonrojar incluso al propio Bob Bork.

Después de la misión comercial, Hillary y yo nos unimos a John Sununu y al gobernador Ed DiPrete, de Rhode Island, para una reunión con nuestros colegas italianos en Florencia. Era el primer viaje que Hillary y yo hacíamos a Italia, y nos enamoramos de Florencia, Siena, Pisa, San Gimignano y Venecia. Me pareció francamente interesante el éxito económico del norte de Italia, que tenía una renta per cápita más alta que Alemania. Una de las razones de la prosperidad de la región era la extraordinaria cooperación de los pequeños empresarios, que compartían instalaciones y los costes administrativos y de *marketing*, como los artistas del norte de Italia llevaban haciendo durante siglos desde el desarrollo de los gremios medievales. Una vez más había encontrado una idea que quizá podría funcionar en Arkansas. Cuando regresé a casa, ayudamos a un grupo de soldadores en paro a montar sus negocios y a compartir los costes y el *marketing*, tal como hacían los curtidores y los fabricantes de muebles italianos.

En octubre la economía de Estados Unidos sufrió una fuerte sacudida cuando la bolsa cayó más de quinientos puntos en un solo día, la mayor caída en una jornada desde 1929. Por una coincidencia, el hombre más rico de Estados Unidos, Sam Walton, estaba en mi despacho cuando el mercado cerró. Sam era el líder del Consejo de Empresarios de Arkansas, un grupo de importantes hombres de negocios conocido extraoficialmente como «el club de los trajes caros». Estaban decididos a mejorar la educación y la economía de Arkansas. Sam se excusó un momento para ver qué había sucedido con las acciones de Wal-Mart. Tenía toda su fortuna invertida en la empresa. Llevaba décadas viviendo en la misma casa y conducía una vieja camioneta. Cuando volvió a mi despacho le pregunté cuánto había perdido. «Más o menos mil millones de dólares», dijo. En 1987 eso era todavía mucho dinero, incluso para Sam Walton. Cuando le pregunté si estaba preocupado, me dijo: «Mañana volaré a Tennessee para ver el último Wal-Mart. Si hay muchos coches en el aparcamiento, todo estará bien. Solo estoy en bolsa para conseguir dinero con el que abrir más tiendas y darles a los empleados una participación en la empresa». Casi toda la gente que trabajaba en Wal-Mart poseía acciones de la compañía. Walton contrastaba radicalmente con la nueva ola de ejecutivos que insistían en recibir grandes aumentos de sueldo incluso cuando a sus empresas y a sus trabajadores no les iba bien, y que saltaban con paracaídas de oro cuando sus empresas quebraban. Cuando el hundimiento de muchos valores en los primeros años del nuevo siglo descubrió una nueva serie de casos de avaricia y ambición empresarial, volví a pensar en aquel día de 1987 en el que Sam Walton perdió mil millones de dólares de su fortuna. Sam era republicano. Dudo que ni siquiera votase por mí. Yo no estaba de acuerdo con la política comercial de Wal-Mart en aquellos tiempos y siguen sin gustarme algunas de las prácticas de su compañía, que se han vuelto más habituales tras su muerte. Como dije, Wal-Mart no «Compra Norteamérica» tanto como solía. Ha recibido acusaciones de emplear a muchos immigrantes ilegales, y, por supuesto, la empresa es antisindicatos. Pero a Estados Unidos le iría mucho mejor si todas nuestras empresas estuvieran dirigidas por gente comprometida, al menos tanto como para que sus fortunas crecieran y cayeran junto con el destino de sus empleados y sus accionistas.

Acabé 1987 con mi tercer discurso de esa década en la convención demócrata de Florida, donde, como siempre, dije que teníamos que enfrentarnos a los hechos y transmitir nuestra visión a los ciudadanos. El presidente Reagan había prometido reducir los impuestos, subir el gasto en defensa y equilibrar el presupuesto. Cumplió las dos primeras promesas, pero no había podido cumplir la tercera porque la economía basada en la oferta desafía a la aritmética. Como consecuencia, la deuda nacional se había disparado, no habíamos invertido en nuestro futuro y habíamos dejado que bajara el salario del cuarenta por ciento de nuestros ciudadanos. Sabía que los republicanos estaban orgullosos de su trabajo, pero yo lo veía desde la perspectiva de dos perros viejos que están mirando a unos chicos bailando *break-dance*. Un perro le dice al otro: «Sabes, si nosotros hiciéramos eso nos desparasitarían».

Dije a los demócratas de Florida: «Tenemos que exigirnos la creación de un nuevo orden económico mundial y asegurar el lugar que el pueblo estadounidense ocupará en él». Mi principal argumento fue que «Tenemos que pagar hoy el precio de asegurar el futuro» y «Estamos todos juntos en esto». En restrospectiva mis discursos de finales de los ochenta me parecen interesantes porque son muy parecidos a lo que diría luego en 1992 y a lo que traté de hacer cuando era presidente.

En 1998 viajé a trece estados y al Distrito de Columbia para pronunciar discursos de temática dividida a partes iguales entre política e ideas. Los discursos sobre ideas se centraron básicamente en la educación y en la necesidad de conseguir una legislación para la reforma de la asistencia social, que esperábamos que el Congreso aprobara hacia finales de año. Pero el discurso político más importante para mi futuro fue el titulado «Capitalismo demócrata» que di ante el Consejo de Liderazgo Demócrata en Williamsburg, Virginia, el 29 de febrero. Desde entonces me involucré cada vez más en el CLD porque creía que era el único grupo decidido a desarrollar las nuevas ideas que los demócratas necesitaban tanto para ganar elecciones como para que el país avanzara. En Williamsburg hablé sobre la necesidad de «democratizar» el acceso a la economía global, es decir, hacerla accesible a todos sus ciudadanos y comunidades. Me había convencido William Julius Wilson, en su libro *The Truly Disadvantaged*, con su argumento de que no existen soluciones que se basen en la raza para la pobreza y el desempleo endémico. La única respuesta posible eran las escuelas, la educación, la formación para adultos y empleos. Mientras tanto, en casa, seguí luchando con los problemas de presupuesto de las escuelas y las prisiones, impulsé mi programa de «Buenos comienzos, buenas escuelas y buenos trabajos» y promoví la reforma de los impuestos y la reforma de los grupos de presión. Al final estas dos reformas no se pudieron aprobar porque el parlamento estatal se negó a hacerlo, así que tuvimos que incluirlas en la papeleta de las siguientes elecciones. Los grupos de interés hicieron campañas de publicidad durísimas contra ambas. La de los grupos de presión se aprobó pero la impositiva no.

El gobernador Dukakis se preocupó de asegurarse la candidatura demócrata para la presidencia. Un par de semanas antes del inicio de nuestra convención en Atlanta, Mike me pidió que le propusiera candidato. Él y los líderes de su campaña me dijeron que, aunque aventajaba al vicepresidente Bush en las encuestas, el pueblo norteamericano no le conocía demasiado. Habían decidido que el discurso de nominación era una buena oportunidad para presentarle como un líder cuyas cualidades personales, historial en el cargo y nuevas ideas lo convertían en la persona idónea para la presidencia. Dado que yo era su colega, amigo y compatriota sureño, querían que me encargara yo y que me tomase todo el tiempo asignado para el discurso, unos veinticinco minutos. Era un cambio respecto a la práctica habitual; normalmente, la presentación corría a cargo de tres personas que representaban a distintas corrientes del partido y que daban sendos discursos de nominación de cinco minutos. Nadie les prestaba demasiada atención, pero hacían felices a los oradores y a sus representados.

Me sentí honrado por la invitación, pero también receloso. Como he dicho, las convenciones son ruidosas ocasiones para estrechar manos, donde las palabras pronunciadas desde el estrado solo son música de fondo, excepto por el discurso de apertura y los de aceptación del presidente y del vicepresidente. Había estado en suficientes convenciones como para saber que un largo discurso fracasaría, a menos que los delegados y los medios estuvieran preparados y que las condiciones en la sala fueran las adecuadas. Expliqué a la gente de Dukakis que el discurso solo funcionaría si yo hablaba con las luces apagadas y la gente de Dukakis estuviera entre el público y se ocupara de que los delegados no alborotaran. También había que evitar que aplaudieran demasiado, pues eso alargaría considerablemente la duración del discuro. Les dije que sabía que ésto supondría un montón de problemas y que si se negaban, estaría encantado de dar un impetuoso discurso de apoyo de cinco minutos.

El día del discurso, el 20 de julio, llevé una copia de mi discurso a la suite de Mike y se la enseñé a su gente. Les dije que, tal como estaba escrito, tardaría unos veintidós minutos, y si no había demasiados aplausos podríamos mantenernos dentro del límite de veinticinco minutos. Les expliqué que podía cortar el 25, 50 o 75 por ciento del discurso si creían que era mejor. Un par de horas después les llamé para que me dijeran qué querían que hiciera. Me confirmaron que podía pronunciarlo entero. Mike quería que Estados Unidos le conociera tan bien como yo.

Esa noche me presentaron y salí al escenario acompañado por una

sintonía a todo volumen. Cuando comencé a hablar, las luces se suaviza-
ron. A partir de ahí las cosas fueron de mal en peor. Apenas había pronunciado tres frases cuando las luces volvieron a encenderse. Luego, cada
vez que mencionaba a Mike, la gente aplaudía a rabiar. En ese mismo
momento supe que debía ir a por la opción de cinco minutos, pero no lo
hice. El verdadero público al que estaba dirigido lo estaba viendo por
televisión. Si me concentraba y prescindía de las distracciones de la sala,
todavía podía contarle a la gente que estaba en casa lo que Mike quería
que supieran:

> Quiero hablar sobre Mike Dukakis. Ha llegado tan lejos, tan rápido,
> que todo el mundo quiere saber qué clase de persona es, qué clase de
> gobernador ha sido y qué clase de presidente será.
>
> Es mi amigo desde hace mucho tiempo. Quiero que sepan la res-
> puesta a esas preguntas y por qué creo que debemos hacer que Mike
> Dukakis sea el primer presidente de Estados Unidos, desde Andrew
> Jackson, cuyos padres eran inmigrantes.

Mientras contestaba a estas preguntas, los delegados de la convención
volvieron a su charla; solo me prestaban atención para aplaudir cuando
decía el nombre de Mike. Me sentía como si el discurso fuera una roca de
cien kilos que tenía que empujar cuesta arriba por la ladera de una colina.
Luego bromeé diciendo que supe que tenía problemas cuando, a los diez
minutos, la delegación norteamericana de Samoa comenzó a asar un
cerdo.

Unos minutos más tarde, los que empezaron a asarme fueron la ABC
y la NBC; enfocaban a los delegados distraídos y se preguntaban cuándo
iba a acabar. Solo la CBS y las cadenas de radio emitieron el discurso
entero sin añadir ningún comenario crítico. Obviamente nadie le había
dicho a la prensa de la convención cuánto duraría mi discurso, ni cuáles
eran mis intenciones. Tampoco yo acerté con el estilo del discurso. En un
intento por contar la historia de Mike sin que me interrumpieran demasiadas veces para aplaudir, lo hice demasiado coloquial y «pedagógico».
Fue un gran error creer que podría dirigirme únicamente a los telespectadores, sin preocuparme de la reacción de los delegados.

El discurso contenía frases muy buenas, pero el mayor aplauso me lo
llevé cerca del anhelado final, cuando dije: «Para acabar...». Fueron
veintidós minutos de desastre total. Más tarde, bromeaba con Hillary
diciéndole que fui consciente de lo mal que lo había hecho cuando, al
salir de la sala de convenciones, ella se acercó a completos desconocidos y
me presentó como su ex marido.

Por fortuna, a Mike Dukakis no le perjudicó mi pequeña pifia. Recibió buenas críticas por haber nombrado a Lloyd Bentsen su candidato a la
vicepresidencia, y ambos pronunciaron buenos discursos. La pareja se

marchó de Atlanta muy por delante en las encuestas. En cambio, yo era un cadáver político.

El 21 de julio, Tom Shales escribió un artículo devastador en el *Washington Post* que resumía la reacción de la prensa a mi discurso: «Si Jesse Jackson electrificó a la sala el martes, el gobernador Bill Clinton de Arkansas la fosilizó el miércoles por la noche». Lo llamó «Una clásica metedura de pata de Windy Clinty», y describió con despiadado detalle todo lo que las cadenas de televisión hicieron para rellenar el tiempo hasta que yo acabé.

Cuando me desperté a la mañana siguiente, Hillary y yo sabíamos que me había metido en otro agujero y que tendría que salir de él de alguna forma. No tenía ni idea de cómo, si no era riéndome de mí mismo. Mi primera declaración pública al respecto fue: «No fue mi mejor hora. De hecho, no fue ni siquiera mi mejor hora y media». Seguí tomándomelo a broma, pero me prometí que nunca más volvería a ignorar mi instinto sobre un discurso. Y así fue, excepto por un breve instante en mi discurso al Congreso sobre la sanidad, en 1994.

No había estado tan contento de volver a casa en toda mi vida. La mayoría de los ciudadanos de Arkansas me apoyaba. Mis seguidores más paranoicos pensaban que alguien me había tendido una trampa. La mayoría de la gente creía que había sacrificado mi habitual chispa y espontaneidad a la esclavitud de un discurso escrito. Robert «Say» McIntosh, un propietario negro de un restaurante con el que había estado en contacto esporádicamente, salió en mi defensa; criticó la cobertura de los medios y ofreció una comida gratuita en el Capitolio para cualquiera que enviara una postal o una carta en respuesta a mis críticos en los medios de ámbito nacional. Se presentaron más de quinientas personas. Recibí más de setecientas cartas sobre el discurso, el 90 por ciento positivas. Aparentemente la gente que las había escrito había oído el discurso por la radio o lo había visto en la CBS, donde Dan Rather al menos esperó a que terminara para meterse conmigo.

Más o menos un día después de regresar, me llamó mi amigo Harry Thomason, productor del exitoso programa de televisión *Designing Women*, de la que su esposa, Linda Bloodworth, era guionista. Harry era el hermano de Danny Thomason, que cantaba conmigo en el coro de la iglesia. Hillary y yo les conocimos a él y a Linda durante mi primer mandato de gobernador cuando fueron a Arkansas a rodar una película sobre la guerra de la Independencia, *The Blue and the Gray*. Harry me dijo que podía ayudarme a salir del aprieto, pero que teníamos que movernos rápido. Me aconsejó que fuera al programa de Johnny Carson y me riera de mí mismo delante de todos los espectadores. Yo seguía atormentado, así que le dije que me lo pensaría. En sus monólogos, Carson se había cebado con el discurso. Una de sus frases más memorables fue: «El discurso funcionó tan bien como un condón de velcro». Pero en realidad no había mucho que considerar: las cosas no podían ir peor. Llamé a Harry al día siguiente y le pedí que lo intentara. Carson no solía invitar a políticos a su programa, pero por lo visto hizo una excepción; era demasiado tentador golpear el saco de boxeo en el que yo me había convertido y, además, me había comprometido a tocar el saxo en su programa, lo que le permitía respetar su regla de no invitar a políticos, al menos a políticos que no tuvieran habilidades musicales. La idea del saxo fue de Harry, una de las muchas ideas fantásticas que me ofrecería a lo largo del tiempo.

Al cabo de un par de días estaba en un avión a California con Bruce Lindsey y mi secretario de prensa, Mike Gauldin. Antes del programa, Johnny Carson vino a la habitación donde yo estaba para saludarme, algo que no hacía casi nunca. Creo que adivinaba que estaba un poco herido por todo aquello y quería hacer que me sintiera cómodo. Mi salida estaba programada poco después del principio del programa, y Carson comenzó diciendo a sus espectadores que no se preocuparan porque «tenemos mucho café y un montón de camastros en la entrada». Luego me presentó. Y me presentó. Y volvió a presentarme. Alargó la presentación recitando todo los que sus documentalistas habían descubierto sobre Arkansas. Creí que iba a tardar todavía más que yo en Atlanta. Cuando finalmente salí y me senté, Carson sacó un enorme reloj de arena y lo puso a mi lado de forma que todo el mundo pudiera ver cómo caía la arena. Esta actuación sí tenía un límite de tiempo. Era desternillante. Era particularmente divertido para mí porque yo había traído mi propio reloj de arena, que la gente del estudio me había dicho que de ningún modo podía sacar. Carson me preguntó qué había pasado en Atlanta. Expliqué que quería elogiar a Mike Dukakis, que no era particularmente famoso por sus dotes de orador, y que «lo logré hasta un punto que ni tan siquiera yo podía imaginar». Le conté que a Dukakis le había gustado tanto el discurso que quería que fuera a la convención de los republicanos y también pronunciara el discurso de candidatura del vicepresidente Bush. Luego dije que había reventado el discurso porque «siempre había querido estar en este programa de la peor manera posible, y aquí estoy». Johnny me preguntó entonces si creía que aún tenía futuro en la política. Le repliqué al instante: «Depende de cómo lo haga en este programa esta noche». Después de intercambiar réplicas a toda velocidad durante unos minutos y que el público se mondara de risa, Johnny me invitó a tocar el saxo con la banda de Doc Severinsen. Hicimos una versión subida de ritmo de «Summertime», que funcionó al menos tan bien como los chistes. Entonces me senté para disfrutar con el siguiente invitado, el roquero inglés Joe Cocker, que cantaba su último éxito, «Unchain My Heart».

Cuando terminó me sentí aliviado y pensé que había ido todo lo bien que era posible. Harry y Linda celebraron una fiesta para mí con algunos de sus amigos, incluidos dos nativos de Arkansas, Mary Steenburgen, actriz y ganadora de un Oscar, y Gil Gerard, cuyo primer paso a la fama fue su papel protagonista en *Buck Rogers en el siglo XXI*.

Volví a casa con los ojos rojos, pues me pasé la noche sin conciliar el sueño. Al día siguiente me enteré de que el programa había tenido una buena audiencia en toda la nación, y una audiencia astronómica en Arkansas. Habitualmente había poca gente en Arkansas despierta a esas horas, pero aquel día el honor del estado estaba en juego. Cuando regresé al Capitolio estatal, se había congregado una multitud para aplaudirme, animarme y abrazarme por mi actuación. Al menos en Arkansas, el show de Carson me había hecho superar el desastre de Atlanta.

Parecía que las cosas nos iban bien a mí y al resto de Estados Unidos. La CNN me nombró el mejor político de la semana, después de haberme nombrado el peor la semana anterior. Tom Shales dijo que me había «recuperado milagrosamente» y que la «gente que mira la televisión adora este tipo de retornos». Pero todavía no se había acabado. En agosto, Hillary, Chelsea y yo nos fuimos a Long Island, Nueva York, para pasar unos cuantos días en la playa con nuestra amiga Liz Robbins. Me pidieron que arbitrara el partido amistoso anual de béisbol entre los artistas y los escritores que pasaban el verano allí. Todavía tengo una foto mía declarando bolas y *strikes* a Mort Zukerman, que jugaba de lanzador y que ahora es el editor del *New York Daily News* y del *U.S. News & World Report*. Cuando me presentaron en el campo, el locutor bromeó diciendo que esperaba que no tardase tanto en pitar como en terminar mi discurso de Atlanta. Me reí, pero la procesión iba por dentro. No supe qué pensaba la gente hasta el final de la primera entrada. Un hombre alto se puso en pie, bajó por las gradas hasta el campo y se me acercó. Me dijo: «No hagas ni caso a las críticas. Yo escuché el discurso entero y me gustó mucho». Era Chevy Chase. Hasta entonces siempre me habían gustado sus películas, pero a partir de ese momento tuvo en mí a un fan para toda la vida.

Ni mi pésimo discurso ni el programa de Carson tenían mucho que ver con mi labor real de gobernador, pero el desastre me había enseñado de nuevo que la percepción de la gente acerca de los políticos tiene un impacto enorme sobre lo que pueden conseguir. También me había propinado una saludable dosis de humildad. Durante el resto de mi vida, estuve más sensibilizado respecto a la gente que pasa por situaciones humillantes o embarazosas. Tuve que confesarle a Pam Strickland, una periodista del *Arkansas Democrat* a la que yo respetaba mucho, que «No estoy seguro de que sea malo que de vez en cuando los políticos nos llevemos una patada en el trasero».

Por desgracia, aunque las cosas mejoraban para mí, no le iban demasiado bien a Mike Dukakis. George Bush había pronunciado un discurso de aceptación maravilloso en su convención, en el que prometía un Reaganismo «más suave, más amable» y decía: «lean mis labios: no más impuestos». Más aún, la nueva suavidad y amabilidad del vicepresidente no se aplicaba a Mike Dukakis. Lee Atwater y compañía fueron tras él como una jauría de perros rabiosos, diciendo que Mike no creía en jurar lealtad a la bandera ni en la firmeza contra el crimen. Un grupo «independiente» sin relación directa con la campaña de Bush emitió un anuncio donde se veía a un asesino convicto de nombre Willie Horton, que había recibido un permiso para salir de una prisión de Massachusetts. No por casualidad, Horton era negro. Sus oponentes le hacían a Dukakis una cirugía plástica a la inversa y él no ayudó demasiado al optar por no responder rápida y vigorosamente a los ataques; en lugar de eso, prefirió dejarse fotografiar en un tanque con un casco, lo que le hizo más parecido a un personaje del *MAD Magazine* de Alfred E. Neuman que a un posible comandante en jefe de las fuerzas armadas.

En otoño volé a Boston por si podía ayudar. Para entonces Dukakis iba muy por detrás en las encuestas. Rogué a la gente de su campaña que contraatacara, que al menos dijera a sus votantes que el gobierno federal, del que Bush formaba parte, también concedía permisos a los prisioneros. Pero no hicieron lo suficiente, o al menos a mí no me lo pareció. Vi a Susan Estrich, la directora de campaña, que me gustaba y que, en mi opinión, cargaba con la culpa de la mayoría de los problemas de Mike, y a Madeleine Albright, una profesora de Georgetown que había estado en la Casa Blanca de Carter, donde fue asesora de política exterior. Me quedé impresionado por su claridad intelectual y su dureza, y decidí mantenerme en contacto con ella.

Dukakis encontró de nuevo su estilo durante las tres últimas semanas de la campaña, pero nunca recuperó la imagen de Nuevo Demócrata que los anuncios negativos y su actitud demasiado poco agresiva en los debates habían destruido. En noviembre, el vicepresidente Bush le derrotó por 54 a 46 por ciento. Tampoco nos llevamos Arkansas, a pesar de que lo intenté. Dukakis era un buen hombre y un buen gobernador. Él y Lloyd Bentsen hubieran servido bien a nuestra nación en la Casa Blanca. Pero los republicanos le echaron de la carrera electoral. No podía culparles por utilizar una estrategia que funcionaba, pero no creí que fuera bueno para Estados Unidos.

En octubre, mientras la campaña presidencial estaba en la recta final, me vi envuelto en dos nuevas y emocionantes iniciativas políticas. Lancé una propuesta junto a los gobernadores de los estados vecinos, Ray Mabus, de Mississippi, y Buddy Roemer, de Louisiana, para reactivar nuestras economías. Ambos eran jóvenes y elocuentes progresistas educados en Harvard. Para certificar nuestro compromiso, firmarmos un acuerdo en una barcaza en medio del río Mississippi, frente a Rosedale. No mucho después emprendimos un viaje comercial a Japón juntos. También apoyamos el exitoso esfuerzo del senador Bumpers y el congresista Mike Espy, de Mississippi, para crear una Comisión de Desarrollo del Delta del Bajo Mississippi que estudiara la economía de la zona e hiciera recomendaciones para mejorar la situación económica de los condados pobres a ambas orillas del río, desde el sur de Illinois a Nueva Orleans, donde el Mississippi desemboca en el golfo de México. Los condados blancos de la parte norte de la región del Delta estaban tan mal como los condados mayoritariamente negros del Sur. Los tres gobernadores trabajamos en la comisión del Delta. Durante un año, celebramos audiencias a lo largo del río en pequeñas ciudades olvidadas por el tiempo y elaboramos un informe que propició la creación de una oficina permanente; asimismo, se realizó un prolongado esfuerzo para mejorar la economía y la calidad de vida de la zona más pobre de Estados Unidos, aparte de las tierras tribales de los nativos norteamericanos.

El 13 de octubre me invitaron a la Casa Blanca para asistir a la firma de la tan esperada ley de reforma de la asistencia social por parte del presidente Reagan. Era un gran logro de ambos partidos, fruto del trabajo conjunto de gobernadores républicanos y demócratas, además del congresista demócrata Harold Ford, de Tennessee, el congresista republicano Carroll Campbell, de Carolina del Sur, el presidente del Comité de Medios y Arbitrios de la Cámara, Dan Rostenkowski, y el presidente del Comité de Finanzas del Senado, Pat Moynihan, que sabía más que nadie sobre la historia de la asistencia social; y por último, del personal de la Casa Blanca. Me quedé agradablemente impresionado por la forma en que el Congreso y la Casa Blanca habían colaborado con los gobernadores. Harold Ford incluso había invitado al gobernador republicano de Delaware, Mike Castle, y a mí a participar en el subcomité que «puliría» la ley hasta lograr la versión final que se sometería a votación. Yo esperaba, y creía, que la legislación ayudaría a que más gente pasara de la asistencia social al trabajo, y al mismo tiempo les ayudaría a criar a sus hijos.

También me gustaba que el presidente Reagan abandonara el cargo con una nota positiva. Le habían criticado duramente por el asunto ilegal de la conexión Irán-Contra, que la Casa Blanca había aprobado, y que podría haber llevado a un *impeachment* si los demócratas hubieran sido la mitad de despiadados que Newt Gingrich. A pesar de mis muchos desacuerdos con Reagan, personalmente me caía bien y me gustaba escuchar sus anécdotas cuando me sentaba a su mesa en la cena que la Casa Blanca ofrecía a los gobernadores, y cuando unos pocos gobernadores cenamos con él después de su último discurso en 1988. Para mí, Reagan era un misterio, a la vez cercano y distante. No sé hasta qué punto era consciente de las consecuencias que tenían sobre la gente sus políticas más duras, o si era él quien estaba usando a la extrema derecha o al revés; los libros sobre él no ofrecen una respuesta definitiva, y puesto que ha tenido la desgracia de enfermar de Alzheimer, lo más probable es que nunca lo sepamos. En cualquier caso, su vida fue mucho más interesante y más misteriosa que las películas que hizo.

Me pasé los últimos tres meses de 1988 preparándome para la siguiente sesión de las cámaras legislativas. A finales de octubre publiqué un folleto de setenta páginas titulado *Haciendo avanzar a Arkansas hacia el siglo XXI*, en el que se perfilaba el programa que presentaría a la asamblea legislativa en enero. Reflejaba el trabajo y las recomendaciones de más de 350 ciudadanos y cargos públicos que habían trabajado en juntas y comisiones centradas en los desafíos más importantes que nos aguardaban. El folleto estaba lleno de ideas concretas e innovadoras, entre ellas unos cursos de salud en las escuelas para evitar los embarazos de adolescentes; cobertura sanitaria a través de la escuela para los niños que no tuvieran seguro; el derecho de los padres y niños a asistir a una escuela pública que no fuera la que les correspondía por zona; la expansión del programa HIPPY de preescolar a los setenta y cinco condados; un informe en cada escuela, cada año, comparando los resultados de los alumnos con los del año anterior y con los de otras escuelas del estado; una provisión de fondos para que el estado asumiera los distritos escolares que quebrasen y una expansión radical del programa de lucha contra el analfabetismo, que estaba diseñado para convertir a Arkansas en el primer estado que «erradicara el analfabetismo entre sus ciudadanos en edad laboral».

Estaba particularmente orgulloso de la iniciativa del analfabetismo y me emocionaba la perspectiva de hacer que dejase de ser un estigma para convertirse en un desafío. El otoño anterior, cuando Hillary y yo habíamos ido a una reunión de la Asociación de Padres y Educadores (PTA) en la escuela de Chelsea, un hombre se nos acercó y me dijo que me había visto en televisión hablando sobre alfabetización. Me dijo que tenía un buen empleo, pero que nunca había aprendido a leer. Me preguntó si podía meterse en un programa de alfabetización sin que su jefe lo supiera. Por casualidad yo conocía a su jefe y estaba seguro de que se sentiría orgulloso de aquel hombre, pero como a él le preocupaba que se enterara, mi oficina respetó sus deseos. Después de aquel incidente comencé a decir que el analfabetismo no era algo de lo que nadie tuviera que avergonzarse, pero que no hacer nada para corregirlo sí que sería una vergüenza.

A pesar de toda su fuerza y de sus detalles concretos, el tema central de aquel programa era lo mismo sobre lo que había insistido durante los últimos seis años: «O invertimos más en capital humano y desarrollamos la capacidad de nuestra gente para cooperar o, a largo plazo, estamos destinados a la decadencia». Nuestra vieja estrategia de vender Arkansas como un estado muy bello lleno de gente trabajadora, con sueldos bajos e impuestos bajos, había perdido el atractivo que tenía una década atrás debido a la globalización de la economía. Teníamos que trabajar duro para cambiarlo.

Después de ir de un lado a otro del estado durante el resto del año presenté el programa ante la asamblea legislativa el 9 de enero de 1989. Durante el discurso presenté a ciudadanos de Arkansas que lo apoyaban, así como las subidas de impuestos necesarias para pagarlo. Salieron un presidente de junta escolar que nunca había votado por mí pero que era un converso a causa de la educación; una madre que vivía de la asistencia social, y que se había inscrito en nuestro programa de trabajo y había terminado el instituto, empezado la universidad y obtenido un trabajo; un veterano de la Segunda Guerra Mundial que acababa de aprender a leer y el director de una nueva fábrica de papel llamada Nekoosa Paper que valía quinientos millones de dólares y estaba en Ashdown, que dijo a los legisladores que necesitaba una fuerza laboral más preparada porque «nuestros planes de productividad requieren que nuestros trabajadores puedan manejar estadísticas, y muchos de ellos no las entienden».

Yo defendía que podíamos permitirnos subir los impuestos. Nuestra tasa de desempleo seguía por encima de la media nacional, pero había bajado del 10,6 por ciento de seis años atrás al 6,8 por ciento. Eramos el cuadragésimo sexto estado en renta per cápita, pero todavía éramos el cuadragésimo tercero en impuestos locales y estatales per cápita.

Al final de mi discurso subrayé que, unos días atrás, el congresista estatal John Paul Capps, buen amigo y gran partidario de mi programa, había declarado a los periodistas que la gente decía: «estamos cansados y asqueados de que Bill Clinton siempre hable de lo mismo». Dije a las cámaras que estaba seguro de que mucha gente estaba cansada de oírme decir siempre lo mismo, pero que «la esencia de la responsabilidad política es ser capaz de concentrarse en lo realmente importante durante tanto tiempo como sea necesario hasta resolver el problema». Y dije que ya hablaría de cosas nuevas «cuando nuestra tasa de desempleo esté por debajo de la media nacional y nuestra renta media por encima... cuando ninguna empresa nos descarte porque crea que no estamos a la altura en la nueva economía global... cuando ningún joven de este estado tenga que irse porque no encuentra un buen trabajo». Hasta entonces, «tenemos que cumplir con nuestro deber».

Parte de la inspiración para reafirmarme en el mismo discurso me la dio Tina Turner cuando vino a dar un concierto a Little Rock. Después de repasar sus nuevas canciones, Tina cerró el espectáculo con el que había sido su primer éxito entre los diez más vendidos: «Proud Mary». Tan pronto como la banda comenzó a tocar la melodía, el público enloqueció. Tina se acercó al micrófono, sonrió y dijo: «¿Saben? Llevo cantando esta canción veinticinco años. ¡Y cuanto más la canto, más me gusta!»

Yo tenía la esperanza de que mi vieja canción también funcionase, pero había indicios que confirmaban la afirmación de John Paul Capps de que los ciudadanos de Arkansas, incluidos sus representantes en las cámaras legislativas, estaban cansándose de mi insistencia. Las cámaras aprobaron la mayoría de mis propuestas específicas de reforma, pero no querían subir los impuestos, lo cual era necesario para financiar las iniciativas más caras en sanidad y en educación, incluido un nuevo aumento salarial para los profesores y la ampliacion de la educación preescolar a los niños de tres y cuatro años. Una encuesta de principios de enero mostró que la mayoría de votantes apoyaban un aumento del gasto en educación y que yo seguía muy por delante de los demás posibles candidatos a gobernador en 1990, pero la encuesta también indicaba que la mitad de los encuestados querían un gobernador nuevo.

También algunas de las personas más importantes de mi equipo se habían cansado y querían enfrentarse a otros desafíos, entre ellos el exuberante presidente estatal del Partido Demócrata, Lib Carlisle, un empresario al que yo había convencido de aceptar el cargo con el argumento de que solo le ocuparía medio día a la semana. Más adelante bromeaba diciendo que me entendió mal porque yo le había hablado del tiempo que le quedaría para sus propios negocios.

Por fortuna, había gente nueva y con mucho talento que deseaba entrar en política. Uno de los primeros y más polémicos nombramientos fue la doctora Joycelyn Elders como directora del Departamento de Sanidad. Le dije a la doctora Elders que quería solucionar el problema de las adolescentes embarazadas, que en Arkansas era muy grave. Cuando me dijo que deberíamos crear una serie de cursos de sanidad en las escuelas de modo que, si las juntas escolares lo aprobaban, se impartiera educación sexual a los jóvenes y se defendiera tanto la abstinencia como el sexo seguro, apoyé su idea. Ya había un par de esos cursos en funcionamiento, y tenía la impresión de que eran populares y habían conseguido reducir los embarazos fuera del matrimonio.

Esta iniciativa desató una tormenta de oposición entre los fanáticos que defendían una política del estilo «simplemente di no». Ya era suficientemente malo, desde su punto de vista, que la doctora Elders fuera favorable al derecho de elección de la mujer. Ahora decían que esos cursos en las escuelas desatarían la lujuria de los jóvenes, que jamás se habrían lanzado a algo así si Joycelyn no hubiera impulsado aquellos cursos. Dudaba mucho que los adolescentes en celo en el asiento trasero de sus coches pensaran en la doctora Elders y en sus ideas. Era una batalla por la que merecía la pena luchar.

Cuando me convertí en presidente nombré Directora General de Salud Pública a Joycelyn Elders, y era muy conocida entre la comunidad sanitaria por su permanente disposición a dar la cara por las buenas iniciativas sanitarias, por muy polémicas que fueran. En diciembre de 1994, después de sufrir enormes pérdidas a manos de la derecha republicana en las elecciones de mitad de mandato al Congreso, la doctora Elders volvió a ocupar los titulares cuando dijo que enseñar a los niños a masturbarse podría ser una buena forma de reducir las probabilidades de embarazos adolescentes. En aquellos momentos estaba ocupado tratando de conservar el apoyo de los reticentes congresistas demócratas y estaba decidido a luchar contra los republicanos y sus ideas radicales de recortes en la educación, la sanidad y la protección al medio ambiente. Me enfrentaba a la posibilidad de que Gingrich y compañía desviaran el interés del público y de la prensa acerca de sus recortes presupuestarios y nos pusieran en la picota por aquellas declaraciones. En cualquier otro momento quizá hubiéramos podido resistir el ataque, pero los demócratas ya habían aceptado mi polémico presupuesto, el NAFTA, el fallido esfuerzo de la reforma sanitaria, la ley Brady y la prohibición de las armas de asalto, que la Asociación Nacional del Rifle había utilizado para derrotar a más o menos una docena de nuestros miembros de las cámaras. Decidí que tenía que pedirle a Joycelyn su dimisión. Odié tener que hacerlo, porque era honesta, capaz y valiente, pero ya habíamos hecho gala de suficiente sordera política. Espero que algún día pueda perdonarme. Hizo mucho bien en los dos puestos para los que la nombré.

La pérdida más importante de mi equipo fue la marcha de Betsey Wright, en 1989. A principios de agosto nos dijo que se tomaba un permiso de algunas semanas. Pedí a Jim Pledger que combinara su trabajo en Administración y Finanzas con el fin de sustituirla temporalmente. El anuncio de Betsey desató muchos rumores porque todos sabían que llevaba el timón de la oficina del gobernador con firmeza y sabía todo lo que se movía en el gobierno del Estado. John Brummett, el mordaz columnista del *Arkansas Gazette*, escribió una columna en la que se preguntaba si nuestra separación temporal acabaría en divorcio. Él creía que no, porque los dos éramos demasiado importantes el uno para el otro. Así era, pero Betsey necesitaba marcharse. Había trabajado hasta la extenuación tras mi derrota de 1980, y aquel esfuerzo se cobraba su precio. Ambos éramos adictos al trabajo y nos volvíamos más irritables cuando estábamos agotados. En 1989 tratábamos de obtener muchas cosas en un clima muy difícil, y a menudo la tomábamos el uno con el otro. A finales de año Betsey dimitió oficialmente como mi jefe de gabinete después de una década de denodado servicio. A principios de 1990 nombré sucesor de Betsey a Henry Oliver, un agente retirado del FBI y antiguo jefe de policía en Fort Smith. En realidad Henry no quería el trabajo, pero era amigo mío y creía en lo que estábamos haciendo, así que se quedó conmigo todo un año.

Betsey regresó durante mi campaña de 1992 para defenderme de los ataques contra mi pasado y mi vida privada. Después, tras un breve paso por Washington con el grupo de presión de Anne Wexler en los primeros tiempos de mi presidencia, regresó a Arkansas para vivir en los Ozarks. La mayoría de los ciudadanos de Arkansas no sabrán nunca la enorme importancia de su papel en darles mejores escuelas, más trabajo y un gobierno estatal honesto y efectivo, pero deberían ser conscientes de ello. No podría haber logrado muchas de las cosas que conseguí como gobernador sin su ayuda. Y sin ella, jamás habría sobrevivido a las guerras políticas de Arkansas para convertirme en presidente.

A principios de agosto, el presidente Bush anunció que invitaría a los gobernadores a una cumbre nacional sobre educación el mes siguiente. Nos reunimos el 27 y 28 de septiembre en la Universidad de Virginia, en Charlottesville. Muchos demócratas veían aquella reunión con escepticismo, pues el presidente y su secretario de Educación, Lauro Cavazos, habían dejado claro que la reunión no era el preludio de un gran aumento en el presupuesto federal para educación. Yo también estaba preocupado, pero me animaba la perspectiva de que la cumbre generara una hoja de ruta que esbozara los siguientes pasos para la reforma de la educación, al igual que el informe *Una nación en peligro* había hecho en 1983. Estaba convencido de que el interés del presidente por la educación era auténtico y estaba de acuerdo con él en que podían hacerse muchas cosas, muy importantes, sin dinero federal. Por ejemplo, la administración apoyaba la idea de conceder a padres y a estudiantes el derecho de escoger la escuela pública a la que ir, en lugar de conformarse con la escuela que les asignaran. Arkansas se había convertido en el segundo estado después de Minnesota en adoptar esa propuesta, y yo quería que los otros cuarenta y ocho estados siguieran nuestro ejemplo. También creía que, si la cumbre producía un informe adecuado, los gobernadores podríamos utilizarlo para aumentar el apoyo público a la inversión en educación. Si la gente sabía qué iba a recibir a cambio de su dinero, tal vez sintiera menos aversión hacia los nuevos impuestos. Como copresidente del equipo de trabajo de los Gobernadores para la Educación junto con el gobernador Carroll Campbell, de Carolina del Sur, quería alcanzar un consenso entre los demócratas y luego trabajar con los republicanos en una declaración que reflejara las conclusiones de la cumbre.

El presidente Bush abrió la reunión con un discurso breve pero elocuente. Después, dio un paseo por el patio central para ofrecer a los fotógrafos una imagen para las noticias de la tarde y para los periódicos de la mañana, y entonces se puso a trabajar. El presidente y la señora Bush celebraron una cena esa noche. Hillary se sentó en la mesa del presidente y debatió con él acerca de la preocupante tasa de mortalidad infantil de Estados Unidos. El presidente no pudo creer cuando ella le dijo que había dieciocho países donde la cifra de mortalidad infantil hasta los dos años era mejor que la nuestra. Cuando se ofreció a enviarle pruebas, el presidente le dijo que ya se enteraría por sí mismo. Lo hizo, y al día siguiente me entregó una nota para Hillary en la que le decía que tenía razón. Fue un gesto muy noble que me recordó el día en Kennebunkport, seis años atrás, cuando había llevado personalmente al lavabo a Chelsea cuando ésta tenía solo tres años.

Cuando Carroll Campbell tuvo que volver a casa para enfrentarse a una emergencia, me quedé trabajando en los detalles de la declaración de la cumbre con el presidente de la ANG —el gobernador republicano Terry Branstad, de Iowa—, el encargado de asuntos educativos de la organización, Mike Cohen y mi ayudante, la congresista estatal Gloria Cabe. Trabajamos hasta bien entrada la medianoche, pero logramos cincelar una declaración en la que los gobernadores y la Casa Blanca se comprometían a desarrollar una serie de objetivos específicos para la educación, que debían cumplirse en el año 2000. A diferencia de los estándares de la década anterior, estos objetivos se centrarían en los resultados obtenidos, no en las aportaciones realizadas, y nos obligaría a todos a seguir ciertas reglas. Yo sostuve que pareceríamos idiotas si no salíamos de Charlottesville con un compromiso firme que diera un nuevo impulso a la reforma de la educación.

Desde el principio la mayoría de los gobernadores apoyaron la causa y la idea de convertir la cumbre en el principio de una gran iniciativa. Algunos asesores del presidente no estaban tan convencidos. Tenían miedo de comprometerle en un proyecto muy ambicioso que luego podía traer problemas, ya que despertaba expectativas de financiación mediante fondos federales. Debido al déficit y a la promesa de «no más impuestos» del presidente, eso quedaba completamente descartado. Al final, la Casa Blanca aceptó, gracias a John Sununu, que entonces era el jefe de gabinete. Sununu convenció a sus colegas de la Casa Blanca de que los gobernadores no podían regresar a casa con las manos vacías, y yo prometí minimizar la presión pública de los gobernadores para la financiación federal. La declaración final de la cumbre decía: «Ha llegado el momento, por primera vez en la historia de Estados Unidos, de establecer objetivos de rendimiento claros, objetivos que nos hagan competitivos a escala internacional».

Al final de la cumbre, el presidente Bush me envió una nota manuscrita, muy cordial, en la que me agradecía la colaboración con su equipo durante la cumbre y afirmaba que quería que la reforma de la educación estuviera «fuera de la lucha política» a medida que nos acercábamos a las elecciones de mitad de mandato de 1990. Yo también lo deseaba. El comité de educación de los gobernadores se puso a trabajar inmedita- mente para fijar los objetivos; trabajó mano a mano con el asesor de polí- tica interior de la Casa Blanca, Roger Porter, que había ido a Oxford con una beca Rhodes un año antes que yo. Trabajamos a un ritmo frenético durante los siguientes cuatro meses para conseguir un acuerdo con la Casa Blanca antes del discurso del Estado de la Unión.

A finales de enero de 1990 habíamos acordado seis objetivos para el año 2000:

- Para el año 2000, todos los niños de Estados Unidos comenzarán la escuela en condiciones que les permitan aprender.
- Para el año 2000, al menos el 90 por ciento de los ciudadanos se gra- duarán en el instituto.
- Para el año 2000, los estudiantes norteamericanos pasarán a los cursos cuarto, octavo y duodécimo tras hacer un examen y demostrar sus conocimientos en las materias básicas como inglés, matemáticas, cien- cia, historia y geografía; todas las escuelas de Estados Unidos se asegu- rarán de que los estudiantes aprendan a pensar críticamente, y estén preparados para ser ciudadanos responsables, seguir formándose y ser productivos en la economía moderna.
- Para el año 2000 los estudiantes de Estados Unidos tienen que ser los mejores del mundo en matemáticas y ciencia.
- Para el año 2000 todos los adultos de Estados Unidos estarán alfabeti- zados y poseerán los conocimientos y habilidades necesarias para competir en una economía global y para ejercer sus derechos y res- ponsabilidades ciudadanas.
- Para el año 2000, todas las escuelas de Norteamérica estarán libres de droga y violencia y ofrecerán un entorno disciplinado que invite al estudio.

El 31 de enero estuve presente en la galería de la Cámara de Repre- sentantes cuando el presidente Bush anunció estos objetivos. Dijo que se habían desarrollado gracias al trabajo en equipo de la Casa Blanca con el Grupo de Trabajo de los Gobernadores para Educación, e informó de que serían parte de una serie más amplia de objetivos y fines que presen- taría a los gobernadores en su reunión de invierno al mes siguiente.

El documento que los gobernadores adoptaron a finales de febrero era un digno sucesor del informe *Una nación en peligro*, de 1983. Estaba orgulloso de haber formado parte de él y me había impresionado el cono- cimiento y el compromiso de mis colegas gobernadores. Le estaba agra- decido al presidente, a John Sununu y a Roger Porter. Durante los siguientes once años, como gobernador y como presidente, he trabajado duro para cumplir aquellos objetivos educativos nacionales. Habíamos puesto el listón muy alto. Pero cuando pones el listón alto y te esfuerzas por alcanzarlo, aunque te quedes corto, acabas mucho más arriba de tu punto de partida.

Pasé los últimos meses de 1989 tratando de decidir qué hacer con el resto de mi vida. Había buenas razones para que no me presentara a un quinto mandato. Estaba desanimado por mi incapaciad para recaudar los fondos necesarios para seguir avanzando en educación, desarrollo preescolar y sanidad. Podía detenerme tras diez años, volver la vista atrás, a una década de logros en circunstancias difíciles, y dejar la opción abierta de presentarme a presidente en 1992. Por último, si volvía a presentarme podía ser que perdiera. Ya había pasado más tiempo en el cargo que nadie, excepto Orval Faubus, y las encuestas indicaban que había mucha gente que quería cambiar de gobernador.

Por otra parte, yo adoraba la política y luchar por ciertas ideas. Además, no quería abandonar el cargo con el mal sabor de boca de los fracasos de financiación de 1989. Todavía tenía un equipo muy capaz, con mucha energía y extremadamente honesto. Durante todos mis mandatos, solo en dos ocasiones me ofrecieron dinero para que tomara una determinada decisión. Una compañía que quería ganar el concurso para dotar de sistemas mecánicos a las penitenciarías estatales me ofreció una considerable suma a través de un tercero. Hice que eliminaran a la compañía del concurso público. En otra ocasión, un juez del condado me pidió que viera a un anciano que quería un indulto para su sobrino. Aquel hombre no había tenido contacto con el gobierno estatal durante algunas décadas y, obviamente, creía que hacía lo correcto cuando me ofreció diez mil dólares por el indulto. Le dije a aquel hombre que tenía suerte de que yo tuviera problemas de audición, porque de lo contrario hubiera cometido un grave delito. Le dije que regresara a su casa y que diera ese dinero a la iglesia o a una entidad benéfica, y le prometí que estudiaría el caso de su sobrino.

La mayoría de los días todavía iba al trabajo con muchas ganas y no tenía ni idea de qué haría al terminar. A finales de octubre fui a la feria del estado, como cada año. Ese año me senté en una cabina durante varias horas y hablé con todo el mundo que venía a verme. Hacia el final del día, un hombre de unos sesenta y cinco años, con un mono de trabajo, se dejó caer. Fue una experiencia muy esclarecedora. «Bill, ¿te vas a volver a presentar?», me preguntó. «No lo sé —contesté yo—. Si lo hiciera, ¿votarías por mí?» «Supongo que sí. Siempre lo he hecho», dijo él. «¿No estás cansado de mí después de todos estos años?», inquirí yo. Sonrió y me dijo: «No, yo no, pero todos los demás que conozco sí». Me reí y le pregunté: «¿No creen que lo he hecho bien?» A lo que me replicó: «Claro que sí, pero te pagan un sueldo por ello, ¿no?». Era otro ejemplo clásico de las leyes de la política de Clinton: todas las elecciones tratan del futuro. Se suponía que yo tenía que hacer bien mi trabajo, como cualquiera que cobra un sueldo para ganarse la vida. Un buen historial es básicamente una buena prueba de que cumplirás lo que prometes si te eligen.

En noviembre cayó el Muro de Berlín, símbolo de la Guerra Fría. Como todos los norteamericanos, me alegré al ver cómo los jóvenes alemanes lo derribaban y se llevaban pedazos a casa de recuerdo. Nuestro largo pulso contra la expansión comunista en Europa acabó con la victoria de la libertad, gracias a la unidad de la OTAN y a la constancia de los líderes de Estados Unidos desde Harry Truman a George Bush. Pensé en mi viaje a Moscú casi veinte años atrás, en lo mucho que deseaban los jóvenes rusos recibir información y música de Occidente y en las ansias de libertad que aquello representaba. Poco después recibí dos trozos del Muro de Berlín que me enviaba mi viejo amigo David Ifshin, que estaba en Berlín aquella trascendental noche del 9 de noviembre y se unió a los alemanes para derribar el muro. David se había opuesto de forma muy visible y significativa a la guerra de Vietnam. Su alegría ante la caída del muro simbolizaba la promesa que todos los norteamericanos veían en la era que se abría tras la Guerra Fría.

En diciembre, mi viejo pastor y mentor, W. O. Vaught, perdió la batalla contra el cáncer. Se había retirado de Immanuel hacía unos cuantos años y le había sustituido el doctor Brian Harbour, que representaba a los cada vez menos bautistas sureños progresistas con los que yo me identificaba. El doctor Vaught había seguido en activo a pesar de su retiro, hasta que su enfermedad le debilitó demasiado para poder viajar y hablar. Un par de años atrás, me visitó en la mansión del gobernador. Quería decirme tres cosas. Primero, me dijo que sabía que estaba preocupado por la moralidad de la pena capital. Me dijo que el mandamiento bíblico «No matarás» no impedía las ejecuciones legales, pues la raíz de la palabra griega no abarcaba todos los tipos de muerte. Me dijo que el significado literal del mandamiento era «No cometerás asesinato». En segundo lugar, dijo que yo estaba preocupado por los ataques de los fanáticos a mi posición a favor del derecho al aborto. Quería que supiera que, aunque creía que el aborto estaba generalmente mal, la Biblia no lo condenaba ni decía que la vida comenzara en la concepción, sino cuando se había «insuflado» vida a un bebé, golpeándole el trasero después de salir del cuerpo de su madre. Le pregunté por la afirmación de la Biblia de que Dios nos conoce hasta cuando estamos en el vientre de nuestra madre. Me contestó que ese verso solo quiere decir que Dios es omnisciente y que bien podría haber dicho que Dios nos conoce desde mucho antes de que estemos en el vientre de nuestra madre o incluso desde el nacimiento del primero de nuestros antepasados directos.

Lo último que me dijo el doctor Vaught me sorprendió. Dijo: «Bill, creo que algún día llegarás a presidente. Creo que lo harás bien, pero hay algo que quiero que recuerdes: Dios nunca te perdonará si no apoyas a Israel». El doctor creía que Dios había dispuesto que los judíos tuvieran su hogar en la Tierra Santa. Aunque reconocía que se había tratado mal a los palestinos, insistía en que cualquier solución al problema debía incluir paz y seguridad para Israel.

A mediados de diciembre fui a ver al doctor Vaught. Estaba muy desmejorado, demasiado débil para salir de su habitación. Me pidió que pusiera su árbol de Navidad dentro de su dormitorio para así poder disfrutarlo en sus últimos momentos. El doctor Vaught murió el día de Navidad. Jesús nunca tuvo un seguidor más fiel que él. Ni yo tuve jamás a un mejor pastor y consejero. Ahora tendría que navegar por el camino que había predicho y enfrentarme a los peligros de mi propia alma sin él.

VEINTICINCO

Mientras decidía si presentarme o no a la reelección, la carrera al cargo de gobernador se planteaba como una verdadera batalla campal, y lo sería tanto si yo me presentaba como si no. Se desataron ambiciones largo tiempo reprimidas. Por el partido demócrata, Jim Guy Tucker, el fiscal general Steve Clark y el presidente de la Fundación Rockefeller, Tom McRae —cuyo abuelo ya había sido gobernador— anunciaron que se iban a presentar. Todos eran amigos míos, podían aportar nuevas ideas y tenían una trayectoria progresista. En el bando republicano la carrera era todavía más interesante. En ella estaban dos ex demócratas formidables: el congresista Tommy Robinson, a quien no le había gustado Washington, y Sheffield Nelson, ex presidente de la Arkansas-Louisiana Gas Company, que decía que había cambiado de bando porque el partido demócrata se había escorado demasiado a la izquierda. Era la explicación que solían dar los sureños blancos, pero era especialmente interesante viniendo de él, que había apoyado al senador Ted Kennedy frente al presidente Carter, en 1980.

Robinson y Nelson, y los seguidores de ambos —que habían sido amigos en el pasado— se pelearon con saña, en una campaña llena de insultos y golpes bajos. Robinson afirmó que Nelson y Jerry Jones, un viejo amigo de ambos que poseía algunos de los yacimientos de gas de los que se surtía la Arkla, no eran más que unos empresarios avariciosos que esquilmaban a los usuarios subiendo las tarifas de la Arkla para inflar sus cuentas de beneficios. Nelson, por su parte, contraatacó diciendo que Robinson era inestable y que no estaba capacitado para ser gobernador. En lo único en lo que se mostraron de acuerdo fue en que yo había subido demasiado los impuestos y no había conseguido hacer gran cosa con el dinero en cuanto a mejoras educativas y de desarrollo económico.

En el bando demócrata, Steve Clark se retiró de la carrera. Quedaban Jim Guy Tucker y Tom McRae, que intentaron evitar que me presentara adoptando una estrategia mucho más inteligente que la de los republicanos. Dijeron que había hecho muchas cosas buenas, pero que ya no tenía ideas nuevas y que mi ciclo había llegado a su fin; diez años como gobernador eran más que suficiente. Según ellos, ya no lograba sacar adelante mis proyectos en la asamblea legislativa y, además, cuatro años más me darían demasiado control sobre todos los aspectos del gobierno estatal. McRae había descubierto «grupos de estudio», representativos de los votantes, que decían querer continuar el rumbo de desarrollo económico que yo había marcado, pero que estaban abiertos a las ideas de un nuevo líder. Creí que su argumento tenía algo de razón, pero no me parecía que ninguno de ellos pudiera sacarle más que yo a nuestra asamblea estatal, conservadora y alérgica a los impuestos.

Por último, todavía indeciso, me fijé como fecha límite para anunciar mi decisión el 1 de marzo. Hillary y yo hablamos sobre ello docenas de veces. La prensa especulaba que si yo no me presentaba, ella sí lo haría. Cuando le preguntaron, Hillary dijo que cruzaría ese puente si decidía no presentarme, pero que esa posibilidad no debía pesar en mi decisión. Sabía, incluso antes que yo, que aún no estaba preparado para dejarlo. Al final, no pude soportar la idea de abandonar una década de duro trabajo tras un último año en el que no había conseguido fondos para impulsar más mejoras educativas. Nunca he sido de los que abandonan, y cada vez que sentía la tentación de hacerlo, sucedía algo que me devolvía el ánimo. A mediados de los ochenta, cuando nuestra economía estaba en crisis, estaba a punto de conseguir que una nueva industria se instalara en un condado donde una de cada cuatro personas estaba en el paro. En el último instante, Nebraska ofreció a la empresa un millón más de dólares y perdí el trato. Me quedé hecho polvo y pensé que le había fallado al condado entero. Cuando Lynda Dixon, mi secretaria, me encontró hundido en mi butaca con la cabeza entre las manos, volvió a su mesa y arrancó el verso diario de las escrituras que aparecía ese día en su almanaque religioso. El verso era de Gálatas 6,9: «No nos cansemos de obrar el bien; que a su tiempo, si no desfacellemos, nos vendrá la cosecha». Eso me puso de nuevo en marcha.

El 11 de febrero, presencié la prueba definitiva del poder de la perseverancia. Esa mañana de domingo Hillary y yo despertamos temprano a Chelsea y la llevamos a la cocina de la mansión del gobernador. Le dijimos que asistiría a uno de los acontecimientos más importantes que vería jamás. Entonces encendimos la televisión y vimos a Nelson Mandela dar los últimos pasos de su largo viaje hacia la libertad. A pesar de veintisiete años de prisión y vejaciones, Mandela había resistido y había triunfado. Había acabado con el apartheid, pero además había conseguido liberar su propia mente y su corazón del odio y se había convertido en un ejemplo para el mundo entero.

En la conferencia de prensa del 1 de marzo, dije que me presentaría a un quinto mandato porque «aunque ya no arde en mí el deseo de otras elecciones», quería tener la oportunidad de terminar el trabajo iniciado con las mejoras en la educación y la modernización de la economía, y porque creía que podía hacerlo mejor que los demás candidatos. Prometí traer a más gente nueva al gobierno del estado y hacer lo imposible para evitar abusos de poder.

Al volver la vista atrás, la declaración me parece ambigua y un poco arrogante, pero fue una expresión sincera de cómo me sentía al principio de la primera campaña, desde 1982, que realmente podía perder. Al cabo de poco tiempo, me dieron un respiro: Jim Guy Tucker decidió retirarse de la carrera electoral y presentarse a teniente del gobernador; alegó que unas primarias duras corrían el riesgo de aumentar las posibilidades de victoria de los republicanos en otoño, sin importar quién fuera el ganador. Jim Guy había decidido que las elecciones a teniente del gobernador serían fáciles y que, al cabo de cuatro años, podría presentarse a gobernador. Acertó en casi todo, y su decisión me quitó un peso de encima.

Aun así, no podía dar las primarias por ganadas. McRae estaba haciendo una campaña muy fuerte y tenía muchos amigos y admiradores a lo largo de todo el estado, a raíz de sus muchos años de buen trabajo en la Fundación Rockefeller. Cuando anunció oficialmente su candidatura, lo hizo con una escoba en la mano; dijo que quería barrer a fondo el gobierno del estado y expulsar las ideas viejas y a los políticos de carrera. La táctica de la escoba le había dado resultado a mi vecino, David Boren, cuando se presentó a gobernador de Oklahoma, en 1974. Pero esta vez yo estaba decidido a que no funcionara. Gloria Cabe aceptó dirigir mi campaña y puso en pie una organización muy eficiente. Maurice Smith recaudó los fondos que necesitábamos y yo seguí una estrategia muy simple: esforzarme más que mis oponentes, hacer mi trabajo y continuar difundiendo ideas nuevas, incluida la de dar becas universitarias a todos los estudiantes de instituto que obtuvieran una calificación media de B o más y una iniciativa a la que llamaba «plantar el futuro», que implicaba plantar diez millones de árboles al año durante una década para colaborar a reducir el efecto invernadero y el calentamiento global.

McRae se vio obligado a endurecer sus críticas contra mí. Creo que no le gustó hacerlo, pero la estrategia le supuso algunos beneficios. Todos los candidatos me atacaron por haberme involucrado tanto en la política nacional. A finales de marzo fui a Nueva Orleans a aceptar la presidencia del Consejo de Liderazgo Demócrata. Estaba convencido de que las ideas de aquel grupo sobre la reforma de la asistencia social, la justicia penal, la educación y el crecimiento económico eran fundamentales para el futuro del Partido Demócrata y de la nación. Las posiciones del CLD eran populares en Arkansas, pero mi conocido perfil político podía perjudicarme en la carrera electoral, así que regresé a casa tan pronto como pude.

En abril, la AFL-CIO se negó, por primera vez, a apoyarme. En realidad, yo nunca le había gustado a Bill Becker, su presidente. Creía que el aumento del impuesto sobre el consumo era injusto para los trabajadores, se oponía a las exenciones fiscales para atraer a nuevas empresas a Arkansas y me culpaba del fracaso en el referéndum sobre la reforma impositiva de 1988. También estaba furioso porque yo había avalado un crédito de trescientos mil dólares a una empresa involucrada en un importante conflicto laboral con los sindicatos. Hablé en la convención sindical, donde defendí el aumento del impuesto al consumo, para financiar la reforma educativa, y expresé mi perplejidad ante el hecho de que Becker me culpase del fracaso de la reforma impositiva, cuando sabía perfectamente que yo la había apoyado a fondo pero que la gente había votado en contra. También defendí el aval al crédito porque había salvado 410 empleos: la empresa vendía sus productos a la Ford Motor Company y el crédito le permitió construir suficientes reservas para dos meses. De lo contrario, la Ford hubiera cancelado su contrato con la empresa y la habría obligado a cerrar. En menos de dos semanas dieciocho sindicatos locales desafiaron a Becker y me brindaron públicamente su apoyo. No cayeron en la habitual trampa progresista de hacer de lo perfecto el enemigo de lo bueno. Si la gente que votó por Ralph Nader en 2000 no hubiera cometido ese mismo error, Al Gore hubiera sido elegido presidente.

El único momento teatral de las primarias sucedió mientras yo estaba fuera del estado otra vez. Cuando me encontraba en Washington presentando al Congreso el informe de la Comisión de Desarrollo del Delta, McRae convocó una rueda de prensa en el Capitolio estatal para criticar mis decisiones políticas pasadas. Creía que tendría a toda la prensa de Arkansas para él, pero Hillary tenía otra idea en mente. Cuando la llamé la noche anterior, me dijo que quizá se presentase en la conferencia. McRae tenía una imagen mía de cartón a su lado. Me acusó de estar fuera del estado, dando a entender que me había negado a debatir con él, y comenzó a criticar mi trayectoria, y a hacerle a la figura de cartón preguntas que él mismo contestaba.

En medio del numerito que había organizado McRae, Hillary salió de entre la multitud y le interrumpió. Dijo que Tom sabía que yo estaba en Washington impulsando las recomendaciones de la Comisión del Delta, que ayudarían a Arkansas. Entonces sacó un resumen que había preparado con las alabanzas que la Fundación Rockefeller había hecho durante años a mi labor de gobernador. Dijo que Tom, que había emitido aquellos informes, estaba en lo cierto, y que Arkansas debía estar orgullosa de mí: «Hemos avanzado más que ningún otro estado, excepto Carolina del Sur, y estamos a la par con ellos».

Que la esposa de un candidato, por no decir la primera dama, se enfrentara a un oponente de esa manera era algo nunca visto. Algunos criticaron a Hillary por ello, pero la mayoría sabía que ella se había ganado a pulso el derecho de defender el trabajo que habíamos hecho juntos durante muchos años. Y, por supuesto, su intervención rompió el ímpetu de McRae. Cuando regresé a casa arremetí contra él por sus ataques y critiqué su estrategia de desarrollo económico, porque lo que él quería era edificar una muralla alrededor de Arkansas. Gané las elecciones con un 55 por ciento de los votos contra McRae y muchos otros oponentes, pero Tom había hecho una campaña muy inteligente con un presupuesto muy reducido y sus resultados habían sido lo suficientemente buenos como para que los republicanos se sintieran optimistas sobre sus perspectivas en otoño.

Sheffield Nelson venció a Tommy Robinson en las primarias republicanas y se comprometió a luchar contra mí echándome en cara mi historial de «impuestos y derroches». La estrategia era errónea. Nelson debería haberse presentado como un republicano moderado, haber elogiado mi trabajo en educación y desarrollo económico y luego haber dicho que diez años era mucho tiempo y que era el momento de darme un reloj de oro y jubilarme. Al cambiar su posición inicial a favor de los estándares educativos y los impuestos necesarios para financiarlos, Nelson me permitió escapar de la camisa de fuerza que representaba un largo período en el cargo y presentarme como el único candidato que ofrecía propuestas de cambio positivas.

El hecho de que Nelson criticara mi programa educativo y los impuestos tenía la ventaja añadida de que, si ganaba, podría defender ante la asamblea legislativa que la gente había apostado dar un paso adelante en el camino del progreso. A medida que se acercaba el día de las elecciones, la AFL-CIO se decidió por fin a apoyarme. La Asociación para la Educación en Arkansas me «recomendó» por mi compromiso con el aumento de sueldos de los profesores, por la promesa de Nelson de no subir los impuestos en cuatro años y porque el presidente de la AEA, Sid Johnson, deseaba enterrar el hacha de guerra y que siguiéramos cooperando.

Nelson, mientras tanto, se escoró más a la derecha; abogó por una reducción de las prestaciones sociales para los hijos ilegítimos y me atacó por vetar una ley que la Asociación Nacional del Rifle había conseguido que el parlamento estatal aprobara. La ley hubiera impedido a las autoridades locales imponer ninguna restricción sobre las armas de fuego o las municiones. Fue una jugada muy astuta por parte de la ANR, pues las cámaras legislativas estatales eran invariablemente más rurales y más favorables a las armas que los ayuntamientos de las ciudades, pero la veté porque creía que se basaba en unos objetivos políticos equivocados. Si el ayuntamiento de Little Rock quería prohibir las balas «asesinas de policías» ante la cada vez mayor violencia de las bandas, creía que tenían el derecho a hacerlo.

El trabajo en la oficina del gobernador no se interrumpió durante la campaña. En junio aprobé las primeras ejecuciones en Arkansas desde 1964. John Swindler estaba acusado de asesinar a un agente de policía de

Arkansas y a dos adolescentes de Carolina del Sur. Ronald Gene Simmons mató a su mujer, a sus tres hijos, cuatro hijas, yerno, nuera, cuatro nietos y dos personas con las que tenía alguna disputa. Simmons quería morir. Swindler no. Ambos fueron ejecutados en junio. No tengo remordimientos por ninguno de ellos, pero sabía que en el futuro habría casos más complicados.

También había comenzado a conmutar las condenas a cadena perpetua de algunos asesinos de modo que fuera posible concederles la libertad condicional. Como expliqué a los votantes, llevaba años sin conmutar ninguna sentencia después de la mala experiencia de mi primer mandato, pero tanto la Junta de Prisiones como la de Indultos y Libertad Condicional me habían rogado que volviera a conmutar sentencias a los presos de por vida. La mayoría de los estados permitía que los condenados a cadena perpetua pudieran optar a solicitar la condicional una vez habían cumplido algunos años de condena. En Arkansas era el gobernador quien tenía que conmutar las sentencias. Estas decisiones no eran siempre populares, pero eran necesarias para mantener la paz y el orden en un sistema penitenciario en el que el 10 por ciento de los reclusos cumplían cadena perpetua. Por suerte la mayoría de los condenados a perpetua no suelen repetir sus crímenes y pueden reinsertarse en la sociedad sin que supongan un peligro para los demás. Esta vez hicimos un esfuerzo por contactar con las familias de las víctimas y pedirles su opinión. Sorprendentemente, muchas de ellas no se opusieron. Además, muchos de los convictos a los que les conmutábamos la sentencia eran ya ancianos o habían cometido sus crímenes cuando eran muy jóvenes.

A mediados de septiembre, un ex empleado descontento del Instituto de Desarrollo Financiero lanzó contra mí por primera vez la «cuestión del sexo». Larry Nichols había hecho más de 120 llamadas desde su despacho a conservadores que apoyaban a la Contra nicaragüense, una causa que los republicanos nacionales apoyaban fervientemente. La defensa de Nichols era que estaba llamando a los que apoyaban a la Contra para conseguir que convencieran a los congresistas republicanos de que apoyaran una legislación beneficiosa para su agencia. Su excusa no funcionó y se le despidió cuando se descubrieron las llamadas. Nichols convocó una rueda de prensa en la escalera del Capitolio estatal y me acusó de usar los fondos del Instituto de Desarrollo Financiero para mantener relaciones con cinco mujeres. Yo llegué a mi plaza de aparcamiento frente al Capitolio no mucho después de que Nichols hubiera lanzado sus acusaciones y Bill Simmons, de Associated Press, me lanzó a bocajarro toda la historia. Simmons era el miembro más veterano de la prensa política local y un buen periodista. Cuando me preguntó qué tenía que decir ante aquellas acusaciones le contesté que, simplemente, llamara a aquellas mujeres. Lo hizo. Todas lo negaron y la historia acabó ahí. No la emitió ninguna cadena de televisión ni la publicó ningún periódico. Solo un locutor de radio conservador que apoyaba a Nelson habló sobre ello; llegó incluso a nombrar a una de las mujeres, Gennifer Flowers. Ella le amenazó con demandarlo si no dejaba de hacerlo. La campaña de Nelson trató de alimentar los rumores, pero no obtuvo ninguna corroboración ni ninguna prueba.

Al final de la campaña, Nelson emitió un anuncio en televisión que era engañoso pero que fue muy efectivo. El locutor planteaba una serie de cuestiones y preguntaba qué haría yo. A cada pregunta, mi propia voz respondía: «Recaudar y gastar». El equipo de Nelson había sacado aquel pequeño corte de voz de mi Discurso del Estado del Estado, en el que comparaba el presupuesto de Arkansas con el del gobierno federal. Mientras que Washington podía gastar dinero que no tenía y crear déficit, nosotros, si no teníamos dinero, teníamos que «recaudar y gastar, o no gastar en absoluto». Yo emití un anuncio de respuesta en el que comparaba lo que Nelson había utilizado con lo que realmente había dicho yo; entonces preguntaba a los votantes que si no podían fiarse de que Nelson les dijera la verdad ni siquiera durante la campaña electoral, ¿cómo podían fiarse de que no les mintiera siendo gobernador? Un par de días más tarde fui reelegido por el 57 por ciento de los votos contra el 43.

Fue una victoria muy dulce por varios motivos. La gente había decidido dejar que permaneciera en el cargo catorce años, más que cualquier otro gobernador en la historia de Arkansas. Y, por primera vez, me había llevado el condado de Sebastian, que entonces era todavía uno de los grandes condados más profundamente republicanos de todo el estado. En un acto de campaña en Fort Smith, había prometido que si ganaba allí, Hillary y yo bailaríamos por la avenida Garrison, la calle principal de la ciudad. Un par de noches después de las elecciones, junto con unos cientos de partidarios, cumplimos nuestra promesa. Llovía y hacía frío, pero bailamos por toda la calle y disfrutamos cada minuto del trayecto. Habíamos esperado dieciséis años para ganar allí en unas elecciones a gobernador.

El único momento realmente triste en aquellas elecciones fue puramente personal. En agosto, el doctor le descubrió a Madre un bulto en el pecho derecho. Cuarenta y ocho horas después, mientras Dick, Roger y yo esperábamos en el hospital, se lo extirparon. Después de la operación volvió a mostrarse alegre y quiso regresar enseguida a su trabajo en la campaña, a pesar de que le aguardaban varios meses de quimioterapia. El cáncer ya se había extendido a veintisiete nodos en su brazo, pero no se lo dijo a nadie, ni siquiera a mí. De hecho, nunca nos dijo la gravedad de su estado hasta 1993.

En diciembre reinicié mis trabajos para el Consejo de Liderazgo Demócrata con la inauguración de la delegación del CLD en Austin, Texas. En

mi discurso dije que, a diferencia de nuestros críticos progresistas, nosotros éramos buenos demócratas. Nosotros pensábamos que había que
mantener vivo el sueño norteamericano para todos. Creíamos en el
gobierno, aunque no en el statu quo. Y opinábamos que el gobierno
estaba gastando demasiado en ayer y en hoy—intereses de la deuda,
defensa, más dinero por la misma atención médica— y demasiado poco
en el mañana: educación, el medio ambiente, investigación y desarrollo,
infraestructuras... Dije que el CLD apostaba por un programa moderno
y mayoritario: ampliación de las oportunidades, no burocracia; libre elección en las escuelas públicas y guarderías; dar a la gente pobre más poder,
pero también exigirle responsabilidad y reinventar el gobierno, apartán-
donos de la burocracia vertical de la era industrial hacia una estructura
más reducida, eficiente e innovadora que fuera adecuada para la nueva
economía global.

Trataba de dotar a los demócratas de un mensaje nacional, y aquel
esfuerzo dio alas a las especulaciones de que podría entrar en la carrera
presidencial en 1992. Durante mi reciente campaña había dicho en más
de una ocasión que, si salía elegido, cumpliría íntegramente mi mandato.
Y esa era mi intención. Esperaba ansiosamente la siguiente temporada de
sesiones de la asamblea legislativa. Aunque no estaba de acuerdo con
muchas de sus decisiones, como cargarse la Ley Brady y vetar la Ley de
Baja Médica y Familiar, me gustaba el presidente Bush y tenía una buena
relación con la Casa Blanca. Además, cualquier campaña para derrotarle
parecía destinada al fracaso. Sadam Husein había invadido Kuwait, y
Estados Unidos estaba preparándose para la guerra del Golfo, que en dos
meses pondría el índice de popularidad del presidente en niveles estratos-
féricos.

La mañana del 15 de enero de 1991, con Chelsea, que tenía diez años,
sosteniéndome la Biblia, juré el cargo de gobernador en Little Rock por
última vez. Siguiendo la costumbre, pronuncié un discurso informal en la
abarrotada Cámara de Representantes y luego, a mediodía, hice un discurso más oficial en la ceremonia pública, que se celebró en la rotonda del
Capitolio debido a las inclemencias del tiempo. En la nueva asamblea
legislativa había más mujeres y más negros que nunca. El portavoz de la
cámara, John Lipton, y el presidente en funciones del Senado, Jerry Bookout, eran progresistas y fervientes partidarios míos. Jim Guy Tucker era
teniente del gobernador, probablemente la persona más capaz que jamás
ocupara el cargo, y estábamos trabajando en equipo en lugar de en direcciones distintas, por primera vez en muchos años.

Dediqué mi discurso inaugural a los hombres y mujeres de Arkansas que servían en el Golfo Pérsico, y subrayé que era muy apropiado
que estuviéramos comenzando un nuevo camino precisamente el día del
cumpleaños de Martin Luther King Jr., porque «debemos avanzar jun-

tos hacia el futuro, pues de lo contrario solo podremos conseguir cosas limitadas». Luego esbocé el programa más ambicioso que jamás he propuesto, que abarcaba cuestiones de educación, atención sanitaria, autopistas y medio ambiente.

En educación propuse un gran aumento de la alfabetización y de los programas de formación para adultos; propuse también que los jóvenes que no pensaran ir a la universidad pudieran aprender un oficio; ofrecer becas universitarias a todos los chicos de clase media y bajos ingresos que hicieran las asignaturas requeridas, consiguieran una media de B y se mantuvieran lejos de las drogas; programas preescolares para los niños pobres; una nueva escuela y residencia universitaria para los estudiantes de matemáticas y de ciencias; la conversión de catorce escuelas de formación profesional en universidades que ofrecieran diplomaturas de dos años y, por último, un aumento de cuatro mil dólares para los profesores a lo largo de dos años. Pedí a las cámaras legislativas que aumentaran el impuesto sobre el consumo en medio centavo y el impuesto sobre los beneficios de las empresas en medio punto porcentual, con objeto de financiar todas esas reformas.

También había varias medidas de reforma en el paquete, entre ellas un seguro para las mujeres embarazadas y para niños; borrar de las listas estatales del impuesto sobre la renta a 250.000 ciudadanos, más del veinticinco por ciento del total y una rebaja fiscal para el impuesto sobre la renta que compensaría el aumento del impuesto sobre el consumo para tres cuartas partes de los contribuyentes.

Durante los sesenta y ocho días siguientes trabajé duro para aprobar el programa: recibí en mi despacho a congresistas y senadores estatales; asistí a las audiencias de sus comités para defender personalmente mis propuestas; los perseguí por los pasillos, en fiestas por la noche o a primera hora de la mañana en la cafetería del Capitolio; hablé con ellos fuera de las cámaras o en los guardarropías; les llamé tarde por la noche y finalmente conseguí que los que se oponían y los grupos de presión a los que representaban llegaran a acuerdos. Cuando concluyeron las sesiones, prácticamente todo mi programa se había aprobado. Las propuestas sobre los impuestos recibieron entre el 76 y el ciento por ciento de los votos en ambas cámaras, incluidos los votos de la mayoría de legisladores republicanos.

Ernest Dumas, uno de los columnistas más astutos y distinguidos del estado, dijo: «Fue una de las mejores sesiones legislativas de la historia del estado para la educación, quizá la mejor de todas». Dumas subrayó que también habíamos aprobado el mayor programa de autopistas de toda la historia, que habíamos ampliado considerablemente la cobertura sanitaria para las familias pobres, que habíamos mejorado el medio ambiente aprobando leyes para el reciclaje y la reducción de residuos y para «debilitar la fuerza de las industrias contaminantes en la agencia estatal de control de la contaminación» y que habíamos «hecho enfadar a algunos fanáticos religiosos» al ofrecer cursos de educación sexual en las escuelas de las comunidades pobres.

Este último tema fue el que provocó las mayores discusiones en las cámaras. Yo estaba a favor de que se pudieran repartir condones en esos cursos si la junta escolar lo aprobaba. Y también el Senado. Pero la Cámara de Representantes, mucho más conservadora, estaba absolutamente en contra del reparto de condones. Por fin la asamblea adoptó una solución de compromiso que ofreció el congresista Mark Pryor, que en 2002 se convertiría en el más joven de los senadores de Arkansas en Washington: no se podría gastar dinero estatal para comprar condones, pero si se compraban con otros fondos, podrían repartirse. Bob Lancaster, un inteligente columnista del *Arkansas Gazette*, escribió un artículo divertidísimo en el que narraba la pelea del «Congreso del condón». La llamó, pidiéndole disculpas a Homero, «la guerra de los troyanos».

La asamblea también aprobó la propuesta de la Asociación Nacional del Rifle de no permitir que las ciudades y los condados adoptaran ordenanzas para el control de las armas, la misma medida que yo había vetado en 1989. Ninguna asamblea legislativa sureña podía decir que no a la ANR. Incluso en el Senado, más liberal, la propuesta se aprobó por 26 a 7. Al menos conseguí que el Senado la aprobara a última hora, de modo que la veté cuando ya habían regresado a casa y no podían revocar mi veto. Después de que me enviaran la propuesta, tuve una entrevista extraordinaria con el joven impulsor que la ANR había enviado desde Washington para hacer que se aprobara. Era muy alto, iba muy bien vestido y hablaba con un cortante acento de Nueva Inglaterra. Un día me paró cuando estaba cruzando la rotonda que separa, en el Capitolio, la Cámara de Representantes del Senado. «Gobernador, gobernador, ¿por qué no deja simplemente que la propuesta se convierta en ley sin su firma?» Le expliqué por enésima vez por qué no apoyaba la propuesta. Entonces estalló: «Mire, gobernador, usted va a presentarse a presidente el año que viene, y cuando lo haga, vamos a levantarle la tapa de los sesos en Texas si veta esta ley». Supe que era un hombre más viejo y curtido cuando pude reprimirme y no le di un guantazo. En vez de ello, sonreí y le dije: «No lo entiende. No me gusta esta ley. Sabe que la cuestión del control de las armas nunca será un problema en Arkansas. Lo que ocurre es que usted tiene un cuadro en la pared de su bonito despacho, en Washington, y esta ley está en la cabecera de una lista en la cual aparecen todos los estados. No le importan un rábano los méritos de esta ley. Solo quiere poner un "hecho" junto a Arkansas en esa lista. Así que coja usted su arma y yo cogeré la mía; montaremos en nuestros caballos y ya nos veremos en Texas». En cuanto los legisladores regresaron a sus casas, veté la ley. Poco después, la ANR comenzó a emitir anuncios por televisión atacándome. No fue hasta que empecé a escribir estas memorias cuando me di cuenta de que en mi conversación con el cabildero de la ANR reconocí implícitamente que estaba considerando presentarme a presidente. En aquel momento no creía que fuera a hacerlo; simplemente, no me gusta que me amenacen.

Tras la sesión legislativa, Henry Oliver me dijo que quería marcharse. La verdad es que odiaba perderlo, pero después de décadas de brillante servicio en los marines, el FBI y el gobierno local y estatal, se había ganado el derecho de regresar a casa. Por el momento, Gloria Cabe y Carol Rasco asumieron sus responsabilidades.

Pasé los meses siguientes asegurándome de que nuestro mastodóntico programa legislativo se aplicaba bien y viajando por todo el país para el Consejo de Liderazgo Demócrata. Puesto que yo andaba por ahí defendiendo que podíamos recuperar a los votantes «de centro, de clase media» que «habían abandonado el partido en desbandada durante los últimos veinte años», la prensa seguía especulando con que quizá me presentaría en 1992. Durante una entrevista, en abril, bromeé sobre el tema, diciendo: «Mientras nadie se presente, todo el mundo puede estar en la lista, y es algo bonito. A mi madre la hace feliz ver mi nombre en los periódicos».

Aunque seguía sin creer que debía, o podía, presentarme como candidato, y aunque el índice de popularidad del presidente Bush seguía por encima del 70 por ciento, fruto de los rescoldos de la guerra del Golfo, yo empezaba a pensar que un demócrata del Consejo de Liderazgo Demócrata, capaz de ganarse tanto a la base tradicional del partido como a los votantes indecisos, tendría una oportunidad de vencer, porque el país tenía graves problemas que Washington no solucionaba. El Presidente y su equipo parecían decididos a hacerse fácilmente con la victoria, subidos en la ola de la guerra del Golfo. Yo había visto lo suficiente en Arkansas, y en mis viajes por todo el país, para saber que Estados Unidos no podría hacer nada fácilmente, al menos durante los siguientes cuatro años. A medida que nos adentrábamos en el año 1991, más y más gente compartía mi opinión.

En abril, fui a Los Ángeles para hablar durante un almuerzo de Educación Primero, un grupo de acción ciudadana para la mejora de la educación pública. Después de que Sidney Poitier me presentara, recordé tres experiencias recientes de la educación en California que reflejaban tanto la promesa como el peligro que se cernía sobre el futuro de Estados Unidos. Había sido testigo de aquella promesa, hacía más de un año, cuando hablé en la Universidad Estatal de California, en Los Ángeles, con estudiantes cuyas raíces procedían de 122 naciones distintas. Aquella diversidad era un buen presagio de nuestra capacidad de competir y relacionarnos con el resto de la comunidad global. Los peligros se pusieron en evidencia cuando Hillary y yo visitamos a unos estudiantes de sexto curso en el este de Los Ángeles. Eran buenos chicos que tenían grandes sueños y un profundo deseo de llevar una vida normal. Nos dijeron que su principal temor era morir, víctimas de un disparo, de camino a la escuela. También nos contaron que hacían simulacros de seguridad, ocultándose bajo sus pupitres, como prevención en caso de que se produjeran disparos desde un vehículo en movimiento. El segundo temor de aquellos niños era que cuando cumplieran trece años se vieran obligados a ingresar en una banda y fumar crack o enfrentarse a las palizas de sus coetáneos. La experiencia que pasé con aquellos niños dejó una honda huella en mí. Merecían un futuro mejor.

Durante otro viaje a California, esta vez para hablar de educación en la Mesa Redonda de Empresarios, un ejecutivo de una compañía telefónica me dijo que el 70 por ciento de los candidatos que entrevistaba suspendían los exámenes de admisión de la empresa, a pesar de que casi todos tenían el diploma de bachillerato. Pregunté al público cómo Estados Unidos, que acababa de conseguir la victoria en la guerra del Golfo, podía esperar ser el líder del mundo surgido después de la Guerra Fría, si sus niños y adolescentes corrían peligro y sus escuelas no estaban debidamente preparadas.

Por supuesto, una cosa era decir que el país tenía problemas y otra muy distinta decir qué era lo que el gobierno federal tendría que hacer al respecto y enunciarlo de forma que lo comprendieran ciudadanos que llevaban toda la etapa Reagan-Bush siendo educados para que creyeran que el gobierno federal era la raíz del problema, no la solución. Defender aquellas afirmaciones, y demostrarlas, era la labor del Consejo de Dirección Demócrata.

A principios de mayo, fui a Cleveland para presidir la convención del CLD. El año anterior, en Nueva Orleans, habíamos redactado una declaración de principios con la intención de ir más allá del desgastado debate partidista que había en Washington; de ese modo creábamos un movimiento progresista dinámico, pero de centro, basado en nuevas ideas enraizadas en los valores tradicionales norteamericanos. Aunque el CLD había recibido críticas por ser demasiado conservador, por parte de nuestros líderes liberales más destacados, como el gobernador Mario Cuomo y el reverendo Jesse Jackson (dijo que las siglas del partido equivalían a Clase Ociosa Demócrata), la convención atrajo a una impresionante selección de pensadores creativos, funcionarios locales y estatales con ideas innovadoras y empresarios preocupados por nuestros problemas económicos y sociales. Muchos prominentes demócratas nacionales, entre ellos algunos posibles candidatos a la presidencia, también asistieron. Entre los oradores se encontraban los senadores Sam Nunn, John Glenn, Chuck Robb, Joe Lieberman, John Breaux, Jay Rockefeller y Al Gore. Aparte de mí, estuvieron los gobernadores Lawton Chiles, de Florida, y Jerry Baliles, de Virginia. Los miembros de la Cámara de Representantes que había allí eran sobre todo representativos del electorado conservador, como Dave McCurdy, de Oklahoma, o tenían intereses en la seguridad nacional y en la política exterior, como Steve Solarz, de Nueva York. El ex senador Paul Tsongas y el antaño gobernador Doug Wilder, de Virginia, que pronto se presentarían candidatos a la presidencia, también vinieron. También participaron una serie de líderes negros de talento: el gobernador Wilder; el alcalde Mike White, de Cleveland; Vince Lane, el creativo presidente del Instituto de la Vivienda de Chicago; el congresista Bill Gray, de Pennsylvania, y el congresista Mike Espy, de Mississippi.

Abrí la convención con un discurso que sostenía que Estados Unidos tenía que cambiar su curso, y que el CLD podía y debía liderar ese camino. Empecé entonando la letanía de los problemas y retos a los que nos enfrentábamos y critiqué los años de negligencia republicana. A continuación señalé que los demócratas no habían sido capaces de ganar las elecciones, a pesar de los fracasos republicanos, «porque demasiados de nuestros antiguos votantes, precisamente esa clase media agobiada por las cargas de las que estamos hablando, no ha confiado en nosotros durante las elecciones nacionales, no ha creído que fuéramos a defender los intereses nacionales en el extranjero, ni que incorporáramos sus valores en nuestra política doméstica ni que fuéramos capaces de tomar el dinero de sus impuestos y gastarlo disciplinadamente».

Elogié el liderazgo de Ron Brown, nuestro primer presidente negro, al frente del Partido Demócrata. Yo le había apoyado; Brown había realizado un verdadero esfuerzo para ampliar la base del partido, pero necesitábamos ofrecer al pueblo norteamericano un mensaje con propuestas concretas:

Los republicanos son responsables de un pasado que niega, se evade y prescinde de la realidad. Pero nuestra obligación es dar a la gente una opción nueva, arraigada en los valores tradicionales; una opción nueva que sea sencilla, que ofrezca oportunidades, que exija responsabilidad, dé la palabra a los ciudadanos y les garantice un gobierno sensible y receptivo. Y esto es así porque somos conscientes de que pertenecemos a una comunidad. Estamos en esto juntos y juntos caeremos o saldremos adelante.

El programa que ofrecíamos para dar más oportunidades a la gente significaba un crecimiento económico mediante el libre comercio, en condiciones justas, así como más inversiones en las nuevas tecnologías y en educación y formación. Pero nuestro programa no solo daba oportunidades, sino que exigía responsabilidades de aquellos que iban a aprovecharlas. Así, se proponían servicios sociales para los jóvenes a cambio de ayudas para la universidad; reformas de la asistencia social que obligaban a trabajar a las parejas, pero garantizaban más ayudas para el cuidado de sus hijos; medidas de cumplimiento más duras de los programas de apoyo a los niños y más esfuerzo por parte de los padres para que sus hijos asistieran a la escuela. Era un gobierno «reinventado», con menos burocracia y más opciones de guarderías y ayudas para el cuidado de los niños, más escuelas públicas, formación laboral, cuidado de los ancianos, vigilancia de los barrios y gestión de los organismos de viviendas de protección oficial. El programa nos exigía que invirtiéramos más en los millones de niños pobres que vivían en nuestro país, que superáramos las divisiones raciales y que aplicáramos una política basada en hacer que todos los ciudadanos avanzaran juntos, en lugar de enfrentarlos los unos contra los otros.

Me esforcé mucho por romper todas las dicotomías de elegir entre esto y aquello que habían dominado el discurso político nacional en los últimos tiempos. Según la ortodoxia de Washington, había que escoger entre la excelencia o la igualdad en la educación; entre la atención médica de calidad o la cobertura sanitaria universal; entre un medioambiente limpio o el desarrollo económico; entre el trabajo o la atención a los niños en las políticas de asistencia social; entre los sindicatos o los empresarios; entre la prevención del crimen o el castigo a los criminales; entre los valores tradicionales o las ayudas a las familias pobres. En su notable libro *Why Americans Hate Politics*, el periodista E. J. Dionne las califica de «falsos dilemas», pues los norteamericanos consideran que no deberíamos plantearnos una disyuntiva, sino poder escoger ambas posibilidades. Yo estaba de acuerdo y traté de ilustrar mis creencias con frases como: «Los valores familiares tradicionales no podrán alimentar a un niño hambriento, pero no se puede criar a ese niño hambriento sin ellos. Necesitamos ambas cosas».

Terminé mi discurso citando la lección que había aprendido en la clase de Civilización Occidental del profesor Carrol Quigley, más de veinticinco años atrás: que el futuro puede ser mejor que el pasado, y que cada uno de nosotros tiene la responsabilidad moral y personal de trabajar para que así sea. «De eso trata la nueva opción, y por eso estamos aquí en Cleveland. No estamos aquí para salvar al Partido Demócrata. Estamos aquí para salvar a los Estados Unidos de América.»

Aquel discurso fue uno de los más eficaces e importantes que jamás he pronunciado. Contenía la esencia de todo lo que había aprendido durante diecisiete años de carrera política, y era lo que millones de norteamericanos pensaban. Se convirtió en la base del mensaje de mi campaña y me ayudó a desplazar la atención del público de la victoria del presidente Bush en la guerra del Golfo a lo que teníamos que hacer para construir un futuro mejor. Abrazar ideas y valores que eran tanto liberales como conservadores hizo que muchos votantes que no habían apoyado a los candidatos demócratas a la presidencia en muchos años prestaran atención a nuestro mensaje. Y a juzgar por la cálida respuesta que despertó, el discurso hizo que tal vez me consideraran el portavoz más destacado del camino que yo creía apasionadamente que Estados Unidos debía seguir. Muchas de las personas que asistieron a la convención me instaron a que me presentara a la presidencia; me fui de Cleveland convencido de mis posibilidades de hacerme con la candidatura demócrata si efectivamente decidía presentarme, y pensando que quizá tenía que plantearme entrar en la carrera presidencial.

En junio, mi amigo Vernon Jordan me pidió que fuera con él a Baden-Baden, en Alemania, a la Conferencia Bilderberg, que se celebra anualmente y que reúne a destacados líderes políticos y empresariales de Estados Unidos y de Europa para debatir la actualidad política y el estado de nuestra relación transatlántica. Siempre disfrutaba en compañía de Vernon, y mis conversaciones con los europeos me estimulaban; entre ellos estaba Gordon Brown, un brillante miembro del Partido Laborista escocés que se convirtió en Ministro de Economía cuando Tony Blair fue elegido primer ministro. Me pareció que, en líneas generales, los europeos apoyaban la política exterior del presidente Bush, pero les preocupaba mucho la tendencia a la baja y la debilidad de nuestra economía, que les perjudicaba tanto como a nosotros.

En Bilderberg, me encontré con Esther Coopersmith, una activista demócrata que había trabajado en nuestra delegación de la ONU durante la etapa de Carter. Esther iba camino a Moscú con su hija Connie, y me invitó a unirme a ellas para ver en primera fila los cambios que estaban teniendo lugar durante los últimos días de la Unión Soviética. Boris Yeltsin estaba a punto de ser elegido presidente de la República Rusa, gracias a un rechazo más explícito de la economía y la política soviéticas que la que había propugnado Gorbachev. Fue un viaje breve pero muy interesante.

A mi regreso a Arkansas estaba convencido de que muchos de los retos del país en el campo de la política exterior tendrían que ver con asuntos políticos y económicos que yo comprendía, y a los que podía hacer frente, en caso de que me presentara como candidato y saliera elegido presidente. Sin embargo, a principios de julio seguía sin decidirme sobre qué debía hacer. En las elecciones de 1990, le había dicho al pueblo de Arkansas que terminaría mi mandato. El éxito de la sesión legislativa de 1991 me había proporcionado un nuevo arranque de entusiasmo por mi trabajo. Nuestra vida familiar era magnífica. Chelsea era feliz en su nueva escuela, donde tenía buenos maestros, excelentes amigos y podía desarrollar su pasión por el ballet. A Hillary le iba muy bien en su trabajo como abogada, y disfrutaba de popularidad y respeto por derecho propio. Después de años de luchas políticas de mucha tensión, estábamos instalados y éramos felices. Además, el presidente Bush todavía parecía invencible. Una encuesta realizada a principios de junio en Arkansas mostraba que solo el 39 por ciento de la gente quería que me presentara, y que perdería mi propio estado frente al presidente por 57 a 32 por ciento, con el resto de los votantes por decidir. Además, tampoco sería el único en lanzarme a las primarias. Había otros posibles candidatos demócratas, muy buenos, que probablemente se presentarían, de modo que la lucha por la candidatura no sería fácil. Incluso la historia estaba contra mí: solo un gobernador de un estado pequeño había logrado ser elegido presidente, Franklin Pierce, de New Hampshire, en 1852.

Más allá de las consideraciones políticas, a mí realmente me gustaba el presidente Bush y valoraba la forma en que él y la Casa Blanca habían trabajado conmigo con motivo de la iniciativa sobre la educación. Aunque estaba profundamente en desacuerdo con sus medidas políticas económicas y sociales, pensaba que era un buen hombre, y ni la mitad de despiadado o de conservador que muchos de los «reaganistas». No sabía qué hacer. En junio, durante un viaje a California, un joven llamado Sean Landres fue a buscarme al aeropuerto y me acompañó al lugar donde iba a dar mi discurso. Me animó a que me presentara como candidato y dijo que había encontrado el tema musical perfecto para mi campaña. Luego puso una cinta del éxito de Fleetwood Mac «Don't Stop (Thinking About Tomorrow)». Igual que a él, a mí me pareció que aquello era exactamente lo que yo trataba de decir.

Durante mi estancia en Los Ángeles, discutí los pros y los contras de presentarme con un amigo de Hillary, Mickey Kantor, que por aquel entonces ya era un buen amigo mío y un consejero en el que confiaba mucho. Cuando empezamos a hablar, Mickey dijo que debería contratarle por un dólar, así nuestras conversaciones serían confidenciales. Unos días más tarde, le envié un cheque por un dólar, con una nota que decía que siempre había querido tener un abogado caro, y que le mandaba el cheque «firmemente convencido de que te pago lo que mereces». Obtuve muchos buenos consejos a cambio de ese dólar, pero aún no sabía qué hacer. Entonces se produjo la llamada telefónica que lo cambió todo.

Un día de julio, Lynda Dixon me dijo que Roger Porter llamaba desde la Casa Blanca. Como ya he dicho, yo había trabajado con Roger en el proyecto de los objetivos educativos y le respetaba mucho por ser leal al presidente y a la vez colaborar con los gobernadores. Roger me preguntó si iba a presentarme como candidato a la presidencia en 1992. Le dije que aún no lo había decidido, que estaba disfrutando de mi labor de gobernador más de lo que había disfrutado en muchos años, que mi vida familiar era estable y tranquila y que era reacio a perturbarla. Sin embargo, añadí que en mi opinión la Casa Blanca era demasiado pasiva en su manera de abordar los problemas sociales y económicos del país y que el presidente debía emplear el enorme capital político que había obtenido, fruto de la guerra del Golfo, para hacer frente a los grandes problemas de la nación. Después de cinco o diez minutos de lo que yo creía que era una conversación seria, Roger me interrumpió y fue al grano. Jamás olvidaré las primeras palabras del mensaje que le habían encargado transmitir: «Corta el rollo, gobernador». Dijo que «ellos» habían estudiado todos los posibles candidatos que podían presentarse contra el presidente. El gobernador Cuomo era el mejor orador, pero podían presentarlo como excesivamente liberal. Podían derrotar a todos los senadores si atacaban sus historiales de votaciones. Pero yo era distinto. Con un pasado lleno de éxitos en el desarrollo económico, la educación y la lucha contra el crimen, y un mensaje muy sólido en el marco del CLD, realmente tenía alguna posibilidad de ganar. De modo que si me presentaba, tendrían que destruirme personalmente. «Así es cómo funciona Washington —dijo—. En cada elección hay que echar a alguien para que lo devore la prensa, y esta vez te entregaremos a ti.» Prosiguió diciendo que los de la prensa eran un atajo de elitistas que creerían cualquier historia sobre un agujero lleno de paletos como Arkansas. «Nos gastaremos lo que haga falta para que cualquiera diga lo que tenga que decir con tal de que destrocen. Y lo haremos pronto.»

Traté de conservar la calma, pero estaba furioso. Le dije a Roger que lo que acababa de decirme era precisamente lo que estaba podrido en la administración. Llevaban tanto tiempo en el poder que pensaban que tenían derecho a él. Le dije: «Crees que todos esos aparcamientos del Ala Oeste son tuyos, pero pertenecen al pueblo norteamericano y tienes que ganarte el derecho a usarlos». Le dije a Roger que nuestra conversación aumentaba las posibilidades de que me presentara. Roger me contestó que era un sentimiento admirable, pero que me llamaba como amigo, para advertirme. Si esperaba hasta 1996, podía hacerme con la presidencia. Si me presentaba en 1992, me destrozarían y mi carrera política habría acabado.

Cuando la conversación terminó, llamé a Hillary y se lo conté. Luego hablé con Mack McLarty. Jamás recibí noticias ni volví a ver a Roger Porter hasta que asistió a una recepción para los miembros honorarios de la Casa Blanca cuando yo ya era presidente. Me pregunto si alguna vez ha reflexionado acerca de aquella llamada telefónica y si acabó influyendo en mi decisión.

Desde pequeño he odiado las amenazas. De niño, me dispararon con una escopeta de aire comprimido y un chico mucho mayor que yo me dio una paliza porque sus amenazas no conseguían asustarme. Durante la campaña, y los ocho años siguientes, los republicanos cumplieron con sus amenazas y, tal como Roger Porter predijo, obtuvieron mucha ayuda de algunos miembros de la prensa. Como los disparos de la escopeta de aire comprimido y el puñetazo en la mandíbula de mi niñez, sus golpes me hicieron daño. Las mentiras hieren, y la esporádica verdad aún hiere más. Traté de seguir concentrado en el trabajo que tenía entre manos y en las consecuencias que mis decisiones tenían en la gente corriente. Cuando podía hacer eso, era más fácil mantenerme firme frente a los que ambicionaban el poder por sí mismo.

Los tres meses siguientes pasaron confusos y volando. En un picnic del 4 de julio en el noreste de Arkansas, vi los primeros carteles de CLINTON PARA PRESIDENTE; algunos me aconsejaron que esperara a 1996 y otros, que estaban furiosos conmigo por las subidas de impuestos, que no me presentara en absoluto. Cuando fui a Memphis para inaugurar el Museo Nacional de los Derechos Civiles, emplazado en el motel Lorraine, donde Martin Luther King Jr. fue asesinado, algunos ciudadanos me instaron a que me presentara. Sin embargo, Jesse Jackson aún estaba disgustado por el CLD, al que consideraba un organismo conservador y una fuente de divisiones en potencia. Me dolía estar manteniendo un diálogo de sordos con Jesse, al que admiraba, especialmente por sus esfuerzos para convencer a los jóvenes negros de que se quedaran en la escuela y no se metieran en drogas. En 1977 habíamos celebrado el vigésimo aniversario de la integración del Central High, de Little Rock, y aparecimos juntos en la escuela; dijo a los estudiantes que «abrieran sus mentes, en lugar de sus venas».

Las drogas y la violencia juvenil eran temas muy importantes en 1991. El 12 de julio, viajé a Chicago para visitar los proyectos de viviendas de protección oficial y ver qué hacían para proteger a los chicos. A finales de julio, fui a un hospital de Little Rock para visitar al cómico negro Dick Gregory, al que habían arrestado por organizar una sentada en una tienda que vendía parafernalia relacionada con las drogas. También habían detenido a cuatro miembros de un grupo antidrogas de la ciudad, DIGNITY, dirigido por pastores negros y por el dirigente local de los musulmanes negros. Representaba el tipo de responsabilidad adulta para hacer frente a nuestros problemas sociales que Jackson también propugnaba, que el CLD defendía y que yo creía que era esencial para cambiar las cosas.

En agosto, la campaña empezó a tomar forma. Pronuncié discursos en varios sitios y organicé un comité de sondeo, con Bruce Lindsey de tesorero. El comité me permitió recaudar dinero para pagar los viajes y otros gastos, sin que me convirtiera en candidato. Dos semanas más tarde, Bob

Farmer, de Boston, que había sido el recaudador jefe de Dukakis, dimitió de tesorero del Comité Demócrata Nacional para ayudarme a recaudar fondos. También empezó a colaborar conmigo Frank Greer, un nativo de Alabama que, en 1990, había producido anuncios televisivos para mí —anuncios que funcionaban tanto en el plano emocional como en el intelectual—, y Stan Greenberg, un especialista en encuestas que había organizado grupos de sondeo para la campaña de 1990 y había realizado amplias investigaciones sobre los llamados demócratas de Reagan, y lo que costaría recuperarlos. Quería que Greenberg fuera mi encuestador. No me gustaba nada la idea de prescindir de Dick Morris, pero por aquel entonces estaba tan involucrado con los candidatos y cargos republicanos que, a ojos de casi todos los demócratas, estaba demasiado comprometido con el otro bando.

Después de organizar el comité de sondeo, Hillary, Chelsea y yo nos fuimos al congreso de verano de la Asociación Nacional de Gobernadores, en Seattle. Mis colegas me habían votado como el gobernador más eficaz del país en la encuesta anual organizada por la revista *Newsweek*, y algunos de ellos me instaron para que me presentara. Cuando la reunión terminó, nuestra familia tomó un barco de Seattle a Canadá para pasar unas cortas vacaciones en Victoria y Vancouver.

Tan pronto como volví a casa, empecé a viajar por todo el estado; hacía muchas paradas sin anunciar, para preguntar a mi electorado si debía presentarme y si me liberarían de mi promesa de terminar el mandato de gobernador, en caso de que decidiera presentarme. La mayoría de la gente me dijo que debía hacerlo si yo pensaba que era lo correcto, aunque pocos creían que pudiera ganar. El senador Bumpers, el senador Pryor y nuestros dos congresistas demócratas, Ray Thornton y Beryl Anthony, hicieron declaraciones de apoyo. El teniente del gobernador, Jim Guy Tucker; el portavoz de la cámara, John Lipton, y el presidente del Senado, Jerry Bookout, me aseguraron que cuidarían del estado en mi ausencia.

Hillary pensaba que debía presentarme, y Madre estaba muy a favor también; incluso Chelsea no estaba en contra esta vez. Le dije que estaría con ella en los momentos importantes, como su representación de ballet del *Cascanueces*, en Navidad; los actos escolares; su viaje al fin de semana del Renacimiento y su fiesta de cumpleaños. Pero también sabía que me perdería otras cosas: tocar otro dúo con ella con mi saxo en su recital de piano; hacer las paradas de *Halloween* con Chelsea ataviada con su disfraz, siempre original; leerle un libro por la noche y ayudarla con los deberes. Ser su padre era el mejor trabajo que había tenido jamás. Solo esperaba que pudiera seguir haciéndolo lo suficientemente bien durante la larga campaña que me esperaba. Cuando no estaba en casa, lo echaba de menos tanto como ella. Pero el teléfono ayudaba, y la máquina de fax también

—nos enviábamos muchos problemas de matemáticas de aquí para allá—. Hillary estaría fuera menos tiempo que yo, pero cuando ambos tuviéramos que irnos, Chelsea contaba con una buena red de apoyo en sus abuelos; Carolyn Huber; el personal de la mansión del gobernador y sus amigos y los padres de éstos.

El 21 de agosto, el senador Al Gore anunció que no se presentaría, lo cual ampliaba mis posibilidades. Él se había presentado en 1988, y si lo hubiera hecho también en 1992 el voto de los estados del Sur durante el Super Martes, el 10 de marzo, se habría dividido entre ambos y me habría puesto las cosas mucho más difíciles. El único hijo de Al, Albert, había resultado gravemente herido en un accidente de tráfico. Al decidió que tenía que estar con su familia durante la larga y dolorosa recuperación de Albert, una decisión que yo comprendía y admiraba.

En septiembre volví a Illinois de nuevo y pronuncié un discurso ante los demócratas más destacados de Iowa, Dakota del Sur y Nebraska, en Sioux City, Iowa, y también ante el Comité Demócrata Nacional en Los Ángeles. La parada en Illinois era especialmente importante a causa del calendario de las primarias. La carrera por la candidatura empezaba en los *caucus* de Iowa, la reunión de las asambleas locales, que yo podía saltarme porque el senador Tom Harkin, de Iowa, también se presentaba y sin duda ganaría en su estado natal. Luego venían los de New Hampshire, Carolina del Sur, Maryland, Georgia y Colorado. Después, los once estados sureños, en el Super Martes. Y finalmente, el 17 de marzo, el día de San Patricio, Illinois y Michigan.

La campaña del senador Gore, cuatro años atrás, había perdido empuje cuando no pudo añadir otras victorias a sus impresionantes resultados en el Sur. Yo me veía capaz de ganar en Illinois, por tres motivos: Hillary procedía de allí, yo había trabajado en el sur de Illinois con la Comisión del Delta y algunos destacados líderes negros de Chicago eran oriundos de Arkansas. En Chicago, conocí a dos jóvenes activistas, David Wilhelm y David Axelrod, que más tarde participarían en la campaña; eran idealistas, templados por el fuego de las batallas electorales de Chicago y estaban en sintonía con mi filosofía política. Mientras, Kevin O'Keefe conducía por todo el estado, sentando las bases de la organización que necesitábamos para ganar.

Michigan votaba el mismo día que Illinois; también esperaba que me fuera bien allí, gracias al ex gobernador Jim Blanchard, al ejecutivo del condado de Wayne, Ed McNamara y a mucha gente, blanca y negra, que había ido a Michigan desde Arkansas para trabajar en las fábricas de coches. Después de esos dos estados, el siguiente de mayor importancia era Nueva York, donde mi amigo Harold Ickes estaba ocupado obteniendo apoyo, y Paul Carey, hijo del ex gobernador Hugh Carey, recaudaba fondos.

El 6 de septiembre, di por terminada la organización de la oficina del gobernador para la campaña cuando Bill Bowen aceptó convertirse en mi secretario ejecutivo. Bill era el presidente del Commercial National Bank, uno de los líderes empresariales más respetados del estado y el principal organizador del llamado Club de los Trajes Caros, los líderes del mundo de los negocios que habían apoyado el exitoso programa educativo de la legislatura de 1991. El nombramiento de Bowen tranquilizó a la gente y confirmaba que la marcha del estado quedaba en buenas manos mientras yo estuviera fuera.

Durante las semanas previas a mi anuncio, empecé a darme cuenta de la diferencia entre presentarse como candidato a la presidencia y una campaña a un cargo estatal. En primer lugar, el tema del aborto era clave, porque se suponía que si el presidente Bush salía reelegido, dispondría de suficientes vacantes en la Corte Suprema para asegurarse una mayoría que revocara el fallo de «Roe contra Wade». Yo siempre había apoyado esta sentencia, pero me oponía a la financiación pública de los abortos para mujeres sin recursos, de modo que mi posición no satisfacía a ninguna facción. No era justo para esas mujeres, pero me costaba justificar la financiación de abortos con el dinero de contribuyentes que creían que aquello equivalía a un asesinato. Además, la cuestión era verdaderamente discutible, pues incluso el Congreso, que estaba dominado por los demócratas, se había negado a proporcionar financiación para el aborto.

Además del tema del aborto, estaban las preguntas personales. Cuando me preguntaron si alguna vez había fumado marihuana, respondí que jamás había violado las leyes contra las drogas de Estados Unidos. Era una admisión tácita, pero algo incómoda, de que la había probado en Inglaterra. También hubo bastantes rumores acerca de mi vida personal. El 16 de septiembre, a instancias de Mickey Kantor y Frank Greer, Hillary y yo aparecimos juntos en el Desayuno Sperling, un encuentro habitual de periodistas de Washington, para responder a las preguntas de la prensa. No sabía si era lo más conveniente, pero Mickey fue muy persuasivo. Argumentó que ya había dicho anteriormente que yo no había sido perfecto y la gente lo sabía; me dijo: «Más vale que lo digas, y así quitarás punta a lo que pueda suceder más adelante en la campaña».

Cuando un periodista me hizo la pregunta, dije que, como muchas parejas, habíamos tenido nuestros problemas, pero que estábamos comprometidos el uno con el otro y que nuestro matrimonio era fuerte. Hillary me respaldó. Hasta donde yo sé, era el único candidato que había dicho tanto al respecto. Satisfizo a algunos periodistas y columnistas; para otros, mi honestidad sencillamente confirmó que era una buena diana.

Aún no estoy seguro de si hice lo correcto yendo a ese desayuno, o entrando en el resbaladizo terreno de contestar preguntas personales. El carácter es importante en un presidente, pero, como los ejemplos en claro contraste de Franklin Roosevelt y Richard Nixon demuestran, la perfección marital no es necesariamente un buena medidor del carácter del presidente. Además, en realidad no se trataba de eso. En 1992, si uno rompía los votos matrimoniales, se divorciaba y se volvía a casar; la infidelidad no se consideraba un hecho descalificador o siquiera merecedor de ser considerado noticia, mientras que a las parejas que seguían casadas sí se las acosaba si tenían problemas, como si el divorcio siempre fuera la opción más auténtica. Dada la complejidad de la vida de la gente y la importancia de que ambos padres críen a sus hijos, probablemente ése no sea el estándar adecuado.

A pesar de las preguntas personales, en los primeros tiempos recibí una notable cobertura periodística positiva por parte de periodistas serios que estaban interesados en mis ideas, en mis políticas y en lo que había logrado como gobernador. También sabía que podía empezar la campaña con un núcleo de seguidores entusiastas por todo el país, gracias a los amigos que Hillary y yo habíamos hecho durante el transcurso de los años y a muchos ciudadanos de Arkansas que estaban dispuestos a viajar a otros estados para hacer campaña a mi favor. A ellos no les amilanaba que yo fuera un completo desconocido para el pueblo norteamericano ni que estuviera muy por detrás en las encuestas. A mí tampoco. A diferencia de 1987, esta vez estaba preparado.

VEINTISÉIS

E l 3 de octubre hizo una hermosa mañana de otoño en Arkansas, despejada y clara. Empecé el día que cambiaría mi vida del modo habitual, con una carrera a primera hora. Salí por la puerta posterior de la mansión del gobernador, crucé el viejo distrito de Quapaw y luego fui al centro, hacia la Old State House. El magnífico e imponente edificio, donde había celebrado mi primera recepción cuando juré el cargo de fiscal general, en 1977, estaba engalanado con banderas norteamericanas. Lo dejé atrás, giré y me dirigía hacia casa cuando vi una máquina expendedora de periódicos. A través del cristal, pude leer el titular: «Llega la hora de Clinton». De camino a casa, algunos paseantes me desearon suerte. De vuelta en la mansión, di un último repaso a mi discurso de aceptación. Había trabajado en él hasta pasada la medianoche y estaba lleno de lo que, a mi juicio, era buena retórica y propuestas de medidas políticas concretas, pero seguía siendo demasiado largo, así que eliminé algunas líneas.

A mediodía, me presentó en la tarima nuestro tesorero estatal, Jimmie Lou Fisher, que llevaba conmigo desde 1978. Empecé algo torpemente, quizá a causa de los sentimientos contradictorios que me invadían. Era reacio a abandonar la vida que llevaba y a la vez ansiaba el reto; estaba un poco asustado pero seguro de que estaba haciendo lo correcto. Hablé durante más de media hora, durante la cual agradecí a mi familia, mis amigos y mis seguidores que me hubieran dado la fuerza necesaria para «dar un paso más allá de la vida y el trabajo que amo, para comprometerme con una causa más importante: preservar el sueño americano, devolver la esperanza a la olvidada clase media, recuperar el futuro de nuestros hijos». Terminé con la promesa de «insuflar nueva vida al sueño americano» estableciendo un «nuevo contrato» con la gente: «más oportunidades para todos, más responsabilidades por parte de todos y un mayor sentido de un objetivo común».

Al terminar, estaba animado y feliz, pero quizá sobre todo aliviado, especialmente después de que Chelsea soltara con ironía: «Bonito discurso, gobernador». Hillary y yo pasamos el resto del día recibiendo a la gente que nos visitaba para desearnos suerte; Madre, Dick y Roger parecían muy felices, al igual que la familia de Hillary. Madre actuaba como si supiera que yo iba a ganar. A pesar de que la conocía muy bien, no estaba seguro de si verdaderamente lo creía o si era solo otro ejemplo de su «máscara de guerra». Esa noche nos reunimos alrededor del piano con viejos amigos. Carolyn Staley tocaba, como llevaba haciendo desde los quince años. Cantamos «Amazing Grace» y otros himnos, y muchas canciones de los años sesenta, entre ellas «Abraham, Martin y John», un tributo a los héroes caídos de mi generación. Me fui a dormir pensando que podríamos vencer al cinismo y a la desesperación y reavivar el fuego que aquellos hombres habían encendido en mi corazón.

Una vez, el gobernador Mario Cuomo dijo que durante la campaña se hace poesía, pero que para el gobierno se emplea la prosa. Es una declaración básicamente correcta, pero lo cierto es que gran parte de la campaña también requiere mucha prosa: resumir los puntos centrales del programa, cumplir con los rituales obligados y responder a la prensa. El segundo día de la campaña fue definitivamente más prosa que poesía: una serie de entrevistas pensadas para que mi imagen apareciera en la televisión nacional y en los mercados locales más importantes y para que contestara a la pregunta básica de por qué no había cumplido mi compromiso de acabar el mandato, y si eso significaba que no era de fiar. Contesté a la pregunta lo mejor que pude y me concentré en el mensaje de la campaña. Era todo muy prosaico, pero nos llevó al tercer día.

El resto del año estuvo lleno de la frenética actividad habitual en una campaña tardía: organizarse, recaudar dinero, tratar de llegar a electorados concretos y trabajarse a New Hampshire.

Nuestro primer cuartel general era un almacén de pintura de la calle Siete, cerca del Capitolio. Había decidido que la sede de nuestra campaña estaría en Little Rock, y no en Washington. Complicaba un poco más la organización de los viajes, pero quería estar cerca de mis raíces y pasar suficiente tiempo en casa para estar con mi familia y ocuparme de asuntos oficiales que requirieran mi presencia. Además, quedándome en Arkansas también me aseguraba de que nuestro joven equipo se concentrara en el trabajo que teníamos entre manos. No les distraía el omnipresente caudal de rumores de Washington; tampoco se dejaron llevar por la euforia ante la sorprendentemente favorable cobertura que recibí en los medios al principio de mi campaña ni se desanimaron a causa del torrente de prensa negativa que pronto llegaría.

Después de unas semanas, tuvimos que abandonar el almacén de pintura en busca de más espacio, y nos trasladamos a las cercanas oficinas del antiguo Departamento de Enseñanza Superior. También se nos quedaron pequeñas, justo antes de la convención demócrata. Entonces nos mudamos de nuevo, al centro, al edificio del *Arkansas Gazette*, que hacía unos meses había quedado vacío después de la compra y posterior desmantelamiento del *Gazette* por parte del propietario del *Arkansas Democrat*, Walter Hussman. El edificio del *Gazette* se convirtió en nuestro hogar hasta el final de la campaña, lo que desde mi punto de vista fue lo único positivo relacionado con la pérdida del periódico independiente más antiguo de Estados Unidos al oeste del Mississippi.

El *Gazette* había defendido los derechos civiles en los cincuenta y los sesenta y había apoyado incondicionalmente a Dale Bumpers, David Pryor y a mí en nuestros esfuerzos por modernizar la educación, los servicios sociales y la economía. En su mejor época, fue uno de los principales rotativos del país; sus artículos de alcance nacional e internacional, sobre una amplia variedad de temas y muy bien escritos, llegaban a los lectores de todos los rincones de nuestro estado. En los ochenta, el *Gazette* tuvo que enfrentarse a la competencia del *Arkansas Democrat* de Hussman, que hasta entonces había sido un periódico vespertino mucho menor. La guerra entre los dos periódicos tenía un resultado conocido de antemano, pues Hussman poseía otros medios de comunicación que eran rentables y le permitían absorber las grandes pérdidas del *Democrat*, cuya finalidad consistía en atraer a suscriptores y anunciantes del *Gazette*. Poco antes de presentarme como candidato a la presidencia, Hussman compró el *Gazette*, consolidó sus operaciones en el periódico y lo rebautizó con el nombre de *Arkansas Democrat-Gazette*. A lo largo de los años, el *Democrat-Gazette* contribuiría a hacer de Arkansas un estado más republicano. El tono general de sus editoriales era conservador y muy crítico conmigo, a menudo en términos muy personales. En este sentido el periódico era un fiel reflejo de las opiniones de su editor. Aunque me entristeció ver que el *Gazette* se hundía, me alegré de heredar su antigua sede. Quizá esperaba que el fantasma de su pasado progresista nos siguiera animando a luchar por el futuro.

Arrancamos con un equipo formado íntegramente por gente de Arkansas, con Bruce Lindsey de director de campaña y Craig Smith, que había gestionado mi agenda de reuniones con las juntas y las comisiones, de director financiero. Rodney Slater y Carol Willis ya estaban manos a la obra, poniéndose en contacto con líderes políticos negros y destacados pastores y empresarios de todo el país. Mi viejo amigo Eli Segal aceptó ayudarme a crear un equipo a escala nacional.

Yo había conocido a alguien que quería en el equipo con toda seguridad, un joven de mucho talento del equipo del congresista Dick Gephardt, el líder de la mayoría demócrata. George Stephanopoulos, hijo de un pastor griego ortodoxo, era un becario de Rhodes que había trabajado anteriormente para mi amigo el padre Tim Healy cuando dirigió la Biblioteca Pública de Nueva York. George me cayó bien de inmediato, y supe que podía actuar de puente entre nosotros, la prensa nacional y los demócratas del Congreso, así como aportar sus reflexiones a los retos intelectuales de la campaña.

Eli se reunió con él, confirmó mi opinión y George se incorporó al equipo como director adjunto de la campaña, al frente de las comunicaciones. Eli también se entrevistó con David Wilhelm, un joven de Chicago muy activo en política al que yo quería con nosotros. Le ofrecimos el puesto de director de campaña y aceptó rápidamente. David era, como se suele decir en política, un «dos por uno»: además de gestionar toda la campaña, nos resultaría de especial ayuda en Illinois. Yo estaba convencido de que con David gestionando la campaña y Kevin O'Keefe de organizador estatal, ahora sí podríamos obtener una clara victoria en Illinois, que siguiera al triunfo aplastante que anticipábamos en los estados del sur del Super Martes. Poco después, también convencimos a otro joven de Chicago, Rahm Emanuel, para que se uniera a nuestra campaña. Rahm había trabajado con Wilhelm en las exitosas campañas del alcalde Richard Daley y el senador Paul Simon. Era un hombre delgado e intenso, que había estudiado ballet y, aunque era ciudadano norteamericano, había estado en el ejército israelí. Rahm era tan agresivo que me hacía parecer relajado. Lo nombramos director financiero, un puesto para el que una campaña que va justa de fondos necesita a alguien agresivo. Craig Smith fue a trabajar a nuestras organizaciones estatales de la campaña, una labor mucho más adecuada para sus considerables habilidades políticas. Al poco tiempo, Bruce Reed dejó el Consejo de Dirección Demócrata para convertirse en nuestro director de estrategia. Eli también se entrevistó con dos mujeres que desempeñarían un importante papel en la campaña. Dee Dee Myers, de California, se convirtió en la secretaria de prensa, una tarea que la obligaría a soportar más presión de la que jamás hubiera sido capaz de adivinar. Aunque era muy joven, estuvo a la altura. Stephanie Solien, del estado de Washington, aceptó el cargo de directora política. Estaba casada con Frank Greer, pero ese no fue el motivo por el que la contraté. Stephanie era brillante, políticamente astuta y mucho menos dura que la mayoría de los chicos. Aportó tanto una excelente labor como la buena química que todo esfuerzo de alta tensión necesita. A medida que la campaña avanzó, más jóvenes procedentes de todo el país se sumaron a nuestro equipo para hacerse cargo del trabajo extra.

En el frente financiero, al principio fuimos tirando con la generosa ayuda de los ciudadanos de Arkansas; los esfuerzos de Bob Farmer, en Massachusetts, quien consiguió que los habituales colaboradores demócratas nos mandaran donaciones sencillamente porque él se lo pidió y los donativos de amigos, que nos llegaban desde todo el país. Gracias a todo ello pudimos optar a los fondos equivalentes que financia el gobierno federal. Para obtenerlos, un candidato debe recaudar 5.000 dólares en cada estado, en un mínimo de veinte estados, en cantidades no superiores a 250 dólares por donación. En algunos estados, mis amigos gobernadores se ocuparon de que lo consiguiera. En Texas, Truman Arnold, que me apoyaba desde hacía tiempo, logró recaudar la muy necesaria cantidad de

30.000 dólares. A diferencia de mucha gente rica, Truman se comprometía cada vez más con el proyecto demócrata a medida que su fortuna aumentaba.

De forma un poco sorprendente, mucha gente de la zona de Washington, D.C. quería ayudar; en concreto, el abogado demócrata y experto recaudador de fondos, Vic Raiser, y mi amigo del fin de semana del Renacimiento, Tom Schnieder. En Nueva York, recibí la inestimable ayuda inicial de nuestros amigos Harold Ickes y Susan Thomases, pero también de Ken Brody, un ejecutivo de Goldman Sachs que había decidido que quería involucrarse activamente en la política demócrata, por primera vez. Ken me contó que hasta entonces había sido republicano porque creía que los demócratas tenían corazón pero que su cabeza no estaba en el lugar adecuado. Luego, me dijo, había visto de cerca a los republicanos nacionales y se había dado cuenta de que tenían cabeza pero no corazón; decidió sumarse a las filas demócratas porque era más fácil cambiar las mentes que los corazones. Afortunadamente para mí, pensó que yo era el mejor lugar por donde empezar. Ken me llevó a una cena con algunos destacados empresarios de Nueva York, entre ellos Bob Rubin, cuyos impecables argumentos a favor de una nueva política económica me impresionaron profundamente. En toda campaña política de éxito, de repente aparece gente como Ken Brody, que aportan energía, ideas y nuevos seguidores.

Además de recaudar fondos y organizar nuestra campaña, también tenía que concentrarme en llegar a grupos de electores de mayoría demócrata. En octubre, hablé ante una asociación judía en Texas, donde afirmé que Israel debía intercambiar tierra por paz. También me dirigí a grupos negros e hispanos de Chicago y a grupos del Partido Demócrata en Tennessee, Maine, New Jersey y California; todos ellos se consideraban estados indecisos, en el sentido de que podían decantarse por uno u otro candidato en unas elecciones generales. En noviembre, hablé en Memphis ante una convención de la Iglesia de Dios en Cristo, el grupo religioso negro de mayor crecimiento en Estados Unidos. Me concentré en recorrer a fondo el Sur: Florida, Carolina del Sur, Louisiana y Georgia. Florida era importante porque el sondeo no oficial de opinión que se celebraría allí el 15 de diciembre, durante la convención demócrata, sería la primera votación reñida. El presidente Bush empezaba a perder ventaja en las encuestas, y no le ayudó afirmar que la economía estaba en buena forma. Hablé ante la Asociación Nacional para la Educación y en la reunión anual del Comité de Asuntos Exteriores Israelí Norteamericano en Washington. Volví al Sur, a Carolina del Norte, Texas y Georgia. En el Oeste, hice paradas en Colorado y Dakota del Sur; en Wyoming, donde el gobernador Mike Sullivan me dio su apoyo y en el bastión republicano del condado de Orange, California, donde obtuve el apoyo del ejecutivo republicano de las telecomunicaciones, Roger Johnson, y algunos otros también desengañados por la política económica del presidente Bush.

Sin embargo, mientras sucedía todo esto, el foco central de la campaña se desarrollaba en New Hampshire. Si me iba mal allí, quizá no podría obtener buenos resultados en los estados que votarían después, hasta llegar al Super Martes. Aunque las encuestas me daban una posición bajísima a mediados de noviembre, yo estaba satisfecho con mis posibilidades. New Hampshire es un estado pequeño, tiene menos de la mitad de la extensión de Arkansas, en el que los votantes de primarias están muy bien informados, se toman muy en serio su responsabilidad y evalúan cuidadosamente a los candidatos y sus posiciones políticas. Para competir con eficacia, son necesarias una buena organización y una campaña de anuncios televisivos convincente, pero no bastan. También hay que hacer un buen papel en la interminable serie de pequeñas fiestas privadas, reuniones públicas y mítines y estrechar muchas manos aunque no esté programado. Muchos ciudadanos de New Hampshire no votarán por un candidato que no les ha solicitado personalmente su apoyo. Después de todo el tiempo que llevaba metido en la política en Arkansas, ese tipo de campaña era como mi segunda piel.

Más aún que su cultura política, la penuria económica y el inevitable trauma emocional que ésta provocaba hacían que en New Hampshire me sintiera como en casa. Era como Arkansas hacía diez años. Después de una etapa de prosperidad durante los años ochenta, New Hampshire era el estado que tenía el mayor número de ciudadanos que solicitaban prestaciones sociales y ayudas de asistencia social, y la tasa más elevada de bancarrotas. Las fábricas cerraban y los bancos lo pasaban mal. Mucha gente estaba sin empleo y verdaderamente asustada; temían perder sus hogares y su seguro médico, no sabían si podrían enviar a sus hijos a la universidad y dudaban de que la seguridad social fuera solvente cuando ellos llegaran a la jubilación. Yo sabía qué sentían, pues había conocido a mucha gente en Arkansas en la misma situación, y estaba convencido de que sabía qué hacía falta para cambiar las cosas.

La organización de la campaña empezó con dos jóvenes muy dotados, Mitchell Schwartz y Wendy Smith, que se trasladaron a Manchester y abrieron el cuartel general estatal. Pronto se les sumaron Michael Whouley, un irlandés de Boston y un organizador de primera, y mi amiga desde hacía cuarenta años, Patty Howe Criner, que vino desde Little Rock para explicar mi trayectoria y defenderme a mí y a mi gestión política. No transcurrió mucho tiempo antes de que dispusiéramos de un comité de dirección copresidido por dos abogados a los que había conocido a través del CLD, John Broderick y Terry Shumaker, cuya oficina estaba casualmente en el mismo edificio que más de un siglo atrás había acogido el despacho legal del presidente Franklin Pierce.

La competencia fue dura. Todos los candidatos anunciados estaban volcados en New Hampshire. El senador Bob Kerrey, ganador de la Medalla de Honor y ex gobernador de Nebraska, atrajo mucho interés, pues era un político independiente: conservador en lo fiscal y progresista en lo social. El eje central de su campaña era una propuesta radical para ofrecer cobertura sanitaria a todos los norteamericanos, un tema muy importante en un estado donde el número de habitantes que perdían su seguro médico crecía diariamente, después de una década en la que el coste nacional de los seguros médicos había aumentado tres veces más que la tasa global de la inflación. Kerrey también contaba con el poderoso argumento de que su historial militar y su popularidad en el estado conservador republicano de Nebraska le convertían en el demócrata con más posibilidades para enfrentarse al presidente Bush.

El senador Tom Harkin, de Iowa, era el defensor más destacado del Senado a favor de los derechos de los discapacitados. Era una autoridad en temas de tecnología y ciencia, que eran cada vez más importantes para un número creciente de votantes de las zonas residenciales de New Hampshire; también era un aliado de los sindicatos desde hacía tiempo. Sostenía que, para ganar en noviembre, era necesario hacer una verdadera campaña populista, en vez de utilizar un mensaje procedente del CLD, que según él no tenía ningún atractivo para los demócratas «de verdad».

El ex senador Paul Tsongas, de Lowell, Massachusetts, había tenido que retirarse siendo todavía muy joven de una exitosa carrera en el Senado, para luchar contra el cáncer. Se había convertido en un fanático del ejercicio que nadaba mucho y lo hacía en público, para demostrar que estaba curado y que era capaz de ser presidente. Tsongas afirmaba que su temprano contacto con la muerte le había liberado de las limitaciones políticas convencionales y le permitía contar a los votantes la cruda verdad, que quizá no querían oír, mucho mejor que el resto de los candidatos. Tenía ideas interesantes, que difundió mediante un folleto de campaña que fue ampliamente distribuido.

El gobernador Doug Wilder había hecho historia al convertirse en el primer gobernador afroamericano de Virginia. Argumentaba que su capacidad para ganar en un estado sureño conservador y su gestión de la educación, la lucha contra el crimen y el equilibrio presupuestario eran muestras de su capacidad para gobernar y salir elegido.

Poco después de que yo me sumara a la carrera presidencial, el ex gobernador de California, Jerry Brown, también anunció su candidatura. Jerry dijo que no aceptaría contribuciones superiores a 100 dólares, y trató de posicionarse como el único reformador de verdad de entre todos los candidatos. El enfoque de su campaña se centraba en una propuesta de reducir el complejo sistema impositivo a favor de un impuesto fijo uniforme del 13 por ciento, para todos los ciudadanos. En 1976, Jerry entró tarde en las primarias y ganó en varios estados en un esfuerzo de última hora por derrotar a Jimmy Carter. En 1979, trabajé con él en la Asociación Nacional de Gobernadores, donde pude apreciar su mente ágil y su capacidad, poco común, de analizar la actualidad política. Lo único que le faltaba a su excepcional personalidad política era sentido del humor. Me gustaba Jerry, pero se tomaba todas las conversaciones terriblemente en serio.

Durante los dos meses posteriores a mi anuncio de candidatura, la campaña se desarrolló a la sombra de la posibilidad de que se presentara aún otro candidato: el gobernador Mario Cuomo, de Nueva York. Cuomo era una figura muy destacada en los círculos demócratas, nuestro mejor orador y un apasionado defensor de los valores demócratas durante los años de Reagan y Bush. Mucha gente pensaba que bastaba con que lo pidiera para hacerse con la candidatura, y durante un tiempo pensé que lo haría. Arremetió duramente contra mí en el CLD y también contra mis ideas sobre la reforma de la asistencia social y el servicio militar. Yo me mostraba generoso en público, pero en privado estaba furioso y dije algunas cosas sobre Mario que hoy lamento. Hacia mediados de diciembre finalmente anunció que no se presentaría. Cuando algunos de mis comentarios más duros acerca de él salieron a la luz durante las primarias de New Hampshire, solo pude pedir disculpas. Gracias a Dios, tuvo la elegancia de aceptarlas. Al cabo de unos años, Mario Cuomo se convirtió en un asesor muy valioso y en uno de mis más firmes defensores. Yo quería nombrarle candidato para la Corte Suprema, pero tampoco quiso ese cargo. Creo que le gustaba demasiado su vida en Nueva York para abandonarla, un hecho que los votantes no supieron valorar cuando le negaron un cuarto mandato, en 1994.

Al inicio de la campaña, pensaba que mi competidor más fuerte en New Hampshire sería Harkin o Kerrey. Poco tiempo después, quedó claro que me había equivocado: Tsongas era el hombre al que debía derrotar. Su ciudad natal estaba prácticamente en la frontera estatal de New Hampshire; su trayectoria vital era muy atractiva; hacía gala de firmeza y estaba decidido a ganar y, lo que era más importante, era el único candidato que competía conmigo en el terreno de las ideas, el mensaje y las propuestas concretas y las directrices generales.

Para llevar una campaña presidencial con éxito hacen falta tres cosas esenciales: Primero, que la gente te mire y sea capaz de imaginarte de presidente. Luego tienes que recaudar suficiente dinero y obtener apoyos que te permitan ser conocido. Después de eso, todo se reduce a una batalla de ideas, mensajes y propuestas. Tsongas cumplía los dos primeros requisitos y estaba dispuesto a ganar la batalla de las ideas. Yo estaba decidido a no dejar que lo lograra.

Organicé tres discursos en Georgetown, para desarrollar mi idea del Nuevo Contrato con propuestas específicas. Las hice públicas ante una audiencia de estudiantes, profesores universitarios y autoridades académicas, seguidores y una buena cobertura periodística, en el hermoso y antiguo Gaston Hall, con sus paredes forradas de madera, en el edificio Healy. El 23 de octubre, hablé de responsabilidad y comunidad; el 20 de noviembre, de las oportunidades económicas y el 12 de diciembre, me centré en la seguridad nacional.

Juntos, estos tres discursos me permitieron articular las ideas y medidas que había desarrollado durante la década anterior, mientras era gobernador, y durante mi etapa en el Consejo de Liderazgo Demócrata. Había ayudado a redactar, y creía profundamente en ellas, las cinco directrices básicas del CLD. Eran el credo de oportunidades para todos, sin privilegios para nadie, de Andrew Jackson; los valores tradicionales norteamericanos del trabajo y la familia, la libertad y la responsabilidad, la fe, la tolerancia y la convivencia; la ética de John Kennedy de la responsabilidad mutua, de pedir a los ciudadanos que hagan algo por su país; el avance de los valores democráticos y humanitarios en todo el mundo y la prosperidad y la movilidad social en nuestro país y, finalmente, el compromiso de Franklin Roosevelt con la innovación, la modernización del gobierno para adaptarse a la era de la información, y animar a la gente a adquirir las herramientas necesarias para progresar en la vida.

Algunas de las críticas contra el CLD me sorprendieron mucho, particularmente las que procedían de la izquierda demócrata, que nos acusó de ser republicanos encubiertos, o de algunos miembros de la prensa política, que se encontraban más cómodos utilizando las etiquetas de «demócratas» y «republicanos». Cuando no encajábamos en sus antediluvianas distinciones afirmaban que no creíamos en nada; la prueba era que queríamos ganar las elecciones nacionales, algo que al parecer se suponía que no debían hacer los demócratas.

Yo creía que el CLD estaba ampliando con nuevas ideas los mejores valores y principios del Partido Demócrata. Por supuesto, algunos miembros progresistas estaban realmente en desacuerdo con nuestros puntos de vista sobre la reforma de la asistencia social, el comercio, la responsabilidad fiscal y la seguridad nacional. Pero nuestras diferencias con los republicanos eran muy claras: Estábamos en contra de sus injustas rebajas fiscales y los grandes déficits; en contra de su oposición a la Ley de Baja Médica y Familiar y a la Ley Brady y en contra de que quisieran seguir con el sistema de cupones en vez de financiar debidamente la educación e impulsar reformas que ya habían demostrado de su eficacia. No nos gustaban sus tácticas de enfrentamiento respecto a los temas raciales o los derechos de los homosexuales, su negativa a proteger el medioambiente, su defensa de la prohibición del aborto y mucho más. Nosotros también teníamos buenas ideas, como aumentar los efectivos policiales en las calles con 100.000 agentes, doblar la rebaja fiscal sobre los ingresos para hacer que el trabajo fuera más atractivo y la vida de las familias de ingresos reducidos fuera mejor y ofrecer a los jóvenes la posibilidad de prestar servicios comunitarios a cambio de ayudas para la universidad.

Los principios y las propuestas que yo defendía no se podían tachar de «republicanas descafeinadas», o faltas de convicción. En lugar de eso, contribuyeron a modernizar al Partido Demócrata, y más tarde las adoptarían los partidos de centroizquierda que renacieron en todo el mundo, en lo que se conocería como la «Tercera Vía». Y lo que era más importante, las nuevas ideas, cuando se pusieron en práctica, demostraron ser buenas para Estados Unidos. Los discursos de Georgetown, en 1991, me dieron la inestimable oportunidad de demostrar que tenía un sólido programa pensado para el cambio y que tenía la firme intención de llevarlo a cabo.

Mientras, de vuelta en New Hampshire, distribuí un folleto de mi campaña, en el que se enumeraban todas las medidas concretas mencionadas en los discursos de Georgetown. También organicé tantas reuniones públicas como me fue posible. Una de las primeras se celebró en Keene, una preciosa ciudad universitaria en la parte sur del estado; nuestros colaboradores de campaña habían distribuido papeletas informativas por toda la localidad, pero no sabíamos cuánta gente se presentaría. Alquilamos una sala con capacidad para unos doscientos asistentes. De camino al mitin, le pregunté a una veterana de las campañas cuánta gente necesitábamos para evitar una situación embarazosa. Ella me respondió: «Cincuenta». ¿Y cuánta para que podamos considerarlo un éxito? «Ciento cincuenta». Cuando llegamos, allí había unas cuatrocientas personas. El jefe de bomberos nos obligó a que pusiéramos la mitad en otra sala; tuve que hacer dos reuniones. Era la primera vez que pensaba que podíamos salir con éxito del reto de New Hampshire.

En estos actos generalmente hablaba durante unos quince minutos y luego me pasaba una hora o más contestando las preguntas del público. Al principio me preocupaba ser excesivamente detallista y «obseso de las medidas políticas» en mis respuestas, pero pronto me di cuenta de que la gente valoraba más el contenido que el estilo. Estaban realmente ansiosos y querían comprender qué les estaba sucediendo y cómo salir del aprieto en que se encontraban. Aprendí mucho escuchando las preguntas que me hacía la gente en aquellas reuniones y en otras visitas durante la campaña.

Una pareja mayor, Edward y Annie Davis, me dijeron que a menudo se veían obligados a elegir entre comprar sus medicinas o comprar comida. Una estudiante de instituto me dijo que su padre, que estaba en paro, estaba tan avergonzado que no se atrevía a mirar a su familia durante la cena; sencillamente bajaba la cabeza. Conocí a muchos veteranos en los centros de la Legión Americana y descubrí que estaban más preocupados por el deterioro de la sanidad en los hospitales de la Administración para Veteranos que por mi oposición a la guerra de Vietnam. Me conmovió especialmente la historia de Ron Machos, cuyo hijo Ronnie había nacido con un problema cardíaco. Había perdido su trabajo durante la recesión y no podía encontrar otro empleo con un seguro médico que cubriera los costes de hospital a los que sabía que tendría que hacer frente. Cuando los demócratas de New Hampshire celebraron una convención para escuchar a todos los candidatos, un grupo de estudiantes que llevaba una pancarta de CLINTON PARA PRESIDENTE, reclutados por su maestro, mi viejo amigo de Arkansas Jan Paschal, me escoltaron hasta la tribuna. Uno de ellos me impresionó profundamente. Michael Morrison estaba en una silla de ruedas, pero eso no le detenía; me apoyaba porque era hijo de una madre soltera con pocos recursos y creía en mi compromiso de proporcionar a todos los niños una oportunidad de ir a la universidad y obtener un buen empleo.

Hacia diciembre, la campaña iba a toda máquina. El 2 de diciembre, James Carville y su socio, Paul Begala, se unieron a nosotros. Eran personajes pintorescos y valores políticos en alza, pues acababan de participar en la exitosa campaña de elección del gobernador Bob Casey y el senador Harris Wofford, de Pennsylvania, y del gobernador Zell Miller, de Georgia. Zell me puso en contacto con Carville para que organizara una reunión con él y Begala. Como Frank Greer y yo, eran miembros de una especie en extinción, pero resistente: los demócratas blancos del Sur. Carville, un cajún de Louisiana, era un ex marine con un gran sentido de la estrategia y un profundo compromiso con el progresismo. Él y yo teníamos mucho en común. Ambos teníamos una madre práctica y con una voluntad de hierro, a la que adorábamos. Begala era un hombre muy ingenioso de Sugar Land, Texas, que combinaba el populismo agresivo y su conciencia social católica. Yo no era el único candidato que trató de contratarlos; cuando aceptaron, aportaron a nuestra campaña energía, capacidad de concentración y credibilidad.

El 10 de diciembre hablé ante la Conferencia de Presidentes de las Principales Organizaciones Judías de Estados Unidos, y dos días más tarde pronuncié el tercer y último discurso en Georgetown sobre seguridad nacional. Para estos discursos recibí mucha ayuda de mi antigua amiga Sandy Berger, que había sido directora adjunta de planificación del Departamento de Estado durante la etapa Carter. Sandy reclutó a otros tres expertos asesores de política exterior de la era Carter —Tony Lake, Dick Holbrooke y Madeleine Albright—, junto con un alegre y brillante australiano experto en Oriente Próximo, Martin Indyck. Todos ellos desempeñarían un importante papel en el futuro; pero, en aquel entonces, a mediados de diciembre, bastó con que me ayudaran a cruzar el umbral de la comprensión y la competencia en política exterior.

El 15 de diciembre, gané el sondeo no oficial de Florida, en la convención demócrata estatal, con el 54 por ciento de los delegados. Conocía a muchos de ellos, a raíz de mis tres visitas a la convención durante los años ochenta, y tenía de lejos la organización de campaña más fuerte, encabezada por el lugarteniente del gobernador, Buddy McKay. Hillary y yo también trabajamos duro para ganarnos a los delegados, como también hicieron sus hermanos, Hugh y Tony, que vivían en Miami, y María, la esposa de Hugh, una abogada de origen cubano.

Dos días después de la victoria de Florida, en un acto de recaudación de fondos celebrado en Arkansas, obtuvimos 800.000 dólares netos para la campaña, más de lo que se había recaudado jamás en un único acto en la zona. El 19 de diciembre, el *Nashville Banner* se convirtió en el primer periódico en darme su apoyo. El 20 de diciembre, el gobernador Cuomo anunció que no se presentaría como candidato. Luego el senador Sam Nunn y el gobernador Zell Miller, de Georgia, le dieron un fuerte empujón a la campaña, al apoyarme. Las primarias de Georgia se celebraban justo antes del Super Martes, junto con las de Maryland y Colorado.

Mientras, los problemas del presidente Bush aumentaron, cuando Pat Buchanan anunció su intención de presentarse a las primarias del GOP, lo que significaba un ataque contra el presidente desde la derecha, al estilo de George Wallace. Los republicanos conservadores estaban disgustados con el presidente porque había firmado un paquete de medidas de reducción del déficit que ascendía a 492.000 millones de dólares, aprobado por el Congreso demócrata. La propuesta no les gustaba porque, además de los recortes del gasto, aumentaba cinco centavos el impuesto sobre la gasolina. En 1988, Bush se había metido a la convención republicana en el bolsillo con su famosa frase, «Lean mis labios; no más impuestos». Hizo lo que debía al aprobar el paquete de medidas de reducción del déficit, pero rompió su promesa electoral más destacada y violó la teología antiimpositiva de las bases más conservadoras de su partido.

Los conservadores no dirigieron todas sus iras contra el Presidente; yo también recibí mi parte desde un grupo llamado ARIAS, que significaba Alianza para el Renacimiento del Espíritu Americano Independiente. El líder de ARIAS era un oriundo de Arkansas, Cliff Jackson, al que conocí y con el que entablé amistad en Oxford. Ahora se había convertido en un republicano conservador que albergaba una profunda animosidad personal contra mí. Cuando ARIAS lanzaba anuncios por radio, televisión y prensa en los que atacaba mi gestión y mi historial, respondíamos rápida y agresivamente. Los ataques tal vez beneficiaron a la campaña, en vez de perjudicarla, porque cuando reaccionábamos poníamos de manifiesto mis logros como gobernador; además, la fuente de los ataques les hacía sospechosos a los ojos de los demócratas de New Hampshire. Dos días antes de Navidad, una encuesta realizada en New Hampshire me situaba en segundo lugar, después de Paul Tsongas; pero me acercaba a él velozmente. El año terminó con una nota positiva.

El 8 de enero, el gobernador Wilder se retiró de la carrera, con lo cual se redujo la competencia por los votos de los afroamericanos, especialmente en el Sur. Al mismo tiempo, Frank Greer produjo un magnífico anuncio en el que destacaba los problemas económicos de New Hampshire y mi propuesta para ponerles remedio; gracias a él, nos pusimos por delante de Tsongas en las encuestas. Hacia la segunda semana de enero, nuestra campaña había recaudado 3,3 millones de dólares en menos de tres meses, la mitad procedentes de Arkansas. Parece una miseria hoy en día, pero fue suficiente para ir por delante a principios de 1992.

La campaña parecía ir bien hasta el 23 de enero, cuando los medios de comunicación de Little Rock recibieron el aviso de que se publicaría una noticia en la edición del 4 de febrero del tabloide *Star*, en la que Gennifer Flowers decía que había mantenido una relación extramarital conmigo durante doce años. Su nombre había aparecido en la lista de las cinco mujeres con las que, según Larry Nichols, yo había mantenido relaciones durante la campaña a gobernador, en 1990. En aquella época, ella lo negó firmemente. Al principio no sabíamos hasta qué punto la prensa la tomaría en serio, de modo que seguimos con nuestro calendario de trabajo. Fui en coche a Claremont, en el sudoeste de New Hampshire, para realizar una visita a una fábrica de cepillos. La gente que la llevaba quería vender sus productos en Wal-Mart, y yo quería ayudarles. En un momento determinado, Dee Dee Myers entró en la pequeña oficina de la fábrica y llamó al cuartel general. Flowers afirmaba que tenía cintas de diez conversaciones telefónicas conmigo que, supuestamente, demostraban la verdad de sus alegaciones.

El año anterior, el abogado de Flowers había enviado una carta a una emisora de radio de Little Rock, en la que amenazaba con demandarles porque uno de los locutores de un programa había repetido algunas de las afirmaciones que contenía el comunicado de prensa de Larry Nichols; en aquel momento, afirmó que la emisora la había acusado de mantener una relación, y que esa afirmación era «errónea y falsa». No sabíamos qué había en las cintas que Flowers podía tener, pero yo recordaba claramente las conversaciones y no pensaba que hubiera nada que pudiera perjudicarme. Flowers, a la que conocía desde 1977 y había ayudado a conseguir un puesto en la administración estatal, me había llamado para quejarse de que la prensa la acosaba, incluso en el local en el que cantaba por la noche, y que temía perder su empleo. Lo sentía por ella, pero no pensaba que fuera demasiado importante. Después de que Dee Dee se fuera, para tratar de averiguar más sobre lo que el *Star* pensaba publicar, llamé a Hillary y le conté lo que pasaba. Afortunadamente, ella estaba en la mansión del gobernador de Georgia, en un viaje de campaña, y Zell y Shirley Miller se portaron espléndidamente con ella.

La historia de Flowers llegó a los titulares con una fuerza explosiva que era irresistible para los medios de comunicación, aunque algunos de los detalles arrojaban dudas sobre sus acusaciones. La prensa informó que Flowers había cobrado por hablar y que por eso el año anterior había negado firmemente la relación. Los medios, hay que decirlo en su honor, desmintieron las falsas afirmaciones de Flowers respecto a su educación y su trayectoria laboral. Sin embargo, estas informaciones se quedaban pequeñas al lado de las acusaciones. Yo estaba cayendo en las encuestas de New Hampshire, así que Hillary y yo decidimos aceptar la invitación del programa de la CBS *60 Minutes*, para responder a preguntas sobre las acusaciones y sobre nuestro matrimonio. No era una declaración fácil. Queríamos defendernos de la escandalosa cobertura en los medios y volver a los temas realmente importantes sin denostarnos, ni añadir leña al fuego de la política de destrucción personal, que yo rechazaba aun antes de que me quemase a mí. Ya había dicho que no había llevado una vida perfecta. Si ese era el estándar, tendrían que elegir otro presidente.

Grabamos el programa en el Ritz-Carlton de Boston, el domingo por la mañana del 26 de enero, para que se emitiera ese mismo día por la noche, después de la Super Bowl. Hablamos con el entrevistador, Steve Kroft, durante más de una hora. Empezó preguntando si la historia de Flowers era cierta. Cuando le dije que no, me preguntó si había tenido relaciones extramatrimoniales. Quizá debería haber utilizado la brillante respuesta que, en 1976, dio Rosalynn Carter a una pregunta similar: «Si lo hubiera hecho, no se lo contaría a usted». Puesto que yo no estaba tan libre de culpa como la señora Carter, decidí no pasarme de listo. En lugar de eso, dije que ya había reconocido que había causado dolor a mi matrimonio, que había hablado más sobre ese tema que cualquier otro político y que no diría nada más; el pueblo norteamericano ya entendería qué quería decir.

Increíblemente, Kroft me preguntó lo mismo nuevamente. Su único objetivo durante aquella entrevista era obtener una confesión concreta. Finalmente, después de una serie de preguntas sobre Gennifer Flowers, se volvió hacia Hillary y hacia mí y se refirió a nuestro matrimonio como un «acuerdo». Me habría gustado darle un puñetazo. Sin embargo, dije: «Un momento. Tiene delante a dos personas que se aman. Esto no es ningún acuerdo. Esto es un matrimonio». Luego Hillary dijo que estaba sentada a mi lado durante esa entrevista porque «le amo, le respeto y valoro lo que ha pasado y lo que hemos vivido juntos. Y si eso no es suficiente para la gente, pues, demonios, sencillamente basta con no votarle». Después de estos primeros forcejeos, Kroft se portó más educadamente y hubo algunos comentarios positivos acerca de Hillary y de nuestra vida juntos. Sin embargo, cuando editaron la larga entrevista, que duraba cerca de diez minutos, los cortaron todos, al parecer porque el Super Bowl obligó a reducir el programa.

Durante la grabación, la cinta adhesiva que sostenía uno de los brillantes y calientes focos que estaban situados encima del sofá en el que Hillary y yo estábamos sentados se despegó, y el foco cayó. Estaba justo encima de la cabeza de Hillary, y si le hubiera dado, habría podido quemarla gravemente. De algún modo, lo vi por el rabillo del ojo, y la atraje hacia mí un segundo antes de que el foco cayera justo donde había estado sentada. Estaba nerviosa, y con razón. Le acaricié el pelo, la tranquilicé y le dije que la quería. Después de aquel terrible susto, volvimos a casa para ver el programa con Chelsea. Cuando terminó, le pregunté qué opinaba, y ella contestó: «Creo que me alegro de que seáis mis padres».

A la mañana siguiente volé a Jackson, Mississippi, para asistir a un desayuno organizado por el ex gobernador Bill Winter y Mike Espy, que me habían apoyado desde el principio. No estaba seguro de cuánta gente iría ni de cómo me recibirían. Para mi gran alivio, tuvieron que conseguir más sillas para acomodar a los asistentes, que fueron más de los esperados y parecían sinceramente contentos de verme. De modo que volví al trabajo.

Sin embargo, aquello no había terminado. Gennifer Flowers dio una multitudinaria conferencia de prensa en el hotel Waldorf-Astoria de Nueva York. Repitió su historia y dijo que estaba harta de mentir al respecto. También reconoció que un candidato republicano local la había invitado a hacer pública la historia, pero se negó a revelar su nombre. Puso algunas de las cintas durante la conferencia de prensa, pero excepto demostrar que yo había hablado con ella por teléfono, extremo que jamás había negado, el contenido de las cintas era decepcionante, teniendo en cuenta el escándalo que se había desatado por su causa.

A pesar de algunos artículos posteriores, el circo mediático de Flowers estaba a punto de terminar. Creo que la principal razón fue que logramos situarlo en la perspectiva adecuada en el programa *60 Minutes*. El público comprendió que yo no había sido perfecto, ni fingía serlo, pero también sabían que había problemas mucho más importantes a los que el país debía enfrentarse. Mucha gente se indignó por el concepto de «pagar por basura» que había en toda aquella historia. Por ese entonces, Larry Nichols decidió retirar su demanda y se disculpó públicamente por, en sus palabras, «tratar de destruirme»: «Los medios de comunicación han hecho un circo de todo esto y ahora ha ido demasiado lejos. Cuando el artículo del *Star* se publicó, varias mujeres me llamaron para preguntarme cuánto dinero les pagaría por decir que habían mantenido una relación con Bill Clinton. Es una locura». Se plantearon algunas preguntas respecto a las cintas que Flowers había hecho públicas durante la conferencia de prensa. El *Star* se negó a facilitar las cintas originales. Una cadena de televisión de Los Ángeles invitó a un experto que declaró que, aunque no podía decir que la cinta hubiera sido, según dijo, «manipulada», estaba claro que había sufrido algún tipo de «cortes selectivos». La CNN también emitió un reportaje crítico, basándose en el testimonio de su propio experto.

Como ya he dicho, conocí a Gennifer Flowers en 1977, cuando yo era fiscal general; ella era periodista en una televisión local y a menudo me entrevistaba. Poco después, se fue de Arkansas para tratar de abrirse paso en el mundo del espectáculo, creo que como cantante corista para la estrella de música country Roy Clark. Acabó mudándose a Dallas. A finales de los ochenta, regresó a Little Rock para cuidar a su madre y me llamó para que la ayudara a encontrar un empleo en la administración estatal con el que complementar sus ingresos como cantante. Le hablé de ella a Judy Gaddy, la persona de mi equipo que se encargaba de tramitar las muchas solicitudes de empleo en la administración estatal, en las distintas agencias. Después de nueve meses, Flowers finalmente obtuvo un puesto en el que cobraba menos de 20.000 dólares al año.

Gennifer Flowers siempre me pareció una superviviente; tuvo una infancia que distó mucho de ser feliz y había sufrido muchas decepciones, pero aun así seguía adelante. Más tarde, la prensa citó una afirmación suya en la que decía que quizá me votaría y, en otra ocasión, que no creía en las acusaciones de acoso sexual que Paula Jones hizo contra mí. Irónicamente, casi seis años después de mi aparición, en enero de 1992, en *60 Minutes*, tuve que declarar en el caso Paula Jones y me preguntaron acerca de Gennifer Flowers. Reconocí que, durante los años setenta, había mantenido con ella una relación que no debería haber tenido lugar. Por supuesto, todas aquellas preguntas no tenían nada que ver con la falsa acusación de acoso sexual de Jones; solo formaban parte de un largo y muy bien financiado intento de perjudicarme y avergonzarme personal y políticamente. Pero estaba bajo juramento y, por supuesto, si no había hecho nada malo no tenía de qué avergonzarme. Mis críticos me saltaron al cuello. Es irónico que, aunque estaban seguros de que el resto de mi declaración era falsa, aceptaran aquella respuesta como un hecho incontestable. El único hecho es que no hubo ninguna relación extramarital de doce años. Gennifer Flowers aún tiene una demanda abierta contra James

Carville y Hillary, por supuestas calumnias. No le deseo ningún mal, pero ahora que ya no soy presidente, sinceramente desearía que los dejara en paz.

Unos días después de que se desatara la tormenta, llamé a Eli Segal y le rogué que viniera a Little Rock para que su presencia, madura y firme, aportara un poco de tranquilidad en la sede. Cuando me preguntó que cómo era posible que le pidiera ayuda a él, que solo había trabajado en campañas presidenciales que habían fracasado, le contesté: «Estoy desesperado». Eli se echó a reír, aceptó y se convirtió en el jefe del gabinete de campaña y responsable de la oficina central, las finanzas y el avión de campaña. A principios de mes, Ned McWherter, Brereton Jones y Booth Gardner, que eran los gobernadores de Tennessee, Kentucky y Washington respectivamente, me dieron su apoyo. También reafirmaron su respaldo aquellos que ya lo habían hecho, entre ellos Dick Riley, de Carolina del Sur; Mike Sullivan, de Wyoming; Bruce King, de Nuevo México; George Sinner, de Dakota del Norte y Zell Miller, de Georgia. Al igual que lo hizo el senador Sam Nunn, con la salvedad de que quería «esperar y ver» qué otras historias saldrían a la luz.

Una encuesta nacional dijo que el 70 por ciento de los norteamericanos pensaban que la prensa no debía informar sobre la vida privada de las figuras públicas. En otra, el 80 por ciento de los demócratas dijeron que no cambiarían su voto aunque la historia de Flowers resultara ser cierta. Eso sonaba bien, pero un 20 por ciento es mucho para dejar que se escape así como así. No obstante, la campaña volvió a ganar fuerza y parecía que al menos podríamos quedar segundos, muy cerca de Tsongas, lo cual, en mi opinión, bastaría para llevarme hasta las primarias del Sur.

Entonces, justo cuando parecía que la campaña se recuperaba, se produjo otro golpe cuando salió a relucir la historia del reclutamiento. El 6 de febrero, el *Wall Street Journal* publicó un artículo sobre mi experiencia en el reclutamiento y mi relación con el programa ROTC en la Universidad de Arkansas, en 1969. Cuando empezó la campaña, no estaba preparado para responder a preguntas sobre mi reclutamiento y, equivocadamente, respondía que jamás había disfrutado de una prórroga durante mis años en Oxford. De hecho, había habido una, del 7 de agosto al 20 de octubre de 1969. Aún peor, el coronel Eugene Holmes, que había aceptado mi ingreso en el programa, afirmaba ahora que le había engañado para poder evitar el reclutamiento. En 1978, cuando los periodistas le preguntaron por esa acusación, dijo que había tramitado cientos de casos y que no recordaba nada concreto sobre el mío. Junto con mi propia declaración errónea acerca de la prórroga, daba la impresión de que trataba de desorientar a la gente de forma deliberada acerca de por qué no me habían reclutado. Aquello no era cierto, pero en aquel momento no podía demostrarlo. No me acordaba, y tampoco encontré, la cinta de Jeff Dwire en la que me contaba su amistosa conversación con el coronel Holmes en marzo de 1970 después de que saliera del programa ROTC y volviera a estar en las listas de reclutamiento. Jeff había fallecido, así como Bill Armstrong, el responsable de mi junta de reclutamiento local, y todos mis registros de reclutamiento de esa época habían sido destruidos.

El ataque de Holmes me sorprendió porque contradecía sus anteriores declaraciones. Una posibilidad que se ha apuntado es que quizá su hija, Linda Burnett, una activista republicana que trabajaba para la reelección de Bush, le ayudó a recordar.

Cerca del día de las elecciones, el 16 de septiembre, Holmes emitió una denuncia más detallada, en la que cuestionaba mi «patriotismo e integridad» y afirmaba de nuevo que yo le había engañado. Al parecer, la declaración la preparó su hija, con la «guía» de la oficina de mi viejo adversario, el congresista John Paul Hammerschmidt, y la revisaron algunos miembros de la campaña de Bush.

Unos días después de que la historia se publicara, y a solo una semana del día de las elecciones en New Hampshire, Ted Koppel, presentador del programa *Nightline* en la ABC, llamó a David Wilhelm y dijo que tenía una copia de mi ahora famosa carta de reclutamiento al coronel Holmes y que la ABC iba a dedicarle un programa. Yo no recordaba qué había escrito en la carta y la ABC se ofreció a enviarnos una copia, cosa que tuvieron la amabilidad de hacer. Cuando la leí, comprendí por qué los miembros de la campaña de Bush estaban convencidos de que la carta y la versión revisada del asunto que ofrecía el coronel Holmes iban a hundirme en New Hampshire.

Esa noche Mickey Kantor, Bruce Lindsey, James Carville, Paul Begala, George Stephanopoulos, Hillary y yo nos reunimos en una de nuestras habitaciones del motel Days Inn en Manchester. La prensa nos estaba destrozando. Todos los comentaristas políticos de televisión decían que yo era un cadáver andante. George se echó al suelo, acurrucado, prácticamente llorando. Me preguntó si no había llegado el momento de pensar en retirarse. Carville caminaba arriba y abajo, agitando la carta y gritando: «¡Georgie! ¡Georgie! No seas tonto. Esta carta es nuestra amiga. ¡Cualquiera que la lea pensará que nuestro hombre tiene carácter!». A pesar de que me gustaba su actitud inasequible al desaliento, yo estaba mucho más calmado que él. Sabía que la única experiencia política de George había sido en Washington y que, a diferencia de nosotros, quizá creyera de verdad que la prensa debía decidir quién era digno de ser presidente y quién no. Le pregunté: «George, ¿todavía crees que yo sería un buen presidente?». «Sí», dijo él. «Entonces levántate y a trabajar. Si los votantes quieren que me retire, nos lo dirán el día de las elecciones. Voy a dejar que sean ellos quienes tomen la decisión.»

Eran palabras valientes, pero en las encuestas me hundía como una piedra en un pozo. Ya me había descolgado hasta la tercera posición, y parecía que podía caer hasta porcentajes de un solo dígito. Siguiendo el consejo de Carville y Mickey Kantor, publicamos un anuncio en el *Manchester Union Leader* con el texto completo de la carta y compramos dos espacios de treinta minutos en televisión para que los votantes llamaran y me preguntaran lo que quisieran sobre aquellos cargos, o sobre cualquier otra cosa. Ciento cincuenta ciudadanos de Arkansas dejaron lo que tenían entre manos y se fueron a New Hampshire para ayudarme, yendo puerta a puerta. Uno de ellos, el congresista estatal David Matthews, había sido uno de mis estudiantes de derecho y uno de los principales partidarios de mis programas legislativos y de mis campañas en nuestro estado. David era un portavoz elocuente y persuasivo que pronto se convirtió en mi segundo de a bordo, después de Hillary. Después de su labor predisponiendo a la gente en los mítines, creo que muchos pensaban que el candidato tendría que haber sido él. Otros seiscientos ciudadanos de Arkansas publicaron sus nombres y números de teléfono en un anuncio a toda página en el *Union Leader*, para invitar a los demócratas de New Hampshire a que les llamasen si querían saber la verdad sobre el gobernador. Recibieron cientos de llamadas.

De todos los ciudadanos de Arkansas que me ofrecieron su ayuda, ninguno fue tan decisivo como mi mejor amigo de la infancia, David Leopoulos. Después de que saliera a la luz la historia de Flowers, David oyó que los comentaristas de televisión decían que yo estaba acabado. Se molestó tanto que cogió su coche y condujo tres días hasta New Hampshire; no podía permitirse un billete de avión. Cuando llegó a nuestro cuartel general, Simon Rosenberg, mi joven ayudante de prensa, le programó una entrevista en una emisora de radio de Boston de mucha audiencia en New Hampshire. Lo hizo extraordinariamente bien; habló de nuestros cuarenta años de amistad y me hizo aparecer de nuevo como un ser humano. Luego habló en una reunión con nuestros desanimados voluntarios, que habían venido de todo el estado. Cuando terminó, todos lloraban; David les había emocionado y estaban ansiosos por hacer un último esfuerzo. David se trabajó el estado durante una semana entera; hizo entrevistas de radio y repartió folletos caseros con imágenes de nuestros amigos de infancia, para demostrar que yo era una persona normal. Al final de su viaje le vi en un mitin en Nashua, donde se reunió con otros cincuenta ciudadanos de Arkansas, entre ellos Carolyn Staley, mi viejo compañero de jazz, Randy Goodrum y mi amiga de la escuela, Mauria Aspell. Los «Amigos de Bill» probablemente salvaron la campaña de New Hampshire.

Unos días antes de las elecciones fui a Nueva York para un acto de recaudación de fondos programado desde hacía tiempo. Me preguntaba si acudiría alguien, aunque solo fuera para ver a un muerto viviente. Al pasar por la cocina del Sheraton hacia la sala de reuniones, di la mano a los camareros y cocineros, como hacía siempre. Uno de los camareros, Dimitrios Theofanis, conversó conmigo brevemente y se convirtió en amigo mío para toda la vida. «Mi chico de nueve años estudia las elecciones en la escuela y me dice que debería votarle a usted. Si lo hago, quiero que usted haga que mi niño sea libre. En Grecia éramos pobres pero éramos libres. Aquí, mi chico no puede ni jugar en el parque al otro lado de la calle ni ir a la escuela solo, porque es demasiado peligroso. No es libre. Así que, si voto por usted, ¿hará que mi hijo sea libre?». Casi me eché a llorar. Allí había un hombre que se preocupaba de verdad por la seguridad de su hijo. Le dije que los policías de barrio, que conocían la zona y a sus residentes, podían ayudar mucho y que yo me había comprometido a financiar un aumento de 100.000 agentes.

Ya me sentía mejor, pero cuando entré en la sala de convenciones del hotel mi alegría se disparó: había setecientas personas, incluidos mi amiga de Georgetown, Denise Hyland Dangremond, y su marido, Bob, que habían venido desde Rhode Island para darme su apoyo moral. Volví a New Hampshire pensando que quizá podría sobrevivir a todo aquello.

En los últimos días de la campaña, Tsongas y yo tuvimos un acalorado enfrentamiento sobre política económica. Yo había propuesto un plan de cuatro puntos para crear empleo, ayudar a la creación de empresas y reducir la pobreza y la desigualdad de ingresos. Consistía en reducir el déficit a la mitad en cuatro años, con reducciones de gastos y subidas de impuestos para los norteamericanos más ricos; aumentar las inversiones en educación, formación y nuevas tecnologías; expandir el comercio y reducir moderadamente los impuestos para la clase media y mucho más para los trabajadores pobres. Habíamos hecho lo posible para asignar costes a cada una de nuestras propuestas, usando cifras de la Oficina Presupuestaria del Congreso. Como única respuesta a mi plan, Tsongas dijo que deberíamos centrarnos en reducir el déficit y que el país no podía permitirse bajar los impuestos de la clase media, a pesar de que él estaba a favor de un recorte del impuesto sobre las rentas del capital, que beneficiaría sobre todo a los norteamericanos más ricos. Dijo que yo no era más que un «blando que daba a todo el mundo lo que quería» al proponer aquellos recortes fiscales. Dijo que él sería el mejor amigo que Wall Street hubiera tenido nunca. Le repliqué que necesitábamos un nuevo plan económico demócrata que ayudara tanto a Wall Street como a Main Street, tanto a las empresas como a los trabajadores norteamericanos. Un montón de gente estaba de acuerdo con la afirmación de Tsongas de que el déficit era demasiado grande para que yo pudiera seguir adelante con mis recortes de impuestos, pero yo creía que teníamos que intervenir cuanto antes para detener las dos décadas de crecimiento de la desigualdad en los salarios y el progresivo desplazamiento de la carga impositiva hacia la clase media que se había producido en la década de 1980.

Aunque estaba dispuesto a discutir los méritos de nuestros distintos planes económicos, sabía que las cuestiones sobre mi carácter no iban a desaparecer. Cuando la campaña se acercaba al final, dije a una multitud entusiasta, en Dover, lo que de verdad pensaba sobre el «tema del carácter»:

> Ha sido totalmente fascinante para mí pasar las últimas semanas de la campaña y ver surgir las llamadas cuestiones sobre mi carácter, que salieron a la luz a medida que me acercaba a la cima, hablando de sus problemas, su futuro y sus vidas.
>
> Bien, el carácter es un tema importante en unas elecciones presidenciales y los ciudadanos han juzgado el carácter de sus políticos durante más de doscientos años. La mayoría de las veces han acertado, pues de lo contrario ninguno de nosotros estaríamos hoy aquí. Yo les diré cuál creo que es la cuestión sobre el carácter. La cuestión es: ¿A quién le importan verdaderamente? ¿Quién ha estado de verdad tratando de explicar concretamente qué hará si sale elegido? ¿Quién tiene un pasado que demuestra que cumple lo que promete? ¿Y quién está decidido a hacer que sus vidas cambien en lugar de solo alcanzar o mantener el poder?...
>
> Yo les diré cuál creo que es la cuestión sobre el carácter en estas elecciones: ¿Cómo se puede tener el poder de la presidencia y no usarlo para mejorar las vidas de la gente hasta que necesitas salvar el cuello en las elecciones? Eso sí es una cuestión de carácter...
>
> Les diré algo más. Voy a devolverles estas elecciones a ustedes, y si ustedes me las conceden, no seré como George Bush. Nunca olvidaré quién me dio una segunda oportunidad, y estaré allí para ustedes hasta que el barco se hunda.

«Hasta que el barco se hunda» se convirtió en el grito de guerra para nuestra tropas durante los últimos días de la campaña de New Hampshire. Cientos de voluntarios trabajaron denodadamente. Hillary y yo estrechamos cuantas manos se cruzaban en nuestro camino. Las encuestas todavía eran desalentadoras, pero la sensación era que nos recuperábamos.

La mañana de las elecciones, el 18 de febrero, amaneció fría y helada. El joven Michael Morrison, el estudiante de Jan Paschal que iba en silla de ruedas, se despertó con la ilusión de trabajar para mí en un colegio electoral. Por desgracia, el coche de su madre no arrancaba. Michael se disgustó, pero no se rindió. Condujo su silla motorizada en la fría mañana hasta el arcén de la resbaladiza carretera y luego, a través del viento de ese día de invierno, durante tres kilómetros hasta que llegó a su puesto. Hubo gente que creyó que aquella elección se centraba en el reclutamiento y en Gennifer Flowers. Yo creía que era sobre Michael Morrison; sobre Ronnie Machos, el pequeño con un agujero en el corazón y sin seguro médico; sobre la joven cuyo padre en paro inclinaba la cabeza avergonzado durante la comida; sobre Edward y Annie Davis, que no tenían suficiente dinero para comprar comida y las medicinas que necesitaban; sobre el hijo de un camarero inmigrante de Nueva York que no podía jugar en el parque enfrente de su casa. Estábamos a punto de descubrir quién tenía razón y quién se había equivocado sobre esas elecciones.

Esa noche, Paul Tsongas ganó con el 35 por ciento de los votos, pero yo terminé segundo con un sólido 26 por ciento, muy por delante del 12 por ciento de Kerrey, del 10 de Harkin o del 9 de Brown. El resto de los votos se fueron a candidatos de última hora que no estaban en la papeleta. Siguiendo el consejo de Joe Grandmaison, un partidario de New Hampshire al que conocía desde la campaña de Duffey, hablé con los medios muy pronto y, siguiendo el de Paul Begala, dije que New Hampshire me había convertido en el «*Comeback Kid*». Tsongas me había barrido en las circunscripciones más cercanas a la frontera con Massachusetts. A partir de quince kilómetros al norte, yo había ganado en el resto de New Hampshire. Era feliz y me sentía profundamente agradecido. Los votantes habían decidido que mi campaña debía continuar.

He llegado a amar New Hampshire, a valorar su idiosincrasia y a respetar la seriedad de sus votantes, incluso de los que elegían votar a otro. Ese estado me obligó a dar lo mejor de mí mismo y me convirtió en un mejor candidato. Hillary y yo hicimos muchos amigos allí, que nos animaron a seguir. Un sorprendente número de ellos trabajaron en mi administración y me mantuve en contacto con muchos más durante los ocho años siguientes, en los cuales llegué a celebrar el Día de New Hampshire en la Casa Blanca.

New Hampshire demostraba lo profundamente que los norteamericanos querían que cambiara su país. En el bando republicano, la campaña recién iniciada por Pat Buchanan se había llevado el 37 por ciento de los votos y los índices de popularidad del presidente habían bajado a menos del 50 por ciento por primera vez desde la guerra del Golfo. Aunque todavía nos llevaba ventaja tanto a Paul Tsongas como a mí en las encuestas, la candidatura demócrata era cada vez más un premio por el que valía la pena pelear.

Tras New Hampshire, el resto de las primarias y los *caucus* transcurrieron tan rápido que me impidieron llevar a cabo el tipo de política «al por menor» que exige New Hampshire. El 23 de febrero, Tsongas y Brown salieron victoriosos en los *caucus* de Maine. Tsongas se hizo con el 30 por

BILL CLINTON

ciento de los votos, y Brown con el 29. Yo quedé tercero, muy lejos, con el 15 por ciento. Con la excepción de Iowa, los estados que siguen el sistema de *caucus* atraen a mucha menos gente al proceso de selección de delegados que los estados con primarias. Así pues, los *caucus* favorecen a los candidatos con un núcleo duro muy activo. Habitualmente, aunque no siempre, estos candidatos suelen estar a la izquierda de los demócratas, y muy a la izquierda si tenemos en cuenta al electorado que vota en las generales. El 25 de febrero, los votantes de las primarias de Dakota del Sur apoyaron más a sus vecinos Bob Kerrey y Tom Harkin que a mí, a pesar de que conseguí un resultado más que aceptable, teniendo en cuenta que solo había podido hacer un viaje para un mitin en un rancho de caballos.

Marzo fue un gran mes. Se abrió con primarias en Colorado, Maryland y Georgia. Yo tenía muchos amigos en Colorado, como Jim Lyons y Mike Driver, y el ex gobernador Dick Lamm era mi coordinador para las Montañas Rocosas, pero solo podía aspirar a un empate técnico con Brown y Tsongas. Brown se llevó el 29 por ciento, yo el 27, seguido de cerca por el 26 de Tsongas. En Maryland, comencé bien y con una organización muy fuerte, pero algunos de mis partidarios se pasaron a Tsongas cuando vieron que me hundía en las encuestas de New Hampshire. En Maryland me ganaron.

Georgia era el gran reto. Todavía no había ganado ninguna primaria y tenía que ganar allí, y de forma convincente. Era el mayor estado de los que votaban el 3 de marzo y el primero del Sur. Zell Miller había adelantado la fecha de sus primarias una semana, para separarlas del Super Martes. Georgia era un estado muy interesante. Atlanta, cosmopolita y diversa, es una de las ciudades que cuentan con el mayor número de sedes de negocios por metro cuadrado de toda la nación. Aparte de la ciudad en sí, el estado es culturalmente conservador. Por ejemplo, a pesar de su enorme popularidad, Zell había intentado, sin éxito, eliminar la cruz confederada de la bandera del Estado, y cuando su sucesor, el gobernador Roy Barnes, lo hizo, le derrotaron en la reelección. El Estado tenía también una fuerte presencia militar, que sus líderes en el Congreso se habían encargado de mantener. No era casualidad que Sam Nunn fuera presidente del Comité del Senado para las Fuerzas Armadas. Cuando surgió la historia del reclutamiento, Bob Kerrey dijo que cuando fuera a Georgia los votantes me iban a abrir en canal como a un «cacahuete dulce», una frase inteligente, pues Georgia era el principal productor de cacahuetes de la nación. Un par de días después de las votaciones de New Hampshire, volé a Atlanta. Cuando mi avión aterrizó me recibieron el alcalde, Maynard Jackson, un viejo amigo, y Jim Butler, que era fiscal y veterano de Vietnam. Jim me sonrió y me dijo que él era soldado y no tenía intención de abrirme en canal como un cacahuete.

Los tres fuimos juntos hacia el centro para un mitin en un centro

comercial. Subí al escenario junto con un montón de demócratas importantes que me respaldaban. Al poco tiempo, el escenario, que se había
construido especialmente para la ocasión, no pudo resistir el peso y se
derrumbó; salió gente disparada hacia todas partes. Yo salí indemne, pero
uno de mi copresidentes, Calvin Smyre, un afroamericano de la cámara
de representantes estatal, no tuvo tanta suerte; al caer se rompió la
cadera. Más tarde, Craig Smith le diría en broma a Calvin que era el
único de mis seguidores que literalmente «se había partido el culo» por
mí. Y realmente lo hizo; aunque también Zell Miller, el congresista John
Lewis y muchos otros georgianos. Al igual que bastantes ciudadanos de
Arkansas que habían formado una organización llamada «Viajeros de
Arkansas». Los Viajeros hicieron campaña en prácticamente todos los
estados donde se celebraban primarias. Siempre fueron de gran ayuda,
pero en Georgia su colaboración fue particularmente efectiva. La prensa
política decía que, para poder continuar, debía ganar en Georgia con al
menos el 40 por ciento de los votos. Gracias a mis amigos, y a mi mensaje,
gané con el 57 por ciento.

El sábado siguiente, en Carolina del Sur, coseché mi segunda victoria,
con un 63 por ciento de los votos. Me ayudaron los cargos demócratas del
estado, además del ex gobernador Dick Caley y también mis amigos de
los fines de semana del Renacimiento. Tom Harkin hizo un último
esfuerzo por echarme de la carrera electoral; junto a Jesse Jackson, nativo
de Carolina del Sur, viajaron por todo el estado criticándome. A pesar de
los ataques y de la grosera respuesta que les di en una emisora de radio,
cuando no me di cuenta de que había un micrófono abierto, los demás
líderes negros me respaldaron. Recibí una gran mayoría del voto negro,
igual que en Georgia. Creo que sorprendió a mis oponentes, que tenían
fuertes convicciones y buenas trayectorias en la defensa de los derechos
civiles. Pero yo era el único sureño, y tanto yo como los ciudadanos
negros de Arkansas que me apoyaban hacía años teníamos un vínculo personal con los líderes políticos, educativos, empresariales y religiosos
negros de todo el Sur, e incluso de más allá.

Igual que en Georgia, también conseguí el apoyo de los votantes blancos en las primarias. Hacia 1992, la mayoría de los blancos que no podían
soportar a un candidato que tuviera vínculos con la comunidad negra ya
se habían hecho republicanos. Logré los votos de los que querían un presidente que supiera ir más allá de los problemas raciales y atacara los problemas que afectaban a todos los norteamericanos. Los republicanos
trataron de evitar que ganara seguidores; hicieron de todas y cada una de
las elecciones una especie de guerra cultural y convirtieron a todo demócrata en una especie de extraterrestre a ojos de sus electores. Sabían muy
bien qué teclas psicológicas tenían que pulsar para hacer que los votantes
blancos dejaran de pensar y, cuando lo conseguían, ganaban. Además de

tratar de vencer en las primarias, yo intentaba lograr suficientes votos blancos para ser competitivo en unas elecciones generales en el Sur.

Después de Georgia, Bob Kerrey se retiró de la carrera. Después de Carolina del Sur, se retiró también Tom Harkin. A las puertas del Super Martes, con sus ocho primarias y tres *caucus*, solo quedábamos Tsongas, Brown y yo. Tsongas me dio una buena paliza en las primarias de su estado natal, Massachussetts, y en el vecino Rhode Island, y ganó el *caucus* de Delaware. Pero los estados del Sur y los fronterizos hicieron de aquel día una gran victoria para nuestra campaña. En todas las primarias sureñas —en Texas, Florida, Louisiana, Mississippi, Oklahoma y Tennessee— gané con la mayoría de los votos. En Texas, con la ayuda de los amigos que había hecho en la campaña de 1972, con McGovern, y con la mayoría de los votos de los mexicanoamericanos, gané con el 66 por ciento. En todos los demás estados con primarias, lo hice incluso mejor, excepto en Florida, que después de una campaña muy disputada, acabó con un 51 por ciento para Clinton, un 34 para Tsongas y un 12 para Brown. También gané los *caucus* en Hawaii, gracias al gobernador, John Waihee, y en Missouri, donde el teniente del gobernador, Mel Carnahan, me apoyó, a pesar de que estaba en plenas primarias para su propia candidatura a gobernador. De todas formas, me alegra decir que él también ganó.

Después del Super Martes, solo disponía de una semana para asentar mi estrategia y obtener una ventaja definitiva en Illinois y Michigan. Solo un mes atrás estaba en caída libre, con todos los «expertos» de los medios prediciendo mi retirada. Ahora iba en cabeza. Sin embargo, Tsongas todavía seguía muy vivo. Un día después del Super Martes tuvo la ocurrencia de decir que, dado lo bien que me había ido en las primarias del Sur, pensaría en mí como su posible vicepresidente. Al día siguiente ya estaba en el Medio Oeste cuestionando mi carácter, mi historial como gobernador y mis posibilidades de ser elegido. Para él los problemas de mi carácter se reducían a mi propuesta de reducción de impuestos para la clase media. Una nueva encuesta demostraba que el 40 por ciento de los norteamericanos también dudaban de mi honestidad, pero yo no creía que pensaran en los impuestos cuando decían eso.

No había nada que pudiera hacer, excepto aferrarme a mi estrategia y seguir adelante. En Michigan visité la pequeña ciudad de Barton, cerca de Flint, donde la mayor parte de los habitantes procedían de Arkansas y habían ido allí en busca de trabajo en la industria del automóvil. El 12 de marzo hablé en el condado de Macomb, cerca de Detroit, el hogar prototípico de los demócratas de Reagan que se habían apartado de nuestro partido, atraídos por el mensaje de Reagan contra el gobierno federal, por una defensa fuerte y por más firmeza contra el crimen. De hecho, estos votantes del extrarradio habían comenzado a votar republicano en la década de 1960, porque creyeron que los demócratas ya no compartían sus valores tradicionales respecto a la familia y su ética del trabajo y se concentraban demasiado en los programas sociales, que en su opinión solo servían para quitarles el dinero y dárselo a los negros y a burócratas despilfarradores.

En un recinto repleto de gente, en el Macomb County Community College, dije que yo les daría un Partido Demócrata nuevo, en el que las políticas económicas y sociales se basarían en ofrecer oportunidades y exigir responsabilidades a todos los ciudadanos. Eso incluía a los directivos de importantes empresas que ganaban grandes sueldos sin que importaran los resultados, a los trabajadores que se negaban a seguir formándose y a la gente pobre que seguía en la asistencia social cuando podía trabajar. Entonces dije que no tendríamos éxito a menos que estuviéramos dispuestos a superar las divisiones raciales para trabajar junto a todas las personas que compartían estos valores. Tenían que dejar de votar según esa división, porque «no se trata de problemas cuya naturaleza sea racial. Esta es una cuestión económica y de valores».

Al día siguiente di el mismo discurso ante unos cientos de ministros negros y otros activistas, en la iglesia bautista Pleasant Grove del reverendo Odell Jones, en un barrio pobre de Detroit. Dije a aquel público negro, muchos de los cuales tenían raíces en Arkansas, que había animado a los votantes blancos del condado de Macomb a que superaran las divisiones raciales y que ahora les pedía a ellos que hicieran lo mismo; que aceptaran la parte de mi programa que hablaba de responsabilidad, incluidos la reforma de la asistencia social, la aplicación estricta de las ayudas para los niños y un esfuerzo contra el crimen que promoviera los valores del trabajo, la familia y la seguridad en sus barrios. Los dos discursos despertaron mucho interés, pues no era habitual que un político echara en cara a los blancos del condado de Macomb el asunto de la raza y a los negros de las zonas urbanas deprimidas los problemas con la asistencia social y la delincuencia. No me sorprendió que ambos grupos respondieran con entusiasmo al mensaje, pues creo que en el fondo de su corazón, la mayoría de los norteamericanos sabe que no hay mejor programa social que el trabajo, que la institución social más fuerte es la familia y que la política de la división racial solo hace que todos salgamos perdiendo.

En Illinois visité una fábrica de tartas de queso, en la que los empleados eran inmigrantes hispanos, negros y de Europa del Este, para apoyar la política de la empresa que ofrecía a todos sus empleados que no hubieran terminado la enseñanza primaria, la posibilidad de acceder a un programa para conseguir un Diploma de Equivalencia General. Un nuevo ciudadano, procedente de Rumanía, que conocí allí me dijo que su primer voto sería para mí. Trabajé las comunidades negra e hispana con dos jóvenes activistas, Bobby Rush y Luis Gutiérrez, que después serían elegidos congresistas. Visité un proyecto de casas que aprovechaban al máximo la energía con un joven líder de la comunidad hispana, Danny Solis, cuya hermana Patti se fue a trabajar con Hillary en la campaña y ha estado con ella desde entonces. También fui a Chicago para el desfile del día de San Patricio, donde pude oír los gritos de ánimo de mis partidarios y los abucheos de mis detractores; todos estaban enardecidos por la mucha cerveza que corría en los bares a lo largo de la ruta del desfile.

Dos días antes de las elecciones, en Chicago, participé en un debate por televisión con Paul Tsongas y Jerry Brown. Ambos sabían que había llegado el momento de jugarse el todo por el todo y fueron a por mí desde el principio. Brown acaparó el protagonismo atacando muy duramente a Hillary y acusándome de encargar asuntos estatales al bufete Rose para aumentar los honorarios que ella cobraba. También dijo que una compañía avícola que ella representaba consiguió un tratamiento especial del Departamento de Control de Contaminación y Ecología. Las acusaciones eran ridículas y la vehemencia con la que Jerry las expuso me hizo enfadar. Les expliqué los hechos, como ya había hecho cuando, en las elecciones a gobernador de 1986, Frank White atacó a Hillary por dedicarse a su profesión. El bufete Rose representó al estado de Arkansas contra las empresas de servicios y suministros que querían que Arkansas pagara la central nuclear de Grand Gulf. Hillary se aseguró de que todas las tarifas que había pagado el estado se restaran de los beneficios del bufete antes de calcular su parte, así que no recibió absolutamente ni un centavo derivado de esos negocios, como la investigación más rudimentaria hubiera demostrado. Es más, no había ninguna prueba de que los clientes del bufete Rose tuvieran un trato especial de ninguna agencia estatal. No debí haber perdido los nervios, pero los cargos eran una burda mentira. Supongo que, inconscientemente, me sentía culpable de que Hillary se viera obligada a defenderme continuamente y aproveché la oportunidad para alzarme yo en su defensa.

Cualquiera que la conozca sabe que es escrupulosamente honesta, pero no todo el mundo la conocía, y aquellos ataques dolieron. La mañana después del debate, estábamos estrechando manos en la cafetería Busy Bee, en Chicago, cuando un periodista le preguntó qué pensaba de las acusaciones de Brown. Le dio una buena respuesta sobre cómo tener a la vez una carrera y una vida personal. El periodista le preguntó entonces si se podía haber evitado la apariencia de conflicto. «Por supuesto», era exactamente lo que ella había hecho, y lo que debería haber dicho. Pero estaba cansada y estresada, y le constestó: «Supongo que podría haberme quedado en casa haciendo galletas y tomando té con las amigas, pero decidí seguir adelante con mi carrera, que empezó antes de que mi marido se presentara a un cargo público. Trabajé muy, muy duro para ser lo más cuidadosa posible. Eso es todo lo que puedo decirle».

La prensa se centró en la cuestión del «té y las galletas» y lo interpretó como una crítica a las mujeres que se quedaban en casa para cuidar de sus hijos. Los guerreros culturales republicanos se lo pasaron en grande retratando a Hillary como una «abogada feminista militante», la líder ideológica de una «administración Clinton-Clinton» que impulsaría su «radical programa feminista». A ella le dolieron aquellos ataques. Durante todos estos años, no sé cuántas veces la he oído defender la importancia de que las mujeres tengan la oportunidad de escoger entre diversas opciones, incluida la de quedarse en casa cuidando de sus hijos, algo que la mayoría de las madres, solteras o casadas, simplemente ya no pueden permitirse. Por otra parte, yo sabía que a ella le gustaba hacer galletas y que sus amigas vinieran a tomar el té. Con aquel comentario espontáneo había dado a nuestros oponentes otra arma para lo que sabían hacer mejor: dividir y distraer a los votantes.

Al día siguiente todo quedó olvidado cuando ganamos en Illinois, el estado natal de Hillary, por un 52 por ciento contra el 25 por ciento de Tsongas y el 15 por ciento de Brown. También ganamos en Michigan, con un 49 por ciento contra el 27 de Brown y el 18 de Tsongas. Si el ataque de Brown contra Hillary había tenido algún efecto, probablemente solo había sido el de perjudicarle en Illinois. Mientras tanto, el presidente Bush derrotó con facilidad a Pat Buchanan en ambos estados y acabó así con su único oponente. A pesar de que la división en las filas de los republicanos me favorecía, me gustó ver cómo Buchanan mordía el polvo. Había apostado por apelar a la cara más oscura de las inseguridades de la clase media. Por ejemplo, en un estado del Sur había visitado un cementerio confederado, pero se negó a cruzar la calle para visitar un cementerio negro.

Después de una gran fiesta en el hotel Palmer House de Chicago, en la que no faltó confetti color verde irlandés en honor a San Patricio, volvimos a lo nuestro. Parecía que la campaña iba muy bien, pero cuando se rascaba la superficie las cosas no estaban tan claras. Una nueva encuesta mostraba que iba a la par con el presidente Bush, pero otra, sin embargo, decía que iba muy por debajo, a pesar de que el índice de aprobación de la labor del presidente se había desplomado hasta el 39 por ciento. Una encuesta a los votantes de Illinois a pie de urnas durante las primarias demostró que los demócratas no estaban contentos con los candidatos que tenían que votar. Jerry Brown tampoco lo estaba. Dijo que no me apoyaría si finalmente lograba la candidatura.

El 19 de marzo Tsongas se retiró de la carrera, alegando problemas financieros. Esto dejaba a Jerry Brown como mi único oponente, a medida que nos acércabamos a las primarias de Connecticut, que se celebraban el 24 de marzo. Se daba por hecho que yo ganaría en Connecticut porque la mayoría de los líderes demócratas se habían pronunciado públicamente apoyando mi candidatura y porque allí tenía amigos desde mis días de escuela. A pesar de que había trabajado muy duro en la campaña, estaba preocupado. Sentía que las cosas no iban bien. Los partidarios de Tsongas estaban furiosos conmigo por haberle echado de la carrera electoral y, o le iban a seguir votando o se pasarían a Brown. Por el contrario, costaba mucho movilizar a mis partidarios, que estaban convencidos de que tenía la candidatura en el bolsillo. Me preocupaba que una baja participación me hiciera perder el estado, y eso es exactamente lo que sucedió. Solo se presentaron a las urnas un 20 por ciento de los demócratas registrados, y Brown me venció por el 37 contra el 36 por ciento de los votos. El otro 20 por ciento eran acérrimos partidarios de Tsongas que siguieron con su hombre a pesar de su retirada.

El siguiente gran reto era el 7 de abril en Nueva York. Ahora que había perdido en Connecticut, si no ganaba en Nueva York volvería a ver peligrar mi candidatura. Nueva York, con su insaciable ansia de noticias las veinticuatro horas del día y sus duros y ruidosos grupos de presión, parecía el lugar ideal para hacer descarrilar mi campaña.

VEINTISIETE

En política, no hay nada parecido a unas elecciones en Nueva York. En primer lugar, hay tres regiones geográfica y psicológicamente distintas en el estado: la ciudad de Nueva York, con sus cinco distritos municipales; Long Island y el resto de los condados residenciales; y el norte del estado. Hay una presencia muy grande de población negra e hispana y la mayor concentración nacional de judíos norteamericanos, además de grupos bien organizados de indios, paquistaníes, albaneses y casi cualquier otra etnia imaginable. También en el seno de los grupos de negros e hispanos hay mucha diversidad. Los hispanos de Nueva York incluyen a gente de Puerto Rico y de las naciones del Caribe, con más de 500.000 personas solo de la República Dominicana.

Mi acercamiento a las comunidades étnicas lo organizó Chris Hyland, un compañero de clase de Georgetown que vivía en el bajo Manhattan, uno de los barrios con mayor diversidad étnica de todo Estados Unidos. Cuando Hillary y yo visitamos a un grupo de estudiantes de enseñanza primaria que habían tenido que trasladarse a causa de los ataques al World Trade Center en septiembre de 2001, vimos a niños de ochenta grupos étnicos y nacionales distintos. Chris compró unos treinta periódicos étnicos y localizó a los líderes que mencionaban. Después de las primarias, organizó una colecta en Nueva York con 950 líderes de minorías étnicas, y luego se trasladó a Little Rock para organizar a los grupos étnicos por todo el país. Fue una importante contribución a nuestra victoria en las elecciones generales y sentó las bases para que disfrutáramos de un contacto sin precedentes con las comunidades étnicas una vez que llegamos a la Casa Blanca.

Los sindicatos, especialmente los de empleados públicos, tienen una gran presencia y son políticamente muy astutos. En la ciudad de Nueva York, la situación política de las primarias se complicaba todavía más debido a que tanto los habituales del partido como los liberales reformistas eran muy activos y a menudo se enfrentaban entre sí. Los grupos de derechos de los homosexuales estaban bien organizados y proclamaban en voz alta que era necesario tomar más medidas contra el SIDA, que en 1992 se cobraba todavía más víctimas en Estados Unidos que en ningún otro país. La prensa formaba una omnipresente cacofonía de periódicos tradicionales, liderados por el *New York Times*, los tabloides, las potentes televisiones locales y las tertulias de radio; todos competían a muerte por ser los primeros en sacar una nueva historia.

Aunque la campaña de Nueva York no empezó en realidad hasta después de las primarias de Connecticut, yo llevaba meses trabajando el estado con la inestimable ayuda y los expertos consejos de Harold Ickes, el tocayo e hijo del famoso secretario de Interior de Franklin Roosevelt. En 1992 ya nos unían más de veinte años de amistad. Harold es un hombre delgado, intenso, brillante, apasionado y, en ocasiones, irreverente; una mezcla única de idealismo liberal y habilidad política práctica. Cuando era joven trabajó como vaquero en el oeste, y le habían dado una paliza casi mortal mientras luchaba por los derechos civiles en el sur. En campaña, era un amigo leal y un oponente feroz que creía en el poder de la política para cambiar la vida de la gente. Conocía a las personalidades, los temas y las luchas políticas de Nueva York como la palma de su mano. Si me iba a meter en un infierno, al menos iba hacia allí con el único hombre que tenía alguna posibilidad de sacarme vivo de él.

En diciembre de 1991, Harold, que ya me había ayudado a ganar importantes apoyos en Manhattan, Brooklyn y el Bronx, organizó un acto para hablar ante al Comité Demócrata de Queens. Me propuso que fuéramos en metro desde Manhattan a la reunión. El hecho de que yo fuera un chico de campo que cogía el metro recibió más cobertura en los medios que el discurso en sí, pero aquella aparición fue muy importante. Poco después, el presidente demócrata de Queens, el congresista Tom Manton, me dio su apoyo públicamente, al igual que el congresista por Queens, Floyd Flake, que era también ministro de la Iglesia Episcopal Metodista Africana Allen.

En enero visité un instituto en Brooklyn para celebrar el cumpleaños de Martin Luther King Jr., acompañado de un congresista afroamericano, Ed Towns, y el presidente demócrata de Brooklyn, Clarence Norman. Los niños hablaron mucho sobre el problema de las armas y las navajas en las escuelas. Querían un presidente que garantizara su seguridad. Fui a un debate en el Bronx, moderado por el presidente del distrito, Fernando Ferrer, que se convertiría en partidario mío. Tomé el ferry a Staten Island e hice campaña allí. En Manhattan, la presidenta del distrito, Ruth Messinger, trabajó mucho por mí, al igual que su joven ayudante, Marty Rouse, que me ayudó a tender puentes con la comunidad gay. Victor y Sara Kovner convencieron a algunos reformistas liberales de que debían apoyarme, y se convirtieron en buenos amigos míos. Guillermo Linares, que fue uno de los primeros dominicanos elegido regidor del ayuntamiento, fue el primer latino importante que me apoyó públicamente. Hice campaña en Long Island y en el condado de Westchester, donde vivo en la actualidad.

Los sindicatos eran más importantes en Nueva York que en las otras primarias. Entre los más grandes y más activos estaban los afiliados de Nueva York a la AFSCME, la Federación Americana de Empleados Federales, del Condado y Municipales. Después de aparecer ante su junta directiva, la AFSCME fue el primer sindicato de importancia que me brindó su apoyo. Yo había trabajado estrechamente con ellos cuando era gobernador y también me había afiliado, pagando mi cuota. Pero el motivo real de su apoyo fue que el presidente del sindicato, Gerald McEntee, decidió que yo le caía bien y que podía ganar. McEntee era uno de esos hombres a los que te gusta tener de tu parte. Era eficiente, ferozmente leal y no le importaba jugar duro. También conseguí el respaldo de la United Transportation Union y, hacia finales de marzo de la Communications Workers of America y de la International Ladies' Garment Workers Union. Los profesores también se pusieron de mi lado, a pesar de que no había recibido todavía ningún apoyo oficial por su parte. Además de los sindicatos, contaba con importantes apoyos en el mundo de los negocios, que encabezaban Alan Patricof y Stan Schuman.

El encuentro más destacado y trascendental que tuve con un grupo étnico fue con los irlandeses. Una noche, muy tarde, me reuní con el Foro de Temas Irlandeses organizado por John Dearie, miembro de la asamblea legislativa estatal. Harold Ickes y el Comisionado para Impuestos de la Ciudad de Nueva York, Carol O'Cleireacain, me habían ayudado a prepararme. El legendario Paul O'Dwyer, que tenía unos ochenta y cinco años, y su hijo Brian estaban allí, así como Niall O'Dowd, editor del *Irish Voice*, el periodista Jimmy Breslin, el interventor de Queens, Peter King —republicano— y un centenar más de activistas irlandeses. Querían que les prometiera que nombraría a un representante especial para terminar con la violencia en Irlanda del Norte en unos términos que fueran justos para la minoría católica. También me había animado a ello el alcalde de Boston, Ray Flynn, tan partidario de mi causa como ferviente católico irlandés. A mí, la cuestión de Irlanda me interesaba desde que comenzaran «los Problemas» en 1968, cuando estaba en Oxford. Tras un largo debate, me comprometí a ayudarles y dije que trataría de terminar con la discriminación económica, entre otras, que los católicos de Irlanda del Norte sufrían. Aunque sabía que los británicos se subirían por las paredes y que esta decisión haría que nuestra alianza transatlántica más importante pasara por momentos de tensión, yo estaba convencido de que Estados Unidos, con su gran diáspora irlandesa, entre la que había gente que daba dinero al IRA, podía ayudar a encontrar una salida al conflicto.

Al cabo de poco tiempo, hice un comunicado público en el que reafirmaba mi compromiso, texto que redactó mi ayudante para política exterior, Nancy Soderberg. Mi compañero de derecho, el congresista Bruce Morrison, de Connecticut, formó la asociación Irlandeses Americanos por Clinton. Este grupo desempeñó un papel fundamental en la campaña y en el trabajo posterior desde la presidencia. Como Chelsea hizo notar en su tesis de cuarto curso, en Stanford, sobre el proceso de paz irlandés, me impliqué por primera vez en el asunto irlandés debido a la política de Nueva York, pero se convirtió en una de las grandes pasiones durante mi presidencia.

En unas primarias demócratas normales, una campaña que hubiera contado con todo este apoyo tendría la victoria asegurada; pero estaban lejos de ser unas primarias normales. Primero, estaba la oposición. Jerry Brown trabajaba como un poseso; estaba decidido a movilizar a todos los votantes más progresistas en un último intento de aprovechar lo que sería su última y mejor oportunidad de detener mi campaña. Paul Tsongas, animado por los resultados de Connecticut, hizo saber que no le molestaría que sus partidarios votaran por él una vez más. El candidato presidencial del Partido de la Nueva Alianza, una mujer iracunda llamada Lenora Fulani, hizo todo lo que pudo por ayudarles: enviando a sus seguidores a un acto sobre sanidad que celebré en un hospital de Harlem, donde se dedicaron a abuchearme y a ahogar mi discurso a gritos.

Jesse Jackson prácticamente se mudó a Nueva York para ayudar a Brown. Su contribución más importante fue convencer a Dennis Rivera, jefe de uno de los mayores y más activos sindicatos de la ciudad, Service Employees International Union Local 1199, de que no me apoyara y de que ayudara a Jerry. Brown le devolvió el favor afirmando que, si le elegían candidato, nombraría a Jesse vicepresidente. Yo pensé que el anuncio de Brown le haría ganar votos entre los electores negros de Nueva York, pero también revolucionó a la comunidad judía, que procedió a apoyarme decididamente. Pensaban que Jackson estaba demasiado próximo al líder musulmán negro Louis Farrakhan, cuyos comentarios antisemitas eran de todos conocidos. Aun así, el apoyo de Jesse sumaba mucho más que restaba en Nueva York.

Luego estaban los medios. Los grandes periódicos habían estado acampados en Arkansas durante semanas, en busca de cualquier nimiedad sobre mi historia o sobre mi vida privada. El *New York Times* había echado la pelota a rodar a principios de marzo con el primero de sus artículos sobre Whitewater. En 1978, Hillary y yo, junto con Jim y Susan McDougal, conseguimos un crédito de más de doscientos mil dólares para invertir en unos terrenos a lo largo del río White en el noroeste de Arkansas. Jim era un promotor al que yo había conocido cuando él dirigía la oficina del senador Fulbright, en Little Rock. Esperábamos poder subdividir la propiedad y luego conseguir beneficios vendiéndola a los numerosos jubilados que empezaban a ir a vivir a los Ozarks en los años sesenta y setenta. McDougal había tenido éxito en todas sus anteriores empresas, incluida una en la que yo había invertido unos miles de dólares y de la que había obtenido un modesto beneficio. Por desgracia, a finales de los setenta los tipos de interés se dispararon, la economía se ralentizó, las ventas de terrenos disminuyeron y perdimos dinero en aquel negocio.

Cuando en 1983 me convertí de nuevo en gobernador, McDougal había comprado una pequeña caja de ahorros y la había bautizado con el nombre de Madison Guaranty Savings and Loan. Unos años después, hizo que el bufete Rose la representara. Cuando la crisis de las cajas de ahorros asoló Estados Unidos, Madison se vio al borde de la insolvencia y trató de inyectar dinero vendiendo acciones preferenciales y creando una filial que ofreciera servicios de correduría en bolsa. Para hacer todo esto, McDougal necesitaba el permiso de la comisionada de valores del estado, Beverly Bassett Schaffer, que yo había nombrado para el cargo. Beverly era una abogada de primera clase, hermana de mi amigo Woody Bassett y esposa de Archie Schaffer, el sobrino del senador Dale Bumpers.

El del *New York Times* era el primero de una larga serie de artículos que publicarían sobre Whitewater. El periodista se preguntaba si había un conflicto de intereses en el hecho de que Hillary representara a una entidad regulada por el estado. Ella había firmado personalmente una carta dirigida a la comisionada Schaffer en la que le explicaba en qué consistía la propuesta de acciones preferenciales. El periodista daba a entender que Madison había recibido un tratamiento privilegiado puesto que se aprobaron sus dos «originales» propuestas de financiación. Se insinuaba también que Schaffer no había llevado a cabo las pertinentes tareas de vigilancia y supervisión de la institución cuando se encontraba en proceso de quiebra. Los hechos no apoyaban ninguna de estas acusaciones y teorías. En primer lugar, las propuestas que aprobó la comisionada eran normales en aquellos tiempos, no «originales». En segundo lugar, tan pronto como una auditoría independiente demostró que Madison era insolvente, en 1987, Schaffer presionó a los reguladores federales para que la cerraran, mucho antes de que estos estuvieran dispuestos a hacerlo. En tercer lugar, Hillary había cobrado de Madison, por sus servicios legales, la impresionante cifra total de veintiuna horas de trabajo a lo largo de dos años. Cuarto, nunca tomamos prestado ningún dinero de Madison, pero sí perdimos dinero en la inversión de Whitewater. Y eso es esencialmente todo lo que pasó en Whitewater. El periodista del *New York Times* sin duda habló con Sheffield Nelson y algunos otros adversarios políticos míos en Arkansas, a los que les hubiera encantado poder demostrar que yo tenía «problemas de carácter» en otras áreas, además del reclutamiento y Flowers. Pero en este caso su teoría requería ignorar hechos poco convenientes y tergiversar el historial de una funcionaria honesta y entregada como Schaffer.

El *Washington Post* se sumó a la refriega con un artículo que pretendía demostrar que yo tenía estrechos lazos con la industria avícola y que no había conseguido impedir que echaran los residuos de sus empresas de pollos y cerdos sobre las tierras de cultivo. Un poco de residuo animal es un buen fertilizante, pero cuando el volumen de residuos es excesivo y la tierra no puede absorberlo, la lluvia lo arrastra a los ríos y los contamina hasta el punto de que son peligrosos para pescar y para nadar. En 1990, el Departamento de Control de Contaminación y Ecología descubrió que más del 90 por ciento de los ríos del noroeste de Arkansas, donde se encontraba la industria avícola, estaban contaminados. Nos gastamos varios millones de dólares para subsanar el problema y, dos años después, la gente del Control de Contaminación me dijo que más del 50 por ciento de los ríos cumplían los estándares necesarios para uso recreativo. Conseguí que la industria acordara cumplir una serie de «buenas prácticas de gestión» para limpiar el resto. Me criticaron por no ordenar que la industria limpiara todos los ríos, pero eso es mucho más fácil decirlo que hacerlo. El Congreso demócrata no lo logró; los grupos de interés agrícolas demostraron ser muy fuertes y les declararon completamente exentos de las regulaciones federales cuando el Congreso aprobó la Ley de Aguas Limpias. El sector avícola era el más importante de Arkansas, el que más empleos aportaba al estado, y tenía una enorme influencia en la asamblea legislativa estatal. En aquellas circunstancias creí que había hecho un trabajo bastante bueno, a pesar de que era el punto más flojo en lo que por otra parte era un historial medioambiental intachable. Pero el *Washington Post* y el *New York Times* publicaron artículos sobre el tema; a finales de marzo el *Post* insinuaba que el bufete Rose había utilizado sus influencias sobre el estado para que tratara bien a la industria avícola.

Traté de conservar la perspectiva. La prensa tenía la obligación de examinar los antecedentes de alguien que quería ser presidente. La mayoría de los periodistas no sabían nada sobre Arkansas o sobre mí cuando empezaron a investigar. Puede que algunos de ellos tuvieran prejuicios en contra de un estado pobre y rural y de la gente que vivía allí. Me habían puesto la etiqueta de candidato con un «problema de carácter» y eran especialmente receptivos a cualquier historia sucia que llegara a sus manos y que apoyara ese prejuicio.

Aunque, intelectualmente, comprendía el proceso y recordaba y valoraba la gran cobertura que me habían ofrecido al principio de la campaña, cada vez me daba más la impresión que los reportajes de investigación se elaboraban bajo el lema «disparar primero y preguntar después». Leerlos era una experiencia de separación del propio cuerpo. La prensa parecía decidida a demostrar que cualquiera que creyera que yo estaba capacitado para ser presidente era un idiota: los votantes de Arkansas, que me habían elegido cinco veces; mis colegas gobernadores, que me habían elegido el gobernador más efectivo de la nación; los expertos en educación que alabaron nuestras reformas y progresos y también los amigos de toda la vida que hacían campaña por mí a lo largo y ancho del país. En Arkansas, hasta mis adversarios sabían que había trabajado mucho y que no aceptaría un céntimo ni siquiera para ver a una vaca ir a la luna. Ahora, daba la impresión de que me las había arreglado para engañar a todo el mundo desde los seis años. En un momento dado, cuando las cosas se pusieron realmente feas en Nueva York, Craig Smith me dijo que había dejado de leer los periódicos «porque ya no reconozco a la persona de la que hablan».

A finales de marzo, Betsey Wright, que estaba temporalmente en Harvard, en la Kennedy School, vino al rescate. Ella había trabajado muchos años para labrarnos un historial progresista y para dirigir las operaciones de forma sobria y ética. Tenía una memoria prodigiosa, sabía dónde encontrar los archivos y estaba más que dispuesta a poner las cosas en su sitio. Cuando se mudó a nuestro cuartel general como directora de control de daños, me sentí mucho mejor. Betsey detuvo un montón de historias falsas, pero no pudo pararlas todas.

El 26 de marzo pareció que el humo se dispersaba un poco cuando conseguí el apoyo del senador Tom Harkin, de la Communications Workers of America y de la International Ladies' Garment Workers Union. También me ayudó que el gobernador Cuomo y el senador Pat Moynihan criticaran el impuesto de tipo único del 13 por ciento que había propuesto Jerry Brown y afirmaran que sería perjudicial para Nueva York. Fue un día inusitado en la campaña: en las noticias salía gente que hablaba de política y de su impacto en la vida de la gente.

El 29 de marzo estaba de nuevo metido en líos, esta vez con un problema que me había creado yo solo. Jerry Brown y yo estábamos en un debate televisado en la WCBS en Nueva York cuando un periodista me dijo si había probado la marihuana en Oxford. Era la primera vez que me hacían esa pregunta de un modo tan directo. En Arkansas, cuando me preguntaban en general si alguna vez había probado la marihuana, daba una respuesta evasiva, diciendo que nunca había infringido las leyes contra las drogas de Estados Unidos. Esta vez di una respuesta mucho más directa: «Cuando estuve en Inglaterra experimenté con la marihuana una o dos veces y no me gustó. No me tragué el humo y nunca la he vuelto a probar».

Incluso Jerry Brown dijo que la prensa debería olvidarse de aquello porque no era relevante.

Pero la prensa había encontrado otro tema acerca de mi carácter. Y por lo que se refiere a la expresión «no me tragué», informaba de un hecho, no trataba de minimizar lo que hice, como expliqué hasta la saciedad. Nunca he fumado cigarrillos, no me tragué el humo en las esporádicas ocasiones en que fumé en pipa en Oxford, e intenté, pero no logré, tragarme el humo de la marihuana. Ni siquiera sé por qué lo dije. Quizá me pareció gracioso o quizá solo fue una reacción nerviosa ante un tema que no quería tratar. Más adelante, el periodista inglés Martin Walker, que luego escribiría un libro fascinante, aunque no exactamente elogioso, sobre mi presidencia titulado *Clinton: The President They Deserve*, corroboró mi versión. Martin dijo públicamente que él había estado conmigo en Oxford en una fiesta y que había visto cómo trataba de tragarme el humo y no podía hacerlo. Pero para entonces ya era demasiado tarde. Mi desafortunada respuesta sobre mis desventuras con la marihuana fue citada por los comentaristas políticos republicanos durante todo el año 1992 como otra muestra de mis problemas de carácter. Además, había proporcionado a los humoristas de programas nocturnos de televisión carnaza para años de chistes.

Como decía la vieja canción *country*, no sabía si «matarme o irme a jugar a los bolos». Nueva York tenía graves problemas económicos y sociales. Las medidas políticas de Bush habían empeorado todavía más las cosas, y sin embargo, cada día los reporteros de televisión y de prensa me seguían haciendo preguntas relacionadas con mi «carácter». El locutor de radio Don Imus dijo que yo era un «paleto». Cuando fui al programa de Phil Donahue en televisión, lo único que hizo durante veinte minutos fue preguntarme sobre mi infidelidad. Después de darle mi respuesta estándar, siguió con ello. Cuando le dije que ya era suficiente, el público aplaudió. Sin embargo, él se mantuvo en su línea, impertérrito.

Puede que tuviera un problema de carácter o puede que no, pero lo que estaba claro era que tenía un grave problema de reputación, el mismo que la Casa Blanca me había prometido que tendría hacía más de seis meses. Puesto que el presidente es a la vez el jefe del estado y el jefe del ejecutivo, en cierto sentido es la personificación de la idea que la gente tiene de Estados Unidos y, por lo tanto, su reputación es importante. Los presidentes, desde George Washington y Thomas Jefferson, han defendido celosamente su reputación: Washington de las críticas que le hicieron por sus gastos durante la Revolución y Jefferson de las historias sobre su debilidad por las mujeres. Antes de convertirse en presidente, Abraham Lincoln sufrió episodios de depresión grave. En una ocasión no pudo abandonar su casa durante todo un mes. Si hubiera tenido que presentarse al cargo en las condiciones actuales nos habríamos quedado sin nuestro mejor presidente.

Jefferson incluso escribió sobre la obligación de aquellos que se encuentran cerca del presidente de proteger su reputación a toda costa: «Cuando el azar de la situación nos concede un lugar en la historia para el cual la naturaleza no nos ha preparado con los correspondientes dones, es el deber de aquellos que nos rodean apartar cuidadosamente del escrutinio público las debilidades, y todavía más, los vicios de nuestro carácter». No había ningún velo que protegiera mis debilidades y mis vicios, ni los reales ni los imaginarios. El público sabía más de ellos que de mi trayectoria como político, de mi mensaje o de las virtudes que pudiera tener. Si mi reputación estaba por los suelos era posible que no me eligieran, sin que importara que hubiera gente que estaba de acuerdo con lo que quería hacer o que pensaba que podría hacerlo bien.

Ante todos aquellos ataques contra mi carácter, respondí como siempre que me encontraba entre la espada y la pared: seguí trabajando. En la última semana de la campaña, las nubes comenzaron a despejarse. El 1 de abril, durante una reunión con el presidente Bush en la Casa Blanca, el presidente Carter comentó públicamente que me apoyaba, y su declaración recibió mucha atención por parte de los medios. No podía haber llegado en un momento mejor. Nadie había cuestionado jamás el carácter de Carter y su reputación no había hecho sino crecer tras su presidencia, debido a sus buenas obras en el país y por todo el mundo. Con una sola frase, me compensó de sobras por todos los problemas que me había causado, en 1980, durante la crisis de los refugiados cubanos.

El 2 de abril Jerry Brown fue abucheado durante un discurso en el Consejo de Relaciones con la Comunidad Judía en Nueva York por insinuar que Jesse Jackson sería su candidato a vicepresidente. Mientras tanto, Hillary y yo hablamos a una gran multitud en un mitin a mediodía en Wall Street. Me abuchearon un poco cuando dije que los ochenta habían sido una década de avaricia y que me oponía a una rebaja en el impuesto sobre los beneficios del capital. Tras el discurso me trabajé a la gente; estreché la mano a mis partidarios y traté de convencer a los que disentían.

Mientras tanto, volcamos toda la potencia de nuestra maquinaria de campaña en el estado. Además de Harold Ickes y Susan Thomases, Mickey Kantor se instaló en una habitación de hotel, junto a Carville, Stephanopoulos, Stan Greenberg y Frank Greer y su socia, Mandy Grunwald. Como siempre, Bruce Lindsey estaba conmigo. Su esposa, Bev, vino también para asegurarse de que todos los actos públicos se planificaran y ejecutaran bien. Carol Willis organizó un autobús de ciudadanos negros de Arkansas para que vinieran a la ciudad de Nueva York a hablar sobre lo que había hecho por los negros como gobernador. Los ministros negros de casa llamaron a sus colegas de Nueva York y les pidieron que dejaran hablar desde el púlpito a nuestra gente el domingo anterior a las elecciones. Lottie Shackleford, un director de Little Rock y vicepresidente del Comité Demócrata Nacional, habló en cinco iglesias ese domingo. Aquellos que me conocían intentaban contrarrestar los esfuerzos del reverendo Jackson por conseguir que la mayoría de los votantes negros de Nueva York apoyaran a Brown.

Incluso algunos periodistas empezaron a ceder. Quizá la marea cambiaba; incluso me recibieron cordialmente en el programa de radio de Don Imus. El columnista de *Newsday* Jimmy Breslin, al que preocupaba mucho el tema irlandés, escribió: «Digan lo que quieran, pero no digan que es de los que abandona». Pete Hamill, el columnista del *Daily News* cuyos libros leo con placer, dijo: «He acabado por respetar a Bill Clinton. Han llegado los últimos asaltos y sigue en pie». El *New York Times* y el *Daily News* me apoyaron. Sorprendentemente también lo hizo el *New York Post*, que me había atacado de forma más despiadada que ningún otro periódico. En su editorial, dijo: «Dice mucho de su entereza de carácter que haya sobrevivido a un ataque sobre cuestiones personales sin precedentes en la política de Estados Unidos... Ha perseverado con notable tenacidad... En nuestra opinión, ha demostrado una elegancia extraordinaria estando bajo presión».

El 5 de abril recibimos buenas noticias de Puerto Rico, donde me apoyaron el 96 por ciento de los votantes. El 7 de abril, con una participación baja, de alrededor de un millón de votantes, me llevé Nueva York con un 41 por ciento de los votos. Tsongas acabó segundo con el 29 por ciento, justo por delante de Brown, que recibió el 26 por ciento. La mayoría de los afroamericanos votó por mí. Esa noche me sentía magullado y ensangrentado, pero eufórico. Resumí la campaña en una sola frase que había oído en una canción de gospel en la iglesia de Anthony Mangun: «Cuando más oscura es la noche, más dulce es la victoria».

Mientras me documentaba para este libro, leí la narración de las primarias de Nueva York que Charles Allen y Jonathan Portis hacen en su libro *The Comeback Kid*. Los autores citan algo que Levon Helm, el batería de The Band y nativo de Arkansas, dijo en un gran documental sobre el rock titulado *The Last Waltz*, que habla de lo que significa para un chico del Sur ir a Nueva York y tratar de triunfar a lo grande: «La primera vez, llegas, te dan una paliza y te largas. Tan pronto como te curas, vuelves y lo intentas de nuevo. Al final, te enamoras de ello».

Yo no tenía tiempo para esperar que se curaran mis heridas, pero sabía perfectamente de qué hablaba. Como New Hampshire, Nueva York me había puesto a prueba y me había enseñado una lección. Y como Levon Helm, me había enamorado. Después de nuestro difícil comienzo, Nueva York fue uno de los estados que más fielmente estuvo a mi lado durante los siguientes ocho años.

El 7 de abril ganamos en Kansas, Minnesota y Wisconsin. El 9 de abril Paul Tsongas anunció que no seguiría en la carrera. La lucha por la candidatura había terminado definitivamente. Tenía más de la mitad de los 2.145 delegados que necesitaba para ser nominado, y durante el resto del proceso solo tenía que competir contra Jerry Brown. Pero sabía perfectamente que había recibido muchos golpes y que poco podía hacer para remediarlo antes de la convención demócrata en julio. También estaba agotado. Había perdido la voz y ganado mucho peso, unos trece kilos. Había engordado en New Hampshire, sobre todo durante mi último mes de campaña, cuando pasé una gripe que me llenaba de fluido el pecho por la noche, así que no podía dormir durante más de una hora seguida sin despertarme tosiendo. Me mantenía alerto a base de adrenalina y Dunkin' Donuts, y se me notaba en la cintura. Harry Thomason me compró algunos trajes nuevos para que no pareciera un globo a punto de explotar.

Después de Nueva York volví a casa durante una semana para recuperar la voz, ponerme en forma y reflexionar sobre cómo salir del agujero en el que estaba. Mientras estaba en Little Rock gané los *caucus* de Virginia y recibí el apoyo de los líderes de la AFL-CIO. El 24 de abril me apoyó también la United Auto Workers, y el 28 gané con una mayoría aplastante las primarias de Pennsylvania, un estado que podía haber sido difícil. El gobernador Bob Casey, a quien yo admiraba por su tenacidad al presentarse tres veces antes de ganar, me había criticado mucho. Él estaba totalmente en contra del aborto. Mientras se enfrentaba a los problemas de salud que amenazaban su vida, la cuestión se volvió cada vez más importante para él, y le costaba mucho apoyar a los canditatos demócratas que estaban a favor del derecho a elegir de la mujer. También les costaba a otros muchos demócratas «pro vida» de ese estado. Aun así, siempre me sentí bien en Pennsylvania. La parte oeste del estado me recordaba a Arkansas. Me entendía muy bien con la gente de Pittsburgh y de las ciudades más pequeñas del centro del estado. Y adoraba Filadelfia. Me llevé el estado con un 57 por ciento de los votos. Pero más importante todavía, las encuestas demostraban que más del 70 por ciento de los demócratas que votaron creían que yo tenía la integridad suficiente para ser presidente, una cifra muy superior al 49 por ciento que habían arrojado las encuestas a pie de urna en Nueva York. La cifra sobre mi integridad había mejorado porque había tenido tres semanas para realizar una campaña positiva, centrada en los temas que eran importantes y que aquel estado tanto quería escuchar.

La victoria de Pennsylvania fue bienvenida, pero quedó eclipsada por la posibilidad de que surgiera otro gran adversario: H. Ross Perot. Perot era un multimillonario de Texas que había ganado una fortuna con su empresa, EDS (Electronic Data Systems), que hacía muchos trabajos para el gobierno, también para el gobierno de Arkansas. Había saltado al primer plano nacional cuando financió y organizó el rescate de los empleados de EDS de Irán después del derrocamiento del sha. Tenía un estilo franco y efectivo, y estaba convenciendo a muchos norteamericanos de que con su instinto por los negocios, su independencia financiera y su tendencia a actuar de manera audaz, podía conducir el país mejor de lo que podríamos hacerlo el presidente Bush o yo.

Hacia finales de abril varias encuestas publicadas le presentaban como el favorito, por delante del presidente, y a mí me dejaban tercero. A mí Perot me parecía un hombre interesante y estaba fascinado por la popularidad que había conseguido ganar. Yo creía que si entraba en la carrera electoral su impulso acabaría por agotarse, pero no podía estar seguro de ello. Así que volví a lo mío y conseguí el apoyo de los «superdelegados», los cargos públicos actuales y anteriores que tenían voto en la convención. Uno de los primeros superdelegados que vino a verme fue el senador Jay Rockefeller, de West Virginia. Jay había sido amigo mío desde que nos sentamos juntos en la reunión de gobernadores y, desde New Hampshire, me había estado asesorando sobre sanidad, tema del que sabía mucho más que yo.

El 29 de abril, después de la votación de Pennsylvania, estallaron disturbios en Los Ángeles después de que, en el vecino condado de Ventura, un jurado compuesto exclusivamente por blancos absolviera a cuatro agentes blancos de la policía de Los Ángeles de los cargos de haber apaleado a Rodney King, un hombre negro, en marzo de 1991. Un paseante había grabado en vídeo la paliza, y el vídeo se había emitido por televisión y todo Estados Unidos lo había visto. Parecía que King no había ofrecido resistencia cuando le detuvieron, pero igualmente le dieron una brutal paliza.

El veredicto indignó a la comunidad negra, que hacía mucho tiempo que sentía que el departamento de policía de Los Ángeles era racista. Después de tres días de caos en el centrosur de Los Ángeles, más de 50 personas murieron, más de 2.300 resultaron heridas, miles fueron arrestadas y los daños de los saqueos y los incendios se estimaron en 700 millones de dólares.

El domingo 3 de mayo yo estaba en Los Ángeles para hablar en la Primera Iglesia Metodista Africana del reverendo Cecil «Chip» Murray sobre la necesidad de terminar con nuestras disputas económicas y raciales. Visité las zonas afectadas con Maxine Waters, que representaba al centrosur de Los Ángeles en el Congreso. Maxine era una política inteligente y curtida que me había apoyado desde un buen principio, a pesar de su larga amistad con Jesse Jackson. Las calles parecían una zona de guerra, los edificios estaban quemados y los habían saqueado. Mientras caminábamos vi una tienda de comestibles que parecía intacta. Cuando le pregunté a Maxine sobre ella, me dijo que la tienda había sido «protegida» por la gente del vecindario, entre ellos miembros de las bandas, porque su dueño, un empresario blanco llamado Ron Burkle, había sido bueno con la comunidad negra. Había contratado a gente de la comunidad, todos sus empleados estaban sindicados y tenían seguro médico y la comida era de la misma calidad que en las tiendas de Beverly Hills y se vendía al mismo precio. En aquellos tiempos eso no era habitual: puesto que los residentes de los barrios deprimidos de la ciudad tenían menos movilidad, las tiendas solían tener comida de menor calidad y a precios más altos. Conocí a Burkle solo unas horas después y quise conocerle mejor. Se convirtió en uno de mis mejores amigos y más fieles aliados.

En una reunión en casa de Maxine, escuché a los vecinos de la zona de los disturbios mientras me contaban historias sobre sus problemas con la policía, la tensión entre los comerciantes coreanoamericanos y sus clientes negros y la necesidad de que hubiera más empleos. Me comprometí a apoyar iniciativas que facilitaran la contratación de los que residían en áreas urbanas deprimidas, a crear zonas empresariales para incentivar la inversión privada y bancos de desarrollo comunitario que dieran préstamos a gente de ingresos bajos o moderados. Aprendí mucho durante ese viaje, y tuvo una gran repercusión en la prensa. También dejé la impresión de que a mí me importaba lo suficiente Los Ángeles como para ir antes que el presidente Bush. Esto no le pasó por alto al que quizá es el mejor político de la dotada familia Bush: en 2002, el presidente George W. Bush visitó Los Ángeles en el décimo aniversario de los disturbios.

Durante el resto de mayo, una serie de victorias en las primarias me hicieron ganar delegados; entre éstas hubo una victoria por un 68 por ciento en Arkansas, el día 26, cerca del mejor porcentaje que había conseguido hasta entonces en unas primarias disputadas en mi estado. Mientras tanto, hice campaña en California, con la esperanza de acabar mi lucha por la nominación en el estado natal de Jerry Brown. Hice una llamada a que hubiera una ayuda federal para hacer nuestras escuelas más seguras y para emprender un esfuerzo denodado para frenar el demoledor avance del SIDA en Estados Unidos. También comencé a buscar a quién nominar a la vicepresidencia. Confié el proceso de selección a Warren Christopher, un abogado de Los Ángeles que había sido secretario de Estado adjunto con el presidente Carter y que tenía una bien merecida reputación de competencia y discreción. En 1980, Chris había negociado la liberación de los rehenes de Irán. Por desgracia, su liberación se retrasó hasta el día de la toma de posesión del presidente Reagan, lo que demuestra que todos los líderes juegan a la política, incluso en una teocracia.

Mientras tanto, Ross Perot, que seguía sin declarar oficialmente su candidatura, continuaba ganando fuerza. Dimitió de presidente de su empresa y siguió subiendo en las encuestas. Justo cuando yo estaba a punto de conseguir la nominación, los periódicos iban llenos de titulares como «Clinton a punto de hacerse con la nominación, pero todas las miradas se centran en Perot», «La temporada de primarias se acaba, Perot el hombre a seguir» y «Nueva encuesta muestra a Perot delante de Bush y Clinton». Perot no se veía perjudicado por su pasado político, como el presidente Bush, ni por las cicatrices que le habían dejado las primarias, como yo. Para los republicanos debía de ser una especie de monstruo de Frankenstein que ellos mismos habían creado: un empresario que se había hecho con el espacio que habían creado con el ataque que habían lanzado contra mí. Para los demócratas era una pesadilla, la prueba de que se podía derrotar al presidente, aunque quizá no lo hiciera su maltrecho nominado.

El 2 de junio gané las primarias de Ohio, New Jersey, Nuevo México, Alabama, Montana y California, donde derroté a Brown por un 48 contra un 40 por ciento. Finalmente, me había asegurado la nominación. De todos los votos emitidos en las primarias de 1992, yo había recibido más de 10,3 millones, es decir el 52 por ciento. Brown se había llevado cuatro millones de votos, el 20 por ciento; Tsongas unos 3,6 millones, un 18 por ciento. El resto de votos se habían repartido entre otros candidatos y en votos emitidos a candidatos que no se habían presentado.

Pero la gran noticia de aquella noche fue el deseo de muchos votantes de ambos partidos, según las encuestas a pie de urna, de abandonar a los nominados de sus partidos para votar a Perot. Eso nos aguó bastante la fiesta que celebramos en el Biltmore de Los Ángeles. Mientras Hillary y yo veíamos los resultados en mi habitación, incluso a mí me costaba mantener mi natural optimismo. No mucho antes de que se dispusiera que fuéramos al salón de baile a dar el discurso tras la victoria, Hillary y yo recibimos una visita: Chevy Chase. Igual que en Long Island cuatro años atrás, se presentó en un momento en que tenía el ánimo bajo y me lo levantó. Esta vez venía con la compañera con la que estaba rodando una película, Goldie Hawn. Cuando acabaron de hacer chistes sobre la absurda situación en la que nos encontrábamos, ya me sentía mejor y estaba listo para seguir.

Una vez más, los expertos políticos de la prensa decían que estaba muerto. Ahora Perot era el hombre al que había que vencer. Un despacho de noticias de Reuters captaba la esencia de la situación en una frase: «Bill Clinton, que había luchado durante meses para evitar la publicidad acerca de su vida personal, se enfrentó el viernes a una maldición política aún más cruel: que le ignoren». El presidente Nixon predijo que Bush ganaría a Perot por una victoria ajustada y que yo quedaría el tercero, bastante alejado.

Nuestra campaña tenía que recuperar impulso. Decidimos tratar de llegar a grupos de electores concretos y al público general directamente e impulsar que el debate se centrara en los temas políticos. Fui al programa de Arsenio Hall, que era especialmente popular entre los jóvenes. Me puse gafas de sol y toqué «Heartbreak Hotel» y «God Bless the Child» con mi saxo. Contesté a las preguntas de los telespectadores en *Larry King Live*. El 11 y el 12 de junio, el comité del programa electoral demócrata preparó un borrador que reflejaba mi filosofía y mis compromisos de campaña y evitaba el lenguaje polarizado que nos había perjudicado en el pasado.

El 13 de junio, aparecí ante la Coalición Arco Iris del reverendo Jesse Jackson. Al principio, tanto Jesse como yo lo vimos como una oportunidad para suavizar nuestras diferencias y colaborar en un frente unido para la campaña. No salió exactamente así. La noche anterior a mi intervención, la popular artista del rap Sister Souljah se dirigió a la gente de la coalición; era una mujer inteligente, capaz de influir en los jóvenes. Un mes antes, en una entrevista publicada en el *Washington Post*, después de los disturbios de Los Ángeles, había hecho unos comentarios sorprendentes: «Si los negros se matan entre sí cada día, ¿por qué no montamos la semana de matar a los blancos?... Así que si eres miembro de una banda y vas a matar a alguien de todas formas, ¿por qué no a un blanco?».

Supongo que Sister Souljah creía que solo estaba haciéndose eco de la ira y del sentimiento de alienación de los jóvenes negros y trataba de hacer que dejaran de matarse entre sí. Pero no fue eso lo que dijo. Mi equipo, especialmente Paul Begala, pensaba que tenía que pronunciarme respecto a esos comentarios. Dos de mis prioridades principales eran la lucha contra la violencia juvenil y la superación de las divisiones raciales. Después de retar a los votantes blancos de todo el país para que dejaran atrás el racismo, si no decía nada sobre las declaraciones de Sister Souljah, parecería débil, o hipócrita. Hacia el final de mi discurso, dije, acerca de sus comentarios: «Si se intercambiaran las palabras "blanco" y "negro", daría la impresión de que David Duke ha pronunciado esas frases... Todos tenemos la obligación de señalar los prejuicios, allá donde estén».

La prensa política afirmó que mis comentarios eran un intento calculado de atraer a los votantes indecisos, conservadores y moderados, al mismo tiempo que me aferraba a un electorado base demócrata. Y así lo vio también Jesse Jackson. Pensó que había abusado de su hospitalidad para hacer un discurso demagógico dirigido a votantes blancos. Dijo que Sister Souljah era una buena persona, que había trabajado mucho para la comunidad y que le debía una disculpa. Amenazó con no apoyarme e incluso insinuó que respaldaría a Ross Perot. De hecho, yo me había planteado condenar las afirmaciones de Sister Souljah tan pronto como las hizo, cuando me encontraba en Los Ángeles para una reunión de la Coalición del Entretenimiento, un grupo del mundo del espectáculo.

Al final, no lo hice, porque el acto de la Coalición del Entretenimiento tenía fines benéficos y no quería politizarlo. Cuando la Coalición Arco Iris nos acorraló, decidí que tenía que hacer declaraciones. En aquella época, yo no comprendía realmente la cultura del rap. A lo largo de los años, Chelsea me explicó que está llena de gente joven muy inteligente pero profundamente alienada, y me instó a que aprendiera más sobre el tema. Finalmente, en 2001, me dio seis CDs de rap y hip-hop y me hizo prometer que los escucharía. Así lo hice, y aunque sigo prefiriendo el jazz y el rock, disfruté mucho de esa música. También vi que tenía razón acerca de la inteligencia y la alienación. Sin embargo, creo que hice lo correcto al pronunciarme contra Sister Souljah y su aparente defensa de la violencia por motivos de raza, y creo que la mayoría de los ciudadanos afroamericanos estuvieron de acuerdo conmigo. Sin embargo, después de que Jesse me criticara, decidí tratar de conocer mejor a los jóvenes de las zonas urbanas deprimidas, que se sentían apartados y dejados atrás.

El 18 de junio, tuve mi primera reunión con Boris Yeltsin, que se encontraba en Washington para ver al presidente Bush. Cuando los líderes extranjeros visitan otro país, lo más habitual es que se reúnan con el líder de la oposición política. Yeltsin fue educado y amigable, pero ligeramente paternalista. Yo había sido un gran admirador suyo desde aquel día, diez meses atrás, en que se plantó frente a un tanque para oponerse a un golpe de estado. Por el contrario, él obviamente prefería a Bush y creía que el presidente saldría reelegido. Al final de nuestra conversación, Yeltsin dijo que yo tenía un gran futuro por delante, aunque no me eligieran esta vez. Yo pensaba que él era el hombre adecuado para liderar la Rusia postsoviética; me fui de la reunión convencido de que podría trabajar con él, si lograba contradecir sus expectativas acerca del resultado de las elecciones.

Añadí algo de frivolidad a la campaña esa misma semana. El vicepresidente, Dan Quayle, había dicho que su intención era ser el «pit bull terrier» de la campaña de las elecciones. Cuando me preguntaron sobre ello, dije que la declaración de Quayle sin duda llenaría de terror el corazón de todas las bocas de incendio de Estados Unidos.

El 23 de junio volví a ponerme serio, pues tuve que retocar mi plan económico; realicé algunos cambios menores, basados en los últimos informes del gobierno, que preveían que el déficit sería mayor de lo que yo había estimado en un principio. Era arriesgado; para poder mantener mi promesa de reducir el déficit a la mitad en cuatro años, tenía que recortar la propuesta de rebaja fiscal para la clase media. A los republicanos de Wall Street tampoco les gustaba el plan, pues yo proponía incrementar los impuestos sobre la renta de los ciudadanos más ricos y de las empresas. Con el actual sistema fiscal, después de los doce años de mandato ultraliberal de Reagan y de Bush, ambos segmentos pagaban un porcentaje mucho menor de la carga impositiva total del que les correspondería. No podíamos reducir el déficit a la mitad solamente recortando el gasto, y yo defendía que los que más se beneficiaron de la política que creó el déficit durante los años ochenta debían pagar la mitad de lo que costaría terminar con él. Estaba decidido a no caer en la trampa de las «proyecciones de color de rosa» en la que los republicanos habían caído durante doce años: sobreestimaban los ingresos y subestimaban los gastos constantemente para evitar tener que tomar decisiones difíciles. El plan económico revisado lo preparó mi nuevo adjunto de política económica, Gene Sperling, que había dejado el equipo del gobernador Mario Cuomo en mayo para sumarse a mi campaña. Era brillante, raramente dormía y trabajaba como un poseso.

Hacia finales de junio, nuestros denodados esfuerzos por llegar a todo el público y nuestro duro trabajo para concretar las medidas políticas que ofrecíamos empezaron a reflejarse en los resultados. Una encuesta del 20 de junio decía que la carrera presidencial estaba en un empate a tres bandas. No todo era mérito mío. Perot y el presidente Bush estaban enzarzados en un debate muy duro y de cariz muy personal. Era evidente que los dos tejanos no se tenían ningún aprecio, y había algo raro en su rencilla, como la extraña declaración de Perot de que Bush había conspirado para estropear la boda de su hija.

Mientras Perot se dedicaba a pelearse con Bush sobre su hija, yo me tomé un día libre de la campaña para ir a buscar a Chelsea, que volvía de su viaje anual al norte de Minnesota, a un campamento de verano para estudiar alemán. Chelsea empezó a pedir ir de campamentos cuando solo tenía cinco años; decía que quería «ver mundo y tener aventuras». En los campamentos Concordia Language, en la zona de los lagos de Minnessota, había varios pueblecitos que reproducían las características de aquellos que se encontraban en los países cuyos idiomas enseñaban. Cuando los jóvenes llegaban, recibían nuevos nombres y una pequeña cantidad de divisas; luego, pasaban las siguientes dos o cuatro semanas hablando el idioma del pueblo. Concordia tenía pueblos que hablaban las lenguas occidentales y orientales europeas, así como chino y japonés. Chelsea escogió el campamento de alemán; fue cada verano durante varios años. Fue una experiencia maravillosa y una parte muy importante de su infancia.

Yo me pasé las primeras semanas de julio tratando de escoger a un compañero de candidatura. Después de una exhaustiva investigación, Warren Christopher me recomendó que eligiera entre el senador Bob Kerrey; el senador Harris Wofford, de Pennsylvania, que había trabajado con Martin Luther King Jr. y en la Casa Blanca con el presidente Kennedy; el congresista Lee Hamilton, de Indiana, el muy respetado presidente del Comité de Relaciones Exteriores de la Cámara; el senador Bob Graham, de Florida, con el que había entablado amistad cuando habíamos sido gobernadores al mismo tiempo y el senador Al Gore, de Tennessee. Me gustaban todos por igual. Kerrey y yo habíamos colaborado durante nuestra etapa de gobernadores y no le reprochaba los duros comentarios que había realizado durante la campaña. Era una figura que podía atraer a los votantes independientes y republicanos. Wofford era un firme defensor de la reforma de la sanidad y de los derechos civiles, una persona de una gran altura moral. También tenía muy buena relación con el gobernador Bob Casey, que podía garantizarnos la victoria en Pennsylvania. Hamilton era impresionante porque conocía al dedillo la política exterior y era muy fuerte en un distrito conservador del sudeste de Indiana. Graham era uno de los tres o cuatro mejores gobernadores de los aproximadamente 150 con los que había trabajado a lo largo de doce años y, casi con toda certeza, llevaría a Florida de vuelta al redil demócrata por primera vez desde 1976.

Al final, se lo pedí a Al Gore. Al principio, no creía que fuera a decidirme por él. Durante nuestros anteriores encuentros, habíamos tenido una química correcta, pero no hubo calidez. Optar por él desafiaba a la ortodoxia, que decía que el candidato a la vicepresidencia debe aportar un equilibrio político y geográfico. En lugar de eso, procedíamos de estados vecinos y él era todavía más joven que yo. Además, a él también le identificaban como miembro del ala de Nuevos Demócratas del partido. Yo creía que su elección funcionaría precisamente porque no tenía el equilibrio tradicional. Presentaría a Estados Unidos la nueva generación de líderes, y demostraría que hablaba en serio cuando decía que quería llevar al partido, y al país, en una dirección distinta. También pensé que con su selección, ganaríamos Tennessee, el Sur y otros estados indecisos.

Además, Al aportaría un equilibrio mucho más importante: él sabía cosas que yo ignoraba. Yo sabía mucho de economía, agricultura, crimen, asistencia social, educación y sanidad, y tenía suficientes nociones de los principales temas de política exterior. Al era un experto en seguridad nacional, control de armas, tecnología de la información, energía y medioambiente. Era uno de los diez senadores demócratas que habían apoyado al presidente Bush durante la primera guerra del Golfo. Había asistido a la conferencia global sobre biodiversidad celebrada en Río de Janeiro y desaprobaba firmemente de la decisión del presidente Bush de no apoyar el tratado que allí se elaboró. Había escrito un libro que era un *best seller*, *La tierra en juego*, en el que sostenía que los problemas como el calentamiento de la tierra, la erosión de la capa de ozono y la destrucción de los bosques tropicales exigían una reorientación radical de nuestra relación con el medioambiente. Me había dado un ejemplar firmado del libro el anterior mes de abril. Lo leí, aprendí mucho y estuve de acuerdo con su tesis. Además de saber más de los temas a los que tendríamos que enfrentarnos si salíamos elegidos, Al comprendía el Congreso y la cultura de Washington mucho mejor que yo. Y aún más importante, creía que sería un buen presidente si alguna vez me pasaba algo a mí y que tendría excelentes posibilidades de ser elegido al término de mi mandato.

Me instalé en un hotel de Washington para reunirme con la gente que estaba considerando. Al vino una noche, a última hora, a las once, para evitar la posibilidad de que la prensa le viera. La hora era más cómoda para mí que para él, pero estaba alerta y animado. Hablamos durante dos horas del país, de la campaña y de nuestras familias. Él estaba obviamente entregado a Tipper y a sus cuatro hijos, y se sentía orgulloso de ellos. Tipper era una persona interesante, una mujer muy cultivada que se había hecho famosa por su campaña contra las letras violentas y vulgares en la música moderna. También era muy vehemente y estaba muy bien informada acerca de la mejora del sistema sanitario y de atención a los enfermos mentales. Después de nuestra charla, me cayó bien y me convencí de que él y Tipper serían un gran valor añadido en nuestra campaña.

El 8 de julio, llamé a Al y le pedí que fuera mi compañero de candidatura. Al día siguiente, él y su familia volaron a Little Rock para estar presentes cuando emitiéramos el comunicado oficial. La fotografía de todos nosotros, de pie en el porche trasero de la mansión del gobernador, dio la vuelta a la nación. Esa imagen, aún más que lo que allí dijimos, transmitió la energía y el entusiasmo de unos líderes jóvenes y comprometidos con un cambio positivo. Al día siguiente, después de que Al y yo fuéramos a correr por Little Rock, tomamos un avión hasta Carthage, Tennessee, su ciudad natal, para asistir a un mitin y hacer una visita a sus padres. Ambos tenían mucha influencia sobre él. Al Gore Sr. había sido senador durante tres mandatos, era un gran defensor de los derechos civiles y se había opuesto a la guerra de Vietnam; en 1970, sus opiniones le habían llevado a la derrota, pero le habían garantizado un lugar de honor en la historia de Estados Unidos. La madre de Al, Pauline, era igualmente impresionante. Cuando estudiar era la excepción para las mujeres, se graduó en la facultad de derecho y ejerció su profesión durante un breve período en el suroeste de Arkansas.

El 11 de julio, Hillary, Chelsea y yo volamos a Nueva York para asistir a la convención demócrata. Las últimas cinco semanas habían sido buenas, mientras Bush y Perot se peleaban entre sí. Por primera vez, algunas encuestas decían que yo iba en cabeza. La convención, que recibiría cobertura televisiva durante cuatro noches, reforzaría nuestra posición, o la minaría. En 1972 y 1980, los demócratas habían cometido el error de mostrar a los ciudadanos norteamericanos un partido sin disciplina, desanimado y dividido, y eso les había perjudicado. Yo estaba decidido a que no volviera a suceder, y el presidente de la convención, Ron Brown, opinaba lo mismo. Harold Ickes y Alexis Herman, el ayudante de Ron y el presidente ejecutivo de la convención, se hizo cargo de todo el acto para asegurarse de que apareciéramos unidos, ofreciendo ideas nuevas y nuevos líderes. Nos ayudó mucho que las bases del partido estuvieran ansiosas por ganar, después de doce años de control republicano en la Casa Blanca. Sin embargo, todavía quedaba mucho por hacer para que el partido estuviera unido y para proyectar una imagen más positiva. Por ejemplo, nuestra investigación demostraba que muchos norteamericanos

ignoraban que Hillary y yo teníamos una niña y que pensaban que habíamos crecido entre algodones, en un ambiente de riqueza y privilegio.

Las convenciones son un momento embriagador para el candidato.
Ésta lo fue especialmente. Después de meses de ver que me trataban
como a un perro, ahora me elogiaban como el parangón de todo lo que
era bueno y justo. En New Hampshire, y también después, durante todos
los ataques personales que sufrí, tuve que luchar por contener mi tempe-
ramento y controlar mi tendencia a lloriquear cuando estaba exhausto.
Ahora, debía controlar mi ego y recordar que no debía dejarme llevar por
todas las alabanzas y los comentarios positivos de la prensa.

Cuando empezó la convención, hicimos progresos para consolidar la
unidad del partido. Tom Harkin ya me había apoyado tiempo atrás.
Ahora Bob Kerrey, Paul Tsongas y Doug Wilder también pronunciaron
comentarios positivos, al igual que Jesse Jackson. Solo Jerry Brown se
abstuvo de decir nada. Harkin, que se había convertido en uno de mis
políticos preferidos, dijo que Jerry estaba pasando una etapa algo ególa-
tra. También se armó un pequeño lío cuando Ron Brown se negó a dejar
hablar al gobernador Bob Casey durante la convención, pero no porque
quisiera pronunciar un discurso en contra del aborto, sino porque se
negaba a apoyarme públicamente. Yo me decantaba por dejar que participara como orador, porque me gustaba, porque respetaba las convicciones
de los demócratas provida y porque pensaba que podríamos obtener el
voto de muchos de ellos gracias a otros temas y a mi promesa de que el
aborto se convirtiera en algo «seguro, legal y poco habitual». Pero Ron se
mantuvo inflexible. Decía que podíamos estar en desacuerdo, pero que
todo el que subiera a la tribuna debía comprometerse con la victoria en
noviembre. Yo admiraba la disciplina con la que había reconstruido nuestro partido y respeté su elección.

La noche inaugural de la convención aparecieron siete de nuestras candidatas al Senado. Hillary y Tipper también realizaron breves intervenciones. Luego vinieron los discursos de apertura del senador Bill Bradley, de
la congresista Barbara Jordan y del gobernador Zell Miller. Bradley y Jordan eran más famosos, y pronunciaron unos discursos muy buenos, pero
fue Miller el que impresionó al público, que derramó lágrimas el escuchar
esta historia:

> Mi padre, que era maestro, murió cuando yo tenía dos semanas; dejó
> a una joven viuda con dos niños pequeños. Pero la fe de mi madre en
> Dios —y en la voz del señor Roosevelt por la radio— nos hizo seguir
> adelante. Después de la muerte de mi padre, mi madre desbrozó con
> sus propias manos una pequeña parcela de terreno escarpado. Cada
> día se internaba en el helado riachuelo de un vecino y acarreaba miles

de piedras pulidas por el agua para construir una casa. Crecí viendo cómo mi madre terminaba esa casa; usaba las piedras que traía del río y el cemento que mezclaba en una carretilla —cemento que aún hoy conserva sus huellas—. Su hijo también las conserva. Ella imprimió en el fondo de mi alma su orgullo, sus esperanzas y sus sueños. De modo que, como pueden ver, sé a qué se refiere Dan Quayle cuando dice que es mejor que los niños tengan un padre y una madre. Pues claro que es mejor. Y también sería mejor que nacieran todos con un fideicomiso bajo el brazo. No todos podemos nacer ricos, guapos y afortunados. Y por eso tenemos un Partido Demócrata.

Luego pasó a encomiar las contribuciones de los presidentes demócratas, desde Franklin Roosevelt hasta Carter, y dijo que creíamos que nuestro gobierno podía mejorar la educación, los derechos humanos y civiles, las oportunidades económicas y sociales para la gente y el medioambiente. Atacó a los republicanos por sus medidas políticas a favor de los ricos y de los grupos de presión y se pronunció a favor de mis propuestas sobre economía, educación, sanidad, crimen y la reforma de la asistencia social. Era un mensaje demócrata nuevo, exactamente lo que yo quería que el país oyera. Cuando Zell Miller fue elegido para el Senado, en 2000, Georgia era más conservadora y también lo era él mismo. Se convirtió en uno de los defensores más fuertes del presidente Bush, y votó a favor de importantes rebajas impositivas que dispararon el déficit y beneficiaron desproporcionadamente a los norteamericanos más ricos. También aprobó presupuestos que arrojaron a los niños pobres de los programas escolares de clases de recuperación y que impedían que los trabajadores desempleados recibieran formación durante su paro forzoso; los recortes también afectaron a los efectivos policiales, y hubo menos agentes vigilando las calles. Ignoro la razón por la cual Zell cambió su opinión acerca de lo que era mejor para Estados Unidos, pero siempre recordaré lo que hizo por mí, por los demócratas y por Estados Unidos en 1992.

Durante el segundo día se presentó la tribuna de oradores; el presidente Carter, Tom Harkin y Jesse Jackson pronunciaron magníficos discursos. Cuando Jesse decidió apostar por mí, lo hizo a fondo, con un discurso espectacular que hizo que el lugar se viniera abajo. Sin embargo, el momento más emocionante de la velada fue el dedicado a la sanidad. El senador Jay Rockefeller habló de lo necesaria que era una cobertura sanitaria universal para todos los norteamericanos. De la veracidad de su argumento eran ejemplo mis amigos de New Hampshire Ron y Rhonda Machos, que para entonces esperaban la llegada de su segundo hijo y tenían una deuda por valor de 100.000 dólares en facturas médicas, por la operación a corazón abierto del pequeño Ronnie. Decían que se sentían ciudadanos de segunda clase, pero que me conocían bien y que yo era su «mejor esperanza para el futuro».

Dos de los oradores sobre sanidad que intervinieron eran personas con SIDA: Bob Hattoy y Elizabeth Glaser. Yo quería que trajeran la realidad de un problema ignorado desde hacía demasiado tiempo por los políticos y que llegara a las salas de estar de todos los hogares del país. Bob era un gay que trabajaba para mí. Dijo: «No quiero morir, pero no quiero vivir en un país donde el presidente me considera un enemigo. Puedo aceptar que muero a causa de una enfermedad, pero no a causa de la política». Elizabeth Glaser era una mujer hermosa e inteligente, la esposa de Paul Michael Glaser, el protagonista de la exitosa serie de televisión *Starsky y Hutch*. Se contagió de SIDA cuando tuvo una hemorragia durante el parto de su primer hijo y recibió una transfusión contaminada con el virus. Se lo pasó a su hija a través de la leche materna, y a su siguiente hijo, un niño, en el útero. Cuando participó en esta convención, Elizabeth ya había fundado la Fundación Pediátrica SIDA, e impulsaba iniciativas para recaudar más dinero para la investigación y la atención sanitaria. Su hija, Ariel, ya había muerto de SIDA. Ella quería un presidente que hiciera más al respecto. Poco después de que me eligieran, Elizabeth también perdió su lucha contra el SIDA. Nos rompió el corazón a Hillary y a mí, y a muchísima gente que la amaba y siguió su ejemplo. Estoy agradecido porque su hijo Jake ha sobrevivido y porque su padre y los amigos de Elizabeth han continuado su labor.

El tercer día de la convención, una encuesta nacional afirmaba que iba el primero, con una ventaja de dos dígitos respecto al presidente Bush. Empecé la mañana con una carrera por Central Park. Luego Hillary, Chelsea y yo disfrutamos del lujo de que Nelson Mandela nos visitara en nuestra suite. Era el invitado de honor a la convención del alcalde David Dinkins. Muy apropiadamente, dijo que no iba a pronunciarse respecto a las elecciones, pero expresó su agradecimiento por la larga oposición de los demócratas contra el régimen del *apartheid*. Mandela quería que las Naciones Unidas mandaran un enviado especial para investigar el estallido de violencia en Sudáfrica, y yo le dije que apoyaría su petición. Su visita marcó el principio de una gran amistad entre todos nosotros. A Mandela, obviamente, le gustó mucho Hillary, y a mí me emocionó mucho lo atento que fue con Chelsea. Durante los ocho años que pasé en la Casa Blanca, jamás mantuvimos una conversación en la que no se preocupara de preguntarme por ella. Incluso una vez que hablábamos por teléfono también pidió hablar con ella. Le he visto demostrar la misma sensibilidad con todos los niños, blancos y negros, que se han cruzado en su camino en Sudáfrica. Es una muestra más de su grandeza innata.

El miércoles fue una gran noche en la convención, con entusiastas discursos de Bob Kerrey y Ted Kennedy. Hubo un emocionante homenaje fílmico a Robert Kennedy, presentado por su hijo, el congresista Joe Kennedy, de Massachusetts. Luego hablaron Jerry Brown y Paul Tsongas. Jerry destrozó al presidente Bush, y Tsongas también, pero además nos ensalzó a Al Gore y a mí. Después de todo lo que había tenido que pasar, fue un gesto muy valiente y elegante por su parte.

Y entonces llegó el gran momento: el discurso de nominación de Mario Cuomo. Todavía era el mejor orador del partido, y no decepcionó a nadie. Con una retórica majestuosa, punzantes críticas y argumentos razonados, Cuomo afirmó que había llegado el momento de «alguien suficientemente inteligente para saber, suficientemente fuerte para actuar, suficientemente seguro para liderar. En suma, el *Comeback Kid*, una nueva voz para una nueva América». Después, intervinieron los otros dos oradores: la congresista Maxine Walters y el congresista Dave McCurdy, de Oklahoma. Cuando terminaron sus discursos de nominación, se pasó lista.

Alabama dejó pasar a Arkansas, para que mi estado natal pudiera realizar el primer voto. Nuestro presidente demócrata, George Jernigan, que había competido conmigo en las elecciones a fiscal general dieciséis años atrás, declinó el honor a favor de otro delegado Clinton. Entonces mi madre dijo sencillamente: «Arkansas se enorgullece de entregar nuestros cuarenta y ocho votos a nuestro hijo predilecto, mi hijo Bill Clinton». Me pregunté qué estaría pensando y sintiendo Madre, más allá de su desbordante orgullo; si su mente se remontaba cuarenta y seis años atrás, hasta recordar a la viuda de veintitrés años que me dio la vida, o si repasaba todos los problemas que había sobrellevado con una sonrisa alegre, para darnos a mí y a mi hermano una vida lo más normal posible. Fue hermoso contemplarla en aquel instante, y me sentí agradecido de que a alguien se le hubiera ocurrido la idea de dejar que ella diera comienzo a la votación.

Mientras la votación proseguía, Hillary, Chelsea y yo nos dirigimos a Madison Square Garden, desde nuestro hotel, y nos detuvimos en una tienda Macy's para seguir la marcha de la votación por televisión. Cuando Ohio me entregó 144 votos, superé el umbral de la mayoría, fijado en 2.145 votos, y me convertí finalmente en el candidato demócrata oficial. Durante las muestras de alegría que siguieron, los tres llegamos hasta allí y subimos al escenario. Era el primer candidato que acudía a la convención antes de la noche del discurso de aceptación, desde que John Kennedy lo hiciera en 1960. Hice un breve comentario: «Hace treinta y dos años, otro joven candidato que quería poner en marcha al país vino a la convención para decir simplemente gracias». Yo quería identificarme con el espíritu de la campaña de John Kennedy, dar las gracias a las personas que habían apoyado mi nominación y a los delegados y «decirles que mañana por la noche, seré de nuevo el *Comeback Kid*».

El jueves 16 de julio fue el último día de la convención. De momento, habíamos pasado tres días grandiosos, tanto en el centro de convenciones como en la televisión. Habíamos presentado no solamente a nuestros líderes nacionales, sino también a nuestras nuevas promesas, así como a ciudadanos corrientes. Habíamos trabajado duro para incorporar las nuevas ideas a nuestro programa. Pero ese esfuerzo no serviría de nada a menos que Al Gore y yo pronunciásemos discursos de aceptación convincentes. El día empezó con una sorpresa, como tantos otros días de aquella enloquecida temporada de campañas: Ross Perot se retiró de la carrera presidencial. Le llamé, le felicité por su campaña y le dije que estaba de acuerdo con él sobre la necesidad de reformas políticas fundamentales. Él se negó a decantarse por el presidente Bush o por mí, y yo me adentré en la última noche de la convención sin saber a ciencia cierta si su retirada me perjudicaría o sería positiva para mí.

Después de que Al Gore fuera nominado por mayoría, pronunció un discurso apasionado, muy emocionante y que tuvo mucho éxito. Empezó diciendo que de jovencito, mientras crecía en Tennessee, siempre había deseado ser algún día telonero de Elvis, que era el apodo con el que mi equipo me había bautizado durante la campaña. A continuación Al se lanzó a una letanía de los fracasos de la administración Bush, y tras cada uno decía: «Es hora de que se vayan». Después de que lo hiciera un par de veces, los delegados también gritaron la frase, y toda la sala retumbó con la energía que allí había concentrada. Luego, alabó mi trayectoria, destacó los retos a los que nos enfrentábamos y habló de su familia y de nuestra obligación de dejar una nación más unida y más fuerte para la siguiente generación. Al hizo un discurso realmente muy bueno. Había cumplido con su parte. Ahora era mi turno.

Paul Begala escribió el primer borrador de mi discurso. Tratábamos de abarcar mucho: mi biografía, la retórica de campaña y las medidas políticas. Queríamos apelar a tres grupos distintos: los demócratas de toda la vida, los independientes, los republicanos insatisfechos con el presidente pero que dudaban acerca de mí y la gente que sencillamente no votaba porque creía que su voto no importaba. A Paul, como siempre, se le ocurrieron algunas frases fantásticas. George Stephanopoulos había conservado notas de las que habían funcionado mejor durante la campaña de las primarias. Bruce Reed y Al From ayudaron a perfilar el apartado dedicado a las medidas políticas. Para presentarme, mis amigos Harry y Linda Bloodworth Thomason produjeron un pequeño cortometraje titulado *El hombre de Hope*. Aquello animó al público, y yo avancé hacia la tribuna entre estruendosos aplausos.

El discurso empezó lentamente; dediqué unas frases a Al Gore, expresé mi agradecimiento a Mario Cuomo y saludé a mis oponentes en las primarias. Luego venía el mensaje: «En nombre de todos aquellos que trabajan y pagan sus impuestos, educan a sus hijos y respetan las reglas, en nombre de los esforzados norteamericanos que componen nuestra olvidada clase media, me enorgullece aceptar vuestra nominación como candidato a la presidencia de Estados Unidos. Yo soy fruto de esa clase media, y cuando sea presidente, ya nadie se olvidará de ustedes».

A continuación, conté la historia de la gente que más había influido en mí, empezando por mi madre, desde sus penurias cuando era una joven viuda con un bebé al que criar, hasta su actual lucha contra el cáncer de pecho, y afirmé: «Siempre, siempre, siempre me enseñó a luchar». Hablé de mi abuelo y de cómo aprendí de él «a admirar a la gente que los demás despreciaban». Y rendí homenaje a Hillary por enseñarme que «todos los niños pueden aprender, y todos y cada uno de nosotros tenemos el deber de ayudarles a hacerlo». Quería que Estados Unidos supiera que mi espíritu de lucha nacía de mi madre, que mi compromiso con la igualdad racial se inició al lado de mi abuelo y que mi preocupación por el futuro de nuestros hijos había empezado con mi esposa.

También quería que la gente supiera que todos podían formar parte de nuestra familia norteamericana: «Quiero decir algo a todos los niños de Estados Unidos que tratan de salir adelante y crecer sin un padre o una madre: sé qué sienten. Y ustedes también son especiales. A este país le importan. Jamás dejen que nadie les diga qué pueden o no pueden ser».

Durante los siguientes minutos, hice una crítica de las medidas políticas de Bush y esbocé mi plan para mejorar la situación. «Hemos pasado de ser primeros a estar décimo terceros en la clasificación mundial de salarios, desde que Reagan y Bush llegaron al poder... Hace cuatro años prometió que hoy habría 15 millones de empleos más y aún le faltan 14 para cumplir su promesa... El actual presidente dice que el desempleo siempre aumenta un poco antes de que se produzca una recuperación, pero solo hace falta que una persona más pierda su empleo, entonces podrá empezar la verdadera recuperación de este país. Y señor presidente, esa persona es usted.» Afirmé que mi Nuevo Contrato para las oportunidades, la responsabilidad y la comunidad nos daría «una Norteamérica en la que las puertas de la universidad se abran de par en par otra vez para los hijos e hijas de las taquígrafas y los obreros siderúrgicos... una Norteamérica donde aumenten los ingresos de la clase media, y no sus impuestos... una Norteamérica donde los ricos respiren tranquilos, pero en la que no se estrangule a la clase media... una Norteamérica donde la asistencia social, tal como hoy la conocemos, sea cosa del pasado».

Luego hice un llamamiento a la unidad nacional. Para mí, era la parte más importante del discurso, algo en lo que había creído desde pequeño:

Hoy, todos ustedes saben en el fondo de sus corazones que estamos demasiado divididos. Ha llegado la hora de curar a Norteamérica.

Tenemos que decir a cada uno de nuestros ciudadanos: mira más allá de los estereotipos que nos ciegan. Nos necesitamos. Todos nosotros, nos necesitamos los unos a los otros. No podemos prescindir de nadie. Y sin embargo, durante demasiado tiempo, los políticos nos han dicho a muchos de los que vivíamos bien que el verdadero problema de Norteamérica éramos el resto de nosotros. *Ellos.*

Ellos, las minorías. Ellos, los progresistas. Ellos, los pobres; ellos los sin techo; ellos, los discapacitados. Ellos, los gays.

Hemos llegado a un punto en el que casi nos hemos condenado a muerte a fuerza de ver tantos ellos. Ellos y ellos y ellos.

Pero esto es Norteamérica. No existen esos ellos; solo estamos nosotros. Una nación, bajo Dios, indivisible, con libertad y justicia para todos.

Ese es el juramento de nuestra bandera, y ese es el espíritu del Nuevo Contrato...

Cuando era adolescente escuché los llamamientos que John Kennedy hacía a a la ciudadanía. Y luego, como estudiante en Georgetown, escuché esa llamada, que un profesor llamado Carroll Quigley supo clarificar; nos decía que Norteamérica era la nación más grande de la historia porque nuestra gente siempre había creído en dos grandes ideas: que el futuro puede ser mejor que el presente, y que cada uno de nosotros tiene una responsabilidad moral y personal de intentar que así sea.

Ese futuro entró en mi vida la noche que nuestra hija, Chelsea, nació. De pie en aquella sala de partos, se apoderó de mí la idea de que Dios me había concedido una bendición que mi propio padre jamás conoció: la suerte de sujetar a mi propio hijo en mis brazos.

En algún lugar, en este mismo instante, un niño nace en Norteamérica. Que sea nuestra causa que ese niño tenga un hogar feliz, una familia sana y un futuro esperanzador. Que sea nuestra causa asegurarnos de que ese niño tiene la posibilidad de vivir al máximo los dones con los que Dios le ha bendecido. Que sea nuestra causa entregarle a ese niño un país unido, en lugar de uno dividido; un país de esperanzas sin límite y sueños sin fin; un país que una vez más eleve el espíritu de su pueblo y sea fuente de inspiración para el mundo.

Que sea nuestra causa, nuestro compromiso y nuestro Nuevo Contrato.

Conciudadanos, termino esta noche donde todo empezó para mí: aún creo en un lugar llamado Hope.* Dios les bendiga y Dios bendiga a Norteamérica.

---

* Hope, ciudad natal del autor. Juego de palabras con el significado de hope, «esperanza». (*N. de la T.*)

Cuando mi discurso terminó y los aplausos se apagaron, la convención se clausuró con una canción escrita para la ocasión por Arthur Hamilton y mi viejo amigo y compañero músico del instituto Randy Goodrum: «Circle of Friends». La cantó la estrella de Broadway Jennifer Holiday, acompañada por el coro del Philander Smith College, de Little Rock, por el pequeño Reggie Jackson, de diez años de edad, que había deslumbrado a la convención la noche del lunes cantando «America the Beautiful» y por mi hermano, Roger. Poco después, todos nos pusimos a cantar: «Unámonos al círculo de amigos, el que empieza y jamás llega a su fin».

Fue el final perfecto para el discurso más importante que jamás había pronunciado. Y funcionó. Estábamos ampliando el círculo. Tres encuestas distintas mostraban que mi mensaje había calado profundamente entre los votantes, y que teníamos una gran ventaja, de veinte puntos o más. Pero sabíamos que no podríamos conservar ese margen. Para empezar, la base cultural republicana, formada por votantes blancos muy reacios a votar a cualquier candidato demócrata a la presidencia, ascendía a casi el 45 por ciento del electorado. Y además, los republicanos aún no habían celebrado su convención, que sin duda daría un gran empuje al presidente Bush. Finalmente, yo solo había disfrutado de seis semanas de cobertura periodística positiva y de una semana de acceso directo, completamente positivo, a los ciudadanos norteamericanos. Era más que suficiente para apartar todas las dudas acerca de mi persona al fondo de la conciencia del público, pero como yo no ignoraba, no bastaba para desperjarlas totalmente.

VEINTIOCHO

A la mañana siguiente, el 17 de julio, Al, Tipper, Hillary y yo fuimos en coche a New Jersey para empezar el primero de varios viajes en autobús por todo el país. La intención era visitar las pequeñas ciudades y pueblos y las áreas rurales que las campañas presidenciales modernas no atendían, pues en ellas dominaban los actos celebrados en lugares con grandes mercados para los medios de comunicación. Esperábamos que con este circuito de autobús que había sido idea de Susan Thomases y David Wilhelm, conseguiríamos mantener los ánimos y el empuje que la convención nos había dado.

El viaje fue una excursión de unos 1.600 kilómetros por New Jersey, Pennsylvania, West Virginia, Ohio, Kentucky, Indiana e Illinois. Hubo muchos discursos, estrechamos la mano a mucha gente, en paradas previstas, e imprevistas. El primer día trabajamos por todo el este y la zona central de Pennsylvania y llegamos a nuestro último destino, York, a las dos de la madrugada. Había miles de personas esperándonos. Al hizo la mejor versión de madrugada de su discurso electoral. Yo hice lo mismo, y luego no paramos de saludar a nuestros seguidores durante casi otra hora, hasta que los cuatro caímos rendidos y arañamos unas pocas horas de sueño. El día siguiente cruzamos toda Pennsylvania. Cada vez nos conocíamos mejor entre nosotros y también conocíamos mejor a la gente. El ambiente era cada vez más relajado y alegre, pues nos daba ánimos el entusiasmo de los que venían a los mítines o salían a saludarnos a nuestro paso por la carretera. En una estación de servicio para camiones en Carlisle, Al y yo nos subimos a los inmensos vehículos para estrechar la mano de los conductores. En un peaje de Pennsylvania nos atrevimos a jugar un poco al fútbol americano en el aparcamiento. En algún momento del viaje incluso nos las arreglamos para echar una partida de minigolf. El tercer día terminamos de recorrer el oeste de Pennsylvania y alcanzamos West Virginia; fuimos a Weirton Steel, un gran productor integrado que los empleados habían comprado a su anterior propietario y que ahora gestionaban ellos. Esa noche fuimos a la granja de Gene Branstool, cerca de Utica, Ohio, para una cena al aire libre con un par de cientos de granjeros y sus familias, y luego nos detuvimos en un campo cercano, donde diez mil personas nos estaban esperando. Me quedé asombrado ante dos cosas: la numerosa multitud y la extensión del campo de maíz. Era el más alto y el más denso que había visto jamás, un buen presagio. Al día siguiente visitamos Columbus, la capital de Ohio, y luego nos dirigimos hacia Kentucky. Mientras cruzábamos la frontera estatal, yo estaba convencido de que podíamos ganar Ohio, como Jimmy Carter había hecho en 1976. Era muy importante, pues desde la guerra de la Independencia, ningún republicano se había hecho con la presidencia sin conquistar Ohio.

El quinto y último día, después de un gran mitin en Louisville, cruzamos el sur de Indiana y nos adentramos en el sur de Illinois. Por todo el camino, la gente nos esperaba de pie al borde de los campos, agitando nuestros carteles; también pasamos frente a una gran cosechadora engalanada con una bandera norteamericana y un póster de Clinton-Gore. Cuando llegamos a Illinois, ya íbamos tarde, como cada día, a causa de las paradas no previstas. No podíamos hacer ninguna más, pero un pequeño grupo estaba de pie en un cruce de caminos, con una gran pancarta en la que ponía: «DENNOS OCHO MINUTOS, ¡Y LES DAREMOS OCHO AÑOS!». Paramos, por supuesto. El último mitin del día fue uno de los más extraordinarios de la campaña. Cuando llegamos a Vandalia, miles de personas con velas encendidas llenaban la plaza que rodeaba el antiguo edificio del Capitolio, donde Abraham Lincoln había sido representante de la cámara durante un mandato, antes de que la sede del gobierno se desplazara a Springfield. Era muy tarde cuando finalmente llegamos a St. Louis para otra corta noche de reposo.

El viaje en autobús fue todo un éxito. Nos llevó, a nosotros y a los medios de comunicación nacionales, a lugares del interior de Estados Unidos que demasiado a menudo no recibían la atención que merecían. El país vio cómo tratábamos de llegar a todo el mundo, a todos los que habíamos prometido representar en Washington. A los republicanos les resultó más difícil pintarnos como radicales políticos y culturales. Gracias a aquellas largas horas en el autobús, Al, Tipper, Hillary y yo llegamos a conocernos de un modo muy especial que, sin aquel viaje, hubiera sido imposible.

El mes siguiente hicimos cuatro viajes más en autobús, esta vez más cortos, de uno o dos días. En el segundo remontamos el río Mississippi, de St. Louis a Hannibal, Missouri, el pueblo natal de Mark Twain; desde Davenport, Iowa, hasta cruzar Wisconsin y llegar a Minneapolis, donde Walter Mondale consiguió que una multitud de diez mil personas esperara durante dos horas mientras les informaba regularmente de nuestra situación y próxima llegada.

El momento más memorable del segundo viaje en autobús tuvo lugar en Cedar Rapids, Iowa, donde después de una reunión sobre biotecnología y de una visita a la fábrica de embalajes de Quaker Oats, celebramos un mitin en el aparcamiento. Asistió mucha gente y demostraron mucho entusiasmo, excepto por un ruidoso grupo de oponentes que sostenían grandes carteles provida y me abucheaban a mis espaldas. Después de los discursos, bajé del estrado y empecé a saludar a la gente. Me sorprendió ver a una mujer blanca con una chapa provida, sosteniendo a un bebé negro en sus brazos. Cuando le pregunté de quién era el niño, resplandeció y dijo: «Es mi bebé. Se llama Jamiya». La mujer me contó que la niña había nacido con el virus VIH en Florida y que la había adoptado, aunque era una mujer divorciada que se esforzaba por criar a sus dos propios hijos. Jamás olvidaré a aquella mujer, sosteniendo a Jamiya y proclamando orgullosa: «Es mi bebé». Ella también era provida, precisamente el tipo de persona que yo quería que dispusiera de más oportunidades para conseguir el sueño norteamericano.

A finales de mes hicimos un viaje de un día por el valle de San Joaquín, en California, y otro de dos días por Texas y las zonas que no habíamos podido cubrir de Ohio y Pennsylvania, para terminar al oeste de Nueva York. En septiembre viajamos por todo el sur de Georgia. Durante el mes de octubre, estuvimos dos días en Michigan y, en una frenética jornada, recorrimos diez ciudades de Carolina del Norte.

Jamás había visto nada parecido al permanente entusiasmo que se desataba al paso de nuestro autobús. Por supuesto, en parte se debía a que mucha gente que vivía en pequeñas ciudades o pueblos no estaba acostumbrada a ver a los candidatos a la presidencia de cerca; me refiero a lugares como Coatesville, Pennsylvania; Centralia, Illinois; Prairie du Chien, Wisconsin; Walnut Grove, California; Tyler, Texas; Valdosta, Georgia y Elon, Carolina del Norte. Pero sobre todo, era porque se establecía una conexión entre la gente y la campaña, gracias a ese autobús, que representaba la cercanía con la gente corriente y el progreso positivo. En 1992, los norteamericanos estaban preocupados, pero también esperanzados. Hablábamos directamente a sus temores y reforzábamos su permanente optimismo. Al y yo desarrollamos una buena rutina conjunta. Cada vez que nos deteníamos para hablar, él hacía una lista de todos los problemas de Estados Unidos y decía: «Todo lo que tendría que estar bajo está alto, y todo lo que tendría que estar alto está bajo». Luego me presentaba, y yo les contaba a la gente qué pensábamos hacer para arreglar la situación. Me encantaban aquellos viajes en autobús. Recorrimos dieciséis estados y, en noviembre, ganamos en trece de ellos.

Después del primer viaje en autobús, una encuesta nacional decía que tenía una ventaja de dos a uno contra el presidente Bush, pero no me lo tomé muy en serio porque en realidad él todavía no había empezado a hacer campaña. La última semana de julio, se lanzó a ello con una serie de ataques. Dijo que mi plan económico para recortar el aumento del gasto en defensa nos costaría millones de empleos, que mi reforma sanitaria sería un programa gubernamental «dirigido con la compasión del KGB», que yo quería «el aumento impositivo más grande de toda la historia» y que él aportaría un «tono moral» como presidente superior al mío. Su ayudante, Mary Matalin, superó a Dan Quayle en la carrera por ser el *pit bull* de la campaña, tachándome de «hipócrita quejica». Más adelante, cuando Bush se hundió, muchos de sus ayudantes y asesores profesionales empezaron a decir a la prensa que la culpa era de todo el mundo, menos de ellos. Algunos incluso llegaron a criticar al presidente. Mary no lo hizo. Apoyó a su candidato hasta el final. Irónicamente, Mary Matalin y James Carville se comprometieron en matrimonio, y poco tiempo después se casaron. Aunque procedían de extremos opuestos del espectro político, ambos eran fieles y agresivos partidarios de su bando; su amor añadió algo de picante a su vida, y sus creencias políticas animaron tanto la campaña de Bush como la mía.

Durante la segunda semana de agosto, el presidente Bush convenció a James Baker de que dimitiera de su cargo de secretario de Estado y volviera a la Casa Blanca de supervisor de su campaña. Yo pensaba que Baker había hecho una labor encomiable en el Departamento de Estado, excepto en Bosnia, donde la administración debería haberse opuesto con más firmeza a la limpieza étnica. Sabía que era un buen político, que haría que la campaña de Bush funcionara de forma más eficaz.

Nuestra campaña necesitaba lo mismo. Habíamos obtenido la candidatura organizándonos según el calendario de las primarias. Ahora que la convención ya había tenido lugar, necesitábamos una coordinación mucho más sólida entre todas nuestras fuerzas, dirigida desde un único centro estratégico. James Carville se encargó de ello, y necesitaba un ayudante. Dado que la esposa de Paul Begala, Diane, estaba embarazada de su primer hijo, él no podía estar todo el día en Little Rock, así que, con reticencias por mi parte, envié a George Stephanopoulos y lo aparté de la primera línea de la campaña. George había demostrado un profundo conocimiento de cómo funcionaba el ciclo informativo de veinticuatro horas; ahora ya sabíamos cómo luchar contra la mala prensa y cómo disfrutar de los artículos favorables. Él era la mejor opción.

James concentró todos los elementos de la campaña —las medidas políticas, la prensa y la investigación— en un amplio espacio abierto que había en la vieja sala de redacción del edificio del *Arkansas Gazette*. De esa forma, eliminaba las barreras y contribuía a establecer cierta camaradería entre los miembros del equipo. Hillary comentó que parecía una «sala de guerra», y así la llamamos desde entonces. Carville puso un cartel en la pared, como recordatorio constante de los temas centrales de la campaña. Solo tenía tres líneas:

CAMBIO CONTRA MÁS DE LO MISMO
LA ECONOMÍA, ESTÚPIDO
NO SE OLVIDEN DE LA SANIDAD

Carville también supo resumir su principal táctica de combate en un eslogan que imprimió en una camiseta: «La velocidad mata... a Bush». En la Sala de Guerra se celebraban reuniones diarias, a las 7 de la mañana y a las 7 de la noche, para repasar y comentar las encuestas que Stan Greenberg preparaba durante la noche, los últimos anuncios de Mandy Grunwald, las noticias y los ataques de Bush. Luego, formulábamos respuestas a las críticas y a los acontecimientos a medida que se desarrollaban. Mientras, los voluntarios jóvenes trabajaban todo el día contrarreloj: recopilaban toda la información procedente de nuestra antena parabólica y perseguían las noticias y los comentarios de la oposición con sus ordenadores. Ahora todo eso es el procedimiento habitual, pero entonces era nuevo, y el modo en que hicimos uso de la tecnología fue esencial para que la campaña cumpliera con los objetivos de Carville de reaccionar con rapidez y concentración.

Una vez que supimos qué queríamos decir, nos pusimos manos a la obra para transmitir el mensaje, no solamente a los medios de comunicación, sino también a nuestros equipos de «respuesta rápida» de cada estado, cuyo trabajo era transmitirlo a nuestros seguidores y a los medios informativos locales. Enviamos *pins* con el lema «Equipo de Respuesta Rápida», para aquellos que aceptaron dedicarse diariamente a esa labor. Hacia el final de la campaña, miles de personas los llevaban.

Cuando yo despachaba por la mañana con Carville, Stephanopoulos y quienquiera que tuviera que estar presente en la reunión, mi equipo ya estaba en disposición de decir en qué situación nos encontrábamos y qué acciones debíamos emprender. Si yo no estaba de acuerdo, discutíamos. Si debía tomarse una decisión estratégica o de política inmediata, yo decidía. Pero la mayor parte del tiempo, les escuchaba en un asombrado silencio. A veces me quejaba de lo que no marchaba bien, como discursos que yo opinaba que eran demasiado largos o demasiado retóricos o escasos de argumentación y sustancia; también me quejaba acerca del apretado y agotador calendario de trabajo, que solía ser más bien culpa mía. A causa de las alergias y de lo agotado que estaba, por las mañanas rezongaba demasiado. Afortunadamente, Carville y yo estábamos en la misma onda y siempre sabía cuándo hablaba en serio o cuándo sencillamente me estaba desahogando. Creo que los demás que asistían a aquellas reuniones también llegaron a entenderlo.

Los republicanos celebraron su convención en Houston, durante la tercera semana de agosto. Normalmente, la oposición pasa a un segundo plano durante la convención del otro partido. Aunque yo pensaba respetar esa práctica habitual y mantener un perfil bajo, nuestro equipo de respuesta rápida estaría preparado, por si acaso. Hicimos bien. A los republicanos no les quedó más remedio que cubrirme de basura. Estaban muy por detrás en las encuestas y su agresivo método de arrasar con todo había funcionado en todas las elecciones, excepto en la victoria por dos puntos del presidente Carter, a la sombra del escándalo Watergate. Estábamos decididos a emplear los equipos de respuesta rápida para que los ataques republicanos se volvieran contra ellos.

El 17 de agosto, cuando su convención se inauguró, yo aún contaba con una ventaja de veinte puntos, y les aguamos un poco la fiesta cuando dieciocho ejecutivos destacados del mundo de la empresa anunciaron que me apoyarían. Era una buena noticia, pero no distrajo a los republicanos de su plan de acción. Empezaron por calificarme de «mujeriego», y de «cobarde que quiso evitar el reclutamiento», y acusaron a Hillary de querer destruir a la familia norteamericana, al defender que los niños pudieran demandar a sus padres cuando estaban en desacuerdo con sus decisiones disciplinarias. Marilyn Quayle, la esposa del vicepresidente, fue particularmente crítica con el supuesto asalto de Hillary a los «valores tradicionales». Sus afirmaciones se basaron en una lectura muy distorsionada de un artículo que Hillary había escrito durante su etapa en la facultad de derecho, en el que argumentaba que, en circunstancias de abuso o negligencia grave, los menores tenían derechos legales independientes de sus padres. Casi todos los norteamericanos estarían de acuerdo con una lectura justa de sus palabras, pero por supuesto, dado que muy poca gente había visto su artículo, casi nadie podía decir si las acusaciones vertidas eran ciertas o no.

La principal atracción de la noche de inauguración del acto republicano era Pat Buchanan, que despertó el entusiasmo entre los delegados a base de atacarme ferozmente. Entre mis frases preferidas estaba la afirmación de que, mientras Bush impulsaba la liberación de Europa del Este, mi experiencia en política exterior se reducía «más o menos, a desayunar una vez en la International House of Pancakes», y su caracterización de la convención demócrata como «radicales y activistas... disfrazados de moderados y centristas, en la mayor exhibición de travestismo de toda la historia política de Norteamérica». Las encuestas demostraron que la actuación de Buchanan no benefició a Bush, pero yo no lo veía así. Su misión era detener la hemorragia de la derecha diciendo a los conservadores que querían un cambio por qué no podían votar por mí. Y lo hizo muy bien.

Las críticas feroces a Clinton se prolongaron durante toda la convención; mientras, nuestros equipos de respuesta rápida contraatacaban sin perder un segundo. El reverendo Pat Robertson me llamó «Willie el Resbaladizo» y dijo que tenía un plan radical para destruir a la familia norteamericana. Dado que yo llevaba trabajando en la reforma de la asistencia social desde mucho antes de que a Robertson se le ocurriera que Dios es un republicano de extrema derecha, la acusación era risible.

Nuestro equipo de respuesta rápida reaccionó con fuerza. También defendían muy bien a Hillary de las críticas antifamilia, comparando el tratamiento que los republicanos le daban con sus tácticas con el asunto de Willie Horton frente a Dukakis, cuatro años atrás.

Para hacer hincapié en que los republicanos me atacaban solo porque les preocupaba conservar el poder, mientras que nosotros queríamos el poder para atacar los problemas del país, Al, Tipper, Hillary y yo fuimos a cenar el 18 de agosto con el presidente Carter y su esposa. Luego, al día siguiente —el día del cumpleaños de Tipper, y también del mío— pasamos todo el día colaborando en la construcción de una casa con miembros de Hábitat para la Humanidad, la organización que Jimmy y Rosalynn Carter respaldaban desde hacía años. Fruto de una idea de Millard Fuller, un amigo nuestro de los fines de semana del Renacimiento, Hábitat se nutre del trabajo de los voluntarios para construir casas para y con gente pobre, que luego se hacen cargo del coste de los materiales. La organización ya se había convertido en uno de los principales constructores de hogares de Estados Unidos y se estaba extendiendo a otros países. Nuestro trabajo fue el contraste perfecto frente a los estridentes ataques republicanos.

El presidente Bush realizó una visita sorpresa a la convención la misma noche de su nominación como candidato, igual que yo, y llevó a toda su familia, de aspecto típicamente norteamericano. A la noche siguiente, pronunció un discurso muy eficaz en el que se refería a Dios, a la patria y a la familia, y afirmaba que, desafortunadamente, yo no había abrazado dichos valores. También dijo que había cometido un error al aprobar la ley de reducción del déficit mediante el aumento del impuesto sobre la gasolina y que si le reelegían, volvería a bajar los impuestos. Me pareció que su mejor frase fue decir que yo utilizaría «la economía a lo Elvis» para llevar a Estados Unidos al «Heartbreak Hotel». Comparó su historial de servicio durante la Segunda Guerra Mundial con mi oposición al conflicto de Vietnam y dijo que «mientras yo mordía las balas, él se mordía las uñas».

Por fin los republicanos habían podido disfrutar de la ocasión de disparar sus críticas a gusto y, aunque la ortodoxia decía que habían sido excesivamente negativos y extremados, las encuestas revelaban que habían acortado distancias. Una encuesta dijo que la diferencia se había reducido a diez puntos, y otra a cinco. Yo pensaba que no iban desencaminadas y que si no hacía mal papel en los debates, o cometía algún error similar, el margen final se quedaría entre las cifras que mencionaban esas encuestas.

El presidente Bush se fue de Houston de muy buen humor; comparaba su campaña con la milagrosa recuperación y posterior victoria de Harry Truman, en 1948. También se dedicó a viajar por el país haciendo

lo que solo está al alcance de los que ostentan el cargo: gastar fondos
federales para obtener votos. Prometió ayudar a los agricultores cerealis-
tas y a las víctimas del huracán Andrew, que había destrozado gran parte
del sur de Florida, y también ofreció vender 150 aviones de combate F16
a Taiwan y 72 F15 a Arabia Saudí, para garantizar los puestos de trabajo
de las fábricas de defensa que se encontraban en estados de importancia
trascendental para el resultado de las elecciones.

A finales de agosto, ambos aparecimos frente a la Convención de la
Legión Americana, en Chicago. Al presidente Bush, sus compañeros
veteranos le recibieron con más calidez que a mí, pero me fue mejor de lo
que esperaba, pues hice frente a la cuestión del reclutamiento y a mi
intensa oposición a la guerra del Vietnam. Dije que aún creía que Vietnam fue un error, pero «si optan por votar en mi contra a causa de lo que
sucedió hace veintitrés años, están en su derecho como ciudadanos norteamericanos, y yo lo respeto. Pero mi esperanza es que voten mirando al
futuro». También obtuve una salva de aplausos cuando les prometí que
cambiaría la dirección del Departamento de Asuntos de los Veteranos,
cuyo actual jefe era bastante impopular entre sus representados.

Después de la reunión con la Legión Americana, volví a concentrarme en mi mensaje de que era necesario cambiar la actual dirección de
las medidas económicas y sociales; estaba respaldado por un nuevo estudio que demostraba que los ricos cada vez eran más ricos mientras que los
ciudadanos pobres sufrían cada vez más carencias. A principios de septiembre, me apoyaron dos importantes grupos medioambientales, el
Club Sierra y la Liga de los Votantes por la Conservación. También viajé
a Florida, unos días después que el presidente Bush, para observar los
estragos causados por el huracán Andrew. Como gobernador, me había
enfrentado a muchos desastres naturales, entre ellos inundaciones,
sequías y tornados, pero jamás había visto nada parecido. Mientras bajaba
por las calles, llenas de los escombros y ruinas encharcadas de las casas,
me sorprendió oír quejas tanto de los funcionarios locales como de los
residentes, por la forma en que la Agencia Federal de Gestión de Emergencias estaba paliando la situación. Tradicionalmente, el puesto de
director de la AFGE terminaba en manos de un aliado político del presidente, que quería un cargo cómodo pero que no tenía experiencia previa
con situaciones de emergencia. Tomé nota mentalmente de que debía
evitar ese error si ganaba. Los votantes no eligen a un presidente en función de cómo se enfrenta a los desastres naturales, pero si sucede alguno,
rápidamente se convierte en la prioridad más importante de su vida.

El 1 de mayo, inauguración tradicional de la campaña para las elecciones generales, fui a la ciudad natal de Harry Truman, Independence, Missouri, para hacer un mitin ante un grupo de gente trabajadora y ganarlos
para nuestra causa. La hija de Truman, Margaret, directa y franca, me

ayudó mucho al decir en el mitin que yo, y no George Bush, era el legítimo heredero del legado de su padre.

El 11 de septiembre fui a South Bend, Indiana, para pronunciar un discurso ante los estudiantes y el profesorado de Notre Dame, la universidad católica más famosa de Estados Unidos. El mismo día, el presidente Bush estaba en Virginia para hablar ante la Coalición Cristiana, de orientación conservadora. Yo era consciente de que los católicos de todo el país tomarían buena nota de lo que sucediera en ambos actos. La jerarquía eclesiástica estaba de acuerdo con la oposición de Bush al aborto, pero yo estaba más cerca de la posición católica acerca de la justicia social y económica. La aparición en Notre Dame guardó un notable parecido, con los papeles intercambiados, a la intervención de John Kennedy, en 1960, ante los ministros bautistas del Sur. Paul Begala, un devoto católico, me ayudó a preparar mi texto, y el alcalde de Boston, Ray Flynn, y el senador Harris Wofford se acercaron para darme su apoyo moral. Hasta medio discurso no me di cuenta de la aceptación que tenía. Cuando dije: «Todos nosotros debemos respetar el reflejo de la imagen de Dios en cada hombre y en cada mujer, y por tanto debemos valorar su libertad, no solamente política, sino también su libertad de conciencia en el ámbito de la familia, la filosofía y la fe», todos se levantaron para aplaudirme.

Después de Notre Dame, me fui hacia el este. En Salt Lake City, defendí mis puntos de vista ante la convención de la Guardia Nacional, donde fui bien recibido, pues mi reputación como comandante de la Guardia Nacional de Arkansas era buena, y porque me presentó el congresista Les Aspin, respetado presidente del Comité de Fuerzas Armadas del Congreso. En Portland, Oregón, celebramos un mitin asombroso. Más de diez mil personas llenaron las calles del centro, y muchas más se inclinaban en los balcones de las oficinas para asistir al espectáculo. Durante los discursos, mis seguidores lanzaron cientos de rosas al escenario, un bonito gesto en Portland, precisamente conocida como «la ciudad de las rosas». Al término del acto, me pasé más de una hora paseando arriba y abajo por las calles de la ciudad, estrechando las manos de lo que me parecieron miles de personas.

El 15 de septiembre, la situación de los estados indecisos del oeste recibió un formidable impulso, cuando treinta líderes del sector de la alta tecnología, en la tradicionalmente republicana zona de Silicon Valley, decidieron apoyarme. Yo me había concentrado en Silicon Valley desde el pasado diciembre, con la ayuda de Dave Barram, vicepresidente de Apple Computer. A Dave lo había reclutado para nuestra campaña Ira Magaziner, mi amigo de Oxford, que había trabajado con ejecutivos del sector de la alta tecnología y sabía que Barram era demócrata. Muchos de los compañeros republicanos de Barram compartían su decepción ante las medidas económicas de la administración Bush y su incapacidad para darse cuenta de las increíbles posibilidades de los hombres emprendedores de Silicon Valley. Unos días antes de mi primer viaje, según el *San Jose Mercury News*, la representante de comercio del presidente Bush, Carla Hills, había defendido la afirmación de que «tanto daba si Estados Unidos exportaba chips de patata o chips de silicio». Los ejecutivos del sector tecnológico no estaban de acuerdo en absoluto, ni tampoco yo.

Entre los que dieron un paso hacia el frente por mí había importantes republicanos como John Young, presidente de Hewlett-Packard; John Sculley, presidente del consejo de dirección de Apple Computer; la banquera inversora Sandy Robertson y, en aquel momento, uno de los pocos demócratas declarados de Silicon Valley, Regis McKenna. En nuestra reunión en el Centro Tecnológico de Silicon Valley, en San José, también esbocé una política tecnológica nacional, en la que Dave Barram había trabajado durante meses para ayudarme a estar preparado. Al hacer un llamamiento a favor de más inversiones en investigación y desarrollo científico y tecnológico, incluidos proyectos concretos de mucha importancia para Silicon Valley, me posicioné claramente contra la administración Bush, reacia a cualquier tipo de colaboración entre el gobierno y la industria. En esa época, Japón y Alemania superaban a Estados Unidos en el plano económico, en parte porque la política gubernamental de ambos países tenía por objetivo apoyar las posibles áreas de crecimiento de sus industrias. Por el contrario, la política estadounidense consistía en subvencionar los intereses tradicionales y políticamente fuertes, como la industria del petróleo y la agricultura, que eran importantes, pero cuyas posibilidades de desarrollo de nuevos empleos y nuevos negocios era mucho menor que en el caso de la tecnología. El anuncio de los líderes del sector tecnológico supuso un enorme impulso para mi campaña, aportó credibilidad a mi afirmación de que estaba tanto a favor de las empresas como de los sindicatos y también me puso en contacto con las fuerzas económicas más representativas del cambio positivo y del crecimiento.

Mientras yo cosechaba apoyos para reconstruir la economía y reformar la sanidad, los republicanos se esforzaban por destrozarme. El presidente Bush, en su discurso en la convención, me acusó de aumentar los impuestos 128 veces en Arkansas, y de disfrutar con ello. A principios de septiembre, la campaña de Bush repitió estas acusaciones contra mí una y otra vez, aunque el *New York Times* dijo que eran «falsas», el *Washington Post* las consideró muy «exageradas» y «estúpidas» e incluso el *Wall Street Journal* dijo que eran «engañosas». En la lista de Bush de todo lo que consideraba impuestos, se incluían el requisito de que los vendedores de coches usados depositaran una fianza de seguridad de 25.000 dólares, una modesta cuota para participar en los concursos de belleza y las costas judiciales de un dólar que los criminales a los que se declaraba culpables debían abonar. El columnista conservador George Will dijo que, según los criterios del presidente, «Bush ha aumentado los impuestos más a menudo en cuatro años de lo que habría hecho Clinton en diez».

La campaña de Bush se dedicó durante el resto del mes de septiembre a atacarme por el tema del reclutamiento. El presidente Bush no paró de decir que yo sencillamente «debía confesar la verdad» al respecto. Incluso Dan Quayle se animó a criticarme por ello, a pesar de que sus contactos familiares le habían conseguido un puesto en la Guardia Nacional para alejarle de Vietnam. El principal argumento del vicepresidente era que los medios de comunicación no estaban aplicando el mismo grado de escrutinio crítico que él había sufrido cuatro años atrás. Aparentemente, no seguía las noticias de fuera de New Hampshire o de Nueva York.

Mucha gente me ofreció su ayuda para contestar aquellas acusaciones. A principios de septiembre, el senador Bob Kerrey, mi contendiente en las primarias y ganador de una Medalla de Honor, afirmó que el tema no tenía la entidad suficiente para ser objeto de debate en la campaña. Luego, el día 18, en el jardín trasero de la mansión del gobernador, en Arkansas, recibí el apoyo del almirante Bill Crowe, que había sido presidente de la Junta del Estado Mayor bajo el presidente Reagan y también brevemente durante la etapa Bush. Me impresionó mucho el carácter franco y sencillo de Crowe, y me sentí profundamente agradecido porque se jugara el cuello por alguien a quien apenas conocía, pero en el que había llegado a creer.

El impacto político de lo que Bush y yo hacíamos era bastante incierto. Una parte del fuelle de su convención se había desinflado, pero a lo largo de septiembre, las encuestas oscilaron entre un diferencia de 9 y 20 puntos a mi favor. Ya se había establecido la dinámica básica de la campaña. Bush proclamó que representaba los valores tradicionales y la confianza, mientras que yo propugnaba el cambio social y económico. Él decía que yo no era de fiar y que estaba en contra de la familia, y yo afirmaba que su mandato estaba dividiendo a Estados Unidos y que nos impedía avanzar. Cada día un número sustancial de votantes se hallaba indeciso respecto a cuál de nosotros dos era el mejor.

Además de las desavenencias sobre los temas políticos, nos pasamos el mes de septiembre discutiendo sobre los debates. La comisión nacional conjunta de ambos partidos recomendaba que hubiera tres, en distintos formatos. Yo acepté inmediatamente, pero al presidente Bush no le gustaban los formatos de los debates propuestos por la comisión. Yo declaré que sus objeciones eran una excusa para no tener que defender la trayectoria de su gobierno. El desacuerdo se prolongó durante la mayor parte del mes, lo cual obligó a que los tres debates fijados de antemano se cancelaran. Puesto que ya se habían organizado, fui a cada uno de los emplazamientos de los debates para hacer campaña y asegurarme de que los decepcionados ciudadanos se enteraban de quién había privado a su ciudad de su momento de gloria frente a los focos de la opinión pública nacional.

Lo peor que nos sucedió en septiembre fue de cariz más personal que político. Paul Tully, el veterano organizador irlandés que Ron Brown había enviado a Little Rock para coordinar los esfuerzos del Partido Demócrata junto con nuestro equipo, cayó fulminado en su habitación de hotel. Tully solo tenía cuarenta y ocho años; era un profesional de la política de la vieja escuela, y un hombre íntegro al que todos llegamos a querer y del que dependíamos totalmente. Justo cuando nos adentrábamos en la recta final, otro de nuestros líderes desaparecía.

El mes terminó con algunos acontecimientos sorprendentes. Earvin «Magic» Johnson, portador del VIH y antiguo base All-Star de Los Angeles Lakers, dimitió abruptamente de la Comisión Nacional sobre VIH y SIDA, y me dio su apoyo públicamente, disgustado por la falta de atención de la administración y harto de que no se hiciera nada respecto al problema del SIDA. El presidente Bush cambió de opinión sobre los debates y me retó a cuatro. Y, lo que resultó aún más sorprendente, Ross Perot dijo que estaba pensando en volver a incorporarse a la carrera presidencial porque no creía que ni el presidente ni yo tuviéramos un plan de medidas sólido para reducir el déficit. Criticó a Bush por su compromiso de no aumentar los impuestos y dijo que yo quería gastar demasiado dinero. Perot invitó a ambas campañas a que mandaran delegaciones para reunirse con él y hablar del tema.

Puesto que ninguno de nosotros sabía cuál saldría más perjudicado si Perot volvía a la carrera, y ambos queríamos obtener su apoyo si no lo hacía, cada campaña envió un equipo de alto nivel para reunirse con él. Nosotros estábamos un poco intranquilos al respecto, porque creíamos que en realidad ya había decidido presentarse de nuevo y que todo formaba parte de una escenificación teatral para su mayor prestigio y esplendor, pero al final estuve de acuerdo en que debíamos tratar de seguir estableciendo buenas relaciones con él. El senador Lloyd Bentsen, Mickey Kantor y Vernon Jordan fueron en mi nombre. Les recibió cordialmente, como hizo con los de Bush. Perot dijo que había aprendido mucho de ambos grupos. Luego, un par de días más tarde, el 1 de octubre, Perot declaró que se sentía obligado a volver a la competición como «servidor» de sus voluntarios. Abandonar la carrera en julio le había ayudado. Durante las diez semanas que pasó apartado de todo, el recuerdo de su chiflada escaramuza con Bush la primavera anterior se había desvanecido, mientras el presidente y yo nos habíamos encargado fehacientemente de que el público no olvidara nuestros respectivos defectos y carencias.

Ahora, puesto que ambas campañas le habían cortejado ostensiblemente, los votantes y la prensa se tomaban a Perot todavía más en serio.

Cuando Perot volvió a la carrera, finalmente llegamos a un acuerdo con el equipo de Bush sobre los debates. Habría tres, además de un debate entre candidatos a la vicepresidencia, y todos se celebrarían en el apretado período de nueve días, entre el 11 y el 19 de octubre. En el primero y el tercero, los miembros de la prensa nos harían preguntas. En el segundo, celebraríamos una sesión abierta en un ayuntamiento, donde los ciudadanos podrían efectuar sus preguntas. Al principio, la gente de Bush no quería a Perot en los debates, porque pensaban que atacaría al presidente y que cualquier voto que arañase procedería de los posibles seguidores de Bush, y no de los míos. Dije que no tenía ninguna objeción a que Perot participara, no porque estuviera de acuerdo en la apreciación de que Perot perjudicaría a Bush —de hecho, no estaba nada seguro de eso—, sino porque pensaba que, al final, no tendríamos más remedio que incluirlo, y no quería parecer un gallina. El 4 de octubre, ambas campañas habían aceptado invitar a Perot a participar.

En la semana previa al primer debate, finalmente expresé mi apoyo al polémico Tratado de Libre Comercio de América del Norte, que la administración Bush había negociado con Canadá y México, con la condición de que quería negociar acuerdos bilaterales adicionales para garantizar estándares medioambientales y de condiciones de trabajo básicas de obligado cumplimiento para México. Mis seguidores en los sindicatos estaban preocupados por la reducción de empleos obreros de salarios bajos y por la fuga de las fábricas hacia nuestro vecino del sur; también estaban muy en desacuerdo con mi posición, pero yo me sentí obligado a expresar mi acuerdo con el tratado, tanto por razones políticas como económicas. En el fondo de mi corazón, creía en el libre comercio, y pensaba que Estados Unidos tenía que apoyar el desarrollo económico de México, para garantizar la estabilidad a largo plazo de nuestro hemisferio. Un par de días más tarde, más de 550 economistas, entre ellos nueve premios Nobel, apoyaron mi programa económico; afirmaron que tenía más posibilidades de impulsar el crecimiento que las propuestas del presidente.

Igual que yo estaba decidido a concentrarme en los temas económicos en la previa a los debates, el bando de Bush estaba decidido a seguir socavando mi carácter y manchando mi reputación. Presentaron una petición de investigación en el Centro de Registros Nacionales, en Suitland, Maryland, para obtener toda la información que había en mis archivos de pasaporte acerca de mi viaje de cuarenta días al norte de Europa, la Unión Soviética y Checoslovaquia, en 1969-70. Al parecer, trataban de confirmar los falsos rumores de que yo había ido a Moscú movido por mis actividades pacifistas, o que había tratado de solicitar la ciudadanía en otro país para evitar el reclutamiento. El 5 de octubre, se publicó una noticia en la que se afirmaba que los archivos del FBI se habían modificado. La historia del pasaporte se alargó durante todo el mes. Aunque el FBI negó que nadie hubiera alterado los archivos, lo ocurrido hizo que la campaña de Bush saliera perjudicada. Un alto cargo del Departamento de Estado, nombrado por afinidades políticas, obligó al Centro de Registros Nacionales, que tenía más de 100 millones de archivos, a dedicarse a investigar el mío por delante de las otras dos mil peticiones presentadas con anterioridad, y que normalmente tardaban un mes en procesarse. Por si fuera poco, otro funcionario de Bush ordenó a las embajadas norteamericanas en Londres y Oslo que llevaran a cabo una búsqueda «especialmente concienzuda» en sus archivos para hallar información sobre el estado de mi reclutamiento y mi ciudadanía. En algún momento, salió a la luz que hasta los archivos del pasaporte de mi madre fueron investigados. Resultaba difícil imaginar que ni el más paranoico de los conservadores de extrema derecha pudiera creer realmente que una chica de campo de Arkansas que amaba las carreras de caballos era una activista subversiva.

Más tarde, también se descubrió que la gente de Bush había pedido al gobierno de John Major que investigara mis actividades en Inglaterra. De acuerdo con los artículos de prensa, los «tories» aceptaron, aunque sostuvieron que su búsqueda «exhaustiva» pero infructuosa entre sus documentos de naturalización e inmigración era una respuesta a una solicitud de información por parte de la prensa. Sé que hicieron más pesquisas, pues un amigo de David Edwards le contó que funcionarios británicos le habían preguntado por lo que David y yo hacíamos en aquella época. Dos estrategas de campaña «tories» viajaron a Washington para asesorar a la campaña de Bush sobre cómo destruirme de la misma forma que el Partido Conservador había defenestrado al líder del Partido Laborista, Neil Kinnock, seis meses atrás. Después de las elecciones, la prensa británica se inquietó por si la especial relación entre nuestros países se había visto perjudicada por esa tan poco común implicación británica en la política norteamericana. Yo estaba decidido a que no tuviera efectos negativos, pero no me parecía mal que los «tories» sufrieran un poco.

La prensa se lo pasó en grande con la salida del pasaporte, y Al Gore lo llamó un «abuso de poder digno de McCarthy». Impertérrito, el presidente siguió pidiéndome que explicara mi viaje a Moscú y no cesó de cuestionar mi patriotismo. En una entrevista en la CNN con Larry King, dije que yo amaba a mi país y que jamás había pensado en abandonar mi ciudadanía norteamericana. No creo que el público prestara demasiada atención al lío del pasaporte, ni para bien ni para mal, y a mí todo aquello hasta me divertía. Por supuesto que era un abuso de poder, pero patéticamente pequeño en comparación con el caso Irán-Contra. Solo demostraba lo desesperados que estaban en la campaña de Bush por aferrarse al poder y lo poco que tenían que ofrecer para el futuro de Estados Unidos.

Si querían pasarse el último mes de campaña ladrando al árbol equivocado, a mí me parecía perfecto.

En los días previos al primer debate, me preparé a fondo. Estudié el dossier de informes diligentemente y participé en varios ensayos del debate. El abogado de Washington, Bob Barnett, hacía de presidente Bush, un papel que había hecho cuatro años atrás para Dukakis. El sustituto de Perot era el congresista Mike Synar, de Oklahoma, que se sabía al dedillo las expresiones y el acento de Perot. Bob y Mike me machacaron en duros enfrentamientos antes de cada debate. Después de nuestras sesiones de entrenamiento, solo me alegraba de no tener que debatir contra ellos; de lo contrario, las elecciones quizá hubieran sido muy distintas.

El primer debate se celebró finalmente el domingo 11 de octubre, que era nuestro decimoséptimo aniversario de boda, en la Universidad de Washington, en St. Louis. Entré animado por los elogios publicados en las ediciones de aquella mañana en el *Washington Post* y el *Louisville Courier-Journal*. El editorial del *Post* decía: «Este país está a la deriva y desgastado; necesita urgentemente una inyección de energía y una nueva dirección en la que internarse. Bill Clinton es el único candidato capaz de hacer algo así». Eso era precisamente lo que quería defender durante el debate. No obstante, a pesar de que encabezaba las encuestas y del apoyo del *Post*, estaba nervioso, porque sabía que era el que tenía más que perder. En una nueva encuesta Gallup, el 44 por ciento de los encuestados dijeron que esperaban que yo ganase el debate, y el 30 por ciento que tal vez afectaría su voto. El presidente Bush y sus asesores habían decidido que la única forma de hacer que ese 30 por ciento de votantes se decidiera era martillearles el cráneo con mis supuestos problemas de carácter, hasta que el mensaje les entrara en la mollera. Ahora, además del reclutamiento, el viaje a Moscú y el rumor sobre mi ciudadanía, el presidente me atacaba por mi participación en las manifestaciones pacifistas en Londres «contra Estados Unidos de América, cuando nuestros chicos mueren en la flor de la juventud, por todo el mundo».

A Perot le tocó la primera pregunta de uno de los tres periodistas, que se turnaron en un proceso moderado por Jim Lehrer, del programa *The MacNeil/Lehrer News Hour*. Le concedieron dos minutos para decir qué le diferenciaba de los otros dos candidatos. Ross dijo que a él le apoyaba la gente, no los partidos ni grupos de interés concretos. Bush y yo dispusimos de un minuto para responder. Yo dije que representaba el cambio, y el presidente afirmó que él poseía experiencia. Luego pasamos a comentar el concepto de experiencia. Entonces al presidente Bush le llegó su momento: «¿Existen diferencias de carácter importantes entre usted y estos dos hombres?». Me atacó por lo del reclutamiento. Perot contestó que Bush había cometido sus errores durante su madurez en la Casa

Blanca, y no en su juventud. Yo dije que el padre de Bush, un senador de Connecticut, tenía razón cuando criticaba al senador Joe McCarthy por sus ataques contra el patriotismo de ciudadanos norteamericanos leales y que el presidente se equivocaba al atacar mi patriotismo. También dije que Estados Unidos necesitaba un presidente que uniera al país, en lugar de dividirlo.

Seguimos así durante una hora y media más; discutimos de impuestos, defensa, el déficit, los empleos y la cambiante economía, la política exterior, el crimen, Bosnia, la definición de la familia, la legalización de la marihuana, las divisiones raciales, el SIDA, Medicare y la reforma sanitaria.

Todos lo hicimos razonablemente bien. Después del debate, los *spinners* de cada bando se dedicaron a acosar a la prensa y a explicarle por qué su candidato había ganado. Yo tenía a tres excelentes: Mario Cuomo, James Carville y el senador Bill Bradley. Uno de los miembros del equipo de Bush encargado de impulsar su imagen, Charlie Black, invitó a la prensa a que viera un nuevo anuncio televisivo en el que se me atacaba por lo de mi reclutamiento. Los *spinners* quizá tendrían algún efecto sobre los artículos y reportajes sobre el debate, pero los que lo habían visto ya se habían formado una opinión.

Al final, creo que mis respuestas fueron mejores en cuanto a argumentación y mención de medidas concretas, pero que Perot supo presentarse como un tipo cercano y relajado. Cuando Bush dijo que Perot no tenía ninguna experiencia gubernamental, Perot dijo que «al presidente no le falta razón. No tengo ninguna experiencia de lo que es endeudarse hasta 4 billones de dólares». Perot era un poco orejudo, rasgo que se acentuaba debido a su corte de pelo, muy corto. Sobre el déficit, dijo: «Tenemos que recaudar los impuestos» para eliminarlo, pero que si alguien tenía una idea mejor, «soy todo oídos». En comparación, yo estaba un poco tenso y a veces parecía hasta excesivamente preparado.

La buena noticia fue que el presidente no ganó terreno. La mala, que Perot volvió a obtener credibilidad. En principio, si su posición aumentaba en las encuestas, querría decir que se estaba haciendo con el apoyo de votantes verdaderamente indecisos o de los que se debatían entre el presidente y mi candidatura. Sin embargo, yo era consciente de que si Ross subía más allá del 10 por ciento, muchos de sus nuevos votantes serían gente con ganas de cambio, pero que aún no se sentían cómodos conmigo. Las encuestas realizadas después del debate mostraron que muchos telespectadores tenían más confianza en mi capacidad para ser presidente después de ver el programa. También indicaron que más del 60 por ciento veía a Perot de forma más favorable que al iniciarse el debate. Con tres semanas por delante, su presencia hacía que el resultado de la carrera presidencial fuera impredecible.

Dos noches después, el 13 de octubre, durante el debate entre candidatos a la vicepresidencia, en Atlanta, Al Gore superó claramente a Dan Quayle. El vicepresidente de Perot, el almirante retirado James Stockdale, era un tipo agradable, pero no era un hombre a tener en cuenta, y su actuación restó algo de impulso al avance que Perot había obtenido después del debate de St. Louis. Quayle fue eficaz y no se salió de su guión: Clinton quería aumentar los impuestos y Bush no; Clinton no tenía carácter y Bush sí. Repitió lo que, en retrospectiva, era una de mis peores declaraciones públicas. A principios de 1991, después de que el Congreso autorizara al presidente Bush a atacar Irak, me preguntaron qué habría votado yo. Estaba a favor de la resolución, pero respondí que «supongo que habría votado como la mayoría si se tratara de un margen estrecho. Pero estoy de acuerdo con los argumentos presentados por la minoría». En ese momento, ni me imaginaba que me presentaría a presidente en 1992. Los dos senadores de Arkansas habían votado en contra de autorizar la guerra. Ambos eran amigos míos y, sencillamente, no quería incomodarles públicamente. Cuando entré en la carrera presidencial, el comentario parecía flojo e insustancial. La estrategia de Al consistió en replicar brevemente a los ataques de Quayle y seguir hablando de nuestros planes positivos para el futuro de Estados Unidos. Su mejor frase fue en respuesta al apoyo de Quayle a la limitación de mandatos del Congreso, un proyecto largamente ansiado por los conservadores: «Ya estamos trabajando para limitar un mandato.»

Dos noches más tarde, el 15 de octubre, sostuvimos el segundo debate, en Richmond, Virginia. Era el que yo quería, una reunión popular donde nos preguntaría un grupo representativo de votantes de la localidad que aún no se habían decidido.

Esta vez, mi gran preocupación era mi voz. Antes del primer debate, estaba tan mal que apenas podía hablar con un tono de voz más fuerte que un susurro. Cuando la perdí durante las primarias, visité a un especialista en Nueva York y contraté a una entrenadora vocal, que me enseñó una serie de ejercicios para abrir mi garganta y que el sonido subiera a través de mis cavidades nasales. Tenía que tararear, cantando pares de vocales, ida y vuelta, siempre empezando por *e*, como *e-i*, *e-o*, *e-a*. Tenía que repetir ciertas frases para aprender a notar el impacto del sonido a través de las cuerdas dañadas. Mi frase favorita era «Abraham Lincoln era un gran orador». Siempre que la pronunciaba, pensaba en su voz aguda, casi chillona, y el hecho de que al menos él supo ser listo y no la perdió. Cuando me quedaba sin voz, muchos de los miembros más jóvenes del equipo me tomaban el pelo, afablemente, y se ponían a repetir los ejercicios de tarareo. Era gracioso, pero perder la voz no lo era. Un político sin voz no vale demasiado. Cuando sucede repetidas veces, llegas a asustarte, porque siempre acecha el temor de que no vuelva. La primera vez que me pasó, pensé que era a causa de las alergias. Luego me enteré de que el problema era el reflujo de ácido, una afección relativamente común en la que los ácidos estomacales vuelven a subir por el esófago y queman las cuerdas vocales, generalmente durante el sueño. Más tarde, cuando empecé a tomar medicación y a dormir sobre una cuña, para mantener la cabeza y los hombros elevados, la cosa mejoró. La víspera del segundo debate, aún estaba recuperándome.

Carole Simpson, de ABC News, moderó el debate con preguntas formuladas por el público. La primera pregunta, sobre cómo garantizar un comercio justo, fue para Ross Perot. Él dio una respuesta contraria al comercio. El presidente dio una respuesta favorable al comercio. Yo dije que estaba a favor de un libre comercio justo y que debíamos hacer tres cosas: asegurarnos de que los mercados de nuestros socios comerciales estaban tan abiertos como el nuestro; cambiar el sistema impositivo para que se modernizaran las fábricas en nuestro país, en lugar de que se desplazaran fuera y dejar de dar préstamos a bajo interés y fondos para la formación de empleo a las empresas que se trasladaban a otros países, si no les proporcionábamos la misma ayuda a algunas empresas nacionales que la necesitaban.

Después del comercio pasamos al déficit, luego a las campañas negativas. Bush me atacó de nuevo por manifestarme en contra de la guerra de Vietnam cuando estaba en Inglaterra. Repliqué: «No me interesa su carácter. Quiero cambiar el carácter de la presidencia. Y lo que me interesa es qué podemos confiar en que hará usted, o yo, o el señor Perot, durante los próximos cuatro años».

Tras ese intercambio, hablamos de una serie de temas: las ciudades, las autopistas, el control de las armas, los límites de los mandatos administrativos y los costes de la sanidad. Luego llegó la pregunta que le dio la vuelta al debate. Una mujer preguntó: «¿Cómo ha afectado a sus vidas la deuda nacional? Y si no lo ha hecho, ¿cómo pueden encontrar honestamente una solución a los problemas económicos de la gente corriente si no tienen ni idea de qué les pasa?». Perot contestó primero; dijo que la deuda le afectó en el sentido que «dejó a un lado su vida privada y sus negocios para lanzarse a la carrera electoral». Dijo que quería aliviar la carga de la deuda para sus hijos y sus nietos. A Bush le costó un poco decir en qué le había afectado la deuda personalmente. La mujer que había hecho la pregunta le presionó diciendo que ella tenía amigos que estaban en el paro y que no podían hacer frente a sus hipotecas ni a las letras del coche. Entonces, Bush dio una contestación un poco extraña: que había estado en una iglesia negra y leído acerca de los embarazos adolescentes en un boletín informativo. Finalmente, dijo que no era justo decir que no se conoce un problema a menos que lo sufras en carne propia. Cuando llegó mi turno, dije que había sido gobernador de un pequeño estado durante doce años. Conocía el nombre de la gente que había perdido sus empleos o sus negocios. Había conocido a muchos más durante el año anterior, por todo el país. Yo había llevado el gobierno de un estado y conocía las consecuencias humanas de los recortes en los servicios federales. Luego le dije a la mujer que la deuda era un gran problema, pero que no era la única razón por la que no crecíamos: «Estamos en las garras de una teoría económica que ha fracasado». En algún momento durante esta conversación, el presidente Bush empeoró lo que era de por sí un mal momento para él: miró nerviosamente su reloj. Daba la impresión de estar aún más desconectado. Aunque hablamos de otras cosas, como la seguridad social, las pensiones, Medicare, las responsabilidades de Estados Unidos en tanto que superpotencia, la educación y la posibilidad de que un afroamericano o una mujer fueran elegidos presidente, el debate terminó básicamente después de que respondiéramos a la pregunta de aquella mujer sobre el impacto personal que la deuda había tenido en nuestras vidas.

El presidente Bush fue eficaz en su declaración final, y pidió al público que pensara en quién querrían que fuera presidente si nuestro país se enfrentara a una crisis grave. Perot habló muy bien sobre educación, el déficit y sobre el hecho de que él pagaba más de mil millones de dólares en impuestos, y «para un tipo que empezó con todas sus posesiones amontonadas en la parte trasera de una camioneta, no está nada mal». Yo empecé diciendo que había tratado de responder a las preguntas de forma «concreta y significativa». Destaqué los programas de educación y de empleo que se habían llevado a cabo en Arkansas y el apoyo que había recibido de veinticuatro generales y almirantes retirados, y de algunos empresarios republicanos. Luego dije: «Tienen que decidir si quieren cambiar o no». Les insté a ayudarme a reemplazar la «economía de cascada» por una economía de inversión y desarrollo.

Disfruté mucho del segundo debate. Fueran las que fueran las preguntas que se hacían sobre mí, los votantes reales querían informarse sobre todo de las cosas que iban a afectar sus vidas. Una encuesta realizada después del debate por CBS News entre 1.145 votantes decía que el 53 por ciento pensaba que yo había ganado, comparado con el 25 por ciento para Bush y el 21 por ciento para Perot. Cinco expertos en debates entrevistados por Associated Press dijeron que yo había ganado, basándose en el estilo, las declaraciones concretas y mi obvia comodidad en un formato en el que llevaba trabajando durante toda la campaña, y mucho antes, en Arkansas. Me gustaba el contacto directo con los ciudadanos y confiaba en su juicio sin filtros.

De camino al tercer debate, una encuesta de la CNN y el periódico

USA Today decía que había recuperado el puesto en cabeza con quince puntos de ventaja, 47 por ciento contra el 32 por ciento de Bush y un 15 por ciento para Perot.

Hillary y yo llegamos a Ypsilanti con nuestro equipo un día antes, para preparar el último debate en el campus de la universidad del estado de Michigan, en East Lansing. Igual que en los dos anteriores, Bob Barnett y Mike Synar me pusieron a prueba. Yo sabía que este debate iba a ser el más difícil para mí. El presidente Bush era un hombre duro y orgulloso que por fin luchaba a muerte por defender su trabajo. Además, yo estaba seguro de que, tarde o temprano, también Perot dirigiría sus andanadas contra mí.

El 19 de octubre, más de 90 millones de personas siguieron el último debate por televisión, la mayor audiencia que obtuvimos. Durante la primera parte, Jim Lehrer nos formuló las preguntas, y en la segunda, se turnó un equipo de periodistas. Fue la mejor actuación del presidente Bush. Me acusó de ser un progresista que solo sabía recaudar impuestos y gastarlos, un clon de Jimmy Carter y un charlatán indeciso incapaz de decir qué quería hacer. Sobre lo de charlatán indeciso le di una réplica muy buena: «No puedo creer que me haya acusado de defender a la vez dos posturas opuestas, cuando fue él quien dijo que "la economía de cascada" no es más que economía vudú. ¡Y ahora es él quien más la practica!». Cuando atacó la economía de Arkansas, dije que Arkansas siempre había sido un estado pobre, pero que en el pasado año habíamos creado más puestos de trabajo que ningún otro estado, hasta llegar a ser cuartos en porcentaje de aumento de empleos en las fábricas y cuartos en el aumento de los ingresos de los ciudadanos. También éramos el cuarto estado donde la pobreza había descendido más, a la vez que el segundo estado con menos impuestos estatales y locales: «La diferencia entre Arkansas y Estados Unidos es que Arkansas va por el buen camino y Estados Unidos no». Le dije que, en lugar de disculparse por firmar el plan de reducción del déficit, mediante un aumento del impuesto sobre la gasolina, el presidente tenía que reconocer que fue un error decir aquello de «lean mis labios». Perot arremetió contra los dos; dijo que él había crecido a cinco calles de Arkansas y que mi experiencia como gobernador de un estado tan pequeño era «irrelevante», y acusó a Bush de decirle a Sadam Husein que Estados Unidos no iba a responder si invadía el norte de Kuwait. Los dos le devolvimos los golpes.

La segunda parte del debate consistió en las preguntas que nos formulaba el grupo de periodistas. En general fue más estructurado, y nos enzarzamos en menos escaramuzas, un poco como en el primer debate. Sin embargo, hubo algunos momentos de aquellos hechos para la televisión. Helen Thomas, de United Press International, la corresponsal más veterana de la Casa Blanca, me preguntó: «Si tuviera ocasión de empezar de nuevo, ¿vestiría el uniforme?». Le dije que podría haber respondido con más acierto a las preguntas sobre el reclutamiento, pero que seguía pensando que Vietnam fue un error. Entonces subrayé que habíamos tenido algunos presidentes magníficos que no habían pasado por el ejército, entre ellos Franklin Roosevelt, Wilson y Lincoln, que se opuso a la guerra contra México. Cuando dije que Bush había sorprendido a todos en el primer debate diciendo que pondría a James Baker a cargo de la economía y que yo les sorprendería también llevando personalmente la economía, Bush se sacó de la manga una réplica muy buena: «Eso es precisamente lo que me preocupa». Los tres finalizamos el debate con declaraciones finales bien trabajadas. Yo agradecí a la gente que nos hubiera dedicado su atención y que se preocupara por el país, y les recordé que no iba a atacar a nadie por motivos personales. Felicité a Ross Perot por su campaña y por ayudar a que se comprendiera el grave problema del déficit. Y le dije al presidente Bush que «respeto su servicio a la nación, aprecio su esfuerzo y le deseo lo mejor, pero creo que ha llegado el momento del cambio... Sé que podemos hacerlo mejor».

No sabría decir quién ganó el tercer debate. Yo lo hice bien cuando defendía a Arkansas y mi trayectoria allí, y también en el debate sobre los temas más importantes, pero tal vez demasiadas de mis respuestas fueran excesivamente ambiguas y matizadas. Había visto a demasiados presidentes obligados a rectificar para atarme de pies y manos con declaraciones tajantes en los debates. Con la espalda contra la pared, el presidente Bush lo hizo bien en todo, excepto en su ataque contra mi trayectoria en Arkansas: eso solo funciona en los anuncios pagados, donde el otro no responde y los votantes se quedan sin conocer los hechos. Lo hizo mejor al cuestionar el tipo de presidente que sería yo, porque jugó con el extendido prejuicio de que los demócratas eran débiles en política exterior y tenían la tendencia a subir mucho los impuestos, y recordó a la gente que el último gobernador sureño en ser elegido presidente gobernó durante un período con altas tasas de interés y la inflación disparada. Perot era inteligente y se sentía a gusto consigo mismo; en mi opinión, esto agradaría a sus seguidores y quizá incluso arrastraría a algunos indecisos. Tres de las encuestas tras el debate decían que lo había ganado yo, pero la de CNN/USA Today, la única que daba vencedor a Perot, dijo que el 12 por ciento de los espectadores habían cambiado de parecer tras el debate y que más de la mitad de ellos se había ido con Perot.

Aun así, en general, los debates me favorecieron. Convencieron a más norteamericanos de que yo sería un buen presidente, y la discusión sobre temas concretos me dio la oportunidad de explicar a la gente mis iniciativas positivas. Ojalá hubiera habido debates durante dos semanas más. En vez de ello nos precipitamos a la recta final de la campaña en un frenesí por visitar cuantos más estados mejor, con las ondas llenas de anuncios negativos pagados por mis oponentes y un golpe mío para Bush: un anuncio en el que yo usaba su frase más famosa: «Lean mis labios». Frank Greer y Mandy Grunwald hicieron un buen trabajo con nuestros anuncios, y nuestro equipo de respuesta rápida contraatacó a los suyos con eficiencia, pero no era lo mismo que tener a todos los candidatos en la misma sala. Ahora iban a por mí, y tenía que resistir.

El 21 de octubre la campaña disfrutó de un breve momento de frivolidad cuando Burke's Peerage, la mayor autoridad inglesa en genealogía, declaró que el presidente Bush y yo éramos ambos descendientes de la realeza inglesa del siglo XIII, lo que nos convertía en primos lejanos, a unos veinte grados de parentesco de distancia. Nuestro antepasado común era el rey Juan. Bush descendía de la línea que pasaba por el hijo de Juan, el rey Enrique III, lo que le convertía en primo en grado decimotercero de la reina Isabel. Muy apropiadamente, mis vínculos con la realeza eran menos impresionantes y además estaban impregnados de un fuerte cariz demócrata. A través de mis ascendientes Blythe, me remontaba hasta Leonor, la hermana de Enrique III, y su marido, Simón de Montfort, duque de Leicester, que derrotó al rey en batalla y le obligó a aceptar el parlamento más representativo hasta la fecha. Pero, en 1265, el rey rompió su juramento de respetar al Parlamento, perjurio que condujo a la batalla de Evesham, en la que murió el pobre Simón. El portavoz de Burke's Peerage dijo que el cuerpo de Simón «fue descuartizado en mil pedazos, y los restos se esparcieron por todo el país —un dedo, quizá, en una aldea, un pie en un pueblo— como escarmiento del rey a los demócratas». Ahora que sabía que el origen de mis diferencias con el presidente se remontaba a setecientos años atrás, supongo que no podía culparle si su campaña seguía fiel a las tácticas de sus antecesores. Burke's Peerage también siguió la línea de los Blythe hasta la aldea de Gotham, que según las leyendas inglesas era una guarida de hombres dementes. Sabía que tenía que estar un poco loco para presentarme a presidente, pero no me gustaba la idea de que fuera algo genético.

El 23 de octubre nuestra campaña recibió otro impulso desde el sector de la alta tecnología cuando los líderes de más de treinta empresas de *software*, entre ellas Microsoft, a través de su vicepresidente ejecutivo, Steve Ballmer, anunciaron que me apoyaban. Pero nada estaba decidido todavía. Una semana después del último debate, otra encuesta conjunta CNN/*USA Today* reducía mi ventaja sobre el presidente Bush a solo siete puntos, 39 a 32 por ciento, y Perot se llevaba un 20 por ciento del electorado. Tal como me temía, los anuncios de Perot unidos a los ataques que el presidente Bush estaba lanzando contra mí hacían que Perot ganara votos a mi costa. El 26 de octubre, mientras estábamos de campaña en Carolina del Norte, Al Gore y yo tratamos de mantener la ventaja atacando a la administración Bush por el «Irakgate», el desvío de créditos avalados por el gobierno de Estados Unidos a Irak a través de la sucursal de Atlanta de un barco propiedad del gobierno italiano. Aunque en teoría eran para la agricultura, los créditos habían servido a Sadam Husein para reconstruir su programa militar y armamentístico tras la guerra Irán-Irak. Dos mil millones de dólares de esos préstamos nunca se devolvieron, y los contribuyentes norteamericanos se vieron obligados a hacer frente a la deuda. El banquero de Atlanta que fue acusado por su papel en el fraude negoció una beneficiosa reducción de los cargos que le imputaban con la oficina del Fiscal General de Estados Unidos, que estaba dirigida por un hombre designado por Bush y que había representado a los intereses iraquíes en el tinglado de los préstamos poco antes de su nombramiento, aunque afirmó que se había recusado a sí mismo de esta investigación. Cuando Al y yo lo mencionamos, el FBI, la CIA y el Departamento de Justicia ya se investigaban mutuamente para descubrir qué habían hecho o habían dejado de hacer en ese asunto. Era un desastre completo, pero quizá demasiado completo para influenciar a los votantes en un momento tan avanzado de la campaña.

Perot seguía siendo el comodín. El 29 de octubre, una noticia de la agencia Reuters empezaba diciendo: «Si el presidente George Bush gana la reelección, le deberá mucho a un campechano multimillonario de Texas al que no le cae bien». El artículo afirmaba que los debates habían mejorado la imagen de Perot, le habían permitido doblar su apoyo, en su mayor parte a expensas mías, y que gracias a ellos había logrado arrebatarme la exclusiva del tema del «cambio». La encuesta de ese día de CNN/*USA Today* reducía mi ventaja a dos puntos, aunque otras cinco encuestas y la encuesta de Stan Greenberg para nuestra campaña decían que el margen se mantenía entre siete y diez puntos. Fuera cual fuera la cifra exacta, la carrera electoral todavía estaba en el alero.

Durante la semana siguiente me volqué a fondo en la campaña, al igual que el presidente Bush. El jueves, en un mitin electoral en un barrio del extrarradio de Michigan, se refirió a Al Gore y a mí llamándonos «bozos», comparándonos con el payaso Bozo, al que probablemente el comentario debió de parecerle todavía menos halagüeño que a nosotros. Durante el viernes anterior a las elecciones, el fiscal especial del caso Iran-Contra, Lawrence Walsh, un republicano de Oklahoma, acusó al secretario de Defensa del presidente Reagan, Caspar Weinberger, y a otros cuatro. La acusación contenía una nota que indicaba que el presidente Bush había desempeñado un papel más destacado y sabía más sobre la venta ilegal de armas a Irán, autorizada por la Casa Blanca de Reagan, de lo que había admitido previamente. Yo no sabía si esto iba a perjudicarle o no: estaba demasiado ocupado para pensar en ello. El momento en que había sucedido tenía un punto de ironía, teniendo en cuenta el desgaste y el esfuerzo de la administración para escarbar en mis archivos y la presión a la que habían sometido, aunque entonces no lo sabíamos, al fiscal federal de Arkansas, designado por Bush, para que me implicara en la investigación de la quiebra de la caja de ahorros Madison Guaranty Savings and Loan.

Durante el último fin de semana, Bush ordenó que abrieran fuego a discreción contra mí, mediante anuncios y todos los medios de comunicación que financiaba. Y Perot, creyendo que el 30 por ciento de mis partidarios eran «blandos» y podían pasarse a su bando en el último momento, se unió a Bush a lo grande. Se dice que gastó tres millones de dólares en «infomerciales» de televisión de treinta minutos en los que dejaba por los suelos a Arkansas. Decía que si yo salía elegido, «todos íbamos a acabar desplumando pollos para ganarnos la vida». El programa daba una lista de veintitrés áreas en las que Arkansas estaba en la cola de la clasificación de estados. Aparentemente ya no creía que Arkansas no fuera importante. Hubo muchas discusiones en nuestro equipo sobre si debíamos responder. Hillary quería ir a por Perot. Yo creía que al menos teníamos que defender a Arkansas. Hasta entonces habíamos hecho bien en no dejar una sola acusación sin respuesta. Todos los demás pensaban que aquellos ataques eran demasiado poco y llegaban demasiado tarde, y que simplemente debíamos seguir adelante con nuestra estrategia. Aunque con reticencias, decidí hacerles caso. Mi equipo siempre había acertado en las cuestiones importantes hasta entonces, y estaba demasiado cansado y nervioso para confiar más en mi juicio que en el suyo.

Comencé el fin de semana con un mitin por la mañana que llenó el estadio de fútbol americano de un instituto de Decatur, Georgia, en las afueras de Atlanta. Estuvieron allí el gobernador Zell Miller, el senador Sam Nunn, el congresista John Lewis y muchos otros demócratas que me habían apoyado durante toda la campaña. Pero el gran atractivo del acto era Hank Aaron, la estrella del béisbol que había batido el récord de carreras completas de Babe Ruth, en 1974. Aaron era un auténtico héroe local, no solo por sus hazañas deportivas en el béisbol, sino también por su trabajo a favor de los niños pobres, que había realizado después de colgar el bate. Había unas veinticinco mil personas en aquel mitin de Georgia. Tres días después, me llevaría Georgia por solo trece mil votos. Desde entonces, Hank Aaron me tomaba el pelo diciéndome que él me había entregado personalmente los votos electorales de Georgia con su apoyo aquel sábado por la mañana. Puede que tuviera razón.

Después de Georgia, seguí haciendo campaña en Davenport, Iowa; luego volé a Milwaukee, donde realicé mi último acto televisado, en una reunión popular con los votantes; también rodé mi último anuncio de televisión, en el que animaba a la gente a votar, a votar por el cambio. El domingo por la noche, después de unas escalas para hacer campaña en Cincinnati y Scranton, la ciudad natal de los Rodham, volamos a Nueva

Jersey para un gran mitin en las Meadowlands, una extravagancia musical en la que intervinieron músicos de rock, jazz y *country* y también actores de cine que me apoyaban. Luego toqué el saxo y bailé con Hillary delante de quince mil personas en la pista de carreras del Garden State Park, en Cherry Hill, New Jersey, donde un caballo llamado Bubba Clinton, el apodo con el que me bautizó mi hermano desde que iba a gatas, había ganado recientemente una carrera con las apuestas 17 a 1 en contra. Mis posibilidades ahora eran mejores, pero habían sido mucho mayores no hacía mucho. Un hombre que apostó cien libras por mí, en abril, en una casa de apuestas de Londres cuando las apuestas iban 33 a 1 ganó unos cinco mil dólares. No hay forma de saber lo que hubiera podido ganar si hubiera hecho la apuesta a principios de febrero, cuando me estaban machacando en New Hampshire.

Hillary y yo nos levantamos el lunes por la mañana en Filadelfia, la cuna de nuestra democracia, y la primera etapa de nuestro viaje de seis mil cuatrocientos kilómetros a través de ocho estados haciendo campaña veinticuatro horas al día. Mientras Al y Tipper Gore hacían campaña en otros estados muy reñidos, tres Boeing 727 decorados de rojo, blanco y azul nos transportaron a Hillary y a mí, a nuestro equipo y a un numeroso grupo de periodistas a lo largo de aquella excursión de veintinueve horas. En la cena Mayfair de Filadelfia, la primera parada, cuando un hombre me preguntó qué haría primero si resultaba elegido, le respondí: «Dar gracias a Dios». Y de ahí a Cleveland. Con mi voz ya muy desgastada, dije: «Teddy Roosevelt dijo una vez que debíamos hablar con suavidad y llevar un gran bastón. Mañana quiero hablar con suavidad y llevarme Ohio». En un mitin en un aeropuerto, en las afueras de Detroit, rodeado por cargos electos de Michigan y líderes sindicales que habían trabajado muy duro para mí, grazné con voz ronca: «Si mañana me prestan su voz, yo seré la suya durante cuatro años». Después de las paradas en St. Louis y Paducah, Kentucky, volamos a Texas para hacer dos visitas. La primera fue a McAllen, en lo más profundo del sur de Texas, cerca de la frontera con México, donde había compartido apuros con Sargent Shriver hacía veinte años. Pasaba la medianoche cuando llegamos a Fort Worth, donde el famoso cantante *country* Jerry Jeff Walker había mantenido al público despierto. Cuando volví al avión me enteré de que mi equipo había comprado helado de mango por valor de cuatrocientos dólares en el hotel Menger de San Antonio, justo enfrente del Álamo. Todos me habían oído decir lo mucho que me gustaba ese helado, que había descubierto cuando trabajaba en la campaña de McGovern de 1972. Hubo suficiente para alimentar durante toda la noche a tres aviones repletos de viajeros exhaustos.

Mientras tanto, en nuestro cuartel general, en Little Rock, James Carville había reunido a nuestra gente, más de un centenar, para una última reunión. Después de que George Stephanopoulos le presentara, James dio un discurso muy emotivo diciendo que el amor y el trabajo eran los dos regalos más preciados que una persona podía dar a otra, y quería dar las gracias a toda nuestra gente, muchos de ellos muy jóvenes, por esos dos regalos.

Volamos de Texas a Albuquerque, Nuevo México, para un mitin a primera hora de la mañana con mi viejo amigo el gobernador Bruce King. Después, a eso de las cuatro de la madrugada, devoré un desayuno de comida mexicana y me dirigí hacia Denver, la última parada. Allí nos esperaba una multitud entusiasta que se había reunido de buena mañana. Después de que el alcalde Wellington Webb, el senador Tim Wirth y mi compañero en las reformas educativas, el gobernador Roy Roemer, calentaran al público, Hillary pronunció el discurso y yo forcé mis últimas palabras de gratitud y esperanza a través de unas cuerdas vocales tremendamente hinchadas. Entonces llegó el momento de volver a Little Rock.

Chelsea nos recibió en el aeropuerto a Hillary y a mí, junto con algunos familiares, amigos y el equipo de nuestro cuartel general. Les di las gracias a todos por lo que habían hecho, y después fui con mi familia en coche hasta nuestro colegio electoral, el centro comunitario Dunbar, que es un vecindario básicamente afroamericano a menos de kilómetro y medio de la mansión del gobernador. Hablamos a la gente reunida alrededor del centro y firmamos el registro de los funcionarios electorales. Entonces, igual que había hecho desde los seis años, Chelsea entró conmigo en la cabina de votación. Después de que corriera la cortina, Chelsea apretó la palanca con mi nombre y luego me abrazó muy fuerte. Después de trece meses de agotador esfuerzo, era todo lo que nos quedaba por hacer. Cuando Hillary terminó de votar, los tres nos abrazamos, salimos fuera, contestamos a las preguntas de la prensa, estrechamos algunas manos y nos fuimos a casa.

Para mí, las jornadas electorales siempre han encarnado el gran misterio de la democracia. No importa cuántos encuestadores curtidos o grandes especialistas pongas para tratar de desentrañarlo: el misterio permanece. Es un día en el que el ciudadano corriente tiene tanto poder como el millonario y el presidente. Algunos lo usan y otros no. Aquellos que lo hacen, escogen a sus candidatos por todo tipo de razones, algunas racionales, otras intuititivas; algunos están seguros de su elección y otros son escépticos. De alguna forma, suelen elegir al líder más adecuado para cada época, y por eso Estados Unidos sigue vivo y fuerte tras más de 228 años de historia.

Yo había entrado en la carrera electoral en buena parte porque creía que era el candidato adecuado para aquellos tiempos de cambios dramáticos en la vida y el trabajo de los norteamericanos, en cómo educaban a sus niños y se relacionaban con el resto del mundo. Había trabajado durante años para comprender la forma en que las decisiones de los líderes políticos afectan a la vida de la gente. Creía saber qué había que hacer y cómo. Pero también sabía que pedía a los norteamericanos que apostaran muy fuerte. En primer lugar, no estaban acostumbrados a tener presidentes demócratas. Luego había muchas cuestiones sobre mí: era joven, era el gobernador de un estado del que la mayoría de norteamericanos sabían muy poco, me había opuesto a la guerra del Vietnam y había evitado el servicio militar, tenía un punto de vista progresista en los temas de raza y en los derechos de las mujeres y los gays, a veces parecía superficial cuando hablaba de objetivos ambiciosos que en apariencia daban la sensación de ser mutuamente excluyentes y había llevado una vida que distaba mucho de ser perfecta. Me había deslomado por tratar de convencer al pueblo norteamericano que valía la pena arriesgarse a votarme, pero las encuestas cambiantes y la reentrada de Perot habían demostrado que muchos querían creer en mí pero todavía albergaban dudas. Durante la campaña, Al Gore había preguntado a los votantes qué titular querían leer el día después de las elecciones: «Cuatro años más» o «El cambio está en camino». Creía que sabía cuál sería su respuesta, pero ese largo día de noviembre, como todos los demás, tenía que aguardar para descubrirla.

Cuando llegamos a casa, los tres vimos una vieja película de John Wayne y dormimos un par de horas. Por la tarde fui a correr con Chelsea por el centro de la ciudad y me paré en McDonald's para tomar un vaso de agua, como había hecho otras muchas veces. Cuando volví a la mansión del gobernador ya no quedaba mucho para que terminara la espera. Los resultados comenzaron a llegar pronto, alrededor de las 6.30 de la tarde. Yo todavía llevaba mi ropa de deporte cuando los pronósticos dijeron que sería el ganador en varios estados del Este. Un poco más de tres horas después, cuando Ohio se decantó por nosotros por unos noventa mil votos de diferencia entre casi cinco millones de votos emitidos —un margen de menos del dos por ciento—, las grandes cadenas comenzaron a mostrar pronósticos que me daban como el vencedor general. Todo parecía encajar, pues Ohio había sido uno de los estados clave en asegurarme la candidatura demócrata en las primarias del 2 de junio, y sus votos me dieron oficialmente la mayoría en nuestra convención en Nueva York. La participación había sido enorme, la mayor desde principios de la década de 1960. Más de cien millones de personas habían acudido a las urnas.

Cuando el recuento alcanzó los 104.600.366 votes, el margen de victoria final fue de un 5,5 por ciento. Me hice con el 43 por ciento de los votos, contra el 37,4 por ciento del presidente Bush y el 19 por ciento de Ross Perot, el mejor resultado de un tercer candidato desde que Teddy

Roosevelt se llevó el 27 por ciento de los votos con su partido progresista, el Bull Moose Party, en 1912. Nuestra candidatura del *baby boom* funcionó especialmente bien entre los votantes mayores de sesenta y cinco años y de menos de treinta. Nuestra propia generación, al parecer, era la que más dudas tenía sobre si estábamos preparados para dirigir el país. El ataque combinado de última hora de Bush y Perot sobre Arkansas solo nos había restado dos o tres puntos de nuestro momento álgido, unos días antes de la elección. Nos había perjudicado, pero no lo suficiente.

El margen de victoria en términos de colegios electorales fue todavía mayor. El presidente Bush ganó en dieciocho estados y se llevó 168 votos electorales. Yo gané 370 votos electorales de treinta y dos estados y del Distrito de Columbia, incluidos todos los estados a orillas del Mississippi de norte a sur excepto Mississippi, y todos los estados de Nueva Inglaterra y del centro del este. También gané en algunos lugares inesperados, como Georgia, Montana, Nevada y Colorado. Once estados cayeron de un lado o de otro por menos de un 3 por ciento: Arizona, Florida, Virginia y Carolina del Norte votaron por el presidente; además de Ohio, también Georgia, Montana, Nevada, New Hampshire, Rhode Island y New Jersey votaron por mí por un estrecho margen. Recibí el 53 por ciento de los votos en Arkansas, mi porcentaje más alto del total, y gané otros doce estados por un 10 por ciento o más, entre ellos algunos de los más grandes: California, Illinois, Massachusetts y Nueva York. Aunque Perot impidió que me llevara la mayoría del voto popular, su presencia en la papeleta sin duda contribuyó a aumentar mi margen de victoria en los colegios electorales.

¿Cómo eligieron los norteamericanos su primer presidente de la generación del *baby boom*, el tercero más joven de la historia del país, solo el segundo que había sido gobernador de un estado pequeño y con más equipaje que un transátlantico? Las encuestas de votantes a pie de urna indicaban que la economía era de largo el problema que más les preocupaba, seguido por el déficit y la sanidad, y el tema del carácter muy por detrás. Al final, había ganado el debate sobre cuál debía ser el tema de aquellas elecciones. En una campaña presidencial, eso es más importante que si los votantes están de acuerdo con el candidato sobre algún tema específico. Pero la economía por sí sola no me dio la victoria. Me ayudó mucho James Carville y un equipo de campaña brillante que me mantuvo a mí y a todos los demás centrados en el mensaje que debíamos transmitir tanto en los momentos buenos como en los malos; me ayudaron también las perspicaces encuestas de Stan Greenberg y los efectivos anuncios de la campaña; me ayudó toda la gente capaz que dirigió la campaña desde las bases; me ayudó un Partido Demócrata al que había unido la habilidad política de Ron Brown y el deseo de victoria tras doce años de travesía en el desierto; me ayudó el extraordinario apoyo que me brindaron las minorías y las mujeres, que escogieron a seis senadoras y cuarenta y siete mujeres congresistas, cuando antes solo había habido veintiocho; me ayudaron la desunión inicial y el exceso de confianza de los republicanos; me ayudó la cobertura sorprendentemente positiva de la prensa durante las elecciones generales en contraste con el tiro al blanco que habían sido las primarias; me ayudó la extraordinaria actuación de Al y Tipper Gore durante la campaña y el cambio general que representábamos y me ayudaron, por último, la nueva filosofía e ideas demócratas que yo había desarrollado en Arkansas y en el CLD. Finalmente, pude ganar porque Hillary y mis amigos no me abandonaron cuando atacaban y porque no abandoné cuando me dieron una paliza.

Temprano, la misma noche de las elecciones, el presidente Bush llamó para darme la enhorabuena. Fue elegante y se comprometió a que la transición fuera modélica, al igual que lo hizo Dan Quayle. Después de una última ojeada a mi discurso de celebración, Hillary y yo rezamos dando gracias a Dios por las bendiciones que nos otorgaba y pidiéndole ayuda divina para el trabajo que nos esperaba. Luego recogimos a Chelsea y condujimos hasta la Old State House para el gran acontecimiento.

La Old State House era mi edificio preferido de todo Arkansas; representaba la historia del estado, además de la mía propia. Era el lugar donde había recibido a los que quisieron felicitarme cuando juré el cargo de fiscal general dieciséis años atrás y donde anuncié que me presentaría a presidente, hacía tan solo trece meses. Subimos al escenario para saludar a Al y Tipper y a los miles de personas que habían llenado las calles del centro. Al mirar las caras de toda aquella gente, tan llenas de felicidad y esperanza, me sentí abrumado y lleno de gratitud. Me hizo feliz ver las lágrimas de felicidad de mi madre, y esperaba que desde el cielo mi padre me mirara con orgullo.

Cuando me interné en esta increíble odisea no podía saber lo dura y lo maravillosa que iba a ser. La gente de aquella multitud, y otros millones de ciudadanos, habían cumplido su parte. Ahora me tocaba a mí demostrar que habían acertado. Empecé diciendo: «En este día, con muchas esperanzas y valor en el corazón, el pueblo norteamericano, de forma masiva, ha votado por un nuevo comienzo». Pedí a los que habían votado el presidente Bush y por Ross Perot que se unieran a mí en la creación de unos «Estados re-Unidos», y acabé con las siguientes palabras:

> Esta victoria es más que la victoria de un partido. Ha sido una victoria para todos aquellos que trabajan duro y cumplen la ley, una victoria para la gente que se sentía marginada y abandonada y que quería mejorar... Esta noche acepto la responsabilidad que me entregan de ser el líder de ésta, la nación más grande de la historia de la huma-

nidad. Lo acepto de todo corazón y con alegría de espíritu. Pero también les pido que vuelvan a ser norteamericanos, y no solo para recibir sino también para dar, no solo para buscar culpables sino también para asumir responsabilidades, no solo para cuidar de ustedes mismos sino también para cuidar de otros… Juntos podemos convertir el país que amamos en todo lo que aspira a ser.

VEINTINUEVE

El día después de las elecciones, entre una avalancha de llamadas y mensajes de felicitación, empecé a trabajar en lo que se conoce como la transición. ¡Y menuda transición! No hubo tiempo para celebraciones y no nos tomamos ni un respiro para descansar, lo que seguramente fue un error. En solo once semanas, mi familia y yo teníamos que abandonar nuestra vida en Arkansas e irnos a vivir a la Casa Blanca. Había mucho que hacer. Teníamos que seleccionar el gobierno, a los altos cargos de la administración y al personal de la Casa Blanca; teníamos que coordinarnos con la gente de Bush para la mecánica de la transición; comenzar las reuniones informativas sobre seguridad nacional y hablar con los dirigentes extranjeros; ponernos en contacto con los miembros del Congreso y acabar de reformular las propuestas económicas que quería presentar en él; desarrollar un plan para cumplir mis otras promesas de campaña; gestionar un enorme número de peticiones de reunión y satisfacer el deseo de muchos de los colaboradores de nuestra campaña y de nuestros principales partidarios, de saber si formarían parte de la nueva administración. Todo ello sin dejar de estar atento a las cosas que sucedían. Y no sucederían pocas en los setenta días siguientes, especialmente en el extranjero: en Irak, donde Sadam Husein trataba de librarse de las sanciones de Naciones Unidas; en Somalia, donde el presidente Bush había enviado tropas estadounidenses en misión humanitaria para evitar que se produjera una hambruna, y también en Rusia, donde la economía se estaba hundiendo, el presidente Yeltsin se enfrentaba a una oposición cada vez más fuerte de los ultranacionalistas y los comunistas y la retirada de las tropas rusas de las naciones bálticas se había demorado. La lista de cosas pendientes era cada vez mayor.

Algunas semanas atrás, en Little Rock, habíamos organizado discretamente un equipo para gestionar la transición; estaba formado por Vernon Jordan, Warren Christopher, Mickey Kantor, el ex alcalde de San Antonio, Henry Cisneros, Doris Matsui y la ex gobernadora de Vermont, Madeleine Kunin. El director del equipo era Gerald Stern, que se había tomado un permiso en su trabajo de vicepresidente ejecutivo de Occidental Petroleum. Obviamente, no queríamos que pareciera que habíamos dado por supuesto el resultado de las elecciones, así que el equipo se mantuvo en la sombra; el número de teléfono no aparecía en la guía y no había ningún cartel en la puerta de las oficinas, en el piso trece del edificio Worthen Bank.

Cuando George Stephanopoulos vino a la mansión el miércoles, Hillary y yo le pedimos que siguiera siendo nuestro director de comunicaciones en la Casa Blanca. Me hubiera gustado tener también allí a James Carville, para desarrollar nuestra estrategia y mantenernos concentrados en nuestro mensaje, pero él no se consideraba adecuado para trabajar en un gobierno; dos días atrás había bromeado con los periodistas diciendo que «No querría vivir en un país cuyo gobierno contratara a alguien como yo».

El miércoles por la tarde me reuní con el equipo de transición y recibí los primeros informes. A las dos y media celebré una breve conferencia de prensa en el jardín de atrás de la mansión del gobernador. Puesto que el presidente Bush se enfrentaba a otro momento de tensión con Irak, subrayé que «Estados Unidos solo tiene un presidente» y que «la política exterior sigue estando únicamente en sus manos».

Durante mi segundo día de presidente electo hablé con algunos dirigentes extranjeros y luego fui al despacho para encargame de algunos asuntos de estado; también quería agradecer al personal del gobernador el magnífico trabajo que habían hecho en mi ausencia. Esa noche celebramos una fiesta para el equipo de la campaña; yo todavía estaba tan afónico que apenas podía susurrarles «gracias». Me pasé la mayor parte de la fiesta estrechando manos y caminando arriba y abajo con una camisa en la que había escrito «Lo siento, no puedo hablar» y «Han hecho un buen trabajo».

El viernes nombré a Vernon Jordan presidente y a Warren Christopher director de mi junta de transición. Sus nombramientos fueron bien recibidos en Washington y en Little Rock, pues la gente de mi campaña respetaba a ambos. A medida que la euforia de la victoria iba desvaneciéndose, en mi equipo de campaña comenzaban a verse los predecibles y comprensibles signos de agotamiento, irritabilidad y preocupación por el futuro.

Durante la segunda semana de la transición el ritmo de trabajo se aceleró. Hablé sobre la paz en Oriente Próximo con el primer ministro israelí Yitzhak Rabin, con el presidente egipcio Hosni Mubarak y con el rey Fahd de Arabia Saudí. Vernon y Chris completaron la mayor parte del equipo directivo de transición; nombraron directores adjuntos a Alexis Herman, presidente adjunto del Partido Demócrata, y a Mark Gearan, que había dirigido la campaña de Al Gore. También nombraron al presidente del CLD, Al From, asesor de política interior; a Sandy Berger, junto a mi asistente de campaña Nancy Soderberg, para la política exterior, y a Gene Sperling y a mi viejo compañero de la beca Rhodes, Bob

Reich, entonces profesor de Harvard y autor de algunos excelentes ensayos sobre la economía global, para la política económica. Las entrevistas de los candidatos a puestos importantes las supervisó Tom Donilon, un agudo abogado de Washington con una larga trayectoria de activismo demócrata. El trabajo de Donilon era importante, pues desestimar a los designados por el presidente para ocupar ciertos cargos debido a problemas financieros o personales de su pasado se había convertido en algo normal en la vida política en Washington. Nuestros entrevistadores tenían que asegurarse de que cualquiera que estuviera dispuesto a trabajar para el gobierno superara ese escrutinio.

Unos días más tarde se unió al equipo de transición Dick Riley, ex gobernador de Carolina del Sur, para supervisar los nombramientos a cargos que no formaban parte del gabinete. El trabajo de Riley era agotador. En un momento dado llegó a recibir más de tres mil currículos, además de varios cientos de llamadas, cada día. Muchas de las llamadas eran de miembros del Congreso y de gobernadores que esperaban que se las devolviera personalmente. Había tanta gente que había contribuido a nuestra victoria y que quería trabajar para la administración que me preocupaba que no pudiéramos dar trabajo a personas valiosas que lo merecían, y así sucedió en algunos casos.

La tercera semana de la transición la dedicamos a tender puentes en Washington. Invité al portavoz de la Cámara de Representantes, Tom Foley, al líder de la mayoría de la Cámara, Dick Gephardt y al de la mayoría del Senado, George Mitchell, a Little Rock para cenar y reunirnos por la mañana. Era importante para mí empezar con buen pie con los dirigentes demócratas. Sabía que necesitaría su apoyo para tener éxito, y ellos sabían que el pueblo norteamericano esperaba que termináramos con el bloqueo que los enfrentamientos entre ambos partidos habían creado en Washington. Tendríamos que ceder todos un poco, pero después de aquella reunión vi que podríamos trabajar juntos.

El miércoles fui a Washington durante dos días para reunirme con el presidente Bush, con los representantes republicanos y con otros demócratas del Congreso. Mi reunión con el presidente, que debía durar una hora, se alargó casi el doble, y fue tan cordial como útil. Hablamos sobre muchos temas y me di cuenta de que el punto de vista del presidente sobre las cuestiones de política exterior resultaba particularmente revelador.

Desde la Casa Blanca, conduje tres kilómetros hacia el norte de Washington, hasta un barrio asediado por la pobreza, el desempleo, las drogas y la delincuencia. En la avenida Georgia, salí del coche, caminé una manzana y hablé con los comerciantes y los ciudadanos sobre sus problemas y sobre qué podía hacer para ayudarles. En un radio de un kilómetro y medio, el año anterior habían asesinado a ocho personas. Compré comida en un restaurante chino de comida para llevar, en el que los cocineros trabajaban protegidos por un cristal antibalas por cuestiones de seguridad. Los padres de niños en edad escolar decían que tenían miedo porque muchos de los compañeros de clase de sus hijos llevaban pistolas a la escuela. El Congreso y la Casa Blanca a menudo se olvidaban de la gente que vivía en las zonas más pobres de Washington, aunque también es cierto que el gobierno federal todavía mantenía un fuerte control sobre los asuntos de la ciudad. Yo quería que los residentes de aquellas zonas supieran que me preocupaba por sus problemas y que quería ser un buen vecino.

El jueves por la mañana salí a correr un poco. Empecé en la puerta del hotel Hay-Adams, al otro lado de Lafayette Square, frente a la Casa Blanca, y recorrí una calle llena de gente sin hogar que había pasado la noche allí, luego seguí hasta el monumento a Washington y el monumento a Lincoln y después volví al McDonald's cerca del hotel. Me tomé una taza de cafe y conocí a un hombre de cincuenta y nueve años; me dijo que, durante la recesión, había perdido su empleo y todo lo que tenía. Regresé al hotel pensando en aquel hombre y en la forma de mantenerme en contacto con los problemas de gente como él cuando estuviera tras el muro que rodea a todo presidente.

Más tarde, después de desayunar con catorce importantes representantes demócratas del Congreso, realicé una visita privada al líder de la minoría del Senado, Bob Dole. Siempre había respetado a Dole por su valiente recuperación de sus heridas de la Segunda Guerra Mundial y porque había trabajado codo con codo con los demócratas en cuestiones como los cupones de comida y los derechos de los discapacitados. Por otra parte, era muy partidista, y le faltó tiempo, la misma noche de las elecciones, para decir que, «como ni siquiera había ganado por mayoría… no existía un mandato claro por parte de la gente». Así pues, dijo Dole, su responsabilidad era «unir nuestro partido, tender la mano y atraer a los votantes independientes y a los partidarios de Perot para sacar adelante nuestro programa». Dole y yo tuvimos una interesante conversación, pero salí de allí sin saber cómo sería nuestra relación ni cuáles eran sus planes. Después de todo, Dole también quería ser presidente.

Mantuve también una entrevista muy cordial con el líder de la minoría de la Cámara de Representantes, Bob Michel, un conservador de Illinois chapado a la antigua. Sentí no poder ver al azote republicano, Newt Gingrich, de Georgia, que estaba de vacaciones. Gingrich era el líder político e intelectual de los republicanos de la Cámara de Representantes, y defendía que se podía conseguir una mayoría republicana permanente sumando los votos de la derecha conservadora y religiosa y los de quienes se oponían al gobierno y a los impuestos. En 1990, dejó por los suelos al presidente Bush por aprobar el paquete de medidas demócratas para reducir el déficit, una de las cuales consistía en un aumento de impuestos. Solo Dios sabía qué querría hacerme a mí.

De vuelta en el hotel, conocí al general Colin Powell, presidente de la Junta de Jefes del Estado Mayor. Después de alcanzar el más alto rango gracias a los presidentes Reagan y Bush, iba a pasar los últimos nueve meses de su cargo trabajando para un comandante en jefe muy distinto. Powell se oponía a mi propuesta de que se admitiera a los gays en las fuerzas armadas, a pesar de que durante la guerra del Golfo, que le había convertido en un héroe para los norteamericanos, el Pentágono había permitido que más de un centenar de gays ingresaran en el ejército; aunque los licenció al término del conflicto, cuando ya no los necesitaba.

A pesar de nuestras diferencias, el general Powell me dejó muy claro que haría su trabajo lo mejor que podría y que me daría siempre su opinión sincera, que es exactamente lo que yo quería.

Hillary y yo acabamos nuestra estancia en Washington con una cena que celebró Pamela Harriman. La noche anterior, Vernon y Ann Jordan habían invitado también a algunas personas a cenar con nosotros. Dichas fiestas, junto con una posterior visita en la que nos acompañó Katharine Graham, estaban pensadas para que Hillary y yo conociéramos a gente importante de la prensa, la política y los círculos de negocios de Washington. Para la mayoría de ellos, todavía éramos unos desconocidos.

Después de pasar el último día de Acción de Gracias en la mansión con mi familia y tras hacer la habitual visita anual a un refugio que un amigo nuestro había construido para las mujeres y los niños que huían de los malos tratos, Hillary y yo volamos con Chelsea y su amiga Elizabeth Flammang hasta el sur de California. Queríamos descansar un poco junto a nuestros amigos, los Thomason, y hacer una visita de cortesía al presidente Reagan, que se había instalado en un bonito edificio situado en un antiguo plató de rodaje de la Twentieth Century Fox. La verdad es que me lo pasé muy bien durante aquella visita. Reagan era muy bueno contando historias y después de ocho años en la Casa Blanca tenía algunas muy buenas que a mí me interesaba escuchar. Al final de nuestra entrevista me dio un tarro de sus famosas gominolas, de color rojo, blanco y azul. Las guardé en mi despacho durante los ocho años que estuve allí.

En diciembre, me puse manos a la obra en la tarea para la que se elige a un presidente: tomar decisiones. Había prometido que me concentraría en la economía «con la intensidad de un rayo láser», y fue precisamente lo que hice. El 3 de diciembre me reuní a solas con Alan Greenspan, el presidente de la Reserva Federal. El presidente de la Reserva tiene una enorme influencia sobre la economía, principalmente porque fija los tipos de interés a corto plazo, que a su vez afectan a los tipos de interés a largo plazo de los créditos que contraen empresas y particulares, entre ellos las hipotecas. Puesto que Greenspan era un estudioso brillante de todos los aspectos de la economía y un consumado maestro del juego de poder en Washington, sus declaraciones y sus testimonios ante al Congreso tenían mucho peso. Sabía que Greenspan era un republicano conservador al que probablemente mi elección no habría gustado, pero pensé que podríamos trabajar juntos por tres motivos: yo creía en la independencia de la Reserva Federal; como el propio Greenspan, pensaba que era esencial reducir el déficit, y, por último, ambos tocábamos el saxo y nos habíamos dado cuenta de que sería mejor dedicarnos a otra cosa para ganarnos la vida.

Al cabo de una semana, empecé a anunciar los cargos de mi gabinete con mi equipo económico; nombré a Lloyd Bentsen, hasta entonces presidente del Comité de Finanzas del Senado, secretario del Tesoro. Bentsen estaba a favor de las empresas y era un demócrata que todavía se preocupaba por la gente corriente. Alto y delgado, de porte patricio, procedía de una familia rica del sur de Texas; después de estar en las fuerzas aéreas, fue piloto de bombarderos en Italia durante la Segunda Guerra Mundial, le eligieron para la Cámara de Representantes de Estados Unidos. Después de tres mandatos, dejó la Cámara para dedicarse a los negocios privados y luego, en 1970, llegó a ser senador tras derrotar al congresista George H. W. Bush. Bentsen me gustaba y creía que sería perfecto para el Departamento del Tesoro: era respetado en Wall Street, efectivo en el Congreso y estaba comprometido con mis objetivos de reactivar el crecimiento y erradicar la pobreza. El secretario adjunto de Bentsen sería Roger Altman, vicepresidente de Blackstone Group Investment, que era un demócrata de toda la vida y un verdadero mago de las finanzas; sería un gran refuerzo para nuestro equipo, y un vínculo con Wall Street. El otro hombre designado para el Tesoro, Larry Summers, se convirtió después en subsecretario para Asuntos Internacionales. A los veintiocho años de edad, era el profesor más joven de Harvard y todavía más brillante de lo que su reputación me había dado a entender.

Escogí a Leon Panetta, el congresista de California que presidía el Comité Presupuestario de la Cámara, para el puesto de director de la Oficina de Gestión y Presupuesto (OGP), un cargo delicado, pero especialmente importante para mí, pues me había comprometido a elaborar un presupuesto que redujera el déficit y aumentara el gasto en áreas vitales para nuestra prosperidad a largo plazo, como la educación y la tecnología. No conocía a Leon antes de entrevistarle, pero sus conocimientos, energía y carácter práctico me dejaron muy impresionado. Nombré al otro finalista para el cargo en la OGP, Alice Rivlin, adjunta de Leon. Como él, ella era una «halcón» del déficit, sensible a la gente que necesitaba ayuda federal.

Pedí a Bob Rubin que realizara un nuevo trabajo: coordinar la política ecónomica desde la Casa Blanca como presidente del Consejo Nacional Económico, que funcionaba más o menos como el Consejo Nacional de Seguridad. Su misión consistía en reunir a todas las agencias relevantes para que formularan y pusieran en práctica nuestras medidas políticas. Había llegado a la conclusión de que el gobierno federal podía diseñar su política económica de forma más organizada y eficaz. Mi intención era coordinar no solo las funciones impositivas y presupuestarias del Tesoro y la OGP, sino también el trabajo del Departamento de Comercio, la Oficina del Representante de Comercio, el Consejo de Asesores Económicos, el Banco de Exportaciones e Importaciones, el Departamento de Trabajo y la Administración para la Pequeña Empresa. Teníamos que utilizar todos los recursos a nuestro alcance para crear un programa económico perfeccionado y completo, necesario para que todos los niveles de renta y diversas regiones salieran beneficiados. Rubin era el mejor para este puesto; de alguna manera se las arreglaba para ser discreto y duro a la vez. Había sido copresidente de Goldman Sachs, la gran empresa de inversiones de Nueva York, y si había podido con todos los egos e intereses que había allí, tenía muchas posibilidades de triunfar en el cargo que yo le ofrecía. El Consejo Económico Nacional representaba el mayor cambio en el modo de trabajar de la Casa Blanca en muchos años y, gracias a Rubin, sirvió bien a Estados Unidos.

Anuncié que Laura Tyson, una respetada profesora de económicas en la Universidad de California, en Berkeley, presidiría el Consejo de Asesores Económicos. Laura me impresionó con sus conocimientos sobre la tecnología, la industria y el comercio, las áreas de microeconomía que, en mi opinión, a menudo se habían ignorado en las decisiones de política económica nacional.

También nombré a Bob Reich secretario de Trabajo. Era un departamento que había languidecido bajo los mandatos de Reagan y Bush, pero para mí era parte importante de nuestro proyecto económico. Bob había escrito buenos libros sobre la necesidad de una mayor cooperación en la gestión del trabajo y sobre la importancia de la flexibilidad y la seguridad del empleo en un entorno laboral moderno. Creía que él defendería los intereses de los sindicatos en temas como la salud, la seguridad y la asistencia social de los trabajadores, y aseguraría el apoyo fundamental de los sindicatos a nuestra política económica.

Pedí a Ron Brown que fuera nuestro secretario de Comercio; con ello cumplía la promesa hecha en campaña de dar mayor relevancia a un departamento que se había considerado de «segundo orden» durante demasiado tiempo. Con su peculiar mezcla de inteligencia y bravata, Ron había resucitado al Comité Demócrata Nacional uniendo sus bases progresistas y sindicales con los que abrazaban las nuevas ideas del Consejo de Liderazgo Demócrata. Si alguien podía resucitar la burocracia de

Comercio para hacer avanzar el país, ése era él. Ron se convirtió en el primer secretario de Comercio afroamericano y en uno de los miembros más efectivos que jamás tuvo el departamento.

El día que anuncié la designación de Ron Brown, también dimití de gobernador de Arkansas. Ya no podía dedicarme al cargo y el teniente del gobernador, Jim Guy Tucker, estaba más que dispuesto y era sobradamente capaz de tomar el relevo. Fue una lástima dejarlo en diciembre, porque me quedé a solo 24 días de superar el récord de Orval Faubus como el gobernador que más tiempo había pasado en el cargo.

El 14 y el 15 de diciembre, con los principales nombramientos económicos cubiertos, celebré una conferencia económica en Little Rock. Habíamos dedicado seis semanas a prepararla, bajo la dirección de Mickey Kantor, John Emerson —un amigo de Hillary que me había apoyado en California— y Erskine Bowles, un empresario de éxito de Carolina del Norte que me respaldó por mi filosofía de Nuevo Demócrata y por mi apoyo a la investigación con tejidos fetales. En la familia de Erskine había muchos casos de diabetes y él creía, igual que yo, que la investigación era esencial para descifrar los misterios de la diabetes y de otras enfermedades actualmente incurables.

Cuando se anunció la conferencia, todo el mundo en Estados Unidos parecía querer asistir; tuvimos muchos problemas para mantener un número suficientemente reducido de participantes, de modo que cupieran en el centro de convenciones de Little Rock y dejaran suficiente espacio para la gran cantidad de periodistas de todo el mundo que habían acudido a cubrir el acontecimiento. Al final, se pudo cerrar la lista de delegados en 329; había desde gerentes de compañías de la lista de Fortune 500, pasando por ejecutivos de Silicon Valley, hasta propietarios de tiendas, e incluso líderes sindicales, académicos, un colono de Alaska y la jefa de la nación india Cherokee, cuyo imponente nombre era Wilma Mankiller.

Cuando se inauguró la conferencia, se palpaba la electricidad en el ambiente, como si fuera un concierto de rock para políticos. Los medios lo llamaron un «festival de sabihondos». Los diversos debates aportaron nuevas formas de comprender la realidad y nuevas ideas, y me aclararon de qué alternativas disponía. Había un consenso aplastante acerca de la principal prioridad de mi administración: la reducción del déficit, incluso si para ello había que disminuir o abandonar por completo la prometida bajada de impuestos para la clase media. «El retiro de Mickey», como llamamos a la conferencia, fue un gran éxito, y no solo en opinión de los sabihondos políticos. Una encuesta realizada después de la conferencia mostraba que el 77 por ciento de los norteamericanos aprobaba la forma en que preparaba mi toma de posesión de la presidencia.

La conferencia económica envió un mensaje muy claro: como había prometido, Estados Unidos avanzaba hacia el futuro; nos alejábamos de la economía de cascada e íbamos hacia una economía de inversión y crecimiento, en la que se dejaba atrás la negligencia de los que perdían terreno en la cambiante economía global, para convertirnos en una nación que de nuevo ofrecía oportunidades a todos sus ciudadanos responsables. Al final nombré a Mickey Kantor representante de comercio de Estados Unidos, a Erskine Bowles directora de la Administración de la Pequeña Empresa y a John Emerson para un cargo en la Casa Blanca. Si alguien se había ganado un puesto en el equipo, eran ellos.

Justo antes de la conferencia económica, anuncié que Mack McLarty sería el jefe de gabinete de la Casa Blanca. Era una elección poco habitual, pues aunque Mack había trabajado en Washington en dos comisiones federales con el presidente Bush, no era ni mucho menos un gran conocedor de la mecánica política de la capital, algo que preocupaba al propio McLarty. Me dijo que preferiría otro puesto, más en sintonía con su trayectoria en el mundo de los negocios. Sin embargo, presioné a Mack para que aceptara, porque estaba convencido de que podría organizar el equipo de la Casa Blanca para que funcionara bien y creía que podría crear el ambiente en la que yo quería trabajar. Era un hombre disciplinado e inteligente, un gran negociador y además tenía la virtud de poder hacer varias cosas a la vez, y mantenerse al día. También era un leal amigo desde hacía más de cuarenta años y sabía que podía confiar en él para que me dijera la verdad, sin ocultarme los diversos puntos de vista y fuentes de información. En los primeros meses de nuestro mandato, tanto él como yo sufrimos a causa de nuestra falta de oído respecto a la prensa y la cultura política de Washington, pero gracias a Mack logramos muchas cosas y creamos un espíritu de cooperación inexistente en el anterior equipo de la Casa Blanca.

Entre el 11 y el 18 de diciembre me acerqué a mi objetivo de conseguir la administración más diversa de la historia. El día once nombré a la rectora de la Universidad de Wisconsin, Donna Shalala, secretaria de Sanidad y Bienestar Social, y a Carol Browner, la directora medioambiental del estado de Florida, directora de la Agencia de Protección del Medio Ambiente. Hillary y yo conocíamos a Shalala desde hacía muchos años; era una mujer de ascendencia libanesa, de metro cuarenta y ocho de altura y muy activa. No conocía a Browner antes de entrevistarla, pero me dejó impresionado; mi amigo, el gobernador Lawton Chiles, la tenía en un muy buen concepto y Al Gore quería que le diera el puesto. Ambas mujeres se quedaron en su cargo los ocho años en los que yo fui presidente, y durante ese tiempo acumularon una larga lista de importantes logros. El día quince corrió el rumor de que pediría a la doctora Joycelyn Elders, directora del Departamento de Sanidad de Arkansas, la segunda mujer negra graduada por la Facultad de Medicina de la Universidad de Arkansas y una autoridad nacional en diabetes infantil, que fuera directora general de Salud Pública, el cargo más importante que puede ocupar un funcionario de la sanidad en Estados Unidos.

El diecisiete, anuncié que había escogido a Henry Cisneros de secretario de Vivienda y Desarrollo Urbano; su combinación, tan poco habitual, de talento político y buen corazón, había convertido a Henry en el político hispano más popular de Estados Unidos. Estaba bien preparado para el puesto y tenía un historial brillante como alcalde de San Antonio, ciudad que había revitalizado por completo. Nombré también a Jesse Brown, un afroamericano, ex marine y veterano de Vietnam, que era el director ejecutivo de los Veteranos Americanos Incapacitados, director del Departamento de Asuntos de los Veteranos.

El 21 de diciembre nombré secretario de Energía a Hazel O'Leary, una ejecutiva afroamericana de la Northern States Power Company, una compañía energética de Minnesota, y a Dick Riley, secretario de Educación. Hazel era una experta en gas natural, y yo quería impulsar su uso porque era más limpio que el petróleo y el carbón; además había abundantes reservas. Dick y yo éramos amigos desde hacía años. Su modestia era engañosa; había tenido que superar un dolorosísimo problema de médula espinal pero, a pesar de ello, se había labrado una exitosa carrera de abogado y de político, y había formado una encantadora familia. También había sido un gran gobernador en temas de educación. En la campaña yo había citado a menudo un artículo que decía que Arkansas había realizado más progresos en educación que ningún otro estado en los últimos diez años, a excepción de Carolina del Sur.

El martes 22, anuncié cuál sería mi equipo de seguridad nacional: Warren Christopher sería mi secretario de Estado, Les Aspin mi secretario de Defensa, Madeleine Albright nuestra embajadora ante Naciones Unidas, Tony Lake mi asesor de Seguridad Nacional, Jim Woolsey el director de la CIA y el almirante Bill Crowe sería el director de la Junta Asesora de Inteligencia para el Extranjero.

Christopher había sido el secretario de Estado adjunto de Carter y desempeñó un papel importante en las negociaciones de liberación de los rehenes norteamericanos de Irán. Había hecho un buen trabajo en el proceso de selección del vicepresidente y de los miembros del gabinete y compartía mis objetivos básicos en política exterior. Algunos creían que era una persona demasiado comedida para aquel cargo, pero yo sabía que podíamos confiar en él.

Una vez quedó claro que Sam Nunn no aceptaría el nombramiento, pedí a Les Aspin que fuera mi secretario de Defensa. Como presidente del Comité de las Fuerzas Armadas de la Cámara, Aspin probablemente sabía más de defensa que nadie en la Cámara de Representantes; conocía los nuevos retos que para la seguridad del mundo suponía el final de la Guerra Fría y estaba dispuesto a modernizar nuestro ejército para que pudiera hacerles frente.

Madeleine Albright, una popular profesora de la Universidad de Georgetown, me impresionó desde la primera vez que la vi, durante la campaña de Dukakis. Había nacido en Checoslovaquia, conocía a Václav Havel y era una apasionada y elocuente defensora de la democracia y la libertad. Yo creía que, en el mundo nacido tras la Guerra Fría, sería la portavoz ideal de Naciones Unidas. Puesto que también quería aprovechar sus consejos sobre temas de seguridad nacional, di al puesto de embajadora ante Naciones Unidas el rango de miembro del gabinete.

La decisión de quién debía ser mi asesor de seguridad nacional era muy complicada, pues tanto Tony Lake como Sandy Berger habían hecho un gran trabajo aconsejándome y enseñándome sobre política exterior a lo largo de la campaña. Tony era un poco mayor que Sandy, que había trabajado para él en el Departamento de Estado de Carter, pero yo conocía más y desde hacía más tiempo a Sandy. Al final, el problema se resolvió cuando el propio Sandy vino a verme y me propuso que nombrara asesor de seguridad nacional a Tony y que él fuera su adjunto.

El último puesto era el de director de la CIA. Quería dárselo al congresista Dave McCurdy, de Oklahoma, el presidente del Comité de Inteligencia de la Cámara, y fue una decepción que lo rechazara. A finales de 1991, conocí a Jim Woolsey, una figura muy conocida en Washington en temas de política exterior, en una discusión sobre seguridad nacional que Sandy Berger había organizado para un grupo muy diverso de demócratas e independientes; él tenía un punto de vista más enérgico sobre seguridad nacional y defensa que el que habitualmente defendía nuestro partido. Woolsey era realmente inteligente y quería el trabajo. Después de mantener una entrevista con él, le ofrecí el puesto.

Tras anunciar los puestos de seguridad nacional, estaba cerca de cumplir la fecha límite que me había impuesto para que el gabinete estuviera completado en Navidad. La víspera de Navidad lo logramos: además de anunciar oficialmente la designación de Mickey Kantor, nombré al congresista Mike Espy, de Mississippi, secretario de Agricultura; a Francisco Peña, el ex alcalde de Denver, secretario de Transporte; a Bruce Babbitt, ex gobernador de Arizona, secretario del Interior, y finalmente, a Zoë Baird, la consejera general de Aetna Life and Casualty, que sería la primera mujer fiscal general.

Espy, un miembro activo del CLD, era un experto en agricultura y, junto con el congresista Bill Jefferson de Nueva Orleans y John Lewis de Atlanta, fue uno de los primeros líderes negros de fuera de Arkansas que me dio su apoyo. No conocía bien a Peña, pero había sido un alcalde excelente y había impulsado la construcción del gigantesco nuevo aeropuerto de la ciudad. Las líneas aéreas pasaban por dificultades y necesitaban a un secretario de Transporte que comprendiera sus problemas. Bruce Babbitt era uno de mis colegas gobernadores preferidos. Brillante, iconoclasta e ingenioso, le habían elegido en la tradicionalmente republicana Arizona y había triunfado como gobernador progresista y comprometido. Esperaba que pudiera impulsar nuestro programa para el medio ambiente con menos trabas por parte de los estados del oeste de las que le habían puesto al presidente Carter.

Al principio tuve la esperanza de que Vernon Jordan fuera el nuevo fiscal general; había sido un famoso abogado pro derechos civiles y los empresarios tenían un buen concepto de él. Pero Vernon, como James Carville, estaba decidido a no formar parte del gobierno. Cuando se retiró, a principios de diciembre, durante una charla que mantuvimos en el porche trasero de la mansión del gobernador, consideré diversas opciones antes de nombrar a Zoë Baird.

No conocía de nada a Zoë hasta que la entrevisté. Además de su trabajo de abogada de Aetna, había colaborado en la Casa Blanca con Carter, era una defensora de los pobres y, aunque solo tenía cuarenta años, parecía comprender de una forma extraordinariamente madura el papel que desempeña un fiscal general y los desafíos a los que tendría que hacer frente.

Aunque más tarde ascendí otros cargos a rango de miembro del gabinete, entre ellos el de zar de la droga, el de director de la Administración de la Pequeña Empresa y el de director del Instituto Federal de Gestión de Emergencias, había conseguido llegar a la fecha límite de Navidad con un gabinete muy competente y de una diversidad sin precedentes.

Era una buena historia, pero no fue la que se hizo con los titulares del día. El presidente Bush hizo un gran regalo de Navidad a sus antiguos socios y, seguramente, a sí mismo, cuando indultó a Caspar Weinberger y a otras cinco personas que el fiscal independiente Lawrence Walsh había procesado por el escándalo Irán-Contra. El juicio de Weinberger estaba a punto de empezar y era probable que el presidente Bush fuera llamado a declarar como testigo. Walsh, enojadísimo, denunció los indultos por considerarlos la culminación de un encubrimiento que ya duraba seis años y dijo que «contradicen el principio de que nadie está por encima de la ley. Demuestran que la gente influyente que tiene poderosos aliados puede cometer graves delitos mientras ocupa importantes cargos públicos —abusando deliberadamente de la confianza del pueblo— sin pagar por ello». Puesto que ahora ninguno de los acusados podía ser llamado a testificar bajo juramento en un tribunal, era improbable que, si quedaban todavía hechos por desvelar, llegaran a conocerse jamás. Solo dos semanas atrás, Walsh se había enterado de que el presidente y su abogado,

Boyden Gray, habían evitado entregar, durante más de un año, las notas manuscritas sobre la trama Irán-Contra que el propio Bush tomaba mientras sucedían los hechos, a pesar de que se las habían requerido repetidamente.

Yo no estaba de acuerdo con los indultos y podía haber sacado mayor partido político de ellos, pero no lo hice por tres motivos. En primer lugar, el poder del presidente para indultar, según nuestra Constitución, es absoluto. Segundo, quería que el país estuviera más unido, no más dividido, ni siquiera si aquella división me daba ventaja política. Y tercero y último, el presidente Bush había servido a nuestro país durante décadas y yo creía que debíamos permitir que se retirara en paz y resolviera aquel tema en privado, con su conciencia.

El día después de Navidad tuve una agradable sorpresa cuando me dijeron que la revista *Time* me nombraba «Hombre del Año» y afirmaba que tenía la oportunidad de «presidir la nación durante una de sus periódicas reinvenciones, uno de aquellos momentos en que los norteamericanos se libran de sus problemas más profundos redefiniéndose a sí mismos». Cuando me preguntaron sobre esto, dije que me sentía adulado, pero también preocupado por los problemas del mundo, por todo lo que quedaba por hacer y por si mudarnos a Washington había sido bueno para Chelsea. A ella le fue muy bien, pero mis otras preocupaciones demostraron estar bien fundadas.

Hillary, Chelsea y yo pasamos el Año Nuevo en Hilton Head, en el fin de semana del Renacimiento, como cada año desde hacía casi una década. A mí me encantaba estar con viejos amigos, jugar a fútbol americano en la playa con los chavales y hacer unos cuantos hoyos con el nuevo juego de palos que me había regalado Hillary. Me gustaba asistir a los debates, donde siempre aprendía cosas de gente que hablada de todo, desde ciencia hasta política, pasando por el amor. Ese año me gustó especialmente un debate titulado «Lo que le diría al presidente en un desayuno informal».

Mientras tanto, el presidente Bush se iba a lo grande. Visitó a nuestras tropas en Somalia y luego me llamó para decirme que se iba a Rusia a firmar un acuerdo de limitación de armas estratégicas, START II, con Boris Yeltsin. Yo apoyaba el tratado y dije que estaba dispuesto a impulsar su ratificación en el Senado. Bush también me echó una mano cuando dijo a los demás líderes que quería que yo «triunfara como presidente» y que verían que «yo era un hombre con el que trabajarían bien» sobre problemas importantes.

El 5 de enero, Hillary y yo anunciamos que matricularíamos a Chelsea en una escuela privada, Sidwell Friends. Hasta aquel momento, siempre había ido a la escuela pública, y había algunas muy buenas en el

Distrito de Columbia. Después de hablarlo con Chelsea, nos decidimos por Sidwell, principalmente porque le garantizaba su intimidad. Estaba a punto de cumplir trece años y Hillary y yo queríamos darle la oportunidad de vivir su adolescencia de la forma más normal posible. Y ella también lo quería.

El 6 de enero, solo dos semanas antes de la toma de posesión y la víspera de mi primera reunión con mi equipo económico, el director de la OGP de la administración Bush, Richard Darman, anunció que el déficit económico del año entrante sería mayor de lo previsto. (Mi equipo estaba convencido de que Darman sabía que el déficit sería mayor desde hacía tiempo, pero que había esperado a hacerlo público pasadas las elecciones.) Sea como fuere, resultaría mucho más complicado conjugar las diversas prioridades: recortar el déficit a la mitad sin debilitar la frágil recuperación económica; encontrar la combinación adecuada de recortes de gastos, subida de impuestos necesaria para reducir el déficit y aumento de las inversiones en áreas que eran vitales para nuestra prosperidad económica a largo plazo, y asegurar que los impuestos fueran más justos para la gente trabajadora de rentas medias y bajas.

Al día siguiente el equipo económico se reunió alrededor de la mesa del comedor de la mansión del gobernador para debatir nuestros problemas y estudiar qué opciones reportarían el mayor crecimiento económico. Según la economía keynesiana tradicional, los gobiernos debían incurrir en déficit en los períodos de malos tiempos económicos y tener presupuestos equilibrados o superávit en los buenos tiempos. Así pues, la combinación de fuertes recortes de gastos y aumento de impuestos necesaria para reducir el déficit a la mitad parecía no ser la receta adecuada en aquellos momentos. Por eso Franklin Roosevelt, después de ser elegido con la promesa de equilibrar el presupuesto, abandonó la reducción del déficit y gastó lo necesario para que nuestra gente volviera a trabajar y para estimular la economía.

El problema de aplicar el análisis tradicional a las actuales condiciones económicas era que bajo los mandatos de Reagan y Bush habíamos incurrido en un gran déficit económico estructural que seguía ahí, fueran buenos o malos tiempos. Cuando el presidente Reagan tomó posesión del cargo, la deuda nacional ascendía a un billón de dólares. Durante sus ocho años de gobierno se triplicó, debido a los grandes recortes de impuestos de 1981 y al aumento del gasto. Con el presidente Bush la deuda aumentó un tercio en solo cuatro años. Ahora ascendía a cuatro billones de dólares. Los intereses anuales del pago de la deuda constituían el tercer mayor gasto en el presupuesto federal después de Defensa y Seguridad Social.

El déficit era el resultado inevitable de la denominada economía de la oferta, basada en la teoría de que cuanto más se reducen los impuestos, más crece la economía. En teoría, ese crecimiento tendría que generar, con impuestos más bajos, mayor cantidad de dinero que la que se obtenía antes con impuestos más altos. Por supuesto, no funcionó, y el déficit se disparó durante la recuperación económica de los años ochenta. Aunque la teoría de la oferta se basa en una defectuosa interpretación de las matemáticas y en una economía mal entendida, los republicanos se aferraron a ella debido a su repulsión ideológica hacia los impuestos y porque, a corto plazo, la oferta era una buena política. «Gastar más con menos impuestos» sonaba bien y les hacía sentirse mejor, pero puso a nuestro país en un grave aprieto e hipotecó el futuro de nuestros hijos.

Combinado con nuestro enorme déficit comercial, el déficit presupuestario nos obligó a conseguir cantidades enormes de capital cada año para financiar el gasto suplementario. Para atraer ese dinero y evitar una caída en picado de la cotización del dólar, hubo que mantener los tipos de interés mucho más altos de lo que habían estado durante la recesión económica que precedió a mi elección. Los tipos altos lastraban el crecimiento económico y se convertían en una especie de enorme impuesto indirecto que pagaban los norteamericanos de clase media cuando abonaban las hipotecas, los plazos del coche y todas sus otras compras financiadas a crédito.

Cuando nos sentamos a trabajar, Bob Rubin, que dirigía la reunión, llamó primero a Leon Panetta. Leon dijo que el déficit había aumentado porque la recaudación de impuestos había descendido debido al enfriamiento de la economía, mientras que el gasto había subido, pues a medida que aumentaba el número de gente que se apuntaba a los servicios de asistencia social —como el subsidio de desempleo— y de sanidad, los costes se disparaban. Laura Tyson afirmó que si continuaban las condiciones actuales, la economía crecería entre el 2,5 y el 3 por ciento durante los años siguientes, una tasa insuficiente para reducir significativamente el desempleo ni para asegurar una recuperación sostenida. Entonces comenzamos a analizar el meollo de la cuestión. Pedimos a Alan Blinder, otro de mis asesores económicos, que analizara si un paquete de fuertes medidas de reducción del déficit impulsaría el crecimiento y reduciría los tipos de interés, puesto que el gobierno dejaría de competir con el sector privado por el dinero de los ahorradores. Blinder dijo que así sería, pero que los efectos positivos quedarían diluidos durante un par de años porque el gobierno gastaría menos y los impuestos serían más altos, a menos que la Reserva Federal y el mercado de obligaciones respondieran a nuestra iniciativa rebajando considerablemente sus tipos de interés. Blinder creía que después de tantas falsas promesas de reducción del déficit durante los últimos años, era poco probable que el mercado de obligaciones respondiera de forma decidida y positiva. Larry Summers no estaba de acuerdo; creía que un buen plan convencería el mercado para que bajara sus tipos, pues no había peligro de que se disparara la inflación mientras la economía se recuperaba. Citó la experiencia de algunos países asiáticos para apoyar su punto de vista.

Este fue la primera de muchas conversaciones sobre el poder que tenían agentes de bolsa de treinta años sobre las vidas de los norteamericanos corrientes. A menudo mis sonoras quejas sobre esta situación, junto con las réplicas que me daba Bob Rubin, eran divertidas, pero la cuestión era muy seria. Con una tasa nacional de desempleo por encima del siete por ciento, teníamos que hacer algo. Tyson y Blinder apuntaban a que para que nuestra economía recobrara la salud a largo plazo, teníamos que reducir el déficit, pero eso reduciría a su vez el crecimiento a corto plazo. Bentsen, Altman, Summers y Panetta creían en la opción del mercado de obligaciones y que la reducción del déficit aceleraría el crecimiento económico. Rubin se limitaba a dirigir la reunión, pero yo sabía que estaba de acuerdo con ellos. Y también Al Gore.

Bob Reich se perdió la reunión pero, al día siguiente, me envió un memorándum en el que decía que aunque la deuda constituía un porcentaje del producto interior bruto mucho mayor del que debía ser, el porcentaje en el PIB de la cifra de inversiones en educación, formación e investigación, no relacionada con temas de defensa, era menor que el de los años anteriores a Reagan, y la falta de inversión estaba perjudicando a la economía tanto como el déficit. Dijo que el objetivo no debía ser reducir el déficit a la mitad sino devolverlo al porcentaje del PIB que había tenido durante los años anteriores a Reagan y Bush, al igual que había que hacer con la inversión. Decía que las inversiones aumentarían la productividad, el crecimiento y el empleo, y nos permitirían reducir el déficit, pero que si apostábamos exclusivamente por la reduccion del déficit, una economía estancada con escasos beneficios no podría reducirlo a la mitad de ninguna forma. Creo que Gene Sperling estaba bastante de acuerdo con Reich.

Mientras yo seguía pensando en ello, pasamos a discutir la forma de lograr la reducción de déficit que necesitábamos. En mi programa de campaña, *La gente es lo primero*, había propuesto más de ciento cuarenta millones de dólares de recortes presupuestarios. Teniendo en cuenta que las cifras del déficit eran más altas, tendríamos que recortar todavía más los gastos para conseguir nuestro objetivo de reducir el déficit a la mitad en cuatro años. Esto nos llevó a la primera de muchas discusiones sobre qué debíamos recortar exactamente. Por ejemplo, se podía ahorrar mucho dinero reduciendo los complementos por el coste de la vida, llamados COLA, de la Seguridad Social, pero como observó Hillary, casi la mitad de los norteamericanos de más de sesenta años dependían de la Seguridad Social para vivir por encima del umbral de la pobreza; ese recorte les perjudicaría gravemente. Aún no teníamos por qué llegar a una decisión definitiva, y no podíamos hacerlo sin discutirlo con los líderes del Congreso, pero era obvio que, fuera lo que fuera lo que decidiéramos, no sería fácil.

En la campaña, además de los recortes presupuestarios, también había propuesto recaudar una cantidad similar a través de nuevos ingresos, todos procedentes de personas o empresas adineradas. Ahora, para reducir el déficit a la mitad teníamos que conseguir todavía más ingresos. Y era casi seguro que tendríamos que abandonar la propuesta de rebajar los impuestos a la clase media, aunque yo todavía estaba decidido a reducirlos para las familias que ganaban treinta mil dólares o menos al año, doblando las desgravaciones fiscales en el impuesto sobre la renta. Sus salarios habían perdido poder adquisitivo durante los últimos veinte años y necesitaban ayuda; más aún, teníamos que conseguir que los trabajos con salarios bajos fueran más atractivos que los subsidios públicos si queríamos tener éxito y que la gente abandonara el subsidio de paro de la asistencia social y se pasara al empleo. Lloyd Bentsen repasó la lista de posibles aumentos impositivos y señaló que cualquier impuesto sería difícil de aprobar pero que lo más importante era imponerse. Si nuestro plan fracasaba en el Congreso, mi presidencia entera estaría en peligro. Bentsen dijo que debíamos ofrecer al Congreso diversas opciones, de modo que aunque no lográramos aprobar una o dos, todavía pudiéramos decir que habíamos ganado y evitar así que nos dejaran tocados políticamente.

Después de su exposición sobre los impuestos, Roger Altman y Larry Summers abogaron por un paquete de incentivos que acompañara al plan de reducción del deficit. Recomendaron gastar unos veinte mil millones en inversión y excenciones impositivas para las empresas que, en el mejor de los casos, darían un nuevo impulso a la economía y que, en el peor, evitarían que fuéramos hacia una recesión; estimaban que había un veinte por ciento de posibilidades de esto último. Entonces Gene Sperling presentó sus opciones para las nuevas inversiones; defendió la más ambiciosa, de noventa mil millones de dólares, que pretendía cumplir todos mis compromisos electorales de inmediato.

Después de las exposiciones, decidí que los halcones del presupuesto tenían razón. Si no rebajábamos el déficit de forma considerable, los tipos de interés seguirían altos e impedirían una recuperación fuerte y sostenida. Al Gore estaba particularmente a favor de esta tesis. Pero, mientras nos centrábamos en decidir cuál era la reducción de déficit que necesitábamos, me preocupaban los efectos negativos a corto plazo que Laura Tyson y Alan Blinder habían predicho, y que Roger Altman y Gene Sperling temían. Después de casi seis horas, todo indicaba que íbamos camino de intentar reducir el déficit. Evidentemente, definir una política económica, al menos en aquella situación, no era una ciencia, y, si era arte, debía de ser bella a los ojos del mercado de obligaciones.

Una semana después mantuvimos una segunda reunión, en la que descarté la reducción de impuestos a la clase media, me mostré dispuesto a revisar los gastos de la Seguridad Social, Medicare y Medicaid y apoyé la propuesta de Al Gore de crear un impuesto sobre la energía de base muy amplia, llamado BTU, sobre el contenido calorífico de la energía en la venta al por mayor. Todos dijeron que aunque el BTU sería polémico en todos estados productores de carbón, petróleo y gas natural, se repartiría sobre todos los sectores de la economía, reduciría la carga que deberían soportar los consumidores privados e incentivaría el ahorro de energía, algo que necesitábamos impulsar a toda costa.

Durante muchas horas más debatimos sobre la cifra de reducción de déficit a la que debíamos aspirar, por lo que nos remontamos hasta cinco años atrás. Gore adoptó una postura firme; según él debíamos ir a por la máxima reducción posible. De ese modo, nuestro valiente paso generaría más apoyo y crearíamos el marco de una nueva realidad, en el que podríamos realizar cosas hasta entonces impensables, como exigir a los que recibían subsidios de la Seguridad Social, por encima de determinado nivel de renta, que pagaran impuestos sobre dichos subsidios. Rivlin estaba de acuerdo con él. Blinder dijo que podría funcionar si la Reserva y el mercado de obligaciones nos creían. Tyson y Altman se mostraban escépticos sobre la posibilidad de evitar una ralentización de la economía a corto plazo. Sperling y Reich, presentes en la reunión, defendieron el aumento de las inversiones.

Lo mismo que Stan Greenberg, Mandy Grunwald y Paul Begala, que no asistían a las reuniones y tenían miedo de que yo sacrificara todo aquello en lo que creía, influido por gente que no había formado parte de la campaña y a la que no preocupaban en absoluto los ciudadanos corrientes que me habían elegido. A finales de noviembre Stan me había enviado un memorándum en el que me advertía que mi luna de miel con los votantes sería muy corta a menos que me encargara rápidamente del problema del paro y de los salarios, cada vez más bajos. El 60 por ciento de los que habían dicho que sus finanzas habían empeorado en 1992, aproximadamente una tercera parte del electorado, habían votado por mí. Stan creía que si aplicaba este plan podía perderlos. George Stephanopoulos, que asistió a todas las reuniones, trató de explicar una y otra vez a Stan y a sus aliados que el déficit estaba acabando con la economía, y que si no lo arreglábamos pronto, no habría ni recuperación económica ni ingresos impositivos para gastar en educación, en recortes a los impuestos de la clase media o en cualquier otra cosa. Bentsen y Panetta querían toda la reducción de déficit que pudiéramos conseguir del Congreso, que era menos de lo querían Gore y Rivlin, pero que seguía siendo mucho. Rubin, como moderador, seguía sin manifestar su opinión, pero me di cuenta de que estaba con Bentsen y Panetta. Después de escuchar a todo el mundo, también yo me inclinaba a pensar lo mismo.

En algún momento le pregunté a Bentsen cuánto tendríamos que reducir el déficit para que el mercado de obligaciones nos apoyara. Dijo que unos ciento cuarenta mil millones en el quinto año, con un total de quinientos mil millones en cinco años. Decidí ir con los quinientos mil millones, pero incluso con nuevos recortes de gastos y aumentos de los ingresos, todavía seguiríamos sin poder cumplir el objetivo de reducir el déficit a la mitad al final de mi primer mandato. Todo dependía de la tasa de crecimiento.

Debido a la posibilidad de que nuestra estrategia causara una ralentización a corto plazo, buscamos formas de impulsar el crecimiento. Me reuní con ejecutivos de las tres grandes empresas de automoción y con Owen Bieber, presidente de United Auto Workers, que había declarado que mientras los coches japoneses tenían el 30 por ciento del mercado de Estados Unidos, Japón seguía siendo un mercado cerrado a las fábricas de componentes y a los coches norteamericanos. Pedí a Mickey Kantor que buscara una forma de abrir más el mercado japonés. Los representantes de la industria biotecnológica, que crecía con rapidez, propusieron para las pequeñas empresas, que muchas veces no generaban suficiente dinero para solicitar la desgravación completa según la ley vigente, ampliar las desgravaciones por investigación y desarrollo, extenderlas y hacer que fueran reembolsables. También querían más protección contra la competencia desleal para sus patentes y modificaciones en el proceso de aprobación de productos de la Administracion de Fármacos y Alimentos (FDA), además de agilizarlo mucho más. Le dije a mi equipo que analizara esas propuestas y me diera su opinión. Finalmente autoricé el desarrollo de un único paquete de incentivos de veinte mil millones de dólares para aumentar la actividad industrial a corto plazo.

Lamenté tener que abandonar la rebaja de impuestos de la clase media, pero con el empeoramiento de las cifras del déficit, no tenía elección. Si nuestra estrategia funcionaba, la clase media recibiría beneficios directos que irían mucho más allá de una mera reducción de impuestos. Notarían la mejoría a través de la rebaja de sus hipotecas y de los tipos de interés en los plazos que pagaban por su coche, las tarjetas de crédito o los créditos estudiantiles. Tampoco podríamos aumentar el gasto tanto como nos propusimos en campaña, al menos al principio. Pero si la reducción del déficit hacía bajar los tipos de interés y estimulaba el crecimiento, el estado recaudaría más dinero de los impuestos y quizá todavía podría cumplir mis objetivos de inversión totales para los cuatro años. Ese «si» era mucho decir.

Pero había también otro gran «si». La estrategia funcionaría solo si el Congreso la aprobaba. Tras la derrota de Bush, los republicanos estaban más en contra de los impuestos que nunca, así que muy pocos, o ninguno de ellos votaría a favor de un plan que incluyera nuevos impuestos. Por otro lado, muchos demócratas procedían de distritos conservadores y también se mostrarían cautelosos antes de aprobar más impuestos, y los demócratas progresistas que tenían su escaño asegurado podrían no apoyar el presupuesto si se recortaban de manera demasiado contundente los programas que ellos apoyaban.

Después de una campaña en la que los problemas económicos de Estados Unidos habían sido los protagonistas, en unos tiempos en que el crecimiento económico se desaceleraba en todo el mundo, me disponía a estrenar mi presidencia con una estrategia económica sin precedentes. Podía aportarnos enormes beneficios si, por un lado, lograba convencer al Congreso de que aprobara el presupuesto y, por otro, conseguía la respuesta esperada de la Reserva Federal y el mercado de obligaciones. Tenía argumentos convincentes de mi parte, pero aun así la mayor decisión en política interior de toda mi presidencia no era más que una gran apuesta.

Mientras dedicaba la mayor parte de la transición al gabinete, y a otros compromisos, y desarrollaba nuestro programa económico, sucedían muchas otras cosas. El 5 de enero se anunció que mi gobierno continuaría temporalmente la política del presidente Bush de interceptar y repatriar a los haitianos que trataban de llegar a Estados Unidos en barco, una política que yo había criticado duramente en la campaña electoral. Después de que, en 1991, el teniente general Raoul Cédras y sus aliados derrocaran al presidente democráticamente elegido de Haití, Jean-Bertrand Aristide, los simpatizantes de este último emigraron de la isla. Cuando la administración Bush, que parecía más favorable a Cédras que yo, comenzó a repatriar a los refugiados, hubo numerosas protestas por parte de los defensores de los derechos humanos.

Yo quería facilitar el proceso de solicitud y obtención de asilo político en Estados Unidos para los haitianos, pero me preocupaba que muchos murieran en el mar tratando de llegar en barcos destartalados, como hacía solo una semana les había sucedido a unas cuatrocientas personas. Así que, siguiendo el consejo de nuestro equipo de seguridad, dije que, en lugar de aceptar a todos los haitianos que lograran sobrevivir el viaje a Estados Unidos, aumentaríamos nuestra presencia diplomática en Haití y facilitaríamos la gestión de las solicitudes de asilo desde allí. Mientras, por razones de seguridad, seguiríamos deteniendo los barcos y repatriando a sus pasajeros. Irónicamente, mientras los grupos de defensa de los derechos humanos criticaron mis declaraciones y la prensa lo planteó como si me hubiera retractado de mi promesa electoral, el presidente Aristide apoyó mi posición. Él sabía que de esa forma entrarían más haitianos en Estados Unidos que durante la administración Bush, y quería evitar que su gente muriera ahogada.

El 8 de enero volé hasta Austin, Texas, donde había vivido y trabajado para McGovern hacía más de veinte años. Después de reencontrarme con mis viejos amigos de mi época en Scholtz's Beer Garden, celebré mi primer encuentro, desde que me habían elegido presidente, con un dirigente extranjero, Carlos Salinas de Gortari, presidente de México. Salinas estaba entusiasmado por el Tratado de Libre Comercio de América del Norte que había negociado con el presidente Bush. Nuestra anfitriona fue mi vieja amiga, la gobernadora Ann Richards, que también era una gran defensora del TLCAN. Yo quería reunirme pronto con Salinas para dejar claro que me preocupaban la prosperidad y la estabilidad de México y para convencerle de la importancia de un acuerdo sobre empleo y medio ambiente que reforzara el tratado. También quería aumentar nuestra colaboración contra el narcotráfico.

El día trece, mi candidata para fiscal general, Zoë Baird, comenzó a tener problemas cuando se descubrió que había empleado a dos inmigrantes ilegales como asistentes domésticos y, solo recientemente, cuando supo que podía ocupar el puesto de fiscal general, había abonado las cuotas de la Seguridad Social que debía. El hecho de emplear a inmigrantes ilegales no era excepcional en aquel entonces, pero era un problema particularmente espinoso para Zoë, pues el fiscal general supervisa el Servicio de Inmigración y Naturalización. Por tanto, la confirmación de Zoë para ese puesto era poco probable y el fiscal adjunto de la sección de derecho civil del fiscal general saliente, Stuart Gerson, asumió de momento las funciones de fiscal general en funciones. También enviamos a Webb Hubbell, designado el asociado al fiscal general, al Departamento de Justicia para que cuidara de que las cosas fueran bien.

Durante los siguientes dos días anunciamos más nombramientos para la Casa Blanca. Además de George Stephanopoulos como director de comunicaciones, nombré a Dee Dee Myers la primera mujer secretaria de prensa, puse a Eli Segal a cargo de la creación de un nuevo programa de servicio nacional, asigné a Rahm Emanuel la dirección de asuntos políticos y a Alexis Herman la de comunicación. Traje a mucha gente de Arkansas: Bruce Lindsey llevaría el departamento de personal, incluidos los nombramientos a juntas y comisiones; Carol Rasco sería mi ayudante en política interior; Nancy Hernreich —la gestora de planificación en mi etapa de gobernador— supervisaría ahora las actividades del Despacho Oval, en una oficina contigua a la mía; David Watkins supervisaría las funciones administrativas de la Casa Blanca; Ann McCoy, la administradora de la mansión del gobernador, vino a trabajar a la Casa Blanca y mi amigo de toda la vida, Vince Foster, aceptó venir a la oficina legal.

Entre aquellos que no procedían de la campaña elegí, para que fuera el abogado de la Casa Blanca, a Bernie Nussbaum, el colega de Hillary en el proceso de la investigación para el proceso de *impeachment* de Nixon, en 1974; a Ira Magainer, mi compañero de Oxford, que trabajaría con nosotros en la reforma de la sanidad; a Howard Paster, un experto negociador de Washington, que se encargaría de nuestras relaciones con el Congreso; a John Podesta, un viejo amigo de la campaña de Duffey, que se incorporaría de secretario de gabinete; a Katie McGinty, la elección de Al Gore para nuestra persona clave en política medioambiental, y a Betty Currie, la secretaria de Warren Christopher durante la transición, que ahora haría ese mismo trabajo para mí. Andrew Friendly, un joven nativo de Washington, D.C., sería el asistente del presidente; me acompañaría a todas las citas y en todos los viajes para asegurarse de que leyera los informes y me mantuviera en contacto con la Casa Blanca cuando estuviéramos fuera. Al tenía su propio equipo, cuyo jefe de gabinete era el también nativo de Tennessee, Roy Neel. Y también Hillary, cuya jefa de gabinete, Maggie Williams, era una vieja amiga suya.

También manifesté mi apoyo a David Wilhelm, el director de mi campaña, que sucedió a Ron Brown como presidente del Comité Demócrata. David era joven y no tenía la presencia pública de Ron Brown, pero casi nadie la tenía. Su fuerza era su capacidad para organizar campañas de base, y nuestro partido necesitaba desesperadamente una revitalización en el ámbito local y estatal. Ahora que estábamos en la Casa Blanca, supuse que de todas formas Al Gore y yo tendríamos que llevar el peso de la recaudación de fondos y de las declaraciones públicas.

Además de los nombramientos, emití un comunicado en el que apoyaba fervientemente la acción militar que el presidente Bush había emprendido en Irak y, por primera vez, dije que presionaría para llevar ante un tribunal al presidente serbio, Slobodan Milosevic, por crímenes de guerra. No tardó demasiado en suceder.

Durante ese tiempo también ofrecí un almuerzo para ministros evangélicos en la mansión del gobernador. Mi pastor, Rex Horne, me aconsejó que lo hiciera y él mismo confeccionó la lista de invitados. Rex pensó que sería útil que mantuviera una charla informal con ellos, para que al menos tuviera algunas vías de comunicación abiertas con la comunidad evangélica. Vinieron unos diez ministros, entre ellos personas de relevancia nacional como Charles Swindoll, Adrian Rogers y Max Lucado. También invitamos al ministro de Hillary, de la primera iglesia metodista de Little Rock, Ed Matthews, un hombre maravilloso con el que sabíamos que podíamos contar si aquel almuerzo se convertía en una batalla verbal. Me impresionó especialmente el joven y elocuente pastor Bill Hybels, de la iglesia de la comunidad de Willow Creek, cerca de Chicago. Había hecho crecer su iglesia desde la nada y la había convertido en una de las mayores congregaciones de Estados Unidos. Como los demás, no estaba de acuerdo conmigo sobre el aborto ni sobre los derechos de los gays, pero también estaba interesado en otros temas y en el tipo de liderazgo que haría falta para acabar con la situación de bloqueo de Washington y reducir el duro enfrentamiento entre los partidos. Durante ocho años, Bill Hybels me visitó regularmente, para darme su consejo y vigilar lo que él llamaba mi «salud espiritual». Discutíamos de vez en cuando. A veces incluso estábamos de acuerdo. Pero siempre fue una bendición para mí.

Al inicio de mi última semana en Arkansas, con los camiones de mudanza en el camino de entrada, concedí una entrevista de despedida a los periodistas de Arkansas; les confesé que me enorgullecía y a la vez lamentaba abandonar el hogar: «Me siento feliz y orgulloso y triste hasta el punto de que casi me han saltado las lágrimas un par de veces... Adoro mi vida aquí». Una de mis últimas ocupaciones antes de marcharme hacia Washington fue personal. Chelsea tenía un sapo mascota con el que se había hecho en algún proyecto de ciencias. Aunque nos llevábamos a nuestro gato, Socks, con nosotros, Chelsea decidió que quería liberar a su sapo para que pudiera llevar «una vida normal». Me pidió a mí que lo hiciera, así que, en mi último día allí, fui hasta el río Arkansas, saqué la caja de zapatos donde estaba el sapo y le dejé salir. Al menos uno de los dos regresaba a la vida normal.

El resto de nosotros estábamos entusiasmados por la aventura que nos aguardaba, pero también sentíamos temor. A Chelsea no le gustaba nada tener que dejar atrás a sus amigos y el mundo que conocía, pero le dijimos que podría invitarles a menudo. Hillary se preguntaba cómo se iba a sentir sin la independencia que proporcionaba un trabajo remunerado, pero estaba deseando convertirse en una primera dama a tiempo completo, tanto para impulsar las iniciativas políticas que defendía como para hacerse cargo de sus deberes tradicionales. Me sorprendió la cantidad de tiempo que ya se me había pasado estudiando la historia de la Casa Blanca, las diversas funciones de las que yo sería responsable y las importantes contribuciones de sus predecesores. Siempre que Hillary emprendía un nuevo desafío, al principio estaba muy nerviosa, pero en cuanto le cogía el tranquillo se relajaba y comenzaba a disfrutar. No podía culparla por estar un poco nerviosa. Yo también lo estaba.

El período de transición había sido intenso y muy duro. En retrospectiva, hicimos un buen trabajo escogiendo a la gente del gabinete, tanto en los puestos de más responsabilidad como en los subalternos; todos ellos eran capaces y reflejaban la diversidad de Estados Unidos. Sin embargo, cometí un error al no asignar algún puesto en el gabinete a algún joven republicano, como prueba de mi deseo de que hubiera una cooperación efectiva entre ambos partidos. También mantuve mi compromiso de preocuparme ante todo de la economía, con la ayuda de un gran equipo de personas, de la conferencia económica y un proceso de toma de decisiones basado en informaciones sólidas y sometido a un debate sistemático. También, tal como había prometido, Al Gore formó parte de la administración entrante y tenía un papel clave; participaba en todas las reuniones de estrategia y en la selección del personal de la Casa Blanca y del gabinete, y a la vez tenía una considerable presencia pública.

Durante y después de la transición, se me criticó por no cumplir con mis promesas electorales de rebajar los impuestos de la clase media, reducir el déficit a la mitad en cuatro años y dar refugio a los haitianos que llegaban en barco. Con respecto a las dos primeras cuestiones, respondí que sencillamente actuaba condicionado por un déficit superior al esperado. Algunos críticos dijeron que tenía que haber adivinado que la administración Bush estaba minimizando el déficit, hasta después de las elecciones, y que por lo tanto no debía haber utilizado cifras que procedían del gobierno para construir mi plan económico. No me tomé aquellas críticas en serio. Al contrario, creía que algunas de ellas, las relacionadas con el tema haitiano, estaban justificadas, dadas las declaraciones poco informadas que había realizado durante la campaña. Sin embargo, estaba decidido a que más refugiados pudieran llegar a Estados Unidos sanos y salvos, y con el tiempo, devolver al presidente Aristide al poder. Si tenía éxito, habría cumplido mi promesa.

También recibí críticas por proponer a Zoë Baird y por mi tendencia a querer enterarme de todo lo que sucedía y luego tomarme demasiado tiempo para decidirme. Ambos comentarios tenían parte de razón. Zoë no había ocultado el tema de la niñera; sencillamente, habíamos subestimado su importancia. Y en lo referente a mi estilo de gestión, sabía que tenía mucho que aprender, por esto empleé el período de transición para absorber tantos aspectos de la labor de presidente como pude. Por ejemplo, no lamento ni un segundo del tiempo que empleé familiarizándome con la economía; me resultó muy útil durante los siguientes ocho años. Por otro lado, siempre tendía a intentar abarcar demasiado, lo que también contribuía a mi cansancio físico, mi estado de irritabilidad y mi merecida reputación de tardón.

Sabía que la transición solo era un anticipo de lo que sería la presidencia: todo sucedería al mismo tiempo. Tendría que delegar más y emplear un sistema mejor organizado que cuando era gobernador, para tomar mis decisiones. No obstante, el hecho de que hubiera tantos cargos subalternos en el gabinete pendientes de designar se debía a que los demócratas llevaban doce años alejados del poder. Teníamos que reemplazar a mucha gente, nos habíamos comprometido a seleccionar al equipo teniendo en mente la gran diversidad de orígenes y había mucha gente valiosa que considerar. Además, el proceso de investigación de candidatos requerido era tan complicado que exigía mucho tiempo, pues los investigadores federales escudriñaban cada pedazo de papel y analizaban el menor rumor, para hallar a gente inatacable, tanto por nuestros adversarios políticos como por la prensa.

Al mirar atrás, creo que los principales fallos de la transición fueron dos: que me dediqué tanto al gabinete que apenas dispuse de tiempo para estar con el equipo de la Casa Blanca y que no me detuve a pensar ni un momento en la forma de lograr que el público se concentrara en los aspectos prioritarios, en lugar de en las noticias que competían por captar su atención; estas, como mínimo, distraerían a la gente de los grandes temas, y en el peor de los casos, podría parecer que yo no estaba prestando atención a esas prioridades.

El verdadero problema era que la mayoría de ellos procedían del equipo de campaña o de Arkansas y que no tenían ninguna experiencia de lo que implicaba trabajar en la Casa Blanca, o tratar con la cultura política de Washington. Mis colaboradores más jóvenes tenían talento, eran honestos y ponían todas las energías en su labor, y yo sentía que les debía a muchos de ellos la oportunidad de que sirvieran a su país trabajando en la Casa Blanca. Con el tiempo, aprendieron a navegar por aquel mundo y lo hicieron muy bien; pero durante los primeros y esenciales meses, tanto el equipo como yo tuvimos que aprender sobre la marcha, y algunas de las lecciones fueron bastante costosas.

Tampoco dimos la misma importancia, ni de lejos, a comunicar nuestro mensaje, como habíamos hecho durante la campaña, aunque en el gobierno resulta difícil, incluso para el presidente, transmitir diariamente lo que se desea. Como he dicho, todo sucede a la vez y cualquier polémica tiene más probabilidades de ocupar las noticias que una decisión de políticas concretas, independientemente de lo importantes que sean las decisiones. Eso fue lo que sucedió con las polémicas respecto a Zoë Baird y a los gays en el ejército. Aunque solo consumieron una pequeña parte de mi tiempo, era comprensible que la gente que veía las noticias pensara que no hacía nada más. Si hubiéramos pensado más acerca de ese reto y hubiéramos trabajado más duro durante la transición, estoy seguro de que las cosas se habrían llevado mejor.

A pesar de los problemas, yo creía que nuestro período de transición había ido razonablemente bien. Y, al parecer, los norteamericanos también opinaban lo mismo. Antes de que me trasladara a Washington, una encuesta de *NBC News* y el *Wall Street Journal* me daba una popularidad del 60 por ciento, una subida desde el 32 por ciento de mayo. A Hillary le iba aún mejor: el 66 por ciento la consideraba «un modelo de conducta positivo para las mujeres norteamericanas», desde el 39 por ciento de la encuesta anterior. Otra encuesta, realizada por una organización de los dos partidos, afirmaba que el 84 por ciento de la gente aprobaba mi ges-

tión hecha desde las elecciones. La valoración de la labor del presidente
Bush también subió, casi veinte puntos, hasta un 59 por ciento. Nuestros
conciudadanos habían recuperado su optimismo acerca de Estados Unidos y me ofrecían una oportunidad de tener éxito.

El 16 de enero, cuando Hillary, Chelsea y yo nos despedimos de los
amigos que fueron al aeropuerto de Little Rock para vernos partir, pensé
en las conmovedoras frases de despedida de Abraham Lincoln a la gente
de Springfield, Illinois, cuando subió al tren que le llevaría a la Casa
Blanca: «Amigos míos: Nadie que no se encuentre en mi situación puede
apreciar el sentimiento de tristeza que me invade al partir. A este lugar y
a la amabilidad de sus gentes, se lo debo todo... Confiando en [Dios], al
que puedo llevar conmigo, que se quedará con ustedes y que estará en
todas partes para siempre, solo nos queda esperar confiados en que todo
salga bien». No lo dije tan bien como Lincoln, pero me esforcé al
máximo para transmitir este mensaje a mis conciudadanos de Arkansas.
Sin ellos, no estaría subiendo a ese avión.

Volábamos hacia Virginia, a Monticello, el hogar de Thomas Jefferson,
donde darían comienzo los actos de la toma de posesión. Durante el
vuelo, pensé acerca de la importancia histórica de mi elección y de los
trascendentales retos que me esperaban. Las elecciones habían representado un cambio generacional en Estados Unidos, de los veteranos de la
Segunda Guerra Mundial a los *baby-boomers*, a los que alternativamente
se menoscababa, se les tachaba de mimados y de egoístas o se les elogiaba
como idealistas comprometidos con el bien común. Tanto si era progresista como conservadora, nuestra tendencia política se había forjado con
Vietnam, los derechos civiles y el tumultuoso año 1968, con sus manifestaciones, disturbios y asesinatos. También éramos la primera generación
que sentía toda la fuerza del movimiento feminista, impacto que la gente
pronto podría observar en la propia Casa Blanca. Hillary sería la primera
dama más preparada profesionalmente de toda la historia. Ahora que
había abandonado su profesión y su puesto en diversas juntas de dirección
de empresas, mis ingresos serían el único sustento de nuestra familia por
primera vez desde que nos casamos, y ella quedaría libre para emplear sus
numerosos talentos como partícipe integrante de nuestra labor. Yo pensaba que su impacto podía ser más positivo que el de cualquier primera
dama desde Eleanor Roosevelt. Por supuesto, su activismo la haría más
polémica a los ojos de los que creían que la primera dama debía permanecer en un segundo plano, o sencillamente entre los que no estaban de
acuerdo con nosotros políticamente, pero eso también formaba parte de
lo que significaba el cambio generacional.

Estaba claro que representábamos un cambio en la guardia, pero

¿cómo superar la prueba de una época tempestuosa? ¿Seríamos capaces de recuperar la economía del país, el progreso social y la legitimidad del gobierno? ¿Podríamos suavizar el auge de los conflictos étnicos, raciales y religiosos que convulsionaba al globo? Citando las palabras de la revista *Time* de su edición «Hombre del Año», ¿podríamos liderar a los norteamericanos para que «salieran de sus agujeros más profundos y se reimaginaran»? A pesar de nuestra victoria en la Guerra Fría, y la expansión de la democracia en todo el mundo, existían fuerzas poderosas que dividían a la gente y desgarraban los frágiles hilos que unían a las comunidades, tanto en nuestro país como en el exterior. Para enfrentarse a esos retos, los norteamericanos habían apostado por mí.

Unas tres semanas después de las elecciones, recibí una extraordinaria carta de Robert McNamara, que había sido secretario de Defensa durante los mandatos de los presidentes Kennedy y Johnson y se había pronunciado a favor de seguir en Vietnam. Se había decidido a escribirme después de leer un reportaje que mencionaba mi amistad con mi compañero de Oxford Frank Aller, que se había resistido al reclutamiento y se había suicidado en 1971. Esto es lo que decía su carta:

> Para mí —y creo que para el resto de la nación también— la guerra de Vietnam terminó por fin el día que usted fue elegido presidente. Con sus votos, los norteamericanos, finalmente, han reconocido que los Aller y los Clinton, cuando cuestionaban la sabiduría y la moralidad de las decisiones de su gobierno sobre Vietnam, no eran menos patriotas que los que vestían de uniforme. La angustia con la que usted y sus amigos debatieron nuestras acciones en 1969 fue dolorosa para usted entonces y, estoy seguro la resurrección de esos temas durante la campaña ha debido reabrir viejas heridas. Pero la dignidad con la que se enfrentó a los ataques y su negativa a rectificar la creencia de que es responsabilidad de todos los ciudadanos cuestionar la base de cualquier decisión que envía a nuestra juventud a la guerra, ha reforzado a la nación para siempre.

La carta de McNamara me emocionó, y también otras similares que me escribieron veteranos del Vietnam. Justo antes del día de las elecciones, Bob Higgins, un ex marine de Hillsboro, Ohio, me envió su medalla al servicio, de Vietnam, por mi postura frente a la guerra, «y por la forma en que se ha comportado durante esta implacable campaña». Unos meses antes, Ronald Murphy, de Las Vegas, me había entregado su Corazón Púrpura, y Charles Hampton, de Marmaduke, Arkansas, me envió su Estrella de Bronce que le dieron por su valor en Vietnam. En total, durante 1992, los veteranos del Vietnam me enviaron cinco Corazones Púrpuras, tres medallas al servicio, una insignia de la infantería de combate, y la Estrella de Bronce, de Arkansas. Enmarqué la mayoría de ellas y las colgué en mi vestíbulo privado, al lado del Despacho Oval.

Mientras mi avión se internaba en el hermoso paisaje de Virginia, que ha dado a luz a cuatro de nuestros primeros cinco presidentes, pensaba en esos veteranos y sus medallas; esperaba que por fin pudiéramos curar las heridas de la década de los sesenta y rezaba por poder demostrar que merecía su sacrificio, su apoyo y sus sueños.

TREINTA

E l domingo 17 de enero, Al y Tipper Gore, y Hillary y yo empezamos la semana de la investidura con una visita a Monticello, seguida de una reflexión, ante un público de jóvenes, sobre la importancia de la figura de Thomas Jefferson para Estados Unidos.

Después del acto, nos subimos a nuestro autobús para el viaje de vuelta a Washington, a unos 190 kilómetros. El autobús simbolizaba nuestro compromiso de devolver el gobierno federal a la gente. Además, recordábamos con cariño los momentos felices que habíamos pasado en él y queríamos realizar un último viaje. Nos detuvimos para una breve misa en Culpeper, una pequeña localidad del precioso valle de Shenandoah, y luego proseguimos hasta Washington. Al igual que durante la campaña, la gente nos saludaba y nos daba ánimos, aunque también hubo unos pocos detractores, a lo largo del camino.

Cuando llegamos a la capital, ya estaban en marcha los preparativos de nuestra investidura, que llevaba por título «Una reunión americana: nuevos comienzos y esperanzas renovadas». Harry Thomason, Rahm Emanuel y Mel French, un amigo de Arkansas que durante mi segundo mandato fue jefe de protocolo, habían organizado una extraordinaria serie de actos y se habían esforzado para que el mayor número de ellos fueran de gratuitos o, como mínimo, a un precio asequible para los votantes que me habían elegido. El domingo y el lunes, en el bulevar entre el edificio del Capitolio y el monumento a Washington, se celebró un festival al aire libre con comida, música y muestras de artesanía. Esa misma noche celebramos en los peldaños del monumento a Lincoln un concierto de «Llamamiento a la reunión», en el que actuaron artistas famosos como Diana Ross y Bob Dylan, que supieron emocionar a las más de doscientas mil personas que abarrotaron el espacio entre el escenario y el monumento a Washington. De pie, debajo de la estatua de Lincoln, pronuncié un breve discurso en el que apelé a la unidad nacional y dije que Lincoln «insufló nueva vida a la idea de Jefferson de que todos hemos nacido libres e iguales».

Después del concierto, la familia Gore y la mía encabezamos una procesión de miles de personas que sostenían linternas. Cruzamos el río Potomac por el puente Memorial, hasta Lady Bird Johnson Circle, justo enfrente del cementerio nacional de Arlington. A las 6 de la tarde tañimos una réplica de la Campana de la Libertad, para que las «Campanas de la

Esperanza» repicaran por todo Estados Unidos, e incluso a bordo de la nave espacial *Endeavour*. Luego hubo fuegos artificiales, seguidos por diversas fiestas de bienvenida. Cuando volvimos a Blair House, la residencia oficial de huéspedes, situada justo enfrente de la Casa Blanca, estábamos eufóricos pero derrengados, y antes de caer rendido repasé brevemente el último borrador de mi discurso de toma de posesión.

Aún no estaba satisfecho. En comparación con mis discursos de campaña, parecía que se quedaba corto. Sabía que tenía que ser más solemne, pero no quería que se hiciera pesado. Me gustaba un pasaje en concreto, que giraba en torno a la idea de que nuestro nuevo comienzo había «hecho llegar la primavera» a Estados Unidos en este frío día de invierno. Era idea de mi amigo el padre Tim Healey, ex rector de la Universidad de Georgetown. Tim había fallecido repentinamente, de un ataque cardíaco, mientras cruzaba el aeropuerto de Newark, pocas semanas después de las elecciones. Cuando sus amigos fueron a su apartamento, encontraron en su máquina de escribir el principio de una carta dirigida a mí, en la que entre otras cosas me proponía expresiones para el discurso inaugural. Su frase «hacer que llegue la primavera» nos impresionó mucho a todos y yo quería emplearla en su memoria.

El lunes 18 de enero se celebraba el cumpleaños de Martin Luther King Jr. Por la mañana di una recepción para los representantes diplomáticos de las demás naciones en el patio interior de Georgetown y pronuncié un discurso desde los peldaños del edificio Old North. Era el mismo lugar en el que habían hablado George Washington, en 1797, y el gran general francés, y héroe de la guerra de la Independencia, Lafayette, en 1824. Dije a los embajadores que mi política exterior se basaría en tres pilares: la seguridad económica del país; la reestructuración de las fuerzas armadas para hacer frente a los retos del mundo que había nacido después de la Guerra Fría; y el apoyo a los valores democráticos en todo el globo. El día anterior, el presidente Bush había ordenado un ataque aéreo contra un emplazamiento iraquí sospechoso de ser una fábrica de armas, y esa misma mañana en que yo hablaba en Georgetown los aviones norteamericanos bombardearon las defensas antiaéreas de Sadam Husein. Yo apoyaba cualquier esfuerzo que obligara a Sadam a cumplir las resoluciones de Naciones Unidas y pedí a los diplomáticos que hicieran hincapié en esto cuando transmitieran mi mensaje a sus gobiernos. Después del acto diplomático, hablé ante estudiantes y graduados de Georgetown, entre ellos algunos de mis antiguos compañeros, y les insté a que apoyaran mi iniciativa sobre el servicio nacional.

De Georgetown, fuimos en coche a la Universidad de Howard para una ceremonia de homenaje al doctor King, y luego a un almuerzo en la preciosa Biblioteca Folger al que asistieron más de cincuenta personas a las que Al, Tipper, Hillary y yo habíamos conocido a lo largo de la campaña y que nos habían impresionado profundamente por diversos motivos. Los llamamos «los rostros de la esperanza», a causa de su valor frente a la adversidad o a la original manera en que se habían enfrentado a los desafíos de su época. Queríamos agradecerles la inspiración que nos habían dado y también recordar a todo el mundo, en medio del glamour de la semana de investidura, que muchos norteamericanos lo estaban pasando mal.

Entre los «rostros de la esperanza» había dos ex miembros de bandas rivales de Los Ángeles, que unieron sus fuerzas, después de los disturbios, para poder ofrecer un futuro mejor a los chicos; dos de los veteranos de Vietnam que me habían enviado sus medallas; un director de escuela que había hecho de su centro un santuario libre de violencia, en el vecindario con el índice de criminalidad más alto de Chicago, y cuyos estudiantes normalmente sacaban notas superiores a la media estatal y nacional; un juez de Texas que había ideado un innovador programa para adolescentes con problemas; un joven de Arizona que me hizo comprender las presiones familiares que causaban las horas extra que su padre se veía obligado a trabajar; un doctor nativo americano, de Montana, que trabajaba para mejorar las condiciones de atención de los enfermos mentales de su tribu; hombres que habían perdido sus empleos a causa de la competencia de países extranjeros donde se pagaban salarios más bajos; gente enferma que luchaba por hacer frente a los costosos tratamientos sanitarios que necesitaban, sin que el gobierno les prestara ninguna ayuda; un joven emprendedor que luchaba por obtener el capital inicial para lanzar su empresa; responsables de centros comunitarios para familias rotas; la viuda de un policía cuyo esposo fue asesinado por un desequilibrado que había salido de un hospital psiquiátrico y pudo adquirir el arma sin que se realizara ninguna verificación previa; un mago de las finanzas de dieciocho años, que ya trabajaba en Wall Street; una mujer que había empezado un gran programa de reciclaje en su fábrica, y muchos otros. Michael Morrison, el joven que fue en silla de ruedas por una autopista helada de New Hampshire para trabajar en mi equipo, también se encontraba allí. Y Dimitrios Theofanis, el inmigrante griego de Nueva York que me pidió que su hijo disfrutara de la suficiente libertad para poder salir a la calle sin miedo.

Todos los «rostros de la esperanza» me habían enseñado algo acerca del dolor y de la promesa de Estados Unidos, en 1992, pero nadie tanto como Louise y Clifford Ray, cuyos tres hijos eran hemofílicos y contrajeron el virus VIH cuando recibieron transfusiones de sangre contaminada. También tenían una hija que no se había infectado. La gente de su pequeña comunidad de Florida, asustada, hizo que echaran a los hijos de Ray de la escuela por miedo a que contagiaran a sus pequeños si los niños se herían y la sangre tocaba a sus hijos. Los Ray presentaron una demanda para defender el derecho de sus hijos a quedarse en la escuela y llegaron a un acuerdo extrajudicial. Después, decidieron trasladarse a Sarasota, una ciudad más grande, donde los representantes escolares les dieron la bienvenida. Era obvio que el hijo mayor, Ricky, estaba gravemente enfermo y luchaba por seguir vivo. Después de las elecciones, llamé a Rick al hospital para darle ánimos e invitarle a la investidura. Tenía muchas ganas de venir pero, lamentablemente, no pudo ser. A los quince años perdió su batalla; justo cinco semanas antes de que me convirtiera en presidente. Me alegré muchísimo de que los Ray vinieran al almuerzo a pesar de todo. Cuando tomé posesión del cargo, ellos se volcaron en defender la causa de los hemofílicos con SIDA, y presionaron, con éxito, para que el Congreso aprobara el Fondo de Ayudas para la Hemofilia de Ricky Ray. Pero eso les llevó ocho años, y su dolor aún no había acabado. En octubre de 2000, tres meses antes del final de mi presidencia, el segundo hijo de los Ray, Robert, murió de SIDA, a los veintidós años. Ojalá el tratamiento con medicamentos retrovirales hubiera existido unos años antes. Ahora que ya es una realidad, paso mucho tiempo tratando de que esas medicinas lleguen a los Ricky Ray de todo el mundo. Quiero que ellos también sean «rostros de la esperanza».

El martes por la mañana, Hillary y yo empezamos el día con una visita a las tumbas de John y Robert Kennedy, en el cementerio nacional de Arlington. Acompañados de John Kennedy Jr., Ethel Kennedy, algunos de sus hijos y el senador Ted Kennedy, me arrodillé frente a la llama eterna y pronuncié una breve plegaria; agradecí a Dios sus vidas y sus obras y recé para tener la sabiduría y la fuerza necesarias para llevar a cabo las grandes empresas que me esperaban. A las doce, ofrecí un almuerzo a mis colegas gobernadores en la Biblioteca del Congreso y les agradecí todo lo que había aprendido de ellos durante los pasados doce años. Después de un acto celebrado por la tarde en el Kennedy Center en honor de los niños de Estados Unidos, fuimos en coche hasta el Capitol Centre, en Landover, Maryland, para un concierto de gala, donde Barbra Streisand, Wynton Marsalis, k.d. lang, las leyendas del rock Chuck Berry y Little Richard, Michael Jackson, Aretha Franklin, Jack Nicholson, Bill Cosby, la compañía de baile Alvin Ailey y otros artistas nos deleitaron con un espectáculo que duró horas. Fleetwood Mac hizo que la gente se quedara embelesada con nuestro himno de campaña, «Don't Stop (Thinking About Tomorrow)».

Después del concierto, asistimos a una misa a última hora de la noche en la Primera Iglesia Bautista; ya era pasada la medianoche cuando volví a Blair House. Aunque había mejorado, aún no estaba contento con mi discurso de toma de posesión. Mis redactores, Michael Waldman y David Kusnet, sin duda se tiraban de los pelos, porque mientras ensayábamos entre la una y las cuatro de la mañana del día anterior a la toma de posesión, yo seguía haciendo cambios. Bruce Lindsey, Paul Begala, Bruce Reed, George Stephanopoulos, Michael Sheehan junto con Tommy Caplan y Taylor Branch, que tenían un don para las palabras, se quedaron hasta tarde para ayudarme. También Al Gore colaboró. El fantástico personal de la Blair House estaba acostumbrado a cuidar de jefes de estado que tenían todo tipo de horarios, así que habían preparado litros de café para mantenernos despiertos y aperitivos para que conserváramos un razonable buen humor. Cuando me fui a dormir, para descansar tan solo un par de horas, estaba más satisfecho del discurso.

El miércoles por la mañana amaneció frío y despejado. Empecé el día con una reunión de seguridad a primera hora, en la que recibí instrucciones acerca de cómo mi asesor militar se ocuparía del tema del lanzamiento de cabezas nucleares. El presidente tiene cinco ayudantes militares, jóvenes oficiales destacados de cada uno de los cuerpos del ejército, y uno de ellos permanece a su lado a todas horas. Aunque un conflicto nuclear parecía impensable tras el final de la Guerra Fría, asumir el control de nuestro arsenal era un serio recordatorio de las responsabilidades que caerían sobre mis hombros al cabo de unas horas. Hay mucha diferencia entre conocer la presidencia y ser realmente el presidente. Es difícil describirlo con palabras, pero abandoné la Blair House con un sentimiento de humildad que atemperó mi entusiasmo.

La última actividad antes de la ceremonia de investidura fue una misa celebrada en la Iglesia Episcopal Metodista Africana Metropolitana. Era importante para mí. Aconsejado por Hillary y Al Gore, yo mismo había elegido a los pastores y cantantes que intervendrían, así como la música. La familia de Hillary y la mía estuvieron presentes. Madre estaba exultante y Roger sonreía, feliz, absorto en la música. Los dos pastores de nuestras iglesias de Arkansas participaron en el servicio, al igual que los ministros de Al y Tipper y el padre de George Stephanopoulos, el diácono griego ortodoxo de la Catedral de la Sagrada Trinidad de Nueva York. El padre Otto Hentz, que casi treinta años atrás me había pedido que considerara la posibilidad de hacerme jesuita, pronunció una oración. El rabino Gene Levy, de Little Rock, y el imán Wallace D. Mohammad también hablaron, al igual que algunos clérigos negros que eran amigos míos; el doctor Gardner Taylor, uno de los más importantes predicadores de Estados Unidos de cualquier raza o confesión, pronunció el sermón principal. Mis amigos pentecostales de Arkansas y Louisiana cantaron, junto con Phil Driscoll, un fabuloso cantante y trompetista que Al conocía de Tennessee. Carolyn Staley cantó «Be Not Afraid», uno de mis himnos preferidos y una buena lección para ese día. Las lágrimas se agolparon en mis ojos varias veces durante el oficio; cuando terminó me sentía animado y dispuesto para las horas que me esperaban.

Volvimos a Blair House para echar un último vistazo al discurso; había mejorado mucho desde las cuatro de la mañana. A las diez, Hillary, Chelsea y yo cruzamos la calle hasta la Casa Blanca, donde nos reunimos en los peldaños delanteros con el presidente y la señora Bush. Nos acompañaron al interior, para tomar un café con los Gore y los Quayle. Ron y Alma Brown también estaban ahí. Yo quería que Ron compartiera este momento, por el que tanto había hecho para que se convirtiera en realidad. Me impresionó lo bien que el presidente y la señora Bush llevaban una situación dolorosa y una despedida triste. Era obvio que tenían una excelente relación con algunos miembros del personal, a los que echarían de menos, y viceversa. Hacia las once menos cuarto todos subimos a las limusinas. Siguiendo la tradición, el presidente y yo fuimos juntos, con el portavoz Foley y Wendell Ford, el senador de voz rasposa de Kentucky, que copresidía el Comité Conjunto del Congreso de Ceremonias de Investidura y que había trabajado mucho para que Al y yo lográramos la ajustada victoria que obtuvimos en su estado.

Afortunadamente, el proyecto de restauración del Capitolio había exigido que las tres últimas investiduras tuvieran lugar en el lado oeste del edificio. Antes, se celebraban en el otro lado, frente a la Corte Suprema y la Biblioteca del Congreso. La mayor parte de la gente que asistió no podría haber seguido la ceremonia si se hubiera celebrado en ese lugar. Según las estimaciones del Servicio Nacional de Parques, la multitud que llenaba toda la extensión de la explanada, seguía por el paseo y llegaba hasta las avenidas Constitution y Pennsylvania, era de entre 280.000 y 300.000 personas. Cualquiera que fuera la cantidad de gente, era una muchedumbre compuesta de personas de todo tipo, ancianos y jóvenes, de todas las razas y de todas las creencias, de todas las clases y condiciones sociales. Me hacía feliz que tantos de los que habían hecho que este día fuera posible, tuvieran la ocasión de compartirlo conmigo.

Los muchos «Amigos de Bill» que asistieron daban buen ejemplo de hasta qué punto yo estaba en deuda con mis amigos personales: Martha Scott y Martha Whetstone, que organizaron mis campañas en el norte de California, eran viejas amigas de Arkansas; Sheila Bronfman, jefa de los Viajeros de Arkansas, había vivido a la vuelta de la esquina de nuestra casa cuando yo era fiscal general; Dave Matter, mi jefe en el oeste de Pennsylvania, me había sucedido como presidente de promoción en Georgetown; Bob Raymar y Tom Schneider, dos de mis recaudadores de fondos más importantes, eran amigos de la facultad y nos veíamos también en los fines de semana del Renacimiento. Había mucha gente como ellos, que habían hecho que este día fuera posible.

La ceremonia empezó a las once y media. Los altos cargos desfilaron por la plataforma, siguiendo el orden protocolario, junto con sus acompañantes del Congreso. El presidente Bush salió justo antes que yo, con la banda de los marines, dirigida por el coronel John Bourgeois, tocando «Hail to the Chief» para ambos. Contemplé la inmensa multitud.

Entonces, Al Gore juró el cargo. Le tomó juramento el juez de la Corte Suprema Byron White. En principio estaba previsto que lo tomara el juez jubilado de la Corte Suprema Thurgood Marshall Jr., un gran abogado de los derechos civiles al cual el presidente Johnson había designado juez del alto tribunal, el primero de raza negra, pero se había puesto enfermo. No era habitual que un juez jubilado hiciera los honores, pero el hijo de Marshall, Thurgood III, pertenecía al equipo de Al. Otro hijo, John, era un policía estatal en Virginia y había abierto nuestro desfile en automóvil desde Monticello hasta Washington. Marshall murió cuatro días después de la investidura. La mayoría de ciudadanos norteamericanos lloraron por él, le echaron de menos y apreciaron profundamente la importancia de su figura, pues recordaban cómo era el país antes de que él se propusiera cambiarlo.

Después de la jura, la gran mezzosoprano Marilyn Horne, a la que conocí cuando actuó en Little Rock unos años atrás, interpretó un popurrí de canciones clásicas norteamericanas. Luego llegó mi turno. Hillary se quedó de pie a mi izquierda, sosteniendo nuestra Biblia familiar. Con Chelsea a mi derecha, puse mi mano izquierda sobre la Biblia, levanté la derecha y repetí las palabras del juramento que pronunciaba el presidente de la Corte Suprema Rehnquist; juré solemnemente «ejecutar fielmente» el mandato presidencial, y «con todas mis fuerzas y mi voluntad, conservar, proteger y defender la Constitución de los Estados Unidos, con la ayuda de Dios».

Estreché la mano del presidente de la Corte Suprema y la del presidente Bush, luego abracé a Hillary y a Chelsea y les dije que las quería. A continuación el senador Wendell Ford me convocó a la tribuna como «el presidente de Estados Unidos». Empecé situando el momento actual en el marco de la historia de Estados Unidos:

> Hoy nos hemos reunido para celebrar el misterio de la renovación norteamericana. Esta ceremonia se desarrolla en lo más profundo del invierno. Pero con las palabras que pronunciamos y los rostros que mostramos al mundo, hemos hecho llegar la primavera. Una primavera renacida de la democracia más antigua del mundo, que trae consigo la visión y el valor necesarios para reinventar Norteamérica.

Cuando nuestros fundadores declararon valientemente la independencia de Norteamérica frente al mundo, y nuestra resolución con el Todopoderoso, sabían que Norteamérica, para sobrevivir, tendría que cambiar... Cada generación de ciudadanos tiene que redefinir lo que significa ser norteamericano.

Después de saludar al presidente Bush, describí la situación actual:

Hoy, una generación nacida a la sombra de la Guerra Fría asume nuevas responsabilidades en un mundo cálido gracias a los rayos de la libertad, pero aún amenazado por los antiguos odios y las nuevas plagas. Nos criamos durante una etapa de prosperidad sin par y heredamos una economía que sigue siendo la más fuerte del mundo, pero que está debilitada... Fuerzas profundas y poderosas agitan y transforman nuestro mundo y la pregunta más urgente de nuestro tiempo es si podemos hacer del cambio nuestro amigo, en lugar de nuestro adversario... No hay nada de lo que hoy aflige a Norteamérica que no pueda curarse con lo bueno que tiene Norteamérica.

Sin embargo, advertí que «no resultaría fácil; requerirá sacrificios... Debemos cuidar de nuestra nación del mismo modo que una familia cuida de sus hijos». Pedí a mis conciudadanos que pensaran en la posteridad, en «el mundo que vendrá después de nosotros, el mundo para el que preservamos nuestros ideales, para el que pedimos prestado nuestro planeta, al que debemos una sagrada responsabilidad. Debemos hacer lo que Norteamérica sabe hacer mejor: ofrecer más oportunidades para todos y exigir más responsabilidades a todos».

Dije que, en nuestra época,

No existe ya una clara división entre lo que es extranjero y lo que es nacional. La economía mundial, el entorno mundial, la crisis mundial del SIDA, la carrera armamentística mundial, nos afectan a todos... Norteamérica debe seguir liderando el mundo, que tanto hemos trabajado para crear.

Cerré mi discurso con un reto al pueblo norteamericano; dije que con sus votos «habían hecho llegar la primavera», pero que el gobierno solo no podía crear la nación que ellos deseaban. «Ustedes también deben desempeñar un papel en nuestra renovación. Ofrezco este reto a una nueva generación de norteamericanos jóvenes: un tiempo de responsabilidades... Hay tanto que hacer... Desde la jubilosa cima de esta montaña de celebración, nos llega una llamada para luchar en el valle. Hemos oído las trompetas. Hemos cambiado la guardia. Y ahora, cada uno a nuestra manera, y con la ayuda de Dios, debemos responder a la llamada.»

Aunque algunos comentaristas criticaron mucho el discurso, argumentando que carecía tanto de frases pegadizas como de precisiones convincentes, yo me sentí muy satisfecho. Tenía destellos de elocuencia y era claro. Decía que íbamos a reducir el déficit, al tiempo que aumentaríamos las inversiones clave para nuestro futuro; retaba al pueblo norteamericano a hacer más por ayudar a los necesitados y para curar las divisiones que nos herían. Además era corto, el tercer discurso de investidura más corto de la historia, después del segundo que pronunció Lincoln en su investidura, que fue el mejor de todos, y el segundo de Washington, que duró menos de dos minutos. Esencialmente, Washington solo había dicho algo así como «Gracias, vuelvo al trabajo, y si no lo hago bien, que me riñen». Por el contrario, William Henry Harrison pronunció el discurso más largo de la historia, en 1841; habló, en un frío día y sin abrigo, durante más de una hora. Terminó enfermo de una neumonía mal curada que treinta y tres días más tarde le costó la vida. Al menos yo fui compasiva e inusualmente breve; la gente sabía mi forma de ver el mundo y qué tenía intención de hacer.

Las palabras más bellas de ese día las pronunció sin duda Maya Angelou, una mujer alta con una voz profunda y fuerte, a la que pedí que escribiera un poema para la ocasión, el primer poeta que lo hacía desde que Robert Frost habló durante la ceremonia de toma de posesión del presidente Kennedy, en 1961. Yo había seguido la carrera de Maya desde que leí su autobiografía, *Yo sé por qué canta el pájaro enjaulado*, que habla de su infancia traumática, cuando era una niña muda en una comunidad negra y pobre en Stamps, Arkansas.

El poema de Maya, «On the Pulse of Morning», encandiló a la gente. A partir de la poderosa imagen de una roca en la que erguirse, un río donde descansar y un árbol con raíces en todas las culturas y razas que conforman el mosaico de Estados Unidos, el poema era una súplica apasionada bajo la forma de una amable invitación:

> Lift up your faces, you have a piercing need
> For this bright morning dawning for you.
> History, despite its wrenching pain,
> Cannot be unlived, but if faced
> With courage, need not be lived again.
> Lift up your eyes upon
> This day breaking for you.
> Give birth again
> To the dream.
> . . . .
>
> Here on the pulse of this new day
> You may have the grace to look up and out
> And into your sister's eyes, and into

Your brother's face, your country
And say simply
Very simply
With hope—
Good morning.*

Billy Graham puso fin a nuestro buen día con una breve bendición y Hillary y yo abandonamos el escenario para acompañar a los Bush por la escalera posterior del Capitolio, mientras el helicóptero presidencial, el *Marine One*, esperaba para llevarles durante la primera etapa de su regreso a casa. Volvimos dentro para almorzar con el Comité del Congreso y luego condujimos por Pennsylvania Avenue, hacia la tarima situada frente a la Casa Blanca desde donde contemplaríamos el desfile de la investidura. Salimos del coche con Chelsea y andamos durante las últimas manzanas de la ruta, para poder saludar a toda la gente que había a lo largo del camino.

Después del desfile, entramos por primera vez en nuestro nuevo hogar, con apenas dos horas para saludar a todo el personal, descansar, y prepararnos para la noche. Milagrosamente, los transportistas ya habían trasladado todas nuestras pertenencias durante las ceremonias de toma de posesión y el desfile.

A las siete, dimos comienzo a nuestra maratoniana velada con una cena, seguida de una visita a cada uno de los once bailes de investidura que se celebraban. Mi hermano cantó para mí en el Baile Juvenil de la MTV, y en otro yo toqué un dúo de saxo, basado en «Night Train», con Clarence Clemons. Sin embargo, en la mayoría de los bailes Hillary y yo decíamos unas breves palabras de agradecimiento y luego bailábamos algunos compases de alguna de nuestras canciones preferidas, «It Had to Be You» en las que ella lucía su precioso vestido de color púrpura. Mientras tanto, Chelsea estaba de fiesta con sus amigos de Arkansas en el Baile Juvenil y Al y Tipper se ciñeron a su propia agenda. En el baile de Tennessee, Paul Simon les obsequió con su famoso éxito «You Can Call Me Al». En el baile de Arkansas, presenté a Madre a Barbra Streisand y les dije que creía que se llevarían bien. Hicieron más que eso. Se hicieron rápidamente amigas íntimas; Barbra llamó por teléfono a mi madre cada

---

*Levanten sus rostros, tienen una necesidad imperiosa / De esta clara mañana que amanece para ustedes. La Historia, a pesar de su dolor desgarrador / No puede negarse el vivirla, y si se acepta / Con valor, no debe vivirse otra vez. / Levanten su mirada hacia / Este día que se abre para ustedes. / Den de nuevo a luz / El sueño.

Aquí en el pulso de este nuevo día / Quizá serán benditos y podrán mirar / A los ojos de sus hermanas, y en / Los rostros de sus hermanos, su patria / Y decir simplemente / Muy simplemente / Con esperanza, / Buenos días. (*N. de la T.*)

semana, hasta que murió. Aún tengo una fotografía de las dos, caminando cogidas de la mano la noche de la investidura.

Cuando volvimos a la Casa Blanca ya eran más de las dos de la madrugada. A la mañana siguiente, teníamos que levantarnos temprano para asistir a una recepción pública, pero yo estaba demasiado animado para irme a dormir. Teníamos a todo el mundo en casa: los padres de Hillary, Madre y Dick, nuestros hermanos, los amigos de Chelsea de Arkansas y nuestros amigos Jim y Diane Blair, y Harry y Linda Thomason. Solo nuestros padres se habían ido a dormir.

Quería echar un vistazo. Ya habíamos estado en las salas del segundo piso antes, pero ahora era distinto. Empezaba a darme cuenta de que realmente íbamos a vivir allí y que tendríamos que convertirlo en un hogar. La mayoría de las estancias tenían techos altos y muebles bellísimos y muy cómodos. El dormitorio y la sala de estar presidenciales miraban al sur; había una pequeña habitación justo al lado, que se convertiría en la salita de Hillary. Chelsea tenía una habitación y un estudio al otro lado del vestíbulo, pasados el comedor oficial y la cocina pequeña. Al final del vestíbulo, al otro lado, estaban los dormitorios principales para invitados, uno de los cuales había sido la oficina de Lincoln y contiene una de sus copias manuscritas del Discurso de Gettysburg.

La Sala de Tratados está al lado del dormitorio Lincoln; se llama así porque el tratado que puso fin a la guerra entre Estados Unidos y España se firmó allí, en 1898. Durante muchos años fue el despacho privado del presidente; generalmente, allí había un panel de televisores de modo que el presidente del ejecutivo pudiera ver todos los programas de noticias a la vez. Creo que el presidente Bush tenía cuatro televisores ahí. Yo decidí que quería convertirlo en un lugar tranquilo donde poder leer, reflexionar, escuchar música y mantener reuniones reducidas. Los carpinteros de la Casa Blanca hicieron estanterías desde el suelo hasta el techo y el personal trajo la mesa en la que se había firmado el tratado de paz entre España y Estados Unidos. En 1869, fue la mesa de gabinete de Ulysses Grant; había suficiente espacio para que se sentaran el presidente y sus siete jefes de departamento. Desde 1898, la habían utilizado para firmar todos los tratados, incluida la prohibición temporal de pruebas nucleares, bajo el mandato del presidente Kennedy, y los acuerdos de Camp David bajo el del presidente Carter. Antes de que terminara el año, yo también la usé.

Acabé de completar la habitación con un sofá Chippendale de finales del siglo XVIII, el mueble más antiguo de la colección de la Casa Blanca, y una mesa antigua que compró Mary Todd Lincoln, sobre la cual pusimos la copa de plata conmemorativa del tratado de 1898. Cuando puse mis libros y mis CD, y colgué algunas de mis viejas fotografías, entre ellas una imagen de 1860 de Abraham Lincoln y la famosa fotografía de Churchill hecha por Yousuf Karsh, el ambiente de la estancia se volvió apacible y cómoda. Pasé muchísimas horas allí en los años siguientes.

Durante mi primer día de presidente, llevé a Madre al Jardín de Rosas para mostrarle el lugar exacto donde estreché la mano del presidente Kennedy, casi treinta años atrás. También cambiamos la práctica habitual y abrimos las puertas de la Casa Blanca al público; habíamos dado una entrada a dos mil personas seleccionadas por sorteo. Al, Tipper, Hillary y yo estuvimos allí de pie y estrechamos la mano de todos los afortunados, así como de los que esperaban bajo la fría lluvia su oportunidad de acercarse a la entrada sur y entrar en la Sala de Recepciones Diplomáticas para saludar. Recuerdo a un joven muy decidido, sin entrada, que había viajado toda la noche haciendo autoestop hasta la Casa Blanca; llevaba por todo equipaje un saco de dormir. Después de seis horas, tuvimos que parar, de modo que salí fuera para hablar con el resto de la gente congregada en la Jardín Sur. Esa noche, Hillary y yo estuvimos de pie durante unas horas más, recibiendo a nuestros amigos de Arkansas y a nuestros compañeros de Georgetown, Wellesley y Yale.

Unos meses después de la toma de posesión, se publicó un libro lleno de hermosas fotografías que captan la alegría y el significado de la semana de la investidura, con un texto explicativo de Rebecca Buffum Taylor. En el epílogo de su libro, Taylor escribe:

> Hace falta tiempo para que cambien los valores políticos. Incluso si tienen éxito, deben pasar meses o incluso años para que se vean con claridad, para que la perspectiva se amplíe y luego se reduzca de nuevo, hasta que se halla un punto medio que se funde con lo que podemos ver hoy.

Eran palabras profundas y probablemente ciertas. Pero yo no podía esperar años, meses o incluso días para ver si la campaña y la ceremonia de toma de posesión efectivamente habían transformado los valores, habían hecho más profundas las raíces y habían ampliando el alcance de la comunidad norteamericana. Tenía demasiado que hacer y, una vez más, la tarea pasó rápidamente de la poesía a la prosa, y no toda fue bonita.

TREINTA Y UNO

El año siguiente trajo una sorprendente combinación de grandes logros legislativos, frustraciones y éxitos en política exterior, acontecimientos imprevisibles, tragedias personales, errores sin mala intención y tontas violaciones de las costumbres de Washington, que, combinadas con la manía compulsiva de filtrarlo todo que sufrían algunos nuevos miembros del equipo, hicieron que la prensa se volcara sobre nosotros como no sucedía desde las primarias de Nueva York.

El 22 de enero, anunciamos que Zoë Baird había retirado su nombre de la lista de posibles candidatos a fiscal general. Puesto que nos habíamos enterado de que había empleado inmigrantes ilegales y de que no les había pagado la Seguridad Social durante el proceso de selección al cargo, no me quedó más remedio que reconocer que no habíamos evaluado el problema de forma conveniente y que era yo, y no ella, el responsable de la situación. Zoë no nos había engañado en ningún momento. Cuando contrató a aquellos asistentes domésticos acababa de conseguir un trabajo nuevo y su marido tenía vacaciones de verano de sus clases universitarias. Al parecer, ambos creyeron que el otro se había encargado de la cuestión de los impuestos. Yo la creí y seguí trabajando para que se aprobara su designación durante tres semanas más, después de que me ofreciera retirarse. Más adelante nombré a Zoë miembro de la Junta Asesora de Inteligencia Extranjera, donde contribuyó de forma significativa a la labor del grupo del almirante Crowe.

Ese mismo día, la prensa se enfureció con la Casa Blanca cuando les negamos el privilegio, que habían tenido durante años, de caminar desde la sala de prensa, situada entre el Ala Oeste y la residencia, hasta la oficina del secretario de Prensa, en el primer piso, cerca de la sala del gabinete. Durante sus continuos paseos se quedaban por los pasillos y acribillaban a preguntas al primero que pasaba. Aparentemente un par de ex altos cargos de la administración Bush mencionaron esta circunstancia a sus respectivos sucesores y añadieron que restaba eficiencia y aumentaba las filtraciones; así que decidimos cambiarla. No recuerdo que me consultaran sobre ello, pero es posible que lo hicieran. La prensa puso el grito en el cielo, pero nosotros mantuvimos la decisión; suponíamos que al final lo aceptarían. No hay ninguna duda de que esta nueva norma facilitó la libertad de movimientos y las conversaciones entre el personal de la Casa Blanca, pero huelga decir que no valió la pena dada la animadversión que generó. Y puesto que durante los primeros meses la administración tuvo más filtraciones que una cabaña de cartón con goteras en el techo y agujeros en las paredes, no se puede afirmar que confinar a la prensa en su sala fuera demasiado útil.

Aquella tarde, la del aniversario de «Roe contra Wade», dicté diversas órdenes ejecutivas. Una de ellas anulaba la prohibición de Reagan y Bush sobre la investigación con tejidos fetales. Otra derogaba la llamada regla de Ciudad de México, que prohibía dar ayudas federales a agencias de planificación internacionales que estuvieran de alguna forma relacionadas con los abortos. Por último, acabé con la «Ley de la Mordaza» de Bush, que impedía dar información sobre el aborto en las clínicas de planificación familiar que recibían fondos federales. Me había comprometido a todo ello en campaña y eran decisiones en las que creía. La investigación con tejidos fetales era esencial para encontrar tratamientos mejores para el Parkinson, la diabetes y otras enfermedades. La regla de Ciudad de México había hecho que no se produjeran menos, sino más abortos, pues no había permitido repartir información sobre otros medios de planificación familiar. Y la ley de la mordaza utilizaba los fondos federales para impedir que las clínicas de planificación familiar dieran a las mujeres embarazadas —a menudo jóvenes asustadas y solas— información sobre una opción que la Corte Suprema había definido como un derecho constitucional. Los fondos federales todavía no podían usarse para financiar abortos, ni en el país ni en el extranjero.

El 25 de enero, el primer día de Chelsea en su nueva escuela, anuncié que Hillary iba a encabezar un grupo de trabajo cuyo objetivo sería elaborar un plan completo para la sanidad. La ayudarían Ira Magaziner, que sería el vínculo principal con el gabinete, la asesora de política interior Carol Rasco y Judy Feder, que había dirigido nuestro equipo de transición sobre sanidad. Yo estaba encantado de que Ira hubiera aceptado dedicarse a la sanidad. Éramos amigos desde 1969, cuando fue a Oxford como becario Rhodes un año después que yo. Ahora era un empresario de éxito que había trabajado en el equipo económico de nuestra campaña. Ira creía que ofrecer cobertura sanitaria universal era un imperativo tanto moral como económico. Yo sabía que Hillary obtendría de ellos el apoyo que necesitaba para la agotadora tarea que nos esperaba.

Que la primera dama dirigiera los esfuerzos para reformar la sanidad era algo nunca visto, como también lo fue mi decisión de dar a Hillary y a su equipo oficinas en el Ala Oeste, que es donde está la acción política, en oposición al tradicional espacio que tenía a su disposición la primera dama en el Ala Este, donde tenían lugar los actos sociales de la Casa Blanca. Ambas decisiones generaron mucha polémica. En lo referente al papel de la primera dama, parecía que Washington era más conservadora que Arkansas. Decidí que Hillary debía dirigir el esfuerzo en sanidad porque sabía que el tema le importaba mucho, porque tenía tiempo para hacer bien el trabajo y porque creía que sería una juez justa entre las agencias gubernamentales, los grupos de consumidores y los diversos intereses que competían en la industria sanitaria. Yo era consciente de que se trataba de una empresa difícil; el intento de Harry Truman de ofrecer cobertura sanitaria universal casi había acabado con su presidencia, y ni Nixon ni Carter consiguieron que sus proyectos de ley fueran más allá del comité. Con el Congreso más demócrata en muchas décadas, Lyndon Johnson consiguió Medicare para los ancianos y Medicaid para los pobres, pero ni siquiera trató de asegurar al resto de los que se quedaron sin cobertura. Sin embargo, yo creía que debíamos aspirar a la cobertura universal, de la que todas las demás naciones ricas hacía tiempo que disfrutaban, tanto por razones de salud como por motivos económicos. Casi cuarenta millones de personas no tenían seguro médico, pero nos gastábamos el 14 por ciento de nuestro PIB en sanidad, un 4 por ciento más que Canadá, el país que tenía el siguiente porcentaje más alto.

La noche del veinticinco, la Junta del Estado Mayor solicitó una reunión de urgencia para discutir la cuestión de los gays en el ejército. A primera hora de aquel día, el *New York Times* había informado que debido a la fuerte oposición militar al cambio, yo demoraría la redacción de un reglamento formal que levantaría la prohibición de que sirvieran en el ejército durante período de seis meses, mientras consultaba la opinión de funcionarios más veteranos y reflexionaba sobre los aspectos prácticos del asunto. Era algo muy razonable. Cuando Harry Truman ordenó la integración racial de las fuerzas armadas, dio al Pentágono todavía más tiempo para decidir cómo llevarla a cabo de una forma que fuera coherente con su misión fundamental de mantener una fuerza de combate bien preparada, cohesionada y con la moral alta. Durante esos seis meses, el secretario Aspin pediría al ejército que dejara de preguntar a los reclutas su orientación sexual y que terminaran los licenciamientos de los hombres y mujeres homosexuales, a menos que se les hubiera descubierto realizando actos homosexuales, pues estos constituían una violación del Código de Justicia Militar, que seguiría vigente.

La temprana petición de la Junta del Estado Mayor de celebrar una reunión generaba un problema. Yo estaba más que dispuesto a escucharles, pero no quería que aquel tema recibiera más publicidad de la que ya había recibido, no porque estuviera tratando de esconder mi posición, sino porque no quería que el público pensara que le estaba prestando más atención que a la economía. Esto era exactamente lo que los republicanos del Congreso querían que creyeran los norteamericanos. El senador Dole ya hablaba de aprobar una resolución que me retirara la autoridad para levantar la prohibición; estaba claro que quería que este fuera el asunto que definiera, y por el que se juzgaran, mis primeras semanas en el cargo.

En la reunión, los jefes reconocieron que había miles de hombres y mujeres homosexuales que se distinguían por su servicio entre el millón ochocientas mil personas que formaban nuestras fuerzas armadas, pero mantuvieron que dejarles servir haciendo ostensible su orientación sexual sería, en palabras del general Powell, «perjudicial para el orden y la disciplina». El resto de los jefes del Estado Mayor apoyaron a su presidente. Cuando saqué a relucir el hecho de que, aparentemente, a las fuerzas armadas les había costado quinientos millones de dólares echar a diecisiete mil homosexuales del ejército durante la década anterior, a pesar de que había un informe del gobierno que decía que no había ningún motivo por el que no pudieran servir en el ejército de forma efectiva, los jefes replicaron que el gasto valió la pena para preservar la cohesión y la moral de las unidades.

El jefe de Operaciones Navales, el almirante Frank Kelso, dijo que la marina se enfrentaba al problema práctico más importante, puesto que en los barcos había poco espacio para convivir. El jefe del Ejército, el general Gordon Sullivan y el general de la Fuerza Aérea, Merrill McPeak, también se oponían. Pero el más ferviente opositor era el comandante del Cuerpo de Marines, el general Carl Mundy. Le preocupaban más las apariencias que las cuestiones prácticas. Creía que la homosexualidad era inmoral y que si se permitía que los gays sirvieran abiertamente, el ejército estaría entonces aceptando una actitud inmoral y ya no podría atraer a los mejores jóvenes de la nación. Yo estaba completamente en desacuerdo con Mundy, pero él me gustaba. De hecho, me gustaban y respetaba a todos ellos. Me habían dado su opinión honestamente, pero también habían dejado claro que cumplirían mis órdenes, fueran cuales fueran, lo mejor que supieran, aunque si les llamaban a testificar al Congreso, tendrían que exponer sus opiniones con sinceridad.

Un par de días más tarde asistí a otra reunión nocturna para debatir el tema con los miembros del Comité de las Fuerzas Armadas del Senado, en el que estaban los senadores Sam Nunn, James Exon, Carl Levin, Robert Byrd, Edward Kennedy, Bob Graham, Jeff Bingaman, John Glenn, Richard Shelby, Joe Lieberman y Chuck Robb. Nunn, aunque se oponía a mi posición, se había mostrado de acuerdo con retrasar la cuestión seis meses. Algunos de los miembros de mi equipo estaban molestos con Nunn por haberse manifestado de forma tan tajante y tan pronto, pero yo no; después de todo, él era conservador y como presidente del comité, respetaba la cultura militar y creía que era su deber protegerla. No estaba solo. Charlie Moskos, el sociólogo de la Northestern University que había trabajado con Nunn y conmigo en la propuesta de servicio nacional del CLD y que dijo que había conocido a un oficial gay durante la guerra de Corea, también se oponía a levantar la prohibición, pues decía que esta preservaba la «expectativa de intimidad» a la que los soldados que vivían en espacios bastante reducidos tenían derecho. Moskos decía que debíamos apoyar lo que deseaban la gran mayoría de los militares, porque lo que más necesitábamos de nuestras fuerzas armadas era que estuvieran dispuestas a luchar. El problema que yo veía en ese razonamiento, y en el de Nunn, es que se podía haber usado de forma igualmente convincente contra la orden de Truman de la integración o contra los actuales esfuerzos por aumentar la presencia de la mujer en el ejército.

El senador Byrd adoptó una línea todavía más dura que la de Nunn y repitió lo que ya había oído de boca del general Mundy. Creía que la homosexualidad era un pecado; dijo que nunca permitiría que su nieto, al que adoraba, se uniera a unas fuerzas armadas que admitieran a gays y afirmó que la razón de la caída del Imperio romano había sido aceptar una presencia cada vez mayor de homosexuales en las legiones, comenzando por Julio César. A diferencia de Byrd y Nunn, Chuck Robb, que era conservador en muchos otros aspectos y que había sobrevivido a peligrosos combates en Vietnam, apoyaba mi posición, basándose en su contacto en tiempos de guerra con hombres que eran gays y valientes. No era el único veterano de Vietnam del Congreso que pensaba de ese modo.

La división cultural era en parte, aunque no totalmente, partidista y generacional. Algunos demócratas jóvenes se oponían a levantar la prohibición, mientras que algunos republicanos de más edad estaban a favor de hacerlo, entre ellos Lawrence Korb y Barry Goldwater. Korb, que había hecho cumplir la prohibición cuando había sido secretario adjunto de Defensa bajo el mandato Reagan, decía que no era necesaria para mantener la calidad y la fuerza de nuestras tropas. Goldwater, que había sido presidente del Comité de las Fuerzas Armadas del Senado, que era un veterano de guerra y que había fundado la Guardia Nacional de Arizona, era un conservador a la antigua, con instintos libertarios. En una declaración publicada en el *Washington Post* dijo que permitir que los gays sirvieran en el ejército no era una llamada a una licenciosidad cultural, sino una reafirmación del valor norteamericano de darles oportunidades a los ciudadanos responsables y de limitar el acceso del gobierno a sus vidas privadas. En su estilo franco y directo, dijo que no le importaba un pimiento si un soldado era o no homosexual mientras tuviera buena puntería.

Pero resultó que incluso el apoyo de Goldwater y todos mis argumentos no sirvieron de nada. La Cámara pasó una resolución en la que se oponía a mi posición por más de tres a uno. En el Senado la oposición no fue tan espectacular, pero seguía siendo importante. Eso quería decir que si perseveraba en mi intento, el Congreso me derrotaría introduciendo una enmienda en la ley del presupuesto de defensa que yo no podría vetar fácilmente. E incluso si la vetaba, ambas Cámaras anularían mi veto.

Mientras sucedía todo esto, vi una encuesta que decía que entre el 48 y el 45 por ciento del público no estaba de acuerdo con mi posición. No eran números demasiado malos para un tema tan polémico, pero aun así lo eran, y explicaban por qué los miembros del Congreso creían que aquella cuestión era un callejón sin salida para ellos. Solo un 16 por ciento del electorado aprobaba decididamente levantar la prohibición, mientras que el 33 por ciento estaba radicalmente en contra. Este porcentaje de gente que tenía una opinión tan fuerte sobre el tema era la que, probablemente, retiraría el voto a su congresista si no le gustaba su posición. Es difícil que los políticos de distritos disputados acepten una posible deserción de un 17 por ciento de votantes, por el tema que sea, ante unas elecciones. Es interesante que las mayores divisiones fueran estas: los que se identificaban como cristianos renacidos se oponían a mi postura por un 70 contra un 22 por ciento, mientras que la gente que decía que conocía personalmente a algún homosexual la aprobaba por un 66 contra un 33 por ciento.

La derrota en el Congreso era inevitable, así que Les Aspin trabajó con Colin Powell y la Junta del Estado Mayor para alcanzar un compromiso. Casi exactamente seis meses después, el 19 de julio, fui a la Universidad de Defensa Nacional, en Fort McNair, y anuncié a los oficiales allí presentes el acuerdo a que habíamos llegado. «No preguntar, no decir» consistía básicamente en que si eres gay, se supone que tienes intención de violar el Código de Justicia Militar y por tanto puedes ser licenciado, a menos de que puedas convencer a tu comandante de que eres célibe y en consecuencia no incumples el código. Pero si no declaras que eres gay, hay una serie de cosas que puedes hacer y por las que no te pueden echar del ejército: participar en desfiles por los derechos de los gays con ropa de paisano; ir a bares gay o salir con homosexuales reconocidos; aparecer en listas de correo de homosexuales y vivir con una persona del mismo sexo que sea beneficiaria de tu seguro de vida. Sobre el papel, las fuerzas armadas habían dado un gran paso en la dirección de «vive y deja vivir» sin por ello dejar de aferrarse a la idea de que no podía reconocer a los gays sin aprobar la homosexualidad o comprometer la moral o la cohesión. Sin embargo, en la práctica, a veces las cosas no funcionaban así. Muchos oficiales homófobos simplemente ignoraron la nueva política y se esforzaron todavía más por echar a los homosexuales, lo que costó a las fuerzas armadas miles de dólares que hubiéramos podido gastar mejor haciendo de Estados Unidos un lugar más seguro.

A corto plazo, obtuve lo peor en ambos frentes: perdí la batalla política y la comunidad gay criticó duramente el acuerdo; se negó a reconocer el obstáculo que había supuesto que tuviéramos tan poco apoyo en el Congreso. Además, me concedieron poco o ningún crédito por haber levantado otra de las prohibiciones que pesaban sobre los gays —la que les impedía servir en posiciones críticas para la seguridad nacional— o por el considerable número de gays y lesbianas que estaban trabajando en la administración. En cambio, para el senador Bob Dole era una victoria memorable. Desde un principio, se dedicó a hablar machaconamente de aquella cuestión, con lo que le dio tanta publicidad que al final parecía que era lo único a lo que me dedicaba; muchos de los americanos que me habían votado para que arreglara la economía se preguntaban qué demonios estaba haciendo y si no se habrían equivocado conmigo.

Estaba descubriendo que iba a resultar bastante difícil cumplir otro de mis compromisos de campaña: recortar la plantilla de la Casa Blanca en un 25 por ciento. Estaba siendo una verdadera pesadilla para Mack McLarty, especialmente porque teníamos un programa más ambicioso que la administración anterior y recibíamos el doble de correo. El 9 de febrero, tan solo una semana antes de la fecha en que debía anunciar mi programa económico, propuse una reducción del 25 por ciento, que recortaba la plantilla en 350 personas y la dejaba en 1.044 empleados. Nadie se libró de la quema. Incluso la oficina de Hillary iba a ser más pequeña que la de Barbara Bush a pesar de que asumiría responsabilidades mucho mayores. Lo que peor me supo fue tener que despedir a veinte antiguos empleados en la sección de correspondencia. Hubiera preferido reducir el número de trabajadores allí conforme se fueran jubilando, pero Mack me dijo que no había otra forma de cumplir el objetivo. Además, necesitábamos dinero para modernizar la Casa Blanca. Nuestra gente no podía ni siquiera enviar y recibir e-mail y la instalación telefónica no se había cambiado desde los años de Carter. No podíamos hacer llamadas de larga distancia, pero cualquiera podía pulsar uno de los grandes botones luminosos de las extensiones y escuchar las conversaciones de los demás, incluidas las mías. Pronto nos hicimos instalar un sistema telefónico mejor.

También reforzamos una parte de la plantilla de la Casa Blanca: el trabajo de asistencia social individual estaba diseñado para ayudar a ciudadanos que tenían problemas concretos con el gobierno federal; a menudo eran casos de personas que trataban de obtener una pensión por estar incapacitado o por ser veterano. Habitualmente los ciudadanos llaman a sus senadores o representantes para que les ayuden en esos temas, pero puesto que yo había llevado a cabo una campaña particularmente personal, muchos norteamericanos sentían que podían dirigirse directamente a mí. Recibí una petición especialmente memorable el 20 de febrero, cuando Peter Jennings, el presentador de las noticias de la ABC moderó un «Consejo de Niños» en la Casa Blanca, en el que niños entre ocho y quince años me preguntaban libremente. Los niños me preguntaron si ayudaba a Chelsea con sus deberes, por qué nunca se había elegido presidente a una mujer, qué pensaba hacer para ayudar a Los Ángeles después de los disturbios, cómo se iba a pagar la atención sanitaria y si podía hacer algo para detener la violencia en las escuelas. A muchos de ellos les interesaba el medio ambiente.

Pero una de las niñas quería ayuda. Anastasia Somoza era una preciosa neoyorquina que tenía que ir en silla de ruedas debido a que tenía parálisis cerebral. Me explicó que tenía una hermana gemela, Alba, que también la padecía pero que, a diferencia de ella, no podía hablar. «Así que como no puede hablar la pusieron en una clase de educación especial. Pero usa el ordenador para hablar y le gustaría estar en una clase normal, como yo.» Anastasia dijo que sus padres estaban convencidos de que Alba podía hacer frente a las exigencias de una escuela normal si se le daba la oportunidad de hacerlo. La ley federal decía que los niños con incapacidades debían educarse en el ambiente «menos restrictivo» posible, pero la decisión final sobre lo que es «menos restrictivo» se toma en la escuela del niño. Costó más o menos un año, pero al final Alba pasó a una clase normal.

Hillary y yo no perdimos el contacto con los Somoza y en 2002 hablé en la graduación de la promoción de las niñas. Las dos fueron a la universidad, porque Anastasia y sus padres estaban decididos a darle a Alba todas las oportunidades que merecía y no les intimidaba tener que pedir ayuda a otros, incluso a mí, para lograrlo. Cada mes, la persona que estaba a cargo de los casos en nuestra agencia, me enviaba un informe con los nombres de la gente a la que habíamos ayudado junto con algunas de las emotivas cartas de agradecimiento que nos habían enviado.

Además de los recortes de personal, anuncié un decreto presidencial por el que se reducirían en un 3 por ciento los gastos administrativos en todo el gobierno y habría una reducción de los salarios de los principales altos cargos, así como de sus beneficios complementarios, como el servicio de limusinas o el comedor privado. En una decisión que aumentó de forma espectacular la moral de nuestro equipo, cambié las reglas del comedor de la Casa Blanca para permitir a todos los empleados que usaran lo que hasta entonces había sido coto privado de los altos cargos del gobierno.

Nuestros jóvenes empleados trabajaban muchísimas horas, incluidos los fines de semana, y no me parecía de recibo hacer que tuvieran que salir para comer, pedir comida a domicilio o traérsela de casa. Además, dejarles acceder al comedor de la Casa Blanca les demostraba que también ellos eran importantes. El comedor era una habitación con paneles de madera en la que se servía una comida excelente, preparada por personal de la marina. Yo pedía aquella comida casi cada día y me encantaba bajar para visitar a los jóvenes que trabajaban en la cocina. Una vez a la semana servían comida mexicana, que a mí me gustaba especialmente. Después de que yo abandonara el cargo, el comedor volvió a utilizarse solo para los altos cargos. Creo que nuestra política era buena para la moral y para la productividad.

Con todo aquel trabajo extra y menos gente para hacerlo, tuvimos que confiar más que nunca no solo en aquellos jóvenes empleados, sino también en los más de mil voluntarios que nos dedicaron muchas horas, algunos de ellos colaboraban casi a tiempo completo. Los voluntarios abrían el correo, contestaban cuando había que hacerlo, se encargaban de las solicitudes de información y realizaban otras muchas tareas sin las que la Casa Blanca hubiera sido una institución mucho menos cercana al pueblo norteamericano. Todo lo que los voluntarios obtuvieron a cambio de sus grandes esfuerzos, aparte de la satisfacción de servir a su país, fue una fiesta de agradecimiento anual que Hillary y yo celebrábamos para ellos en el Jardín Sur. La Casa Blanca no hubiera podido funcionar sin ellos.

Además de los recortes específicos que ya había decidido hacer, estaba convencido de que con una aproximación más sistemática al problema podríamos ahorrarnos mucho más dinero y mejorar los servicios que prestaba el gobierno. En Arkansas había iniciado un programa de Control Total de Calidad con el que había conseguido resultados muy positivos. El 3 de marzo anuncié que Al Gore revisaría, durante los seis meses siguientes, todas las operaciones federales. Al se sentía en aquel trabajo como pez en el agua, trajo a expertos de fuera y consultó ampliamente con los funcionarios del gobierno. Siguió supervisando las operaciones federales durante los siguientes ocho años; ayudó a eliminar cientos de programas y más de dieciséis mil páginas de reglamentos, y redujo el personal en trescientas mil personas, con lo que nuestro gobierno federal fue el más pequeño desde 1960 y ahorramos ciento treinta y seis millones de dólares del dinero de los contribuyentes.

Mientras nos organizábamos y tratábamos de resolver nuestros pequeños problemas con la prensa, pasé la mayor parte de enero y febrero ultimando los detalles de nuestro plan económico. El lunes 24 de enero, Lloyd Bentsen apareció en *Meet the Press*. Se suponía que debía dar respuestas generales a todas las preguntas que se refirieran a los detalles del plan, pero fue un poco más allá y anunció que propondríamos alguna tasa sobre el consumo y que se estaba considerando la posibilidad de crear un impuesto sobre la energía que abarcara una base muy amplia. Al día siguiente los tipos de interés de los bonos del gobierno a treinta años cayeron del 7,29 por ciento al 7,19 por ciento, la tasa más baja de los últimos seis años.

Mientras tanto, seguíamos debatiendo los detalles del presupuesto. Todos los recortes de gastos y los impuestos que recaudaban dinero de verdad eran polémicos. Por ejemplo, cuando me reuní con los líderes de los comités presupuestarios del Senado y de la Cámara de Representantes, Leon Panetta propuso que decretáramos una moratoria de tres meses en las compensaciones por el incremento del costo de la vida. La mayoría de expertos estaban de acuerdo en que las compensaciones estaban demasiado altas, dado lo baja que estaba la inflación, y que la moratoria ahorraría quince mil millones de dólares a lo largo de los siguientes cinco años. El senador Mitchell dijo que la moratoria que proponíamos era regresiva e injusta, y que no podía apoyarla. Tampoco pensaban hacerlo los demás senadores. Tendríamos que encontrar esos quince mil millones en otra parte.

Durante el fin de semana del 30 al 31 de enero llevé al gobierno y a altos cargos de la Casa Blanca a Camp David, el preciso retiro de campo en las montañas Catoctin, en Maryland. Camp David es un precioso paraje boscoso con acogedoras cabañas e instalaciones de ocio. El personal procede de la marina y del Cuerpo de Marines. Era el ambiente perfecto para que nos conociéramos mejor y para comenzar a hablar del año que nos esperaba. También invité a Stan Greenberg, Paul Begala y Mandy Grunwald. Sentían que les habíamos dejado de lado durante la transición y que la obsesión por eliminar el déficit había acabado con todos los demás objetivos que había anunciado durante la campaña. Creían que Al y yo estábamos coqueteando con el desastre al desoír las preocupaciones más profundas de la gente que nos había elegido. Comprendía cómo se sentían. Por una parte, no habían estado presentes durante las horas y horas de discusiones que llevaron a que la mayoría de nosotros concluyéramos que, si no acabábamos con el déficit, nunca conseguiríamos el crecimiento fuerte y sostenido que mis otros compromisos de campaña, al menos aquellos que costaban dinero, necesitaban para no hundirse en una economía en recesión.

Dejé que Mandy y Stan comenzaran el debate. Mandy habló de la preocupación que sentía la gente de clase media por su trabajo, su jubilación, la sanidad y la educación. Stan dijo que lo que más preocupaba a los votantes era, por este orden, el empleo, la reforma sanitaria, la reforma de la asistencia social y luego la reducción del déficit, y que si para reducir el déficit íbamos a tener que subir los impuestos a la clase media, ya podía ir pensando qué demonios les iba a dar a cambio. Hillary entonces explicó que, en Arkansas, habíamos fracasado durante mi primer mandato por intentar abarcar demasiadas cosas a la vez, sin un plan de acción claro y sin realizar el esfuerzo necesario para preparar a la gente para una larga y continuada lucha. Después les habló del éxito que tuvimos la segunda vez, cuando nos centramos en uno o dos temas cada dos años y explicamos cuáles eran nuestros objetivos a largo plazo junto con una serie de parámetros de referencia que midieran nuestro progreso y por los que se nos pudiera juzgar. Ese tipo de enfoque, dijo, me permitió desarrollar un guión que la gente podía comprender y apoyar. Alguien respondió que no podíamos elaborar ningún guión mientras siguiera la plaga de las filtraciones, que afectaban a las propuestas más polémicas. Tras el fin de semana, los consultores trataron de diseñar una estrategia de comunicaciones que nos evitara las fugas y controversias diarias.

El resto del fin de semana lo dedicamos a conversaciones más informales y personales. El sábado por la noche celebramos una sesión, dirigida por un guía que era amigo de Al Gore, en la que se suponía que debíamos reforzar el vínculo que existía entre nosotros; debíamos sentarnos en grupo y, por turnos, decir a los demás algo de nosotros que ignoraran. Aunque el ejercicio no gustó a todos, yo me lo pasé bien y logré confesar que cuando era niño estaba gordo y a menudo se burlaban de mí. Lloyd Bentsen creyó que el ejercicio era idiota y volvió a su cabaña; si había algo de él que los demás no sabíamos, era que no quería que lo supiéramos. Bob Rubin se quedó, pero dijo que no tenía nada que decir —al parecer, este tipo de confesión en grupo no había sido la clave de su éxito en Goldman Sachs—. Warren Christopher participó, quizá porque era el hombre más disciplinado del mundo y creyó que aquella versión estilo *baby boom* de la tortura de la gota malaya fortalecería de algún modo su ya de por sí extraordinario carácter. En suma, el fin de semana fue de mucha ayuda, pero lo que de verdad fortalecería nuestros vínculos sería el fuego de la lucha y las victorias y derrotas que nos esperaban en el futuro.

El domingo por la noche regresamos a la Casa Blanca para celebrar la cena anual de la Asociación Nacional de Gobernadores. Era el primer acto oficial de Hillary como primera dama y estaba un poco nerviosa, pero todo salió bien. Los gobernadores estaban preocupados por la economía, que iba mal, reducía los ingresos de los estados y les obligaba a dejar de prestar algunos servicios, a subir los impuestos o, en ocasiones, a ambas cosas a la vez. Entendían la necesidad de reducir el déficit, pero no querían que se hiciera a su costa y que se transfirieran responsabilidades del gobierno federal a los estados sin acompañarlas de las correspondientes transferencias de fondos.

El 5 de febrero sancioné mi primera propuesta de ley con mi firma y cumplí otra de las promesas electorales. Con la Ley de Licencia Médica y Familiar, Estados Unidos se sumó por fin a las más de 150 naciones del mundo que conceden a sus trabajadores un período de baja cuando tienen un hijo o un miembro de la familia enfermo. El principal defensor de la ley, mi viejo amigo el senador Chris Dodd, de Connecticut, llevaba años trabajando para sacarla adelante. El presidente Bush la había vetado en dos ocasiones, porque decía que sería una carga demasiado gravosa para las empresas. Aunque la propuesta contaba con algunos apoyos fuertes entre las filas republicanas, la mayoría de los republicanos se habían opuesto a ella por la misma razón. Yo creía que los permisos por motivos familiares serían buenos para la economía. Con ambos padres en el mercado laboral, por elección o por necesidad, era necesario que a los norteamericanos les fuera bien tanto en el trabajo como en el hogar. La gente que está preocupada por sus hijos o por sus padres enfermos es menos productiva que aquella que ha ido a trabajar sabiendo que ha hecho lo mejor para su familia. Durante mi etapa de presidente, más de treinta y cinco millones de personas se beneficiaron de la Ley de Licencia Médica y Familiar.

En los ocho años siguientes, y después de que abandonara el cargo, esa era la ley que la gente más veces me mencionaba. Muchas de las historias que me contaban eran muy emotivas. Un domingo por la mañana, temprano, cuando regresaba de correr un rato, topé con una familia que estaba visitando la Casa Blanca. Una de las niñas, una adolescente, iba en silla de ruedas y saltaba a la vista que estaba muy enferma. Les saludé y les dije que si aguardaban a que me duchara y me vistiera para ir a misa, les llevaría al Despacho Oval para hacernos una foto. Esperaron y fue una visita muy agradable. Disfruté especialmente conversando con aquella valiente joven. Cuando ya me iba, su padre me agarró por el brazo, hizo que me diera la vuelta y me dijo: «Es probable que mi niñita no se vaya a curar. Las últimas tres semanas que he pasado con ella han sido las más importantes de mi vida. Y no hubiera podido estar con ella si no hubiera sido por la ley de licencia familiar».

A principios de 2001, cuando tomé mi primer puente aéreo de Nueva York a Washington de nuevo como ciudadano particular, una de las azafatas me dijo que sus padres se habían puesto gravemente enfermos a la vez, de cáncer y Alzheimer. Me dijo que no había nadie que los pudiera cuidar en sus últimos días de vida excepto ella y su hermana, y que no hubieran podido hacerlo sin la ley de licencia familiar. «Sabe, los republicanos siempre hablan de los valores de la familia —dijo—, pero creo que la forma como mueran tus padres es una parte importante de los valores de la familia.»

El 11 de febrero, cuando trabajábamos para acabar el plan económico, conseguí por fin cubrir el puesto de fiscal general. Me decidí, después de una o dos salidas nulas, por Janet Reno, la fiscal del condado de Dade, en Florida. Hacía años que conocía y admiraba el trabajo de Janet, especialmente sus innovadores «tribunales de drogas», que daban a los que delinquían por primera vez la oportunidad de evitar la cárcel si aceptaban someterse a un tratamiento de desintoxicación y presentarse regularmente ante el juez. Mi cuñado, Hugh Rodham, había trabajado en un tribunal de drogas de Miami de abogado de la oficina del defensor público. Siguiendo su consejo, asistí a ver dos sesiones de aquellos tribunales yo mismo, en la década de los ochenta, y me quedé sorprendido por el modo inusual pero efectivo en que el fiscal, el abogado defensor y el juez trabajaban juntos para convencer a los acusados de que aquella era su última oportunidad de no ir a la cárcel. El programa tenía mucho éxito y un porcentaje de reincidencia mucho menor que el del sistema penitenciario, además de que resultaba mucho más barato para los contribuyentes. Durante la campaña me había comprometido a apoyar la asignación de fondos federales para financiar la formación en todo el país de tribunales de drogas según el modelo de Miami.

Cuando le llamé, el senador Bob Graham dio a Reno su más ferviente apoyo. También lo hizo Diane Blair, que había ido a Cornell con ella treinta años atrás. Y lo mismo Vince Foster, que era muy bueno juzgando a la gente. Después de entrevistar a Janet, me llamó y me dijo con su ironía habitual: «Creo que ésta podría sobrevivir». Reno era también extraordinariamente popular en su circunscripción, pues tenía reputación de ser una fiscal práctica y dura, pero justa. Había nacido en Florida, medía más o menos un metro ochenta y no se había casado. Servir como cargo público era su vida, y lo había hecho muy bien. Pensé que podría reforzar las a menudo tensas relaciones entre las agencias federales que vigilaban el cumplimiento de la ley y sus homólogas estatales y locales. Me preocupaba un poco que, como yo, no conociera las costumbres de Washington, pero en Miami había acumulado una larga experiencia trabajando con las autoridades federales en casos de inmigración y de narcóticos y creí que aprendería lo suficiente para ejercer su cargo sin problemas.

Durante el fin de semana trabajamos duro para finalizar el plan económico. Paul Begala había venido a trabajar a la Casa Blanca hacía un par de semanas, en buena medida para ayudarme a explicar lo que quería hacer de forma que fuera coherente con mi mensaje electoral de que iba a devolver las oportunidades a la clase media, algo que Paul creía que importaba bastante poco a la mayoría de miembros de nuestro equipo económico. Begala estaba convencido de que debíamos concentrarnos en destacar tres puntos: que la reducción del déficit no era un fin en sí misma, sino solo el medio para alcanzar los que en realidad eran nuestros objetivos —crecimiento económico, más empleos y sueldos más altos—; que nuestro plan representaba un cambio fundamental en la forma en que el gobierno había estado trabajando y pondría fin a la irresponsabilidad y a la injusticia del pasado exigiendo a las grandes empresas y a los demás grupos de intereses especiales que se habían beneficiado de los recortes impositivos y los déficits de la década de los ochenta, que pagaran la parte que les correspondía para arreglar aquel desastre, y que no debíamos pedir a la gente que se «sacrificara» sino que «contribuyera» a la renovación de Estados Unidos, que era una formulación mucho más patriótica y positiva. Begala escribió un memorándum en el que expresaba sus opiniones y proponía un nuevo eslogan: «NO es el déficit, estúpido». Gene Sperling, Bob Reich y George Stephanopoulos estaban de acuerdo con Paul y se alegraban de haber encontrado por fin un poco de ayuda interna para defender sus tesis.

Mientras todo esto sucedía en público, seguíamos teniendo muchas dificultades con algunos de los grandes temas. La mayor, con mucha diferencia, era si introducir la reforma sanitaria junto con el plan económico en la Ley de Reconciliación Presupuestaria. Había un argumento a favor muy convincente: el presupuesto, a diferencia del resto de propuestas de ley, no está sujeto a la posibilidad de obstrucción, una práctica del Senado que permite que, con solo 41 senadores, se pueda acabar con cualquier ley: se debate la propuesta indefinidamente y se impide una y otra vez que se pase a la votación; finalmente, el Senado tiene que abandonar el tema y dedicarse a otra cosa. Puesto que el Senado tenía cuarenta y cuatro republicanos, las probabilidades de que intentaran, al menos, obstruir la reforma de la sanidad eran muy altas.

Hillary e Ira Magaziner querían a toda costa que la sanidad se incluyera en el presupuesto, y los líderes del Congreso estaban dispuestos a ello. Dick Gerphardt le había dicho a Hillary que tenía que hacerlo, porque estaba seguro de que los senadores republicanos tratarían de obstruir el proyecto si se presentaba solo. Mitchell era partidario de esta idea por otro motivo: si la reforma de la sanidad se presentaba como una propuesta de ley independiente, se enviaría al Comité de Finanzas del Senado, cuyo presidente, el senador Pat Moynihan, de Nueva York, se mostraba, por decirlo suavemente, escéptico ante el hecho de que hubiéramos logrado un plan de sanidad aceptable en tan poco tiempo. Moynihan me recomendó que nos dedicáramos primero a la reforma de la asistencia social y que nos pasáramos los siguientes dos años desarrollando nuestra propuesta para la sanidad.

El equipo económico se oponía radicalmente a incluir la sanidad en el presupuesto, y también por buenos motivos. Ira Magaziner y muchos economistas que se dedicaban a la sanidad creían —y estaban en lo cierto, según se demostró— que la mayor competencia entre las empresas de la sanidad, que nuestro plan provocaría, aumentaría significativamente el ahorro sin que tuviéramos que aplicar medidas de control sobre los precios. Sin embargo, la Oficina Presupuestaria del Congreso no iba a aceptar que incorporáramos ese ahorro como partida a nuestro favor en el presupuesto. Así pues, para conseguir ofrecer una cobertura universal, teníamos o bien que incluir una provisión de fondos para financiar los controles de precios del plan, subir los impuestos y bajar el gasto todavía más o fijarnos un objetivo de reducción del déficit menos ambicioso, lo que podría afectar de forma negativa a nuestra estrategia para reducir los tipos de interés.

Decidí retrasar la decisión hasta haber expuesto los detalles del plan económico al pueblo norteamericano y al Congreso. No mucho más tarde, alguien la tomó por mí. El 11 de marzo, el senador Robert Byrd, el senador demócrata más veterano y la máxima autoridad sobre el reglamento del Congreso, nos dijo que no haría una excepción a la «Regla de Byrd» con la sanidad. Esa regla prohibía que se introdujeran en la ley de reconciliación presupuestaria conceptos no genéricos. Habíamos reclutado a cuantas personas se nos ocurrieron para convencer a Byrd de lo contrario, pero estaba seguro de que la reforma de la sanidad no se podía considerar parte del proceso presupuestario básico. Ahora, si los republicanos decidían adoptar una postura obstruccionista, nuestro plan de sanidad estaría condenado al fracaso desde el principio.

La segunda semana de febrero decidimos dar un impulso a la cuestión de la sanidad y completar el resto del plan. Yo me había metido muy a fondo en los detalles del presupuesto y estaba decidido a tener en cuenta el impacto humano que tenían nuestras decisiones. La mayor parte de la gente de nuestro equipo quería reducir la ayuda a las granjas y a otros programas rurales que no creían justificados. Alice Rivlin insistió mucho en obtener estos recortes y afirmó que entonces podría decir que había terminado con la asistencia social para los granjeros «tal como la conocíamos». Con ello usaba contra mí una de mis mejores frases durante la campaña, mi compromiso de «acabar con la asistencia social tal como la conocemos». Recordé a la mayor parte de mis economistas, que eran gente de ciudad, que los granjeros son buena gente que ha escogido un trabajo duro en un entorno incierto y que, aunque tuviéramos que hacer algunos recortes en sus programas, «no debemos disfrutar con ello». Puesto que no podíamos reestructurar por completo el programa agrícola, reducir los subsidios que recibían los granjeros de otros países ni eliminar todas las barreras que se ponían a nuestras exportaciones alimentarias, acabamos reduciendo modestamente los subsidios establecidos. Pero no disfruté con ello.

Otra cosa que debíamos considerar al proponer recortes era, por supuesto, si tenían alguna posibilidad de prosperar. Por ejemplo, alguien dijo que podíamos ahorrarnos mucho dinero eliminando todos los llamados proyectos de las manifestaciones en las autopistas, que eran conceptos específicos de gasto que los miembros del Congreso obtenían para sus distritos o estados. Cuando surgió esa propuesta, mi nuevo hombre de contacto con el Congreso, Howard Paster, sacudió incrédulo la cabeza. Paster había trabajado tanto en la Cámara de Representantes como en el Senado para grupos de presión republicanos y demócratas. Era un neoyorquino de modales bruscos y francos, así que restalló: «¿Cuántos votos tiene el mercado de obligaciones?». Por supuesto, sabía que teníamos que convencer el mercado de obligaciones de que nuestro plan de reducción del déficit era creíble, pero quería que recordáramos que primero tenía que ser aprobado y que la mejor manera de conseguirlo no era buscándonos problemas con los miembros del Congreso.

Algunas de las propuestas que consideramos eran tan absurdas que resultaban cómicas. Cuando alguien dijo que impusiéramos tasas a los servicios de guardacostas, le pregunté de qué forma podríamos hacerlo. Me explicaron que a menudo se llama a los guardacostas para que rescaten barcos en apuros, muchas veces debido a la negligencia de sus tripulantes. Me reí y dije: «Así que cuando nos abarloemos o tiremos una cuerda desde un helicóptero, antes de ir al rescate preguntaremos: "¿Visa? ¿MasterCard?"». Al final descartamos esa idea, pero de todos modos logramos incluir más de 150 recortes presupuestarios.

Decidir sobre los aumentos de impuestos no era más sencillo que establecer los recortes. Lo más difícil para mí fue el impuesto sobre la energía. Ya era suficientemente malo que me retractara de mi compromiso de reducir los impuestos a la clase media, pero encima ahora me decían que tendría que subirlos, tanto si quería alcanzar los ciento cuarenta mil millones de reducción del déficit en el quinto año como si pretendía cambiar la forma de pensar del mercado de obligaciones. A la clase media la habían engañado en los ochenta y a Bush le había hecho trizas un aumento en el precio de la gasolina. Si proponía el impuesto sobre la energía, conseguiría, de golpe, convertir de nuevo a los republicanos en el partido antiimpuestos. Además, principalmente satisfaría la avaricia de los prósperos individuos que fijaban los tipos de interés y que apretarían un poco más las tuercas a la clase media, en este caso unos nueve dólares al mes en costes directos, que ascenderían a diecisiete si se les sumaban los costes indirectos, pues al subir la energía también subiría el precio de algunos productos. Lloyd Bentsen dijo que a él nunca le había perjudicado votar a favor de un impuesto sobre la energía y que los problemas que acarreó a Bush haber firmado el incremento del impuesto sobre la gasolina, en 1990, se debieron a su compromiso de «lean mis labios» y al hecho de que los más militantes en contra de los impuestos eran los republicanos de toda la vida. Gore presionó de nuevo a favor de ese impuesto y afirmó que favorecería el ahorro de energía y la independencia.

Al final cedí, pero hice algunos cambios en las propuestas de impuestos del Departamento del Tesoro que esperaba que redujeran la carga impositiva del estadounidense medio. Insistí en que incluyéramos en el presupuesto los veintiséis mil ochocientos millones que costaba en total mi promesa electoral de aumentar a más del doble las rebajas fiscales del impuesto sobre la renta a millones de familias trabajadoras con ingresos de treinta mil dólares anuales o menos. Se trataba de la llamada Rebaja Fiscal sobre el Impuesto de la Renta y por primera vez añadí otra rebaja más modesta para más de cuatro millones de norteamericanos pobres que no tenían personas dependientes a su cargo. Esta propuesta aseguraba que, incluso a pesar del impuesto sobre la energía, las familias trabajadoras con ingresos de treinta mil dólares o menos todavía notarían un considerable recorte en sus impuestos. Durante la campaña electoral había dicho en prácticamente todas las paradas que «Nadie con hijos que trabaje a tiempo completo debería vivir en la pobreza». En 1993 había mucha gente en esa situación. Después de que dobláramos las rebajas fiscales, más de cuatro millones de personas salieron de la pobreza y pasaron a engrosar las filas de la clase media, durante mi presidencia.

Mientras intentábamos cerrar el trato, Laura Tyson dijo que creía que debía decirnos que no había ninguna diferencia económica significativa entre una reducción a cinco años de ciento cuarenta mil millones de dólares y otra de ciento veinte mil o ciento veinticinco mil millones. Lo más probable era que, de todas formas, el Congreso redujera la cifra que yo le propusiera, fuera cual fuera. Laura afirmaba que si contribuía a quitarnos de encima un problema político o si simplemente considerábamos que era una línea de acción mejor, podíamos ahorrarnos muchos dolores de cabeza si reducíamos la cifra a ciento treinta y cinco mil millones o incluso a un poco menos. Reich, Sperling, Blinder, Begala y Stephanopoulos estaban de acuerdo con ella. Los otros seguían abogando por una cifra mayor. Bentsen dijo que podríamos ahorrarnos tres mil millones si eliminábamos del presupuesto el coste de la reforma de la asistencia social. Le dije que adelante. Después de todo, todavía no habíamos desarrollado nuestra propuesta y esa cifra era solo una estimación. Sabíamos que tendríamos que gastar más en formación, cuidado infantil y transporte para ayudar a la gente pobre a pasar de la asistencia social al trabajo, pero si lográbamos que suficiente gente realizara esa transición y dejara de cobrar sus cheques del estado, el coste neto de la operación sería menor, no mayor. Más aún, yo creía que podríamos aprobar la reforma de la asistencia social por separado, contando con el apoyo de los dos partidos.

Más tarde, Lloyd Bentsen añadió un toque final al plan y eliminó el límite máximo de 135.000 dólares para el impuesto sobre el salario del 1,45 por ciento que financiaba a Medicare. Fue necesario para asegurarnos de que nuestras cifras sobre la previsión de la solvencia de Medicare cuadraran, pero exigía más de los norteamericanos más pudientes, pues ya habíamos propuesto elevar su límite máximo al 39,6 por ciento; además, casi sin ninguna duda, ellos jamás le costarían al programa Medicare tanto como lo que ahora pagaban para financiarlo. Cuando le pregunté a Bentsen, se limitó a sonreír y dijo que sabía lo que estaba haciendo; confiaba en que él y los demás norteamericanos con ingresos elevados que abonarían el impuesto suplementario, lo recuperarían con creces gracias al *boom* del mercado de valores que nuestro programa económico desencadenaría.

El lunes 15 de febrero, pronuncié mi primer discurso televisado desde el Despacho Oval, un resumen de diez minutos del programa económico que presentaría dos días más tarde en una sesión conjunta del Congreso. Aunque la economía parecía estar en fase de recuperación, estadísticamente hablando, aún no se producía creación de empleo y, además, arrastraba el lastre de la deuda, que se había cuadruplicado en los últimos doce años. Dado que todos los déficits eran fruto de las rebajas fiscales para los más ricos, los altísimos costes sanitarios y los aumentos en el gasto militar, se invertía menos en «las cosas que nos hacen más fuertes, más inteligentes, ricos y seguros», como la educación, la infancia, el transporte y el cumplimiento de la ley local. Al paso que íbamos, nuestro nivel de vida, que generalmente doblaba cada veinticinco años, no volvería a hacerlo hasta dentro de otros cien años. Para revertir la tendencia, haría falta un cambio radical en nuestras prioridades nacionales; una combinación de incrementos fiscales y recortes de gastos para reducir el déficit e invertir más en nuestro futuro. Dije que mi esperanza había sido conseguirlo sin pedir más sacrificios a la clase media norteamericana, pues ya había hecho suficientes y se la había tratado injustamente durante los doce años anteriores, pero el déficit había crecido más allá de las estimaciones iniciales en las que había basado mis propuestas presupuestarias durante la campaña. Ahora, «más norteamericanos deben contribuir hoy para que a todos los norteamericanos les vaya mejor mañana». Sin embargo, a diferencia de lo que había sucedido durante los ochenta, la mayoría de los nuevos impuestos recaerían en los ciudadanos más acomodados; «por primera vez en más de una década, estamos todos juntos en esto». Además de la reducción del déficit, mi plan económico daría incentivos a las empresas que crearan empleos; estímulos a corto plazo para crear 500.000 puestos de trabajo inmediatos; inversiones en educación y formación, con programas especiales para ayudar a los trabajadores desplazados del sector de la industria militar; la reforma de la asistencia social y el gran aumento de la rebaja fiscal del impuesto sobre la renta; los programas educativos Head Start y vacunas para todos los niños que las precisaran, y la iniciativa del servicio nacional, para que los jóvenes pudieran ganar dinero para la universidad, a cambio de trabajar para sus comunidades. Reconocí que poner en práctica estas propuestas no sería fácil ni rápido, pero cuando estuvieran en marcha, «restaurarían la vitalidad del sueño americano».

El miércoles por la noche me dirigí al Congreso; expliqué la estrategia a la que respondía el plan y detallé las medidas concretas. Había cuatro directrices principales: desviar una cantidad superior de gasto público y privado del consumo a la inversión con el fin de crear más empleos; honrar el trabajo y la familia; presentar un presupuesto basado en estimaciones conservadoras, y no en las irreales cifras «de color de rosa» que se habían utilizado en el pasado, y financiar los cambios con recortes reales en el gasto, y con impuestos justos.

Para crear más empleo, propuse una permanente rebaja fiscal a la inversión para las pequeñas y medianas empresas, que daban empleo a un 40 por ciento de la población activa pero que eran la fuente de la mayoría de nuevos puestos de trabajo; también propuse la creación de bancos comunitarios y de zonas de desarrollo, dos de mis promesas electorales, que estaban diseñadas para atraer nuevos préstamos e inversiones a las áreas deprimidas. Solicité también más financiación para construir carreteras, puentes, transporte público, sistemas de información de alta tecnología, y centros de limpieza medioambiental para incrementar la productividad y el empleo.

En el tema de la educación, recomendé aumentar las inversiones y los estándares para las escuelas públicas, así como incentivos para animar a más estudiantes a ir a la universidad, donde incluí mi propuesta del servicio nacional. Felicité al Congreso por haber aprobado la Ley de Licencia Familiar y pedí que siguiéramos por ese camino con los programas de responsabilidad paterna. Respecto a la criminalidad, pedí que aprobaran la ley Brady, y los campamentos de entrenamiento al estilo militar para delincuentes juveniles no reincidentes que hubieran cometido un delito no violento, así como mi propuesta de destinar 100.000 agentes más a patrullar las calles.

A continuación pedí al Congreso que me ayudara a modificar el funcionamiento del gobierno, promulgando la reforma del sistema de financiación electoral y las condiciones de registro para los grupos de presión y eliminando la desgravación fiscal para los gastos de estos. Me comprometí a reducir la plantilla federal en 100.000 personas y a recortar los gastos de administración, con lo que se generaría un ahorro de nueve mil millones de dólares. Pedí al Congreso que me ayudara a ralentizar el ritmo galopante del aumento de los costes sanitarios y dije que podíamos seguir adelante con nuestra moderada reducción del gasto militar, pero que nuestras responsabilidades como única superpotencia mundial nos obligaban a invertir lo suficiente para que nuestro ejército siguiera siendo el mejor entrenado y el más equipado del mundo.

Dejé los impuestos para el final. Indiqué que debíamos aumentar el porcentaje impositivo de las rentas más elevadas de un 31 a un 36 por ciento para salarios superiores a 180.000 dólares y con un 10 por ciento suplementario si superaban los 250.000 dólares; recomendé aumentar el porcentaje impositivo del impuesto de sociedades de 34 a 36 por ciento, para beneficios superiores a 10 millones de dólares; poner fin al subsidio fiscal que hacía que fuera más rentable para una compañía cerrar las puertas de sus instalaciones en Estados Unidos y trasladarse al extranjero que reinvertir en su país; hacer pagar más impuestos a los que recibían subsidios más altos de la Seguridad Social y promulgar el impuesto sobre la energía. El tipo impositivo de la renta solo aumentaría para el 1,2 por ciento de los ciudadanos con ingresos más altos; el incremento de la Seguridad Social se aplicaría a un 13 por ciento de receptores y el impuesto sobre la energía costaría unos 17 dólares mensuales a gente con ingresos superiores a 40.000 dólares anuales. Para las familias con unos ingresos de 30.000 dólares o menos, la rebaja fiscal del impuesto sobre la renta compensaría sobradamente el coste del impuesto sobre la energía. Los impuestos y el presupuesto previsto nos permitirían reducir el déficit alrededor de 500.000 millones de dólares en cinco años, según las estimaciones económicas de entonces.

Al finalizar el discurso, me esforcé por transmitir lo más claramente posible la magnitud del problema del déficit y señalé que si la tendencia actual se mantenía, en una década el déficit anual aumentaría al menos hasta 635.000 millones de dólares anuales, respecto a los 290.000 millones de dólares de ese año, y que los intereses de nuestra deuda acumulada se convertirían en el concepto más elevado de nuestro presupuesto, por lo que se llevarían más de veinte centavos de cada dólar recaudado. Para demostrar que iba en serio acerca de la reducción del déficit, invité a Alan Greenspan a sentarse con Hillary en la tribuna de la primera dama en la galería del Congreso. Para demostrar que también iba en serio al respecto, Greenspan asistió, superando su comprensible reticencia a efectuar lo que podría entenderse como una aparición de signo político.

Después del discurso, que en general fue bien recibido, todos los comentaristas destacaron que había abandonado mi rebaja fiscal para la clase media. Y era cierto, pero muchas de las demás promesas se cumplían en el plan económico propuesto. Durante los siguientes días, Al Gore, los miembros del gabinete y yo viajamos incansablemente por todo el país para convencer a la gente. Alan Greenspan alabó nuestro plan económico. Y también Paul Tsongas, que dijo que el Clinton que había hablado frente al Congreso no era el Clinton contra el que se había presentado, lo cual, por supuesto, era precisamente lo que preocupaba a mis asesores políticos y a algunos demócratas del Congreso.

Había suficientes propuestas polémicas e importantes en mi discurso como para que el Congreso se mantuviera ocupado durante el resto del año, por no mencionar las otras propuestas de ley que ya estaban, o que pronto lo estarían, en el calendario del Congreso. Sabía que habría muchos altibajos antes de que pudiera aprobarse el programa económico, y que no podría pasarme todo el tiempo defendiéndolo e impulsándolo. Los problemas en el exterior y en la nación no me lo permitieron.

En el país, febrero terminó con violencia. El día 26, una bomba explotó en el World Trade Center de Manhattan, con un balance total de seis víctimas y más de mil heridos. La investigación descubrió rápidamente que era obra de terroristas de Oriente Próximo, que no habían sabido borrar sus huellas. Los primeros arrestos se llevaron a cabo el 4 de marzo; al final, en un tribunal federal de Nueva York, se declaró culpables a seis de los implicados y se les condenó a 240 años de prisión a cada uno. La eficacia de nuestra labor para que se cumpliera la ley me complació, pero también me preocupó la evidente vulnerabilidad de nuestra sociedad frente al terror. Mi equipo de seguridad nacional empezó a prestar más atención a las redes terroristas y a las medidas que podíamos tomar para proteger al país y a las sociedades libres de todo el mundo contra esa amenaza.

El 28 de febrero, cuatro agentes de la Oficina de Alcohol, Tabaco y Armas de Fuego fueron asesinados y otros dieciséis salieron heridos al desencadenarse un enfrentamiento contra un culto religioso, la Secta Davidiana, en su complejo situado a las afueras de Waco, en Texas. Se sospechaba que los davidianos poseían armas ilegales. El líder mesiánico de la secta, David Koresh, creía que era Cristo reencarnado y el único conocedor del secreto de los siete sellos, mencionado en el Apocalipsis. Koresh poseía un control mental casi hipnótico sobre los hombres, mujeres y niños que le seguían, así como un amplio arsenal de armas, que obviamente estaba dispuesto a utilizar, y suficientes provisiones como para atrincherarse durante mucho tiempo. El pulso entre los davidianos y el FBI se alargó durante casi dos meses. En ese tiempo, algunos adultos y niños se fueron, pero la mayoría se quedaron; Koresh prometía entregarse, pero siempre hallaba una excusa para postergarlo.

El domingo por la noche, 18 de abril, Janet Reno vino a la Casa Blanca para decirme que el FBI quería entrar en el complejo, capturar a Koresh y a cualquiera de sus seguidores que hubiera tomado parte en el asesinato de los agentes, o en cualquier otro crimen, y liberar al resto de personas. Janet dijo que le preocupaban los informes del FBI que alertaban de que Koresh abusaba sexualmente de los menores, muchos de ellos preadolescentes, y que quizá planeaba llevar a cabo un suicidio en masa. El FBI también le había advertido que no podían dedicar tantos recursos indefinidamente en un solo emplazamiento. Querían asaltar el complejo al día siguiente; utilizarían vehículos blindados para hacer agujeros en los edificios y luego lanzarían gas lacrimógeno en el interior, una maniobra que según sus cálculos obligaría a todos los miembros de la secta a rendirse en dos horas. Reno tenía que dar la autorización al asalto y antes quería mi aprobación.

Algunos años atrás, cuando era gobernador, tuve que hacer frente a una situación similar. Un grupo radical de extrema derecha se había instalado en un complejo en las montañas del norte de Arkansas. Entre los hombres, mujeres y niños que vivían allí había dos sospechosos de asesinato. La gente dormía en cabañas, y cada una tenía una trampilla que conducía a un refugio subterráneo desde el cual podían disparar a las autoridades que se aproximaran. Y disponían de muchas armas. El FBI también quería asaltar el complejo en aquel caso. En una reunión que convoqué con el FBI, la policía estatal y agentes voluntarios de Missouri y Oklahoma, escuché los argumentos del FBI y luego dije que antes de aprobar ninguna medida de ese tipo, quería que un veterano del Vietnam, alguien que hubiera luchado en la jungla, sobrevolara la zona para inspeccionar la situación, y me diera sus impresiones. El experto veterano volvió y dijo: «Si esa gente sabe disparar, perderá cincuenta hombres en el asalto». Suspendí la operación, bloqueé las salidas del campamento, corté los cupones de alimentación que algunas de las familias recibían, e impedí a todo el que abandonaba el lugar para obtener provisiones que pudiera volver a entrar. Finalmente los habitantes del complejo se rindieron y se pudo detener a los sospechosos sin que hubiera que lamentar ninguna pérdida de vidas humanas.

Cuando Janet me habló del asalto, pensé que debíamos intentar lo que ya había funcionado en Arkansas, antes de aprobar la operación del FBI. Ella argumentó que el FBI estaba cansado de esperar; que aquel pulso costaba al gobierno un millón de dólares a la semana y ocupaba las fuerzas del orden que eran necesarias en otras zonas; que la secta davidiana podía aguantar mucho más que los rebeldes de Arkansas y que las posibilidades de que se estuvieran produciendo abusos sexuales, o se planeara un suicidio en masa eran reales, pues Koresh estaba loco y también muchos de sus seguidores. Al final le dije que si ella opinaba que era lo correcto, tenía luz verde.

Al día siguiente, cuando miraba la CNN en un televisor al lado del Despacho Oval, vi el complejo de Koresh en llamas. El asalto había ido terriblemente mal. Después de que el FBI lanzara gases lacrimógenos dentro de los edificios donde la gente estaba amontonada, los davidianos encendieron un fuego. Empeoró cuando abrieron las ventanas para despejar el gas lacrimógeno, pues también dejaron entrar el viento seco de las llanuras tejanas, que avivó las llamas. Cuando el incendio se apagó, habían muerto más de ochenta personas, incluidos nueve niños. Solo sobrevivieron ocho menores. Yo era consciente de que teníamos que hablar con la prensa y asumir responsabilidades por el desastre. Dee Dee Myers y Bruce Lindsey opinaban lo mismo. Pero en diversas ocasiones durante aquel día, siempre que me decidía a dar un paso adelante para hablar, George Stephanopoulos me suplicaba que esperara, arguyendo que no sabíamos si aún quedaba gente con vida o si, en el caso de que Koresh estuviera vivo, podría oír mis palabras, reaccionar violentamente y matar a los sobrevivientes. Janet Reno apareció frente a las cámaras, explicó lo sucedido y asumió toda la responsabilidad por el ataque. En tanto que era la primera mujer en el cargo del fiscal general pensaba que era importante no pasar la patata caliente a nadie. Cuando finalmente hablé con la prensa de Waco, Reno recibía elogios por su declaración y a mí me criticaban por dejar que ella cargara con las culpas.

Por segunda vez en menos de veinticuatro horas, había aceptado consejos que iban en contra de mis instintos. No le reprochaba nada a George. Era joven y prudente, y me había dado su opinión honesta, aunque equivocada. Pero me sentía furioso conmigo mismo, primero por aceptar que se ordenara el asalto a sabiendas de que podía terminar mal, y luego por demorar el reconocimiento público de mi responsabilidad al respecto. Una de las decisiones más importantes que debe tomar un presidente es cuándo aceptar el consejo de la gente que trabaja para él, y cuando rechazarlo. Nadie puede tener siempre razón, pero es mucho más fácil vivir con las decisiones equivocadas en las que creías en el momento de tomarlas, que con aquellas que los asesores bendecían pero que tus instintos rechazaban. Después de Waco, decidí que me dejaría guiar por mis instintos.

Quizá una razón por la que no confiaba lo suficiente en mis instintos era que la administración recibía muchas críticas en Washington, y a mí me cuestionaban a cada paso. Después de una extraordinaria aparición inicial en Capitol Hill, a Hillary le reprochaban las sesiones cerradas que celebraba con su equipo de trabajo sobre la reforma sanitaria. Puesto que estaban consultando a cientos de personas, nada de lo que hacían era secreto, sencillamente trataban de moverse con celeridad en diversos temas inmensamente complejos, para cumplir con mi objetivo, extremadamente ambicioso, de presentar una propuesta de reforma sanitaria al Congreso a los cien días de iniciar el mandato. El equipo de trabajo oyó el testimonio de más de 1.100 grupos, se entrevistó con más de 200 miembros del Congreso y celebró reuniones públicas por todo el país. Su fama de secretismo era una exageración. Al final, el sistema de grupos de trabajo no funcionó demasiado bien y se finiquitó. Además, de todos modos, tampoco pudimos cumplir con la fecha límite de los cien días.

Por si todo esto fuera poco, también rechazaron mi paquete de medidas a corto plazo, diseñado para crear 500.000 empleos nuevos inyectando dinero rápidamente a las ciudades y estados para proyectos de infraestructuras. La economía aún crecía lentamente, necesitaba ese impulso; además, los reducidos gastos que comportaba el paquete de medidas, y que solo se desembolsaban una vez y no representaban ningún coste para los ejercicios sucesivos, no habrían empeorado nuestro déficit. El Congreso aprobó la propuesta de ley rápidamente, y el Senado también estaba a favor, pero Bob Dole contaba con más de cuarenta senadores republicanos dispuestos a obstruir la propuesta. Después de la votación, deberíamos de haber tratado de negociar un paquete de medidas más reducido con Dole, o haber aceptado una propuesta de compromiso menos ambiciosa, como la que ofrecieron los senadores John Breaux y David Boren, dos demócratas conservadores. El senador Robert Byrd, que se encargaba de impulsar la propuesta, insistió en que si no cedíamos podríamos romper el voto obstruccionista. Pero no pudimos, y finalmente aceptamos la derrota el 21 de abril, dos días después de lo de Waco.

En mi primer mandato, los republicanos utilizaron el recurso del voto obstruccionista hasta un extremo sin precedentes; prescindían de la voluntad de la mayoría del Congreso y estaban convencidos o deseaban demostrar que yo era incapaz de gobernar. Solo durante mis primeros cien días, el senador George Mitchell tuvo que organizar doce votaciones para romper las maniobras obstruccionistas.

El 19 de marzo sufrimos un golpe personal, de los que te hacen ver la política desde otra perspectiva, cuando el padre de Hillary sufrió un derrame. Hillary corrió a su lado, al hospital St. Vincent de Little Rock, con Chelsea y mi cuñado, Tony. El doctor Drew Kumpuris, el médico de Hugh y viejo amigo nuestro, le dijo a Hillary que su padre había sufrido graves daños cerebrales y que se encontraba en un coma profundo del que, con toda probabilidad, jamás se recuperaría. Yo llegué dos días más tarde. Hillary, Chelsea, Dorothy, y sus hijos Hugh y Tony, se habían turnado para hablar, e incluso cantarle a Hugh, que tenía aspecto de estar apaciblemente dormido. No sabíamos cuánto tiempo resistiría, y yo solo podía quedarme un día. Dejé a Hillary en las buenas manos de su familia, los Thomason, Carolyn Huber, que conocía a Hugh desde sus días como administradora en la mansión del gobernador, y Lisa Caputo, la secretaria de prensa de Hillary y una de las favoritas de Hugh, porque como él, procedía del este de Pennsylvania, cerca de su pueblo natal de Scranton.

Al domingo siguiente volé a casa de nuevo por un par de días. Quería estar con mi familia, aunque no había nada que hacer, excepto esperar. El doctor nos dijo que esencialmente Hugh presentaba un cuadro de muerte cerebral. Durante el fin de semana, la familia decidió desconectar la máquina de respiración asistida; todos nosotros rezamos y nos despedimos, pero Hugh decidió que no había llegado todavía el momento de irse. Su viejo y fuerte corazón siguió latiendo. Aunque yo había podido atender la gran mayoría de mis deberes desde Arkansas, tenía que volver a Washington el martes. Me dolía tener que irme, sabiendo que sería la última vez que vería a mi suegro. Quería mucho a Hugh Rodham, con su aspereza sin manías y su inquebrantable lealtad hacia su familia. Me sentía agradecido porque me hubiera aceptado en su redil, veinticinco años atrás, cuando yo era un joven desaliñado sin un centavo, y encima demócrata. Echaría de menos nuestras partidas de pinacle, nuestras conversaciones sobre política o, sencillamente, saber que estaba ahí.

El 4 de abril, Hugh seguía aferrándose a la vida pero Hillary también tenía que volver a Washington, para acompañar a Chelsea al regreso a la escuela después de las vacaciones de primavera y para volver al trabajo. Había prometido dar un discurso el 6 de abril en la Universidad de Texas, en Austin, para Liz Carpenter, que había sido la secretaria de prensa de Lady Bird. Liz le suplicó que no lo cancelara, así que ella decidió ir. En un momento en que estaba destrozada por el dolor, buscó en el fondo de su alma y dijo que, a la entrada del nuevo milenio, «necesitamos una nueva política del sentido. Necesitamos un espíritu nuevo de responsabilidad individual y de amor al prójimo. Necesitamos una nueva definición de la sociedad civil, que responda a las cuestiones aún por resolver, planteadas tanto por las fuerzas del mercado como por los poderes gubernamentales, sobre cómo llegar a tener una sociedad que nos llene de nuevo y que nos haga sentir que formamos parte de algo más grande que nosotros mismos». Hillary se había inspirado para elaborar este argumento al leer un artículo escrito por Lee Atwater poco antes de que muriera de cáncer, a los cuarenta años. Atwater era conocido y temido por sus despiadados ataques contra los demócratas, cuando trabajaba para el presidente Reagan y el presidente Bush. Cuando se enfrentó a la muerte, descubrió que una vida dedicada únicamente a acumular poder, riqueza y prestigio dejaba mucho que desear, y esperaba que con sus palabras finales pudiera impulsarnos a un propósito más alto. En Austin, el 6 de abril, soportando su propio dolor, Hillary trató de definir cuál es ese propósito. Me gustó mucho lo que dijo ese día, y me sentí muy orgulloso de ella.

Al día siguiente, Hugh Rodham murió. Celebramos una misa fúnebre por su alma en Little Rock y luego le trasladamos a Scranton, para el funeral en la iglesia metodista de Court Street. Pronuncié el panegírico del hombre que había apartado sus convicciones republicanas para trabajar para mí en 1974, y que, durante toda una vida de aprendizaje basado en su experiencia personal, había abandonado todos los prejuicios con los que había crecido. Dejó atrás su racismo cuando trabajó con un hombre negro en Chicago. Dejó atrás su homofobia cuando entabló amistad con sus vecinos gays, un doctor y un enfermero de Little Rock, que le cuidaron mucho. Había crecido en un estado especialmente volcado en el fútbol americano, en el este de Pennsylvania, donde las estrellas católicas iban al Notre Dame y las protestantes, como él, iban a Penn State. Esa división era fruto de un prejuicio contra los católicos que también formó parte de la educación de Hugh. También eso lo dejó atrás. A todos nos pareció muy adecuado que sus últimos días los pasara en el hospital St. Vincent, donde las monjas católicas le cuidaron con amor y dedicación.

TREINTA Y DOS

La mayor parte de los titulares de periódicos durante mis primeros meses de mandato mencionaban, entre otras cosas, el esfuerzo que había hecho por definir, defender y lograr que se aprobara mi plan de medidas económicas, la entrada de los gays en el ejército y la labor acerca de la reforma sanitaria que Hillary había emprendido. Sin embargo, la política exterior siempre formó parte de mi rutina cotidiana y era una de mis constantes preocupaciones. La impresión generalizada entre los observadores de Washington era que a mí no me interesaba demasiado la política exterior y que quería dedicarle el menor tiempo posible. Es cierto que durante mi campaña buena parte de mi mensaje trató sobre temas de política interior, pues así lo exigían nuestros problemas económicos. Pero como he repetido hasta la saciedad, la creciente interdependencia global estaba erosionando la división entre la política interior y la exterior. Y el «nuevo orden mundial» que el presidente Bush había proclamado después de la caída del Muro de Berlín estaba plagado de caos y de importantes incógnitas por resolver.

Tiempo atrás, mi asesor nacional de seguridad, Tony Lake, había declarado que el éxito en la política exterior a menudo consiste en prevenir o en desactivar incidentes antes de que se conviertan en problemas graves y salgan a la luz pública. «Si realmente hacemos bien nuestro trabajo —dijo—, el público quizá jamás se entere, porque los perros no ladrarán». Cuando tomé posesión del cargo, teníamos una perrera llena de ruidosos mastines, con Bosnia y Rusia a la cabeza, aullando a todo volumen, y algunos más, entre ellos Somalia, Haití, Corea del Norte, y la política comercial de Japón, gruñendo en segundo plano.

El desmembramiento de la Unión Soviética y el colapso del comunismo entre las naciones del Pacto de Varsovia aumentaron las expectativas de que Europa pudiera llegar a unirse democrática y pacíficamente por primera vez en la historia. Todo dependía de cuatro grandes cuestiones: ¿habría reunificación entre la Alemania oriental y la occidental? ¿Se convertiría Rusia en una nación verdaderamente democrática, estable y no imperialista? ¿Qué sucedería en Yugoslavia, un caldo de cultivo de provincias de diversas etnias, antaño unidas bajo la férrea voluntad del mariscal Tito? ¿Llegarían a integrarse Rusia y los demás países ex comunistas en la Unión Europea y la OTAN, con Estados Unidos y Canadá?

Cuando llegué a ser presidente, Alemania ya se había reunificado, gracias a la gran visión de futuro del canciller Helmut Kohl y al firme apoyo del presidente Bush, que superaron las dudas del resto de países europeos acerca del poder económico y político de una recuperada Alemania. Las otras tres cuestiones todavía estaban por resolver, y yo sabía que una de mis responsabilidades más importantes como presidente era asegurarme de que recibieran una respuesta adecuada.

Durante la campaña electoral, tanto el presidente Bush como yo nos habíamos pronunciado a favor de enviar ayudas a Rusia. Al principio, yo me mostré más firme que él, pero después de cierta presión por parte del presidente Nixon, Bush anunció que el G-7, el grupo de las siete naciones más industrializadas del mundo —Estados Unidos, Alemania, Francia, Italia, el Reino Unido, Canadá y Japón— aportaría 24.000 millones para apoyar la democracia y la reforma económica en Rusia. Cuando Yeltsin viajó a Washington, en junio de 1992, como presidente ruso, estaba agradecido y se mostraba abiertamente a favor de la reelección de Bush. Como he dicho antes, Yeltsin aceptó mantener una reunión de cortesía conmigo en la Blair House el 18 de junio, gracias a la amistad entre el ministro de Asuntos Exteriores ruso, Andrei Kozyrev y Toby Gati, uno de mis asesores en política exterior. No me preocupaba que Yeltsin apoyara a Bush; solo quería que supiera que si yo ganaba, le apoyaría a él.

En noviembre, un par de días después de las elecciones, Yeltsin me llamó para felicitarme y me animó a visitar Moscú tan pronto como me fuera posible, para reafirmar el apoyo norteamericano hacia sus reformas, frente a la creciente oposición que despertaban en su país. Yeltsin tenía un problema candente entre manos. Había sido elegido presidente en junio de 1991, cuando Rusia aún formaba parte de la tambaleante Unión Soviética. En agosto, unos conspiradores que habían organizado un golpe de estado pusieron bajo arresto domiciliario, en su residencia de verano en el mar Negro, al presidente soviético Mijail Gorbachov. Los ciudadanos rusos se lanzaron a las calles de Moscú para protestar. La hora de la verdad llegó cuando Yeltsin, que solo llevaba dos meses en el cargo, subió a un tanque frente a la Casa Blanca rusa, el edificio del parlamento que los golpistas tenían bajo asedio, e instó al pueblo ruso a defender la democracia que tanto les había costado conseguir. De hecho, estaba diciendo a los reaccionarios: «Pueden robar nuestra libertad, pero tendrán que hacerlo por encima de mi cadáver». El heroico llamamiento galvanizó el apoyo nacional e internacional y el golpe de estado fracasó. Hacia diciembre, la Unión Soviética ya se había disuelto en estados independientes y Rusia ocupó el asiento soviético en el Consejo de Seguridad de las Naciones Unidas.

Pero los problemas de Yeltsin no habían acabado. Los elementos reaccionarios, resentidos por haber perdido el poder, se opusieron a su determinación de retirar las tropas soviéticas de las naciones bálticas de

Estonia, Lituania y Letonia. El desastre económico se avecinaba. A medida que la corrupción de la economía soviética sucumbía a las reformas que llevarían el país a una economía de mercado, la inflación se disparó y se malvendieron bienes que eran propiedad del estado a una nueva clase de empresarios multimillonarios llamados «oligarcas», que hacían que los capitalistas sin escrúpulos de finales del siglo XIX en Estados Unidos parecieran predicadores puritanos. Las redes del crimen organizado también se instalaron en el país aprovechando el vacío creado por el colapso del estado soviético, y extendieron sus tentáculos por todo el mundo. Yeltsin había destruido el viejo sistema, pero aún no había tenido tiempo de construir uno nuevo. Tampoco había desarrollado una buena relación de trabajo con la Duma, el parlamento ruso, en parte porque era un hombre reacio por naturaleza al compromiso, y en parte porque la Duma estaba llena de gente que ansiaba volver al viejo orden, o crear uno nuevo pero igualmente opresivo y basado en el ultranacionalismo.

Yeltsin estaba rodeado de tiburones, y yo quería ayudarle. Bob Strauss me animaba a hacerlo. El presidente Bush había enviado a Bob a Moscú como embajador norteamericano, a pesar de que era un ferviente demócrata y ex presidente del Comité Demócrata Nacional. Strauss dijo que yo podría trabajar con Yeltsin y ofrecerle buenos consejos políticos, y me instó a hacer ambas cosas.

Yo me inclinaba por aceptar la invitación de Yeltsin para viajar a Rusia pero Tony Lake dijo que Moscú no debía ser mi primer viaje al extranjero, y el resto de mi equipo convino en que le restaría protagonismo a nuestro programa de política interior. Sus argumentos eran sólidos pero Estados Unidos se había jugado mucho para que Rusia saliera adelante, y desde luego no queríamos que terminara bajo el control de los radicales, ya fueran comunistas o ultranacionalistas. Boris solucionó el dilema proponiendo que acordáramos encontrarnos en un tercer país.

Por esa época, convencí a mi viejo amigo y compañero de habitación de Oxford, Strobe Talbott, de que dejara la revista *Time* y viniera a trabajar conmigo en el Departamento de Estado, para colaborar en el diseño de nuestra política con la antigua Unión Soviética. Strobe y yo llevábamos casi veinticinco años hablando de la historia y la política de Rusia. Desde que tradujo y editó las memorias de Jruschov, Strobe conocía y le importaba más Rusia y el pueblo ruso que nadie que yo conociera. Tras su apariencia impecablemente profesional, se ocultaban una mente aguda y analítica y una gran imaginación; yo confiaba en su buen juicio, su franqueza y su absoluta disposición a contarme la pura verdad. No existía ningún cargo en el Departamento de Estado que cumpliera las funciones que yo quería encomendarle a Strobe, de modo que creamos uno, con la bendición de Warren Christopher y la colaboración de Dick Holbrooke, un banquero inversionista y un veterano en política exterior, que nos había asesorado durante la campaña y que se convirtió en una de las figuras más destacadas de mi administración.

Finalmente, el nuevo puesto de Strobe tuvo por título: embajador honorífico y asesor especial del secretario de Estado para los nuevos estados independientes de la ex Unión Soviética. Más tarde se convirtió en adjunto al secretario de Estado. No creo que hubiera ni cinco personas capaces de repetir el nombre del cargo de Strobe de un tirón, pero todos sabíamos de qué se ocupaba: era nuestro hombre en Rusia. Durante ocho años, estuvo a mi lado en todas las reuniones que mantuve con el presidente Yeltsin y con Vladimir Putin, y en dieciocho entrevistas en las que vi únicamente al presidente. Puesto que Strobe hablaba ruso y tomaba abundantes notas, su colaboración conmigo y sus propias relaciones con los rusos garantizaban una precisión y una exactitud en nuestra labor que se demostró inestimable. Strobe narra la odisea de los ocho años que compartimos en su crónica *The Russia Hand*, un libro extraordinario, no solo por sus aportaciones, sino también por el relato literal de las pintorescas conversaciones que mantuve con Yeltsin. A diferencia de muchos otros libros sobre este tema, las citas no son reconstrucciones; son, para bien o para mal, lo que realmente dijimos. La principal tesis de Strobe es que me convertí en mi propio «hombre en Rusia», pues aunque no era un experto en el país, sabía «una cosa esencial en los dos temas que habían constituido la piedra de toque de la Guerra Fría: la democracia frente a la dictadura en el plano nacional y la cooperación frente a la competencia en el plano exterior», Yeltsin y yo estábamos «en principio, en el mismo bando».

Durante el período de transición, hablé mucho con Strobe acerca de la deteriorada situación en Rusia y lo importante que era evitar el desastre. Durante el fin de semana del Renacimiento, Strobe y su esposa, Brooke, que se había volcado en la campaña junto a Hillary y estaba a punto de convertirse en la responsable del programa de becas de la Casa Blanca, corrieron conmigo en la playa Hilton Head. Yo quería hablar de Rusia, pero la cabeza de nuestro grupo, el corredor de vallas olímpico Edwin Moses, iba tan rápido que no podía seguirle y hablar al mismo tiempo. Nos encontramos con Hillary, que daba su paseo matutino, y así los tres tuvimos una excusa para ralentizar la marcha y charlar. El presidente Bush estaba en Moscú para firmar el tratado START II con Yeltsin. Eran buenas noticias, aunque como todos los gestos progresistas que Yeltsin emprendía, había despertado una fuerte oposición en la Duma. Le dije a Strobe que las circunstancias cambiaban tan rápidamente en Rusia que no podíamos tener una estrategia exclusivamente defensiva; debíamos colaborar para que los cambios positivos se asentaran y se aceleraran, especialmente los que podían mejorar la economía rusa.

En febrero, fui a casa de Strobe una noche para visitar a su familia y hablar de Rusia. Strobe me informó de un reciente encuentro que había mantenido con Richard Nixon, durante el cual el ex presidente le había instado a que apoyáramos firmemente a Yeltsin. El paquete de medidas de ayuda de 24.000 millones de dólares que el presidente Bush había anunciado la primavera anterior no se había materializado, pues las instituciones financieras internacionales no querían enviar el dinero hasta que Rusia hubiera reestructurado su economía. Nosotros teníamos que hacer algo concreto, ya.

A principios de marzo, Yeltsin y yo acordamos reunirnos el 3 y el 4 de abril en Vancouver, Canadá. El 8 de marzo, Richard Nixon me visitó en la Casa Blanca para insistir personalmente en que debía apoyar a Yeltsin. Después de un breve encuentro con Hillary y Chelsea, durante el que me recordó que él era un cuáquero, y que sus hijas, como Chelsea, también asistieron a la escuela Sidwell Friends, fue al grano y me dijo que mi trayectoria de presidente se recordaría sobre todo por lo que hiciera en Rusia, más que por mi política económica. Más tarde, aquella noche, llamé a Strobe para informarle de la conversación que había mantenido con Nixon, y para hacer hincapié de nuevo en la importancia de que hiciéramos algo en Vancouver para ayudar a Rusia; fuera lo que fuera debía tener consecuencias de peso en la cumbre anual del G-7 que se celebraría en julio en la ciudad de Tokio. Durante todo el mes de marzo, a medida que recibía informes regularmente de nuestro equipo de política exterior, y de Larry Summers y su ayudante David Lipton, en el Tesoro, les presionaba para que se plantearan metas más ambiciosas y obtuvieran más resultados.

Mientras, en Moscú, la Duma reducía el margen de maniobra de Yeltsin y aprobaba las inútiles políticas inflacionistas del Banco Central ruso. El 20 de marzo, Yeltsin contraatacó en un discurso que anunciaba un referéndum para el 25 de abril, con objeto de determinar quién dirigía el país, si él o la Duma. Hasta entonces, dijo, sus decretos presidenciales seguirían vigentes, sin importar lo que dijera la Duma. Escuché el discurso desde uno de los dos televisores de mi comedor privado, al lado del Despacho Oval. El otro televisor mostraba el partido del campeonato de baloncesto de las ligas universitarias entre los Razorbacks de Arkansas y la St. John's University. Tenía un ojo puesto en cada aparato.

Todo mi equipo de política exterior debatió a fondo cómo debía responder al discurso de Yeltsin. Como un solo hombre, todos me aconsejaron prudencia, porque Yeltsin estaba forzando los límites de su autoridad constitucional, y porque quizá perdería. Yo no estaba de acuerdo; Yeltsin estaba en medio de la batalla de su vida, contra los ex comunistas y otros sectores reaccionarios. Estaba planteando un referéndum a su pueblo, y a mí no me importaba que perdiera; recordé a mi gente que yo mismo había perdido muchas veces en mi vida. No me interesaba en absoluto cubrirme las espaldas, así que di instrucciones a Tony Lake para que redactara un borrador en el que expresaba mi más rotundo apoyo. Cuando me lo trajo lo retoqué para poner aún más de relieve mi postura; luego, se lo entregué a la prensa. En este caso, me guié por mis instintos y aposté a que Rusia se decantaría por Yeltsin y, con ello, se quedaría en la orilla adecuada de la historia. Mi optimismo se reforzó cuando Arkansas logró remontar el partido de baloncesto y acabó venciendo.

Finalmente, en marzo, llegó el programa de ayudas que yo podía aprobar; incluía 1.600 millones de dólares en ayudas para que Rusia pudiera estabilizar su economía. Entre otras cosas, el dinero se destinó a proporcionar una casa a los oficiales militares desmovilizados; a crear verdaderos programas de empleo para los científicos nucleares, que estaban subempleados y a menudo no cobraban ningún sueldo; a ofrecer más colaboración durante el proceso de desmantelación de arsenales nucleares, según el programa Nunn-Lugar, que acababa de entrar en vigor; en proveer de alimentos y medicinas a los que sufrían de escasez; en ayudas a la pequeña y mediana empresa, a los medios de comunicación independientes, a las organizaciones no gubernamentales, a los partidos políticos y a los sindicatos, y para un programa de intercambio que llevara a decenas de miles de estudiantes y jóvenes profesionales a Estados Unidos. El paquete de ayudas cuadriplicaba los de la anterior administración y era tres veces mayor que el que yo había recomendado originalmente.

Aunque una encuesta dijo que el 75 por ciento de norteamericanos se oponía a entregar más dinero a Rusia, y a pesar de que nuestro plan de reducción del déficit hacía que fuera muy difícil que pudiéramos prescindir de capitales, sentí que no tenía otra elección que seguir adelante. Estados Unidos se había gastado billones de dólares en defensa para ganar la Guerra Fría y ahora no podíamos arriesgarnos a que, por menos de 2.000 millones de dólares y una encuesta negativa, toda aquella inversión hubiera sido en vano. Para sorpresa de mi equipo, los principales miembros del Congreso, incluidos los republicanos, estuvieron de acuerdo conmigo. En una reunión que convoqué para impulsar la propuesta, el senador Joe Biden, presidente del Comité de Relaciones Exteriores, se mostró muy a favor del paquete de ayudas. Hasta Bob Dole acabó convencido, con el argumento de que no debíamos estropear la era posterior a la Guerra Fría, como habían hecho los vencedores de la Primera Guerra Mundial; su falta de visión política contribuyó poderosamente al estallido de la Segunda Guerra Mundial, en la que Dole había participado heroicamente. Newt Gingrich estaba apasionadamente a favor de ayudar a Rusia; decía que era «un momento decisivo» para Estados Unidos y que debíamos hacer lo correcto. Como le dije a Strobe, Newt trataba de «ser más ruso que yo», respecto a lo cual yo no tenía ningún problema, antes bien al contrario.

Cuando Yeltsin y yo nos reunimos el 3 de abril, los primeros momentos fueron un poco incómodos, pues Yeltsin explicó que tenía que ir con cuidado: una cosa era recibir ayuda norteamericana para que Rusia pudiera realizar una transición hacia la democracia, y otra era parecer que estaba a las órdenes de Estados Unidos. Nos centramos en los detalles del paquete de ayudas. Dijo que le parecían bien, pero que necesitaba más viviendas para los militares que estaban licenciando y cuyo último destino habían sido las repúblicas bálticas; muchos de aquellos soldados estaban viviendo en tiendas de campaña. Después de resolver esta cuestión, Yeltsin se lanzó abruptamente a la ofensiva y exigió que revocara la enmienda Jackson-Vanik, una ley de 1974 que condicionaba el comercio estadounidense a la libertad de inmigración de los rusos y a que dejara de celebrar la Semana de las Naciones Cautivas, que recordaba la dominación soviética de países como Polonia y Hungría, ahora libres. Ambas leyes eran en gran medida simbólicas, y no tenían un impacto real en nuestras relaciones. Yo no podía gastar el capital político necesario para modificarlas y al mismo tiempo proporcionar ayuda real a Rusia.

Después de la primera sesión, a mi equipo le preocupó que hubiera permitido que Yeltsin me aleccionara de la misma forma como Jruschov había intimidado a Kennedy en su famoso encuentro en Viena, en 1961. No querían que diera una impresión de debilidad. A mí eso no me preocupaba, porque la analogía histórica no era válida. Yeltsin no trataba de dejarme en tan mal lugar como Jruschov intentó con Kennedy; sencillamente quería quedar bien con los enemigos que tenía en casa y que trataban de acabar con él. Durante la semana anterior a nuestra cumbre, habían intentado expulsarle del cargo en la Duma, y aunque habían fracasado, la moción obtuvo muchos votos. Yo podía soportar cierta cantidad de gestos grandilocuentes de cara a la galería, si eso servía para que Rusia siguiera el camino correcto.

Por la tarde, acordamos un sistema para institucionalizar nuestra cooperación; crearíamos una comisión encabezada por el vicepresidente Gore y el primer ministro ruso Viktor Chernomirdin. La idea se les ocurrió a Strobe y a Georgi Mamedov, el adjunto al ministro de Exteriores ruso, y funcionó mejor de lo que nos esperábamos, en gran medida gracias al esfuerzo denodado y constante que invirtieron en la comisión, a lo largo de muchos años, Al Gore y sus homólogos rusos, durante los que tuvieron que superar un sinfín de problemas complejos y polémicos.

El domingo 4 de abril, en un marco más formal para debatir temas de seguridad, nos reunimos con Yeltsin y sus asesores, sentados a una mesa frente a mí y a mi equipo. Como ya había hecho anteriormente, Yeltsin empezó de forma agresiva; reclamó que modificáramos nuestra postura sobre el control de armamento y abriéramos el mercado norteamericano a los productos rusos, como los cohetes que ponían satélites en órbita, sin exigir los controles de exportación que prohibirían a los rusos vender tecnología militar a los enemigos de Estados Unidos, como Irán e Irak. Con ayuda de nuestra dura experta, Lynn Davis, me mantuve firme respecto a los controles, me limité a rechazar sus peticiones y encargué a nuestros expertos que analizaran la situación.

El ambiente se animó cuando nos centramos en el tema económico. Yo le hablé del paquete de medidas como un gesto de «cooperación», no de «ayuda», y luego pedí a Lloyd Bentsen que resumiera las propuestas que plantearíamos en la cumbre del G-7 en Tokio. Yeltsin se alarmó cuando vio que no podríamos enviarle fondos antes del referéndum del 25 de abril. Aunque yo no podía darle a Boris el cheque por 500 millones de dólares que él quería, en la conferencia de prensa que siguió a nuestra última sesión de trabajo, dejé claro que iba a recibir una fuerte inyección de dinero, pues Estados Unidos apoyaba la democracia y las reformas de Rusia, y también a su líder.

Cuando me fui de Vancouver, confiaba más en Yeltsin y conocía mejor la magnitud de los retos a los que se enfrentaba, así como su visceral determinación de lograrlo. Además, él me cayó bien; era un hombretón, parecía un gran oso, lleno de contradicciones. Había crecido en unas condiciones tan primitivas que hacían que mi niñez pareciera la de un Rockefeller. Podía ser muy rudo, pero su mente era capaz de entender todos los matices de una situación; en un momento dado atacaba, y al siguiente abrazaba. Su comportamiento parecía oscilar entre la frialdad calculadora y las emociones sinceras, la mezquindad y la generosidad, la rabia frente al mundo y una alegría plena. Una vez, paseábamos por mi hotel los dos juntos y un periodista ruso le preguntó si estaba contento con el resultado de nuestra reunión; rápidamente replicó: «¿Contento? Uno no puede estar contento si no es en presencia de una mujer hermosa. Pero estoy satisfecho». Como todo el mundo sabe, Yeltsin era muy aficionado al vodka, pero en general, en todos nuestros encuentros se mantuvo alerta, preparado, y fue eficiente como representante de su nación. Comparado con las otras alternativas que había, Rusia era afortunada por tenerlo a él al timón. Amaba a su país, despreciaba el comunismo y quería que Rusia fuera buena y grande al mismo tiempo. Cuando alguien hacía algún comentario malicioso acerca de la afición de Yeltsin a la bebida me acordaba de una frase atribuida a Lincoln, cuando los esnobs de Washington formularon la misma crítica contra el general Grant, su comandante más agresivo y victorioso durante la guerra de la Independencia: «Descubran qué bebe y dénselo a los demás generales».

A mi regreso a Washington, aumenté nuevamente el paquete de ayudas: propuse ofrecer 2.500 millones de dólares para todos los ex miembros de la Unión Soviética, de los cuales dos tercios serían para Rusia. El 25 de abril, una amplia mayoría de votantes rusos respaldaron a Yeltsin, sus medidas políticas y también su deseo de una nueva Duma. Después de poco más de cien días de mandato, habíamos dado un paso de gigante en nuestro apoyo a Yeltsin y a una Rusia democrática. Desafortunadamente, no se podía decir lo mismo de nuestros esfuerzos por poner fin a la matanza y a la limpieza étnica en Bosnia.

En 1989, mientras la Unión Soviética se tambaleaba y el comunismo desaparecía en Europa, la pregunta de qué filosofía política ocuparía su lugar recibía respuestas distintas según los países. La parte más occidental del ex imperio soviético claramente se decantaba por la democracia, una causa que habían defendido durante décadas los inmigrantes que llegaban a Estados Unidos procedentes de Polonia, Hungría, Checoslovaquia y las repúblicas bálticas. En Rusia, Yeltsin y otros demócratas formaban una especie de retaguardia que luchaba contra los comunistas y los ultranacionalistas. En Yugoslavia, mientras la nación luchaba por reconciliar las exigencias encontradas de sus grupos étnicos y religiosos, el nacionalismo serbio se imponía a la democracia, bajo el control de la dominante figura política del país, Slobodan Milosevic.

Hacia 1991, las provincias más al oeste de Yugoslavia, Eslovenia y Croacia, ambas de mayoría católica, habían declarado su independencia de Yugoslavia. Se desencadenó un conflicto entre Serbia y Croacia que se extendió hasta territorio bosnio, la provincia étnicamente más diversa de todo el país, donde los musulmanes constituían un 45 por ciento de la población, los serbios eran poco más del 30 por ciento y los croatas el 17 por ciento. Las supuestas diferencias étnicas de Bosnia eran en realidad diferencias políticas y religiosas. Bosnia había sido el punto de encuentro de tres expansiones imperiales: el sacro imperio romano germánico desde el oeste, el movimiento cristiano ortodoxo desde el este, y el imperio otomano musulmán en el sur. En 1991, Bosnia estaba gobernada por una coalición de unidad nacional, dirigida por el principal político musulmán, Alia Izetbegovic, y en el que también se incluía el líder nacionalista serbio militante Radovan Karadzic, un psiquiatra de Sarajevo.

Al principio Izetbegovic quería que Bosnia fuera una provincia yugoslava autónoma, multiétnica y en la que hubiera libertad religiosa. Cuando Eslovenia y Croacia recibieron el reconocimiento de la comunidad internacional como naciones independientes, Izetbegovic decidió que la única forma para que Bosnia pudiera escapar del dominio serbio era buscar también la independencia. Karadzic y sus aliados, estrechamente relacionados con Milosevic, tenían intenciones muy distintas. Estaban a favor del proyecto de Milosevic de convertir la mayor extensión posible de territorio yugoslavo, incluida Bosnia, en una Gran Serbia. El 1 de marzo de 1992, se celebró un referéndum sobre si Bosnia debía o no convertirse en una nación independiente donde todos los ciudadanos, de todos los grupos, fueran iguales. El resultado fue casi unánime a favor de la independencia, pero solo dos tercios del electorado participaron en el referéndum. Karadzic había ordenado a los serbios que no acudieran a las urnas, y la mayoría le obedeció. En aquel momento, las fuerzas paramilitares serbias ya habían empezado a matar a musulmanes desarmados y los habían expulsado de sus hogares en las zonas de población serbia mayoritaria, con la esperanza de dividir a Bosnia en distintos enclaves étnicos, o «cantones», por la fuerza. Esta cruel estrategia se dio a conocer con un término curiosamente antiséptico: limpieza étnica.

El enviado de la Comunidad Europea, Lord Carrington, trató de convencer a las partes enfrentadas de que dividieran el país en regiones étnicas, de manera pacífica. Fracasó porque no había forma de lograrlo sin dejar a mucha gente de ambos grupos en el territorio controlado por los demás, y porque muchos bosnios querían conservar un país unido, donde las distintas etnias pudieran convivir en paz, como habían hecho satisfactoriamente durante los anteriores quinientos años.

En abril de 1992, la Comunidad Europea reconocía que Bosnia era un estado independiente, por primera vez desde el siglo XV. Mientras, las fuerzas paramilitares serbias seguían aterrorizando a las comunidades musulmanas y matando a civiles, al tiempo que utilizaban a los medios de comunicación para convencer a los serbios de la zona que eran ellos quienes sufrían un ataque por parte de los musulmanes y que tenían que defenderse. El 27 de abril, Milosevic anunció un nuevo estado yugoslavo que comprendía a Serbia y a Montenegro. Luego retiró ostentosamente su ejército de Bosnia, pero dejó armamento, provisiones y a los soldados serbobosnios bajo el mando de un comandante cuidadosamente seleccionado, Ratko Mladic. Los combates y las matanzas se sucedieron ininterrumpidamente a lo largo de 1992, mientras los dirigentes de la Comunidad Europea pugnaban por contenerlos y la administración Bush dudaba, pues no estaba dispuesta a hacerse cargo de otro problema en año de elecciones, por lo que se contentaba con dejar aquella cuestión en manos europeas.

En honor a la verdad, la administración Bush instó a Naciones Unidas para que impusiera sanciones económicas a Serbia, una medida a la que inicialmente el secretario general Boutros Boutros-Ghali, los franceses y los británicos se opusieron, aduciendo que querían darle a Milosevic una oportunidad para detener la violencia que él mismo había desatado. Finalmente, se impusieron las sanciones a finales de mayo, pero tuvieron poco efecto, pues las provisiones seguían llegando a los serbios a través de los países vecinos amigos. Naciones Unidas también mantenía el embargo de armas contra el gobierno bosnio, que originalmente se había impuesto a toda Yugoslavia a finales de 1991. El problema del embargo era que los serbios tenían suficientes armas y municiones para seguir luchando durante años; por lo tanto, la única consecuencia del embargo era hacer que a los bosnios les resultara virtualmente imposible defenderse por sí solos. De algún modo se las arreglaron para resistir durante 1992: se hacían con armas que requisaban del ejército serbio, o mediante pequeños envíos desde Croacia que lograban eludir el bloqueo de la OTAN en la costa croata.

En verano de 1992, a medida que las televisiones y la prensa finalmente mostraban el horror de un campo de detenidos serbio en el norte de Bosnia a los hogares europeos y norteamericanos, me incliné públicamente por realizar ataques aéreos coordinados por la OTAN, con participación de Estados Unidos. Más tarde, cuando se demostró que los serbios estaban procediendo a la matanza sistemática de los musulmanes bosnios, y sobre todo al exterminio de los líderes locales, propuse que se levantara el embargo de armas. En lugar de eso, los europeos se concentraron en poner fin a la violencia. El primer ministro británico John Major trató de que los serbios abandonaran el asedio de las ciudades bosnias y pusieran su armamento pesado bajo la supervisión de Naciones Unidas. Al mismo tiempo, diversas misiones humanitarias, tanto públicas como privadas, se organizaron para llevar alimentos y medicinas a la zona, y Naciones Unidas envió ocho mil soldados para proteger los convoyes de ayuda humanitaria.

A finales de octubre, justo antes de nuestras elecciones, Lord David Owen, el nuevo negociador europeo, y Cyrus Vance, su homólogo en Naciones Unidas y antiguo secretario de Estado norteamericano, plantearon la propuesta de convertir a Bosnia en un conjunto de provincias autónomas que serían responsables de todas las funciones de gobierno, excepto defensa y asuntos exteriores, que se gestionarían desde un gobierno central. Había suficientes cantones, con grupos étnicos mayoritarios divididos geográficamente, de manera que Vance y Owen pensaron que sería imposible que las zonas controladas por los serbios se fusionaran con la Yugoslavia de Milosevic para formar una Gran Serbia. Su plan planteaba diversos problemas: los dos más graves eran, por un lado que el poder en los gobiernos de los cantones cambiaba de manos constantemente y por otro, que los musulmanes no podían volver a sus hogares con total seguridad si se hallaban en zonas controladas por los serbios. Asimismo, la indefinición de los límites de los cantones daba pie a que los serbios siguieran atacando, con la esperanza de extender el territorio controlado, así como el permanente, aunque mucho menos grave, conflicto entre croatas y musulmanes.

Cuando llegué a ser presidente, el embargo de armas y el apoyo europeo al plan Vance-Owen había debilitado la resistencia musulmana contra los serbios, incluso mientras salían a la luz pruebas de las matanzas de civiles musulmanes y las continuas violaciones de los derechos humanos en los campos de detenidos. A principios de febrero, decidí no apoyar el plan Vance-Owen. El día cinco, me reuní con el primer ministro de Canadá, Brian Mulroney, y me agradó oír que a él tampoco le gustaba el plan. Unos días más tarde, finalizamos un análisis de la situación política bosnia; Warren Christopher anunció que Estados Unidos querría negociar un nuevo acuerdo y que estaríamos dispuestos a cooperar para que se cumplieran los términos del mismo.

El 23 de febrero, el secretario general Boutros-Ghali se puso de acuerdo conmigo para iniciar un plan de emergencia con el fin de lanzar ayuda humanitaria por avión en la zona bosnia. Al día siguiente, en mi primera reunión con John Major, él también estuvo a favor de los envíos de suministros. Sin embargo, aunque los alimentos y medicinas lanzados en paracaídas ayudarían a mucha gente a seguir viva, no atacaban las causas de la crisis.

Hacia el mes de marzo, parecía que hacíamos progresos. Las sanciones económicas se habían reforzado y daba la impresión de que estaban perjudicando a los serbios, que también estaban preocupados acerca de una posible intervención militar de la OTAN. Pero aún nos faltaba mucho para llegar a una política unificada. El día 9, durante mi primera reunión con el presidente francés François Mitterrand, me dejó claro que, pese a que había enviado cinco mil soldados a Bosnia como parte de las fuerzas humanitarias de Naciones Unidas, para colaborar en el reparto de ayuda y para contener la violencia, se inclinaba más por los serbios y no estaba muy dispuesto a ver nacer una Bosnia unificada y dirigida por los musulmanes.

El día 26, me reuní con Helmut Kohl, el cual deploraba todo lo que estaba sucediendo y, como yo, estaba a favor de levantar el embargo sobre las armas. Pero no íbamos a convencer a los británicos y a los franceses, que opinaban que levantar el embargo solo contribuiría a prolongar la guerra y poner en peligro las fuerzas de Naciones Unidas sobre el terreno, a las que ellos habían aportado soldados y nosotros no. Izetbegovic también estuvo en la Casa Blanca el día 26, para entrevistarse con Al Gore, cuyo adjunto de Seguridad Nacional, Leon Fuerth, era responsable de garantizar que el embargo se respetara con más eficacia. Kohl y yo le dijimos a Izetbegovic que haríamos todo lo posible para que los europeos adoptaran una postura más firme a su favor. Cinco días más tarde, logramos que Naciones Unidas declarara una zona de exclusión aérea sobre todo el territorio bosnio, para que al menos los serbios no se beneficiaran de su monopolio aéreo. Era una medida positiva, pero no detuvo las matanzas.

En abril, un equipo de personal humanitario, diplomático y militar norteamericano volvió de Bosnia y nos exhortó a lanzar una intervención militar que pusiera fin al sufrimiento del que habían sido testigos. El dieciséis, Naciones Unidas aceptó nuestra recomendación para que se declarara una «zona de seguridad» alrededor de Srebrenica, una ciudad en el este de Bosnia donde la carnicería y la limpieza étnica serbia habían sido especialmente atroces. El día 22, durante la inauguración del Museo en Memoria del Holocausto, el sobreviviente Elie Wiesel me rogó públicamente que hiciera más para detener la violencia. Hacia finales de mes, mi equipo de política exterior me recomendó que si no podíamos garantizar un alto el fuego serbio, debíamos suspender el embargo de armas contra los musulmanes y lanzar ataques aéreos contra objetivos militares serbios. Cuando Warren Christopher fue a Europea en busca de apoyo para esta iniciativa, el líder serbiobosnio, Radovan Karadzic, que esperaba así detener los ataques aéreos, aceptó firmar por fin el plan de paz de Naciones Unidas, aunque su asamblea lo había rechazado apenas seis días atrás. Ni por un momento creí que esa firma fuera una señal de que sus objetivos a largo plazo habían cambiado.

Al término de nuestros primeros cien días, no estábamos mucho más cerca de una solución satisfactoria a la crisis bosnia. Los británicos y los franceses rechazaron de plano el acercamiento de Warren Christopher y reafirmaron su derecho a tomar las riendas de la situación. El evidente problema de esta postura era que mientras los serbios aguantaran la presión económica de las durísimas sanciones, podían continuar con su política agresiva de limpieza étnica, sin temor a ser castigados. La tragedia bosnia se prolongó durante más de dos años y dejó 250.000 muertos y obligó a dos millones y medio de personas a huir de sus hogares, hasta que los ataques aéreos de la OTAN, ayudados por las pérdidas militares serbias en tierra, desembocaron en la iniciativa diplomática norteamericana que puso fin a la guerra.

Yo me había encontrado en medio de lo que Dick Holbrooke llamó «el fracaso colectivo de seguridad más grave en Occidente desde la década de 1930». En su libro *Para acabar una guerra*, Holbrooke atribuye el fracaso a cinco factores: en primer lugar, una interpretación errónea de la historia de los Balcanes, que sostenía que las divisiones étnicas eran demasiado antiguas y estaban tan enraizadas que nadie de fuera podía evitar el conflicto. En segundo lugar, la aparente pérdida de importancia estratégica de Yugoslavia tras el final de la Guerra Fría. El tercer factor era el triunfo del nacionalismo por encima de la democracia, como ideología dominante en la Yugoslavia poscomunista. La cuarta razón era la reticencia de la administración Bush a lanzarse a otra intervención militar, cuando aún estaba muy reciente la guerra contra Irak de 1991. Y finalmente, la decisión de Estados Unidos de dejar aquella cuestión en manos de Europa, en lugar de en las de la OTAN, y la reacción confusa y pasiva de los europeos. A la lista de Holbrooke, yo le añadiría un sexto factor: a algunos líderes europeos no les entusiasmaba la idea de tener un estado musulmán en el corazón de los Balcanes, pues temían que se convirtiera en una base para exportar extremismos, una posibilidad que su negligencia no hizo sino fortalecer.

Mis propias opciones estaban restringidas por las posiciones atrincheradas que descubrí cuando llegué al cargo. Por ejemplo, yo era reacio a unirme al senador Dole para proponer el levantamiento unilateral del embargo sobre las armas, por miedo a debilitar a Naciones Unidas (aunque más tarde lo hicimos de facto, al negarnos a hacernos cargo de su cumplimiento). No quería dividir la alianza de la OTAN bombardeando unilateralmente los objetivos militares serbios, especialmente puesto que los soldados que se encontraban en la zona no eran norteamericanos, sino europeos, y pertenecían a las fuerzas de Naciones Unidas. Tampoco quería enviar tropas norteamericanas allí y arriesgar su seguridad, bajo una resolución de Naciones Unidas que yo estaba seguro de que iba a fracasar. En mayo de 1993 aún había que recorrer un largo camino para alcanzar una solución al conflicto.

Al final de los cien primeros días de una nueva presidencia, la prensa siempre realiza una valoración sobre la nueva administración, concretamente si ha cumplido sus promesas electorales y la forma en que ha gestionado los demás problemas que han surgido hasta la fecha. La opinión generalizada era que el principio de mi gestión era desigual. En el lado positivo de la balanza, había creado un Consejo Económico Nacional en la Casa Blanca y había presentado un ambicioso programa económico para revertir doce años de economía de cascada, que de momento seguía adelante en el Congreso. Había aprobado la Ley de Licencia Familiar y la Ley del «Votante Conductor» para facilitar el registro del censo electoral. También había revocado la legislación sobre el aborto de la era Reagan-Bush, incluida la prohibición de investigar con tejidos fetales y la ley que impedía dar información sobre el aborto en las clínicas de planificación familiar. Había reducido la plantilla de la Casa Blanca, a pesar de la creciente carga de trabajo que el personal tenía que asumir; por ejemplo, recibimos más correo en los tres primeros meses y medio que todo el que había llegado a la Casa Blanca durante el año 1992. También ordené una reducción de 100.000 puestos de trabajo federales y encargué al vicepresidente Gore que encontrara nuevas formas de recortar gastos y optimizar el servicio al público, con medidas de «reinvención del gobierno», cuyos notables resultados demostraron al final que los escépticos estaban equivocados. Había enviado propuestas de ley al Congreso para crear mi programa de servicio nacional, para doblar la rebaja fiscal sobre el impuesto de la renta y para promover el crecimiento de las «zonas de desarrollo» en las comunidades pobres, así como para recortar espectacularmente el coste de los préstamos universitarios y ahorrar miles de millones de dólares tanto a los estudiantes como a los contribuyentes. La propuesta de la reforma sanitaria tenía absoluta prioridad y, en el plano de la política exterior, había impulsado firmes medidas para reforzar la democracia y el avance de las reformas en Rusia. Además, tenía la bendición de contar con un equipo trabajador y muy preparado, y un gabinete que, aparte de las filtraciones, mantenía una buena colaboración interna, sin las rencillas y los enfrentamientos que habían caracterizado a muchas administraciones anteriores. Después de un arranque un poco lento, había efectuado más nombramientos presidenciales en mis cien primeros días que el presidente Reagan o el presidente Bush durante el mismo período de tiempo, lo cual no estaba nada mal teniendo en cuenta lo engorroso y excesivamente molesto que resultaba el propio proceso de nombramiento. En un momento determinado, el senador Alan Simpson, un ingenioso republicano de Wyoming y jefe de disciplina de su partido en el Congreso, bromeó diciendo que el sistema era tan exageradamente pesado que él «ni siquiera querría cenar con un candidato a ser confirmado por el Senado estadounidense».

En el otro plato de la balanza, pesaba en mi contra haber abandonado temporalmente la idea de impulsar la rebaja fiscal para la clase media, dado el creciente déficit. También había perdido mi paquete de medidas de impacto rápido por culpa de una maniobra obstruccionista republicana, y mantenía la política Bush de repatriar por la fuerza a los refugiados haitianos, aunque estábamos aceptando a más haitianos por otros medios. Perdí mi lucha por los gays en el ejército, y mi plan de reforma sanitaria se presentó con retraso, después de la fecha límite de los cien días que yo mismo había fijado. Tampoco supe gestionar bien el ataque a Waco, al menos no la comunicación con el público, y no pude convencer a Europa para que se sumara a nuestra postura de firmeza respecto al problema de Bosnia, aunque pudimos aumentar las ayudas humanitarias y las sanciones contra Serbia, así como una zona de exclusión aérea.

Una razón por la que mis resultados eran tan desiguales era que trataba de hacer muchas cosas enfrentándome a determinados sectores opositores republicanos y a los sentimientos encontrados del pueblo norteamericano respecto al grado de intervención gubernamental que debía emprender. Después de todo, la gente llevaba oyendo durante doce años que el gobierno era el origen de todos nuestros males y que era tan incompetente que no podía ni siquiera organizar un desfile de dos coches. Estaba claro que yo había sobreestimado la cantidad de cosas que podría poner en marcha rápidamente. El país había ido en una dirección durante más de una década, se había acostumbrado a la política de la división, a las frases manidas y tranquilizadoras sobre la grandeza de Estados Unidos y a la comodidad ilusoria, y fugaz, de gastar más y pagar menos impuestos hoy sin preocuparse de las consecuencias para el futuro. Cambiar las cosas me llevaría más de cien días.

Además de la velocidad de actuación, quizá fui demasiado optimista respecto a la cantidad de cambios que podía hacer. Quizá también lo fui sobre lo que el pueblo norteamericano estaría dispuesto a asumir. En un análisis de los cien días de gobierno, un politólogo de la Universidad de Vanderbilt, Erwin Hargrove, comentó: «Me pregunto si el presidente no está tratando de abarcar demasiado». Probablemente tenía razón, pero había tanto que hacer, que yo no dejé de intentarlo hasta que los votantes me dieron un serio toque de atención durante las elecciones de mitad de mandato, en 1994. Mis prisas me habían hecho olvidar otra de mis leyes de la política: en general, todo el mundo está a favor del cambio en general, pero cuando el cambio es particular y son ellos los que tienen que cambiar están en contra.

Las refriegas políticas de los primeros cien días no sucedían dentro de una burbuja: al mismo tiempo, mi familia trataba de asimilar un cambio radical en nuestras costumbres y, además, hacer frente a la pérdida del padre de Hillary. Yo disfrutaba mucho con mis labores presidenciales y Hillary se dedicaba intensamente a su trabajo en sanidad. A Chelsea le gustaba su escuela y estaba haciendo nuevos amigos. Nos gustaba vivir en la Casa Blanca; ofrecíamos recepciones o invitábamos a nuestros amigos a que nos visitaran.

El personal de la Casa Blanca se fue acostumbrando progresivamente a una familia presidencial que tenía unos horarios más dilatados y se quedaba en pie hasta más tarde. Aunque llegué a depender de ellos y a valorar muchísimo sus servicios, me llevó un tiempo acostumbrarme a toda la ayuda con la que contaba en la Casa Blanca. Cuando era gobernador, vivía en una casa con un personal excelente y el equipo de guardaespaldas me llevaba en coche a cualquier lugar del estado, pero durante los fines de semana, Hillary y yo solíamos cocinar nosotros mismos, y los domingos yo me ponía al volante para ir en coche hasta la iglesia. Ahora disponía de ayudas de cámara que me preparaban la ropa cada mañana, me hacían la maleta cuando me iba de viaje y venían conmigo para deshacer la maleta y planchar la ropa arrugada. Había mayordomos que se quedaban hasta tarde, llegaban pronto, trabajaban durante los fines de semana y me servían comida y me traían café y bebidas *light*; mayordomos navales que cumplían la misma función cuando yo me encontraba en el Despacho Oval o viajando; un equipo de cocina que nos preparaba comida incluso durante los fines de semana; ujieres que me acompañaban arriba y abajo en el ascensor y me traían papeles para firmar y memorándums para leer a todas horas; asistencia médica las veinticuatro horas y, finalmente, el Servicio Secreto, que ni siquiera dejaba que me sentara en el asiento delantero, y mucho menos que condujera.

Una de las cosas que más me gustaba de vivir en la Casa Blanca era que la residencia y la zona de oficinas estaba repleta de flores frescas; siempre había preciosos ramos de flores por toda la casa. Es una de las cosas que más eché de menos después de irme.

Cuando nos mudamos a la Casa Blanca, Hillary remodeló la pequeña cocina para que pudiéramos cenar allí por las noches, cuando solo estuviéramos nosotros tres. El comedor de la planta superior era precioso, pero demasiado espacioso y formal para nuestro gusto, a menos que tuviéramos invitados. Hillary también arregló el solárium del tercer piso, una estancia luminosa que da a un balcón y al techo de la Casa Blanca. Lo convertimos en un salón para la familia. Cuando teníamos familiares o amigos que se quedaban a pasar la noche, siempre terminábamos en el solárium, para charlar, mirar la televisión y jugar a las cartas o a juegos de mesa. Me hice adicto al Master Boggle y a un juego llamado UpWords; es, básicamente, un Scrabble tridimensional, en el que se obtienen más puntos cuando se forman palabras sobre palabras, en lugar de utilizar letras poco comunes o tener que ocupar determinadas casillas. Intenté que mi familia y mis amigos también se aficionaran a UpWords, con más o menos fortuna. Mi cuñado Hugh jugó incontables partidas de UpWords conmigo, y a Roger le gustaba. Pero Hillary, Tony y Chelsea preferían nuestro viejo juego de reserva, el pinacle. Yo seguía jugando a corazones con mi plantilla, y todos nos enganchamos a un nuevo juego de cartas que Steven Spielberg y Kate Capshaw nos enseñaron durante su visita. Tenía un nombre ideal para la vida política de Washington: «Oh Hell».

El Servicio Secreto me había acompañado desde las primarias de New Hampshire, pero cuando me instalé en la Casa Blanca, tuvieron que enfrentarse al reto de mis carreras matutinas. Yo solía hacer varios recorridos: a veces conducía hasta Haines Point, donde había una ruta de 5 kilómetros alrededor de un circuito de golf. Era terreno llano, pero podía ser bastante duro en invierno, cuando soplaban fuerte los vientos que llegaban del Potomac. De vez en cuando también corría en Fort McNair, que era una ruta oval en los terrenos de la Universidad de Defensa Nacional. Mi recorrido preferido, de lejos, era simplemente correr hasta la puerta suroeste de la Casa Blanca, hasta el Mall, y luego subir hasta el monumento a Lincoln, dar la vuelta hacia el Capitolio y volver a casa. Conocía a mucha gente interesante durante esas carreras, y jamás me cansaba de correr a través de la historia de Estados Unidos. Cuando finalmente el servicio secreto me pidió que dejara de hacerlo, por motivos de seguridad, lo hice, pero lo eché de menos. Para mí, aquellas carreras en público eran una forma de seguir en contacto con el mundo que había más allá de la Casa Blanca. Para ellos —que tenían siempre presente el intento de asesinato del presidente Reagan, por John Hinckley— y que conocían mejor que yo las cartas amenazadoras que recibía, mis contactos con el público eran una preocupante fuente de peligro de la que debían encargarse.

Al Gore me ayudó mucho durante aquellos primeros tiempos; me animaba a seguir tomando decisiones difíciles, y a dejarlas atrás. También me dio un cursillo acelerado y permanente sobre el funcionamiento de Washington. Parte de nuestra rutina era almorzar juntos a solas, en mi comedor privado, una vez a la semana. Nos turnábamos para bendecir la mesa y luego hablábamos de todo, desde nuestras familias hasta deportes, libros y películas, y sobre los últimos acontecimientos de su agenda o de la mía. Mantuvimos nuestra cita para almorzar durante ocho años, excepto cuando uno de los dos estaba fuera. Aunque teníamos mucho en común, también éramos muy distintos, y las comidas nos ayudaron a mantener una relación más cercana de lo que hubiera sido posible en esa olla a presión que es Washington; además me ayudaron a asimilar y a adaptarme a mi nueva vida.

En conclusión, me siento bastante satisfecho, personal y políticamente, de los primeros cien días de mandato. Aun así, estuve sometido a mucha presión, y también lo estuvo Hillary. A pesar de toda nuestra vitalidad y compromiso, cuando nos instalamos estábamos cansados, pues no nos habíamos tomado unas vacaciones de verdad después de las elecciones. Luego, también nos negaron la luna de miel de la que tradicionalmente disfrutan los nuevos presidentes, en parte debido a lo temprano que salió a la luz, y al modo en que lo hizo, la cuestión de los gays en el ejército, y quizá también porque molestamos a la prensa cuando restringimos su acceso al Ala Oeste. La muerte del padre de Hillary representó una pérdida muy dolorosa para ella. Yo también echaba de menos a Hugh y, durante un tiempo, nos resultó difícil a ambos rendir al máximo de nuestras capacidades. Aunque disfrutábamos mucho de nuestro trabajo, el precio emocional y físico que tuvimos que pagar durante los primeros cien días fue considerable.

TREINTA Y TRES

A pesar de que la reducción del déficit era esencial para mi estrategia económica, no era suficiente para sentar las bases de una recuperación económica sostenida que beneficiara a todos los ciudadanos. Durante los primeros meses, completamos nuestro programa con medidas para expandir el comercio, aumentar la inversión en educación y formación, y promovimos una gran cantidad de iniciativas empresariales, dirigidas a solucionar problemas específicos o a aprovechar oportunidades concretas. Por ejemplo, propuse ayudar al personal civil y militar que había perdido su puesto de trabajo como consecuencia de la reducción del gasto militar después de la Guerra Fría. Insté a nuestros principales laboratorios de investigación federales —Los Álamos y Sandia, en Nuevo México, y Livermore, en California— a que utilizaran los ingentes recursos tecnológicos y científicos que nos habían ayudado a ganar la Guerra Fría, para desarrollar nuevas tecnologías con aplicaciones comerciales. Anuncié un programa de créditos destinado a apoyar a los emprendedores en ciernes, incluidos los que cobraban subsidios y tenían ganas de abrirse camino para no depender más de la asistencia social, y que a menudo tenían buenas ideas pero no cumplían los requisitos tradicionales para que un banco les concediera un préstamo. Con el mismo objetivo, aumenté el volumen de los préstamos de la Agencia para el Desarrollo de la Pequeña y Mediana Empresa, especialmente los destinados a las mujeres y a las minorías; también nombré una Comisión Nacional, presidida por el ex gobernador de Virginia Jerry Baliles, para que se encargara de que nuestra industria aérea fuera fuerte y competitiva. Los fabricantes de aviones y las compañías aéreas estaban en apuros debido a la recesión económica, a la disminución de pedidos de aviones militares y a la mayor competencia del fabricante europeo Airbus.

También propuse planes para ayudar a las comunidades a desarrollar fines comerciales para las instalaciones militares que se cerrarían una vez se redujera el gasto militar. Cuando era gobernador había tenido que ocuparme del cierre de una base de las fuerzas aéreas, y estaba decidido a ayudar más a los que ahora tenían que enfrentarse a esa situación. Puesto que California era, en sí misma, la sexta economía más importante del mundo y los recortes en defensa y otros problemas la habían afectado de forma especialmente dura, desarrollamos un plan especial para impulsar la recuperación de la zona. John Emerson era responsable de que el proyecto saliera adelante, y también se ocupaba de otros problemas relativos a su estado natal. Era tan implacable llevando a cabo su labor que, en la Casa Blanca, le apodaban «el secretario de California».

Una de las medidas más efectivas que tomamos fue reformar las regulaciones por las que se regían las instituciones financieras, según la Ley de Reinversión Comunitaria de 1977. La ley exigía que las entidades de crédito con garantía federal hicieran un esfuerzo suplementario para conceder préstamos a personas con ingresos bajos o reducidos, pero antes de 1993 este requisito no tenía un impacto significativo. Después de los cambios que emprendimos entre 1993 y 2000, los bancos ofrecieron más de 800.000 millones de dólares en hipotecas, préstamos a la pequeña y mediana empresa y préstamos de desarrollo comunitario para prestatarios amparados por la ley, una cifra pasmosa que representaba un poco más del 90 por ciento de todos los préstamos realizados durante los veintitrés años que llevaba en vigor la Ley de Reinversión Comunitaria.

Mayo fue un mes interesante, y muy valioso para mi continuo aprendizaje político. El día 5, otorgué mi primera medalla presidencial de la Libertad a mi viejo mentor, el senador Fulbright, en su ochenta y ocho cumpleaños. El padre de Al Gore se encontraba en la ceremonia y cuando le recordó a Fulbright que él solo tenía ochenta y cinco, este le respondió: «Albert, si te portas bien, tú también lo conseguirás». Admiraba a aquellos dos hombres por lo que habían hecho por Estados Unidos. Me preguntaba si sería tan longevo como ellos; de ser así, esperaba poder llevar los años igual de bien.

En la tercera semana del mes, fui a California para hacer hincapié en las inversiones del plan económico para la educación y el desarrollo de la zonas urbanas deprimidas. Tuve una reunión en el ayuntamiento de San Diego; en un instituto comunitario en Van Nuys, con un alto número de estudiantes hispanos, y en una tienda de material deportivo en Los Ángeles South Central, donde se habían producido disturbios el año anterior. Disfruté especialmente del tercer acto. La tienda deportiva, llamada Playground, tenía una pista de baloncesto, en la parte de atrás, que se había convertido en un punto de encuentro para muchos jóvenes. Ron Brown estaba conmigo, y junto con algunos de los chicos organizamos espontáneamente un partido de baloncesto, después del cual hablé de las posibilidades de las zonas de desarrollo, donde se podían abrir negocios de éxito como Playground, en comunidades deprimidas por todo Estados Unidos. Estoy prácticamente seguro de que era la primera vez que un presidente jugaba a baloncesto con chicos de los barrios deprimidos, en un patio trasero, y esperaba que las fotografías de aquel partido enviaran un mensaje al país acerca de las prioridades de la nueva administración, y a la gente joven en concreto, para que supieran que ellos y su futuro me importaban.

Lamentablemente, la mayoría de ciudadanos no se enteraron del partido de baloncesto, porque poco después me corté el pelo. Aún no había encontrado una peluquería en Washington, y no podía ir a Arkansas cada tres semanas para ver a Jim Miles, así que llevaba el pelo demasiado largo. A Hillary le había cortado el pelo un hombre de Los Ángeles que le caía muy bien, Cristophe Schatteman, que era amigo de los Thomason. Le pregunté a Cristophe si querría venir a cortarme el pelo. Aceptó, y nos encontramos en mi habitación privada en el Air Force One. Antes de empezar, pregunté al servicio secreto no una, sino dos veces, si no provocaríamos ningún retraso en los despegues o aterrizajes si postergaba mi salida durante unos minutos. Lo comprobaron con el personal del aeropuerto, y estos dijeron que no había ningún problema. Luego le pedí a Cristophe que me pusiera presentable lo más rápidamente posible. Así lo hizo; tardó unos diez minutos y luego despegamos.

Lo siguiente que sucedió fue que se publicó una noticia en la que se afirmaba que había bloqueado dos pistas de aterrizaje durante una hora y había causado molestias a miles de personas, mientras un peluquero de moda, conocido únicamente por su nombre de pila, me hacía un corte de pelo de 200 dólares. Olvidemos el partido de baloncesto con los chicos de los barrios pobres; la noticia irresistible era que había abandonado mis raíces de Arkansas y la política populista a cambio de un costoso capricho. Era una excelente historia, pero no era cierta. En primer lugar, no pagué 200 dólares porque me cortaran el pelo en diez minutos. Segundo, no hice esperar a nadie que tuviera que despegar o aterrizar, y los registros de la Agencia Federal de Aviación lo demostraron, cuando finalmente se hicieron públicos unas semanas después. Estaba consternado porque alguien pudiera pensar que yo haría algo así. Quizá era el presidente, pero Madre me hubiera dado una buena tunda si hubiera hecho esperar a un puñado de gente durante una hora mientras me cortaban el pelo, y con más motivo si el corte costaba 200 dólares.

La noticia del corte de pelo fue una locura. No lo llevé bien; me puse furioso, y eso siempre es un error. Pero gran parte del atractivo era que Cristophe era un peluquero de Hollywood. Mucha gente del *establishment* de la prensa y de la política de Washington mantienen una relación de amor y odio con Hollywood. Les gusta mezclarse con las estrellas del cine y la televisión, pero tienden a pensar que los intereses de la gente del espectáculo son un poco menos auténticos que los suyos propios. De hecho tienen mucho en común, y la mayoría de todos ellos son buenos ciudadanos. Alguien dijo una vez que la política es el mundo del espectáculo para los que son feos.

Unas semanas más tarde, *Newsday*, un periódico de Long Island, obtuvo los registros de las actividades de vuelo de la Agencia Federal de Aviación en el aeropuerto de Los Ángeles de aquel día y demostró que los retrasos que se habían mencionado no habían tenido lugar. *USA Today* y otros periódicos también publicaron una rectificación.

Una de las cosas que probablemente avivó la historia del corte de pelo y contribuyó a que no se corrigiera fue algo que no tuvo nada que ver con ella. El 19 de mayo, por consejo de David Watkins, que era el director de la gestión y administración en la Casa Blanca, y de acuerdo con la oficina legal, Mack McLarty despidió a siete empleados de la Oficina de Viajes de la Casa Blanca. La oficina se encarga de todas las gestiones para los desplazamientos de la prensa cuando viajan con el presidente y factura a sus empresas en concepto de gastos. Hillary y yo habíamos pedido a Mack que se ocupara de la oficina de viajes porque a ella le habían contado que la oficina no admitía licitaciones en la concesión de sus vuelos chárter y a mí me había llegado una queja de un periodista de la Casa Blanca que decía que la comida era mala y los viajes caros. Tuvimos que despedir a aquellos empleados después de que una auditoria de la compañía KMPG Peat Marwick descubriera que había una doble contabilidad y que faltaban por justificar debidamente 18.000 dólares, entre otras irregularidades.

Una vez le hube mencionado la queja del periodista a Mack, me olvidé de todo el asunto de la oficina de viajes hasta que se anunciaron los despidos. La reacción de la prensa fue extremadamente negativa. Resultó que les gustaba la forma en que les trataban, especialmente en los viajes al extranjero. Conocían a la gente de la oficina de viajes desde hacía años y no podían creer que hubieran hecho algo ilegal. Muchos periodistas se sentían literalmente como si el personal de la oficina de viajes trabajara prácticamente para ellos, no para la Casa Blanca, y pensaban que al menos les deberían haber notificado, ya que no consultado, la apertura de la investigación. A pesar de las críticas, la remodelada oficina de viajes ofreció los mismos servicios a la prensa, con menos empleados federales y a unos precios más bajos.

El asunto de la Oficina de Viajes fue un ejemplo particularmente ilustrativo del choque cultural entre la nueva Casa Blanca y la prensa política establecida. Más tarde, se acusó al director de la Oficina de Viajes de desfalco, pues se encontraron en su cuenta personal fondos transferidos directamente de la oficina. Según la prensa, ofreció declararse culpable de un cargo menor y pasar unos meses en la cárcel; sin embargo, el fiscal insistió en ir a juicio y acusarle de haber cometido un delito grave. Después de que algunos famosos periodistas testificaran a su favor como testigos de carácter, se le declaró inocente. A pesar de las investigaciones que hicieron sobre la oficina de viajes la Casa Blanca, la Oficina General de Contabilidad, el FBI y la Oficina del Fiscal Independiente, no se halló ninguna prueba de mala fe, conflictos de intereses o criminalidad de ningún miembro de la Casa Blanca, y nadie discutió la veracidad de los problemas financieros y la mala gestión de la oficina de viajes descubiertos en la auditoría de Peat Marwick.

No podía creer que el pueblo americano me viera a través del prisma de un corte de pelo, la Oficina de Viajes y los gays en el ejército. En lugar de un presidente que luchaba por mejorar Estados Unidos, me retrataban como a un hombre que había abandonado sus raíces por el lujo de clase alta y un progresista radical encubierto al que le habían arrancado su máscara de moderación. Recientemente había hecho una entrevista por televisión en Cleveland, y un hombre dijo que ya no me apoyaba porque me pasaba todo el tiempo con la cuestión de los gays en el ejército y con lo de Bosnia. Le respondí que acababa de realizar un análisis de la forma en que había empleado mi tiempo durante aquellos primeros cien días: el 55 por ciento en economía y sanidad, el 25 por ciento en política exterior y el 20 por ciento en otros temas de política interior. Cuando me preguntó cuánto tiempo me había pasado en lo de los gays y el ejército y le contesté que apenas unas horas, sencillamente replicó: «No le creo». Todo lo que aquel hombre sabía era lo que leía en los periódicos y veía por televisión.

Los fiascos de Cleveland, del corte de pelo y de la Oficina de Viajes demostraban a la perfección lo poco que nosotros, los forasteros, sabíamos acerca de lo que realmente importaba en Washington, y cómo esa falta de comprensión podía borrar de un plumazo nuestros esfuerzos para comunicar lo que estábamos haciendo para solucionar lo que realmente le importaba a la gente de Estados Unidos. Unos años más tarde, Doug Sosnik, uno de mis empleados más ingeniosos, acuñó una expresión que captaba a la perfección la sierra mecánica con la que nos habíamos pillado los dedos. Estábamos a punto de irnos a Oslo, en un viaje para impulsar el proceso de paz de Oriente Próximo. Sharon Farmer, mi alegre fotógrafa afroamericana, dijo que no le apetecía viajar hasta la fría Noruega. «Tienes razón, Sharon —replicó Dough—. No es un partido en casa. A nadie le gusta jugar fuera». A mediados de 1993, yo solo esperaba que todo mi mandato no fuera un largo «partido fuera».

Reflexioné seriamente acerca de la tesitura en que me encontraba. En mi opinión las raíces del problema eran las siguientes: el personal de la Casa Blanca no tenía excesiva experiencia ni muchos contactos en los centros de poder de Washington. Tratábamos de hacer muchas cosas a la vez, lo que creaba una sensación de desorganización e impedía que la gente se enterara de lo que realmente habíamos logrado. La falta de un mensaje claro hacía que los temas de segundo orden transmitieran la sensación de que gobernaba desde la izquierda cultural y política, y no desde el centro dinámico, como había prometido. Esa impresión se reforzaba a causa del persistente y repetitivo ataque republicano, que se concentraba en afirmar que mi plan presupuestario no era sino un gran aumento de los impuestos. Finalmente, no había sabido ver los considerables obstáculos políticos a los que me enfrentaba. Me habían elegido con el 43 por ciento de los votos y había subestimado lo difícil que sería transformar Washington después de doce años de seguir un curso muy distinto, y la crispación política, e incluso psicológica, que esos cambios provocarían en los principales pesos pesados de Washington. Muchos republicanos pensaron, ya de entrada, que mi presidencia no era legítima, y actuaron en consecuencia; el Congreso, con una mayoría demócrata muy desunida y una minoría republicana cohesionada y decidida a demostrar que me equivocaba en todo y que era incapaz de gobernar, no iba a aprobar mis propuestas de ley tan rápido como a mí me hubiera gustado.

Sabía que tenía que cambiar pero, como le pasa a todo el mundo, descubrí que era más difícil llevarlo a cabo que recomendárselo a los demás. Aun así, conseguí hacer dos cambios que eran particularmente útiles. Convencí a David Gerben, un amigo del fin de semana del Renacimiento y veterano de tres administraciones republicanas, de que viniera a la Casa Blanca en calidad de asesor presidencial, para ayudarnos con la organización y la comunicación. En su columna del *U.S. News & World Report*, David había ofrecido atentos consejos, algunos de ellos bastante críticos, con los que yo coincidía. A David le caía bien Mack McLarty, y le respetaba. Era un auténtico miembro del *establishment* de Washington, que pensaba y reaccionaba como ellos y que, por el bien del país, deseaba que tuviéramos éxito. Durante los meses siguientes, David tuvo un efecto balsámico sobre la Casa Blanca; se puso en marcha de inmediato para mejorar las relaciones con la prensa y los devolvió el acceso directo a la oficina de comunicaciones, algo que deberíamos haber hecho mucho antes.

Además del nombramiento de Gergen, realizamos otros cambios de personal: Mark Gearan, el capaz y popular adjunto al jefe de gabinete de Mack McLarty, reemplazaría a George Stephanopoulos como director de comunicación y Dee Dee Myers seguiría como secretaria de Prensa y se haría cargo de los informes diarios a los periodistas. Ascendí a George a un puesto de nuevo cuño, el de asesor principal, para que me ayudara a coordinar la política, la estrategia y las decisiones cotidianas. Al principio le decepcionó no encargarse de los informes de prensa diarios, pero pronto dominó una labor muy parecida a la que había desarrollado durante la campaña, y lo hizo tan bien que aumentó su influencia y su peso dentro de la Casa Blanca.

El otro cambio a mejor que hicimos fue despejar mi agenda diaria, de modo que me quedaran dos horas libres a mitad de la mayoría de los días para leer, pensar, descansar y hacer llamadas. Este cambio ayudó mucho a mejorar mi vida.

Las cosas parecían ir mejor hacia finales de mes, cuando el Congreso aprobó mi presupuesto, por 219 a 213 votos. Entonces pasó al Senado, donde inmediatamente eliminaron el impuesto sobre la energía y lo sustituyeron por un aumento del impuesto de la gasolina de 4,3 centavos el galón e hicieron más recortes de gastos. La mala noticia era que el impuesto sobre la gasolina no supondría tanto ahorro de energía como el que había saltado; la buena noticia era que costaría menos dinero a los norteamericanos de clase media, solo unos 33 dólares al año.

El 31 de mayo, mi primer Día de los Caídos como presidente, después de la ceremonia tradicional en el cementerio nacional de Arlington, asistí a otra ceremonia en una sección recién inaugurada del monumento a los Veteranos del Vietnam, una larga pared de mármol negro con los nombres de todos los miembros de las fuerzas armadas estadounidenses que habían muerto en acto de servicio o habían desaparecido en combate en aquella guerra. A primera hora de la mañana había corrido hasta el muro desde la Casa Blanca, para mirar los nombres de mis amigos de Hot Springs. Me arrodillé frente al nombre de mi amigo Bert Jeffries, lo toqué y recé una oración.

Sabía que sería un acontecimiento duro; estaría lleno de gente para quien la guerra de Vietnam seguía siendo el momento que había definido sus vidas, y para los cuales la idea de que alguien como yo fuera comandante en jefe era una aberración. Pero estaba decidido a ir, a enfrentarme a todos aquellos que todavía me reprochaban mis puntos de vista sobre Vietnam, a decir a todos los veteranos que respetaba el servicio que habían prestado a la patria, así como el de sus camaradas caídos, y que trabajaría para resolver los casos, aún abiertos, de los prisioneros de guerra y de los soldados que aún figuraban como desaparecidos en combate.

Colin Powell me presentó con convicción y elegancia, y señaló con firmeza el respeto que en su opinión yo debía recibir como comandante en jefe. Aun así, cuando me levanté para hablar, unos ruidosos manifestantes trataron de acallar mi voz. Les hablé directamente a ellos:

A todos los que están gritando, quiero que sepan que les he oído. Ahora les pido que me escuchen a mí... Algunos han insinuado que yo no debo estar aquí hoy con ustedes, porque hace un cuarto de siglo que no estuve de acuerdo con la decisión de enviar a los jóvenes a luchar a Vietnam. Bien, pues mucho mejor... Igual que la guerra es el precio de la paz, el desacuerdo es el privilegio de la libertad, y aquí estamos hoy, precisamente para honrar eso... El mensaje de este monumento es bastante sencillo: estos hombres y mujeres lucharon por la libertad, trajeron honor a sus comunidades, amaron a su país y murieron por él... No hay ni una persona hoy entre nosotros que no conociera a alguien de los que está en ese muro. Cuatro de mis compañeros de instituto están ahí... Sigamos en desacuerdo, si así debe ser, acerca de la guerra. Pero que eso no nos divida más como pueblo.

El acto empezó de manera un poco brusca, pero terminó bien. La predicción de Robert McNamara de que mi elección había puesto fin a la guerra del Vietnam no era exacta del todo, pero quizá habíamos avanzado un poco en esa dirección.

Junio empezó con una decepción que era tanto personal como política, pues tuve que retirar a mi candidata Lani Guinier, una profesora de la Universidad de Pennsylvania, veterana abogada del Fondo de Defensa Legal de la NAACP y, además, ex compañera mía en la facultad de derecho. Quería que fuera la primera abogada especializada en los derechos civiles que encabezara la División de Derechos Civiles. Después de anunciar su nombre en abril, los conservadores fueron contra Guinier sin piedad; la tacharon de «reina de las cuotas» y la acusaron de querer eliminar el principio constitucional de «un hombre, un voto», porque se había pronunciado a favor de un sistema de votación acumulada, en el cual cada votante tendría a su disposición tantos votos como escaños hubiera en juego en el cuerpo legislativo y podría otorgar todos los votos a un solo candidato. En teoría, la votación acumulada aumentaba considerablemente las posibilidades de que los candidatos minoritarios fueran elegidos.

Al principio, no presté demasiada atención a las quejas de la derecha; pensé que lo que de verdad les molestaba de Guinier era su larga trayectoria de luchadora por los derechos civiles y sus numerosos éxitos, y que cuando llegara al Senado, su candidatura se haría con suficientes votos para confirmarla fácilmente.

Me equivoqué. Mi amigo el senador David Pryor vino a verme y me exhortó a retirar la candidatura de Lani; afirmó que sus entrevistas con los senadores no iban nada bien y me recordó que aún tenía que aprobarse el programa económico y que no podía permitirme perder ni un solo voto. El líder de la mayoría, George Mitchell, que había sido juez federal antes de llegar al Senado, estaba totalmente de acuerdo con David; dijo que no confirmarían a Lani y que teníamos que cerrar aquella cuestión lo antes posible. Me informaron de que los senadores Ted Kennedy y Carol Moseley Braun, la única senadora afroamericana, opinaban lo mismo.

Decidí que más valía que leyera los artículos de Lani. Defendía convincentemente su posición, pero entraba en conflicto con mi apoyo a la discriminación positiva y mi oposición a las cuotas; parecía desechar el «un hombre, un voto» a favor de «un hombre, muchos votos», y a que los repartiera como le pareciera.

Le pedí que viniera a verme, para que pudiéramos hablarlo. Mientras debatíamos el problema en el Despacho Oval, Lani estaba comprensiblemente ofendida por las críticas que habían llovido sobre ella, y asombrada de que alguien considerara las cavilaciones académicas de sus artículos un obstáculo serio para su confirmación. No dio demasiada importancia a las dificultades que su nominación planteaba a los senadores cuyos votos necesitaría y no le concederían. O quizá se opusieran a la nominación mediante maniobras obstruccionistas. Mi equipo me había dicho que no teníamos los votos suficientes para confirmarla, pero ella rechazó la idea de retirarse, pues creía que tenía derecho a que se celebrara la votación. Finalmente, le dije que me veía obligado a retirar su nominación, que lamentaba hacerlo, pero que íbamos a perder y que, aunque era un magro consuelo, su retirada la convertiría en una heroína en la comunidad de los derechos civiles.

Posteriormente, me criticaron con dureza por abandonar a una amiga ante la presión política, pero en gran parte, procedían de gente que no sabía qué había sucedido en realidad. Finalmente, propuse a Deval Patrick, otro brillante abogado afroamericano con una sólida trayectoria en la defensa de los derechos civiles, para que se encargara de la División de Derechos Civiles, e hizo una labor excelente. Aún admiro a Lani Guinier y lamento haber perdido su amistad.

Pasé la mayor parte de las dos primeras semanas de junio escogiendo una Corte Suprema. Unas semanas atrás, Byron «Whizzer» White había anunciado su jubilación después de treinta y un años en el tribunal. Como he dicho antes, mi primera elección fue el gobernador Mario Cuomo, pero él no estaba interesado en el cargo. Despues de revisar a más de cuarenta candidatos, me decidí por tres: mi secretario de Interior, Bruce Babbitt, que había sido fiscal general de Arizona antes de convertirse en gobernador; el juez Stephen Breyer, presidente del Primer Circuito del Tribunal de Apelación de Boston, que tenía un historial acumulado impresionante como juez, y la juez Ruth Bader Ginsburg, del Tribunal de Apelación del Distrito de Columbia, una mujer brillante con una historia personal apasionante, y cuya trayectoria pasada era interesante, independiente y progresista. Me reuní con Babbitt y Breyer y vi que ambos serían buenos jueces, pero lamentaba perder a Babbitt en su cargo de interior, igual que los muchos activistas del medioambiente que llamaron a la Casa Blanca para rogarme que le conservara en su puesto. Breyer tenía un pequeño «problema de niñera», aunque el senador Kennedy, que le defendía a capa y espada, me aseguraba que conseguiría la confirmación.

Como todo lo que sucedió en la Casa Blanca durante los primeros meses, mis entrevistas con ambos hombres se filtraron, de modo que decidí entrevistarme con Ginsburg en mi despacho privado en la residen-

cia de la Casa Blanca, un domingo por la noche. Me impresionó enormemente. Pensé que tenía todo lo necesario para convertirse en una gran
juez, y que era capaz de hacer, al menos, las tres cosas que en mi opinión
debía hacer un magistrado en la Corte Rehnquist, que estaba estrechamente dividida entre moderados y conservadores: decidir los casos por
sus circunstancias, y no por la ideología o la identidad de las partes; trabajar con los jueces conservadores republicanos para alcanzar el consenso
cuando este fuera posible, y enfrentarse a ellos de ser necesario. En uno
de sus artículos, Ginsburg había escrito: «Las más importantes figuras de
la judicatura en Estados Unidos han sido personas con una opinión independiente, con mentes abiertas pero no vacías; dispuestas a escuchar y a
aprender. Han demostrado que no temen reexaminar sus propias premisas, progresistas o conservadoras, tan meticulosamente como las de los
demás».

Cuando anunciamos su nombramiento, no se habían producido filtraciones. La prensa había escrito que mi intención era designar a Breyer,
pero se basaron en un soplo de un informante que no sabía lo que decía.
Después de que la juez Ginsburg hiciera su breve pero emotiva declaración de aceptación del cargo, uno de los periodistas afirmó que su nombramiento en lugar de Breyer reflejaba cierta «cualidad zigzagueante» de
mi proceso de toma de decisiones en la Casa Blanca. A continuación me
preguntó si podía refutar esa impresión. Yo no sabía si reír o llorar; le
repliqué: «Hace tiempo que he abandonado la idea de poder convencer a
algunos de ustedes de que no conviertan cualquier decisión importante
en algo que no sea un proceso político». Aparentemente, en lo relativo a
nombramientos, el lema del juego no era «sigue al líder», sino «sigue a la
filtración». Tengo que confesar que sentí casi tanto placer por sorprender
a la prensa como por la elección que había hecho.

En la última semana de junio, el Senado finalmente aprobó mi presupuesto, por solo 50 votos a 49, con la abstención de un demócrata y de un
republicano. Al Gore rompió el desempate con su voto de calidad. Ningún republicano votó a favor, y perdimos a seis demócratas conservadores. El senador David Boren, de Oklahoma, al que conocía desde 1974,
cuando él se presentó por primera vez a gobernador y yo al Congreso,
nos dio su voto para evitar la derrota, pero indicó que se opondría a la ley
final a menos que hubiera más recortes de gastos y menos impuestos.

Ahora que el Senado y el Congreso habían aprobado los planes presupuestarios, tendrían que reconciliar sus diferencias y, luego, nosotros
deberíamos volver a luchar por conseguir la aprobación en ambas cámaras de nuevo. Puesto que habíamos ganado por muy poco margen, cualquier concesión de una de las cámaras a la otra significaba perder uno o
dos votos, que bastarían para que se rechazara todo el paquete. Roger Alt-

man vino del departamento del Tesoro, con su jefe de gabinete, Josh Steiner, para organizar una «sala de guerra» y preparar la campaña para la aprobación final. Necesitábamos saber adónde iría a parar cada uno de los votos y qué podíamos argumentar u ofrecer a los miembros indecisos para obtener la mayoría. Después de toda la sangre que habíamos derramado por cuestiones menores, esta era por fin una batalla que valía la pena librar. Durante las seis semanas y media siguientes, el futuro económico del país, por no mencionar el de mi presidencia, pendía de un hilo.

Al día siguiente de que el Senado aprobara el presupuesto, ordené por primera vez que el ejército efectuara una operación ofensiva y disparara veintitrés misiles Tomahawk contra el cuartel general de los servicios secretos iraquíes, en represalia por un complot para asesinar al presidente George H. W. Bush durante un viaje que había realizado a Kuwait. Más de una docena de implicados en la conspiración habían sido arrestados en Kuwait el 13 de abril, el día anterior de que el entonces presidente tuviera previsto aterrizar. La investigación del material hallado en su posesión, reveló que procedían de la inteligencia iraquí; el 19 de mayo, uno de los detenidos iraquíes confirmó al FBI que el servicio secreto iraquí estaba detrás del complot. Pedí al Pentágono que recomendara qué acciones debíamos emprender, y el general Powell me propuso el ataque con misiles al cuartel general de la inteligencia, que cumplía los requisitos de ser una respuesta proporcional y un gesto disuasorio. Yo creía que teníamos justificación suficiente para atacar con más dureza a Irak, pero Powell me convenció de que el ataque al cuartel general haría desistir al terrorismo iraquí de futuras acciones y que, en cambio, si lanzábamos bombas sobre otros objetivos, por ejemplo sobre palacios presidenciales, sería muy improbable que consiguiéramos eliminar a Sadam Husein y casi con toda certeza mataríamos a más inocentes. La mayoría de los Tomahawk dieron en el blanco, pero cuatro de ellos pasaron de largo; tres impactaron en un barrio de la clase alta de Bagdad y murieron ocho civiles. Fue un duro recordatorio de que, no importa lo cuidadosa que sea la planificación ni qué precisión tenga el armamento, cuando ese tipo de potencia de ataque se desata, habitualmente siempre se producen consecuencias no deseadas.

El 6 de julio, me encontraba en Tokio para mi primera reunión internacional, la decimosexta cumbre del G-7. Normalmente, en estas reuniones solo se hablaba; no se alcanzaban muchos compromisos en cuanto a medidas políticas y no se llevaba a cabo prácticamente ningún seguimiento de los acuerdos una vez terminada la cumbre. Ya no podíamos permitirnos el lujo de otra reunión sin consecuencias. La economía mundial estaba estancada; el crecimiento de Europa era el más bajo en más de una década, y Japón tenía las peores cifras en casi veinte años. Nosotros estábamos haciendo progresos en el frente económico; en los últimos cinco meses, más de 950.000 norteamericanos habían encontrado un puesto de trabajo, casi la misma cifra de empleos que se habían generado durante los tres años anteriores.

Fui a Japón con diversos objetivos: obtener un acuerdo con los dirigentes europeos y japoneses de modo que coordinaran sus políticas económicas interiores con la nuestra, aumentar el crecimiento global y convencer a Europa y a Japón de que redujeran los aranceles sobre los productos manufacturados, lo que ayudaría a crear empleos en todos nuestros países y aumentaría las posibilidades de terminar antes del plazo fijado, el 15 de diciembre, la Ronda Uruguay de conversaciones, que duraba ya siete años. También quería enviar una señal clara e inequívoca de mi apoyo político y financiero a Yeltsin y a la democracia en Rusia.

Las probabilidades de éxito de cualquiera de estos objetivos, y no digamos de los tres, no eran demasiado grandes, en parte porque ninguno de los dirigentes venía a la reunión con una posición particularmente fuerte. Entre la dura medicina de mi plan económico y la mala prensa que habían originado los diversos problemas que habíamos tenido, tanto reales como imaginarios, mi popularidad había caído en picado desde la investidura. John Major aguantaba en Inglaterra, pero le perjudicaban las constantes comparaciones con su predecesora, Margaret Thatcher, algo que la Dama de Hierro no hacía demasiado por evitar. François Mitterrand era un hombre fascinante y brillante, un socialista que se encontraba en su segundo mandato de siete años. Sin embargo, tenía poco margen de maniobra, pues el presidente francés y la coalición que estaba al frente del gobierno, que controlaba la política económica, eran de partidos políticos distintos y enfrentados. Carlo Ciampi, el presidente italiano, era el ex gobernador del Banco Central italiano, y un hombre modesto, conocido por su costumbre de ir a trabajar en bicicleta. A pesar de su inteligencia y de su gancho político, el entorno político italiano, fracturado e inherentemente inestable, representaba un serio obstáculo para él. Kim Campbell, la primera mujer que era elegida primer ministro en Canadá, era una persona impresionante, totalmente entregada a su trabajo, al que se había incorporado recientemente, tras la dimisión de Brian Mulroney. De hecho, estaba cerrando la larga etapa de Mulroney al frente del país, pues las encuestas mostraban un creciente apoyo para el líder de la oposición, Jean Chrétien. Nuestro anfitrión, Kiichi Miyazawa, se hallaba en los últimos meses de su mandato y era poco probable que lo reeligieran; el largo monopolio del Partido Democrático Liberal llegaba a su fin. Miyazawa quizá tenía poco futuro, pero era un hombre de talento y tenía una sutil percepción del mundo. Hablaba un inglés coloquial tan bien como yo, y también era un patriota que quería que la cumbre del G-7 hiciera quedar bien a su país.

Se decía que el canciller alemán Helmut Kohl, que llevaba mucho tiempo en el cargo, también estaba en un aprieto; según las encuestas, su popularidad bajaba, y su partido, la Unión Cristiano Demócrata, había sufrido recientemente algunas derrotas en las elecciones municipales. Sin embargo, yo opinaba que a Kohl aún le quedaban muchos años de dirigente. Era un hombre inmenso, de mi altura pero pesaba más de 130 kilos. Hablaba con mucha convicción y era muy directo, a menudo brusco; sabía contar anécdotas de primera, con un gran sentido del humor. Era la mayor figura política que el continente europeo había tenido en décadas, y no solo a causa de su peso. Había reunificado las dos Alemanias y había desviado enormes cantidades de dinero de la Alemania occidental a la oriental, para aumentar los ingresos de los que habían vivido bajo el comunismo y ganaban mucho menos. La Alemania de Kohl se había convertido en el principal apoyo financiero de la democracia rusa. También era la fuerza impulsora que había detrás de la emergente Unión Europea, y estaba a favor de admitir a Polonia, a Hungría y a la República Checa tanto en ella como en la OTAN. Finalmente, a Kohl le preocupaba profundamente la pasividad europea en el tema de Bosnia y pensaba, como yo, que Naciones Unidas debía suspender el embargo de armas porque era injusto para los musulmanes bosnios. Siempre estaba en el lado correcto en lo referente a todas las grandes disyuntivas a las que se enfrentaba Europa, y defendía con firmeza sus puntos de vista. Pensaba que si hacía bien las cosas importantes, las encuestas terminarían reflejándolo. Helmut Kohl me cayó muy bien. Durante los siguientes años, a lo largo de muchas comidas, visitas y llamadas telefónicas, forjamos una relación política y personal que aportó importantes frutos a los europeos y a los norteamericanos por igual.

Yo era optimista acerca del G-7, porque acudía a la reunión con mis objetivos bien definidos y creía que los demás líderes eran suficientemente listos para entender que la mejor manera de resolver los problemas de su país era alcanzar un resultado positivo en Tokio. Apenas se inauguró la conferencia, ya superamos un obstáculo, pues todos los ministros de Comercio acordaron reducir a cero los aranceles en diez sectores industriales distintos, con lo que se abrían mercados al comercio por valor de cientos de miles de millones de dólares. Fue la primera victoria de Mickey Kantor, nuestro embajador comercial. Había demostrado ser un negociador duro y eficiente; sus habilidades ayudaron a que al final se concretaran más de doscientos acuerdos que pusieron en marcha una expansión comercial que representó casi el 30 por ciento de nuestro crecimiento económico durante los siguientes ocho años.

Después de llegar a un acuerdo acerca de un generoso paquete de medidas de ayuda, la reunión del G-7 también despejó cualquier duda respecto al compromiso de las naciones ricas con Rusia. En lo referente a la coordinación de nuestras políticas interiores, los resultados fueron más ambiguos. Yo estaba esforzándome por reducir el déficit, y el Banco Central alemán acababa de bajar los tipos de interés, pero la voluntad de Japón de estimular su economía y abrir sus fronteras al comercio exterior y a la competencia era más dudosa. Eso tendría que esperar a mis conversaciones bilaterales con los japoneses, que empezaron justo después de la cumbre del G-7.

En 1993, dado que Japón se enfrentaba a un estancamiento económico y a la incertidumbre política, sabía que me resultaría difícil obtener cambios en su política comercial, pero tenía que intentarlo. Nuestro déficit comercial con Japón era muy grande, en buena parte debido a su proteccionismo. Por ejemplo, no querían comprar nuestros esquís porque afirmaban que no eran suficientemente anchos. Yo tenía que encontrar un modo de abrir las puertas del mercado japonés sin perjudicar nuestra importante alianza de seguridad, que era esencial para construir un futuro estable en Asia. Mientras comentaba estos tres aspectos durante un discurso frente a los estudiantes japoneses de la Universidad de Waseda, Hillary se lanzó a su propia ofensiva de amabilidad en Japón, y halló una cálida bienvenida especialmente entre el creciente número de jóvenes profesionales japonesas.

El primer ministro Miyazawa aceptó, en principio, mi propuesta de que pactáramos un plan de trabajo y nos comprometiéramos a realizar pasos concretos y cuantificables para que mejorara nuestra relación comercial. También aceptó el Ministerio de Asuntos Exteriores japonés, cuyo funcionario principal, el padre de la nueva princesa heredera japonesa, estaba decidido a alcanzar un acuerdo. El gran obstáculo era el Ministerio de Industria y Comercio Internacional, cuyos responsables pensaban que sus políticas comerciales habían hecho de Japón una potencia de primer orden y no veían motivo para cambiar. Un día, a última hora de la noche, al cierre de nuestras negociaciones, los representantes de ambos ministerios terminaron, literalmente, gritándose sus argumentos en el vestíbulo del hotel Okura. Nuestros equipos llegaron a lo más parecido a un acuerdo que pudimos conseguir, y Charlene Barshefsky, la adjunta a Mickey Kantor, llevó con tanta firmeza las riendas de la negociación que los japoneses la llamaban «Muro de Piedra». Luego Miyazawa y yo nos reunimos para degustar una comida tradicional japonesa en el hotel Okura e intentar resolver los flecos pendientes. Así lo hicimos, en lo que más tarde se bautizó como «la Cumbre del Sushi», aunque Miyazawa siempre bromeó diciendo que el sake que bebimos contribuyó mucho más al resultado final que el sushi.

El plan de trabajo comprometía a Estados Unidos a reducir su déficit comercial, y a Japón a tomar las medidas necesarias durante los años siguientes para abrir sus mercados en los sectores del automóvil y los componentes, la informática, las telecomunicaciones, los satélites, el equipamiento médico, los servicios financieros y los seguros, con estándares objetivos para medir el éxito del proceso según un calendario previamente fijado. Yo estaba convencido de que este acuerdo sería económicamente beneficioso tanto para Estados Unidos como para Japón, y que ayudaría a los reformistas japoneses a llevar, con éxito, a su extraordinaria nación a la siguiente era de grandeza. Como muchos acuerdos de este tipo, no aportó todos los beneficios que eran de esperar para cada uno de los países, pero aun así fue bueno.

Cuando abandoné Japón para dirigirme a Corea, los informes de prensa que llegaban de Estados Unidos decían que mi primera cumbre del G-7 había sido un triunfo de mi diplomacia personal con los demás dirigentes y de mi capacidad de llegar al pueblo japonés. Era agradable que se publicaran artículos positivos, y aún era mejor haber cumplido los objetivos que nos fijamos para el G-7 y para las negociaciones con los japoneses. Había disfrutado conociendo y colaborando con los demás dirigentes. Después de aquella cumbre gané confianza en mi capacidad de hacer progresar los intereses de Estados Unidos en el mundo y comprendí por qué muchos presidentes preferían la política exterior a las frustraciones que les acechaban en el frente interior.

En Corea del Sur, visité a nuestras tropas en la zona desmilitarizada que había dividido al país en dos desde el armisticio que puso fin a la guerra de Corea. Caminé por el Puente Sin Retorno, me detuve a unos diez metros de la raya de pintura blanca que separaba a los dos países y contemplé al joven soldado norcoreano que vigilaba su lado en aquel último y solitario reducto de la Guerra Fría. En Seúl, Hillary y yo fuimos los invitados del presidente Kim Yong-Sam en la residencia oficial de huéspedes, que tenía una piscina cubierta. Cuando fui a nadar un poco, la música llenó repentinamente el aire. Me encontré nadando al ritmo de algunos de mis temas preferidos, desde Elvis hasta jazz, un bonito ejemplo de la famosa hospitalidad coreana. Después de una reunión con el presidente y de un discurso frente al Parlamento, dejé Corea del Sur, agradecido por nuestra larga alianza y decidido a mantenerla.

TREINTA Y CUATRO

Volví a los rigores de Washington. La tercera semana de julio, siguiendo las recomendaciones de Janet Reno, prescindí de los servicios del director del FBI, William Sessions, después de que se negara a dimitir a pesar de los numerosos problemas que tenía su agencia. Teníamos que encontrar rápidamente a un sustituto. Bernie Nussbaum me apremió a escoger a Louis Freeh, un ex agente del FBI a quien el presidente Bush había nombrado juez federal en Nueva York tras una carrera estelar de fiscal federal. Cuando me reuní con Freeh, le pregunté qué pensaba de la afirmación del FBI de que en Waco habían realizado el asalto porque era un error mantener todos aquellos recursos en un solo lugar durante tanto tiempo. Sin saber qué pensaba yo, me dijo directamente que no compartía ese punto de vista: «Les pagan para esperar». Eso me impresionó. Sabía que Freeh era republicano, pero Nussbaum me aseguró que era un profesional y un hombre fiel a sus superiores, que no usaría el FBI con objetivos políticos. Programamos el anuncio de su designación para el día veinte. La víspera, cuando corrió el rumor de su nombramiento, un agente retirado del FBI que era amigo mío llamó a Nancy Heinreich, que dirigía las operaciones del Despacho Oval, para decirme que no siguiera adelante. Dijo que Freeh era demasiado político e interesado para los tiempos que corrían. Me hizo reflexionar, pero le contesté que era demasiado tarde: ya se lo habíamos ofrecido y él había aceptado. Tendría que confiar en el juicio de Bernie Nussbaum.

Cuando anunciamos la designación de Freeh, durante un acto matutino en el Jardín de las Rosas, me di cuenta de que Vince Foster estaba en pie al fondo, junto a uno de los grandes y viejos magnolios que había plantado Andrew Jackson. Vince sonreía, y recuerdo haber pensado que debía sentirse aliviado ahora que él y la oficina de abogados se dedicaban a la Corte Suprema y a los nombramientos del FBI en lugar de responder a una serie interminable de preguntas sobre la Oficina de Viajes. Toda la ceremonia fue perfecta, casi demasiado buena para ser verdad. Y así fue, en más de un sentido.

Esa noche aparecí en el programa de Larry King, desde la biblioteca de la planta baja de la Casa Blanca, para hablar sobre mi batalla por el presupuesto y sobre cualquier otra cosa que quisieran preguntar los telespectadores. A mí me gustaba Larry King, como a casi todo el mundo. Tenía sentido del humor y sabía darle un toque humano a sus entrevistas, incluso cuando hacía preguntas bastante duras. Cuando llevábamos tres cuartos de hora de programa, las cosas estaban yendo tan bien que Larry me preguntó si estaría dispuesto a seguir media hora más para que pudiéramos dejar entrar más preguntas de los televidentes. Inmediatamente le dije que sí, pues tenía muchas ganas de hacerlo, pero durante la siguiente pausa para la publicidad, Mack McLarty entró en la biblioteca y dijo que tendríamos que haber acabado la entrevista tras la primera hora. Al principio me irrité, pues creía que mi equipo tenía miedo de que pudiera cometer algún error si me dejaban más tiempo en antena, pero la mirada de Mack bastó para convencerme de que había sucedido algo.

Después de que Larry despidiera la entrevista y yo diera la mano a su equipo, Mack me acompañó al piso de arriba de la residencia. Conteniendo las lágrimas, me dijo que Vince Foster había muerto. Vince había salido del Jardín de las Rosas tras la ceremonia de nombramiento de Louis Freeh, había conducido hasta el parque Fort Marcy y se había pegado un tiro con un viejo revólver que había pasado de generación en generación en su familia. Vince y yo habíamos sido amigos prácticamente toda la vida. Cuando vivía con mis abuelos, en Hope, nuestros patios de atrás se tocaban; jugábamos juntos ya antes de que Mack y yo comenzáramos a ir a la guardería. Yo sabía que Vince estaba molesto por la polémica de la Oficina de Viajes y que se consideraba responsable de las críticas dirigidas a la oficina de abogados. También se sentía herido por las dudas sobre su competencia e integridad que habían apuntado algunos editoriales del *Wall Street Journal*.

Justo la noche anterior, yo había llamado a Vince para invitarlo a ver una película conmigo; quería animarlo un poco, pero ya se había ido a casa y me dijo que necesitaba pasar tiempo con su mujer, Lisa. Hice lo que pude durante nuestra conversación telefónica para intentar que no le afectaran los editoriales del *Journal*. Era un periódico muy bueno, pero poca gente leía sus editoriales, y la mayoría de los que los leían eran, al igual que quienes los escribían, eran conservadores a los que nada de lo que hiciéramos les iba a parecer bien de todas formas. Vince escuchó, pero pude ver que no le había convencido. Nunca hasta entonces le habían criticado públicamente de aquella forma y, como mucha gente cuando la prensa arremete contra ellos por primera vez, pensaba que todo el mundo había leído las cosas malas que se habían dicho sobre él y las había creído.

Después de que Mack me contara lo que había pasado, Hillary llamó desde Little Rock. Ya se había enterado y estaba llorando. Vince había sido su mejor amigo en el bufete Rose. Hillary trataba desesperadamente de encontrar una respuesta a por qué había sucedido aquello, una respuesta que jamás llegaríamos a tener por completo. Hice cuanto pude por convencerla de que ella no podría haber hecho nada, mientras no cesaba de preguntarme qué podría haber hecho *yo*. Entonces, Mack y yo fuimos a casa de Vince para estar con su familia. Webb y Suzy Hubbell estaban allí, así como los muchos amigos que Vince había dejado en Arkansas y en la Casa Blanca. Traté de consolar a todo el mundo, pero yo también estaba herido y me sentía, igual que cuando se suicidó Frank Aller, enfadado con Vince por lo que había hecho y enfadado conmigo mismo por no haberlo visto venir y hacer algo, cualquier cosa, para tratar de impedirlo. También lo sentía por todos mis amigos de Arkansas que habían venido a Washington sin otro objetivo que servir al pueblo y hacer el bien, y que, en cambio, solo veían cómo se criticaban todos y cada uno de sus actos. Ahora Vince, el hombre alto, fuerte, seguro de sí mismo y al que todos consideraban el más estable de todos ellos, se había ido. Por la razón que fuera, Vince llegó al límite de su resistencia. En su maletín, Bernie Nussbaum encontró una nota que había roto en pedacitos muy pequeños.

Cuando los reunimos, vimos que decía: «Yo no estaba hecho para un trabajo aquí, bajo los focos de la vida pública en Washington. Aquí, arruinar la vida de la gente se considera un deporte... El público nunca creerá en la inocencia de los Clinton y de su leal equipo». Vince estaba abrumado, exhausto y se sentía vulnerable a los ataques de gente que no jugaba con las mismas reglas que él. Se había criado con los valores del honor y del respeto, pero la gente que valoraba más el poder y el ataque personal acabó con él. La depresión que había sufrido sin recibir ningún tipo de tratamiento le había privado de las defensas que, al resto de nosotros, nos permiten sobrevivir.

Al día siguiente hablé al equipo. Les dije que había cosas en la vida que no podíamos controlar y misterios que no podíamos comprender. Les dije que quería que se cuidaran más, que cuidaran a sus amigos y a sus familias, y que no podíamos «matar nuestra sensibilidad trabajando demasiado». Siempre me había resultado más fácil dar este último consejo que practicarlo.

Fuimos todos al funeral por Vince en la catedral católica de St. Andrew, en Little Rock, luego conduje hasta casa, hasta Hope, para dar el último adiós a Vince en el cementerio donde estaban enterrados mis abuelos y mi padre. Vino mucha gente con la que había ido a la guardería y a la escuela. Para entonces ya había dejado de intentar entender la depresión y el suicidio de Vince y había comenzado a aceptarlos y a estarle agradecido por todo lo que había hecho por nosotros. En mi panegírico en el funeral traté de describir todas las maravillosas cualidades de Vince, qué había significado para todos nosotros, lo mucho que había hecho en la Casa Blanca y su profunda honestidad. Cité la conmovedora «A Song for You» de Leon Russell: «Te amo donde no hay espacio ni tiempo. Te amo porque en mi vida tú eres mi amigo».

Era verano y se empezaba a recoger la cosecha de sandías. Antes de marcharme de la ciudad, me detuve en casa de Carter Russell y probé tanto las sandías como los melones. Luego hablé de las grandes virtudes del principal producto de Hope con la prensa que nos acompañaba; sabían que necesitaba un respiro para recuperarme del dolor y, ese día, fueron extraordinariamente amables conmigo. Volé a Washington pensando que Vince había vuelto a casa, al lugar donde pertenecía, y di gracias a Dios de que tantas personas le amasen.

Al día siguiente, 24 de julio, di la bienvenida a la Casa Blanca a la promoción de aquel año de la Nación de los Muchachos de la Legión Americana, cuando se cumplían treinta años del día en que yo fui al Jardín de las Rosas para conocer al presidente Kennedy. Algunos de los que habían sido delegados en la misma promoción en la que lo fui yo también acudieron a la reunión. Al Gore estaba muy ocupado presionando a un montón de gente para tratar de sacar adelante nuestro plan económico, pero aun así tuvo un par de minutos para venir y hablar con los chicos. «Solo les voy a dar un consejo —les dijo—. Si consiguen haceros una foto dándole la mano al presidente Clinton es muy posible que luego les sea útil.» Di la mano a todos ellos y ni uno se fue sin su foto; lo hice en seis de mis ocho años en la Casa Blanca, tanto para la Nación de los Muchachos como para la de las Muchachas. Espero que algún día esas fotos aparezcan en algún anuncio de campaña.

Pasé el resto del mes y los primeros días de agosto presionando a senadores y miembros de la cámara de representantes para que dieran su apoyo a nuestro plan económico. La sala de guerra de Roger Altman intentaba convencer al público; me organizaba conferencias de prensa telefónicas en aquellos estados cuyos miembros del Congreso podían decidirse en un sentido u otro. Al Gore y el gabinete estaban haciendo literalmente cientos de llamadas y visitas. El resultado todavía estaba en el alero, pero se iba alejando de nosotros por dos motivos. La primera era la propuesta del senador David Boren de eliminar el impuesto sobre la energía; mantener la mayoría, pero no todos, de los impuestos sobre los norteamericanos con rentas altas y compensar la diferencia eliminando la mayor parte de la rebaja fiscal del impuesto sobre la renta; reducir los ajustes al coste de la vida de la Seguridad Social y de las pensiones militares y civiles y situar el límite de gastos para Medicare y Medicaid por debajo de las estimaciones de nuevos ingresos y aumentos de coste. Boren no tenía ninguna posibilidad de que su propuesta fuese más allá del comité, pero dio a los demócratas de los estados moderados una bandera bajo la que refugiarse. También recibió el apoyo del senador demócrata Bennett Johnston, de Louisiana, y de los senadores republicanos John Danforth, de Missouri, y Bill Cohen, de Maine.

El presupuesto se aprobó por 50 a 49, gracias a que Al Gore rompió el empate con su voto de calidad; Bennett Johnston había votado en contra, junto con Sam Nunn; Dennis DeConcini, de Arizona; Richard Shelby, de Alabama; Richard Bryan, de Nevada y Frank Lautenberg, de New Jersey. Shelby ya se escoraba hacia el partido republicano, en un estado que cada vez se volvía más republicano; Sam Nunn era un «no» tajante; DeConcini, Bryan y Lautenberg estaban preocupados por la opinión contraria a los impuestos de la gente de sus estados. Como he dicho, la primera vez pude pasar sin ellos porque dos senadores, uno republicano y uno demócrata, no votaron. La siguiente vez se iban a presentar todos. Con todos los republicanos contra nosotros, si Boren votaba que no y ninguno de los otros cambiaba, perderíamos por 51 a 49. Además de esos seis, el senador Bob Kerrey decía que quizá también él votaría contra el programa. Nuestra relación se había vuelto tensa desde la campaña presidencial, y Nebraska era un estado profundamente republicano. Aun así yo era optimista respecto a Kerrey, pues sabía que estaba realmente decidido a reducir el déficit y porque estaba muy próximo al presidente del Comité de Finanzas del Senado, Pat Moynihan, que era uno de los principales valedores de mi plan.

En la Cámara de Representantes tenía un problema distinto. Todos los demócratas sabían que sus votos eran decisivos, así que muchos trataban de aprovecharse de ello para negociar conmigo algunos detalles del plan o para pedir ayuda sobre otros temas. Muchos de los demócratas que procedían de distritos muy contrarios a los impuestos estaban bastante asustados por tener que votar otro aumento del impuesto sobre la gasolina apenas tres meses después de que el Congreso lo hubiera subido por última vez. Además del portavoz y su equipo, mi mejor baza era el poderoso presidente del Comité de Medios y Arbitrios, el poderoso congresista de Illinois, Dan Rostenkowski. Rostenkowski era un legislador excelente que combinaba una inteligencia muy aguda con las habilidades que se desarrollan en la calles de Chicago, pero le estaban investigando por convertir fondos públicos para usos políticos, y se creía que esa investigación reduciría su influencia sobre otros miembros. Cada vez que me reunía con miembros del Congreso, la prensa me preguntaba por Rostenkowski. Hay que decir, en defensa de Rosty, que no retrocedió ni para tomar impulso y se lanzó a reunir los votos necesarios y a decir a sus colegas que debían hacer lo correcto. Todavía era muy efectivo. Y tenía que serlo, pues el menor paso en falso podría costarnos un voto o dos, y darnos el empujón que nos sacaría del filo de la navaja y nos precipitaría a la derrota.

A principios de agosto, a medida que el drama del presupuesto iba acercándose a su clímax, Warren Christopher consiguió por fin el acuerdo de los británicos y los franceses para realizar ataques aéreos en

Bosnia, pero éstos solo podrían producirse si la OTAN y Naciones Unidas los aprobaban, siguiendo el mecanismo que se conocía como de doble llave. Yo estaba preocupado por si no podíamos conseguir las dos llaves, pues Rusia tenía derecho de veto en el Consejo de Seguridad y estaba muy unida a los serbios. La doble llave fue un obstáculo que frustró una y otra vez los intentos de proteger a los bosnios, pero marcó otro paso en el largo y tortuoso proceso de hacer que Europa y Naciones Unidas adoptaran una postura más agresiva.

Hacia el 3 de agosto ya habíamos acordado un plan presupuestario final, con 255.000 millones de dólares en recortes presupuestarios y 241.000 millones en aumentos de impuestos. Algunos demócratas todavía estaban preocupados por si el aumento del impuesto sobre la gasolina nos costaba el voto de la clase media, que ya estaba molesta porque no habíamos hecho el recorte de impuestos que habíamos prometido. Los demócratas conservadores decían que para reducir el déficit, no bastaba con recortar los gastos de los programas de ayuda social de Medicare, Medicaid y de la Seguridad Social. Más del 20 por ciento de nuestros ahorros ya procedían de reducir los pagos que se harían en el futuro a médicos y hospitales bajo Medicare, más otro gran pedazo que sometía a impuestos a un tramo mayor de los ingresos por Seguridad Social de los jubilados con mayor poder adquisitivo. Eso es todo lo que pude lograr sin arriesgarme a que los cambios me hicieran perder más votos de los que me otorgaban.

Esa noche, en un discurso televisado desde el Despacho Oval, hice un último llamamiento para que el público apoyara el plan y dije que crearía ocho millones de puestos de trabajo en los siguientes cuatro años. También anuncié que firmaría un decreto presidencial al día siguiente para crear un fondo de reserva para la reducción del déficit, donde iría todo el dinero de los nuevos impuestos y los recortes de gastos, para asegurarnos de que se emplearía solo con el objetivo de reducir el déficit. El fondo de reserva era especialmente importante para el senador Dennis DeConcini, de Arizona, y le concedí el mérito de la idea en el discurso televisado. De los seis senadores que habían votado en contra del plan la primera vez, DeConcini era mi única esperanza. Había cenado con los demás, me había reunido con ellos y les había llamado por teléfono; tambián hice que sus mejores amigos en la administración intentaran convencerles para que cambiaran de opinión, pero sin éxito. Si DeConcini no cambiaba su voto, estaríamos perdidos.

Al día siguiente, lo hizo; dijo que votaría a favor porque el fondo de reserva le había convencido. Ahora, si Bob Kerrey se mantenía a nuestro lado, obtendríamos los cincuenta votos del Senado y Al Gore podría volver a romper el empate. Pero, antes de llegar ahí, la Cámara de Representantes debía aprobar el presupuesto. Solo teníamos un día más para conseguir la mayoría de 218 votos, y todavía no los teníamos. Más de treinta demócratas dudaban. Tenían miedo de los impuestos, a pesar de que habíamos impreso listados para cada uno de lo miembros en los que les mostrábamos cuánta gente en sus distritos pagaría menos gracias a la rebaja fiscal del impuesto sobre la renta, comparando la lista con la de aquellos a los que se les subiría. En general, la proporción era de diez a uno, o más todavía, y en solo apenas una docena de casos a los electores les iban tan bien las cosas que en su distrito habría más subidas que bajadas de impuestos. Aun así, a los miembros de la Cámara de Representantes les preocupaba el impuesto sobre la gasolina. Podría haber aprobado fácilmente el plan si hubiera descartado el impuesto sobre la gasolina y hubiera compensado la pérdida de ingresos desechando también el gasto que suponía el recorte de impuestos. Para mí, hubiera sido mucho menos dañino, políticamente. La gente pobre y trabajadora no tenía cabilderos en Washington y nunca se hubiera enterado. Pero yo sí lo sabría. Además, si íbamos a cargar de impuestos a los ricos, el mercado de obligaciones no vería mal que salpicáramos un poco también a la clase media.

Esa tarde, Leon Panetta y el líder de la mayoría de la Cámara de Representantes, Dick Gephardt, que trabajaba a destajo en el presupuesto, habían cerrado un trato con el congresista Tim Penny, de Minnesota, que encabezaba a un grupo de demócratas conservadores que querían más recortes de gastos, y les había prometido otro voto durante el proceso de asignaciones presupuestarias del otoño para recortar los gastos todavía más. Penny se mostró satisfecho, y su aprobación nos dio siete u ocho votos más.

Perdimos dos de los anteriores votos a favor cuando Billy Tauzin, de Louisiana, que más adelante se convirtió en un republicano, y Charlie Stenholm, de Texas, que representaba a un distrito donde la mayoría de los votantes eran republicanos, anunciaron que votarían no. Rechazaban absolutamente el impuesto sobre la gasolina y decían que la oposición republicana al plan había convencido a sus electores de que no era más que un aumento de impuestos.

Menos de una hora antes de la votación hablé con el congresista Bill Sarpalius, de Amarillo, Texas, que había votado contra el plan en mayo. En nuestra cuarta conversación telefónica aquel día Bill dijo que había decidido votar a favor del plan, pues la inmensa mayoría de sus electores pagaría menos impuestos y porque la secretaria de Energía, Hazel O'Leary, se había comprometido a pasar más trabajo del gobierno a la planta Pantex que había en su distrito. Hicimos muchos acuerdos como ese. Alguien dijo que las dos cosas cuyo proceso de fabricación la gente nunca debería ver son las leyes y las salchichas. Fue un proceso feo y de desenlace incierto.

Cuando comenzaron las votaciones, no sabía si íbamos a ganar o a perder. Después de que David Minge, que representaba a un distrito rural en Minnesota, dijera que votaría no, todo acabó dependiendo de tres personas: Pat Williams, de Montana; Ray Thornton, de Arkansas, y Marjorie Margolies-Mezvinsky, de Pennsylvania. En realidad no quería que Margolies-Mezvinsky tuviera que votar con nosotros. Ella era una de los pocos demócratas en cuyo distrito habría más electores que con el nuevo plan pasarían a pagar más impuestos, y en su campaña había prometido no votar a favor de ningún aumento de impuestos. Era también una decisión muy difícil para Pat Williams. Lo cierto es que muchos más de sus electores salían beneficiados que perjudicados por el plan, pero Montana era un estado inmenso y escasamente poblado en que la gente tenía que conducir grandes distancias, de modo que el impuesto sobre la gasolina les iba a afectar más que a la mayoría de los norteamericanos. Pero Pat Williams era un buen político y un populista duro de batir que detestaba lo que la economía de cascada había hecho a su gente. Al menos tenía posibilidades de sobrevivir a un voto positivo.

Comparado con Williams y Margolies-Mezvinsky, Thornton lo tenía fácil. Representaba al centro de Arkansas, donde una amplia mayoría de la gente pagaría menos impuestos con el nuevo plan. Era popular y no le hubieran podido sacar de su escaño ni con un cartucho de dinamita. Era mi congresista, y mi presidencia estaba en juego. Además, tenía buena cobertura, pues los dos senadores de Arkansas, David Pryor y Dale Bumpers, apoyaban a fondo el plan. Pero al final Thornton dijo que no. Nunca antes había votado por un aumento de los impuestos sobre la gasolina y no iba a comenzar ahora, ni siquiera para salvar mi presidencia o la carrera de Marjorie Margolies-Mezvinsky.

Al final, Pat Williams y Margolies-Mezvinsky bajaron de sus escaños, votaron sí y nos dieron la victoria por un solo voto. Los demócratas aplaudieron su valor y los republicanos les abuchearon. Fueron especialmente crueles con Margolies-Mezvinsky, a la que saludaban con las manos y le cantaban «Adiós, Margie». Se había ganado un lugar en la historia, con un voto que no debió verse obligada a emitir. Dan Rostenkowski estaba tan contento que se le saltaban las lágrimas. De vuelta a la Casa Blanca, dejé escapar un grito de alegría y alivio.

Al día siguiente, el drama se trasladó al Senado. Gracias a George Mitchell, a su equipo y a nuestro propio trabajo, habíamos logrado conservar a todos los senadores de la primera votación, excepto a David Boren. Dennis DeConcini había ocupado valientemente su lugar, pero el resultado todavía estaba en el aire, pues Bob Kerrey seguía sin comprometerse en un sentido u otro. El viernes, Kerrey se reunió conmigo durante noventa minutos y luego, más o menos una hora y media antes de la votación, habló en el mismo Senado dirigiéndose directamente a mí: «No debo, y no puedo, emitir un voto que acabe con su presidencia».

Aunque iba a votar sí, dijo que tendría que mejorar el control de los gastos en programas de ayuda social. Le prometí que trabajaría con él para que así fuera. Le satisfizo mi respuesta, así como también que hubiera aceptado la propuesta de Tim Penny para que en octubre se votaran más recortes.

El voto de Kerrey llevó a un empate a cincuenta votos. Entonces, igual que en la primera votación el 25 de junio, Al Gore, como presidente del Senado, emitió el voto decisivo. En una declaración tras la votación, di las gracias a George Mitchell y a todos los senadores que habían «votado por el cambio» y a Al Gore por su «inquebrantable contribución al progreso». A Al le gustaba bromear diciendo que cuando él votaba, siempre ganábamos.

Firmé la ley el 10 de agosto. Con ella poníamos fin a doce años en los que la deuda nacional se había cuadruplicado, a un déficit resultado de unas previsiones de ingresos excesivamente optimistas y a una creencia casi teológica en que los impuestos bajos y los elevados gastos lograrían de algún modo aportar el suficiente crecimiento económico para equilibrar el presupuesto. En la ceremonia di las gracias especialmente a aquellos senadores y miembros de la Cámara cuyo apoyo no desfalleció desde el principio hasta el fin y que, por lo tanto, no se les había mencionado en las noticias. Cada uno de los miembros de ambas cámaras del Congreso que hubiera votado sí tenía todo el derecho a decir que si no fuera por él o por ella, no lo habríamos conseguido.

Habíamos avanzado mucho desde aquellos acalorados debates en la mesa del comedor, en Little Rock, el diciembre anterior. Los demócratas, y solo ellos, habían reemplazado una teoría económica absurda pero muy arraigada en nuestra sociedad, por otra que tenía sentido. Habíamos convertido en realidad nuestra idea de una nueva economía.

Por desgracia, los republicanos, cuyas políticas erróneas habían sido el origen del problema, habían conseguido hacer creer a la gente que el plan económico no era más que un aumento de impuestos. Era cierto que la mayoría de las rebajas se iban a iniciar después de los aumentos, pero lo mismo podía decirse del presupuesto alternativo que había presentado el senador Dole. De hecho, su plan aplicaba el porcentaje mayor de sus recortes de impuestos en los dos últimos años, en vez de los cinco que abarcaba el mío. Simplemente sucede que lleva tiempo reducir los gastos de defensa y de sanidad; no puedes simplemente cortarlo todo de golpe. Más aún, nuestras inversiones de «futuro» en educación, formación, investigación, tecnología y medioambiente eran ya inaceptablemente reducidas, después de que se hubieran mantenido bajas durante los años ochenta, mientras aumentaban las rebajas de impuestos, el presupuesto de defensa y los costes de la sanidad. Mi presupuesto comenzaba a invertir esa tendencia.

Como era predecible, los republicanos dijeron que mi plan económico haría que el cielo cayera sobre las cabezas de los estadounidenses. Dijeron que era un «exterminador de empleos» y «un billete de ida a la recesión». Estaban equivocados. Nuestra apuesta con el mercado de obligaciones funcionó mucho mejor de lo que nos hubiéramos atrevido a soñar y nos trajo tipos de interés bajos, espectaculares subidas en la bolsa y un *boom* económico. Como había predicho Lloyd Bentsen, los norteamericanos más ricos recuperaron, con creces, el dinero que habían pagado en las subidas de impuestos con los beneficios sobre sus inversiones. La clase media recuperó, de sobras, el dinero del impuesto de la gasolina, en forma de hipotecas más baratas y tipos de interés más bajos para las compras de coches, los créditos estudiantiles o las compras con tarjeta de crédito. Y las familias trabajadoras con ingresos modestos se beneficiaron de inmediato de la rebaja fiscal del impuesto sobre la renta.

Durante los años siguientes me preguntaron a menudo cuál había sido la mejor idea que mi equipo económico y yo habíamos aportado a la política económica. Más que dar una respuesta complicada sobre la estrategia de reducción del déficit y la potenciación del mercado de obligaciones, siempre daba una respuesta de una sola palabra: «aritmética». Durante más de una década, le habían explicado al pueblo norteamericano que su gobierno era un leviatán glotón que tragaba sus impuestos sin ofrecer gran cosa a cambio. Luego, los mismos políticos que habían dicho esto, y que habían dispuesto recortes de impuestos para matar de hambre a la bestia, darían un giro de ciento ochenta grados, se gastarían el dinero de los contribuyentes para conseguir salir reelegidos y darían a los votantes la impresión de que podían beneficiarse de programas gubernamentales que no pagaban y que la única razón por la que teníamos un enorme déficit era que tirábamos demasiado dinero en ayudas al extranjero, asistencia social y otros programas para los pobres, que en realidad eran solo una pequeña parte del presupuesto. Gastar en «ellos» era malo; gastar y recortarnos impuestos a «nosotros» era bueno. Como mi amigo el senador Dale Bumpers, que era muy conservador en lo fiscal, solía decir: «Si a mí me dejaran firmar cheques sin fondos por un valor de doscientos mil millones al año, yo también me lo pasaría en grande».

Habíamos devuelto la aritmética al presupuesto, y habíamos librado a Estados Unidos de un mal hábito. Por desgracia, aunque los beneficios comenzaron a verse de inmediato, la gente no los sintió durante algún tiempo. Mientras tanto, mis colegas demócratas y yo nos llevamos el impacto del síndrome de abstinencia que sufrían los ciudadanos. No podía esperar gratitud. Aunque se tenga una caries, a nadie le gusta ir al dentista.

TREINTA Y CINCO

Después de aprobar el presupuesto, el Congreso comenzó su receso de agosto. Yo tenía muchas ganas de llevarme durante dos semanas a mi familia de vacaciones, que buena falta nos hacían, a Martha's Vineyard. Vernon y Ann Jordan habían dispuesto que nos alojáramos en el extremo de Oyster Pond, en una casita que había pertenecido a Robert McNamara.

Pero antes de poder partir, tuve una semana muy movida. El día 11, nombré al general del ejército John Shalikashvili, para que sustituyera a Colin Powell como presidente de la Junta de Jefes del Estado Mayor cuando terminó el mandato de Colin a finales de septiembre. "Shali", como todos le llamaban, había entrado en el ejército como recluta y había ascendido hasta su actual cargo de comandante de la OTAN y de las fuerzas norteamericanas destacadas en Europa. Había nacido en Polonia, en el seno de una familia procedente de Georgia, en la ex Unión Soviética. Antes de la Revolución Rusa, su abuelo había sido general en el ejército del zar, y su padre también fue oficial. Cuando Shali tenía dieciséis años, su familia se trasladó a Peoria, Illinois, donde aprendió inglés mirando las películas de John Wayne. Yo pensaba que era el hombre adecuado para dirigir nuestras fuerzas en el mundo posterior a la Guerra Fría, especialmente teniendo en cuenta todos los problemas que había en Bosnia.

A mediados de mes, Hillary y yo volamos a St. Louis, donde aprobé la legislación sobre asistencia para los daños causados por las inundaciones del río Mississippi, después de que una enorme crecida en el tramo superior del río desbordara sus orillas por todo Minnesota y los dos estados de Dakota, hasta Missouri. La ceremonia de aprobación de la ley supuso la tercera vez que visitaba las tierras inundadas. Las empresas y las granjas estaban destruidas, y algunos pueblecitos que se encontraban en la llanura cercana al río, y que apenas se inundaban una vez cada cien años, habían quedado completamente borrados del mapa. En cada viaje, me maravillaba el número de ciudadanos que acudían de todo el país, sencillamente para ofrecer su ayuda.

Luego volamos hacia Denver, donde dimos la bienvenida a Estados Unidos al papa Juan Pablo II. Mantuve una reunión muy fructífera con su santidad, que apoyaba nuestra misión en Somalia y mi deseo de hacer más por el problema de Bosnia. Cuando terminamos, tuvo la deferencia de recibir a todo el personal católico de la Casa Blanca y a mi equipo de protección del servicio secreto, que habían podido viajar a Denver para acompañarme. Al día siguiente también firmé la Ley de la Naturaleza de Colorado, mi primera ley medioambiental importante, que protegía más de 2,5 millones de kilómetros cuadrados de bosques nacionales y terrenos públicos, en el marco del Sistema Nacional de Protección de la Naturaleza.

Luego seguí hasta Tulsa, Oklahoma, para dar un discurso frente a mis antiguos colegas de la Asociación Nacional de Gobernadores sobre sanidad. Aunque la tinta del plan presupuestario todavía no se había secado, quería empezar a trabajar en la sanidad; pensaba que los gobernadores podrían ayudarme, pues los crecientes costes de Medicaid, de los seguros médicos para los empleados federales y de la cobertura sanitaria para los que no contaban con seguros privados constituían una pesada carga en los presupuestos estatales.

El día 19, en mi cuarenta y siete cumpleaños, anuncié que Bill Daley, de Chicago, sería el presidente de nuestro equipo de trabajo sobre el Tratado de Libre Comercio de América del Norte. Seis días atrás, junto con Canadá y México, habíamos completado los acuerdos bilaterales del TLCAN sobre derechos laborales y medioambientales, tal y como había prometido en mi campaña electoral, así como otro acuerdo para proteger a nuestros mercados de los repentinos aumentos en las importaciones. Ahora que ya habíamos ultimado los acuerdos, yo estaba dispuesto a presentar todas las medidas relacionadas con el TLCAN en el Congreso. Pensé que Bill Daley era la persona ideal para encargarse de impulsar la propuesta. Era un abogado demócrata, y procedía de la familia política más famosa de Chicago. Su hermano era el alcalde de la ciudad, y su padre lo había sido antes que él; mantenía muy buenas relaciones con algunos líderes sindicales. El TLCAN sería una batalla muy distinta a la del presupuesto. Muchos republicanos estarían a favor, pero teníamos que encontrar a suficientes demócratas que lo apoyaran a pesar de las objeciones del AFL-CIO, la federación nacional de sindicatos.

Después del nombramiento de Daley, por fin volamos de regreso a Martha's Vineyard. Esa noche los Jordan celebraron una fiesta de cumpleaños para mí, con viejos amigos y algunos nuevos. Jackie Kennedy Onassis y su pareja, Maurice Tempelsman, también vinieron, junto con Bill y Rose Styron y Katharine Graham, la editora del *Washington Post* y una de las personas a las que yo más admiraba en Washington. Al día siguiente fuimos a navegar y a nadar con Jackie y Maurice, Ann y Vernon, Ted y Vicki Kennedy y Ed y Caroline Kennedy Schlossberg. Caroline y Chelsea se subieron a una plataforma bastante alta en el yate de Maurice, y se lanzaron al agua, desafiando a Hillary a que las imitara. Ted y yo también la animamos; solo Jackie le dijo que tomara un camino más seguro hasta el agua. Con su habitual buen juicio, Hillary hizo caso del consejo de Jackie.

Me pasé los siguientes diez días paseando por Oyster Pond. Cogí cangrejos con Hillary y Chelsea, caminé por la playa que bordeaba la laguna y el océano Atlántico, entablé amistad con la gente que vivía en la zona durante el resto del año y leí mucho.

Las vacaciones terminaron demasiado aprisa, y regresamos a Washington para el inicio del primer curso en el instituto de Chelsea. También nos reencontramos con la campaña por la reforma sanitaria de Hillary, con las primeras recomendaciones de Al Gore para recortar gastos según su análisis del rendimiento nacional y con un Despacho Oval recién redecorado. Me encantaba trabajar ahí. Siempre era luminoso y abierto, incluso en los días nublados, gracias a los altos ventanales y a las puertas de cristal orientadas al sur y al este. Por la noche, la luz indirecta se reflejaba en el techo ovalado, lo que aumentaba la iluminación y hacía más cómodo trabajar en casa. La estancia era elegante pero acogedora; siempre me sentí muy bien allí, ya estuviera solo o con mucha gente. Kaki Hockersmith, una decoradora amiga nuestra de Arkansas, nos ayudó a darle un aspecto más alegre y actual: cortinas doradas ribeteadas de azul, sillas con respaldos dorados y sofás con la tapicería a rayas doradas y rojas. También añadió una preciosa alfombra de color azul oscuro, con el sello presidencial en el centro, como un reflejo del que había en el techo. Ahora me gustaba aún más.

Septiembre también fue el mes más intenso en política exterior de toda mi presidencia. El 8 de septiembre, el presidente bosnio Izetbegovic vino a la Casa Blanca. La amenaza de los ataques aéreos de la OTAN había logrado contener a los serbios y reactivar las negociaciones de paz. Izetbegovic me aseguró que él quería alcanzar un acuerdo pacífico, siempre que fuera justo para los musulmanes bosnios. Si lo lograban, quería que yo me comprometiera a enviar a Bosnia tropas de la OTAN, con participación norteamericana para garantizar su cumplimiento. Reafirmé mi intención de hacerlo así.

El 9 de septiembre, Yitzhak Rabin me llamó para decirme que Israel y la OLP habían alcanzado un acuerdo de paz. Se había logrado mediante unas conversaciones secretas entre las partes celebradas en Oslo, de las que se nos informó poco después de que tomara posesión del cargo. En un par de ocasiones, cuando las conversaciones corrían el riesgo de romperse, Warren Christopher se había encargado, y muy bien, de que continuasen. Las conversaciones fueron confidenciales, lo que ayudó a los negociadores a tratar con franqueza los temas más delicados y a acordar una serie de principios que ambas partes podían aceptar. La mayor parte del trabajo aún quedaba para el futuro: colaborar en la tarea inmensamente difícil de solucionar las cuestiones más espinosas; insistir en los plazos de la implementación y obtener dinero para financiar los costes del acuerdo, que iban desde proporcionar mayor seguridad a Israel hasta fondos para el desarrollo económico y el traslado de los refugiados, pasando por compensaciones para los palestinos. Yo había recibido señales alentadoras de apoyo financiero por parte de otros países, entre ellos Arabia Saudí, donde el rey Fahd, aunque aún estaba furioso con Yasser Arafat por su apoyo a Irak durante la guerra del Golfo, estaba a favor del proceso de paz.

Estábamos aún lejos de una solución definitiva, pero la Declaración de Principios constituyó un enorme paso adelante. El 10 de septiembre, anuncié que los líderes israelí y palestino firmarían el acuerdo en el Jardín Sur de la Casa Blanca el lunes 13, y que puesto que la OLP había renunciado a la violencia y había reconocido el derecho a la existencia de Israel, Estados Unidos retomaría el diálogo con ellos. Un par de días antes, la prensa me preguntó si Arafat sería bienvenido en la Casa Blanca. Dije que dependía de las partes directamente implicadas decidir quién sería su representante en la ceremonia. De hecho, yo quería, sin ninguna duda, que Rabin y Arafat asistieran en persona, y les exhorté a que lo hicieran. Si no, nadie en la región creería en su compromiso de implementar los principios del acuerdo; en cambio, si lo hacían, mil millones de personas en todo el mundo les verían por televisión, y ellos abandonarían la Casa Blanca aún más comprometidos con la paz de lo que lo estaban a su llegada. Cuando Arafat dijo que asistiría, le volví a pedir a Rabin que viniera. Aceptó, aunque con reservas.

En retrospectiva, la decisión de ambos líderes de asistir puede parecer fácil. En aquel momento, era una apuesta tanto para Rabin como para Arafat, que no podían estar seguros de la reacción de sus respectivos pueblos. Aun si una mayoría del electorado les apoyaba, los extremistas en ambos lados por fuerza se enfurecerían ante los compromisos que se habían adoptado en la Declaración de Principios sobre algunos temas fundamentales. Rabin y Arafat demostraron ambos tener una gran visión política y mucho valor, cuando aceptaron asistir y pronunciar algunas palabras. El acuerdo lo firmarían el Ministro de Asuntos Exteriores, Shimon Peres, y Mahmoud Abbas, más conocido como Abu Mazen; ambos habían estado estrechamente implicados en las negociaciones de Oslo. El secretario Christopher y el Ministro de Asuntos Exteriores ruso, Andrei Kozyrev, serían testigos del acuerdo.

La mañana del día en cuestión, la atmósfera de la Casa Blanca estaba impregnada de animación así como de tensión. Habíamos invitado a más de dos mil quinientas personas al acto, de cuya organización se habían encargado George Stephanopoulos y Rahm Emanuel. Me alegraba especialmente que Rahm estuviera colaborando en esto, pues él había estado en el ejército israelí. El presidente Carter, que había negociado los acuerdos de Camp David entre Egipto e Israel, estaría presente; también el presidente Bush, que había sido el impulsor, junto con Gorbachov, de las conversaciones de Madrid en 1991, en las que participaron Israel, los palestinos y los estados árabes. También se invitó al presidente Ford, pero no pudo llegar a Washington hasta la noche, y se nos unió durante la cena de celebración. Todos los ex secretarios de Estado y asesores de seguridad nacional que habían trabajado por la paz durante los últimos veinte años fueron invitados. Chelsea se tomó la mañana libre en la escuela, y también los hijos de los Gore. Era algo que no querían perderse.

La noche anterior, me había ido a dormir a las diez, una hora temprana para mí, pero a las tres de la madrugada me desvelé. Incapaz de conciliar el sueño, abrí mi Biblia y leí todo el libro de Josué. Eso me inspiró para reescribir algunos pasajes de mi discurso y para ponerme una corbata azul con cuernos de oro, que me recordó a las trompetas que Josué había soplado para derrumbar las murallas de Jericó. Ahora esas trompetas anunciarían la llegada de una paz que devolvería Jericó a los palestinos.

Tuvimos dos incidentes menores durante la mañana. Cuando me dijeron que Arafat tenía intención de aparecer con su atuendo habitual, la *kufiya* y un uniforme verde oliva, al que quería añadirle un último toque con el revólver que solía llevar colgado a la cintura, me planté y le envié un mensaje en el que le prohibía que trajera el arma. Estaba allí para la paz, y una pistola enviaría un mensaje totalmente equivocado. Le garanticé que estaría a salvo sin ella. Aceptó venir desarmado. Cuando los palestinos vieron que en el tratado recibían el nombre de «delegación palestina», y no OLP, también se plantaron. Israel estuvo de acuerdo en aceptar el término que preferían.

Luego estaba la cuestión de si Rabin y Arafat se darían la mano. Yo sabía que Arafat quería hacerlo. Antes de llegar a Washington, Rabin dijo que también lo haría, «de ser necesario», pero era evidente que no tenía muchas ganas. Cuando llegó a la Casa Blanca, saqué a relucir el tema. Evitó comprometerse y me habló de todos los jóvenes israelíes que había tenido que enterrar por culpa de Arafat. Le dije a Yitzhak que si realmente quería la paz, tendría que estrechar la mano de Arafat para demostrarlo. «Todo el mundo les estará observando y esperan ese apretón de manos.» Rabin suspiró, y con su voz profunda y hastiada, dijo: «Supongo que uno no acuerda la paz con sus amigos». «Entonces, ¿lo hará?», le pregunté. Me replicó casi al instante: «De acuerdo, de acuerdo. Pero sin besos». El saludo tradicional árabe era dar un beso en la mejilla, y no quería ni oír hablar de eso.

Yo sabía que Arafat era muy teatral y que quizá querría darle un beso a Rabin después de estrecharle la mano. Habíamos decidido que primero yo les daría la mano a cada uno y, a continuación, haría un gesto para acercarles y que se estrecharan la mano. Estaba seguro de que si Arafat no trataba de besarme, tampoco lo intentaría con Rabin. Mientras me encontraba en el Despacho Oval comentándolo con Hillary, George Stephanopoulos, Tony Lake y Martin Indyk, Tony dijo que sabía una manera de darle la mano a Arafat y evitar el beso. Describió el gesto y practicamos. Yo hice de Arafat, y Tony de mí; me mostró qué debía hacer. Cuando le di la mano y me adelanté para besarle, puso su mano izquierda en mi brazo derecho, en el codo doblado, y apretó; me detuvo instantáneamente. Luego intercambiamos los papeles y se lo hice a él. Practicamos un par de veces hasta que me aseguré de que la mejilla de Rabin permanecería intacta. Todos nos reímos mucho con eso, pero yo sabía que evitar el beso era algo tremendamente serio para Rabin.

Minutos antes de la ceremonia, las tres delegaciones se reunieron en la amplia Sala Oval Azul, en el piso principal de la Casa Blanca. Los israelíes y los palestinos aún no se hablaban en público, así que los norteamericanos iban de un grupo al otro, mientras recorrían la estancia circular. Parecíamos una pandilla de chicos torpes subidos a un carrusel que se movía lentamente.

Gracias a Dios, aquello terminó rápidamente y fuimos al piso de abajo para dar comienzo a la ceremonia. Todo el mundo salió según el orden que habíamos establecido y nos dejaron solos a Arafat, a Rabin y a mí durante un instante. Arafat saludó a Rabin y le tendió la mano. Las de Yitzhak estaban firmemente sujetas a su espalda. Dijo lacónicamente: «Fuera». Arafat se limitó a sonreír y a asentir para indicar que lo comprendía. Luego Rabin dijo: «Sabes, vamos a tener que esforzarnos mucho para que esto funcione». Arafat respondió: «Lo sé, y estoy dispuesto a hacer mi parte».

Caminamos hacia el exterior; hacía un hermoso día de finales de verano. Empecé la ceremonia con una breve bienvenida y unas palabras de agradecimiento, apoyo y aliento para ambos líderes y su determinación de alcanzar la «paz de los valientes». Después, Peres y Abbas pronunciaron un breve discurso y luego se sentaron para firmar el acuerdo. Warren Christopher y Andrei Kozyrev actuaron como testigos mientras Rabin, Arafat y yo permanecimos de pie a la derecha, un poco retirados. Cuando la firma hubo concluido, todos los ojos se clavaron en ambos líderes, Arafat a mi izquierda y Rabin a mi derecha. Estreché la mano de Arafat, con la maniobra de bloqueo que había practicado. Luego me giré y le di la mano a Rabin, después de lo cual di un paso hacia atrás, dejé libre el espacio que había ocupado y extendí los brazos para acercarlos. Arafat tendió su mano hacia Rabin, que aún seguía algo reacio. Cuando Rabin extendió la suya, pudo oírse cómo la multitud profería una discreta exclamación de asombro, seguida por un estruendoso aplauso, cuando el apretón de manos, sin beso, terminó. Todo el mundo lo celebró, excepto los manifestantes del núcleo duro en Oriente Próximo, que incitaban a la violencia, y algunos delante de la Casa Blanca que afirmaban que estábamos poniendo en peligro la seguridad de Israel.

Después del apretón de manos, Christopher y Kozyrev hicieron unos breves comentarios y luego Rabin se acercó al micrófono. Sonaba como un profeta del Antiguo Testamento cuando habló en inglés, dirigiéndose a los palestinos: «Estamos destinados a convivir en el mismo suelo y en la misma tierra. Nosotros, los soldados que hemos regresado de las batallas teñidos de sangre…, os decimos hoy, con voz alta y clara: basta ya de sangre y de lágrimas. ¡Basta!… Nosotros somos personas, igual que lo sois vosotros, gente que quiere construir un hogar, plantar un árbol, amar y vivir a vuestro lado con dignidad, con nuestras afinidades como seres humanos, y como hombres libres». Luego, citando el libro de Koheleth, que los cristianos llaman Eclesiástes, Rabin dijo: «Hay un momento oportuno para todo y un tiempo para cada cosa bajo el sol… un tiempo para nacer y un tiempo para morir; un tiempo para matar y un tiempo para sanar; un tiempo para la guerra y un tiempo para la paz. Ha llegado el tiempo para la paz». Fue un discurso magnífico. Lo había utilizado para tender la mano a sus adversarios.

Cuando llegó el turno de Arafat, él utilizó otro enfoque. Ya había tendido su mano a los israelíes, con sonrisas, gestos amigables y su ansioso apretón de manos. Ahora, con su voz rítmica y cantarina, habló a su gente en árabe, contando cuáles eran sus esperanzas respecto al proceso de paz y reafirmando la legitimidad de sus aspiraciones. Como Rabin, promovía la paz, pero con matices: «Nuestro pueblo no considera que ejercer su derecho a la autodeterminación constituya una violación de los derechos de nuestros vecinos o un ataque a su seguridad. Más bien pensamos que poner fin al sentimiento de haber sido maltratados y de sufrir una injusticia histórica es la garantía más fuerte de alcanzar la coexistencia y la transparencia en las relaciones entre nuestros pueblos y las futuras generaciones».

Arafat había optado por hacer gestos generosos para dirigirse a los israelíes, y emplear palabras duras para tranquilizar a los escépticos que había entre los suyos. Rabin lo había hecho a la inversa. Había sido sincero y auténtico en su discurso para los palestinos y ahora utilizaba el lenguaje corporal para tranquilizar a los que, en Israel, dudaban del proceso. Durante todo el tiempo que duró el discurso de Arafat, parecía incómodo y escéptico, tan inquieto que daba la impresión de estar realmente impaciente por irse. Sus distintas tácticas, yuxtapuestas, fueron fascinantes y muy reveladoras; tomé nota, mentalmente, para tenerlo en cuenta en mis futuras negociaciones con ellos. Pero no debería haberme preocupado. Al poco tiempo, Rabin y Arafat desarrollaron una extraordinaria relación de colaboración, un tributo del respeto que Arafat sentía por Rabin y una muestra de la asombrosa capacidad del dirigente israelí para comprender el funcionamiento de la mente de Arafat.

Cerré la ceremonia rogando a los descendientes de Isaac e Ismael, ambos hijos de Abraham, «Shalom, salaam, paz», e instándoles a «irse como artífices de la paz». Después del acto tuve un breve encuentro con Arafat y un almuerzo privado con Rabin. Yitzhak estaba agotado tras la larga negociación y la emotiva ceremonia. Era un giro sorprendente en su azarosa vida, gran parte de la cual la había pasado vestido de uniforme, luchando contra los enemigos de Israel, entre ellos Arafat. Le pregunté por qué había decidido apoyar las conversaciones de Oslo y el acuerdo resultante. Me contestó que se había dado cuenta de que el territorio que Israel llevaba ocupando desde la guerra de 1967 ya no era necesario para su seguridad, es más, era una fuente de peligros. Dijo que la intifada que se había desatado hacía algunos años demostró que ocupar un territorio lleno de gente furiosa no era ninguna garantía para la seguridad de Israel, sino que la hacía más vulnerable a los ataques desde el interior. Luego, durante la guerra del Golfo, cuando Irak atacó a Israel con misiles Scud, comprendió que, con el armamento moderno, la tierra no era ninguna garantía de seguridad contra los ataques desde el exterior. Finalmente, prosiguió, si Israel quería quedarse en Cisjordania de forma permanente, tendría que decidir si debía dejar a los árabes votar en las elecciones israelíes, como lo habían hecho los que vivían dentro de las fronteras anteriores a 1967. Si los palestinos obtenían el derecho al voto, dada su tasa de natalidad más alta, en unas décadas Israel ya no sería un estado judío. Y si se les negaba el derecho al voto, Israel ya no sería una democracia, sino un estado de apartheid. Por lo tanto, concluyó, Israel debía abandonar ese territorio, pero solo si al hacerlo conseguía la paz real y la normalización de las relaciones con sus vecinos, entre ellos Siria. Rabin pensaba que podría llegar a un acuerdo con el presidente sirio Hafez al-Assad más pronto o más tarde, una vez hubiera terminado el proceso de paz palestino. Yo también pensaba lo mismo, a tenor de mis conversaciones con Assad.

A lo largo de los años, el análisis de Rabin de lo que significa Cisjordania para Israel se convirtió en una tesis ampliamente aceptada entre los israelíes a favor de la paz, pero en 1993 era novedoso, perspicaz y valiente. Yo admiraba a Rabin aun antes de conocerle en 1992, pero ese día, contemplándole mientras hablaba en la ceremonia, y escuchando sus argumentos a favor de la paz, pude ver que poseía una grandeza de espíritu que le convertía en un dirigente excepcional. Jamás había conocido a nadie como él y estaba decidido a ayudarle a hacer realidad sus sueños de paz.

Después del almuerzo, Rabin y los israelíes volaron hacia su país para celebrar los Días Sagrados, y para explicar el acuerdo al Knesset, el parlamento israelí, con una parada en el camino en Marruecos, para hablar de él también con el rey Hassan, que desde hacía tiempo mantenía una postura moderada respecto a Israel.

Esa noche Hillary y yo ofrecimos una cena de celebración para unas veinticinco parejas, entre ellas el presidente Carter y su esposa, el presidente y la señora Ford y el presidente Bush. También asistieron seis de los nueve secretarios de Estado que aún vivían, y los líderes republicanos y demócratas del Congreso. Los presidentes habían aceptado venir no solo para celebrar el importante avance en el proceso de paz, sino también para participar en el lanzamiento público de la campaña para el TLCAN, que tendría lugar al día siguiente. Durante la velada les llevé a todos a mi despacho en el piso de la residencia, donde nos hicimos una fotografía para conmemorar una ocasión tan especial en la historia de Norteamérica, en la que cuatro presidentes cenaban juntos en la Casa Blanca. Después de la cena los Carter y los Bush aceptaron nuestra invitación a quedarse a pasar la noche. Los Ford declinaron, por una muy buena razón: habían reservado la suite del hotel de Washington en la que pasaron su noche de bodas.

Al día siguiente seguimos impulsando la paz, pues los diplomáticos jordanos e israelíes firmaron un acuerdo que les acercaba a la paz final y unos cientos de empresarios judíos y arabeamericanos se reunieron en el Departamento de Estado para comprometerse, en un esfuerzo conjunto, a invertir en las zonas palestinas donde las condiciones fueran lo suficientemente pacíficas como para que pudiera desarrollarse una economía estable.

Mientras, los demás presidentes se unieron a mí, en la Sala Este de la Casa Blanca, en una ceremonia en la que firmamos los acuerdos bilaterales del TLCAN. Yo defendí que el TLCAN sería beneficioso para las economías de Estados Unidos, Canadá y México, pues crearía un mercado gigante de casi 400 millones de personas. Además, reforzaría el liderazgo de Estados Unidos en la zona y en el mundo entero; si no se aprobaba, aumentaría la posibilidad de que hubiera una fuga de puestos de trabajo a México, donde los salarios eran mucho más reducidos. Los aranceles de México eran dos veces y media superiores a los nuestros y aun así, junto con Canadá, era el primer comprador de productos norteamericanos. La mutua retirada progresiva de aranceles sería una ganancia añadida para nosotros.

Luego los presidentes Ford, Carter y Bush hablaron a favor del TLCAN. Todos lo hicieron muy bien, pero Bush fue especialmente brillante, e ingeniosamente generoso conmigo. Me felicitó por mi discurso y dijo: «Ahora comprendo por qué él está dentro, y mirando hacia fuera, y yo estoy fuera, mirando hacia dentro». Los presidentes ofrecieron a esta campaña la seriedad de los dos partidos del país; y necesitábamos toda la ayuda que nos pudieran prestar. El TLCAN se enfrentaba a una intensa oposición por parte de una insólita coalición de demócratas progresistas y republicanos conservadores que compartían el temor de que una relación más abierta con México costara a Estados Unidos puestos de trabajo de calidad, sin que por ello se ayudara a los mexicanos de a pie; éstos, a su vez, creían que seguirían recibiendo salarios más bajos por una carga laboral más alta, sin importar el dinero que sus jefes ganaran comerciando con Estados Unidos. Yo era consciente de que quizá tenían razón en lo segundo, pero creía que el TLCAN era esencial, no solamente para nuestras relaciones con México y Latinoamérica, sino también para nuestro compromiso de construir un mundo más cooperativo e integrado.

Aunque cada vez estaba más claro que no se lograría votar la reforma sanitaria hasta el año siguiente, aún teníamos que enviar nuestra propuesta de ley a Capitol Hill para que el proceso legislativo pudiera comenzar. Al principio, nos planteamos la idea de enviar únicamente un resumen de la propuesta a los comités jurisdiccionales y dejar que ellos redactaran el texto en sí, pero Dick Gephardt y otros insistieron en que tendríamos más posibilidades de éxito si empezábamos con una propuesta de legislación concreta. Después de una reunión con los líderes del Congreso en la Sala del Gabinete, propuse a Bob Dole que colaboráramos en esta cuestión. Lo hice porque a Dole y a su jefe de gabinete, una notable enfermera llamada Sheila Burke, les importaba de veras la sanidad y, en cualquier caso, si yo terminaba presentando una propuesta que no le gustara, él podría obstruirla indefinidamente. Dole rechazó la idea de trabajar en la redacción de una propuesta conjunta y me dijo que yo debía preparar mi propio texto y que ya llegaríamos a un compromiso más tarde. Quizá lo creía cuando lo dijo, pero desde luego no fue eso lo que sucedió después.

Yo tenía que presentar el plan de sanidad en una sesión conjunta del Congreso el 22 de septiembre. Me sentía optimista. Esa mañana había firmado la ley de creación de los AmeriCorps, el programa de servicio nacional, una de mis prioridades personales más importantes. También nominé a Eli Segal, que se había encargado de que la propuesta se aprobara en el Congreso, el primer presidente ejecutivo de la Corporación para el Servicio Nacional. Entre los asistentes a la ceremonia de la firma, en el Jardín Sur de la Casa Blanca, había jóvenes que habían respondido a mi llamamiento para dedicarse a los servicios comunitarios ese verano; dos viejos veteranos del Cuerpo de Conservación Civil de Franklin Roosevelt, cuyos proyectos aún daban forma al paisaje de Norteamérica y Sargent Shriver, el primer director de los Cuerpos de Paz. Sarge tuvo la deferencia de prestarme una de las plumas estilográficas que el presidente Kennedy había utilizado treinta y dos años atrás para firmar la legislación de los Cuerpos de Paz, y yo la empleé para dar vida a los AmeriCorps. Durante los siguientes cinco años, casi 200.000 jóvenes norteamericanos se unieron a las filas de AmeriCorps, una cifra más alta que los que habían participado en los cuarenta y cinco años de historia de los Cuerpos de Paz.

La tarde del día 22 me sentía confiado mientras avanzaba por el pasillo de la cámara de representantes. Miré a Hillary, que estaba sentada en la tribuna con dos de los médicos más famosos de Estados Unidos, el pediatra T. Berry Brazelton, amigo suyo desde hacía tiempo, y el doctor C. Everett Koop, que había sido el Director General de Salud Pública del presidente Reagan, un cargo desde el que educó a la nación acerca del SIDA y la importancia de prevenir el contagio. Tanto Brazelton como Koop eran defensores de la reforma sanitaria y darían mucha credibilidad a nuestros esfuerzos.

Mi confianza se esfumó cuando eché un vistazo al TelePrompTer, donde estaba mi discurso. Es decir, donde debería haber estado. Pero lo que había en la pantalla era el principio de mi discurso frente al Congreso sobre el plan económico, el que había pronunciado en febrero. El presupuesto ya se había aprobado hacía un mes, y al Congreso no le hacía ninguna falta volver a oír aquel discurso. Me volví hacia Al Gore, que estaba sentado en su puesto, detrás de mí, le conté el problema y le pedí que llamara a George Stephanopoulos para que se encargara del solucionarlo. Mientras, empecé mi discurso. Tenía una copia escrita frente a mí y sabía qué quería decir, de modo que no estaba muy preocupado, aunque me distraían un poco todas aquellas frases irrelevantes pululando por el TelePrompTer. A los siete minutos, por fin apareció el texto correcto. No creo que nadie se diera cuenta de la diferencia, pero a mí me tranquilizó mucho poder contar con mi muleta electrónica.

Tan sencilla y directamente como pude, expliqué cuál era el problema (que nuestro sistema sanitario costaba demasiado y ofrecía cobertura a demasiada poca gente), y me dispuse a esbozar los principios básicos de nuestro plan: seguridad, simplicidad, ahorro, elección, calidad y responsabilidad. Todo el mundo tendría derecho a cobertura sanitaria, mediante aseguradoras privadas, y ese derecho no se perdería durante una baja por enfermedad o por un cambio de trabajo. Se reduciría la burocracia porque instauraríamos un seguro médico con un paquete mínimo de condiciones; también podríamos recortar gastos reduciendo los costes administrativos, que eran notablemente más elevados que los de otras naciones industrializadas. Además, seríamos más duros con el fraude y el abuso. Según el doctor Koop, eso podía ahorrarnos decenas de miles de millones de dólares.

Con nuestra reforma, los norteamericanos podrían elegir su propio seguro médico y conservar sus propios doctores, una elección que cada vez estaba al alcance de menos ciudadanos; las organizaciones sanitarias eran las que gestionaban los seguros, y trataban de contener sus gastos restringiendo la libertad de elección de los pacientes y realizando interminables comprobaciones antes de autorizar tratamientos costosos. La calidad quedaría garantizada mediante la emisión de boletines de valoración que se darían a los consumidores de los planes sanitarios; además, proporcionarían más información a los médicos. Se exigiría responsabilidad a todos los niveles. En ese sentido, se contemplaba emprender las actuaciones pertinentes contra las compañías aseguradoras que, de mala fe, negaran tratamientos; contra los médicos y suministradores que inflaran sus facturas; contra las compañías farmacéuticas que sobrecargaran el precio de sus productos; contra los abogados que impulsaran demandas falaces y contra los ciudadanos cuyas elecciones irresponsables perjudicaran su salud y generaran costes para todos los demás.

Propuse que todos los empleadores garantizaran una cobertura sanitaria, como ya estaban haciendo casi un 75 por ciento de ellos, y que se aplicara un gran descuento a los propietarios de pequeñas y medianas empresas que, de otro modo, no podrían costear el seguro médico de sus trabajadores. El subsidio se financiaría mediante un aumento en el impuesto sobre el tabaco. Los trabajadores autónomos podrían deducir todos los costes de sus seguros médicos de su base fiscal.

Si se hubiera aprobado el sistema que propuse, se habría reducido la inflación de los costes sanitarios, se habría repartido la carga de la financiación de la sanidad de una forma más justa y se habría garantizado cobertura sanitaria a millones de norteamericanos que no la tenían. Además, hubiera puesto punto final a las terribles injusticias de los casos con los que yo me había encontrado personalmente, como el de una mujer que tuvo que abandonar un trabajo con un salario de 50.000 dólares anuales, con el que criaba a sus seis hijos, porque el más pequeño estaba tan enfermo que ella perdió su seguro médico; el único modo para que aquella madre obtuviera cobertura sanitaria para su hijo era ir a la asistencia social e inscribirse en Medicaid. O el caso de una pareja joven con un niño enfermo, cuyo único seguro médico procedía del empleador de uno de los padres, una pequeña organización no lucrativa con veinte empleados. El tratamiento del niño era tan caro que la aseguradora de la organización le dio a elegir entre despedir a la empleada o subir el coste de los seguros médicos de los demás empleados en 200 dólares. Francamente, yo creía que Estados Unidos merecía algo mejor que eso.

Hillary, Ira Magaziner, Judy Feder y todos los que colaboraron con ellos diseñaron un plan que podíamos poner en práctica a la vez que reducíamos el déficit. Y contrariamente a como más tarde se describió, generalmente los expertos en sanidad lo elogiaron y lo calificaron de moderado y factible. Desde luego no era una absorción gubernamental del sistema sanitario, como algunos críticos llegaron a decir, pero eso es otra historia y vino luego. La noche del día 22 yo estaba bastante contento porque el TelePrompTer funcionaba otra vez.

Hacia finales de septiembre, Rusia volvió a ocupar los titulares, cuando los miembros del ala dura del parlamento trataron de deponer a Yeltsin. Su reacción fue disolver el parlamento y convocar nuevas elecciones para el 12 de diciembre. Nosotros aprovechamos la crisis para aumentar el paquete de ayudas a Rusia, que se aprobó el 30 de septiembre en una votación en el Congreso que ganamos por 321 votos contra 108, y en el Senado, por 87 contra 11.

El domingo 3 de octubre, el conflicto entre Yeltsin y sus oponentes reaccionarios en la Duma degeneró en una batalla campal en las calles de Moscú. Grupos armados, con banderas rojas con la hoz y el martillo y fotografías de Stalin, dispararon lanzagranadas contra el edificio en el que se encontraban una serie de televisiones rusas. Otros líderes reformistas de países ex comunistas, como Václav Havel, emitieron un comunicado de apoyo a Yeltsin; yo también hice uno en el que declaraba a los periodistas que era obvio que los oponentes de Yeltsin habían desencadenado el estallido de violencia, y que éste se «había esforzado muchísimo» para evitar un excesivo uso de la fuerza. También dije que Estados Unidos le apoyaría a él y a su propuesta de celebrar unas elecciones parlamentarias libres y justas. Al día siguiente las fuerzas armadas rusas bombardearon el edificio parlamentario y amenazaron con asaltarlo, para obligar a los líderes de la rebelión a entregarse. A bordo del *Air Force One*, de camino a California, llamé a Yeltsin para expresarle mi apoyo.

Los enfrentamientos en las calles de Moscú fueron la noticia más destacada de aquella noche en los hogares de todo el mundo, pero en Estados Unidos era una historia distinta la que ocupaba el interés de los espectadores, una noticia que marcó uno de los días más negros de mi presidencia e hizo famosa la expresión «Black Hawk Derribado».

En diciembre de 1992, el presidente Bush, con mi apoyo, había enviado tropas norteamericanas a Somalia para ayudar a Naciones Unidas, después de que más de 350.000 somalíes hubieran muerto en una sangrienta guerra civil que dejó a su paso hambruna y epidemias. En aquel momento, el asesor de seguridad nacional de Bush, el general Brent Scowcroft, le dijo a Sandy Berger que volverían a casa antes de mi investidura. Pero no fue así, porque en Somalia no había ningún gobierno al frente del país y, sin la presencia de nuestras tropas, los matones armados habrían robado los suministros y la ayuda humanitaria de Naciones Unidas, lo que habría provocado aún más hambre. Durante los meses siguientes, Naciones Unidas envió unos 20.000 efectivos, y redujimos la presencia norteamericana a un poco más de 4.000 soldados, de los 25.000 que habíamos tenido. Después de siete meses, los campos volvían a dar frutos, el hambre había desaparecido, los refugiados volvían a sus hogares, las escuelas y hospitales reabrían sus puertas y se había creado una fuerza policial. Muchos somalíes estaban inmersos en un proceso de reconciliación nacional que impulsaba a su país hacia la democracia.

Entonces, en junio, la tribu del señor de la guerra somalí, Mohammed Aidid, mató a veinticuatro paquistaníes miembros de las fuerzas de paz. Aidid, cuyos mercenarios controlaban buena parte de la ciudad de Mogadiscio, la capital, y al que no le gustaba el proceso de reconciliación, quería controlar el país y pensaba que para lograrlo tenía que echar a Naciones Unidas. Después del asesinato de los paquistaníes, el secretario general Boutros-Ghali y su representante para Somalia, un almirante norteamericano retirado llamado Jonathan Howe, decidieron que había que ir a por Aidid; creían que la misión de Naciones Unidas no podría tener éxito a menos que se le llevara ante un tribunal. Puesto que Aidid estaba fuertemente protegido por un ejército muy bien armado, Naciones Unidas no podía capturarle, así que pidió ayuda a Estados Unidos. El almirante Howe, que había sido adjunto militar de Brent Scowcroft en la Casa Blanca bajo el mandato de Bush, pensó, especialmente después de la muerte de los paquistaníes, que arrestar a Aidid y llevarlo ante un tribunal era el único modo de poner fin a los conflictos tribales que mantenían a Somalia en la violencia, el fracaso y el caos.

Unos días antes de jubilarse de presidente de la Junta de Jefes del Estado Mayor, Colin Powell fue a verme para recomendarme que aprobara una ayuda norteamericana para capturar a Aidid, aunque su opinión era que teníamos un 50 por ciento de posibilidades de apresarlo y un 25 por ciento de que huyera con vida. Aun así, argumentó, no podíamos comportarnos como si no nos importara que Aidid hubiera matado a fuerzas de Naciones Unidas, que estaban en esto con nosotros. Las repetidas ocasiones en que la organización había tratado de detener a Aidid —sin éxito— no habían hecho más que aumentar el prestigio de éste y empañado la naturaleza humanitaria de la misión de Naciones Unidas. Yo estaba de acuerdo con él.

El comandante norteamericano de los Rangers era el general de división William Garrison. La Décima División de Montaña del ejército, destacada en Fort Drum, Nueva York, también tenía soldados en Somalia, a cargo del comandante general de las fuerzas norteamericanas que se encontraban allí, el general Thomas Montgomery. Ambos respondían frente al general de marines Joseph Hoar, comandante del centro de mando de Estados Unidos en la base de las fuerzas aéreas de MacDill, en Tampa, Florida. Yo conocía a Hoar y confiaba mucho en su buen juicio y su capacidad.

El 3 de octubre, basándose en un soplo que decía que dos de los ayu-

dantes de confianza de Aidid estaban en el barrio de Mogadiscio llamado
«Mar Negro», controlado por Aidid, el general de división Garrison
ordenó a los Rangers del ejército que asaltaran el edificio donde se suponía que estaban los dos hombres. Volaron hacia Mogadiscio en helicópteros Black Hawk a plena luz del día, lo cual era mucho más arriesgado que
si se hubiera hecho de noche. Gracias a los instrumentos de visión nocturna, los helicópteros y las tropas cuentan con la misma capacidad operativa que durante el día, pero son menos detectables. Garrison decidió
correr ese riesgo porque sus hombres habían llevado a cabo tres operaciones anteriores de día sin mayores problemas.

Los Rangers asaltaron el edificio y capturaron a los lugartenientes de
Aidid y a algunos otros jefes menos importantes. Pero luego el asalto se
torció. Las fuerzas de Aidid contraatacaron y abatieron a dos Black
Hawks. El piloto del primer helicóptero quedó atrapado en los restos del
aparato. Los Rangers no querían abandonarle: jamás abandonan a sus
hombres en el campo de batalla, vivos o muertos. Cuando volvieron a
entrar, empezaron los fuegos artificiales de verdad. Al poco rato, noventa
soldados norteamericanos rodeaban el helicóptero y se enfrentaban a
cientos de somalíes que les disparaban sin cesar. Finalmente, la fuerza de
despliegue rápido del general Montgomery entró en combate, pero la
resistencia somalí fue suficientemente fuerte para impedir que la operación de rescate pudiera completarse a lo largo de toda una noche. Cuando
la batalla terminó, habían muerto diecinueve norteamericanos y había
docenas de heridos. El piloto de Black Hawk, Mike Durant, había sido
capturado. Más de quinientos somalíes murieron y más de mil fueron
heridos. Un grupo de somalíes enfurecido arrastró el cuerpo sin vida del
jefe de tripulación del Black Hawk por las calles de Mogadiscio.

Los ciudadanos norteamericanos se sentían ultrajados y atónitos.
¿Cómo era posible que nuestra misión humanitaria se hubiera convertido
en una lucha obsesiva contra Aidid? ¿Por qué obedecían las fuerzas norteamericanas las órdenes de Boutros-Ghali y del almirante Howe? El
senador Robert Byrd reclamó el final de las «operaciones de policías y
ladrones». El senador John McCain dijo: «Clinton debe traerlos de
vuelta a casa». El almirante Howe y el general Garrison querían perseguir a Aidid; de acuerdo con sus fuentes en Mogadiscio, muchos de sus
aliados tribales habían huido de la ciudad, y no faltaba demasiado para
completar la misión.

El día 6, convoqué a nuestro equipo de seguridad nacional en la Casa
Blanca. Tony Lake también trajo a Robert Oakley, que había sido el civil
norteamericano de más alto rango en Mogadiscio desde diciembre hasta
marzo. Oakley creía que Naciones Unidas, y también su viejo amigo el
almirante Howe, habían cometido un error aislando a Aidid del proceso
político y obsesionándose con su captura. Por extensión, estaba en desa-

cuerdo con nuestra decisión de tratar de apresar a Aidid para Naciones Unidas.

Yo comprendía al general Garrison y a los hombres que querían volver para terminar su misión. Las bajas de nuestros soldados me ponían enfermo y quería que Aidid pagara por lo que había hecho. Si intentar capturarle había costado diecinueve muertos y ochenta y cuatro heridos norteamericanos, ¿no valía la pena terminar lo que habíamos empezado? El problema de esa argumentación era que si volvíamos y capturábamos a Aidid, vivo o muerto, entonces seríamos nosotros quienes estaríamos a cargo de Somalia, y no había ninguna garantía de que pudiéramos reconstruirla políticamente mejor de lo que Naciones Unidas lo había hecho. El desarrollo de los acontecimientos demostró la validez de esa reflexión: Aidid murió de causas naturales en 1996, y Somalia siguió dividida. Además, el Congreso no apoyaba que desempeñáramos un papel más importante en Somalia, como descubrí durante una reunión con algunos de sus miembros en la Casa Blanca. La mayoría me pidieron que retirara nuestras fuerzas. Yo no estaba en absoluto de acuerdo y al final llegamos al compromiso de un período de transición de seis meses. No me importaba enfrentarme al Congreso, pero tenía que pensar en las consecuencias de cualquier acción que pudiera dificultar la obtención de la autorización del Congreso para enviar tropas norteamericanas a lugares como Bosnia y Haití, donde teníamos muchos más intereses en juego.

Al final, acepté enviar a Oakley con la misión de que negociara con Aidid la liberación de Mike Durant, el piloto capturado. Sus instrucciones eran claras: Estados Unidos no tomaría represalias si se liberaba inmediata e incondicionalmente a Durant. No lo intercambiaríamos por los prisioneros que acabábamos de capturar. Oakley entregó el mensaje y Durant fue liberado. Reforcé nuestros efectivos, fijé una fecha para su retirada y di seis meses más a Naciones Unidas para que estableciera un sistema de control en la zona o reconstruyera una organización política somalí eficaz. Después de la liberación de Durant, Oakley entabló negociaciones con Aidid y finalmente obtuvo una tregua provisional.

La batalla de Mogadiscio me atormentaba. Creía saber cómo se sintió el presidente Kennedy después de lo sucedido en la Bahía de Cochinos. Era responsable de una operación que había aprobado en general, pero de la que desconocía los detalles. A diferencia de la Bahía de Cochinos, no era un fracaso en el sentido estrictamente militar. El equipo de Rangers había arrestado a los lugartenientes de Aidid después de aterrizar en mitad de Mogadiscio a plena luz del día, de realizar una misión compleja y difícil y de soportar bajas inesperadas con valor y habilidad. Pero esas bajas conmocionaron a Estados Unidos, y la batalla en la que se produjeron no era coherente con los objetivos más amplios de nuestra misión humanitaria y la de Naciones Unidas.

Lo que más me torturaba era que cuando di mi aprobación para que se emplearan fuerzas norteamericanas en la captura de Aidid, jamás me imaginé que asaltarían de día un barrio habitado y hostil. Supuse que trataríamos de apresarlo cuando estuviera desplazándose, lejos de un gran número de civiles y de la cobertura que eso proporcionaría a sus mercenarios. Pensé que aprobaba una acción policial hecha por soldados norteamericanos que tenían mejor entrenamiento, capacidad y equipamiento que sus homólogos de Naciones Unidas. Aparentemente, también era eso lo que Colin Powell pensaba que me estaba pidiendo que aprobara. Cuando hablé con él sobre este tema, después de salir de la Casa Blanca y cuando él ya era secretario de Estado, Powell me dijo que jamás habría aprobado una operación así a menos que se llevara a cabo de noche. Pero nosotros no habíamos tratado ese aspecto, y aparentemente nadie había impuesto ningún parámetro a la gama de opciones de las que disponía el general Garrison. Colin Powell se retiró tres días antes del asalto y aún no se había confirmado a su sustituto, John Shalikashvili. La operación no la aprobó ni el general Hoar, en el CentCom, ni el Pentágono. En consecuencia, en lugar de autorizar una operación policial agresiva, había dado luz verde a un ataque militar en un territorio hostil.

En una carta manuscrita que me envió el día después de la batalla, el general Garrison asumió plena responsabilidad por su decisión de seguir adelante con el ataque y explicó las razones que habían motivado aquella decisión: los informes de los que disponía eran excelentes; los soldados tenían experiencia; la capacidad del enemigo era conocida, y las tácticas apropiadas; se habían tenido en cuenta los imprevistos; una fuerza de reacción armada quizá habría ayudado, pero no habría reducido el número de bajas norteamericanas, porque los soldados del equipo no querían dejar atrás a sus camaradas caídos en combate, uno de los cuales había quedado atrapado en los restos del aparato abatido. Garrison terminaba su carta diciendo: «La misión fue un éxito. Los objetivos fueron capturados y retirados del edificio... El presidente Clinton y el secretario Aspin deben ser excluidos de la lista de responsables».

Yo respetaba a Garrison y compartía lo que decía en su carta, exceptuando ese último punto. No había ninguna forma de que yo pudiera, o debiera, apartarme de la «lista de responsables». Creo que el asalto fue un error, porque, al realizarse durante el día, subestimó la fuerza y la determinación de las fuerzas de Aidid y la consiguiente posibilidad de perder uno o más helicópteros. En tiempo de guerra, quizá los riesgos habrían sido aceptables. En una misión de paz, no lo eran, porque el objetivo no era suficientemente importante como para correr el riesgo de sufrir bajas significativas y cambiar la naturaleza de nuestra misión a los ojos tanto de los somalíes como de los norteamericanos. Arrestar a Aidid y a sus lugartenientes porque las fuerzas de Naciones Unidas no podían hacerlo, tenía que ser una prioridad secundaria en nuestras actividades en la zona, no el principal objetivo. Valía la pena intentarlo en las circunstancias adecuadas, pero cuando di mi consentimiento a la recomendación del general Powell, también debería haber solicitado una aprobación previa por parte del Pentágono y de la Casa Blanca para una operación de esta magnitud. Desde luego, no culpo al general Garrison, un excelente soldado cuya carrera se vio injustamente perjudicada. La decisión que tomó, dadas sus instrucciones, era defendible. Las implicaciones más amplias de la misma deberían haberse determinado a niveles más altos del escalafón.

Durante las semanas siguientes, visité a algunos de los heridos en el hospital militar Water Reed, y mantuve dos emotivos encuentros con las familias de los soldados que habían perdido la vida. En uno de ellos, dos padres, atormentados, me hicieron preguntas muy duras, Larry Joyce y Jim Smith, un ex Ranger que había perdido una pierna en Vietnam. Querían saber en nombre de qué habían muerto sus hijos y por qué habíamos cambiado de opinión. Cuando concedí la Medalla de Honor póstuma a los francotiradores de los Delta, Gary Gordon y Randy Shugart, por su heroísmo tratando de salvar a Mike Durant y a su tripulación del helicóptero, sus familias aún estaban transidas por el dolor. El padre de Shugart estaba furioso conmigo y me dijo, enfadado, que no estaba calificado para ser Comandante en Jefe. Después del precio que había pagado, podía decir lo que quisiera por lo que a mí respectaba. Ignoraba si opinaba aquello porque yo no había ido a Vietnam, porque había dado luz verde a la operación o porque me había negado a perseguir a Aidid después del 3 de octubre. A pesar de todo, yo no creía que los beneficios estratégicos, políticos o emocionales de capturar o matar a Aidid justificaran más pérdidas de vidas humanas de ninguno de ambos lados o una transferencia de mayor responsabilidad en el futuro de Somalia de Naciones Unidas a Estados Unidos.

Después de Black Hawk Derribado, siempre que aprobaba un despliegue de fuerzas, exigía más información de los riesgos que comportaba y dejé mucho más claro qué clase de operaciones tenían que aprobarse en Washington. La lección de Somalia no cayó en saco roto para los estrategas militares que planearon nuestras acciones en Bosnia, Kosovo, Afganistán y otros puntos conflictivos del mundo que había nacido tras la Guerra Fría; un mundo en el que Estados Unidos recibía a menudo peticiones de detener una violencia atroz, y demasiadas veces se esperaba que lo hiciera sin pérdida de vidas humanas de nuestras fuerzas o de nuestros adversarios. El reto de enfrentarse a problemas delicados como Somalia, Haití y Bosnia inspiró una de las mejores frases de Tony Lake: «A veces echo mucho de menos la Guerra Fría».

TREINTA Y SEIS

Pasé casi todo el resto de octubre haciendo frente a las repercusiones del incidente de Somalia y esquivando los intentos del Congreso de limitar mi capacidad para enviar tropas norteamericanas a Haití y a Bosnia.

Por fin, el día 26 tuvimos un momento alegre con la celebración del primer cumpleaños de Hillary en la Casa Blanca. Fue una fiesta de disfraces sorpresa. Su equipo lo había organizado todo para que nos vistiéramos como James y Dolley Madison. Cuando volvió, después de una larga jornada dedicada a su trabajo en la reforma sanitaria, la llevaron al piso superior, en una Casa Blanca totalmente a oscuras, donde descubrió su traje. Cuando bajó a la planta principal, maravillosa con su traje de época y su peluca, me encontró también ataviado con una peluca y unas medias coloniales, y a algunos miembros de su equipo vestidos como ella en todas sus variantes: con distintos peinados y en distintos papeles, desde la defensora de la sanidad hasta el ama de casa con sus galletas y su té. Como yo ya tenía el pelo canoso, la peluca me quedaba muy bien, pero tenía un aspecto un poco ridículo con las medias.

Al día siguiente, vestidos con ropa normal, entregamos personalmente nuestro proyecto de ley sobre la sanidad al Congreso. Hillary había estado informando a miembros del Congreso de ambos partidos, y sus reacciones habían sido espléndidas. Muchos republicanos habían alabado nuestros esfuerzos, y el senador John Chafee de Rhode Island, representante de los republicanos en el Senado, dijo que pese a que discrepaba en algunos aspectos de nuestro plan, pensaba que podíamos trabajar juntos para lograr un compromiso satisfactorio. Empezaba a creer que realmente podríamos tener un debate honesto del que podría salir algo muy parecido a la cobertura universal.

Nuestros detractores se lo pasaron en grande con la extensión de la propuesta, que era de 1.342 páginas. Cada año el Congreso aprueba leyes de más de mil páginas que tratan temas mucho menos complejos y profundos. Además, las leyes y reglamentos que nuestra propuesta derogaría sumaban muchas más páginas todavía. Todo el mundo en Washington lo sabía, pero el pueblo norteamericano no. La extensión de la ley añadió credibilidad a los eficaces anuncios que las compañías de seguros médicos ya emitían en contra de nuestro plan. En ellos se veía a dos actores, que representaban a una pareja normal llamados Harry y Louise, y que hablaban, resignados, de su temor acerca de que el gobierno les «obligara a elegir entre unos pocos seguros médicos diseñados por burócratas». Los anuncios eran absolutamente engañosos, pero astutos, y los vio mucha gente. De hecho, los costes burocráticos que las compañías de seguros médicos imponían eran una de las razones por las que los norteamericanos pagaban más por la sanidad, pero aún no disfrutaban de la cobertura sanitaria universal que los ciudadanos de todas las demás naciones prósperas consideraban como un derecho garantizado. Las compañías de seguros médicos querían conservar los beneficios de un sistema injusto e ineficaz, y explotar el conocido escepticismo de los norteamericanos acerca de cualquier iniciativa gubernamental de importancia era la mejor manera de lograrlo.

A principios de noviembre, el *Congressional Quarterly* informó de que yo tenía el índice más alto de éxitos en el Congreso que cualquier presidente durante su primer año desde Eisenhower, en 1953. Habíamos aprobado el plan económico, reducido el déficit y puesto en práctica muchas de mis promesas electorales, incluido el aumento de la rebaja fiscal del impuesto sobre la renta, las zonas de desarrollo, una rebaja fiscal para las rentas de capital de las pequeñas y medianas empresas, la iniciativa de la inmigración infantil y la reforma de los sistemas de préstamos estudiantiles. El Congreso también había aceptado el servicio nacional, el paquete de ayudas a Rusia, la ley del «votante conductor» y la ley de baja médica y familiar. Ambas cámaras habían aprobado mi ley contra la criminalidad, que empezaría a financiar el despliegue de más de 100.000 agentes comunitarios, los que había prometido durante la campaña. Con las reformas económicas, se habían conseguido ya más nuevos puestos de trabajo en el sector privado que el total de empleos creados en los últimos cuatro años juntos. Los tipos de interés seguían bajos y las inversiones aumentaban.

El lema de campaña de Al Gore se estaba convirtiendo en realidad. Ahora todo lo que tenía que estar alto lo estaba, y todo lo que tenía que estar bajo también lo estaba, con una gran excepción: a pesar de estos éxitos, mi índice de popularidad seguía bajo. El 7 de noviembre, en un especial de *Meet the Press* con motivo del cuarenta y seis aniversario del programa, concedí una entrevista a Tim Russert y Tom Brokaw. Russert me preguntó por qué mi popularidad había descendido. Le dije que no lo sabía, aunque tenía algunas ideas al respecto.

Unos días atrás, había leído una lista de nuestros éxitos a un grupo de Arkansas que me visitaba en la Casa Blanca. Cuando terminé, uno de mis conciudadanos de estado dijo: «Pues debe de haber una conspiración para que esto quede en secreto, porque nosotros no nos enteramos de nada». Parte del error era mío. Tan pronto como terminaba algo, me ponía manos a la obra en la siguiente tarea, sin hacer ningún tipo de seguimiento sobre la información que recibía el público. En política, si tú no haces sonar la trompeta, nadie lo hace por ti. Otra parte del problema era la constante intromisión de crisis, como la de Haití y Somalia. También estaba, claro, la propia naturaleza de la cobertura periodística que me habían dado. El corte de pelo, la Oficina de Viajes, las noticias acerca del personal de la Casa Blanca y de nuestro proceso de toma de decisiones se transmitían, en mi opinión, de forma errónea o exagerada.

Hacía unos meses, una encuesta nacional mostró que yo había recibido una cobertura periodística negativa inusitadamente alta. Parte del problema me lo había buscado yo, por no haber sabido llevar bien las relaciones con la prensa al principio. Y quizá la prensa, que tan a menudo se considera progresista, era de hecho más conservadora que yo, al menos en lo relativo a cambiar el modo en que se suponía que funcionaban las cosas en Washington. Sin duda tenía otro concepto de qué era importante. Además, muchos de los periodistas que cubrían la información de la Casa Blanca eran muy jóvenes; trataban de abrirse paso en un sistema de cobertura periodística que está en marcha las veinticuatro horas del día, en el que cada noticia debe tener un enfoque político agresivo y en un entorno en el que los compañeros no te felicitan por las noticias positivas. Esto era casi inevitable en un sector donde la prensa escrita y las cadenas de noticias se enfrentaban a la competencia de los canales por cable, y donde las diferencias entre prensa tradicional, tabloides, publicaciones partidistas y programas sobre política en radio y televisión se confundían.

También había que reconocerles a los republicanos su parte de mérito en el hecho de que mi índice de popularidad fuera peor que mi gestión: habían sido muy eficaces en sus constantes ataques y habían impuesto sus opiniones negativas sobre la reforma sanitaria y el plan económico. Además, habían explotado a fondo mis errores. Desde que había salido elegido, los republicanos habían ganado las elecciones especiales al Senado en Texas y en Georgia, los puestos de gobernador en Virginia y en New Jersey y las alcaldías de Nueva York y Los Ángeles. En cada caso, el resultado se debió a factores locales decisivos, pero sin duda mi influencia no era precisamente positiva. La gente todavía no notaba la recuperación de la economía, y la vieja retórica antigubernamental y contra los impuestos aún daba mucho juego. Finalmente, algunas de las cosas que tratábamos de sacar adelante, y que ayudarían a millones de norteamericanos, eran o bien demasiado complejas para entenderlas fácilmente, como la rebaja fiscal del impuesto sobre la renta, o demasiado polémicas para evitar que fueran políticamente perjudiciales, incluso cuando eran buenas medidas políticas.

Noviembre ofreció dos ejemplos de medidas políticas sólidas y estilos de política cuestionables. Después de que Al Gore superara claramente a

Ross Perot en un debate televisivo que tuvo una gran audiencia, sobre el TLCAN, el Congreso aprobó la propuesta por 234 a 200 votos. Tres días más tarde, el Senado siguió sus pasos y votó a favor por 61 contra 38. Mark Gearan informó a la prensa de que Al y yo habíamos llamado o visto a más de doscientos miembros del Congreso y que el gabinete había hecho unas novecientas llamadas. El presidente Carter también colaboró y estuvo llamando a los miembros del Congreso todo el día durante una semana. También tuvimos que pactar en una serie de cuestiones; el esfuerzo para presionar a favor del TLCAN se parecía mucho más a cómo se hace una salchicha de lo que ya lo había parecido la batalla por el presupuesto. Bill Daley y todo nuestro equipo habían logrado una gran victoria política y económica para Estados Unidos pero, como en el presupuesto, costó muy caro, pues dividió a nuestro partido en el Congreso y enfureció a muchos de nuestros seguidores más fieles en los sindicatos.

La Ley Brady también se aprobó en noviembre, después de que los republicanos del Senado retiraran una maniobra obstruccionista impulsada por la Asociación Nacional del Rifle. Cuando firmé la ley, Jim y Sarah Brady estaban presentes. Desde que Jim salió herido cuando John Hinckley Jr. intentó asesinar al presidente Reagan, Jim y Sarah se habían embarcado en una cruzada para aprobar leyes sensatas acerca de la posesión de armas. Se habían dedicado durante siete años a impulsar una ley que exigiera un período de espera para todas las compras de armas, de modo que se pudiera realizar una verificación del historial del comprador, para detectar problemas mentales o antecedentes penales. El presidente Bush había vetado una anterior versión de la Ley Brady a causa de la fuerte oposición de la ANR, que afirmaba que violaba el derecho constitucional de poseer y llevar armas. La ANR creía que ese breve período de espera era una condición inaceptable para los compradores legítimos de armas y declaró que se podía conseguir el mismo resultado aumentando las penalizaciones sobre las armas ilegalmente adquiridas. La mayoría de norteamericanos estaban a favor de la Ley Brady, pero una vez se aprobó, ya no era un tema importante para ellos. Por el contrario, la ANR estaba decidida a defenestrar a tantos miembros del Congreso que hubieran votado en contra de sus intereses como fuera posible. Cuando dejé la presidencia, las comprobaciones de historial de la Ley Brady habían evitado que más de 600.000 delincuentes, fugitivos y acosadores compraran armas, y se habían salvado innumerables vidas. Pero, como en el caso del presupuesto, puso en peligro a muchos de los que eran suficientemente valientes para votar a favor, pues les valió duros ataques que, en algunos casos, consiguieron el efecto deseado y les hicieron perder el cargo.

No todas las cosas buenas que hice eran polémicas. El día 16 firmé la Ley de Restauración de la Libertad Religiosa, que estaba pensada para proteger una variedad razonable de expresiones de fe religiosa en zonas públicas, como escuelas y lugares de trabajo. La ley revocaba la decisión de 1990 de la Corte Suprema, que concedía más autoridad a los estados para regular las expresiones de religiosidad en dichos lugares. Estados Unidos está lleno de gente profundamente comprometida con una gran diversidad de creencias. Yo pensaba que la ley era el punto medio adecuado entre la protección de los derechos de los creyentes y la necesidad de respetar el orden público. La impulsaron en el Senado Ted Kennedy y el republicano Orrin Hatch, de Utah, y se aprobó por 97 contra tres; en el Congreso se aprobó con una votación de viva voz. Aunque más tarde la Corte Suprema la revocó, sigo convencido de que era una ley buena y necesaria.

Siempre pensé que proteger la libertad religiosa y hacer que la Casa Blanca fuera accesible a todas las confesiones era una parte importante de mi trabajo. Asigné un miembro del personal del departamento de comunicación de la Casa Blanca para que hiciera de puente con las diversas comunidades religiosas. Asistí a todos y cada uno de los Desayunos Nacionales de Oración, que se celebran cada año cuando el Congreso empieza su calendario laboral. Pronunciaba unas palabras y me quedaba durante todo el acto; así podía conocer a gente de distintas religiones y partidos políticos que acudían a rezar para que Dios nos guiara en nuestra labor. Cada año, cuando el Congreso reanudaba sus sesiones después del receso de agosto, celebraba en el comedor oficial un desayuno multiconfesional que me permitía escuchar las preocupaciones de los líderes religiosos y compartir las mías con ellos. Quería mantener las líneas de comunicación abiertas, incluso con aquellos que estaban en desacuerdo conmigo, y trabajar con ellos siempre que pudiera sobre los problemas sociales que teníamos en el país y sobre las crisis humanitarias que había en todo el mundo.

Creo firmemente en la separación entre Iglesia y Estado, pero también creo que ambos hacen valiosas contribuciones a la fortaleza de nuestra nación, y que en ocasiones pueden cooperar para el bien común, sin violar la Constitución. El gobierno es por definición imperfecto y experimental, siempre un trabajo en permanente desarrollo. La fe habla a nuestra vida interior, a la búsqueda de la verdad y a la capacidad del espíritu para cambiar profundamente y crecer. Los programas gubernamentales no funcionan tan bien en una cultura que devalúa la familia, el trabajo y el respeto mutuo. Resulta difícil vivir según la fe y no seguir las amonestaciones de las Escrituras de cuidar a los pobres y a los desamparados, y de «amar al prójimo como a ti mismo».

Pensé en el papel de la fe en nuestra vida nacional a mediados de noviembre, cuando viajé a Memphis para dirigirme a la asamblea del sínodo de la Iglesia de Dios en Cristo, en la iglesia de Mason Temple. Se habían producido una serie de noticias sobre la creciente violencia contra menores en los barrios afroamericanos, y quería hablar con los ministros y la gente de a pie para ver qué podíamos hacer. Era obvio que existían poderosas fuerzas económicas y sociales tras la falta de empleos en los centros deprimidos de las ciudades, como también tras la desintegración de la familia, tras los problemas escolares y tras el aumento de la gente que dependía de la asistencia social. Lo mismo podría decirse de la violencia y de los nacimientos fuera del matrimonio. Pero la demoledora combinación de todas estas dificultades había dado a luz a una cultura que aceptaba como normal la violencia, el paro y la ruptura de la familia tradicional. Yo estaba convencido de que el gobierno solo no sería capaz de modificar esa cultura. Muchas iglesias negras ya empezaban a tratar esos problemas y yo quería alentarlas para que hicieran más cosas.

Cuando llegué a Memphis, me encontré entre amigos. La Iglesia de Dios en Cristo era la confesión afroamericana que más había crecido. Su fundador, Charles Harrison Mason, recibió la inspiración para el nombre de su iglesia en Little Rock, en un lugar donde yo había ayudado a poner una placa dos años atrás. Su viuda estaba en la iglesia ese día. El obispo encargado de la ceremonia, Louis Ford, de Chicago, había desempeñado un papel clave en la campaña presidencial.

Mason Temple es tierra sagrada en la historia de los derechos civiles. Martin Luther King Jr. predicó su último sermón allí, la noche antes de que le mataran. Evoqué el espíritu de King y su asombrosa predicción de que su vida quizá no duraría mucho, para pedirles a mis amigos que examinaran con honestidad «la gran crisis espiritual de la que hoy es víctima Estados Unidos».

Luego dejé a un lado mis notas y pronuncié lo que muchos comentaristas dirían más tarde que fue el mejor discurso en mis ocho años de presidencia; hablé con sencillez y desde el fondo de mi corazón, con el lenguaje de nuestra herencia común:

Si Martin Luther King reapareciera hoy a mi lado y nos diera su valoración de los últimos veinticinco años, ¿qué diría? Han hecho un buen trabajo, diría, votando y eligiendo a la gente que antes no podía serlo por el color de su piel… Han hecho un buen trabajo, diría, por dejar que la gente que puede vaya a vivir allí donde le plazca, en este gran país… Diría, han hecho un buen trabajo porque han creado una clase media negra… y han abierto oportunidades para todos.

Pero, también diría, no he vivido ni he dado mi vida para ver a la familia americana destruida. No he vivido ni he dado mi vida para ver a chicos de trece años empuñar armas automáticas y matar a niños de nueve solo por el placer de verlos morir. No he vivido ni he dado mi vida para que los jóvenes destrocen sus propias vidas con las drogas y luego amasen fortunas destruyendo las de los demás. No vine aquí para eso. Yo luché por la libertad, diría, pero no por la libertad de matarse entre sí con insensato frenesí, no por la libertad de los niños para tener niños ni por la libertad de que los padres de los niños les dejen a un lado y les abandonen como si no importaran nada. Luché para que la gente tuviera derecho al trabajo, pero no para que se abandonen comunidades enteras, ni para que se abandone a la gente. No es por eso por lo que viví ni por lo que di mi vida.

No luché por el derecho de los negros a asesinar a otros negros con insensato desenfreno...

Hay cambios que podemos hacer desde el exterior; ese es el cometido del Presidente y del Congreso, y de los gobernadores y los alcaldes y de la asistencia social. Y luego hay algunos cambios que tendremos que hacer desde el interior, o todos los demás no valdrán para nada... A veces no hay respuestas desde el exterior; a veces todas las respuestas tienen que nacer de los valores y de las emociones que nos conmueven y de las voces que nos hablan desde dentro...

Donde no hay familias, donde no hay orden, donde no hay esperanza... ¿quién vendrá para dar estructura, disciplina y amor a estos niños? Tienen que hacerlo ustedes. Y es nuestra labor ayudarles.

Así que desde este púlpito, en este día, déjenme que les pida a todos ustedes que digan en su corazón: honramos la vida y la labor de Martin Luther King... De algún modo, con la gracia de Dios, cambiaremos las cosas. Daremos un futuro a estos niños. Les quitaremos sus armas y les daremos libros. Les quitaremos su desesperación y les daremos esperanza. Reconstruiremos las familias, los barrios y las comunidades. No dejaremos que todo el trabajo que ha llegado hasta aquí beneficie a unos pocos. Lo haremos juntos, por la gracia de Dios.

El discurso de Memphis era un himno de alabanza a una filosofía pública enraizada en mis valores religiosos personales. Había demasiadas cosas que se estaban desmoronando; yo trataba de unirlas.

El 19 y el 20 de noviembre, de nuevo traté de unir más cosas, cuando volé a Seattle para la primera reunión de los líderes de la organización Cooperación Económica Asia-Pacífico. Antes de 1993, la CEAP había sido un foro para que los ministros de finanzas discutieran temas económicos. Yo había propuesto que los propios jefes de estado se reunieran anualmente para hablar de sus intereses comunes, y quería utilizar nuestro primer encuentro en la isla de Blake, frente a la costa de Seattle, para lograr tres objetivos: un área de libre comercio entre Estados Unidos y las naciones del Pacífico asiático; un debate informal sobre temas de política y de seguridad, y la creación de un hábito de cooperación, que claramente sería más importante que nunca en el siglo XXI. Las naciones asiáticas del Pacífico concentraban más de la mitad de la producción mundial y tenían grandes retos, políticos y de seguridad. En el pasado, Estados Unidos jamás se había relacionado con aquella zona con el mismo enfoque integral que utilizábamos con Europa. Yo pensaba que había llegado el momento de hacerlo.

Disfruté de mi encuentro con el nuevo primer ministro japonés, Morihiro Hosokawa, un reformista que había roto el monopolio del poder del Partido Liberal y que había seguido abriendo Japón económicamente. También me alegré de la oportunidad de hablar largamente con el presidente de China, Jiang Zemin, en un marco más informal. Aún manteníamos nuestras diferencias sobre los derechos humanos, el Tíbet y la economía, pero teníamos el interés común de construir una relación que no aislara a China de la comunidad global, antes bien que la integrara. Tanto Jiang como Hosokawa compartían mi inquietud acerca de la crisis que se avecinaba con Corea del Norte, que parecía decidida a convertirse en una potencia nuclear, algo que yo quería impedir y para lo cual necesitaría su ayuda.

De vuelta a Washington, Hillary y yo celebramos nuestra primera cena oficial, en honor del presidente de Corea del Sur, Kim Yong-Sam. Siempre disfrutaba con las visitas de Estado. Eran los actos más protocolarios que tenían lugar en la Casa Blanca, empezando por la ceremonia oficial de bienvenida. Hillary y yo esperábamos de pie en el Pórtico Sur de la Casa Blanca para recibir a nuestros invitados en cuanto bajaran del coche. Después de darles la bienvenida, caminábamos hasta el Jardín Sur para una breve fila de saludos de recepción, y luego el dignatario visitante y yo nos quedábamos en la tarima, frente a un impresionante grupo de hombres y mujeres con el uniforme de nuestras fuerzas armadas. La banda militar tocaba el himno nacional de los dos países, después de lo cual yo escoltaba a mi invitado a pasar revista a las tropas. Luego volvíamos a la tarima para pronunciar unas palabras; a menudo nos deteníamos por el camino para saludar a una multitud de escolares, ciudadanos de la nación visitante que vivían en Estados Unidos, y norteamericanos que procedían de dicha nación.

Antes de la cena oficial, Hillary y yo ofrecíamos una pequeña recepción para la delegación visitante en la Sala Oval Amarilla, en la planta residencial. Al y Tipper, el secretario de Estado y el de Defensa y algunas personas más se unían a nosotros para conocer a los invitados extranjeros. Después de la recepción, un guardia de honor militar, hombre o mujer, nos escoltaba por la escalera, mientras pasábamos ante los retratos de mis predecesores, hasta una fila de recepción para los invitados. Durante la cena, que generalmente se servía en el Comedor Oficial (para los grupos más numerosos, la cena se celebraba en la Sala Este o fuera, bajo una carpa), la orquesta de cuerda del Cuerpo de los Marines, o sus homólogos de las fuerzas aéreas, nos obsequiaban con música. Siempre me emocionaba verlos entrar en la sala. Después de la cena, había alguna actuación musical, a menudo seleccionada según los gustos de nuestro invitado. Por ejemplo, Václav Havel quería escuchar a Lou Reed, cuya potente música había inspirado a los partisanos de Havel en la Revolución de Terciopelo de Checoslovaquia. Aproveché todas las oportunidades que tuve de traer a todo tipo de músicos a la Casa Blanca. A lo largo de los años, vinieron Earth, Wind and Fire; Yo-Yo Ma; Plácido Domingo; Jessye Norman y muchos otros músicos clásicos, de jazz, de blues, de Broadway y de *gospel*, así como bailarines de distintos estilos. Para los espectáculos, generalmente podíamos invitar a más personas de las que habían acudido a la cena. Después, todo el que quisiera quedarse volvía al vestíbulo de la Casa Blanca para un baile de última hora. Generalmente, los invitados estaban cansados y se iban pronto a la Blair House, la residencia oficial de huéspedes. Hillary y yo nos quedábamos durante un par de bailes y luego nos retirábamos arriba mientras los juerguistas se quedaban durante una hora más aproximadamente.

A finales de noviembre, tomé parte en la tradición anual, que se remontaba al presidente Coolidge, de indultar al pavo de Acción de Gracias, después de lo cual Hillary, Chelsea y yo nos fuimos durante un largo fin de semana a Camp David. Tenía mucho por lo que estar agradecido. Mi índice de popularidad volvía a subir y American Airlines había anunciado la resolución de la huelga que llevaba cinco días en marcha. La huelga podría haber perjudicado seriamente a la economía y se solucionó gracias a la intensa y hábil implicación de Bruce Lindsey en las negociaciones. Estaba contento porque mis conciudadanos podrían volar de vuelta a sus hogares para pasar la fiesta con su familia.

Pasar el día de Acción de Gracias en Camp David se convirtió en una tradición anual; nos acompañaban nuestras familias y unos pocos amigos. Siempre celebrábamos la comida de Acción de Gracias en Laurel, la cabaña más grande del terreno, pues tenía una gran sala de conferencias, un espacioso comedor, una amplia zona abierta con una chimenea y televisión y un despacho privado para mí. Íbamos al refectorio general para saludar al personal naval y de los marines y a sus familias, pues ellos se encargaban de que el campamento funcionara. De noche mirábamos películas y jugábamos a los bolos. Y al menos una vez en todo el fin de semana, sin importar el frío que hiciera o la lluvia que cayera, los hermanos de Hillary, Roger y yo, nos íbamos a jugar al golf con quienquiera que tuviese el valor suficiente para ir con nosotros. Sorprendentemente, Dick Kelley siempre se apuntaba, aunque en 1993 tenía casi ochenta años.

Disfruté intensamente de todos y cada uno de los días de Acción de Gracias que pasé en Camp David, pero el primero fue especial, porque fue el último de Madre. Hacia finales de noviembre, el cáncer se había extendido y había infectado la sangre. Tenían que hacerle transfusiones diarias solo para que siguiera viva. Yo no sabía cuánto tiempo viviría, pero las transfusiones le daban un aspecto engañosamente sano y ella estaba decidida a vivir cada día al máximo. Se lo pasaba bien mirando los partidos de fútbol americano por la televisión, saboreando la comida y departiendo con los jóvenes oficiales, hombres y mujeres, que iban al bar de Camp David. Lo último que quería hacer era hablar de la muerte. Estaba demasiado llena de vida para perder el tiempo con eso.

El 4 de diciembre, fui de nuevo a California para asistir a una conferencia económica sobre las permanentes dificultades del estado. Hablé con un gran número de personas del mundo del espectáculo, en las oficinas de la Creative Artists Agency, para pedirles que cooperaran conmigo para reducir la cantidad de violencia en los medios de comunicación que se dirigían a los jóvenes, así como para impedir el ataque de la cultura contra la familia y el trabajo. Durante las dos semanas siguientes, cumplí dos de los compromisos de mi batalla presupuestaria: fui al distrito de Marjorie Margolies-Mezvinsky para dar una conferencia sobre ayuda social, y nombré a Bob Kerrey copresidente, junto con el senador John Danforth, de Missouri, de una comisión para analizar la Seguridad Social y otras iniciativas de asistencia social.

El 15 de diciembre, saludé con satisfacción la declaración conjunta del primer ministro británico, John Major, y del primer ministro irlandés, Albert Reynolds, que sentaba las bases de un marco de trabajo para la resolución pacífica del conflicto de Irlanda del Norte. Era un maravilloso regalo de Navidad, que esperaba me diera la oportunidad de desempeñar un papel contribuyendo a solucionar un problema que me había interesado por primera vez durante mi etapa estudiantil en Oxford. El mismo día, designé a mi viejo amigo de los días de McGovern, John Holum, responsable de la Agencia de Desarme y Control de Armas, y aproveché la ocasión para destacar mi programa de no proliferación: incluía la ratificación de la convención de control de armas químicas, alcanzar un tratado de prohibición de pruebas nucleares global, obtener una ampliación permanente del Tratado de No Proliferación Nuclear (TNPN), que había expirado en 1995, y financiar íntegramente el programa Nunn-Lugar para localizar y destruir el armamento y material nuclear ruso.

El 20 de diciembre, firmé una ley especialmente importante para Hillary y para mí. La Ley de Protección Nacional de la Infancia ofrecía una base de datos nacional que cualquier responsable de una guardería o centro de atención infantil podía consultar para comprobar el historial de los candidatos a un puesto en esos lugares de trabajo. La idea era del escritor Andrew Vachss, en respuesta a las historias de niños sometidos a atroces abusos en los centros preescolares o las guarderías. Muchos padres tenían que ir a trabajar y por lo tanto tenían que dejar a sus hijos en edad preescolar en guarderías. Tenían derecho a saber si sus hijos estaban a salvo y bien cuidados.

La Navidad nos dio a Hillary y a mí la oportunidad de ver a Chelsea actuar dos veces: en *El Cascanueces*, con la Compañía de Ballet de Washington, donde asistía diariamente a clase después de la escuela, y en una obra de Navidad en la iglesia que habíamos elegido, la Iglesia Metodista Unida Foundry, en la calle Dieciséis, no lejos de la Casa Blanca. Nos gustaba el pastor de Foundry, Phil Wogaman, y el hecho de que la iglesia aceptaba gente de diversas razas, culturas, ingresos, afiliaciones políticas y también daba la bienvenida a los gays.

La Casa Blanca es un lugar especial en Navidad. Cada año se trae un gran abeto y se coloca en la Sala Azul Oval, en el piso principal. Lo decoran, igual que todas las salas abiertas al público, de acuerdo con el tema del año. Hillary decidió que la artesanía norteamericana fuera el tema de nuestra primera Navidad. Los artesanos de todo el país nos regalaron decoraciones navideñas y otras obras de cristal, madera y metal. Cada año, en el Comedor Oficial se coloca una enorme Casa Blanca de pan de jengibre que especialmente a los niños les encanta contemplar. En 1993, unas 150.000 personas vinieron a visitar la Casa Blanca durante las fiestas, para admirar la decoración.

También pusimos otro gran árbol de Navidad en la Sala Amarilla Oval, en la planta de la residencia, y lo llenamos de adornos que Hillary y yo hemos acumulado desde la primera Navidad que pasamos juntos. Tradicionalmente, Chelsea y yo colocamos la mayoría de los adornos; es una costumbre que empezamos cuando ella se hizo suficientemente mayor. Entre Acción de Gracias y Navidad, ofrecimos una gran cantidad de recepciones y fiestas para el Congreso, la prensa, el servicio secreto, el personal de la residencia, el equipo y el gabinete de la Casa Blanca, otros funcionarios de la administración y los seguidores que nos apoyaban desde todo el país, aparte de para la familia y nuestras amistades. Hillary y yo nos pasábamos horas de pie saludando a la gente y tomando fotografías, mientras los coros y otros grupos musicales tocaban por toda la casa. Era una forma agotadora pero feliz de dar las gracias a la gente que hacía que nuestro trabajo fuera posible y nuestras vidas fueran más ricas.

Nuestra primera Navidad fue especialmente importante para mí porque, como el primer día de Acción de Gracias que pasamos en Camp David, era casi sin lugar a dudas el último que pasaría con Madre. La convencí a ella y a Dick de que vinieran a pasar una semana con nosotros, a lo cual se avino cuando le prometí que la llevaría de vuelta a casa a tiempo de prepararse para ir a Las Vegas a ver actuar a Barbra Streisand en su anunciadísimo concierto de Fin de Año. Barbra realmente quería que Madre asistiera y Madre estaba decidida a ir. Quería mucho a Barbra y además, en su opinión, Las Vegas era lo más parecido que había visto al paraíso terrenal. No sabía qué haría si resultaba que no había juego o espectáculos alegres en el más allá.

Mientras disfrutábamos de la Navidad, Whitewater volvió a convertirse en un tema de actualidad. Durante las semanas anteriores, el *Washington Post* y el *New York Times* habían publicado rumores que apuntaban a que Jim McDougal podía ser acusado de nuevo. En 1990 le habían juzgado y declarado inocente de los cargos derivados de la bancarrota de Madison Guaranty. Aparentemente, la Corporación de Resolución de Fondos estaba estudiando la posibilidad de que McDougal hubiera realizado contribuciones ilegales a las campañas de políticos, entre ellas a la mía. Durante la campaña, habíamos encargado un informe que demostró que perdimos dinero en la inversión de Whitewater. Mis contribuciones de campaña estaban en un registro público y ni Hillary ni yo habíamos aceptado jamás ningún préstamo de McDougal. Sabía que todo el asunto de Whitewater solo era un intento de mis enemigos para desacreditarme y reducir mi capacidad para cumplir con mis funciones presidenciales.

No obstante, Hillary y yo decidimos que deberíamos contratar a un abogado. David Kendall había estado en la facultad de derecho con los dos. Había representado a clientes en casos de préstamos y ahorros, y sabía cómo organizar y sintetizar documentos y materiales complejos aparentemente sin conexión entre sí. Tras la modesta actitud cuáquera de David, había una mente brillante y la voluntad de luchar contra la injusticia. Le habían encarcelado por su defensa de los derechos civiles en Mississippi durante el Verano de la Libertad, en 1964, y había defendido casos de pena de muerte para el Fondo de Defensa Legal de la NAACP. Y lo mejor de todo era que David Kendall era un magnífico ser humano, que nos acompañó en los momentos más duros de los años posteriores con fuerza, sensatez y un gran sentido del humor.

El 18 de diciembre, Kendall nos dijo que el *American Spectator*, una revista mensual de derechas, publicaría un artículo de David Brock en el que cuatro oficiales de la policía estatal de Arkansas afirmarían que me habían conseguido mujeres durante mi etapa de gobernador. Solo dos de los cuatro policías aceptaron ser entrevistados por la CNN. Había algunas acusaciones en la historia que podían refutarse fácilmente y los dos policías tenían sus propios problemas de credibilidad, pues les habían investigado por fraude de póliza de seguros en relación a un vehículo que destrozaron en 1990. David Brock más tarde se disculpó con Hillary y conmigo por toda aquella historia. Si quieren saber más, lean su valiente autobiografía, *Blinded by the Right*, donde revela los extraordinarios esfuerzos que hicieron para desacreditarme ciertos millonarios de extrema derecha relacionados con Newt Gingrich y algunos de mis adversarios en Arkansas. Brock reconoce que permitió que le utilizaran en una campaña de calumnias personales a las que no les importaba si la información negativa por la que pagaban era cierta o no.

La historia de los policías era ridícula, pero hacía daño. Para Hillary fue un golpe duro porque ella creía que habíamos dejado todo aquello atrás, en la campaña. Ahora sabía que quizá no terminaría jamás. Por el momento, no podíamos hacer nada excepto seguir adelante y esperar que la noticia pasara. Cuando aún estaba en pleno apogeo, fuimos una noche al Kennedy Center para asistir a un concierto del *Mesías*, de Handel. Cuando Hillary y yo aparecimos en la tribuna presidencial, en la galería, el numeroso público se levantó y nos jaleó. Nos conmovió ese gesto amable y espontáneo. No sabía lo mucho que me había disgustado todo aquello hasta que me di cuenta de que tenía lágrimas de gratitud en los ojos.

Después de una memorable semana de Navidad, Hillary, Chelsea y yo acompañamos a Madre y a Dick de vuelta a Arkansas. Hillary y Chelsea se quedaron con Dorothy en Little Rock, mientras yo llevé en coche a Madre y a Dick hasta Hot Springs. Fuimos todos a cenar con algunos de mis amigos del instituto a Rocky's Pizza, uno de los antros preferidos de Madre, frente al hipódromo. Después de la cena, Madre y Dick querían ir a descansar, así que les acompañé a casa y luego me fui a la bolera con mis amigos. Después, volví a la casita del lago Hamilton para echar una partida de cartas y charlar hasta altas horas de la madrugada.

Al día siguiente, Madre y yo nos sentamos a solas para tomar una taza de café en lo que resultó ser la última visita que le hice. Estaba animada como siempre y decía que la única razón por la que salía a relucir de nuevo la historia de los policías era porque mi índice de popularidad se había recuperado durante el mes pasado; había llegado al nivel más alto desde mi investidura. Luego se rió entre dientes y dijo que sabía que los dos policías no eran precisamente «las lumbreras más brillantes del firmamento», pero que desde luego deseaba que «aquellos chicos encontraran otra forma de ganarse la vida».

Durante un breve instante, hice que pensara en ese reloj de arena cuyo contenido se deslizaba para no volver. Estaba trabajando en sus memorias con un excelente colaborador de Arkansas, James Morgan, y ya había grabado cintas con toda su historia, pero aún había varios capítulos en proceso de borrador. Le pregunté qué quería que hiciéramos si ella no podía terminarlo. Sonrió y dijo: «Por supuesto lo terminarás tú». Le pregunté: «¿Cómo debo hacerlo?». Dijo que debía comprobar los hechos, cambiar todo lo que estuviera equivocado y aclarar lo que fuera confuso. «Pero quiero que sea mi historia, con mis palabras. Así que no cambies nada a menos que pienses que he sido demasiado dura con alguien que aún vive.» Dicho esto, volvió a hablar de política y de su viaje a Las Vegas.

Más tarde ese mismo día me despedí de Madre, conduje hasta Little Rock para recoger a Hillary y a Chelsea y volamos a Fayetteville para ver al líder de la clasificación, los Arkansas Razorbacks, jugar al baloncesto; luego fuimos al fin de semana del Renacimiento con nuestros amigos Jim y Diane Blair. Después de un año repleto de acontecimientos y lleno de altibajos, fue bueno pasar unos días entre viejos amigos. Paseé por la playa, fui a los debates y en general disfruté de la compañía.

Pero mis pensamientos no se alejaban de Madre. Era una mujer maravilla, aún bella a los setenta, incluso después de la mastectomía, los tratamientos de quimioterapia que la dejaron sin pelo y la obligaron a usar peluca, y las transfusiones sanguíneas diarias que hubieran postrado en cama a la mayoría de la gente. Terminaba su vida como la había empezado, yendo a por todas, agradecida por lo que tenía, sin un ápice de autocompasión por su dolor y su enfermedad y esperando con ilusión las aventuras que cada nuevo día podía traer. Estaba tranquila porque la vida de Roger estaba encarrilada de nuevo, y convencida de que yo aprendía a dominar mi trabajo. Le hubiera encantado llegar a los cien, pero si su tiempo se había acabado, qué le íbamos a hacer, así era la vida. Había hecho las paces con Dios. Él podía llamarla a su lado, pero antes tendría que echar una carrera para atraparla.

TREINTA Y SIETE

El año 1994 fue uno de los más difíciles de toda mi vida, en el que hubo importantes éxitos en política interior y exterior que quedaron eclipsados por la desestimación de la reforma sanitaria y por una obsesión por los escándalos fantasma. Empezó con un profundo dolor personal y terminó en desastre político.

La noche del 5 de enero, Madre me llamó a la Casa Blanca. Acababa de regresar a casa de su viaje a Las Vegas. Le dije que la había llamado a su habitación de hotel varios días, y que no la había encontrado nunca. Se rió, y me dijo que había salido día y noche, que se lo había pasado de fábula en su ciudad preferida y que no tenía tiempo de quedarse esperando a que sonara el teléfono. Le había encantado el concierto de Barbra Streisand, y le había gustado mucho que Barbra la presentara al público y le dedicara una canción. Madre estaba muy animada y parecía fuerte; solo quería decirme que estaba bien y que me quería. No fue una conversación muy distinta de las muchas que habíamos compartido a lo largo de los años, generalmente las noches de domingo.

Hacia las dos de la madrugada, el teléfono volvió a sonar y nos despertó a Hillary y a mí. Era Dick Kelley, llorando. Dijo: «Se ha ido, Bill». Después de una semana perfecta pero agotadora, Madre sencillamente se había ido a dormir y había muerto. Yo sabía que el final estaba cerca, pero no estaba preparado para dejarla ir. Ahora nuestra última conversación telefónica parecía demasiado rutinaria, llena de cháchara; habíamos hablado como personas convencidas de que tienen todo el tiempo del mundo para hablar con el otro. Ansiaba volver a revivir esa conversación, pero todo lo que podía hacer era decirle a Dick que le quería, que le agradecía que la hubiera hecho feliz durante los últimos años de su vida y que iría a casa tan pronto como pudiera. Hillary supo qué había pasado por lo que me oía decir. La abracé y lloré. Dijo algo acerca de Madre y su amor por la vida, y comprendí que esa llamada era justamente el tipo de conversación que Madre habría querido que fuera la última. Madre siempre estuvo por la vida, no por la muerte.

Llamé a mi hermano. Sabía que la noticia le destrozaría. Idolatraba a Madre, porque ella jamás dejó de creer en él. Le dije que tenía que aguantar por ella y seguir adelante con su vida. Luego llamé a mi amiga Patty Howe Criner, que había formado parte de nuestras vidas durante más de cuarenta años, y le pedí que nos ayudara a Dick y a mí con los preparativos del funeral. Hillary despertó a Chelsea y se lo dijimos. Ya había perdido a un abuelo, y ella y Madre, a la cual llamaba Ginger, mantenían una relación muy estrecha y tierna. En la pared de su estudio, tenía un fantástico retrato a pluma de Madre realizado por un artista de Hot Springs, Gary Simmons, titulado *Chelsea's Ginger*. Era conmovedor ver a mi hija tratando de aceptar su propio dolor y mantener la compostura, dejándose ir y conteniéndose. *Chelsea's Ginger* está hoy colgado en la pared de su habitación en Chappaqua.

Más tarde, esa mañana emitimos un comunicado anunciando la muerte de Madre, que inmediatamente fue noticia. Por casualidad, Bob Dole y Newt Gingrich estaban en un programa de noticias matutino. Sin inmutarse por lo que había sucedido, los entrevistadores preguntaron acerca de Whitewater, y Dole dijo que «clamaba al cielo» que debía nombrarse a un fiscal independiente. Yo estaba aturdido; creí que hasta la prensa y mis adversarios se tomarían una pausa el día de la muerte de mi madre. En honor a Dole, años más tarde se disculpó conmigo. Para entonces, yo comprendía mejor lo que había sucedido. La droga preferida de Washington es el poder. Atonta los sentidos y confunde el juicio. Dole ni siquiera era de los más adictos. Agradecí su disculpa.

Ese mismo día, Al Gore fue a Milwaukee para pronunciar en mi lugar un discurso sobre política exterior que yo me había comprometido a dar, y yo volé a casa. El hogar de Dick y de Madre estaba lleno de amigos, familia y la comida que la gente de Arkansas suele traer para mitigar el dolor colectivo. Todos nos reímos, contando historias sobre ella. Al día siguiente llegaron Hillary y Chelsea, y algunos de los amigos de Madre de fuera del estado, entre ellos Barbra Streisand y Ralph Wilson, el propietario de los Buffalo Bills, que había invitado a Madre a la Super Bowl el año anterior, cuando descubrió que era una gran seguidora de los Bills.

No había una iglesia suficientemente grande para acomodar a todos los amigos de Madre, y hacía demasiado frío para celebrar la misa fúnebre en su lugar preferido, el hipódromo, así que la organizamos en el Centro de Convenciones. Asistieron unas tres mil personas, entre ellas el senador Pryor, el gobernador Tucker y todos mis compañeros de la universidad. Pero la mayoría de personas que vino era gente de a pie, trabajadores que Madre había conocido y con los que había entablado amistad a lo largo de los años. Todas las mujeres de su «club de cumpleaños» también vinieron. Había doce miembros, y cada una celebraba el cumpleaños en un mes distinto. Los celebraban juntas, con un almuerzo mensual. Después de que Madre muriera, tal y como pidió, las demás mujeres eligieron una sustituta; rebautizaron su grupo con el nombre de el Club de Cumpleaños de Virginia Clinton Kelley.

El reverendo John Miles ofició la misa y se refirió a Madre como «una genuina americana». «Virginia —dijo—, era como una pelota de goma;

cuanto más la golpeaba la vida, más alto rebotaba.» El hermano John recordó a la multitud la respuesta automática de Madre a cualquier problema: «Eso es pan comido».

Durante la ceremonia sonaron sus himnos preferidos. Todos cantamos «Amazing Grace» y «Precious Lord, Take My Hand». Su amiga Malvie Lee Giles, que una vez perdió la voz y luego la recuperó «de Dios» con una octava de más, cantó «His Eye Is on the Sparrow», y la preferida de Madre, «A Closer Walk with Thee». Nuestra amiga pentecostal Janice Sjostrand cantó un bello himno que Madre había oído en la misa de mi investidura, «Holy Ground». Cuando Barbra Streisand, que estaba sentada detrás de mí, oyó a Janice, me tocó el hombro y agitó la cabeza asombrada. Al término de la misa, preguntó: «¿Quién es esa mujer y cuál es esa canción? ¡Son magníficas!». A Barbra le inspiró tanto la música del funeral de Madre que hizo su propio álbum de himnos y canciones espirituales, entre ellas una escrita en memoria de Madre, «Leading with Your Heart».

Después del funeral llevamos a Madre a Hope en coche. A lo largo de todo el camino, la gente se quedaba de pie al lado de la carretera en señal de respeto. La enterramos en el cementerio situado al otro lado de la calle donde había estado la tienda de su padre, en una parcela que llevaba tiempo esperándola, al lado de sus padres y de mi padre. Fue el 8 de enero, el día del cumpleaños de su hombre favorito fuera de la familia, Elvis Presley.

Después de una recepción en Sizzlin' Steakhouse, fuimos al aeropuerto para volar de vuelta a Washington. No hubo tiempo para llorar; tenía que regresar y arreglar unas cuantas cosas. Tan pronto como dejé a Hillary y a Chelsea, me fui a Europa, en un viaje previsto desde hacía tiempo para establecer un proceso de apertura en la OTAN que permitiera a las naciones de Europa Central entrar en la alianza, sin que ello le causara a Yeltsin demasiados problemas en Rusia. Yo estaba decidido a hacer todo lo posible para crear una Europa unida, libre, democrática y segura, por primera vez en la historia. Tenía que garantizar que la expansión de la OTAN no se limitaba simplemente a trasladar la línea divisoria de Europa más hacia el este.

En Bruselas, después de un discurso en el ayuntamiento frente a un grupo de jóvenes europeos, recibí un regalo especial. Bélgica celebraba el cien aniversario de la muerte de mi belga favorito, Adolphe Sax, el inventor del saxo, y el alcalde de Dinant, la ciudad natal de Sax, me regaló un precioso saxo tenor Selmer hecho en París.

Al día siguiente los dirigentes de la OTAN aprobaron mi propuesta de una Asociación por la Paz para aumentar la seguridad y la cooperación con las nuevas democracias de Europa hasta que pudiéramos completar la propia expansión de la OTAN.

El 11 de enero, estaba en Praga con Václav Havel, veinticuatro años después de mi primer viaje como estudiante. Havel, un hombre pequeño y de hablar suave, con ojos vivaces y un agudo ingenio, era un héroe para las fuerzas de la libertad en todo el mundo. Había estado encarcelado durante algunos años y, mientras estuvo en prisión, se dedicó a escribir libros elocuentes y provocativos. Cuando fue liberado, supo liderar Checoslovaquia durante la pacífica Revolución de Terciopelo, y luego supervisó la ordenada división del país en dos estados. Ahora era el presidente de la República Checa y estaba ansioso por construir una economía de mercado que funcionase y solicitar la protección que entrañaba pertenecer a la OTAN. Havel era un buen amigo de nuestra embajadora en la ONU, Madeleine Albright, nacida en Checoslovaquia, y que aprovechaba todas las ocasiones en las que podía hablar con él en su lengua materna.

Havel me llevó a uno de los clubs de jazz que habían sido un hervidero de apoyo para su Revolución de Terciopelo. Después de que el grupo tocara un par de melodías, Havel me llevó a conocer a la banda y me regaló otro saxo nuevo. Este lo había hecho en Praga una compañía que, en la época comunista, fabricaba saxos para las bandas militares de todas las naciones del Pacto de Varsovia. Me invitó a probarlo con la banda. Tocamos «Summertime» y «My Funny Valentine»; Havel se sumó, entusiasta, con la pandereta.

De camino a Moscú, me detuve brevemente en Kiev para conocer al presidente de Ucrania, Leonid Kravchuk, y agradecerle el acuerdo que él, Yeltsin y yo firmaríamos el viernes siguiente, por el que Ucrania se comprometía a destruir 176 misiles balísticos intercontinentales y 1.500 cabezas nucleares que apuntaban a Estados Unidos. Ucrania era un gran país, con sesenta millones de habitantes y un gran potencial. Como Rusia, batallaba con el problema de qué tipo de futuro quería. Kravchuk se enfrentaba a una fuerte oposición en el Parlamento por lo de la eliminación de sus armas nucleares, y yo quería mostrarle mi apoyo.

Hillary se reunió conmigo en Moscú. Se trajo también a Chelsea, porque no queríamos dejarla sola justo después de la muerte de Madre. Estar juntos en la residencia de invitados del Kremlin y ver Moscú en pleno invierno sería una buena distracción para todos nosotros. Yeltsin sabía que yo estaba pasándolo mal, porque él también había perdido recientemente a su madre, a la que adoraba.

Siempre que podíamos nos lanzábamos a la calle; comprábamos recuerdos de Rusia y pan en una pequeña panadería. Encendí una vela por Madre en la catedral de Kazan, ahora totalmente restaurada de los destrozos del estalinismo, y visité al patriarca de la Iglesia Ortodoxa Rusa en el hospital. El 14 de enero, después de una impresionante ceremonia de bienvenida en la Sala de San Jorge del Kremlin, una enorme estancia blanca con arcadas y altas columnas con los nombres estampados en oro de todos los héroes de guerra rusos desde hace más de doscientos años, Yeltsin y yo firmamos el tratado sobre armas nucleares con el presidente ucraniano Kravchuk y celebramos reuniones sobre iniciativas económicas y de seguridad.

En la conferencia de prensa posterior, Yeltsin expresó su agradecimiento por el paquete de ayudas norteamericano y por el que se había aprobado en la cumbre del G-7 en Tokio, que aportaría mil millones más de dólares en cada uno de los dos siguientes años, así como por nuestra decisión de reducir los aranceles sobre cinco mil productos rusos. Dio su apoyo a la Asociación por la Paz, condicionándolo a la firmeza de mi compromiso para diseñar un acuerdo de cooperación especial entre la OTAN y Rusia. También fue satisfactorio que acordáramos, a partir del 30 de mayo, no apuntar nuestros misiles nucleares contra nuestros respectivos países, ni contra ningún otro, y que Estados Unidos compraría a Rusia uranio altamente enriquecido, durante los siguientes veinte años, por valor de 12.000 millones de dólares, para así eliminar gradualmente la posibilidad de que se utilizara para fabricar armas.

Yo pensaba que todas estas acciones eran positivas tanto para Estados Unidos como para Rusia, pero no todo el mundo estaba de acuerdo. Yeltsin tenía algunos problemas en su nuevo parlamento, especialmente con Vladimir Zirinovsky, el líder de un importante bloque de nacionalistas militares que querían devolver a Rusia su gloria imperial y que estaban convencidos de que yo solo quería limitar su poder y su influencia. Para calmar un poco los ánimos, yo repetí mi mantra de que el pueblo ruso debía definir su grandeza en términos relevantes para el futuro, no basándose en el pasado.

Después de la conferencia de prensa, fui a una reunión pública con jóvenes en la cadena de televisión Ostankino. Me hicieron preguntas sobre todo tipo de temas de actualidad, pero también querían saber si los estudiantes norteamericanos podían aprender algo de Rusia, cuántos años tenía cuando se me ocurrió ser presidente, qué consejos podía darle a un joven ruso que quisiera entrar en política y cómo quería que me recordaran. Esos estudiantes me hicieron sentir esperanza por el futuro de Rusia. Eran inteligentes, idealistas y estaban profundamente comprometidos con la democracia.

El viaje iba bien; se avanzaba en los intereses norteamericanos de construir un mundo más libre y más seguro, pero eso no se notaba en Estados Unidos, donde lo único de lo que querían hablar los políticos y la prensa era de Whitewater. Incluso los periodistas que me acompañaban me hicieron algunas preguntas sobre ese tema durante el viaje. Aun antes de que me fuera, el *Washington Post* y el *New York Times* se habían sumado a los republicanos para reclamar que Janet Reno nombrara un fiscal independiente. El único nuevo desarrollo en los últimos meses era que David Hale, un republicano que había sido acusado de fraude a la Agencia de la Pequeña y Mediana Empresa, afirmaba que yo le había pedido que concediera un préstamo a Susan McDougal, cuando ella no reunía los requisitos exigidos. Yo no había hecho tal cosa.

El criterio para designar a un fiscal independiente tanto según la antigua legislación, que había expirado, como según la nueva, que estaba estudiándose en el Congreso, era la existencia de «pruebas verosímiles» de mala fe. En su editorial del 5 de enero, en el que solicitaba un fiscal independiente para Whitewater, el *Washington Post* reconocía explícitamente «que no existen cargos verosímiles en este caso de que ni el presidente ni la señora Clinton hayan hecho algo malo». No obstante, el *Post* seguía diciendo que el interés público exigía un fiscal independiente, pues Hillary y yo habíamos sido socios en el negocio inmobiliario de Whitewater (en el que perdimos dinero), antes de que McDougal comprara Madison Guaranty (de la que jamás recibimos ningún préstamo). Aún peor, resultaba que por lo visto no habíamos solicitado la desgravación fiscal completa que podíamos pedir por nuestras pérdidas. Aquella era, probablemente, la primera vez en la historia en que el escándalo se cernía sobre un político a causa del dinero que había perdido, de los préstamos que no había recibido y de la desgravación fiscal que no había solicitado. El *Post* dijo que el Departamento de Justicia estaba dirigido por cargos nombrados por el presidente, en los que no se podía confiar para que me investigaran o para decidir si alguien más debía investigarme.

La ley del fiscal independiente fue aprobada en respuesta al despido por parte del presidente Nixon de Archibald Cox, fiscal especial del Watergate, que había sido nombrado por el fiscal general de Nixon, y por lo tanto era un empleado del Ejecutivo, sujeto a cese. El Congreso reconoció la necesidad de que pudieran llevarse a cabo investigaciones independientes de presuntos delitos por parte del presidente y sus cargos principales, pero también comprendió el peligro de conceder un poder sin límites a un fiscal que no respondía ante nadie y que disponía de recursos ilimitados. Por esa razón la ley exigía que hubiera pruebas verosímiles de que se había cometido un delito. Ahora la prensa decía que el presidente debía aceptar un fiscal independiente *sin la existencia* de dichas pruebas, cada vez que alguien con el que hubiera estado relacionado fuera objeto de una investigación.

Durante los años de Reagan y Bush, se condenó a más de veinte personas por delitos en investigaciones de fiscales independientes. Después de siete años de investigaciones y del descubrimiento por parte de la comisión del senador John Tower de que el presidente Reagan había autorizado la venta ilegal de armas a los rebeldes de Nicaragua, el fiscal del caso Irán-Contra, Lawrence Walsh, acusó a Caspar Weinberger y a cinco personas más, pero el presidente Bush les concedió un indulto. La única investigación del fiscal independiente sobre las actividades de un presidente antes de que tomara posesión del cargo fue sobre el presidente Carter, investigado por un polémico préstamo a un almacén de cacahuetes propiedad suya y de su hermano Bill. El fiscal especial solicitado por el presidente terminó su investigación en seis meses y exoneró a los Carter.

Cuando salí hacia Moscú, algunos senadores demócratas y el presidente Carter se habían sumado a los republicanos y a la prensa para exigir un fiscal independiente, aunque no podían dar ninguna razón remotamente parecida a la prueba verosímil de un delito. La mayoría de demócratas no sabían nada de Whitewater; solo estaban ansiosos por demostrar que ellos no tenían ningún inconveniente en que se investigara a un presidente demócrata, y tampoco querían enfrentarse al *Washington Post* ni al *New York Times*. Probablemente también pensaban que se podía confiar en que Janet Reno nombraría a un fiscal profesional, que se haría cargo del tema con celeridad. No obstante, estaba claro que teníamos que hacer algo, en palabras de Lloyd Bentsen, para «reventar el grano».

Cuando llegué a Moscú, montamos una teleconferencia con mi equipo, David Kendall y con Hillary, que entonces aún estaba en Washington, para comentar qué debíamos hacer. David Gergen, Bernie Nussbaum y Kendall estaban en contra de solicitar un fiscal independiente, porque no había motivos para ello y, si teníamos mala suerte, un fiscal sin escrúpulos podía llevar indefinidamente una investigación negativa. Además, no tendría que durar demasiado para dejarnos en bancarrota; yo tenía menos recursos que cualquier presidente de la historia moderna. Nussbaum, un abogado de primera clase que había trabajado con Hillary en la investigación del Congreso del Watergate, estaba categóricamente en contra de pedir un fiscal independiente. Lo llamó «una institución maligna», porque concedía a fiscales que no tenían superiores jerárquicos la capacidad de hacer lo que les viniera en gana; Bernie dijo que le debía a la presidencia, y a mí mismo, resistirme a lo del fiscal independiente con uñas y dientes. Nussbaum también señaló que el desdén que el *Washington Post* había expresado respecto a la investigación del Departamento de Justicia era infundado, pues mis documentos estaban siendo revisados por un fiscal profesional al que había designado para un cargo en el Departamento de Justicia el presidente Bush.

Gergen estaba de acuerdo, pero también argumentó con firmeza que yo debía entregar toda nuestra documentación al *Washington Post*. Mark Gearan y George Stephanopoulos también pensaban lo mismo. David dijo que Len Downie, el director ejecutivo del *Post*, había ganado sus espuelas con lo de Watergate, y que estaba convencido de que ocultábamos algo. El *New York Times* también parecía compartir esa opinión. Gergen pensaba que la única forma de desviar la presión para solicitar un fiscal especial era sacar a la luz nuestros archivos privados.

Todos los abogados —Nussbaum, Kendall y Bruce Lindsey— estaban en contra de entregar los documentos porque, aunque habíamos aceptado facilitar al Departamento de Justicia todos los que habíamos encontrado, los archivos estaban incompletos y repartidos por varios sitios, y aún estábamos tratando de reunirlo todo. Dijeron que en cuanto no pudiéramos contestar a una pregunta o recuperar un documento, la prensa volvería a los tambores de guerra y solicitaría un fiscal especial. Mientras, solo se publicarían noticias negativas llenas de insinuaciones y especulación.

El resto de mi equipo, incluidos George Stephanopoulos y Harold Ickes, que había sido nombrado en enero adjunto al jefe de gabinete, pensaban que puesto que los demócratas optaban por el camino de no oponer la menor resistencia, era inevitable que hubiera un fiscal independiente, y que sencillamente lo solicitáramos de una vez para poder seguir trabajando en lo nuestro. Le pregunté a Hillary qué opinaba. Dijo que solicitar un fiscal sentaría un mal precedente, pues modificaría fundamentalmente el criterio, que era la exigencia de que hubiera pruebas verosímiles de la comisión de un delito, y a partir de entonces bastaría con ceder a cualquier tipo de presión mediática que se desencadenara; sin embargo, dijo que la decisión tenía que ser mía. Me di cuenta de que estaba cansada de discutir con mi equipo.

Dije a todos los que estaban en la teleconferencia que no me preocupaba una investigación, pues no había hecho nada malo, ni tampoco Hillary, y tampoco tenía objeciones a que se hicieran públicos los archivos. Después de todo, habíamos soportado muchas noticias irresponsables por lo de Whitewater desde la campaña. Mis instintos me decían que debía entregar los archivos y negarme a lo del fiscal independiente, pero si el consenso era que hiciéramos lo contrario, podría vivir con ello. Nussbaum estaba angustiado y predijo que quienquiera que fuera el fiscal nombrado tendría una decepción al descubrir que no había nada y que seguiría ampliando la investigación hasta que encontrara cualquier falta o delito cometida por alguno de mis conocidos. Dijo que si yo creía que debíamos hacer más, sencillamente podía pasar los archivos a la prensa y ofrecerme a testificar frente al Comité Judicial del Senado. Stephanopoulos opinaba que eso era una mala idea, a causa de toda la publicidad que generaría. Dijo que Reno designaría a un fiscal independiente que contentaría a la prensa y que todo el asunto quedaría cerrado en pocos meses. Bernie no estaba de acuerdo; afirmaba que si el Congreso aprobaba una nueva ley del fiscal independiente y yo la firmaba, cosa que me había comprometido a hacer, los jueces de la Corte de Apelaciones de Washington nombrarían a un nuevo fiscal y todo volvería a empezar. George se enfadó, dijo que Bernie era un paranoico y que eso jamás sucedería. Bernie sabía que el presidente del tribunal Rehnquist nombraría la comisión que se encargaría de eso y que estaría dominada por republicanos conservadores. Se rió nerviosamente ante el estallido de George y dijo que quizá la posibilidad de que hubiera un segundo fiscal era del cincuenta por ciento.

Después de un rato, pedí hablar a solas con Hillary y David Kendall. Les dije que pensaba que teníamos que respetar el consenso de los no abogados del equipo, que creían que debíamos pedir un fiscal independiente. Después de todo, no tenía nada que ocultar, y todo aquel clamor estaba desviando la atención del Congreso y del país de nuestra lista de prioridades. Al día siguiente la Casa Blanca solicitó a Janet Reno que nombrara a un fiscal independiente. Aunque yo había dicho que podría vivir con ello, lo cierto es que casi no sobrevivo.

Fue la peor decisión presidencial que jamás he tomado. Fue errónea según los hechos y según la ley, y mala para la política, la presidencia y la Constitución. Tal vez lo hice porque estaba absolutamente agotado y todavía en período de duelo por Madre; me hizo falta reunir toda la concentración de que fui capaz para llevar a cabo las tareas que tuve que atender después de su funeral. Lo que debería haber hecho era entregar los documentos, negarme al nombramiento de un fiscal independiente, proporcionar toda la información a los demócratas que la desearan y pedirles su apoyo. Por supuesto, quizá no hubiera hecho que las cosas fueran distintas. En aquel momento, no me preocupaba porque sabía que no había violado ninguna ley y aún creía que lo que la prensa buscaba era solo la verdad.

Al cabo de una semana, Janet Reno nombró a Robert Fiske, un republicano que había sido fiscal en Nueva York, y que habría completado la investigación en un plazo adecuado si le hubieran dejado hacer su trabajo. Por supuesto, a Fiske no le permitieron terminar, pero me estoy adelantando. Por ahora, parecía que aceptar un fiscal especial era como tomarse una aspirina para un resfriado: un alivio pasajero. Muy pasajero.

Durante mi regreso a casa desde Rusia, después de una breve parada en Bielorrusia, volé a Ginebra, para reunirme por primera vez con el presidente Assad, de Siria. Era un hombre despiadado pero brillante, que una vez arrasó todo un pueblo para dar una lección a sus oponentes, y cuyo apoyo a grupos terroristas del Oriente Próximo había distanciado a Siria de Estados Unidos. Assad raramente dejaba Siria, y cuando lo hacía casi siempre era para ir a Ginebra y reunirse con dirigentes extranjeros. Durante nuestra visita, me impresionó su inteligencia y su casi perfecta memoria de detallados acontecimientos que se remontaban a más de veinte años atrás. Assad era famoso por sus largas reuniones; podía aguantar durante seis o siete horas sin tomarse un descanso. Yo, por el contrario, estaba cansado y necesitaba beber café, té o agua para mantenerme despierto. Afortunadamente, la reunión solo se alargó unas horas. De nuestra conversación salieron las dos cosas que yo quería: la declaración explícita de Assad de que estaba dispuesto a hacer las paces y establecer relaciones normales con Israel y su compromiso a retirar todas las fuerzas sirias del Líbano y a respetar su independencia una vez se alcanzara una paz global en la zona de Oriente Próximo. Yo sabía que el éxito de la reunión se debía a algo más que a química personal. Assad había recibido grandes ayudas económicas de la ex Unión Soviética; ahora que esta ya no estaba, tenía que solicitarlas a Occidente. Para ello, debía dejar de apoyar el terrorismo en la zona, lo cual sería sencillo si lograba un acuerdo con Israel para que devolviera a Siria los Altos del Golán, perdidos durante la guerra de 1967.

Regresé a Washington a una larga serie de esos días, demasiado habituales, en que todo sucede a la vez. El día 17, Los Ángeles sufrió el terremoto más costoso de la historia de Estados Unidos; causó miles de millones de dólares en daños a hogares, hospitales, escuelas y negocios. Volé hacia allí el día 19, con James Lee Witt, director de la Agencia Federal de Gestión de Emergencias (AFGE), para valorar los daños, que incluían un largo tramo de carretera interestatal que se había partido por completo. Al día siguiente, casi todo el gabinete y yo nos reunimos con el alcalde, Dick Riordan, y otros dirigentes estatales y locales en el hangar de un aeropuerto, en Burbank, para diseñar el plan de emergencias. Gracias a un excelente trabajo en equipo, la recuperación se llevó a cabo con rapidez. La autopista principal se reconstruyó en tres meses; la AFGE proporcionó ayudas financieras a más de 600.000 familias y empresas y se reconstruyeron miles de hogares y de negocios gracias a los préstamos de la Agencia la Pequeña y Mediana Empresa. Todo el esfuerzo costó más de 16.000 millones de dólares en ayudas directas. Yo me sentía angustiado por los californianos; había sido una de las zonas más castigadas por la recesión y por el recorte de gastos militares, sufría graves incendios y ahora el terremoto. Uno de los funcionarios locales bromeó diciendo que solo le faltaba una plaga de langostas. Su sentido del humor me recordó la famosa observación de la Madre Teresa, cuando dijo que sabía que Dios jamás le daría una carga tan pesada que no pudiera llevarla, pero que a veces desearía que Él no tuviera tanta confianza en ella. Regresé a Washington para una entrevista con Larry King, en el primer aniversario del inicio de mi mandato, y le dije que me gustaba el trabajo, aun en los días malos. Después de todo, no estaba allí para pasármelo bien; me había comprometido a cambiar el país.

Unos días más tarde, el hijo mayor del presidente Assad, al que había educado para que le sucediera, murió en un accidente de coche. Cuando le llamé para expresarle mis condolencias, Assad estaba obviamente destrozado, un recordatorio de que lo peor que le puede pasar a uno es perder a un hijo.

Esa semana nombré a Bill Perry adjunto al secretario de Defensa, para que sucediera a Lee Aspin, que había dimitido de su cargo poco después de lo del Black Hawk Derribado. Habíamos realizado una búsqueda exhaustiva y, durante todo ese tiempo, el mejor candidato había estado frente a nuestras narices. Perry había dirigido varias organizaciones relacionadas con Defensa y era profesor de matemáticas e ingeniería; había realizado una espléndida labor en el Pentágono, impulsando la tecnología Stealth, la reforma del sistema de adquisiciones de material y la formulación de presupuestos realistas. Era un hombre de voz suave y carácter modesto, pero de una sorprendente dureza. Resultó ser uno de mis mejores nombramientos, probablemente el mejor secretario de Defensa desde el general George Marshall.

El día 25 pronuncié mi discurso del Estado de la Unión. Es la única vez en todo el año que el presidente tiene la oportunidad de hablar con el pueblo norteamericano, sin filtros, durante una hora entera, y quería aprovecharla al máximo. Después de un tributo al fallecido portavoz de la Cámara, Tip O'Neill, que había muerto un día antes que Madre, repasé brevemente la larga lista de éxitos parlamentarios de 1993: la economía había generado más puestos de trabajo; millones de norteamericanos habían ahorrado dinero financiando sus casas a tipos de interés más bajos; solo el 1,2 por ciento de los ciudadanos norteamericanos había visto que aumentaran sus impuestos sobre la renta; el déficit sería un 40 por ciento más bajo del fijado por las estimaciones anteriores y podríamos disminuir la nómina federal en más de 250.000 puestos, en lugar de los 100.000 que había prometido inicialmente.

El resto del discurso se centró en mi programa para 1994, empezando con la educación. Pedí al Congreso que aprobara mi iniciativa Objetivos 2000 para ayudar a las escuelas públicas a alcanzar los estándares nacionales educativos que los gobernadores y la administración Bush habían fijado, a través de reformas como la elección de las escuelas, las escuelas concertadas y el acceso a Internet para todas ellas para el año 2000. También proponía que midiéramos a la antigua el progreso de las escuelas respecto a sus objetivos: comprobando si los estudiantes aprendían o no lo que tenían que saber.

Igualmente, solicitaba más inversiones en nuevas tecnologías que generasen puestos de trabajo, y en proyectos de conversión de las instalaciones que antes trabajaban para Defensa. Exhorté a que se aprobara la ley contra el crimen y la prohibición sobre las armas de asalto, y propuse tres nuevas leyes medioambientales: la Ley para Agua Potable, una ley revitalizada de Agua Limpia y un programa reformado de Superfondos.

El Superfondo era una iniciativa conjunta del sector público y del sector privado para limpiar lugares contaminados abandonados o degradados, que representaban un peligro para la salud pública. Era importante para mí y para Al Gore; cuando dejé la presidencia, habíamos limpiado tantos emplazamientos con el Superfondo como las administraciones Reagan y Bush juntas.

Luego pedí al Congreso que en 1994 aprobara tanto la reforma de la asistencia social como la reforma sanitaria. Un millón de personas había escogido percibir ayudas sociales porque era la única forma de obtener cobertura sanitaria para sus hijos. Cuando la gente abandonaba la asistencia social para trabajar en empleos con salarios bajos y sin seguro médico, se encontraban en la increíble posición de pagar impuestos para financiar el programa Medicaid, que proporcionaba atención sanitaria a las familias que seguían dependiendo de la asistencia social. En algún momento del año siguiente, casi sesenta millones de norteamericanos se encontraron sin cobertura sanitaria. Más de ochenta millones tenía «enfermedades preexistentes», problemas de salud que implicaban que pagarían más por el seguro, si lo obtenían, y a menudo no podían cambiar de empleo sin perderlo. Tres de cada cuatro norteamericanos tenía pólizas con «límites de por vida» respecto a la cantidad de sus gastos médicos que su seguro cubría. Eso quería decir que podían perder su seguro médico justo cuando más lo necesitaran. El sistema también perjudicaba a la pequeña y mediana empresa: las primas que tenían que abonar eran un 35 por ciento más altas que las que pagaban las grandes empresas y el gobierno. Para controlar los costes, más y más norteamericanos se veían obligados a recurrir a las compañías de seguros médicos, que limitaban la libertad del paciente de elegir un médico, y a este le restringía las opciones del campo en que ejercer. También obligaban a los profesionales sanitarios a dedicar más tiempo a la burocracia y menos a sus pacientes. Todos estos problemas surgían de un único hecho fundamental: teníamos un sistema de cobertura irracional, hecho a retazos, en el que mandaban las compañías aseguradoras.

Dije al Congreso que sabía lo difícil que era cambiar el sistema. Roosevelt, Truman, Nixon y Carter, todos lo habían intentado y habían fracasado. El esfuerzo casi acabó con la presidencia de Truman, y su índice de popularidad descendió en picado hasta menos del 30 por ciento, lo que ayudó a los republicanos a recuperar el control del Congreso. Esto sucedió porque, a pesar de todos los problemas, la mayoría de norteamericanos disponía de algún tipo de cobertura, le gustaban sus médicos y sus hospitales y sabía que tenían un buen sistema de atención sanitaria. Todo eso aún era cierto. Pero todos aquellos que se aprovechaban del sistema de financiación de la sanidad gastaban grandes cantidades de dinero para convencer al Congreso y a la gente de que arreglar lo que no funcionaba de aquel sistema estropearía lo que iba bien.

Yo pensaba que mi argumentación había sido eficaz, excepto por una cosa: al final del apartado sobre sanidad de mi discurso, levanté una pluma y dije que la utilizaría para vetar cualquier ley que no garantizara una cobertura sanitaria universal. Lo hice porque un par de mis asesores dijeron que la gente no creería que mis convicciones eran firmes a menos que demostrara que no cedería ni pactaría. Fue como agitar un trapo rojo frente a mis adversarios del Congreso, un gesto innecesario. La política consiste en pactar, y la gente espera que el presidente gane, no que haga gestos. La reforma sanitaria era la montaña más difícil de escalar. Yo no podía hacerlo solo; necesitaba llegar a acuerdos. Sin embargo, mi error no tuvo importancia, pues Bob Dole había decidido de antemano impedir que saliera adelante cualquier tipo de reforma sanitaria.

A corto plazo, el discurso del Estado de la Unión aumentó espectacularmente el apoyo del público hacia mi programa. Newt Gingrich me dijo más adelante que después de escuchar el discurso dijo a los republicanos de la Cámara que si yo podía convencer a los demócratas del Congreso de que aceptaran mis propuestas, nuestro partido conservaría la mayoría mucho tiempo. Newt sin duda no quería que eso sucediera, así que, al igual que Bob Dole, se aseguró de que se aprobaran el menor número posible de iniciativas antes de las elecciones de mitad de mandato.

Durante la última semana de enero, mantuvimos un encendido debate en el seno de nuestro equipo de política exterior sobre si debíamos conceder un visado a Gerry Adams, líder del Sinn Fein, el brazo político del Ejército Republicano Irlandés, el IRA. Estados Unidos tenía gran importancia en ambos lados del conflicto irlandés. Durante años, ardientes norteamericanos que apoyaban al IRA proporcionaron financiación para sus violentas actividades. El Sinn Fein tenía muchos partidarios entre los católicos irlandeses que rechazaban el terrorismo pero querían el fin de la discriminación contra sus correligionarios y más autonomía política, con participación católica, en Irlanda del Norte. Los británicos y los protestantes irlandeses también tenían sus seguidores, que deploraban cualquier trato con el Sinn Fein a causa de sus lazos con el IRA, y que creían que no teníamos que entremeternos en los asuntos del Reino Unido, nuestro aliado más importante. Ese argumento había marcado la actitud de todos mis predecesores, incluidos los que comprendían las legítimas quejas de los católicos de Irlanda del Norte. Ahora, con la Declaración de Principios, había llegado el momento de revisar nuestra postura.

En la declaración, por primera vez, el Reino Unido se comprometía a respetar los deseos de los habitantes de Irlanda del Norte sobre su estado político, e Irlanda renunciaba a su reivindicación histórica respecto de los seis condados del norte hasta que una mayoría de ciudadanos votara para cambiar su estado. Los unionistas más moderados y los partidos nacionalistas irlandeses apoyaban el tratado con cautela. El reverendo Ian Paisley, líder el Partido Unionista Democrático, de tendencias extremistas, creía que el acuerdo era un ultraje. Gerry Adams y el Sinn Fein estaban decepcionados porque los principios no concretaban la forma en que se desarrollaría el proceso de paz y qué papel tendría el Sinn Fein. A pesar de las respuestas ambiguas, los gobiernos británicos e irlandés claramente estaban presionando a todos los partidos para que colaboraran con ellos en el camino hacia la paz.

Desde el momento en que se hizo la declaración, los aliados de Adams en Estados Unidos me pidieron que le concediera un visado para que visitara el país. Dijeron que aumentaría su prestigio y su capacidad para implicarse en el proceso y presionar al IRA para que abandonara las armas. John Hume, líder del moderado Partido Social Demócrata Laborista, cuya carrera estaba dedicada a la acción no violenta, dijo que había cambiado de opinión respecto al visado de Adams. Ahora creía que sería un avance para el proceso de paz. Un grupo de activistas norteamericanos de origen irlandés estaban de acuerdo, entre ellos mi amigo Bruce Morrison, que había organizado nuestra iniciativa para contactar con la comunidad irlandesa en 1992, y también nuestra embajadora en Irlanda, Jean Kennedy Smith. En el Congreso también había gente a favor, como su hermano, el senador Ted Kennedy, y los senadores Chris Dodd, Pat Moynihan y John Kerry, al igual que los congresistas por Nueva York, Peter King y Tom Manton. El portavoz de la Cámara, Tom Foley, que llevaba tiempo dedicado a los temas irlandeses, seguía oponiéndose firmemente a la concesión del visado.

A principios de enero, el primer ministro irlandés, Albert Reynolds, nos informó de que, al igual que John Hume, ahora estaba a favor del visado porque Adams estaba trabajando para la paz y pensaba que el visado le daría poder de negociación para presionar al IRA, alejarlo de la violencia y acercarlo al proceso de paz. El gobierno británico seguía categóricamente en contra del visado, a causa del largo historial de actos de terror del IRA y porque Adams no había renunciado a la violencia ni había expresado su apoyo a la Declaración de Principios, como base para empezar a resolver el conflicto.

Le dije a Albert Reynolds que consideraría lo del visado si Adams recibía una invitación formal para participar en algún acto en Estados Unidos. Poco después, Adams, junto con los líderes de los demás partidos de Irlanda del Norte, fue invitado a una conferencia de paz en Nueva York organizada por un grupo de política exterior norteamericano. Esto puso el tema del visado sobre el tapete, y se convirtió en el primer tema de importancia sobre el que mi equipo de asesores en política exterior no pudo ponerse de acuerdo.

Warren Christopher, el Departamento de Estado y nuestro embajador en Gran Bretaña, Ray Seitz, se oponían categóricamente a la concesión del visado; argumentaban que, puesto que Adams no quería renunciar a la violencia, nos haría parecer débiles frente al terrorismo y perjudicaría irreparablemente nuestra tan cacareada «relación especial» con Gran Bretaña, incluidas la posibilidades que tendríamos para obtener la cooperación británica en el tema de Bosnia y otros asuntos de importancia. El Departamento de Justicia, el FBI y la CIA estaban de acuerdo con el Departamento de Estado. Su unánime opinión ciertamente tenía un peso muy importante.

Había tres personas trabajando en el tema irlandés en el Consejo de Seguridad Nacional: Tony Lake; la directora de gabinete del Consejo, Nancy Soderberg, y nuestra encargada de temas europeos, la mayor de la armada, Jane Holl. Con mi apoyo, estudiaban desde un punto de vista independiente la cuestión del visado, al tiempo que trataban de alcanzar un consenso con el Departamento de Estado cooperando con el subsecretario, Peter Tarnoff. El equipo del Consejo de Seguridad Nacional pronto estuvo seguro de que Adams estaba a favor de que el IRA depusiera las armas, de la plena participación del Sinn Fein en el proceso de paz, y de un futuro democrático para Irlanda del Norte. Su análisis parecía lógico. Los irlandeses empezaban a prosperar económicamente, toda Europa estaba avanzando hacia una mayor integración económica y política y la tolerancia entre los irlandeses respecto al terrorismo había caído en picado. Por otra parte, el IRA era un hueso duro de roer, formado por hombres curtidos que habían llevado una vida de odio hacia los británicos y los unionistas del Ulster; para ellos la idea de una coexistencia pacífica, y seguir formando parte del Reino Unido, era un anatema. Puesto que en los condados del norte había un 10 por ciento más de población protestante que católica, y la Declaración de Principios obligaba tanto a Irlanda como al Reino Unido a un futuro democrático basado en la voluntad de la mayoría, Irlanda del Norte probablemente seguiría formando parte del Reino Unido durante bastante tiempo. Adams lo sabía, pero también creía que el terror no traería ninguna victoria; parecía sincero cuando decía que su deseo era que el IRA depusiera las armas a cambio del fin de la discriminación y del aislamiento que sufrían los católicos.

Basándose en este análisis, el CSN determinó que debíamos conceder el visado, pues impulsaría el margen de maniobra de Adams en el Sinn Fein y con el IRA, respaldado por la creciente influencia norteamericana. Esto era importante, pues a menos que el IRA renunciara a la violencia y el Sinn Fein participara en el proceso de paz, el conflicto irlandés no podría resolverse.

El debate se prolongó hasta unos días antes de que la conferencia se iniciara, con los aliados del gobierno británico y de Adams en el Congreso, y la comunidad irlandesa de Estados Unidos subiendo el tono de sus declaraciones. Escuché cuidadosamente a ambas partes, incluidos una apasionada súplica de última hora de Warren Christopher de que no lo hiciéramos y un mensaje de Adams diciendo que el pueblo irlandés se estaba arriesgando por la paz y que yo también debía arriesgarme. Nancy Soderberg dijo que se había reconciliado con la idea del visado porque había llegado a la convicción de que Adams hablaba en serio respecto al proceso de paz y que, en el momento actual, no podía ser más claro de lo que ya había sido sobre su deseo de abandonar la violencia, sin perjudicar su posición dentro del Sinn Fein y de cara al IRA. Nancy había sido mi asesora de política exterior desde los días de la campaña electoral, y yo tenía un gran respeto por su juicio. También me impresionó que Tony Lake estuviera de acuerdo con ella. En tanto que asesor de seguridad nacional, Tony tenía que negociar con los británicos muchos otros temas que podían verse afectados negativamente por el visado. También me daba cuenta de las implicaciones de esta decisión en el marco de nuestros esfuerzos globales por luchar contra el terrorismo. El vicepresidente Gore también sabía que el contexto que rodeaba la cuestión del visado era más amplia, e igualmente estaba a favor. Decidí emitir el visado, pero restringirlo de forma que Adams no pudiera recaudar fondos ni salir de Nueva York durante su estancia de tres días.

Los británicos se pusieron furiosos. Pensaban que Adams solo era un charlatán mentiroso que no tenía ninguna intención de abandonar la violencia. Gran Bretaña había padecido un intento de asesinato contra Margaret Thatcher y habían muerto en atentados miles de ciudadanos británicos, entre ellos niños inocentes, funcionarios gubernamentales y un miembro de la familia real, Lord Mountbatten, que se había encargado de supervisar el fin del imperio británico en India. Los partidos unionistas boicotearon la conferencia a causa de la presencia de Adams. Durante algunos días, John Major se negó a contestar a mis llamadas telefónicas. La prensa británica estaba repleta de artículos y columnas de opinión que afirmaban que había perjudicado la especial relación que existía entre nuestras naciones. Un titular memorable decía: «La repugnante serpiente de Adams escupe su veneno a los yanquis».

Parte de la prensa insinuaba que había emitido el visado para ganarme el voto irlandés en Estados Unidos y porque aún estaba enfadado con Major por sus intentos de ayudar al presidente Bush durante la campaña electoral. No era cierto. Jamás había estado tan molesto con Major como los británicos creían y le admiraba por la forma en que se la jugaba defendiendo la Declaración de Principios; tenía una escasa mayoría en el Parlamento y necesitaba los votos de los unionistas irlandeses para conservarla. Además, despreciaba el terrorismo, como el pueblo norteamericano; políticamente, la decisión conllevaba muchos más problemas que beneficios. Concedí el visado porque pensaba que era la mejor posibilidad que teníamos de poner fin a la violencia. Recordé lo que solía decir Yitzhak Rabin: uno no acuerda la paz con sus amigos.

Gerry Adams viajó a Estados Unidos el 31 de enero, y los norteamericanos de origen irlandés favorables a la causa le dieron una cálida bienvenida. Durante la visita prometió trabajar dentro del Sinn Fein para que se tomaran decisiones positivas concretas. Poco después, los británicos aceleraron sus esfuerzos para establecer negociaciones con los partidos de Irlanda del Norte, y el gobierno irlandés aumentó su presión sobre el Sinn Fein para que cooperase. Siete meses después, el IRA declaró una tregua. La decisión del visado había funcionado. Fue el principio de mi profunda implicación en la larga, emocionante y compleja búsqueda de la paz en Irlanda del Norte.

El 3 de febrero, empecé el día con mi segundo Desayuno Nacional de Oración. La Madre Teresa era la oradora invitada, y yo declaré que debíamos tratar de emularla y aportar más humildad y un espíritu de reconciliación a la política. Esa tarde me puse manos a la obra en el tema de la reconciliación y levanté nuestro antiguo embargo comercial sobre Vietnam, después de la notable colaboración que había prestado el gobierno vietnamita para solucionar los casos de los prisioneros de guerra y de los desaparecidos en combate que aún estaban pendientes, y en la devolución a Estados Unidos de los restos de los oficiales muertos. Mi decisión recibió el firme apoyo de los veteranos del Vietnam del Congreso, en particular de los senadores John Kerry, Bob Kerrey y John McCain y del congresista Pete Peterson, de Florida, que había sido prisionero de guerra en Vietnam durante más de seis años.

Durante la segunda semana de febrero, después del brutal bombardeo del mercado de Sarajevo por parte de los serbios de Bosnia en el que habían muerto docenas de inocentes, la OTAN finalmente votó, con la aprobación del secretario general de Naciones Unidas, a favor de un ataque aéreo contra los serbios si no retiraban su armamento pesado a más de veinte kilómetros de distancia de la ciudad. Llegaba tarde, pero aun así era un voto arriesgado para los canadienses, cuyas fuerzas en Srebrenica estaban rodeadas por los serbios, o para los franceses, británicos, españoles y holandeses, que tenían un número reducido, y vulnerable, de tropas en el territorio.

Poco después, el armamento pesado se retiró o quedó bajo el control de Naciones Unidas. El senador Dole aún presionaba para obtener un levantamiento unilateral del embargo de armas, pero por el momento a mí me bastaba con lo que habíamos obtenido, pues por fin teníamos luz verde para los ataques aéreos de la OTAN; además, no quería que se utilizara nuestro abandono unilateral del embargo en Bosnia como excusa para no respetar los embargos que apoyábamos en Haití, Libia e Irak.

A mitad de mes, Hillary y Chelsea se fueron a Lillehammer, Noruega, para representar a Estados Unidos en los Juegos Olímpicos de Invierno, y yo volé a Hot Springs para ver a Dick Kelley. Habían pasado cinco semanas desde el funeral de Madre y quería comprobar cómo estaba. Dick se sentía solo en su casa, donde la presencia de Madre aún se hacía sentir en cada habitación, pero el viejo veterano de la marina estaba recuperando su carácter activo y ya pensaba en la forma de seguir adelante con su vida.

Pasé las dos semanas siguientes promoviendo la reforma sanitaria y la ley contra el crimen en distintos foros por todo el país, y ocupándome de la política exterior. Recibimos una excelente noticia cuando Arabia Saudí aceptó comprar aviones norteamericanos por valor de 6.000 millones de dólares, después de las intensas negociaciones de Ron Brown, Mickey Kantor y el secretario de Transporte, Federico Peña.

También nos sorprendió muchísimo cuando el FBI arrestó al veterano agente de la CIA Aldrich Ames, que llevaba más de treinta y un años en la agencia, y a su esposa, y desveló uno de los casos de espionaje más importantes de toda la historia de Estados Unidos. Durante nueve años, Ames había ganado una fortuna entregando información que había provocado la muerte de más de diez de nuestros informadores en Rusia y que había perjudicado seriamente la capacidad de maniobra de nuestros servicios secretos. Después de años tratando de atrapar al doble agente, que tenían la certeza que estaba actuando desde dentro, finalmente el FBI, con la colaboración de la CIA, logró cazarle. El caso Ames planteó muchos interrogantes acerca de la vulnerabilidad de nuestro servicio de inteligencia y de nuestra política hacia Rusia: si nos estaban espiando, ¿acaso no debíamos cancelar o suspender nuestras ayudas económicas? En una sesión bipartidista del Congreso, y en respuesta a las preguntas de la prensa, me declaré contrario a la suspensión de las ayudas. En Rusia había una lucha interna entre el ayer y el mañana: la Rusia del ayer nos espiaba, pero nuestra ayuda estaba apoyando a la Rusia del mañana, reforzando la reforma democrática y económica y localizando y eliminando su armamento nuclear. Además, los rusos no eran los únicos que tenían espías.

Hacia finales de mes, un colono militante israelí, ultrajado por la perspectiva de devolver Cisjordania a los palestinos, disparó contra varios creyentes en la Mezquita de Abraham, en Hebrón. El asesino actuó durante el mes santo de Ramadán, en un lugar sagrado tanto para los musulmanes como para los judíos, donde se creía que estaba la tumba de Abraham y de su mujer, Sarah. Parecía claro que su intención era desencadenar una reacción violenta que desbaratase el proceso de paz. Para evitarlo, le pedí a Warren Christopher que se pusiera en contacto con Rabin y Arafat y les invitara a enviar negociadores a Washington tan pronto como fuera posible, y que se quedaran allí hasta que se hubieran fijado pasos concretos para poner en práctica el acuerdo.

El 28 de febrero, unos cazas de la OTAN abatieron cuatro aviones serbios por violar la zona de exclusión aérea, la primera acción militar en los cuarenta y cuatro años de la historia de la alianza. Yo esperaba que los ataques aéreos, junto con nuestro éxito al forzar el levantamiento del sitio de Sarajevo, convencerían a los aliados para que adoptaran una postura más enérgica frente a la agresión serbia en los pueblos de Tuzla, Srebrenica y en las zonas colindantes.

Uno de estos aliados, John Major, se encontraba en Estados Unidos ese día para hablar de Bosnia e Irlanda del Norte. Le llevé a Pittsburgh, donde su abuelo había trabajado en las fábricas de acero del siglo XIX. Major pareció disfrutar por reencontrarse con sus raíces en el corazón industrial de Estados Unidos. Esa noche se quedó en la Casa Blanca, el primer líder extranjero que lo hacía durante mi mandato. Al día siguiente dimos una conferencia de prensa, que no fue muy destacable, excepto por el mensaje general que mandaba, que nuestro desacuerdo sobre el visado de Adams no entorpecería la relación angloamericana ni nos impediría colaborar estrechamente en Bosnia y en otros temas. Major me pareció un hombre serio, inteligente y, como ya he dicho, profundamente entregado a resolver el problema irlandés, a pesar de que el propio esfuerzo amenazaba su situación en el Parlamento, ya de por sí precaria. Pensé que era mejor dirigente de lo que a menudo reflejaba la prensa, y después de pasar aquellos dos días juntos mantuvimos una buena y productiva relación de trabajo.

TREINTA Y OCHO

Mientras yo me esforzaba en mi labor en política exterior, la nueva situación creada por Whitewater empezaba a tomar forma en casa. En marzo, Robert Fiske comenzó a trabajar con energía; mandó citaciones a diversos miembros del equipo de la Casa Blanca, entre ellos a Maggie Williams y a Lisa Caputo, que trabajaban para Hillary y eran amigas de Vince Foster. Mack McLarty organizó un equipo de respuesta a Whitewater, dirigido por Harold Ickes, para coordinar las réplicas a las preguntas de Fiske y de la prensa, y para que el resto del equipo, y yo mismo, pudiéramos dedicarnos a la función pública que habíamos ido a cumplir a Washington. De esa forma también reducíamos al mínimo las conversaciones sobre Whitewater entre los miembros del equipo, con Hillary o conmigo. Esas conversaciones solo servirían para que los más jóvenes se expusieran al riesgo de que los citaran a declarar, o a que lanzasen contra ellos ataques políticos o procesos legales que comportarían elevadas facturas de abogados. Había muchos intereses creados para descubrir cualquier sombra de delito. Si no había nada ilegal en aquel lejano negocio inmobiliario, quizá pudieran descubrir algo negativo en la forma en que nos enfrentábamos a ese problema.

Este sistema funcionó bastante bien para mí. Después de todo, yo había aprendido a llevar vidas paralelas de pequeño; la mayor parte del tiempo, era capaz de dejar a un lado todas las acusaciones y las insinuaciones y concentrarme en mi trabajo. Sabía que resultaría más duro para los que jamás han vivido bajo la amenaza permanente de ataques arbitrarios y destructivos, especialmente en un ambiente en que cualquier acusación comporta la presunción de culpabilidad. Desde luego, había algunos expertos legales, como Sam Dash, que hablaban de lo mucho que cooperábamos —en comparación con las administraciones de Reagan y de Nixon— porque no nos resistíamos a las citaciones y porque entregamos todos nuestros archivos, primero al Departamento de Justicia y luego a Fiske. Pero las reglas del juego habían cambiado: a menos que Hillary y yo fuéramos capaces de demostrar nuestra inocencia de cualquier cargo del que pudieran acusarnos, la mayoría de preguntas y noticias estaban envueltas en un tono de intensa sospecha; el subtexto era que sin duda teníamos que haber hecho algo malo.

Por ejemplo, cuando nuestra documentación financiera salió publicada en la prensa, el *New York Times* informó de que, a partir de una inversión de mil dólares, Hillary había ganado cien mil en el mercado de futuros en 1979, con la ayuda de Jim Blair. Blair era uno de mis amigos más cercanos, y aunque es cierto que prestó ayuda a Hillary y a algunos amigos en la compraventa de bienes, ella corrió sus propios riesgos y le pagó más de 18.000 dólares por sus servicios de intermediario; luego, fue ella quien, siguiendo su propio instinto, lo dejó antes de que el mercado se hundiera. Leo Melamed, un republicano que había sido presidente de la Bolsa Mercantil de Chicago, donde se compran y venden futuros sobre productos agrícolas, revisó todas las transacciones de Hillary y dijo que eran correctas. Pero aquello no importaba. Durante años, nuestros detractores se refirieron a los beneficios en los futuros que consiguió Hillary como una supuesta prueba de corrupción.

La presunción de delito se reflejaba también en un reportaje de *Newsweek* que afirmaba que Hillary no había invertido su propio dinero en aquel «afortunado negocio». El análisis de aquel artículo decía estar basado en la experta opinión del profesor Marvin Chirelstein de la Facultad de Derecho de Columbia, una de las autoridades nacionales en derecho mercantil y contratos, que me había dado clases en Yale y al que nuestro abogado había pedido que revisara nuestras declaraciones de renta de 1978–1979, el período de la inversión en Whitewater. Chirelstein cuestionó la historia de *Newsweek*; dijo que «yo jamás he dicho nada parecido» y que se sentía «ultrajado y humillado».

Por la misma época, la revista *Time* publicó una fotografía en portada que pretendía mostrar a George Stephanopoulos mirando por encima de mi hombro mientras yo estaba sentado a mi mesa, nervioso por lo de Whitewater. En realidad, la foto correspondía a una anterior reunión de agenda diaria en la que había más gente presente; al menos había dos personas más en la fotografía original. *Time* simplemente se limitó a borrarlos.

En abril, Hillary dio una conferencia de prensa para responder a las preguntas sobre sus inversiones de futuros y sobre Whitewater. Lo hizo muy bien, y yo me sentí orgulloso de ella. Incluso logró arrancar una carcajada de los periodistas cuando reconoció que su creencia en que existía una «zona de privacidad» quizá fuera el motivo por el cual no había reaccionado tan bien como hubiera debido cuando la prensa le preguntaba por hechos personales de su pasado, pero que «después de resistirme durante un tiempo, esa zona había sido recalificada».

La presunción de culpabilidad que cayó sobre nosotros también se hizo extensiva a otras personas. Por ejemplo, Roger Altman y Bernie Nussbaum recibieron fuertes críticas por sus comentarios sobre las acusaciones que la Corporación de Resolución de Fondos (CRF) había hecho contra Madison Guaranty, pues la CRF formaba parte del Departamento del Tesoro, y Altman lo estaba supervisando temporalmente. Presumiblemente, sus detractores pensaron que Nussbaum podía estar tratando de influir en las investigaciones de la CRF. De hecho, los comentarios se hicieron en respuesta a las preguntas de la prensa sobre unas filtraciones de la investigación sobre Madison, y el comité ético del Departamento del Tesoro las había aprobado.

Edwin Yoder, un columnista progresista de la vieja escuela, dijo que Washington estaba siendo tomado por «limpiadores étnicos». En una columna sobre la reunión Nussbaum-Altman, dijo:

> Me gustaría que alguien me explicara por qué es tan retorcido que el equipo de la Casa Blanca quiera obtener información procedente de otras ramas del Ejecutivo sobre acusaciones y rumores que afectan al presidente...

Robert Fiske consideró que los contactos entre la Casa Blanca y el Departamento del Tesoro fueron legales, pero eso no detuvo la campaña difamatoria contra Nussbaum y Altman. Por esa época, a todos nuestros asesores políticos tenían que leerles sus derechos unas tres veces al día. Bernie Nussbaum dimitió a principios de marzo; jamás superó mi insensata decisión de solicitar un fiscal independiente y no quería ser una fuente de más problemas. Altman dejó el gobierno unos meses más tarde. Ambos eran funcionarios honestos y capaces.

En marzo, Roger Ailes, un veterano partidario de los republicanos que se había convertido en presidente de la CNBC, acusó a la administración de «encubrimiento del caso Whitewater que incluye... fraude inmobiliario, contribuciones ilegales, abuso de poder... encubrimiento de un suicidio... posible asesinato». Ya no quedaba mucho de los criterios de «pruebas verosímiles de delito».

William Safire, el columnista del *New York Times* que había sido redactor para Nixon y Agnew y parecía decidido a demostrar que todos sus sucesores eran realmente malos, fue especialmente ferviente en sus afirmaciones infundadas de que la muerte de Vince estaba relacionada con la conducta ilegal de Hillary y mía. Por supuesto, la nota de suicidio de Vince decía exactamente lo contrario —que no habíamos hecho nada malo— pero eso no impidió a Safire especular con la posibilidad de que Vince hubiera guardado indebidamente en su despacho archivos que contenían información perjudicial para nosotros.

Ahora sabemos que gran parte de la supuesta información que alimentaba las erróneas pero hirientes noticias que se publicaban procedía de David Hale y de los conservadores de extrema derecha que se sirvieron de él. En 1993, se acusó a Hale, el juez municipal republicano de Little Rock, de defraudar a la Agencia para la Pequeña y Mediana Empresa la cantidad de 900.000 dólares de fondos federales que tendrían que haberse utilizado para conceder préstamos a pequeños negocios a través de su compañía, Capital Management Services (una auditoría posterior de la Oficina General de Contabilidad, el OGC, desveló que el fraude ascendía finalmente a 3,4 millones de dólares). En lugar de eso, se entregó el dinero a sí mismo a través de una serie de empresas fantasma. Hale habló de sus apuros con el juez Jim Johnson, el viejo racista de Arkansas que se había presentado a gobernador contra Win Rockefeller en 1966 y contra el senador Fulbright en 1968. Johnson tomó a Hale bajo su ala, y en agosto lo puso en contacto con un grupo conservador llamado Ciudadanos Unidos, cuyos dirigentes eran Floyd Brown y David Bossie. Brown era el que, en 1988, había producido los infames anuncios de Willie Horton contra Mike Dukakis. Bossie le había ayudado a escribir un libro para la campaña de 1992, titulado *Slick Willie: Why America Cannot Trust Bill Clinton*, en el cual el autor expresaba sus agradecimientos «especiales» al juez Jim Johnson.

Hale afirmó que yo le había presionado para que prestara 300.000 dólares de Capital Management a una compañía propiedad de Susan McDougal, con objeto de entregárselos a los representantes demócratas de Arkansas. A cambio, McDougal le prestaría a Hale más de 800.000 dólares de Madison Guaranty y le permitiría obtener otro millón de dólares más de la Agencia para la Pequeña y Mediana Empresa. Era una historia absurda y falsa, pero Brown y Bossie se lo trabajaron mucho; la vendieron de puerta en puerta. Aparentemente, Sheffield Nelson también ayudó, pasándosela a su contacto en el *New York Times*, Jeff Gerth.

Hacia marzo de 1994, los medios de comunicación se frotaban las manos acerca de algunos documentos que había destruido el bufete Rose; una de las cajas llevaba las iniciales de Vince Foster. El bufete explicó que se había destruido material no relacionado con Whitewater y que era un procedimiento habitual para los documentos que ya no eran necesarios. Nadie en la Casa Blanca sabía nada de las destrucciones rutinarias de documentos prescindibles no relacionados con Whitewater que se producían en el bufete Rose. Además, no teníamos nada que ocultar, y seguía sin haber la menor prueba que indicase lo contrario.

La cosa empeoró tanto que incluso el prestigioso periodista David Broder calificó a Bernie Nussbaum de «desafortunado» por haber tolerado conductas arrogantes y abusos de poder que hicieron que «las palabras ya demasiado familiares de investigación, citación, gran jurado, dimisión, resonaran por todo Washington durante la pasada semana». Broder incluso llegó a comparar las «salas de guerra» que gestionaban nuestras campañas para el plan económico y el TLCAN con las listas de enemigos de Nixon.

Nussbaum, desde luego, no tuvo suerte. No habría habido investigación, citaciones ni gran jurado si le hubiera escuchado y me hubiera negado a ceder en lo de solicitar un fiscal independiente para «despejar el ambiente». La única ofensa real de Bernie consistió en que creía que yo debía actuar según la ley y los criterios establecidos y apropiados, en lugar de plegarme a los constantes cambios de reglas de los medios de comunicación acerca de lo de Whitewater, cuyo único fin era conseguir los mismos resultados que afirmaban deplorar. El sucesor de Nussbaum, un veterano abogado de Washington, Lloyd Cutler, se había ganado una muy buena reputación en el *establishment* de Washington. Durante los siguientes meses, su presencia y sus consejos nos ayudaron mucho, pero ya no pudo revertir la marea de Whitewater.

Rush Limbaugh se lo estaba pasando en grande con su espectáculo, revolcándose en el barro de Whitewater. Afirmó que habían asesinado a Vince en un apartamento propiedad de Hillary y que habían trasladado su cuerpo al parque de Fort Marcy. Yo no podía ni imaginarme qué efecto tendría aquello en la esposa y en los hijos de Vince, ni en cómo se sentirían. Más tarde, Limbaugh hizo una falsa acusación según la cual «periodistas y otras personas que están implicadas en lo de Whitewater han sido apaleadas y acosadas en Little Rock. Algunos incluso han muerto».

Como no era cuestión de que Limbaugh lo superara, el ex congresista republicano Bill Dannemeyer reclamó la convocatoria de sesiones del Congreso acerca del «preocupante» número de personas relacionadas conmigo que habían muerto «en circunstancias poco habituales». La espeluznante lista de Dannemeyer incluía a mi copresidente financiero de campaña, Vic Raiser, y a su hijo, que habían muerto trágicamente en un accidente de aviación en un viaje a Alaska en 1992, y a Paul Tully, el director político del Partido Demócrata, que había fallecido de un ataque al corazón mientras trabaja en la campaña en Little Rock. Yo había pronunciado los panegíricos en ambos funerales y, más tarde, nombré a la viuda de Vic, Molly, jefe de protocolo.

Jerry Falwell aún superó a Dannemeyer, emitiendo *Circle of Power*, un vídeo acerca de las «incontables personas que murieron misteriosamente» en Arkansas; el programa insinuaba que yo era de algún modo responsable de aquellas muertes. Luego llegó la secuela de Falwell, *The Clinton Chronicles*, que promocionó en su programa televisivo *The Old Time Gospel Hour*. En el vídeo, Dannemeyer y el juez Jim Johnson me acusaban de estar implicado en el tráfico de cocaína, de hacer asesinar a los testigos y de ordenar los asesinatos de un investigador privado y de la esposa de un policía estatal. Muchos de los «testigos» cobraban por sus testimonios y Falwell vendió muchísimas de esas cintas.

A medida que Whitewater se desarrollaba, yo trataba de conservar la perspectiva y recordar que no todo el mundo era presa de la histeria colectiva. Por ejemplo, *USA Today* publicó una noticia positiva sobre Whitewater, que incluía entrevistas con Jim McDougal, en la que afirmaba que Hillary y yo no habíamos cometido ningún delito, y con Chris

Wade, el agente inmobiliario del norte de Arkansas que supervisó los terrenos de Whitewater y que también declaró que estábamos diciendo la verdad acerca de nuestra mínima implicación en la propiedad.

Podía entender por qué los conservadores de extrema derecha como Rush Limbaugh, Bill Dannemeyer, Jerry Falwell y un periódico como el *Washington Times* decían esas cosas. El *Washington Times* era declaradamente de derechas, estaba financiado por el reverendo Sun Myung Moon y editado por Wes Pruden Jr., cuyo padre, el reverendo Wesley Pruden, había sido capellán del Consejo de Ciudadanos Blancos en Arkansas y un aliado del juez Jim Johnson en su cruzada fracasada contra los derechos civiles de los negros. A lo que no daba crédito era que el *New York Times*, el *Washington Post* y algunas personas y publicaciones que yo siempre había respetado, y en los que había confiado, se hubieran dejado tomar el pelo por tipos de la calaña de Floyd Brown, David Bossie, David Hale y Jim Johnson.

Por esas fechas ofrecí una cena en la Casa Blanca como muestra de respeto del Mes de Historia Negra. Entre los asistentes estaban mi viejo profesor de la facultad de derecho Burke Marshall y su amigo Nicholas Katzenbach, que tanto había hecho por el avance de los derechos civiles desde el Departamento de Justicia de Kennedy. Nick se me acercó y me dijo que estaba en la junta directiva del *Washington Post*, y que se avergonzaba de la cobertura que el rotativo estaba haciendo de lo de Whitewater, y del «terrible perjuicio» que yo y mi presidencia estábamos sufriendo por cargos que no tenían la menor importancia. «¿De qué va todo esto? —preguntó—. Porque desde luego no va del interés del público.»

No importaba de qué iba, pero estaba funcionando. Una encuesta en marzo indicó que la mitad de la población pensaba que Hillary y yo mentíamos acerca de Whitewater, y un tercio opinaba que habíamos hecho algo ilegal. Tengo que confesar que Whitewater, y especialmente los ataques contra Hillary, se cobraron un precio más alto de lo que creí en un principio. Las acusaciones eran infundadas y no había la menor prueba que las corroborase. Yo tenía otros problemas, pero exceptuando algunas muestras de tozudez, Hillary estaba por encima de todo reproche. No podía soportar ver que la herían con una acusación falsa tras otra, además teniendo en cuenta que yo lo había empeorado todo, cediendo frente a la ingenua idea de que un fiscal independiente aclararía las cosas. Tenía que esforzarme muchísimo para controlar mi ira, y no siempre lo lograba. El gabinete y el equipo parecían comprenderlo y toleraban mis ocasionales estallidos, y Al Gore me ayudó a superarlos. Aunque seguí trabajando duro y seguía disfrutando con mi trabajo, mi estado de ánimo habitualmente alegre y mi optimismo innato tuvieron que pasar duras pruebas, una tras otra.

Reírse de ello ayudaba. Cada primavera se celebraban tres cenas de prensa, que organizan el Gridiron Club, los corresponsales de la Casa Blanca y los corresponsales de radio y de televisión. Son una oportunidad para que la prensa pueda reírse del presidente y de otros políticos, y ofrecen al presidente la posibilidad de replicar. Yo esperaba estas ocasiones con ilusión, porque nos permitían a todos bajar un poco la guardia. Me recordaban que la prensa no era un monolito y que la mayoría de las personas que trabajaban en los medios era gente buena que trataba de ser justa. También, como dicen los Proverbios, «Un corazón feliz es una buena medicina, pero un espíritu roto seca los huesos».

Me encontraba de bastante buen humor el 12 de abril en la cena de los corresponsales de radio y televisión, y tuve ocasión de soltar algunas frases ingeniosas, como: «Realmente estoy encantado de estar aquí esta noche. No sé si se lo creerán pero tengo unas tierras en el noroeste de Arkansas que me gustaría enseñarles»; «Algunos dicen que mis relaciones con la prensa han estado marcadas por la autocompasión. Me gusta pensar en ello como los límites exteriores de mi empatía. Siento mi propio dolor»; «Faltan tres días para el 15 de abril, y la mayoría de ustedes tienen que estar más pendiente de mis impuestos que de los suyos» y «¡Aún creo en un lugar llamado Ayuda!».

La trama que más tarde Hillary calificaría como una «gran conspiración de extrema derecha» ha sido relatada con todo detalle en el libro de Sidney Blumenthal *The Clinton Wars*, y en el de Joe Conason y Gene Lyons, *The Hunting of the President*. Hasta donde yo sé, ninguna de sus afirmaciones objetivas ha sido refutada. Cuando esos libros se publicaron, la gente de los medios de comunicación no especializados que habían participado en la obsesión de Whitewater ignoraron las acusaciones que contenían, desecharon a los autores por considerar que eran demasiado comprensivos con Hillary y conmigo o nos culparon por la forma en que se llevó el problema de Whitewater y por quejarnos. Estoy seguro de que podríamos haberlo llevado mejor, pero desde luego ellos también.

Al principio del caso de Whitewater, se obligó a uno de mis amigos a dimitir de su puesto en el gobierno a causa de un delito que había cometido antes de llegar a Washington. El bufete Rose presentó una demanda contra Webb Hubbell ante el Colegio de Abogados de Arkansas porque, supuestamente, había hinchado las facturas de sus clientes y había exagerado sus dietas. Webb dimitió del Departamento de Justicia, pero le aseguró a Hillary que no había nada cierto en las acusaciones; afirmó que el problema era que su suegro, Seth Ward, un hombre rico pero irascible, se había negado a pagar al bufete Rose la factura de un caso de violación de patentes que habían perdido. Parecía plausible, pero no era cierto.

Resultó que Webb *sí* había cobrado de más a sus clientes y, al hacerlo, había perjudicado al bufete Rose y reducido los ingresos de todos los socios, incluida Hillary. Si su caso se hubiera desarrollado normalmente, posiblemente habría llegado a un acuerdo con el bufete para devolverle el importe que habían tenido que reembolsar a los clientes y hubiera perdido su licencia durante un par de años. El colegio de abogados quizá hubiera pasado su caso al fiscal del estado, o quizá no. En todo caso, si lo hubiera hecho, Hubbell probablemente hubiera podido evitar ir a la prisión reembolsando al bufete. En lugar de eso, lo que sucedió es que Webb quedó atrapado en la red del fiscal independiente.

Cuando los hechos salieron a relucir, me quedé asombrado. Webb y yo habíamos sido amigos y compañeros de golf durante años y pensaba que le conocía bien. Aún creo que es un buen hombre que cometió un error por el que tuvo que pagar un precio demasiado alto, porque se negó a convertirse en un peón en el juego de Starr.

Mientras todo esto sucedía, yo seguía concentrado en la otra vía de mis vidas paralelas, para la que había ido a Washington. En marzo, dediqué mucho tiempo a impulsar dos leyes que pensaba que ayudarían a los trabajadores sin título universitario. La mayoría de las personas no podían conservar un empleo, y ni siquiera quedarse en el mismo puesto durante el resto de su vida, y el agitado mercado laboral las trataba de formas muy distintas. Nuestra tasa de desempleo del 6,5 era engañosa: en realidad era de un 3,5 por ciento para gente con titulación universitaria; más del 5 por ciento para los que habían cursado dos años en la universidad; más del 7 por ciento para los que tenían el bachillerato y se situaba por encima del 11 por ciento para los que habían abandonado sus estudios en el instituto. En actos celebrados en Nashua y Keene, en New Hamsphire, dije que quería convertir el programa del subsidio de desempleo en un programa de reinserción laboral que tuviera más variedad de programas de formación mejor diseñados. Quería que el Congreso aprobara un programa de escuelas profesionales para ofrecer de uno a dos años de formación de calidad para los jóvenes que no querían estudiar durante cuatro años para sacar un título universitario. Hacia finales de mes, pude firmar la ley Objetivos 2000. Finalmente, teníamos un compromiso legislativo para cumplir los objetivos nacionales de educación en los que había trabajado en 1989, para medir el progreso de los estudiantes y animar a los distritos escolares locales para que adoptaran las reformas más prometedoras. Fue un buen día para el secretario Dick Riley.

El 18 de marzo, el presidente Alja Izetbegovic, de Bosnia, y el presidente Franjo Tudjman, de Croacia, estuvieron en la Casa Blanca para firmar un acuerdo que se había negociado con la ayuda de mi enviado especial, Charles Redman; según ese pacto, se establecía una federación en las zonas de Bosnia en las que la gente de su etnia era mayoría y se fijaba un calendario para avanzar hacia la confederación con Croacia. La lucha entre musulmanes y croatas no había sido tan grave como la que ambas partes habían librado contra los serbios bosnios, pero aun así el acuerdo era un paso importante hacia la paz.

Los últimos días de marzo marcaron el principio de una grave crisis con Corea del Norte. Después de que en febrero se aceptara que entraran los inspectores de la Agencia Internacional para la Energía Atómica (AIEA) y verificaran las instalaciones nucleares declaradas, el 15 de marzo Corea del Norte les impidió seguir realizando su trabajo. Los reactores que estaban analizando funcionaban con barras de combustible. Una vez las barras se habían desgastado y habían cumplido su función original, el combustible usado podía transformarse en plutonio, en cantidades suficientes para fabricar armas nucleares. Además, Corea del Norte planeaba construir dos reactores más grandes, que podrían haber producido muchas más barras de combustible usadas. Las barras eran un activo peligroso en manos del país más aislado del mundo, una nación pobre que ni siquiera podía alimentar a su pueblo y podía tener la tentación de vender el plutonio al comprador equivocado. En una semana decidí enviar misiles Patriot a Corea del Sur y pedir a Naciones Unidas que impusiera sanciones económicas contra Corea del Norte. Como Bill Perry dijo a un grupo de editores y periodistas, yo estaba decidido a impedir que Corea del Norte fabricara un arsenal nuclear, incluso a riesgo de entrar en guerra. Con el fin de asegurarnos completamente de que los norcoreanos sabían que íbamos en serio, Perry siguió haciendo declaraciones categóricas durante los siguientes tres días en las que afirmaba que incluso no descartábamos un ataque militar preventivo.

Mientras, Warren Christopher se aseguró de que nuestro mensaje mantuviera el equilibrio adecuado. El Departamento de Estado dijo que preferíamos una solución pacífica y nuestro embajador en Corea del Sur, Jim Laney, describió nuestra posición como de «vigilancia, firmeza y paciencia». Yo creía que si Corea del Norte era realmente consciente de nuestra posición, así como de los beneficios políticos y económicos de abandonar su programa nuclear a favor de la cooperación con sus vecinos y con Estados Unidos, podríamos arreglarlo. Si no, Whitewater pronto parecería el espectáculo de segunda que en realidad era.

El 26 de marzo, me encontraba en Dallas para tomarme un feliz fin de semana de descanso y ser el padrino en la boda de mi hermano con Molly Martin, una hermosa mujer que conoció cuando, tras pasar unos años en Nashville, se mudó a Los Ángeles con la esperanza de relanzar su carrera musical. Estaba verdaderamente contento por Roger.

El día después de la boda, todos fuimos a ver a los Arkansas Razorbacks vencer a la Universidad de Michigan en los cuartos de final de la liga de baloncesto universitaria. Esa semana salí en la portada de *Sports Illustrated* con un chándal de los Razorbacks; en las páginas interiores había una fotografía mía botando una pelota de baloncesto. Después de la cobertura informativa que había recibido en los últimos tiempos, el reportaje fue como maná caído del cielo. Una semana más tarde estaba en el pabellón de Charlotte, Carolina del Norte, cuando Arkansas se hizo con el campeonato nacional tras vencer a Duke por 76 a 72.

El 6 de abril, el juez Harry Blackmun anunció que se jubilaba de la Corte Suprema. Hillary y yo nos habíamos hecho amigos del juez Blackmun y de su esposa, Dotty, durante los fines de semana del Renacimiento. Era un buen hombre, un juez excelente y una voz moderada en la Corte Rehnquist. Sabía que le debía al país un sustituto digno. Mi primera opción fue el senador George Mitchell, que, un mes atrás, había anunciado que dejaba el Senado. Era un buen líder de la mayoría, había sido muy leal conmigo y me había ayudado mucho, pero no estaba nada claro que pudiéramos conservar el escaño en las elecciones de noviembre. No quería que dejara el Senado, pero me animaba la perspectiva de nombrar a George para la Corte Suprema. Había sido juez federal antes de ir al Senado, y sería una personalidad de peso en la Corte, alguien capaz de mover votos y cuya voz sería escuchada, incluso aunque solo fuera para discrepar con él. Por segunda vez en cinco semanas, Mitchell rechazó mi propuesta. Dijo que si dejaba el Senado en ese momento, las pocas posibilidades que teníamos de aprobar la reforma sanitaria se evaporarían, con lo que perjudicaría al pueblo norteamericano, a los demócratas que se presentaban a la reelección y a mi presidencia.

Pronto me decidí por otros dos candidatos: el juez Stephen Breyer, que ya había sido vetado, y el juez Richard Arnold, presidente del octavo circuito de la Corte de Apelación, cuya sede está en St. Louis y que comprende a Arkansas dentro de su jurisdicción. Arnold era un ex ayudante de Dale Bumpers y procedía de una larga estirpe de distinguidos abogados de Arkansas. Probablemente era el hombre más brillante de la judicatura federal. Se graduó el primero de su promoción en Yale y en la Facultad de Derecho de Harvard, y había aprendido latín y griego, en parte para poder leer textos bíblicos primitivos. Le habría nominado de no ser por el hecho de que estaba sometido a un tratamiento contra el cáncer y el pronóstico no estaba claro. Mis predecesores republicanos habían llenado los tribunales federales con jóvenes conservadores que durarían mucho tiempo, y yo no quería arriesgarme a entregarles un cargo más. En mayo, tomé la decisión de nominar al juez Breyer. Estaba igualmente cualificado y me había impresionado durante nuestra anterior entrevista, cuando el juez White dimitió. Breyer sería confirmado fácilmente. Me complace decir que Richard Arnold sigue ejerciendo con buena salud en el octavo distrito y que aún jugamos al golf de vez en cuando.

A principios de abril, la OTAN volvió a bombardear Bosnia, esta vez para poner fin al sitio de Gorazde. El mismo día, la violencia en masa se desató en Ruanda. Un accidente de avión en el que fallecieron el presidente de Ruanda y el presidente de Burundi fue la chispa que entregó al país a una horrible matanza, con la que los líderes de la mayoría hutu pretendían exterminar a la tribu de los tutsis y a sus simpatizantes hutus. Los tutsis solo constituían el 15 por ciento de la población, pero tenían fama de tener en sus manos un desproporcionado poder económico y político. Ordené la evacuación de todos los civiles norteamericanos y envié tropas para garantizar su seguridad. Al cabo de cien días, más de ochocientas mil personas habían sido asesinadas, la mayoría con machetes, en un país con tan solo ocho millones de habitantes. Nos preocupaba tanto Bosnia y teníamos tan cercano el recuerdo de lo sucedido en Somalia apenas seis meses atrás —además de que el Congreso se oponía a despliegues militares en zonas distantes que no fueran vitales para nuestros intereses nacionales—, que ni yo ni nadie de mi equipo de política exterior se concentró adecuadamente en el envío de tropas para detener aquella carnicería. Con unos miles de soldados y la ayuda de nuestros aliados, incluso teniendo en cuenta el tiempo que nos llevaría el despliegue, podríamos haber salvado muchas vidas. El fracaso en detener la tragedia de Ruanda se convirtió en uno de los grandes pesares de mi presidencia.

En mi segundo mandato, y después de abandonar la presidencia, hice lo que estuvo en mi mano por ayudar a los ruandeses a reconstruir su país y sus vidas. Hoy, por invitación del presidente Paul Kagame, Ruanda es uno de los países donde mi fundación trabaja para contener la epidemia del SIDA.

Richard Nixon murió el 22 de abril, un mes y un día después de escribirme una notable carta de siete páginas acerca de su reciente viaje a Rusia, Ucrania, Alemania e Inglaterra. Nixon dijo que me había ganado el respeto de los dirigentes que había visitado, y que no podía dejar que Whitewater o cualquier otro asunto del plano interior «distrajera mi atención de nuestra principal prioridad en política exterior: la supervivencia de la libertad económica y política en Rusia». Le preocupaba la posición política de Yeltsin y el auge del antiamericanismo en la Duma, y me instó a que conservara mi estrecha relación con Yeltsin, pero que también entrara en contacto con los demás demócratas de Rusia. Debía mejorar el diseño y la gestión de nuestro programa de ayuda exterior y poner a un empresario al frente de las iniciativas destinadas a atraer proyectos de inversión para Rusia. Nixon dijo que debíamos desenmascarar y denunciar al ultranacionalista Zhirinovsky como «el fraude que es» en lugar de eliminarlo, y que debíamos tratar de «mantener divididos a los malos, Zhirinovsky, Rutskoi y los comunistas, y coaligar en la medida de lo posible a los buenos —Chernomyrdin, Yavlinski, Shahrai, Travkin—

en un frente común para la reforma responsable». Finalmente, Nixon dijo que no debía repartir nuestra ayuda económica por toda la ex Unión Soviética, sino concentrar nuestros recursos, más allá de Rusia, en Ucrania: «Es indispensable». La carta era un *tour de force*, puro Nixon en su mejor momento, en la octava década de su vida.

Todos los ex presidentes que estaban vivos asistieron al funeral del presidente Nixon, en los terrenos de su biblioteca presidencial, su lugar de nacimiento. Me sorprendió un poco que su familia me pidiera que dijera unas palabras, junto con Bob Dole, Henry Kissinger y el gobernador de California, Pete Wilson, que había trabajado de joven con Nixon. En mi intervención, expresé mi agradecimiento hacia él por sus «sabios consejos, especialmente en lo relativo a Rusia»; destaqué su permanente y lúcido interés en Estados Unidos y en el mundo y mencioné su llamada y la carta que me envió un mes antes de su muerte. Me referí a Watergate indirectamente, con un ruego de reconciliación: «Hoy es un día para que su familia, sus amigos y su país recuerden la vida del presidente Nixon en toda su extensión... ojalá llegue el día en que ya no se juzgue al presidente Nixon por otra cosa que no sea toda su vida y su carrera». A algunos de los detractores demócratas de Nixon no les gustó lo que dije. Nixon había hecho muchas otras cosas aparte de Watergate que yo desaprobaba: la lista de enemigos, la prolongación de la guerra de Vietnam y los repetidos bombardeos, la explotación del miedo al comunismo para vencer a sus oponentes al Congreso y al Senado en California. Pero también había abierto las puertas de China; aprobado las leyes que crearon la Agencia de Protección Medioambiental, la Corporación de Servicios Legales y la Administración de Sanidad y Seguridad Laboral y había apoyado la discriminación positiva. Comparado con los republicanos que se hicieron con el control del partido en la década de los ochenta y los noventa, el presidente Nixon era un progresista fanático.

El día después del funeral, llamé al programa de Larry King porque estaba entrevistando a Dick Kelley y James Morgan sobre el libro de Madre, *Leading with My Heart*, que acababa de publicarse. Le dije a Larry que cuando regresé del viaje al extranjero al que tuve que ir después de su funeral, me sorprendí a mitad de camino hacia el teléfono de la cocina antes de darme cuenta de que ya no podría volver a llamarla ningún domingo más. Tendrían que pasar meses hasta que ya no sintiera la necesidad de hacer esa llamada semanal.

El 29 de abril, con la casi totalidad del gabinete presente, recibí en el Jardín Sur a los jefes tribales nativos norteamericanos y a los oriundos de Alaska; por lo visto, entraban a la Casa Blanca por primera vez desde la década de 1820. Algunos de ellos eran tan ricos gracias al juego indio que volaron a Washington en sus aviones particulares. Otros, que vivían en reservas aisladas, eran tan pobres que tuvieron que hacer una colecta entre sus tribus para obtener suficiente dinero para el billete de avión. Me comprometí a respetar sus derechos a la autodeterminación, a la soberanía tribal, a la libertad religiosa y a trabajar para mejorar su relación con el gobierno federal. También firmé decretos presidenciales que garantizaban que cumpliríamos nuestros compromisos. Finalmente, prometí hacer más para apoyar la educación, la sanidad y el desarrollo económico de las tribus más pobres.

Hacia finales de abril, estaba claro que habíamos perdido la batalla de comunicación de la sanidad. Un artículo del *Wall Street Journal* del 29 de abril ilustra la campaña de desinformación de 300 millones de dólares que habían lanzado contra nosotros:

> El llanto del bebé está lleno de angustia y la voz de la madre está teñida de desesperación. «Por favor», suplica al auricular, mientras busca ayuda para su niño enfermo.
>
> «Lo sentimos; el centro sanitario gubernamental se encuentra cerrado en estos momentos —dice la voz grabada en la cinta—. Sin embargo, si se trata de una emergencia, puede llamar a 1-800-GOBIERNO.» Así lo hace, pero solo oye otra grabación: «Lo lamentamos, todos los representantes sanitarios se encuentran ocupados en estos momentos. Por favor, siga al teléfono y en cuanto esté disponible el primer... ».
>
> «¿Por qué se hizo cargo de todo el gobierno? —pregunta lamentándose—. Necesito que me devuelvan a mi médico de familia.»

El artículo proseguía y decía que el único problema de este anuncio de radio, producido por un grupo con sede en Washington denominado Americanos por la Reforma Fiscal, era que lo que decía no era cierto.

Otra campaña masiva por correo directo, llevada a cabo por un grupo llamado Consejo Americano para la Reforma Sanitaria, sostenía que según el plan Clinton, la gente corría el riesgo de pasar cinco años en la cárcel si adquirían más de un seguro médico. De hecho, nuestro plan afirmaba explícitamente que la gente tenía absoluta libertad para hacerse de cuantas pólizas médicas quisiera.

La campaña se basaba en mentiras, pero funcionaba. De hecho, una encuesta conjunta del *Wall Street Journal* y la *NBC News* publicada el 10 de marzo en un artículo titulado «Muchos no saben que en realidad les gusta el Plan Clinton», indicaba que cuando a la gente le preguntaban por nuestro plan sanitario, la mayoría se oponía. Pero cuando se les pedía que dijeran qué deseaban de un plan sanitario, las principales condiciones que se hallaban en nuestro plan recibían el apoyo de más del 60 por ciento de la gente. El artículo proseguía: «Cuando al grupo se les lee una descripción de la propuesta de ley Clinton sin identificarla como el plan del presidente, junto con las otras cuatro principales propuestas del Congreso, el plan Clinton es la primera elección de todos los encuestados».

Los autores de la encuesta, un republicano y un demócrata, afirmaban en el artículo: «La Casa Blanca debería considerar estos resultados satisfactorios y preocupantes. Satisfactorios porque las ideas básicas que han incluido en su plan son las correctas, en opinión de mucha gente. Pero también preocupantes porque claramente no han sabido comunicarlo al público, y en ese sentido han cedido demasiado ante los grupos de interés».

A pesar de ésto, el Congreso avanzaba rápidamente. Se había enviado la ley a cinco comités en el Congreso, tres en la Cámara de Representantes y dos en el Senado. En abril, el comité de Trabajo de la Cámara votó una ley de sanidad que, de hecho, era más extensa que la nuestra. Los otros cuatro comités estaban trabajando duramente para tratar de conseguir un consenso.

La primera semana de mayo fue otro ejemplo de cómo las cosas sucedían todas a la vez. Respondí a las preguntas de los periodistas internacionales en el marco de un foro global impulsado por el centro del presidente Carter en la sede de la CNN, en Atlanta. Felicité a Rabin y Arafat por su acuerdo respecto al traspaso de Gaza y Jericó. Promoví frente a la Cámara de Representantes la aprobación de una prohibición de armas de asalto, y me alegré de que fuera aprobada por una ventaja de dos votos, frente a la feroz oposición de la ANR. Anuncié que Estados Unidos aumentaría sus ayudas a Sudáfrica en los días posteriores a sus primeras elecciones democráticas no segregadas; también dije que Al y Tipper Gore, Hillary, Ron Brown y Mike Espy encabezarían nuestra delegación en la ceremonia de investidura del presidente Mandela. Celebré un acto en la Casa Blanca para llamar la atención específicamente sobre los problemas de las mujeres que no contaban con seguro médico ni cobertura sanitaria. Aumenté las sanciones económicas contra Haití a causa de la permanente persecución, asesinato y mutilación de los seguidores de Aristide por parte del teniente general Raoul Cédras. Nombré a Bill Gray, jefe del Fondo Escolar de Negros Unidos y ex presidente del Comité Presupuestario del Congreso, asesor especial mío y de Warren Christopher sobre Haití. Y Paula Jones me demandó. Fue una semana de lo más habitual.

La primera aparición en público de Paula Jones había tenido lugar el anterior mes de febrero, en la convención del Comité de Acción Política Conservadora en Washington, donde Cliff Jackson la presentó, supuestamente con objeto de «limpiar su nombre». En el artículo de David Brock en el *American Spectator*, basado en las afirmaciones de los policías estatales de Arkansas, una de sus acusaciones era que yo había mantenido un encuentro con una mujer en una suite de un hotel en Little Rock, y que, más tarde, ella le dijo al policía que la había llevado allí que quería ser mi «novia fija». Aunque en el artículo solo aparecía identificada como Paula, Jones afirmó que su familia y sus amigos la habían reconocido al leer el artículo. Declaró que quería limpiar su nombre, pero en lugar de demandar al *Spectator* por difamación, me acusó de acosarla sexualmente y dijo que, después de que ella rechazara mis insinuaciones no deseadas, le negaron el aumento anual de sueldo que normalmente reciben los empleados federales. En esa época era una administrativa que trabajaba en la Comisión de Desarrollo Industrial de Arkansas. Inicialmente, el debut de Jones con Cliff Jackson no obtuvo demasiada publicidad, pero el 6 de mayo, dos días antes de que el supuesto delito prescribiera, presentó una demanda contra mí en la que exigía una indemnización de 700.000 dólares por mi presunto acoso.

Antes de presentar la demanda, el primer abogado de Jones se puso en contacto con un hombre que yo conocía en Little Rock. Éste llamó a mi oficina; nos informó de que el abogado le había dicho que su caso no se sostenía, y que si le pagaba 50.000 dólares y la ayudaba a ella y a su marido, Steve, que resultó ser un conservador que me odiaba, a conseguir empleos en Hollywood, no me demandaría. No pagué un centavo porque no la había acosado sexualmente y, al contrario de lo que sostenía en su otra acusación, había recibido su aumento anual de sueldo. Ahora tenía que contratar a otro abogado para defenderme: se lo pedí a Bob Bennett, de Washington.

Pasé el resto del mes de mayo impulsando la Ley de la Sanidad y la Ley Contra el Crimen por todo el país, pero siempre había otras cosas en marcha. La mejor de todas, de lejos, era el nacimiento de nuestro primer sobrino, Tyler Cassidy Clinton, que Roger y Molly trajeron al mundo el 12 de mayo.

El 18 de ese mismo mes firmé una importante ley de reforma de los programas Head Start, en la que los secretarios Shalala y Riley habían trabajado mucho; aumentaba el número de niños pobres que podían acogerse al programa preescolar, mejoraba su calidad y, por primera vez desde que se puso en marcha nuestra iniciativa Early Head Start, ofrecía servicios para niños menores de tres años.

Al día siguiente recibí al primer ministro P.V. Narasimha Rao, de India, en la Casa Blanca. La Guerra Fría y una diplomacia torpe habían mantenido a India y a Estados Unidos distanciados durante demasiado tiempo. Con una población de casi 1.000 millones de habitantes, India era el mayor país democrático del mundo. Durante las tres décadas anteriores, las tensiones con China la habían acercado a la Unión Soviética, y la Guerra Fría había empujado a Estados Unidos a acercarse al vecino de India, Paquistán. Desde su independencia, ambas naciones habían quedado atrapadas en una disputa cruel y aparentemente interminable por Cachemira, la región de mayoría musulmana situada en el norte de India. Con el final de la Guerra Fría, pensé que tenía la oportunidad, así como la obligación, de mejorar las relaciones entre India y Estados Unidos.

El principal escollo era el conflicto entre nuestros esfuerzos por limitar la proliferación de armas nucleares y la firme voluntad de India de desarrollar su arsenal, que los indios veían como un elemento disuasivo necesario frente al arsenal nuclear de China y un requisito previo para convertirse en una potencia mundial. Paquistán también había desarrollado su propio programa nuclear, con lo que se creaba una peligrosa situación en el subcontinente indio. Mi opinión era que los arsenales nucleares aumentaban la inseguridad tanto de India como de Paquistán, pero los indios no lo veían de esa forma y estaban decididos a no dejar que Estados Unidos interfiriera en lo que consideraban su prerrogativa legítima de desarrollar su programa nuclear. Aun así, los indios querían mejorar nuestras relaciones tanto como yo. A pesar de que no resolvimos nuestras diferencias, el primer ministro Rao y yo rompimos el hielo y empezamos un nuevo capítulo en las relaciones indo-norteamericanas, que siguieron haciéndose más cálidas durante mis dos mandatos y posteriormente.

El día que conocí al primer ministro Rao, Jackie Kennedy Onassis moría después de su batalla contra el cáncer; solo tenía sesenta y cuatro años. Jackie era uno de nuestros grandes iconos públicos más privados; para mucha gente era la imagen misma de la elegancia, la gracia y el dolor. Para los que tuvieron la fortuna de conocerla, era lo que parecía ser, pero mucho más: una mujer animada y llena de vida, una buena madre y una buena amiga. Yo sabía cuánto la echarían de menos sus hijos, John y Caroline, y su compañero, Maurice Tempelsman. También Hillary; para ella, había sido una fuente de constante aliento, sensatos consejos y auténtica amistad.

A finales de mayo, debía decidir si quería extender el estado de Nación Más Favorecida (NMF) a China. El término NMF es una fórmula que desorienta un poco, pero sirve para calificar unas relaciones comerciales normales sin aranceles extraordinarios u otras barreras al libre comercio. Estados Unidos mantenía un considerable déficit comercial con China, que fue creciendo a lo largo de los años, pues adquiríamos entre el 35 y el 40 por ciento de las exportaciones chinas. Después de los disturbios en la plaza de Tiananmen y la represión subsiguiente contra los disidentes, los norteamericanos de casi todo el espectro político pensaban que la administración Bush se había apresurado al reestablecer relaciones normales con Pekín. Durante la campaña electoral yo había criticado duramente la política del presidente Bush, y en 1993 emití un decreto presidencial en el que exigía avances en determinados temas, desde la emigración hasta los derechos humanos, pasando por los prisioneros condenados a trabajos forzados, antes de extender la calificación de NMF a China. En mayo, Warren Christopher me mandó un informe en el que decía que todos los casos de emigración estaban resueltos; que habíamos firmado un memorándum de acuerdo sobre la forma de hacer frente a la cuestión de los trabajos forzados y que, por primera vez, China había afirmado que se adheriría a la Declaración Universal de los Derechos Humanos. Por otro lado, proseguía Christopher, seguía habiendo abusos contra los derechos humanos: se arrestaba y encarcelaba a los disidentes políticos pacíficos y se reprimían las tradiciones culturales y religiosas de Tíbet.

China era extremadamente sensible respecto a las «interferencias» de otras naciones en su política interior. Los dirigentes chinos también pensaban que ya tenían que hacer frente a suficientes cambios, con su programa de modernización económica y los grandes desplazamientos de población desde las provincias del interior hasta las ciudades de la costa, que estaban experimentando un importante auge. Puesto que nuestro compromiso había dado algunos frutos positivos, decidí, con el apoyo unánime de mi equipo de política exterior y mis asesores económicos, extender el estatus de NMF a China y, para el futuro, separar nuestros esfuerzos en pro de los derechos humanos del tema del comercio. Estados Unidos se jugaba mucho al atraer a China a la comunidad global. Un mayor volumen de intercambio comercial y de relación llevaría más prosperidad a los ciudadanos chinos, así como más contacto con el mundo exterior y más cooperación con problemas como los de Corea del Norte, cuando fuera necesario. Ese aumento del comercio también generaría más respeto por la legislación internacional y, al menos lo esperábamos, el avance de la libertad personal y de los derechos humanos.

La primera semana de junio, Hillary y yo fuimos a Europa para celebrar el cincuenta aniversario del día D, el 6 de junio de 1944, cuando Estados Unidos y sus aliados cruzaron el canal de la Mancha y desembarcaron en las playas de Normandía. Fue la mayor invasión naval de la historia y marcó el principio del fin de la Segunda Guerra Mundial en Europa.

El viaje empezó en Roma, con una visita al Vaticano para ver al papa y al nuevo primer ministro italiano, Silvio Berlusconi, el mayor propietario de medios de comunicación del país y que se estrenaba en política; había formado una curiosa coalición con un partido de extrema derecha que despertaba comparaciones con el fascismo. A pesar de su lenta recuperación de una pierna rota, su santidad el papa Juan Pablo II estaba lleno de energía cuando hablaba de temas mundiales, desde si se podía garantizar la libertad religiosa en China hasta las posibilidades de cooperación con los países musulmanes moderados, pasando por nuestras diferencias sobre los mejores métodos para limitar la explosión de la natalidad y promover el desarrollo sostenible para las naciones pobres.

Berlusconi era, en muchos aspectos, el primer político italiano de la era de la televisión: carismático, con una fuerte voluntad y decidido a implantar su propio estilo de disciplina y de dirección en la vida política italiana, conocida por su inestabilidad. Sus detractores le acusaban de tratar de imponer un orden neofascista en Italia, una acusación que él rechazaba enérgicamente. Me tranquilizaron las garantías de Berlusconi de que estaba comprometido a preservar la democracia y los derechos humanos, a mantener la histórica relación entre Italia y Estados Unidos y a cumplir las responsabilidades de Italia en la OTAN en lo relativo a Bosnia.

El 3 de junio, pronuncié un discurso en el cementerio norteamericano de Nettuno, en un tiempo escenario de una desgarradora contienda y ahora repleto de pinos y cipreses. Fila tras fila, las lápidas de mármol mostraban los nombres de los 7.862 soldados que yacían allí. Los nombres de otros 3.000 soldados norteamericanos cuyos cuerpos jamás se recuperaron están inscritos en una capilla cercana. Todos murieron demasiado jóvenes, por la liberación de Italia. Este fue el teatro de operaciones en el que participó mi padre.

Al día siguiente fuimos a Inglaterra, a la base de las fuerzas aéreas de Mildenhall, cerca de Cambridge, donde visitamos otro cementerio norteamericano, éste con los nombres de 3.812 pilotos, soldados y marinos que estaban destacados allí, y otro Muro de los Ausentes con más de 5.000 nombres, entre ellos dos que jamás volvieron de sus vuelos por encima del canal: Joe Kennedy Jr., el mayor de los hijos de Kennedy, que todo el mundo pensaba que se convertiría en el político de la familia; y Glenn Miller, el director de orquesta de las *big-band*s, cuya música causó furor durante la década de los cuarenta. En el acto, la banda de las fuerzas aéreas tocó la canción más característica de Miller, «Moonlight Serenade».

Después de una reunión con John Major en Chequers, la residencia de campo, del siglo XV, del primer ministro británico, Hillary y yo asistimos a una colosal cena en Portsmouth, donde me sentaron junto a la reina. Me cautivaron su gracia, su inteligencia y la agudeza que desplegaba cuando comentaba temas de interés público, mientras me tanteaba para obtener información y descubrir mis puntos de vista, sin aventurarse demasiado a expresar sus opiniones políticas, algo prohibido para el jefe de estado británico. Me dio la impresión de que, de no haber sido por las circunstancias de su nacimiento, su majestad quizá se hubiera convertido en un político o en un diplomático de éxito. En su caso, tenía que ser ambas cosas sin parecer ninguna de ellas.

Después de la cena, la familia real nos invitó a su yate, el HMS *Britannia*, donde tuvimos el placer de pasar un rato con la reina madre, que a sus noventa y tres años estaba llena de vitalidad y era encantadora, con unos ojos luminosos y penetrantes. A la mañana siguiente, el día antes del día D, asistimos todos a la misa militar, la ceremonia religiosa en recuerdo de las «fuerzas entregadas» a la batalla. La princesa Diana, que estaba separada pero no divorciada del príncipe Carlos, también asistió. Después de saludarnos a Hillary y a mí, se fue hacia la multitud para estrechar la mano de sus conciudadanos, que estaban obviamente muy contentos de verla. Durante el poco tiempo que pasé con Carlos y Diana, ambos me gustaron mucho y deseé que la vida les hubiera tratado de un modo distinto.

Cuando la misa terminó, subimos a bordo del *Britannia* para almorzar; zarpamos para cruzar el canal de la Mancha, rodeados de una enorme flota de barcos. Después de navegar durante un rato, nos despedimos de la familia real y subimos a bordo de un pequeño barco tripulado por los SEAL, que nos llevó hasta el portaaviones *George Washington*, en el que hicimos el resto del viaje. Hillary y yo disfrutamos de la cena acompañados de algunos de los seis mil marineros y marines que formaban la tripulación del barco, y yo me dediqué a pulir mis discursos.

El día D, hablé en Pointe du Hoc, en la playa de Utah, y en el cementerio norteamericano de Colleville-sur-Mer. Cada uno de estos lugares estaba lleno de veteranos de la Segunda Guerra Mundial.

También di un paseo por la playa de Utah con tres veteranos, uno de los cuales había ganado una Medalla de Honor por su heroísmo en ese día aciago, cincuenta años atrás. Era la primera vez que regresaba a aquel lugar. Me dijo que estábamos caminando casi en el sitio exacto en el que él había desembarcado en 1944. Luego señaló más allá de la playa y me dijo que su hermano había caído unos metros más lejos. Dijo: «Es curioso como es la vida, ¿no? Yo gané la Medalla de Honor y mi hermano murió en combate». «¿Aún le echa de menos, verdad?», le pregunté. Jamás olvidaré su respuesta: «Cada día de mi vida, durante cincuenta años».

En la ceremonia me presentó Joe Dawson, de Corpus Christi, Texas, que cuando era un joven capitán fue el primer oficial en alcanzar con éxito la cima de los imponentes acantilados de Normandía bajo un implacable fuego alemán. Casi 9.400 norteamericanos murieron en Normandía, entre ellos treinta y tres pares de hermanos, un padre y su hijo y once hombres de la pequeña población de Bedford, Virginia. Reconocí que los que habían sobrevivido y regresado al escenario de su triunfo «quizá caminaban con menos empuje y eran cada vez menos. Pero cuando eran jóvenes, estos hombres salvaron al mundo».

Al día siguiente fui a París para reunirme con el alcalde Jacques Chirac, pronunciar un discurso frente a la Asamblea Nacional Francesa en el Palais Bourbon y asistir a una cena organizada por el presidente François Mitterrand en el palacio del Elíseo. Al término de la misma, hacia medianoche, me sorprendí cuando Mitterrand me preguntó si a Hillary y a mí nos gustaría ver el «Nuevo Louvre», la magnífica creación de un arquitecto norteamericano de origen chino, I. M. Pei. Mitterrand tenía unos setenta años y no gozaba de buena salud, pero tenía muchas ganas de mostrarnos la más reciente obra maestra de Francia. Cuando François, la embajadora norteamericana Pamela Harriman, Hillary y yo llegamos al emplazamiento del edificio, descubrimos que nuestro guía durante la visita sería precisamente el propio Pei. Durante al menos hora y media, admiramos la magnífica pirámide de vidrio, los antiguos edificios restaurados y adaptados y las ruinas romanas excavadas. Mitterrand demostró su energía mientras complementaba las explicaciones de Pei para asegurarse de que no nos perdíamos detalle.

El último día del viaje fue personal, un regreso a Oxford para recibir un título honorífico. Fue uno de aquellos días perfectos de la primavera inglesa. El sol brillaba, soplaba la brisa y los árboles, las glicinias y las flores estaban exuberantes. Hice algunos breves comentarios sobre la conmemoración del día D; luego dije: «La historia no siempre nos concede grandes cruzadas como aquella, pero nos da oportunidades». Teníamos muchas, tanto en Estados Unidos como en el mundo: restaurar el crecimiento económico, extender la democracia a más países, poner fin a la destrucción del medio ambiente, construir una nueva seguridad en Europa y detener la «proliferación de armas nucleares y del terrorismo». Hillary y yo pasamos una semana inolvidable, pero ya era hora de volver a esas «oportunidades».

El día después de mi regreso, el Comité de Recursos Humanos y de Trabajo del senador Kennedy devolvió la propuesta de ley de reforma sanitaria. Era la primera vez que una legislación que contemplaba la cobertura sanitaria universal había sobrevivido a un comité del Congreso. Un republicano, Jim Jeffords, de Vermont, había votado a favor. Jeffords me animó a seguir tratando de convencer a los republicanos. Dijo que con un par de enmiendas más que no desvirtuaran la ley, podríamos conseguir algunos votos más.

Nuestra dicha duró poco. Dos días más tarde, Bob Dole, pese a sus anteriores palabras acerca de que llegaríamos a un acuerdo sobre aquella cuestión, anunció que bloquearía cualquier legislación sanitaria que se propusiera y que haría de mi programa uno de los ejes de las elecciones al Congreso de noviembre. Unos días más tarde, Newt Gingrich afirmó que la estrategia republicana era que se impidiera la aprobación de la reforma sanitaria, votando en contra de las enmiendas que la mejoraran. Cumplió su palabra. El 30 de junio el Comité de Medios y Arbitrios devolvió la propuesta de la cobertura universal sin un solo voto republicano a favor.

Los líderes republicanos habían recibido un memorándum de William Kristol, ex jefe de gabinete del vicepresidente Dan Quayle, en el que les exhortaba a impedir por todos los medios que se aprobara la reforma sanitaria. Kristol decía que los republicanos no podían permitírselo: un éxito en la sanidad representaría una «grave amenaza política para el Partido Republicano», mientras que su fracaso sería «un duro revés para el presidente». A finales de mayo, durante la pausa del Día de los Caídos, los líderes republicanos del Congreso decidieron adoptar la postura de Kristol. A mí no me sorprendió que Gingrich siguiera la línea dura marcada por Kristol; su objetivo era hacerse con el control de la Cámara y empujar al país hacia la derecha. Por el contrario, a Dole le interesaba de veras la sanidad y sabía que necesitábamos una reforma en el sistema. Pero se presentaba candidato a la presidencia. Todo lo que tenía que hacer para hundirnos era conseguir cuarenta y un compañeros de partido para una maniobra obstruccionista.

El 21 de junio, envié al Congreso una reforma de la asistencia social redactada por Donna Shalala, Bruce Reed y los principales miembros de su equipo político para hacer de la asistencia «una segunda oportunidad, no un modo de vida». La ley era fruto de meses de consultas con todos los grupos de interés afectados, desde gobernadores hasta personas que dependían de las ayudas. La legislación requería que la gente que estuviera capacitada para ello volviera a trabajar después de dos años de subsidio; durante este tiempo el gobierno le proporcionaría educación y formación. Si no había empleos disponibles en el sector privado, al receptor del subsidio se le pediría que aceptara uno en la administración.

Se incluían algunas medidas para garantizar que la situación económica de los receptores del subsidio no se viera perjudicada al incorporarse a la población activa, entre ellas más fondos para ayudas a la infancia y cobertura sanitaria y de alimentos permanente durante un período de transición, proporcionadas por Medicaid y el programa de cupones de alimentos. Estos cambios, además de la gran rebaja fiscal sobre el impuesto de la renta para trabajadores con salarios reducidos, que se había aprobado en 1993, serían más que suficientes para hacer que incluso los empleos con menor sueldo fueran más atractivos que la asistencia social. Por supuesto, si lográbamos que se aprobase la reforma sanitaria, los trabajadores con menores sueldos disfrutarían de una cobertura sanitaria permanente, y no temporal, y la reforma de la asistencia social tendría todavía más éxito.

También propuse poner fin al perverso incentivo del sistema vigente,

según el cual las madres adolescentes recibían más ayuda si vivían solas
que si se quedaban con sus padres y seguían estudiando. E insté al Congreso a que endureciera las medidas que garantizaban la plena responsabilidad de los padres en el cuidado de sus hijos, para obligar a los
progenitores que no vivieran en el hogar a pagar una parte más alta de la
astronómica cantidad de treinta y cuatro mil millones de dólares de atención infantil y guarderías, cifra fijada por sentencias judiciales que aún no
se había pagado. La secretaria Shalala ya había concedido a diversos estados «exenciones» respecto a algunas legislaciones federales existentes
para llevar a cabo algunas de estas reformas, y se obtenían resultados: los
subsidios de asistencia social se reducían notablemente.

Junio fue un mes importante para los asuntos internacionales. Endurecí
las sanciones económicas contra Haití. Hillary y yo celebramos una Cena
de Estado para el emperador y la emperatriz de Japón, dos personas muy
amables e inteligentes, que repartían buena voluntad en nombre de su
país allá dónde iban. Me reuní con el rey Hussein de Jordania, y también
vi a los presidentes de Hungría, Eslovaquia y Chile. Sin embargo, la cuestión más importante en política exterior era Corea del Norte.

Como he dicho antes, Corea del Norte puso fin a las inspecciones de
la AIEA, que trataba de asegurarse de que las barras de combustible usadas no se transformaran en plutonio para armas nucleares. En marzo,
cuando las inspecciones se detuvieron, yo me comprometí a impulsar
sanciones de Naciones Unidas contra Corea del Norte y me negué a descartar una intervención militar. La cosa empeoró después de eso. En
mayo, Corea del Norte empezó a descargar combustible de un reactor de
forma que los inspectores no podían supervisar adecuadamente su funcionamiento ni determinar qué uso se haría del combustible usado.

El presidente Carter me llamó el 1 de junio y me dijo que le gustaría
ir a Corea del Norte para tratar de resolver el problema. Envié al embajador Bob Gallucci, que estaba llevando aquel tema, hasta Plains, Georgia,
para que informara a Carter de la gravedad de las violaciones de Corea
del Norte. Aun así insistió en ir; después de consultarlo con Al Gore y mi
equipo de seguridad nacional, decidí que valía la pena intentarlo. Hacía
unas tres semanas había recibido una estimación de las terribles pérdidas
que ambos bandos sufrirían si estallaba un conflicto, y me había hecho
reflexionar muy seriamente. Yo me encontraba en Europa durante el día
D, de modo que Al Gore llamó a Carter y le dijo que yo no tenía objeciones sobre su viaje a Corea del Norte, siempre que el presidente Kim Il
Sung comprendiera que yo no aceptaría una suspensión de las sanciones a
menos que Corea del Norte dejara trabajar a los inspectores, aceptara
congelar su programa nuclear y se comprometiera a una nueva ronda de

negociaciones con Estados Unidos para sentar las bases de un futuro no nuclear.

El 16 de junio, el presidente Carter llamó desde Pyongyang y luego realizó una entrevista en directo para la CNN en la que afirmó que Kim no expulsaría a los inspectores de sus complejos nucleares siempre que se hicieran esfuerzos de buena fe para resolver las diferencias existentes acerca de las inspecciones internacionales. A continuación Carter dijo que gracias a este «paso tan positivo», nuestra administración debía suavizar las sanciones económicas y empezar a negociar al más alto nivel con Corea del Norte. Yo respondí que si Corea del Norte estaba dispuesta a congelar su programa nuclear, retomaríamos las conversaciones, pero que no tenía la seguridad que Corea del Norte hubiera aceptado eso.

Basándome en la experiencia, no confiaba demasiado en Corea del Norte, así que decidí dejar que las sanciones económicas actuaran como una amenaza permanente hasta que recibiéramos confirmación oficial del cambio en su política. En una semana la obtuvimos, recibí una carta del presidente Kim en la que confirmaba lo que le había dicho a Carter y aceptaba nuestras condiciones previas para entablar negociaciones. Agradecí al presidente Carter sus esfuerzos y anuncié que Corea del Norte había aceptado todas nuestras condiciones, y que Corea del Norte y del Sur habían aceptado plantear una posible reunión entre sus presidentes. A cambio, dije que Estados Unidos estaba dispuesto a empezar a negociar con Corea del Norte en Ginebra el mes siguiente y que durante la ronda de negociaciones se suspenderían las sanciones.

A finales de junio, anuncié algunos cambios en el equipo; esperaba que nos permitieran enfrentarnos mejor a nuestro amplio programa legislativo y a las elecciones, para las que apenas faltaban unos meses. Unas semanas antes, Mack McLarty me había dicho que pensaba que había llegado el momento de que cambiara de empleo. Había soportado muchos golpes por lo de la Oficina de Viajes y había tenido que leer incontables reportajes periodísticos que criticaban nuestro proceso de toma de decisiones. Mack propuso que nombrara jefe de gabinete a Leon Panetta, porque conocía bien el Congreso y a la prensa y sabría llevar el timón con firmeza. Cuando se hizo público lo de Mack, hubo otros que también se pronunciaron a favor de Leon para el puesto. Mack dijo que le gustaría intentar tender puentes entre los republicanos moderados y los demócratas conservadores en el Congreso y supervisar nuestros preparativos para la Cumbre de las Américas, que se celebraría en Miami, en diciembre.

En mi opinión Mack hizo un trabajo mucho mejor de lo que la gente le reconoció, pues gestionó la Casa Blanca con menos personal y más carga de trabajo de la que nunca hasta entonces había tenido, y desempeñó un papel clave en nuestras victorias del plan económico y del TLCAN. Como Bob Rubin solía decir a menudo, Mack había creado un ambiente universitario en la Casa Blanca y el gabinete que muchas de las anteriores administraciones jamás consiguieron. Este entorno nos había ayudado a conseguir mucho, tanto en el Congreso como en las agencias gubernamentales. Ese clima también propiciaba el tipo de debate libre y abierto que tantas críticas generó sobre nuestro proceso de toma de decisiones, pero que, dado lo complejo y novedoso de muchos de nuestros retos, también nos ayudó a decidir mejor.

Además, dudaba que pudiéramos hacer demasiado, aparte de reducir las filtraciones, para evitar la cobertura informativa negativa que recibíamos. El profesor Thomas Patterson, una autoridad en el papel de los medios de comunicación en las elecciones, acababa de publicar un importante libro, *Out of Order*, que me ayudó a comprender mejor lo que sucedía, y a no tomármelo tan personalmente. La tesis de Patterson era que la cobertura periodística de las campañas presidenciales, progresivamente, ha ido adquiriendo tintes más negativos durante los últimos veinte años aproximadamente, a medida que la prensa se ha visto como un «mediador» entre los candidatos y el público, con la responsabilidad de decir a los votantes la forma en que deben ver a los candidatos y lo que hay de malo en ellos. En 1992, Bush, Perot y yo recibimos los tres más cobertura informativa negativa que positiva, en conjunto.

En el epílogo de la edición de 1994, Patterson afirmaba que, después de las elecciones de 1992, por primera vez los medios de comunicación trasladaron el enfoque negativo de campaña a su cobertura del trabajo del gobierno. Ahora, decía, la cobertura de prensa que reciba un presidente «depende menos de su gestión real durante el mandato que del sesgo cínico de los medios de comunicación. La prensa casi siempre magnifica lo malo y subestima lo positivo». Por ejemplo, el Centro para Medios de Comunicación y Asuntos Públicos, un organismo imparcial, dijo que la cobertura informativa respecto a mi gestión de los temas de política interior había sido negativa en un 60 por ciento y que se había centrado sobre todo en promesas electorales incumplidas. Sin embargo, Patterson también señalaba que yo había cumplido «docenas» de compromisos electorales y que era un presidente que «debería haber tenido la reputación de que cumplía con sus promesas», en parte porque me había impuesto en el Congreso en 88 disputadas votaciones, una marca solo superada por Eisenhower en 1953 y por Johnson en 1965. Patterson concluía diciendo que la cobertura informativa de signo negativo no solo provocó la caída de mi índice de popularidad, sino también la del apoyo del público hacia mis programas, entre ellos la reforma sanitaria, y así «se impuso una pesada carga en la presidencia de Clinton y en los intereses de la nación».

En verano de 1994, el libro de Thomas Patterson me ayudó a comprender que quizá no había nada que yo pudiera hacer para cambiar el comportamiento de la prensa y los medios de comunicación. Si eso era cierto, tenía que aprender a llevarlo mejor. Mack McLarty jamás había querido ser jefe de gabinete, sin embargo Leon Panetta estaba dispuesto a enfrentarse a aquel reto. Ya se había ganado una muy buena reputación en la Oficina de Gestión y Presupuestos que sería difícil superar, pues nuestros dos presupuestos eran los primeros que el Congreso había aprobado cumpliendo los plazos establecidos en diecisiete años, y además garantizaban tres años seguidos de reducción del déficit por primera vez desde que Truman fue presidente. Por si fuera poco, presentaban la primera reducción en gasto interior discrecional de la administración en veinticinco años, y a la vez garantizaban el aumento de la inversiones en educación, programas de Head Start, formación laboral y nuevas tecnologías. Quizá, en tanto que jefe de gabinete, Leon Panetta podría comunicar con más claridad qué habíamos logrado y qué seguiríamos logrando para América. Le designé para el cargo y nombré a Mack asesor presidencial, encomendándole las tareas que él me había indicado.

TREINTA Y NUEVE

En junio se produjo la primera acción real por parte de Robert Fiske. Decidió realizar una investigación independiente sobre la muerte de Vince Foster, dado que se habían planteado muchas preguntas al respecto tanto en los medios de comunicación como entre los republicanos del Congreso. Me tranquilizó que Fiske se dedicara a aclararlo. La máquina del escándalo trataba de exprimir sangre de una piedra, y quizá esto ayudaría a hacerlos callar y llevaría a la familia de Vince un poco de alivio.

Algunas de las acusaciones y de las payasadas que tuvieron lugar esos días habrían tenido gracia, si no fuera por la tragedia que lo envolvía todo. Uno de los miembros más escandalosos y mojigatos de la panda que sostenía que «Foster fue asesinado» era el congresista republicano Dan Burton, de Indiana. En un intento por demostrar que Vince no podía haberse suicidado, Burton fue a su patio y disparó su revólver contra una sandía. Era de locos. Jamás pude entender qué trataba de demostrar.

Fiske se entrevistó con Hillary y conmigo. Fue una sesión directa y profesional, después de la cual tuve la seguridad de que sería minucioso, y creí que cerraría la investigación al cabo de un tiempo razonable. El 30 de junio emitió sus conclusiones preliminares sobre la muerte de Vince, así como las relacionadas con las conversaciones entre Bernie Nussbaum y Roger Altman, criticadas a bombo y platillo. Fiske dijo que la muerte de Vince había sido un suicidio y que no había hallado ninguna prueba de que estuviera en absoluto relacionado con Whitewater. También declaró que en su opinión Nussbaum y Altman se habían comportado de modo correcto.

A partir de ese momento, Fiske fue objeto del menosprecio de los republicanos conservadores y de sus aliados de los medios de comunicación. El *Wall Street Journal* ya había empujado a la prensa a ser más agresiva en sus noticias y reportajes críticos contra Hillary y contra mí, sin importar lo mucho que más tarde «los hechos les superaran». Algunos comentaristas conservadores y miembros del Congreso empezaron a exigir la dimisión de Fiske. El senador Lauch Faircloth, de Carolina del Norte, fue uno de los más vehementes, atizado por un nuevo miembro de su equipo, David Bossie, que había participado con Floyd Brown en Ciudadanos Unidos, el grupo conservador de extrema derecha que ya había difundido rumores falsos sobre mí.

El mismo día que Fiske hizo público su informe, terminé de remachar otro clavo en mi propio ataúd; firmé la nueva ley del fiscal independiente. La ley admitía que Fiske volviera a ser nombrado, pero la «División Especial» del tribunal del circuito de Washington de la Corte de Apelaciones también podía retirarlo del caso y designar a otro fiscal que empezara el proceso desde cero. Según los estatutos, a los jueces de la División Especial los seleccionaría el presidente del tribunal Rehnquist, que había sido un activista republicano extremadamente conservador antes de llegar a la Corte Suprema.

Yo quería asegurarme de que se incorporara a Fiske en el nuevo esquema de funcionamiento, pero mi nueva responsable de asuntos legislativos, Pat Griffin, dijo que a algunos demócratas les parecería que causaba mala impresión si lo hacíamos. Lloyd Cutler dijo que no había de qué preocuparse, porque Fiske era claramente independiente y no había modo de que lo reemplazaran. Le dijo a Hillary que si sucedía, «se comería su sombrero».

A principios de julio, volví a Europa para asistir a la cumbre del G-7 en Nápoles. De camino hacia allí, me detuve en Riga, Letonia, para reunirme con los líderes de las repúblicas bálticas y celebrar la retirada de las tropas rusas de territorio lituano y letonio, un paso que habíamos contribuido a acelerar cuando proporcionamos un gran número de cupones de alojamiento para los oficiales rusos que querían volver a casa. Aún quedaban tropas rusas en Estonia, y el presidente Lennart Meri, un cineasta que siempre se había opuesto a la dominación rusa en su país, estaba decidido a que se fueran lo antes posible. Después de la reunión hubo una emocionante celebración en la Plaza de la Libertad de Riga, donde más de cuarenta mil personas agitaron banderas en señal de gratitud por el firme apoyo de Estados Unidos a su recién reencontrada libertad.

La siguiente parada era Varsovia, para reunirme con el presidente, Lech Walesa y hacer hincapié en mi compromiso de hacer de Polonia un miembro de la OTAN. Walesa se había convertido en un héroe y en la elección natural como presidente de la Polonia libre, pues había liderado la revuelta de los obreros de los astilleros de Gdansk contra el comunismo hacía más de una década. Desconfiaba mucho de Rusia, y quería que Polonia entrara en la OTAN lo antes posible. También quería atraer más inversiones norteamericanas en Polonia y afirmaba que el futuro de su país necesitaba más generales norteamericanos, «empezando con el General Motors y el General Electric».

Esa noche Walesa ofreció una cena a la que invitó a los líderes de todo el espectro político. Escuché fascinado un apasionado debate entre la señora Walesa, una vivaz madre de ocho hijos, y un líder legislativo que además cultivaba patatas. Ella despotricaba contra el comunismo, mientras que él argumentaba que los agricultores habían vivido mejor bajo el comunismo. Pensé que iban a llegar a las manos. Traté de ayudar recordando al legislador que, incluso durante el comunismo, las granjas polacas estaban en manos privadas; todo lo que habían hecho los comunistas polacos era comprar los alimentos y venderlos en Ucrania y en Rusia. Me dio la razón en ese punto, pero dijo que él siempre había encontrado mercado y un buen precio para sus cosechas. Le dije que él jamás había estado en un sistema completamente comunista como el de Rusia, donde las propias granjas estaban colectivizadas. Luego le expliqué cómo era el sistema norteamericano y de qué forma todos los sistemas de libre mercado que funcionaban bien también habían llegado a algún tipo de *marketing* cooperativo, y de precios subvencionados. El granjero seguía teniendo sus dudas; la señora Walesa siguió categóricamente convencida de su posición. Si la democracia se basa en el debate libre y sin trabas, sin duda había echado raíces en Polonia.

Mi primer día en la cumbre de Nápoles lo dediqué a Asia. Kim Il Sung había muerto el día anterior, justo cuando se reanudaban en Ginebra nuestras negociaciones con Corea del Norte, lo que arrojó ciertas dudas sobre el futuro de nuestros acuerdos. El otro miembro del G-7 que tenía gran interés en esta cuestión era Japón; había habido tensiones entre los japoneses y los coreanos durante décadas, mucho antes de la Segunda Guerra Mundial. Si Corea del Norte poseía armas nucleares, Japón se vería sometido a mucha presión y tendría que desarrollar su propio programa de armas nucleares disuasorias, un paso que, dada su propia y dolorosa experiencia, los japoneses no querían dar. El nuevo primer ministro japonés, Tomiichi Murayama, que se había convertido en el primer dirigente socialista japonés, unido en coalición con el Partido Liberal, me garantizó que nuestra solidaridad respecto a Corea del Norte permanecería intacta. Por respeto a la muerte de Kim Il Sung, las negociaciones de Ginebra se suspendieron durante un mes.

Las decisiones más importantes que tomamos en Nápoles consistieron en proporcionar un paquete de ayudas a Ucrania e incluir a Rusia en el área política de las siguientes cumbres. La entrada de Rusia en ese prestigioso círculo representaba un gran impulso para Yeltsin y los demás reformistas que trataban de estrechar lazos con Occidente; también era una garantía de que nuestras futuras reuniones serían más interesantes. Yeltsin siempre era divertido.

Nápoles nos encantó a Chelsea, a Hillary y a mí, y después de las sesiones, nos tomamos un día para visitar Pompeya, ciudad en la que los italianos han hecho una excelente labor de recuperación del pasado, rescatándola de las cenizas del volcán que devoró la urbe en el año 79 d.C. Vimos las pinturas con los colores originales que habían conservado su rica textura, entre ellas lo que podrían ser versiones del siglo I de nuestros

carteles políticos; vimos también paradas de alimentos al aire libre, que
eran tempranas precursoras de los restaurantes de comida rápida. También observamos los restos de varios cuerpos sorprendentemente bien
conservados por las cenizas, entre ellos el de un hombre con la mano
sobre el rostro de su mujer, obviamente embarazada, con dos niños tendi-
dos a su lado. Era un intenso recordatorio de la frágil y efímera naturaleza
de la vida.

El trayecto europeo concluyó en Alemania. Helmut Kohl nos llevó de
visita a su pueblo natal, Ludwigshafen, antes de que yo volara a la base
Ramstein de las fuerzas aéreas para ver a nuestros soldados, muchos de
los cuales pronto abandonarían aquel lugar, ahora que se reducían los
efectivos con el final de la Guerra Fría. Los oficiales y soldados de Ramstein, al igual que sus homólogos de la marina que había conocido en
Nápoles, solo me hablaron de una cosa: la sanidad. La mayoría de ellos
tenían niños y en el ejército disfrutaban de atención sanitaria garantizada.
Ahora les preocupaba que, a causa de los recortes en defensa, volverían a
un país que ya no podría proporcionar cobertura sanitaria a sus hijos.

Berlín estaba en plena expansión, lleno de grúas constructoras, mientras la ciudad se preparaba para retomar su papel de capital de una Alemania unificada. Hillary y yo salimos del Reichstag con los Kohl y
paseamos a lo largo de la línea donde había estado el Muro de Berlín, y a
través de la magnífica Puerta de Brandenburgo. El presidente Kennedy y
el presidente Reagan habían pronunciado memorables discursos justo
frente a la puerta, del lado occidental del muro. Ahora yo estaba en una
tribuna en el lado oriental del Berlín unificado, frente a una multitud
entusiasta de cincuenta mil alemanes, muchos de ellos jóvenes inquietos
por su futuro en un mundo muy distinto del que habían conocido sus
padres.

Animé a los alemanes a liderar Europa hacia una mayor unidad. Si lo
hacían, prometí en alemán que «*Amerika steht an Ihrer Seite jetzt und für
immer*» (América está a vuestro lado, ahora y siempre). La Puerta de
Brandenburgo había sido durante largo tiempo un símbolo de su época, a
veces un monumento a la tiranía y una torre de la conquista, pero ahora
era lo que sus constructores habían querido que fuera: una puerta de
entrada al futuro.

Cuando volví a casa, el trabajo en política exterior continuó. La creciente
represión en Haití había provocado nuevas oleadas de inmigrantes venidos en barco y la suspensión de todo el tráfico aéreo comercial. Hacia
finales de mes, el Consejo de Seguridad de Naciones Unidas había aprobado la invasión para derrocar a la dictadura, una intervención que parecía cada vez más inevitable.

El 22 de julio, anuncié un gran aumento en los paquetes de ayuda humanitaria urgente para los refugiados de Ruanda, y las fuerzas del ejército norteamericano establecieron una base en Uganda para apoyar los envíos que se hacían, las veinticuatro horas, de suministros de auxilio para el enorme número de refugiados hacinados en los campamentos cerca de la frontera ruandesa. También ordené al ejército que garantizara el suministro de agua potable y que distribuyera toda la que pudiera entre aquellos que corrían más riesgo de contraer el cólera u otras enfermedades. Igualmente, declaré que Estados Unidos entregaría veinte millones de unidades de terapia de rehidratación oral durante los dos siguientes días, para ayudar a frenar el brote de cólera que se estaba produciendo. En una semana, habíamos aportado más de 1.300 toneladas de alimentos, medicinas y otros suministros; generábamos y distribuíamos más de cuatrocientos mil litros de agua potable diarios. El esfuerzo total requeriría unos 4.000 soldados y costaría casi 500 millones de dólares, pero a pesar de la horrible matanza que se había producido, todavía pudimos salvar muchas vidas.

El 25 de ese mismo mes, el rey Hussein y el primer ministro Rabin vinieron a la ciudad para firmar la declaración de Washington, que daba oficialmente por cerrado el estado de beligerancia entre Jordania e Israel y por el que se comprometían a negociar un acuerdo de paz total. Habían mantenido conversaciones en secreto durante algún tiempo, y Warren Christopher había trabajado mucho para facilitar su acercamiento y este acuerdo. Al día siguiente, los dos dirigentes hablaron ante una sesión conjunta del Congreso y, a continuación, los tres ofrecimos una conferencia de prensa para reafirmar nuestro compromiso con un proceso de paz integral en el que participaran todas las partes implicadas en el conflicto de Oriente Próximo.

El acuerdo entre Israel y Jordania era un duro contraste con los recientes ataques terroristas contra un centro judío en Buenos Aires, y otros que tuvieron lugar en Panamá y Londres, de los que se creía que Hezbollah era responsable. Hezbollah recibía armas de Irán y ayuda de Siria para llevar a cabo todas sus operaciones contra Israel desde el sur de Líbano. Puesto que el proceso de paz no podía completarse sin un tratado entre Israel y Siria, las actividades de Hezbollah constituían un serio obstáculo. Llamé al presidente Assad para hablarle del acuerdo entre Israel y Jordania, pedirle que lo apoyara y asegurarle que Israel y Estados Unidos querían seguir manteniendo negociaciones amistosas con su país. Rabin dejó la puerta abierta a unas conversaciones con Siria, pero afirmó que los sirios podían poner un límite, pero no fin, a las actividades de Hezbollah. Hussein reaccionó declarando que no solamente Siria, sino todo el mundo árabe, debía seguir el ejemplo de Jordania y reconciliarse con Israel.

Cerré la conferencia de prensa diciendo que Hussein y Rabin sin duda habían «traído la paz a todo el mundo». Boris Yeltsin acababa de informarme de que él y el presidente Meri habían acordado la completa retirada de las tropas rusas de Estonia para el 31 de agosto.

En agosto hace mucho calor en Washington y el Congreso generalmente se toma un descanso. En 1994, el Congreso se quedó hasta casi final de mes para trabajar en las propuestas de sanidad y de la ley contra el crimen. Tanto el Senado como la Cámara habían aprobado revisiones de la ley contra el crimen, que garantizaba el despliegue de 100.000 policías de barrio más, instauraba penas más duras para los reincidentes y aportaba más fondos tanto para la construcción de prisiones como para los programas de prevención que evitaban que los jóvenes se metieran en líos.

Cuando el comité de conferencia se reunió para resolver las diferencias entre las propuestas de ley contra el crimen del Senado y de la Cámara, los demócratas incluyeron la prohibición de las armas de asalto en la ley de compromiso. Como ya he dicho, esa prohibición se había aprobado en la Cámara por separado, por una diferencia de solo dos votos y con la furiosa oposición de la Asociación Nacional del Rifle. La ANR ya había perdido la batalla contra la Ley Brady y, esta vez, estaba decidida a vencer, para que los norteamericanos pudieran conservar su derecho a «poseer y llevar» armas de repetición con grandes cargadores diseñadas con un único propósito: matar al mayor número de personas lo más deprisa posible. Estas armas funcionaban; las víctimas de delitos que reciben disparos procedentes de ellas tienen tres veces más posibilidades de morir que las que reciben disparos de pistolas normales.

La conferencia decidió combinar la prohibición de armas con la ley contra el crimen, porque aunque teníamos una clara mayoría a favor de la prohibición en el Senado, no contábamos con los sesenta votos necesarios para romper la maniobra obstruccionista que a ciencia cierta preparaban los seguidores de la ANR. Los demócratas de la conferencia sabían que resultaría mucho más difícil obstruir toda la ley contra el crimen en lugar de la prohibición contra las armas únicamente. El problema de esta estrategia es que obligaba a los demócratas de la Cámara procedentes de distritos rurales, que estaban a favor de la tenencia de armas, a votar de nuevo para la prohibición de armas de asalto, con lo que nos arriesgábamos a que la propuesta de ley fracasara por completo y poníamos en peligro sus escaños si votaban a favor.

El 11 de agosto, la Cámara rechazó la ley contra el crimen por 225 contra 210 votos, en una votación de procedimiento, con 58 demócratas en contra y solo 11 republicanos a favor. Algunos de los votos negativos demócratas eran progresistas que se oponían a la ampliación de la pena de muerte que contemplaba la ley, pero la mayoría de nuestros desertores votaban con la ANR. Un notable número de republicanos dijeron que querían apoyar la ley, incluida la prohibición de las armas de asalto, pero que creían que representaba un gasto demasiado grande en conjunto, y concretamente en los programas de prevención. Estábamos en apuros para cumplir una de las promesas electorales más importantes de mi campaña, y tenía que hacer algo para cambiar la situación.

Al día siguiente, frente a la Asociación Nacional de Oficiales de Policía de Minneapolis, con el alcalde Rudy Giuliani, de Nueva York, y el alcalde Ed Rendell, de Filadelfia, traté de plantearlo como una elección entre la policía y la gente de un lado, y la ANR del otro. Desde luego todavía no habíamos llegado al punto en que la única forma de mantener a nuestros cargos en el Congreso era dejar que el pueblo norteamericano y los oficiales de policía corrieran mayor peligro.

Tres días más tarde, en una ceremonia en el Jardín de Rosas, aquel tema fue expuesto de forma todavía más cruda por Steve Sposato, un empresario republicano cuya esposa había sido asesinada cuando un demente con un arma de asalto mató a todo el que se le puso por delante en el edificio de oficinas de San Francisco donde ella trabajaba. Sposato, que había traído a su joven hija Megan con él, hizo un conmovedor y convincente alegato a favor de la prohibición de las armas de asalto.

Más tarde, ese mes, la ley contra el crimen volvió a someterse a votación. A diferencia de lo que sucedía con la sanidad, en esta cuestión los dos partidos cooperamos de buena fe y negociamos. Esta vez ganamos, 235 contra 195, mediante la recuperación de 20 votos republicanos, que obtuvimos pactando un sustancial recorte de gastos en la ley. A algunos progresistas demócratas les convencimos de que cambiaran sus votos en razón de la solidez de los programas de prevención incluidos en la ley; otros, procedentes de distritos a favor de las armas, se jugaron su escaño. Cuatro días más tarde, el senador Joe Biden logró que el Senado también votase a favor, por 61 a 38; 6 republicanos aportaron los votos necesarios para romper la maniobra obstruccionista. La legislación contra el crimen tuvo un impacto muy positivo, y contribuyó al descenso constante del índice de criminalidad más importante que jamás se hubiera visto.

Justo antes del voto en la Cámara, el portavoz, Tom Foley, y el líder de la mayoría, Dick Gephardt, habían hecho un intento desesperado para convencerme de que retirara la prohibición de armas de asalto de la ley. Argumentaron que muchos demócratas que representaban a distritos divididos por un estrecho margen ya habían emitido un voto muy difícil a favor del programa económico, y que ya habían desafiado a la ANR una vez con la Ley Brady. Dijeron que si les hacíamos caminar por la cuerda floja otra vez con lo de la prohibición, quizá no se aprobaría la ley íntegramente, y si lo conseguía, muchos demócratas que habían votado por ella no superarían las elecciones de noviembre. Jack Brooks, de Texas, el presidente del Comité Judicial de la Cámara, me dijo lo mismo. Brooks había estado en la Cámara durante más de cuarenta años, y era uno de mis congresistas preferidos. Era el representante de un distrito en el que había muchos miembros de la ANR, y había abanderado los esfuerzos por derrotar la prohibición de armas de asalto cuando ésta se planteó originalmente. Jack estaba convencido de que, si no nos olvidábamos de la prohibición, la ANR echaría a muchos demócratas de sus escaños, aterrorizando a los propietarios de armas.

Me preocupaba lo que Foley, Gephardt y Brooks habían dicho, pero estaba convencido de que podíamos ganar un debate contra la ANR sobre el tema, incluso en su terreno. Dale Bumpers y David Pryor sabían cómo explicárselo a los votantes de Arkansas. El senador Howell Heflin, de Alabama, al que conocía desde hacía casi veinte años, tenía una ingeniosa explicación para justificar su apoyo a la ley contra el crimen. Decía que jamás había votado a favor del control de armas, pero que la ley solo prohibía diecinueve tipos de armas de asalto y él no conocía a nadie que poseyera esas armas. Por otro lado, la ley prohibía expresamente cualquier restricción en la posesión de cientos de otras armas, incluidas «todas con las que estoy familiarizado».

Era un argumento convincente, pero no todos podían salir del paso como Howell Heflin. Foley, Gephardt y Brooks tenían razón y yo estaba equivocado. El precio de una Norteamérica más segura fueron las duras bajas que sufrieron las filas de sus defensores.

Quizá estaba presionando demasiado al Congreso, al país y a la administración. En mi conferencia de prensa del 19 de agosto, un periodista me hizo una pregunta muy perspicaz: «Me preguntaba si ha pensado en que, como presidente al que le ha votado un 43 por ciento de la población, quizá está tratando de hacer muchas cosas, y muy deprisa... abusando de su mandato» al exigir que se aprobaran tantas leyes nuevas con tan poco respaldo por parte de los republicanos. Aunque habíamos logrado mucho, yo también me lo preguntaba, pero no tendría que preguntármelo durante mucho más tiempo.

Mientras ganábamos en la ley contra el crimen, seguíamos perdiendo en la sanidad. A principios de agosto, George Mitchell introdujo un proyecto de ley de compromiso para aumentar el porcentaje de población asegurada, sin autorización del empleador, hasta el 95 por ciento; pero dejaba la puerta abierta a que ascendiera al ciento por ciento, mediante otra propuesta que se haría más adelante, si es que los procedimientos voluntarios establecidos en el actual proyecto no la situaban ya en esa cifra. Anuncié mi apoyo al proyecto de Mitchell al día siguiente, y empezamos a vendérselo a los republicanos moderados, pero no hubo nada que hacer. Dole estaba firmemente decidido a defenestrar cualquier reforma importante; era una buena táctica política por su parte. El día que se aprobó la ley contra el crimen, el Senado entró en un receso de dos sema-

nas sin tomar ninguna decisión respecto a la sanidad. Dole había fracasado en sus esfuerzos por evitar que se aprobara la ley contra el crimen,
pero había logrado hacer que la reforma sanitaria no saliera adelante.

La otra gran noticia de agosto tuvo lugar en el mundo paralelo de Whitewater. Después de que firmara la ley del estatuto del fiscal independiente,
el presidente del tribunal Rehnquist designó al juez David Sentelle para
que encabezara la División Especial, responsable de nombrar a los fiscales independientes según la nueva ley. Sentelle era un ultraconservador,
protegido del senador Jesse Helms, que ya había denunciado, indignado,
la influencia de los «herejes de izquierdas» que querían que Estados Unidos se convirtiera en un «estado socialmente permisivo, hipersecular,
consciente de la raza, materialista, igualitarista y colectivista». El tribunal
de tres miembros también contaba con la presencia de otro juez conservador, de modo que Sentelle tenía las manos libres para hacer lo que quisiera.

El 5 de agosto, el tribunal de Sentelle despidió a Robert Fiske y nombró a Kenneth Starr como su sustituto. Éste había sido juez de corte de
apelación y abogado gubernamental bajo la administración Bush. A diferencia de Fiske, Starr no tenía experiencia como fiscal, pero tenía algo
mucho más importante: era mucho más conservador y partidista que
Fiske. En un escueto comunicado, el juez Sentelle dijo que reemplazaba a
Fiske por Starr para garantizar «la apariencia de independencia», una
prueba que Fiske no pudo superar porque estaba «relacionado con la
actual administración». Era un argumento absurdo. Fiske era un republicano cuya única relación con la administración era que Janet Reno le
había designado para que se encargara de un trabajo que él no había
pedido. Si la División Especial le hubiera confirmado en su puesto, se
hubiera acabado cualquier tipo de relación.

En su lugar, el tribunal del juez Sentelle nombró a alguien que tenía
no la apariencia, sino un obvio y patente conflicto de intereses. Starr
había sido un destacado defensor del derecho de Paula Jones a presentar
su demanda; había aparecido en televisión para comentarlo y hasta se
había ofrecido a redactar un informe de apoyo en su nombre. Cinco ex
presidentes del Colegio de Abogados de Estados Unidos criticaron el
nombramiento de Starr a causa de su aparente sesgo político. También lo
hizo el *New York Times*, después de que saliera a la luz que el juez Sentelle
había comido con el mayor detractor de Fiske, el senador Lauch Faircloth, y con Jesse Helms, apenas dos semanas antes del reemplazo de
Fiske por Starr. Los tres dijeron que solo hablaron de sus problemas de
próstata.

Por supuesto, Starr no tenía ninguna intención de retirarse a un lado.
Su prejuicio en mi contra era la propia razón por la que le habían esco-

gido y por la que aceptó el encargo. Nos hallábamos frente a una estrambótica definición de un fiscal «independiente»: tenía que ser independiente respecto a mí, pero no era ningún problema que estuviera estrechamente relacionado con mis enemigos políticos y mis adversarios legales.

El nombramiento de Starr fue un hecho sin precedentes. En el pasado, se había hecho un esfuerzo para garantizar que los fiscales especiales no fueran solamente independientes, sino también justos y respetuosos con la institución de la presidencia. Leon Jaworski, el fiscal especial del caso Watergate, era un demócrata conservador que había apoyado la reelección del presidente Nixon en 1972. Lawrence Walsh, el fiscal del caso Irán-Contra, era un republicano de Oklahoma que había apoyado al presidente Reagan. Aunque jamás quise que la investigación de Whitewater se asemejara a un «partido en casa», en palabras de Doug Sosnik, pensaba que al menos tenía derecho a jugar en campo neutral. Pero no iba a ser así. Puesto que no había ningún caso Whitewater, la única forma de utilizar la investigación en mi contra era convirtiéndolo en un largo «partido fuera de casa». Robert Fiske era demasiado justo y demasiado rápido para la tarea. Tuvo que desaparecer.

Lloyd Cutler no se comió su sombrero, pero menos de una semana después del nombramiento de Starr él también se fue, una vez cumplió con su compromiso de hacer su cometido en la oficina legal. Le sustituí con Abner Mikva, un ex congresista de Illinois y juez de la corte de apelación con una reputación impecable y una visión muy lúcida de las fuerzas a las que nos enfrentábamos. Lamenté que, después de una carrera tan larga y distinguida, Lloyd tuviera que aprender que la gente que él creía conocer y en quien confiaba estaban jugando según unas reglas distintas.

Cuando el Congreso se disolvió, nos fuimos a Martha's Vineyard de nuevo. Hillary y yo necesitábamos un tiempo de descanso. También Al Gore. Unos días atrás se había desgarrado el tendón de Aquiles jugando a baloncesto. Era una lesión muy dolorosa y requería una larga recuperación; sin embargo, Al volvió más fuerte que antes, pues durante su forzosa inmovilidad se dedicó a hacer pesas. Mientras tanto, con las muletas, viajó por cuarenta estados y cuatro países extranjeros, incluido Egipto, donde negoció un acuerdo sobre el delicado tema del control de la natalidad en la Conferencia sobre Desarrollo Sostenible de El Cairo. También siguió supervisando la iniciativa de Reinvención del Gobierno. Hacia mediados de septiembre, ya habíamos ahorrado 47.000 millones de dólares, suficientes para pagar todo el coste de la ley contra el crimen. Nos lanzamos a una iniciativa conjunta con los fabricantes de automóviles para desarrollar un «coche limpio»; también redujimos la extensión del documento de solicitud de un préstamo de la Agencia para la Pequeña y Mediana

Empresa de cien páginas a solo una. Reformamos la Agencia Federal de Gestión de Emergencias de modo que ya no fuera la agencia federal más impopular entre el público, sino la más admirada, gracias a James Lee Witt, y ahorramos más de mil millones de dólares cancelando proyectos de construcción innecesarios, bajo la dirección de Roger Johnson, en la Administración de Servicios Generales. Al Gore hacía mucho, teniendo en cuenta que iba a la pata coja.

Nuestra semana en el Vineyard fue interesante por diversas razones. Vernon organizó una partida de golf con Warren Buffett y Bill Gates, los hombres más ricos de Estados Unidos. Me cayeron bien los dos, aunque me impresionó particularmente que Buffett fuera un demócrata de pro, que creía en los derechos civiles, un sistema impositivo justo y el derecho de la mujer a elegir.

La velada más memorable para mí fue una cena en casa de Bill y Rose Styron, en la que los invitados de honor fueron el espléndido escritor mexicano Carlos Fuentes y mi héroe literario, Gabriel García Márquez. García Márquez era amigo de Fidel Castro, el cual, en un esfuerzo por exportarnos alguno de sus problemas, estaba dejando partir un éxodo en masa de cubanos hacia Estados Unidos que recordaba al secuestro del barco Mariel, que tantos problemas me había causado allá en 1980. Miles de cubanos, con gran riesgo para sus vidas, se habían lanzado al mar en pequeños botes y balsas para cubrir un viaje de ciento cuarenta y cinco kilómetros hasta Florida.

García Márquez se oponía al embargo que Estados Unidos mantenía sobre Cuba y trató de convencerme de que lo levantara. Le dije que no lo haría, pero que apoyaba la Ley de Democracia Cubana, que otorgaba al presidente la autoridad de mejorar las relaciones con Cuba a cambio de un mayor avance hacia la libertad y la democracia. También le pedí que le dijera a Castro que, si el flujo de refugiados cubanos seguía llegando, recibiría una respuesta de Estados Unidos muy distinta de la que había recibido en 1980, del presidente Carter. «Castro ya me ha costado una elección —le dije—. No puede costarme dos.» Le hice llegar el mismo mensaje a través del presidente Salinas, de México, que mantenía una buena relación de cooperación con Castro. Poco después, Estados Unidos y Cuba llegaron a un acuerdo por el cual Castro se comprometía a poner freno al éxodo y nosotros prometíamos aceptar veinte mil cubanos más al año por las vías habituales. Castro respetó fielmente el acuerdo durante el resto de mi mandato. Tiempo después, García Márquez bromeaba diciendo que era el único hombre que era a la vez amigo de Fidel Castro y de Bill Clinton.

Después de hablar de Cuba, García Márquez prodigó casi toda su atención a Chelsea, que le dijo que había leído dos de sus libros. Más tarde él me confió que no había creído posible que una chica de catorce años pudiera comprender sus obras, así que se lanzó a una profunda discusión con ella acerca de *Cien años de soledad*. Se quedó tan impresionado que más adelante le envió todas sus novelas.

El único trabajo al que me dediqué durante las vacaciones estuvo relacionado con Irlanda. Concedí un visado a Joe Cahill, un hombre de setenta y seis años que era un héroe para los irlandeses republicanos. En 1973, condenaron a Cahill por tráfico de armas en Irlanda, y siguió promoviendo la violencia durante años. Le di el visado porque ahora quería promover la paz entre los norteamericanos que apoyaban al IRA, como parte de un acuerdo según el cual el IRA por fin anunciaría una tregua. Cahill llegó a Estados Unidos el 30 de agosto; al día siguiente, el IRA anunció el cese total de la violencia, con lo que abría un camino para que el Sinn Fein participara en las negociaciones de paz. Fue una victoria para Gerry Adams y para el gobierno irlandés.

Al la vuelta de nuestras vacaciones, nos mudamos a Blair House durante tres semanas, mientras reparaban el sistema de aire acondicionado de la Casa Blanca. También estaba en marcha una gran restauración, iniciada durante la administración Reagan, de la zona exterior, piedra por piedra, pues tenía ya casi doscientos años. Durante todo mi primer mandato, una parte de la Casa Blanca siempre estuvo cubierta de andamios.

Nuestra familia disfrutaba de los momentos que pasábamos en Blair House, y esta prolongada estancia no fue una excepción, aunque provocó que nos perdiéramos un dramático incidente al otro lado de la calle. El 12 de septiembre, un hombre borracho que estaba decepcionado con su vida robó una pequeña avioneta, despegó y se dirigió al centro de Washington y hacia la Casa Blanca. Trataba de matarse chocando contra el edificio, o quizá quería aterrizar espectacularmente en el Jardín Sur, imitando al joven piloto alemán que había descendido sobre la plaza Roja de Moscú unos años atrás. Lamentablemente, su pequeña unidad Cessna tocó tierra demasiado tarde, rebotó por encima del seto y bajo el magnolio gigante que está al oeste de la entrada y luego se incrustó en la amplia base de piedra de la Casa Blanca; murió instantáneamente. Unos años más tarde, otro hombre con problemas psicológicos y armado con una pistola saltó por encima de la valla de la Casa Blanca; los oficiales de la División Uniformada del servicio secreto le hirieron y le detuvieron. La Casa Blanca era un imán para más gente aparte que para políticos ambiciosos.

En septiembre, la crisis en Haití llegó al límite. El general Cédras y sus matones habían intensificado su reino del terror; ejecutaban a niños huérfanos, violaban a mujeres jóvenes, asesinaban a curas, mutilaban a gente y dejaban los cuerpos en medio de las calles para aterrorizar a los demás y destrozaban los rostros de las madres con machetes, en presencia de sus hijos. En aquel momento, ya llevaba dos años tratando de alcanzar una solución pacífica y estaba harto. Hacía más de un año, Cédras había firmado un acuerdo para traspasar el poder, pero cuando llegó el momento de irse, sencillamente se negó.

Era hora de echarlo, pero la opinión pública y la tendencia del Congreso eran contrarias a esa idea. Aunque el *caucus* negro del Congreso, el senador Tom Harkin y el senador Chris Dodd me apoyaban, los republicanos se oponían firmemente a cualquier acción; la mayoría de demócratas, incluido George Mitchell, pensaban que trataba de arrastrarlos a otro precipicio sin el apoyo de la ciudadanía ni la autorización del Congreso. Incluso había una división interna en la administración. Al Gore, Warren Christopher, Bill Gray, Tony Lake y Sandy Berger estaban a favor. Bill Perry y el Pentágono estaban en contra, pero habían preparado un plan de invasión por si yo daba orden de atacar.

Yo creía que debíamos actuar. Estaban asesinando a gente inocente en nuestras narices, y ya habíamos gastado una pequeña fortuna para atender a los refugiados haitianos. Naciones Unidas apoyó unánimemente la expulsión de Cédras.

El 16 de septiembre, en un intento de última hora de evitar una invasión, envié al presidente Carter, a Colin Powell y a Sam Nunn a Haití para intentar persuadir al general Cédras y a sus seguidores en el ejército y en el parlamento de que aceptaran pacíficamente el regreso de Aristide; Cédras debía dejar el país. Por distintas razones, todos se mostraban en desacuerdo con mi decisión de utilizar la fuerza para devolver el poder a Aristide. Aunque el Centro Carter había supervisado la arrolladora victoria de Aristide en las elecciones, el presidente Carter había desarrollado una relación con Cédras y dudaba del compromiso de Aristide con la democracia. Nunn estaba en contra de la vuelta de Aristide hasta que se celebraran elecciones parlamentarias, porque no confiaba en que Aristide protegiera los derechos de las minorías si no existía una fuerza de compensación establecida en el parlamento. Powell pensaba que solo el ejército y la policía podían gobernar Haití, y que estos jamás colaborarían con Aristide.

Como los acontecimientos posteriores demostraron, había algo de razón en sus afirmaciones. Haití estaba profundamente dividido, económica y políticamente; no poseía ninguna experiencia democrática previa; no había clase media como tal y tenía una escasa capacidad institucional para gestionar un estado moderno. Aunque Aristide volviera sin complicaciones, quizá no lograría gobernar. Sin embargo, él era el presidente —había salido elegido por mayoría aplastante— y Cédras y su panda estaban matando a gente inocente. Al menos podíamos detener ese estado de cosas.

A pesar de sus reservas, el distinguido trío se comprometió a comunicar fielmente mi política. Querían evitar una entrada norteamericana violenta que pudiera empeorar las cosas. Nunn habló con los miembros del parlamento haitiano; Powell contó a los mandos militares, en términos muy gráficos, qué sucedería si Estados Unidos invadía la isla y Carter se dedicó a Cédras.

Al día siguiente fui al Pentágono para repasar el plan de invasión con el general Shalikashvili y la Junta del Estado Mayor y, por teleconferencia, con el almirante Paul David Miller, el comandante de la operación global, y el teniente general Hugh Shelton, comandante del Decimoctavo Cuerpo Aerotransportado, que encabezaría nuestros soldados en la isla. El plan de invasión requería una operación unificada, en la que estaban implicados todos los cuerpos del ejército. Dos portaaviones se encontraban en aguas haitianas; uno transportaba fuerzas de las Operaciones Especiales, el otro, soldados de la Décima División de Montaña. Los cazas de las fuerzas aéreas estaban dispuestos para garantizar el apoyo aéreo necesario. Los marines tenían la misión de ocupar Cap Haitien, la segunda ciudad más grande del país. Los aviones que transportaban a los paracaidistas de la Octogésimo segunda División Aerotransportada saldrían de Carolina del Norte y ellos saltarían sobre la isla justo al inicio del asalto. Los SEAL entrarían antes para explorar las zonas designadas. Ya habían realizado un asalto de prueba aquella mañana; habían salido del agua y arribado a tierra sin ningún incidente. La mayoría de los soldados y del equipamiento debía entrar en Haití para la operación llamada «RoRo», por «roll on, roll off». Los soldados y los vehículos avanzarían en lanchas y navíos de desembarco para el viaje hacia Haití y luego se replegarían en la costa haitiana. Cuando la misión se hubiera cumplido, el proceso se revertiría. Además de las fuerzas norteamericanas, contábamos con el apoyo de otros veinticinco países que se habían sumado a la coalición de Naciones Unidas.

Cuando faltaba poco para la hora de nuestro ataque, el presidente Carter me llamó y rogó que le diera más tiempo para convencer a Cédras de que se fuera. Carter quería evitar a toda costa una invasión militar. Y yo también. Haití no tenía ninguna capacidad militar; sería como disparar contra una diana inmóvil. Acepté darle tres horas más, pero le dejé claro que el acuerdo al que llegara con el general no podía contemplar ninguna dilación en el traspaso del poder a Aristide. Cédras no podía disponer de más tiempo para asesinar a niños, violar a jóvenes y mutilar a mujeres. Ya nos habíamos gastado doscientos millones de dólares para proporcionar refugio a los haitianos que habían dejado su país. Yo quería que pudieran volver a sus casas.

En Port-au-Prince, cuando el límite de las tres horas se agotó, una multitud furiosa se congregó frente al edificio donde aún se desarrollaban las negociaciones. Cada vez que yo hablaba con Carter, Cédras proponía un trato distinto, pero todos ellos le daban cierto margen de maniobra para ganar tiempo y postergar el regreso de Aristide. Los rechacé todos. Con el peligro fuera y el plazo para la invasión a punto de cumplirse, Carter, Powell y Nunn siguieron esforzándose por convencer a Cédras, sin éxito. Carter me suplicó más tiempo. Acepté otro plazo; hasta las 5 de la tarde. Los aviones con los paracaidistas debían llegar justo después de que cayera la noche, hacia las seis. Si los tres seguían negociando para ese entonces, correrían un peligro mucho mayor a manos de la multitud.

A las 5.30 seguían allí y la situación era mucho más peligrosa, porque Cédras ya estaba enterado de que la operación había empezado. Había estado vigilando la pista de aterrizaje de Carolina del Norte, cuando nuestros sesenta y un aviones con los paracaidistas despegaron. Llamé al presidente Carter y le dije que él, Colin y Sam tenían que irse inmediatamente. Los tres hicieron un último llamamiento al jefe titular del estado de Haití, el presidente de ochenta y siete años, Emile Jonassaint, que finalmente dijo que elegiría la paz en lugar de la guerra. Cuando todos los miembros del gabinete aceptaron, menos uno, Cédras por fin cedió, menos de una hora antes de que el cielo de Port-au-Prince se llenara de paracaidistas. En lugar de eso, ordené que los aviones dieran media vuelta y regresaran a casa.

Al día siguiente, el general Shelton lideró a los primeros quince mil hombres de la fuerza multinacional hacia Haití, sin que hubiera que disparar un solo tiro. Shelton era un hombre que llamaba la atención; medía más de metro ochenta, tenía el rostro cincelado y un deje sureño ligeramente arrastrado. Aunque era un par de años mayor que yo, seguía saltando en paracaídas regularmente, junto con sus soldados. Tenía aspecto de ser capaz de deponer a Cédras él solo. Yo había visitado al general Shelton hacía poco tiempo, en Fort Bragg, después de que en un accidente de avión, en la base aérea cercana de Pope, murieran algunos hombres que estaban de servicio. En la pared del despacho de Shelton había fotografías de dos grandes generales confederados de la guerra de la Independencia, Robert E. Lee y Stonewall Jackson. Cuando vi a Shelton por televisión en el momento de saltar a tierra, comenté a un miembro de mi equipo que Estados Unidos había recorrido un largo camino si un hombre que veneraba a Stonewall Jackson podía convertirse en el libertador de Haití.

Cédras prometió cooperar con el general Shelton y abandonar el poder antes del 15 de octubre, tan pronto como la ley de amnistía general exigida por el acuerdo de Naciones Unidas se aprobara. Aunque casi tuve que arrancarlos de Haití, Carter, Powell y Nunn hicieron una valiente labor en circunstancias muy difíciles y potencialmente peligrosas. Una combinación de diplomacia obstinada y de amenaza militar inminente había evitado el derramamiento de sangre. Ahora era Aristide quien tenía que cumplir con su compromiso de «no a la violencia, no a la venganza, sí a la reconciliación». Como tantas otras declaraciones por el estilo, era más fácil decirlo que hacerlo.

Puesto que la restauración de la democracia en Haití se produjo sin incidentes, no produjo el impacto negativo que los demócratas habían temido. Deberíamos haber encarado las elecciones en buena forma: la economía generaba 250.000 puestos de trabajo al mes, la tasa de desempleo había bajado desde un 7 por ciento a menos de un 6 por ciento y el déficit se reducía. Habíamos aprobado importantes medidas legislativas contra el crimen y para la educación, el servicio nacional, el comercio y la baja familiar. Yo progresaba en nuestro programa de política exterior con Rusia, Europa, China, Japón, Oriente Próximo, Irlanda del Norte, Bosnia y Haití. Pero a pesar de esta gestión política y de los resultados obtenidos, teníamos problemas en ese último tramo de las seis semanas previas a las elecciones, por una serie de razones: había mucha gente que aún no notaba la mejora económica y nadie se creía lo de la reducción del déficit. La mayoría de la gente no se enteraba de las victorias legislativas y no sabían, o no les importaban, los progresos en política exterior. Los republicanos, sus medios de comunicación y sus grupos de interés aliados seguían atacándome constante y eficazmente; me describían como un progresista enloquecido que solo quería exprimirles con impuestos y quitarle a la gente sus médicos y sus pistolas. La cobertura periodística era abrumadoramente negativa.

El Centro para Medios de Comunicación y Asuntos Públicos emitió un informe en el que decía que, en mis primeros dieciséis meses, se habían hecho una media de casi cinco comentarios negativos cada noche en los programas de los canales de noticias, muchos más que los que había recibido el presidente Bush en sus primeros dos años. El director del centro, Robert Lichter, dijo que yo tuve «la desgracia de ser presidente en el amanecer de una era que combina el periodismo de perro de presa con las noticias de los tabloides». Había honrosas excepciones, por supuesto. Jacob Weisberg escribió que «Bill Clinton ha sido más fiel a su palabra que cualquier otro jefe del ejecutivo del pasado reciente», pero que «los votantes desconfían de Clinton en parte porque los medios de comunicación les repiten que no confíen en él». Jonathan Alter escribió en *Newsweek*: «En menos de dos años, Bill Clinton ha logrado más cosas en política interior que John F. Kennedy, Gerald Ford, Jimmy Carter y George Bush juntos. Aunque Richard Nixon y Ronald Reagan a menudo conseguían que se aprobara lo que querían en el Congreso, el *Congressional Quarterly* dice que Clinton es el presidente con más éxitos legislativos desde Lyndon Johnson. El parámetro para medir los resultados en el plano interior no debería ser la coherencia del proceso, sino hasta qué punto se modifican y se transforman verdaderamente las vidas de las personas. Y según ese parámetro, lo está haciendo bien».

Alter quizá tenía razón, pero de ser así, era un secreto muy bien guardado.

CUARENTA

L as cosas se pusieron todavía peor conforme septiembre se acercaba a su fin. El comisionado para el béisbol, Bud Selig, anunció que no se había podido llegar a un acuerdo y que, debido a la huelga de los jugadores, cancelaba el resto de la temporada y las Series Mundiales, por primera vez desde 1904. Bruce Lindsey, que había mediado en la huelga de las aerolíneas, trató de resolver el enfrentamiento. Yo llegué a invitar a los representantes de los jugadores y de los propietarios a la Casa Blanca, pero no hubo forma de alcanzar un compromiso. Las cosas no podían ir bien si se cancelaba el pasatiempo nacional.

El 26 de septiembre, George Mitchell tiró oficialmente la toalla en el tema de la reforma sanitaria. El senador Chafee había seguido trabajando con él, pero no consiguió arrastrar a suficientes senadores republicanos para romper las tácticas obstruccionistas del senador Dole. Los trescientos millones de dólares que las compañías aseguradoras y otros grupos de presión se habían gastado para impedir la reforma sanitaria habían demostrado ser una buena inversión. Yo emití una breve declaración en la que dije que volvería a intentarlo al año siguiente.

Aunque hacía meses que presentía que nos iban a derrotar, todavía me sentía decepcionado y estaba preocupado porque Hillary e Ira Magaziner cargaran con las culpas del fracaso. Era injusto por tres motivos. En primer lugar, nuestras propuestas no eran la obsesión de un gobierno intrusivo por manejar la sanidad que las campañas publicitarias de las compañías de seguros habían querido dar a entender. En segundo lugar, el plan era lo mejor que Hillary e Ira habían podido hacer, dadas las premisas que yo les exigí: cobertura universal sin aumento de impuestos. Y, en tercer y último lugar, no fueron Hillary e Ira quienes hicieron fracasar la reforma de la sanidad, sino la decisión del senador Dole de abortar cualquier compromiso significativo. Traté de animar a Hillary diciendo que había errores mucho más graves en la vida, aparte de que te pillaran «con las manos en la masa» intentando conseguir que cuarenta millones de norteamericanos que carecían de seguro médico tuvieran cobertura sanitaria.

A pesar de nuestra derrota, todo el trabajo de Hillary, Ira Magaziner y el resto de nuestra gente no fue en vano. Al cabo de unos años, muchas de nuestras propuestas se convirtieron en ley y se pusieron en práctica. El senador Kennedy y la senadora republicana Nancy Kassebaum, de Kansas, pasaron una propuesta de ley para que los trabajadores no perdieran su seguro cuando cambiaban de trabajo. También conseguimos que, en 1997, se aprobara el Programa de Seguro Médico Infantil (PSMI), que dio cobertura sanitaria a millones de niños en lo que fue la expansión más grande de la sanidad desde que se puso en marcha Medicaid, en 1965. PSMI ayudaría a que por primera vez en doce años se redujera el número de norteamericanos sin seguro médico.

Hubo otras muchas victorias sanitarias: una propuesta de ley que permitía a las mujeres quedarse en el hospital más de veinticuatro horas tras el parto, con lo que pusimos fin a los partos ambulatorios de las compañías aseguradoras; un aumento de la cobertura para las mamografías y los chequeos de próstata; un programa de autogestión de la diabetes que la Asociación Americana de la Diabetes consideró el avance más importante en la lucha contra la enfermedad desde la insulina; grandes mejoras en la investigación biomédica y en el cuidado y tratamiento del VIH/SIDA, tanto en Estados Unidos como en el extranjero; la vacunación infantil, por primera vez, llegó a estar por encima del 90 por ciento y se aplicó por decreto presidencial una «carta de derechos» del paciente que garantizaba su derecho a elegir al médico y a disponer de un tratamiento rápido y adecuado a los ochenta y cinco millones de norteamericanos que estaban bajo la cobertura de planes financiados con fondos federales.

Pero todo eso ocurriría más adelante. Por ahora, nos habían dado una buena paliza. Y esa es la idea que la gente se llevaría a las elecciones.

Hacia finales de mes, Newt Gingrich reunió a más de trescientos cargos y candidatos republicanos para un acto en la escalera del Capitolio en el que ofreció un «Contrato con América». Los detalles del contrato se habían filtrado desde hacía algún tiempo. Newt los había reunido para demostrar que los republicanos no se limitaban a decir que no a todo, sino que tenían un programa de medidas positivas. El contrato era algo nuevo en la política norteamericana. Tradicionalmente las elecciones de mitad de mandato se habían hecho luchando escaño a escaño. Las condiciones por las que pasaba la nación y la popularidad del presidente podían ser un impulso o un lastre, pero el saber popular decía que los factores locales eran los decisivos. Gingrich estaba convencido de que el saber popular estaba equivocado. Dando un paso muy audaz, pidió al pueblo norteamericano que diera a los republicanos una mayoría, y añadió: «Si rompemos este contrato, échennos; lo digo en serio».

El contrato apostaba por presentar una enmienda para conseguir un presupuesto equilibrado según la Constitución y por el veto parcial, que permitía que el presidente eliminara partidas concretas de una ley presupuestaria sin tener que vetar la ley entera; penas más duras para los criminales y abolición de los programas de prevención que aparecían en mi ley contra el crimen; una reforma de la asistencia social, con un límite de dos años para los beneficiarios capaces de trabajar; una desgravación fiscal de quinientos dólares por niño y otros quinientos por el cuidado de un padre o abuelo, y el endurecimiento de las medidas para garantizar el cuidado de los menores; la revocación de los impuestos que gravaban a los receptores de la Seguridad Social que tenían más ingresos (que formaban parte del presupuesto de 1993); un recorte del 50 por ciento en el impuesto sobre los beneficios del capital y otras rebajas fiscales; poner fin a los mandatos sin financiación que el gobierno federal imponía sobre los gobiernos locales y estatales; un aumento radical del gasto en defensa; reforma de la responsabilidad extracontractual para limitar los daños punitivos; un límite de mandatos para los senadores y los miembros de la Cámara de Representantes; requerimiento de que el Congreso, como empleador, siguiera todas las leyes que había impuesto a los demás empleadores; una reducción de un tercio en las plantillas de los comités del Congreso y el requisito de que cada una de las cámaras del Congreso aprobara cualquier futuro aumento de impuestos por una mayoría cualificada del 60 por ciento.

Yo estaba de acuerdo con muchos detalles del contrato. Ya estaba promoviendo la reforma de la sanidad y un endurecimiento de las medidas para garantizar el cuidado de los menores; también había defendido el veto parcial y el fin de los mandatos sin fondos desde hacía mucho tiempo. Me gustaba la idea de las desgravaciones fiscales familiares. Aunque algunos de los puntos concretos eran atractivos, el contrato era, en esencia, un documento simplista e hipócrita. En los doce años que habían transcurrido antes de que yo llegara a la presidencia, los republicanos, con el apoyo de unos pocos demócratas del Congreso, habían cuadruplicado la deuda nacional. Lo habían hecho reduciendo los impuestos y aumentando el gasto; ahora que los demócratas reducían el déficit, querían que la Constitución exigiera un presupuesto equilibrado, incluso a pesar de que ellos mismos proponían un gran aumento del gasto en defensa sin mencionar qué otras inversiones abandonarían para costearlo. Igual que habían hecho en la década de 1980 y que harían de nuevo en la de 2000, los republicanos estaban tratando de abolir la aritmética. Como dijo Yogi Berra, todo eso ya lo habíamos visto antes, pero ahora nos lo daban envuelto para regalo.

Además de dar a los republicanos un programa de ámbito nacional para la campaña de 1994, Gingrich les aportó una lista de palabras que podían usar para definir a sus oponentes demócratas. Su comité de acción política, GOPAC, publicó un panfleto titulado *Lenguaje: Un mecanismo de control clave*. Entre las «palabras de contraste» que Newt proponía para calificar a los demócratas estaban: traición, trampa, colapso, corrupción, crisis, decadencia, destrucción, fracaso, hipocresía, incompetencia, inseguridad, progresista, mentira, patético, permisivos, obtusos, escurridizos, traidores. Gingrich estaba convencido de que si podía institucionalizar ese tipo de insultos, podría convertir a los demócratas, a base de definiciones, en un partido que permaneciera en minoría durante mucho tiempo.

Los demócratas pensaban que los republicanos habían cometido un gran error al anunciar el contrato; procedieron a atacarlo y a demostrar los grandes recortes en educación, sanidad y protección del medio ambiente que serían necesarios para compensar las bajadas de impuestos, aumentar el gasto en defensa y equilibrar el presupuesto. Incluso le cambiaron el nombre al plan de Newt, al que pasaron a llamar «Contrato *impuesto a* América». Tenían toda la razón, pero no funcionó. Las encuestas postelectorales revelaron que la gente solo sabía dos cosas sobre el contrato: que los republicanos tenían un plan y que equilibrar el presupuesto formaba parte de él.

Más que atacar a los republicanos, los demócratas estaban decididos a ganar las elecciones al estilo antiguo, estado por estado, distrito a distrito. Yo les ayudé en un montón de actos de recaudación de fondos, pero ni uno solo para organizar una campaña nacional que explicara todo lo que habíamos conseguido o que anunciara cuál sería nuestro programa para el futuro y en qué se diferenciaba del contrato republicano.

El 30 de septiembre, el último día del año fiscal, culminamos otro año muy productivo en legislación: aprobamos las trece leyes de asignaciones presupuestarias a tiempo, algo que no había sucedido desde 1948. Las asignaciones representaban los primeros dos años consecutivos de reducción de déficit en dos décadas, reducían la plantilla de funcionarios federales en 272.000 personas y aun así lograban aumentar las inversiones en educación y otras áreas importantes. Eran unos logros impresionantes, pero no llamaban tanto la atención como la enmienda del presupuesto equilibrado.

Yo entré en octubre cojeando, con un índice de popularidad de más o menos el 40 por ciento, pero ese mes iban a pasar cosas positivas que mejorarían mi nota y aparentemente favorecerían las esperanzas de reelección de los demócratas. Lo único triste fue la dimisión del secretario de Agricultura, Mike Espy. Janet Reno había pedido que un fiscal independiente nombrado por un juzgado estudiara las acusaciones contra Espy, como aceptar entradas a espectáculos deportivos y viajes. El tribunal del juez Sentelle nombró a Donald Smaltz, otro activista republicano, para que investigara a Espy. A mí me parecía nauseabundo. Mike Espy me había apoyado en lo bueno y en lo malo en 1992. Había abandonado un escaño seguro en el Congreso, donde incluso los votantes blancos de Mississippi le apoyaban, para convertirse en el primer secretario de Agricultura negro, y había hecho un trabajo excelente, entre otras muchas cosas elevando los estándares de seguridad alimentaria.

Las noticias en octubre fueron en su mayor parte positivas. El día 4, Nelson Mandela vino a la Casa Blanca en visita de Estado. Su sonrisa alumbraba incluso los días más oscuros, y me hizo feliz verle. Anunciamos la creación de una comisión conjunta para promover la mutua cooperación, que encabezarían el vicepresidente Gore y el presidente adjunto Thabo Mbeki, el más que probable sucesor de Mandela. La comisión conjunta estaba funcionando tan bien en Rusia que queríamos probarla con otra nación que fuera importante para nosotros, y Sudáfrica ciertamente lo era. Si el gobierno de reconciliación de Mandela tenía éxito, podría inspirar a toda África a seguir el mismo camino y mejorar la situación en lugares problemáticos por todo el mundo. También anuncié ayudas para vivienda, electricidad y sanidad para los densamente poblados antiguos distritos segregados; un paquete de iniciativas económicas rurales y un fondo de inversiones bajo la dirección de Ron Brown.

Mientras estaba reunido con Mandela, el Senado siguió el ejemplo de la Cámara de representantes y aprobó, con el amplio apoyo de ambos partidos, la última parte de la legislación que permitiría cumplir el programa educativo que había anunciado durante la campaña: la Ley de Educación Elemental y Secundaria. La ley acabó con la costumbre de ofrecer a los niños pobres una educación de segundo orden; demasiado a menudo, los niños de los barrios pobres acababan en clases de educación especial, no porque no tuvieran una capacidad normal para aprender, sino porque se habían quedado atrás en sus escuelas y en casa no les apoyaban. Dick Riley y yo estábamos convencidos de que con clases más pequeñas y un poco más de atención por parte de los maestros, podrían ponerse al día. La ley también contenía incentivos para aumentar la implicación de los padres en la educación de sus hijos: daba ayudas federales para permitir a los estudiantes y a sus padres escoger una escuela pública distinta a la que les correspondía por su localización y financiaba escuelas independientes diseñadas para impulsar la innovación y permitir que operaran con libertad respecto a las características del distrito que ahogaran la creatividad. En solo dos años, además de la LEPS, la colaboración de los dos partidos en el Congreso había promulgado la reforma de Head Start; había convertido en ley los objetivos de la Asociación Nacional de Educación; había reformado el programa de créditos estudiantiles; había creado el programa de servicio nacional; había aprobado el programa de la escuela al trabajo para crear puestos de aprendizaje para graduados del instituto que no iban a la universidad y había incrementado considerablemente nuestro compromiso con la educación para adultos y la formación continuada.

El paquete de medidas educativas fue uno de los logros más importantes de mis dos primeros años en el cargo. Sin embargo, aunque mejoraría la calidad del aprendizaje y aumentarían las oportunidades económicas para millones de norteamericanos, casi nadie lo conocía. Puesto que las reformas educativas tenían amplio apoyo en ambos partidos, los esfuerzos para aprobarlas generaban relativamente poca controversia y, en consecuencia, no se consideraban particularmente dignos de aparecer en las noticias.

Acabamos la primera semana del mes con buen pie: el paro bajó hasta el 5,9 por ciento, el más bajo desde 1990 (y un gran descenso comparado con el 7 por ciento que había cuando accedí al cargo), con 4,6 millones de nuevos empleos. Más adelante durante ese mismo mes, el crecimiento económico durante el tercer cuarto del año se fijó en el 3,4 por ciento, con la inflación solo al 1,6 por ciento. El TLCAN estaba contribuyendo al crecimiento. Las exportaciones totales a México habían subido un 19 por ciento en solo un año, y las exportaciones de coches habían subido un 600 por ciento.

El 7 de octubre, Irak concentró a un gran número de tropas a solo cuatro kilómetros de la frontera de Kuwait, e hizo resurgir la amenaza de una nueva guerra del Golfo. La comunidad internacional me dio todo su apoyo cuando desplegué rápidamente a 36.000 soldados en Kuwait, apoyados por una flota de portaviones y de cazas de combate. También ordené que se elaborara una lista actualizada de objetivos para los misiles Tomahawk. Los británicos anunciaron que también reforzarían su presencia. El día 9 los kuwaitíes trasladaron a la mayor parte de su ejército de dieciocho mil hombres a la frontera. Al día siguiente, los iraquíes, sorprendidos por la rapidez y la contundencia de nuestra respuesta, anunciaron que retirarían sus fuerzas; en menos de un mes el parlamento iraquí reconoció la soberanía de Kuwait, sus fronteras y su integridad territorial. Un par de días después de que terminara la crisis de Irak, los grupos paramilitares protestantes de Irlanda del Norte anunciaron que se unían al alto el fuego del IRA.

Siguieron llegando buenas noticias durante la tercera semana de octubre. El día 15 el presidente Aristide regresó a Haití. Tres días más tarde yo anuncié que, tras dieciséis meses de intensas negociaciones, habíamos llegado a un acuerdo con Corea del Norte para acabar con la amenaza de la proliferación nuclear en la península de Corea. El 21 de octubre, en Ginebra, nuestro negociador, Bob Gallucci, y los norcoreanos firmaron el acuerdo marco por el que Corea del Norte se comprometía a congelar toda la actividad en sus actuales reactores nucleares y a permitir las inspecciones; se comprometía a sacar del país ocho mil barras de combustible descargadas; a desmantelar sus instalaciones nucleares y, en definitiva, a dar cuenta del combustible gastado que había producido en el pasado. A cambio, Estados Unidos organizaría un consorcio internacional que construiría reactores ligeros refrigerados por agua, que no producían cantidades significativas de material utilizable con fines armamentísticos; garantizaría quinientas mil toneladas de aceite pesado al año; reduciría las barreras al comercio, la inversión y la diplomacia y ofrecería su protección si alguien usaba o amenazaba con usar armas nucleares contra Corea del Norte.

Tres sucesivas administraciones norteamericanas habían tratado de poner bajo control el programa nuclear norcoreano. El pacto era un tributo al duro trabajo de Warren Christopher y el embajador Bob Gallucci, y a nuestra clara determinación de no permitir que Corea del Norte se convirtiera en una potencia nuclear o en un país exportador de armas y materiales nucleares.

Después de que yo abandonara el cargo, Estados Unidos recibió información de que, en 1998, Corea del Norte había comenzado a violar el espíritu, si no la letra, del acuerdo al producir uranio enriquecido en un laboratorio —quizá el suficiente para hacer una o dos bombas—. Algunos dijeron que estos hechos ponían en cuestión la validez de nuestro acuerdo de 1994. Pero el programa de plutonio al que pusimos fin era mucho más peligroso que el de los laboratorios que se inició después. El programa de reactores nucleares de Corea del Norte, de haber seguido adelante, hubiera producido suficiente plutonio de uso militar como para construir bastantes armas nucleares al año.

El 17 de octubre, Israel y Jordania anunciaron que habían llegado a un acuerdo de paz. Yitzhak Rabin y el rey Hussein me invitaron a presenciar la ceremonia de firma, el 26 de octubre, en el paso fronterizo de Wadi Araba, en el gran valle del Rift. Acepté, con la esperanza de aprovechar el viaje para conseguir que se avanzara también en otras cuestiones abiertas en Oriente Próximo. Me detuve primero en Cairo, donde el presidente Mubarak y yo nos reunimos con Yasser Arafat. Le animamos a que hiciera todavía más para combatir el terrorismo, especialmente el de Hamas, y nos comprometimos a ayudarle a resolver sus diferencias con los israelíes relativas al retraso de la entrega de las zonas que debían estar bajo control palestino.

Al día siguiente presencié la ceremonia y di las gracias a los israelíes y a los jordanos por su valor al permanecer en la vanguardia del proceso de paz. Hacía calor y el día estaba despejado; el sobrecogedor paisaje del valle del Rift era el marco perfecto para la grandeza de aquel acontecimiento, pero el sol se reflejaba tan claramente en la arena del desierto que me cegaba. Casi mi desmayé; si mi ayudante presidencial, Andrew Friendly, no hubiera estado alerta y no hubiera acudido en mi rescate con unas gafas de sol, puede que hubiera perdido el conocimiento y estropeado todo el acto.

Después de la ceremonia Hillary y yo fuimos en auto con el rey Hussein y la reina Noor para cubrir la corta distancia que nos separaba de su residencia de vacaciones en Aqaba. Era el cumpleaños de Hillary y saca-ron un pastel con velas de broma que Hillary no lograba apagar, lo que me dio la oportunidad de bromear, diciendo que con los años estaba perdiendo capacidad pulmonar. Tanto Hussein como Noor eran inte-ligentes, corteses y tenían una gran visión de futuro. Noor, que se había graduado en Princeton, era hija de un distinguido árabe americano y de madre sueca. Hussein era un hombre bajo, pero de constitución fuerte, que tenía una sonrisa ganadora, un porte muy digno y unos ojos que traslucían sabiduría. Había sobrevivido a muchos intentos de asesinato durante su largo reinado y sabía bien que «arriesgarse por conseguir la paz» era algo más que una frase que sonaba bien. Hussein y Noor se convirtieron en verdaderos amigos nuestros. Nos reímos mucho juntos; siempre que podíamos, olvidábamos nuestros deberes y nos contábamos historias sobre nuestras vidas, nuestros niños y nuestros intereses en común, entre ellos los caballos y las motocicletas. En los años posteriores, Noor se unió a nuestras vacaciones-karaoke en Wyoming; yo iba a su casa, en Maryland, a las fiestas de cumpleaños del rey Hussein, y Hillary y Noor hablaban a menudo. Eran una bendición en nuestras vidas.

Más tarde ese mismo día me convertí en el primer presidente esta-dounidense en hablar ante el parlamento jordano, en Ammán. Las fra-ses del discurso que mejor acogida tuvieron fueron aquellas dirigidas al mundo árabe en general: «Estados Unidos se niega a aceptar que nuestras civilizaciones deban enfrentarse. Respetamos el Islam... los valores tradi-cionales del Islam, la devoción a la fe y al trabajo, a la familia y a la socie-dad, están en armonía con los mejores ideales norteamericanos. Así pues, sabemos que nuestra gente, nuestras creencias y nuestras culturas pueden convivir en armonía».

A la mañana siguiente volé hasta Damasco, la ciudad habitada inin-terrumpidamente desde hace más tiempo en todo el mundo, para ver al presidente Assad. Ningún presidente norteamericano había estado allí en los últimos veinte años debido al apoyo que Siria prestaba al terrorismo y a su dominación de Líbano. Yo quería que Assad supiera que estaba real-mente decidido a conseguir la paz entre Siria e Israel de acuerdo con las resoluciones 343 y 338 de Naciones Unidas, y que si llegabábamos a un acuerdo, trabajaría duro para mejorar nuestras relaciones con su país. Recibí algunas críticas por haber ido a Siria, puesto que era un país que apoyaba a Hezbollah y a otros grupos violentos antiisraelíes, pero yo sabía que jamás podríamos conseguir seguridad y estabilidad en la región a menos que Siria e Israel se reconciliasen. Mi reunión con Assad no pro-dujo ningún gran avance, pero me dio algunas ideas esperanzadoras sobre la forma en que podríamos seguir adelante. Estaba claro que Assad quería la paz, pero cuando le dije que tendría que ir a Israel, tender la mano a los ciudadanos israelíes y presentar su caso en el Knesset, al igual que lo había hecho Anuar al-Sadat, pude ver que estaba hablando con una pared. Assad era un hombre brillante, pero carente de imaginación y extremadamente cauteloso. Se sentía seguro en su precioso palacio de mármol y con su rutina diaria en Damasco; no podía ni siquiera concebir la idea de aceptar el riesgo político que suponía volar a Tel Aviv. Tan pronto como nuestra reunión y la obligatoria conferencia de prensa hubieron terminado, volé a Israel a contarle a Rabin lo que había descubierto.

En un discurso en el Knesset, el parlamento de Israel, elogié y di las gracias a Rabin; también aseguré a los miembros del Knesset que, si Israel seguía avanzando hacia la paz, Estados Unidos trabajaría para aumentar su seguridad y garantizar su progreso económico. Fue un mensaje muy oportuno, porque Israel acababa de sufrir un nuevo ataque terrorista mortal. A diferencia del acuerdo con los palestinos, al que muchos israelíes se oponían, el acuerdo de paz de Jordania tenía el apoyo de casi todo el mundo en el Knesset, incluido el líder del Likud, el partido en la oposición, Benjamin Netanyahu. Los israelíes admiraban y confiaban en el rey Hussein, pero seguían sospechando de Arafat.

El día veintiocho, después de una emotiva visita a Yad Vashem, el impresionante monumento al Holocausto de Israel, Hillary y yo nos despedimos de Yitzhak y Leah Rabin y volamos a Kuwait a ver al emir y a dar las gracias a nuestras tropas, que gracias a su rápido despliegue en la zona, habían obligado a que Irak retirara a su ejército de la frontera kuwaití. Después de Kuwait, volé a Arabia Saudí para ver al rey Fahd durante unas horas. Me había impresionado la llamada que había recibido del rey Fahd a principios de 1993 en la que me pedía que detuviera la matanza étnica de los musulmanes bosnios. En esta ocasión, Fahd me recibió con calidez y me dio las gracias por lo rápido que Estados Unidos se había movido para desactivar la crisis con Irak. Había sido una visita exitosa y prometedora, pero tenía que volver a casa y bailar al son que tocaran las elecciones.

CUARENTA Y UNO

En octubre, las encuestas que recibíamos no parecían demasiado malas, pero el ambiente de la campaña seguía sin ser bueno. Antes de partir hacia Oriente Próximo, Hillary había llamado a nuestro encuestador, Dick Morris, y le había pedido su opinión. Dick realizó un estudio para nosotros, y los resultados fueron decepcionantes. Dijo que la mayoría de la gente no creía que la economía fuera mejor o que el déficit estuviera bajando, que no sabían nada sobre las cosas buenas que los demócratas y yo habíamos hecho y que los ataques contra el contrato de Gingrich no estaban funcionando.

Mi índice de aprobación había subido a más del 50 por ciento por primera vez en bastante tiempo, y los votantes respondían positivamente cuando les hablaban de la ley de baja familiar, los cien mil nuevos policías de la ley contra el crimen, los estándares educativos, la reforma escolar y nuestros demás logros. Dick dijo que podríamos mejorar si los demócratas dejaban de hablar de la economía, del déficit y del contrato, y se concentraban en sus populares éxitos legislativos. Me recomendó que, cuando volviera a Washington, me mantuviera fuera de la campaña y adoptara una actitud «presidencial»; que dijera e hiciera cosas que reforzaran mi alto índice de aprobación. Morris creía que eso ayudaría más a los demócratas que si yo regresaba a la arena de la campaña electoral. No seguí ninguna de estas recomendaciones.

Los demócratas no tenían ningún modo de transmitir la nueva consigna con rapidez hasta el último rincón y distrito electoral en disputa, donde las cosas podrían cambiar realmente; a pesar de que yo había hecho muchos actos de recaudación de fondos para candidatos individuales y para los comités de campaña de la Cámara y el Senado, habían querido gastarse el dinero de la forma tradicional.

Llamé a la Casa Blanca desde Oriente Próximo y dije que creía que, a mi vuelta, debería quedarme en Washington trabajando y generando noticias, en vez de volver a la campaña. Cuando regresé me sorprendió ver que mi agenda estaba llena de viajes a Pennsylvania, Michigan, Ohio, Rhode Island, Nueva York, Iowa, Minnesota, California, Washington y Delaware. Por lo visto, cuando mi índice de popularidad comenzó a subir, demócratas de todo el país comenzaron a pedir que hiciera campaña a su lado. Ellos me habían apoyado en los momentos duros y ahora yo debía hacer lo mismo.

Durante la campaña traté de poner énfasis en nuestros logros: habíamos firmado la Ley de Protección del Desierto de California, que protegía más de tres millones de hectáreas de magníficas tierras vírgenes y de parques nacionales; subrayé los grandes beneficios del nuevo programa de créditos directos en la Universidad de Michigan y hablé sobre lo que habíamos hecho en tantas entrevistas de radio como pude. Pero también asistí a algunos grandes mítines con rugientes multitudes, donde tenía que gritar para que me oyeran. Mis esfuerzos en campaña eran útiles para los fieles al partido, pero no para la gran audiencia que los veía por televisión; la retórica acalorada de la campaña hacía que un presidente con aspecto de hombre de Estado les volviera a parecer a los electores un político del que no podían fiarse. Volver a hacer campaña fue un error, aunque un error comprensible y quizá inevitable.

El 8 de noviembre nos dieron una soberana paliza: perdimos ocho escaños en el Senado y cincuenta y cuatro en la Cámara, la mayor derrota de nuestro partido desde 1946, cuando los demócratas perdieron después de que el presidente Truman tratara de conseguir cobertura sanitaria para todos los norteamericanos. Los republicanos recogían los beneficios de dos años de constantes ataques contra mí y de su solidaridad sobre el contrato. Los demócratas obtuvieron un castigo por gobernar demasiado bien, pero sin prestar atención a las reglas de la política. Yo había contribuido a la hecatombe por permitir que mis primeras semanas se definieran por el tema de los gays en el ejército, por no concentrarme en la campaña hasta que fue demasiado tarde y por tratar de hacer demasiadas cosas demasiado rápido, en un clima periodístico en el que se minimizaban mis victorias, se magnificaban mis derrotas y se fomentaba la impresión general de que yo no era más que otro progresista a favor de unos impuestos altos y un gobierno intrusivo, no el Nuevo Demócrata que había ganado la presidencia. Es más, la gente todavía estaba preocupada; no sentían que sus vidas estuvieran mejorando y estaban hartos de las constantes luchas en Washington. Aparentemente creían que un gobierno dividido nos obligaría a trabajar juntos.

Irónicamente, yo había perjudicado a los demócratas tanto con mis victorias como con mis derrotas. El fracaso de la reforma sanitaria y la aprobación del TLCAN desmoralizaron a muchos de nuestros votantes de base y redujeron su participación. Las victorias del plan económico, con los aumentos de impuestos sobre los norteamericanos más adinerados, la Ley Brady y la prohibición de armas de asalto enfurecieron a los votantes de base republicanos y fomentaron su participación. Probablemente esa diferencia en la asistencia a las urnas era responsable de la mitad de las derrotas, y colaboró en que los republicanos se hicieran con once cargos de gobernador más. Mario Cuomo perdió en Nueva York, donde hubo muy escasa participación demócrata. En el Sur, gracias principalmente a un extraordinario esfuerzo de la Coalición Cristiana, los republicanos lograron en todas partes resultados que iban cinco o seis puntos más arriba de sus posiciones en las encuestas preelectorales. En Texas, George W. Bush derrotó a la gobernadora Ann Richards, a pesar de que un 60 por ciento de los texanos aprobaba su gestión.

La ANR se lo pasó en grande aquella noche. Habían vencido tanto al portavoz Tom Foley como a Jack Brooks, dos de los miembros más capaces del Congreso, que me habían prevenido de que esto sucedería. Foley era el primer portavoz en ser derrotado en más de un siglo. Jack Brooks había apoyado a la ANR durante años y había liderado la lucha en la Cámara contra la prohibición de las armas de asalto, pero como presidente del Comité Judicial había votado a favor de la ley contra el crimen incluso después de que se incluyera la prohibición. La ANR era un amo que no perdonaba: un solo fallo y estabas fuera. El grupo de presión a favor de las armas declaró que había derrotado a diecinueve de los veinticuatro miembros que aparecían en su lista de objetivos. Causaron al menos ese daño, y pudieron enorgullecerse de haber convertido a Gingrich en el portavoz de la Cámara. En Oklahoma, el congresista Dave McCurdy, un dirigente del CLD, perdió las elecciones al Senado por, en sus propias palabras, «Dios, los gays y las armas».

El 29 de octubre, un hombre llamado Francisco Duran, que había conducido desde Colorado, protestó por la ley contra el crimen abriendo fuego contra la Casa Blanca con un arma de asalto. Logró disparar treinta ráfagas antes de que pudieran reducirle. Afortunadamente, nadie salió herido. Puede que lo de Duran fuera una aberración, pero reflejaba el odio casi patológico que yo despertaba entre los propietarios de armas paranoicos con la Ley Brady y la prohibición contra las armas de asalto. Tras las elecciones, tuve que asumir el hecho de que los grupos a favor del cumplimiento de la ley y otros grupos que apoyaban una legislación responsable sobre las armas, aunque representaban a la mayoría de los norteamericanos, simplemente no podían proteger de la ANR a sus amigos en el Congreso. El *lobby* armamentístico estaba mejor organizado, disponía de más fondos, luchaba más a fondo y gritaba más alto que ellos.

Las elecciones tuvieron algunos momentos de alegría. Ted Kennedy y la senadora Dianne Feinstein vencieron en unas elecciones muy disputadas. También lo hizo mi amigo el senador Chuck Robb, de Virginia, que derrotó al presentador de tertulias Oliver North, famoso por el asunto Irán-Contra, con la ayuda del apoyo de su colega republicano el senador John Warner, a quien le gustaba Robb y no podía aguantar la idea de que North llegara al Senado.

En la parte superior de la península de Michigan, el congresista Bart Stupak, un ex agente de policía, sobrevivió al reto de unas elecciones en su conservador distrito pasando a la ofensiva para defenderse de la acusa-

La toma de posesión (*izquierda*) y el baile inaugural (*arriba*) el 20 de enero de 1993

Al Gore y yo con el gobierno. *En pie, desde la izquierda:* Madeleine Albright, Mack MacLarty, Mickey Kantor, Laura Tyson, Leon Panetta, Carol Browner, Lee Brown. *Sentados, desde el fondo a la izquierda:* Lloyd Bentsen, Janet Reno, Mike Espy, Robert Reich, Henry Cisneros, Hazel O'Leary, Richard Riley, Jesse Brown, Federico Peña, Donna Shalala, Ron Brown, Bruce Rabbitt, Les Aspin y Warren Christopher

Al y yo rezando durante nuestra comida semanal

Con Madre, Dick Kelley y Champ en Hot Springs

Mack McLarty y yo en la Cumbre de las Américas, en Santiago de Chile

En el estudio de la residencia privada, con los presidentes George Bush, Jimmy Carter y Gerald Ford, en vísperas del anuncio de la campaña por el Tratado de Libre Comercio de América del Norte

Con el servicio y los mayordomos de la Casa Blanca

Con Hillary en
Wyoming

Madre, Roger y yo celebramos nuestras
últimas Navidades juntos.

Chelsea actuando en
El cascanueces

Ron Brown y yo
jugando un partido de
baloncesto impro-
visado en Los Ángeles
South Central

Al y yo en el Jardín
Sur cuando anunci-
amos la eliminación
de gran cantidad de
reglamentos como
parte de nuestro
proyecto "Reinventar
el Gobierno"

Enderezando la pajarita al primer ministro Yitzhak Rabin. Sería la última vez que nos veríamos.

Derecha: Tony Lake me informa de la muerte de Rabin.

Poco antes de abordar el helicóptero presidencial *Marine One*, con Bruce Lindsey y Erskine Bowles

Abajo: Sesión de información sobre Bosnia en la Sala de Situación de la Casa Blanca

Arriba a la izquierda: Con los voluntarios de AmeriCorps en un lugar arrasado por un tornado en Arkansas

Arriba a la derecha: Ceremonia de graduación de Chelsea en Sidwell Friends School

Rahm Emanuel y Leon Panetta me informan en el comedor del Despacho Oval.

Abajo a la izquierda: Cabalgando junto a Harold Ickes en Montana

Con Hillary

Al y yo al borde del Gran Cañón firmando la creación del monumento nacional Grand Staircase-Escalante

En el campo de golf con Frank Raines, Erskine Bowles, Vernon Jordan y Max Chapman

Reunión de estrategia en la Sala Oval Amarilla

Con los dirigentes republicanos Newt Gingrich, de la Cámara de Representantes, y Bob Dole, del Senado, en la Sala del Gabinete

Con los dirigentes demócratas Richard Gephardt, de la Cámara de Representantes, y Tom Daschle, del Senado, en el Despacho Oval

El presidente ruso Boris Yeltsin y yo en Hyde Park, Nueva York

Con el canciller alemán Helmut Kohl en el castillo de Wartburg

Lectura de «Era la noche antes de Navidad» a los niños en la Sala Este, con Hillary y Chelsea

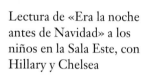

Chelsea y yo en el funeral de Ron Brown

Nuestros amigos la reina Noor y el rey Hussein con Hillary y conmigo en la galería Truman

Arriba: En la universidad estatal de Arizona, hablando sobre la preparación para las transformaciones en el siglo XXI

Derecha: Acto para promocionar la educación en California

Celebramos la victoria de 1996 a bordo del Air Force One

Firma de un decreto presidencial con los representantes de los Gobiernos Tribales de los Nativos Americanos

De visita a las tropas en Kuwait

Reunión en Shepherdstown, Virginia Occidental, con mi equipo para Oriente Próximo: Madeleine Albright, Dennis Ross, Martin Indyk, Rob Malley, Bruce Reidel y Sandy Berger. La jefa de gabinete adjunta, Maria Echaveste, está al fondo, a la derecha.

Abajo: Con el equipo económico en el Despacho Oval

Partida de cartas con Bruce Lindsey, Doug Sosnik y Joe Lockhart a bordo del *Marine One*

Con los ayudas de cámara Fred Sanchez y Lito Bautista, mi médico Connie Mariano, el ayuda de cámara Joe Foama y un mayordomo del Despacho Oval, Bayani Nelvis

Mi equipo legal: Cheryl Mills, Bruce Lindsey, David Kendall, Chuck Ruff y Nicole Seligman

El mayordomo del Despacho Oval Glen Maes nos muestra a Al y a mí la tarta que hizo para mi cumpleaños.

Izquierda: Jugando con Buddy y con mis sobrinos Zachary y Tyler en el Jardín Sur

Abajo: Socks informa a la prensa

El presidente de Sudáfrica, Nelson Mandela, y yo en la celda de Robben Island donde Mandela pasó los primeros dieciocho años de los veintisiete que estuvo en prisión

Con el primer ministro japonés Keizo Obuchi en Tokio

Con el presidente chino Jian Zemin en el Despacho Oval

Actuación de los Niños del Vallenato en Cartagena; estoy con Chelsea y el presidente de Colombia, Andrés Pastrana.

La cumbre del G-8 en Denver. (De izquierda a derecha) Jacques Santer, Tony Blair, Ryutaro Hashimoto, Helmut Kohl, Boris Yeltsin, yo, Jacques Chirac, Jean Chrétien, Romano Prodi y Wim Kok

Con el gobierno. En la primera fila, Bruce Babbitt, William Cohen, Madeleine Albright, yo, Larry Summers, Janet Reno. En la segunda fila, George Tenet, Togo West, Bill Richardson, Andrew Cuomo, Alexis Herman, Dan Glickman, John Podesta, William Daley, Donna Shalala, Rodney Slater, Richard Riley, Carol Browner. En la última fila, Thurgood Marshall, Jr., Bruce Reed, James Lee Witt, Charlene Barshefsky, Martin Baily, Jack Lew, Barry McCaffrey, Aida Alvarez, Gene Sperling y Sandy Berger

Arriba a la izquierda: Con Tony Blair en Chequers

Arriba a la derecha: Hillary y yo visitando un campamento de refugiados kosovares en Macedonia

Izquierda: Hillary y yo con un recién nacido de nombre Bill Clinton en Wanyange, Uganda

Abajo: Frente a una multitud de más de medio millón de personas en la Plaza de la Independencia, en Ghana

Conmemoración del trigésimo quinto aniversario de la manifestación por el derecho al voto en Selma, Alabama. Estoy cruzando el puente Edmond Pettus junto a Jesse Jackson, Coretta Scott King, John Lewis y otros veteranos del movimiento a favor de los derechos civiles que se habían manifestado codo con codo con Martin Luther King Jr.

La cumbre de la paz en Oriente Próximo de Camp David, con el primer ministro Ehud Barak, el presidente Yaser Arafat y mi traductor de árabe y asesor para Oriente Próximo, Gemal Helal

Hillary, Chelsea y yo en una excavación en busca de desaparecidos en combate en Vietnam, con la familia Evert

Bajo una lluvia de pétalos de rosa en una ceremonia tradicional en Naila, en la India

Con Gerry Adams, John Hume y David Trimble el día de San Patricio de 2000

Dirigiéndome a la multitud en la plaza del Mercado de Dundalk, en Irlanda

Dick Riley y yo llevamos Internet a las aulas de Estados Unidos.

Los agentes especiales del departamento de protección presidencial del Servicio Secreto de Estados Unidos, con Nancy Hernreich, directora de operaciones del Despacho Oval, y mi secretaria, Betty Currie

Arriba: Con mis ayudantes presidenciales Doug Band, Kris Engskov, Stephen Goodin y Andrew Friendly

Abajo: De fiesta con mi equipo después de mi último discurso a la nación

7 de febrero de 2000: Hillary anuncia su candidatura al Senado

Chelsea y yo esperamos a Hillary mientras vota por primera vez como candidata en Chappaqua, Nueva York.

Mis últimos momentos en el Despacho Oval, después de dejar la tradicional carta a su siguiente ocupante en el escritorio *Resolute*

ción de que su voto por el nuevo plan económico había perjudicado a sus electores. Stupak publicó anuncios que comparaban la cifra exacta de gente que pagaría más impuestos con la cifra de los que pagarían menos. Había diez veces más de estos últimos que de los primeros.

El senador Kent Conrad y el congresista Earl Pomeroy fueron reelegidos en Dakota del Norte, un estado republicano y conservador, porque ellos, como Stupak, defendieron de forma enérgica sus posiciones y se aseguraron de que los votantes supieran las cosas buenas que habían conseguido para ellos. Quizá era más sencillo contrarrestar el efecto de los anuncios negativos en un estado pequeño o en un distrito rural. De todas formas, si otros miembros del Congreso hubieran hecho lo que hicieron Stupak, Conrad y Pomeroy, habríamos ganado más escaños.

Los dos héroes de la batalla presupuestaria en la Cámara se encontraron con destinos distintos. Marjorie Margolies-Mezvinsky perdió su rico y residencial distrito de Pennsylvania, pero Pat Williams sobrevivió en la Montana rural.

Me sentí profundamente afligido por las elecciones de mitad de mandato, mucho más de lo que jamás dejé entrever en público. Probablemente no habríamos perdido ni la Cámara ni el Senado si no hubiera incluido en el plan económico ni el impuesto sobre la gasolina ni el impuesto sobre los receptores de beneficios de la Seguridad Social con más ingresos, y si hubiera escuchado los consejos de Tom Foley, Jack Brooks y Dick Gephardt sobre la prohibición de las armas de asalto. Pero, por supuesto, si hubiera actuado así no habría podido incluir la rebaja fiscal del impuesto sobre la renta a las familias trabajadoras con menos ingresos, o me hubiera visto obligado a aceptar una menor reducción del déficit, con el subsiguiente riesgo de que el mercado de obligaciones no respondiera favorablemente a mi plan; también habría tenido que vivir con la responsabilidad de dejar a más policías y niños a merced de las armas de asalto. Seguía convencido de que aquellas decisiones, por difíciles que hubieran sido, eran buenas para Estados Unidos. Aun así, había demasiados demócratas que habían pagado un precio muy alto en manos de votantes que, sin embargo, luego recibirían los beneficios de su valentía en forma de mayor prosperidad y calles más seguras.

Puede que no hubiéramos perdido ninguna de las dos cámaras si, tan pronto como quedó claro que el senador Dole obstruiría cualquier propuesta de reforma sanitaria, hubiera anunciado que la postergaba hasta que la consensuáramos los dos partidos, y en su lugar hubiera propuesto y aprobado la reforma de la asistencia social. Eso hubiera resultado más popular entre los norteamericanos de clase media que votaban en manada por los republicanos y, a diferencia de otras decisiones del plan económico y de la ley de prohibición de las armas de asalto, este tipo de acción hubiera ayudado a los demócratas sin perjudicar al pueblo norteamericano.

Gingrich había demostrado ser mejor político que yo. Comprendió que podía llevar a escala nacional unas elecciones de mitad de mandato usando como palanca el contrato, atacando sin cesar a los demócratas y argumentado que todos los conflictos y partidismos enconados de Washington que habían generado los republicanos debían de ser culpa de los demócratas, puesto que nosotros controlábamos tanto el Congreso como la Casa Blanca. Dado que me había ocupado de la presidencia, no me había preocupado de organizar, financiar y forzar a los demócratas a adoptar un mensaje de respuesta efectivo a escala nacional. El hecho de que las elecciones de mitad de mandato se convirtieran en unas elecciones nacionales fue la principal contribución de Gingrich al proceso electoral moderno. Desde 1994 en adelante, si un partido lo hacía y el otro no, el bando que no ofrecía un mensaje en el ámbito nacional sufría pérdidas innecesarias. Volvió a suceder de nuevo en 1998 y 2002.

A pesar de que una gran mayoría de norteamericanos pagaban menos impuestos que antes, y de que habíamos reducido la administración a un tamaño mucho menor del que tenía bajo Reagan y Bush, los republicanos también habían ganado con las mismas viejas propuestas de impuestos más bajos y menor gobierno. Incluso les habían recompensado por los problemas que ellos mismos habían creado: habían acabado con la sanidad, la reforma de la financiación de las campañas y la reforma de los grupos de presión a través de maniobras obstruccionistas en el Senado. En ese sentido Dole merece que le concedan buena parte del mérito de la arrolladora victoria republicana; la mayoría de la gente no podía creer que una minoría de cuarenta y un senadores pudiera acabar con casi cualquier propuesta excepto los presupuestos. Todo lo que los votantes sabían era que no se sentían más prósperos o más seguros; había demasiadas luchas en Washington, nosotros estábamos al mando y los demócratas eran partidarios de gobiernos grandes.

Sentí algo muy parecido a cuando perdí la reelección a gobernador en 1980: había hecho muchas cosas buenas, pero nadie lo sabía. Puede que el electorado sea operacionalmente progresista, pero filosóficamente es moderadamente conservador y desconfía profundamente del gobierno. Incluso si hubiera disfrutado de una cobertura más justa por parte de la prensa, los votantes probablemente hubieran tenido dificultades para saber qué es lo que había logrado con todo aquel despliegue de actividad. De alguna forma, había olvidado la dolorosa lección que me enseñó mi derrota en 1980: se puede tener una buena política sin buenas tácticas políticas, pero no puedes darle a la gente un buen gobierno sin ambas. No lo volvería a olvidar, pero nunca me recobré del golpe de que toda aquella buena gente hubiera perdido sus escaños por ayudarme a sacar a Estados Unidos del pozo en que los habían metido las «*Reaganomics*», por hacer de nuestras calles un lugar más seguro y por tratar de dar cobertura sanitaria a todos los norteamericanos.

El día después de las elecciones traté de ver el aspecto más positivo de una situación bastante mala, y prometí trabajar con los republicanos. Les pedí que «se unieran a mí en el centro del debate público, de donde deben partir las mejores ideas para la siguiente generación de progreso norteamericano». Propuse que trabajáramos juntos en la reforma de la sanidad y en el veto parcial, que yo apoyaba. Por el momento, no había nada más que yo pudiera hacer.

Muchos de los expertos políticos comenzaron a predecir que no sería reelegido en 1996, pero yo tenía esperanzas. Los republicanos habían convencido a demasiados norteamericanos de que los demócratas y yo éramos excesivamente progresistas y estábamos demasiado ligados a la idea de un gobierno grande e intrusivo, pero el tiempo jugaba a mi favor por tres motivos: gracias a nuestro plan económico el déficit se mantendría bajo y nuestra economía seguiría creciendo; el nuevo Congreso, especialmente la Cámara, estaba mucho más a la derecha de lo que estaba el pueblo norteamericano y, a pesar de sus promesas electorales, los republicanos pronto comenzarían a proponer recortes en educación, en sanidad y en protección al medio ambiente para costear sus recortes de impuestos y sus aumentos del gasto en defensa. Eso es lo que sucedería porque eso es lo que los ultraconservadores querían hacer y porque yo estaba decidido a mantenerlos bajo el imperio de la ley de la aritmética.

CUARENTA Y DOS

Una semana después de las elecciones, volvía a estar enfrascado en mi trabajo, al igual que los republicanos. El 10 de noviembre designé a Patsy Fleming directora nacional de iniciativas sobre el SIDA, en reconocimiento a su destacada labor en el desarrollo de nuestra política sobre dicha enfermedad, que incluía un aumento global del 30 por ciento en la recaudación de fondos para el SIDA. También propuse una serie de nuevas medidas para combatir dicha enfermedad. El anuncio estaba dedicado a la estrella que había guiado la lucha contra el SIDA, Elizabeth Glaser, que estaba gravemente enferma; falleció tres semanas después.

Ese mismo día, anuncié que Estados Unidos ya no impondría el cumplimiento del embargo de armamento sobre Bosnia. Esta decisión contaba con bastante apoyo en el Congreso y era necesaria porque los serbios habían reanudado sus ataques con el asalto al pueblo de Bihac. A finales de noviembre la OTAN bombardeó emplazamientos de misiles serbios en la zona. El día 12 fui a Indonesia para la reunión anual de líderes de la APEC, donde las dieciocho naciones del Pacífico asiático se comprometieron a crear una zona de libre comercio asiática para 2020; los países más ricos adelantaban el proceso al año 2010.

En el frente interior, Newt Gingrich, todavía con la resaca de su gran victoria, seguía lanzando sistemáticamente sus ataques personales, que tan eficientes habían demostrado ser durante la campaña. Justo antes de las elecciones, había usado contra mí uno de los insultos de su cuaderno de descalificaciones: me llamó «el enemigo de los norteamericanos normales». El día después de las elecciones, nos tildó a Hillary y a mí de «McGovernistas contraculturales», su máxima condena.

El calificativo que Gingrich nos aplicó era correcto en algunos aspectos. Habíamos apoyado a McGovern y no formábamos parte de la cultura que Gingrich quería que dominara en Estados Unidos: la cara más oscura del conservadurismo sureño blanco, que poseía la Verdad Absoluta, condenaba a quienes eran distintos y vivía segura de su superioridad moral. Yo era un bautista sureño blanco, orgulloso de mis raíces y confirmado en mi fe. Pero conocía demasiado bien el lado oscuro. Desde que era niño, había sido testigo de la forma en que la gente afirmaba que su piedad y su superioridad moral eran suficiente justificación para reclamar su derecho al poder político y para satanizar a quienes discreparan de ellos, generalmente respecto a los derechos civiles. Yo creía que en Estados Unidos podíamos construir una unión más perfecta, ampliar el círculo de la libertad y de las oportunidades y reforzar los lazos de la comunidad por encima de las divisiones que nos separaban.

Aunque Gingrich me intrigaba, y me impresionaba su habilidad política, no creía que sus ideas representaran los mejores valores de Estados Unidos. A mí me habían educado para no menospreciar a nadie, para no culpar a los demás de mis propios problemas o defectos. Sin embargo, eso era exactamente lo que se desprendía del mensaje de la «Nueva Derecha». No obstante, gozaba de un enorme atractivo político, porque ofrecía una certeza psicológica y, al mismo tiempo, la posibilidad de huir de las responsabilidades: «ellos» siempre tenían razón, y «nosotros» siempre estábamos equivocados; «nosotros» éramos culpables de todos los problemas, aun cuando «ellos» habían estado en la presidencia durante veinte de los últimos veintiséis años. Todos somos vulnerables a los argumentos que nos liberan de toda responsabilidad y, en las elecciones de 1994, en un país donde las familias de clase media trabajadora estaban atenazadas por la ansiedad económica y les preocupaba la omnipresencia del crimen, las drogas y la desestructuración familiar, había gente que prestaba oídos al mensaje de Gingrich, sobre todo porque nosotros no pusimos ningún mensaje propio sobre el tapete para contrarrestarlo.

Gingrich y la derecha republicana nos habían retrotraído a los años sesenta; Newt decía que Estados Unidos había sido un gran país hasta esa década, cuando los demócratas subieron al poder y reemplazaron las nociones absolutas sobre el bien y el mal con valores más relativos. Prometía devolvernos a la moralidad de los años cincuenta, con el fin de «renovar la civilización norteamericana».

Si bien es cierto que hubo excesos personales y políticos en los años sesenta, aquella década, y el movimiento que alumbró, también consiguió avances en los derechos civiles y los derechos de la mujer, progresos medioambientales, seguridad laboral y más oportunidades para los pobres. Los demócratas creían en aquellas reformas y luchaban por conseguirlas. Pero también había algunos republicanos tradicionales que pensaban igual, incluidos muchos de los gobernadores con los que yo había colaborado a finales de los setenta y durante los años ochenta. Al concentrarse únicamente en los excesos de la década de los sesenta, la Nueva Derecha me recordaba sobremanera a las quejas de los blancos del Sur en contra de la Reconstrucción, durante todo el siglo posterior al final de la guerra de la Independencia. En mi niñez aún nos enseñaban la mezquindad que habían demostrado con nosotros los soldados del Norte durante la Reconstrucción y la nobleza del Sur, incluso en la derrota. Aunque había algo de cierto en aquello, las quejas más vehementes siempre pasaban por encima del bien que Lincoln y los republicanos nacionales habían hecho al abolir la esclavitud y preservar la Unión. En los grandes temas, la esclavitud y la Unión, el Sur se equivocó.

Ahora la historia se repetía, pues la derecha utilizaba los excesos de los sesenta para oscurecer los avances positivos en los derechos civiles y en otras áreas. Su tajante condena me recordaba a una historia que el senador David Pryor solía contar acerca de una conversación que había mantenido con un hombre de ochenta y cinco años; este le dijo que había sobrevivido a dos guerras mundiales, a la Depresión, a la guerra de Vietnam, al movimiento de los derechos civiles y a todos los demás grandes conflictos del siglo XX. Pryor le dijo: «A buen seguro habrá sido usted testigo de muchos cambios». «Sí —replicó el anciano—. ¡Y estaba en contra de todos y cada uno de ellos!»

Sin embargo, yo no quería satanizar a Gingrich y a su pandilla, como habían hecho ellos con nosotros. Él tenía algunas ideas interesantes, especialmente en el campo de la ciencia, la tecnología y la iniciativa empresarial, y era un internacionalista comprometido en política exterior. Además, yo pensaba desde hacía años que el Partido Demócrata debía modernizar su enfoque: centrarse menos en conservar los éxitos de la era industrial que el partido había obtenido, y más en los retos de la era de la información que nos esperaban; también creía que debíamos clarificar nuestro compromiso con las preocupaciones y los valores de la clase media. Me parecía positivo comparar nuestras ideas de Nuevos Demócratas sobre los problemas económicos y sociales con las que contenía el «Contrato con América». La política alcanza su máxima expresión cuando admite la competencia entre las mejores ideas e iniciativas.

Pero Gingrich no se detenía ahí. El núcleo de su argumento era que no solo sus ideas eran mejores que las nuestras; afirmaba que sus *valores* también lo eran, pues los demócratas tenían un programa débil respecto a la familia, el trabajo, la asistencia social, el crimen y la defensa, y porque, a causa de la indulgencia con la que nos tratábamos a nosotros mismos desde los sesenta, no podíamos distinguir entre el bien y el mal.

El poder político de su teoría era que confirmaba firme y claramente los estereotipos negativos de los demócratas que los republicanos habían estado intentando inculcar en la conciencia de la nación desde 1968. Nixon lo había hecho, Reagan lo había hecho y George Bush también lo hizo cuando convirtió la elección de 1988 en un referéndum sobre Willie Horton y el juramento a la Constitución. Ahora Newt había elevado el arte de la «cirugía plástica invertida» a un grado superior de complejidad y dureza.

El problema de esta teoría era que no encajaba con los hechos. La mayor parte de demócratas eran muy duros contra el crimen, apoyaban la reforma de la asistencia social y un ejército nacional fuerte y habían demostrado más responsabilidad fiscal que muchos republicanos de la

Nueva Derecha. También eran ciudadanos trabajadores y respetuosos de la ley que amaban a su país, se esforzaban por sus comunidades y trataban de educar lo mejor posible a sus hijos. Aparentemente, todo eso no importaba. Gingrich tenía muy claro su discurso y lo soltaba siempre que podía.

No mucho después me acusó, sin ninguna prueba, de que el 25 por ciento de mis asesores en la Casa Blanca habían consumido drogas recientemente. Luego afirmó que los valores demócratas eran responsables de un gran número de embarazos extramatrimoniales de adolescentes, a los que habría que quitarles los niños para ingresarlos en orfanatos. Cuando Hillary cuestionó la bondad de una medida que separaba a los niños de sus madres, le dijo que debería ver la película de 1938 *La ciudad de los muchachos*, en la que se educaba a niños pobres en un orfanato católico, mucho antes de que los temibles años sesenta arruinaran el país.

Gingrich incluso culpaba a los demócratas y sus valores «permisivos» de crear el clima moral que llevó a Susan Smith, una mujer trastornada de Carolina del Sur, a ahogar a sus dos hijos pequeños en octubre de 1994. Cuando se descubrió que Smith podría haber sufrido aquel desequilibrio mental porque su padrastro ultraconservador —que estaba en el consejo local de la Coalición Cristiana— había abusado de ella cuando era niña, Gingrich ni se inmutó. Todos los pecados, incluso los cometidos por los conservadores, se debían al relativismo moral que los demócratas habían impuesto en Estados Unidos desde los años sesenta.

Seguí esperando que Gingrich explicara de qué forma había influido la bancarrota moral demócrata en la corrupción de las administraciones de Nixon y de Reagan, y cómo había provocado los crímenes del Watergate y el caso Irán-Contra. Seguro que habría encontrado alguna respuesta. Cuando estaba inspirado, a Newt no había quien lo parara.

Cuando nos adentramos en el mes de diciembre se deslizó de nuevo un poco de cordura en la vida política cuando la Cámara y el Senado aprobaron el Acuerdo General sobre Aranceles Aduaneros y Comercio (GATT), con amplias mayorías en ambos partidos. El acuerdo reducía los aranceles mundiales a la asombrosa cifra de 740.000 millones de dólares, con lo que abría mercados hasta entonces cerrados a los productos y servicios norteamericanos y ofrecía a los países en desarrollo una oportunidad de vender productos a consumidores más allá de sus fronteras; también preveía que la Organización Mundial de Comercio pudiera elaborar legislaciones uniformes de comercio y decidir en las disputas entre países. Ralph Nader y Ross Perot hicieron una intensa campaña en contra del pacto; declaraban que las consecuencias serían terribles, desde la pérdida de soberanía de Estados Unidos hasta el aumento del trabajo infantil y de la explotación. Su vehemente oposición tuvo poco efecto; los sindicatos estaban mucho menos en contra del GATT de lo que habían estado respecto al TLCAN, y Mickey Kantor había hecho una gran labor defendiendo el GATT en el Congreso.

La ley de la Protección a la Jubilación de 1994 pasó casi desapercibida entre la legislación que incluía el GATT. La primera vez que oí hablar del problema de la financiación de las pensiones fue gracias a un ciudadano, en un debate en Richmond, durante la campaña. La ley exigía a las corporaciones con planes de pensiones excesivamente amplios y mal financiados que aumentaran sus contribuciones. Además, estabilizaba el sistema nacional de seguros de pensiones y proporcionaba mejor protección a cuarenta millones de norteamericanos. La ley de Protección a la Jubilación y el GATT fueron los últimos de una larga lista de importantes éxitos legislativos durante mis dos primeros años de mandato que, teniendo en cuenta el resultado que habíamos obtenido en las elecciones, me dejaron un sabor agridulce.

A principios de diciembre, Lloyd Bentsen dimitió de secretario del Tesoro; nombré a Bob Rubin para que ocupara el cargo. Bentsen había hecho una extraordinaria labor, y yo no quería que se fuera, pero él y su mujer, B.A., querían recuperar su vida privada. La elección de un sucesor fue sencilla: Bob Rubin había convertido el Consejo Económico Nacional en la innovación más importante del proceso de toma de decisiones en la Casa Blanca en décadas, le respetaban en Wall Street y quería que la economía fuera bien para todos los norteamericanos. Poco después, nombré a Laura Tyson para que ocupara el puesto de Bob en el Consejo Económico Nacional.

Después de ofrecer una cena de Estado para el nuevo presidente de Ucrania, Leonid Kuchma, volé a Budapest, Hungría, para pasar allí solo ocho horas durante las que asistí a la cumbre de la Conferencia sobre Seguridad y Cooperación en Europa y firmé una serie de acuerdos de desnuclearización con el presidente Yeltsin, el primer ministro Major y los presidentes de Ucrania, Kazajstán y Bielorrusia. Acordamos reducir nuestros arsenales en varios miles de cabezas nucleares y evitar la proliferación de armas nucleares en otras naciones. Esos acuerdos deberían haber sido acogidos de forma positiva por la prensa, pero la noticia que salió de Budapest fue que, en su discurso, Yeltsin me criticaba por pasar de la Guerra Fría a una «paz fría», al precipitar la ampliación de la OTAN para que incluyera a las naciones de la Europa Central. De hecho, yo había hecho todo lo contrario: había establecido la Asociación por la Paz como un paso previo a la inclusión de un número mucho mayor de países, había fijado un proceso por etapas para la inclusión de nuevos miembros en la OTAN y había cooperado al máximo para establecer una colaboración entre la OTAN y Rusia.

Dado que no tenía ni idea de qué iba a decir Yeltsin en su discurso, y que habló después de mi intervención, me quedé asombrado y enfadado, pues no sabía qué había provocado aquella reacción, y no tuve oportunidad de replicarle. Aparentemente, los asesores de Yeltsin le habían convencido de que la OTAN admitiría a Polonia, Hungría y la República Checa en 1996, justo el año en que él se presentaba a las reelecciones contra los ultranacionalistas, que estaban en contra de la expansión de la OTAN, y yo me presentaría contra los republicanos, que estaban a favor.

Aquel suceso de Budapest constituyó un momento embarazoso y poco común, en el que a la gente de ambos bandos se les fue la cosa de las manos, pero yo sabía que lo superaríamos. Unos días más tarde, Al Gore fue a ver a Yeltsin mientras se encontraba en Moscú con motivo de la cuarta reunión de la Comisión Gore-Chernomyrdin para la Cooperación Técnica, Científica y Económica. Boris le dijo que él y yo todavía éramos socios, y Al garantizó a Yeltsin que nuestra política respecto a la OTAN no había cambiado. Yo no pretendía meterle en un aprieto por motivos políticos domésticos, pero tampoco estaba dispuesto a dejar que cerrara las puertas de la OTAN indefinidamente.

El 9 de diciembre me encontraba en Miami para inaugurar la Cumbre de las Américas, la primera reunión de todos los dirigentes del hemisferio desde 1967. Los treinta y tres presidentes democráticamente elegidos de Canadá, Centroamérica, América del Sur y el Caribe se encontraban allí, incluidos el presidente de cuarenta y un años Aristide, de Haití, y su vecino, el presidente Joaquín Balaguer de la República Dominicana, que tenía ochenta y ocho años; estaba ciego y enfermo, pero su mente seguía funcionando a la perfección.

Había convocado la cumbre para promover una zona de libre comercio en todas las Américas, desde el Círculo Ártico hasta Tierra del Fuego; también para reforzar la democracia y el gobierno eficaz por toda la región y para demostrar que Estados Unidos estaba decidido a ser un buen vecino. La reunión fue un gran éxito. Nos comprometimos a establecer una zona de libre comercio en las Américas para el año 2005 y sentimos que nos adentrábamos en el futuro juntos, un futuro en el que, en las palabras del gran poeta chileno Pablo Neruda, «No hay lucha ni esperanzas solitarias».

El 15 de diciembre, pronuncié un discurso televisado con objeto de presentar mi propuesta de la rebaja fiscal para la clase media, que se incluiría en los siguientes presupuestos. Algunas personas de la administración se mostraron contrarias a este paso, y algunos medios de comunicación lo criticaron como un intento de copiar a los republicanos, o como un último esfuerzo de mantener la promesa de la campaña de 1992, por la que los votantes me habían castigado por no cumplir. Tanto por razones de estrategia política como de programa, yo trataba de volver al debate de la rebaja fiscal contra los republicanos antes de que el nuevo Congreso se reuniera. El contrato del GOP contenía propuestas fiscales que en mi opinión no podíamos permitirnos y que decantaban la balanza a favor de los norteamericanos de rentas más altas. Por otro lado, Estados Unidos aún padecía los resultados de dos décadas de estancamiento de los ingresos de la clase media, y ese estancamiento era la principal causa de que la gente aún no percibiera la mejoría económica. Habíamos atacado seriamente el problema, doblando la rebaja fiscal sobre el impuesto de la renta. Ahora, si se aprobaban las adecuadas rebajas fiscales, se podrían aumentar los ingresos de la clase media sin poner en peligro la reducción del déficit o nuestra capacidad para invertir en el futuro, y podría cumplir totalmente mi promesa electoral de 1992.

En el discurso, propuse una Declaración de Derechos de la Clase Media, en la que incluía una rebaja fiscal de 500 dólares por niño para familias con ingresos de, como máximo, 75.000 dólares; una desgravación fiscal de los gastos de matrícula de universidad; la ampliación de las cuentas de jubilación individuales (CJI), y la conversión de los fondos que el gobierno empleaba en docenas de programas de formación laboral en cupones de dinero en efectivo que fueran directamente a las manos de los trabajadores, para que ellos pudieran elegir su propio programa de formación. Dije al pueblo norteamericano que podíamos financiar el paquete fiscal gracias al creciente ahorro que la iniciativa de Reinvención del Gobierno de Al Gore estaba generando y, al mismo tiempo, seguir con nuestras previsiones de reducción del déficit.

Justo antes de Navidad, Al Gore y yo anunciamos la designación de las primeras ciudades y comunidades rurales que recibirían la calificación de «zonas de desarrollo», con lo cual se convertirían en candidatas, según el plan económico de 1993, a recibir incentivos fiscales y fondos federales para impulsar la creación de empleo en aquellas zonas que se hubieran quedado atrás durante las recuperaciones económicas anteriores.

El 22 de diciembre fue el último día de Dee Dee Myers como secretaria de prensa. Había hecho un buen trabajo en circunstancias muy difíciles. Dee Dee llevaba conmigo desde las nieves de New Hamsphire; habíamos capeado muchas tormentas desde entonces y jugado muchas partidas de cartas juntos. Yo sabía que tendría éxito hacia dondequiera que encaminara su vida, y así fue.

Después de nuestro viaje anual de Año Nuevo a los fines de semana del Renacimiento, Hillary y yo nos tomamos un par de días de vacaciones para ir a casa, a ver a su madre y a Dick Kelley. Aproveché también para ir a cazar patos con algunos amigos en el este de Arkansas. Cada año, durante el invierno, cuando los patos vuelan hacia el sur desde Canadá, siguen uno de los dos canales aéreos principales; uno de ellos es el río Mississippi. Muchos descienden sobre las plantaciones de arroz y los estanques en el Delta de Arkansas; en los últimos años, algunos granjeros habían montado cotos de caza de patos en sus tierras, tanto para entretenerse como para complementar sus ingresos.

Es maravilloso ver volar a los patos en los primeros albores de la mañana. También vimos grandes ocas volando por encima, en una perfecta formación en V. Aquella nublada mañana, solo dos patos descendieron lo suficiente como para ponerse a tiro, y los amigos que me acompañaban me dejaron que disparara a los dos. Ellos disfrutarían de más días de caza que yo. Señalé a los reporteros que estaban con nosotros que todas nuestras armas estaban protegidas por la ley contra el crimen y que no necesitábamos armas de asalto para cazar patos, incluido uno al que le di con un afortunado disparo desde una distancia de casi sesenta y cinco metros.

Al día siguiente, Hillary y yo asistimos a la inauguración de la escuela pública de primaria William Jefferson Clinton, en Sherwood, en las afueras al norte de Little Rock. Eran unas instalaciones preciosas; tenía un auditorio que habían bautizado con el nombre de mi madre y una biblioteca en honor de Hillary. Confieso que me gustaba que una escuela nueva llevara mi nombre; nadie debía más a sus profesores que yo.

Necesitaba aquel viaje a casa. Había trabajado como un esclavo durante dos años y había logrado muchas cosas, pero «los árboles no me dejaban ver el bosque». El siguiente año traería consigo nuevos retos y, para poder hacerles frente, necesitaba más oportunidades para recargar mis baterías y recuperar mis raíces.

Cuando volví a Washington, tenía ganas de ver qué harían los republicanos para tratar de cumplir sus promesas electorales. También deseaba librar la batalla por conservar, poner en marcha y hacer cumplir toda la legislación aprobada durante los dos años anteriores. Cuando el Congreso aprueba una nueva ley, la tarea del Ejecutivo apenas ha empezado. Por ejemplo, la ley contra el crimen garantizaba financiación para 100.000 nuevos policías en nuestras comunidades. Teníamos que organizar una oficina en el Departamento de Justicia para distribuir los fondos, establecer los requisitos de idoneidad, crear y gestionar el proceso de selección y supervisar la forma en que se gastaba el dinero, de modo que pudiéramos emitir informes de seguimiento para el Congreso y para el pueblo norteamericano.

El 5 de enero celebré mi primera reunión con los nuevos líderes del Congreso. Además de Bob Dole y Newt Gingrich, el equipo republicano incluía al senador Trent Lott, de Mississippi, y a dos texanos, el congresista Dick Armey, líder de la mayoría en la Cámara, y el congresista Tom DeLay, el jefe de disciplina de la mayoría republicana de la Cámara. Los nuevos líderes demócratas eran el senador Tom Daschle, de Dakota del

Sur, y el congresista Dick Gephardt, así como el jefe de disciplina demócrata del Senado, Wendell Ford, de Kentucky, y su homólogo en la
Cámara, David Bonior, de Michigan.

Aunque el encuentro con los líderes del Congreso fue cordial, y había
algunas cuestiones del contrato del GOP en las que podíamos cooperar,
yo sabía que sería imposible evitar una acalorada confrontación en diversos temas de importancia sobre los que manteníamos profundas y serias
diferencias. Estaba claro que todo mi equipo y yo debíamos concentrarnos mucho y actuar disciplinadamente, tanto en nuestros actos como en
nuestra estrategia de comunicación. Cuando un periodista me preguntó
si nuestras relaciones estarían marcadas «por el compromiso o por el
combate», le dije: «Mi respuesta a esto es que el señor Gingrich susurrará
en su oreja derecha, y yo lo haré en su oreja izquierda».

Cuando los congresistas se fueron, entré en la sala de prensa para
anunciar que Mike McCurry sería el nuevo secretario de prensa. Hasta
entonces, Mike había sido el portavoz de Warren Christopher en el
Departamento de Estado. Durante la campaña electoral, cuando era
secretario de prensa de Bob Kerrey, había hecho algunos comentarios
bastante duros contra mí, pero yo no se lo reprochaba. Se suponía que yo
era su adversario durante las primarias; además, había hecho un buen trabajo en el Departamento de Estado explicando y defendiendo nuestra
política exterior.

Teníamos más sangre nueva en nuestro equipo. Erskine Bowles llegaba a la Casa Blanca, desde la Agencia para la Pequeña y Mediana
Empresa, para ser adjunto al jefe de gabinete, después de intercambiar su
cargo con Phil Lader. Erskine estaba especialmente capacitado para la
mezcla de cuidadoso compromiso y guerra de guerrillas que caracteriza-
ría nuestras relaciones con el Congreso; era un empresario de éxito y un
negociador de primera categoría que sabía cuándo apretar y cuándo
ceder. Fue un gran apoyo para Panetta, y sus habilidades se complemen-
taban muy bien con el alto voltaje del otro adjunto de Leon, Harold Ickes.

Como tantos otros meses, enero estuvo lleno de buenas y malas noticias:
el paro descendió por debajo del 5,4 por ciento, y se crearon 5,6 millones
de nuevos puestos de trabajo. Kenneth Starr hizo gala de su «independencia» cuando, increíblemente, declaró que iba a reabrir la investigación sobre la muerte de Vince Foster. El gobierno de Yitzhak Rabin
estuvo en peligro cuando dos bombas puestas por terroristas asesinaron a
diecinueve israelíes, un atentado que debilitó el apoyo por sus esfuerzos
de paz. Firmé la primera ley del nuevo Congreso, que había defendido
decididamente, que obligaba a los legisladores nacionales a cumplir
todos los requisitos laborales que ellos habían impuesto a los emplea do-
res privados.

El 24 de enero pronuncié el discurso del Estado de la Unión ante el primer Congreso republicano en cuarenta años. Era un momento delicado; debía ser conciliador sin parecer débil y fuerte sin dar la impresión de ser hostil. Empecé pidiéndole al Congreso que dejara a un lado «el partidismo, las nimiedades y el orgullo», y propuse que colaboráramos en la reforma de la asistencia social, no para penalizar a los pobres, sino para darles más oportunidades. Luego, presenté quizá el mejor ejemplo del potencial de los receptores de asistencia social de Estados Unidos, personificado en Lynn Woolsey, una mujer que había luchado por salir de la asistencia social y que había llegado a convertirse en miembro de la Cámara de Representantes por California.

También reté a los republicanos en varios frentes. Si iban a votar una enmienda para el equilibrio presupuestario, deberían decir *cómo* pensaban equilibrarlo; si para conseguirlo se planteaban un recorte en la Seguridad Social. Les pedí que no abolieran los AmeriCorps, como habían amenazado con hacer. Si querían reforzar la ley contra el crimen, yo colaboraría gustoso con ellos, pero me opondría a rechazar programas de prevención de eficacia probada, como el plan de poner 100.000 policías más en las calles, o la prohibición de las armas de asalto. Dije que jamás haría nada que violase el derecho legítimo de posesión y uso de armas, «pero que mucha gente perdió su puesto en el Congreso para que los oficiales de policía y los chicos no tuvieran que perder la vida bajo la lluvia de balas de un arma de asalto, y no dejaré que se revoque esa medida».

Terminé mi discurso tendiendo puentes hacia los republicanos; hablé a favor de mis rebajas fiscales para la clase media, pero afirmé que colaboraría con ellos en aquel tema. También admití que, respecto a la reforma sanitaria, «tratamos de abarcar demasiado», pero les pedí que trabajáramos estrechamente para asegurarnos de que la gente no perdiera su seguro médico cuando cambiara de empleo o cuando un miembro de su familia se enfermara; también solicité su apoyo para avanzar en un programa de política exterior consensuado.

El discurso del Estado de la Unión no es únicamente la ocasión que tiene el presidente cada año de hablar durante una hora directamente al pueblo norteamericano; también es uno de los rituales más importantes en la política nacional. La prensa destacaba multitud de detalles, en los que los ciudadanos también se fijaban durante la retransmisión televisiva. Por ejemplo, cuántas veces interrumpen al presidente con aplausos, especialmente aquellas interrupciones en que los representantes se ponen en pie; qué hace aplaudir a los demócratas o a los republicanos, y en qué parecen estar de acuerdo y en qué no. Todo el mundo se fija en la reacción de los senadores y representantes más destacados, y se analiza incluso el significado simbólico de las personas elegidas para sentarse en la tribuna de la primera dama. Para este discurso del Estado de la Unión, preparé una intervención destinada a durar cincuenta minutos y dejé diez para los aplausos. Debido a que hubo mucha conciliación, así como sana confrontación, las interrupciones para los aplausos, más de noventa, alargaron el discurso hasta los ochenta y un minutos.

Por las fechas del discurso del Estado de la Unión, llevábamos dos semanas inmersos en una de las mayores crisis de mi primer mandato. La tarde del 10 de enero, después de que Bob Rubin hiciera su juramento como secretario del Tesoro en el Despacho Oval, él y Larry Summers se quedaron conmigo y con algunos de mis asesores para debatir la crisis financiera de México. El valor del peso había descendido repentinamente, y había minado la capacidad de México para pedir préstamos y hacer frente a su deudas. El problema se exacerbaba porque, según el estado de México empeoraba, había emitido con el fin de recaudar dinero unos instrumentos financieros de deuda a corto plazo llamados tesobonos,* que se devolvían en dólares; pero éstos, a medida que el valor del peso bajaba, eran más y más necesarios para financiar el valor en dólares de la deuda a corto plazo de México. Ahora, con solo 6.000 millones de moneda norteamericana en sus reservas, México tenía que abonar un pago de 30.000 millones de dólares en 1995, de ellos 10.000 millones durante los tres primeros meses del año.

Si México no cumplía con sus obligaciones, el «colapso» económico, tal y como Bob Rubin trató de evitar referirse a ello, podía acelerarse y provocaría un aumento del desempleo, una inflación galopante y, muy probablemente, una recesión severa y prolongada, ya que las instituciones financieras internacionales, los demás gobiernos y los inversores privados serían reacios a arriesgar más dinero en el país.

Como Rubin y Summers explicaron, el colapso económico de México podría tener consecuencias muy graves para Estados Unidos. En primer lugar, México era el tercer principal mercado de nuestras exportaciones. Si no podía adquirir nuestros productos, las empresas y los trabajadores norteamericanos se verían perjudicados. En segundo lugar, los problemas económicos de México podían provocar un aumento del 30 por ciento de la inmigración ilegal, es decir medio millón más de personas al año. Tercero, un México empobrecido se convertiría, casi sin lugar a dudas, en una zona más vulnerable al aumento de actividad por parte de los cárteles de droga, que ya enviaban grandes cantidades de narcóticos hacia Estados Unidos a través de la frontera. Y finalmente, la suspensión de pagos de México podía tener un impacto negativo en otros países, pues inquietaría a los inversores y reduciría su confianza en los mercados emergentes del resto de Latinoamérica, Europa Central, Rusia, Sudáfrica y otros países

*En español en el original. (N. de la T.)

que tratábamos de ayudar a modernizarse y prosperar. Puesto que el 40 por ciento de las exportaciones norteamericanas se destinaba a países en vías de desarrollo, nuestra economía podía salir gravemente perjudicada.

Rubin y Summers recomendaron que solicitáramos al Congreso la aprobación de veinticinco mil millones de dólares en préstamos para permitir que México pagara su deuda a tiempo y conservara la confianza de los acreedores y de los inversores, a cambio de su compromiso de emprender reformas financieras y de informar a tiempo de su situación económica, con el fin de que esto no volviera a suceder. Sin embargo, me advirtieron de los riesgos que comportaba su recomendación. Quizá México fracasaría de todos modos, con lo que podíamos perder el dinero que le habíamos adelantado. Si la medida tenía éxito, podía dar lugar al problema que los economistas llaman «riesgo moral». México estaba al borde del colapso no solo a causa de las erróneas políticas gubernamentales y de la debilidad institucional, sino también porque los inversores habían seguido financiando sus operaciones más allá del límite de la prudencia. Al entregar fondos a México para que devolviera el dinero a los inversores que se habían enriquecido por sus decisiones equivocadas, quizá estuviéramos creando la expectativa de que dichas decisiones estaban libres de riesgos.

La amenaza se agravaba debido a que la mayor parte de ciudadanos estadounidenses no comprendían las consecuencias que un retraso en el pago de la deuda de México tendría en la economía de Estados Unidos. La mayor parte de demócratas pensaría que el rescate demostraba que, de entrada, el TLCAN había sido una mala idea; además, muchos de los republicanos recién elegidos, especialmente en la Cámara, no compartían el entusiasmo del portavoz por los asuntos internacionales. Un sorprendente número de ellos ni siquiera tenía pasaporte. Querían restringir la inmigración procedente de México, y no enviarles miles de millones de dólares en ayudas.

Después de escuchar su presentación, hice un par de preguntas, y luego dije que debíamos seguir adelante con el préstamo. Pensaba que la decisión estaba clara, pero no todos mis asesores estaban de acuerdo. Los que querían acelerar mi recuperación política después de la desastrosa derrota de mitad de mandato pensaban que estaba loco, o como decimos en Arkansas, «que le faltan tres ladrillos para tener el cargamento completo». Cuando George Stephanopoulos oyó la cifra que el Tesoro barajaba para el préstamo, 25.000 millones de dólares, al principio creyó que Rubin y Summers querían decir en realidad 25 millones de dólares. Pensó que yo estaba a punto de cometer una imprudencia. Panetta estaba a favor del préstamo, pero advertía que si México no nos pagaba, me costaría la reelección de 1996.

Nos jugábamos mucho, pero yo confiaba en el nuevo presidente de

México, Ernesto Zedillo, un economista doctorado por Yale que estaba en la brecha desde que el candidato original de su partido para la presidencia, Luis Colosio, fue asesinado. Si alguien podía recuperar a México, era Zedillo.

Además, sencillamente no podíamos quedarnos de brazos cruzados mirando cómo México se hundía. Aparte de los problemas económicos que causaría a ambos países, estaríamos enviando un mensaje de egoísmo y de falta de visión política a toda Latinoamérica. Existía una larga tradición de resentimiento latinoamericano contra Estados Unidos; nos consideraban arrogantes e insensibles a sus intereses y sus problemas. Siempre nos iba mejor cuando nuestros gestos se basaban en una pura y genuina amistad: con la política del buen vecino de Franklin Roosevelt, con la alianza por el progreso de Kennedy y con la devolución del canal de Panamá por parte del presidente Carter. Durante la Guerra Fría, cuando apoyamos el derrocamiento de dirigentes elegidos democráticamente, apoyamos a dictadores y toleramos sus violaciones de los derechos humanos, obtuvimos la reacción que nos merecíamos.

Convoqué a los líderes del Congreso a la Casa Blanca, les expliqué la situación y pedí su apoyo. Todos me lo garantizaron, incluidos Bob Dole y Newt Gingrich, que describieron adecuadamente el problema de México como «la primera crisis del siglo XXI». Durante las rondas de Rubin y Summers por Capitol Hill, obtuvimos el respaldo del senador Paul Sarbanes, de Maryland; del senador Chris Dodd y del senador republicano Bob Bennett, de Utah, un conservador chapado a la antigua y muy inteligente, que rápidamente comprendió las consecuencias de no hacer nada y estuvo a nuestro lado a lo largo de toda la crisis. Algunos gobernadores también nos dieron su apoyo, entre ellos Bill Weld, de Massachusetts, que tenía gran interés en México, y George W. Bush, de Texas, cuyo estado, junto con California, sería uno de los más perjudicados si la economía de México se hundía.

A pesar de las razones a favor y del respaldo de Alan Greenspan, hacia finales de mes se hizo obvio que no nos iba demasiado bien en el Congreso. Los demócratas que estaban en contra del TLCAN creían que el paquete de ayudas era ir demasiado lejos, y los nuevos miembros republicanos se oponían a él abiertamente.

Por ese entonces, Rubin y Summers habían empezado a considerar una acción unilateral: proporcionar dinero a México del Fondo de Estabilización de Cambios (FEC). El fondo se había creado en 1934, cuando Estados Unidos sacó al dólar del patrón oro, y se utilizaba para minimizar las fluctuaciones de divisas. Tenía unos 35.000 millones de dólares, y el secretario del Tesoro podía emplearlo con la aprobación del presidente. El día 28, la necesidad de una intervención de Estados Unidos se volvió imperiosa, cuando el ministro de finanzas mexicano llamó a Rubin para decirle que el impago era inminente, con el vencimiento la semana siguiente de *tesobonos* por valor de más de 1.000 millones de dólares.

El asunto llegó a un punto crítico el lunes 30 de enero por la noche. Las reservas de México habían bajado hasta 2.000 millones de dólares, y el peso se había devaluado otro 10 por ciento durante el día. Esa noche, Rubin y Summers vinieron a la Casa Blanca para encontrarse con Leon Panetta y Sandy Berger, que llevaba el tema en el Consejo Económico Nacional. Sin rodeos, Rubin les dijo: «A México le quedan cuarenta y ocho horas de vida». Gingrich llamó para decir que no podía aprobar el paquete de ayudas hasta dentro de dos semanas, si es que podía hacerse en absoluto. Dole ya había anunciado lo mismo. Lo habían intentado, como Tom Daschle y Dick Gephardt, pero la oposición era demasiado fuerte.

Regresé a la Casa Blanca hacia las 11 de la noche, después de dejar un acto de recaudación de fondos al que había asistido. Me fui a la oficina de Leon para oír el lúgubre mensaje. Rubin y Summers volvieron a enumerar brevemente las consecuencias de un impago por parte de México, y luego dijeron que «solo» necesitábamos 20.000 millones de dólares en garantías de préstamo, no 25.000 millones, porque el director del Fondo Monetario Internacional, Michel Camdessus, había reunido casi 18.000 millones en ayudas que el FMI entregaría si Estados Unidos también actuaba; combinadas con ayudas más pequeñas de otros países y del Banco Mundial, eso situaba el paquete total de ayudas en poco menos de 40.000 millones de dólares.

Aunque estaban a favor de actuar, Sandy Berger y Bob Rubin reiteraron los riesgos que corríamos. Una encuesta recientemente publicada en el *Los Angeles Times* decía que los norteamericanos se oponían a ayudar a México por un 79 por ciento contra un 18. Repliqué: «Así que dentro de un año, cuando tengamos otro millón de inmigrantes ilegales, estemos inundados de drogas procedentes de México y haya mucha gente a ambos lados del Río Grande sin empleo, cuando me pregunten, "¿Por qué no hizo nada?", ¿yo qué les digo? ¿Que una encuesta decía que el 80 por ciento de norteamericanos estaba en contra? Esto es algo que tenemos que hacer». La reunión duró unos diez minutos.

Al día siguiente, el 31, anunciamos el paquete de ayudas financiado por el Fondo de Estabilización de Cambios. El acuerdo para el préstamo se firmó un par de semanas después en el edificio del Tesoro, entre los gritos de protesta del Congreso y no pocas muestras de descontento entre nuestros aliados del G-7, a los que les disgustó que el director del FMI se hubiera comprometido con México, y con nosotros, a otorgar un préstamo de 18.000 millones de dólares sin su aprobación previa. La primera entrega de dinero se hizo en marzo, después de la cual seguimos enviando pagos regulares, aunque en realidad las cosas no mejoraron en México hasta algunos meses después. Sin embargo, hacia finales de año, los inversores volvían a entrar en el mercado mexicano, y las reservas de divisas se reponían. Ernesto Zedillo, por su parte, realizó las reformas a las que se había comprometido.

Aunque al principio fue duro, el paquete de ayudas funcionó. En 1982, cuando la economía mexicana se hundió, hizo falta casi una década para que volviera a crecer. Esta vez, después de un año de grave recesión, la economía mexicana empezó a mostrar síntomas de recuperación. Después de 1982, México había tardado siete años en acceder de nuevo a los mercados de capital. En 1995, solo tardó siete meses. México devolvió la totalidad del préstamo, con intereses, en enero de 1997, más de tres años antes de la fecha fijada para su reembolso. Había pedido 10.500 millones de dólares de los 20.000 que pusimos a su disposición, y pagó un total de 1.400 millones de dólares en intereses, casi 600 millones más de lo que ese dinero hubiera rendido si se hubiera invertido en letras del Tesoro de Estados Unidos, como se hacía con el resto del dinero del Fondo de Estabilización de Cambios. El préstamo resultó ser una muy buena inversión, además de una buena medida política.

El columnista del *New York Times* Tom Friedman llamó al préstamo «la decisión de política exterior menos popular y más incomprendida, pero también la más importante, de la presidencia Clinton». Quizá tuviera razón. En cuanto a la oposición popular, el 75 por ciento de la población también se había opuesto al paquete de ayudas a Rusia. Mi decisión de devolver el poder a Aristide, en Haití, también era impopular, y mis acciones subsiguientes en Bosnia y Kosovo se recibieron con cierta resistencia inicial. Las encuestas son útiles para decirle al presidente qué piensan los ciudadanos y qué argumentos son más convincentes en un determinado momento, pero no pueden dictar una decisión que requiere mirar más allá de la esquina. El pueblo norteamericano contrata a un presidente para que haga lo correcto para nuestro país a largo plazo. Ayudar a México era lo mejor para Estados Unidos. Fue la única acción económica sensata, y al realizarla, demostramos que éramos, una vez más, un buen vecino.

El 9 de febrero, Helmut Kohl vino a verme. Acababan de reelegirle, y predijo con mucha confianza que ese también sería mi caso. Comentó que vivíamos en tiempos turbulentos, pero que al final saldría airoso de todo. En la conferencia de prensa tras nuestra reunión, Kohl hizo un emocionante homenaje al senador Fulbright, que había fallecido recientemente, después de medianoche, a la edad de ochenta y nueve años. Kohl dijo que él mismo pertenecía a una generación que, cuando eran estudiantes, «deseaban con todas sus fuerzas obtener una beca Fulbright» y que en todo el mundo, el nombre de Fulbright estaba ligado a «una mente abierta, la amistad y gente luchando codo con codo». En el momento de su muerte, más de 90.000 norteamericanos y 120.000 estudiantes de otros países habían recibido becas Fulbright.

Yo había visitado al senador Fulbright en su casa poco antes de su muerte. Había sufrido un ataque que le había afectado un poco el habla, pero sus ojos brillaban y su mente funcionaba; fue un buen último encuentro. La influencia de Fulbright en la historia de Estados Unidos sería muy importante. Como dije en su funeral, «siempre profesor y siempre estudiante».

El 13 de febrero, Laura Tyson y los otros miembros del Consejo de Asesores Económicos, Joe Stiglitz y Martin Baily, me dieron un ejemplar del último *Informe Económico del Presidente*. Destacaba nuestro progreso desde 1993, así como los persistentes problemas del estancamiento de la renta y de la desigualdad. Aproveché la ocasión para impulsar la Declaración de Derechos de la Clase Media y mi propuesta de aumentar el salario mínimo en 90 centavos durante dos años, de 4,25 a 5,15 dólares la hora. Esa medida beneficiaría a 10 millones de trabajadores, que verían cómo sus ingresos anuales aumentaban 1.800 dólares. La mitad de esa subida era solo para que los trabajadores recuperaran el nivel que el salario mínimo, teniendo en cuenta la inflación, tenía en 1991, la última vez que subió.

El salario mínimo era uno de los temas preferidos de la mayor parte de los demócratas, pero gran número de republicanos se oponía a subirlo; afirmaban que hacerlo costaba empleos, pues aumentaba los costes de las empresas. Existían pocas pruebas documentales de su posición. De hecho, recientemente, algunos jóvenes economistas especializados en el trabajo habían llegado a la conclusión de que una subida moderada del salario mínimo quizá podía tener como consecuencia un modesto aumento —y no una disminución— del empleo. Hacía poco tiempo, había visto por televisión una entrevista a una trabajadora que cobraba el salario mínimo en una empresa del sudoeste de Virginia. Cuando le preguntaron acerca de los rumores de que el aumento quizá empujaría a su empleador a despedirla a ella y a otros compañeros, e invertir más en maquinaria, la mujer sonrió y respondió: «Cariño, me arriesgaré».

Durante la cuarta semana de febrero, Hillary y yo fuimos en visita oficial de dos días a Canadá, donde nos alojamos en la residencia del embajador norteamericano Jim Blanchard y su esposa, Janet. Jim y yo nos habíamos hecho amigos en los ochenta, cuando él era gobernador de Michigan. Canadá es nuestro primer socio comercial y nuestro aliado más próximo. Compartimos la mayor frontera no vigilada de todo el mundo. En 1995, colaborábamos en los temas de Haití, en las ayudas a México y en la OTAN, el TLCAN, la Cumbre de las Américas y la APEC. Aunque ocasionalmente discrepábamos acerca del comercio del maíz y de la madera y sobre los derechos de pesca del salmón, nuestra amistad era profunda.

Pasamos mucho tiempo con el primer ministro, Jean Chrétien, y con su mujer, Aline. Chrétien se convirtió en uno de mis mejores amigos entre los dirigentes mundiales, un aliado fuerte y confiado con el que compartí no pocos partidos de golf.

También pronuncié un discurso ante al parlamento canadiense, para agradecer nuestros acuerdos comerciales y de seguridad, y las enriquecedoras contribuciones culturales de los canadienses a la vida norteamericana, como Oscar Peterson, mi pianista de jazz preferido; la cantautora Joni Mitchell, que escribió «Chelsea Morning», y Yousuf Karsh, el gran fotógrafo que había saltado a la fama por su retrato de Churchill frunciendo el ceño después de que Karsh le arrancara el omnipresente cigarro de la mano, y que nos había fotografiado a Hillary y a mí en situaciones menos amenazadoras.

Marzo empezó con buen pie, al menos desde mi punto de vista, cuando el Senado no logró hacerse con la mayoría de dos tercios, necesaria para aprobar la enmienda del equilibrio presupuestario, por solo un voto. Aunque la enmienda era popular, casi todos los economistas pensaban que era mala idea porque limitaba la capacidad del gobierno para gestionar el déficit según las circunstancias; por ejemplo, durante una recesión o una emergencia nacional. Antes de 1981, Estados Unidos no había tenido grandes problemas de déficit; solo después de los doce años de «economías de cascada», durante los que se había cuadruplicado la deuda nacional, los políticos empezaron a afirmar que jamás podrían tomar decisiones económicas responsables a menos que estuvieran obligados a ello por una enmienda constitucional.

Mientras el debate proseguía, exhorté a la nueva mayoría republicana que impulsaba la enmienda para que dijera exactamente de qué forma pensaba equilibrar el presupuesto. Yo había terminado una propuesta presupuestaria en menos de un mes durante mi mandato; ellos habían tenido el control del Congreso durante casi dos meses y aún no habían presentado ninguna. Les resultaba complicado transformar su retórica de campaña en medidas específicas.

Pronto, los republicanos empezaron a apuntar por dónde irían los tiros del presupuesto que iban a presentar, pues propusieron un paquete de recortes, a los que llamaron rescisiones, del presupuesto del año en vigor. El tipo de recortes que proponían demostraba que los demócratas habían acertado de lleno con sus críticas sobre el contrato durante la campaña electoral. Las rescisiones del GOP incluían la eliminación de 15.000 puestos de AmeriCorps, 1,2 millones de empleos de verano para los jóvenes y 1.700 millones de fondos para la educación, entre ellos casi la mitad de nuestros fondos de prevención a la drogadicción en un momento en que el consumo de drogas entre los jóvenes empezaba a aumentar. Y peor todavía, querían recortar el programa de almuerzos escolares y el WIC, el programa nutricional para mujeres, bebés y niños menores de cinco años, que hasta entonces había recibido un gran respaldo, tanto de republicanos como de demócratas. La Casa Blanca y los demócratas se pusieron las botas luchando contra esos recortes.

Otra propuesta del GOP que recibió una firme oposición fue su intento de eliminar el Departamento de Educación, el cual, como el programa de almuerzos escolares, siempre había gozado de un gran apoyo entre ambos partidos. Cuando el senador Dole dijo que el departamento había hecho más mal que bien, bromeé diciendo que quizá tenía razón porque, desde su creación, el departamento había estado casi la mayor parte del tiempo en manos de secretarios de Educación republicanos. Por el contrario, Dick Riley sí estaba haciendo más cosas buenas que malas.

Mientras tratábamos de rechazar las propuestas republicanas, también promoví nuestro programa por todos aquellos medios que no exigieran aprobación del Congreso, y demostré que había entendido el mensaje de las últimas elecciones. A mediados de marzo, anuncié una posible reforma legal. La reforma la había diseñado Al Gore en su proyecto de Reinvención del Gobierno, y se centraba en la mejora de nuestras iniciativas de protección medioambiental: proporcionaríamos incentivos de mercado al sector privado, en lugar de imponer regulaciones demasiado detalladas; el 25 por ciento de la reducción de burocracia administrativa ahorraría a las empresas veinte millones de horas laborales anuales.

La iniciativa «Rego» estaba funcionando. Ya habíamos reducido la plantilla federal en más de cien mil puestos de trabajo y habíamos eliminado más de diez mil páginas de los manuales federales de personal. Pronto ganaríamos más de 8.000 millones de dólares subastando tramos de ancho de banda por primera vez, y al final eliminamos más de dieciséis mil páginas de regulaciones federales sin perjudicar el interés general. Todos los cambios fruto de Rego se desarrollaron siguiendo unas pautas sencillas: proteger a la gente en lugar de la burocracia; impulsar resultados en lugar de reglas y actuar en lugar de instalarse en la retórica. El proyecto de Al Gore, que tuvo mucho éxito, confundió a nuestros adversarios, encantó a nuestros aliados y pasó desapercibido entre la mayor parte del público porque no era ni sensacionalista ni polémico.

En mi tercer Día de San Patricio como presidente, la festividad se había convertido en una oportunidad anual para Estados Unidos de avanzar en el proceso de paz de Irlanda del Norte. Ese año expresé la tradicional bienvenida irlandesa, *céad míle fáilte*, «cien mil bienvenidas», al nuevo primer ministro irlandés, John Bruton, que proseguía la labor de paz de su predecesor. A las doce, conocí a Gerry Adams en el Capitolio, en el almuerzo del portavoz Newt Gingrich con motivo del día de San Patricio. Le había concedido un segundo visado a Adams después de que el Sinn Fein aceptara negociar con el gobierno británico el abandono de las armas por parte del IRA, y también le había invitado, junto con John Hume y otros representantes de los principales partidos políticos de Irlanda del Norte, tanto unionistas como republicanos, a la recepción del Día de San Patricio que se celebró en la Casa Blanca esa noche.

Cuando Adams apareció en el almuerzo, John Hume me animó a acercarme y estrechar su mano, y así lo hice. En la recepción de la Casa Blanca, los invitados tuvieron oportunidad de escuchar a un soberbio tenor irlandés, Frank Patterson. Adams se lo estaba pasando tan bien que terminó cantando un dúo con Hume.

Todo esto quizá suene a algo muy habitual hoy en día, pero en su momento representó un golpe de timón en la política norteamericana, a la que muchos en el gobierno británico y en nuestro propio Departamento de Estado aún se oponían. Ahora tenía trato no solo con John Hume, un pionero defensor del cambio pacífico, sino también con Gerry Adams, al cual los británicos aún consideraban un terrorista. Físicamente, Adams contrastaba profundamente con el aspecto de catedrático de Hume, amable y algo arrugado. Tenía barba, era más alto, joven y delgado, y estaba endurecido por los años de destrucción. Pero Adams y Hume compartían rasgos importantes. Detrás de las gafas, sus ojos traslucían inteligencia, convicción y esa mezcla típicamente irlandesa de tristeza y de humor, fruto de esperanzas a menudo rotas, pero jamás abandonadas. Con todas las probabilidades en contra, ambos intentaban liberar a sus pueblos de las cadenas del pasado. No pasó mucho tiempo antes de que David Trimble, que lideraba el más amplio Partido Unionista, se sumara a ellos en la Casa Blanca para celebrar el Día de San Patricio y para ir en busca de la paz.

El 25 de marzo, Hillary emprendió su primer largo viaje al extranjero sin mí: una visita de doce días por Pakistán, India, Nepal, Bangladesh y Sri Lanka. Se llevó a Chelsea con ella, para lo que sería un importante esfuerzo para Estados Unidos y una odisea personal para ambas. Mientras el resto de mi familia estaba lejos, yo hice un viaje un poco más corto; fui a Haití para visitar a las tropas, reunirme con el presidente Aristide e instar a la gente de Haití a que optara por un futuro democrático y pacífico, y también para participar en el traspaso de autoridad de nuestra fuerza multinacional a Naciones Unidas. En seis meses, las fuerzas de treinta naciones habían colaborado, bajo el liderazgo norteamericano, para eliminar más de treinta mil armas y explosivos que circulaban por las calles y para entrenar a un cuerpo de policía permanente. Habían puesto fin a la violencia represiva, detenido la marea de inmigración haitiana, pues ahora los refugiados volvían a casa, y habían protegido la democracia en nuestro hemisferio. Ahora la misión de Naciones Unidas contaba con más de 6.000 soldados y personal militar, 900 oficiales de policía y docenas de asesores económicos, políticos y legales, que se harían cargo de la gestión del país durante once meses, hasta las elecciones y la investidura de un nuevo presidente. Estados Unidos desempeñaría un papel, pero las tropas destacadas allí, así como nuestros gastos, se reducirían drásticamente, pues otras treinta y dos naciones tomarían el relevo.

En 2004, después de que el presidente Aristide dimitiera y se exiliara cuando se declararon nuevos violentos disturbios, volví a pensar en lo que Hugh Shelton, el comandante de las fuerzas norteamericanas, me había dicho: «Los haitianos son buena gente y merecen una oportunidad». Aristide sin duda cometió errores y a menudo él mismo fue su peor enemigo, pero la oposición política jamás colaboró con él en realidad. Además, después de que los republicanos se hicieran con el control del Congreso en 1995, se mostraron reacios a darle la ayuda financiera que quizá hubiera contribuido a que las cosas fueran distintas.

Haití jamás se convertirá en una democracia estable si no recibe más ayuda de Estados Unidos. Aun así, nuestra intervención salvó vidas y dio la oportunidad a los haitianos de conocer por primera vez la democracia por la que habían votado. A pesar de los graves problemas de Aristide, los ciudadanos de Haití lo hubieran pasado mucho peor bajo Cédras y su cruento golpe de estado. Sigo alegrándome de que diéramos esa oportunidad a Haití.

La intervención haitiana también contribuyó a destacar el acierto de las respuestas multilaterales en los lugares conflictivos del mundo. Las naciones que cooperan, con la mediación de Naciones Unidas, se dividen los costes y las responsabilidades durante dichas operaciones, minimizan el resentimiento contra Estados Unidos y sientan las bases de valiosas pautas de colaboración. En un mundo cada vez más interdependiente, deberíamos optar por esa vía siempre que sea posible.

CUARENTA Y TRES

P asé las dos semanas y media de principios de abril en una reunión con algunos dirigentes mundiales que vinieron a verme, entre ellos el primer ministro John Major, el presidente Hosni Mubarak y dos mujeres inteligentes y muy modernas que gobernaban en países musulmanes: la primera ministra Benazir Bhutto, de Pakistán, y la primera ministra Tansu Ciller, de Turquía.

Mientras, Newt Gingrich dio un discurso sobre sus cien primeros días de portavoz. Si se escuchaban bien sus palabras, daba la sensación de que los republicanos habían revolucionado Estados Unidos de la noche a la mañana y que, en el proceso, nuestra forma de gobierno había pasado del sistema parlamentario original a uno en el que él, como primer ministro, fijaba las directrices de la política interior mientras que yo, como presidente, me dedicaba a la política exterior.

Por el momento, la presencia republicana dominaba los medios de comunicación y las noticias, gracias a la novedad del hecho de que controlaran el Congreso y a sus aseveraciones de que realizaban grandes cambios. En realidad, solo llegaron a cumplir tres puntos relativamente menores de su contrato, con los que yo estaba de acuerdo. Las decisiones difíciles aún quedaban para el futuro.

En un discurso frente a la Sociedad Americana de Editores de Periódicos, especifiqué los puntos del contrato con los que estaba de acuerdo, en cuáles buscaría un compromiso y a cuáles me opondría y vetaría. El 14 de abril, cuatro días después de que el senador Bob Dole anunciara su candidatura a la presidencia, yo también me presenté discretamente a la reelección. El día 18, celebré una conferencia de prensa, y me hicieron más de veinte preguntas sobre una gran variedad de temas, tanto de política interior como exterior. Al día siguiente, todo quedó en el olvido y solo había dos palabras en los labios de los ciudadanos norteamericanos: Oklahoma City.

A última hora de la mañana me enteré de que había explotado un camión bomba en el exterior del edificio federal Alfred P. Murrah, en Oklahoma; el edificio había quedado en ruinas y un número sin determinar de personas habían muerto. Inmediatamente declaré el estado de emergencia y envié a un equipo de investigación al emplazamiento de la explosión. Cuando se puso de manifiesto la magnitud del esfuerzo de recuperación, empezaron a llegar desde todo el país bomberos y otras fuerzas de apoyo para colaborar y ayudar a Oklahoma a cavar entre los escombros en un intento desesperado por hallar supervivientes.

Estados Unidos quedó destrozado y hundido por la tragedia, que se cobró las vidas de 168 personas, incluidos diecinueve niños que se encontraban en la guardería del edificio cuando la bomba explotó. La mayor parte de los fallecidos eran empleados federales que trabajaban para las diversas agencias con oficinas en el edificio Murrah. Mucha gente supuso que había sido obra de militantes islámicos, pero yo pedí prudencia antes de pronunciarse acerca de la identidad de los autores del atentado.

Poco después de la explosión, los oficiales de policía de Oklahoma detuvieron a Timothy McVeigh, un ex militar enajenado que había llegado a odiar al gobierno federal. El día 21, se puso a McVeigh bajo la custodia del FBI y compareció ante el juez. Había escogido el 19 de abril para hacer explotar el edificio federal porque era el aniversario del asalto del FBI al rancho de la secta de los davidianos en Waco, un suceso que para los fanáticos de la extrema derecha representaba la más alta expresión del ejercicio de un poder gubernamental abusivo y arbitrario. La paranoia antigubernamental había ido creciendo en Estados Unidos durante años, a medida que más y más personas pasaban de un escepticismo histórico respecto al gobierno a un odio declarado. Esta animadversión provocó la formación de grupos de milicias armadas que rechazaban la legitimidad de la autoridad federal y afirmaban su derecho a su propia justicia.

El ambiente de hostilidad se intensificaba por culpa de los presentadores de programas de radio de extrema derecha, cuya venenosa retórica invadía las ondas diariamente, y también por las páginas web que animaban a la gente a levantarse contra su gobierno; incluso ofrecían asistencia práctica y daban fáciles instrucciones para fabricar una bomba.

Tras los acontecimientos de Oklahoma, traté de consolar y dar aliento a los que habían perdido a sus seres queridos, y a todo el país, y aumentar nuestros esfuerzos para proteger a los norteamericanos del terrorismo. En los más de dos años que habían transcurrido desde la bomba en el World Trade Center, yo había ampliado los recursos para contraterrorismo del FBI y de la CIA y les había dado instrucciones para que colaboraran más estrechamente. Nuestras iniciativas para proteger el orden habían tenido éxito, pues habíamos logrado la extradición de diversos terroristas con el fin de traerlos a Estados Unidos y juzgarlos después de que huyeran al extranjero. También pudimos impedir ataques terroristas contra Naciones Unidas, en los túneles Holland y Lincoln, en Nueva York y en aviones que salían desde las islas Filipinas hacia la costa oeste de Estados Unidos.

Dos meses antes de la explosión en Oklahoma, había enviado una propuesta de legislación antiterrorista al Congreso solicitando, entre otras cosas, mil agentes de policía más para luchar contra el terrorismo, así como un nuevo centro de contraterrorismo bajo la dirección del FBI, para coordinar nuestros esfuerzos. También pedía aprobación para utilizar a expertos militares, que normalmente tienen prohibido participar en acciones para imponer el cumplimiento de la ley en el interior del país, con el fin de que nos ayudaran con las amenazas terroristas y los incidentes en el territorio nacional en que estuvieran implicadas armas nucleares, biológicas y químicas.

Después de lo sucedido, pedí a los líderes del Congreso que estudiaran mi propuesta de ley con más rapidez; el 3 de mayo, añadí algunas enmiendas para reforzarla: mayor acceso a información financiera por parte de las agencias y organismos que se encargaban de garantizar la ley y el orden; autorización para realizar vigilancia electrónica de presuntos terroristas en sus desplazamientos, sin necesidad de obtener un nuevo mandato judicial cada vez que cambian de localización; endurecimiento de las penas por proporcionar armas o explosivos a sabiendas de que son para actos terroristas contra empleados federales, actuales o pasados, y contra sus familias y la obligación de colocar marcadores, llamados identificativos, en todo material explosivo, con objeto de poder localizar su origen. Algunas de estas medidas sin duda serían polémicas, pero como dije a un periodista el 4 de mayo, el terrorismo «es una amenaza grave para la seguridad de los norteamericanos». Ojalá me hubiera equivocado.

El domingo, Hillary y yo volamos a Oklahoma para asistir a un funeral en el recinto ferial de Oklahoma. El servicio lo organizó Cathy Keating, la esposa del gobernador Frank Keating, al cual yo había conocido hacía más de treinta años, cuando estudiábamos juntos en Georgetown. Frank y Cathy estaban visiblemente afectados, pero tanto ellos como el alcalde de Oklahoma, Ron Norick, habían estado a la altura de las circunstancias y de las operaciones de búsqueda y recuperación de supervivientes, y también supieron atender las necesidades de sus conciudadanos durante su duelo. En el oficio, la gente se puso en pie y aplaudió cuando el reverendo Billy Graham dijo: «El espíritu de esta ciudad y de esta nación no será derrotado». Con emotivas palabras, el gobernador dijo que si alguien creía que los norteamericanos habían perdido el valor, la capacidad de amar y de preocuparse por su prójimo solo tenían que ir a Oklahoma.

Traté de dirigirme a la nación cuando dije: «Han perdido demasiado, pero no lo han perdido todo. Y sin duda no han perdido a Norteamérica, pues estaremos a su lado durante tantas mañanas como sea necesario». Compartí una carta que había recibido de una joven viuda y madre de tres pequeños, cuyo esposo había muerto en el avión Pan Am 103 que unos terroristas estrellaron en Lockerbie, Escocia, en 1988. Pedía a los que habían perdido a los suyos que no convirtieran su dolor en odio y que, en su lugar, hicieran las cosas que sus seres queridos «habían dejado sin hacer, para así asegurarse de que no vivieron en vano». Después de que Hillary y yo estuviéramos con algunas de las familias de las víctimas, también yo necesité recordar aquellas sabias palabras. Uno de los agentes del servicio secreto que había muerto era Al Whicher, que había estado en mi equipo antes de irse a Oklahoma; su mujer y sus tres hijos estaban entre aquellas familias.

A menudo despreciados con el término «burócratas federales», los empleados asesinados murieron porque estaban a nuestro servicio; ayudaban a los más ancianos y a los discapacitados, a los granjeros y a los veteranos, y hacían cumplir nuestras leyes. Eran miembros de una familia; tenían amigos, vecinos; pertenecían a la asociación de padres y trabajaban en sus comunidades. De algún modo los consideraban parásitos sin corazón que chupaban el dinero de los impuestos y que abusaban de su poder; no solamente las mentes enfermas de Timothy McVeigh y de sus seguidores, sino también los que los criticaban a cambio de poder y de beneficios. Me prometí a mí mismo que jamás volvería a emplear irreflexivamente ese término, «burócrata federal», y que haría lo que estuviera en mi mano por cambiar la atmósfera de amargura y fanatismo de la que procedía aquella locura.

El caso Whitewater no se detuvo a pesar de lo sucedido en Oklahoma. El día antes de que Hillary y yo partiéramos hacia el funeral, Ken Starr y tres ayudantes suyos vinieron a la Casa Blanca para interrogarnos. Durante la sesión en la Sala del Tratado me acompañaron Ab Mikva y Jane Sherburne, de la oficina legal de la Casa Blanca, y mis abogados personales, David Kendall y su socia Nicole Seligman. La entrevista transcurrió sin incidentes y cuando terminó, le pedí a Jane Sherburne que mostrara a Starr y a sus ayudantes el Dormitorio Lincoln, que contenía los muebles traídos a la Casa Blanca por Mary Todd Lincoln y una copia del Discurso de Gettysburg, que Lincoln había escrito de su propio puño, después de aquel acontecimiento, de modo que se subastara con objeto de recaudar dinero para los veteranos de guerra. Hillary pensaba que yo era demasiado amable con ellos, pero solo me comportaba como me habían educado y aún no había abandonado la esperanza de que la investigación acabaría por seguir, al final, un curso legítimo.

Durante la misma semana, mi amigo de toda la vida, el senador David Pryor, anunció que no se presentaría a la reelección en 1996. Nos conocíamos desde hacía casi treinta años. David Pryor y Dale Bumpers eran mucho más que los senadores de mi estado natal; habíamos servido consecutivamente como gobernadores y juntos habíamos contribuido a que Arkansas siguiera siendo un estado demócrata progresista, cuando casi todo el Sur se hizo republicano. Pryor y Bumpers habían sido de una ayuda inestimable para mi labor y mi paz de espíritu, no solamente porque me apoyaron en temas difíciles, sino también porque eran amigos míos, hombres que me conocían desde hacía tiempo. Podían hacerme escuchar sus palabras y hacerme reír, pero también recordaban a sus colegas que yo no era la persona que retrataban los artículos que leían. Después de que David se retirara, tuve que llevármelo a jugar a golf para obtener el consejo y la perspectiva que tan a mano tenía cuando estuvo en el Senado.

El 29 de abril, en la cena de corresponsales de la Casa Blanca, mis comentarios fueron breves y, exceptuando un par de frases, no traté de ser gracioso. En lugar de eso, agradecí a la prensa allí reunida su emocionante y conmovedora cobertura informativa de la tragedia de Oklahoma y del hercúleo esfuerzo de recuperación; les aseguré que «vamos a salir adelante y, cuando lo consigamos, seremos aún más fuertes» y terminé con las palabras de W. H. Auden:

> Que de los desiertos del corazón
> La fuente curativa pueda manar

El 5 de mayo, en la ceremonia de graduación de la Universidad Estatal de Michigan, hablé no solo para los licenciados, sino también para los grupos de milicias armadas, muchos de los cuales se movían por las zonas remotas del Michigan rural. Dije que sabía que muchos miembros de las milicias, durante sus excursiones uniformadas en las que efectuaban ejercicios militares, no violaban ninguna ley, y expresé mi agradecimiento a los que habían condenado el atentado. Luego ataqué a los que habían ido más allá de las palabras duras y defendían la violencia contra los oficiales, los agentes de la ley y otros empleados del gobierno, mientras se comparaban con las milicias coloniales «que lucharon por la democracia contra la que ahora claman».

Durante las siguientes semanas, además de seguir denunciando a los que aprobaban la violencia, pedí a todos los norteamericanos, incluidos los presentadores de programas de radio, que sopesaran sus palabras con cuidado, para asegurarse de que no incitaban a la violencia a personas mentalmente más inestables que ellos.

Los acontecimientos de Oklahoma impulsaron a millones de norteamericanos a reconsiderar sus propias palabras y actitudes hacia el gobierno y también hacia la gente con la que no estaban de acuerdo. Al hacerlo, empezó un proceso lento pero inexorable que les alejó de la corriente de condena ciega que se había convertido en el rasgo dominante de nuestra vida política. Los que rezumaban odio y los extremistas no desaparecieron, pero estaban a la defensiva, y durante el resto de mi mandato jamás volvieron a recuperar la misma posición de la que habían gozado antes de que Timothy McVeigh llevara la demonización del gobierno más allá de los límites de la humanidad.

En la segunda semana de mayo, volé en el *Air Force One* hacia Moscú para celebrar el cincuenta aniversario del final de la Segunda Guerra Mundial en Europa. Aunque diversos dirigentes mundiales tenían previsto asistir, como Helmut Kohl, François Mitterrand, John Major, Jiang Zeming y otros, mi decisión fue polémica porque Rusia estaba enzarzada en una lucha sangrienta contra los separatistas de la república con mayoría musulmana de Chechenia, y las bajas civiles crecían sin parar. Muchos observadores externos creían que Rusia había hecho un uso excesivo de la fuerza y no había agotado las opciones diplomáticas.

Hice el viaje porque nuestras naciones fueron aliadas en la Segunda Guerra Mundial, conflicto que se había cobrado la vida de uno de cada ocho ciudadanos soviéticos; veintisiete millones de personas murieron en combate o a causa de enfermedades, desnutrición o congelación. Además, volvíamos a ser aliados y nuestra colaboración era esencial para el progreso político y económico de Rusia, y para la localización y eliminación de armas nucleares. También necesitábamos cooperar para garantizar una ampliación ordenada de la OTAN y de la Asociación por la Paz así como para luchar contra el terrorismo y el crimen. Finalmente, Yeltsin y yo teníamos que resolver dos cuestiones espinosas: el problema de la cooperación de Rusia en el programa nuclear de Irán y la cuestión de cómo planificar la ampliación de la OTAN de forma que Rusia pudiera entrar en la Asociación por la Paz sin que le costara a Yeltsin la reelección de 1996.

El 9 de mayo, asistí junto a Jiang Zemin y otros dirigentes a un desfile militar en la plaza Roja en el que los viejos veteranos caminaron hombro con hombro, a menudo asiéndose las manos y apoyándose entre ellos para mantenerse erguidos mientras desfilaban por última vez para la Madre Rusia. Al día siguiente, después de las ceremonias conmemorativas, Yeltsin y yo nos reunimos en la Sala de Santa Catalina, en el Kremlin. Empecé la reunión con la cuestión de Irán. Dije a Yeltsin que habíamos trabajado los dos juntos para sacar todas las armas nucleares de Ucrania, Bielorrusia y Kazajstán; ahora teníamos que asegurarnos de que los estados que podían ser una amenaza, como Irán, tampoco se convirtieran en potencias nucleares. Yeltsin ya estaba preparado para eso; inmediatamente me dijo que no venderían aparatos centrífugos y propuso que pasáramos a la cuestión de los reactores, que Irán sostenía que solo quería para fines pacíficos, y se hablara de ello en la comisión Gore-Chernomyrdin. Yo acepté, siempre que Yeltsin se comprometiera a decir públicamente que Rusia no entregaría tecnología militar a Irán que pudiera utilizarse para objetivos militares. Boris dijo que sí, y nos dimos un apretón de manos para sellar el acuerdo. También fijamos el calendario de visitas a las plantas de armas biológicas de Rusia, que empezarían en abril como parte de un esfuerzo más amplio para reducir la amenaza de la proliferación de armas biológicas y químicas.

Respecto a la ampliación de la OTAN, después de que le dijera a Yeltsin indirectamente que no insistiríamos en el tema antes de sus elecciones de 1996, finalmente aceptó entrar en la Asociación por la Paz. Aunque no aceptó anunciar su decisión públicamente, por temor a que se pensara que cedía demasiado, prometió que Rusia firmaría los documentos hacia el 25 de mayo, y eso fue suficiente para mí. El viaje había sido un éxito.

De vuelta a casa, me detuve en Ucrania para asistir a otra ceremonia en conmemoración de la Segunda Guerra Mundial, para pronunciar un discurso ante unos estudiantes universitarios y para realizar una emotiva visita a Babi Yar, el inquietante y hermoso barranco poblado de árboles donde, casi cincuenta y cuatro años atrás, los nazis asesinaron a más de cien mil judíos y a unos miles de nacionalistas ucranianos, prisioneros de guerra soviéticos y gitanos. Apenas el día anterior, Naciones Unidas había votado a favor de ampliar permanentemente el Tratado de No Proliferación Nuclear, que había sido el cimiento de nuestros esfuerzos contra la proliferación nuclear durante más de veinticinco años. Dado que algunas naciones aún pugnaban por desarrollar armas nucleares, la extensión del TNP era uno de mis objetivos más importantes contra la proliferación. Babi Yar y Oklahoma eran inquietantes recordatorios de la capacidad humana para el mal y para la destrucción, y ponían de relieve la importancia del TNP y del acuerdo que había cerrado con Rusia para restringir sus ventas de material nuclear a Irán.

A mi regreso a Washington, los republicanos habían empezado a impulsar sus propuestas; pasé gran parte del mes tratando de impedir que avanzaran, amenazando con vetar su paquete de rescisiones y sus intentos por debilitar nuestro programa de agua potable, así como las amplias reducciones que proponían en educación, sanidad y ayudas al exterior.

La tercera semana de mayo anuncié que, por primera vez desde la fundación de la República, las dos manzanas de Pennsylvania Avenue situadas frente a la Casa Blanca quedarían cerradas al tráfico de vehículos. Acepté esta decisión con reticencias después de que un grupo de expertos del Servicio Secreto, del Tesoro y de anteriores administraciones, tanto republicanas como demócratas, me dijeran que era necesario para proteger a la Casa Blanca de un atentado con explosivos. Teniendo en cuenta el reciente suceso de Oklahoma y el atentado en el metro japonés, pensé que debía seguir su recomendación, aunque no me gustaba.

A finales de mes, Bosnia volvió a ocupar los titulares. Los serbios habían estrechado su bloqueo de Sarajevo y sus francotiradores volvían a matar a niños inocentes. El 25 de mayo, la OTAN lanzó ataques aéreos sobre la zona de Pale, dominada por los serbios, y éstos, en represalia, secuestraron a miembros de las fuerzas de paz de Naciones Unidas y los encadenaron a depósitos de municiones en Pale como blancos humanos, para evitar futuros bombardeos. También mataron a dos soldados de Naciones Unidas, de nacionalidad francesa, cuando asaltaron uno de sus puestos de vigilancia.

Nuestra fuerza aérea se había utilizado ampliamente en Bosnia para llevar a cabo la misión humanitaria de mayor duración en la historia, así como para proteger las zonas de exclusión aérea, que impedían a los serbios bombardear a los musulmanes bosnios. También manteníamos una zona de tregua alrededor de Sarajevo y otras áreas habitadas. Junto con los miembros de Naciones Unidas y el embargo, nuestros pilotos lograron marcar la diferencia: las bajas habían descendido de ciento treinta mil víctimas en 1992, a tres mil en 1994. Aun así, se seguía librando una guerra y habría que hacer mucho más para que llegara a su fin.

Los demás acontecimientos de importancia en política exterior que se produjeron en junio tuvieron lugar en la cumbre del G-7 organizada por Jean Chrétien, en Halifax, Nueva Escocia. Jacques Chirac, que acababa de ser elegido presidente de Francia, se detuvo para visitarme de camino a Canadá. Chirac sentía cariño por Estados Unidos. De joven, había pasado mucho tiempo en nuestro país, incluido un breve período como empleado en un restaurante Howard Johnson, en Boston. Tenía una insaciable curiosidad respecto a una gran variedad de temas. Me cayó muy bien; además, me gustaba el hecho de que su mujer también tuviera una carrera política propia.

A pesar de la buena química que había entre ambos, nuestras relaciones eran un poco tensas a causa de su decisión de reemprender las pruebas nucleares de Francia mientras yo trataba de obtener apoyos por todo el mundo para el tratado de prohibición de pruebas, un objetivo de todos los presidentes norteamericanos desde Eisenhower. Después de que Chirac me asegurara que cuando terminara las pruebas respaldaría el tratado, nos centramos en el tema de Bosnia; él se decantaba por ser más duro con los serbios de lo que Mitterrand había sido. Chirac y John Major defendían la creación de una fuerza de respuesta rápida para actuar contra los ataques contra los miembros de las fuerzas de paz de Naciones Unidas; yo prometí apoyo militar norteamericano para ayudarles, a ellos y a las otras fuerzas, a entrar y salir de Bosnia si se veían obligados a retirarse. Sin embargo, también le dije a Chirac que si aquello no funcionaba y las tropas de Naciones Unidas se retiraban de Bosnia, tendríamos que suspender el embargo sobre las armas.

Tenía tres objetivos en la cumbre del G-7: obtener una mayor cooperación entre nuestros aliados frente al terrorismo, el crimen organizado y el narcotráfico. Quería identificar rápidamente las crisis financieras graves y coordinar una mejor respuesta, con información más precisa y anticipada, más fondos y más inversiones en los países en desarrollo para reducir la pobreza e impulsar el crecimiento responsable con el medio ambiente. Finalmente, también había ido para solucionar un grave conflicto comercial con Japón.

Obtuve los dos primeros con bastante facilidad; el tercero era un verdadero problema. En dos años y medio, habíamos logrado muchos progresos con Japón, con la firma de quince acuerdos comerciales separados. Sin embargo, hacía dos años que Japón se había comprometido a abrir sus mercados a los automóviles y componentes norteamericanos, el sector que representaba más de la mitad de nuestro déficit bilateral, y apenas habíamos avanzado en ese sentido. El 80 por ciento de los concesionarios de automóviles en Estados Unidos vendían coches japoneses, pero solo el 7 por ciento de los japoneses vendía coches de otros países, y la rígida regulación gubernamental impedía que nuestros componentes entraran en el mercado de reparaciones japonés. Mickey Kantor había llegado al límite de su paciencia y había recomendado fijar un arancel del cien por cien en los coches de lujo japoneses. En una reunión con el primer ministro Murayama, le dije que, debido a nuestra relación de seguridad y a la deprimida economía japonesa, Estados Unidos seguiría negociando con Japón, pero que teníamos que recibir pronto algo a cambio. Hacia finales de mes lo obtuvimos. Japón aceptó que doscientos concesionarios ofrecieran coches norteamericanos con efectos inmediatos, y mil más en cinco años; también se avino a modificar las regulaciones que impedían la entrada a nuestros componentes, a que los fabricantes de automóviles japoneses aumentaran su producción en Estados Unidos y a que utilizaran más componentes de fabricación norteamericana.

Durante todo el mes de junio, estuve atareado en la batalla que se estaba desarrollando contra los republicanos acerca del presupuesto. El primer día del mes, fui a una granja en Billings, Montana, para destacar las diferencias entre mi enfoque de la agricultura y el de los republicanos del Congreso. El programa de ayudas a la agricultura debía recibir, en 1995, una autorización que lo confirmara, y por lo tanto formaba parte del debate presupuestario. Dije a las familias de la granja que, aunque yo estaba a favor de una reducción modesta del gasto total para la agricultura, los republicanos planeaban recortar las ayudas demasiado brutalmente y harían muy poco por los granjeros familiares. Durante algunos años, los republicanos habían obtenido mejores resultados que los demócratas en las zonas rurales del país porque eran más conservadores culturalmente hablando, pero cuando se trataba de ponerse manos a la obra, a los republicanos les importaban más las industrias agropecuarias que las pequeñas granjas familiares.

También fui a montar a caballo, sobre todo porque me gustaba y podía disfrutar de la bella variedad del paisaje de Montana, pero también porque quería demostrar que no era un extraterrestre cultural al que los norteamericanos del campo no pudieran apoyar. En el acto que se organizó en la granja, el encargado de la avanzadilla, Mort Engleberg, había preguntado a uno de nuestros anfitriones qué pensaba de mí. El granjero contestó: «Está bien. Y no se parece en nada a como dicen que es». En 1995 oí esta frase muchas veces, y solo esperaba no tener que corregir la percepción que los votantes tenían de mí uno por uno.

Nuestro paseo a caballo adquirió tintes aventureros cuando uno de mis agentes del Servicio Secreto cayó de su montura. El agente no se hizo daño, pero el caballo salió disparado como un cohete a campo traviesa. Para sorpresa de la prensa y de los nativos de Montana que estaban ahí, mi adjunto al jefe de gabinete, Harold Ickes, cabalgó a toda velocidad tras el rocín huido, le persiguió hasta detenerlo y lo trajo de vuelta a su propietario. La hazaña de Harold estaba en total contradicción con su imagen de activista liberal y nervioso urbanita. De joven, había trabajado en los ranchos del oeste y no había olvidado montar a caballo.

El 5 de junio, Henry Cisneros y yo desvelamos una «Estrategia Nacional de Propiedad Inmobiliaria», con cien iniciativas para que la vivienda de propiedad llegara hasta dos tercios de la población. La gran reducción del déficit había mantenido las tasas de las hipotecas bajas incluso durante la recuperación económica y, en un par de años, alcanzaríamos el objetivo de Henry por primera vez en la historia de Estados Unidos.

Al final de la primera semana de junio, veté por primera vez una propuesta de ley: el paquete de rescisiones de dieciséis mil millones de dólares del GOP; eliminaba demasiados fondos en educación, servicio nacional y medio ambiente, sin afectar partidas innecesarias como proyectos de «manifestación en autopistas», tribunales y otros edificios federales que a los miembros republicanos les interesaba más impulsar. Quizá no soportaban al gobierno en general, pero como muchos cargos electos, querían gastar hasta la reelección. Me ofrecí a trabajar con los republicanos para recortar aún más gastos, pero dije que tendría que salir de las asignaciones de fondos estatales para los grupos de presión, u otros gastos no esenciales, y no de las inversiones en nuestros hijos y nuestro futuro. Un par de días más tarde, tuve otra razón para luchar por esas inversiones cuando el hermano de Hillary, Tony, y su esposa, Nicole, nos dieron un nuevo sobrino, Zachary Boxer Rodham.

Yo aún trataba de hallar el punto justo entre la confrontación y el acuerdo cuando fui a Claremont, en el sudoeste de New Hampshire, para una reunión popular con Newt Gingrich. Había dicho que en mi opinión sería bueno para Newt que hablara con la gente de New Hampshire, como yo lo había hecho en 1992, y me tomó la palabra. Ambos hicimos unos comentarios iniciales positivos acerca de la necesidad de un debate honesto y de cooperación, en lugar de las descalificaciones e improperios que terminan saliendo en las noticias de la noche. Gingrich incluso bromeó, diciendo que había seguido mi ejemplo de campaña y que se había detenido en un Dunkin' Donuts para comprar algo, de camino a la reunión.

Mientras respondíamos a las preguntas de los ciudadanos, acordamos trabajar juntos en la reforma de la financiación electoral, e incluso nos dimos la mano en señal de acuerdo. También hablamos de otras cuestiones en las que teníamos opiniones enfrentadas y sostuvimos discrepancias de forma civilizada e interesante sobre la sanidad. Tampoco estábamos de acuerdo en la utilidad de Naciones Unidas y respecto a si el Congreso debía financiar los AmeriCorps.

El debate con Gingrich fue bien recibido por un país cansado del enfrentamiento partidista. Dos de mis agentes del Servicio Secreto, que casi nunca me comentaban nada de política, me dijeron que se alegraron de vernos enzarzados en una discusión positiva. Al día siguiente, en la Conferencia de Pequeña y Mediana Empresa, en la Casa Blanca, algunos republicanos me expresaron el mismo sentir. Si hubiéramos sido capaces de continuar por esa vía, creo que el portavoz y yo habríamos resuelto la mayor parte de nuestras divergencias de un modo positivo para Estados Unidos. En sus mejores momentos, Newt Gingrich era creativo y flexible y desbordaba nuevas ideas. Pero no fue eso lo que le convirtió en portavoz, sino sus hirientes ataques contra los demócratas. Es difícil tratar de limitar la fuente de tu poder, como le recordaron a Newt al día siguiente, cuando Rush Limbaugh y el conservador *Manchester Union Leader* le criticaron por mostrarse demasiado agradable conmigo. Fue un error que no volvería a cometer en el futuro, al menos no en público.

Después de la reunión fui a Boston para un acto de recaudación de fondos para el senador John Kerry, que se presentaba a la reelección y era probable que tuviera que enfrentarse a un difícil oponente, el gobernador Bill Weld. Yo tenía buena relación con Weld, quizá el más progresista de todos los gobernadores republicanos, pero no quería que Kerry perdiera su cargo en el Senado. Era una de las autoridades del Senado en medio ambiente y tecnología punta, y también dedicaba una extraordinaria cantidad de tiempo al problema de la violencia juvenil, un tema que le había preocupado desde sus días como fiscal. Preocuparse por un tema que no atrae votos hoy, pero que tendrá un gran impacto en el futuro, es una cualidad muy buena en un político.

El 13 de junio, en un discurso televisado desde el Despacho Oval, ofrecí un plan para equilibrar el presupuesto en diez años. Los republicanos habían propuesto hacerlo en siete, con grandes recortes en educación, sanidad y medio ambiente, y con grandes rebajas fiscales. Por el contrario, mi plan no contemplaba ninguna reducción de fondos para la educación, ni para los servicios de atención sanitaria a los ancianos o las ayudas familiares necesarias para que la reforma de la asistencia social funcionara, ni tampoco en las regulaciones esenciales sobre el medio ambiente. Incluía una reducción de las rebajas fiscales para las rentas medias, con un énfasis en las medidas de ayuda a los ciudadanos para que pudieran hacer frente a los crecientes costes de una educación universitaria. Igualmente, al extender mi plan diez años en lugar de siete hasta alcanzar el equilibrio, el impacto negativo anual de mi propuesta sería menor y reduciría así el riesgo de ralentizar el crecimiento económico.

La oportunidad y el contenido de mi discurso recibieron críticas por parte de muchos demócratas del Congreso y de algunos miembros de mi gabinete y de mi equipo, que pensaban que era demasiado pronto para lanzarse al debate presupuestario con los republicanos. Su popularidad estaba bajando ahora que tomaban decisiones en lugar de limitarse a criticar las mías, y muchos demócratas creían que no era prudente meterse por medio con un plan propio antes de que fuera absolutamente necesario presentar una alternativa. Después de la lluvia de palos que nos había caído durante nuestros dos primeros años, pensaban que los republicanos tenían que aguantar su propia medicina, al menos durante un año.

Era un argumento convincente. Por otra parte, yo era el presidente, y se suponía que tenía que dirigir el país; además, habíamos logrado reducir un tercio el déficit sin ayuda de los republicanos. Si más tarde tenía que vetar la propuesta presupuestaria republicana, quería hacerlo después de haber demostrado con un esfuerzo de buena fe que estaba dispuesto a establecer compromisos honorables. Además, en New Hampshire el portavoz y yo habíamos dicho que trabajaríamos juntos. Yo quería mantener mi parte del trato.

Mi decisión presupuestaria fue respaldada por Leon Panetta, Erskine Bowles, la mayor parte de mi equipo económico, los halcones demócratas del déficit en el Congreso y Dick Morris, que llevaba asesorándome desde las elecciones de 1994. A la mayoría de mi equipo no le gustaba Dick porque tenía un carácter difícil, le gustaba saltarse los procedimientos establecidos en la Casa Blanca y había trabajado para los republicanos. De vez en cuando tenía ideas algo estrafalarias y quería politizar demasiado nuestra política exterior, pero yo había trabajado con él el tiempo suficiente para saber cuándo aceptar y cuándo rechazar sus consejos.

El consejo principal de Dick era que yo tenía que practicar una política de «triangulación», acortando la distancia entre republicanos y demócratas y quedándome con las mejores ideas de ambos bandos. Para muchos progresistas y algunos miembros de la prensa, la triangulación era un compromiso sin convicción, una treta cínica para ganar la reelección. De hecho, solo era otra manera de articular lo que ya había hecho como gobernador, con el CLD y durante la campaña de 1992. Yo siempre había tratado de sintetizar las nuevas ideas y los valores tradicionales, y cambiar la política del gobierno a medida que cambiaban las condiciones de la sociedad. No estaba eliminando la diferencia entre las posturas progresistas y las conservadoras; en lugar de eso, trataba de construir un nuevo consenso. Y, como se demostraría en el enfrentamiento que se avecinaba contra los republicanos acerca del presupuesto, a mi enfoque no le faltaba en absoluto convicción. Finalmente, el papel de Dick salió a la luz, y se convirtió en un miembro habitual de nuestras sesiones de estrategia semanales, que normalmente se celebraban cada miércoles por la noche. También trajo a Mark Penn y a su socio Doug Schoen para que hicieran encuestas para nosotros. Penn y Schoen formaban un buen equipo y compartían mi filosofía de Nuevo Demócrata; se quedaron conmigo durante el resto de mi presidencia. Pronto también se sumaría a nosotros el veterano consultor de los medios de comunicación Bob Squier y su socio Bill Knapp, que conocía y le importaba la política y también la promoción.

El 29 de junio finalmente alcancé un acuerdo con los republicanos sobre la propuesta de ley de rescisiones, una vez se habían recuperado más de 700 millones de dólares para educación, AmeriCorps y nuestro programa de agua potable. El senador Mark Hatfield, el presidente del Comité de Apropiaciones del Senado, y un progresista republicano chapado a la antigua, había trabajado estrechamente con la Casa Blanca para lograr que el compromiso fuera posible.

Al día siguiente, en Chicago, ante oficiales de policía y ciudadanos que habían resultado heridos por disparos de armas de asalto, defendí la prohibición sobre dichas armas y pedí al Congreso que apoyara la propuesta de legislación del senador Paul Simon para eliminar una gran laguna en la ley que prohibía las balas asesinas de policías. El agente que me presentó dijo que había sobrevivido a duros combates en Vietnam sin un rasguño, pero que casi le mató un criminal que utilizó un arma de asalto para intentar acribillarle a balazos. La ley actual ya prohibía las balas diseñadas para perforar los chalecos antibalas que llevaban los agentes de policía, pero la munición ilegal no se definía por su capacidad de perforación, sino por el material de que estaba hecha. Así, los ingeniosos empresarios del crimen habían descubierto otros elementos, no mencionados en el texto de la ley, que también podían utilizarse para fabricar balas que perforasen chalecos y matasen a los policías.

La Asociación Nacional del Rifle sin duda lucharía contra la propuesta, pero ya no eran tan populares como en 1994. Después de que su director ejecutivo hubiera tildado a los agentes del gobierno federal de «matones nazis», el ex presidente Bush había dimitido de la organización en protesta por dichas declaraciones. Unos meses atrás, en un acto celebrado en California, el cómico Robin Williams había satirizado la oposición de la ANR a prohibir balas asesinas de policías con una frase ingeniosa: «Por supuesto que no podemos prohibirlas. Los cazadores las necesitan. ¡En algún lugar de la montaña, hay un ciervo que lleva un chaleco antibalas!». Cuando nos adentramos en la segunda mitad de 1995, esperaba que la broma de Robin y la reacción del presidente Bush presagiaran un cambio de tendencias hacia el sentido común en el tema del control de armas.

En julio, los enfrentamientos partidistas se calmaron un poco. El día 12, en el instituto James Madison, en Vienna, Virginia, proseguí mis esfuerzos para unir al pueblo norteamericano, esta vez en el tema de la libertad religiosa.

Había mucha polémica acerca de cuánta libertad religiosa debía permitirse en las escuelas públicas. Algunos funcionarios escolares y profesores pensaban que la Constitución prohibía totalmente cualquier expresión. Eso no era así. Los estudiantes eran libres de rezar individualmente o juntos; las agrupaciones religiosas tenían derecho a ser tratadas como cualquier otra organización de actividades extracurriculares. En su tiempo libre, los estudiantes podían leer textos religiosos e incluir sus puntos de vista religiosos en sus deberes siempre que fueran relevantes para los mismos, y podían ponerse camisetas promocionando su opción religiosa si también se les permitía llevar camisetas a favor de otras causas.

Pedí al secretario Riley y a la fiscal general Reno que preparasen una explicación detallada de la variedad de expresiones religiosas permitidas en las escuelas y que distribuyeran copias en cada distrito escolar del país antes del principio de curso escolar del año siguiente. Cuando el folleto se repartió, redujo sustancialmente los conflictos y las demandas, y al hacerlo se ganó el apoyo de todo el espectro político y religioso.

Yo llevaba tiempo trabajando en ese tema, pues desde la Casa Blanca había mantenido contactos con las comunidades religiosas y había firmado la Ley de Restauración de la Libertad Religiosa. Hacia finales de mi segundo mandato, el profesor Rodney Smith, un experto en la Primera Enmienda, dijo que mi administración había hecho más para proteger y hacer avanzar la libertad religiosa que nadie desde James Madison. No sé si era exactamente así, pero lo intenté.

Una semana después del acto sobre libertad religiosa, me enfrenté al mayor reto actual para la construcción de una comunidad norteamericana unida: la discriminación positiva. El término se refiere a la preferencia que se da a las minorías raciales o a las mujeres en las entidades gubernamentales en la contratación de sus empleados, las adquisiciones de productos o servicios, el acceso a préstamos para la pequeña y la mediana empresa y las plazas de admisión a las universidades. El objetivo de los programas de discriminación positiva es reducir el impacto que la exclusión sistemática ha tenido a largo plazo en nuestra sociedad. La medida política empezó con Kennedy y Johnson, y se amplió con la administración Nixon. Gozó de un amplio respaldo en ambos partidos, que reconocieron que las consecuencias de la discriminación ejercida en el pasado no podían superarse sencillamente con la penalización de dicha discriminación de cara al futuro, a la vez que abrigaron el deseo de no exigir cuotas estrictas, que podrían provocar que los beneficios fueran a parar a gente con baja cualificación y por lo tanto causarían una discriminación a la inversa contra los hombres blancos.

Hacia principios de los noventa existía cierta oposición contra la discriminación positiva: desde conservadores que decían que cualquier preferencia basada en la raza equivalía a una discriminación inversa y que por lo tanto era inconstitucional, hasta blancos que habían perdido contratos o plazas universitarias a favor de negros u otras minorías, pasando por los que creían que los programas de discriminación positiva, aunque bienintencionados, a menudo eran motivo de abuso, o bien que habían cumplido con su objetivo y ya no tenían sentido. También había algunos progresistas que no se sentían cómodos con las preferencias basadas en la raza y que instaban a que se redefiniesen los criterios de preferencias en términos de desventajas sociales y económicas.

El debate se intensificó cuando los republicanos se hicieron con el Congreso en 1994. Muchos de ellos habían prometido poner fin a la discriminación positiva y, después de veinte años de que las rentas de la clase media estuvieran estancadas, su discurso apelaba a los blancos de clase media y a la gente que poseía pequeños negocios, así como a los estudiantes blancos y a sus padres, que se sentían decepcionados cuando la universidad de su elección les rechazaba.

Las cosas se pusieron aún peor en junio de 1995, cuando la Corte Suprema decidió el caso de «Adarand Constructores contra Peña», en el cual un contratista blanco demandó al secretario de Transporte por invalidar un contrato concedido a una empresa propiedad de minorías según el programa de discriminación positiva. La Corte dictaminó que el gobierno podía seguir actuando contra «los persistentes efectos de la discriminación racial», pero que, de ahora en adelante, los programas basados en criterios raciales estarían sometidos a unos elevados estándares de supervisión llamados «escrutinio estricto», que exigía al gobierno que demostrara que tenía un interés real en resolver el problema y que este no podía solucionarse eficazmente con ninguna otra medida de menor alcance y no basada en criterios raciales. La decisión de la Corte Suprema nos obligaba a que revisáramos los programas federales de discriminación positiva. Los líderes de los derechos civiles querían que siguieran siendo sólidos y exhaustivos, mientras que muchos republicanos instaban a que se abandonasen por completo.

El 19 de julio, después de intensas consultas tanto con los defensores como con los detractores de la política de discriminación positiva, ofrecí mi respuesta a la sentencia «Adarand», y a aquellos que querían eliminar por completo dicha medida, en un discurso en los Archivos Nacionales. Para prepararme, había ordenado una completa revisión de nuestros programas de discriminación positiva, que concluía que dicha política para mujeres y minorías nos había dado el mejor y más integrado ejército del mundo, con doscientos sesenta mil puestos disponibles para las mujeres solo en los dos últimos años y medio. La Agencia para la Pequeña y Mediana Empresa había aumentado espectacularmente sus préstamos a las mujeres y a las minorías, sin reducir por ello la concesión de préstamos a los hombres blancos, ni tampoco dándolos a solicitantes que no cumplieran los requisitos adecuados. Las grandes empresas privadas con programas de discriminación positiva informaron de que la mayor diversidad en su plantilla había aumentado su productividad y su competitividad en el mercado global. Las políticas de adquisición de suministros habían ayudado a las mujeres y a los miembros de las minorías a convertirse en propietarios de las compañías proveedoras, pero en ciertos casos se habían producido abusos en uno y otro sentido. Finalmente, establecía que los programas de discriminación positiva aún eran necesarios a causa de las continuas diferencias raciales y de sexo en empleo, ingresos y propiedad de las empresas.

A partir de estas conclusiones, propuse que fuéramos más duros con el fraude y el abuso en los programas de suministros, y que lo hiciéramos mejor, retirando a las empresas de los programas una vez estuvieran listas para competir en el mercado. También me comprometí a acatar la sentencia «Adarand» y a concentrar los programas que beneficiaban a las empresas de minorías en las zonas donde tanto el problema como la necesidad para la discriminación positiva fueran demostrables; asimismo, prometí hacer más para ayudar a las comunidades deprimidas y a los desfavorecidos, sin que importara su raza o su sexo. Seguiríamos comprometidos con el principio de la discriminación positiva, pero reformaríamos la práctica para asegurarnos de que no hubiera cuotas, preferencias por personas o empresas menos cualificadas, ni discriminación inversa hacia los blancos; los programas de discriminación positiva que hubieran alcanzado su objetivo de igualdad de oportunidades se cerrarían. En una frase, mi política era: «Arréglalo, pero no te lo cargues».

El discurso fue bien recibido por las comunidades a favor de los derechos civiles, por las empresas y por el ejército, pero no convenció a todo el mundo. Ocho días después, el senador Dole y el congresista Charles Canady, de Florida, presentaron propuestas para revocar todas las leyes federales de discriminación positiva. Newt Gingrich tuvo una reacción menos negativa y dijo que no quería eliminar la discriminación positiva hasta que se le ocurriera algo que pudiera reemplazarla, que también «echase una mano».

Mientras yo iba en busca de puntos en común, los republicanos se pasaron casi todo el mes de julio tratando de impulsar sus propuestas presupuestarias en el Congreso. Querían realizar importantes recortes en la educación y la formación. Las reducciones de fondos en Medicare y Medicaid eran tan enormes que aumentaban considerablemente los desembolsos directos de los usuarios más mayores que, debido a la inflación de las facturas por parte de los médicos, ya estaban dedicando un elevado porcentaje de su renta a la sanidad, más que cuando se crearon los programas, en los años sesenta. Propusieron reducir la Agencia de Protección Medioambiental tan drásticamente que los recortes, en la práctica, eliminarían el cumplimiento de las leyes de Agua Potable y Aire Limpio. Votaron a favor de la abolición de los AmeriCorps y de reducir a la mitad las ayudas a los sin techo. Lograron poner fin al programa de planificación familiar que anteriormente habían apoyado tanto demócratas como republicanos, un medio para la prevención de embarazos no deseados y abortos. Querían rebajar el presupuesto de ayuda exterior, que solo ascendía al 1,3 por ciento del gasto federal total, con lo que se debilitaría nuestra capacidad para luchar contra el terror y la proliferación de armas nucleares, así como la posibilidad de abrir nuevos mercados para las exportaciones de Estados Unidos y prestar apoyo a las fuerzas de la paz, la democracia y los derechos humanos en todo el mundo.

Increíblemente, apenas cinco años después de que el presidente Bush hubiera firmado la ley de Ciudadanos Discapacitados, que se había aprobado con amplia mayoría en ambos partidos, los republicanos incluso propusieron recortar los servicios y la asistencia necesaria para que los discapacitados ejercieran sus derechos según la ley. Después de que se hicieran públicos los recortes de fondos para discapacitados, una noche me llamó Tom Campbell, mi compañero de habitación durante cuatro años en Georgetown. Tom era un piloto comercial que se ganaba la vida, pero que de ningún modo era rico. Muy agitado, dijo que le preocupaban los recortes que se incluían en la propuesta presupuestaria. Su hija Clara sufría parálisis cerebral; al igual que su mejor amiga, a la que criaba una madre soltera que trabajaba en un empleo en el que cobraba el salario mínimo y que viajaba cada día dos hora en autobús, ida y vuelta, para desplazarse hasta su trabajo. Tom me hizo algunas preguntas sobre los recortes presupuestarios, y yo le contesté. Luego me dijo: «A ver si lo entiendo. ¿A mí me van a reducir los impuestos y, en cambio, a la amiga de Clara y a su madre les van a retirar las ayudas con las que su madre cubre los costes de la silla de ruedas de la niña, los cuatro o cinco pares de zapatos especiales caros que tiene que llevar cada año y el coste de desplazamiento a su puesto de trabajo, en el que cobra el salario mínimo?». «Así es», le dije. Me respondió: «Bill, eso es inmoral. Tienes que impedirlo».

Tom Campbell era un devoto católico y ex marine; se había criado en un hogar republicano conservador. Si los republicanos de la Nueva Derecha habían ido demasiado lejos para alguien como él, yo sabía que podía vencerles. El último día del mes, Alice Rivlin anunció que la mejora de la economía había provocado una mayor reducción del déficit de lo previsto y que podíamos equilibrar el presupuesto en nueve años sin los durísimos recortes del GOP. Me estaba acercando a ellos.

CUARENTA Y CUATRO

En julio se produjeron tres acontecimientos positivos en el terreno internacional que nos favorecieron: normalicé nuestras relaciones con Vietnam, con un fuerte apoyo de la mayoría de los veteranos de Vietnam en el Congreso, entre ellos John McCain, Bob Kerrey, John Kerry, Chuck Robb y Pete Peterson; después de una enérgica petición del congresista Bill Richardson, Sadam Husein liberó a dos norteamericanos que llevaban prisioneros desde marzo; y, por último, el presidente de Corea del Sur, Kim Young-Sam, que estaba en Washington para la inauguración del monumento a la guerra de Corea, apoyó pública y rotundamente nuestro acuerdo con Corea del Norte para acabar con su programa nuclear. Puesto que Jesse Helms y otros habían criticado el trato, el apoyo de Kim fue muy útil, especialmente puesto que había sido prisionero político y un defensor de la democracia mientras luchaba por la libertad cuando Corea del Sur todavía era un estado autoritario.

Por desgracia, las buenas noticias quedaban eclipsadas por lo que sucedía en Bosnia. Después de que la situación se hubiera mantenido razonablemente tranquila durante la mayor parte de 1994, las cosas comenzaron a torcerse a finales de noviembre, cuando aviones de guerra serbios atacaron a los musulmanes croatas en el oeste de Bosnia. El ataque era una violación de la zona de exclusión aérea y, como castigo, la OTAN bombardeó el campo de aviación serbio pero no lo destruyó, así como tampoco a los aviones que habían atacado desde allí.

En marzo, cuando el alto el fuego que había anunciado el presidente Carter comenzó a resquebrajarse, Dick Holbrooke, que había dejado su puesto de embajador en Alemania para convertirse en ayudante del secretario de Estado para asuntos europeos y canadienses, envió a Bob Frasure, que había sido nuestro enviado especial en la ex Yugoslavia, a ver a Milosevic. Tenía la fugaz esperanza de poner fin a la agresión serbia y de obtener, al menos, que reconocieran a Bosnia a cambio de levantar las sanciones de Naciones Unidas sobre Serbia.

Hacia julio, la lucha se había reanudado con mayor virulencia, y el gobierno bosnio había conseguido algunas victorias en el centro del país. En lugar de tratar de recuperar el territorio perdido, el general Mladic atacó tres ciudades musulmanas aisladas en el este de Bosnia: Srebrenica, Zepa y Gorazde. Las ciudades estaban abarrotadas de refugiados musulmanes de las cercanías; Naciones Unidas las había declarado zonas seguras y las protegían un número relativamente pequeño de sus tropas. Mladic quería tomar las tres ciudades para que todo el este de Bosnia quedara bajo control serbio, y estaba convencido de que, mientras retuviera como rehenes a los cascos azules, Naciones Unidas no permitiría a la OTAN que realizara bombardeos de castigo. Estaba en lo cierto y las consecuencias fueron devastadoras.

El 10 de julio, los serbios tomaron Srebrenica. Hacia finales del mismo mes habían conquistado también Zepa; los refugiados que habían escapado de Srebrenica comenzaron a explicar al mundo la horrible matanza de musulmanes que habían realizado allí las tropas de Mladic. Reunieron a miles de hombres y niños en un campo de fútbol y los asesinaron en masa. Miles de personas trataban de escapar a través de los espesos bosques de las colinas.

Después de la toma de Srebrenica, presioné a Naciones Unidas para que autorizara la creación de la fuerza de respuesta rápida que habíamos discutido en la reunión del G-7 en Canadá unas semanas atrás. Mientras tanto, Bob Dole presionaba para que se levantara el embargo de armas. Le pedí que pospusiera la votación y se mostró de acuerdo. Yo todavía trataba de encontrar una forma de salvar a Bosnia con la que restaurase la efectividad de Naciones Unidas y de la OTAN, pero hacia la tercera semana de julio, los serbobosnios se habían burlado de Naciones Unidas y, por extensión, de los compromisos de la OTAN y de Estados Unidos. Las zonas seguras eran cualquier cosa menos seguras, y la acción de la OTAN estaba muy limitada por la vulnerabilidad de las tropas europeas, que no podían defenderse a sí mismas, y mucho menos a los musulmanes. La práctica serbobosnia de tomar rehenes de Naciones Unidas había puesto de relieve el principal error de su estrategia. Sus embargos de armas habían impedido al gobierno bosnio igualar los medios militares de los serbios. Los cascos azules podían proteger a los musulmanes bosnios y a los croatas solo mientras los serbios creyeran que la OTAN castigaría sus agresiones. Ahora, la toma de rehenes había desvanecido ese temor y dejaba las manos libres a los serbios en el este de Bosnia. La situación era ligeramente mejor en Bosnia central y occidental, pues los croatas y los musulmanes habían conseguido adquirir armas a pesar del embargo de Naciones Unidas.

En un intento casi desesperado de recuperar la iniciativa, los ministros de Asuntos Exteriores y de Defensa de la OTAN se reunieron en Londres. Warren Christopher, Bill Perry y el general Shalikashvili fueron a la conferencia decididos a impedir la retirada de las tropas de Naciones Unidas de Bosnia, que cada vez contaba con más partidarios, y, en lugar de ello, aumentar el compromiso y la autoridad de la OTAN para actuar contra los serbios. Tanto la pérdida de Srebrenica y Zepa como el movimiento en el Congreso para levantar el embargo de armas habían aumentado nuestra capacidad de presionar para emprender acciones más agresivas.

En la reunión, los ministros acabaron por aceptar una propuesta diseñada por Warren Christopher y su equipo para «trazar una línea en la arena» alrededor de Gorazde y para eliminar el sistema de «doble llave» que había dado a Naciones Unidas el derecho de veto sobre las acciones de la OTAN. La conferencia de Londres fue un punto de inflexión: a partir de entonces la OTAN adoptaría una postura mucho más firme. Poco después, el comandante de la OTAN, el general George Joulwan, y nuestro embajador ante la OTAN, Robert Hunter, lograron extender las reglas de Gorazde a la zona segura de Sarajevo.

En agosto, la situación dio un giro dramático. Los croatas lanzaron una ofensiva para recuperar Krajina, una parte de Croacia que los serbios locales habían proclamado territorio suyo. Los responsables de inteligencia y de las fuerzas armadas europeas, y también algunos norteamericanos, recomendaron no intervenir, pues creían que si lo hacíamos Milosevic también lo haría, para salvar a los serbios de Krajina; sin embargo, yo apoyaba a los croatas. También Helmut Kohl, que sabía, al igual que yo, que la diplomacia no tendría la menor oportunidad hasta que los serbios hubieran sufrido algunos graves reveses sobre el terreno.

Conscientes de que la propia supervivencia de Bosnia estaba en juego, no habíamos forzado el cumplimiento estricto del embargo de armas. Como resultado, tanto los croatas como los bosnios pudieron hacerse con algunas armas que les ayudaron a sobrevivir. También autorizamos a una empresa privada a utilizar personal militar jubilado para mejorar y entrenar al ejército croata.

Al final, Milosevic no acudió al rescate de los serbios de Krajina, y las fuerzas croatas la recuperaron con poca resistencia. Era la primera derrota serbia en cuatro años y cambió tanto el equilibrio de poder sobre el terreno como la psicología de ambas partes. Un diplomático occidental en Croacia afirmó: «Es casi una señal de apoyo desde Washington. Los norteamericanos han esperado su oportunidad de atacar a los serbios, y ahora lo hacen, dejando que sea Croacia quien golpee por ellos». El 4 de agosto, en una visita a Sam Donaldson, el veterano corresponsal de la ABC, en el Instituto Nacional de Salud, donde se recuperaba de una operación contra el cáncer, reconocí que la ofensiva croata podría resultar útil para resolver el conflicto. Donaldson, que en ningún momento podía dejar de ser un gran periodista, envió un artículo con mis comentarios desde la cama de su hospital.

En un esfuerzo por aprovechar el impulso del momento, envié a Tony Lake y al subsecretario de Estado, Peter Tarnoff, a Europa (incluida Rusia) para que presentaran un acuerdo marco para la paz que Lake había desarrollado; por su parte, Dick Holbrooke dirigiría un equipo para realizar un último esfuerzo y negociar un fin al conflicto entre los bosnios y Milosevic, que declaraba que no tenía ningún control sobre los serbios de Bosnia, a pesar de que todo el mundo sabía que no podrían vencer sin su apoyo. Justo antes de que lanzáramos la ofensiva diplomática, el Senado siguió el ejemplo de la Cámara y aprobó levantar el embargo de armas. Yo veté la ley para dar una oportunidad a nuestra labor diplomática. Lake y Tarnoff despegaron inmediatamente para defender nuestro plan; luego, el 14 de agosto, se reunieron con Holbrooke para informar de que los aliados y los rusos se habían mostrado favorables a nuestras propuestas y que Holbrooke podía comenzar su misión de inmediato.

El 15 de agosto, después de una breve sesión informativa dirigida por Tony Lake en Bosnia, Hillary, Chelsea y yo nos fuimos de vacaciones a Jackson Hole, Wyoming, donde nos habían invitado a pasar unos días el senador Jay Rockefeller y su esposa, Sharon. Todos necesitábamos unas vacaciones y yo tenía muchas ganas de hacer excursiones y montar a caballo en las Grand Tetona; de hacer piragüismo en el río Snake; de visitar el Parque Nacional de Yellowstone para ver al Old Faithful, al búfalo, al alce y a los lobos que habíamos devuelto a la naturaleza y de jugar a golf a gran altura, porque la pelota va mucho más lejos. Hillary trabajaba en un libro sobre familias y niños y estaba deseando poder avanzar en su redacción en el luminoso y espacioso rancho de los Rockefeller. Hicimos todas esas cosas y algunas más, pero el recuerdo que nos quedó de nuestras vacaciones fue Bosnia y una gran tristeza.

El día en que mi familia salió para Wyoming, Dick Holbrooke partió hacia Bosnia acompañado de un equipo impresionante, en el que estaban Bob Frasure, Joe Kruzel, el coronel de las fuerzas aéreas Nelson Drew y el teniente general Wesley Clark, director de política estratégica de la Junta del Estado Mayor y un compatriota de Arkansas al que conocí en Georgetown, en 1965.

Holbrooke y su equipo aterrizaron en Split, una ciudad costera de Croacia, donde informaron al ministro de Asuntos Exteriores bosnio, Muhamed Sacirbey, de nuestros planes. Sacirbey era la elocuente cara pública de Bosnia en la televisión norteamericana, un hombre elegante y en forma que durante sus estudios en Estados Unidos había jugado al fútbol americano en la Universidad de Tulane. Hacía tiempo que trataba de conseguir que nuestro país se implicara más en los problemas de su acosada nación y estaba contento de que por fin ese momento hubiera llegado.

Tras Split, el equipo estadounidense fue a Zagreb, la capital de Croacia, a ver al presidente Tudjman. Luego volaron a Belgrado para reunirse con Slobodan Milosevic. Fue una reunión en la que no se avanzó en nada y en la que solo destacó que Milosevic se negara a garantizar la seguridad del avión de nuestro equipo contra los disparos de artillería serbobosnia

si volaban desde Belgrado al aeropuerto de Sarajevo, la siguiente etapa de
su viaje. Eso quería decir que tendrían que volar de vuelta a Split, desde
donde se trasladarían en helicóptero hasta su lugar de destino. Desde allí
conducirían durante dos horas hasta Sarajevo a través de la carretera del
monte Igman, una ruta estrecha y sin pavimentar que no tenía barreras de
seguridad en los bordes de los precipicios por donde pasaba y que era
muy vulnerable a los ataques de los serbios, que ametrallaban regularmente a los vehículos de Naciones Unidas. Al negociador de la Unión
Europea, Carl Bildt, le habían atacado cuando viajaba por aquella misma
carretera apenas unas semanas atrás; había visto muchos vehículos destruidos en los barrancos entre Split y Sarajevo, algunos de los cuales simplemente se habían salido de la carretera.

El 19 de agosto, el día de mi cuarenta y nueve cumpleaños, comencé
la mañana jugando a golf con Vernon Jordan, Erskine Bowles y Jim Wolfensohn, el presidente del Banco Mundial. Fue una mañana perfecta
hasta que me enteré de lo sucedido en la carretera del monte Igman. Primero a través de las noticias y después a través de una emotiva llamada de
Dick Holbrooke y Wes Clark, supe que nuestro equipo había partido
hacia Sarajevo y que Holbrooke y Clark iban en un Humvee del ejército
de Estados Unidos y Frasure, Kruzel y Drew les seguían en un transporte
blindado de personal francés (TBP) pintado con el color blanco de
Naciones Unidas. Cuando llevaban una hora de viaje, en la cima de un
abrupto precipicio, la carretera cedió bajo el TBP, que se precipitó dando
vueltas de campana por la ladera y estalló. Además de los tres miembros
de nuestro equipo, transportaba a dos norteamericanos más y a cuatro
soldados franceses. El TBP se había incendiado al prenderse la munición
que transportaba. En un valiente intento de ayudar, Wes Clark se des-
colgó por la pared del precipicio con una cuerda atada a un tronco y trató
de entrar en el vehículo en llamas para rescatar a los hombres que se
hallaban atrapados dentro, pero este estaba demasiado dañado, casi al
rojo vivo.

De todas formas, era demasiado tarde. Bob Frasure y Nelson Drew
habían muerto durante la caída por el precipicio. Todos los demás consiguieron salir, pero Joe Kruzel no tardó en morir, a causa de sus heridas, al
igual que uno de los soldados franceses. Frasure tenía cincuenta y tres
años; Kruzel, cincuenta; Drew, cuarenta y siete; todos eran unos buenos
funcionarios y unos patriotas, buenos hombres de familia que murieron
demasiado jóvenes tratando de salvar las vidas de gente inocente que vivía
muy lejos de Estados Unidos.

La semana siguiente, después de que los serbios dispararan con un
mortero contra el corazón de Sarajevo y mataran a treinta y ocho personas, la OTAN empezó tres días de ataques contra las posiciones serbias.
El 1 de septiembre, Holbrooke anunció que todas las partes se reunirían

en Ginebra para iniciar negociaciones. Cuando los serbios de Bosnia se negaron a cumplir las condiciones de la OTAN, los ataques aéreos volvieron a empezar y continuaron hasta el día 14; por fin, Holbrooke logró que Karadzic y Mladic firmaran un acuerdo que pusiera fin al sitio de Sarajevo. Pronto comenzarían en Dayton, Ohio, las conversaciones de paz definitivas, que pondrían fin a la sangrienta guerra de Bosnia. Cuando se logró ese objetivo, el éxito fue en gran medida un homenaje a tres discretos héroes norteamericanos que no vivieron para ver el fruto de su trabajo.

Aunque las noticias de agosto estuvieron dominadas por Bosnia, continué peleándome con los republicanos por el presupuesto; señalé que un millón de norteamericanos habían perdido su cobertura médica durante el año anterior como consecuencia del fracaso de la reforma de la sanidad y decreté una limitación de los anuncios, de la promoción, de la distribución y del marketing para el tabaco dirigido a los adolescentes. La Administración de Fármacos y Medicamentos acababa de completar un estudio de catorce meses confirmando que los cigarrillos causaban adicción, eran perjudiciales y sus anuncios apuntaban descaradamente al público adolescente, entre el que cada vez había más fumadores.

El problema del tabaco entre los adolescentes era un hueso duro de roer. El tabaco es una droga adictiva legal en Estados Unidos; mata a gente y cuesta una cantidad exorbitante de dinero a la sanidad. Pero las compañías de tabaco son políticamente muy influyentes y los granjeros que cultivan la planta del tabaco son una parte importante del sistema económico, político y cultural de Kentucky y de Carolina del Norte. Los granjeros eran la cara amable del esfuerzo que hacían las compañías tabaqueras por aumentar sus beneficios enganchando a gente cada vez más joven a los cigarrillos. Yo creía que teníamos que hacer algo para frenarlas. Y lo mismo creía Al Gore, que había perdido a su querida hermana Nancy debido a un cáncer de pulmón.

El 8 de agosto conseguimos un avance en nuestros esfuerzos por eliminar los vestigios de los programas de armas de destrucción masiva de Irak cuando dos hijas de Sadam Husein y sus maridos desertaron a Jordania, donde el rey Hussein les ofreció asilo. Uno de los hombres, Hussein Kamel Hassan al-Majid, había dirigido los programas secretos de Sadam para conseguir armas de destrucción masiva y podía dar información muy relevante sobre las reservas de ADM que le quedaban a Irak. El volumen y la importancia de los datos que aportó contradecían lo que los altos cargos iraquíes habían dicho a los inspectores de Naciones Unidas. Cuando se les mostraron las pruebas, los iraquíes simplemente reconocieron que el yerno de Sadam decía la verdad y llevaron a los inspectores a los lugares que había identificado. Después de seis meses en el exilio, se indujo a los parientes de Sadam a regresar a casa. En un par de días, los dos yernos habían muerto. Su breve viaje a la libertad había dado a los inspectores de Naciones Unidas tanta información que se destruyeron más almacenes químicos y biológicos y equipos de laboratorio durante el proceso de inspecciones que durante la guerra del Golfo.

Agosto fue también un mes muy importante en el caso Whitewater. Kenneth Starr procesó a Jim y Susan McDougal y al gobernador Jim Guy Tucker por cargos que no tenían nada que ver con Whitewater; los republicanos del Senado y de la Cámara de Representantes celebraron audiencias durante todo un mes. En el Senado, Al D'Amato todavía intentaba probar que detrás de la muerte de Vince Foster había algo más que un suicidio provocado por una depresión. Arrastró al equipo y amigos de Hillary ante el comité para acosarles en los interrogatorios y atacarles con argumentos *ad hominem*. D'Amato fue especialmente desagradable con Maggie Williams y con su conciudadana neoyorquina Susan Thomases. El senador Lauch Faircloth fue todavía más lejos, y se burló de la idea de que Williams y Thomases pudieran haber hablado tantas veces por teléfono solo para compartir su dolor. En aquellos momentos, pensé que si de verdad Faircloth no podía comprender qué sentían era que toda su vida debía de ser un desierto de emociones. El hecho de que Maggie hubiera pasado dos veces por el detector de mentiras para confirmar la veracidad de sus declaraciones sobre qué había hecho durante los días siguientes a la muerte de Vince no disminuyó el acoso al que la sometieron D'Amato y Faircloth.

En el Comité Bancario de la Cámara de Representantes, el presidente Jim Leach se comportaba igual que D'Amato. Desde el principio se hizo eco de cualquier acusación, por vaga y disparatada que fuera, contra Hillary o contra mí; alegaba que habíamos ganado, y no perdido, dinero con el asunto Whitewater, que habíamos usado fondos del Madison Guaranty para gastos políticos y personales y que habíamos diseñado el fraude de David Hale a la Agencia para la Pequeña y Mediana Empresa. Siguió prometiendo revelaciones «demoledoras» que nunca llegaron.

En agosto, Leach celebró una audiencia cuyo protagonista fue L. Jean Lewis, el investigador de la Corporación de Resolución de Fondos que nos había llamado a Hillary y a mí como testigos en una investigación poco antes de las elecciones de 1992. Cuando el Departamento de Justicia preguntó sobre la investigación de Lewis, Bush y el fiscal republicano de Arkansas, Charles Banks, dijeron que no había ningún caso contra nosotros, que solo se trataba de un intento de influir en las elecciones y que lanzar una investigación en aquellos momentos sería el equivalente a «conducta fiscal de mala fe».

Leach se refirió a Lewis como un funcionario «heroico» a quien habían desbaratado su investigación después de mi elección. De todas formas, antes de que comenzaran las audiencias, se hicieron públicos documentos que apoyaban nuestra versión, entre ellos una carta de Banks en la que se negaba a seguir investigando los cargos de Lewis porque había una ausencia total de pruebas, y telegramas internos y evaluaciones del Departamento de Justicia que decían que «no se ha encontrado ningún hecho que justifique la designación» de Hillary y de mí como testigos materiales. Aunque la prensa casi ignoró por completo aquel documento que refutaba a Lewis, las audiencias echaban chispas.

Cuando llegaron las audiencias de agosto y la última ronda de citaciones de Starr, yo ya me había acostumbrado a la rutina de tener que contestar preguntas de la prensa sobre Whitewater con el mínimo comentario público posible. Había aprendido, después de ver la cobertura que la prensa me había dado en el caso de los gays en el ejército, que si daba una respuesta suculenta a una pregunta sobre un tema en el que la prensa se hubiera obsesionado, aparecería en las noticias de la tarde y robaría espacio a las acciones que había hecho en interés de los ciudadanos ese día; los norteamericanos acabarían creyendo que me pasaba todo el tiempo defendiéndome en lugar de trabajar para ellos, cuando, de hecho, Whitewater me ocupó muy poco tiempo. En una escala del uno al diez, un siete en la economía era mucho mejor que un diez en Whitewater. Así, con la constante ayuda de mi equipo, que me lo recordaba diariamente, casi siempre me contuve, pero me costó mucho. Siempre he odiado el abuso de poder y, a medida que se sucedían las acusaciones falsas, se ignoraban las pruebas de nuestra inocencia y Starr perseguía a más gente inocente, a mí me hervía la sangre. Nadie podía estar tan enfadado como yo lo estaba sin hacerse daño a sí mismo. Me llevó algún tiempo comprenderlo.

Septiembre comenzó con un viaje memorable a Hawaii para conmemorar el cincuenta aniversario del final de la Segunda Guerra Mundial, seguido por el viaje de Hillary a Pekín para dirigirse a la Cuarta Conferencia Mundial de Naciones Unidas sobre la Mujer. Hillary dio uno de los discursos más importantes de los ocho años de nuestra administración; afirmó que «los derechos humanos son los derechos de las mujeres» y condenó la excesivamente frecuente violación de los mismos por los que traficaban con mujeres, las convertían en prostitutas, las quemaban cuando pensaban que su dote era demasiado pequeña, las violaban en tiempos de guerra, las pegaban en sus casas o las sometían a mutilaciones genitales, abortos forzados o esterilización. El público respondió a su discurso poniéndose en pie y aplaudiendo. Había sabido conectar con mujeres de todo el mundo que sentían, sin lugar a dudas, que Estados Unidos estaba con ellas. Una vez más, a pesar del maltrato al que la sometía el caso Whitewater, Hillary había salido en defensa de una causa en la creía y de nuestro país. Yo me sentía muy orgulloso de ella. Los duros e injustos golpes que había tenido que soportar no habían podido ensombrecer el idealismo innato en ella del que me había enamorado hacía mucho tiempo.

Hacia mediados de mes, Dick Holbrooke había convencido a los ministros de Asuntos Exteriores de Bosnia, Croacia y Yugoslavia para que acordaran una serie de principios básicos como marco para resolver el conflicto bosnio. Mientras tanto, los ataques aéreos y con misiles de la OTAN seguían cayendo sobre las posiciones de los serbobosnios, y las victorias militares de los bosnios y los croatas redujeron el territorio controlado por los serbios del 70 al 50 por ciento, una cifra muy cercana a la necesaria para llegar a un acuerdo negociado.

El 28 de septiembre fue la culminación de un buen mes en política exterior, pues Yitzhak Rabin y Yasser Arafat acudieron a la Casa Blanca para dar el siguiente gran paso en el proceso de paz: la firma del acuerdo de Cisjordania, que ponía una considerable parte del territorio bajo control palestino.

El acontecimiento más significativo ocurrió lejos de las cámaras. Se dispuso que la ceremonia de firma tuviera lugar a mediodía, pero antes Rabin y Arafat se reunieron en la Sala del Gabinete para poner sus iniciales al anexo al acuerdo, tres copias que incluía veintiséis mapas distintos; en cada uno de ellos se reflejaba literalmente el resultado de miles de pactos que las partes habían alcanzado sobre carreteras, cruces, asentamientos y lugares sagrados. También me dijeron que pusiera mis iniciales en las páginas como testigo oficial. Cuando íbamos más o menos por la mitad, mientras estaba fuera respondiendo a una llamada, Rabin salió y dijo: «Tenemos un problema». En uno de los mapas Arafat había visto un tramo de carretera que estaba bajo control israelí, pero él estaba convencido de que las partes habían acordado entregarlo a los palestinos. Rabin y Arafat querían que les ayudara a resolver la disputa. Les llevé a mi comedor privado y comenzaron a hablar; Rabin decía que quería ser un buen vecino y Arafat replicaba que, como descendientes de Abraham, eran más bien primos. La interacción entre los dos viejos adversarios era fascinante. Sin decir palabra, me di la vuelta, salí de la habitación y los dejé juntos a solas por primera vez. Más tarde o más temprano tendrían que establecer una relación directa entre ellos, y aquel parecía el día adecuado para empezar.

A los veinte minutos se habían puesto de acuerdo en que el cruce que era objeto de la disputa debía ser para los palestinos. Puesto que el mundo estaba esperando la ceremonia y ya llegábamos tarde, no había tiempo para cambiar el mapa. En lugar de ello, Rabin y Arafat acordaron la modificación con un apretón de manos y luego firmaron los mapas que tenían ante ellos; se comprometieron legalmente con la atribución incorrecta de aquella carretera en disputa.

Fue un acto de confianza personal que poco tiempo atrás hubiera sido inconcebible. Y era arriesgado para Rabin. Algunos días después, con los israelíes divididos en dos bloques similares sobre el acuerdo de Cisjordania, Rabin sobrevivió a una moción de censura en el Knesset por un solo voto. Todavía estábamos en la cuerda floja, pero yo me sentía optimista. Sabía que la entrega del territorio respetaría aquel pacto sellado con un apretón de manos, y así fue. Fue ese apretón, incluso más que la firma oficial, lo que me convenció de que Rabin y Arafat sabrían encontrar la forma de llevar a buen puerto el proceso de paz.

El año fiscal acabó el 30 de septiembre y para entonces seguíamos sin tener un presupuesto. Cuando no estaba trabajando en Bosnia o en Oriente Próximo, me pasaba el mes entero viajando por todo el país y haciendo campaña contra los recortes que los republicanos proponían en Medicare y Medicaid, los cupones de comida, el programa de créditos estudiantiles directos y la iniciativa de poner cien mil policías más en las calles. Incluso proponían reducir la rebaja fiscal del impuesto sobre la renta, lo que aumentaría la carga fiscal para las familias trabajadoras con menores ingresos, mientras pretendían, paralelamente, rebajar los impuestos de los norteamericanos más ricos. En casi todas las escalas de mi viaje subrayé que nuestra lucha no era sobre si debíamos equilibrar el presupuesto y reducir la carga que suponía un gobierno excesivamente grande, sino sobre la forma de hacerlo. La gran disputa versaba sobre qué responsabilidades debía asumir el gobierno federal por el bien común.

En respuesta a mis ataques, Newt Gingrich amenazó, si vetaba su ley de presupuesto, con subir el límite de la deuda y de esa forma poner a Estados Unidos en una situación de suspensión de pagos. Subir el límite de la deuda era una ley meramente técnica que reconocía lo inevitable: mientras Estados Unidos siguiera acumulando déficit, la deuda anual aumentaría y el gobierno tendría que vender más bonos para financiarla. Subir el límite de la deuda sencillamente daba al Departamento del Tesoro la autorización necesaria para hacerlo. Mientras los demócratas fueran mayoría, los republicanos podían emitir votos simbólicos contra la subida del límite de la deuda y pretender que no habían contribuido a que ello fuera necesario. Muchos republicanos de la Cámara jamás habían votado para subir el límite de la deuda y no les gustaba la idea de comenzar a hacerlo ahora, así que tenía que tomarme las amenazas de Gingrich muy en serio.

Si Estados Unidos suspendía pagos sobre su deuda, las consecuencias podían ser muy graves. En más de doscientos años, Estados Unidos nunca había dejado de pagar sus deudas. La suspensión de pagos haría que los inversores recelaran de nuestra fiabilidad. A medida que nos acercábamos al momento del enfrentamiento final, no podía negar que Newt tenía muy buenas cartas, pero yo estaba decidido a no dejarme chantajear. Si llevaba sus amenazas a sus últimas consecuencias, él también saldría perjudicado. La suspensión de pagos implicaba el riesgo de hacer subir los tipos de interés y, aunque fuera un pequeño aumento, añadiría cientos de miles de millones a los pagos de las hipotecas. Diez millones de norteamericanos tenían hipotecas de tipo variable ligadas a los tipos de interés federal. Si el Congreso no subía el límite de la deuda, la gente podía acabar pagando lo que Al Gore había llamado un «recargo Gingrich» en sus pagos mensuales de la hipoteca. Los republicanos se lo tendrían que pensar dos veces antes de dejar que Estados Unidos cayera en la suspensión de pagos.

Durante la primera semana de octubre, el Papa visitó Estados Unidos otra vez, y Hillary y yo fuimos a verle a la magnífica catedral gótica de Newark. Igual que habíamos hecho en Denver y en el Vaticano, Su Santidad y yo nos reunimos a solas y hablamos sobre todo de Bosnia. El Papa nos animó a perseverar en nuestros esfuerzos por la paz, y añadió una observación que me impresionó: dijo que el siglo XX había comenzado con una guerra en Sarajevo y ahora era mi labor evitar que acabase precisamente con otra, en aquella misma ciudad.

Cuando nuestra reunión terminó, el Papa me dio toda una lección sobre política. Salió de la catedral y se alejó hasta unos tres kilómetros de distancia, de modo que pudiera volver en su papamóvil, con el techo de cristal a prueba de balas, y saludar a la gente que abarrotaba las calles. Cuando llegó a la iglesia, la congregación ya estaba sentada. Hillary y yo estábamos en primera fila junto con los altos cargos estatales y municipales y algunos importantes católicos de Nueva Jersey. Las enormes puertas de roble se abrieron y dieron paso al pontífice; llevaba su resplandeciente sotana blanca con una capa blanca. La gente se puso en pie y comenzó a aplaudir. A medida que el Papa avanzaba por el pasillo central con los brazos abiertos para tocar las manos de la gente de los dos lados, el aplauso se convirtió en una aclamación con vítores y gritos de apoyo. Vi a un grupo de monjas que se habían puesto de pie sobre sus bancos y que gritaban como si fueran adolescentes en un concierto de rock. Cuando le pregunté a un hombre que tenía cerca quiénes eran, me dijo que eran carmelitas, miembros de una orden de clausura que vivía completamente apartada de la sociedad. El Papa les había dado una dispensa especial para que pudieran ir a la catedral. Sin duda sabía cómo conquistar a una multitud. Sacudí la cabeza y dije: «No me gustaría nada tener que presentarme contra este hombre a unas elecciones».

Al día siguiente de ver al Papa avanzamos mucho con Bosnia y anuncié que todas las partes se habían comprometido a declarar un alto el fuego. Una semana más tarde, Bill Perry anunció que un acuerdo de paz requeriría que la OTAN enviara tropas a Bosnia para asegurarse de su cumplimiento. Más todavía, puesto que nuestro deber de participar en las misiones de la OTAN estaba claro, no creía que para ello tuviéramos que pedir autorización al Congreso. Yo creía que Dole y Gingrich se sentirían aliviados de no tener que votar sobre la cuestión de Bosnia. Ambos eran internacionalistas que sabían qué debíamos hacer, pero había demasiados republicanos en ambas cámaras que no estaban nada de acuerdo con ellos.

El 15 de octubre, me reafirmé en mi decisión de acabar con la guerra de Bosnia y de exigir responsabilidades a aquellos que habían cometido crímenes de guerra. Fui a la Universidad de Connecticut con mi amigo el senador Chris Dodd para inaugurar el centro de investigación bautizado en honor de su padre. Antes de entrar en el Senado, Tom Dodd había sido fiscal en los juicios de Nuremberg. En mi discurso, di mi apoyo sin reservas a los tribunales para juzgar crímenes de guerra que existían en la antigua Yugoslavia y en Ruanda, a los que estábamos aportando dinero y personal, y apoyé el establecimiento de un tribunal permanente para que se enfrentara a los crímenes de guerra y a otras atrocidades que violaban los derechos humanos. Al final, la idea se materializó en el Tribunal Penal Internacional.

Mientras en Estados Unidos seguía enfrentándome con el problema de Bosnia, Hillary había vuelto a salir de viaje, esta vez por Latinoamérica. En la situación creada al final de la Guerra Fría, con Estados Unidos como única superpotencia militar, económica y política, todas las naciones pedían nuestra atención, y generalmente nos convenía dársela.

Pero no podía ir a todas partes, especialmente durante las peleas presupuestarias con el Congreso. Como consecuencia, Al Gore y Hillary realizaron un gran número de importantes viajes al extranjero. Allá donde iban, la gente sabía que hablaban en nombre de Estados Unidos y en el mío, y en cada viaje, sin excepción, contribuyeron a reforzar la posición de nuestro país en el mundo.

El 22 de octubre volé a Nueva York para celebrar el cincuenta aniversario de Naciones Unidas. Aproveché la ocasión para abogar por una mayor cooperación internacional en la lucha contra el terrorismo, la proliferación de armas de destrucción masiva, el crimen organizado y el narcotráfico. A principios de ese mismo mes, se declaró culpables al jefe Omar Abdel Rahman y a otros nueve imputados en el caso del atentado con bomba contra el World Trade Center, y no mucho antes Colombia había arrestado a muchos de los líderes del funestamente famoso cártel de Cali. En mi discurso esbocé un programa de trabajo que nos permitiría seguir adelante, firmemente asentados en estos éxitos. El plan requería una adhesión universal a la persecución del blanqueo de dinero, que se congelaran las cuentas y bienes de los terroristas y de los narcotraficantes —como ya había hecho con los cárteles colombianos—, que no hubiera ningún santuario para los miembros de grupos terroristas o del crimen

organizado, que se acabara con los mercados grises que aportaban armas
y documentos de identificación falsos a los terroristas y a los narcotraficantes, que se intensificaran los esfuerzos para destruir las cosechas de
droga y para reducir la demanda, que se formase una red internacional
para entrenar a agentes de policía y dotarles de la tecnología más avanzada, que se ratificara la Convención sobre Armas Químicas y que se
reforzara la Convención sobre Armas Biológicas.

Al día siguiente, regresé a Hyde Park para mi novena reunión con
Boris Yeltsin. Había estado enfermo y soportaba mucha presión en su
país por parte de los ultranacionalistas a causa de la expansion de la
OTAN y del papel agresivo que Estados Unidos estaba teniendo en Bosnia a expensas de los serbobosnios. El día anterior había pronunciado un
discurso bastante duro ante Naciones Unidas, destinado principalmente
a consumo interno, y pude ver que estaba muy agobiado.

Para hacer que se sintiera más cómodo, le acompañé a Hyde Park en
mi helicóptero, para que pudiera admirar la belleza del paraje a lo largo
del río Hudson en aquel suave día de otoño. Cuando llegamos, le acompañé al patio delantero de la vieja casa, con su amplia panorámica sobre el
río, y allí charlamos un rato, sentados en las mismas sillas que Roosevelt y
Churchill habían usado cuando el primer ministro visitó Estados Unidos
durante la Segunda Guerra Mundial. Luego le hice pasar al interior de la
casa y le enseñé un busto de Roosevelt esculpido por un artista ruso; un
cuadro de la indómita madre del presidente, obra del hermano del escul-
tor y la nota manuscrita que Roosevelt había enviado a Stalin para informarle que se había fijado la fecha del día D.

Boris y yo pasamos la mañana hablando de su delicada situación política. Le recordé que había hecho todo lo que había podido para apoyarle,
y le dije que, a pesar de que no estábamos de acuerdo en la expansión de
la OTAN, trataría de ayudarle para que lo superara.

Después de comer volvimos a la casa a hablar sobre Bosnia. Las partes
estaban a punto de venir a Estados Unidos a negociar lo que todos esperábamos que fuera un acuerdo definitivo, el éxito del cual dependía tanto
de una fuerza multinacional dirigida por Naciones Unidas como de la
participación de tropas rusas, que darían la garantía a los serbios de Bosnia de que se les iba a tratar con justicia. Finalmente, Boris aceptó enviar
tropas. Dijo que, aunque no podían estar bajo el mando de la OTAN,
estaría encantado de ponerlas bajo el mando de «un general norteamericano». Yo asentí, mientras se entendiera que sus tropas no interferirían
de ningún modo con el mando y el control de la OTAN.

Lamentaba que Yeltsin tuviera tantos problemas internos. Era cierto
que había cometido errores pero, a pesar de la enorme resistencia que
había encontrado, pudo hacer que Rusia siguiera avanzando en la dirección correcta. Yo todavía creía que podía ganar las elecciones.

En la rueda de prensa posterior a nuestra reunión, dije que habíamos avanzado sobre Bosnia y que ambos presionaríamos para que se ratificase el tratado START II y cooperaríamos para lograr, en 1996, un tratado de prohibición completa de las pruebas nucleares. Era un anuncio de gran importancia, pero Yeltsin acaparó todo el protagonismo del acto. Dijo a la prensa que se iba de nuestra cumbre mucho más optimista de lo que había llegado, pues antes de que se celebrara todos los periodistas decían que la cumbre «iba a ser un desastre. Bien, ahora puedo decirles, por primera vez, que son ustedes los que son un desastre». Casi me caigo de la risa, y la prensa también se rió. Todo lo que pude decir como respuesta fue: «Asegúrense que atribuyen el comentario a la persona correcta». Yeltsin podía decir las cosas más rocambolescas y salir airoso de ello. No llego a imaginarme cómo habría contestado a todas las preguntas de Whitewater.

Octubre fue un mes relativamente tranquilo en el frente interior, a medida que la caldera del presupuesto se calentaba hasta llegar al punto de ebullición. A principios de mes, Newt Gingrich decidió no llevar a votación la ley sobre reforma de los grupos de presión y yo veté la ley de asignaciones presupuestarias. La ley de reforma de los grupos de presión requería que sus miembros informasen de sus actividades y les prohibía hacer regalos a los legisladores o pagarles viajes o comidas más allá de un modesto límite. Los republicanos estaban consiguiendo un montón de dinero de los grupos de presión aprobando leyes que reducían los impuestos, dando subsidios y eximiendo de las normas sobre medio ambiente a un amplio abanico de grupos de interés. Gingrich no veía ningún motivo para cambiar una situación que les beneficiaba. Veté la propuesta de ley de asignaciones presupuestarias porque, aparte de la ley de asignaciones para construcciones militares, era la única ley de presupuestos que el Congreso había aprobado en el nuevo año fiscal, y no creía justo que lo primero que hiciera el Congreso fuera asegurarse la propia financiación. No quería vetar la propuesta y había pedido a los dirigentes republicanos que la retuvieran hasta que hubiéramos aprobado algunas otras leyes presupuestarias, pero me la enviaron de todas formas.

Mientras la batalla presupuestaria continuaba, la secretaria de Energía, Hazel O'Leary, y yo recibimos un informe de mi Comité Asesor sobre Experimentos en Radiación Humana que detallaba los miles de experimentos que se habían realizado con seres humanos en universidades, hospitales y bases militares durante la Guerra Fría. La mayoría de ellos eran éticos, pero unos pocos no lo eran: en un experimento, los científicos inyectaron plutonio a dieciocho pacientes sin su conocimiento; en otro, los doctores expusieron a pacientes indigentes que sufrían de cáncer a dosis de radiación excesivas, sabiendo de antemano que no contribuirían a curar sus enfermedades. Ordené que se revisaran todos los procedimientos vigentes de experimentación, y me comprometí a buscar una compensación en todos los casos apropiados. La publicación de esta información, anteriormente secreta, formaba parte de una política de mayor transparencia que apliqué durante todo mi período en el cargo. Ya habíamos desclasificado miles de documentos de la Segunda Guerra Mundial, de la Guerra Fría y del asesinato de Kennedy.

Al final de la primera semana de octubre, Hillary y yo nos tomamos el fin de semana libre para volar a Martha's Vineyard y asistir a la boda de nuestra buena amiga Mary Steenburgen con Ted Danson. Éramos amigos desde la década de 1980, nuestros hijos habían jugado juntos desde pequeños y Mary se había deslomado por mí a lo largo y ancho del país en 1992. Me alegré cuando ella y Ted se enamoraron; su boda me permitió olvidar por un momento los momentos difíciles con Bosnia, Whitewater y la batalla presupuestaria.

A finales de mes, Hillary y yo celebramos nuestro vigésimo aniversario de boda. Le compré un bonito anillo de diamantes para conmemorar lo que era todo un hito en nuestras vidas y para compensarla porque cuando aceptó casarse conmigo yo no tenía suficiente dinero para comprarle un anillo de compromiso. A Hillary le gustaron mucho los pequeños diamantes a lo largo de la estrecha banda, y llevaba el anillo como recordatorio de que, a pesar de nuestros altibajos, seguíamos profundamente comprometidos el uno con el otro.

CUARENTA Y CINCO

El sábado 4 de noviembre comenzó bien. Las conversaciones de paz para Bosnia habían empezado tres días antes en la base de las fuerzas aéreas de Wright-Patterson, en Dayton, Ohio, y acabábamos de ganar una votación en el Congreso para que no se incluyeran en el presupuesto de la Agencia de Protección del Medio Ambiente (APM) diecisiete enmiendas contra el medio ambiente. Había grabado mi habitual discurso radiofónico de los sábados por la mañana, en el que arremetía contra los recortes que todavía seguían en el presupuesto de la APM, y el día transcurría con una tranquilidad y una paz poco habituales. Sin embargo, a las 3.25 de la tarde, Tony Lake llamó a la residencia para decirme que habían disparado contra Yitzhak Rabin cuando se marchaba de un gran mitin por la paz en Tel Aviv. El hombre que le había atacado no era un terrorista palestino, sino un joven estudiante de derecho israelí, Ygal Amir, que se oponía fervientemente a entregar Cisjordania, incluida la tierra ocupada por los asentamientos de colonos israelíes, a los palestinos.

Habían llevado rápidamente a Yitzhak al hospital y todavía no sabíamos si las heridas eran graves. Llamé a Hillary, que estaba arriba trabajando en su libro, y le conté lo que había pasado. Bajó y me abrazó mientras hablábamos de que Yitzhak y yo habíamos estado juntos apenas hacía diez días, cuando vino a Estados Unidos para entregarme el Premio Isaías de la Organización de Judíos Unidos. Fue una noche muy feliz. Yitzhak, que odiaba ponerse elegante, se presentó al acto de etiqueta con un traje oscuro y una corbata normal. Uno de mis ayudantes, Steve Goodin, le prestó una pajarita y yo se la ajusté antes de salir. Cuando Yitzhak me entregó el premio, insistió en que, como homenajeado, yo debía ponerme a su derecha, aunque el protocolo dictara que los líderes extranjeros se colocan a la derecha del presidente. «Hoy cambiamos el orden», dijo. Le contesté que quizá tuviera razón y debiéramos hacerlo ante la Organización de Judíos Unidos, pues probablemente «sean más tu público que el mío». Ahora esperaba contra todo pronóstico que pudiéramos volver a reírnos como aquella noche otra vez.

A los veinticinco minutos de su primera llamada, Tony volvió a llamar para decir que Rabin estaba muy grave, pero que no sabía nada más. Colgué el teléfono y le dije a Hillary que quería bajar al Despacho Oval. Después de hablar con mi equipo y de caminar por la habitación durante cinco minutos, decidí que quería estar solo, así que cogí un palo y unas cuantas bolas de golf y fui a practicar mi juego en el *green* en el Jardín Sur, donde recé a Dios para que no se llevara la vida de Yitzhak; golpeé la bola sin ánimo y esperé.

A los diez o quince minutos vi que se abría la puerta del Despacho Oval y que Tony Lake se acercaba por el camino de piedra. Por la expresión de su rostro supe que Yitzhak había muerto. Cuando Tony me lo dijo le pedí que preparara una declaración para que yo la leyera en público.

Durante los dos años y medio que habíamos trabajado juntos, Rabin y yo habíamos desarrollado una relación inusualmente íntima, basada en la franqueza, la confianza y una comprensión extraordinaria de las posiciones políticas y de la forma de pensar del otro. Nos habíamos hecho amigos de esa forma única en que la gente entabla amistad cuando se comparte una lucha por algo que se considera muy importante y bueno. Con cada encuentro, mi respeto por él fue en aumento. Cuando le mataron, había llegado a quererle como pocas veces he querido a ningún otro hombre. Supongo que en el fondo siempre supe que arriesgaba su vida por la paz, pero no podía imaginar que fuera a desaparecer y no tenía ni idea de qué querría o podría hacer en Oriente Próximo sin él. Abrumado por el dolor, regresé arriba para estar con Hillary un par de horas.

Al día siguiente Hillary, Chelsea y yo fuimos a la iglesia metodista Foundry con nuestros invitados de Little Rock, Vic y Susan Fleming, y su hija Elizabeth, una de las mejores amigas de Hillary en Arkansas. Era el día de Todos los Santos y el servicio estuvo lleno de evocaciones de Rabin. Chelsea y otra joven leyeron un fragmento del Éxodo que hablaba sobre cómo Moisés se había enfrentado a Dios en forma de arbusto ardiente. Nuestro pastor, Phil Wogaman, dijo que el lugar de Tel Aviv donde Rabin «entregó su vida se había convertido en un lugar sagrado».

Después de comulgar, Hillary y yo salimos de la iglesia y condujimos hasta la embajada israelí para ver al embajador y a la señora Rabinovich y firmar en el libro de condolencias, que estaba sobre una mesa en el salón Jerusalen de la embajada, junto con una gran fotografía de Rabin. Cuando llegamos, Tony Lake y Dennis Ross, nuestro enviado especial en Oriente Próximo, ya estaban allí, sentados y guardando un respetuoso silencio. Hillary y yo firmamos en el libro y luego nos fuimos a casa para prepararnos antes de volar a Jerusalén para el funeral.

Nos acompañaron los ex presidentes Carter y Bush, los principales líderes del Congreso y tres docenas más de senadores y miembros de la cámara de representantes, el general Shalikashvili, el ex secretario de Estado George Shultz y muchas importantes personalidades del mundo de los negocios. Tan pronto como aterrizamos, Hillary y yo fuimos a casa de los Rabin para ver a Leah. Tenía el corazón destrozado pero trataba de parecer fuerte por su familia y por su país.

Asistieron al funeral el rey Hussein y la reina Noor, el presidente Mubarak y otros líderes mundiales. Arafat quería ir, pero le convencieron de que no lo hiciera por el riesgo y porque su presencia en Israel podía ser conflictiva. Para Mubarak también era arriesgado asistir; recientemente había sobrevivido a un intento de asesinato, pero fue un riesgo que decidió tomar. Hussein y Noor estaban destrozados por la muerte de Rabin. Le querían de verdad y pensaban que era fundamental para el proceso de paz. Para cada uno de sus interlocutores árabes, la muerte de Yitzhak fue un doloroso recordatorio de los riegos que también ellos estaban corriendo para conseguir la paz.

Hussein pronunció un panegírico magnífico; la nieta de Rabin, Noa Ben Artzi-Pelossof, que estaba cumpliendo entonces el servicio militar en el ejército israelí, conmovió al público al hablar con su abuelo: «Abuelito, eras la columna de fuego que iluminaba el campamento y ahora somos solo un campamento perdido en la oscuridad, y tenemos mucho frío». Cuando llegó mi turno de hablar, traté de que el pueblo de Israel continuara siguiendo a su líder caído. Aquella misma semana, los judíos de todo el mundo estudiaban el pasaje de la Torah en el que Dios ordena a Abraham que sacrifique a su amado hijo Isaac o Yitzhak. «Ahora Dios pone a prueba nuestra fe de un modo todavía más terrible, pues se ha llevado a nuestro Yitzhak. Pero la alianza de Israel con Dios por la libertad, la tolerancia, la seguridad y la paz... esa alianza debe permanecer. Esa alianza fue el trabajo de toda la vida del primer ministro Rabin. Ahora tenemos que convertirla en un legado que perdure.» Y terminé diciendo «Shalom, chaver».

De alguna forma, aquellas dos palabras, Shalom, chaver —Adios, amigo— supieron captar el sentimiento de los israelíes hacia Rabin. En mi equipo había gente judía que hablaba hebreo y que sabía lo que yo sentía por Rabin; todavía les estoy agradecido por aquella frase. Shimon Peres me dijo más adelante que chaver significa algo más que amistad; evoca la camaradería de las almas gemelas que luchan por una causa común. Pronto Shalom, chaver comenzó a aparecer en carteles y pegatinas de parachoques por todo Israel.

Tras el funeral celebré algunas reuniones con otros dirigentes en el hotel King David, con sus magníficas vistas sobre la Ciudad Antigua y luego volvimos a Washington. Eran casi las 4.30 de la madrugada cuando aterrizábamos en la base de las fuerzas aéreas en Andrews; los cansados viajeros salieron derrengados del avión e intentarían descansar cuanto pudieran antes de que la batalla por los presupuestos llegara a su fase final.

Desde que había comenzado el nuevo año fiscal el 1 de octubre, el gobierno había funcionado con una resolución de prórroga (RP), que autorizaba a financiar los diversos departamentos hasta que sus nuevos presupuestos se aprobaran. No era inusual que el año fiscal comenzara y el Congreso todavía no hubiera aprobado un par de leyes de asignación de fondos, pero ahora era el gobierno entero el que estaba en RP y la situación no tenía visos de solucionarse. En cambio, durante mis dos primeros años, el Congreso, dominado por los demócratas, había aprobado los presupuestos a tiempo.

Yo había ofrecido un plan para equilibrar el presupuesto en diez años, y luego para equilibrarlo en nueve, en 2004, pero los republicanos y yo todavía manteníamos posiciones muy alejadas sobre nuestros presupuestos. Todos mis expertos creían que los recortes del GOP en Medicare y Medicaid, en educación, en medio ambiente y en la rebaja fiscal del impuesto sobre la renta eran mayores de lo necesario para financiar sus reducciones de impuestos y alcanzar el equilibrio, incluso si se pretendía llegar a él en siete años. También teníamos distintas opiniones sobre las estimaciones de crecimiento de la economía, la inflación médica y los ingresos previstos. Cuando controlaban la Casa Blanca, los republicanos sobreestimaban los ingresos y subestimaban los gastos sistemáticamente. Yo estaba decidido a no caer en esa trampa; siempre había utilizado estimaciones conservadoras, lo que nos habían permitido superar nuestros objetivos de reducción del déficit.

Ahora que controlaban el Congreso, los republicanos habían ido demasiado lejos en la dirección contraria; habían subestimado el crecimiento económico y los ingresos y habían exagerado el porcentaje de inflación en los costes médicos, incluso a pesar de que proponían que las organizaciones sanitarias eran el medio más seguro de reducir esa inflación. Su estrategia parecía la prolongación lógica del consejo que había dado William Kristol en su memorándum a Bob Dole, en el que le apremiaba a que bloqueara cualquier iniciativa en sanidad. Si conseguían reducir los fondos de Medicare, de Medicaid, de la educación y de la protección del medio ambiente, los norteamericanos de clase media verían menos beneficios por los impuestos que pagaban, lo que aumentaría su resentimiento al pagarlos y les haría ser todavía más receptivos a los cantos de sirena republicanos sobre los recortes de impuestos y a su estrategia de centrar las campañas en temas sociales y culturales que dividían profundamente a los ciudadanos, como el aborto, los derechos de los gays y las armas.

El director de presupuesto del presidente Reagan, David Stockman, había reconocido que su administración había incurrido voluntariamente en grandes déficits para crear una crisis que «matara de hambre» el presupuesto interno. Lo consiguieron en parte, financiando de forma deficitaria aunque no eliminando del todo las inversiones en nuestro futuro común. Ahora los republicanos de Gingrich trataban de utilizar un presupuesto equilibrado con expectativas poco razonables de ingresos y de gastos para acabar aquel trabajo que empezó la administración Reagan. Yo estaba decidido a detenerlos. Nos jugábamos el futuro de nuestro país.

El 10 de noviembre, tres días antes de que expirara la resolución de prórroga, el Congreso me envió un nuevo presupuesto con el que me arrojaba el guante: el precio de que el gobierno pudiera seguir funcionando era firmar una nueva RP que aumentaba las tarifas de Medicare en un 25 por ciento, reducía los fondos para educación y medio ambiente y debilitaba las leyes de medio ambiente.

Al día siguiente, justo una semana después del asesinato de Rabin, dediqué mi discurso radiofónico a los intentos republicanos de aprobar su presupuesto a través de la puerta trasera de la RP. Era el Día de los Veteranos, así que subrayé que ocho millones de los ancianos cuyas cuotas subirían eran veteranos. No había necesidad de imponer los recortes draconianos que proponía el GOP: las tasas combinadas del desempleo y la inflación estaban en sus valores mínimos de los últimos veinticinco años; el empleo en la administración federal como porcentaje del total de la fuerza laboral era el menor desde 1933, y el déficit estaba bajo. Yo todavía quería equilibrar el presupuesto, pero de una forma que fuera «coherente con nuestros valores fundamentales» y «sin amenazas y sin rencor partidista».

La noche del lunes, el Congreso finalmente aprobó la ampliación del límite de la deuda. Fue todavía peor que la RP, otro intento de pasar los recortes presupuestarios por la puerta trasera y de debilitar las leyes de protección del medio ambiente. La legislación también quitaba al secretario del Tesoro la flexibilidad en la gestión de los fondos, de la que había disfrutado desde los años de Reagan, para evitar suspensiones de pagos bajo circunstancias extraordinarias. Todavía peor, volvía a reducir el límite de la deuda al cabo de treinta días, con lo que, virtualmente, aseguraba una suspensión de pagos.

Gingrich amenazaba desde abril con paralizar al gobierno y poner a Estados Unidos en suspensión de pagos si yo no aceptaba su presupuesto. No sé si realmente quería hacerlo o si simplemente se había creído la imagen que había dado de mí la prensa durante mis primeros dos años en los que, a pesar de abrumadoras pruebas en sentido contrario, me había caracterizado como demasiado débil, demasiado dispuesto a abandonar mis compromisos y demasiado ansioso por pactar. Si fue así, debió haber prestado más atención a los hechos.

El 13 de noviembre, el día en que la RP que estaba en vigor expiraba a media noche, los negociadores trataron una vez más de resolver nuestras diferencias para evitar que el gobierno se paralizara. Dole, Gingrich, Armey, Daschle y Gephardt estuvieron presentes, al igual que Al Gore, Leon Panetta, Bob Rubin, Laura Tyson y otros miembros de nuestro equipo. La atmósfera ya era muy tensa cuando Gingrich comenzó la reunión quejándose de nuestros anuncios de televisión. En junio, habíamos iniciado una campaña, en estados cuidadosamente seleccionados, para subrayar los logros del gobierno, comenzando por la ley contra el crimen. Cuando el debate sobre el presupuesto se calentó, después del Día del Trabajo, emitimos unos anuncios nuevos que atacaban los recortes que proponían los republicanos, especialmente en Medicare y en Medicaid. Después de que Newt hablara durante un rato, Leon Panetta le recordó lacónicamente todas las cosas horribles que había dicho sobre mí en las elecciones de 1994: «Señor portavoz, usted no tiene las manos limpias».

Dole trató de calmar los ánimos, diciendo que no quería que el gobierno se paralizara. En ese punto, Dick Armey intervino para decir que Dole no hablaba por los republicanos de la Cámara de Representantes. Armey era un hombretón que siempre llevaba botas de vaquero y parecía vivir en un permanente estado de agitación. Lanzó una terrible diatriba sobre cómo los republicanos de la Cámara de Representantes estaban dispuestos a mantenerse fieles a sus principios, y sobre lo enfadado que estaba porque mis anuncios sobre los recortes en Medicare habían asustado a su anciana suegra. Le repliqué que no sabía nada de su suegra, pero que si los recortes republicanos se convertían en ley, un número muy elevado de ancianos se verían obligados a abandonar las residencias o a perder su atención sanitaria a domicilio.

Armey replicó bruscamente que si yo no me rendía, paralizarían el gobierno y mi presidencia habría acabado. Le devolví el golpe diciendo que nunca permitiría que su presupuesto se convirtiera en ley «ni siquiera si bajo al 5 por ciento en las encuestas. ¡Si quieren su presupuesto, tendrán que conseguir que otro ocupe esta silla!». No creo que nadie se sorprenda si digo que no llegamos a ningún acuerdo.

Después de la reunión, Daschle, Gephardt y mi equipo estaban eufóricos por la manera en que me había enfrentado a Armey. Al Gore dijo que le gustaría que todo el mundo en Estados Unidos me hubiera oído; solo objetó que debería haber dicho que no me importaría bajar aunque fuera al cero por ciento en las encuestas. «No, Al. Si bajamos al cuatro por ciento, me rindo.» Todos reímos, pero por dentro todavía teníamos un nudo en el estómago.

Veté tanto la RP como la ley de límite de la deuda y, al día siguiente a mediodía, gran parte de los servicios del gobierno federal cerraron sus puertas. Se envió a casi ochocientos mil trabajadores de vuelta a casa, lo que creó complicaciones a millones de norteamericanos que necesitaban que se gestionaran sus solicitudes de la Seguridad Social, sus subsidios para veteranos y sus créditos empresariales, o que debían recibir la visita del inspector en sus lugares de trabajo para que comprobara que eran seguros, o que querían que abrieran los parques nacionales para poder visitarlos o muchas cosas más. Tras los vetos, Bob Rubin tomó la inaudita decisión de retirar sesenta y un mil millones de nuestro fondo de jubilaciones para pagar nuestra deuda y evitar la suspensión de pagos durante un poco más de tiempo.

Como era de esperar, los republicanos trataron de culparme a mí del cierre. Tenía miedo de que lo lograran, puesto que no lo habían hecho nada mal cuando me echaron la culpa del enfrentamiento entre partidos en las elecciones de 1994. Pero el día 15, durante un desayuno con periodistas, el propio Gingrich me dio un respiro. Dio a entender que había hecho la RP todavía más dura porque le había menospreciado durante el vuelo de vuelta del funeral de Rabin por no haber hablado con él sobre el presupuesto y pidiéndole que abandonara el avión por la rampa trasera en lugar de por la delantera conmigo. Gingrich dijo: «Es una nimiedad pero creo que es humano... nadie te habla durante el viaje y además te dicen que bajes por la rampa de atrás... y te preguntas, ¿acaso no tienen modales?». Quizá debería haber discutido el presupuesto con él durante el viaje de vuelta, pero no podía pensar en otra cosa que no fuera el propósito de aquel triste viaje y el futuro del proceso de paz. De todas formas, estuve con el portavoz y con la delegación del congreso, como demostró una fotografía en la que aparecíamos Newt, Bob Dole y yo hablando en el avión. Y por lo que respecta a salir por la parte de atrás, mi equipo trataba de ser amable con ellos, pues era la salida que estaba más cerca de los coches que recogían a Gingrich y a los demás. Eran las cuatro y media de la madrugada y no había cámaras cerca. La Casa Blanca distribuyó la foto de nuestra conversación y la prensa se mofó de las quejas de Gingrich.

El día 16, en una conferencia de prensa, continué pidiendo a los republicanos que me enviaran una RP limpia y que comenzáramos las negociaciones presupuestarias de buena fe, a pesar de que amenazaban con enviarme otra propuesta con los mismos problemas que la precedente. La noche anterior había firmado la propuesta de ley de presupuesto del Departamento de Transporte, que era solo la cuarta de las trece que necesitábamos; tuve que cancelar mi viaje previsto a la cumbre de los dirigentes de la región de Asia y el Pacífico que iba a celebrarse en Osaka, Japón.

El 19 de noviembre hice un acercamiento a los republicanos y les dije que, en principio, trabajaría por un acuerdo para tener un presupuesto equilibrado en siete años pero que no aceptaría los recortes de impuestos y de gastos que proponía el GOP. La economía había continuado creciendo y el déficit había caído todavía más de lo esperado. Panetta, Alice Rivlin y nuestro equipo económico creían que estábamos en situación de alcanzar un equilibrio en siete años sin los brutales recortes que querían aprobar los republicanos. Firmé dos leyes de presupuesto más, para el legislativo y para el Departamento del Tesoro, el Servicio Postal y las actividades generales del gobierno. Con seis de las trece leyes firmadas, unos doscientos mil empleados federales, de los ochocientos mil que habían regresado a casa, volvieron al trabajo.

La mañana del 21 de noviembre, Warren Christopher me llamó desde Dayton para decirme que los presidentes de Bosnia, Croacia y Serbia habían llegado a un acuerdo para poner fin a la guerra de Bosnia. El acuerdo mantenía a Bosnia como un estado independiente formado por dos partes —la Federación Bosniocroata y la República Serbia de Bosnia— y solucionaba las disputas territoriales por las que había comenzado la guerra. Sarajevo seguiría siendo la capital de la nación y no se dividiría. El gobierno nacional tendría competencia exclusiva en asuntos exteriores, comercio, inmigración, nacionalidad y política monetaria. Cada una de las federaciones tendría su propio cuerpo de policía. Los refugiados podrían volver a casa y se garantizaría la libre circulación por todo el país. Habría una supervisión internacional del respeto a los derechos humanos y del entrenamiento de la policía, y aquellos a los que se acusaba de crímenes de guerra no podrían participar en la vida política. Un cuerpo internacional, bajo el mando de la OTAN, supervisaría la separación de las fuerzas y mantendría la paz mientras se pusiera en funcionamiento el acuerdo.

El plan de paz para Bosnia fue una victoria complicada y algunos puntos eran duros para ambas partes, pero ponía fin a cuatro años sangrientos que se habían cobrado más de doscientas cincuenta mil vidas y habían hecho que más de dos millones de personas tuvieran que abandonar sus hogares. Estados Unidos fue decisivo para impulsar la OTAN a ser más agresiva y para tomar la iniciativa diplomática final. Nuestros esfuerzos recibieron una gran ayuda con las victorias militares croatas y bosnias sobre el terreno y con el valiente y pertinaz rechazo de Izetbegovic y sus camaradas a rendirse ante la agresión serbia.

El acuerdo final era un homenaje a la habilidad de Dick Holbrooke y su equipo de negociadores; a Warren Christopher, quien en los momentos críticos fue determinante para mantener a los bosnios en las negociaciones y para que se cerrara el trato; a Tony Lake, que concibió inicialmente el proyecto y convenció a nuestros aliados y quien, junto con Holbrooke, presionó para que las conversaciones finales tuvieran lugar en Estados Unidos; a Sandy Berger, que había presidido las reuniones del comité de adjuntos, quienes mantuvieron a la gente informada de lo que estaba sucediendo durante el operativo de seguridad nacional sin permitir, en cambio, que interfirieran; y a Madeleine Albright, quien apoyó de forma elocuente nuestra postura agresiva en Naciones Unidas. La selección de Dayton y de la base Wright-Patterson de las fuerzas aéreas demostró haber sido un gran acierto. El lugar fue cuidadosamente escogido por el equipo negociador. Estaba en Estados Unidos, pero lo suficientemente lejos de Washington para que no hubiera filtraciones, y las instalaciones permitían el tipo de «conversaciones de proximidad» que facilitaron a Holbrooke y a su equipo negociar los detalles más difíciles.

El 22 de noviembre, después de 21 días de aislamiento en Dayton, Holbrooke y sus colaboradores vinieron a la Casa Blanca a recibir mis felicitaciones y a hablar sobre cuáles debían ser nuestros siguientes pasos. Todavía teníamos mucho trabajo por delante para defender el acuerdo ante el Congreso y para convencer al pueblo norteamericano de que era buena idea; pues, según las últimas encuestas, estaban orgullosos de que se hubiera alcanzado el acuerdo de paz, pero todavía se oponían de forma abrumadoramente mayoritaria a que se enviaran tropas estadounidenses a Bosnia. Después de que Al Gore abriera la reunión diciendo que hasta el momento las declaraciones de los militares no habían sido demasiado útiles, le dije al general Shalikashvili que sabía que apoyaba nuestra implicación en Bosnia, pero que muchos de sus subordinados seguían mostrándose indecisos. Al y yo habíamos preparado nuestros comentarios para enfatizar que había llegado el momento de que todo el gobierno, no solo las fuerzas armadas, se atuviera al programa. Lo logramos.

Algunos importantes miembros del Congreso ya apoyaban firmemente nuestra postura, especialmente los senadores Lugar, Biden y Lieberman. Otros nos apoyaban con matices; querían una «estrategia de salida» clara. Para ir sumando votos, invité a miembros del Congreso a la Casa Blanca, mientras enviábamos a Christopher, Perry, Shalikashvili y Holbrooke al Capitolio. Era un reto complicado, incluso aún más si cabe porque todavía estaba sobre la mesa el debate sobre el presupuesto. El gobierno seguía activo por el momento pero los republicanos amenazaban con paralizarlo de nuevo el 15 de diciembre.

El 27 de noviembre expuse al pueblo norteamericano mis argumentos para que Estados Unidos se implicara en Bosnia. Desde el Despacho Oval, dije que los miembros de nuestra diplomacia habían conseguido cerrar los acuerdos de Dayton y que se había solicitado la presencia de nuestras tropas, no para luchar, sino para ayudar a las partes a aplicar el plan de paz, que servía a nuestros intereses estratégicos e impulsaba la causa de nuestros valores fundamentales.

Puesto que otras veinticinco naciones ya habían acordado participar en una fuerza de sesenta mil soldados, solo un tercio de las tropas serían norteamericanas. Me comprometí a que intervinieran con una misión clara, limitada y realizable y a que estuvieran bien entrenadas y fuertemente armadas, para minimizar los riesgos de bajas. Tras el discurso estaba convencido de que había dado los mejores argumentos posibles para que cumpliéramos con nuestra responsabilidad de dirigir las tropas de la paz y de la libertad; esperaba haber conmovido suficientemente a la opinión pública para que al menos el Congreso no tratara de impedir que enviara las tropas.

Además de las razones que había formulado en mi discurso, dar la cara por los bosnios tenía otro importante beneficio para Estados Unidos: demostraría a los musulmanes de todo el mundo que nuestro país se preocupaba por ellos, respetaba el Islam y les apoyaría si abandonaban el terrorismo y optaban por la paz y la reconciliación.

El 28 de noviembre, después de firmar una propuesta de ley para financiar con más de cinco mil millones de dólares proyectos que incluyeran mi política de «tolerancia cero» con el alcohol para conductores menores de veintiún años, partí hacia el Reino Unido e Irlanda para impulsar otra importante iniciativa de paz. A pesar de que toda la actividad que desarrollamos en Oriente Próximo y en Bosnia y de las discusiones sobre el presupuesto, habíamos continuado trabajando en la cuestión de Irlanda del Norte. En vísperas de mi viaje, gracias a nuestra insistencia, los primeros ministros Major y Bruton anunciaron un nuevo paso adelante en el proceso de paz de Irlanda del Norte: una iniciativa de «vías paralelas» que contemplaba conversaciones por separado sobre el decomiso de las armas y la solución de los temas políticos. Se invitaría a todas las partes, incluso al Sinn Fein, a participar en las conversaciones; las supervisaría un tribunal internacional que George Mitchell había aceptado presidir. Era bonito viajar en un avión con destino a las buenas noticias.

El día 29 me reuní con John Major y hablé en el Parlamento; agradecí a los británicos su apoyo al proceso de paz de Bosnia y su disposición a adoptar un papel importante en las fuerzas de la OTAN. Para felicitar a Major por su búsqueda de la paz en Irlanda del Norte cité la preciosa frase de John Milton: «La paz tiene sus victorias, no menos reconocidas que las de la guerra». También conocí al joven e impresionante líder de la oposición, Tony Blair, que estaba haciendo resucitar al Partido Laborista con un enfoque bastante parecido al que nosotros habíamos tomado desde el CLD. Mientras tanto, en Estados Unidos, los republicanos habían cambiado de opinión sobre la ley de reforma de los grupos de presión y la Cámara la aprobó sin un solo voto en contra por 421 a 0.

Al día siguiente volé a Belfast; era el primer presidente de Estados Unidos que visitaba Irlanda del Norte. Fue el principio de los dos mejores días de mi presidencia. De camino al aeropuerto había gente ondeando banderas norteamericanas y dándome las gracias por trabajar para la paz. Cuando llegué a Belfast hice una parada en Shankill Road, el epicentro del Unionismo Protestante, donde habían muerto diez personas por una bomba del IRA en 1993. Lo único que la mayor parte de los protestantes sabía sobre mí era que le había concedido un visado a Adams. Yo quería que, además, supieran que estaba trabajando para conseguir una paz que también fuera justa para ellos. Mientras compraba unas flores, manzanas y naranjas en una tienda local, hablé con algunas personas y estreché la mano a otras.

Por la mañana hablé a los empleados y al público en Mackie International, una empresa de manufacturas textiles que daba empleo tanto a católicos como a protestantes. Después de que me presentaran a dos niños que querían la paz, uno protestante y el otro católico, pedí a la gente que escuchara a los niños: «Solo ustedes pueden decidir entre la división y la unidad, entre una vida difícil y la esperanza». El lema del IRA era «Llegará nuestro día». Insistí a los irlandeses en que les dijeran a aquellos que se aferraban a la violencia que «Ustedes son el pasado, sus días han terminado».

Después me detuve en la carretera de Falls, el centro de la comunidad católica de Belfast. Visité una panadería y comencé a estrechar manos a una multitud cada vez mayor. Uno de ellos era Gerry Adams. Le dije que estaba leyendo *The Street*, su libro de relatos sobre Falls, y que me había ayudado a entender mejor por lo que habían tenido que pasar los católicos. Fue nuestra primera aparición en público juntos e hizo patente que su implicación en el proceso de paz era profunda. La entusiasta multitud que se reunió a nuestro alrededor estaba obviamente complacida con el curso de los acontecimientos.

Por la tarde, Hillary y yo fuimos en helicóptero a Derry, la ciudad más católica de Irlanda del Norte y el lugar en que había nacido John Hume. Veinticinco mil personas abarrotaban la plaza Guildhall y las calles que confluían en ella. Después de que Hume me presentara, hice a la gente una pregunta muy simple: «¿Ustedes son el tipo de personas que se define por aquello a lo que se opone o por aquello de lo que está a favor? ¿Se definirán en términos de qué no son o de qué sí son? Ha llegado el momento de que los pacificadores triunfen en Irlanda del Norte, y Estados Unidos les ayudará en su empeño».

Hillary y yo acabamos el día volviendo a Belfast para asistir al encendido oficial del árbol de Navidad de la ciudad, justo al lado del ayuntamiento, ante un público de unas cincuenta mil personas, que se entusiasmaron al son de «Oh, my mama told me there'll be days like this», la canción de Van Morrison, que también había nacido en Irlanda del Norte. Hablamos los dos; ella comentó los miles de cartas que habíamos recibido de niños que nos contaban su esperanza de que hubiera paz, y yo cité una escrita por una niña de catorce años del condado de Armagh: «Ambos bandos han sufrido. Ambos bandos deben perdonar». Terminé mi intervención diciendo que para Jesús, cuyo nacimiento celebrábamos, «no había palabras más importantes que estas: "Bienaventurados los mansos, porque ellos heredarán la Tierra"».

Después del encendido del árbol, asistimos a una recepción a la que estaban invitados los líderes de todos los partidos. Incluso vino el reve-

rendo Ian Paisley, el exaltado dirigente del Partido Unionista Democrático. Aunque se negó a estrechar la mano de los dirigentes católicos, le
encantó tener la oportunidad de comentarme los muchos errores de mi
conducta. Tras estar unos minutos soportando sus diatribas me di cuenta
de que los dirigentes católicos se habían llevado la mejor parte en el trato
con Paisley.

Hillary y yo nos marchamos de la recepción para pasar la noche en el
hotel Europa. En ese primer viaje a Irlanda, incluso la elección de nuestro
hotel fue simbólica. Hubo un atentado en el Europa en la época de la
confrontación armada, pero ahora era tan seguro que incluso el presidente de Estados Unidos podía alojarse allí.

Fue el final perfecto para un día en el que incluso conseguimos avanzar en política interior, pues firmé la ley del presupuesto del Departamento de Defensa, en la que los líderes del congreso habían incluido la
financiación para nuestro despliegue de tropas en Bosnia. Dole y Gingrich lo habían aceptado, a cambio de introducir unos miles de millones
de dólares para gastos suplementarios que incluso el Pentágono estimaba
innecesarios.

A la mañana siguiente volamos hacia Dublín; las calles estaban abarrotadas de una multitud todavía más entusiasta que la que habíamos
visto en el norte. Hillary y yo nos reunimos con la presidenta Mary
Robinson y el primer ministro Bruton, luego fuimos a un lugar junto al
Banco de Irlanda, en el Trinity College Green, donde hablé ante cien mil
personas que me jaleaban mientras agitaban banderas irlandesas y norteamericanas. En ese momento ya se habían unido a nosotros un gran
número de congresistas de ascendencia irlandesa, así como también el
secretario Dick Riley y el director de los Cuerpos de Paz, Mark Gearan;
los alcaldes de origen irlandés de Chicago, Pittsburgh y Los Ángeles; mi
propio padrastro irlandés, Dick Kelley, y el secretario de Comercio Ron
Brown, que había trabajado junto con mi asesor, Jim Lyons, en nuestras
iniciativas económicas para Irlanda del Norte y que se burlaba de nosotros diciendo que él era un «irlandés negro». Una vez más, pedí a la gente
que diera un ejemplo que asombrara al mundo.

Cuando el acto finalizó, Hillary y yo entramos en el majestuoso
Banco de Irlanda para conocer a Bono, a su mujer, Ali, y a los demás
miembros del grupo de rock irlandés U2. Bono era uno de los grandes
defensores del proceso de paz y por mis esfuerzos me dio un regalo que
sabía que yo apreciaría: un libro de las obras de teatro de William Butler
Yeats firmado por el autor y por el propio Bono, que escribió, irreve-
rentemente: «Bill, Hillary, Chelsea —este tipo escribió algunos poemas
muy buenos— Bono y Ali». Los irlandeses no son precisamente famosos
por su tendencia a la descripción mesurada y comedida, pero Bono batía
todos las marcas.

Salí de College Green para dirigirme al parlamento irlandés, donde les recordé que todos nosotros debíamos hacer más para que los ciudadanos corrientes irlandeses notaran los beneficios de la paz. Como dijo Yeats: «Demasiado sacrificio puede convertir en piedra el corazón».

Luego fui al *pub* Cassidy, al que habíamos invitado a algunos de mis parientes lejanos por parte de mi abuelo materno, cuya familia procedía de Fermanagh.

Henchido de sentimiento irlandés, fui del pub a la residencia del embajador, donde Jean Kennedy Smith había organizado una breve reunión con el jefe de la oposición, Bertie Ahern, quien pronto se convertiría en primer ministro y en mi nuevo compañero en el viaje hacia la paz. También conocí a Seamus Heaney, el poeta galardonado con el premio Nobel al que yo había citado en Derry el día anterior.

A la mañana siguiente volé para visitar a nuestras tropas en Alemania; tenía la sensación de que mi viaje había hecho cambiar la mentalidad en Irlanda. Hasta entonces, los defensores de la paz tenían que defender sus ideas ante los escépticos mientras que a sus adversarios les bastaba con decir no. Después de aquellos dos días, eran los que se oponían a la paz los que tenían que explicarse.

En Baumholder, el general George Joulwan, el comandante de la OTAN, me informó sobre el plan militar y me aseguró que la moral de las tropas que iban a Bosnia era muy alta. Me reuní brevemente con Helmut Kohl para agradecerle su compromiso de enviar a cuatro mil soldados alemanes, y luego volé a España para darle las gracias al presidente Felipe González, el presidente de turno de la Unión Europea, por el apoyo de Europa. También reconocí el buen hacer del nuevo secretario general de la OTAN, el ex ministro de Asuntos Exteriores español, Javier Solana, un hombre extraordinariamente capaz y agradable que inspiraba mucha confianza a todos los líderes de la OTAN, por grandes que fueran sus egos.

Tres días después de que regresara a Estados Unidos, veté la propuesta de ley para la reforma de los litigios por valores privados, pues iba demasiado lejos al impedir el acceso a los tribunales a los inversores inocentes que habían sido víctimas de fraudes de valores. El Congreso anuló mi veto, pero en 2001, cuando se desataron todos los problemas de Enron y WorldCom, supe que había hecho lo correcto. También veté otro presupuesto republicano. Habían realizado algunos cambios para intentar que fuera más difícil vetarlo, pues incluía su reforma de la asistencia social, pero todavía recortaba la sanidad y la educación, subía los impuestos a los trabajadores con menos ingresos y relajaba las reglas que impedían que se usaran los fondos de las pensiones para fines no relacionados con estas, menos de un año después de que el Congreso dominado por los demócratas hubiera estabilizado el sistema de pensiones.

Al día siguiente presenté mi propio plan presupuestario para conseguir el equilibrio en siete años. Los republicanos lo rechazaron porque no aceptaba todas sus estimaciones de gastos e ingresos. Teníamos unas expectativas que, pasados siete años, diferían en trescientos mil millones de dólares, lo que tampoco era una cifra excesivamente elevada en un presupuesto de 1,6 billones de dólares. Yo confiaba que al final lograríamos llegar a un acuerdo, aunque quizá sería necesario volver a paralizar el gobierno para lograrlo.

A mediados de mes, Shimon Peres vino a verme, por primera vez en calidad de primer ministro, para reafirmar la intención de Israel de entregar Gaza, Jericó, otras ciudades grandes y cuatrocientas cincuenta aldeas de Cisjordania a los palestinos hacia Navidad, y para liberar al menos a otros mil prisioneros palestinos antes de las siguientes elecciones en Israel. También hablamos sobre Siria; lo que me contó Shimon me animó a llamar al presidente Assad y pedirle que viera a Warren Christopher.

El día 14 volé a París para asistir allí a la firma del tratado que ponía fin a la guerra de Bosnia. Me reuní con los presidentes de Bosnia, Croacia y Serbia y fui con ellos a una cena que nos ofreció Jacques Chirac en el palacio del Elíseo. Slobodan Milosevic se sentó justo enfrente de mí y hablamos durante un buen rato. Era un hombre inteligente, elocuente y cordial pero tenía la mirada más fría que jamás había visto. También era un paranoico. Me dijo que estaba seguro de que la muerte de Rabin se había debido a una traición en su servicio de seguridad. Luego me dijo que todo el mundo sabía que también era lo que le había pasado al presidente Kennedy, pero que nosotros, los estadounidenses, lo «habíamos logrado encubrir». Después de estar un rato con él, dejó de sorprenderme que apoyara las atrocidades en Bosnia; tuve la impresión de que no pasaría mucho tiempo antes de que volviéramos a enfrentarnos.

Cuando regresé a Estados Unidos me encontré de nuevo con la batalla presupuestaria. Los republicanos paralizaron el gobierno otra vez y desde luego no parecía que se acercara la Navidad, aunque ver a Chelsea bailar en *El cascanueces* me animó considerablemente. Esta vez el cierre fue bastante menos grave porque unos quinientos mil empleados federales a los que se consideraba «esenciales» permanecieron en su puesto sin sueldo hasta que el gobierno reabriera sus puertas. Pero seguían sin pagarse los subsidios a los veteranos y a los niños pobres. No fue un gran regalo para el pueblo norteamericano.

El día 18 veté dos propuestas presupuestarias más, una del Departamento de Interior y la otra del Departamento de Asuntos de los Veteranos y Vivienda y Desarrollo Urbano. Al día siguiente firmé la Ley de Transparencia de los Grupos de Presión, después de que los republicanos de la Cámara dejaran de oponerse a ella, y veté una tercera ley de asignaciones para los departamentos de Comercio, Estado y Justicia. Era realmente inverosímil: eliminaba el programa COPS a pesar de que existían pruebas clarísimas de que cuanta más policía había haciendo la ronda menos delitos se cometían; eliminaba todos los tribunales de drogas, como los que había impulsado Janet Reno cuando era fiscal, y que reducían el crimen y la adicción a las drogas; eliminaba el Programa de Tecnologías Avanzadas del Departamento de Comercio, que muchos empresarios republicanos apoyaban porque les ayudaba a ser más competitivos, y recortaba drásticamente la financiación de la asistencia letrada para los pobres y para actividades en el extranjero.

Hacia Navidades ya llevaba pensando durante algún tiempo que, si nos hubieran dejado entendernos entre nosotros, el senador Dole y yo podríamos haber resuelto el impás presupuestario de forma bastante rápida, pero Dole tenía que ir con cuidado. Se presentaba a presidente y el senador Phil Gramm, con una retórica similar a la de Gingrich, se presentaba contra él en las primarias republicanas, en las que el electorado está mucho más a la derecha que el país en general.

Después de las vacaciones de Navidad, veté otra propuesta de ley presupuestaria más, la Ley de Autorización de la Defensa Nacional. Ésta fue complicada porque la legislación incluía un aumento de paga para los militares y una subida del complemento para que pudieran costearse la vivienda; dos medidas que yo apoyaba vehementemente. Sin embargo, consideré que tenía que vetar la ley porque también disponía el despliegue completo de un sistema de defensa nacional con misiles hacia 2003, mucho antes de que se pudiera desarrollar un sistema que funcionara y mucho antes de que fuera a ser necesario; más aún, esa medida violaría los compromisos que habíamos adquirido en el tratado ABM y haría más difícil que Rusia aplicara el START I y ratificara el START II. La propuesta de ley también restringía la capacidad del presidente para desplazar tropas en caso de emergencia e interfería demasiado con importantes prerrogativas de gestión del Departamento de Defensa, incluidas sus actividades para evitar el peligro de las armas de destrucción masiva siguiendo el programa Nunn-Lugar. Ningún presidente responsable, ni demócrata ni republicano, podía permitir que una propuesta como esa se convirtiera en ley.

Durante los últimos tres días del año nuestras fuerzas se desplegaron en Bosnia y yo trabajé con los líderes del Congreso en el presupuesto. En una ocasión, una de nuestras reuniones se prolongó durante siete horas. Hicimos algunos progresos, pero nos fuimos de Año Nuevo sin llegar a un acuerdo sobre el presupuesto o sobre la forma de acabar con la paralización del gobierno. En el primer período de sesiones del 104 Congreso, la nueva mayoría republicana solo había aprobado 67 propuestas de ley, comparadas con las 210 que se aprobaron en el anterior período de sesiones. Y solo 6 de las 13 propuestas de ley de asignación presupuestaria se habían convertido en ley tres meses después de que comenzara el año fiscal. Mientras iba con mi familia a Hilton Head para el fin de semana del Renacimiento, me pregunté si los votos del pueblo estadounidense en las elecciones de 1994 habían producido los resultados que los electores deseaban.

También pensé en los dos últimos agotadores, extenuantes meses, llenos de acontecimientos y en el hecho de que la importancia de lo sucedido —la muerte de Rabin, la paz en Bosnia y el despliegue de nuestras tropas, el progreso en Irlanda del Norte, la hercúlea lucha por el presupuesto— no había servido para detener a las abejas obreras que revoloteaban alrededor del caso Whitewater.

El 29 de noviembre, mientras yo estaba de viaje en Irlanda, el comité del senador D'Amato llamó a L. Jean Lewis a testificar de nuevo sobre la forma en que su investigación de Madison Guaranty se había interrumpido después de que yo me convirtiera en presidente. Durante su declaración ante el comité del congresista Leach, el agosto anterior, había quedado tan escandalosamente desacreditada por documentos del gobierno y por sus propias conversaciones grabadas con la abogada de la Corporación de Resolución de Fondos, April Breslaw, que me sorprendió que D'Amato tuviera el valor de volver a llamarla. Por otra parte, casi nadie sabía los problemas de credibilidad del testimonio de Lewis, y D'Amato consiguió mucha publicidad, como también le había sucedido a Leach, simplemente lanzando acusaciones sin fundamento y que, además, los siguientes testimonios demostrarían que eran falsas.

Lewis volvió a repetir su declaración de que su investigación se vio perjudicada una vez que yo me convertí en presidente. Richard Ben-Veniste, el asesor de la minoría del comité, hizo que Lewis se enfrentara con las pruebas de que, al contrario de lo que declaraba bajo juramento, había tratado repetidamente de que las autoridades federales actuaran a partir de su investigación sobre Hillary y sobre mí como testigos materiales en Whitewater antes de las elecciones, no después de que me convirtiera en presidente, y que le había dicho a un agente del FBI que estaba «cambiando la historia» con sus acciones. El senador Paul Sarbanes leyó a Lewis la carta que le envió en 1992 el fiscal de Estados Unidos Chuck Banks, en la que le decía que actuar a partir de su investigación sería «conducta de mala fe por parte del fiscal» y luego se refirió a un informe de 1993 del Departamento de Justicia, en el que se evaluaba el deficiente conocimiento que Lewis tenía de la ley federal de la banca. Lewis, hundida en su silla, se echó a llorar; se la llevaron y ya no volvió a aparecer.

Menos de un mes después, a mediados de diciembre, salió a la luz por fin la historia completa de Whitewater, cuando se hizo pública la investigación de la CRF sobre Pillsbury, Madison & Sutro. El informe lo había escrito Jay Stephens, quien, como Chuck Banks, era un republicano que había sido fiscal de Estados Unidos y al que yo había sustituido. Decía, al igual que el informe preliminar difundido en junio, que no había base jurídica para emprender un pleito civil contra nosotros por Whitewater, y mucho menos para emprender acciones penales. El informe recomendaba que se cerrara la investigación.

Esto era lo que el *New York Times* y el *Washington Post* habían querido saber cuando exigieron un fiscal independiente. Yo estaba en ascuas para ver cómo se hacían eco de la noticia. Inmediatamente después de que el informe de la CRF saliera a la luz, el *Post* lo mencionó de pasada, en el undécimo párrafo de un artículo de portada sobre una batalla por una citación con Starr que no tenía nada que ver, y el *New York Times* no publicó ni una palabra sobre el tema. El *Los Angeles Times*, el *Chicago Tribune* y el *Washington Times* publicaron un artículo de Associated Press de unas cuatrocientas palabras en las páginas interiores. Las cadenas de televisión, sin embargo, no cubrieron el informe de la CRF. Ted Koppel, de ABC, lo mencionó en *Nightline* y luego menoscabó su importancia, afirmando que había muchas cuestiones «nuevas». Whitewater ya no iba sobre Whitewater. Ahora iba de Ken Starr y de cualquier cosa que Ken Starr pudiera encontrar sobre alguna persona en Arkansas o sobre mi administración. Mientras tanto, algunos periodistas que cubrían Whitewater en realidad trataban de esconder las pruebas de nuestra inocencia. Para ser justo, hay que decir que algunos periodistas sí escribieron sobre lo sucedido. Howard Kurtz, del *Washington Post* escribió un artículo en el que denunciaba la forma en que se había enterrado el informe de la CRF y Lars-Erik Nelson, un columnista del *Daily News* de Nueva York, que había sido corresponsal en la Unión Soviética, escribió «el veredicto secreto ya ha llegado: los Clinton no tenían nada que ocultar... en una rocambolesca inversión de los juicios estalinistas, en los que se condenaba en secreto a gente inocente, el presidente y la primera dama han sido acusados en público y declarados inocentes en secreto».

Yo estaba verdaderamente confundido por la forma en que los medios de mayor difusión estaban cubriendo la información de Whitewater. Parecía incoherente respecto al enfoque, mucho más cuidadoso y equilibrado, que la prensa había adoptado en relación a otros asuntos, al menos desde que los republicanos ganaron el Congreso en 1994. Un día, después de una de nuestras reuniones de presupuestos en octubre, pedí al senador Alan Simpson, de Wyoming, que se quedara un momento para hablar. Simpson era un republicano conservador, pero teníamos una relación bastante buena porque ambos éramos amigos de su gobernador, Mike Sullivan. Le pregunté a Allan si creía que Hillary y yo habíamos hecho algo malo en Whitewater. «Por supuesto que no —dijo—. Todo esto no consiste en si hicieron algo malo, sino en hacer creer al público que lo hicieron. Cualquiera que mire las pruebas verá que no hay nada.» Simpson se rió sobre lo dispuesta que estaba la prensa «elitista» a tragarse cualquier patraña negativa sobre lugares pequeños y rurales como Wyoming o Arkansas, e hizo un comentario interesante: «Sabes, antes de que salieras elegido, nosotros, los republicanos, creíamos que la prensa era progresista. Ahora tenemos una opinión más matizada. Los medios son progresistas en cierto modo. La mayoría de ellos votaron por ti, pero piensan de forma parecida a como lo hacen tus críticos de extrema derecha, y eso es mucho más importante». Cuando le pedí que me lo explicara un poco más, me dijo: "Los demócratas como tú o Sullivan se meten en el gobierno para ayudar a la gente. Los extremistas de derecha no creen que el gobierno pueda hacer gran cosa para mejorar la naturaleza humana, pero les gusta el poder. Y a la prensa también. Y puesto que tú eres el presidente, ambos utilizan el mismo medio para conseguir poder: atacarte». Le agradecí a Simpson su sinceridad y pensé durante meses en lo que me había dicho. Durante mucho tiempo, cuando me enfurecía por la cobertura que la prensa daba al asunto de Whitewater, le contaba a la gente el análisis que había hecho Simpson. Cuando finalmente comprendí que su visión era correcta, me sentí liberado y mi mente volvió a estar despejada y lista para la batalla.

A pesar de mi ira sobre Whitewater y mi sorpresa sobre lo que podría esconderse tras la cobertura mediática que se le daba, avanzaba hacia 1996 con bastante optimismo. En 1995 habíamos ayudado a salvar a México, habíamos superado el atentado de Oklahoma City y aumentado la dedicación a la lucha contra el terrorismo, habíamos mantenido y reformado la discriminación positiva, acabado la guerra de Bosnia, progresado en el proceso de paz de Oriente Próximo y habíamos ayudado a que se avanzara en Irlanda del Norte. La economía había seguido mejorando y, hasta el momento, estaba venciendo en la batalla presupuestaria contra los republicanos; una batalla que, al principio, parecía destinada a acabar con mi presidencia. Y todavía podía hacerlo, pero a medida que se acercaba 1996 yo estaba listo para luchar hasta el final. Como le había dicho a Dick Armey, no quería ser presidente si el precio que debía pagar por ello eran calles más inseguras, peor sanidad, menos oportunidades educativas, aire más sucio y más pobreza. Y apostaba a que el pueblo estadounidense tampoco quería ninguna de esas cosas.

CUARENTA Y SEIS

Hacia el 2 de enero, volvíamos a estar inmersos en las negociaciones presupuestarias. Bob Dole quería hacer un trato para reabrir las oficinas del gobierno y, después de un par de días, Newt Gingrich también se mostró partidario de lo mismo. En una de nuestras reuniones de presupuesto, el portavoz admitió que al principio creyó que podría impedirme vetar el presupuesto del GOP con la amenaza de paralizar el gobierno. Delante de Dole, Armey, Daschle, Gephardt, Panetta y Al Gore, dijo con franqueza: «Cometimos un error. Creímos que cedería». Finalmente, el día 6, con una fuerte ventisca cayendo sobre Washington, se rompió el *impasse*; el Congreso me envió dos resoluciones de prórroga más que devolvían sus puestos de trabajo a los empleados federales, aunque no restauraban todos los servicios del gobierno. Firmé las resoluciones de continuidad y envié al Congreso mi plan para el equilibrio presupuestario en siete años.

A la semana siguiente, veté la propuesta de ley republicana de reforma de la asistencia social, porque no hacía lo suficiente para incentivar a la gente a prescindir de las ayudas y a buscar trabajo; también perjudicaba demasiado a los más desfavorecidos y a sus hijos. La primera vez que veté la propuesta de reforma de la asistencia social, esta formaba parte del presupuesto. Ahora se habían limitado a agrupar una serie de recortes presupuestarios y etiquetarlos como una «reforma de la asistencia social». Mientras, Donna Shalala y yo habíamos avanzado mucho en nuestra propia reforma del sistema de asistencia social. Habíamos otorgado cincuenta permisos a treinta y siete estados distintos para que promovieran iniciativas en pro del trabajo y de la familia. El 73 por ciento de los norteamericanos que recibían ayudas quedaban cubiertos por estas reformas y los subsidios caían en picado.

Cuando faltaba poco para el discurso del Estado de la Unión del día 23, parecía que hacíamos progresos para alcanzar un acuerdo presupuestario, de modo que en el discurso me dediqué a tratar de establecer un diálogo con los republicanos, reagrupar a los demócratas y explicar al pueblo norteamericano mi posición tanto en el debate presupuestario como en la cuestión más amplia que presentaba la lucha por el presupuesto: ¿cuál era el papel adecuado del gobierno en la era de la información global? El tema principal del discurso fue que «la era de una estructura gubernamental grande ha terminado. Pero no podemos volver al tiempo en que los ciudadanos tenían que arreglárselas solos». Esa formulación reflejaba mi filosofía de abandonar el gobierno burocrático, al tiempo que impulsaba un «gobierno de capacitación», creativo y orientado hacia el futuro. También describía bastante fielmente nuestras políticas económicas y sociales, y la iniciativa «Rego» de Al Gore. Para entonces mi argumentación estaba respaldada por el éxito de nuestra política económica: se habían creado más de ocho millones de nuevos puestos de trabajo desde la investidura y, desde hacía tres años, se habían fundado un número récord de nuevas empresas. Los fabricantes de automóviles de Estados Unidos estaban vendiendo incluso más que sus competidores japoneses en nuestro país por primera vez desde los años setenta.

Después de ofrecerme de nuevo para colaborar con el Congreso para equilibrar el presupuesto en siete años y aprobar la reforma de la asistencia social, esbocé un programa legislativo sobre las ayudas a las familias y a la infancia, la educación y la sanidad; también me referí a la lucha contra el crimen y las drogas; hice hincapié en aplicar programas asequibles que reflejaran los valores tradicionales norteamericanos y en la idea de la capacitación ciudadana: el chip para que los padres pudieran vigilar las emisiones televisivas, las escuelas públicas concertadas, la libertad de elección de escuelas y los uniformes escolares. También nombré al general Barry McCaffrey para que fuera el nuevo zar de las drogas de Estados Unidos. En ese momento, McCaffrey era comandante en jefe del Centro de Mando del Sur, donde había luchado por detener la entrada de cocaína a Estados Unidos desde Colombia y desde otros países.

El momento más memorable de la tarde llegó cerca del final del discurso cuando, como de costumbre, presenté a las personas que estaban sentadas en la tribuna de la primera dama, junto con Hillary. La primera persona que mencioné era Richard Dean, un veterano del Vietnam de cuarenta y nueve años que había trabajado en la Administración de la Seguridad Social durante veintidós años. Cuando dije al Congreso que él había estado en el edificio Murrah de Oklahoma cuando estalló la bomba y que había arriesgado su vida volviendo a entrar cuatro veces para salvar la vida de tres mujeres, el Congreso en pleno se levantó para aplaudirle durante un buen rato; los republicanos eran los que le vitoreaban más fuerte. Luego llegó la puntilla. Cuando se apagaron los aplausos, continué: «Pero la historia de Richard Dean no acaba aquí. Este pasado noviembre, le echaron de su oficina cuando el gobierno cerró. Y la segunda vez que cerró, él siguió ayudando a los ciudadanos que recibían subsidios de la seguridad social, pero trabajaba sin paga. En nombre de Richard Dean... les pido, a todos los presentes en esta cámara, que nunca volvamos a cerrar las oficinas del gobierno federal».

Esta vez los demócratas, eufóricos, lideraron el aplauso. Los republicanos eran conscientes de que habían caído en la trampa y se mostraban taciturnos. Pensé que ya no tendría que preocuparme de un posible tercer cierre del gobierno; ahora sus consecuencias tenían un rostro humano y heroico.

Los puntos de inflexión como estos no suceden por accidente. Cada año utilizamos el discurso del Estado de la Unión como una herramienta de organización; el gabinete y el equipo piensan nuevas ideas y medidas políticas y luego trabajan duro para hallar el mejor modo de presentarlas. El día del discurso hicimos varios ensayos en la sala de proyección que se encuentra entre la residencia y el Ala Este. La Agencia de Comunicaciones de la Casa Blanca, que también graba todas mis declaraciones públicas, montó un TelePrompTer y una tribuna y algunos miembros del personal se turnaron durante el día, en un proceso informal organizado por mi director de Comunicaciones, Don Baer. Todos colaboramos; escuchábamos cada frase, imaginábamos cómo la recibirían el Congreso y el país y mejorábamos la alocución.

Habíamos derrotado a la filosofía que subyacía tras el «Contrato con América», al vencer en el debate sobre el cierre del gobierno. Ahora el discurso ofrecía una filosofía de gobierno alternativa, y gracias a Richard Dean, demostramos que los empleados federales eran buena gente que rendía un valioso servicio. No era muy distinto de lo que llevábamos mucho tiempo afirmando, pero después del cierre, millones de norteamericanos lo oyeron y lo comprendieron por primera vez.

Empezamos el año ocupándonos de la política exterior; Warren Christopher organizó unas negociaciones entre israelíes y sirios en la plantación Wye River, en Maryland. Luego, el 12 de enero, volé durante la noche hacia la base aérea estadounidense de Aviano, en Italia, que había sido el centro de nuestras operaciones aéreas de la OTAN en Bosnia. Allí subí a un avión de transporte C-17 nuevo, para realizar el viaje hasta la base aérea de Taszar, en Hungría, desde donde nuestras tropas se desplegaban hacia Bosnia. En 1993, yo había luchado para evitar que el modelo C-17 se eliminara durante el recorte de gastos de Defensa. Era un avión asombroso, con una notable capacidad de carga y podía operar en condiciones muy difíciles. La misión bosnia utilizaba doce aparatos C-17 y yo tenía que volar en uno hasta Tuzla; el *Air Force One* habitual, un Boeing 747, era demasiado grande.

Después de reunirme con el presidente húngaro Arpad Goncz, y de ver a nuestros soldados en Taszar, volé hacia Tuzla, en el noreste de Bosnia, la zona de la cual Estados Unidos era responsable. En menos de un mes, y a pesar de las tremendas condiciones meteorológicas, siete mil soldados y más de dos mil vehículos blindados habían cruzado el río Sava, que se había desbordado, para llegar hasta sus puestos de vigilancia.

Habían conseguido que un campo de aviación provisional, sin luces ni equipo de navegación, funcionara perfectamente las veinticuatro horas del día. Agradecí su esfuerzo a los soldados; luego, le entregué personalmente un regalo de cumpleaños a un coronel cuya esposa me había pedido este favor durante mi parada en Aviano. Me reuní con el presidente Izetbegovic y luego volé a Zagreb, Croacia, para ver al presidente Tudjman. Ambos estaban satisfechos con el puesta en práctica del acuerdo de paz hasta la fecha, y contentos de que el ejército estadounidense formara parte de la iniciativa.

Llegué a Washington al final de un día que había sido muy largo, pero importante. Nuestros soldados participaban en el primer despliegue de tropas que hacía la OTAN más allá de las fronteras de sus miembros. Cooperaban y trabajaban junto a sus enemigos de la Guerra Fría: Rusia, Polonia, la República Checa, Hungría y las repúblicas bálticas. Su misión era crucial para sentar las bases de una Europa unida y, sin embargo, recibía críticas por doquier, en el Congreso y en todas las cafeterías de Estados Unidos. Los soldados al menos tenían derecho a saber por qué estaban en Bosnia y lo mucho que yo les apoyaba.

Dos semanas más tarde la Guerra Fría siguió desvaneciéndose en el pasado, cuando el Senado ratificó el tratado START II, que el presidente Bush había negociado y presentado a dicha cámara tres años atrás, poco antes de acabar su mandato. Junto con el tratado START I, que habíamos empezado a poner en marcha en diciembre de 1994, START II tenía previsto eliminar dos tercios de los arsenales nucleares que Estados Unidos y la ex Unión Soviética habían mantenido en el apogeo de la Guerra Fría, incluidas las armas nucleares más mortíferas, los misiles balísticos intercontinentales de cabezas múltiples.

Además de START I y II, habíamos firmado un acuerdo para congelar el programa nuclear de Corea del Norte y liderado el esfuerzo para que el Tratado de No Proliferación Nuclear fuera permanente. También tratábamos de garantizar la seguridad y en última instancia desmantelar las armas y materiales nucleares según el programa Nunn-Lugar. En mi felicitación al Senado por la ratificación del START II, pedí que siguieran haciendo de Estados Unidos un lugar más seguro y aprobaran la Convención de Armas Químicas, así como mi legislación antiterrorista.

El 30 de enero, el primer ministro Victor Chernomyrdin, de Rusia, vino a la Casa Blanca para reunirse por sexta vez con Al Gore. Una vez terminaron sus asuntos de la comisión, Chernomyrdin se entrevistó conmigo para informarme de los acontecimientos que tenían lugar en Rusia y de las perspectivas de Yeltsin acerca de la reelección. Justo antes de nuestra reunión, hablé con el presidente Suleiman Demiral y con la primera ministra Tansu Ciller, de Turquía. Me dijeron que Turquía y Grecia estaban al borde del conflicto militar y me imploró que lo impidiera. Estaban a punto de entrar en guerra a causa de dos pequeños islotes del mar Egeo, que los griegos llamaban Imia y los turcos Kardak. Ambos países los reclamaban, pero aparentemente Grecia los había adquirido mediante un tratado con Italia, en 1947. Turquía negaba la validez de la reclamación griega. No había habitantes en los islotes, aunque los turcos a menudo navegaban hasta uno de ellos, el mayor, para hacer excursiones. La crisis se desencadenó cuando algunos periodistas turcos destrozaron una bandera griega y colocaron una turca en su lugar.

Era impensable que dos grandes países con un conflicto real, como era Chipre, fueran de veras a la guerra por cuatro hectáreas de islotes rocosos en los que solo pastaban una docena de ovejas, pero me di cuenta de que Ciller realmente temía que sucediera. Interrumpí la reunión con Chernomyrdin para que me informaran; después hice algunas llamadas, al primer ministro griego Konstandinos Simitis, luego al presidente turco Demiral y de nuevo a Ciller. Después de las conversaciones con unos y otros, ambas partes acordaron no atacar; Dick Holbrooke, que ya estaba trabajando en Chipre, se quedó despierto toda la noche para que los dos países resolvieran el problema mediante la diplomacia. No podía evitar reír para mis adentros, ante la consoladora idea de que tanto si conseguía la paz en Oriente Próximo, Bosnia o Irlanda del Norte, como si no, al menos había salvado algunas ovejas egeas.

Justo cuando pensaba que las cosas no podían ponerse más delirantes en el caso de Whitewater, lo hicieron. El 4 de enero, Carolyn Huber encontró copias de las facturas de Hillary acerca del trabajo que el bufete Rose había realizado para la Madison Guaranty en 1985 y 1986. Carolyn había sido nuestra asistente en la mansión del gobernador y había venido a Washington para ayudarnos con nuestros papeles personales y con la correspondencia. Ya había ayudado a David Kendall a entregar más de cincuenta mil páginas de documentación a la oficina del fiscal independiente pero, por algún motivo, esta copia de las facturas no se encontraba entre ellos. Carolyn la encontró en una caja que ella llevó a su despacho el agosto anterior y que estaba en el almacén de archivos en el tercer piso de la residencia. Al parecer, la copia se había hecho durante la campaña de 1992; había anotaciones de Vince Foster, porque era quien llevaba las relaciones con la prensa del bufete Rose en aquel momento.

Desde fuera debió de parecer sospechoso. ¿Por qué aparecían las facturas después de tanto tiempo? Si hubieran visto el desordenado montón de papeles que trajimos de Arkansas, nadie se hubiera sorprendido. De hecho estoy asombrado de que fuéramos capaces de localizar tanto material a tiempo. En cualquier caso, Hillary estaba contenta de que hubiéramos encontrado esos documentos, pues demostraban su afirmación de que apenas había trabajado para la Madison Guaranty. En pocas semanas, la CRF emitió un informe que decía lo mismo.

Pero no fue así como lo pintó el fiscal independiente, los republicanos del Congreso y los periodistas que cubrían la informacióna de Whitewater. En su columna del *New York Times*, William Safire llamó a Hillary una «mentirosa congénita». Llamaron a Carolyn Huber a testificar para el Congreso ante el comité de Al D'Amato, el 18 de enero. Y el día 26, Kenneth Starr citó a Hillary para que declarara ante el gran jurado; el interrogatorio duró cuatro horas.

La citación de Starr fue un vil truco publicitario. Habíamos entregado los documentos voluntariamente en cuanto los descubrimos y estos demostraban la veracidad de las declaraciones de Hillary. Si Starr tenía más preguntas podría haber venido a la Casa Blanca y hacérnoslas, como había hecho tres veces anteriormente, en lugar de hacer comparecer a la primera dama ante un gran jurado. En 1992, el abogado de la Casa Blanca del presidente Bush, Boyden Gray, había retenido el diario de su jefe durante más de un año, hasta pasadas las elecciones, en lo que constituía una violación directa de una citación del fiscal del caso Irán-Contra. Nadie llevó a Gray o a Bush ante un gran jurado, y el clamor de la prensa no fue ni una mínima parte del que había ahora.

Me preocupaban más los ataques contra Hillary que los que iban dirigidos contra mí. Puesto que no podía detenerlos, todo lo que podía hacer era estar a su lado y decirle a la prensa que Estados Unidos sería un lugar mejor «si todo el mundo en este país tuviera la fuerza de carácter que mi mujer tiene». Hillary y yo le explicamos a Chelsea qué sucedía; no le gustó pero pareció tomárselo con calma. Ella conocía a su madre mucho mejor que sus asaltantes.

Aun así, aquello nos afectaba a todos. Hacía meses que yo luchaba por no dejar que mi ira interfiriera en mi trabajo, mientras me dedicaba a librar la batalla presupuestaria, me ocupaba de Bosnia, Irlanda del Norte y recibía la noticia de la muerte de Rabin. Pero había sido muy duro; ahora también sentía ansiedad por Hillary y Chelsea. También me preocupaba toda la gente a la que arrastraban a las sesiones de los comités y quedaba atrapada en la red de Starr; además de los perjuicios emocionales y económicos que esto les causaba.

Cinco días después de que entregáramos los documentos, Hillary tenía previsto conceder una entrevista a Barbara Walters para hablar de su nuevo libro, *Es labor de toda la aldea*. En lugar de eso, la entrevista se concentró en las facturas que habían aparecido. *Es labor de toda la aldea* se convirtió en un *best seller* de todos modos. Hillary se embarcó en un valiente viaje por todo el país para promocionar el libro; encontró legiones de norteamericanos que le daban muestras de amabilidad, de apoyo y a los que les importaban más sus palabras acerca de la mejora de las condiciones de la infancia que lo que Ken Starr, Al D'Amato, William Safire y sus compinches tenían que decir sobre ella.

Esos hombres parecían pasárselo de miedo atacando sin cesar a Hillary. Mi único consuelo era la absoluta certeza, basada en veinticinco años de estrecha observación, de que ella era mucho más dura de lo que ellos jamás podrían llegar a ser. A algunos hombres no les gusta eso en una mujer, pero es una de las razones por las que yo la amaba.

A principios de febrero, cuando la campaña presidencial se puso en marcha, volví a New Hampshire para destacar tanto el impacto positivo de las medidas políticas que había aplicado allí como mi compromiso de no olvidarme del estado después de salir elegido. Aunque no tenía ningún oponente en las primarias, quería ganar en New Hampshire en noviembre y tenía que enfrentarme a la cuestión que en mi opinión podía impedir que lo consiguiera: las armas.

Un sábado por la mañana, fui a una cafetería en Manchester llena de hombres que eran cazadores de ciervos y miembros de la ANR. Espontáneamente, les dije que sabía que habían defenestrado a su congresista demócrata, Dick Swett, en 1994, porque él votó a favor de la Ley Brady y de la prohibición de armas de asalto. Algunos de ellos asintieron. Aquellos cazadores eran buena gente pero la ANR los tenía asustados. Yo pensaba que, en 1996, volverían a tomar una decisión precipitadamente si nadie les explicaba la otra parte del argumento, en un lenguaje que pudieran comprender. De modo que lo intenté: «Sé que la ANR les convenció para que votaran en contra del congresista Swett. Ahora, quiero que también voten en mi contra si han perdido un día de caza, o tan solo una hora, por culpa de la ley Brady o de la prohibición contra las armas de asalto, porque yo le pedí que apoyara esas leyes. Por otra parte, si no fue así, entonces no les contaron la verdad y tienen que vengarse por lo que les hicieron».

Pocos días más tarde, en la Biblioteca del Congreso, firmé la Ley de Telecomunicaciones, una amplia actualización de la legislación relativa a una industria que ya era una sexta parte de nuestra economía. La ley aumentaba la competencia, la innovación y el acceso a lo que Al Gore había bautizado «las autopistas de la información». Habíamos pasado algunos meses de tira y afloja acerca de complejos temas económicos; los republicanos favorecían una mayor concentración de la propiedad en los medios de comunicación y el mercado de las telecomunicaciones, mientras que la Casa Blanca y los demócratas apoyaban más competencia, especialmente en los servicios de telefonía locales y a larga distancia. Al Gore llevó la negociación en nombre de la Casa Blanca y el portavoz Gingrich se instaló en su faceta positiva de emprendedor, por lo que llegamos a lo que yo pensé que era un compromiso justo; al final la ley se aprobó casi por unanimidad. También incluía el requisito de que los nuevos televisores llevaran incorporado el chip V, que yo había defendido en la conferencia familiar anual de los Gore, para permitir que los padres pudieran controlar los programas que sus hijos veían. Hacia finales de mes, los ejecutivos de la gran mayoría de cadenas de televisión acordaron incluir un sistema de calificación por edades en sus programas para 1997. Aún más importante, la ley fijaba la obligación de que hubiera acceso a internet a bajo coste en escuelas, bibliotecas y hospitales. La llamada tasa E permitiría ahorrar a las instituciones públicas casi 2.000 millones de dólares anuales.

Al día siguiente, la rosa irlandesa se marchitó cuando Gerry Adam me llamó para decirme que el IRA había puesto fin a la tregua, supuestamente a causa de las reticencias de John Major y los unionistas, que ralentizaban el proceso al insistir en que el IRA entregara sus armas a cambio de la participación del Sinn Fein en la vida política de Irlanda del Norte. Más tarde, ese mismo día explotó una bomba en el Canary Wharf de Londres.

El IRA mantuvo el conflicto abierto durante más de un año, con un gran coste para ellos. Aunque mataron a dos soldados y a dos civiles, e hirieron a muchos más, sufrieron las bajas de dos agentes del IRA, la desmantelación de su equipo de explosivos en Gran Bretaña y el arresto de un gran número de miembros del IRA en Irlanda del Norte. Hacia finales de mes, se celebraban vigilias por la paz en toda Irlanda del Norte, donde los ciudadanos de a pie manifestaban su permanente apoyo a la paz. John Major y John Bruton dijeron que reanudarían las negociaciones con el Sinn Fein si el IRA volvía a declarar la tregua. Con el apoyo de John Hume, la Casa Blanca decidió mantener contacto con Adams, a la espera del momento en que la marcha hacia la paz pudiera reemprenderse.

El proceso de paz en Oriente Próximo también se vio amenazado a finales de febrero, cuando dos bombas de Hamas mataron a veintiséis personas. Se avecinaban elecciones en Israel y supuse que Hamas trataba de perjudicar al primer ministro Peres y provocar a los israelíes para que eligieran a un gobierno de línea dura que no quisiera la paz con la OLP. Presionamos a Arafat para que hiciera más por impedir los actos terroristas. Como le había dicho cuando firmamos el acuerdo original, en 1993, ya no podría volver a ser el palestino más militante; si trataba de poner un pie en el campo de la paz y conservar el otro en el del terrorismo al final solo redundaría en su propio perjuicio.

También tuvimos problemas más cerca de Estados Unidos, cuando Cuba disparó contra dos aviones civiles, propiedad del grupo anticastrista Hermanos al Rescate y mató a cuatro hombres. Castro se la tenía jurada a ese grupo por los panfletos críticos que habían dejado caer en La Habana en el pasado. Cuba afirmó que había derribado los aviones en su espacio aéreo. No era verdad, pero aunque lo fuera, los ataques seguían siendo una violación del derecho internacional.

Suspendí los vuelos chárter a Cuba y restringí los viajes de los funcionarios cubanos a Estados Unidos. También amplié la difusión de Radio Martí, que mandaba a Cuba mensajes en pro de la democracia por las ondas y pedí al Congreso que autorizara dar compensaciones a las familias de los hombres asesinados, que sacaríamos de los productos cubanos bloqueados por el embargo estadounidense. Madeleine Albright solicitó a Naciones Unidas que impusiera sanciones, diciéndoles que aquel ataque reflejaba cobardía, «y no *cojones*».* Ella fue a Miami para pronunciar un encendido discurso ante la comunidad cubanoamericana. Sus comentarios de macho la convirtieron en una heroína entre los cubanos del sur de Florida.

También acepté firmar una versión de la Ley Helms-Burton que endurecía el embargo contra Cuba y limitaba la autoridad del presidente para levantarlo sin la aprobación del Congreso. Apoyar esa ley era positivo para Florida teniendo en cuenta que era año de elecciones, pero anulaba cualquier posibilidad, si ganaba un segundo mandato, de levantar el embargo a cambio de que Cuba hiciera gestos positivos. Casi parecía que Castro trataba de obligarnos a mantener el embargo para tener una excusa por el fracaso económico de su régimen. Si no era ese el objetivo entonces Cuba había cometido un error colosal. Más tarde recibí un mensaje de Castro, indirectamente por supuesto, en el que decía que derribar los aviones había sido un error. Al parecer, con anterioridad había dado órdenes de disparar sobre cualquier avión que violara el espacio aéreo cubano, y no las había anulado cuando los cubanos se enteraron de que se acercaban los aviones de los Hermanos al Rescate.

Durante la última semana del mes, después de visitar las zonas devastadas por las recientes inundaciones de Washington, Oregón, Idaho y Pennsylvania, me reuní con el nuevo primer ministro japonés en Santa Mónica, California. Ryutaro Hashimoto había sido el homólogo de Mickey Kantor antes de convertirse en jefe de Estado del gobierno japonés. Gran aficionado al *kendo*, un arte marcial japonés, Hashimoto era inteligente, duro y disfrutaba con todo tipo de combates. Pero también era un hombre con el que podíamos colaborar; él y Kantor habían cerrado veinte acuerdos comerciales, nuestras exportaciones a Japón habían subido al 80 por ciento y nuestro déficit bilateral había descendido durante tres años consecutivos.

El mes terminó con acontecimiento feliz; Hillary y yo celebramos el dieciséis cumpleaños de Chelsea y la llevamos a ver *Les Misérables* en el

---

*Albright dijo la palabra en español (N. de la T.)

Teatro Nacional. Luego fletamos un autobús e invitamos a sus amigas a un fin de semana en Camp David. Nos gustaban todas las amigas de Chelsea y nos encantaba verlas divertirse disparándose balas de pintura en los bosques, jugar a los bolos y a otros juegos y, en definitiva, comportándose como niñas cuyos años en el instituto estaban llegando a su fin. La mejor parte del fin de semana, para mí, fue cuando le di a Chelsea una clase de conducir por el complejo de Camp David. Lo echaba mucho de menos y quería que Chelsea lo disfrutara y lo hiciera con precaución y habilidad.

El proceso de paz de Oriente Próximo se vio de nuevo agitado durante las primeras semanas de marzo, cuando en días sucesivos, estallaron una serie de bombas de Hamas en Jerusalén y Tel Aviv, y se cobraron la vida de más de treinta personas e hirieron a muchas más. Entre los muertos había niños, una enfermera palestina que vivía y trabajaba entre sus amigos judíos y dos jóvenes norteamericanas. Me reuní con sus familias en New Jersey; me conmovió profundamente su firme compromiso por la paz como la única vía para evitar que más niños murieran en el futuro. En un discurso televisado para el pueblo de Israel, declaré lo obvio, que los actos terroristas estaban «no solamente destinados a matar a gente inocente, sino también a matar la naciente esperanza por la paz en Oriente Próximo».

El 12 de marzo, el rey Hussein de Jordania viajó conmigo en el *Air Force One* hacia la cumbre por la paz organizada por el presidente Mubarak en Sharm el-Sheikh, un bello centro de vacaciones en el mar Rojo al que solían acudir los aficionados europeos al submarinismo. Hussein había venido a verme a la Casa Blanca unos días atrás para condenar los atentados de Hamas y estaba decidido a unir al mundo árabe a favor de la causa de la paz. Realmente disfruté del largo viaje en su compañía. Siempre nos habíamos llevado muy bien, pero nos convertimos en amigos y aliados más cercanos después del asesinato de Rabin.

Los dirigentes de veintinueve naciones del mundo árabe, de Europa, de Asia y de Norteamérica, entre ellos Boris Yeltsin y el secretario general de Naciones Unidas, Boutros Boutros-Ghali, se sumaron a Peres y Arafat en la cumbre de Sharm el-Sheikh. El presidente Mubarak y yo fuimos los organizadores de la reunión. Tanto nosotros como nuestros equipos habían trabajado día y noche para asegurarse de que saldríamos de la conferencia con el compromiso claro y concreto de luchar contra el terror y preservar el proceso de paz.

Por primera vez, el mundo árabe estuvo al lado de Israel, condenó el terror y prometió luchar contra él. El frente unido era esencial para que Peres contara con el apoyo necesario para mantener el proceso de paz en marcha y reabrir las fronteras de Gaza, con el fin de que los miles de palestinos que vivían allí, pero que tenían empleos en Israel, pudieran volver a sus trabajos. También era necesario respaldar a Arafat para que emprendiera un gran esfuerzo contra los terroristas, sin el cual se desvanecería el apoyo de Israel a la paz.

El día 13, volé a Tel Aviv para hablar de los pasos específicos que Estados Unidos podía hacer para ayudar a la policía y al ejército israelíes. En una reunión con el primer ministro Peres y con su gabinete, me comprometí a entregarles 100 millones de dólares como medida de apoyo; también pedí a Warren Christopher y al director de la CIA, John Deutch, que se quedaran en Israel para acelerar la implementación de nuestros esfuerzos conjuntos. En la conferencia de prensa que celebré con Peres tras nuestra reunión, reconocí lo difícil que era proporcionar una protección total contra «hombres jóvenes que se han creído una versión apocalíptica del Islam y contra una situación política que les lleva a atarse bombas al cuerpo», con el fin de suicidarse y matar a niños inocentes. Pero dije que podíamos mejorar nuestra capacidad de prevención de dichos actos y desmantelar las redes de financiación y de apoyo nacional que los hacían posibles. También aproveché la ocasión para instar al Congreso a que aprobara la legislación antiterrorista que llevaba congelada más de un año.

Después de la conferencia de prensa y de una sesión de preguntas y respuestas con jóvenes estudiantes israelíes de Tel Aviv, me reuní con el líder del partido del Likud, Benjamin Netanyahu. Las bombas de Hamas habían aumentado las probabilidades de una victoria del Likud en las elecciones que se avecinaban. Yo quería que Netanyahu supiera que si él ganaba, colaboraría con él en la lucha contra el terror, pero también quería que se comprometiera con el proceso de paz.

No podía volver a casa sin viajar al monte Herzl para visitar la tumba de Rabin. Me arrodillé, recé una oración y, siguiendo la costumbre judía, coloqué una piedrecita en la lápida de mármol de Yitzhak. También me llevé conmigo a casa un pequeño guijarro del suelo que había al lado de la tumba, como recuerdo de mi amigo y de la labor que él me había dejado en herencia.

Mientras yo seguía preocupado con el problema en Oriente Próximo, China agitó las aguas del estrecho de Taiwan disparando tres misiles «de prueba» cerca de esta isla, al parecer para intentar disuadir a los políticos taiwaneses de reclamar la independencia en la campaña electoral que estaba en marcha. Desde que el presidente Carter normalizó las relaciones con la China continental, Estados Unidos había seguido una política coherente de reconocimiento de «una sola China», al tiempo que mantenía buenas relaciones con Taiwan y afirmaba que ambas partes debían resolver sus diferencias pacíficamente. Jamás habíamos dicho nada de salir en defensa, o no, de Taiwan en caso de que fuera atacado.

Me parecía que los problemas de política exterior que constituían Oriente Próximo y Taiwan eran polos opuestos. Si los dirigentes políticos no actuaban en Oriente Próximo, las cosas se pondrían peor. Por el contrario, yo pensaba que si los políticos chinos y taiwaneses no cometían ninguna tontería, el problema se resolvería por sí solo con el tiempo. Taiwan era un motor económico que había pasado de la dictadura a la democracia. No quería en absoluto el comunismo burocrático de la China continental. Por otra parte, las inversiones de los empresarios taiwaneses en China eran considerables y había muchos intercambios en ambos sentidos. A China le interesaba recibir las inversiones taiwanesas pero no podía aceptar abandonar su exigencia de soberanía sobre la isla. Para los dirigentes chinos, hallar el punto de equilibrio entre el pragmatismo económico y el nacionalismo agresivo era un constante reto, especialmente durante la época electoral en Taiwan. Mi opinión era que China había ido demasiado lejos con sus pruebas de misiles y, rápida pero discretamente, ordené que un grupo de portaaviones de la Marina estadounidense del Pacífico se dirigiera hacia el estrecho de Taiwan. La crisis pasó.

Después de un principio algo inestable en febrero, Bob Dole ganó todas las primarias republicanas en marzo y cerró la nominación de su partido con una victoria a finales de mes en California. Aunque el senador Phil Gramm, que se había presentado contra Dole y cuyas posiciones eran aún más de derechas, hubiera sido un rival más fácil, yo apostaba por Dole. Ninguna elección es segura y, si yo perdía, creía que el país estaría en manos más firmes y moderadas con él.

Mientras Dole avanzaba hacia la nominación, yo hacía campaña en diversos estados, incluido un acto en Maryland con el general McCaffrey y Jesse Jackson para destacar nuestros esfuerzos para poner freno al consumo de drogas entre los jóvenes; también hice una parada en Harman International, un fabricante de altavoces de primera calidad en Northridge, California, para anunciar que la economía había generado 8,4 millones de empleos en cuatro años. Las rentas de la clase media también empezaban a subir. En los dos últimos años, dos tercios de los puestos de trabajo que se habían creado se encontraban en sectores que pagaban sueldos superiores al salario mínimo.

Durante aquel mes, no llegamos a ningún acuerdo sobre las leyes de asignaciones presupuestarias pendientes, de modo que firmé tres RP más y envié mi presupuesto para el siguiente año fiscal a Capitol Hill. Mientras, la Cámara continuó cercana a la ANR y votó para revocar la prohibición de armas de asalto y para eliminar de la legislación antiterrorista algunos puntos contra los que el grupo de presión que estaba a favor de las armas se oponía.

A finales de mes, inicié un esfuerzo para acelerar la aprobación de fármacos contra el cáncer por parte de la Administración de Fármacos y Alimentos. Al Gore, Donna Shalala y el administrador de la AFA, David Kessler, habían trabajado mucho para reducir la duración del proceso de aprobación medio de nuevos fármacos, de treinta y nueve meses, en 1987, a solo un año en 1994. La última aprobación de un fármaco contra el SIDA se emitió en solo cuarenta y dos días. Era importante para la AFA determinar el modo en que los medicamentos afectarían al cuerpo antes de aprobarlos, pero el proceso debía ser tan rápido como la seguridad lo permitiera; había vidas en juego.

Finalmente, el 29 de marzo, ocho meses después de que Bob Rubin y yo lo hubiéramos solicitado por primera vez, firmé una ley para subir el límite de la deuda. La espada de Damocles del impago ya no pendía sobre nuestras negociaciones presupuestarias.

El 3 de abril, en la primavera florida en Washington, yo trabajaba en el Despacho Oval cuando me llegó un mensaje de que el avión de las fuerzas aéreas que llevaba a Ron Brown y a una delegación comercial y de inversión estadounidense que él había organizado para aumentar los beneficios económicos de la paz en los Balcanes, se había encontrado con mal tiempo, había perdido el rumbo y había chocado contra la montaña de San Juan, cerca de Dubrovnik, en Croacia. Todos los que estaban a bordo murieron. Apenas hacía una semana, en su viaje a Europa, Hillary y Chelsea habían viajado en el mismo avión, junto con algunos miembros de la misma tripulación.

Yo estaba destrozado. Ron era amigo mío y mi mejor asesor político en el gabinete. Como presidente del CDN, supo reflotar al Partido Demócrata después de nuestra derrota en 1988 y desempeñó un papel clave en la unión de los demócratas para las elecciones de 1992. Después de la pérdida de escaños en el Congreso, en 1994, Ron había conservado su optimismo y había animado a todo el mundo con su predicción llena de confianza de que estábamos haciendo lo correcto en el plano económico y de que ganaríamos en 1996. Había revitalizado el Departamento de Comercio y modernizado el sistema burocrático; había utilizado el Departamento no solo para alcanzar nuestros objetivos económicos, sino también en beneficio de nuestros intereses más amplios en los Balcanes e Irlanda del Norte. También había trabajado mucho para aumentar las exportaciones norteamericanas a los «mercados emergentes», naciones que sin duda crecerían en el siglo XXI, incluidas Polonia, Turquía, Brasil, Argentina, Sudáfrica e Indonesia. Después de su muerte recibí una carta de un empresario que había trabajado con él; me decía que era el «mejor secretario de Comercio que Estados Unidos ha tenido jamás».

Hillary y yo condujimos a casa de Ron para ver a su esposa Alma, a sus hijos, Tracey y Michael, y a la esposa de éste, Tammy. Formaban parte de nuestro clan familiar y me alivió verlos rodeados de amigos que les querían y haciendo frente a la muerte de Ron recordando anécdotas e historias del pasado. Había muchas que valía la pena repetir, sobre el largo viaje que había emprendido desde el hogar de su infancia, el viejo hotel Teresa, en Harlem, hasta la cumbre de la política norteamericana y del servicio público.

Cuando dejamos a Alma, fuimos al centro, al Departamento de Comercio para hablar con los empleados, que habían perdido a un líder y a un amigo. Uno de los fallecidos en el accidente era un joven que Hillary y yo conocíamos bien. Adam Darling era el hijo idealista y valiente de un ministro metodista, que había llegado a nuestras vidas en 1992, cuando fue noticia a causa de su viaje en bicicleta por Norteamérica en apoyo de la candidatura Clinton-Gore.

Al cabo de unos días, apenas dos semanas después del primer aniversario de la bomba en Oklahoma, Hillary y yo plantamos un seto de flores en el jardín posterior de la Casa Blanca en memoria de Ron y de los otros norteamericanos que habían muerto en Croacia. Luego volamos a Oklahoma para inaugurar una nueva guardería, que sustituía a la que desapareció con la explosión, y visitamos a las familias de las víctimas que se encontraban allí. En la Universidad de Central Oklahoma, en la cercana Edmond, dije a los estudiantes que, aunque habíamos capturado a más terroristas en los últimos tres años que en toda nuestra historia, el terror exigía que hiciéramos más: era la amenaza de su generación, al igual que la guerra nuclear había sido la de los que crecimos durante la Guerra Fría.

La tarde siguiente realizamos un triste viaje a la base aérea de Dover, en Delaware, donde Estados Unidos lleva de vuelta a casa a los que han muerto durante el cumplimiento de su deber para la nación. Después de que bajaran solemnemente los ataúdes del avión, leí los nombres de todos los fallecidos en el avión de Ron Brown y recordé a los asistentes que el día siguiente era Pascua, que para los cristianos marca el paso de la pérdida y la desesperación a la esperanza y la redención. La Biblia dice: «Aunque lloramos durante la noche, la alegría vendrá en la mañana». Tomé ese versículo como tema de mi panegírico a Ron, el 10 de abril en la Catedral Nacional, porque para todos los que lo conocimos, Ron siempre fue nuestra alegría en la mañana. Miré su ataúd y dije: «Quiero decirle a mi amigo por última vez: Gracias. Si no fuera por ti, hoy no estaría aquí».

Enterramos a Ron en el cementerio nacional de Arlington. Yo estaba tan agotado y triste después de aquella terrible tragedia que apenas podía tenerme en pie. Chelsea, ocultando sus lágrimas detrás de las gafas de sol, me abrazó y yo apoyé mi cabeza en su hombro.

Durante la espantosa semana que transcurrió entre el accidente y el funeral, traté de seguir con mis funciones lo mejor que pude. Primero, firmé la nueva ley sobre granjas. Dos semanas atrás, había firmado una serie de medidas legislativas que mejoraban el sistema crediticio para las granjas y así proporcionaban la posibilidad de obtener más préstamos a intereses menores a los granjeros. Pese a que opinaba que la nueva ley aún no ofrecía una red de seguridad adecuada para las granjas familiares, la firmé de todos modos porque si la actual ley expiraba y todavía no se había reemplazado, los granjeros tendrían que plantar sus cosechas totalmente desamparados y sin el apoyo del programa que se instauró en 1948. Además, la ley contenía muchas medidas que yo apoyaba: mayor flexibilidad para que los granjeros escogieran qué plantar sin por ello perder las ayudas; financiación para el desarrollo económico de las comunidades rurales; fondos para ayudar a los granjeros a prevenir la erosión del suelo, y la contaminación del agua y del aire, así como la pérdida de pantanos. También incluía 200 millones de dólares para empezar a trabajar en una de mis prioridades medioambientales, la restauración de las Everglades de Florida, que estaban enormemente dañadas a causa del desarrollo urbano extensivo y del cultivo de caña de azúcar.

El día 9 firmé una nueva ley que otorgaba al presidente una capacidad de veto parcial. La mayoría de gobernadores poseían esa autoridad y todos los presidentes, desde Ulysses Grant, en 1869, la habían perseguido. La cláusula también formaba parte del «Contrato con América» de los republicanos, que yo había apoyado en mi campaña de 1992. Estaba complacido porque finalmente se hubiera aprobado; pensaba que su principal utilidad residía, principalmente, en la capacidad de negociación que daba al presidente para impedir que se incluyeran partidas despilfarradoras en el presupuesto. Firmar la ley tenía una desventaja importante: el senador Robert Byrd, la autoridad más respetada en el Congreso sobre la Constitución, la consideraba una infracción inconstitucional y una intromisión del Ejecutivo en el Legislativo. Byrd rechazaba el veto parcial con una pasión que la mayoría de la gente reserva para los agravios personales; no creo que jamás me perdonara haber firmado esa ley.

El día de la misa fúnebre de Ron Brown, veté una ley que prohibía un procedimiento que sus defensores llamaban aborto de «nacimiento parcial». La legislación tal y como la describían sus impulsores antiabortistas era muy popular, pues prohibía un tipo de interrupción del embarazo que parecía tan despiadada y cruel que muchos ciudadanos que estaban a favor de la elección de la mujer también lo estaban de esta prohibición. Era un poco más complicado que eso. Según tengo entendido, la operación era excepcional y poco habitual; se practicaba sobre todo en mujeres a las que el médico les había dicho que era necesario para salvar sus propias vidas o sus salud, a menudo porque estaban embarazadas de bebés hidrocefálicos, que sin duda morirían antes, durante o poco después del nacimiento. La cuestión era hasta qué punto se perjudicaba la salud de la madre si daban a luz a bebés que estaban condenados a morir y si hacerlo podía entrañar que no pudieran quedarse embarazadas de nuevo. En esos casos, no quedaba nada claro que prohibir la operación fuera la opción «pro vida».

Yo pensaba que debía ser una decisión para la madre y su médico. Cuando veté la ley, lo hice con cinco mujeres al lado que habían sufrido abortos de nacimiento parcial. Tres de ellas, una católica, una cristiana evangélica y una judía ortodoxa, eran devotas defensoras del derecho a la vida. Una de ellas dijo que había rezado a Dios para que se llevara su vida y perdonara la de su hijo; todas afirmaron que habían consentido someterse a esa operación de último trimestre únicamente porque sus doctores dijeron que los bebés no podrían sobrevivir, y ellas querían tener más hijos.

Si consideramos la gran cantidad de tiempo que me llevó explicar el motivo por el que veté esa ley, se puede comprender por qué fue un terrible error político. La veté porque nadie me había mostrado pruebas de que no fueran ciertas las afirmaciones de que esa operación era necesaria en determinadas circunstancias o de que existiera otra operación alternativa que pudiera haber protegido la salud de las madres y su capacidad reproductora. Yo me había ofrecido a firmar una ley que prohibiera todas las interrupciones del embarazo durante el último trimestre, excepto en los casos en los que la vida y la salud de la madre estuvieran en peligro. Algunos estados aún las permitían, y una medida así podría haber prevenido muchos más abortos que la ley de nacimiento parcial, pero los antiabortistas del Congreso impidieron que se aprobara. Buscaban la manera de erosionar «Roe contra Wade». Además, no había ninguna ventaja política en una ley que incluso los senadores y representantes que eran más «pro vida» también apoyarían.

El 12 de abril, nombré a Mickey Kantor secretario de Comercio y a su capaz adjunta, Charlene Barshevsky, la nueva embajadora comercial de Estados Unidos. También designé a Frank Raines, vicepresidente de Fannie Mae, la Asociación Nacional de Hipotecas Federales, jefe de la Oficina de Gestión y Presupuestos. Raines tenía la combinación adecuada de inteligencia, conocimientos presupuestarios y habilidad política para tener éxito en la OGP; era el primer afroamericano que ocupaba ese cargo.

El 14 de abril, Hillary y yo subimos al *Air Force One* para un ajetreado viaje de una semana por Corea, Japón y Rusia. En la bella isla de Cheju, en

Corea del Sur, el presidente Kim Young-Sam y yo propusimos iniciar conversaciones a cuatro bandas con Corea del Norte y China, los otros firmantes del armisticio de cuarenta y seis años que puso fin a la guerra de Corea, con el fin de crear un marco de trabajo en el que Corea del Norte y Corea del Sur pudieran dialogar, y también con la esperanza de que alcanzaran por fin un acuerdo de paz. Corea del Norte llevaba tiempo diciendo que quería la paz y yo creía que teníamos que descubrir si hablaba en serio.

Volé de Corea del Sur a Tokio, donde el primer ministro Hashimoto y yo hicimos pública una declaración conjunta, con la que queríamos reafirmar y modernizar nuestra relación de seguridad; también incluía más cooperación en la lucha contra el terrorismo, una cuestión que a los japoneses les interesaba mucho después del ataque en el metro con gas sarín. Estados Unidos también prometía conservar la presencia de sus tropas, unos 100.000 soldados, en la zona de Japón, Corea y el resto de Asia del Este, al tiempo que reducíamos nuestra presencia en la isla japonesa de Okinawa, donde algunos incidentes criminales en los que estaba implicado personal militar estadounidense habían aumentado la oposición popular a nuestras tropas. Había mucho en juego para Estados Unidos si conseguía mantener la paz y la estabilidad en Asia. Los asiáticos compraban la mitad de nuestras exportaciones, y esas adquisiciones aseguraban tres millones de puestos de trabajo.

Antes de irme de Japón, visité a las fuerzas de la Séptima Flota a bordo del *Independence*, asistí a una elegante cena de Estado que ofrecieron el emperador y la emperatriz en el Palacio Imperial, pronuncié un discurso ante la Dieta japonesa y disfruté de un almuerzo organizado por el primer ministro, en el que participaron luchadores de sumo nacidos en Estados Unidos y un notable saxofonista japonés de jazz.

Para reforzar la importancia de los lazos entre Estados Unidos y Japón, nombré al ex vicepresidente Walter Mondale nuestro embajador allí. Elegir a un hombre de su prestigio y habilidad para hacer frente a problemas complejos era un mensaje inequívoco dirigido a los japoneses, que daba a entender lo importante que eran para Estados Unidos.

Volamos hacia San Petersburgo, en Rusia. El 19 de abril, en el primer aniversario de la bomba en Oklahoma, Al Gore fue allí para hablar en nombre de la administración; mientras, yo recordaba aquel suceso durante una visita a un cementerio militar ruso y me preparaba para una cumbre sobre seguridad nuclear con Boris Yeltsin y los líderes del G-7. Yeltsin había propuesto organizar la cumbre para destacar nuestro compromiso con el Tratado de Prohibición Total de Pruebas Nucleares, START I y START II, así como nuestros esfuerzos conjuntos por localizar y eliminar las armas y materiales nucleares. También convenimos en mejorar la seguridad de las plantas nucleares de energía, poner fin al vertido de sustancias nucleares en los océanos y a ayudar al presidente ucraniano, Leonid Kuchma, a cerrar la planta nuclear de Chernobyl en cuatro años. Diez años después del trágico accidente que había tenido lugar allí, aún funcionaba.

El día 24 estaba de vuelta en casa pero seguía ocupado en los asuntos exteriores. El presidente Elias Hrawi, de Líbano, se encontraba en la Casa Blanca cuando hubo otro momento de tensión en Oriente Próximo. En respuesta a una descarga de cohetes *Katyusha* que Hezbollaha había disparado contra Israel desde el sur de Líbano, Shimon Peres ordenó ataques de represalia que mataron a muchos civiles. Líbano me inspiraba mucha lástima; estaba atrapado en un conflicto entre Israel y Siria y estaba lleno de agentes terroristas. Volví a asegurar el firme apoyo de Estados Unidos a la Resolución 425 del Consejo de Seguridad de Naciones Unidas, que expresa la necesidad de que Líbano sea verdaderamente independiente.

No todas las noticias procedentes de Oriente Próximo eran malas. Mientras me reunía con el presidente libanés, Yasser Arafat convencía al consejo ejecutivo de la OLP para que reformara su carta de fundación y reconociera el derecho de Israel a existir; era un cambio político muy importante para los israelíes. Dos días más tarde Warren Christopher y nuestro enviado a Oriente Próximo, Dennis Ross, lograron obtener un acuerdo entre Israel, Líbano y Siria para poner fin a la crisis libanesa y permitirnos volver a concentrar nuestros esfuerzos en la paz.

Shimon Peres vino a verme a finales de mes para firmar un acuerdo de cooperación antiterrorista que incluía una inversión de 50 millones de dólares en nuestros esfuerzos conjuntos para reducir la vulnerabilidad de Israel frente a los atentados suicidas con bombas que recientemente habían causado tragedia y confusión.

Apenas una semana antes, firmé la legislación antiterrorista, que el Congreso finalmente había aprobado, un año después de lo ocurrido en Oklahoma. Al final, la ley obtuvo un gran apoyo en ambos partidos, después de eliminar las cláusulas que exigían la inclusión de sustancias marcadoras en la pólvora negra y sin humo, y la que concedía a las autoridades federales permiso para grabar a los presuntos terroristas a lo largo de sus desplazamientos sin necesidad de pedirlo en cada localidad, posibilidad que ya se utilizaba en el caso de las figuras del crimen organizado. La ley nos proporcionaría más herramientas y recursos para impedir que se produjeran ataques terroristas, así como para desmantelar organizaciones terroristas y aumentar el control de armas biológicas y químicas. El Congreso también aceptó que se colocaran etiquetas en los explosivos plásticos, y dejó la puerta abierta a la opción de colocarlos en otros tipos de explosivos que no estuvieran claramente prohibidos por la ley.

Abril fue otro mes curioso en el entorno Whitewater. El segundo día del mes, Kenneth Starr apareció en el Primer Circuito del Tribunal de Apelación de Nueva Orleans en nombre de cuatro grandes compañías tabacaleras que, al mismo tiempo, estaban enzarzadas en un abierto enfrentamiento con mi administración por las campañas de promoción de sus cigarrillos dirigidas a los adolescentes y por la autoridad que tenía la Administración de Fármacos y Alimentos para impedírselo. Starr no veía ningún conflicto de intereses en ejercer la abogacía lucrativamente, por lo cual mis adversarios le pagaban grandes cantidades de dinero. El *USA Today* ya había revelado que, en una aparición ante un tribunal en defensa del programa de cupones escolares de Wisconsin, al que yo me oponía, la minuta de Starr no la había pagado el estado, sino la ultraconservadora Fundación Bradley. Starr estaba detrás de la Corporación de Resolución de Fondos por su investigación en la conducta de nuestra acusadora, L. Jean Lewis; al mismo tiempo, la CRF negociaba con su bufete para llegar a un acuerdo respecto a una demanda que la agencia había presentado contra dicha firma por negligencia en la representación de una institución de ahorros y préstamos de Denver que había entrado en bancarrota. Y, por descontado, Starr se había ofrecido a salir por televisión para hablar a favor de la demanda de Paula Jones. A Robert Fiske lo habían retirado del caso Whitewater y de su cargo de fiscal independiente basándose en la poco fundada reclamación de que su nombramiento por parte de Janet Reno creaba la sospecha de un conflicto de intereses. Ahora teníaamos a un fiscal con conflictos reales.

Como he dicho, Starr y sus aliados del Congreso y de los tribunales federales habían creado una nueva definición de «conflicto de intereses»: cualquiera remotamente favorable o, como en el caso de Fiske, incluso justo con Hillary y conmigo tenía por definición un conflicto. Los descarados intereses políticos y económicos de Ken Starr y la tendenciosa parcialidad en mi contra que reflejaban, no constituían ningún problema en absoluto para que asumiera una autoridad sin límites y sin responsabilidades, con objeto de perseguirnos a nosotros y a muchas otras personas inocentes.

La curiosa visión de Starr y sus aliados sobre qué era un conflicto de intereses jamás quedó tan clara como en su trato al juez Henry Woods, un jurista veterano, muy respetado y ex agente del FBI, asignado presidente del tribunal en que se juzgó al gobernador Jim Guy Tucker y a otros, a los que Starr había acusado por cargos federales sin ninguna relación con Whitewater, por la compra de cadenas de televisión por cable. Al principio, ni Starr ni Tucker se opusieron a que Woods presidiera el tribunal; era demócrata pero jamás había sido amigo del gobernador. El juez Woods desestimó las acusaciones tras decidir que Starr se había excedido en su autoridad según la ley del fiscal independiente porque los cargos no tenían nada que ver con Whitewater.

Starr apeló la decisión de Woods ante el Tribunal del Octavo Circuito y solicitó que se apartara al juez del caso por parcialidad. Los miembros del tribunal de apelaciones eran todos republicanos conservadores nombrados por Reagan y Bush. El juez principal, Pasco Bowman, rivalizaba con David Sentelle en sus tendencias políticas de derechas. Sin dar al juez Woods ni siquiera la oportunidad de defenderse, el Tribunal no solo revocó su decisión y reinstauró los cargos, sino que también le expulsó del caso sin citar ningún archivo judicial, solo artículos publicados en periódicos y revistas que le criticaban. Uno de los artículos, repleto de falsas acusaciones, lo había escrito el juez Jim Johnson para el *Washington Times*, un rotativo de derechas. Después de la sentencia, Woods señaló que era el único juez en la historia de Estados Unidos al que se retiraba de un caso sobre la base de unos cuantos artículos periodísticos. Cuando otro abogado defensor con ideas novedosas apeló al Octavo Circuito para expulsar al juez de un tribunal y citó el caso Woods como precedente, un tribunal, menos partidista, rechazó la petición y criticó la decisión respecto a Woods, afirmando que no tenía precedentes y que era injustificada. Por supuesto que lo era, pero había reglas distintas para Whitewater.

El 17 de abril, ni siquiera el *New York Times* pudo soportarlo más. Calificando a Starr de «desafiantemente ciego a sus problemas de apariencia, e indiferente a la obligación especial que le debe al pueblo norteamericano», por su negativa a «abandonar su propia carga financiera y política», el *Times* afirmó que Starr debía apartarse del caso. Yo no podía negar que el viejo y buen periódico* aún tenía conciencia, pues no querían que a Hillary y a mí nos entregaran atados de pies y manos a la masa para que nos linchara. El resto de los medios de comunicación que se ocupaban de Whitewater guardó silencio sobre el tema.

El 28 de abril, entregué un testimonio de cuatro horas y media grabado en una cinta para otro juicio de Whitewater. En este, Starr había acusado a Jim, a Susan McDougal y a Jim Guy Tucker por apropiación indebida de fondos de la Madison Guaranty y de la Agencia para la Pequeña y Mediana Empresa. Los préstamos no se devolvieron, pero los fiscales no negaban que los acusados quisieran reembolsarlos; los acusaban porque argumentaban que el dinero se utilizó para otros propósitos distintos a los que se describían en los formularios de solicitud de los préstamos.

El juicio no tenía nada que ver con Whitewater, con Hillary o conmigo. Lo menciono aquí porque David Hale me arrastró allí. Había estafado millones de dólares a la Agencia para la Pequeña y Mediana Empresa y colaboraba con Starr con la esperanza de obtener una senten-

---

*"Grand old paper", un juego de palabras que remite al "Grand Old Party", el Partido Republicano. (N. de la T.)

cia de condena benévola. En su testimonio en el juicio, Hale repitió sus acusaciones de que yo le había presionado para que concediera un préstamo de 300.000 dólares a los McDougal.

Testifiqué que todas las conversaciones que Hale decía haber mantenido conmigo eran falsas y que no sabía nada de las relaciones entre las partes que habían originado los cargos. Los abogados de la defensa creían que una vez el jurado se diera cuenta de que Hale había mentido acerca de mi participación en sus tratos con los McDougal y Tucker, todo su testimonio se vería comprometido, el caso del fiscal se rompería en pedazos y, por lo tanto, ni siquiera haría falta que los acusados prestaran testimonio. Había dos problemas con esa estrategia. En primer lugar, desoyendo todos los consejos, Jim McDougal insistió en testificar en defensa propia; lo había hecho ya en un juicio anterior derivado de la bancarrota de la Madison Guaranty, en 1990, y le habían declarado inocente. Pero desde entonces, la depresión maníaca que sufría se había agravado y, según diversos observadores, su testimonio errático y divagador no solo le había perjudicado a él sino también a Susan y a Jim Guy Tucker, que no subieron al estrado en defensa propia, incluso después de que McDougal les pusiera en peligro con su inconsciencia.

El otro problema era que el jurado no tenía en su poder información de todos los hechos sobre las conexiones de David Hale con mis enemigos políticos; algunas de ellas ni siquiera se conocían y otras las desestimó el juez por considerarlas inadmisibles. El jurado lo ignoraba todo acerca del dinero y del apoyo que Hale había recibido de una campaña secreta llamada el Proyecto Arkansas.

El Proyecto Arkansas estaba financiado por el multimillonario ultraconservador Richard Mellon Scaife de Pittsburgh, que también daba dinero al *American Spectator* para alimentar sus artículos negativos sobre Hillary y sobre mí. Por ejemplo, el proyecto le había pagado 10.000 dólares a un ex policía estatal por inventarse la ridícula historia de que yo traficaba con drogas. La gente de Scaife también trabajaba estrechamente con los aliados de Newt Gingrich. Cuando David Brock trabajaba en el artículo del *Spectator* en el que aparecían dos policías estatales de Arkansas y afirmaban que me habían conseguido mujeres, Brock no solo recibió su salario normal del periódico, sino también pagos secretos procedentes del empresario de Chicago Peter Smith, el presidente financiero del comité de acción política de Newt.

La mayoría de los esfuerzos del Proyecto Arkansas se centraban en David Hale. A través de Parker Dozhier, un ex adjunto del juez Jim Johnson, el proyecto estableció un santuario para Hale en la tienda de anzuelos de Dozhier, en las afueras de Hot Springs, donde Dozhier le entregaba dinero en efectivo a Hale y le dejaba su coche y su cabaña de pescar mientras Hale cooperaba con Starr. Durante esa época Hale también recibió asesoramiento legal gratuito de Ted Olson, amigo de Starr y abogado del Proyecto Arkansas y del *American Spectator*. Más tarde, Olson se convirtió en abogado gubernamental general en el Departamento de Justicia del presidente George W. Bush, después de una sesión del Senado en el que no fue en absoluto sincero acerca de su trabajo para el Proyecto Arkansas.

Por las razones que sea, el jurado condenó a los tres acusados por varios de los cargos que se presentaban contra ellos. En su intervención final, el fiscal principal de la oficina del fiscal independiente se esforzó lo indecible por dejar claro que yo «no estaba bajo juicio» y que no «se había realizado ninguna acusación de que yo cometiera actos delictivos». Pero Starr ya tenía lo que realmente quería: tres personas a las que presionara para que, con el fin de evitar una sentencia de prisión, le dieran algo que nos perjudicara. Puesto que no había nada que contar no me preocupé, aunque lamenté el coste que el gran esfuerzo de Starr representaba para los contribuyentes, así como el número creciente de afectados entre la gente de Arkansas cuyo principal pecado era que nos habían conocido a Hillary y a mí antes de que yo fuera presidente.

También tenía serias dudas acerca del veredicto del jurado. La enfermedad mental de Jim McDougal había avanzado hasta el punto de que probablemente no era capaz de soportar un juicio, y mucho menos testificar. Pensé que a Susan McDougal y a Jim Guy Tucker se les podía condenar sencillamente porque habían quedado atrapados en la espiral mental descendente de Jim McDougal y en el esfuerzo desesperado de David Hale por salvar su propio cuello.

Mayo fue relativamente tranquilo en el frente legislativo, lo que me permitió dedicarme a hacer campaña por algunos estados y disfrutar de algunos deberes ceremoniales del presidente, entre ellos la entrega de una medalla de oro del Congreso a Billy Graham, el acto anual de WETA-TV «En concierto» en el Jardín Sur, en el que intervinieron Aaron Neville y Linda Ronstadt, y una visita de Estado del presidente griego, Constantinos Stephanopoulos. Cuando estábamos envueltos en problemas muy delicados tanto en el frente exterior como en el interior, a menudo me costaba relajarme lo suficiente como para pasármelo realmente bien en esos actos.

El 15 de mayo, anuncié la última ronda de becas para vigilancia policial comunitaria, que nos trajeron 43.000 de los 100.000 nuevos policías que prometí. Ese mismo día Bob Dole anunció que dimitía de su escaño en el Senado para dedicarse completamente a su campaña presidencial. Me llamó para contarme su decisión; le deseé suerte. Era lo más sensato para él; no podía hacer campaña contra mí y además ser el líder de la mayoría. Las posturas que adoptaban los republicanos del Senado y de la

Cámara sobre el presupuesto y otros asuntos le perjudicaban en su carrera presidencial.

Al día siguiente solicité una prohibición global de las minas terrestres antipersona. Había unos 100 millones de minas, la mayoría reliquias de guerras pasadas, apenas enterradas, en la superficie de Europa, Asia, África y América Latina. Muchas llevaban allí décadas pero aún eran letales: veinticinco mil personas morían o quedaban mutiladas a causa de ellas cada año. El daño que hacían, especialmente a los niños de lugares como Angola y Camboya, era terrible. También había muchas en Bosnia; la única baja que sufrieron nuestras tropas se produjo cuando un sargento del ejército murió tratando de desactivar una mina. Prometí que Estados Unidos destruiría cuatro millones de nuestras propias minas hacia 1999, de las llamadas «no inteligentes», que no se autodestruyen, y ayudaría a otras naciones en sus esfuerzos por limpiar de minas su territorio. Pronto financiamos más de la mitad del coste de librar el suelo mundial de minas.

Desgraciadamente, lo que tendría que haber sido otro acto en pro de la vida quedó marcado por otra nueva tragedia; tuve que anunciar que el jefe de nuestras operaciones navales, el almirante Mike Boorda, había fallecido aquella tarde por una herida de bala que él mismo se había disparado. Boorda era el primer recluta que había llegado al más alto rango de la Marina. Su suicidio se debió a los artículos periodísticos que le acusaban de llevar en su uniforme dos medallas de Vietnam que no se había ganado. Los hechos aún no estaban claros y en cualquier caso no deberían haber desmerecido su categoría después de una larga carrera marcada por la devoción, un servicio intachable y muestras de evidente valor. Al igual que Vince Foster, hasta entonces nadie había cuestionado su honor y su integridad. Hay una gran diferencia en que te digan que no eres bueno en tu trabajo o que te digan que sencillamente no eres bueno.

A mediados de mayo, firmé la Ley CARE Ryan White para volver a autorizar que proporcionara financiación a los servicios médicos y de asistencia para la gente con VIH y SIDA, la principal causa de muerte de los norteamericanos entre veinticinco y cuarenta y cuatro años. Ahora habíamos doblado la cantidad de dinero que se dedicaba al SIDA desde 1993, y un tercio de los 900.000 aquejados del VIH recibían atención gracias a la misma ley.

Aquella semana también firmé una ley conocida como Ley de Megan, bautizada así en honor de una niña que había sido asesinada por un delincuente sexual; la ley autorizaba a los estados a notificar a las comunidades la presencia de delincuentes sexuales violentos, porque diversos estudios demostraban que raras veces se rehabilitaban.

Después de la ceremonia volé a Missouri para hacer campaña con Dick Gephardt, al cual admiraba de veras. Gephardt era un hombre trabajador, inteligente y amable; aparentaba tener veinte años menos de los que tenía en realidad. Aun cuando era el líder demócrata de la Cámara, volvía a su casa regularmente cada fin de semana, visitaba los barrios y llamaba a la puerta de sus electores para charlar con ellos. A menudo, Dick me entregaba listas de cosas que quería que hiciera por su distrito. Aunque muchos congresistas solían pedirme cosas de vez en cuando, el único otro miembro que me hacía llegar una lista mecanografiada de «pendientes» era el senador Ted Kennedy.

A finales de mes anuncié que la Administración de Veteranos proporcionaría compensaciones a los veteranos del Vietnam por una serie de enfermedades graves, entre ellas cáncer, trastornos del hígado y la enfermedad de Hodgkin, que se relacionaban con haber estado expuesto al agente naranja, una causa que los veteranos del Vietnam llevaban tiempo reclamando, junto con el senador John Kerry, John McCain y el fallecido almirante Bud Zumwalt.

El 29 de mayo, me quedé hasta pasada la medianoche, mirando los resultados electorales en Israel. Fue un duelo emocionante, pues Bibi Netanyahu derrotó a Shimon Peres por menos de un uno por ciento de los votos. Peres ganó el voto árabe por mayoría, pero Netanyahu le venció sobradamente entre los votantes judíos, que constituían más del 90 por ciento del electorado, por lo que finalmente ganó. Lo hizo prometiendo más dureza contra el terrorismo y una ralentización del proceso de paz; utilizó anuncios televisivos al estilo norteamericano, entre ellos algunos que atacaban a Peres, y que se realizaron con la ayuda de un asesor de medios de comunicación republicano de Nueva York. Peres se resistió a las súplicas de sus seguidores de responder a los anuncios hasta casi el final de la campaña y, para entonces, ya era demasiado tarde. Yo pensaba que Shimon había realizado una buena labor como primer ministro y que había entregado toda su vida al estado de Israel pero, en 1996, por un estrecho margen, Netanyahu demostró ser mejor político. Estaba ansioso por ver de qué modo podríamos colaborar él y yo para mantener vivo el proceso de paz.

En junio, con el telón de fondo de la campaña presidencial, me concentré en dos temas, la educación y la perturbadora ola de incendios provocados en las iglesias negras que asolaba el país. En la ceremonia de graduación de la Universidad de Princeton, esbocé un plan para abrir las puertas de las facultades a todos los norteamericanos y hacer que al menos dos años de estudios universitarios fueran accesibles universalmente como el instituto. Incluía una rebaja fiscal según el modelo de las becas Hope en Georgia: 1.500 dólares para los dos primeros años de educación universitaria (el coste de la matrícula media universitaria comunitaria); una desgravación fiscal de 10.000 dólares anuales por educación universitaria, más allá de los dos primeros años; una beca de 1.000 dólares para los estudiantes situados entre el 5 por ciento mejor en cada promoción de graduados de instituto; fondos, entre 700.000 y un millón de dólares, para aumentar los puestos universitarios que combinaran clases y empleo, y aumentos anuales en las becas Pell para estudiantes de ingresos reducidos.

A mediados de mes fui a la escuela intermedia Grover Cleveland en Albuquerque, en Nuevo México, para apoyar el programa de toque de queda de la comunidad, uno de los diversos esfuerzos que surgían por todo el país para lograr que los jóvenes se quedaran en sus hogares después de determinada hora en las noches entre semana, pues habían contribuido a una reducción del crimen y a una mejora del rendimiento. También respaldé la política de exigir uniformes escolares para los estudiantes de cursos elementales e intermedios. Casi sin excepción, los distritos escolares que requerían uniforme mostraban tasas más altas de asistencia, menos violencia y mejor ritmo de aprendizaje de los estudiantes. Las distinciones entre estudiantes pobres y ricos también se reducían.

Algunos de mis detractores ridiculizaron mi énfasis en lo que ellos calificaban de temas de «bajo calibre» como toques de queda, uniformes, programas de formación del carácter y el chip V; decían que todo eso era política y una muestra de mi incapacidad para aprobar grandes reformas legislativas en el Congreso republicano. Eso no era exactamente así. En aquel momento, también estábamos implementando los grandes programas sobre educación y crimen que se aprobaron durante mis dos primeros años de mandato y tenía otra importante iniciativa educativa pendiente de aprobación en el Congreso. Sin embargo, sabía que el dinero federal y las leyes solo podían proporcionar a los norteamericanos las herramientas para hacer que sus vidas fueran mejor; los verdaderos cambios tenían que llevarlos a cabo ellos mismos. Gracias en parte a nuestra promoción del uso de uniformes escolares, más y más distritos optaron por ellos con resultados positivos.

El 12 de junio me encontraba en Greeleyville, en Carolina del Sur, para inaugurar la nueva iglesia episcopal metodista africana del Monte Sión, después de que la antigua iglesia de la congregación hubiera ardido. Hacía menos de una semana, una iglesia en Charlotte, en Carolina del Norte, se había convertido en la iglesia negra número treinta que, en los últimos dieciocho meses, había caído pasto de las llamas. Toda la comunidad negra de Estados Unidos estaba indignada y esperaba que yo hiciera algo al respecto. Apoyé una legislación, aprobada por los dos partidos, que facilitaba la tarea de los fiscales federales para acusar y castigar a los que quemaban centros de culto religioso y prometí fondos federales garantizados para respaldar préstamos a bajo interés con los que reconstruir los templos. La quema de iglesias parecía alimentarse a sí misma, como una racha de pintadas en las sinagogas que tuvimos en 1992. No estaban conectadas por ninguna conspiración, sino por un contagio, por el odio que sienten los que son distintos.

Durante este tiempo, también me enteré de un problema en la gestión de la Casa Blanca; era tan grave que pensé que era el primer tema relacionado con mi administración que realmente merecía una investigación independiente.

A principios de junio, algunos reportajes periodísticos sacaron a la luz que tres años atrás, en 1993, mi Oficina de Seguridad Personal de la Casa Blanca había obtenido cientos de archivos del FBI con información personal de gente que había obtenido luz verde para incorporarse a la Casa Blanca cuando estaban en ella Bush y, después, Reagan. Los archivos se habían obtenido cuando la oficina trataba de reemplazar los archivos de seguridad de los empleados actuales de la Casa Blanca, pues esos archivos los había retirado la administración Bush saliente para depositarlos en la Biblioteca Bush. La Casa Blanca no tenía por qué poseer informes confidenciales del FBI sobre ningún republicano. Me indigné en cuanto me enteré de lo que había sucedido.

El 9 de junio, Leon Panetta y yo nos disculpamos oficialmente por el incidente. En una semana, Louis Freeh anunció que el FBI había entregado por error unos 408 archivos a la Casa Blanca. Unos días más tarde, Janet Reno pidió a Ken Starr que investigara el caso de los archivos. En 2000, la oficina del fiscal independiente dictaminó que todo el incidente había sido un simple error. La Casa Blanca no se dedicaba al espionaje político: el Servicio Secreto había entregado a la Oficina de Seguridad Personal una lista no actualizada de los empleados de la Casa Blanca, que incluía nombres de republicanos, y esa era la lista que habían enviado.

Más tarde, en junio, en la conferencia familiar anual de los Gore en Nashville, hice un llamamiento para la ampliación de la ley de baja familiar para que la gente pudiera tomarse veinticuatro horas anuales, o tres días más de trabajo, para asistir a las reuniones de la asociación de padres en la escuela de sus hijos, o llevar a estos, a un cónyuge o a sus padres a una visita médica de rutina.

El problema de equilibrar la vida familiar y la laboral empezaba a pesarme a causa del precio que tenía que pagar la Casa Blanca. Bill Galston, un brillante miembro del equipo del Consejo de Política Interior, al que había conocido en el CLD, y que era una continua fuente de buenas ideas, había dimitido recientemente para pasar más tiempo con su hijo de diez años: «Mi chico no para de preguntarme dónde estoy. Usted puede conseguir a otra persona para hacer mi trabajo pero nadie puede sustituirme con él. Tengo que irme a casa».

Mi adjunto a jefe de gabinete, Erskine Bowles, que se había convertido en un buen amigo y compañero de mis partidas de golf, y que era un magnífico gestor y nuestro mejor contacto en la comunidad empresarial, también se fue a casa. Su esposa, Crandall, una compañera de Hillary en Wellesley, dirigía una gran empresa textil y tenía que viajar continuamente. Dos de sus hijos estaban en la universidad y el más joven estaba a punto de empezar su último curso en el instituto. Erskine me dijo que le apasionaba su trabajo, pero que «mi chico no debería estar solo en casa en su último curso. No quiero que nunca se pregunte si él era lo más importante en el mundo para sus padres. Me voy a casa».

Yo respetaba y estaba de acuerdo con las decisiones que Bill y Erskine habían tomado; me sentía agradecido porque Hillary y yo vivíamos y trabajábamos en la Casa Blanca, de modo que no teníamos que pasar mucho tiempo desplazándonos de nuestro hogar a nuestro trabajo y al menos uno de los dos casi siempre estaba con Chelsea durante la cena o cuando se levantaba por la mañana. Pero la experiencia de los miembros de mi equipo hizo que me diera cuenta de que demasiados norteamericanos, fuera cual fuera su empleo o sus ingresos, iban a trabajar cada día angustiados por si estaban prestándoles poca atención a sus hijos a causa de sus empleos. Estados Unidos era la nación que menos apoyo prestaba para la conciliación de la vida laboral y familiar, menos que ningún otro país industrializado; yo quería cambiar eso.

Lamentablemente, la mayoría republicana del Congreso se oponía a la idea de imponer ningún requisito nuevo a los empleadores. Un joven se me había acercado hacía poco y había querido contarme un chiste, aunque como muy bien dijo: «Una vez te conviertes en presidente, resulta difícil encontrar un chiste que puedas contar en público». Era el siguiente: «Ser presidente con este Congreso es como estar de pie en medio de un cementerio. Hay mucha gente debajo de ti, pero nadie te escucha». Era un chico listo.

A finales de mes, cuando me preparaba para irme a Lyon, Francia, para la conferencia anual del G-7, que estaría dedicada principalmente al terrorismo, diecinueve miembros de las fuerzas aéreas norteamericanas fueron asesinados y casi trescientos norteamericanos y ciudadanos de otras naciones resultaron heridos cuando un terrorista se acercó con un camión cargado de explosivos a una barrera de seguridad justo frente a las Torres Khobar, un complejo de viviendas militares en Dhaharan, Arabia Saudí. Cuando una patrulla norteamericana se acercó al camión, dos de sus ocupantes dispararon y la bomba explotó. Envié un equipo del FBI de más de cuarenta investigadores y expertos forenses para colaborar con las autoridades saudíes. El rey Fahd me llamó para expresarme sus condolencias y su solidaridad; expresó el compromiso de su gobierno de capturar y castigar a los hombres que habían matado a nuestros aviadores. Al final, Arabia Saudí ejecutó a los que consideró responsables del atentado.

Los saudíes nos habían permitido establecer una base después de la guerra del Golfo con la esperanza de que las fuerzas norteamericanas «pre-posicionadas» en el Golfo disuadirían a Sadam Husein de volver a atacar, y si la disuasión resultaba inútil al menos podríamos reaccionar con mayor rapidez. El objetivo se logró, pero la base también hacía que nuestras fuerzas fueran más vulnerables a los terroristas de la región. Las condiciones de seguridad en Khobar eran claramente inadecuadas; el camión había podido acercarse al edificio porque nuestra gente y los saudíes habían subestimado la capacidad de los terroristas de construir una bomba explosiva potente. Nombré al general Wayne Downing, ex comandante en jefe del Centro de Operaciones Especiales de Estados Unidos, jefe de una comisión para que recomendara qué medidas debían tomarse para garantizar la seguridad de nuestras tropas en el extranjero.

Mientras terminábamos los preparativos para la cumbre del G-7, pedí a mi equipo que diseñaran medidas y pasos aconsejables para que la comunidad internacional empezara a implementarlos con el fin de luchar con más eficacia contra el terrorismo global. En Lyon, los dirigentes mundiales aceptaron poner en marcha más de cuarenta medidas, entre ellas la aceleración del proceso de extradición y la acusación formal de los terroristas, así como redoblar los esfuerzos para identificar los recursos que financian la violencia, mejorar nuestras defensas internas y limitar el acceso de los terroristas al equipamiento de comunicaciones de alta tecnología tanto como fuera posible.

Para 1996, mi administración había establecido una estrategia de lucha contra el terror que se concentraba en prevenir incidentes serios, capturar y castigar a los terroristas mediante la cooperación internacional, interrumpir el flujo de dinero y de comunicaciones hacia las organizaciones terroristas, impedir el acceso a las armas de destrucción masiva y aislar e imponer sanciones a los países santuario. Como el bombardeo del presidente Reagan sobre Libia, en 1986, y el ataque que ordené contra el cuartel general de los servicios de inteligencia de Irak, en 1993, demostraban, el poder de Estados Unidos podía disuadir a los estados directamente implicados en actos terroristas contra nosotros. Ninguna nación volvió a intentar nada más. Sin embargo, era cada vez más difícil llegar a las organizaciones terroristas no estatales, pues las presiones militares y económicas que funcionaban contra las naciones no se podían aplicar fácilmente en su caso.

La estrategia había cosechado muchos éxitos: habíamos impedido diversos ataques terroristas planeados, entre ellos intentos de bombardear los túneles Holland y Lincoln en Nueva York y hacer estallar varios aviones desde las Filipinas hasta Estados Unidos, y habíamos obtenido la extradición de algunos terroristas del extranjero para juzgarlos en nuestro país. Por otra parte, el terror es más que una forma de crimen organizado internacional. Debido a sus objetivos políticos declarados, a menudo los grupos terroristas disfrutan del respaldo del estado y del apoyo popular. Además, llegar al fondo de las redes que los sustentan puede plantear preguntas peligrosas y complejas, como la investigación de las Torres Khobar, que arrojó la posibilidad de que Irán hubiera prestado ayuda a los terroristas. Aunque dispusiéramos de una buena defensa contra los ataques, ¿acaso hacer cumplir la ley sería una estrategia suficientemente ofensiva frente a los terroristas? Y de no ser así, ¿sería mejor depositar una mayor confianza en las opciones militares? A mediados de 1996, estaba claro que no teníamos todas las respuestas sobre la forma de lidiar con los ataques contra norteamericanos en este país o en otros, y que el problema permanecería durante los años venideros.

El verano empezó con buenas noticias en Estados Unidos y del extranjero. Boris Yeltsin se había visto obligado a someterse a una segunda ronda de votaciones el 3 de julio contra el ultranacionalista Gennady Zyuganov. La primera elección fue muy ajustada, pero Boris ganó la segunda cómodamente, después de una enérgica campaña por las once zonas horarias de su país, en la cual llevó a cabo actos de campaña y anuncios televisivos al estilo norteamericano. Las elecciones fueron una ratificación del liderazgo de Yeltsin para garantizar la democracia, modernizar la economía y estrechar lazos con Occidente. Rusia aún tenía problemas pero yo creía que avanzaba en la dirección correcta.

Las cosas también iban por buen camino en Estados Unidos, con la tasa de desempleo por debajo del 5,3 por ciento, 10 nuevos millones de puestos de trabajo y un crecimiento económico del 4,2 por ciento durante el primer trimestre del año; el déficit se había reducido a menos de la mitad de la cifra que había cuando yo tomé posesión de mi cargo. Los sueldos también subieron. Después del Departamento de Trabajo hiciera públicas las cifras el mercado de valores cayó 115 puntos y me apresuré a tomarle el pelo a Bob Rubin sobre lo poco que le gustaba a Wall Street que le fuera bien al norteamericano medio. De hecho, era un poco más complicado que eso. El mercado trata del futuro; cuando las cosas van realmente bien, los inversores tienden a creer que van a empeorar. Pronto cambiaron de idea y el mercado retomó su marcha ascendente.

El 17 de julio, el vuelo 800 de la TWA explotó en Long Island y murieron 230 personas. En ese momento todo el mundo supuso, equivocadamente como se vio más adelante, que había sido un atentado terrorista, e incluso se especuló con la posibilidad de que el avión hubiera sido abatido por un cohete disparado desde un barco en Long Island Sound. Aconsejé prudencia para evitar llegar a conclusiones erróneas, pero era obvio que teníamos que reforzar más la seguridad del tráfico aéreo.

Hillary y yo fuimos a Jamaica, Nueva York, para reunirnos con las familias de las víctimas y anunciamos nuevas medidas para aumentar la seguridad de la circulación aérea. Habíamos trabajado en ese problema desde 1993, con una propuesta para modernizar el sistema de control del tráfico aéreo, añadir más de 450 inspectores de seguridad y estándares de seguridad uniformes y probar nuevas máquinas de detección de explosivos de alta tecnología. Añadimos el registro manual y el control por pantalla de más equipajes en los vuelos internacionales y nacionales; también exigimos inspecciones previas al vuelo de cada depósito y cabina de aviones de carga antes del despegue. Asimismo, pedí a Al Gore que encabezara una comisión para revisar la seguridad y el control del sistema de tráfico aéreo, y que informara en cuarenta y cinco días.

Apenas diez días después del accidente, sufrimos un claro atentado terrorista cuando estalló una bomba en los Juegos Olímpicos de Atlanta, que mató a dos personas. Hillary y yo habíamos asistido a la ceremonia de apertura, en la que Muhammad Alí encendió la antorcha olímpica. Hillary y Chelsea disfrutaron mucho con las Olimpiadas y fueron a más acontecimientos deportivos que yo, pero pude visitar al equipo norteamericano, así como a los atletas de otras naciones. Irlandeses, croatas y palestinos me agradecieron los esfuerzos de Estados Unidos para llevar la paz a sus países. Los atletas olímpicos de Corea del Norte y Corea del Sur se sentaban en mesas contiguas en el comedor y se dirigían la palabra. Las Olimpiadas eran el símbolo del mundo en su mejor representación, pues acercaba a las personas por encima de las viejas rencillas. La bomba que había colocado un terrorista nacional que aún no había sido capturado era un recordatorio de lo vulnerables que son las fuerzas del aperturismo y la cooperación frente a los que rechazan los valores y reglas necesarios para construir una comunidad global integrada.

El 5 de agosto, en la Universidad de George Washington, realicé un extenso análisis de la forma en que el terrorismo afectaría nuestro futuro y afirmé que se había convertido en «un destructor de la igualdad de oportunidades, sin importar las fronteras». Enumeré las medidas que íbamos a tomar para luchar «contra el enemigo de nuestra generación» y dije que prevaleceríamos si conservábamos nuestra confianza y nuestro liderazgo como «la fuerza indispensable para la paz y la libertad» en el mundo.

El resto del mes de agosto lo dediqué a firmar leyes, asistir a convenciones del partido y a esperar posibles buenas noticias sobre el caso Whitewater. Con las elecciones cada vez más cerca y la batalla presupuestaria al menos momentáneamente solucionada, los miembros del Congreso de ambos partidos estaban ansiosos por dar a los norteamericanos pruebas del progreso fruto de la colaboración bipartita. En consecuencia, se cursaron un gran número de medidas legislativas progresistas por las que la Casa Blanca había luchado. Así, firmé la Ley de Protección de la Calidad Alimentaria, para aumentar la protección de frutas, verduras y cereales de pesticidas dañinos; la Ley del Agua Potable, para reducir la contaminación y destinar 10.000 millones de dólares a préstamos para actualizar los sistemas hidrológicos municipales tras las muertes y enfermedades causadas por la contaminación del agua potable con cristosporidiosis. También aprobé la ley que aumentaba el salario mínimo en 90 centavos la hora, proporcionaba ayudas fiscales a las pequeñas empresas que invertían en renovar su equipamiento y contratar a nuevos empleados, facilitaba a los negocios pequeños que pudieran ofrecer pensiones con un nuevo plan, el 401(k), e incluía un nuevo incentivo, muy importante para Hillary, una rebaja fiscal de 5.000 dólares por adoptar a un niño, y de 6.000 dólares si se trataba de un niño con necesidades especiales.

Durante la última semana del mes, firmé la Ley Kennedy-Kassebaum, que ayudaba a millones de personas, ya que permitía que conservaran el seguro médico si cambiaban de empleo, a la vez que prohibía a las compañías aseguradoras que negaran la cobertura sanitaria a una persona a causa de problemas de salud anteriores. También anuncié la reglamentación final de la Administración de Fármacos y Alimentos, para proteger a los jóvenes de los peligros del tabaco. Exigía que los adolescentes demostraran su edad con una tarjeta de identificación antes de comprar cigarrillos, y restringía notablemente la promoción publicitaria permitida a las compañías tabacaleras, así como la colocación de máquinas expendedoras. Nos ganamos algunos enemigos en la industria del tabaco, pero yo pensaba que el esfuerzo salvaría vidas.

El 22 de agosto, firmé una ley de reforma de la asistencia social histórica, que se había aprobado con una mayoría de más del 70 por ciento en ambos partidos, en las dos cámaras. A diferencia de las dos leyes que yo había vetado, la nueva legislación conservaba la garantía federal de atención sanitaria y ayuda a la alimentación, aumentaba las ayudas federales a la infancia en un 40 por ciento, hasta 14.000 millones de dólares, y contenía las medidas que yo quería para garantizar la responsabilidad paterna; también otorgaba a los estados la capacidad de convertir los pagos de asistencia social mensuales en subsidios salariales como incentivo para que los empleadores contrataran a personas que dependían de la asistencia.

La mayor parte de los defensores de los pobres y de la inmigración legalizada, y también algunas personas de mi gabinete, aún se oponían a la ley y querían que la vetara porque ponía fin a la garantía federal de una prestación fija mensual, tenía un límite de cinco años respecto a las prestaciones recibidas y recortaba el gasto general en el programa de cupones de alimentación; también negaba la posibilidad de recibir cupones de alimentación y atención sanitaria a los inmigrantes legalizados con ingresos reducidos. Yo estaba de acuerdo con las dos últimas objeciones; el golpe contra los inmigrantes legales era particularmente duro y, en mi opinión, injustificable. Poco después de que firmara la ley, dos altos cargos del Departmento de Sanidad y Bienestar Social, Mary Jo Bane y Peter Edelman, dimitieron en señal de protesta. Cuando se fueron, les alabé por su labor y por mantenerse fieles a sus convicciones.

Decidí firmar la legislación porque pensaba que era la mejor oportunidad que Estados Unidos tendría durante mucho tiempo de modificar los incentivos del sistema de asistencia social, de la dependencia absoluta a la capacidad de desarrollo a través del trabajo. Con el fin de maximizar las oportunidades de éxito, pedí a Eli Segal, que había hecho una espléndida labor organizando los AmeriCorps, que organizara una asociación, Welfare to Work, en la que se apuntaran las empresas que aceptaban comprometerse a contratar a personas que dependieran de la asistencia social. Finalmente, unas veinte mil compañías se sumaron a la iniciativa; y contrataron a más de un millón de personas, con lo que las sacaron de la asistencia social.

En la ceremonia de la firma, algunos ex receptores de prestaciones sociales hablaron a favor de la ley. Uno de ellos era Lillie Hardin, la mujer de Arkansas que tanto había impresionado a mis colegas gobernadores diez años atrás cuando dijo que lo mejor de dejar la asistencia y tener trabajo era «que cuando mi chico va a la escuela y le preguntan qué hace su madre, puede darles una respuesta». Durante los siguientes cuatro años, los frutos de la reforma de la asistencia social demostrarían que Lillie Hardin tenía razón. Cuando dejé la presidencia, los subsidios se habían reducido de 14,1 millones a 5,8 millones, una disminución del 60 por ciento; la pobreza infantil había bajado un 25 por ciento, hasta su punto más bajo desde 1979.

Firmar la ley de la reforma de asistencia social fue una de las decisiones más importantes de mi presidencia. Me había pasado casi toda mi carrera tratando de lograr que la gente pasara de la dependencia de las ayudas a tener un puesto de trabajo; poner fin a la asistencia social «tal como la conocemos» había sido una de las promesas centrales de mi campaña de 1992. Aunque habíamos realizado reformas sociales otorgando derechos de exención respecto al sistema existente a muchos estados, el país necesitaba una legislación que cambiara las ayudas a los pobres y pasaran de la dependencia de los cheques sociales a la independencia del trabajo personal.

Los republicanos celebraron su convención en San Diego a mediados de mes; nominaron a Bob Dole y a su candidato para vicepresidente, el ex congresista de Nueva York, ex secretario de Vivienda y Desarrollo Urbano y estrella de los Buffalo Bills, Jack Kemp. Era un hombre interesante, un conservador partidario del libre mercado con un sincero compromiso de dar la oportunidad a los más pobres para que se desarrollaran económicamente. Estaba abierto a ideas de cualquier procedencia y yo creía que sería un activo en la campaña de Dole.

Los republicanos no cometieron el error de abrir la campaña con la dura retórica de derechas que habían empleado en su convención de 1992. Presentaron al pueblo norteamericano una imagen más moderada, positiva y encarada al futuro, con gente como Colin Powell, la senadora Kay Bailey Hutchison, la representante Susan Molinari y el senador John McCain. Elizabeth Dole pronunció un discurso de nominación para su marido impresionante y muy efectivo; bajó de la tribuna para tutearse con los delegados, mientras caminaba entre ellos. Dole también hizo un buen discurso; se concentró en su larga dedicación al servicio público, sus rebajas fiscales y su defensa de los valores tradicionales de América. Se burló de mí porque formaba parte del *baby boom*, «una élite que jamás creció, jamás hizo nada real y nunca se sacrificó, ni sufrió ni aprendió nada». Prometió construir un puente para volver a un pasado mejor, «de tranquilidad, fe, y confianza en la acción». Dole también la tomó con Hillary por el tema de su libro, que «hace falta un pueblo» para educar a un niño; dijo que los republicanos creían que los padres eran los educadores de sus hijos, mientras que los demócratas pensaban que el gobierno debía encargarse de todo. El ataque de Dole no fue muy duro y en un par de semanas Hillary y yo tuvimos la oportunidad de responderle.

Mientras los republicanos estaban en San Diego, nuestra familia fue a Jackson Hole, Wyoming, por segunda vez. Ahora yo trataba de terminar un libro corto, *Between Hope and History*, que destacaba las medidas políticas de mi primer mandato a través de las historias personales de los ciudadanos que habían resultado beneficiados por ellas, y articulaba hacia dónde quería llevar a nuestro país durante los próximos cuatro años.

El 12 de agosto regresamos al Parque Nacional de Yellowstone para la única labor pública de nuestras vacaciones; firmé un acuerdo para detener una mina de oro prevista en la parcela adyacente al parque. El acuerdo fue el esperado fruto de los esfuerzos conjuntos de la compañía minera, los grupos de ciudadanos y los miembros del Congreso y del equipo de medio ambiente de la Casa Blanca, encabezados por Katie McGinty.

El día 18, Hillary, Chelsea y yo estábamos en Nueva York para asistir a una gran fiesta de celebración de mi cincuenta cumpleaños en el Radio City Music Hall. Después, me entristeció enterarme de que el avión que transportaba el material y el equipamiento desde Wyoming a Washington se había estrellado y las nueve personas que iban a bordo habían muerto.

Al día siguiente nos reunimos con Al y Tipper Gore en Tennessee, donde celebramos simultáneamente el cumpleaños de Tipper y el mío ayudando a reconstruir dos iglesias rurales, una para blancos y otra para negros, que habían resultado destruidas durante la oleada de incendios provocados en iglesias.

La última semana del mes, la atención de la nación se volvió hacia la Convención Demócrata Nacional de Chicago. Para entonces nuestra campaña, presidida por Peter Knight, estaba bien organizada y trabajaba estrechamente con la Casa Blanca, a través de Doug Sosnik y Harold Ickes, que habían supervisado la organización de nuestra convención. Yo estaba animado acerca del viaje a Chicago, porque era la ciudad natal de Hillary y había desempeñado un papel clave en mi victoria de 1992. También era una ciudad que había aprovechado satisfactoriamente mis iniciativas más importantes en educación, desarrollo económico y control del crimen.

El 25 de agosto, en Huntingon, West Virginia, Chelsea y yo iniciamos un viaje en tren de cuatro días hacia Chicago. Hillary se había adelantado para estar allí durante la inauguración de la convención. Habíamos alquilado un viejo tren maravilloso que bautizamos el *Expreso del Siglo XXI*, para el viaje por Kentucky, Ohio, Michigan e Indiana hasta Chicago. Nos detuvimos diez veces durante el camino, y ralentizábamos la marcha cuando pasábamos por pequeños pueblos, para que yo pudiera saludar a la gente congregada al lado de las vías. La animación de la multitud me hacía sentir que el tren conectaba con los norteamericanos, igual que ocurrió con los viajes en autobús en 1992; por la expresión de sus caras yo notaba que se sentían más satisfechos acerca del estado del país y de sus propias vidas. Cuando paramos en Wyandotte, Michigan, para asistir a un acto educativo, dos niños me presentaron leyendo *The Little Engine That Could*. El libro, y su entusiasta lectura, reflejaban ese espíritu de retorno al innato optimismo y confianza en sí misma de Norteamérica.

Durante algunas paradas recogíamos a amigos, a seguidores y a funcionarios locales que querían sumarse a nosotros en el siguiente tramo del viaje. Disfruté especialmente con la oportunidad de compartir aquel viaje sin prisas con Chelsea; mientras estábamos de pie en el vagón de cola, saludando a la gente, hablábamos de todas las cosas que nos interesaban. Nuestra relación era tan cercana como siempre pero ella estaba cambiando; estaba creciendo y convirtiéndose en una joven mujer muy madura, con sus propias opiniones e intereses. Cada vez me asombraba más la forma en que ella veía el mundo.

Nuestra convención se inauguró el día 26, con las apariciones de Jim y Sarah Brady, que agradecieron el apoyo que los demócratas habían proporcionado a la Ley Brady, y de Christopher Reeve, el actor que después de quedar paralítico tras caer mientras montaba a caballo, había inspirado a toda la nación con su valiente lucha por recuperarse y por su defensa de las investigaciones científicas sobre la médula espinal.

El día de mi discurso, nuestra campaña se agitó por la noticia que había publicado la prensa de que Dick Morris había estado viéndose con una prostituta en su habitación de hotel cuando estaba en Washington trabajando para mí. Dick dimitió de la campaña y yo hice una declaración en la que diji que era amigo mío y un gran estratega político, que había realizado una «labor valiosísima» en los pasados dos años. Lamenté su marcha, pero obviamente estaba sometido a una enorme presión y necesitaba tiempo para resolver sus problemas. Sabía que Dick tenía una gran capacidad de recuperación y estaba seguro de que en poco tiempo volvería a la arena política.

Mi discurso de aceptación fue fácil gracias a los logros obtenidos: las tasas de inflación y desempleo más bajas en veintiocho años; 10 millones de nuevos empleos; 10 millones de personas a las que se les había aumentado el salario mínimo; 25 millones de norteamericanos que se beneficiaban de la Ley Kennedy-Kassebaum; 15 millones de trabajadores que recibieron una rebaja fiscal; 12 millones de personas que podían aprovechar la ley de baja familiar; 10 millones de estudiantes que se ahorraron dinero gracias al Programa de Préstamos Estudiantiles Directos, y 40 millones de trabajadores con más pensiones garantizadas.

Señalé que íbamos en la dirección correcta y, refiriéndome al discurso de Bob Dole en San Diego, dije: «Con todos los respetos, no necesitamos construir un puente hacia el pasado, sino hacia el futuro… decidámonos a construir ese puente hacia el siglo XXI». El tema de mi campaña y de mis siguientes cuatro años sería ese «puente hacia el siglo XXI».

A pesar de los éxitos conseguidos, yo sabía que todas las campañas hablan sobre el futuro, así que esbocé mi programa: estándares de rendimiento más elevados para las escuelas y acceso universal a la educación superior; un presupuesto equilibrado que protegiera la sanidad, la educación y el medio ambiente; rebajas fiscales precisas para apoyar la vivienda en propiedad, la atención a largo plazo, la educación superior y la educación y crianza de los hijos; más trabajos para la gente que aún dependía de la asistencia social; más inversiones en las zonas deprimidas urbanas y rurales, y algunas iniciativas nuevas para luchar contra el crimen, las drogas y para proteger el medio ambiente.

Yo sabía que si el pueblo norteamericano veía las elecciones como una opción entre un puente hacia el pasado y la construcción de uno hacia el futuro, ganaríamos. Bob Dole, sin querer, me había servido en bandeja el mensaje central de la campaña de 1996. El día después de que se clausurara la convención, Al, Tipper, Hillary y yo cerramos mi última campaña con un viaje en autobús; lo empezamos en Cape Girardeau, Missouri, con el gobernador Mel Carnahan, que había estado a mi lado desde principios de 1992, y cruzamos el sur de Illinois y el oeste de Kentucky, para terminar en Memphis después de varias paradas en Tennessee, con el ex gober-

nador Ned Ray McWherter, un hombre grande como un oso que era la
única persona a la que he oído nombrar al vicepresidente «Albert». Ned
Ray conseguía tantos votos que a mí no importaba cómo llamaba a Al, ni
tampoco a mí.

En agosto, Kenneth Starr perdió su primer gran caso, que reflejaba precisamente lo desesperado que él y su equipo estaban por cargarme algún
delito. Starr había acusado a los dos propietarios del banco del condado
de Perry, el abogado Herby Branscum Jr. y el contable Rob Hill, de cargos derivados de mi campaña para gobernador de 1990.

La acusación declaraba que Branscum y Hill se habían quedado con
unos 13.000 dólares de su propio banco a cambio de servicios legales y
contables que no realizaron, con el fin de recuperar las contribuciones
políticas que habían hecho. También sostenía que habían dado instrucciones al hombre que gestionaba el banco para ellos de que no informara
a Hacienda, tal como obligaba la ley federal, acerca de dos retiradas de
fondos de más de 10.000 dólares de la cuenta bancaria de mi campaña.

La acusación también mencionaba a Bruce Lindsey, que había sido mi
tesorero de campaña, como «copartícipe en la conspiración, sin cargos»,
aduciendo que cuando Bruce retiró el dinero para pagar nuestras actividades de promoción del voto en el día de elecciones, había instado a los
banqueros a que no emitieran el informe requerido. La gente de Starr
había amenazado a Bruce con acusarle, pero él no cayó en la trampa; no
había nada delictivo en nuestras contribuciones ni en la forma en que se
habían gastado. Además, Bruce no tenía ninguna razón para pedir al
banco que no emitiera el informe sobre las mismas, puesto que como
marcaba la ley electoral del estado de Arkansas, debíamos hacer pública
toda la información relacionada con la campaña en tres semanas. Dado
que las contribuciones y el modo en que se habían gastado eran legales y
nuestro informe público era exacto, la gente de Starr sabía que Bruce no
había cometido ningún delito, así que se limitaron a calumniarle citán-
dolo como copartícipe de la conspiración, sin cargos.

Las acusaciones contra Branscum y Hill eran absurdas. En primer
lugar, eran los propietarios del banco; si no perjudicaban la liquidez del
banco, podían sacar dinero siempre que abonaran los impuestos sobre la
renta del mismo, y no había ningún indicio de que no lo hubieran hecho
en este caso. En cuanto a la segunda acusación, la ley exige que un banco
informe de los depósitos en efectivo o de las retiradas de 10.000 dólares o
más, y es una buena medida: permite al gobierno seguir la pista de grandes cantidades de «dinero sucio» relacionadas con actividades criminales
como el blanqueo de dinero o el tráfico de drogas. Los informes entregados al gobierno se verifican entre cada tres y seis meses, pero el público
no tiene acceso a los mismos. Desde 1996, se habían producido doscien-

tas acusaciones por la falta de presentar los informes exigidos por la ley, pero solo veinte eran debidas a retiradas de dinero no declaradas, y todas ellas estaban relacionadas con dinero fruto de un actividad ilegal. Hasta que Starr llegó, a nadie se le había acusado por negligencia en la presentación de informes sobre depósitos o retiradas de fondos legítimos.

El dinero de los fondos de nuestra campaña era indiscutiblemente limpio; se había sido retirado al final de la misma para pagar gastos como llamar a los votantes y ofrecer acompañarles al centro electoral, el día de las elecciones. Habíamos entregado el informe público requerido en las tres semanas posteriores a las elecciones, donde se detallaba cuánto dinero habíamos gastado y de qué forma. Branscum, Hill y Lindsey sencillamente no tenían ningún motivo para ocultar al gobierno una retirada de fondos legal que se haría pública en menos de un mes.

Eso no detuvo a Hickman Ewing, el adjunto de Starr en Arkansas, que estaba tan obsesionado como Starr en nuestra persecución, aunque no era ni la mitad de bueno en ocultarlo. Amenazó con enviar a prisión a Neal Ainley, que dirigía el banco para Branscum y Hill y que era el responsable de emitir los informes, a menos que testificara que Branscum, Hill y Lindsey le habían ordenado específicamente que no enviara el informe, aun cuando Ainley había negado anteriormente cualquier acción delictiva por parte de los tres hombres. El pobre hombre estaba atrapado en una poderosa red y cambió su historia. Acusado inicialmente de cinco cargos, a Ainley se le permitió declararse culpable de dos faltas menores.

Al igual que en el anterior juicio contra los McDougal y Tucker, testifiqué mediante una intervención grabada a petición de los acusados. Aunque no había estado implicado en la retirada de fondos, pude decir que no había designado a Branscum y a Hill para las dos juntas estatales a las que pertenecían a cambio de sus contribuciones a mi campaña.

Tras una enérgica defensa, se declaró inocentes a Branscum y a Hill y el jurado dejó apartada la cuestión de si habían falseado la información acerca de los propósitos para los cuales retiraron fondos de su propio banco. Me sentí aliviado de que Herby, Rob y Bruce Lindsey quedaran libres de sospecha, pero me enfurecía el abuso del poder fiscal, las enormes minutas legales que mis amigos habían tenido que abonar y los desmedidos costes de la acusación, que los contribuyentes tuvieron que financiar, por un importe de 13.000 dólares que los acusados habían obtenido de su propio banco, y la no presentación de informes federales sobre dos retiradas legales de fondos de campaña que se hicieron públicas poco después.

También hubo costes no financieros: los agentes del FBI que trabajaban para Starr fueron a la escuela del hijo adolescente de Rob Hill y le arrastraron fuera del aula para interrogarle. Podrían haber hablado con él después de clase, a la hora de comer o durante el fin de semana; sin embargo, quisieron humillar al chico con la esperanza de presionar a su padre para que les contara algo que me perjudicara, tanto si era cierto como si no.

Después del juicio, algunos miembros del jurado atacaron a la oficina del fiscal independiente con comentarios como «Es una pérdida de dinero... estoy harto de ver cuánto gasta el gobierno en Whitewater»; «Si van a gastar mi dinero de contribuyente, necesitan pruebas más sólidas»; «Si hay alguien intocable aquí es la OFI (Oficina del Fiscal Independiente)». Un miembro del jurado que se identificó como una persona «antiClinton» dijo: «Me hubiera encantado que tuvieran más pruebas, pero no fue así». Incluso los republicanos conservadores que vivían en el mundo real, y no en el de Whitewater, sabían que el fiscal independiente había ido demasiado lejos.

Aunque Starr trató mal a Branscum y a Hill, fue una fiesta campestre comparado con lo que iba a hacerle a Susan McDougal. El 20 de agosto, sentenciaron a Susan a pasar dos años en prisión. La gente de Starr le había ofrecido un trato para evitar que fuera a la cárcel si les entregaba información que implicara a Hillary o a mí en cualquier tipo de actividad ilegal. El día que la condenaron, cuando Susan repitió lo que había dicho desde el principio —que ella no sabía nada de ninguna actividad delictiva por nuestra parte— recibió también una citación para comparecer ante el gran jurado. Apareció, pero se negó a contestar a las preguntas del fiscal; temía que la acusaran de perjurio porque no quería mentir y decirles lo que querían escuchar. La juez Susan Webber Wright la condenó por desacato y la envió a prisión por un período de tiempo indefinido hasta que aceptara cooperar con el fiscal especial. Pasó dieciocho meses encarcelada, a menudo en condiciones miserables.

Septiembre se inició con la campaña a toda máquina. Nuestra convención había sido un éxito y Dole llevaba el lastre de que lo asociaran con Gingrich y con la paralización del gobierno. Aún más importante, el país estaba en buena forma, y los votantes ya no veían las cuestiones como el crimen, la asistencia social, la responsabilidad ciudadana, la política exterior y la defensa como una parcela exclusiva del Partido Republicano. Las encuestas mostraban que mi labor y mi índice de popularidad personal estaba alrededor del 60 por ciento, con el mismo porcentaje de gente que afirmaba que se sentían cómodos conmigo en la Casa Blanca.

Por otra parte, yo suponía que tendría menos apoyo en algunas zonas de Estados Unidos a causa de mis posiciones en temas culturales —las armas, los gays, y el aborto— y, al menos en Carolina del Norte y en Kentucky, sobre el tabaco. Además, también parecía seguro que Ross Perot recibiría muchos menos votos que en 1992, lo cual dificultaba mi victoria en un par de estados en los que él se había llevado más votos del presidente Bush que de mí. Sin embargo, en total yo salía con más ventaja en esta ocasión. Durante todo el mes de septiembre, la campaña atrajo a multitudes entusiastas, o «multitudes de octubre» como yo las llamaba, empezando con las casi treinta mil personas que asistieron a mi desayuno del Día del Trabajo en De Pere, Wisconsin, cerca de Green Bay.

Puesto que las elecciones presidenciales se deciden mediante votos electorales, yo quería aprovechar el impulso del que gozábamos para atraer a un par más de estados nuevos a nuestra columna y obligar así al senador Dole a gastar tiempo y dinero en estados en los que un republicano podría pensar que jugaba super seguro. Dole empleaba la misma táctica conmigo y trataba de hacerse con California, donde yo me oponía a una iniciativa muy popular que estaba incluida en la papeleta, para poner fin a la discriminación positiva en las admisiones a plazas universitarias; él también contaba con la ventaja de haber celebrado la convención del GOP en San Diego.

Mi principal objetivo era Florida. Si ganaba allí y conservaba la mayor parte de estados que me había llevado en las elecciones del 92, la elección estaba cantada. Había trabajado duro en Florida durante cuatro años: desde mi colaboración para ayudar al estado a recuperarse del huracán Andrew, hasta la celebración de la Cumbre de las Américas allí, pasando por el anuncio de recolocación de los militares del Centro de Mando del sur de Panamá a Miami y mi labor para recuperar las Everglades. Incluso había logrado avances dentro de la comunidad cubana, que normalmente, desde los hechos en Bahía de Cochinos, entregaban más del 80 por ciento de los votos en las elecciones presidenciales a los republicanos. Tuve la bendición de contar con una espléndida organización en Florida y con el decidido apoyo del gobernador Lawton Chiles, que tenía una excelente relación con los votantes de las zonas más conservadoras del centro y el norte de Florida. A esa gente les gustaba Lawton, en parte porque devolvía los golpes cuando le atacaban. Como solía decir: «Ningún paleto de campo quiere un perro que no muerde». A principios de septiembre, Lawton vino conmigo para acompañarme durante la campaña en el norte de Florida y para felicitar al congresista Pete Peterson, que dejaba su cargo; Peterson había pasado seis años y medio como prisionero de guerra en Vietnam, y yo le había designado recientemente nuestro primer embajador en la zona desde el final de la guerra.

Pasé la mayor parte del mes recorriendo los estados donde había ganado en el 92. En una escapada hacia el oeste, también hice campaña en Arizona, un estado que no había votado por un presidente demócrata desde 1948, pero donde yo pensaba que podía ganar a causa de su creciente población hispana y de la incomodidad de muchos de los votantes del estado, conservadores tradicionales y moderados, respecto a la política de derechas de los republicanos del Congreso.

El día 16, recibí el apoyo de la Orden Fraternal de Policías. La OFP solía apoyar a los republicanos en las elecciones presidenciales pero, desde la Casa Blanca, habíamos colaborado con ellos durante cuatro años para poner más policías en las calles, impedir a los criminales comprar armas y prohibiendo las balas asesinas de policías. Querían cuatro años más de una colaboración así.

Dos días más tarde, anuncié uno de los éxitos medioambientales más importantes en todo mi mandato de ocho años, la designación de casi 6.900 kilómetros cuadrados de la Gran Escalera, en Escalante, como monumento nacional, en la remota y bella área de rocas rojas al sur de Utah, que contiene fósiles de dinosaurios y los restos de la antigua civilización india de los Anasazi. Tenía la autoridad para hacerlo, según la Ley de Antigüedades de 1906, que permite al presidente proteger terrenos federales de extraordinario valor cultural, histórico y científico. Hice la declaración conjuntamente con Al Gore, al borde del Gran Cañón, que Theodore Roosevelt ya había protegido con la misma ley. Mi acción era necesaria para detener la apertura de una enorme mina de carbón que hubiera alterado radicalmente el carácter del paraje. La mayoría de los funcionarios de Utah y muchos de los que querían el impulso económico que representaba la mina estaban en contra, pero la tierra no tenía precio, y yo pensaba que la calificación de monumento nacional atraería ingresos del turismo que, con el tiempo, compensarían sobradamente la pérdida de la mina.

Aparte del tamaño y de la euforia de las multitudes, en los actos de septiembre hubo anécdotas que probaban que las cosas nos iban bien. Después de un mitin en Longview, Texas, mientras estrechaba la mano a la gente, conocí a una madre soltera con dos hijos que había podido dejar la asistencia social para entrar en los AmeriCorps y que utilizaba el dinero de su beca para estudiar en la Facultad de Kilgore. Otra mujer se había acogido a la ley de baja familiar cuando a su esposo le diagnosticaron cáncer, y un veterano del Vietnam estaba agradecido por las prestaciones sanitarias y de incapacidad que podían recibir los niños nacidos con espina bífida a causa de la exposición de los padres al agente naranja durante la guerra. Tenía a su hija de doce años con él. La niña tenía espina bífida y ya había tenido que someterse a una docena de operaciones en su corta vida.

El resto del mundo no se detuvo a causa de la campaña. Durante la primera semana de septiembre, Sadam Husein volvió a crear problemas; atacó y ocupó la ciudad de Irbil en la zona kurda del norte de Irak, violando las restricciones que se le habían impuesto al final de la Guerra del Golfo. Dos facciones kurdas pugnaban por hacerse con el control de la zona; después de que una de ellas decidiera apoyar a Sadam, él atacó a la otra. Ordené lanzar ataques con bombas y misiles sobre las fuerzas iraquíes, y se retiraron.

El día 24, asistí en Nueva York a la sesión de apertura de Naciones Unidas. Fui el primero de muchos dirigentes mundiales que firmaron el Tratado de Prohibición Total de Pruebas Nucleares; utilicé la pluma con la que el presidente Kennedy había firmado el Tratado de Moscú, de prohibición parcial de pruebas nucleares, treinta y tres años atrás. En mi discurso, esbocé un programa más amplio para reducir la amenaza de las armas de destrucción masiva, insté a los miembros de Naciones Unidas a que hicieran cumplir la Convención de Armas Químicas y a que se reforzaran las cláusulas de cumplimiento de la Convención de Armas Biológicas, así como a garantizar la congelación de producción de materiales fílsiles para su uso en armas nucleares, y a prohibir la utilización, producción, almacenamiento y venta de minas terrestres antipersona.

Mientras Naciones Unidas discutía la no proliferación de armas, el Oriente Medio explotó de nuevo. Los israelíes habían abierto un túnel por debajo del Monte del Templo, en la Vieja Ciudad de Jerusalén. Las ruinas del Templo de Salomón y de Herodes estaban debajo del monte, encima del que se erguía la Cúpula de la Roca y la mezquita de al-Aqsa, dos de los lugares más sagrados para los musulmanes. Desde que los israelíes se hicieron con el este de Jerusalén durante la guerra de 1967, el Monte del Templo, llamado Haram al-Sharif por los árabes, había estado bajo el control de los funcionarios musulmanes. Cuando se reabrió el túnel, los palestinos lo vieron como una amenaza a sus intereses políticos y religiosos y se produjeron disturbios y enfrentamientos armados. Después de tres días, más de sesenta personas murieron y otras muchas resultaron heridas. Hice un llamamiento a ambas partes para poner freno a la violencia y volver a reactivar el acuerdo de paz, mientras Warren Christopher quemaba las líneas telefónicas llamando al primer ministro Netanyahu y al presidente Arafat, para detener el derramamiento de sangre. Siguiendo el consejo de Christopher, invité a Netanyahu y a Arafat a la Casa Blanca para hablar de la cuestión.

Terminé el mes firmando una ley de presupuestos de la sanidad que ponía fin a los llamados partos ambulatorios y garantizaba una estancia hospitalaria de al menos cuarenta y ocho horas para las madres y sus recién nacidos. También proporcionaba asistencia médica a los hijos de los veteranos del Vietnam nacidos con espina bífida, como ya he dicho, y exigía los mismos límites de cobertura vital y anual en los seguros médicos de enfermedades físicas y mentales. El gran avance en la atención sanitaria a las enfermedades mentales era un tributo no solo a los grupos de defensa de los derechos de enfermos mentales, sino también a los esfuerzos personales del senador Pete Domenici, de Nuevo México, el senador Paul Wellstone, de Minnesota y Tipper Gore, a la cual yo había nombrado mi asesora oficial para medidas sanitarias sobre salud mental.

Pasé los dos primeros días de octubre con Netanyahu, Arafat y el rey Hussein, que había aceptado unirse a nuestra reunión para reactivar el proceso de paz. Al término de nuestras conversaciones, Arafat y Netanyahu me pidieron que me encargara de todas las preguntas de la prensa. Dije que aunque aún no se había resuelto el problema del túnel, ambas partes habían aceptado entablar inmediatamente negociaciones en la región, con la vista puesta en el fin de la violencia y el retorno al proceso de paz. En nuestra reunión, Netanyahu había reafirmado su compromiso de poner en marcha los acuerdos que se habían firmado antes de que él tomara posesión de su cargo, incluida la retirada de tropas israelíes de Hebrón. Poco después, el túnel volvió a sellarse, en un acto coherente con el compromiso de ambas partes de no hacer nada por cambiar el statu quo en Jerusalén hasta que llegara el momento de negociarlo.

El día 3, volví a la brecha en campaña; hablé en un mitin en Buffalo, Nueva York, una ciudad que siempre se ha portado bien conmigo. Iba de camino a Chautauqua, pero sirvió para prepararme para mi primer debate presidencial con Bob Dole en Hartford, Connecticut, el 6 de octubre. Todo nuestro equipo estaba allí, incluido mi asesor en medios de comunicación, Michael Sheehan. George Mitchell vino para hacer de Bob Dole en los ensayos del debate. Al principio me dio un baño, pero con la práctica fui mejorando. Entre las sesiones, Erskine Bowles y yo echábamos una partida de golf. Mi juego cada vez mejoraba más. En junio, finalmente logré batear por debajo de 80, pero aún no era capaz de ganar a Erskine cuando él estaba inspirado.

El debate se desarrolló de forma civilizada y creo que fue útil para la gente interesada en nuestras distintas filosofías de gobierno y en las posturas que manteníamos sobre diversos temas. Hubo un ligero enfrentamiento cuando Dole me atacó por meter miedo a los ciudadanos de mayor edad con mis anuncios en los que criticaba las rebajas de Medicare que había en el presupuesto republicano que veté; también repitió la afirmación de su discurso de convención de que yo había llenado la administración de jóvenes elitistas «que jamás habían crecido, ni hecho nada de verdad, y nunca se habían sacrificado, ni sufrido, ni aprendido», y que querían «financiar con el dinero del contribuyente dudosos proyectos para mayor gloria personal». Devolví la pelota diciéndole que uno de esos jóvenes «elitistas» que trabajaba para mí en la Casa Blanca había nacido en una caravana, y respecto a la acusación de que yo era demasiado progresista, «eso es lo que su partido siempre saca a relucir cuando la carrera está ajustada. Es como un viejo éxito del pasado... Sencillamente no creo que ese truco siga funcionando».

El segundo debate estaba previsto diez días más tarde en San Diego. Entretanto, Hillary, Al, Tipper y yo fuimos a ver el gran edredón del SIDA que cubría todo el Mall, en Washington, hecho con retazos distintos en honor de la gente que había muerto. Dos de ellos recordaban a amigos de Hillary y míos. Me sentía satisfecho porque la tasa de mortalidad a causa del SIDA estaba descendiendo y yo estaba decidido a seguir impulsando las investigaciones para desarrollar medicamentos que pudieran salvar vidas.

Mickey Kantor había negociado que el debate de San Diego fuera abierto al público. El día 16, los ciudadanos formularon buenas preguntas en la Universidad de San Diego y Dole y yo respondimos sin atacarnos personalmente hasta el final. En su declaración de cierre, Dole apeló a su base y recordó a la gente que yo me oponía a los límites de mandato, a las enmiendas constitucionales para equilibrar el presupuesto, a proteger la bandera de Estados Unidos y a prohibir las restricciones sobre las oraciones escolares voluntarias. Yo terminé con un resumen de mi programa para los siguientes cuatro años. Al menos la gente sabría cuáles eran las opciones.

Faltaban dos semanas para el día de las elecciones; las encuestas decían que yo tenía una ventaja de veinte puntos y el 55 por ciento de los votos. Ojalá no se hubiera difundido esa encuesta; restó algo de vida a la campaña, pues nuestros seguidores pensaron que las elecciones ya estaban en el bolsillo. Yo seguí trabajando duro y me concentré en nuestros objetivos escogidos, Arizona y Florida, y en los estados donde había ganado anteriormente, incluidos los tres que más me preocupaban: Nevada, Colorado y Georgia. El 25 de octubre celebramos un gran mitin en Atlanta, donde mi viejo amigo Max Cleland estaba metido en una carrera muy ajustada por su escaño en el Senado. Sam Nunn ofreció una serie de razones particularmente efectivas para defender mi reelección; me fui del estado pensando que quizá teníamos una posibilidad.

El 1 de noviembre, me lancé a la recta final de la campaña con un mitin durante la mañana en la Facultad de Santa Bárbara. En un día soleado y cálido, una gran multitud se congregó en la colina del campus que daba al océano Pacífico. Santa Bárbara era un buen sitio para poner punto y final a la campaña de California, pues era una zona mayoritariamente republicana que poco a poco había ido escorando hacia nosotros.

Desde Santa Bárbara, volé a Las Cruces, Nuevo México, y luego hasta El Paso, donde hubo la asistencia más multitudinaria de nuestra campaña, cuando más de cuarenta mil personas se acercaron al aeropuerto para prestarnos su apoyo; finalmente, terminé en San Antonio y el mitin tradicional en El Álamo. Sabía que no podríamos ganar en Texas pero quería rendir tributo a la lealtad de los demócratas del estado y, especialmente, a los hispanos que habían estado a mi lado.

Cuando nos adentramos en los tres últimos días de la campaña tuve que enfrentarme a un dilema. Algunos candidatos al Senado de estados relativamente pequeños me pedían que hiciera campaña para ellos. Mark Penn me dijo que si pasaba los últimos días de la campaña haciéndolo, en lugar de apuntar a los estados más grandes, quizá no obtendría la mayoría de los votos, por varias razones. En primer lugar, el impulso de nuestra campaña se había visto perjudicado durante las dos últimas semanas a causa de acusaciones que sostenían que el CDN había recibido cientos de miles de dólares de contribuciones ilegales de asiáticos, entre ellos gente que yo había conocido durante mi etapa de gobernador. Cuando me enteré, me puse furioso: mi presidente financiero, Terry McAuliffe, se había asegurado de que todas las contribuciones a nuestra campaña se comprobaran escrupulosamente, y se suponía que el CDN también tenía un sistema de vetos para rechazar las contribuciones cuestionables. Claramente, había problemas con los sistemas de verificación del CDN. Todo lo que podía decir era que debían devolver inmediatamente cualquier contribución ilícita. No importaba qué sucediera, la polémica sin duda nos haría daño en el día de las elecciones. En segundo lugar, Ralph Nader se presentaba por el Partido Verde y sin duda nos quitaría algunos votos de la izquierda. En tercer lugar, Ross Perot, que había entrado en campaña en octubre, demasiado tarde para participar en los debates, no obtendría tan buenos resultados como en 1992, pero terminaba su campaña como la anterior, atacándome sin tregua. Dijo que yo «estaría totalmente ocupado durante los dos siguientes años tratando de que no me metieran entre rejas», y me acusó de «evitar el reclutamiento», de tener «lagunas éticas, una financiación de campaña corrupta y una actitud relajada respecto al consumo de drogas». Finalmente, la participación electoral sería probablemente más baja que en 1992, porque a los votantes les habían dicho durante algunas semanas que la carrera electoral ya estaba decidida.

Mark Penn me aconsejó que si quería ganar la mayoría de votos, tenía que ir a los grandes centros de comunicación en los estados importantes y pedir a la gente que fuera a votar. De otro modo, si creían que el resultado no estaba en juego, los demócratas de ingresos inferiores probablemente no estarían tan motivados para ir a votar como los republicanos más pudientes o con una base ideológica más firme. Yo ya tenía algunos actos previstos en Florida y New Jersey y, siguiendo el consejo de Mark, nos detuvimos en Cleveland. Aparte de eso, también organicé actos en las carreras electorales para el Senado: Louisiana, Massachusetts, Maine, New Hamsphire, Kentucky, Iowa y Dakota del Sur. Solo Kentucky era duda para la carrera presidencial, pues yo iba por delante en todos los demás estados, excepto en Dakota del Sur, donde me imaginaba que los republicanos terminarían votando, siguiendo la tradición, a Dole. Decidí ir a estos estados porque pensé que valía la pena sacrificar los dos o tres puntos que había en juego en mi carrera presidencial para ganar más escaños demócratas en el Senado; además, los candidatos de seis de aquellos siete estados me habían ayudado en 1992 o en el Congreso.

El domingo 3 de noviembre, después de asistir a una misa en la escuela episcopal metodista africana de St. Paul, en Tampa, volé a New Hampshire para respaldar a nuestro candidato al Senado, Dick Swett; luego a Cleveland, donde el alcalde Mike White y el senador John Glenn me dieron un empujón de última hora; y a Lexington, Kentucky, para un mitin en la universidad estatal con el senador Wendell Ford, el gobernador Paul Patton y nuestro candidato al Senado, Steve Beshear. Yo era consciente de que resultaría difícil conseguir Kentucky a causa de la cuestión del tabaco y me animó mucho la presencia en el estrado del entrenador de baloncesto del equipo universitario de Kentucky, Rick Pitino. En un estado donde a toda la gente le gustaba el baloncesto y a casi la mitad no les gustaba yo, la presencia de Pitino fue de gran ayuda y requirió mucho valor por su parte.

Cuando llegué a Cedar Rapids, Iowa, eran las 8 de la noche. Yo quería estar allí por Tom Harkin, que se encontraba en una carrera muy ajustada por la reelección. Tom me había apoyado muchísimo en el Senado y, después de las primarias de 1992, él y su esposa Ruth, una abogada que trabajaba conmigo en la administración, se habían convertido en buenos amigos míos.

La última parada de la noche fue en Sioux Falls, en Dakota del Sur, donde el congresista demócrata Tim Johnson tenía una oportunidad real de hacerse con el escaño del actual senador republicano Larry Pressler. Tanto Johnson como su principal apoyo, el senado Tom Daschle, se habían portado muy bien conmigo. Como líder de la minoría del Senado, Daschle había sido valiosísimo para la Casa Blanca durante las batallas presupuestarias y la paralización del gobierno. Cuando me pidió que fuera a Dakota del Sur, no pude negarme.

Era casi medianoche cuando subí a la tarima en el centro de convenciones de la Sioux Falls Arena para hablar «en el último mitin de la última campaña a la que me presentaré». Puesto que era mi discurso final, solté la batería completa de nuestra trayectoria de éxitos, las batallas presupuestarias y lo que quería hacer en los siguientes cuatro años. Y dado que estaba en un estado rural como Arkansas, también les conté un chiste. Dije que el presupuesto de los republicanos me recordaba la historia de un político que quería pedirle el voto a un granjero pero no se atrevía a entrar en su patio porque había un perro ladrando. El político le pregunta al granjero: «¿Su perro muerde?». «No», le dice el granjero. Cuando el político avanza hacia el granjero, el perro le muerde. «¡Pensé que me había dicho que su perro no mordía!», grita y el granjero replica: «Hijo, ese no es mi perro». El presupuesto era su perro.

Las elecciones fueron tal y como Mark Penn había predicho: hubo una bajísima participación y yo gané por un 49 por ciento contra un 41. El voto electoral se repartió en 379 votos contra 159, y yo perdí tres estados que me había llevado en 1992, Montana, Colorado y Georgia, y gané en dos nuevos, Arizona y Florida, con un beneficio neto de nueve votos electorales.

En el cómputo de los números, las sutiles diferencias de los totales por estado entre 1992 y 1996 revelaban hasta qué punto los factores culturales influyeron en el resultado de algunos estados, mientras otros asuntos más tradicionales, sociales y económicos pesaban más en otros. Todas las elecciones competidas se deciden por esas ligeras variaciones, y en 1996 aprendí mucho de lo que importaba a los distintos grupos de ciudadanos. Por ejemplo, en Pennsylvania, un estado con muchos miembros de la ANR y votantes «pro vida», mi porcentaje de victoria fue el mismo que en 1992, gracias a un mayor margen en Filadelfia y al fuerte apoyo de Pittsburgh, mientras que mi porcentaje de votos bajó en el resto del estado a causa de las armas y de mi veto a la ley del aborto de nacimiento parcial. En Missouri, los mismos factores redujeron mi margen electoral casi a la mitad, del 10 al 6 por ciento. Obtuve la mayoría en Arkansas, pero mi margen fue ligeramente menor que en 1992; en Tennessee, bajó del 4,2 al 2,5 por ciento.

En Kentucky, el tabaco y las armas rebajaron nuestro margen del 3 por ciento al uno por ciento. Por las mismas razones, aunque estuve en cabeza en Carolina del Norte durante toda la carrera hasta el final, perdí por el 3 por ciento. En Colorado, pasamos de una victoria del 4 por ciento en 1992 a perder por 1,5 por ciento porque era más probable que los votantes de Perot en 1992 en el oeste hubieran votado a los republicanos en 1996, y porque estos habían ganado 100.000 votantes registrados más que los demócratas desde 1992, en parte como resultado del gran número de organizaciones de la Derecha Cristiana que habían establecido sus sedes en dicho estado. En Montana, esta vez perdí por una gran diferencia por la misma razón que en Colorado, la fuga de votos de Perot significaba que el senador Dole obtendría más que yo.

En Georgia, la última encuesta decía que ganaría por el 4 por ciento y sin embargo perdí por un uno por ciento. La Coalición Cristiana merecía una felicitación por ese resultado, pues en 1992 habían rebajado mi margen de victoria del 6 por ciento a un uno por ciento, distribuyendo masivamente sus «guías electorales» en las escuelas conservadoras el domingo antes de las elecciones. Los demócratas llevaban haciendo lo mismo en las iglesias negras durante años, pero la Coalición Cristiana, al menos en

Georgia, era particularmente eficaz con ese método y logró dar la vuelta al resultado en un 5 por ciento tanto en 1992 como en 1996. Me decepcionó perder Georgia pero me alegré de que Max Cleland sobreviviera; obtuvo más votos de los blancos que yo. El Sur era muy duro a causa de los temas culturales; el único estado sureño en el que obtuve un margen de victoria holgado en 1996 fue Louisiana, que subió del 4,5 al 12 por ciento.

Por el contrario, mi porcentaje de victoria mejoró notablemente en las zonas culturalmente menos conservadores o más sensibles a la situación económica. Mi margen sobre los republicanos subió al 10 por ciento o más en 1996 respecto a 1992 en Connecticut, Hawai, Maine, Massachusetts, New Jersey, Nueva York y Rhode Island. Conservamos nuestras grandes ventajas de 1992 en Illinois, Minnesota, Maryland y California, y aumentamos notablemente la diferencia en Michigan y Ohio. A pesar del tema de las armas, también gané un 10 por ciento respecto a mi resultado de 1992 en New Hampshire. También conservé mi victoria del uno por ciento en Nevada, en gran parte gracias a mi oposición de arrojar residuos nucleares norteamericanos en la zona sin realizar previamente estudios científicos que demostraran que no era perjudicial, y a la constante publicidad que mi postura recibía gracias a mi amigo y compañero de Georgetown, Brian Greenspun, presidente y editor de *Las Vegas Sun*, que estaba muy implicado en la cuestión.

En conjunto, estaba contento con los resultados. Había ganado más votos electorales que en 1992, y cuatro de los siete candidatos al Senado a los que había apoyado en campaña ganaron su escaño: Tom Harkin, Tim Johnson, John Kerry y, en Louisiana, Mary Landrieu. Pero el hecho de que mi reparto de votos fuera considerablemente más bajo que la calificación que mi labor recibía, así como el resultado de la encuesta de popularidad y el porcentaje de gente que decía que le parecía bien mi presidencia, fue un lúcido recordatorio del poder de los temas culturales como las armas, los derechos de los gays y el aborto, especialmente entre las parejas blancas casadas del Sur, el Oeste central y el Medio Oeste rural, y entre los hombres blancos de todo el país. Todo lo que podía hacer era seguir buscando un terreno común y tratar de atemperar el amargo bipartidismo de Washington haciendo mi labor de presidente lo mejor posible.

Esta vez el ambiente en el mitin de victoria en el edificio Old State en Little Rock era muy distinto de la primera vez. Había mucha gente, pero la celebración no estaba tanto marcada por una euforia ruidosa como por la genuina alegría de que nuestra nación funcionara mejor, y porque el pueblo norteamericano hubiera dado su aprobación al trabajo que yo realizaba.

Dado que el resultado electoral no había sido ningún misterio durante las últimas semanas, era fácil no apreciar su significado. Después de las elecciones de 1994, me habían ridiculizado; me habían tratado de figura irrelevante, destinada al fracaso en 1996. Al principio de la batalla presupuestaria, con el cierre que implicaba la paralización del gobierno planeando sobre mi cabeza, no estaba nada claro si yo podría prevalecer o si los ciudadanos apoyarían mi postura frente a los republicanos. Ahora me había convertido en el primer presidente demócrata reelegido para un segundo mandato desde Franklin Roosevelt, en 1936.

CUARENTA Y SIETE

El día después de las elecciones volví a la Casa Blanca para celebrarlo en el Jardín Sur con mi equipo, el gabinete, otros altos cargos, la gente que había trabajado en la campaña y los dirigentes del Partido Demócrata. En mi breve intervención, mencioné que la noche anterior mientras esperaba los resultados de la elección, me reencontré con la gente que había trabajado conmigo en Arkansas cuando era fiscal general y gobernador, y que «les dije algo que quiero decirles a ustedes ahora: siempre he trabajado muy duro y he exigido mucho a mi equipo. Siempre me concentro en el problema que tengo ante mí. A veces no digo "gracias" lo bastante. Siempre he sido duro conmigo mismo y creo que, sin darme cuenta, he sido demasiado duro con la gente que trabaja aquí».

Nuestro equipo había conseguido mucho durante los últimos cuatro años en circunstancias extremadamente difíciles, consecuencia de los dos primeros años de cobertura extremadamente negativa de la prensa, de la pérdida del Congreso en 1994, de la factura emocional y financiera que se cobró Whitewater, de las tragedias personales y de las constantes exigencias inherentes en un proyecto que trataba de darle la vuelta al país. Me había esforzado por mantener alto el ánimo de todo el mundo y evitar que nos distrajeran las tragedias, la basura y los contratiempos. Ahora que el pueblo estadounidense nos había dado otro mandato, abrigaba la esperanza de que durante los siguientes cuatro años tendríamos más libertad para dedicarnos a la gestión pública sin la confusión y la lucha que habíamos tenido que soportar durante el primer mandato.

Me habían impresionado las declaraciones de finales de octubre del arzobispo de Chicago, el cardenal Bernardin, un incansable defensor de la justicia social al que Hillary y yo conocíamos y admirábamos. Bernardin estaba muy enfermo y no le quedaba mucho tiempo de vida cuando dijo: «Una persona que se está muriendo no tiene tiempo para lo accesorio o lo casual... es un error gastar el precioso regalo del tiempo que hemos recibido, en acritud y división».

La semana después de las elecciones, muchas personas clave del gobierno anunciaron su intención de marcharse a final de año, entre ellas Leon Panetta y Warren Christopher. Chris llevaba cuatro años viviendo en un avión y Leon nos había guiado a través de las batallas presupuestarias, además de acompañarme durante toda la noche electoral jugando a cartas conmigo. Los dos querían regresar a su hogar en California y llevar una vida normal. Me habían servido bien a mí y a la nación, y les iba a echar de menos. El 8 de noviembre anuncié que Erskine Bowles se convertiría en el nuevo jefe de gabinete. Su hijo más pequeño se había ido a la universidad y ahora Bowles estaba libre para trabajar de nuevo con nosotros, aunque le iba a costar un ojo de la cara, pues de nuevo tuvo que abandonar sus lucrativas inversiones empresariales.

Gracias a Dios, Nancy Hernreich y Betty Currie se quedaban con nosotros. Para entonces, Betty conocía a la mayor parte de mis amigos en todo el país, se encargaba de buena parte de las llamadas telefónicas y era una maravillosa ayuda para mí en la oficina. Nancy entendía la dinámica de nuestra oficina y mi necesidad de implicarme en los detalles del día a día, pero a la vez mantener cierta distancia. Se esforzaba por que mi trabajo fuera más sencillo y mantenía las actividades del Despacho Oval a pleno rendimiento. Stephen Goodin, que entonces era mi ayudante presidencial, se marchaba, pero habíamos conseguido un buen sustituto: Kris Engskov, que llevaba en la Casa Blanca desde el principio y a quien conocí en el norte de Arkansas, en 1974, durante mi primera campaña. Puesto que el ayudante del presidente se sentaba justo al otro lado de la puerta del Despacho Oval, estaba siempre conmigo y a mi lado. Era bueno tener en ese puesto a alguien que conocía desde hacía mucho tiempo y que disfrutaba enormemente con su trabajo. También tuve la suerte de contar con Janis Kearny, la cronista de la Casa Blanca. Janis había sido la editora del *Arkansas State Press*, el periódico negro de Little Rock, y mantenía un meticuloso archivo con datos de todas nuestras reuniones. No sé qué hubiera hecho sin mi equipo del Despacho Oval.

Una semana más tarde anuncié que prorrogaríamos dieciocho meses nuestra misión en Bosnia. Hillary y yo estábamos de camino a Australia, las Filipinas y Tailandia para un viaje que era una mezcla de vacaciones, que necesitábamos desesperadamente, y trabajo. Comenzamos con tres días de pura diversión en Hawaii, luego volamos a Sydney, Australia. Después de una reunión con el primer ministro, John Howard, un discurso en el parlamento australiano en Camberra y un día en Sydney que incluyó un partido de golf con uno de los mejores golfistas de nuestros tiempos, Greg Norman, volamos a Port Douglas, un centro turístico en la costa del mar del Coral, cerca de la Gran Barrera de Coral. Durante nuestra estancia allí caminamos por la selva tropical de Daintree, con un guía aborigen, dimos una vuelta por una reserva natural donde acaricié a un koala llamado Chelsea y buceamos alrededor del impresionante arrecife. Como todos los arrecifes de coral del mundo, estaba amenazado por la contaminación del océano, el calentamiento de la tierra y los abusos humanos. Justo antes de partir para verlo, anuncié que Estados Unidos apoyaba la Iniciativa Arrecifes de Coral, diseñada para evitar que todos los arrecifes del planeta siguieran deteriorándose.

Volamos de Australia a Filipinas para la cuarta reunión de líderes de la Asociación Asia-Pacífico, una cumbre cuyo anfitrión era el presidente Fidel Ramos. El resultado principal de la conferencia fue un acuerdo que yo impulsé y que eliminaba todos los aranceles sobre ordenadores, semiconductores y tecnologías de telecomunicaciones hacia el año 2000, un cambio que redundaría en un aumento de las exportaciones y más empleos con salarios altos para Estados Unidos.

Visitamos Tailandia para honrar el quincuagésimo año del reinado de uno de los aliados más antiguos de Estados Unidos en el sudeste asiático: Estados Unidos había firmado un tratado de amistad y comercio con el rey de Siam en 1833. El rey Bhumibol Adulyadej era un pianista de talento y un gran aficionado al jazz. Le hice un regalo de cumpleaños que cualquier aficionado apreciaría: un gran dossier de fotografías de músicos de jazz firmado por el gran fotógrafo Herman Leonard.

Regresamos a casa a tiempo para la tradicional celebración del Día de Acción de Gracias en Camp David. Este año nuestro grupo incluía a dos encantadores sobrinitos: el hijo de Roger, Tyler, y el hijo de Tony, Zach. Verles jugar juntos nos hacía sentir el espíritu de las fiestas.

En diciembre tuve que remodelar buena parte de mi administración. Bill Perry, John Deutch, Mickey Kantor, Bob Reich, Hazel O'Leary, Laura Tyson, y Henry Cisneros se marchaban. También estábamos perdiendo a gente muy valiosa en la Casa Blanca. Harold Ickes volvía al ejercicio del derecho y a los trabajos de consultoría y la jefe de gabinete adjunta, Evelyn Lieberman, se trasladaba al Departamento de Estado para dirigir la Voz de América.

A principios de ese mismo mes anuncié la composición de mi nuevo equipo de Seguridad Nacional: Madeleine Albright sería secretaria de Estado; Bill Cohen, ex senador republicano por Maine, secretario de Defensa; Tony Lake dirigiría la CIA; Bill Richardson sería el embajador ante Naciones Unidas y Sandy Berger sería mi asesor de Seguridad Nacional. Albright había hecho un trabajo extraordinario en Naciones Unidas y comprendía los desafíos a los que nos enfrentábamos, especialmente en los Balcanes y en Oriente Próximo. En mi opinión, se había ganado el derecho a ser la primera mujer secretaria de Estado. Bill Richardson había demostrado ser un diplomático muy hábil en sus esfuerzos en Corea del Norte e Irak, y me alegré mucho cuando aceptó ser el primer embajador hispano de Estados Unidos ante Naciones Unidas.

Bill Cohen era un político elocuente y de aspecto juvenil que llevaba años sosteniendo unas ideas muy innovadoras sobre las cuestiones de defensa. Había ayudado a dar forma al tratado START I y había tenido un papel clave en la legislación que reconocía y fortalecía la estructura de mando militar en la década de 1980. Quería a un republicano en el gabinete y Cohen me gustaba y le respetaba, de modo que creí que podría encargarse de la nada sencilla tarea de sustituir a Bill Perry. Cuando le prometí que jamás politizaría las decisiones sobre defensa, aceptó el trabajo. No me gustó nada perder a John Deutch en la CIA. Había hecho una espléndida labor de secretario adjunto de defensa y luego se había ocupado de la dura tarea de llevar las riendas de la CIA después del breve período de Jim Woolsey. El trabajo de Tony Lake en el Consejo de Seguridad Nacional le permitía entender de forma particularmente profunda los puntos fuertes y las debilidades de nuestras actividades de inteligencia, lo que resultaba de especial importancia dado el auge del terrorismo.

Sandy Berger fue mi primera y única opción para el puesto de asesor de Seguridad Nacional. Éramos amigos desde hacía veinte años. No tenía problemas en darme malas noticias ni en mostrarse en desacuerdo conmigo en las reuniones y había hecho un trabajo impecable en una gran variedad de temas durante el primer mandato. La capacidad analítica de Sandy era notable. Evaluaba de forma exhaustiva los problemas complejos y detectaba posibles escollos que a otros se les pasaban por alto, sin que por ello le paralizaran. Conocía mis puntos fuertes y débiles y sabía sacar el máximo partido de lo primero y minimizar lo segundo. Tampoco permitía nunca que su ego se entremetiera en su capacidad de tomar decisiones.

También se marchaba George Stephanopoulos. Me había dicho, no mucho antes de las elecciones, que estaba agotado y tenía que irse. Hasta que leí sus memorias no tuve ni idea de lo difíciles que aquellos años de tantas presiones habían sido para él o lo duro que había sido consigo mismo y conmigo. George iba a iniciar una carrera en la enseñanza y en televisión, donde deseé que fuera más feliz.

En menos de dos semanas había cubierto el resto de vacantes en el gabinete. Nombré a Bill Daley, de Chicago, secretario de Comercio después de que Mickey Kantor me dijera, para mi pesar, que deseaba regresar a la vida privada. Daley era un hombre de talento que había encabezado nuestra campaña para el TLCAN. Charlene Barshefsky había sido la representante comercial en funciones durante los ochos meses que habían pasado desde que Mickey Kantor se había ido a Comercio. Estaba haciendo un trabajo fantástico y había llegado el momento de eliminar el «en funciones» de su título.

También nombré a Alexis Herman para que sucediera a Bob Reich en el Departamento de Trabajo; al secretario adjunto de Vivienda y Desarrollo Urbano, Andrew Cuomo, para que sustituyera a Cisneros en VDU y a Federico Peña para que reemplazara a Hazel O'Leary en Energía. Por su parte, Rodney Slater, administrador federal de las autopistas sucedió a Peña como secretario de Transportes y nombré a Aida Alvarez directora de la Agencia para la Pequeña Empresa. Designé a Gene Sperling para que dirigiera el Consejo Económico Nacional tras la partida de Laura

Tyson, y a la doctora Janet Yellen, profesora de Larry Summers en Harvard, presidenta del Consejo de Asesores Económicos. Bruce Reed se convirtió en mi asesor de política interior, reemplazando a Carol Rasco, que iba al Departamento de Educación a dirigir nuestro programa «América Lee». Nombré a Sylvia Matthews, una brillante joven que trabajaba para Bob Rubin, para sucederle como adjunta al jefe de gabinete.

Bob Reich había hecho una buena labor en el Departamento de Trabajo y formaba parte del equipo económico, pero la situación se estaba volviendo complicada para él. No estaba de acuerdo con mis políticas económicas y presupuestarias, pues creía que hacían demasiado hincapié en la reducción del déficit y demasiado poco en educación, formación y nuevas tecnologías. Bob también quería regresar a su casa en Massachusetts con su mujer, Clare, y sus hijos.

Me partía el corazón perder a Henry Cisneros. Éramos amigos desde antes de que me presentara a la presidencia, había hecho un trabajo brillante en VDU y, durante más de un año, Henry había sido objeto de una investigación por un fiscal independiente por unas declaraciones incorrectas sobre sus gastos personales en la entrevista que le hizo el FBI antes de acceder al cargo en VDU. La ley consideraba delito que alguien designado para un cargo público hiciera una declaración errónea y modificara «esencialmente» los hechos, pues esa tergiversación afectaría el proceso de confirmación. El senador Al D'Amato, cuyo comité había recomendado que se confirmara a Cisneros, escribió una carta diciendo que la tergiversación de Henry de los detalles de los gastos no habría afectado su voto ni a los de ningún otro senador miembro del comité. Los fiscales de la oficina de integridad pública del Departamento de Justicia afirmaban que no debía nombrarse un fiscal especial.

Desgraciadamente, Janet Reno también remitió el caso de Cisneros al tribunal del juez Sentelle. Como era de esperar, ese tribunal le adjudicó un fiscal especial republicano que tenía un conflicto de intereses en el caso. David Barrett era un hombre muy partidista, que a pesar de que no se le había acusado de ninguna actividad ilícita, mantenía estrechos lazos con funcionarios condenados durante los escándalos que habían afectado al VDU durante la administración Reagan. Nadie había acusado a Henry de tener una conducta inadecuada en su trabajo pero, aun así, lo habían arrastrado al entorno de Whitewater. Las facturas que le pasaban sus abogados le habían endeudado tanto, que tenía que ganar más dinero para las minutas legales y a la vez pagar la universidad de sus dos hijos. Le estaba profundamente agradecido por haberse quedado conmigo durante los cuatro años del primer mandato.

Aunque había hecho muchos cambios, creía que podríamos mantener el espíritu de camaradería y trabajo en equipo que había caracterizado el primer mandato. La mayor parte de los nuevos designados venían de otros trabajos en la administración y la mayoría de los miembros de mi gabinete seguían conmigo.

Hubo muchos acontecimientos interesantes en política exterior en diciembre. El día 13, el Consejo de Seguridad de Naciones Unidas, con el firme apoyo de Estados Unidos, escogió a un nuevo secretario general de la organización, Kofi Annan, de Ghana. Annan era la primera persona procedente del África subsahariana en detentar este cargo. Como subsecretario de Naciones Unidas para el mantenimiento de la paz durante los cuatro años anteriores, había apoyado nuestras iniciativas en Bosnia y en Haití. Madeleine Albright pensaba que era un líder nato y me pidió que le apoyara; Warren Christopher, Tony Lake y Dick Holbrooke también me lo pidieron. Kofi era un hombre inteligente; su impresionante presencia transmitía a la vez calma y autoridad. Había dedicado la mayor parte de su vida profesional al servicio de Naciones Unidas, pero eso no le impedía reconocer sus carencias; además, tampoco se había acomodado. En vez de ello, estaba decidido a que las actividades de Naciones Unidas fueran más eficaces y más responsables. Esto hablaba en su favor y era vital para que yo pudiera persuadir a los republicanos del Congreso de que pagáramos nuestras deudas a Naciones Unidas. Debíamos mil quinientos millones en atrasos y, desde 1995, cuando los republicanos se hicieron con la mayoría, el Congreso se había negado a pagar hasta que la organización se reformara. Yo creía que la negativa a pagar nuestras deudas era irresponsable y nos perjudicaba tanto a nosotros como a Naciones Unidas, pero estaba de acuerdo en que la reforma era necesaria.

En Oriente Próximo, el primer ministro Netanyahu y el presidente Arafat trataban de resolver sus diferencias. La víspera de Navidad, Netanyahu fue a Gaza durante tres horas para hablar con él. Mientras transcurrían los últimos días del año, mi enviado, Dennis Ross, iba de uno a otro tratando de cerrar un acuerdo que permitiera la entrega de Hebrón a los palestinos. No podíamos darlo por hecho, pero empecé 1997 con más esperanzas depositadas en el proceso de paz que las que había albergado en los últimos meses.

Después de pasar los primeros días de Año Nuevo en St. Thomas, en las Islas Vírgenes, una parte de nuestra nación que los presidentes casi nunca visitan, mi familia regresó a casa para la toma de posesión y mi quinto año como presidente. En muchos sentidos, sería el año más normal de mi presidencia hasta entonces. Durante la mayor parte de los doce meses, todo lo que rodeaba al caso Whitewater apenas se interpuso en mi trabajo; solo de vez en cuando reaparecían algunas investigaciones sobre la financiación de la campaña.

En los días previos a la toma de posesión, celebramos una serie de actos para subrayar que las cosas iban por buen camino. Destacamos que se habían creado 11,2 millones de empleos en los últimos cuatro años, que se había producido el descenso más radical del índice de criminalidad en veinticinco años y que se habían reducido en un cuarenta por ciento los impagos de los créditos estudiantiles.

Corregí una vieja injusticia otorgando la Medalla de Honor del Congreso a siete veteranos afroamericanos de la Segunda Guerra Mundial. Sorprendentemente, no se había concedido ninguna Medalla de Honor a los negros que habían luchado en esa guerra. La selección de los galardonados se realizó a partir de un exhaustivo estudio de sus expedientes militares. Seis de las medallas se concedieron a título póstumo, pero uno de los condecorados, Vernon Baker, de setenta y siete años, vino a la Casa Blanca para asistir a la ceremonia. Era un hombre impresionante, de una dignidad reposada y una inteligencia preclara: cuando era un joven teniente en Italia, había acabado él solo con tres nichos de ametralladoras, un puesto de observación y un refugio subterráneo. Cuando le preguntaron cómo había podido aguantar la discriminación y los prejuicios después de haber dado tanto por su país, Baker dijo que había vivido toda su vida según un credo muy simple: «Respeta antes de esperar que te respeten, trata a la gente como te gustaría que te trataran a ti, acuérdate de tus objetivos, da ejemplo y sigue adelante». A mí me sonaba muy bien.

Al día siguiente de la ceremonia de la Medalla de Honor, el primer ministro Netanyahu y el presidente Arafat me llamaron para decirme que por fin habían llegado a un acuerdo sobre el despliegue israelí en Hebrón, con lo que concluían con éxito las conversaciones iniciadas en septiembre. El acuerdo de Hebrón era una parte relativamente pequeña del proceso de paz, pero era la primera vez que Netanyahu y Arafat conseguían algo juntos. Si no lo hubieran logrado, todo el proceso habría estado en grave peligro. Dennis Ross había trabajado con ellos prácticamente veinticuatro horas al día durante un par de semanas y, durante las últimas sesiones de negociación, tanto el rey Hussein como Warren Christopher habían presionado a las partes para que llegaran a un acuerdo. El presidente Mubarak también intervino cuando le llamé para pedirle ayuda a la una de la madrugada a El Cairo al final del Ramadán. Oriente Próximo era así; a veces hacían falta todos los marineros a bordo para conseguir que se hicieran las cosas.

Tres días antes de la toma de posesión le concedí la Medalla Presidencial de la Libertad a Bob Dole; en la ceremonia destaqué que desde su participación en la Segunda Guerra Mundial, en la que resultó gravemente herido al acudir al rescate de un camarada caído, y a pesar de todos los altibajos de su carrera política, Dole «había convertido la adversidad en ventaja, el dolor en voluntad de servicio público y encarnaba el lema del estado que tanto amaba y al que había continuado sirviendo con dedicación: *Ad astra per aspera*, a las estrellas a través de las dificultades». A pesar de que habíamos sido rivales y de que discrepábamos en muchas cosas, Dole me gustaba. Podía ser agresivo y muy duro en una pelea, pero ni era un fanático ni quería destruir al contrario, al contrario de lo que hacían muchos de los republicanos de extrema derecha que ahora dominaban su partido en Washington.

Tuve un encuentro fascinante con Dole un mes atrás. Vino a verme y me trajo un pequeño juguete, que dijo que era de su perro, para nuestro gato, Socks. Hablamos sobre las elecciones, sobre política exterior y sobre las negociaciones presupuestarias. La prensa todavía estaba haciéndose eco de los abusos financieros de la campaña. Además del CDN, el Comité Republicano Nacional y la campaña de Dole habían cometido algunas irregularidades. Me habían criticado por invitar a mis partidarios a pasar la noche en la Casa Blanca y por tomar café por la mañana con miembros de la administración, partidarios, donantes y con muchos otros que no tenían vínculos políticos conmigo.

Le pregunté a Dole si, basándose en sus años de experiencia, la política y los políticos en Washington eran más o menos honestos que treinta años atrás. «Oh, está clarísimo —dijo—. Son mucho más honestos hoy en día.» Luego le pregunté: «¿Pero estaría de acuerdo en que la gente cree que las cosas se hacen de forma menos honesta?». «Desde luego —dijo—, pero se equivocan.»

Yo estaba impulsando con fuerza una nueva propuesta de ley para reformar la financiación de las campañas patrocinada por el senador John McCain y el senador Russ Feingold, pero dudaba de que su aprobación fuera a aumentar la confianza de la gente en la integridad de sus políticos. Fundamentalmente la prensa estaba en contra de la influencia que tenía el dinero en las campañas, a pesar de que la mayor parte del dinero se gastaba en anuncios en medios de comunicación. A menos que estableciéramos por ley que se concediera a los partidos tiempo en antena gratuito o a precio reducido —propuesta a la que los medios, por regla general, se oponían— o que las campañas se hicieran con financiación pública —una opción que contaba con escaso apoyo en el Congreso y entre la opinión pública—, los medios seguirían siendo los mayores destinatarios de los dólares de las campañas, a pesar de que se burlaban de los candidatos por recaudar los fondos con los que les pagaban.

En mi discurso inaugural, dibujé el retrato más vivaz que pude de lo que sería Estados Unidos en el siglo XXI, y dije que el pueblo norteamericano no había «mantenido en el cargo a un presidente de un partido y a un Congreso de otro… para fomentar la política de enfrentamientos por nimiedades y el extremo partidismo que tanto deploraban», sino para que trabajaran conjuntamente en «la misión de América».

Las ceremonias inaugurales, como las fiestas de celebración de nuestra victoria en noviembre, fueron mucho más serenas, incluso relajadas, a

pesar de que la misa de la mañana fue muy animada debido a los encendi-
dos sermones de los reverendos Jesse Jackson y Tony Campolo, un pastor
evangelista italiano de Filadelfia que quizá era el único predicador blanco
de Estados Unidos que podía mantenerse al nivel de Jesse. La atmósfera
en la comida con el Congreso fue amistosa e incluso le hice ver al nuevo
líder de la mayoría en el Senado, Trent Lott, de Mississippi, que él y yo
compartíamos una gran deuda con Thomas Jefferson: si no hubiera decidido comprar el territorio de Lousiana a Francia, ninguno de los dos
hubiéramos llegado donde estábamos. Strom Thurmond, un senador de
noventa y cuatro años que estaba sentado junto a Chelsea le dijo: «¡Si
tuviera setenta años menos te pediría una cita!». No es sorprendente que
viviera tanto. Hillary y yo asistimos a los catorce bailes inaugurales; en
uno de ellos conseguí bailar con mi preciosa hija, que ahora estaba en el
último curso del instituto. No iba a estar en casa mucho más tiempo y
saboreé el momento.

El día después de la inauguración, como resultado de una investigación que se remontaba a algunos años atrás, la Cámara de Representantes
votó reprender al portavoz Gingrich y multarle con trescientos mil dólares por haber violado en diversas ocasiones las reglas de ética de la
Cámara: había usado fondos exentos de impuestos para propósitos políticos, fondos que habían donado sus partidarios a supuestas organizaciones
benéficas; también había dado respuestas falsas sobre sus actividades a los
investigadores del Congreso. El abogado del Comité de Ética de la
Cámara dijo que Gingrich y sus partidarios políticos habían infringido las
leyes fiscales y que había pruebas de que el portavoz había inducido a
engaño adrede al comité sobre ello.

A finales de la década de 1980, Gingrich había encabezado la carga
para deponer a Jim Wright de su cargo de portavoz de la Cámara porque
sus partidarios habían comprado, al por mayor, ejemplares de una autoe-
dición de los discursos de Wright, en un supuesto intento para saltarse el
reglamento de la Cámara, que prohíbe a los miembros aceptar dinero a
cambio de hacer declaraciones. A pesar de que los cargos contra Gingrich
eran mucho más graves, el jefe de disciplina republicano, Tom DeLay, se
quejó de que la multa y la reprimenda eran completamente desproporcio-
nadas respecto a la falta cometida y que era un abuso del proceso de control de la ética de la cámara. Cuando me preguntaron sobre el asunto,
pude haber pedido al Departamento de Justicia o al fiscal de Estados Unidos que investigara los cargos de evasión fiscal y las mentiras al Congreso;
en lugar de ello, dije que la Cámara debía encargarse de aquella cuestión
«y luego debíamos volver a trabajar en interés de la gente». Dos años después, cuando quien estaba en apuros era otro, Gingrich y DeLay no se
mostraron tan generosos.

Poco antes de la inauguración, como preparación para el segundo mandato y para el Estado de la Unión, convoqué a unos ochenta miembros del personal de la Casa Blanca y de los diversos departamentos a una reunión de todo un día en la Blair House para centrarnos en dos cosas: el significado de lo que habíamos hecho en los primeros cuatro años y qué íbamos a hacer en los siguientes cuatro.

Yo creía que en el primer mandato habíamos conseguido seis logros importantes: (1) restablecer el crecimiento económico sustituyendo la economía de la oferta por nuestra política más disciplinada de «inversión y crecimiento»; (2) habíamos resuelto el debate sobre el papel del gobierno en nuestras vidas demostrando que no es ni el enemigo ni la solución, sino el instrumento para dar a nuestra gente las herramientas y disponer las condiciones necesarias para que saquen el mayor provecho de sus vidas; (3) reafirmar la primacía de la comunidad como el modelo político operativo para Estados Unidos, rechazando las divisiones por razón de raza, religión, sexo, orientación sexual o filosofía política; (4) reemplazar la retórica por la realidad en nuestra política social, demostrando que la acción del gobierno podía ser efectiva en áreas como la asistencia social y el crimen si se llevaba a cabo con sentido común y creatividad, y no solo con palabras duras y retórica exaltada; (5) restablecer la familia como la unidad primaria de la sociedad, una unidad que el gobierno podía reforzar con políticas como la ley de baja familiar, la rebaja fiscal del impuesto sobre la renta, el aumento del salario mínimo, el chip V, la iniciativa contra la publicidad del tabaco dirigida a los adolescentes, los esfuerzos para aumentar las adopciones y las nuevas reformas en sanidad y educación, y (6) habíamos reafirmado el liderazgo de Estados Unidos en el mundo tras la Guerra Fría, como una fuerza defensora de la democracia, la prosperidad compartida y la paz, y contra las nuevas amenazas del terrorismo, las armas de destrucción masiva, el crimen organizado, el narcotráfico y los conflictos raciales y religiosos.

Estos éxitos eran la base desde la que podíamos proyectar a Estados Unidos hacia un nuevo siglo. Puesto que los republicanos controlaban el Congreso y es más complicado poner en marcha grandes reformas cuando las cosas van bien, no estaba seguro de qué o cuánto podríamos conseguir en mi segundo mandato, pero estaba decidido a seguir intentándolo.

El 4 de febrero, durante el discurso del Estado de la Unión, pedí al Congreso que en primer lugar concluyera el trabajo que nuestro país había dejado a medias: equilibrar el presupuesto, aprobar la propuesta de ley para reformar la financiación de las campañas, completar la reforma de la asistencia social ofreciendo más incentivos a los empleados y a los estados para que pudieran contratar a receptores de asistencia, y más formación, transporte y ayudas para el cuidado de los niños que facilitaran que la gente fuera a trabajar. También pedí que se restauraran las prestaciones sanitarias y de incapacitación para los inmigrantes legales, que los republicanos habían eliminado en 1996 para hacer sitio en el presupuesto a sus recortes fiscales.

Mirando hacia el futuro, pedí al Congreso que se uniera a mí para hacer de la educación nuestra principal prioridad puesto que «todo niño de ocho años tiene que ser capaz de leer, todo niño de doce años debe saber conectarse a internet, todo joven de dieciocho años debe poder ir a la universidad y todo adulto norteamericano debe poder seguir aprendiendo durante toda su vida». Ofrecí un plan de diez puntos para conseguir estos objetivos, en el que se incluían el desarrollo de estándares nacionales y exámenes para medir el rendimiento y su cumplimiento; la certificación de cien mil «maestros de maestros» por la Junta Nacional de Estándares Pedagógicos Profesionales, cuando en aquel momento, en 1995, solo había 500; la iniciativa «América Lee» para los niños de ocho años, a la que sesenta presidentes de universidades ya habían aceptado apoyar; más niños en preescolar; elección de las escuelas públicas en todos los estados; formación del carácter en todas las escuelas; un programa dotado de varios miles de millones de dólares para construir y reparar instalaciones deterioradas y construir nuevas en los distritos escolares que estaban tan masificados que se estaban impartiendo clases en *trailers*; una beca de mil quinientos dólares durante los dos primeros años de la universidad y una deducción de diez mil dólares para toda la educación superior después del instituto; una «propuesta de ley GI» para que los trabajadores norteamericanos financiaran una beca de formación a los adultos que necesitaban mayor preparación, y un plan para conectar a todas las aulas y a todas las bibliotecas a internet para el año 2000.

Dije al Congreso y al pueblo norteamericano que el mayor poder de Estados Unidos durante la Guerra Fría había sido una política exterior común a los dos partidos. Ahora, cuando la educación era esencial para nuestra seguridad en el siglo XXI, pedía que la enfocáramos de la misma manera: «La política debe detenerse en la puerta de la escuela».

También pedí al Congreso que apoyara los demás compromisos que yo había adquirido con el pueblo norteamericano durante mi campaña: la expansión de la ley de baja familiar; un aumento importante de la investigación sobre el SIDA para conseguir desarrollar una vacuna; la extensión del seguro médico a los hijos de la gente trabajadora con ingresos bajos que no pudiera permitirse pagarlo; la lucha comprometida contra el crimen juvenil, la violencia, las drogas y las bandas; doblar el número de las zonas de desarrollo y el número de depósitos de residuos tóxicos limpiados, y la continuada expansión de los servicios y programas comunitarios.

En política exterior, pedí apoyo para la expansión de la OTAN, para el acuerdo nuclear con Corea del Norte; para la ampliación de la misión en

Bosnia; para aumentar nuestro compromiso con China; autorización para utilizar la «vía rápida» en las negociaciones comerciales, que requiere que el Congreso vote sobre los acuerdos comerciales a favor o en contra, sin enmiendas; un programa de modernización de armas en el Pentágono para hacer frente a los nuevos desafíos de seguridad, y la ratificación de la Convención de Armas Químicas, que yo creía que sería un instrumento muy útil para proteger a Estados Unidos de ataques terroristas con gas venenoso.

En el discurso, traté de extender la mano hacia los republicanos y hacia los demócratas; dije que defendería el voto de cualquiera de ellos que defendiera un presupuesto equilibrado y cité un versículo de las escrituras, Isaías 58:12: «te llamarán el que acorta las brechas y el que restaura senderos frecuentados». De una u otra forma, esto es lo que yo había tratado de hacer durante la mayor parte de mi vida.

Los medios tienen un apetito limitado para la política, a diferencia de su voracidad para deglutir escándalos, lo que se hizo obvio con un punto de humor al final de mi discurso. Yo tenía lo que creía que era un colofón muy bueno; señalé que «un niño nacido esta noche prácticamente no recordará nada del siglo XX. Todo lo que ese niño sabrá de Estados Unidos lo sabrá por lo que hagamos a partir de ahora para construir el nuevo siglo». Recordé a todos los que me escuchaban que solo nos quedaban algo más de mil días hasta el nuevo siglo, «mil días para construir un puente hacia la nueva tierra prometida». Mientras yo hacía estas declaraciones, las cadenas de televisión dividieron la pantalla en dos para que los espectadores pudieran ver el veredicto del jurado en el pleito civil contra O. J. Simpson por el asesinato de su mujer, un juicio que se inició después de que el jurado no le condenara en el juicio penal. Los espectadores oyeron a la vez el veredicto del jurado contra Simpson y mis exhortaciones sobre el futuro. Todavía me sentía afortunado porque no me hubieran cortado por completo y porque la respuesta del público al discurso fue positiva.

Dos días después presenté mi presupuesto al Congreso. El presupuesto equilibraba las cuentas nacionales de Estados Unidos en cinco años; aumentaba la inversión en educación en un 20 por ciento, incluida la mayor subida de las ayudas para la universidad desde la propuesta de ley GI; recortaba el gasto en cientos de otros programas; ofrecía ayudas fiscales a la clase media, por ejemplo una rebaja fiscal de quinientos dólares por cada hijo; aseguraba el Fondo de Financiación de Medicare, que estaba a punto de quebrar, durante diez años más; aportaba un seguro médico a cinco millones de niños que carecían de él, ayudaba a las familias a cuidar a un ser querido al que le hubieran diagnosticado Alzheimer y, por primera vez, las mamografías para mujeres mayores entraban dentro de Medicare; además, revertía la espiral de descenso de la inversión en asuntos exteriores para que pudiéramos hacer más para promover la paz y la libertad en el mundo y para luchar contra el terrorismo, la proliferación de armas y el narcotráfico.

A diferencia de dos años atrás, cuando obligué a los republicanos a hacer públicas sus duras propuestas presupuestarias antes de exponer las mías, esta vez yo fui el primero en hablar. Creía que, además de un buen movimiento político, era lo correcto. Ahora, cuando los republicanos presentaran su presupuesto, con sus mayores rebajas de impuestos para la gente que más ganaba, tendrían que rebajar mis propuestas sobre educación y sanidad para financiarlos. Ya no estábamos en 1994; el público ya se había hecho una idea de cómo iban las cosas y los republicanos querían salir reelegidos. Estaba seguro de que, en pocos meses, el Congreso aprobaría un presupuesto equilibrado muy parecido a mi plan.

Un par de semanas más tarde fracasó en el Senado otro intento de aprobar la enmienda a la Constitución que exigía un presupuesto equilibrado, pues el senador Bob Torricelli, de New Jersey, decidió votar en contra. Fue un voto valiente. New Jersey era un estado contrario a los impuestos y Bob había votado a favor de la enmienda cuando era congresista. Esperaba que su valor nos llevara más allá de las meras poses públicas y permitiera empezar la verdadera tarea de equilibrar realmente el presupuesto.

A mediados de mes conseguimos otro impulso económico cuando en las negociaciones de Ginebra, lideradas por Estados Unidos, se logró un acuerdo para liberalizar el comercio mundial en los servicios de telecomunicaciones, lo que abría el noventa por ciento de los mercados a las marcas estadounidenses. Las negociaciones las lanzó Al Gore y las condujo Charlene Barshefky. Gracias a su trabajo, era seguro que habría más empleos para los norteamericanos, que además podrían disfrutar de servicios más baratos, y que los beneficios de las nuevas tecnologías llegarían a todas partes del mundo.

Más o menos en esos momentos yo estaba en Boston con el alcalde Tom Menino. La delincuencia, la violencia y el consumo de drogas estaban descendiendo en todo Estados Unidos, pero todavía aumentaban entre los menores de dieciocho años, aunque no en Boston, donde no había muerto ningún niño por un disparo de arma de fuego en dieciocho meses, un logro notable para una ciudad grande. Propuse poner seguros para niños en las armas para evitar que estas se disparen accidentalmente. Propuse también una campaña de anuncios antidroga a gran escala, análisis de consumo de drogas obligatorios para los jóvenes que querían el carnet de conducir y reformar el sistema judicial para menores, donde se incluiría el tipo de libertad condicional y servicios después de la escuela que Boston había puesto en práctica con tanto éxito.

En febrero, hubo algunos giros interesantes en el caso Whitewater. El día 17, Kenneth Starr anunció que dejaría su puesto el 1 de agosto para convertirse en decano de la Facultad de Derecho de la Universidad Pepperdine, en el sur de California. Obviamente había decidido que Whitewater era un pozo seco y esta era su manera de irse con estilo, pero le llovieron fuertes críticas por su decisión. La prensa dijo que el asunto tenía mala pinta porque el cargo que iba a ocupar en Pepperdine lo había pagado Richard Mellon Scaife, cuya financiación del Proyecto Arkansas todavía no se había hecho pública, pero al que todo el mundo reconocía como un extremista de derecha que me la tenía jurada. A mí sus objeciones me parecían endebles; Starr ya estaba ganando mucho dinero representando a los oponentes políticos de mi administración al mismo tiempo que trabajaba como fiscal independiente y, de hecho, ir a Pepperdine contribuiría a reducir sus conflictos de intereses.

Lo que realmente sacudió a Starr fueron todas las presiones que recibió de la derecha republicana y de los tres o cuatro periodistas que estaban realmente decididos a encontrar algo que hubiéramos hecho mal o, al menos, a continuar con el tormento. Para entonces Starr ya había hecho mucho por ellos: había ahogado a mucha gente con enormes minutas legales, había dañado sus reputaciones y había conseguido, con un enorme coste para los contribuyentes, alargar la investigación durante tres años, incluso después de que el informe de la CRF dijera que no había ninguna base para una investigación civil o criminal contra Hillary o contra mí. Pero la derecha y la prensa de Whitewater sabían que si Starr se marchaba sería como admitir tácitamente que ahí «no había nada». Después de que le dieran duro durante cuatro días, anunció que se quedaba. Yo no sabía si reír o llorar.

La prensa también seguía escribiendo sobre la recaudación de fondos en la campaña de 1996. Entre otras cosas, les preocupaba que hubiera invitado a gente que había contribuido a mi campaña de 1992 a pasar la noche en la Casa Blanca, a pesar de que, como con todos los demás invitados, yo pagaba el coste de las comidas y cualquier otro gasto. Lo que daban a entender es que yo había estado alquilando la Casa Blanca para recaudar dinero para el CND. Era ridículo. Yo era el presidente en ejercicio y había estado arriba en las encuestas de principio a fin; recaudar dinero no era un problema e incluso si lo hubiera sido nunca habría usado la Casa Blanca de esa forma. A finales de mes publiqué una lista de todos los huéspedes que se habían quedado a pasar la noche durante mi primer mandato. Había cientos de ellos, el 85 por ciento de los cuales eran parientes, amigos nuestros o de Chelsea, visitantes y dignatarios extranjeros o gente a la que Hillary y yo habíamos conocido antes de que me presentara a la presidencia. Y en cuanto a los amigos que me apoyaron en 1992, quería que el mayor número posible de ellos tuviera el honor de pasar una noche en la Casa Blanca. A menudo, dado que yo trabajaba hasta muy tarde, el único momento en que podía encontrarme con gente de manera informal era muy tarde por la noche. No hubo un solo caso en que esta práctica me ayudara a recaudar dinero. Mis críticos parecían querer decir que los únicos que no debían pasar la noche en la Casa Blanca eran mis amigos y mis seguidores. Cuando publiqué la lista, a muchas de las personas que aparecían en ella las interrogó la prensa. Un periodista llamó a Tony Campolo y le preguntó si me había dado alguna donación para mi campaña. Cuando dijo que sí, le preguntaron qué cantidad había sido. «Creo que veinticinco dólares —dijo—, pero puede que fueran cincuenta.» «Vale —contestó el periodista—, no es usted la persona con la que queremos hablar», y colgó.

El mes acabó con un momento feliz, pues Hillary y yo nos llevamos a Chelsea y a once de sus amigas a comer al Bombay Club Restaurant de Washington para celebrar que cumplía diecisiete años, y luego fuimos a Nueva York a ver algunas obras de teatro. Además, Hillary ganó un premio *Grammy* por la versión sonora de *Es labor de toda la aldea*. Tiene una voz maravillosa y el libro está lleno de historias que ella disfruta contando. El Grammy fue otro recordatorio de que, al menos más allá del cinturón de Washington, había muchos norteamericanos interesados en las mismas cosas que nosotros.

A mediados de febrero el primer ministro Netanyahu vino a verme para discutir el estado en el que se encontraba el proceso de paz; Yasser Arafat hizo lo mismo a principios de marzo. Netanyahu estaba muy limitado políticamente para tomar otras iniciativas más allá del Tratado de Hebrón. Los israelíes empezaban a elegir a su primer ministro de forma directa, así que Netanyahu tenía un mandato de cuatro años, pero aun así todavía necesitaba una coalición mayoritaria en el Knesset. Si perdía a la derecha en su coalición, podía formar un gobierno de unidad nacional con Peres y el Partido Laborista, pero no quería hacerlo. Los más radicales de su coalición lo sabían y le dificultaban mucho los movimientos hacia la paz, como abrir el aeropuerto de Gaza o incluso dejar que los palestinos de Gaza volvieran a trabajar en Israel. En el aspecto psicológico, Netanyahu se enfrentaba a los mismos problemas que Rabin: Israel tenía que ofrecer algo concreto —tierra, acceso, empleo, un aeropuerto— a cambio de algo menos tangible —un esfuerzo denodado de la OLP para evitar los ataques terroristas.

Yo estaba convencido de que Netanyahu quería hacer más, y me preocupaba que si no lo conseguía, a Arafat le sería más difícil contener la violencia. Para complicar más las cosas, cada vez que el proceso de paz se ralentizaba o los israelíes tomaban represalias por un ataque terrorista o iniciaban otro programa de construcciones en un asentamiento de Cisjordania, solía haber una resolución del Consejo de Seguridad de Naciones Unidas que condenaba a Israel por sus continuas violaciones de lo acordado; estas se hacían de forma que insinuaban en qué debería consistir el acuerdo negociado al que las partes debían llegar. Los israelíes dependían de Estados Unidos para vetar tales medidas, lo que normalmente hacíamos. Eso nos permitía mantener nuestra influencia sobre ellos, pero debilitaba nuestra imagen de mediadores honestos ante los palestinos. Yo tenía que seguir recordándole a Arafat que estaba comprometido con el proceso de paz y que solo Estados Unidos podía lograrlo, porque los israelíes confiaban en Estados Unidos, y no en la Unión Europea o en Rusia, para que protegiera su seguridad.

Cuando Arafat vino a verme traté de trabajar con él sobre los siguientes pasos que había que hacer. Como era lógico, veía las cosas desde una óptica muy distinta a la de Netanyahu; él creía que se suponía que su labor era evitar la violencia y esperar a que la situación política de Netanyahu permitiera a Israel respetar los compromisos que había adquirido bajo el proceso de paz. Para entonces, yo había desarrollado una relación de trabajo muy cómoda con ambos líderes y había decidido que la única opción realista para evitar que el proceso de paz se desmoronara era mantenerme en contacto permanente con ambos; así podía volver a encarrilar las cosas cuando, como sucedía, descarrilaban, y mantener el impulso, aunque fuera a pasos diminutos.

La noche del 13 de marzo, después de celebrar unos actos en Carolina del Norte y en el sur de Florida, fui a casa de Greg Norman, en Hobe Sound, a visitarles a él y a su mujer, Laura. Fue una tarde muy agradable y el tiempo pasó volando. Antes de que me diera cuenta era la una de la mañana y, puesto que se suponía que teníamos que jugar en un torneo de golf unas horas más tarde, me levanté para irme. Mientras bajábamos los escalones, no vi el último; mi pie no encontró el suelo donde esperaba y me empecé a caer. Si hubiera caído hacia delante, no me hubiera pasado nada, aparte de unos arañazos en las manos. Pero me eché hacia atrás, oí un fuerte crujido y me caí. El ruido fue tan fuerte que Norman, que iba un metro delante de mí, lo oyó, se giró y me sostuvo, gracias a lo cual la cosa no fue peor.

Una ambulancia me llevó al hospital St. Mary, a unos cuarenta y cinco minutos; era una institución católica que el equipo médico de la Casa Blanca había elegido porque tenía una excelente sala de urgencias. Me pasé allí el resto de la noche, con un dolor terrible. Cuando la resonancia magnética reveló que me había desgarrado el 90 por ciento de mi cuadriceps, me enviaron en avión de vuelta a Washington. Hillary fue a reunirse conmigo cuando llegó el *Air Force One* a la base aérea de Andrews y miró mientras me bajaban de la panza del avión en una silla de ruedas. Tenía previsto un viaje a África, pero lo había retrasado para estar conmigo durante la operación que tendrían que hacerme en el hospital naval de Bethesda.

Unas trece horas después de mi lesión, un excelente equipo de cirujanos dirigidos por el doctor David Adkinson me puso una epidural, música de Jimmy Buffett y Lyle Lovett y charlaron conmigo durante la operación. Podía ver lo que hacían en un panel de vidrio sobre la mesa de operaciones: el doctor realizó una serie de incisiones en mi rodilla, estiró el músculo desgarrado a través de ellas, suturó los extremos a una parte sólida del músculo y cosió. Tras la operación, Hillary y Chelsea me ayudaron a soportar un día de horrible dolor después del cual las cosas comenzaron a mejorar.

Lo que más temía eran los seis meses de rehabilitación, durante los que no podría correr ni jugar al golf. Llevaría muletas durante un par de meses y después una protección flexible para la pierna. Además, durante un tiempo había el peligro de que otra caída volviera a lesionarme. El personal de la Casa Blanca llenó mi ducha de asideros de seguridad para que pudiera mantener el equilibrio. Pronto aprendí a vestirme con la ayuda de un pequeño bastón. Podía hacerlo todo menos ponerme los calcetines. El equipo médico en la Casa Blanca, dirigido por la doctora Connie Mariano, estaba disponible las veinticuatro horas del día. La marina me prestó a dos magníficos fisioterapeutas, el doctor Bob Kellogg y Nannete Paco, que trabajaron conmigo cada día. A pesar de que me habían dicho que ganaría peso durante mi período de inmovilidad, cuando los fisioterapeutas acabaron conmigo había perdido casi siete kilos.

Cuando regresé a casa desde el hospital, tenía menos de una semana para preparar la reunión con Boris Yeltsin en Helsinki y un tema muy importante con el que lidiar antes de irme. El día diecisiete, Tony Lake vino a verme y me pidió que retirara su designación a director de la CIA. El senador Richard Shelby, el presidente del Comité de Inteligencia, había retrasado las audiencias de confirmación de Lake arguyendo que la Casa Blanca no había informado al Comité de nuestra decisión de levantar el embargo de armas a Bosnia en 1994. La ley no exigía que yo informara al comité y había decidido que era mejor no hacerlo para evitar que hubiera una filtración. Sabía que una sólida mayoría de ambos partidos en el Senado estaba a favor de levantar el embargo; de hecho, no mucho después habían votado una resolución pidiéndome que lo dejara de aplicar.

A pesar de que me llevaba bien con Shelby, decidí que estaba pasándose de la raya al retener la confirmación de Lake y perturbar innecesariamente el funcionamiento de la CIA. Tony tenía algunos partidarios muy firmes entre los republicanos, entre ellos el senador Lugar, y si no hubiera sido por Shelby el comité hubiera votado a favor suyo y le hubiera confirmado, pero estaba agotado después de pasarse trabajando setenta u ochenta horas a la semana durante cuatro años. Tampoco quería arriesgarse a perjudicar a la CIA con más retrasos. Si hubiera dependido de mí, hubiera seguido luchando durante un año o más si era necesario para conseguir que se votara. Pero podía ver que Tony ya había tenido bastante. Dos días después designé a George Tenet, el director de la CIA en funciones, que había sido adjunto de John Deutch y que anteriormente había trabajado como mi asesor principal de inteligencia en el CSN y como director de equipo del Comité de Inteligencia del Senado. Lo confirmaron fácilmente, pero todavía lamento el trato injusto que le dieron a Lake, que había dedicado treinta años de su vida a la seguridad de Estados Unidos y había desempeñado un papel clave en muchos de los éxitos de política exterior de mi primer mandato.

Mis médicos no querían que fuera a Helsinki, pero no podía quedarme en casa. Yeltsin había sido reelegido y la OTAN estaba a punto de votar la admisión de Polonia, Hungría y la República Checa; teníamos que cerrar un acuerdo sobre la forma en que íbamos a proceder.

El vuelo era largo e incómodo, pero pasó muy rápido debatiendo con Strobe Talbott y el resto del equipo qué podíamos hacer para que a Yeltsin no le supusiera un problema la expansión de la OTAN, como por ejemplo dar entrada a Rusia en el G-7 y en la Organización Mundial del Comercio. Esa noche el presidente Martti Ahtisaari, de Finlandia, nos ofreció una cena; me alegré de ver que Yeltsin estaba de buen humor y al parecer recuperado de una operación a corazón abierto. Había perdido mucho peso y todavía estaba un poco pálido, pero ya volvía a ser tan optimista y agresivo como siempre.

A la mañana siguiente nos pusimos a trabajar. Cuando le dije a Boris que quería que la OTAN se ampliara y firmara un acuerdo con Rusia, me pidió que me comprometiera en secreto —dijo literalmente «dentro de un armario»— a limitar la futura expansión de la OTAN entre las naciones del Pacto de Varsovia, en consecuencia que excluyera a los estados de la ex Unión Soviética, como las repúblicas bálticas y Ucrania. Le dije que no podía hacerlo porque, en primer lugar, no habría manera de mantenerlo en secreto y porque llevarlo a cabo disminuiría la credibilidad de la Asociación para la Paz. Tampoco era lo que convenía a los intereses de Estados Unidos o de Rusia. La principal misión de la OTAN ya no consistía en enfrentarse a Rusia, sino a las nuevas amenazas para la paz y la estabilidad en Europa. Le dije que una declaración de que la OTAN no seguiría su expansión con las naciones del Pacto de Varsovia sería el equivalente a anunciar una nueva línea divisoria en Europa, con un imperio ruso más pequeño. Eso haría que Rusia pareciera más débil, no más fuerte, mientras que un acuerdo entre la OTAN y Rusia podría disparar el prestigio ruso. También le insistí para que no cerrara la puerta a una futura incorporación a la OTAN de la propia Rusia.

Yeltsin todavía temía la reacción que la ampliación podría provocar en su país. En un momento en que estuvimos a solas le pregunté: «Boris, ¿de verdad crees que permitiría que la OTAN atacara a Rusia desde bases en Polonia?». «No —contestó él—, no lo creo, pero mucha de la gente mayor que vive en la parte occidental de Rusia y que escucha a Zyuganov sí lo cree.» Me recordó que, a diferencia de Estados Unidos, Rusia había sido invadida en dos ocasiones —por Napoleón y por Hitler— y que el trauma de aquellos acontecimientos todavía poblaba el imaginario colectivo y daba forma a la política rusa. Le dije a Yeltsin que si llegábamos a un acuerdo para la ampliación de la OTAN y para la cooperación entre la OTAN y Rusia, me comprometería a no situar tropas ni misiles en los nuevos países de forma prematura y a apoyar la candidatura rusa a formar parte del nuevo G-8, de la Organización Mundial del Comercio y de otras organizaciones internacionales. Cerramos el trato.

Yeltsin y yo también nos enfrentábamos a dos problemas de control de armas en Helsinki: la resistencia de la Duma rusa a ratificar el tratado START II, que reduciría nuestros arsenales nucleares en unos dos tercios respecto al punto máximo que alcanzaron durante la Guerra Fría; y la creciente oposición en Rusia al desarrollo de sistemas de defensa con misiles por parte de Estados Unidos. Cuando la economía rusa se derrumbó y se recortó drásticamente el presupuesto de defensa, el tratado START II se había convertido en un mal trato para ellos. Exigía que ambos países desmantelaran sus misiles con múltiples cabezas nucleares (MIRV) y establecía que ambas partes se quedaran con arsenales parejos de misiles de una sola cabeza nuclear. Puesto que Rusia basaba su potencia nuclear en los MIRV mucho más que Estados Unidos, los rusos tendrían que construir un número considerable de misiles de una sola cabeza nuclear para recuperar la paridad, y no tenían los medios para hacerlo. Le dije a Yeltsin que no quería que el START II nos diera superioridad estratégica y le propuse que nuestros equipos llegaran a una solución que incluyera adoptar objetivos para un tratado START III que hiciera que ambos países bajaran a entre dos mil y dos mil quinientas cabezas nucleares, una reducción de un 80 por ciento desde el máximo de la Guerra Fría y un número suficientemente pequeño para que Rusia no tuviera que construir nuevos misiles para mantener la paridad con nosotros. En el Pentágono había ciertas reticencias a bajar hasta esa cantidad, pero el general Shalikashvili creía que era seguro hacerlo y Bill Cohen le apoyaba. Al cabo de poco tiempo ampliamos la fecha límite del START II de 2002 a 2007 e hicimos que el START III entrara en vigor ese mismo año, de modo que Rusia nunca se encontrara en una situación de desventaja estratégica.

En la segunda cuestión, Estados Unidos había estudiado las posibilidades de un sistema de defensa de misiles, a partir de una idea del presidente Reagan, con un sistema orbital que permitiera derribar todos los misiles hostiles y que, por lo tanto, librara al mundo del fantasma de una guerra nuclear. Había dos problemas con esta idea: en primer lugar, todavía no era técnicamente factible y, en segundo lugar, un sistema de defensa con misiles nacional (DMN) violaría el Tratado de Misiles Antibalísticos, que prohibía tales sistemas porque si una nación los poseía y otra no, los respectivos arsenales nucleares ya no serían un obstáculo para que la nación que poseyera el DMN atacara a la otra.

Les Aspin, mi primer secretario de Defensa, había cambiado el objetivo de nuestros esfuerzos, que habían pasado de desarrollar defensas que pudieran detener misiles de largo alcance rusos, a financiar un sistema de defensa con misiles en el teatro de operaciones (DMT) que pudiera proteger a nuestros soldados, y a otras personas, de misiles de menor alcance, como los que poseían Irán, Irak, Libia y Corea del Norte. Estos eran un peligro muy real; en la guerra del Golfo, veintiocho de nuestros soldados habían muerto por el impacto de un misil Scud iraquí.

Yo apoyaba fervientemente el programa DMT, que no infringía el tratado ABM y que, como dije a Yeltsin, podría usarse algún día para defender a nuestras naciones en un campo de batalla en el que fuéramos aliados, como los Balcanes o cualquier otro lugar. El problema que Rusia tenía con nuestra posición es que no estaba clara cuál era la línea que separaba la defensa de misiles en el teatro de operaciones y un sistema mayor, prohibido por el tratado. Las nuevas tecnologías desarrolladas para el DMT podrían adaptarse para usarse en un DMN, violando el tratado. Al final, ambas partes acordaron una definición técnica de la línea divisoria entre programas permitidos y prohibidos que nos permitió seguir adelante con el DMT.

La cumbre de Helsinki fue un inesperado éxito, gracias en buena parte a la capacidad de Yeltsin para imaginarse un futuro para Rusia, en el que reafirmaría su grandeza en unos términos distintos de la dominación territorial, y a su disposición a enfrentarse a la opinión mayoritaria en la Duma y a veces incluso a la de su propio gobierno. A pesar de que nuestra trabajo nunca alcanzó su máxima realización, puesto que la Duma siguió negándose a ratificar el START II, se establecieron las condiciones para que la futura cumbre de la OTAN, que se celebraría en julio en Madrid, fuera un éxito y nos hiciera avanzar hacia una Europa unida.

Cuando volví a casa las reacciones fueron, en general, favorables, aunque Henry Kissinger y algunos otros republicanos me criticaron por haber acordado no desplegar tropas ni misiles nucleares de la OTAN más cerca de Rusia, en el territorio de los nuevos miembros de la organización. Los ex comunistas criticaron muy duramente a Yeltsin y le dijeron que se había rendido a mí en todos los temas importantes. Zyuganov dijo que Yeltsin había permitido que «su amigo Bill le diera una buena patada en el trasero». Sin embargo, era Yeltsin quien acababa de darle una patada en el trasero a Zyuganov en las elecciones, luchando por el futuro de Rusia en vez de aferrarse al pasado. Creí que Yeltsin podría superar las turbulencias.

Cuando Hillary y Chelsea regresaron de África, me contaron sus aventuras. África era importante para Estados Unidos, y el viaje de Hillary, al igual que su anterior desplazamiento al sudeste asiático, subrayaba nuestro compromiso a apoyar a los líderes y a los ciudadanos en sus esfuerzos para encontrar la paz, la prosperidad y la libertad y para frenar la marea del SIDA.

El último día del mes, anuncié el nombramiento de Wes Clark como sucesor del general George Joulwan; Clark sería comandante en jefe, comandante estadounidense para Europa y supremo comandante aliado de las fuerzas de la OTAN en Europa. Yo admiraba a ambos hombres. Joulwan había apoyado vigorosamente la posición de la OTAN en Bosnia, y Clark había formado parte del equipo de negociadores de Dick Holbrooke. Pensé que era la mejor persona para continuar nuestro firme compromiso de paz en los Balcanes.

En abril vi al rey Hussein y al primer ministro Netanyahu en un intento de evitar que el proceso de paz se viniera abajo. Había vuelto a estallar la violencia tras la decisión israelí de construir nuevas casas en Har Homa, un asentamiento israelí en las afueras de Jerusalén Oriental. Cada vez que Netanyahu daba algún paso adelante, como el acuerdo de Hebrón, su coalición gubernamental le forzaba a hacer algo que volvía a distanciarle de los palestinos. Durante ese mismo período, un soldado jordano se había vuelto loco y había matado a varios niños israelíes. El rey Hussein fue inmediatamente a Israel y ofreció sus disculpas. Eso logró rebajar la tensión entre Israel y Jordania, pero Arafat tuvo que conformarse con la continua exigencia de Estados Unidos e Israel de que evitara actos terroristas a la vez que tenía que convivir con el proyecto de Har Homa, que en su opinión contradecía el compromiso israelí de no modificar sobre el terreno las zonas que debían resolverse en las negociaciones.

Cuando el rey Hussein vino a verme, estaba preocupado porque el proceso de paz progresivo que acordamos con Rabin no funcionaría, debido a las limitaciones políticas a las que Netanyahu se enfrentaba. El dirigente israelí también estaba preocupado por lo mismo; había expresado interés en tratar de acelerar el proceso y definir rápidamente las difíciles cuestiones del estado final. Hussein creía que, si era posible, debíamos intentarlo. Cuando Netanyahu vino a la Casa Blanca unos días después, le dije que apoyaría ese enfoque pero que para obtener el acuerdo de Arafat tendría que encontrar la forma de cumplir los puntos intermedios prometidos a los palestinos, incluida la apertura del aeropuerto de Gaza, el paso seguro entre Gaza y las zonas palestinas de Cisjordania y ayuda económica.

Pasé la mayor parte del mes esforzándome para convencer al Senado de que ratificara la Convención de Armas Químicas. También convoqué una reunión con los miembros del Congreso, y acordé con Jesse Helms integrar la Agencia de Control y Desarme, y la Agencia de Información de Estados Unidos en el Departamento de Estado a cambio de que permitiera el voto sobre el CAQ, a la que se oponía. Celebré un acto en el Jardín Sur con distinguidos republicanos o militares partidarios del tratado, incluido Colin Powell y James Baker, para contrarrestar la oposición de los republicanos conservadores como Helms, Caspar Weinberger y Donald Rumsfeld.

Me sorprendió la oposición de los conservadores, puesto que todos nuestros jefes militares apoyaban firmemente la CAQ; su postura reflejaba el profundo escepticismo de la derecha sobre la cooperación internacional y en general su deseo de mantener la máxima libertad de acción ahora que Estados Unidos era la única superpotencia del mundo. Hacia finales de mes llegué a un acuerdo con el senador Lott para añadir ciertas frases que él creía que reforzaban el tratado. Finalmente, con el apoyo de Lott, se ratificó el tratado por 74 votos a 26. Curiosamente, vi la votación del senado por televisión junto al primer ministro japonés, Ryutaro Hashimoto, que había llegado a la ciudad para reunirse conmigo al día siguiente. Pensé que le gustaría ver la ratificación después del ataque con gas sarín que había sufrido Japón.

En el frente interior, nombré a Sandy Thurman, una de las principales personalidades que se habían dedicado al SIDA en Estados Unidos, para que dirigiera la Oficina Nacional de Política sobre el SIDA. Desde 1993, nuestras inversiones totales para combatir el VIH y el SIDA habían aumentado en un 60 por ciento, habíamos aprobado ocho nuevos medicamentos contra el SIDA y diecinueve más para afecciones relacionadas con esta enfermedad, y la tasa de mortalidad estaba bajando en nuestro país. Sin embargo, todavía estábamos muy lejos de tener una vacuna o una cura y el problema había estallado en África, donde no estábamos haciendo lo suficiente. Thurman era brillante, enérgica y tenía un carácter muy fuerte; sabía que nos mantendría a todos alerta.

El último día de abril, Hillary y yo hicimos pública la decisión de Chelsea de asistir a Stanford en otoño. Siguiendo su habitual forma de ser metódica, había visitado también Harvard, Yale, Princeton, Brown y Wellesley, incluso había ido a algunas de ellas dos veces para hacerse más a la idea de cómo era la vida académica y social de cada institución. Dado que tenía unas notas excelentes y había sacado una magnífica puntuación en los exámenes, la aceptaban en todas; sin embargo, Hillary hubiera deseado que se hubiera quedado más cerca de casa. Yo siempre sospeché que Chelsea se iría lejos de Washington. Solo quería que fuera a un escuela donde pudiera aprender, hacer amigos y pasárselo bien. Pero su madre y yo íbamos a echarla mucho de menos. Tenerla en casa durante los primeros cuatro años en la Casa Blanca, ir a sus fiestas de la escuela y a sus actuaciones de ballet y llegar a conocer a sus amigos y a sus padres había sido un placer que nos había recordado constantemente que, sin importar qué estuviera sucediendo, nuestra hija era una bendición.

El crecimiento económico en el primer trimestre de 1997 fue del 5,6 por ciento, lo que redujo la estimación del déficit a setenta y cinco mil millones, más o menos un cuarto de la cifra que había cuando yo llegué al cargo. El 2 de mayo anuncié, por fin, que había llegado a un acuerdo para tener un presupuesto equilibrado con el portavoz Gingrich, el senador Lott y los negociadores del congreso de ambos partidos. El senador Tom Daschle también anunció su apoyo al acuerdo; Dick Gephardt no lo hizo, pero esperaba que lo hiciera en cuanto tuviera ocasión de revisarlo. El trato había sido mucho más sencillo en esta ocasión porque el crecimiento económico había reducido el desempleo a menos del 5 por ciento por primera vez desde 1973, lo que había disparado las plantillas, los beneficios y los ingresos por impuestos.

A grandes rasgos, el acuerdo alargaba la vida de Medicare durante una década y aceptaba las mamografías y las pruebas de diabetes anuales que yo quería; ampliaba la cobertura sanitaria a cinco millones de niños, la mayor ampliación desde que se aprobó Medicaid en la década de 1960; contenía el mayor aumento en gastos para la educación en treinta años; daba más incentivos a los negocios para contratar a gente que estuviera recibiendo subsidios de asistencia social; restauraba la cobertura sanitaria a los inmigrantes legales incapacitados; financiaba la limpieza de quinientos emplazamientos más de residuos tóxicos y aportaba rebajas fiscales cercanas a la cantidad que yo había recomendado.

Llegamos a un acuerdo con los republicanos, cediendo unos y otros, sobre los ahorros de Medicare; ahora yo creía que podían conseguirse con cambios adecuados de política que no dañaran a los ciudadanos de la tercera edad y, por su parte, los republicanos aceptaron un recorte de menos impuestos, el programa de cobertura sanitaria para los niños y el gran aumento del gasto en educación. Conseguimos el 95 por ciento de las nuevas inversiones que yo había recomendado en el discurso del Estado de la Unión y los republicanos se llevaron aproximadamente dos tercios de la cifra de recorte de impuestos que habían propuesto al principio. Los recortes serían ahora bastante más pequeños que el recorte de impuestos de Reagan en 1981. Yo me sentía eufórico porque por fin las interminables horas de reuniones, que habían comenzado a finales de

1995 bajo la amenaza del cierre del gobierno, habían producido el primer presupuesto equilibrado desde 1969, y muy bueno por cierto. El senador Lott y el portavoz Gingrich habían trabajado con nosotros de buena fe, y Erskine Bowles, con sus habilidades como negociador y su sentido común, había hecho que las cosas funcionaran con ellos y con los principales negociadores del Congreso en los momentos más críticos.

Más adelante, ese mismo mes, cuando se votó el presupuesto en una resolución, el 64 por ciento de los demócratas de la Cámara se unieron al 88 por ciento de los republicanos para votar a favor. En el Senado, donde Tom Daschle aprobaba el acuerdo, los demócratas estuvieron a favor del acuerdo de forma incluso más amplia que los republicanos, 82 a 74 por ciento.

Recibí algunas críticas de demócratas que se oponían al recorte de impuestos o simplemente al hecho de que hubiéramos llegado a un acuerdo con los republicanos. Sostenían que si no hubiéramos hecho nada, el presupuesto se hubiera equilibrado de todas formas al año siguiente o al otro, gracias al plan de 1993 por el que solo habían votado los demócratas; ahora íbamos a dejar que los republicanos compartieran parte del mérito. Tenían razón, pero también habíamos logrado el mayor aumento en ayudas para la educación superior de los últimos cincuenta años, cobertura sanitaria para cinco millones de niños y recortes de impuestos para la clase media, tal como yo quería.

El día cinco, partí para un viaje que me llevaría por México, Centroamérica y el Caribe. Poco más de una década atrás, nuestros vecinos habían padecido guerras civiles, golpes de estado, dictadores, economías cerradas y una pobreza endémica. Ahora todas las naciones del hemisferio excepto una eran democracias, y la región como un todo era nuestro mayor socio comercial. Exportábamos el doble al resto de América que a Europa, y casi un 50 por ciento más que a Asia. Aun así, todavía había mucha pobreza en la región y teníamos graves problemas con las drogas y con la inmigración ilegal.

Me llevé a cierto número de miembros del gabinete y a una delegación del Congreso a México, donde anunciamos nuevos acuerdos destinados a reducir la inmigración ilegal y el paso de drogas a través del Río Grande. El presidente Zedillo era un hombre capaz y honrado que tenía a un buen equipo tras él, y yo estaba seguro de que haría todo lo posible para solucionar esos problemas. Aunque sabía que podíamos mejorar, no estaba seguro de que hubiera una solución completamente satisfactoria para ninguno de los dos problemas. Había una serie de factores que debíamos tener en cuenta. México era más pobre que Estados Unidos; la frontera era muy larga; millones de mexicanos tenían parientes en nuestro país y muchos inmigrantes ilegales venían a Estados Unidos buscando trabajo, a menudo empleos con sueldos bajos que la mayoría de los norte-americanos no quería. En cuanto a las drogas, nuestra demanda era un imán para ellas y los cárteles tenían un montón de dinero con el que sobornar a funcionarios mexicanos y muchos sicarios con los que intimi-dar o asesinar a aquellos que se negaban a cooperar. A algunos policías de frontera mexicanos les ofrecían cinco veces su salario anual si miraban hacia otra parte durante un envío de drogas. Un fiscal honesto en el norte de México había recibido más de cien disparos justo frente a su casa. Eran problemas muy difíciles, pero sabía que la puesta en marcha de nuestros acuerdos tendría un impacto positivo sobre la situación.

En Costa Rica, un país precioso que no tiene un ejército permanente y que es quizá la nación más avanzada en política medioambiental de todo el mundo, el presidente José María Figueres fue el anfitrión de los diri-gentes centroamericanos en una reunión que se centró en el comercio y en el medio ambiente. El TLCAN había perjudicado sin pretenderlo a América Central y a las naciones del Caribe; las había colocado en una situación de desventaja competitiva respecto a México en sus negocios con Estados Unidos. Yo quería hacer lo que estuviera en mi mano para rectificar esa desigualdad. Al día siguiente repetí esta declaración en Brid-getown, Barbados, donde el primer ministro Owen Arthur fue el anfi-trión de la primera reunión que se celebraba en su territorio entre un presidente de Estados Unidos y todos los dirigentes de las naciones del Caribe.

La inmigración también fue uno de los temas principales de ambas reuniones. Había mucha gente en Centroamérica y en las naciones del Caribe que estaban trabajando en Estados Unidos y enviaban dinero a casa para sus familias, lo que suponía una importante fuente de ingresos para los países más pequeños. Sus dirigentes estaban preocupados por la postura contraria a la inmigración que los republicanos habían adoptado y querían que les garantizara que no habría deportaciones en masa. Se lo concedí, pero también les dije que tendríamos que aplicar nuestras leyes de inmigración.

A finales de mes volé a París para firmar el pacto OTAN-Rusia. Yelt-sin había mantenido su compromiso de Helsinki: el rival de la OTAN durante la Guerra Fría era ahora su socio.

Después de una parada en Holanda para celebrar el cincuenta aniver-sario del plan Marshall, volé a Londres para mi primera reunión oficial con el nuevo primer ministro británico, Tony Blair. El Partido Laborista había ganado ampliamente a los *Tories* en las recientes elecciones, gracias a la dirección de Blair, al mensaje más moderno y moderado del labo-rismo y al natural desgaste del apoyo a los conservadores tras muchos años en el poder. Blair era joven, elocuente, tenía carácter y compartía-mos nuestras posiciones políticas en muchas cuestiones. Yo creía que tenía lo necesario para ser un buen líder para el Reino Unido y para toda Europa y me entusiasmaba la posibilidad de trabajar con él.

Hillary y yo fuimos a comer con Tony y Cherie Blair a un restaurante en un almacén remodelado de un barrio del Támesis. Desde el principio fue como si nos conociéramos desde siempre. La prensa británica estaba fascinada por lo parecido de nuestras filosofías y políticas y las preguntas que me hacían parecieron causar impacto a la prensa norteamericana que viajaba conmigo. Por primera vez, tenía la impresión de que comenzaban a creer que había algo más que retórica en mi enfoque de Nuevo Demócrata.

El 6 de junio, el día del cumpleaños de mi madre, pronuncié el discurso de apertura de la ceremonia de graduación de Chelsea en Sidwell Friends. Teddy Roosevelt había hablado a los estudiantes de Sidwell casi un siglo atrás, pero yo estaba allí por un motivo distinto, no como presidente, sino como padre. Cuando le pregunté a Chelsea qué quería que dijera, me contestó: «Papá, quiero que seas muy sabio y muy breve. —Y luego añadió—. Las chicas quieren que seas sabio, los chicos solo quieren que seas gracioso.» Yo quería que mi discurso fuera mi regalo para ella y estuve despierto hasta las tres de la mañana la noche anterior escribiéndolo y rescribiéndolo una y otra vez.

Dije a Chelsea y a sus compañeros de promoción que ese día «el orgullo y la alegría de sus padres se veían templados por la separación que se aproximaba... nos acordamos de su primer día en la escuela y de todos los triunfos y trabajos desde entonces hasta hoy. A pesar de que les hemos educado para que llegaran a este momento y de que estamos muy orgullosos de ustedes, una parte de nosotros desea abrazarles una vez más como hacíamos cuando casi no podían caminar, leerles una vez más *Goodnight Moon* o *Curious George* o *The Little Engine That Could*». También les dije que les esperaba un mundo apasionante y que tendrían oportunidades prácticamente ilimitadas en él, y les recordé la máxima de Eleanor Roosevelt de que nadie puede hacerte sentir inferior si tú no lo permites: «No lo permitan».

Cuando Chelsea se acercó a recoger su diploma, la abracé y le dije que la quería. Después de la ceremonia, muchos padres me agradecieron que hubiera dicho lo que ellos también pensaban y sentían; luego, volvimos a la Casa Blanca para una fiesta de graduación. A Chelsea le emocionó ver a toda la plantilla de la residencia reunida para felicitarla. Había recorrido un camino muy largo desde que era aquella jovencita con aparatos dentales que habíamos traído a la Casa Blanca hacía cuatro años y medio, y eso que el camino acababa de comenzar.

Al poco tiempo de la graduación de Chelsea acepté la recomendación de la Comisión Nacional Asesora de Bioética de que la clonación humana era «moralmente inaceptable» y propuse que el Congreso la prohibiera. Se había convertido en un tema controvertido desde la clonación de la oveja Dolly en Escocia. La clonación se venía usando desde hacía algún tiempo para aumentar la producción agrícola y para conseguir avances biomédicos en el tratamiento del cáncer, la diabetes y otras enfermedades. Podía ser muy beneficiosa para producir nueva piel, cartílagos y tejidos óseos para las víctimas de quemaduras o de accidentes, y tejido nervioso para tratar las lesiones de la médula espinal. No quería interferir con todo esto, pero creía que debíamos trazar una línea muy clara en la clonación humana. Justo un mes antes me había disculpado por los despiadados y racistas experimentos de sífilis que se llevaron a cabo sobre hombres negros décadas atrás por parte del gobierno federal en Tuskegee, Alabama.

A mediados de junio fui a la Universidad de California, en San Diego, para hablar sobre la continua lucha de Estados Unidos por eliminar la discriminación racial y sacar el máximo provecho de nuestra creciente diversidad. En Estados Unidos todavía había discriminación, hipocresía, crímenes de odio y grandes diferencias en salarios, educación y cobertura sanitaria. Nombré una comisión de siete miembros presidida por el distinguido académico John Hope Franklin para que explicara a Estados Unidos el estado de las relaciones entre razas en nuestro país y para que hiciera recomendaciones que nos ayudaran a construir «Una sola Norteamérica» para el siglo XXI. Yo coordinaría sus esfuerzos a través de una nueva oficina en la Casa Blanca, que dirigiría Ben Johnson.

A finales de junio, Denver fue la ciudad anfitriona de la reunión anual del G-7. Le había prometido al presidente Yeltsin que se incluiría a Rusia, pero los ministros de economía se opusieron a ello debido a su debilidad económica. Puesto que Rusia dependía del apoyo financiero de la comunidad internacional, estos ministros creían que no debería estar en el proceso de decisiones del G-7. Yo podía comprender que los ministros de economía consideraran mejor reunirse y tomar decisiones sin Rusia, pero el G-7 era también una organización política; estar en ella simbolizaría la importancia de Rusia en el futuro y fortalecería la imagen de Yeltsin en su país. Ya habíamos llamado a esta reunión la Cumbre de los Ocho. Al final, votamos que Rusia fuera un miembro de pleno derecho del nuevo G-8, pero permitimos a los ministros de economía de las otras siete naciones que continuaran reuniéndose para tratar de los temas que les concernían. Ahora, tanto Yeltsin como yo habíamos cumplido nuestra parte de los acuerdos de Helsinki.

Más o menos en esos momentos, Mir Aimal Kansi, a quien se creía responsable del asesinato de dos empleados de la CIA y del de otros tres hombres en su cuartel general, en 1993, volvió a Estados Unidos desde Pakistán para ser juzgado, después de unos esfuerzos extraordinarios para garantizar su extradición por parte del FBI, la CIA, y los departamentos de Estado, Justicia y Defensa. Era una prueba sólida de nuestra determinación de perseguir a los terroristas y llevarlos ante la justicia.

Una semana más tarde, después de un acalorado debate, la Cámara de Representantes votó continuar las relaciones comerciales con China con normalidad. A pesar de que la moción se aprobó por ochenta y seis votos, despertó una oposición enérgica entre los conservadores y liberales que no aprobaban las políticas comerciales y de derechos humanos de China. Yo también estaba a favor de una mayor libertad política en China y había invitado recientemente al Dalai Lama y a Martin Lee, un activista pro derechos humanos de Hong Kong, a la Casa Blanca, para explicitar así mi apoyo a la integridad religiosa y cultural del Tíbet y al mantenimiento de la democracia en Hong Kong ahora que el Reino Unido la había devuelto a China. Yo creía que las relaciones comerciales podían mejorarse solamente a través de negociaciones que condujeran a que China entrara en la Organización Mundial de Comercio. Mientras tanto necesitábamos seguir implicándonos en China, no aislarla. Es interesante apuntar que Martin Lee estaba de acuerdo conmigo y también era partidario de que prosiguieran las relaciones comerciales.

Poco después regresé a casa, a Hope, para el funeral de Oren Grisham, mi tío Buddy, que había fallecido a los noventa y dos años y que había desempeñado un papel importantísimo en mi vida. Cuando llegué a la funeraria, su familia y yo inmediatamente comenzamos a intercambiar historias graciosas sobre él. Como dijo uno de mis parientes, era la sal de la vida. Según Wordsworth, la mejor parte de la vida de un hombre son sus pequeños actos de bondad y amor de los que no se acuerda. Buddy me había regalado muchos de ellos cuando yo era un niño sin padre. En diciembre, Hillary me regaló un precioso perro labrador de color chocolate para que me hiciera compañía ahora que Chelsea se había marchado. Era un perro amable, lleno de vida e inteligente. Le llamé Buddy.

A principios de julio, Hillary, Chelsea y yo, después de un par de días relajados con el rey Juan Carlos y la reina Sofía en la isla de Mallorca, fuimos a Madrid para la cumbre de la OTAN. Tuve una discusión muy fructífera con el presidente José María Aznar, que acababa de decidir integrar por completo a España en la estructura de mando de la OTAN. Luego la OTAN votó admitir a Polonia, a Hungría y a la República Checa, y dejamos claro a las dos docenas de otras naciones que se habían unido a la Asociación para la Paz que la puerta de la OTAN seguía abierta a nuevos miembros. Yo había presionado para que la OTAN se expandiera y creía que este paso histórico contribuiría tanto a unificar Europa como a mantener la alianza transatlántica.

Al día siguiente firmamos un acuerdo de asociación con Ucrania y partí para visitar Polonia, Rumania y Dinamarca y dar todavía más significado a la expansión de la OTAN. En Varsovia, Bucarest y Copenhague me recibieron multitudes entusiastas. En Polonia estaban celebrando su ingreso en la OTAN. En Bucarest, unas cien mil personas gritaban «¡U.S.A., U.S.A.!» para expresar su apoyo a la democracia y su deseo de entrar en la OTAN cuanto antes mejor. En Copenhague, en un día brillante y soleado, el tamaño y entusiasmo de la multitud reflejaba la fuerza de nuestra alianza y el hecho de que apreciaban que yo era el primer presidente norteamericano en ejercicio que visitaba Dinamarca.

Hacia mediados de mes ya había vuelto a la Casa Blanca. Propuse aprobar una ley que prohibiera la discriminación por motivos genéticos. Los científicos estaban descubriendo muy rápidamente los misterios del genoma humano, y sus descubrimientos podrían salvar millones de vidas y revolucionar la atención médica. Pero los exámenes genéticos también revelarían la propensión de un individuo a desarrollar algunas enfermedades, como el cáncer de pecho o el Parkinson. No podíamos permitir que los exámenes genéticos se convirtieran en un motivo por el que se negara la cobertura médica o el acceso a un trabajo, y no queríamos que la gente rechazara someterse a ellos por miedo de que los resultados se pudieran usar contra ellos en lugar de contribuir a prolongar sus vidas.

Más o menos al mismo tiempo, el IRA restableció el alto el fuego que había roto en febrero de 1996. Yo me había esforzado por conseguirlo y, esta vez, iba a fructificar y a permitir a los irlandeses encontrar un camino a través de la espesura del dolor y del recelo para conseguir un futuro común.

A medida que julio iba llegando a su fin, todavía no habíamos logrado un acuerdo en los detalles presupuestarios que fuera coherente con el acuerdo más general que previamente habíamos cerrado con los republicanos. Seguíamos enfrentados por la forma y el alcance de las rebajas fiscales y sobre cómo debían emplearse los nuevos fondos. Mientras nuestro equipo seguía negociando con el Congreso, me dediqué al resto de mi trabajo; yo afirmaba que, contrariamente a la opinión dominante en el Congreso, el calentamiento global era una realidad y que teníamos que recortar nuestras emisiones de gases que contribuían al efecto invernadero, por lo que celebré un encuentro con Al Gore y otros funcionarios federales y estatales en Incline Village, Nevada, sobre el estado del lago Tahoe.

Tahoe era uno de los lagos más profundos, puros y limpios del mundo, pero se estaba degradando por culpa del desarrollo, la contaminación ambiental que generaba el tráfico y la que provocaba directamente el combustible que arrojaban al agua motores de barco y de motos acuáticas. En California y Nevada había un amplio apoyo de ambos partidos para regenerar el lago, y Al y yo estábamos decididos a hacer todo lo posible para ayudar.

A finales de mes, después de que yo hablara ante la Asociación Nacional de Gobernadores, que se reunió en Las Vegas, el gobernador Bob Miller me llevó a mí y a algunos de mis antiguos colegas a jugar a golf con Michael Jordan. Yo había vuelto a jugar apenas hacía dos semanas y todavía llevaba una protección flexible en la pierna. Creía que ya no la necesitaba, así que me la quité para el partido de golf.

Jordan era un gran golfista; tenía un golpe largo muy potente, aunque a veces algo errático, y un gran juego corto. Comprendí un poco mejor por qué había ganado tantos campeonatos de la NBA cuando nuestro grupo jugó un hoyo corto de par cinco. Los cinco tuvimos una gran ocasión para hacer un *birdie* con cuatro golpes. Jordan se quedó mirando el largo *putt* de casi catorce metros que le quedaba, cuesta abajo, y dijo: «Bien, supongo que tengo que lograrlo con este golpe para ganar este hoyo». Podía ver por su mirada que realmente esperaba convertir aquel *putt* tan complicado. Lo hizo, y ganó el hoyo.

Jordan me dijo que jugaría mejor si me volvía a poner la protección en la pierna. «Su cuerpo ya no la necesita, pero su mente todavía no lo sabe.» Una razón por la que no estaba jugando bien era porque estaba constantemente al teléfono hablando con la Casa Blanca para que me pusieran al día en las negociaciones presupuestarias conforme hacíamos ofertas y cerrábamos compromisos de última hora en un esfuerzo por alcanzar un acuerdo.

Cuando llevábamos un poco más de la mitad del partido, me llamó Rahm Emanuel y me dijo que habíamos conseguido un trato. Luego me llamó Erskine para confirmarlo y me dijo que era muy bueno. Habíamos conseguido todo el dinero que queríamos para la educación y la sanidad, el recorte de impuestos era aproximadamente un 10 por ciento de la de Reagan en 1981, los recortes de Medicare eran asumibles, habíamos conseguido incluir la bajada de impuestos para la clase media, el tipo impositivo de los beneficios sobre el capital se reduciría del 28 al 20 por ciento y todo el mundo se había mostrado de acuerdo en que el presupuesto estaría equilibrado en 2002, o incluso antes si la economía seguía creciendo. Erskine y todo nuestro equipo, especialmente mi asesor legislativo John Hilley, habían hecho un trabajo magnífico. Estaba tan contento que hice el par del campo en los siguientes tres hoyos, con mi protección de la pierna puesta otra vez.

Al día siguiente lo celebramos a lo grande en el Jardín Sur con todos los miembros del Congreso y de la administración que habían trabajado en el presupuesto. La atmósfera era eufórica y los discursos fueron cálidos, generosos y no partidistas, aunque yo me esforcé al máximo para dar las gracias a los demócratas, y especialmente a Ted Kennedy, Jay Rockefeller y Hillary, por el plan de cobertura sanitaria para los niños. Puesto que el déficit ya se había reducido en más de un 80 por ciento desde su máximo de doscientos noventa mil millones en 1993, el acuerdo era básicamente un presupuesto progresista, con la reducción de impuestos a la clase media que yo defendía y el recorte del impuesto sobre los beneficios del capital que querían los republicanos. Además de la salud, la educación y los recortes de impuestos, subía el impuesto a los cigarrillos en quince centavos el paquete para financiar la cobertura sanitaria infantil, devolvía doce mil millones para subsidios por incapacidad y salud a los inmigrantes legales, doblaba el número de zonas de desarrollo y nos daba el dinero necesario para seguir limpiando el medio ambiente.

Con toda la alegría y luz que hubo en la Casa Blanca ese día, era difícil recordar que habíamos estado peleándonos a muerte durante más de dos años. No sabía cuánto iban a durar las buenas intenciones pero había trabajado duro para que las conversaciones tuvieran un tono más civilizado durante las estresantes negociaciones. Unas semanas más tarde, Trent Lott, que estaba picado por haber perdido una batalla legislativa menor con la Casa Blanca, me había llamado «mocoso malcriado» en uno de los programas de tertulias políticas del domingo por la mañana. Poco después de los comentarios de Lott le llamé y le dije que sabía lo que había pasado y que no volviera a pensar en ello. Después de una semana muy dura se había levantado el domingo por la mañana sintiéndose mal y deseando no haberse comprometido a hacer una entrevista por televisión. Estaba cansado e irritable y cuando el entrevistador le provocó hablándole de mí, picó el anzuelo. Lott rió y dijo: «Eso es exactamente lo que pasó», y con eso se acabó el problema entre nosotros.

La mayoría de la gente que está bajo mucha presión dice de vez en cuando cosas que desearía no haber dicho. Yo mismo, ciertamente, lo he hecho. Habitualmente ni siquiera leía lo que los republicanos decían sobre mí y si me llegaba algún comentario especialmente duro trataba de no hacer caso. La gente contrata a los presidentes para que actúen en su nombre; preocuparse por desaires personales puede llegar a interferir en ese trabajo. Estoy contento de haber llamado a Trent Lott y desearía haber hecho más llamadas de ese tipo en situaciones similares.

No sentía la misma indiferencia hacia los constantes esfuerzos de Ken Starr para coaccionar a la gente para que hicieran acusaciones falsas contra Hillary y contra mí, y perseguir a todos los que se negaban a mentir por él. En abril, Jim McDougal, que había cambiado su declaración para satisfacer a Starr y a su adjunto en Arkansas, Hick Ewing, acabó yendo a la cárcel con una recomendación de Starr de que le redujeran la condena. Starr había hecho lo mismo por David Hale.

Los mimos que Starr dispensó a McDougal y Hale contrastaban radicalmente con la forma en la que trató a Susan McDougal, que todavía estaba en prisión por desacato al haberse negado a responder a las preguntas de Starr ante el gran jurado. Después de un breve período en la prisión del condado en Arkansas, a la que la llevaron esposada, con grilletes y con una cadena en la cintura, trasladaron a Susan a una prisión federal, donde se la mantuvo apartada de las demás presas en una unidad médica durante unos cuantos meses. Entonces la trasladaron a la prisión de Los Ángeles para que respondiera por los cargos de estafa a un antiguo empleador. Cuando se descubrieron nuevas pruebas que demostraban que las acusaciones eran ridículas, la declararon inocente. Mientras tanto, la obligaron a pasar veintitrés horas al día en un bloque de celdas sin ventanas que habitualmente se reserva a los asesinos que cumplen condena. También la obligaron a llevar un vestido rojo, que habitualmente solo llevan los asesinos y los pedófilos. Después de eso, la pusieron en una celda de plexiglás en medio de una zona de seguridad especial; no podía hablar con otras reclusas ni ver la televisión. No oía ningún ruido de fuera de la celda. En el autobús que la llevaba a sus comparecencias en el juzgado la ponían en una celda separada que se reservaba a los delincuentes peligrosos. Su confinamiento a lo Hannibal Lecter terminó el 30 de julio, cuando la Unión de Libertades Civiles Americanas puso una demanda en la que acusaba a Starr de retener a McDougal en condiciones «inhumanas» para coaccionarla a testificar.

Años más tarde, cuando leí el libro de McDougal, *The Woman Who Wouldn't Talk*, me subían escalofríos por la espalda. Podía haber terminado su sufrimiento en cualquier momento y, además, haber ganado bastante dinero, simplemente repitiendo las mentiras que Starr y Hick Ewing querían que dijera. Nunca sabré cómo pudo resistir y plantarles cara, pero su imagen encadenada comenzó a traspasar el escudo que los periodistas de Whitewater habían erigido en torno a Starr y su gente.

Más tarde, aquella misma primavera, la Corte Suprema decidió por unanimidad que la demanda de Paula Jones podía seguir adelante aunque yo estuviera en la Casa Blanca; rechazaron las alegaciones de mis abogados de que el trabajo de la presidencia no podía verse interrumpido por la demanda, pues esta, además, podía dirimirse al final de mi mandato. Las sentencias anteriores de la Corte habían establecido que un presidente en ejercicio no puede ser objeto de un pleito civil si es consecuencia de sus actividades no oficiales porque su defensa le tomaría tiempo y le distraería. La Corte dijo que adoptar un principio de demora en lo relativo a las actividades no oficiales de un presidente podría perjudicar a la otra parte, de modo que la demanda de Jones no se retrasaría. Además, la Corte dijo que defenderme de la demanda no sería excesivamente pesado ni me llevaría mucho tiempo. Fue una de las sentencias más políticamente ingenuas que la Corte Suprema había emitido en mucho tiempo.

El 25 de junio, el *Washington Post* informó que Kenneth Starr estaba investigando rumores de que entre doce y quince mujeres, incluida Jones, habían mantenido relaciones conmigo. Starr dijo que no tenía ningún interés en mi vida sexual, sino que solo quería interrogar a cualquiera con quien yo pudiera haber hablado sobre Whitewater. Al final, Starr desplegó a docenas de agentes del FBI, además de investigadores privados pagados con el dinero de los contribuyentes, para que investigaran sobre aquel tema por el que no tenía ningún interés.

Hacia finales de julio me empezaba a preocupar por el FBI, por razones mucho más importantes que las investigaciones sobre sexo que llevaba a cabo para Ken Starr. Había habido muchos errores bajo la dirección de Louis Freeh: informes chapuceros del laboratorio forense del FBI habían amenazado diversos casos penales pendientes; se había excedido con mucho el presupuesto en dos programas de ordenadores diseñados para mejorar el Centro Nacional de Información sobre el Crimen y para aportar rápidas comprobaciones de huellas dactilares a los oficiales de policía de todo el país. Hubo la cuestión de la difusión de archivos del FBI sobre altos cargos republicanos a la Casa Blanca, así como la declaración pública y el aparente intento de inculpación de Richard Jewell, un sospechoso en el caso de la bomba en los Juegos Olímpicos que fue declarado inocente. También había en marcha una investigación criminal sobre la conducta y las actividades del adjunto a Freeh, Larry Potts, respecto al asalto a Ruby Ridge en 1992, por el que el FBI había recibido duras críticas y Potts había recibido una censura antes de que Freeh le nombrara adjunto.

Freeh había recibido muchas críticas de la prensa y de los republicanos del Congreso; decían que los errores del FBI eran la razón por la que se negaban a aprobar la provisión de fondos de mi legislación antiterrorista, que hubiera dado a la agencia la autorización para intervenir el teléfono de los sospechosos de terrorismo durante sus desplazamientos.

Había un método seguro para que Freeh satisficiera a los republicanos del Congreso y se sacara a la prensa de encima: solo tenía que enfrentarse a la Casa Blanca y, ya fuera por convicción o por necesidad, eso es exactamente lo que hizo. Cuando el asunto de los archivos se hizo público, su reacción inicial fue culpar a la Casa Blanca y negarse a aceptar cualquier responsabilidad del FBI. Cuando surgió la historia de la financiación de las campañas, le escribió a Janet Reno un memorándum, que se filtró a la prensa, en el que la apremiaba a nombrar un fiscal independiente. Cuando surgieron las noticias de los posibles intentos del gobierno chino para enviar contribuciones ilegales a los miembros de Congreso en 1996, agentes de bajo rango informaron a niveles inferiores de la cadena de mando del Consejo de Seguridad Nacional y les dijeron que no se lo contaran a sus superiores. Cuando Madeleine Albright estaba preparándose para ir a China, el asesor de la Casa Blanca, Chuck Ruff, un respetado ex fiscal de Estados Unidos y alto cargo del Departamento de Justicia, pidió al FBI información sobre los planes de Pekín para influenciar al gobierno. Esto era claramente algo que el secretario de Estado necesitaba conocer antes de reunirse con los chinos, pero Freeh ordenó personalmente que el FBI no nos enviara la respuesta que tenía preparada, a pesar de que la habían aprobado el Departamento de Justicia y dos de los principales ayudantes de Freeh.

No creo que Freeh fuera tan idiota como para creer que el Partido Demócrata había aceptado contribuciones ilegales del gobierno chino; simplemente estaba tratando de evitar las críticas de la prensa y los republicanos, aunque con ello perjudicara nuestra política exterior. Recordé aquella llamada que había recibido —un día antes de nombrar a Freeh— de aquel agente del FBI jubilado de Arkansas que me rogaba que no lo escogiera, y me prevenía de que me vendería y me tiraría al río en cuanto le conviniera.

Fueran cuales fueran los motivos de Freeh, la conducta del FBI hacia la Casa Blanca fue solo otro ejemplo de la casa de locos en que se había convertido Washington. Al país le iba bien y le iría mejor, y estábamos convirtiendo al mundo entero en un lugar más próspero y pacífico, pero la constante búsqueda sin sentido del escándalo continuaba. Unos meses atrás Tom Oliphant, el reflexivo e independiente columnista del *Boston Globe*, resumió bien la situación:

> Las grandilocuentes y jactanciosas fuerzas que dirigen la Gran Máquina Americana del Escándalo son muy buenas en tratar con apariencias. El alimento vital de la máquina son las apariciones, que generan preguntas y provocan más apariciones, que a su vez generan un frenesí de superioridad moral que exige investigaciones exhaustivas por parte de inquisidores superescrupulosos que deben a toda costa ser independientes. El frenesí, por supuesto, solo pueden resistirlo los cómplices y los culpables.

Agosto comenzó con buenas y malas noticias. El paro había bajado hasta el 4,8 por ciento, la cifra más baja desde 1973, y la confianza en el futuro seguía siendo muy grande una vez conseguido el acuerdo bipartito por el presupuesto. Por otra parte, la cooperación no se extendía al proceso de nombramientos: Jesse Helms estaba reteniendo mi nominación del gobernador republicano de Massachusetts, Bill Weld, para que fuera embajador en México, porque consideraba que este le había insultado, y Janet Reno dijo a la Asociación de los Colegios de Abogados de Estados Unidos que había 101 vacantes para puestos de juez federal porque el Senado solo había confirmado a nueve de mis designados en 1997, ninguno de ellos para el Tribunal de Apelación.

Después de dos años sin hacerlo, nos fuimos de nuevo en familia a

Martha's Vineyard para nuestras vacaciones de agosto. Nos quedamos en casa de nuestro amigo Dick Friedman, cerca de Oyster Pond. Celebré mi cumpleaños yendo a correr con Chelsea y convencí a Hillary de que jugara su partido de golf anual conmigo en el campo público de Mink Meadows. Nunca le había gustado el golf, pero una vez al año me seguía la corriente y paseaba alrededor de unos cuantos hoyos. También jugué mucho al golf con Vernon Jordan en el maravilloso campo de Farm Neck. A él le gustaba mucho más que a Hillary.

El mes acabó como había comenzado, con buenas y malas noticias. El día veintinueve, Tony Blair invitó al Sinn Fein a unirse a las conversaciones de paz para Irlanda del Norte, con lo que daba al partido un trato formal por primera vez. El treinta y uno, la princesa Diana murió en un accidente de tráfico en París. Menos de una semana después murió la madre Teresa. Hillary se entristeció mucho por estas muertes. Las había conocido a ambas y las apreciaba mucho; representó a Estados Unidos en ambos funerales. Voló primero a Londres y luego a Calcuta unos días después.

Durante agosto, tuve que anunciar una gran decepción: Estados Unidos no podría firmar el tratado que prohibía las minas terrestres. Las circunstancias que habían llevado a nuestra exclusión eran casi estrambóticas. Estados Unidos se había gastado ciento cincuenta y tres millones de dólares eliminando minas en todo el mundo desde 1993. Recientemente habíamos perdido un avión y a sus nueve tripulantes y pasajeros después de llevar un equipo de desactivación de minas al suroeste de África. Habíamos entrenado a más de una cuarta parte de todos los expertos del mundo en desactivación de minas, habíamos destruido más de un millón y medio de nuestras propias minas y teníamos la previsión de destruir otro millón y medio antes de 1999. No había ninguna otra nación del mundo que hubiera hecho más que nosotros para librar al mundo de las peligrosas minas terrestres.

Hacia el final de las negociaciones del tratado, había pedido dos enmiendas: una excepción para el campo de minas muy señalizado y sancionado por Naciones Unidas que se extendía a lo largo de la frontera coreana y que protegía a la gente de Corea del Sur y a nuestras tropas allí; y una nueva redacción de la cláusula que aprobaba los misiles antitanque fabricados en Europa pero no los nuestros. Los nuestros eran igual de seguros y funcionaban mejor para proteger a nuestras tropas. Ambas enmiendas se rechazaron, en parte porque la Conferencia contra las Minas estaba decidida a aprobar el tratado más duro posible tras la reciente muerte de su principal defensora pública, la princesa Diana, y en parte porque algunas personas en la conferencia simplemente querían avergonzar a Estados Unidos u obligarnos a firmar el tratado tal y como estaba. Me molestaba no formar parte del tratado internacional porque perjudicaba nuestra capacidad de influencia para detener la fabricación y el uso de más minas terrestres, alguna de las cuales podían comprarse por una cantidad irrisoria, tres dólares la unidad, pero no podía arriesgar la seguridad de nuestras tropas ni la de la gente de Corea del Sur.

El 18 de septiembre, Hillary y yo llevamos a Chelsea a Stanford. Queríamos que su nueva vida allí fuera tan normal como fuera posible; habíamos trabajado con el Servicio Secreto para asegurarnos de que le asignarían agentes jóvenes que se vestirían con ropa informal y que tratarían de pasar desapercibidos. Stanford había aceptado prohibir el acceso de los medios de comunicación al campus. Disfrutamos de las ceremonias de bienvenida y de las visitas con los demás padres, después de lo cual llevamos a Chelsea a su dormitorio y la ayudamos a instalarse. Chelsea estaba contenta y entusiasmada; Hillary y yo un poco tristes y preocupados. Hillary trató de sobreponerse dedicándose a ayudar a Chelsea a ordenar sus cosas, incluso a forrar los cajones con papel adhesivo. Yo le había subido el equipaje por la escalera hasta la habitación y luego arreglé su litera. Después de eso, me quedé mirando por la ventana, mientras su madre ponía nerviosa a Chelsea organizándolo todo. Cuando el portavoz de los estudiantes en las ceremonia de recepción, Blake Harris, nos había dicho a los padres que nuestros hijos nos echarían de menos «al cabo de un mes y durante unos quince minutos», todos reímos. Yo esperaba que fuera verdad, pero desde luego nosotros la íbamos a echar de menos. Cuando llegó la hora de irnos, Hillary ya se había recuperado y estaba lista. Yo no; yo quería quedarme también a cenar.

El último día de septiembre asistí a la ceremonia de jubilación del general John Shalikashvili y le entregué la Medalla Presidencial de la Libertad. Había sido un soberbio presidente de la Junta de Estado Mayor, había apoyado la expansión de la OTAN, la creación de la Asociación para la Paz y el despliegue de nuestras tropas en más de cuarenta operaciones, entre ellas Bosnia, Haití, Irak, Ruanda y el estrecho de Taiwan. Yo había disfrutado mucho trabajando con él. Era inteligente, iba al grano cuando hablaba y estaba completamente comprometido con el bienestar de los hombres y mujeres que vestían uniformes. Nombré al general Hugh Shelton para que le sustituyera, pues me había impresionado la forma en que había llevado la operación de Haití.

La primera parte del otoño la dedicamos en su mayor parte a asuntos de política exterior, pues realicé mi primer viaje a Sudamérica. Fui a Venezuela, Brasil y Argentina para expresar que América Latina era importante para el futuro de Estados Unidos y para seguir impulsando la idea de una zona de libre comercio que abarcara toda América. Venezuela era nuestro principal proveedor de combustible y siempre había puesto más petróleo que los demás a disposición de Estados Unidos cuando lo habíamos necesitado, desde la Segunda Guerra Mundial hasta la guerra del Golfo. Mi visita fue breve y no tuvo complicaciones; el momento culminante fue un discurso a la gente de Caracas ante la tumba de Simón Bolívar.

Con Brasil la situación era distinta. Había habido muchas tensiones entre nuestros países. Muchos brasileños estaban resentidos con Estados Unidos desde hacía tiempo. Brasil encabezaba el bloque comercial del Mercosur, que también incluía a Argentina, Paraguay y Uruguay, y que tenía un volumen de comercio mayor con Europa que con Estados Unidos. Por otra parte, el presidente de Brasil, Fernando Henrique Cardoso, era un dirigente eficaz y moderno que quería mantener una buena relación con Estados Unidos y que entendía que una asociación más intensa con nosotros le ayudaría a modernizar la economía de su país, a reducir su pobreza crónica y a aumentar su influencia en el mundo.

A mí me fascinaba Brasil desde que el gran saxofonista de jazz Stan Getz popularizó su música en Estados Unidos en la década de los sesenta, y desde entonces siempre había querido conocer sus ciudades y sus bellos paisajes. Me gustaba Cardoso, y le respetaba. Él ya había ido a Washington en visita de Estado, y pensé que era uno de los dirigentes más impresionantes que había conocido. Quería que afirmáramos nuestra mutua dedicación a conseguir una cooperación económica más estrecha y nuestro apoyo a sus políticas, especialmente a aquellas que trataban sobre la conservación de la enorme jungla tropical de Brasil, que estaba seriamente en peligro por el exceso de tala, y a aquellas dedicadas a mejorar la educación. Cardoso había iniciado un curioso programa que se llamaba *bolsa escola* y que pagaba mensualmente una cantidad de dinero a los brasileños pobres si sus hijos iban a la escuela al menos el 85 por ciento del tiempo.

Hubo un momento interesante en nuestra rueda de prensa, en la que, además de algunas preguntas sobre las relaciones entre Brasil y Estados Unidos y sobre el cambio climático, hubo cuatro de la prensa norteamericana sobre la polémica que tenía lugar en Estados Unidos sobre la financiación de la campaña de 1996. Un periodista me preguntó si me sentía avergonzado porque me hicieran ese tipo de preguntas en un viaje al extranjero. Le contesté: «Esa es una decisión que deben tomar ustedes. Deben decidir qué preguntas quieren hacer. No puedo sentirme avergonzado por la manera en que ustedes deciden hacer su trabajo».

Antes de una visita a una escuela de un barrio pobre de Río de Janeiro con Pelé, el legendario jugador de fútbol, Hillary y yo fuimos a Brasilia para una cena de Estado en la residencia presidencial, donde Fernando Henrique y Ruth Cardoso nos agasajaron con la música brasileña que a mí me había gustado durante más de treinta años y que interpretó un grupo de percusión femenino que tocaba ritmos sincopados en una serie de platillos que tenían atados al cuerpo y una fabulosa cantante de Bahía, Virginia Rodrigues.

El presidente de Argentina, Carlos Menem, había sido un sólido aliado de Estados Unidos, nos había apoyado en la guerra del Golfo y en Haití y había adoptado una decidida política económica a favor del libre mercado. Celebró una barbacoa en la sede de la Sociedad Rural de Argentina en Buenos Aires, que incluyó clases de tango para Hillary y para mí y una demostración de la habilidad de los argentinos montando a caballo: un hombre dio la vuelta a la pista puesto en pie sobre dos sementales.

El presidente Menem también nos llevó a Bariloche, un bello centro turístico en la Patagonia, para discutir sobre el calentamiento global y la que yo esperaba que sería nuestra respuesta común al problema. La conferencia internacional sobre el cambio climático se iba a celebrar en diciembre en Kyoto, Japón. Yo estaba completamente a favor de establecer objetivos agresivos para la reducción de las emisiones de gases que creaban el efecto invernadero tanto para las naciones desarrolladas como para aquellas en vías de desarrollo, pero quería conseguir el objetivo no a través de reglamentos y tasas sino a través de incentivos que promovieran el ahorro de energía y el uso de las fuentes de energía ecológicas. Bariloche era el lugar perfecto para subrayar la importancia del medio ambiente. Justo al otro lado del frío y transparente lago del hotel Llao Llao, en el que nos alojábamos, Hillary y yo paseamos por el mágico bosque de Arrayanes, con sus mirtos sin corteza. Los árboles estaban manchados de naranja por el ácido tánico y estaban fríos al tacto. Sobrevivían gracias al buen estado de la tierra, al agua limpia, al aire limpio y al clima moderado. Si se tomaban las medidas adecuadas contra el cambio climático podríamos preservar aquellos árboles frágiles y únicos y la estabilidad de la mayor parte del resto del planeta.

El 26 de octubre, de vuelta en Washington, Capricia Marshall, Kelly Craighead y el resto del equipo de Hillary montaron una gran celebración para su cincuenta cumpleaños bajo una carpa en el Jardín Sur. Chelsea volvió a casa para darle una sorpresa. Había mesas con comida y música de todas las décadas de su vida, con gente alrededor de ellas a las que había conocido en cada uno de esos períodos: de Illinois en los cincuenta, de Wellesley en los sesenta, de Yale en los setenta y de Arkansas en los ochenta.

Al día siguiente, Jiang Zemin llegó a Washington. Esa noche le invité a la residencia para una reunión informal. Después de casi cinco años trabajando con él, me impresionaban su habilidad política, su deseo de integrar a China en la comunidad mundial y la forma en que el crecimiento económico se había acelerado bajo su dirección y la del primer ministro

Zhu Rongji, pero todavía me preocupaba que China siguiera sin reconocer las libertades básicas y que todavía encarcelara a gente por motivos
políticos. Pedí a Jiang que liberara a algunos disidentes y le dije que para
que Estados Unidos y China pudieran mantener una relación a largo
plazo, tenía que haber lugar para el desacuerdo justo y honesto.

Cuando Jiang dijo que estaba de acuerdo, comenzamos a hablar sobre
qué cambios y cuánta libertad podía China asumir sin arriesgarse al caos
interno. No resolvimos nuestras diferencias, pero nos comprendimos
mejor el uno al otro y, después de que Jiang volviera a la Blair House, me
fui a la cama pensando que China se vería forzada por los imperativos de
la sociedad moderna a abrirse más y que en el nuevo siglo era más probable que nuestras naciones fueran socias que adversarias.

Al día siguiente, en nuestra rueda de prensa, Jiang y yo anunciamos
que aumentaríamos nuestra cooperación para detener la proliferación de
armas de destrucción masiva; que trabajaríamos juntos en el uso pacífico
de la energía nuclear y en la lucha contra el crimen organizado, el tráfico
de drogas y el contrabando de personas; que ampliaríamos los esfuerzos de
Estados Unidos para impulsar el imperio de la ley en China ayudándoles a
formar a jueces y a abogados, y que cooperaríamos para proteger el medio
ambiente. También me comprometí a hacer lo posible para que China
ingresara en la Organización Mundial del Comercio. Jiang se hizo eco de
mis palabras y dijo a la prensa que también habíamos acordado reunirnos
al más alto nivel cada cierto tiempo y abrir un «teléfono rojo» para garantizar que tuviéramos comunicación directa.

Cuando dimos paso a las preguntas, la prensa hizo las inevitables respecto a los derechos humanos, la plaza de Tiananmen y el Tíbet. Jiang
pareció un poco sorprendido, pero mantuvo su buen humor y básicamente repitió lo que me había dicho a mí sobre estas cuestiones la noche
anterior; añadió que sabía que estaba visitando una democracia en la que
la gente era libre para manifestar sus opiniones. Yo le contesté que aunque China estaba en el lado correcto de la historia en muchos temas, en la
cuestión de los derechos humanos «creemos que la política del gobierno
está en el lado equivocado». Un par de días después, durante un discurso
en Harvard, el presidente Jiang reconoció que se habían cometido errores en la forma de gestionar las manifestaciones de la plaza de Tiananmen. China a veces se movía a un ritmo que a los occidentales nos parecía
irritantemente lento, pero no era impermeable al cambio.

Octubre trajo nuevos acontecimientos en el frente legal. Después de
que la juez Susan Webber Wright desestimara con perjuicio (es decir, que
no podían volverse a plantear) dos de los cuatro cargos de la demanda de
Paula Jones, ofrecí un trato extrajudicial para zanjar aquella cuestión. Yo
no quería hacerlo, pues nos iba a costar más o menos la mitad de lo que
Hillary y yo habíamos ahorrado a lo largo de veinte años, y porque sabía,

sobre la base de la investigación que había realizado mi equipo legal, que ganaríamos el caso si jamás llegaba a juicio. Pero no quería perder en esto ni un día más de los tres años que me quedaban.

Jones se negó a aceptar el acuerdo a menos que me disculpara por haberla acosado sexualmente. No podía hacerlo porque no era cierto. No mucho después sus abogados pidieron al tribunal que les liberara de sus deberes y les sustituyó un bufete de Dallas que mantenía estrechas relaciones y estaba financiado por el Instituto Rutherford, otra fundación de derecha financiada por mis adversarios. Ahora ni tan solo trataban de mantener la apariencia de que Paula Jones seguía siendo la demandante en el caso que llevaba su nombre.

A principios de aquel mes, la Casa Blanca entregó videos de cuarenta y cuatro de los tan discutidos cafés al Departamento de Justicia y al Congreso. Demostraban que yo había dicho la verdad desde el principio, que los cafés no eran reuniones para recaudar fondos, sino conversaciones, a menudo muy interesantes, sobre temas muy variados que había sostenido con una serie de personas, algunas de las cuales eran partidarias mías y otras no. Lo único que pudieron hacer la mayor parte de los periodistas que me criticaban era quejarse de que no las hubiéramos hecho públicas antes.

Poco después de ello, Newt Gingrich anunció que no tenía los votos necesarios para aprobar la legislación comercial de «vía rápida» en la Cámara. Yo había trabajado duro durante meses para aprobar aquella legislación. En un intento de lograr más votos de mi partido, me había comprometido con los demócratas a negociar acuerdos comerciales que incluyeran cláusulas sobre el trabajo y sobre el medio ambiente y les dije que había asegurado el pacto con Chile para incluir tales requisitos en el acuerdo bilateral que estábamos negociando. Desgraciadamente no pude convencer a demasiados de ellos, porque la AFL-CIO, que estaba todavía molesta por haber perdido la votación del TLCAN, había hecho de la legislación de vía rápida una prueba en la que los demócratas deberían demostrar si estaban a favor o en contra de los sindicatos. Incluso los que estaban de acuerdo conmigo sobre el contenido de la legislación no estaban dispuestos a enfrentarse a una campaña de reelección sin el apoyo financiero y organizativo de la AFL-CIO. Muchos republicanos conservadores condicionaron su voto a si yo impondría o no más restricciones a la política internacional de Estados Unidos sobre la planificación familiar. Cuando les dije que no lo haría, perdí también sus votos. El portavoz también había trabajado para aprobar la propuesta de ley, pero al final nos faltaban como mínimo seis votos. Ahora tendría que seguir haciendo acuerdos comerciales individuales y esperar que el Congreso no los echara abajo con las enmiendas.

A mediados de mes tuvimos otra crisis en Irak, cuando Sadam expulsó a seis miembros norteamericanos de los equipos de inspectores de Naciones Unidas. Ordené que el portaviones *George Washington* se desplazara a la región, y unos días después se readmitió en el país a los inspectores.

Las conversaciones sobre el calentamiento global de Kyoto se abrieron el 1 de diciembre. Antes de que hubieran terminado, Al Gore voló a Japón para ayudar a nuestro principal negociador, el subsecretario de Estado Stu Eizenstat, a conseguir un acuerdo que pudiéramos firmar, con objetivos firmes pero sin restricciones indebidas en los medios para conseguirlos y con un llamamiento a los países en desarrollo como India y China para que participaran; en treinta años sobrepasarían a Estados Unidos como emisores de gases que creaban el efecto invernadero (hoy en día Estados Unidos es el mayor emisor de esos gases). A menos que se aceptaran los cambios, no podía enviar el tratado al Congreso pues ya sería difícil de aprobar incluso en las mejores circunstancias. Con el apoyo del primer ministro Hashimoto, que quería que la reunión de Kyoto fuera un éxito para Japón, y de otras naciones amigas, entre ellas Argentina, las negociaciones produjeron un acuerdo que me hizo feliz apoyar, con objetivos que creía que podíamos cumplir si el Congreso aprobaba los incentivos necesarios para impulsar la producción y la compra de más tecnologías de conservación de energía y más productos de energía ecológica.

Unos días antes de Navidad, Hillary, Chelsea y yo fuimos a Bosnia a animar a la gente de Sarajevo para que se mantuviera en el camino de la paz y a saludar a nuestras tropas en Tuzla. Bob y Elizabeth Dole se unieron a nuestra delegación junto con algunos jefes militares y una docena de miembros del Congreso de ambos partidos. Elizabeth era la presidenta de la Cruz Roja de Estados Unidos y Bob acababa de acceder a mi petición de que encabezara la Comisión Internacional de Personas Desaparecidas en la ex Yugoslavia.

El día antes de Navidad, Estados Unidos había acordado aportar mil setecientos millones de dólares para apoyar la tambaleante economía surcoreana. Aquello marcó el principio de nuestros esfuerzos para resolver la crisis financiera asiática, que empeoró todavía mucho más al año siguiente. Corea del Sur acababa de elegir a un nuevo presidente, Kim Dae Jung, un activista a favor de la democracia al que habían sentenciado a muerte en la década de 1970 y al que salvó la intervención del presidente Carter. Conocí a Kim en la escalinata de entrada del ayuntamiento de Los Ángeles en 1992, cuando me dijo muy orgulloso que él representaba el mismo enfoque de la política que yo. Era valiente, tenía visión de futuro y yo quería ayudarle.

A medida que nos acercábamos al fin de semana del Renacimiento y al Año Nuevo, volví la vista atrás a 1997 con satisfacción; esperaba que lo peor de los enfrentamientos partidistas hubiera pasado después de todo lo

que habíamos logrado: el presupuesto equilibrado; el mayor aumento en
ayudas para la universidad en cincuenta años; el mayor aumento en la
cobertura sanitaria para niños desde 1965; la expansión de la OTAN; la
Convención de Armas Químicas; el tratado de Kyoto; la reforma total de
nuestras leyes de adopción y de nuestra Administración de Fármacos y
Alimentos para que acelerara la introducción de medicinas e instrumentos médicos que podían salvar vidas, y la iniciativa «Una sola Norteamérica», que ya había hecho que millones de personas comenzaran a hablar
sobre el estado actual de las relaciones entre razas. Era una lista impresionante, pero no lo suficiente como para tender un puente sobre la división
ideológica.

CUARENTA Y OCHO

Cuando empezó el año 1998, yo no tenía ni idea de que sería el año más extraño de mi presidencia, lleno de humillaciones personales y de vergüenza, de luchas políticas en el país y de éxitos en el extranjero y, contra todo pronóstico, una asombrosa demostración del sentido común y de la profunda decencia del pueblo norteamericano. Puesto que todo sucedió a la vez, me vi obligado como nunca hasta entonces a llevar vidas paralelas, solo que esta vez, la parte más oscura de mi vida interior quedó totalmente expuesta a la vista de todos.

Enero empezó con una nota positiva, con tres iniciativas de gran importancia. En primer lugar, un aumento del 50 por ciento en el número de voluntarios de los Cuerpos de Paz, principalmente con objeto de apoyar las nuevas democracias surgidas tras la caída del comunismo. En segundo lugar, un programa de atención a la infancia dotado con 22.000 millones de dólares de presupuesto: para que el doble de niños de familias trabajadoras pudieran recibir ayudas para el cuidado infantil; para rebajas fiscales a los empleadores que pusieran guarderías a disposición de sus trabajadores, y para la ampliación de los programas escolares antes y después de clase, con el fin de atender a 500.000 niños. Finalmente, mi tercera iniciativa era una propuesta que permitía a la gente «comprar» Medicare con antelación, que cubría a los ciudadanos de sesenta y cinco años o más, a los de sesenta y dos años, o a los de cincuenta y cinco si habían perdido su empleo. El programa estaba diseñado para autofinanciarse mediante modestas primas y otros pagos. Era necesario, pues había un gran número de norteamericanos que abandonaban la población activa antes de la jubilación, a causa de las reestructuraciones, los despidos o por elección, y que no podían encontrar un seguro médico asequible después de haber perdido su cobertura sanitaria laboral.

Durante la segunda semana del mes, fui al sur de Texas, uno de mis lugares preferidos de Estados Unidos, para instar al gran número de estudiantes de origen hispano del instituto Mission High a que ayudaran a acortar la brecha que existía entre la tasa de jóvenes hispanos que iban a la universidad y el resto de la población estudiantil; para ello, podían aprovecharse del notable aumento en ayudas a la educación superior que el Congreso había autorizado en 1997. Cuando me encontraba allí, me informaron del colapso económico de Indonesia; mi equipo económico se puso manos a la obra para analizar la siguiente baja en la crisis financiera asiática. El adjunto al secretario del Tesoro, Larry Summers, fue a Indonesia para obtener el acuerdo del gobierno de que se implementarían las reformas necesarias para recibir ayuda del Fondo Monetario Internacional.

El día 13, se desató de nuevo el conflicto en Irak cuando el gobierno de Sadam bloqueó un equipo de inspectores de Naciones Unidas encabezado por norteamericanos y les impidió cumplir con su labor. Fue el principio del prolongado esfuerzo de Sadam para obligar a Naciones Unidas a levantar las sanciones a cambio de seguir llevando a cabo las inspecciones en busca de armas. Ese mismo día, Oriente Próximo empezó a precipitarse hacia una crisis cuando el gobierno del primer ministro Netanyahu, que aún no había completado la apertura del aeropuerto de Gaza ni garantizado la seguridad de los desplazamientos entre Gaza y Cisjordania, a pesar de que el plazo para hacerlo había vencido hacía tiempo, puso en peligro todo el proceso de paz votando a favor de retener el control de Cisjordania indefinidamente. En enero, la única esperanza en el horizonte mundial fue el acuerdo entre la Casa Blanca y las repúblicas bálticas sobre una asociación con la OTAN, diseñada para formalizar nuestras relaciones de seguridad y garantizarles que el objetivo último de todas las naciones de la OTAN, incluida Estados Unidos, era la plena integración de Estonia, Lituania y Letonia en la organización y en las demás instituciones multilaterales.

El día 14, me encontraba en la Sala Este de la Casa Blanca con Al Gore para anunciar nuestra iniciativa de la Declaración de Derechos del paciente, para garantizar a los norteamericanos que contaban con planes de cobertura sanitaria los tratamientos básicos que tan a menudo les eran denegados; mientras, a Hillary la interrogaba Ken Starr por quinta vez. En esta ocasión era para averiguar cómo habían llegado los archivos del FBI a la Casa Blanca, algo de lo que ella no sabía nada.

Mi testimonio en el caso Jones llegó tres días después. Habíamos repasado una serie de posibles preguntas con mis abogados y pensaba que estaba razonablemente bien preparado, aunque no me sentía bien ese día y desde luego no tenía ganas de que llegara de encontrarme con los abogados del Instituto Rutherford. El presidente del tribunal, la juez Susan Webber Wright, ya había permitido a los abogados de Jones que fisgaran a placer en mi vida privada, supuestamente para determinar si existía una pauta de acoso sexual hacia las mujeres que habían estado empleadas, o que habían buscado trabajo, en la administración estatal durante mi etapa de gobernador, o en la administración federal durante mi presidencia. La investigación se remontaba a cinco años atrás, desde el momento en que se produjo el supuesto acoso contra Jones, hasta entonces. La juez también había dado a los abogados de Jones estrictas instrucciones de que no se filtrara el contenido de ningún testimonio ni de cualquier otro aspecto de su investigación.

El objetivo declarado podría haberse logrado de forma menos intrusiva; sencillamente podían haber pedido que respondiera sí o no a ciertas preguntas, como por ejemplo, si había estado a solas con alguna empleada del gobierno; después los abogados podrían haber preguntado a esas mujeres si yo las había acosado. Sin embargo, esto hubiera convertido el testimonio en inútil. En aquel momento, todos los implicados en el caso ya sabían que no había pruebas de acoso sexual. Yo estaba seguro de que los abogados querían obligarme a reconocer algún tipo de relación con una o más mujeres, para así poderlo filtrar a la prensa, violando la orden de confidencialidad de la juez. Como después se vería, no sabía de la misa la mitad.

Después de que me tomaran juramento, la declaración empezó con una petición por parte de los abogados del Instituto Rutherford para que el juez aceptara la definición de «relaciones sexuales» que supuestamente habían hallado en un documento legal. Básicamente, la definición cubría los contactos íntimos más allá del beso, para la persona que respondía a la pregunta, y si la actividad se hacía para obtener placer o excitación. Parecía requerir un acto concreto y un determinado estado de ánimo por mi parte, y no incluía ningún acto de ninguna otra persona. Los abogados dijeron que trataban de evitarme preguntas vergonzosas.

Estuve allí durante algunas horas y solo dedicaron diez o quince minutos a Paula Jones. El resto del tiempo trataron temas que no estaban relacionados con Jones, entre ellos me hicieron muchas preguntas acerca de Monica Lewinsky, que había trabajado en la Casa Blanca durante el verano de 1995 como becaria y luego fue empleada fija desde diciembre hasta principios de abril, cuando la trasladaron al Pentágono. Los abogados preguntaron, entre otras cosas, si la conocía bien, si alguna vez habíamos intercambiado regalos, si habíamos mantenido conversaciones telefónicas y si había mantenido «relaciones sexuales» con ella. Hablé de nuestras conversaciones, reconocí que le había hecho regalos y respondí que no a la pregunta de las «relaciones sexuales».

Los abogados del Instituto Rutherford siguieron haciéndome las mismas preguntas una y otra vez con ligeras variaciones. Cuando hicimos una pausa, mi equipo legal estaba perplejo, porque el nombre de Lewinsky había aparecido en la lista de posibles testigos de la demandante solo desde principios de diciembre, y la habían citado a declarar como testigo dos semanas más tarde. No les hablé de mi relación con ella, pero dije que no estaba seguro de qué significaba exactamente esa curiosa definición de relaciones sexuales. Ellos tampoco. Al principio del testimonio, mi abogado, Bob Bennett, había pedido a los abogados del Instituto Rutherford que formularan preguntas concretas y no ambiguas acerca de mi contacto con las mujeres. Al final del interrogatorio sobre Lewinsky, le pregunté al abogado si no quería preguntarme algo más concreto. Una vez más declinó hacerlo, pero dijo: «Señor, creo que esto saldrá a la luz dentro de poco, entonces lo comprenderá».

Yo estaba aliviado pero algo inquieto porque el abogado no parecía querer formular preguntas específicas, ni tampoco obtener respuestas. Si hubiera hecho esas preguntas, las habría contestado sinceramente, pero no me hubiera gustado en absoluto. Durante el cierre de las oficinas del gobierno, a finales de 1995, cuando muy poca gente tenía acceso a la Casa Blanca y los que venían se quedaban a trabajar hasta tarde, mantuve una relación inapropiada con Monica Lewinsky, y volví a mantenerla en otras ocasiones entre noviembre y abril, cuando dejó la Casa Blanca para ir al Pentágono. Durante los diez meses siguientes no la vi, aunque hablábamos por teléfono de vez en cuando.

Una tarde, en febrero de 1997, Monica estaba entre los invitados a una grabación de mi discurso semanal, después del cual me reuní a solas con ella durante unos quince minutos. Estaba disgustado conmigo mismo por haberlo hecho y, en primavera, cuando volví a verla, le dije que me sentía mal por mí, por mi familia y por ella, y que no podía seguir haciéndolo. También le dije que era una persona inteligente e interesante que tenía derecho a algo mejor y que, si ella quería, yo trataría de ser amigo suyo y ayudarla.

Monica siguió visitando la Casa Blanca; la vi en alguna de esas ocasiones pero no sucedió nada inadecuado. En octubre, me pidió que la ayudara a conseguir un trabajo en Nueva York, y así lo hice. Recibió dos ofertas; aceptó una de ellas y a finales de diciembre vino a la Casa Blanca para despedirse. Para entonces ya había recibido su citación en el caso Jones. Dijo que no quería testificar, y le comenté que algunas mujeres habían evitado los interrogatorios presentando una declaración jurada en la que afirmaban que yo no las había acosado sexualmente.

Lo que había hecho con Monica Lewinsky era inmoral y estúpido. Estaba profundamente avergonzado y no quería que saliera a la luz pública. En la declaración, traté de proteger a mi familia y a mí mismo de mi propia estupidez. Creí que la tortuosa definición de «relaciones sexuales» me lo permitiría, aunque estaba suficientemente preocupado como para invitar al abogado que me interrogaba a que formulara preguntas más concretas. No tuve que esperar demasiado para descubrir por qué había declinado hacerlas.

El 21 de enero, el *Washington Post* abrió el fuego publicando la noticia de que yo tenía una relación con Monica Lewinsky y que Kenneth Starr estaba investigando posibles cargos por haberla incitado a mentir acerca de ello bajo juramento. La historia salió a la luz pública a primera hora del día 18, en una página web de internet. La declaración había sido una trampa; casi cuatro años después de que se ofreciera a ayudar a Paula Jones, Starr por fin había logrado meterse en el caso.

En verano de 1996, Monica Lewinsky contó a una compañera, Linda Tripp, la relación que mantenía conmigo. Un año más tarde, Tripp empezó a grabar sus conversaciones telefónicas. En octubre de 1997, Tripp ofreció la posibilidad de escuchar las cintas a un periodista del *Newsweek* y se las dejó oír a Lucianne Goldberg, una publicista republicana conservadora. Llamaron a Tripp a declarar en el caso Jones, aunque jamás se la mencionó en ninguna lista de testigos de las que enviaron a mis abogados.

A última hora del lunes 12 de enero de 1998, Tripp telefoneó a la oficina de Starr, describió las grabaciones confidenciales de sus conversaciones con Lewinsky e hizo un trato para entregar las cintas. Le preocupaba su propia responsabilidad legal, pues la grabación que había llevado a cabo era un delito según la ley de Maryland, pero la gente de Starr prometió protegerla. Al día siguiente Starr hizo que agentes del FBI prepararan a Tripp para que esta pudiera grabar una conversación privada con Lewinsky mientras comían en el City Ritz-Carlton del Pentágono. Un par de días más tarde, Starr pidió permiso al Departamento de Justicia para ampliar sus atribuciones y abarcar la investigación sobre Lewinsky; al parecer, adujo razones muy alejadas de la realidad como base de su petición.

El día 16, un día antes de mi declaración, Tripp organizó otro encuentro con Lewinsky, de nuevo en el mismo lugar. Esta vez recibieron a Monica agentes del FBI y abogados que se la llevaron a una habitación de hotel, la interrogaron durante algunas horas y la disuadieron de que llamara a un abogado. Uno de los abogados de Starr le dijo que debía cooperar si quería evitar ir a la cárcel y le ofreció un trato de inmunidad, cuyo plazo expiraba a medianoche. También la presionaron para que se pusiera micrófonos y grabara en secreto conversaciones con gente relacionada en la supuesta conspiración. Finalmente, Monica pudo llamar a su madre, que se puso en contacto con su padre, del cual había estado divorciada durante mucho tiempo. Éste llamó a un abogado, William Ginsburg, que le aconsejó que no aceptara el trato hasta que pudiera averiguar más detalles sobre el caso y que le lanzó la caballería a Starr por retener a su cliente «durante ocho o nueve horas sin abogado» y por presionarla para que aceptara llevar micrófonos y hacer caer en una trampa a otras personas.

Después de que saltara la noticia, llamé a David Kendall y le aseguré que yo no había incitado a nadie a cometer perjurio ni a obstruir la justicia. Estaba claro para los dos que Starr trataba de crear una tormenta política para echarme de la presidencia. Todo había empezado con unos fuegos artificiales impresionantes, pero yo pensaba que si podía resistir al vapuleo público durante un par de semanas, el humo se despejaría, la prensa y el público se concentrarían en las tácticas de Starr y surgiría una visión más equilibrada de todo el asunto. Sabía que había cometido un gran error y estaba decidido a no agravarlo permitiendo que Starr me echara del cargo. De momento, la histeria que se había desatado era abrumadora.

Seguí haciendo mi trabajo y me escondí tras un muro; negaba lo sucedido a todo el mundo: a Hillary, a Chelsea, a mi equipo, a mi gabinete, a mis amigos en el Congreso, a los miembros de la prensa y al pueblo norteamericano. Lo que lamento más, aparte de mi conducta, es haberles engañado a todos. Desde 1991 me habían llamado mentiroso acerca de todo lo que podían encontrar, cuando de hecho yo había sido honesto en mi vida pública y en mis asuntos económicos, como todas las investigaciones terminaron demostrando. Ahora estaba engañando a todo el mundo acerca de mis defectos personales. Me sentía avergonzado y quería evitar que mi esposa y mi hija se enteraran. No quería ayudar a Starr a criminalizar mi vida privada y no quería que el pueblo norteamericano supiera que les había decepcionado. Era como vivir una pesadilla; como si volviera a llevar vidas paralelas, pero muchísimo peor.

El día que la noticia se publicó, hice una entrevista, que se había concertado anteriormente, con Jim Lehrer para el programa *NewsHour* de la PBS. Respondí a sus preguntas diciendo que yo no le había pedido a nadie que mintiera, lo cual era cierto, y que «no existe ninguna relación inapropiada». Aunque la impropiedad había terminado mucho antes de que Lehrer me hiciera la pregunta, mi respuesta era engañosa y me avergonzó decírsela a Lehrer. A partir de entonces, siempre que podía, me limitaba a decir que jamás le había pedido a nadie que no dijera la verdad.

Mientras sucedía todo esto, yo tenía que seguir con mi trabajo. El día 20 me reuní con el primer ministro Netanyahu en la Casa Blanca para analizar sus planes de una retirada por fases de Cisjordania. Netanyahu había tomado la decisión de avanzar en el proceso de paz siempre que tuviera «paz con seguridad». Era un gesto valiente porque su coalición de gobierno no era muy estable, pero se daba cuenta de que si no actuaba, la situación pronto se descontrolaría.

Al día siguiente vino Arafat a la Casa Blanca. Le hice un resumen alentador de mi reunión con Netanyahu y le garanticé que estaba presionando al primer ministro para que Israel cumpliera con sus obligaciones según el proceso de paz. También le recordé los problemas políticos del dirigente israelí y declaré, como siempre, que él tenía que seguir luchando contra el terror si quería que Israel siguiera adelante con el plan de paz. Al día siguiente condenaron a muerte a Mir Aimal Kansi por el asesinato de dos agentes de la CIA en enero de 1993, el primer acto terrorista que tuvo lugar durante mi presidencia.

Hacia el 27 de enero, el día del discurso del Estado de la Unión, el pueblo norteamericano había sido martilleado durante una semana con la cobertura informativa sobre la investigación de Starr, y yo llevaba una semana soportándola. Starr ya había enviado citaciones a algunas personas del equipo de la Casa Blanca y había solicitado parte de nuestros archivos y documentos. Yo había pedido a Harold Ickes y a Mickey Kantor que colaboraran para hacer frente a la polémica. El día antes del discurso, a instancias de Harold y Harry Thomason, que pensaban que mis declaraciones públicas habían sido muy vacilantes, aparecí una vez más, con reticencias, frente a la prensa para decir que «no había mantenido relaciones sexuales» con Lewinsky.

La mañana del discurso, en el programa *Today* de la NBC, Hillary dijo que ella no creía las acusaciones que lanzaban contra mí y que «una gran conspiración de derechas» había tratado de destruirnos desde la campaña de 1992. Starr, indignado, emitió un comunicado en el que se quejaba de que Hillary cuestionara sus motivos. Aunque ella tenía razón acerca de la naturaleza de nuestros adversarios, ver a Hillary defendiéndome me hizo sentir aún más avergonzado por lo que había hecho.

La difícil entrevista de Hillary y mis encontradas reacciones a ella ejemplificaban claramente el aprieto en el que me hallaba: como marido, había hecho algo malo por lo que debía disculparme y pedir perdón. Como presidente, estaba envuelto en una lucha política y legal contra fuerzas que habían abusado de la legislación civil y penal y que habían perjudicado gravemente a gente inocente, en su intento de destruir mi presidencia y limitar mi capacidad para cumplir con mis funciones.

Finalmente, después de años dando palos de ciego, les había dado algo con lo que trabajar. Había perjudicado a la presidencia y al pueblo a causa de mi mala conducta. Eso no era culpa de nadie, solo mía. No quería agravar el error dejando que los reaccionarios prevalecieran.

Hacia las 9 de la noche, cuando entré en la sala de la Cámara, llena hasta los topes, la tensión era palpable tanto allí como en los hogares de todo Estados Unidos; la audiencia de mi discurso del Estado de la Unión era la más alta desde que había pronunciado mi primer discurso. La gran pregunta era si iba a mencionar la polémica. Empecé por las cosas sobre las que no había ninguna duda. El país estaba en una etapa positiva, con catorce millones de nuevos empleos, la tasa de vivienda en propiedad más alta de la historia y la cifra más baja de personas dependientes de la asistencia social en los últimos veintisiete años; también teníamos el gobierno federal más reducido desde hacía treinta y cinco años. El plan económico de 1993 había rebajado el déficit, cuyas estimaciones lo situaban alrededor de 357.000 millones de dólares en 1998, hasta un 90 por ciento, y el presupuesto equilibrado del año anterior lo eliminaría definitivamente.

A continuación hablé de mis planes para el futuro. Primero, propuse que antes de gastar los futuros superávits en nuevos programas o rebajas fiscales, debíamos ahorrar para las pensiones de la seguridad social de la generación del *baby boom*. En educación, recomendé financiar la contratación de 100.000 nuevos maestros y reducir el tamaño de las clases a dieciocho alumnos en los primeros tres cursos. También apunté un plan para ayudar a las comunidades a modernizar o construir cinco mil escuelas, y ayudas a estas para que practicaran la «promoción social» aportando fondos para lecciones suplementarias en horarios fuera de clase o en los programas de la escuela de verano. Reiteré mi apoyo a la Declaración de Derechos del paciente, a ampliar Medicare para los norteamericanos entre cincuenta y cinco y sesenta y dos años, al tiempo que se ampliaba la ley de baja médica y familiar. Hice un llamamiento para que se realizara una expansión suficientemente grande de la atención federal a la infancia, para proporcionar cobertura a un millón de niños más.

En el frente de la seguridad, pedí el respaldo del Congreso para luchar contra un «eje diabólico de nuevas amenazas procedentes del terrorismo, los criminales internacionales y los traficantes de drogas». También solicité la aprobación del Senado para la expansión de la OTAN; que siguiéramos financiando nuestra misión en Bosnia, y nuestros esfuerzos para hacer frente a los peligros de las armas biológicas y químicas, y a los estados canallas, terroristas o criminales organizados que trataran de adquirirlas.

La última sección de mi discurso trataba de ser una llamada a Estados Unidos para que apostara por la unidad y por el futuro: quería triplicar el número de «zonas de desarrollo» en las comunidades deprimidas; lanzar una nueva iniciativa para limpiar el agua de nuestros ríos, lagos y aguas costeras; proporcionar seis mil millones en rebajas fiscales y fondos de investigación para el desarrollo de coches de combustibles de mayor rendimiento, hogares con energía limpia y renovable; financiar la «nueva generación» de internet para transmitir información mil veces más de prisa, y aportar fondos para la Comisión de Igualdad de Oportunidades Laborales, que a causa de la hostilidad del Congreso, no tenía recursos para gestionar sesenta mil casos congelados acerca de la discriminación en el trabajo. También propuse el mayor aumento de la historia para los Institutos Nacionales de la Salud, el Instituto Nacional del Cáncer y la Fundación Científica Nacional, para que «la nuestra sea la generación que finalmente venza la guerra contra el cáncer e inaugure una revolución en nuestra lucha contra todas las enfermedades mortales».

Cerré el discurso agradeciéndole a Hillary que liderara nuestra campaña del milenio para preservar los tesoros históricos de Estados Unidos, incluida la deshilachada Vieja Bandera de Barras y Estrellas, que inspiró a Francis Scott Key para escribir nuestro himno nacional durante la guerra de 1812.

No había ni una palabra en el discurso acerca de la polémica y la idea nueva más importante había sido «primero hay que salvar la seguridad social». Yo temía que el Congreso se enzarzara en una disputa sobre la forma en que gastaríamos los superávits que llegarían, y que los malgastaran en rebajas fiscales y gastos antes de solucionar el problema de la jubilación de la generación del *baby boom*. La mayoría de los demócratas estaban de acuerdo conmigo, y la mayor parte de los republicanos no, aunque durante los años siguientes celebramos una serie de foros bipartitos por todo el país en los cuales, aparte de todo lo que sucedía a nuestro alrededor, buscábamos un terreno común y debatíamos cómo garantizar la seguridad de las pensiones, en lugar de preguntarnos si hacía falta.

Dos días después del discurso, la juez Wright ordenó que todas las pruebas relacionadas con Monica Lewinsky se apartaran del caso Jones porque «no eran esenciales para la causa principal»; esto convertía la investigación de Starr sobre mi declaración en un acto aún más cuestionable, puesto que el perjurio requiere una falsa declaración sobre un tema «esencial». El último día del mes, diez días después de que se desatara la tormenta, el *Chicago Tribune* publicó una encuesta que demostraba que el índice de aprobación de mi gestión había subido al 72 por ciento. Yo estaba decidido a demostrar al pueblo norteamericano que estaba esforzándome y consiguiendo resultados, para ellos.

El 5 y el 6 de febrero, Tony y Cherie Blair llegaron a Estados Unidos para una visita oficial de dos días. Fueron una ráfaga de aire fresco tanto para Hillary como para mí. Nos hicieron reír y Tony me apoyó mucho en público, haciendo hincapié en nuestro enfoque común a los problemas económicos y sociales y a la política exterior. Los llevamos a Camp David para cenar con Al y Tipper Gore; también celebramos una cena de gala en la Casa Blanca, amenizada por Elton John y Stevie Wonder. Después del acto Hillary me dijo que Newt Gingrich, que estaba sentado en su mesa con Tony Blair, había dicho que los cargos contra mí eran «ridículos», «un sinsentido» aunque fueran ciertos y que «no iban a ninguna parte».

En nuestra rueda de prensa, después de que Tony dijera que yo no era solamente su colega, sino también su amigo, Mike Frisby, un periodista del *Wall Street Journal*, finalmente me hizo la pregunta que yo había estado esperando. Quería saber si, teniendo en cuenta el dolor y todos los asuntos relacionados con mi vida personal, «¿hasta qué punto considera usted que sencillamente ya no vale la pena seguir, y se plantea dimitir de la presidencia?». «Jamás», respondí. Dije que trataba de dejar a un lado el veneno personal y separarlo de la política, y que cuanto más lo intentaba, «más tiraban los demás en la otra dirección». Aun así, dije que «jamás me alejaré de la gente de este país y de la confianza que han depositado en mí», de modo que pensaba «seguir yendo a trabajar».

A mediados de mes, mientras Tony Blair y yo seguíamos reuniendo apoyos por todo el mundo para lanzar ataques aéreos sobre Irak en respuesta a la expulsión de los inspectores de Naciones Unidas, Kofi Annan obtuvo un acuerdo de última hora con Sadam Husein para reanudar las inspecciones. Parecía que Sadam jamás movía un dedo excepto cuando le obligaban a ello.

Además de impulsar mis nuevas iniciativas, me dedicaba a trabajar en la ley de reforma de la financiación de la campaña McCain-Feingold, que los republicanos del Senado abortaron a finales de mes. También designé a un nuevo director de Salud Pública, el doctor David Satcher, director del Centro para la Prevención y el Control de Enfermedades, y visité las zonas perjudicadas por los tornados en Florida central. Igualmente, anuncié las primeras becas para ayudar a las comunidades a reafirmar sus esfuerzos para prevenir la violencia contra las mujeres y colaboré en la recaudación de fondos de los demócratas para las siguientes elecciones.

A finales de enero y durante febrero, llamaron a algunos miembros del personal de la Casa Blanca para comparecer ante el gran jurado. Me sentí muy mal porque estuvieran atrapados en todo aquello, especialmente Betty Currie, que había tratado de entablar amistad con Monica Lewinsky y ahora la castigaban por ello. También me disgustó que aquella vorágine afectara a Vernon Jordan. Habíamos sido amigos íntimos durante mucho tiempo y una y otra vez yo había sido testigo de la forma en que ayudaba a la gente más necesitada. Ahora también se había convertido en un blanco, por mi culpa. Yo sabía que él no había hecho nada malo y esperaba que algún día fuera capaz de perdonarme por el desastre en el que le había metido.

Starr también citó a Sidney Blumenthal, periodista y viejo amigo de Hillary y mío, que había venido a trabajar a la Casa Blanca en julio de 1997. Según el *Washington Post*, Starr estaba estudiando la posibilidad de que las críticas de Sid contra él constituyeran una obstrucción a la justicia. Era una estremecedora muestra de lo susceptible que era Starr, y de hasta qué punto estaba dispuesto a hacer uso del poder de su oficina contra cualquiera que le criticara. Starr llamó a declarar a dos investigadores privados contratados por el *National Enquirer* para acallar el rumor de que él estaba teniendo una aventura con una mujer de Little Rock. El rumor era falso, al parecer un caso de confusión de identidades, pero de nuevo reflejaba la doble vara de medir por la que se regía. Él utilizaba a agentes del FBI y a investigadores privados para hurgar en mi vida personal, pero cuando un tabloide hacía lo mismo con la suya, iba tras ellos.

Las tácticas de Starr empezaban a atraer la atención de la prensa. *Newsweek* publicó un reportaje de dos páginas, «Conspiración o coincidencia», que rastreaba las conexiones de más de veinte activistas y organizaciones conservadores que habían impulsado y financiado los «escándalos» que Starr investigaba. El *Washington Post* publicó una noticia según la cual cierto número de ex fiscales federales expresaban su incomodidad no solo ante el nuevo enfoque de Starr sobre mi vida privada, sino también ante «el arsenal de armas que ha desplegado para lanzar sus acusaciones contra el presidente».

Starr fue especialmente criticado porque obligó a la madre de Monica Lewinsky a testificar contra su voluntad. Las directrices de conducta federales, a las que Starr supuestamente debía atenerse, decían que, generalmente, no debía forzarse a testificar a los miembros de la familia a menos que formaran parte de la actividad delictiva que se estaban investigando, o que existieran «motivos por parte de la fiscalía que anularan dicha condición». A principios de febrero, de acuerdo con una encuesta de NBC *News*, solo el 26 por ciento de los norteamericanos creían que Starr estaba llevando una investigación imparcial.

La saga prosiguió hasta marzo. Mi declaración del caso Jones se filtró, obviamente por alguien del lado de Jones. Aunque el juez había advertido repetidamente a los abogados del Instituto Rutherford que no lo hicieran, no se sancionó a nadie en ningún momento. El día 8, Jim McDougal falleció en una prisión federal de Texas, un final triste e irónico para su larga caída al abismo. Según Susan McDougal, Jim había cambiado su versión a instancias de Starr y Hick Erwing porque quería evitar a toda costa morir en la cárcel.

A mediados de mes, *60 Minutes* emitió una entrevista con una mujer llamada Kathleen Willey, que afirmaba que yo le había hecho proposiciones no deseadas mientras estuvo empleada en la Casa Blanca. No era cierto. Teníamos pruebas que arrojaban dudas sobre su historia, incluida la declaración jurada de su amiga Julie Hiatt Steele, que dijo que Willey le había pedido que mintiera; debía decir que Willey le había contado el supuesto episodio poco después de que sucediera, cuando en realidad no había sido así.

El marido de Willey se había suicidado y le había dejado una deuda pendiente de más de doscientos mil dólares. En una semana, las noticias informaron de que después de mi llamada para ofrecerle mis condolencias por la muerte de su marido, ella había dicho a todo el mundo que yo asistiría al funeral. Esto sucedió después del supuesto incidente. Finalmente, decidimos difundir cerca de una docena de cartas que Willey me había escrito, donde decía cosas como que era «mi fan número uno» y que quería ayudarme «de cualquier manera que fuera posible». Después de una noticia que decía que quería cobrar trescientos mil dólares por contar su historia a un tabloide o en un libro, la historia se perdió en el olvido.

Menciono la triste historia de Willey por lo que Starr hizo con ella. Primero, en un gesto extremadamente excepcional, le concedió «inmunidad total» —protección completa contra cualquier investigación penal —a condición de que le dijera «la verdad». Cuando la pillaron en una mentira sobre unos detalles embarazosos relacionados con otro hombre, Starr volvió a concederle la inmunidad. Por el contrario, cuando Julie Hiatt Steele, una notoria republicana, se negó a cambiar su versión y mentir para Starr, éste la acusó. A pesar de que no la condenaron, la arruinó económicamente. La oficina de Starr incluso trató de cuestionar la legalidad de su adopción de un bebé rumano.

El día de San Patricio, me reuní con los líderes de todos los partidos políticos de Irlanda del Norte que participaban en el proceso político, y mantuve extensas reuniones con Gerry Adams y David Trimble. Tony Blair y Bertie Ahern querían alcanzar un acuerdo. Mi papel consistía principalmente en tranquilizar e impulsar a los partidos hacia el marco de trabajo que George Mitchell estaba construyendo. Quedaban todavía por delante difíciles compromisos, pero yo estaba convencido de que estábamos avanzando.

Unos días más tarde, Hillary y yo volamos a África, lejos de la agitación que había en nuestro país. África era un continente que Norteamérica había ignorado demasiado a menudo y que, en mi opinión, desempeñaría un papel importante, para bien o para mal, en el siglo XXI. Yo me sentía verdaderamente feliz de que Hillary viniera conmigo; había disfrutado mucho del viaje que Chelsea y ella hicieron a África el año anterior; además, necesitábamos estar juntos y alejados de todo.

La visita empezó en Ghana, donde el presidente Jerry Rawlings y su esposa Nana Konadu Agyemang nos acompañaron durante una ceremonia emocionante en la plaza de la Independencia, con más de medio millón de personas. En la tarima estábamos flanqueados por reyes tribales envueltos en trajes nativos de *kente* multicolor, y nos obsequiaban con ritmos musicales africanos ejecutados por ghaneses que tocaban el tambor más grande que he visto en toda mi vida.

Rawlings me gustó; yo respetaba que, después de haberse hecho con el poder en un golpe militar, hubiera sido elegido y reelegido presidente y hubiera prometido entregar el poder en 2000. Además, teníamos una relación familiar indirecta: cuando Chelsea nació, una maravillosa comadrona ghanesa había ayudado al médico durante el parto; se encontraba en Arkansas completando su formación. Hillary y yo llegamos a sentir cariño por Hagar Sam, y nos complació descubrir que también había ayudado a nacer a los cuatro hijos de los Rawlings.

El día 24 fuimos a Uganda para reunirnos con el presidente Yoweri Museveni y su esposa Janet. Uganda había progresado mucho desde la opresiva dictadura de Idi Amin. Apenas unos años atrás, tenía la tasa de enfermos de SIDA más alta de África. Gracias a una campaña bautizada «el gran ruido», la tasa de mortalidad se había reducido a la mitad, haciendo hincapié en la abstinencia sexual, la educación, el matrimonio y los preservativos.

Los cuatro visitamos dos pequeñas aldeas, Mukono y Wanyange, para destacar la importancia de la educación y de los microcréditos financiados con ayuda norteamericana. Uganda había triplicado su presupuesto para la educación durante los anteriores cinco años y había realizado un verdadero esfuerzo para educar a niñas y niños en la igualdad. Los escolares que visitamos en Mukono llevaban bonitos uniformes de color rosa. Eran obviamente listos y tenían curiosidad, pero sus materiales de aprendizaje no eran los más adecuados: el mapa de la clase era tan viejo que aún incluía a la Unión Soviética. En Wanyange, la cocinera de la aldea había ampliado su campo de actividades y otra mujer había diversificado su negocio de cría de pollos para incluir conejos, gracias a los microcréditos financiados con la ayuda de Estados Unidos. Conocimos a una mujer con un bebé de dos días. Me dejó sostener al niño mientras el fotógrafo de la Casa Blanca tomaba una foto de dos tipos llamados Bill Clinton.

El Servicio Secreto no quería que viajara a Ruanda a causa de los permanentes problemas de seguridad, pero yo sentía que tenía que hacerlo. Como una concesión al tema de la seguridad, me reuní en el aeropuerto de Kigali con los dirigentes del país y con los sobrevivientes del genocidio. El presidente Pasteur Bizimungu, de la etnia hutu, y el vicepresidente Paul Kagame, un tutsi, trataban de reconstruir el país. Kagame era el líder político más poderoso de la nación; él había decidido que el proceso de reconciliación avanzaría mejor si se empezaba con un presidente de la mayoría hutu. Reconocí que Estados Unidos y la comunidad internacional no habían actuado con suficiente rapidez y no habían podido detener el genocidio ni tampoco impedir que los campos de refugiados se convirtieran en santuarios para los asesinos, y le ofrecí ayuda para reconstruir la nación y apoyar a los tribunales de crímenes de guerra que condujeran a los responsables del genocidio ante la justicia.

Los sobrevivientes me contaron sus historias. El último orador era una mujer de actitud muy digna que contó cómo sus vecinos hutus, gente cuyos hijos habían jugado con los suyos durante años, habían denunciado a su familia a los asesinos que saqueaban la zona, identificándola como tutsi. Había sido gravemente herida con un machete, y la habían dado por muerta. Despertó en un charco de su propia sangre y vio a su marido y a sus seis hijos que yacían muertos a su lado. Nos dijo a Hillary y a mí que había llorado desesperadamente y había increpado a Dios porque había sobrevivido; luego, progresivamente, comprendió que «su vida había sido perdonada por algún motivo, y que no podía ser algo tan mezquino como la venganza. De modo que hago lo que puedo para que volvamos a empezar». Yo me sentía abrumado; aquella magnífica mujer había hecho que mis problemas parecieran patéticamente insignificantes. Por ella, mi decisión de hacer lo que estuviera en mi mano para ayudar a Ruanda se hizo aún más profunda.

Empecé la primera visita que un jefe de estado norteamericano realizaba a Sudáfrica por Ciudad del Cabo, con un discurso ante el parlamento donde dije que había venido «en parte para ayudar al pueblo norteamericano a ver a la nueva África con nuevos ojos». Para mí resultaba fascinante contemplar a los seguidores y a las víctimas del antiguo *apartheid* trabajando juntos. No negaban el pasado, ni ocultaban sus discrepancias actuales, pero parecían confiados en que podrían construir un futuro en común. Era un tributo al espíritu de reconciliación que emanaba de Mandela.

Al día siguiente Mandela nos llevó a Robben Island, donde había pasado los primeros dieciocho años de su cautiverio. Vi la cantera de piedra en la que había trabajado y la estrecha celda en la que le custodiaban cuando no estaba picando piedra. En Johannesburgo, llamé al adjunto al presidente, Thabo Mbeki, que se había reunido con Al Gore dos veces al año para tratar nuestro programa de acciones conjuntas y que, casi con toda certeza, sería el sucesor de Mandela. También inauguré un centro comercial bautizado en honor a Ron Brown, que había amado mucho a Sudáfrica, y visité una escuela primaria. Hillary y yo fuimos con Jesse Jackson a la iglesia, en Soweto, el bullicioso distrito del que habían salido muchos activistas anti *apartheid*.

Para entonces yo había desarrollado una verdadera amistad con Mandela. Era admirable, no solo por el asombroso viaje que había hecho desde el odio hacia la reconciliación durante los veintisiete años que pasó encarcelado, sino también porque era un político firme y una persona amable la cual, a pesar de su largo confinamiento, jamás había perdido el interés por el lado personal de la vida, o su capacidad para demostrar amor, amistad y amabilidad.

Sostuvimos una conversación especialmente significativa. Yo le dije: «Madiba [el nombre tribal coloquial de Mandela, que me había pedido que utilizara], sé que hiciste algo hermoso invitando a tus carceleros a tu investidura, pero ¿no odias en realidad a los que te encarcelaron?». Me contestó: «Por supuesto que sí, durante muchos años. Se llevaron los mejores años de mi vida. Me torturaron física y mentalmente. No pude ver crecer a mis hijos. Les odiaba. Luego un día, mientras trabajaba en la cantera, golpeando la piedra, me di cuenta de que me lo habían arrebatado todo, excepto mi mente y mi corazón. Eso, no podían llevárselo sin mi permiso. Y decidí que no dejaría que ocurriera». Luego me miró y, sonriendo, dijo: «Y tú tampoco deberías permitirlo».

Después de que me recuperara de la sorpresa, le hice otra pregunta: «Cuando saliste de la prisión y la dejaste atrás, ¿no sentiste el odio crecer de nuevo en tu interior?». «Sí —dijo—, durante un instante así fue. Luego pensé para mis adentros, "Me han tenido durante veintisiete años. Si sigo odiándoles, seguiré siendo su prisionero". Yo quería ser libre, así que lo dejé atrás.» Volvió a sonreír. Y esta vez no tuvo que decirme, «Y tú también deberías hacerlo».

El único día de vacaciones del viaje tuvo lugar en Botswana, que tenía la renta per cápita más elevada del África subsahariana y la tasa de SIDA más alta del mundo. Fuimos de safari al Parque Nacional de Chobe y vimos leones, elefantes, impalas, hipopótamos, cocodrilos y más de veinte especies distintas de pájaros. Nos acercamos mucho a una mamá elefante y a su bebé, al parecer, demasiado. Levantó su trompa y nos roció con agua. Me reí pensando lo mucho que les habría gustado a los republicanos ver a la mascota de su partido remojándome de la cabeza a los pies. Más adelante, por la tarde, dimos un tranquilo paseo en barca por el río Chobe; Hillary y yo nos cogimos de la mano y recordamos las bendiciones de las que gozábamos mientras contemplamos la puesta de sol.

Nuestra última parada fue Senegal, donde visitamos la Puerta Sin Retorno de la isla de Gorée, el punto desde el cual tantos africanos se convertían en esclavos y eran transportados a Norteamérica. Como en Uganda, expresé mi lamento por la responsabilidad de mi país en esa esclavitud y por la larga y dura lucha de los afroamericanos por conseguir su libertad. Presenté a la numerosa delegación que iba conmigo como «los representantes de treinta millones de norteamericanos que son el mejor regalo de África para Norteamérica», y prometí colaborar con los senegaleses y todos los africanos para lograr un futuro mejor. También visité una mezquita con el presidente Abdou Diouf, por respeto a la población predominantemente musulmana de Senegal. Fui a un pueblo que había recuperado una parte de desierto para cultivos, con las ayudas norteamericanas, y también visité a las tropas senegalesas que estaban recibiendo entrenamiento del personal militar norteamericano como parte de la Iniciativa de Respuesta a la Crisis Africana, que mi administración había impulsado, con la voluntad de preparar a los africanos para que pudieran detener los conflictos y evitar que volviera a suceder lo de Ruanda.

Fue el viaje más largo y exhaustivo que un presidente norteamericano había realizado jamás a África. La delegación del Congreso bipartidista y los destacados ciudadanos que me acompañaron, así como los programas específicos que yo apoyaba, incluida la Ley de Oportunidad y Crecimiento Africano, demostraron a los africanos que estábamos girando una nueva página de nuestra historia compartida. A pesar de todos sus problemas, África era un lugar lleno de esperanza. Yo la había visto, en los rostros de las multitudes de las ciudades y de los niños en las escuelas, en los habitantes de los pueblos en el campo y al borde del desierto. Y África me había dado un gran regalo; en la sabiduría de una viuda ruandesa y la de Nelson Mandela, había encontrado más paz de espíritu, para hacer frente a lo que me esperaba en el futuro.

El 1 de abril, mientras aún estábamos en Senegal, la juez Wright aceptó la moción de mi abogado para un juicio sumario del caso Jones y desestimó que tuviera que celebrarse un juicio, pues consideró que Jones no había presentado pruebas verosímiles para respaldar su demanda. La desestimación puso de manifiesto la naturaleza puramente política de la investigación de Starr. Ahora me perseguía basándose en la teoría de que yo había realizado una falsa declaración en un testimonio que el juez no consideraba relevante y que estaba obstruyendo la justicia en un caso que no se sostenía. Nadie siquiera hablaba ya de Whitewater. El 2 de abril, no sorprendió a nadie, Starr dijo que seguiría presionando.

Unos días más tarde Bob Rubin y yo anunciamos que Estados Unidos bloquearía la importación de 1,6 millones de armas de asalto. Aunque habíamos prohibido la fabricación de diecinueve tipos de armas de asalto distintas en la ley contra el crimen de 1994, los ingeniosos fabricantes de armas extranjeros trataban de esquivar la ley introduciendo modificaciones en armas cuyo único objetivo era matar a la gente.

El Viernes Santo, el 10 de abril, fue uno de los más felices de mi presidencia. Diecisiete horas después de la fecha límite fijada para tomar una decisión, todos los partidos de Irlanda del Norte acordaron establecer un plan para poner fin a treinta años de violencia sectaria. Yo había estado despierto casi toda la noche anterior, tratando de ayudar a George Mitchell a cerrar el trato. Además de George, hablé con Bertie Ahern, con Tony Blair, David Trimble y con Gerry Adams dos veces, antes de irme a dormir a las 2.30 de la madrugada. A las 5, George me despertó y me pidió que llamara a Adams de nuevo para sellar el acuerdo.

El acuerdo era una bella obra de precisión, que exigía la regla de la mayoría y garantizaba los derechos de las minorías; contemplaba la toma de decisiones políticas de forma compartida, así como también se compartían los beneficios económicos, y conservaba las relaciones con el Reino Unido al tiempo que establecía nuevos lazos con Irlanda. El proceso que dio como fruto este pacto empezó con la decisión de John Major y Albert Reynolds de buscar la paz, prosiguió cuando John Bruton sustituyó a Reynolds y se completó con Bertie Ahern, Tony Blair, David Trimble, John Hume y Gerry Adams. Mi primer visado a Adams y la posterior e intensa implicación de la Casa Blanca en el proceso marcó una importante diferencia; por su parte, George Mitchell llevó las negociaciones de una forma brillante.

Por supuesto, el mayor mérito era para los que habían tomado las decisiones más difíciles: los líderes de Irlanda del Norte, Blair y Ahern, y el pueblo de Irlanda del Norte, que había escogido la promesa de la paz por encima de un pasado envenenado. El acuerdo debería ratificarse en un referéndum entre los votantes de Irlanda del Norte y de la República Irlandesa el 22 de mayo. Con un toque de elocuencia irlandesa, el pacto terminó conociéndose como el acuerdo del Viernes Santo.

Por esa época, también volé al Centro Espacial Johnson, en Houston, para hablar de cómo nuestra nueva misión espacial llevaría a cabo veintiséis experimentos sobre el impacto del espacio en el cuerpo humano, incluido el proceso de adaptación del cerebro y lo que sucede en el oído interno y el sistema de equilibrio humano. Un miembro de la tripulación estaba entre el público, el senador de setenta y siete años John Glenn. Después de volar en 149 misiones de combate durante la Segunda Guerra Mundial y en Corea, John había sido uno de los primeros astronautas de Estados Unidos, treinta y cinco años atrás. Se retiraba del Senado y ardía en deseos de estar en el espacio una vez más. El director de la NASA, Dan Goldin, y yo estábamos a favor de que Glenn participara, porque nuestra agencia espacial quería estudiar los efectos de los vuelos espaciales en el envejecimiento. Yo siempre había apoyado firmemente el programa espacial, incluida la Estación Espacial Internacional y la siguiente misión a Marte. El último hurra de John Glenn nos daba la oportunidad de demostrar los beneficios prácticos de la exploración del espacio.

A continuación volé a Chile para una visita oficial y para la segunda Cumbre de las Américas. Después de la larga y cruenta dictadura del general Augusto Pinochet, Chile parecía comprometido con la democracia bajo el liderazgo del presidente Eduardo Frei, cuyo padre también había sido presidente de Chile durante la década de los sesenta. Poco después de la cumbre, Mack McLarty dimitió de su cargo de enviado especial en las Américas. Para entonces mi viejo amigo había hecho más de cuarenta viajes a la región, en los cuatro años desde que le había nombrado, y durante su etapa había sabido transmitir el inequívoco mensaje de que Estados Unidos quería ser un buen vecino.

El mes terminó con dos notas positivas. Ofrecí una recepción para los miembros del Congreso que habían votado a favor del presupuesto de 1993, entre ellos los que habían perdido sus escaños al hacerlo, para anunciar que el déficit había sido completamente eliminado por primera vez desde 1969. Era un resultado absolutamente impensable cuando tomé posesión de mi cargo y hubiera sido imposible sin la durísima votación que aprobó el plan económico de 1993. El último día del mes, el Senado votó, 80 votos contra 19, para apoyar otra de mis principales prioridades: la entrada de Polonia, Hungría y la República Checa en la OTAN.

Hacia mediados de mayo nuestros esfuerzos por prohibir las pruebas nucleares se vieron socavados cuando India realizó cinco pruebas subterráneas. Dos semanas más tarde, Pakistán reaccionó llevando a cabo seis pruebas a su vez. India afirmó que sus armas nucleares eran necesarias para disuadir a China, y Pakistán declaró que estaba respondiendo a India. La opinión pública de ambas naciones estaba a favor de poseer armas nucleares, pero era una situación muy peligrosa. En primer lugar, nuestros asesores de seguridad nacional estaban convencidos de que, a diferencia de Estados Unidos y la Unión Soviética durante la Guerra Fría, India y Pakistán sabían muy poco de la capacidad nuclear del otro y de sus políticas de uso. Después de las pruebas indias, insté al primer ministro de Pakistán, Nawaz Sharif, a que no reaccionara imitándoles, pero no pudo resistirse a las presiones políticas.

La decisión de India me preocupaba profundamente, no solamente porque creía que era peligrosa, sino también porque perjudicaba mi política de mejorar las relaciones entre India y Estados Unidos y me hacía más difícil obtener la ratificación del Senado al Tratado de Prohibición Total de Pruebas Nucleares. Francia y el Reino Unido ya se habían adherido, pero había un creciente sentimiento de aislamiento y unilateralismo en el Congreso, como resultaba patente tras el fracaso de la legislación de vía rápida y la negativa de pagar nuestra deuda con Naciones Unidas o nuestra contribución al Fondo Monetario Internacional; esto último era realmente importante. Con la crisis financiera asiática que amenazaba con extenderse a las frágiles economías de otras zonas del mundo, el FMI necesitaba ser capaz de organizar una respuesta agresiva y bien respaldada económicamente. El Congreso estaba poniendo en peligro la estabilidad de la economía global.

Mientras la polémica de las pruebas nucleares seguía en marcha, tuve que irme de viaje, esta vez a la cumbre anual del G-8 que se celebraba en Birmingham, Inglaterra. De camino, me detuve en Alemania para reunirme con Helmut Kohl en Sans Souci, el palacio de Federico el Grande. También asistí a la celebración del cincuenta aniversario del puente aéreo que abasteció a Berlín durante el bloqueo, y realicé una aparición pública con Kohl en una fábrica de Opel General Motors en Eisenach, en la ex Alemania oriental.

Kohl se enfrentaba a una reelección complicada, y mis apariciones a su lado, aparte de la ceremonia conmemorativa del embargo, despertaron algunas preguntas, especialmente dado que su oponente del Partido Social Demócrata, Gerhard Schroeder, se presentaba con un programa muy similar al que Tony Blair y yo defendíamos. Helmut ya había servido a Alemania más que ningún otro canciller alemán, excepto Bismarck, y estaba por detrás en las encuestas. Pero había sido amigo de Estados Unidos, y mío, y no importaba lo que sucediera en las elecciones, su legado estaba asegurado: una Alemania reunificada, una Unión Europea fuerte, la colaboración con la Rusia democrática y el apoyo de Alemania al fin de la guerra en Bosnia. Antes de irme de Alemania, también mantuve una larga entrevista con Schroeder, que se había elevado desde unos inicios modestos hasta la cúspide de la política alemana. Me pareció un hombre duro, inteligente y muy consciente de qué quería hacer. Le deseé buena suerte y le dije que si ganaba haría lo que pudiera por ayudarle a cumplir sus objetivos.

Cuando llegué a Birmingham, me di cuenta de que la ciudad había pasado por una renovación radical y era mucho más bonita que cuando la visité hacía casi treinta años. La conferencia tenía un programa de trabajo útil, centrado en las reformas económicas internacionales, una mayor cooperación contra el tráfico de drogas, el blanqueo de dinero y la trata de mujeres y de niños. También apelaba a una alianza específica entre Estados Unidos y la Unión Europea contra el terrorismo. Aunque era importante, lo cierto es que los acontecimientos que estaban teniendo lugar en aquel momento, como las pruebas nucleares de India, el colapso político y económico de Indonesia, el estancamiento del proceso de paz en Oriente Próximo, la lúgubre perspectiva de una nueva guerra en Kosovo y el próximo referéndum sobre el acuerdo del Viernes Santo, le restaban algo de relevancia. Condenamos las pruebas nucleares de India, reafirmamos nuestro apoyo a los tratados de Prohibición Total de Pruebas Nucleares y de No Proliferación y declaramos que queríamos un tratado global para detener la producción de materiales físiles para la construcción de armas nucleares. En Indonesia, expresamos la urgencia de reformas políticas y económicas, que no parecían probables porque las finanzas del país estaban en una situación tan penosa que las medidas necesarias para revitalizar la economía aún harían, a corto plazo, la vida más difícil a los indonesios. Al cabo de un par de días, el presidente Suharto dimitió, pero los problemas de Indonesia no se fueron con él. Pronto reclamarían una parte importante de mi tiempo. De momento, nada se podía hacer respecto a Oriente Próximo, hasta que la situación política israelí se calmara.

En Kosovo, la provincia más al sur de Serbia, la mayor parte de los habitantes eran musulmanes albaneses que vivían oprimidos bajo la férula de Milosevic. Después de los ataques serbios contra los kosovares, a principios de año, Naciones Unidas había decidido fijar un embargo en la ex Yugoslavia (Serbia y Montenegro) y diversas naciones habían impuesto sanciones económicas contra Serbia. Un Grupo de Contacto, compuesto por Estados Unidos, Rusia y algunas naciones europeas, trabajaba para evitar la crisis. El G-8 respaldaba los esfuerzos del Grupo de Contacto, pero pronto tendríamos que hacer mucho más.

Una vez más, las buenas noticias solo venían de Irlanda del Norte. Más del 90 por ciento de los miembros del partido del Sinn Fein habían aprobado el acuerdo del Viernes Santo. Con John Hume y Gerry Adams volcados en promoverlo, también se obtendría un masivo voto católico, casi con toda certeza. La opinión protestante estaba más dividida. Después de mantener contactos con los diversos partidos, decidí no viajar desde Birmingham hasta Belfast para hablar en persona a favor del acuerdo. No quería entregar a Ian Paisley munición para que me atacara como un extraño que decía a los irlandeses del Norte qué debían hacer. En lugar de eso, Tony Blair y yo nos reunimos con unos periodistas y realizamos dos largas entrevistas televisivas para la BBC y la CNN, en las que apoyamos el referéndum.

El 20 de mayo, dos días antes de la votación, también pronuncié un breve discurso por radio para la gente de Irlanda del Norte; prometí el apoyo de Estados Unidos si votaban por «una paz duradera para ustedes y sus hijos». Y eso fue exactamente lo que hicieron. El acuerdo del Viernes Santo se aprobó por un 71 por ciento de la gente de Irlanda del Norte, entre ellos una unánime mayoría de protestantes. En la República de Irlanda, más del 90 por ciento de los votantes se pronunciaron a favor. Jamás había estado tan orgulloso de mi herencia irlandesa.

Después de una parada en Ginebra para exhortar a la Organización Mundial del Comercio a que adoptara un proceso de toma de decisiones más abierto, en el que tuviera más en cuenta las condiciones medioambientales y laborales en las negociaciones comerciales y que escuchara más a los representantes de los ciudadanos que se sentían dejados a un lado en la economía global, volé de regreso a Estados Unidos, pero no me alejé de los problemas mundiales.

Esa semana, en la ceremonia de graduación de la Academia Naval de Estados Unidos, anuncié una estrategia agresiva para hacer frente a las complejas redes terroristas globales. Incluía un plan para detectar, disuadir y defendernos contra los ataques a nuestras plantas de energía, suministros de agua, vigilancia policial, servicios médicos y de bomberos, control del tráfico aéreo, servicios financieros, sistemas de telecomunicaciones y un esfuerzo coordinado para prevenir la difusión y el uso de armas biológicas y para proteger a nuestros ciudadanos de ellas. Propuse reforzar el sistema de inspecciones de la Convención de Armas Biológicas, vacunar a nuestro ejército contra amenazas biológicas conocidas, especialmente el ántrax, y entrenar a más funcionarios locales y estatales y a personal de la Guardia Nacional para que fueran capaces de reaccionar contra ataques biológicos. Igualmente, insistí en que debíamos actualizar nuestro sistema de detección y alarmas, y almacenar una reserva de medicamentos y vacunas contra los ataques biológicos más probables; así como impulsar la investigación y el desarrollo para crear una nueva generación de vacunas, medicinas y herramientas de diagnóstico.

Durante los meses previos, me había llegado a preocupar especialmente la perspectiva de un ataque biológico, quizá con un arma genéticamente diseñada para resistir las vacunas y las medicinas existentes. El anterior mes de diciembre, durante el fin de semana del Renacimiento, Hillary y yo habíamos organizado una cena con Craig Venter, un biólogo molecular cuyo laboratorio trataba de completar la secuencia del genoma humano. Le pregunté a Craig cuáles eran las posibilidades de que el mapa genético humano permitiera a los terroristas desarrollar genes sintéticos, rediseñar virus ya existentes o combinar la viruela con otro virus mortal para convertirlo en uno aún más dañino.

Craig dijo que todo era posible, y me recomendó que leyera la última novela de Richard Preston, *Operación Cobra*, un *thriller* sobre un científico loco que quiere reducir la población mundial infectando la ciudad de Nueva York con «*brainpox*», una combinación de viruela y un virus de insecto que destruye los nervios. Cuando leí el libro me sorprendió descubrir que en sus agradecimientos Preston mencionaba a más de cien científicos, militares, expertos de los servicios secretos y funcionarios de mi propia administración. Recomendé a algunos miembros del gabinete a que leyeran el libro, y también al portavoz Gingrich.

Habíamos empezado a trabajar en el tema de la guerra biológica desde 1993, después de que la bomba en el World Trade Center pusiera de manifiesto que el terrorismo podía actuar en nuestro propio territorio. Un desertor de Rusia nos había dicho que en su país había grandes reservas de ántrax, viruela, Ébola y otros patógenos, y que se seguían produciendo pese a la caída de la Unión Soviética. En respuesta a esto, ampliamos el mandato del programa Nunn-Lugar para incluir la cooperación con Rusia en el área de las armas biológicas, además de las nucleares.

Después de la emisión de gas sarín en el metro de Tokyo en 1995, el Grupo de Seguridad Antiterrorista, dirigido por el miembro del equipo del Consejo de Seguridad Nacional, Richard Clarke, empezó a concentrarse más en la planificación de defensas contra el ataque de armas químicas y biológicas. En junio de 1995, firmé la Directiva de Decisión Presidencial (PDD) número 39, para repartir las responsabilidades entre diversas agencias gubernamentales respecto a la prevención y gestión de dichos ataques y para reducir la capacidad de maniobra de los terroristas, mediante acciones encubiertas y esfuerzos agresivos para la captura de los terroristas en el extranjero. En el Pentágono, algunos mandos militares y civiles estaban interesados en este tema, entre ellos el comandante del Cuerpo de los Marines, Charles Krulak, y Richard Danzig, el subsecretario de la Marina. A finales de 1996, la Junta de Jefes del Estado Mayor apoyó la recomendación de Danzig de vacunar a todo el personal militar contra el ántrax, y el Congreso tomó medidas para aumentar los controles sobre los agentes biológicos presentes en los laboratorios norteamericanos, después de que un fanático, con una falsa identificación, fuera atrapado comprando tres viales de un virus contagioso de un laboratorio por unos 300 dólares.

Hacia finales de 1997, cuando obtuvimos la confirmación de que Rusia poseía reservas aún mayores de las que se creyó inicialmente de agentes bioquímicos, autoricé la cooperación norteamericana con los científicos que habían trabajado en algunos de los institutos donde se habían fabricado las armas bioquímicas durante la era soviética, con la esperanza de descubrir exactamente qué sucedía, e impedir que vendieran sus conocimientos o los agentes biológicos a Irán o a otros compradores.

En marzo de 1988, Dick Clarke reunió a unos cuarenta miembros de la administración en la Blair House para un «ensayo» de cómo hacer frente a los ataques terroristas de viruela, un agente químico y un arma nuclear. Los resultados fueron alarmantes. Con la viruela, se tardaba mucho tiempo y se perdían demasiadas vidas hasta poder controlar la epidemia. La reserva de antibióticos y vacunas era inadecuada, las leyes de cuarentena estaban anticuadas y los sistemas de salud pública no funcionaban bien; los planes de emergencia estatales no estaban bien desarrollados.

Unas semanas más tarde, a petición mía, Clarke reunió a siete científicos y expertos en reacciones de emergencia. Entre ellos se encontraban Craig Venter; Joshua Lederberg, un biólogo y ganador del Nobel que se había pasado décadas luchando contra las armas químicas, y Jerry Hauer, director de la Gestión de Emergencias de la ciudad de Nueva York. Junto con Bill Cohen, Janet Reno, Donna Shalala, George Tenet y Sandy Berger, me reuní con el grupo durante varias horas para discutir cuáles eran las amenazas y de qué forma debíamos afrontarlas. Aunque me había pasado casi toda la noche anterior ayudando a que se cerrara el acuerdo de paz irlandesa, escuché atentamente su presentación e hice muchas preguntas. Todo lo que oía me confirmaba que no estábamos preparados para responder a ataques bioquímicos y que el inminente descubrimiento de la secuencia del genoma humano y la reconfiguración de los genes tendría profundas implicaciones para nuestra seguridad nacional. Cuando la reunión estaba a punto de terminar, el doctor Lederberg me dio un ejemplar de un número reciente del *Journal of the American Medical Association* dedicado a la amenaza del bioterrorismo. Después de leerlo, me quedé aún más preocupado.

En menos de un mes, el grupo me envió un informe en el que recomendaban gastar casi 2.000 millones de dólares durante los siguientes cuatro años y mejorar la capacidad de nuestro sistema de salud pública, construir una reserva nacional de antibióticos y vacunas, especialmente contra la viruela, e impulsar la investigación para desarrollar nuevas medicinas y vacunas mediante la ingeniería genética.

El día del discurso de Annapolis, firmé dos directivas presidenciales más sobre el terrorismo. La PDD-62 creaba un programa antiterrorista de diez puntos; en él se asignaban responsabilidades diversas a varias agencias gubernamentales según funciones específicas, entre ellas la captura, extradición y persecución de los terroristas así como el desmantelamiento de sus redes operativas; impedir que los terroristas adquirieran armas de destrucción masiva; gestionar el momento posterior a los ataques; proteger las infraestructuras esenciales y los cibersistemas, y proteger a los ciudadanos norteamericanos en el país y en el extranjero.

La PDD-62 también establecía el cargo de Coordinador Nacional de Lucha Antiterrorista y Protección de las Infraestructuras. Nombré a Dick Clarke, que había sido nuestro hombre en el problema del antiterrorismo desde el principio. Era un profesional, que había estado en las administraciones Reagan y Bush y era adecuadamente agresivo en sus esfuerzos por organizar al gobierno en la lucha contra el terrorismo. La PDD-63 contemplaba la creación de un Centro Nacional de Protección de Infraestructuras que prepararía por primera vez un plan exhaustivo para garantizar la seguridad de nuestras infraestructuras esenciales, como los transportes, las telecomunicaciones y los sistemas de suministro de agua.

A finales de mes, Starr trató de obligar de nuevo a Susan McDougal a testificar ante el gran jurado, y fracasó. También interrogó a Hillary durante casi cinco horas, por sexta vez; y acusó a Webb Hubbell de nuevo de delito fiscal. Algunos ex fiscales cuestionaron la propiedad del paso altamente insólito que había dado Starr. Esencialmente, a Hubbell le acusaban de nuevo por inflar las facturas de sus clientes porque no había pagado los impuestos de lo que ingresaba. Para empeorar las cosas, Starr también presentó cargos contra la esposa de Hubbell, Suzy, porque había firmado la declaración de renta conjunta, y contra los amigos de Webb, el contable Mike Schaufele y el abogado Charles Owen, porque habían asesorado a Hubbell en sus asuntos económicos, sin cobrarle nada, cuando estaba en apuros. Hubbell fue muy directo en su respuesta: «Creen que acusándome a mí y a mis amigos mentiré acerca del presidente y de la primera dama. No lo haré… no voy a mentir acerca del presidente. Ni tampoco acerca de la primera dama, ni de nadie en absoluto».

A principios de mayo, Starr persistió en su estrategia de intimidación y acusó a Susan McDougal de desacato penal ante el tribunal y obstrucción a la justicia por su firme negativa de hablar con el gran jurado, la misma ofensa por la que había pasado ya dieciocho meses en la cárcel por desacato civil. Era inaudito. Starr y Hick Ewing no conseguían forzar a Susan McDougal a decir las mentiras que ellos querían escuchar, y eso les sacaba de quicio. Aunque Susan tuvo que pasar casi un año más en esas circunstancias, era más dura que ellos y al final la verdad saldría a la luz.

En junio, Starr por fin probó un poco de su propia medicina. Después de que Steven Brill publicara un artículo en *Brill's Content* acerca de la operación de Starr, que ponía de manifiesto la estrategia de filtraciones ilícitas de noticias por parte de la oficina de Starr, y en el que informaba que éste había admitido las filtraciones en una entrevista de noventa minutos, la juez Norma Holloway Johnson sentenció que había una «causa probable» para creer que la oficina de Starr se había dedicado a filtrar de forma «grave y repetida» informaciones a la prensa y a los medios de comunicación, y que David Kendall podía citar a Starr y a sus adjuntos para descubrir el origen de las filtraciones. Dado que la decisión de la juez también implicaba las sesiones del gran jurado, la sentencia no se hizo pública. Curiosamente, fue uno de los aspectos de la operación de Starr que no se filtró a la prensa.

El 29 de mayo, Barry Goldwater falleció a los ochenta y nueve años. Su muerte me entristeció. Aunque pertenecíamos a distintos partidos y nuestras filosofías también divergían, Goldwater había sido extraordinariamente amable con Hillary y conmigo. Yo también le respetaba por ser un verdadero patriota y un libertario a la vieja usanza, que creía que el gobierno debía quedarse fuera de las vidas privadas de los ciudadanos y que la lucha política tenía que centrarse en las ideas, y no en los ataques personales.

Pasé el resto de la primavera impulsando mi programa legislativo y, en general, trabajando del día a día: emití una orden ejecutiva para prohibir la discriminación de los gays en el empleo civil federal y apoyé el nuevo programa de reformas económicas de Boris Yeltsin. El Emir de Bahrein vino de visita a la Casa Blanca; también me dirigí a la Asamblea General de Naciones Unidas para hablar del tráfico de drogas global. Tuvimos la visita de estado del presidente de Corea del Sur, Kim Dae Jung, y celebramos la Conferencia Oceánica Nacional en Monterrey, California, donde extendí la prohibición de extraer petróleo de la costa californiana durante catorce años más. También firmé una ley que garantizaba fondos para comprar chalecos antibalas para el 25 por ciento de los agentes de policía que aún no los tenía y pronuncié los discursos de la ceremonia de graduación en tres universidades, además de hacer campaña para los demócratas en seis estados.

Fue un mes ajetreado pero bastante normal, excepto por un triste viaje que tuve que hacer hasta Springfield, Oregón, donde un joven inestable de quince años había matado y herido con un arma semiautomática a algunos de sus compañeros. Era el último de una serie de matanzas en escuelas entre los que se contaban incidentes letales en Jonesboro, Arkansas; Pearl, Mississippi; Paducah, Kentucky y Edinboro, Pennsylvania.

Las muertes eran desgarradoras y desconcertantes, porque el índice de criminalidad juvenil en general por fin descendía. Me daba la sensación de que aquellos estallidos de violencia se debían, al menos en parte, a la excesiva glorificación de la violencia en nuestra cultura y a la facilidad con que los niños conseguían armas mortíferas. En todos los casos de matanzas escolares, incluidas algunas en las que no hubo que lamentar pérdidas, los jóvenes autores del hecho parecían airados, enajenados o poseídos por alguna oscura filosofía de la vida. Pedí a Janet Reno y a Dick Riley que elaboraran una guía para maestros, padres y alumnos sobre las señales iniciales que tan a menudo exhiben los jóvenes con problemas, y que incluyera estrategias para ayudarles.

Me desplacé a la escuela de Springfield para reunirme con las familias de las víctimas, escuchar las historias de lo que había sucedido y hablar con los estudiantes, los maestros y los ciudadanos. Todos estaban traumatizados y se preguntaban cómo había podido pasar algo así en su comunidad. A menudo, en momentos como ese, sentía que lo único que podía hacer era compartir el dolor de la gente, tranquilizarles diciéndoles que eran buenas personas y animarles a que hicieran de tripas corazón y siguieran adelante.

Cuando la primavera se convirtió en verano, llegó el momento de mi visita a China, que estaba prevista desde hacía tiempo. Aunque Estados Unidos y China aún mantenían diferencias significativas sobre los derechos humanos, la libertad religiosa y política y otros asuntos, yo tenía ganas de emprender el viaje. Pensaba que a Jiang Zemin le había ido bien en su viaje a Estados Unidos en 1997, y que él estaría ansioso por que en esta ocasión a mí también me fuera bien.

El viaje no estaba exento de polémica en ninguno de los dos países. Yo era el primer presidente que viajaba a China desde la supresión de las fuerzas en pro de la democracia en la plaza de Tiananmen en 1989. Las acusaciones de que los chinos habían intentado influir en las elecciones de 1996 aún no se habían aclarado. Además, algunos republicanos me atacaban por permitir que las empresas norteamericanas lanzaran satélites comerciales al espacio utilizando misiles chinos, aunque ellos no podían acceder a la tecnología de satélite y a pesar de que el proceso se había iniciado durante la administración Reagan, había seguido durante los años de Bush y que su objeto era ahorrar dinero a las compañías norteamericanas. Finalmente, muchos norteamericanos temían que las políticas comerciales chinas y su tolerancia respecto a la reproducción y a la venta ilegal de libros, películas y música norteamericana causaran pérdida de empleos en Estados Unidos.

En el lado chino, muchos funcionarios pensaban que nuestras críticas acerca de su política de derechos humanos eran una interferencia en sus asuntos internos, mientras otros pensaban que, a pesar de mi discurso positivo, el objetivo norteamericano era contener a China y no cooperar con ella en el siglo XXI.

Con un cuarto de la población mundial y una economía en rápido crecimiento, China sin duda tendría un profundo impacto económico y político en Estados Unidos y en el mundo entero. Si era posible, teníamos que construir una relación positiva. Hubiera sido una estupidez no ir.

Una semana antes de partir, nombré a nuestro embajador en Naciones Unidas, Bill Richardson, sucesor de Federico Peña en su cargo de secretario de Energía, y designé a Dick Holbrooke nuevo embajador. Richardson, un ex congresista de Nuevo México, donde se encuentran los dos laboratorios de investigación más importantes del Departamento de Energía, estaba hecho a la medida del puesto. Holbrooke tenía la habilidad de resolver nuestro problema del impago a Naciones Unidas y la experiencia y la inteligencia necesarias para realizar una gran contribución a nuestro equipo de política exterior. Con los problemas que se avecinaban en los Balcanes de nuevo, le necesitábamos.

Hillary, Chelsea y yo llegamos a China la noche del 25 de junio, junto con la madre de Hillary, Dorothy, y una delegación que incluía a la secretaria Albright, al secretario Rubin, al secretario Daley y a seis miembros del Congreso, entre ellos John Dingell de Michigan, el miembro que llevaba más años en la Cámara. La presencia de John era importante porque la dependencia de Michigan respecto a la industria automovilística la convertía en el centro del sentimiento proteccionista. A mí me gustaba la idea de que quisiera ver China con sus propios ojos, para formarse una idea sobre si China debía o no sumarse a la OMC.

Empezamos el viaje en la antigua capital de Xi'an, donde los chinos organizaron una ceremonia de bienvenida muy bella y elaborada. Al día siguiente tuvimos la oportunidad de caminar entre las filas de los famosos guerreros de terracota y de mantener una mesa redonda donde debatimos con los habitantes chinos de la pequeña ciudad de Xiahe.

Nos pusimos manos a la obra dos días más tarde, cuando el presidente Jiang Zemin y yo nos reunimos y celebramos una conferencia de prensa que se televisó en directo por toda China. Hablamos francamente de nuestras diferencias, así como de nuestro compromiso de construir una colaboración estratégica. Era la primera vez que el pueblo chino había visto a su dirigente debatir de verdad cuestiones como los derechos humanos y la libertad religiosa con un jefe de Estado extranjero. Jiang se sentía más confiado, lo suficiente como para hablar de esos temas en público; además estaba seguro de que yo discreparía de forma respetuosa. También destacamos los intereses comunes que nos unían, como la voluntad de poner fin a la crisis financiera asiática, avanzar en la no proliferación nuclear y promover la reconciliación de la península coreana.

Cuando defendí que China debía disfrutar de más libertad y respeto a los derechos humanos, Jiang me respondió que Estados Unidos era un país extremadamente desarrollado, mientras que la renta per cápita de China aún era de 700 dólares anuales. Hizo hincapié en nuestras distintas historias, culturas, ideologías y sistemas sociales. Cuando animé a Jiang a que se reuniera con el Dalai Lama dijo que la puerta estaba abierta si el Dalai Lama declaraba primero que el Tíbet y Taiwan formaban parte de China, y añadió que ya había «varios canales de comunicación» establecidos con el líder del budismo tibetano. Obtuve una carcajada del público chino cuando dije que, en mi opinión, si Jiang y el Dalai Lama se reunían alguna vez, seguramente se caerían bien el uno al otro. También traté de dar iniciativas prácticas para avanzar en la cuestión de los derechos humanos. Por ejemplo: aún quedaban ciudadanos chinos encarcelados por delitos que ya no existían. Propuse que fueran liberados.

El objetivo principal de la conferencia de prensa fue el debate en sí. Yo quería que los ciudadanos chinos vieran que Estados Unidos apoyaba los derechos humanos que consideramos universales y quería que los funcionarios chinos se dieran cuenta de que una mayor apertura no provocaría la desintegración social que, dada la historia de China, comprensiblemente temían.

Después de la cena oficial ofrecida por Jiang Zemin y su esposa Wang Yeping, él y yo nos turnamos dirigiendo la Banda del Ejército de Liberación del Pueblo. Al día siguiente mi familia asistió a la misa del domingo en la iglesia de Chongwenmen, la primera iglesia protestante de Pekín, y una de los pocos templos de culto permitidos por el gobierno. Muchos cristianos se reunían en secreto en sus hogares. La libertad religiosa era importante para mí y me sentí satisfecho de que Jiang aceptara que más adelante le enviara una delegación de líderes religiosos norteamericanos, entre ellos un rabino, un arzobispo católico y un ministro evangélico, para seguir avanzando en aquella cuestión.

Después de visitar la Ciudad Prohibida y la Gran Muralla, celebré una sesión de preguntas y respuestas con los estudiantes de la Universidad de Pekín. Hablamos de los derechos humanos en China, pero también me preguntaron acerca de ellos en Estados Unidos y qué podía hacer yo para ayudar a que el pueblo norteamericano comprendiera mejor a China. Eran preguntas justas procedentes de jóvenes que querían que su país cambiara, pero que a pesar de todo se sentían orgullosos de su patria.

El primer ministro Zhu Rongji celebró un almuerzo para la delegación, durante el cual hablamos de los retos económicos y sociales a los que China se enfrentaba, así como de los temas pendientes que aún debíamos resolver para que China entrara en la Organización Mundial del Comercio. Yo estaba firmemente convencido de que debía hacerlo, para que China siguiera integrándose progresivamente en la economía global y también para lograr tanto que aceptara gradualmente la legislación de la comunidad internacional como que aumentara su disponibilidad a cooperar con Estados Unidos y otras naciones en una amplia gama de asuntos. Esa noche el presidente Jiang y la señora Wang nos invitaron a cenar con ellos en su residencia oficial, que se encontraba a orillas de un plácido lago en el complejo donde se alojaban los más importantes dirigentes chinos. Cuanto más tiempo pasaba con Jiang, más me gustaba. Era un hombre enigmático, divertido y profundamente orgulloso, pero siempre dispuesto a escuchar los distintos puntos de vista. Aunque no siempre estaba de acuerdo con él, me convencí de que él creía que cambiaría China tan rápido como fuera posible, en la dirección adecuada.

De Pekín fuimos a Shanghai; parecía la ciudad con más grúas de construcción de todo el mundo. Hillary y yo mantuvimos una fascinante discusión sobre los problemas y el potencial de China con un grupo de jóvenes, entre los que había profesores, empresarios, un defensor de los consumidores y un novelista. Una de las experiencias más ilustrativas de todo el viaje fue durante mi participación en un programa radiofónico al que llamaban los oyentes y en el que me acompañó el alcalde. Me hicieron algunas preguntas previsibles pero interesantes sobre temas económicos y de seguridad, pero le hicieron más al alcalde que a mí: sus oyentes estaban interesados en conseguir mejor educación y más ordenadores, y estaban preocupados por la congestión de tráfico de la ciudad, fruto de su creciente prosperidad y expansión. Pensé que si los chinos se quejaban al alcalde sobre atascos de tráfico, es que la política china iba por buen camino.

Antes de volver a casa, fuimos a Guilin para una reunión con activistas del medio ambiente preocupados por la destrucción de los bosques y la pérdida de la vida salvaje. También realizamos un tranquilo viaje río abajo por el Li, que fluye a través de un bellísimo paisaje marcado por grandes formaciones de piedra caliza que parecen haber surgido bruscamente en el horizonte de los tranquilos parajes campestres. Después de Guilin, hicimos una parada en Hong Kong para ver a Tung Cheehwa, el jefe ejecutivo escogido por los chinos después de que los británicos se retiraran. Era un hombre inteligente y cosmopolita que había vivido algunos años en Estados Unidos; estaba muy ocupado tratando de equilibrar la bulliciosa cultura política de Hong Kong y el gobierno central chino mucho más conformista. También me reuní con el defensor de la democracia Martin Lee. Los chinos habían prometido que no tocarían el sistema político de Hong Kong, mucho más democrático, pero yo tenía la impresión de que los detalles de la reunificación aún se estaban puliendo y que ninguna de las dos partes estaba plenamente satisfecha con la situación actual.

A mediados de julio, Al Gore y yo celebramos un acto en la Academia Nacional de la Ciencia, en la que pusimos de relieve los esfuerzos de nuestra administración para evitar el colapso de los ordenadores con el cambio de milenio. Había una preocupación muy extendida de que muchos sistemas informáticos no reconocerían el cambio al año 2000 y que esto podría causar el desastre en la economía y alterar las vidas de millones de norteamericanos. Organizamos un exhaustivo programa, dirigido por John Koskinen, para garantizar que todos los sistemas gubernamentales estuvieran listos para el nuevo milenio, y también ayudamos al sector privado a hacer los preparativos necesarios. No sabríamos con certeza si nuestras medidas habían funcionado hasta que llegara el día.

El 16, convertí en ley otra de mis prioridades, la Ley de Incentivos y Apoyo al Rendimiento de la Infancia. Ya habíamos aumentado el cumplimiento de los deberes paternos, como ir a buscar a los niños al colegio, en un 68 por ciento desde 1992; ahora, 1,4 millones de familias más recibían ayudas a la infancia. Esta ley penalizaba a los estados que no automatizaban sus archivos de ayudas a la infancia, ni daban compensaciones financieras a los que cumplían los objetivos de rendimiento fijados.

Por esas fechas anuncié la compra de ochenta millones de fanegas de trigo, para distribuirlas entre los países en vías de desarrollo que sufrían carestías y falta de alimentos. Los precios del grano estaban bajos y la compra aliviaría una necesidad humanitaria y aumentaría el precio del cereal casi trece centavos por fanega, una importante noticia para los granjeros. También pedí al Congreso que aprobara un paquete de ayudas agrícolas urgentes.

Hacia finales de mes, Mike McCurry anunció que dimitiría como secretario de prensa de la Casa Blanca en otoño; nombré a su adjunto, Joe Lockhart, que había sido secretario de prensa durante mi campaña para la reelección, para que le sucediera. McCurry había hecho un excelente trabajo en un puesto que exigía mucho, pues tenía que responder a preguntas muy duras, explicar las medidas políticas de la administración con claridad e ingenio, y trabajar durante jornadas laborales en las que tenía que estar disponible las veinticuatro horas del día. Quería ver crecer a sus hijos. A mí me gustaba mucho Joe Lockhart, y a la prensa también parecía que le caía bien. Además, disfrutaba jugando a cartas conmigo; sería un período de transición suave.

En julio, seguí impulsando mi programa de medidas en Estados Unidos; mientras, Dick Holbrooke voló a Belgrado para entrevistarse con

Milosevic, en un intento por solucionar la crisis de Kosovo. El primer ministro Hashimoto dimitió después de la derrota electoral en Japón y Nelson Mandela se casó con Graça Machel, la encantadora viuda de un ex presidente de Mozambique y una figura destacada de la lucha contra la explotación de los niños soldado en las guerras de África. A todo esto, Ken Starr seguía tratando de construir su caso contra mí.

Insistió en que algunos de mis agentes del servicio secreto prestaran testimonio, entre ellos Larry Cockell, el jefe del equipo de mis guardaespaldas. El Servicio Secreto se había resistido con uñas y dientes, y el ex presidente Bush había escrito dos cartas expresando su oposición. Excepto cuando el presidente se encuentra en la planta de la residencia de la Casa Blanca, el Servicio Secreto siempre está con él o justo al otro lado de la puerta de la estancia en la que esté. Los presidentes dependen del Servicio Secreto para su protección, y también para que protejan sus confidencias. Los agentes oyen todo tipo de conversaciones relacionadas con la seguridad nacional, la política interior, los conflictos políticos y las luchas personales. Su dedicación, profesionalidad y discreción han servido bien a los presidentes de ambos partidos, y también a la nación. Ahora Starr quería poner todo eso en peligro, y no para un caso de espionaje o de abusos del FBI como los que sucedieron en Watergate, ni nada parecido al voluntario desafío de la ley que constituyó el caso Irán-Contra, sino para averiguar si yo había dado respuestas falsas y exhortado a Monica Lewinsky a hacer lo mismo en respuesta a preguntas formuladas con mala fe, de un caso que ya había sido desestimado por los tribunales porque no se sostenía por ningún lado.

Hacia finales de mes, Starr había concedido inmunidad a Monica Lewinsky para que no pudiera ser acusada por lo que dijera en su testimonio ante el gran jurado; también me había citado a mí a declarar. El día 29, acepté testificar voluntariamente y se retiró la citación. No puedo decir que tuviera ganas de hacerlo.

A principios de agosto, me reuní con diez líderes tribales indios en Washington, para anunciar un esfuerzo global para mejorar la educación, la sanidad y las oportunidades económicas de los nativos norteamericanos. Mi ayudante para asuntos intergubernamentales, Mickey Ibarra, y Lynn Cutler, mi contacto con las tribus, habían trabajado mucho en esta iniciativa, que era muy necesaria. Aunque Estados Unidos gozaba de su tasa de desempleo más baja en veintiocho años, la de criminalidad más baja en veinticinco y el porcentaje más reducido de ciudadanos dependientes de la asistencia social en veintinueve años, las comunidades nativas norteamericanas que no habían logrado enriquecerse gracias a las operaciones de juego aún estaban pasándolo mal. Menos del 10 por ciento de los nativos norteamericanos recibían enseñanza superior, y tenían tres probabilidades más de sufrir diabetes que los norteamericanos blancos; también tenían el ingreso per cápita más bajo que ningún otro grupo étnico del país. Algunas comunidades tribales presentaban tasas de desempleo de más del 50 por ciento. Los jefes estaban animados por las nuevas medidas que tomábamos y, después de la reunión, yo también abrigué la esperanza de que podríamos ayudarlos.

Al día siguiente estallaron dos bombas en las embajadas norteamericanas de Tanzania y Kenya respectivamente, con cinco minutos de diferencia; mataron a 257 personas, 12 de ellas norteamericanas, e hirieron a 5.000 más. Las pruebas iniciales indicaban que el atentado era responsabilidad de la red de Osama bin Laden, conocida como al-Qaeda. A finales de febrero, bin Laden había emitido una *fatwa* para desencadenar ataques contra el ejército de Estados Unidos y objetivos civiles en todo el mundo. En mayo, había dicho que sus seguidores atacarían objetivos norteamericanos en el Golfo y habló de «llevar la guerra de vuelta al territorio de Estados Unidos». En junio, en una entrevista con un periodista norteamericano, había amenazado con derribar aviones militares norteamericanos con baterías antiaéreas y misiles.

Nosotros llevábamos investigando a bin Laden algunos años. A principios de mi mandato, Tony Lake y Dick Clarke habían exigido a la CIA más información sobre el acaudalado saudí, que había sido expulsado de su propia patria en 1991, había perdido su ciudadanía en 1994 y se había instalado en Sudán.

Al principio, bin Laden parecía limitarse a financiar operaciones terroristas pero, más adelante, averiguamos que era el jefe de una organización terrorista muy compleja, con acceso a grandes cantidades de dinero, más allá de su propia fortuna, y con agentes en diversos países, incluidos Chechenia, Bosnia y Filipinas. En 1995, después de la guerra en Bosnia, habíamos frustrado algunos intentos por parte de los muyahidines de hacerse con el poder en la zona y, en colaboración con los mandos locales, también habíamos impedido que un piloto hiciera estallar varios aviones que despegaron de Filipinas en dirección a la costa oeste. Sin embargo, la red transnacional de bin Laden seguía creciendo.

En enero de 1996, la CIA había establecido un centro exclusivamente dedicado a bin Laden y a su red, dentro del Centro de Lucha contra el Terrorismo, y poco después empezamos a presionar a Sudán para que expulsara a bin Laden. En aquel entonces Sudán era prácticamente un santuario para terroristas, incluidos los egipcios que habían tratado de asesinar al presidente Mubarak el junio anterior, y que habían logrado acabar con su predecesor, Anuar el Sadat. El dirigente de la nación, Hasán al-Turabi, compartía los puntos de vista radicales de bin Laden y los dos estaban implicados en todo un espectro de negocios, desde operaciones legítimas hasta la fabricación de armas y ayudas a los terroristas.

Al tiempo que presionábamos a Turabi para que expulsara a bin

Laden, pedimos a Arabia Saudí que lo acogiera. Los saudíes no querían volver a permitirle la entrada, pero finalmente bin Laden abandonó Sudán a mediados de 1996, aparentemente en buenos términos con Turabi. Se trasladó a Afganistán, donde encontró una cálida bienvenida en el mulá Omar, el jefe de los talibanes, una secta militante suní que estaba decidida a establecer una teocracia musulmana radical en Afganistán.

En septiembre de 1996, los talibanes entraron en Kabul y empezaron a extender su control por otras zonas del país. Hacia finales de año, la unidad de la CIA dedicada a bin Laden había desarrollado un archivo con información muy importante sobre su persona y su infraestructura. Casi un año después, las autoridades keniatas arrestaron a un hombre sospechoso de estar implicado en la conspiración terrorista contra la embajada estadounidense.

La semana después de los atentados, mantuve mi agenda prevista y viajé a Kentucky, Illinois, y a California, para promover la Declaración de Derechos del paciente, nuestra iniciativa para el agua limpia y para ayudar a los demócratas que se presentaban a la reelección ese año. Aparte de esos acontecimientos públicos, me pasaba la mayor parte del tiempo con mi equipo de seguridad, discutiendo sobre la forma en que íbamos a responder a los atentados cometidos en África.

El 13 de agosto, hubo una misa fúnebre en la base aérea de Andrews por diez de las doce víctimas norteamericanas. Entre la gente que bin Laden consideraba que merecía morir solo porque era de nacionalidad estadounidense, había un diplomático de carrera al que yo había tratado en dos ocasiones, y su hijo; una mujer que estaba pasando las vacaciones cuidando de sus ancianos padres; un funcionario del servicio diplomático de origen indio que había viajado por todo el mundo trabajando en iniciativas a favor de su país de adopción; un epidemiólogo que trataba de salvar a los niños africanos de la enfermedad y la muerte; una madre de tres niños pequeños; una persona que había sido abuela hacía pocos días; un músico de jazz de talento, que trabajaba en el servicio diplomático; un administrador de la embajada, casado con una keniata, y tres sargentos, de la Armada, las Fuerzas Aéreas y el Cuerpo de los Marines, respectivamente.

Todo parecía indicar que bin Laden estaba envenenado con la convicción de que estaba en posesión de la verdad absoluta y que por lo tanto era libre de jugar a ser Dios matando a gente inocente. Dado que estábamos investigando su organización desde hacía algunos años, yo sabía desde hacía tiempo que era un enemigo en absoluto desdeñable. Después de la matanza africana, me concentré en su captura o su eliminación, y en la destrucción de al-Qaeda.

Una semana después de las bombas en las embajadas, después de grabar un discurso para la gente de Kenya y de Tanzania, cuyas pérdidas eran mucho mayores que las nuestras, me reuní con los jefes de Seguridad Nacional. Tanto la CIA como el FBI me confirmaron que al-Qaeda era responsable de los atentados, y me notificaron que algunos de los autores materiales ya habían sido detenidos.

También recibí informes de inteligencia que advertían que al-Qaeda tenía planes de atacar aún otra embajada, en Tirana, Albania, y que nuestros enemigos creían que Estados Unidos era vulnerable porque la polémica acerca de mi comportamiento personal nos estaba distrayendo. Cerramos la embajada en Albania, enviamos a un destacamento de marines fuertemente armados para vigilar el edificio, y empezamos a cooperar con las autoridades locales para desmantelar la célula de al-Qaeda que operaba allí. Pero aún nos quedaban otras embajadas, en países donde al-Qaeda contaban con agentes.

La CIA también disponía de informes que decían que bin Laden y sus principales lugartenientes tenían previsto reunirse en uno de sus campamentos en Afganistán el 20 de agosto, para valorar el impacto de sus ataques y planear sus futuras operaciones. La reunión era una gran oportunidad para tomar represalias, y quizá librarnos de un importante número de los más destacados miembros de al-Qaeda. Pedí a Sandy Berger que gestionara el proceso y preparara una respuesta militar. Teníamos que escoger objetivos, desplazar los efectivos militares necesarios hasta el lugar y reflexionar sobre la forma de plantear la cuestión con Pakistán. Si lanzábamos ataques aéreos nuestros aviones necesariamente pasarían por el espacio aéreo de Pakistán.

Aunque tratábamos de trabajar junto con Pakistán para reducir tensiones en el subcontinente indio, y nuestras dos naciones habían sido aliadas durante la Guerra Fría, Pakistán apoyaba a los talibanes y, por extensión, a al-Qaeda. El servicio de inteligencia paquistaní, utilizaba algunos de los mismos campamentos de entrenamiento que bin Laden y al-Qaeda empleaban para entrenar a los talibanes y a los insurgentes que luchaban en Cachemira. Si Pakistán se enteraba con antelación de nuestros planes de ataque, era muy probable que el servicio de inteligencia paquistaní advirtiera a los talibanes, o incluso a al-Qaeda. Por otra parte, el adjunto al secretario de Estado, Strobe Talbott, que se esforzaba por minimizar las posibilidades de un conflicto militar en el subcontinente indio, temía que si no se lo decíamos a los paquistaníes, ellos quizá supusieran que los misiles los había lanzado India y actuaran en consecuencia, incluso respondiendo con armas nucleares.

Decidimos enviar al vicepresidente de la Junta de Jefes del Estado Mayor, el general Joe Ralston, para que cenara con el principal comandante militar paquistaní en el momento en que estaban previstos los ataques. Ralston le diría lo que sucedía, unos minutos antes de que nuestros misiles entraran en el espacio aéreo paquistaní, demasiado tarde para

alertar a los talibanes o al-Qaeda, pero a tiempo de evitar que los derriba-
ran o emprendieran una respuesta armada contra India.

A mi equipo también le preocupaba otra cosa: mi testimonio ante el
gran jurado al cabo de tres días, el 17 de agosto. Temían que a causa de
ello yo fuera reacio a atacar o, incluso, que si efectivamente ordenaba el
ataque, me acusaran de hacerlo para distraer la atención del público de
mis problemas, especialmente si no lográbamos capturar a bin Laden.
Les dije en términos inequívocos que su trabajo era proporcionarme asesoramiento en el área de la seguridad nacional. Si la recomendación era
atacar el día 20, esto era lo que haríamos. Dije que yo me encargaría de
hacer frente a mis problemas personales. También se acababa el tiempo
en ese aspecto.

CUARENTA Y NUEVE

El sábado por la mañana, 15 de agosto, con la perspectiva del testimonio ante el gran jurado y después de una noche triste y sin dormir, desperté a Hillary y le conté la verdad de lo que había sucedido entre Monica Lewinsky y yo. Me miró como si le hubiera pegado un puñetazo, casi tan enfadada conmigo por haberle mentido al respecto en enero como por lo que había hecho. Solo podía decirle que lo sentía y que, en aquel momento, pensé que no le podía contar a nadie, y menos a ella, lo que había pasado. Le dije que la amaba, que no quería herirla a ella ni a Chelsea, que estaba avergonzado de lo que había hecho y que había guardado silencio en un esfuerzo por evitar dañar a mi familia y debilitar la presidencia. Después de todas las mentiras y el acoso que habíamos sufrido desde el principio de mi mandato, no quería que la marea que siguió a mi declaración de enero me arrastrara fuera de mi cargo. Aún no comprendía del todo por qué había hecho algo tan equivocado y estúpido. Solo alcanzaría a comprenderlo paulatinamente a medida que fueran pasando los meses y fuéramos trabajando en nuestra relación.

También tenía que hablar con Chelsea y, en cierto sentido, eso fue aún más duro. Más pronto o más tarde, todos los niños descubren que sus padres no son perfectos, pero esto iba más allá de lo normal. Yo siempre había creído que era un buen padre. Los años en el instituto de Chelsea y su primer curso en la universidad ya habían estado ensombrecidos por cuatro años de ataques personales muy intensos contra sus padres. Ahora Chelsea tendría que enterarse de que su padre no solamente había cometido un terrible error sino que, además, no le había contado ni a ella ni a su madre la verdad acerca de ello. Temía que además del riesgo de perder mi matrimonio, también pudiera perder el amor y el respeto de mi hija.

El resto de aquel espantoso día estuvo dominado por otro acto terrorista. En Omagh, en Irlanda del Norte, una facción disidente del IRA que no apoyaba el acuerdo del Viernes Santo asesinó a veintiocho personas en un concurrido barrio comercial de la ciudad, con un coche bomba. Todas las partes del proceso de paz, incluido el Sinn Fein, denunciaron el atentado. Yo emití un comunicado en que condenaba aquella carnicería y expresé mis condolencias a las familias de las víctimas; también exhorté a las partes que participaban en el proceso de paz para que redoblaran sus esfuerzos. El grupo rebelde, que se autodenominaba el IRA Auténtico, contaba con unos doscientos miembros y seguidores, suficientes para causar problemas serios, pero no tantos como para interrumpir el proceso de paz; la bomba de Omagh fue una muestra más de la absoluta locura que representaba volver a la situación del pasado.

El lunes, después de pasar todo el tiempo que pude preparándome, fui abajo a la Sala de Mapas para testificar durante cuatro horas. Starr había aceptado no obligarme a comparecer ante el tribunal, probablemente debido a la reacción negativa que obtuvo cuando hizo ir a Hillary. Sin embargo, insistió en grabar mi declaración, supuestamente porque uno de los veinticuatro miembros del gran jurado no podía asistir a la sesión. David Kendall dijo que el gran jurado era bienvenido a la Casa Blanca, si Starr se avenía a no grabar mi testimonio «secreto». Se negó; yo sospechaba que quería enviar la cinta al Congreso, desde donde podría difundirse sin que él tuviera que meterse en apuros.

El gran jurado asisitió a la sesión a través de un circuito cerrado de televisión en las dependencias del tribunal. Mientras, Starr y sus interrogadores se esforzaron por convertir aquella grabación en una película pornográfica casera; me hacían preguntas pensadas para humillarme y para provocar el rechazo del Congreso y del pueblo norteamericano, de modo que se levantara un clamor exigiendo mi dimisión, después de lo cual él podría presentar cargos contra mí. Samuel Johnson dijo una vez que no hay nada que centre más la mente que la perspectiva de la propia destrucción. Además, yo creía que había mucho más en juego, más allá de lo que me sucediera a mí.

Después de los preliminares, solicité hacer una breve declaración. Admití que, «en ciertas ocasiones en 1996 y una en 1997», había mantenido una conducta improcedente, que incluía contactos íntimos inapropiados con Monica Lewinsky; que dicha conducta, aunque moralmente equivocada, no consistía en haber mantenido «relaciones sexuales» tal y como yo entendía la definición del término que la juez Wright había aceptado a petición de los abogados de Jones; que asumía plena responsabilidad por mis actos, y que respondería lo mejor que pudiera a todas las preguntas de la OFI relativas a la legalidad de mis acciones, pero que no diría nada más respecto a los detalles concretos de lo que había sucedido.

A continuación el interrogador principal de la OFI me hizo una larga lista de preguntas relativas a la definición de «relaciones sexuales» que la juez Wright había impuesto. Reconocí que no había tratado de cooperar con los abogados de Jones porque ellos, como la OFI, habían cometido numerosas filtraciones ilegales y, puesto que ya sabían por entonces que su caso no tenía base legal, creía que su objetivo durante mi declaración era extraer nuevas informaciones perjudiciales para mí con la intención de filtrarlas. Dije que por supuesto yo ignoraba que en el momento de mi declaración, la oficina de Starr ya se había implicado mucho en el caso.

En ese momento, los abogados de Starr trataban de capitalizar la trampa que me habían tendido; intentaban grabarme en una cinta comentando detalles gráficos acerca de los que nadie debería verse obligado a hablar en público.

Cuando el abogado de la OFI siguió quejándose acerca de las respuestas que yo daba a sus preguntas sobre sexo, le recordé que tanto mi abogado como yo habíamos invitado a los abogados de Jones a que formularan preguntas más concretas y que habían declinado hacerlo. Dije que ahora comprendía que no lo hicieron porque ya no trataban de obtener una declaración perjudicial para mí que pudieran filtrar a la prensa. Sencillamente, estaban trabajando para Starr. Querían que el testimonio sentara las bases necesarias para obligarme a dimitir, o para iniciar el proceso de *impeachment*, o incluso quizá una acusación formal. De modo que no hicieron preguntas más extensas «porque temían que yo diera respuestas sinceras... Estaban tratando de tenderme una trampa y engañarme. Y ahora usted parece quejarse por el hecho de que no hicieron bien su trabajo». Confesé que «deploraba» lo que los abogados del Instituto Rutherford habían hecho en nombre de Jones —torturar a gente inocente, filtraciones ilegales, perseguir una demanda fantasma con motivaciones políticas—, «pero estaba decidido a caminar por el campo de minas que representaba ese testimonio sin violar la ley, y creo que así lo hice».

Reconocí que no había dicho la verdad a todo el que me preguntó por la noticia una vez salió a la luz pública. Y repetí una y otra vez que jamás le había pedido a nadie que mintiera. Cuando las cuatro horas acordadas expiraron, me habían repetido seis o siete veces las mismas preguntas, pues los abogados se esforzaban denodadamente por convertir mi interrogatorio en una confesión humillante e incriminatoria. La investigación que hasta entonces había durado cuatro años y había costado 40 millones de dólares se redujo a eso: a un análisis de la definición de sexo.

Terminé de declarar hacia las seis y media, tres horas y media antes de la hora prevista para mi discurso ante la nación. Yo estaba visiblemente alterado cuando fui al solarium para encontrarme con los amigos y el personal que se había reunido para hablar de lo sucedido. Entre ellos estaban el abogado de la Casa Blanca Chuck Ruff, David Kendall, Mickey Kantor, Rahm Emanuel, James Carville, Paul Begala y Harry y Linda Thomason. Chelsea también estaba allí y, para mi alivio, hacia las ocho, Hillary se sumó a la reunión.

Tuvimos una discusión sobre lo que debía decir. Todos sabíamos que tenía que admitir que había cometido un gran error y había tratado de ocultarlo. La cuestión era si también tenía que atacar la investigación de Starr y decir que había llegado el momento de cerrarla. La opinión casi unánime era que no debía hacerlo. La mayor parte de la gente ya sabía que Starr estaba fuera de control, pero necesitaban escuchar que admitía mi equivocación y presenciar mi arrepentimiento. Algunos de mis amigos me dieron lo que pensaban que eran consejos estratégicos; otros estaban sinceramente abrumados por lo que había hecho. Solo Hillary se negó a expresar su opinión; les dijo a todos que me dejaran solo para escribir mi declaración.

A las diez hablé al pueblo norteamericano de mi testimonio, dije que era el único y absoluto responsable de mi fracaso personal y admití que había engañado a todo el mundo, «incluso a mi esposa». Dije que trataba de protegerme, a mí y a mi familia, de preguntas indiscretas en una demanda promovida por intereses políticos y que había sido desestimada. También dije que la investigación de Starr se había prolongado durante demasiado tiempo, había costado demasiado dinero y había herido a demasiadas personas, y que dos años atrás, otra investigación, que fue independiente de verdad, no había hallado indicios de conducta delictiva ni en Hillary ni en mí en lo relativo a Whitewater. Finalmente, me comprometí a esforzarme al máximo por arreglar mi vida familiar; esperaba que también pudiera arreglar el tejido de la vida nacional y detener la búsqueda de la destrucción personal y la intromisión en la vida privada, para seguir adelante. Creía en todas y cada una de las palabras que pronuncié, pero mi ira no se había apaciguado lo suficiente como para mostrarme todo lo arrepentido que debería haber estado.

Al día siguiente nos fuimos a Martha's Vineyard para nuestras vacaciones anuales. Normalmente solía contar los días hasta el momento en que podíamos evadirnos y pasar un tiempo en familia; este año, aunque sabía que lo necesitábamos, deseé estar ocupado trabajando las veinticuatro horas del día. Cuando cruzamos el Jardín Sur para subir al helicóptero, con Chelsea caminando entre Hillary y yo, y Buddy trotando a mi lado, los fotógrafos captaron unas imágenes que revelaban el dolor que yo había causado. Cuando no había cámaras alrededor, mi esposa y mi hija apenas me dirigían la palabra.

Pasé los dos primeros días alternando súplicas de perdón y planeando los ataques aéreos contra al-Qaeda. De noche Hillary se iba a la cama y yo dormía en el sofá.

El día de mi cumpleaños, el general Don Kerrick, miembro del equipo de Sandy Berger, voló a Martha's Vineyard para repasar los objetivos recomendados por la CIA y la Junta de Jefes del Estado Mayor: los campamentos de al-Qaeda en Afganistán y dos objetivos en Sudán, una fábrica de curtidos en la que bin Laden tenía intereses económicos y una planta química que la CIA creía que se utilizaba para producir o almacenar una sustancia química empleada para la producción del gas nervioso VX. Eliminé la fábrica de curtidos de la lista porque no tenía ningún valor militar para al-Qaeda y quería minimizar todo lo posible las bajas civiles.

El momento del ataque en los campamentos tenía que coincidir con la reunión que, según los servicios secretos, mantendrían bin Laden y sus lugartenientes.

A las 3 de la mañana di a Sandy Berger la orden definitiva para proceder. Los destructores de la Marina estadounidense situados en el norte del mar de Arabia lanzaron misiles de crucero contra los objetivos en Afganistán, mientras se disparaban otros contra la planta química en Sudán desde barcos situados en el mar Rojo. La mayoría de los misiles dio en el blanco, pero bin Laden no se encontraba en el campamento donde la CIA pensaba que estaría, cuando los misiles impactaron. Algunos informes decían que se había ido apenas un par de horas antes, pero jamás lo supimos con seguridad. Algunas personas relacionadas con al-Qaeda murieron, así como algunos oficiales paquistaníes que al parecer estaban allí para entrenar a terroristas de Cachemira. La planta química en Sudán quedó destruida.

Después de anunciar los ataques desde Martha's Vineyard, volé de regreso a Washington para hablar con el pueblo norteamericano, por segunda vez en dos días, y decirle que había ordenado los ataques porque al-Qaeda era responsable de los atentados contra nuestras embajadas y que bin Laden era «probablemente el más importante organizador y financiador del terrorismo internacional que hay en el mundo hoy en día», un hombre que se había jurado llevar la guerra del terrorismo a Estados Unidos, sin distinguir entre militares o civiles. Declaré que nuestros ataques no estaban dirigidos contra el Islam, «sino contra los fanáticos y los asesinos», y que habíamos estado luchando contra ellos en diversos frentes, durante varios años, y seguiríamos haciéndolo, pues «esta será una larga y permanente lucha».

Por las fechas en que hablé de esa larga lucha, firmé el primero de una serie de decretos con objeto de prepararnos para ella, mediante todas las herramientas a nuestra disposición. El decreto presidencial 13099 imponía sanciones económicas contra bin Laden y al-Qaeda. Más tarde esas sanciones también se hicieron extensivas a los talibanes. Hasta la fecha, no habíamos podido desmantelar las redes de financiación de los terroristas. El decreto presidencial invocaba la Ley de Poderes Económicos de Emergencia Internacional, que habíamos empleado anteriormente para luchar con éxito contra el cártel de Cali en Colombia.

También pedí al general Shelton y a Dick Clarke que desarrollaran diversas opciones para enviar unidades de comandos a Afganistán. Pensaba que si eliminábamos un par de centros de entrenamiento de al-Qaeda, les demostraría que íbamos en serio, aunque no consiguiéramos capturar a bin Laden o a sus principales lugartenientes. Me di cuenta de que los mandos militares no querían hacerlo, quizá a causa de Somalia, quizá porque tendrían que enviar a las Fuerzas Especiales sin saber a ciencia cierta dónde estaba bin Laden, o si podríamos sacar de allí a nuestras tropas y devolverlas a casa sin peligro. En cualquier caso, yo seguí apostando por mantener la opción abierta.

También firmé diversos Memorándums de Notificación (MN) con los que permitía a la CIA al uso de fuerza letal para apresar a bin Laden. La CIA había recibido autorización previa para llevar a cabo su propia «operación de captura» contra bin Laden desde la primavera anterior, meses antes de las bombas en las embajadas, pero no contaba con la capacidad paramilitar para llevar a cabo la operación. En su lugar, contrató a miembros de las tribus locales afganas para capturar a bin Laden. Cuando los agentes de campo o las tribunas afganas plantearon la duda de si tenían que tratar de apresar a bin Laden antes de utilizar fuerza mortífera, les dejé muy claro que no era necesario. Unos meses después, extendí la autorización del uso de fuerza letal a la lista de los secuaces de bin Laden, que también se convirtieron en nuestros objetivos, y precisé las circunstancias bajo las cuales podían atacarlos.

Mayoritariamente, la reacción de los líderes del Congreso de ambos partidos al ataque de misiles fue positiva, sobre todo porque habían sido bien informados y el secretario Cohen había asegurado a sus compañeros del Partido Republicano que el ataque y el momento en que se produjo estaban justificados. El portavoz Gingrich dijo: «Hoy, Estados Unidos ha hecho exactamente lo que debía hacer». El senador Lott afirmó que los ataques eran «adecuados y justos». Tom Daschle, Dick Gephardt y todos los demócratas también los apoyaron. Pronto, me alentó la detención de Muhammad Rashed, un agente de al-Qaeda que sospechábamos que estaba implicado en la bomba de la embajada en Kenia.

Algunos me criticaron por el ataque a la planta química, que el gobierno de Sudán insistía en que no estaba relacionada con la producción o almacenamiento de sustancias químicas peligrosas. Todavía creo que tomamos la decisión adecuada. La CIA disponía de muestras de suelo obtenidas en el emplazamiento de la planta que contenían la sustancia química base para producir VX. En un juicio contra un terrorista que tuvo lugar posteriormente en Nueva York, uno de los testigos afirmó que bin Laden disponía de un centro de operaciones para la fabricación de armas químicas en Jartum. A pesar de las pruebas evidentes, ciertos miembros de los medios de comunicación insistieron en la posibilidad de que el ataque fuera una versión en la vida real de la película *La cortina de humo*, en la cual un presidente de ficción inicia una falsa guerra ideada para la televisión, con el objeto de distraer la atención pública de sus problemas personales.

El pueblo norteamericano tuvo que asimilar las noticias del ataque y mi testimonio ante el gran jurado al mismo tiempo. *Newsweek* publicó un artículo en el que informaba que la reacción del público a mi testimonio y a mi discurso televisado había sido «tranquila y comedida». La valoración de mi gestión estaba en el 62 por ciento, y el 73 por ciento de la población apoyaba los ataques. La mayor parte de la gente pensaba que había sido deshonesto en mi vida personal, pero que seguía teniendo credibilidad en los temas públicos. Por el contrario, *Newsweek* afirmaba que «la primera reacción de los expertos políticos rozó la histeria». Me estaban destrozando. Merecía un castigo, desde luego, pero ya lo recibía en mi casa, el lugar donde correspondía administrarlo.

Por el momento, me limitaba a esperar que los demócratas no cedieran a la presión de los medios de comunicación y pidieran mi dimisión. De ese modo, yo podría reparar la ruptura que había provocado en mi familia y en mi equipo, en el gabinete y en la gente que había creído en mí durante todos aquellos años de constantes ataques.

Después del discurso regresé a la Vineyard para pasar otros diez días. No hubo mucho deshielo en el frente familiar. Hice mi primera aparición pública desde mi testimonio ante el gran jurado en un viaje a Worcester, Massachusetts, por invitación del congresista Jim McGovern, para promover los Cuerpos de Policía, un innovador programa que ofrecía becas universitarias para la gente que se comprometía a convertirse en agente de la ley. Worcester es una ciudad chapada a la antigua, con mayoría obrera, y yo estaba algo inquieto por la forma en que me recibirían. Me animó mucho encontrar una multitud entusiasta, en un acto al que asistió el alcalde, ambos senadores y cuatro congresistas de Massachusetts. Muchas de las personas del público me instaron a seguir en mi puesto; algunas de ellas me dijeron que ellos también habían cometido errores a lo largo de su vida y que lamentaban que los míos se hubieran aireado en público.

El 28 de agosto, en el treinta y cinco aniversario del famoso discurso de Martin Luther King Jr. en el que dijo «Tengo un sueño», fuimos a una misa conmemorativa en la Union Chapel, en Oak Bluffs, que había sido el lugar donde preferían pasar las vacaciones los afroamericanos durante más de un siglo. Estuve en la tarima con el congresista John Lewis, que había trabajado con el doctor King y era una de las más influyentes figuras morales en la política norteamericana. Él y yo éramos amigos desde hacía tiempo, mucho antes de 1992. Fue uno de los que me apoyaron desde el principio y tenía todo el derecho del mundo a condenarme. Sin embargo, cuando se levantó para hablar, John dijo que yo era su amigo y su hermano, que había estado a mi lado cuando tuve éxito y que no me abandonaría en las horas bajas; que había sido un buen presidente y que, si dependía de él, seguiría siéndolo. John Lewis jamás sabrá lo mucho que sus palabras alentaron mi espíritu aquel día.

Regresamos a Washington a finales de mes para enfrentarnos a otros graves problemas. La crisis financiera asiática se había extendido, y amenazaba con desestabilizar toda la economía global. La crisis se había iniciado en Tailandia en 1997, había contagiado a Indonesia y Corea del Sur y ahora había alcanzado a Rusia. A mediados de agosto, Rusia había dejado de pagar su deuda exterior y, a finales de mes, la crisis económica en Rusia había provocado grandes caídas en los mercados de valores de todo el mundo. El 31 de agosto, la media industrial Dow Jones cayó 512 puntos, después de una caída de 357 puntos cuatro días antes. Todas las ganancias de 1998 se borraron de un plumazo.

Bob Rubin y su equipo de economía internacional habían trabajado en la crisis financiera desde que empezaran los problemas de Tailandia. Aunque los detalles de los apuros de cada nación variaban, había rasgos comunes: sistemas bancarios deficientes, préstamos realizados con criterios erróneos, capitalismo del «amiguismo» y una falta de confianza generalizada. La situación se agravaba debido a la falta de crecimiento económico en Japón durante los últimos cinco años. Sin inflación y con una tasa de ahorro del 20 por ciento, los japoneses podían aguantar, pero lo cierto era que la falta de crecimiento en la principal economía asiática agravaba las consecuencias negativas de una política económica equivocada en cualquier lugar. Hasta los japoneses se estaban poniendo nerviosos; la economía estancada había contribuido a la derrota electoral, que había llevado a la reciente dimisión de mi amigo Ryutaro Hashimoto de su cargo de primer ministro. China, cuya economía tenía el mayor ritmo de crecimiento de la región, había impedido que la crisis fuera a peor al negarse a devaluar su divisa.

Durante los años noventa, la fórmula general para la recuperación económica era la concesión de considerables préstamos por parte del Fondo Monetario Internacional y otros países ricos a cambio de las reformas necesarias en las naciones afectadas. Las reformas, invariablemente, eran muy difíciles de plantear políticamente; siempre obligaban a cambios en zonas donde había intereses muy establecidos y arraigados y, a menudo, exigían austeridad fiscal, que aunque a largo plazo procuraba una recuperación más rápida y más estabilidad, a corto plazo perjudicaba gravemente a los ciudadanos,.

Estados Unidos había respaldado las iniciativas del FMI en Tailandia, Indonesia y Corea del Sur, y había concedido ayudas en los dos últimos casos. El Departamento del Tesoro decidió no aportar fondos para Tailandia porque ya habíamos concedido 17.000 millones y parecían suficientes; además, el Congreso había impuesto algunas restricciones nuevas, aunque temporales, sobre el Fondo de Estabilización de los Cambios, el que habíamos utilizado para ayudar a México. Las restricciones expiraron cuando llegó el momento de ayudar a más naciones en problemas, pero yo lamentaba no poder hacer ni siquiera una pequeña contribución al paquete de ayudas tailandés. Tanto el Departamento de Estado y Defensa como el CSN querían hacerlo porque Tailandia era nuestro aliado más antiguo en el sudeste asiático. De modo que me decidí por ello, pero dejé que fuera el Departamento del Tesoro el que lo gestionara todo. En términos de política interior y de economía fue una decisión correcta, pero envió un mensaje equivocado a los tailandeses, y a toda Asia. Bob Rubin y yo no cometimos demasiados errores políticos, pero creo que este fue uno de ellos.

Con Rusia desde luego no teníamos el problema de Tailandia. Estados Unidos había apoyado la economía rusa desde mi primer año de mandato, y habíamos contribuido casi en un tercio al paquete de ayudas de 23.000 millones de dólares del FMI en julio. Desafortunadamente, el primer reembolso de casi 5.000 millones prácticamente desapareció casi en su totalidad de la noche a la mañana, pues el rublo se devaluó y los rusos empezaron a sacar grandes cantidades de su propio dinero fuera del país. A los problemas de Rusia se añadían las irresponsables políticas inflacionistas de su banco central y la negativa de la Duma de establecer un sistema eficaz de recaudación de impuestos. Los tipos impositivos eran suficientemente altos, incluso tal vez demasiado, pero la mayoría de los contribuyentes no pagaba.

Inmediatamente después de volver de Martha's Vineyard, Hillary y yo hicimos un rápido viaje a Rusia y a Irlanda del Norte con Madeleine Albright, Bill Daley, Bill Richardson y una delegación bipartita del Congreso. El embajador Jim Collins invitó a un grupo de líderes de la Duma a su residencia, Spaso House. Traté de convencerles por todos los medios de que ninguna nación podía escapar a las leyes de la economía global y que si querían préstamos e inversiones del extranjero Rusia tendría que recaudar impuestos, dejar de imprimir dinero para pagar facturas, clausurar los bancos problemáticos, olvidarse del amiguismo y pagar sus deudas. No creo que lograra demasiados conversos.

Mi quinceava reunión con Boris Yeltsin fue tan bien como pudo, dados sus problemas. Los comunistas y los ultranacionalistas bloqueaban sus propuestas de reforma en la Duma. Había tratado de crear un sistema de recaudación fiscal más eficiente mediante un decreto del ejecutivo, pero aun así no podía impedir que el banco central imprimiera demasiada moneda, lo cual desencadenaba una mayor fuga de capitales, que abandonaban el rublo y se refugiaban en divisas más estables, y no estimulaban así las inversiones ni los préstamos extranjeros. Por el momento, todo lo que podía hacer era animarle y confirmarle que el resto del dinero del FMI estaría disponible tan pronto le resultara útil para marcar la diferencia. Si le dábamos los fondos ahora, desaparecerían tan rápidamente como la primera entrega.

Hicimos una declaración positiva en la que afirmamos que cada uno de nosotros eliminaría cincuenta toneladas de plutonio de los programas nucleares —suficiente cantidad como para fabricar miles de bombas— e inutilizaríamos el material para que no pudiera emplearse con ese fin. Con los grupos terroristas, además de las naciones hostiles, tratando de conseguir material físil, era un paso importante que podía salvar innumerables vidas.

Después de un discurso ante la Asamblea de Irlanda del Norte en Belfast, en la que exhorté a los miembros a que siguieran respetando el acuerdo del Viernes Santo, Hillary y yo fuimos con Tony y Cherie Blair, George Mitchell y Mo Mowlam, la Secretaria de Estado británica para Irlanda del Norte, hasta Omagh, para reunirnos con las víctimas de los atentados. Tony y yo hablamos lo mejor que pudimos y luego nos mezclamos con las familias, les escuchamos y vimos a los niños heridos. Nos llamó poderosamente la atención la firme determinación de las víctimas de seguir en el camino de la paz. Durante la etapa conflictiva, alguien había pintado una provocativa pregunta en un muro de Belfast: «¿HAY VIDA ANTES DE LA MUERTE?». A pesar de la cruel carnicería de Omagh, los irlandeses aún decían que sí.

Antes de dejar Dublín, asistimos junto con los Blair a una reunión por la paz en Armagh, la base desde la cual san Patricio llevó la cristiandad a Irlanda, y que ahora se había convertido en el centro espiritual de Irlanda del Norte, tanto para católicos como para protestantes. Me presentó a una encantadora joven de diecisiete años, Sharon Haughey, que me había escrito cuando solo tenía catorce, pidiéndome que ayudara a poner fin a la tragedia con una solución muy sencilla: «Ambos bandos han resultado heridos. Ambos bandos tendrán que perdonar».

En Dublín, Bertie Ahern y yo hablamos con la prensa después de nuestra reunión. Un periodista irlandés dijo: «Da la impresión que hace falta que nos visite usted para que el proceso de paz salga adelante. ¿Tendremos que volver a verle?». Respondí que por su bien esperaba que no, pero que por el mío esperaba lo contrario. Luego Bertie dijo que mi rápida respuesta a la tragedia de Omagh había galvanizado a las partes para que tomaran decisiones rápidamente, «de otro modo tal vez hubieran llevado semanas y meses». Apenas hacía dos días, Martin McGuinness, el principal negociador del Sinn Fein, había anunciado que él mismo supervisaría el proceso de entrega de armas. Martin era el adjunto de Gerry Adams, y una importante figura por derecho propio. El anuncio envió una señal a David Trimble, y a los unionistas, de que por fin para el Sinn Fein y para el IRA la violencia era, como Adams había dicho, «cosa del pasado, cerrada, terminada y enterrada». En nuestra reunión privada, Bertie Ahern me dijo que después de Omagh, el IRA había advertido a la facción disidente IRA Auténtico que si alguna vez volvían a hacer algo así, la policía británica sería la menor de sus preocupaciones.

La primera pregunta que me hizo un periodista norteamericano solicitaba mi respuesta respecto a la punzante reprimenda que me había propinado el día anterior en la sala del Senado mi amigo Joe Lieberman. Respondí que «estoy completamente de acuerdo con lo que ha dicho... Cometí un terrible error, sin defensa posible, y lo siento». A algunos miembros de nuestro equipo les parecía mal que Joe me hubiera atacado mientras yo estaba en el extranjero, pero a mí no. Sabía que era un hombre profundamente religioso y que estaba enfadado por lo que yo había hecho; pero había evitado cuidadosamente la cuestión de si tenía que activarse el *impeachment*.

Nuestra última parada en Irlanda fue Limerick, donde cincuenta mil personas llenaron las calles en defensa de la paz, entre ellos familiares de un miembro de nuestra delegación, el congresista Peter King, de Nueva York, que había llevado a su madre con motivo de la manifestación. Dije a la multitud que mi amigo Frank McCourt había inmortalizado el viejo Limerick en *Las cenizas de Ángela*, pero que el nuevo me gustaba más.

El 9 de septiembre, Ken Starr envió su informe de 445 páginas al Congreso, en el que alegaba once ofensas por las que podían impugnarme. Incluso con todos los delitos del Watergate, Leon Jaworkski no había hecho nada parecido. Se suponía que el fiscal independiente debía entregar un informe con sus conclusiones al Congreso si hallaba pruebas «sustanciales y verosímiles» para respaldar un proceso de *impeachment*. Entonces el Congreso debía decidir si había motivos para ello. El informe se hizo público el día 11; el de Jaworski jamás se difundió. En el informe de Starr, la palabra «sexo» aparecía más de quinientas veces; Whitewater, dos. Él y sus aliados pensaban que podrían lavar todos sus pecados de los anteriores cuatro años con mi ropa sucia.

El 10 de septiembre, convoqué al gabinete a la Casa Blanca y me disculpé con ellos. Muchos de ellos no sabían qué decir. Creían en la labor que estaban desarrollando y valoraban la oportunidad de servir a su país que yo les había dado, pero la mayoría pensaba que mi comportamiento había sido egoísta y estúpido y les había dejado tirados durante ocho meses. Madeleine Albright se lanzó y dijo que yo había cometido un error y que estaba decepcionada, pero que nuestra única opción era volver al trabajo. Donna Shalala fue más dura; opinaba que era importante que los dirigentes fueran buenas personas además de poner en práctica buenas políticas. Mis amigos de toda la vida James Lee Witt y Rodney Slater hablaron del poder de la redención y citaron las Escrituras. Bruce Babbitt, católico, habló del poder de la confesión. Carol Browner dijo que se había visto obligada a hablar con su hijo de temas que jamás pensó que tendría que comentar con él.

Mientras escuchaba a mi gabinete comprendí por primera vez hasta qué punto la exposición pública de mi conducta y mi falta de honestidad acerca de la misma habían abierto una caja de Pandora de emociones en el pueblo norteamericano. Era fácil decir que yo había tenido que pasar por muchas cosas durante los seis años anteriores, que la investigación de Starr había sido atroz y que la demanda Jones era falaz y tenía motivaciones políticas escondidas. También lo era decir que la vida personal de un presidente debería seguir siendo privada. Pero una vez salió a la luz lo que yo había hecho, en toda su brutal fealdad, la forma en que la gente lo valoraba era inevitablemente una reacción a sus propias experiencias personales, marcadas no solo por sus convicciones sino también por sus miedos, decepciones y desengaños.

Las reacciones dispares y muy honestas de mi gabinete me dieron una impresión muy directa de lo que sucedía en las conversaciones que tenían lugar en todo el país. Cuando las sesiones del *impeachment* se avecinaban, recibí muchas cartas de amigos y extraños. Algunas ofrecían palabras emotivas de apoyo y de aliento; en otras me contaban sus propias historias de fracaso y de recuperación. Las había que expresaban su indignación respecto a la conducta de Starr, otras rebosaban condena y decepción por lo que había hecho y aun otras eran una combinación de todo ello. Leer aquellas cartas me ayudó a hacer frente a mis emociones y a recordar que si quería ser perdonado, tenía que perdonar a mi vez.

El ambiente en la Sala Oval Amarilla era algo incómodo y tenso, hasta que Bob Rubin habló. Rubin era la persona de toda la habitación que mejor comprendía lo que había sido mi vida durante los últimos cuatro años. Goldman Sachs lo había investigado exhaustivamente; incluso, a uno de sus socios se lo habían llevado detenido y esposado, antes de que a él lo dejaran tranquilo. Después de que intervinieran los demás, Rubin dijo, con su característica abrupta honestidad: «No hay duda de que la has fallado. Pero todos cometemos errores, incluso garrafales. En mi opinión, la cuestión aquí es lo desproporcionada que ha sido la cobertura informativa y la hipocresía de algunos de tus detractores». Después de aquello, el ambiente se relajó un poco. Me sentí agradecido porque nadie optó por irse; todos volvimos al trabajo.

El 15 de septiembre, contraté a Greg Craig, un excelente abogado y viejo amigo de Hillary y mío de la época de la facultad, para que trabajara con Chuck Ruff, David Kendall, Bruce Lindsay, Cheryl Mills, Lanny Breuer y Nicole Seligman en mi equipo de abogados defensores. El día 18, justo como yo sabía que sucedería, el Comité Judicial de la Cámara votó, obedeciendo la disciplina de partido, a favor de hacer público el vídeo de mi testimonio ante el gran jurado.

Pocos días después, Hillary y yo celebramos nuestro desayuno anual para los líderes religiosos en la Casa Blanca. Generalmente hablábamos de las preocupaciones que compartíamos acerca de asuntos públicos. Esta vez les pedí que rezaran por mí durante mi tribulación personal:

Estas últimas semanas he tenido que someterme a un viaje transformador para llegar al final de todo esto, a la verdad pura y dura de dónde estoy y dónde estamos todos. Estoy de acuerdo con los que han dicho que en mi primera declaración después de testificar yo no estaba lo suficientemente arrepentido. No creo que exista ninguna manera bonita de decir que he pecado.

Dije que lo lamentaba por todas las personas a las que había hecho daño: mi familia, mis amigos, mi equipo, el gabinete y Monica Lewinsky y su familia. Que les había pedido perdón y que seguiría el consejo de los pastores y otros amigos para encontrar, con la ayuda de Dios, «la voluntad de dar el propio perdón que busco, la renuncia al orgullo y a la ira que oscurecen el juicio y que llevan a la gente a excusar, comparar, culpar y quejarse». También dije que me defendería enérgicamente de los cargos de los que me acusaran y que intensificaría mis esfuerzos por hacer mi trabajo «con la esperanza de que un espíritu roto y un corazón aún fuerte puedan todavía estar al servicio de la mayoría».

Había pedido a tres pastores que me aconsejasen al menos una vez al mes por un período indefinido de tiempo. Eran Phil Wogaman, nuestro ministro en la iglesia metodista Foundry; mi amigo Tony Campolo y Gordon MacDonald, un ministro y autor de algunos libros que yo había leído sobre vivir según la propia fe. Todos cumplieron sobradamente con el compromiso adquirido; solían venir a la Casa Blanca juntos, y a veces por separado. Rezábamos, leíamos las Escrituras y discutíamos de cosas sobre las que yo realmente jamás había hablado. El reverendo Bill Hybels, de Chicago, también siguió visitando la Casa Blanca regularmente, para hacerme profundas preguntas destinadas a comprobar el estado de mi «salud espiritual». Aunque a menudo eran duros conmigo, los pastores me llevaron más allá de la política, hacia el terreno de la búsqueda personal y el poder del amor de Dios.

Hillary y yo también nos sometimos a un intenso programa de terapia de pareja, un día a la semana durante un año. Por primera vez en mi vida, hablé abiertamente sobre mis sentimientos, experiencias y opiniones sobre la vida, el amor y la naturaleza de las relaciones. No me gustó todo lo que descubrí sobre mí o sobre mi pasado, y me hizo daño darme cuenta de que mi infancia y la vida que había llevado mientras crecía hacían que me resultaran más difíciles ciertas cosas que para los demás parecían surgir de forma natural.

También llegué a comprender que cuando estaba agotado, enfadado o me sentía aislado y solo era más vulnerable y susceptible de cometer errores personales egoístas y autodestructivos, de los que más tarde me avergonzaría. Lo que estaba ocurriendo en aquel momento era el último precio que tenía que pagar por mi esfuerzo, desde que era un niño, por llevar vidas paralelas, para encerrar mi furia y mi dolor y seguir adelante con mi vida exterior, de la que disfrutaba y en la que vivía bien. Durante el cierre de las oficinas del gobierno, estuve librando dos batallas titánicas: una en público, con el Congreso y acerca del futuro del país; y otra en privado, para mantener a mis viejos demonios a raya. Había ganado la batalla pública y perdido la lucha privada.

Al hacerlo, había causado mucho más daño que el que sufrieron mi familia y mi administración. Había perjudicado a la presidencia y al pueblo norteamericano. No importaba bajo cuánta presión estuve. Tendría que haber sido más fuerte y comportarme mejor.

No había excusa para lo que había hecho, pero al tratar de comprender por qué lo había hecho, al fin tuve una oportunidad de conciliar mis dos vidas paralelas.

En las largas sesiones de terapia y nuestras conversaciones posteriores al respecto, Hillary y yo también volvimos a conocernos el uno al otro, más allá del trabajo, de las ideas que compartíamos y de la hija que ambos adorábamos. Siempre la había querido mucho, pero no siempre bien. Me sentía agradecido, porque ella fue lo suficientemente valiente como para participar en la terapia. Aún éramos el mejor amigo el uno del otro, y esperaba que pudiéramos salvar nuestro matrimonio.

Mientras, yo seguía durmiendo en un sofá, en una pequeña salita adyacente a nuestro dormitorio. Dormí en ese viejo sofá durante unos dos meses o más. Pude leer, pensar mucho y también sacar trabajo adelante; además el sofá era bastante cómodo, aunque esperaba no tener que pasarme toda la vida allí.

A medida que los republicanos aumentaban el tono de sus críticas contra mí, mis seguidores empezaron a manifestarse. El 11 de septiembre, ochocientos norteamericanos de origen irlandés se reunieron en el Jardín Sur para asistir a la ceremonia de entrega del premio que Brian O'Dwyer me dio, premio bautizado con el nombre de su padre, Paul, ya fallecido, por mi labor en el proceso de paz en Irlanda. Los comentarios de Brian y la reacción del público no dejaban ninguna duda respecto a la verdadera razón de su presencia allí.

Unos días más tarde, Václav Havel vino a Washington en visita oficial y dijo a la prensa que yo era su «gran amigo». Mientras la prensa seguía haciendo preguntas acerca del *impeachment*, de la dimisión y de si yo había perdido mi autoridad moral para dirigir el país, Havel dijo que Estados Unidos tenía muchas caras distintas: «Yo amo la mayoría de esas caras. Pero hay algunas que no comprendo, y no me gusta hablar de las cosas que no comprendo».

Cinco días después fui a Nueva York para la sesión de apertura de la Asamblea General de Naciones Unidas y para pronunciar un discurso sobre la obligación compartida del mundo de luchar contra el terrorismo. Para ello exhorté a los países a que no dieran apoyo, santuario ni ayuda económica a los terroristas, y que presionaran a los estados que lo hacían exigiendo el cumplimiento de las extradiciones y de las persecuciones judiciales. También reclamé la firma de las convenciones antiterroristas globales y el reforzamiento y cumplimiento de las que estaban diseñadas para protegernos de las armas químicas y biológicas. Otro aspecto en el que hice hincapié fue el control de la fabricación y exportación de explosivos y el endurecimiento de los estándares internacionales de seguridad en los aeropuertos. Finalmente, dije que debíamos luchar contra las situaciones que eran el caldo de cultivo del terror. Fue un discurso importante, especialmente en ese momento, pero los delegados de la oscura sala de la Asamblea General también estaban pensando en lo que sucedía en Washington. Cuando me levanté para hablar respondieron levantándose a su vez y me aplaudieron con entusiasmo durante un buen rato, un acto espontáneo e insólito para los miembros de Naciones Unidas, generalmente muy discretos; me conmovió profundamente. No estaba seguro de si ese acto sin precedentes era un gesto de apoyo hacia mí o de oposición sobre lo que sucedía en el Congreso. Mientras yo hablaba en Naciones Unidas sobre terrorismo, todos los canales de televisión mostraban la cinta de mi testimonio ante el gran jurado.

Al día siguiente, en la Casa Blanca, ofrecí una recepción en honor de Nelson Mandela con algunos líderes religiosos afroamericanos. Fue idea suya. El Congreso había votado a favor de darle la Medalla de Oro del Congreso y debía recibirla el día siguiente. Mandela llamó para decir que sospechaba que el momento de la concesión del premio no era casualidad. «Como presidente de Sudáfrica no puedo rechazar esta medalla. Pero me gustaría venir un día antes y decirle al pueblo norteamericano qué pienso acerca de lo que te está haciendo el Congreso.» Y eso fue exactamente lo que hizo; dijo que jamás había visto un recibimiento en Naciones Unidas como el que yo había recibido, que el mundo me necesitaba y que mis enemigos deberían dejarme en paz. Los pastores aplaudieron, expresando su aprobación.

Aunque Mandela estuvo muy bien, la reverenda Bernice King, hija de Martin Luther King Jr., supo meterse a la gente en el bolsillo. Dijo que incluso los grandes líderes cometen a veces graves pecados. Por ejemplo, que el rey David había hecho algo mucho peor que yo cuando había organizado la muerte en combate del marido de Betsabé, un leal soldado de

David, para que el rey pudiera casarse con ella, y que David tuvo que arrepentirse de su pecado y que fue castigado por ello. Nadie sabía adónde quería ir a parar Bernice hasta que llegó al final de su intervención: «Sí, David cometió un terrible pecado y Dios le castigó. Pero David siguió siendo rey».

Mientras, yo seguí trabajando; impulsé mi propuesta para la modernización de las escuelas y los fondos de construcción en Maryland, Florida e Illinois. Hablé con el Sindicato Nacional de Granjeros sobre la agricultura y también pronuncié un importante discurso sobre la modernización del sistema financiero global en el Consejo de Relaciones Exteriores. Me reuní con la Junta de Jefes del Estado Mayor para supervisar la preparación y disponibilidad de nuestro ejército. Me dediqué a reunir apoyos en el sindicato de la Hermandad Internacional de Electricistas para proponer otro aumento del salario mínimo. John Hope Franklin me dio el informe definitivo de la Comisión Asesora Presidencial sobre la Raza. Mantuve un diálogo constante con Tony Blair, el primer ministro italiano Romano Prodi y el presidente Peter Stoyanov, de Bulgaria, sobre la aplicabilidad para otras naciones de la filosofía de la «Tercera Vía» que Tony y yo habíamos adoptado. También celebré mi primera reunión con el nuevo primer ministro japonés, Keizo Obuchi. Netanyahu y Arafat volvieron a venir a la Casa Blanca en un intento por reactivar el proceso de paz. Y además, asistí a más de una docena de actos de campaña para los demócratas en seis estados y en Washington, D.C.

El 30 de septiembre, el último día del año fiscal, anuncié que teníamos un superávit de cerca de setenta mil millones de dólares, el primero en veintinueve años. Aunque la prensa no prestaba demasiada atención a nada que no fuera el informe Starr, sucedían muchas otras cosas, como siempre, y había que hacerles frente. Yo estaba decidido a no dejar que los asuntos públicos se vieran afectados por ello y me sentía agradecido de que el equipo de la Casa Blanca y el gabinete pensaran lo mismo. Sin importar qué aparecía en las noticias diarias, ellos siguieron cumpliendo con su cometido.

En octubre, los republicanos de la Cámara, liderados por Henry Hyde y sus colegas en el Comité Judicial, siguieron reclamando el *impeachment*. Los demócratas del comité, encabezados por John Conyers, de Michigan, lucharon contra ellos con uñas y dientes; argumentaban que incluso aunque los peores cargos en mi contra fueran ciertos, no constituían los «delitos graves o faltas» que la Constitución exigía para el *impeachment*. Los demócratas tenían razón acerca de la ley, pero los republicanos tenían los votos. El 8 de octubre la Cámara votó para abrir una investigación sobre si debía o no ser impugnado. No me sorprendía; apenas faltaba un mes para las elecciones de mitad de mandato y los republicanos estaban llevando una campaña con un solo tema: a por Clinton. Después de las elecciones yo estaba convencido de que los republicanos moderados analizarían los hechos y la ley, votarían en contra del *impeachment* y se decantarían por una moción de censura o una reprimenda, que es lo que Newt Gingrich había recibido por sus falsas declaraciones y sus supuestas violaciones de la legislación fiscal.

Muchos de los expertos predecían resultados desastrosos para los demócratas. La ortodoxia decía que perderíamos entre veinticinco y treinta y cinco escaños en la Cámara y de cuatro a seis en el Senado, a causa de la polémica. Parecía una apuesta segura para mucha gente en Washington. Los republicanos contaban con cien millones de dólares más que los demócratas para gastar, y había más demócratas que republicanos que se presentaban a la reelección en el Senado. Entre los puestos que estaban en juego, los demócratas parecían estar seguros de hacerse con el de Indiana, donde el candidato era el gobernador Evan Bayh, mientras que el de Ohio, George Voinovich, daba la impresión de que se haría con el escaño que John Glenn dejaba vacante para los republicanos. Esto dejaba siete escaños en el aire, cinco que estaban en posesión de los demócratas y dos de los republicanos.

Yo no estaba de acuerdo con esas predicciones por varias razones. En primer lugar, la mayor parte de norteamericanos desaprobaba la forma en que Starr se comportaba y no les gustaba que el Congreso republicano pareciera más volcado en perjudicarme a mí que en ayudarles a ellos. Casi un 80 por ciento del público expresaba su desacuerdo porque se hubiera emitido la cinta de mi testimonio ante el gran jurado, y el índice de aprobación total al Congreso había bajado hasta el 43 por ciento. En segundo lugar, como Gingrich había demostrado con el «Contrato con América» en 1994, si el público creía que un partido tenía un programa positivo y el otro no, el partido con programa ganaría. Los demócratas estaban unidos en un programa de mitad de mandato por primera vez en la historia. Dicho programa contemplaba toda una serie de acciones: salvar la seguridad social antes de gastar el superávit en nuevas propuestas o rebajas fiscales; incorporar a 100.000 maestros en nuestras escuelas; modernizar las que estuvieran viejas y construir otras nuevas; aumentar el salario mínimo y aprobar la Declaración de Derechos del Paciente. Finalmente, una considerable mayoría de ciudadanos estaba en contra del *impeachment*. Si los demócratas se ceñían a su plan y se pronunciaban en contra del *impeachment*, pensé que realmente quizá podrían hacerse con la Cámara.

Asistí a varios actos políticos a principios y a finales de octubre, la mayoría cerca de Washington, en localidades destinadas a hacer hincapié en los temas en los que se centraban nuestros candidatos. Excepto por dichas apariciones, me dediqué completamente a mi trabajo. Había mucho que hacer, y lo más importante de todo se refería sin duda a Oriente Próximo. Madeleine Albright y Dennis Ross habían estado esforzándose durante meses para volver a reactivar el proceso de paz, y Madeleine por fin había podido reunir de nuevo a Arafat y a Netanyahu, cuando se encontraban en Nueva York con motivo de la sesión de la Asamblea General de Naciones Unidas. Ninguno de los dos estaba dispuesto a dar el siguiente paso, ni a que sus respectivos electorados pensaran que cedían demasiado, pero a ambos les preocupaba que la situación pudiera descontrolarse aún más, especialmente si Hamas lanzaba una nueva ronda de atentados.

Al día siguiente, los dirigentes vinieron a Washington a verme y les anuncié mis planes de invitarles de nuevo a Estados Unidos en un mes para cerrar nuestro acuerdo. Mientras tanto, Madeleine viajaría hasta la zona para verlos. Se reunieron en la frontera entre Israel y Gaza; luego, Arafat los llevó a su residencia de invitados a almorzar. Fue la primera vez que un primer ministro israelí entraba en la Gaza palestina, y era el notablemente duro Netanyahu.

Los preparativos de la cumbre habían requerido muchos meses de duro trabajo. Ambas partes querían que Estados Unidos cooperara con ellos respecto a las decisiones difíciles que debían tomar, y creían que el efecto dramático del acontecimiento les ayudaría a convencer de esas decisiones a sus votantes. Por supuesto, en cualquier cumbre siempre hay el riesgo de que ambas partes no puedan alcanzar un acuerdo y de que todo ese enorme esfuerzo perjudique a los implicados. Mi equipo nacional de seguridad estaba preocupado por la posibilidad de que fracasáramos y de las consecuencias que ello conllevaría. Tanto Arafat como Netanyahu se habían reafirmado en posturas muy firmes en público, y Bibi había reforzado su retórica nombrando a Ariel Sharon, el más extremista de los líderes del Likud, su Ministro de Asuntos Exteriores. Sharon se había referido al acuerdo de paz de 1993 como un «suicidio nacional» para Israel. Era imposible saber si Netanyahu le había entregado la cartera a Sharon para tener a alguien a quien echarle la culpa si la cumbre fracasaba o para cubrirse con la derecha si tenía éxito.

Yo pensaba que la cumbre era una buena idea y estaba ansioso por celebrarla. Me parecía que no teníamos demasiado que perder; además, siempre he preferido fracasar haciendo un esfuerzo encomiable que no actuar por miedo al fracaso.

El día 15, empezamos el proceso desde la Casa Blanca; luego, las delegaciones se trasladaron al Centro de Conferencias del Río Wye, en Maryland. Era un lugar apropiado para la tarea que emprendíamos; las salas de reuniones y los comedores eran cómodos, y la residencia estaba diseñada de tal modo que las delegaciones podían alojarse separadamente, con toda su gente agrupada en un extremo y otro.

Originalmente, habíamos planeado que la cumbre durara cuatro días;

tenía que acabar dos días antes de que Netanyahu regresara a Israel para inaugurar la nueva sesión del Knesset. Acordamos las reglas habituales: ninguna parte estaba ligada por acuerdos interinos sobre temas específicos hasta que se llegara a un acuerdo completo, y Estados Unidos redactaría el acuerdo final. Les dije que estaría allí tanto como pudiera, pero que regresaría en helicóptero a la Casa Blanca cada noche, sin importar lo tarde que fuera, para poder trabajar a la mañana siguiente en mi despacho firmando legislaciones y prosiguiendo las negociaciones con el Congreso acerca de las leyes presupuestarias. Estábamos en pleno nuevo año fiscal, pero se habían aprobado menos de un tercio de las trece leyes presupuestarias. Los marines que pilotaban el HMX1, el helicóptero presidencial, lo hicieron muy bien a lo largo de esos ocho años, pero durante la conferencia de Wye fueron aún más valiosos para mí, pues se quedaron de guardia para llevarme a la Casa Blanca hasta las 2 o las 3 de la madrugada, después de las sesiones.

En la primera cena que compartimos, animé a Arafat y a Netanyahu a que pensaran de qué forma podrían ayudarse el uno al otro a hacer frente a su oposición interna. Pensaron y reflexionaron durante cuatro días, pero estaban agotados y no llegaban a ningún acuerdo. Netanyahu me dijo que no podríamos llegar a pactar sobre todos los temas y me propuso un acuerdo parcial: Israel se retiraría del 13 por ciento de Cisjordania y los palestinos debían mejorar radicalmente su cooperación en seguridad, según un plan desarrollado con la ayuda del director de la CIA, George Tenet, que gozaba de la confianza de ambas partes.

Más tarde esa noche me reuní a solas por primera vez con Ariel Sharon. El ex general de setenta años había formado parte de la creación de Israel y de todas las guerras subsiguientes. Era impopular entre los árabes, no solo por su hostilidad a intercambiar tierra por paz, sino también por su papel en la invasión israelí de Líbano en 1982, en la cual un gran número de refugiados palestinos desarmados fueron asesinados por la milicia de Líbano que estaba aliada con Israel. Durante nuestro encuentro, que duró más de dos horas, hice preguntas y escuché la mayor parte del rato. Sharon se mostró receptivo a la difícil situación de los palestinos. Quería ayudarles económicamente, pero no creía que entregar Cisjordania fuera positivo para la seguridad de Israel, ni tampoco confiaba en que Arafat luchara contra el terror. Era el único miembro de la delegación israelí que no quiso estrechar la mano de Arafat. Disfruté escuchando hablar a Sharon de su vida y de sus puntos de vista; cuando terminamos, casi a las 3 de la mañana, tenía una visión más clara del modo en que pensaba.

Una de las cosas que más me sorprendió fue lo mucho que insistió en que concediera un indulto a Jonathan Pollard, el ex analista de inteligencia de la Marina estadounidense que había sido condenado en 1986 por espiar para Israel. Rabin y Netanyahu también habían solicitado ya la liberación de Pollard. Era obvio que era un tema importante en la política interna de Israel, y que el pueblo israelí opinaba que Estados Unidos no debería haber castigado a Pollard tan severamente, pues le había vendido información extremadamente confidencial a un país aliado, al fin y al cabo. Ese caso volvió a mencionarse durante las negociaciones. Mientras, yo seguí trabajando con los líderes y con los miembros de sus equipos, entre ellos el ministro de Defensa israelí, Yitzhak Mordechaï; los asesores principales de Arafat, Abu Ala y Abu Mazen, que más tarde se convirtieron en primeros ministros palestinos; Saeb Erekat, el primer negociador de Arafat, y Mohammed Dahlan, el jefe de seguridad de Gaza, de treinta y siete años. Tanto los israelíes como los palestinos formaban grupos diversos e impresionantes. Traté de pasar tiempo con todos ellos; no había manera de saber quién podía hacer una intervención decisiva a favor de la paz una vez se quedaban a solas en sus delegaciones separadas.

Cuando llegó el domingo por la noche sin que hubiéramos alcanzado un consenso, las partes aceptaron alargar las negociaciones; Al Gore vino para sumar su poder de persuasión a nuestro equipo, en el que estaban Sandy Berger, Rob Malley y Bruce Reidel de la Casa Blanca, y la secretaria Albright, Dennis Ross, Martin Indyk, Aaron Miller, Wendy Sherman y Tony Verstandig del Departamento de Estado. Cada día se turnaban para negociar con sus homólogos palestinos e israelíes sobre diversos temas, y siempre buscaban ese rayo de luz que pudiera abrirse paso entre las nubes.

El traductor del Departamento de Estado, Gemal Helal, también desempeñó un papel vital en esta y en otras negociaciones. Los miembros de ambas delegaciones hablaban inglés, pero Arafat siempre llevaba las charlas en árabe. Gemal era generalmente la única persona que asistía a mis reuniones cara a cara con Arafat. Él conocía Oriente Próximo y el papel de cada miembro de la delegación palestina en nuestras deliberaciones, y a Arafat le gustaba. Se convirtió en un asesor de mi equipo. En más de una ocasión, su perspicacia y su conexión personal con Arafat fueron inestimables.

El lunes empecé a pensar que volvíamos a hacer progresos. Seguí presionando a Netanyahu para que entregara a Arafat beneficios por la paz —la tierra, el aeropuerto, el paso seguro entre Gaza y Cisjordania y un puerto en Gaza— para que pudiera fortalecerse en la lucha contra el terror; también exhorté a Arafat a que redoblara sus esfuerzos en pro de la seguridad, y además convocara al Consejo Nacional Palestino para revisar formalmente la Alianza Palestina y eliminar las palabras que llamaran a la destrucción de Israel. La Ejecutiva del Consejo de la OLP ya había renunciado a las cláusulas, pero Netanyahu pensaba que los ciudadanos israelíes jamás creerían que tenían un socio para la paz hasta que la Asamblea Palestina elegida votara a favor de borrar el lenguaje ofensivo que había en la constitución. Arafat no quería convocar al consejo porque no estaba seguro de poder controlar el resultado de la sesión. Los palestinos de todo el mundo podían votar a los miembros del consejo y muchos de los exiliados no apoyaban tan firmemente los compromisos contenidos en los acuerdos del proceso de paz y a él como líder, como los habitantes de Gaza y Cisjordania.

El día 20, se sumaron a nosotros el rey Hussein y la reina Noor. Hussein se encontraba en Estados Unidos para someterse a un tratamiento contra el cáncer en la Clínica Mayo. Yo le había mantenido informado de nuestros progresos y de los obstáculos. Aunque estaba débil a causa de su enfermedad y de la quimioterapia, dijo que vendría a Wye si yo pensaba que eso ayudaría en algo. Después de hablar con Noor, que me aseguró que él quería venir, y que estarían bien en la residencia que hubiera disponible, le dije a Hussein que toda ayuda era bienvenida. Es difícil describir o exagerar el impacto que la presencia de Hussein tuvo en las negociaciones. Había perdido mucho peso, y la quimioterapia le había dejado sin pelo, incluso en las cejas, pero su mente y su corazón seguían siendo fuertes. Fue de gran ayuda y puso sentido común en ambas partes. Su mera participación disminuyó toda la panoplia de gestos, posturas y nimiedades que suelen formar parte de este tipo de negociaciones.

El día 21 habíamos llegado a un acuerdo únicamente en el tema de la seguridad; parecía que Netanyahu celebraría su cuarenta y nueve cumpleaños dejando atrás unas conversaciones fallidas. Al día siguiente volví para quedarme hasta el final de la jornada. Después de que ambas partes se reunieran a solas durante dos horas, descubrieron un ingenioso mecanismo para que el Consejo Palestinio votara a favor de cambiar la constitución. Yo iría a Gaza y me dirigiría a la Asamblea con Arafat, el cual a continuación pediría una muestra de apoyo, con una votación a mano alzada, aplausos o golpes de pies. Aunque era favorable al plan, Sandy Berger me advirtió que era un movimiento arriesgado para mí. Era cierto, pero también les estábamos pidiendo a israelíes y palestinos que corrieran riesgos mucho mayores. Acepté.

Esa noche estábamos atascados en la petición de Arafat de que se liberara a mil prisioneros palestinos de las cárceles israelíes. Netanyahu dijo que no podía liberar a miembros de Hamas ni a nadie que tuviera «sangre en las manos», por lo que pensaba que solo podría soltar a quinientos. Yo sabía que habíamos llegado al límite; pedí a Hussein que acudiera a la gran cabaña en la que cenábamos para que hablase con ambas delegaciones. Cuando entró en la sala, su aura majestuosa, sus ojos luminosos y su sencilla elocuencia parecieron quedar magnificados por su declive físico. Con voz profunda y sonora, dijo que la historia nos juzgaría a todos, que las diferencias que quedaban entre ambas partes eran triviales comparadas con los beneficios de la paz y que tenían que lograrlo por el bien de los niños. Su mensaje silencioso fue igual de claro: yo quizá no sobreviviré mucho tiempo; es responsabilidad suya no dejar que la paz muera.

Después de que Hussein se fuera, yo seguí en ello; todo el mundo se quedó en el comedor y se reunió en distintas mesas para trabajar en diversos temas. Dije a mi equipo que se nos acababa el tiempo, y que yo no pensaba irme a la cama. Mi estrategia para el éxito se reducía a la resistencia; estaba decidido a ser literalmente el último que quedara en pie. Netanyahu y Arafat también eran conscientes de que era ahora o nunca. Ellos y sus equipos se quedaron despiertos durante toda esa larga noche.

Finalmente, cerca de las 3 de la madrugada, llegué a un acuerdo sobre los prisioneros con Netanyahu y Arafat; luego, sencillamente seguimos tirando del carro hasta que terminamos. Eran casi las 7 de la mañana. Había un obstáculo más: Netanyahu amenazaba con sabotear todo el acuerdo a menos que yo liberara a Pollard. Dijo que yo le había prometido que lo haría en una reunión la noche anterior y que por eso había cedido en los demás temas. De hecho, yo le había dicho que si eso era lo que hacía falta para conseguir la paz, estaba dispuesto a hacerlo, pero que antes tendría que comprobarlo con mi gente.

A pesar de toda la simpatía que Pollard despertaba en Israel, era difícil presentar el caso en Estados Unidos: había vendido secretos de nuestro país por dinero, no por convicción, y durante años no había dado muestras de arrepentimiento. Cuando hablé con Sandy Berger y George Tenet, ambos estaban firmemente en contra de que dejara ir a Pollard, al igual que Madeleine Albright. George dijo que después del grave daño que el caso Aldrich Ames había causado a la CIA, él se vería obligado a dimitir si yo conmutaba la pena de Pollard. No quería hacerlo, y los comentarios de Tenet cerraron la puerta a cualquier posibilidad. La seguridad y los compromisos de los israelíes y los palestinos de seguir colaborando contra el terror estaban en el centro del acuerdo que habíamos alcanzado. Tenet había ayudado a ambas partes a pulir los detalles y había aceptado que la CIA se responsabilizara de la implementación del mismo. Si él se iba, existía la posibilidad real de que Arafat no quisiera seguir adelante. También necesitaba a George en la lucha contra al-Qaeda y el terrorismo. Le dije a Netanyahu que revisaría el caso minuciosamente y trataría de abordarlo con Tenet y el equipo de seguridad nacional, pero que por el momento él estaría en mejor posición con un acuerdo de seguridad en el que podía confiar que con la liberación de Pollard.

Finalmente, después de volver a hablarlo extensamente, Bibi aceptó el acuerdo, pero solo con la condición de que podía cambiar la selección de prisioneros que serían liberados, para poder dejar ir a más delincuentes corrientes y menos criminales que hubieran cometido delitos contra la seguridad. Eso era un problema para Arafat, pues quería la liberación de la gente que él consideraba luchadores por la libertad. Dennis Ross y Madeleine Albright fueron a su cabaña y le convencieron de que era lo mejor que yo podía ofrecerle. Luego fui a verle para darle las gracias; su concesión de última hora había salvado la conferencia.

El acuerdo proporcionaba más tierras en Cisjordania para los palestinos, así como el aeropuerto, el puerto, la liberación de prisioneros, el paso seguro entre Gaza y Cisjordania y ayudas económicas. A cambio, Israel obtendría una cooperación sin precedentes en la lucha contra la violencia y el terror, y la captura y encarcelamiento de determinados palestinos a los que los israelíes habían identificado como el origen de la violencia permanente y de las matanzas. También se produciría el cambio en el texto de la Alianza Palestina, y un rápido comienzo de las conversaciones para establecer el estatuto definitivo. Estados Unidos aportaría ayudas para que Israel pudiera hacer frente a los costes de seguridad de la redistribución de tropas, y también para financiar el desarrollo económico de Palestina; también desempeñaría un papel clave para cimentar la relación de cooperación sobre seguridad sin precedentes en la que ambas partes habían aceptado embarcarse.

Tan pronto como sellamos el acuerdo con un apretón de manos, tuvimos que salir corriendo hacia la Casa Blanca para anunciarlo. La mayoría de nosotros llevábamos cuarenta horas sin dormir y nos hubiera ido bien una siesta y una ducha, pero era viernes por la tarde y teníamos que terminar la ceremonia antes de la puesta de sol, que marcaba el principio del Sabat judío. La ceremonia empezó a las 4 de la tarde en la Sala Este. Después de que Madeleine Albright y Al Gore pronunciaran unas palabras, esbocé los detalles del acuerdo y agradecí la participación de ambas partes. Luego Netanyahu y Arafat hicieron unos comentarios graciosos y animados. Bibi mantuvo una actitud de hombre de estado y Arafat renunció a la violencia con palabras inusualmente fuertes. Hussein advirtió que los enemigos de la paz tratarían de deshacer este acuerdo con violencia, e instó a los pueblos de ambos lados a respaldar a sus líderes y a reemplazar la destrucción y la muerte con un futuro compartido para los hijos de Abraham «que sea digno de ellos bajo el sol».

En un gesto de amistad y como una valoración de lo que los republicanos del Congreso estaban haciendo, Hussein dijo que había sido amigo de nueve presidentes, «pero que en el tema de la paz… jamás, a pesar de todo el afecto que siento por sus predecesores, he conocido a alguien con su dedicación, claridad de espíritu, capacidad de concentración y de decisión… y esperamos que estará a nuestro lado para ser testigo de más éxitos mientras ayudamos a nuestros hermanos a avanzar hacia un futuro mejor».

A continuación Netanyahu y Arafat firmaron el acuerdo, justo antes de que se pusiera el sol; y el Sabat empezó. La paz de Oriente Próximo aún estaba viva.

Mientras se desarrollaban las conversaciones en el río Wye, Erskine Bowles estaba llevando unas intensas negociaciones con el Congreso acerca del presupuesto. Me había dicho que pensaba irse después de las elecciones y que quería obtener el mejor acuerdo posible. Teníamos un gran margen de maniobra porque los republicanos no se atreverían a forzar el cierre del gobierno de nuevo y habían perdido mucho tiempo los meses anteriores peleándose entre sí y atacándome, en lugar de ponerse manos a la obra.

Erskine y su equipo maniobraron hábilmente con los detalles de las leyes presupuestarias; hacían una concesión aquí y otra allá con el fin de obtener la financiación para nuestras principales prioridades. Anunciamos el acuerdo la tarde del día 15, y a la mañana siguiente lo celebramos en el Jardín de Rosas con Tom Daschle, Dick Gephardt y todo nuestro equipo económico. El trato final lograba salvar el supéravit para la reforma de la seguridad social y proporcionaba fondos para la primera incorporación de 100.000 nuevos profesores, un gran aumento de programas de verano y extraescolares y otras prioridades educativas. También obtuvimos un importante paquete de ayudas para los granjeros y rancheros y nos hicimos con unas impresionantes victorias medioambientales: financiación para la iniciativa de agua limpia y para restaurar el estado del 40 por ciento de nuestros lagos y ríos, demasiado contaminados para pescar o nadar en ellos, así como dinero para combatir el calentamiento global y proseguir nuestros esfuerzos de protección de tierras valiosas contra el desarrollo urbano y la contaminación. Y después de ocho meses de punto muerto, también logramos la aprobación para pagar la contribución de Estados Unidos al Fondo Monetario Internacional, que permitiría que el país siguiera adelante en sus esfuerzos por frenar la crisis financiera y estabilizar la economía mundial.

No logramos aprobar todo nuestro programa, de modo que nos quedaba mucha munición para las dos últimas semanas y media de campaña. Los republicanos habían vetado la Declaración de Derechos del Paciente, para alegría de las organizaciones sanitarias, y también habían impedido que se aprobara la legislación antitabaco, con un aumento del impuesto que lo gravaba y las medidas de protección para los adolescentes, beneficiando así a las grandes compañías tabacaleras. Habían obstruido la reforma de la financiación de la campaña en el Senado, a pesar del apoyo demócrata unánime con el que contaba una vez aprobada por la Cámara. El aumento del salario mínimo tampoco había pasado y, lo que me resultaba más sorprendente, tampoco mi propuesta de construir o reparar cinco mil escuelas. También se negaron a aprobar la rebaja fiscal sobre la producción y compra de energía limpia e instalaciones de energía renovable. Le tomé el pelo a Newt Gingrich, diciéndole que por fin había encontrado un recorte de impuestos a la que él se oponía.

Aun así era un presupuesto magnífico, dada la composición política del Congreso, y todo un homenaje a la capacidad de negociación de Erskine Bowles. Después de cerrar el presupuesto equilibrado de 1997, había vuelto a lograrlo. Como dije, «un gran final».

Cuatro días después, poco antes de irme de nuevo hacia el río Wye, nombré a John Podesta para suceder a Erksine, que le había recomendado enérgicamente para el puesto. Yo conocía a John desde hacía casi treinta años, desde la campaña de Joe Duffey para el Senado, en 1970. Ya había trabajado en la Casa Blanca de secretario de gabinete y adjunto al secretario de gabinete. Conocía el funcionamiento del Congreso y había ayudado a guiar nuestras políticas económicas, de exterior y de defensa; era un convencido activista del medio ambiente y, exceptuando a Al Gore, sabía más de la tecnología de la información que nadie en la Casa Blanca. También tenía las cualidades personales adecuadas: una mente brillante, la piel curtida, un humor mordaz y era mejor jugador de corazones que Erksine Bowles. John aportó a la Casa Blanca un equipo de dirección excepcionalmente capaz, formado por los adjuntos a jefe de gabinete Steve Ricchetti y Maria Echaveste y su ayudante, Karen Tramontano.

A lo largo de nuestras tribulaciones, nuestros triunfos, y durante las partidas de golf y de cartas, Erskine y yo nos habíamos convertido en muy buenos amigos. Le echaría de menos, especialmente en el campo de golf. En muchas ocasiones, en los días más duros, Erksine y yo nos íbamos al campo de golf de la Armada y la Marina para echar unos golpes. Hasta que mi amigo Kevin O'Keefe dejó la oficina legal, también se sumaba a nuestras escapadas. Siempre nos acompañaba por todo el circuito Mel Cook, un militar retirado que trabajaba allí y conocía el lugar como la palma de su mano. A veces yo tardaba cuatro o cinco hoyos hasta conseguir un golpe decente, pero la belleza del paisaje y mi amor por el juego siempre conseguían alejar las presiones del día de mi mente. Seguí yendo a ese campo de golf, pero siempre eché de menos a Erskine. Al menos me dejaba en buenas manos con Podesta.

Rahm Emanuel también se había ido. Desde que empezó conmigo como director financiero de campaña en 1991, se había casado, había formado una familia y quería cuidar de ellos. El gran don de Rahm era convertir las ideas en acción. Veía posibilidades allí donde nadie prestaba atención, y se preocupaba por los detalles que a menudo determinan el éxito o el fracaso de un proyecto. Después de nuestra derrota en 1994, había desempeñado un papel clave en la tarea de recuperar mi imagen y devolverla a la realidad. En unos años Rahm volvería a Washington, como congresista de Chicago, la ciudad que él creía que debía ser la capital del mundo. Le reemplacé con Doug Sosnik, el director político de la Casa Blanca, que era casi tan agresivo como Rahm, conocía la política y el Congreso y siempre me contaba las desventajas de cualquier situación aunque no me dejaba que cediera, y era un astuto jugador de corazones. Craig Smith se hizo cargo del puesto de director político, el mismo cargo que había ocupado en la campaña de 1992.

La mañana del día 22, poco antes de que me fuera al día sin fin en Wye, el Congreso levantó la sesión después de enviarme la ley de administración para establecer tres mil escuelas concertadas en Estados Unidos para el año 2000. En la última semana del mes, el primer ministro Netanyahu sobrevivió a una moción de censura en el Knesset sobre el acuerdo de Wye, y los presidentes de Ecuador y Perú, con la ayuda de Estados Unidos, arreglaron un contencioso sobre un enfrentamiento fronterizo que había amenazado con desembocar en un conflicto armado. En la Casa Blanca, di la bienvenida al nuevo presidente de Colombia, Andrés Pastrana, y apoyé sus valientes esfuerzos por poner fin al conflicto que desde hacía décadas enfrentaba al estado con las guerrillas. También firmé la Ley de Libertad Religiosa Internacional de 1998 y designé a Robert Seiple, ex jefe de Visión Mundial, una organización caritativa cristiana, para que fuera el representante especial del secretario de Estado para la libertad religiosa internacional.

A medida que se acercaba el fin de la campaña, hice algunas paradas en California, Nueva York, Florida y Maryland, y fui con Hillary a Cabo Cañaveral, en Florida, para ver cómo John Glenn despegaba hacia el espacio. El Comité Nacional Republicano empezó a emitir una serie de anuncios por televisión en los que me atacaba y la juez Norma Holloway Johnson estimó que había causa probable para creer que la oficina de Starr había violado la ley contra las filtraciones del gran jurado veinticuatro veces. Las noticias informaban que, de acuerdo con los tests de ADN realizados, Thomas Jefferson había tenido varios hijos con su esclava Sally Hemmings.

El 3 de noviembre, a pesar de la enorme superioridad económica de los republicanos, de sus ataques contra mi persona y de las predicciones de los expertos sobre la caída de los demócratas, las elecciones nos fueron favorables. En lugar de la pérdida esperada de entre cuatro y seis escaños en el Senado, no hubo ningún cambio. Mi amigo John Breaux, que me había ayudado a reconstruir la imagen de la administración de Nuevos Demócratas después de las elecciones de 1994 y que era un enemigo acérrimo del *impeachment*, fue reelegido por una mayoría aplastante en Louisiana. En la Cámara de Representantes, los demócratas incluso recuperaron cinco escaños; era la primera vez que el partido del presidente había consiguido algo así en el sexto año de una presidencia desde 1822.

Las elecciones habían planteado una opción muy simple: los demócratas tenían la prioridad de salvar la seguridad social, contratar a 100.000 profesores, modernizar las escuelas, aumentar el salario mínimo y aprobar la Declaración de los Derechos del Paciente. Los republicanos estaban en contra de todo esto. En su gran mayoría apostaron por una campaña monotemática, sobre el *impeachment*, aunque en algunos estados también emitieron anuncios en contra de los gays, en los que esencialmente afirmaban que si los demócratas ganaban en el Congreso, obligaríamos a todos los estados a reconocer los matrimonios entre homosexuales. En estados como Washington y Arkansas, el mensaje se reforzó con fotografías de una pareja homosexual besándose ante el altar de una iglesia. Poco antes de las elecciones, Matthew Shephard, un joven homosexual, fue apaleado hasta la muerte en Wyoming a causa de su orientación sexual. Todo el país quedó conmocionado, especialmente después de que sus padres hablaran valientemente de ello en público. Yo no podía creer que la extrema derecha emitiera los anuncios en contra de los homosexuales después de la muerte de Shephard, pero ellos siempre necesitaron un enemigo. Los republicanos también estaban muy divididos por el último acuerdo presupuestario de octubre; los miembros más conservadores creían que lo habían dado todo sin recibir nada a cambio.

En los meses previos a las elecciones, yo había decidido que eso de la «mala suerte del sexto año» era una exageración y que los ciudadanos, históricamente, votaban en contra del partido del presidente en el sexto año porque pensaban que la presidencia perdía impulso y que la energía y las nuevas ideas se estaban agotando, así que podían darle una oportunidad a otro. En 1998, me vieron trabajando por Oriente Próximo y otros asuntos de política exterior e interior hasta bien entrada la campaña, y sabían que teníamos un programa definido para los siguientes dos años. La campaña de *impeachment* movilizó a los demócratas para ir a votar con mayor participación que en 1994, y bloqueó cualquier otro mensaje que los votantes indecisos pudieran recibir de los republicanos. Por el contrario, esto les fue muy bien a los gobernadores republicanos en ejercicio que pudieron centrarse en mi programa, es decir, en la responsabilidad fiscal, la reforma de la asistencia social, las medidas de control del crimen y un mayor apoyo a la educación. En Texas, el gobernador George W. Bush, después de derrotar fácilmente a mi viejo amigo Garry Mauro, pronunció su discurso de victoria ante una bandera que decía «Oportunidad, Responsabilidad», dos tercios de mi eslogan de campaña de 1992.

La masiva participación de los votantes afroamericanos ayudó a un joven abogado llamado John Edwards a derrotar al senador de Carolina del Norte, Lauch Faircloth, amigo del juez Sentelle y uno de mis detractores más despiadados. En Carolina del Sur, los votantes negros propulsaron al senador Fritz Hollings hacia una victoria para la que partía con desventaja. En Nueva York, el congresista Chuck Schumer, un firme oponente del *impeachment* con una sólida trayectoria de lucha contra el crimen, derrotó fácilmente al senador Al D'Amato, que se había pasado la mayor parte de los últimos años atacando a Hillary y a su equipo durante sus sesiones del comité. En California, la senadora Barbara Boxer se hizo con la reelección y Gray Davis logró ser elegido gobernador por un margen mucho más amplio de lo que indicaban las encuestas previas. Los demócratas obtuvieron dos escaños más gracias al impulso contra el *impeachment* y a la notable participación de los votantes hispanos y afroamericanos.

En las elecciones a la Cámara, logramos recuperar el escaño que Marjorie Margolies-Mezvinsky había perdido en 1994, cuando nuestro candidato, Joe Hoeffel, que había perdido en 1996, volvió a presentarse oponiéndose al *impeachment*. En el estado de Washington, Jay Inslee, que fue derrotado en 1994, recuperó su escaño. En New Jersey, un profesor de física llamado Rush Holt, que estaba un 20 por ciento por detrás diez días antes de las elecciones, preparó un anuncio televisivo en que destacaba su oposición al *impeachment*; ganó un escaño que ningún demócrata había ocupado en un siglo.

Todos nos esforzamos por compensar la gran diferencia de fondos con los que contábamos; yo grabé mensajes telefónicos dirigidos a los hogares de las familias hispanas, negras y a otros votantes naturales de los demócratas. Al Gore se volcó en una enérgica campaña por todo el país y Hillary probablemente hizo más apariciones que ninguna otra persona. Cuando se le hinchó el pie durante una parada en la campaña en Nueva York, le descubrieron un coágulo de sangre detrás de la rodilla derecha y le recetaron fármacos anticoagulantes. La doctora Mariano quería que guardara cama durante una semana, pero ella siguió adelante, repartiendo confianza y apoyo entre nuestros candidatos. Yo estaba realmente preocupado por ella, pero estaba decidida a no dejarlo. A pesar de lo enfadada que estaba conmigo, aún estaba más disgustada por lo que Starr y los republicanos trataban de hacer.

Las encuestas elaboradas por James Carville y Stan Greenberg, y por el encuestador demócrata Mark Mellman, indicaban que por toda la nación era un 20 por ciento más probable que los votantes se decantaran por un demócrata que dijera que el Congreso debía censurar mi conducta y que después nos pusiéramos todos a trabajar al servicio del público, que por un republicano a favor del *impeachment*. Después de que llegaran estos resultados, Carville y los demás suplicaron a todos los que se presentaban y tenían posibilidades de vencer que adoptaran esta estrategia. Su éxito se puso de manifiesto incluso en lugares en los que perdimos por muy poco, y donde los republicanos deberían haber ganado con facilidad. Por ejemplo, en Nuevo México, el demócrata Phil Maloof, que acababa de perder unas elecciones especiales celebradas en junio por seis puntos, y que estaba diez puntos por detrás una semana antes de las elecciones de noviembre, empezó a emitir anuncios en contra del *impeachment* el fin de semana antes de las elecciones. El día de la votación ganó, pero perdió las elecciones por un uno por ciento, ya que un tercio de los votantes habían enviado papeletas de voto por correo antes de escuchar su mensaje. Estoy convencido de que los demócratas se hubieran hecho con el control de la Cámara si más candidatos nuestros hubieran apostado por combinar el programa de medidas positivas y la posición en contra del *impeachment*. Muchos de ellos no lo hicieron porque tenían miedo; sencillamente no podían creer en la pura y simple realidad frente a la enorme cobertura informativa negativa que yo había recibido y la casi universalizada opinión de los expertos de que lo que Starr y Henry Hyde estaban haciendo sería más perjudicial para los demócratas que para los republicanos.

El día después de las elecciones llamé a Newt Gingrich para hablar de varios asuntos. Cuando la conversación derivó hacia las elecciones, se mostró muy generoso y afirmó que como historiador y «*quarterback* del otro equipo», quería felicitarme. Jamás había creído que lo lográramos, dijo, y era un éxito histórico. Más adelante en noviembre, Erskine Bowles me llamó para contarme una conversación de cariz muy distinto que mantuvo con Gingrich. Newt le dijo a Erskine que iban a seguir adelante con el proceso de *impeachment* a pesar de los resultados electorales y de que muchos republicanos moderados no querían votar por esta medida. Cuando Erskine le preguntó a Newt por qué querían seguir con el *impeachment* en lugar de cualquier otra alternativa, como una censura o una reprimenda, el portavoz replicó: «Porque podemos».

Los republicanos de derechas que controlaban la Cámara creían que habían pagado el precio por apoyar el proceso de *impeachment*, de modo que más valía seguir adelante y llevarlo a cabo antes de que llegara el nuevo Congreso. Pensaban que en las siguientes elecciones ya no sufrirían más penalizaciones por lo del *impeachment* porque los votantes tendrían otras cosas en la cabeza. Newt y Tom DeLay suponían que podrían obligar a los miembros de la línea más moderada para que votaran a favor, presionándolos desde los programas de radio de derechas y los activistas de sus distritos, amenazándolos con recortar los fondos de campaña, presentando oponentes en las primarias republicanas, negándoles cargos importantes o, por el contrario, ofreciéndoles puestos destacados u otros beneficios.

Los republicanos de derecha del *caucus* de la Cámara estaban rabiosos por sus derrotas. Muchos realmente creían que habían perdido por haber cedido a las exigencias de la Casa Blanca en las dos últimas negociaciones presupuestarias. De hecho, si hubieran apostado por destacar los presupuestos equilibrados de 1997 y 1998, el programa de cobertura médica infantil y los 100.000 profesores, no les habría ido nada mal, al igual que habían hecho los gobernadores republicanos. Pero estaban demasiado anclados en sus ideologías y excesivamente furiosos para hacer eso. Ahora iban a tratar de recuperar el control del programa republicano mediante el *impeachment*.

Yo ya había mantenido cuatro enfrentamientos con la derecha radical: en las elecciones de 1994, que ganaron, y el cierre del gobierno; en las elecciones de 1996 y en las elecciones de 1998, en las que la victoria fue nuestra. Entretanto yo había intentado trabajar de buena fe con el Congreso para mantener el país en marcha y hacia delante. Ahora, frente a una abrumadora mayoría de la opinión pública que se oponía al *impeachment* y la clara evidencia de que nada de lo que me acusaban rozaba siquiera la categoría de delito susceptible de motivarlo, volvían de nuevo al ataque en busca de otra amarga lucha politizada. No me quedaba más remedio que pertrecharme en consecuencia y lanzarme al campo de batalla.

Una semana después de las elecciones, dos importantes políticos de Washington anunciaron que no iban a presentarse a la reelección; y estábamos otra vez en las garras de una nueva crisis con Sadam Husein. Newt Gingrich nos sorprendió a todos al anunciar que dimitía de portavoz y de miembro de la Cámara. Al parecer había tenido un *caucus* particularmente dividido y se arriesgaba a perder su liderazgo debido a la derrota electoral, y ya no quería luchar más. Después de que algunos republicanos moderados dejaran claro que, basándose en el resultado de las elecciones, el *impeachment* quedaba completamente descartado, yo tenía sentimientos contradictorios sobre la decisión del portavoz. Me había apoyado en la mayor parte de mis decisiones de política exterior, había sido franco sobre lo que realmente le importaba a su *caucus* cuando hablábamos a solas y, después de la batalla a resultas del cierre de las oficinas del gobierno, se había mostrado flexible para lograr acuerdos honorables con la Casa Blanca. Ahora, Newt recibía por todas partes: por un lado, los republicanos moderados o conservadores estaban disgustados porque el partido no había ofrecido ningún programa positivo en las elecciones de 1998 y porque durante un año entero no había hecho nada más que atacarme; por el otro, sus ideólogos de derechas, en cambio, estaban molestos porque creían que había colaborado demasiado conmigo y no me había satanizado lo suficiente. La ingratitud del conciliábulo de derechas que ahora controlaba el *caucus* republicano debía de indignar a Gingrich, pues estaban en el poder solo gracias a su brillante estrategia en las elecciones de 1994 y a los años que se había pasado organizándoles y captando nuevos miembros.

El anuncio de Newt consiguió más titulares, pero la retirada del senador de Nueva York, Pat Moynihan, tendría un impacto mucho mayor sobre mi familia. La misma noche en que Moynihan dijo que no se presentaría a la reelección, Hillary recibió una llamada de nuestro amigo Charlie Rangel, el congresista de Harlem y miembro importante del Comité de Medios y Arbitrios de la Cámara, quien le pidió que se presentara al escaño de Moynihan. Hillary le dijo a Charlie que se sentía halagada, pero que no se podía imaginar a sí misma haciendo tal cosa.

No cerró por completo la puerta a la idea y eso me gustó. A mí me parecía que era una propuesta muy buena. Teníamos previsto mudarnos a Nueva York después de que acabara mi mandato y, además, yo pasaría bastante tiempo en Arkansas, en mi biblioteca. Los neoyorquinos parecían disfrutar con senadores destacados: Moynihan, Robert Kennedy, Jacob Javits, Robert Wagner y muchos otros habían sido representantes tanto de los ciudadanos de Nueva York como de la nación en general. Yo creía que Hillary lo haría muy bien en el Senado y que además disfrutaría con el trabajo. Pero todavía quedaban meses para esa decisión.

El 8 de noviembre llevé a mi equipo de seguridad nacional a Camp David para debatir sobre Irak. Hacía una semana, Sadam Husein había expulsado otra vez a los inspectores de Naciones Unidas; parecía casi seguro que tendríamos que emprender acciones militares contra él. El Consejo de Seguridad había votado unánimemente condenar las «flagrantes violaciones» de Irak de las resoluciones de Naciones Unidas. Bill Cohen se había marchado a Oriente Próximo con la intención de reunir apoyos para realizar ataques aéreos; Tony Blair estaba dispuesto a participar.

Unos días más tarde, la comunidad internacional dio el siguiente gran paso en nuestra apuesta por estabilizar la situación económica mundial, con un paquete de ayudas de cuarenta y dos mil millones de dólares a Brasil, cinco mil millones de los cuales procedían de los bolsillos de los contribuyentes norteamericanos. A diferencia de los paquetes de ayudas a Tailandia, Corea del Sur, Indonesia y Rusia, este llegaba antes de que la economía del país estuviera al borde de la suspensión de pagos; era coherente con nuestra nueva política de tratar de evitar las crisis y, sobre todo, que se extendieran a otras naciones. Lo estábamos haciendo lo mejor que sabíamos para convencer a los inversores internacionales de que Brasil iba a reformar su economía y que tenía los fondos suficientes para ahuyentar a los especuladores. Además, esta vez las condiciones del crédito del FMI eran menos severas y mantenían los programas para ayudar a los pobres y para impulsar a los bancos brasileños a seguir concediendo créditos. Yo no sabía si iba a funcionar, pero confiaba mucho en el presidente Fernando Henrique Cardoso y, como principal socio comercial de Brasil, Estados Unidos se jugaba mucho en el éxito del país. Era otro de aquellos riesgos que valía la pena correr.

El día catorce pedí a Al Gore que representara a Estados Unidos en la reunión anual de la Asociación Asia-Pacífico en Malasia, la primera escala de un viaje a Asia planeado hacía tiempo. Yo no podía ir porque Sadam todavía estaba tratando de imponer condiciones inaceptables al regreso de los inspectores de Naciones Unidas. Como respuesta, estábamos preparándonos para lanzar ataques aéreos sobre los emplazamientos que nuestros servicios de inteligencia indicaban que estaban relacionados con sus programas armamentísticos, así como otros objetivos militares. Justo antes de que se lanzaran los ataques, cuando los aviones ya estaban en camino, recibí la primera de tres cartas de Irak en la que contestaba a nuestras objeciones. Al cabo de tres horas, Sadam se había retractado por completo y se comprometió a resolver todos los temas pendientes que habían indicado los inspectores, a concederles acceso ilimitado a todos los emplazamientos sin ninguna interferencia, a entregar todos los documentos importantes y a aceptar todas las resoluciones de Naciones Unidas sobre armas de destrucción masiva. Aunque me dominaba el escepticismo, decidí darle una nueva oportunidad.

El día 18 salí hacia Tokyo y Seúl. Quería ir a Japón para establecer una buena relación de trabajo con Keizo Obuchi, el nuevo primer ministro, y para tratar de influir sobre la opinión pública japonesa para que apoyara las duras reformas necesarias para poner fin a más de cinco años de estancamiento económico. Me gustaba Obuchi y creía que quizá podría domar la turbulenta escena política japonesa y mantenerse en el cargo durante muchos años. Le gustaba el estilo práctico americano de hacer política desde la base. Cuando era joven, en la década de 1960, había ido a Estados Unidos y gracias a su labia había conseguido reunirse con el entonces fiscal general Robert Kennedy, que se convirtió en su héroe político. Después de nuestra reunión Obuchi me llevó a las calles de Tokio, donde estrechamos la mano de escolares que agitaban banderas japonesas y norteamericanas. También celebramos un pleno televisado en el que los tradicionalmente recatados japoneses me sorprendieron con sus preguntas abiertas y directas, no solo sobre los retos a los que se enfrentaba Japón, sino también sobre si había visitado alguna vez a las víctimas de Hiroshima y Nagasaki; sobre de qué forma se podía lograr que en Japón los padres pasaran más tiempo con sus hijos, como lo había hecho yo con Chelsea; sobre cuántas veces al mes cenaba con mi familia; sobre cómo estaba llevando todas las presiones de las presidencia y de qué forma me había disculpado con Hillary y con Chelsea.

En Seúl apoyé tanto los tenaces esfuerzos de Kim Dae Jung para salir de la crisis económica como su voluntad de aproximarse a Corea del Norte, eso sí, mientras quedara claro que ninguno de los dos íbamos a permitir la proliferación de misiles, armas nucleares o cualquier otro tipo de armas de destrucción masiva. Los dos estábamos preocupados por la reciente prueba que había hecho Corea del Norte de un misil de largo alcance. Pedí a Bill Perry que dirigiera un pequeño grupo que revisara nuestra política para Corea y que nos recomendara un plan para el futuro que maximizara las posibilidades de que Corea del Norte abandonara sus programas de armas y misiles y se reconciliara con Corea del Sur, al tiempo que minimizara los riesgos de un fracaso.

Al acabar el mes, Madeleine Albright y yo celebramos una conferencia en el Departamento de Estado para apoyar el desarrollo económico de los palestinos, con Yasser Arafat, Jim Wolfensohn del Banco Mundial y representantes de la Unión Europea, Oriente Próximo y Asia. El gobierno israelí y el Knesset habían apoyado el acuerdo de Wye, y había llegado el momento de conseguir algunas inversiones para Gaza y Cisjordania que dieran a los atribulados palestinos una muestra de cuáles eran los beneficios de la paz.

Mientras sucedía todo esto, Henry Hyde y sus colegas seguían persiguiendo sus objetivos; me enviaron ochenta y una preguntas que querían que respondiera con «sí o no» e hicieron públicas veintidós horas de las cintas Tripp-Lewinsky. La grabación que Tripp había hecho de aquellas conversaciones sin el permiso de Lewinsky, después de que su abogado le dijera expresamente que la grabación era punible penalmente y que no debía volver a hacerlo, era un delito según el código penal de Maryland. La procesaron por ello, pero el juez se negó a permitir que el fiscal llamara a testificar a Lewinsky para que probara que las conversaciones habían tenido lugar, pues decidió que la inmunidad que Starr le había dado a Tripp para testificar sobre su ilegal violación de la privacidad de Lewinsky le impedía a esta declarar contra Tripp. Una vez más, Starr había logrado proteger a gente que infringía la ley pero que le seguía el juego, a la vez que procesaba a gente inocente que se negaba a mentir por él.

Durante este período, Starr también procesó a Webb Hubbell por tercera vez; declaró que había inducido a error a los inspectores federales sobre el trabajo que había hecho el bufete Rose para otra entidad financiera que había quebrado. Era el último y casi desesperado intento de Starr por vencer la resistencia de Hubbell y obligarle a decir algo que fuera perjudicial para Hillary o para mí.

El 19 de noviembre, Kenneth Starr declaró antre el Comité Judicial de la Cámara y realizó comentarios que, como su informe, iban mucho más allá de su responsabilidad, que se limitaba a informar al Congreso de los hechos que hubiera descubierto. El informe Starr ya se había criticado por omitir un hecho muy importante y que me era favorable: la repetida afirmación de Monica Lewinsky de que yo jamás le había pedido que mintiera.

Del testimonio de Starr surgieron tres cosas sorprendentes. La primera fue el anuncio de que no había descubierto ningún indicio de nada ilegal por mi parte o por la de Hilary en las investigaciones de la Oficina de Viajes y del FBI. El congresista Barney Frank, de Massachusetts, le preguntó cuándo había llegado a esas conclusiones. «Hace algunos meses», contestó Starr. Frank le preguntó entonces por qué había esperado hasta después de las elecciones para exonerarme de aquellas acusaciones cuando había enviado su informe «con un montón de cosas negativas sobre el presidente» antes de las elecciones. La breve respuesta de Starr fue confusa y evasiva.

En segundo lugar, Starr admitió que había hablado con la prensa sobre los antecedentes del caso, lo que constituía una violación de las reglas de confidencialidad del gran jurado. Finalmente, negó bajo juramento que su oficina hubiera tratado de que Monica Lewinsky llevara un micrófono para grabar sus conversaciones con Vernon Jordan, yo y otras personas. Cuando le enfrentaron con el FBI, que demostraba que sí lo había hecho, se volvió a mostrar evasivo. El *Washington Post* informó que «las negativas de Starr... quedaron desmentidas por sus propios informes del FBI».

El hecho de que Starr hubiera admitido haber violado la ley sobre el secreto del gran jurado y además hubiera mentido bajo juramento no hizo que él o el comité republicano frenaran. Creían que al equipo que jugaba en casa se le aplicaban reglas distintas.

Al día siguiente Sam Dash dimitió de asesor ético de Starr; dijo que éste se había implicado a sí mismo de forma «ilegal» en el proceso de *impeachment* con sus comentarios en la audiencia en el Congreso. Como mi madre solía decir, Dash llegaba «un día tarde y con un dólar de menos»: hacía mucho tiempo que a Starr no le preocupaba en absoluto cumplir o no cumplir la ley.

Poco antes del día de Acción de Gracias, los republicanos de la Cámara regresaron a Washington para escoger al presidente del Comité de Gastos, Bob Livingston, de Louisiana, nuevo portavoz de la Cámara. Ocuparía el cargo en enero, cuando comenzara el nuevo período de sesiones del Congreso. En aquel tiempo, la mayoría de la gente creía que el movimiento a favor del *impeachment* se había encallado. Muchos republicanos moderados habían dicho que se oponían a ello y que las elecciones habían sido un mensaje muy claro del pueblo norteamericano, que quería que el Congreso me diera una reprimenda o censurara mi conducta y luego siguiera con los asuntos de interés público.

A mediados de mes llegué a un acuerdo para cerrar extrajudicialmente el caso de Paula Jones por una elevada cantidad de dinero pero sin ninguna disculpa. No me gustó nada tener que hacerlo porque había conseguido una victoria rotunda con la ley y los hechos en la mano en un caso que tenía motivaciones políticas. Los abogados de Jones habían llevado el caso ante la Corte de Apelaciones del octavo circuito, pero la ley aplicable al caso estaba clara: si la Corte de Apelaciones seguía su propia jurisprudencia, yo ganaría la apelación. Por desgracia la comisión de tres jueces asignada para decidir sobre el caso estaba encabezada por Pasco Bowman, el mismo juez ultraconservador que había apartado al juez Henry Woods de uno de los casos de Whitewater basándose en engañosos artículos publicados en los periódicos después de que Woods hubiera dictado una sentencia que no había gustado a Starr. Pasco Bowman, como el juez

David Sentelle en Washington, había demostrado que estaba dispuesto a hacer excepciones en la aplicación correcta de la ley en los casos que tenían que ver con Whitewater.

Parte de mí casi quería perder la apelación para así poder ir al juzgado, coger todos los documentos y declaraciones y mostrar al público qué habían estado haciendo mis adversarios. Pero había prometido al pueblo norteamericano que me iba a pasar los siguientes dos años trabajando para ellos; no tenía sentido que perdiera ni cinco minutos más pensando en el caso Jones. El acuerdo se llevó más o menos la mitad de nuestros ahorros de toda una vida y ya estábamos muy endeudados a causa de las facturas de los abogados, pero sabía que si la salud me acompañaba podría ganar suficiente dinero para mantener a mi familia y pagar esas facturas cuando abandonara el cargo. Así que llegué a un acuerdo y volví al trabajo.

Mi promesa de dejar atrás el caso Jones se pondría a prueba una vez más, y de forma muy dura. En abril de 1999 la juez Wright me sancionó por violar sus órdenes de revelación de información y me exigió que pagara los costes de viaje y los gastos de declaración de los abogados de Jones. Yo disentía profundamente de la opinión de Wright, pero no podía discutirla sin meterme en los hechos que estaba decidido a evitar y sin perder tiempo que debía dedicar a mi trabajo. La verdad es que me reconcomía tener que pagar los gastos de los abogados de Jones; habían insultado a los testigos con preguntas hechas con mala fe y preparadas de común acuerdo con Starr, y habían hecho caso omiso repetidamente de las órdenes del juez de no filtrar nada a la prensa. El juez les amenazó a menudo, pero nunca les hizo nada.

El 2 de diciembre, Mike Espy fue declarado inocente de todos los cargos que había presentado contra él el fiscal independiente Donald Smaltz. Smaltz había seguido el manual de Starr en la investigación sobre Espy; había gastado más de diecisiete millones de dólares y procesado a cuantos pudo en un intento de obligarles a decir algo malo sobre Mike. La severa reprimenda del jurado hizo que Smaltz y Starr fueran los dos únicos fiscales independientes que jamás habían perdido un juicio con jurado.

Unos días más tarde, Hillary y yo volamos hasta Nashville para una misa fúnebre en honor del padre de Al Gore, el senador Albert Gore Sr., que había muerto a los noventa años en su casa de Carthage, Tennessee. El War Memorial Auditorium estaba lleno de gente de todas las clases sociales, que habían ido a presentar sus últimos respetos a un hombre cuyo servicio en el senado incluía la construcción del sistema de autopistas interestatales, su rechazo a firmar el segregacionista Manifiesto del Sur en 1956 y una oposición valiente a la guerra de Vietnam. Yo había admirado al senador Gore desde mi juventud y siempre había disfrutado las oportunidades que mi asociación con Al me daba de pasar tiempo con él. El senador y la señora Gore se habían esforzado haciendo campaña por Al y por mí en 1992, y a mí me encantaba oír los discursos de campaña a la antigua usanza del senador, llenos de azufre y fuegos del infierno.

La música del funeral fue conmovedora, especialmente cuando escuchamos una vieja cinta del senador Gore cuando era un joven político en alza que tocaba el violín en el Constitution Hall, en 1938. Al pronunció el panegírico, un homenaje elocuente y tierno a su padre, tanto en su faceta privada como pública. Después de la misa le dije a Hillary que hubiera deseado que todo el mundo en Estados Unidos hubiera estado allí.

A mediados de mes, cuando estaba a punto de salir hacia Israel y Gaza para mantener mis compromisos de los acuerdos de Wye, el Comité Judicial de la Cámara votó, de nuevo siguiendo férreamente la división por partidos, a favor de someterme a un proceso de *impeachment* por perjurio en mi declaración y en el testimonio ante el gran jurado, y por obstrucción a la justicia. También aprobaron un cuarto cargo que me acusaba de dar respuestas falsas a sus preguntas. Era un procedimiento verdaderamente estrafalario. El presidente Hyde se negó a dar una definición estándar de lo que constituía motivo de *impeachment* y también se negó a llamar a ningún testigo que tuviera conocimiento directo de los asuntos sobre los que se discutía. Tomó la decisión de que el voto sobre el *impeachment* debía consistir simplemente en votar si se enviaba el informe Starr al Senado, que tendría que decidir si los hechos que se incluían en el informe eran ciertos y si había justificación para apartarme del cargo.

Un grupo de fiscales de ambos partidos dijo al comité que ningún fiscal me acusaría de perjurio con las pruebas que había en este caso, y un grupo de prestigiosos historiadores, entre ellos Arthur Schlesinger, de la City University de Nueva York; C. Vann Woodward, de Yale, y Sean Wilentz, de Princeton, declararon que lo que se me acusaba de haber hecho no reunía los requisitos básicos del *impeachment* que habían fijado los fundadores, es decir, que fuera un «delito grave o falta» cometido en el ejercicio del poder ejecutivo. Ésta había sido la definición aceptada durante mucho tiempo y quedó refrendada por una carta al Congreso firmada por más de cuatrocientos historiadores. Por ejemplo, en el caso Watergate, el Comité Judicial de la Cámara de Representantes votó en contra del *impeachment* de Nixon por supuesta evasión de impuestos porque no tenía nada que ver con su desempeño en el cargo. Pero todo esto no era relevante para Hyde, para su igualmente hostil abogado, David Schippers, ni para los derechistas que controlaban la Cámara.

Desde la elección, Tom DeLay y su equipo habían estado martilleando desde los medios de comunicación de derechas para pedir mi *impeachment*. Las tertulias radiofónicas estaban presionando para conseguirlo, y los moderados estaban comenzando a tener noticias de los activistas antiClinton en sus propios distritos. Estaban convencidos de que lograrían que suficientes miembros moderados del Congreso se olvidaran de la oposición popular al *impeachment* si les metían miedo sobre las represalias que los detractores de Clinton se tomarían en su contra.

En el contexto de esta estrategia, el voto del comité Hyde contra una resolución de censura era tan importante como sus votos por los artículos de *impeachment*. La censura era la opción que prefería el 75 por ciento de los norteamericanos; si una resolución de censura podía presentarse en la Cámara, los republicanos moderados votarían por ella y el *impeachment* no tendría ninguna posibilidad. Hyde decía que el Congreso no tenía la autoridad necesaria para censurar al presidente: era el *impeachment* o nada. De hecho, los presidentes Andrew Jackson y James Polk habían sido ambos censurados por el Congreso. La resolución de censura se denegó en el comité, de nuevo con un voto que seguía la línea de los respectivos partidos. El pleno de la Cámara no podría votar lo que la mayor parte de los norteamericanos querían. Ahora era cuestión de a cuántos republicanos moderados se podía «convencer».

Después de la votación del comité, Hillary y yo volamos a Oriente Próximo para reunirnos y cenar con el primer ministro Netanyahu, encender las velas de un menorah para Hanukkah y visitar la tumba de Rabin junto con su familia. Al día siguiente Madeleine Albright, Sandy Berger, Dennis Ross, Hillary y yo fuimos en helicóptero a una zona densamente poblada de Gaza para cortar la cinta inaugural del nuevo aeropuerto y comer con Arafat en un hotel con una vista preciosa de la larga playa mediterránea de Gaza. Pronuncié ante el Consejo Nacional Palestino el discurso que me había comprometido a dar en Wye. Justo antes de que me levantara para hablar, casi todos los delegados levantaron las manos para mostrar su apoyo a la eliminación del artículo que llamaba a la destrucción de Israel de sus estatutos. Fue el momento que hizo que todo el viaje valiera la pena. Casi se podía oír el suspiro de alivio de Israel; quizá los israelíes y los palestinos, después de todo, pudieran compartir una tierra y un futuro. Di las gracias a los delegados, les dije que quería que su gente recibiera beneficios concretos de esa paz y les pedí que se mantuvieran dentro del proceso para conseguirla.

No era un llamamiento vano. Menos de dos meses después del éxito de Wye, las negociaciones volvían a estar en peligro. Incluso a pesar de que el gobierno de Netanyahu había aprobado por un estrecho margen el acuerdo, su coalición no estaba en realidad a favor de él, lo que le hacía virtualmente imposible proceder a la redistribución de las tropas y a la liberación de los prisioneros, por no hablar de pasar a las todavía más complejas cuestiones del statuto, entre ellas la cuestión del estado palestino y si la parte oriental de Jerusalén se convertiría en la capital de Palestina. La enmienda de los estatutos palestinos el día anterior ayudó a Netanyahu con la opinión pública israelí, pero su coalición era mucho más difícil de convencer. Parecía que tendría que formar un gobierno de unidad nacional más amplio o convocar elecciones.

La mañana siguiente a mi discurso a los palestinos, Netanyahu, Arafat y yo nos encontramos en el cruce fronterizo de Erez para tratar de impulsar la aplicación de Wye y decidir de qué forma pasar a las cuestiones del estatuto final. Tras ello, Arafat nos acompañó a Hillary y a mí a Belén. Estaba orgulloso de tener la custodia de un lugar tan sagrado para los cristianos, y sabía que significaría mucho para nosotros visitarlo en unas fechas tan cercanas a la Navidad.

Después de dejar a Arafat, nos unimos al primer ministro Netanyahu en una visita a Masada. Me quedé impresionado de todo el trabajo que se había realizado desde que Hillary y yo la visitamos por primera vez, en 1981, para recuperar los restos de la fortaleza en la que los mártires judíos habían luchado hasta la muerte por sus convicciones. Bibi parecía estar un poco pensativo y apagado. Había ido más allá de la zona política en la que estaba seguro con los acuerdos de Wye y su futuro era incierto. No había forma de saber si los riesgos que había corrido acercarían a Israel a la paz definitiva o si pondrían fin a su gobierno.

Nos despedimos del primer ministro y volamos a casa para encontrarnos con otros conflictos. Seis días atrás, en el segundo día de las renovadas inspecciones de Naciones Unidas en Irak, se había denegado el acceso a algunos inspectores a la sede del Partido Baas de Sadam. El día que regresamos a Washington, el jefe de los equipos de inspección, Richard Butler, informó a Kofi Annan que Irak no había mantenido sus compromisos de cooperar con él e incluso había impuesto nuevas restricciones al trabajo de los inspectores.

Al día siguiente, Estados Unidos y el Reino Unido lanzaron una serie de ataques aéreos y con misiles de crucero contra los supuestos emplazamientos químicos, biológicos y de laboratorios nucleares de Irak y contra su capacidad militar para amenazar a sus vecinos. En mi discurso al pueblo norteamericano aquella tarde dije que Sadam había utilizado anteriormente armas químicas contra los iraníes y los kurdos del norte y que había disparado misiles Scud contra otros países. Dije que había cancelado un ataque cuatro semanas antes porque Sadam había prometido cooperación total. Sin embargo, se había amenazado repetidamente a los inspectores, «así que Irak había dilapidado su última oportunidad».

Cuando se lanzaron los ataques, nuestra información de los servicios de inteligencia indicaba que había cantidades considerables de materiales biológicos y químicos que quedaron en Irak al final de la guerra del Golfo, y también algunas cabezas de misil que todavía no se habían declarado; además, se estaban llevando a cabo algunos trabajos elementales de laboratorio para conseguir armas nucleares. Nuestros expertos militares creían que las armas no convencionales podían haberse convertido en todavía más importantes para Sadam porque sus fuerzas militares convencionales eran mucho más débiles de lo que lo habían sido antes de la guerra del Golfo.

Mi equipo de seguridad nacional afirmaba unánimemente que debíamos atacar a Sadam tan pronto como se emitiera el informe Butler para minimizar el riesgo de que Sadam pudiera dispersar sus fuerzas y proteger sus arsenales biológicos y químicos. Tony Blair y sus asesores se mostraron de acuerdo. El ataque angloamericano se prolongó durante cuatro días, con 650 salidas aéreas y 400 misiles de crucero, todos con los objetivos cuidadosamente fijados para golpear objetivos militares y de seguridad nacional y minimizar las bajas civiles. Después del ataque, no teníamos forma de saber qué cantidad del material prohibido habíamos destruido, pero sencillamente habíamos reducido la capacidad de Irak para producir y desplegar armas peligrosas.

Aunque hablaban sobre Sadam como si fuera el mismísimo diablo, algunos republicanos estaban enfadados por los ataques. Muchos de ellos, como el senador Lott y el representante Dick Armey, criticaron el momento elegido para lanzar los ataques, diciendo que los había ordenado para retrasar el voto de la Cámara sobre el *impeachment*. Al día siguiente, después de que muchos senadores republicanos expresaran su apoyo a los ataques, Lott se retractó de sus comentarios. Armey nunca lo hizo; él, DeLay y sus lacayos habían trabajado duro para conseguir que sus colegas moderados mantuvieran la formación, y ahora tenían prisa para votar el *impeachment* antes de que algunos de ellos comenzaran a pensar de nuevo.

El 19 de diciembre, no mucho antes de que la Cámara comenzara a votar el *impeachment*, el designado como portavoz, Bob Livingston, anunció que se retiraba de la Cámara después de que se hubieran hecho públicos sus problemas personales. Después supe que diecisiete republicanos conservadores se le habían acercado y le habían dicho que tenía que dimitir, no por lo que había hecho, sino porque se había convertido en un obstáculo para mi *impeachment*.

Apenas seis semanas después de que el pueblo norteamericano hubiera enviado un mensaje alto y claro contra el *impeachment*, la Cámara votó a favor de dos de los cuatro artículos de *impeachment* aprobados por el comité Hyde. El primero, que me acusaba de haber mentido ante el gran jurado, se aprobó por 228 votos contra 206; hubo cinco republicanos que votaron en contra. El segundo, que decía que había obstruido la justicia con mi persistente perjurio y ocultando regalos, se aprobó por

221 contra 212, con doce republicanos que votaron «no». Los dos cargos eran incoherentes. El primero se basaba en las divergencias que había entre la descripción de Monica Lewinsky de nuestros encuentros en el informe Starr y mi testimonio ante el gran jurado; el segundo ignoraba el hecho de que ella también había testificado que yo jamás le había pedido que mintiera, un hecho que corroboraban otros testigos. Al parecer, los republicanos solo la creían cuando me llevaba la contraria.

Poco después de las elecciones, Tom DeLay y compañía comenzaron a ir a la caza de los republicanos moderados. Consiguieron algunos votos privándoles de la posibilidad de votar una resolución de censura, y luego diciéndoles que si me querían censurar de algún modo, deberían hacerlo votando a favor del *impeachment*, porque de todas formas no me podrían condenar y expulsarme del cargo ya que los republicanos no podían lograr los dos tercios de los votos necesarios para ello en el Senado. Unos días después de la votación de la Cámara, cuatro miembros moderados de la misma —Mike Castle, de Delaware; James Greenwood, de Pennsylvania, y Ben Gilman y Sherwood Boehlert de Nueva York— escribieron al *New York Times* diciendo que el hecho de que hubieran votado a favor del *impeachment* no quería decir que creyeran que se me debía apartar del cargo.

No conozco todos los palos y zanahorias que se usaron en cada caso particular con los moderados, pero descubrí algunos de ellos. Un presidente de un comité republicano, muy angustiado, dijo a un asesor de la Casa Blanca que no quería votar por el *impeachment* pero que de no hacerlo hubiera perdido la presidencia de su comité. Jay Dickey, un republicano de Arkansas, dijo a Mack McLarty que podría perder su puesto en el Comité de Gastos si no votaba a favor de mi *impeachment*. Me sentí muy decepcionado cuando Jack Quinn, un republicano de Buffalo, Nueva York, que había sido un huésped habitual de la Casa Blanca y que le había dicho a mucha gente, y también a mí, que se oponía al *impeachment*, dio un giro de ciento ochenta grados y anunció que votaría a favor de tres artículos. Yo me había llevado su distrito por una gran mayoría en 1996, pero, por lo visto, una ruidosa minoría de sus electores le había presionado mucho. Mike Forbes, un republicano de Long Island que me había apoyado durante la batalla del *impeachment*, cambió de opinión cuando le ofrecieron un puesto importante en el equipo de Livingston. Cuando Livingston dimitió, la oferta se evaporó.

Cinco demócratas también votaron a favor del *impeachment*. Cuatro de ellos procedían de distritos conservadores. El quinto dijo que quería votar una resolución de censura, pero que después creyó que lo que estaba haciendo era la mejor alternativa. Entre los republicanos que habían votado en contra del *impeachment* estaban Amo Houghton, de Nueva York, y Chris Shays, de Connecticut, dos de los republicanos más progresistas e independientes de la Cámara; Connie Morella, de Maryland, también una progresista cuyo distrito había votado abrumadoramente por mí en 1996, y dos conservadores, Mark Souder, de Indiana, y Peter King, de Nueva York, que simplemente se negaban a seguir adelante con la idea de los dirigentes de su partido de convertir una cuestión constitucional en un test de lealtad al partido.

Peter King, con quien yo había trabajado en Irlanda del Norte, soportó semanas de mucha presión; llegaron a amenazarle con destruirle políticamente si no votaba a favor del *impeachment*. En muchas entrevistas de televisión, King lanzó un argumento muy sencillo a sus colegas republicanos: «Estoy en contra del *impeachment* al presidente Clinton porque si fuera un republicano ustedes también lo estarían». Los republicanos que estaban a favor del *impeachment* y que aparecían en los programas con él nunca supieron darle una buena respuesta a eso. Los republicanos de derechas creían que todo el mundo tenía un precio o un punto débil, y la mayoría de las veces estaban en lo cierto, pero Peter King tenía alma irlandesa: amaba la poesía de Yeats, no temía luchar por una causa perdida y no se le podía comprar.

Aunque se decía que las fuerzas favorables al *impeachment* habían celebrado reuniones en el despacho de DeLay para rezar y rogar el apoyo de Dios en su misión divina, lo que los impulsaba a pedirlo no eran motivos morales o legales, sino simplemente la búsqueda del poder. Newt Gingrich lo había dicho todo en una sola frase: estaban haciéndolo «porque podíamos hacerlo». El *impeachment* no era por mi indefendible conducta personal. Había mucho de eso también en su bando y estaba comenzando a salir a la luz, incluso sin necesidad de un pleito falaz ni de un fiscal especial para que hurgara en los hechos. No iba sobre si había mentido en un proceso legal; cuando se descubrió que Newt Gingrich había prestado falso testimonio repetidas veces durante la investigación del Comité de Ética de la Cámara sobre las aparentemente ilegales prácticas de su comité de acción política, la misma gente que ahora acababa de votar mi *impeachment* se había contentado con censurarle y ponerle una multa. Cuando Kathleen Willey, a la que Starr había concedido inmunidad mientras le dijera lo que él quería escuchar, mintió, Starr simplemente le volvió a conceder inmunidad. Cuando Susan McDougal se negó a mentir por él, la procesó. Cuando Herby Branscum y Rob Hill se negaron a mentir por él, los procesó. Cuando Webb Hubbel se negó a mentir por él, le procesó dos y tres veces, y luego procesó a su mujer, a su abogado y a su contable, solo para luego retirar los cargos de los que acusaba a todos ellos. Cuando se demostró falsa la primera historia que David Hale había contado sobre mí, Starr le permitió cambiarla hasta que al final Hale consiguió elaborar una versión que no se podía demostrar que fuera falsa. El ex socio de Jim McDougal y viejo amigo mío Steve Smith se ofreció a pasar la prueba del detector de mentiras para refrendar su afirmación de que la gente de Starr le había preparado una declaración mecanografiada para que la leyera ante el gran jurado y le siguieron presionando para que lo hiciera incluso después de que les dijera repetidamente que lo que decía aquella declaración era falso. El propio Starr mintió bajo juramento cuando dijo que no había pedido a Monica Lewinsky que llevara un micrófono.

Y la votación en la Cámara desde luego no iba sobre si los cargos planteados constituían actos susceptibles de provocar un proceso de *impeachment* tal y como este se entendía históricamente. Si se hubiera aplicado el estándar del Watergate a mi caso, no habría habido *impeachment*.

Esto iba sobre poder, sobre algo que los dirigientes republicanos de la Cámara hacían porque podían hacerlo y porque querían aplicar un programa al que me oponía y que había bloqueado. No tengo ninguna duda de que muchos de sus seguidores en todo el país creían que la decision de apartarme del cargo se basaba en la moral o en la ley, y que yo era tan mala persona que no importaba si mi conducta encajaba o no con la definición constitucional de los motivos para un *impeachment*. Pero su posición no respetaba la prueba más básica de moralidad y justicia: las mismas reglas deben aplicarse a todo el mundo. Como Teddy Roosevelt dijo una vez, ningún hombre está por encima de la ley, pero «ningún hombre está tampoco por debajo».

En las guerras partidistas que se habían desatado desde mediados de la década de 1960, ninguno de los dos bandos estaba completamente libre de culpa. Yo pensaba que estaba de más que los demócratas examinaran qué películas gustaban al juez Bork y los hábitos con el alcohol del senador John Tower. Pero cuando se trataba de políticas de destrucción personal, los republicanos de la Nueva Derecha eran unos verdaderos maestros. Mi partido no parecía entender el poder, pero yo estaba orgulloso de que hubiera algunas cosas que los demócratas no estuvieran dispuestos a hacer solo porque pudieran hacerlas.

Poco después de la votación en la Cámara, Robert Healy escribió un artículo en el *Boston Globe* sobre una reunión entre el portavoz Tip O'Neill y el presidente Reagan que tuvo lugar en la Casa Blanca a finales de 1986. La historia del Irán-Contra había salido a la luz pública; los asesores de la Casa Blanca John Poindexter y Oliver North habían infringido la ley y habían mentido sobre ello al Congreso. O'Neill no le preguntó al presidente si había conocido o autorizado la violación de la ley (la comisión bipartita del senador John Tower descubrió más adelante que, en efecto, Reagan no había sabido nada sobre ello). Según Healy, O'Neill simplemente le dijo al presidente que no permitiría que se produjera ningún proceso de *impeachment*; dijo que había vivido el Watergate y que no iba a volver a someter al país a un calvario como aquel otra vez.

Puede que Tip O'Neill fuera mejor patriota que Gingrich y DeLay, pero ellos y sus aliados habían sido más eficaces en concentrar el poder y en usarlo tanto como pudieron contra sus adversarios. Creían que, a corto plazo, el poder hace la ley, y no les preocupaba lo que sufriera el país en el proceso. Desde luego no les preocupaba en absoluto que el Senado no fuera a apartarme del cargo. Creían que si me echaban encima la suficiente basura, la prensa y el público acabaría culpándome a mí por su mala conducta además de por la mía. Querían marcarme con una gran «I» y estaban convencidos de que durante el resto de mi vida, y durante algún tiempo después, el hecho de que me hubiera sometido a un proceso de *impeachment* permanecería, mientras que se olvidarían las circunstancias que lo habían envuelto. Nadie hablaría de que todo el proceso no había sido más que una farsa hipócrita y la culminación de años de conducta inconsciente de Kenneth Starr y sus secuaces.

Justo después de la votación, Dick Gephardt trajo a un gran grupo de demócratas de la Cámara que me habían defendido a la Casa Blanca para que pudiera agradecérselo y para que diéramos imagen de unidad ante la batalla que se avecinaba. Al Gore defendió a capa y espada mis logros como presidente y Dick hizo un apasionado llamamiento a los republicanos para que abandonaran la estrategia política de la destrucción personal y continuaran trabajando en los temas que interesaban a la nación. Hillary me comentó más adelante que el acto casi había parecido un mitin después de una victoria. De alguna forma lo era. Los demócratas se habían mantenido firmes no solo para denfenderme a mí, sino, lo que era mucho más importante, también para defender la Constitución.

Desde luego yo hubiera preferido no haberme sometido a un *impeachment*, pero me consolaba que la única otra ocasión en que había sucedido, a Andrew Johnson a finales de la década de 1860, tampoco hubo «delitos graves o faltas»; igual que en mi caso, fue una acción por motivos políticos e impulsada por el partido que tenía la mayoría en el Congreso y que no supo contenerse.

Hillary estaba más molesta por la naturaleza partidista del proceso que tenía lugar en la Cámara de lo que lo estaba yo. Cuando era una abogada joven, había trabajado en el equipo de John Doar para el Comité Judicial de la Cámara durante el Watergate, cuando se realizó un esfuerzo serio, equilibrado y bipartito para cumplir el mandato constitucional de definir y encontrar graves crímenes y conductas en las actividades oficiales del presidente.

Desde el principio, creí que la mejor forma de ganar el duelo con la Extrema Derecha era seguir haciendo mi trabajo y dejar que otros se encargasen de mi defensa. Durante los procesos en la Cámara y en el Senado eso es exactamente lo que traté de hacer, y mucha gente me dijo que me lo agradecía.

La estrategia funcionó todavía mejor de lo previsto. La publicación del informe Starr y la decisión de los republicanos de seguir adelante con el proceso de *impeachment* trajo consigo un perceptible cambio de enfoque en la cobertura mediática. Como ya he dicho, la prensa no fue nunca unánime, pero ahora incluso aquellos que anteriormente habían estado dispuestos a darle cancha a Starr comenzaron a apuntar la implicación de grupos de derechas en la conjura, a explicar las tácticas rastreras de la OFI y la absoluta falta de precedentes para lo que los republicanos estaban haciendo. También las tertulias de televisión comenzaron a ser más equilibradas, a medida que comentaristas como Greta Van Sustren y Susan Estrich e invitados como los abogados Lanny Davis, Alan Dershowitz, Julian Epstein y Vincent Bugliosi se aseguraron de que se escuchara a ambas partes. También hubo miembros del Congreso que defendieron mi causa, entre ellos el senador Tom Harkin, los miembros del Comité Judicial de la Cámara Sheila Jackson Lee y Bill Delahunt, que también era ex fiscal. Los profesores Cass Sunstein, de la Universidad de Chicago, y Susan Bloch, de Georgetown, publicaron una carta sobre la inconstitucionalidad del proceso de *impeachment* que firmaron más de cuatrocientos profesores de derecho.

Nos acercábamos a 1999; el paro había bajado al 4,3 por ciento y la bolsa había subido hasta su máximo histórico. Hillary se había hecho daño en la espalda mientras hacía una visita de Navidad a los empleados del Old Executive Office Building, pero se comenzaba a recuperar después de que el doctor le dijera que debía dejar de llevar zapatos de tacón en aquellos suelos de marmol tan duros. Chelsea y yo decoramos el árbol y nos entregamos a nuestra afición a las compras de Navidad.

Los mejores regalos que me hicieron ese año fueron las muestras de cariño y apoyo de los ciudadanos. Una niña de trece años de Kentucky me escribió para decirme que había cometido un error, pero que no podía irme porque mis oponentes eran «malos». Un hombre blanco de ochenta y seis años de New Brunswick, New Jersey, después de decirle a su familia que se iba a Atlantic City a pasar el día, cogió el tren hasta Washington, donde tomó un taxi hasta la casa del reverendo Jesse Jackson. Cuando la suegra de Jesse abrió la puerta, le dijo que había ido allí porque el reverendo Jackson era la única persona que conocía que hablaba con el presidente y quería enviarme un mensaje: «Dígale al presidente que no lo deje. Yo estaba allí cuando los republicanos trataron de destruir a Al Smith [nuestro nominado a la presidencia en 1928] porque era católico. No puede rendirse». El hombre volvió a subir al taxi, regresó a la Union Station y tomó el siguiente tren a casa. Llamé a ese hombre para darle las gracias. Luego mi familia y yo partimos hacia el fin de semana del Renacimiento y el nuevo año.

CINCUENTA Y UNO

El 7 de enero, el presidente de la Corte Suprema, el juez William Rehnquist, abrió oficialmente el proceso de *impeachment* en el Senado; y Ken Starr procesó a Julie Hiatt Steele, la mujer republicana que no estaba dispuesta a mentir para apoyar la historia de Kathleen Willey.

Una semana después, los encargados del proceso de *impeachment* hicieron una presentación del caso que duró tres días. Ahora querían llamar a testigos, algo que no habían hecho durante sus propias audiencias, con la excepción de Kenneth Starr. Uno de los impulsores, Asa Hutchinson, de Arkansas, que había estado en el proceso del caso de drogas de mi hermano como fiscal de Estados Unidos en la década de 1980, dijo que el Senado tenía que permitirles llamar a testigos porque si él fuera un fiscal, ¡no me podría procesar por obstrucción a la justicia, la acusación que le habían encargado llevar, basándose en el pobre informe que la Cámara le había enviado al Senado! Por otra parte, uno de los encargados del *impeachment* de la Cámara dijo que el Senado no tenía derecho a juzgar si mis supuestos delitos se atenían o no a la definición constitucional de las conductas susceptibles de *impeachment*; dijo que la Cámara ya había decidido sobre esa cuestión y que el Senado estaba vinculado por su decisión, a pesar del hecho de que el comité Hyde se había negado a dar una definición estándar de qué conductas podían ser objeto de *impeachment*.

En su discurso final al Senado, Henry Hyde dio finalmente su interpretación del significado constitucional de *impeachment* cuando dijo, en esencia, que intentar evitar la vergüenza por la conducta personal era más motivo para apartar a un presidente del cargo que mentir a la nación sobre una importante cuestión de estado. Mi madre me había educado para ver la parte buena de todo el mundo. Mientras observaba al injurioso señor Hyde, sabía que por alguna parte debía de haber un doctor Jekyll, pero me estaba costando mucho encontrarlo.

El día diecinueve, mi equipo legal comenzó sus tres días de respuesta. Chuck Ruff, el abogado de la Casa Blanca y antes fiscal de Estados Unidos, comenzó argumentando durante dos horas y media que los cargos eran falsos y que, incluso si los senadores pensaban que *eran* ciertos, los actos ni siquiera se acercaban a cumplir los requisitos de la definición constitucional de *impeachment*, y mucho menos eran motivo para apartarme del cargo. Ruff era un hombre de buenos modales que había tenido que ir en silla de ruedas durante la mayor parte de su vida. También era un abogado muy poderoso, al que le ofendía lo que los encargados de la Cámara habían hecho. Hizo trizas sus argumentos y recordó al Senado que un grupo bipartito de fiscales ya había declarado que ningún fiscal responsable acusaría de perjurio basándose en los hechos que tenían ante ellos.

Me pareció que el mejor momento de Ruff fue cuando pilló a Asa Hutchinson en una significativa tergiversación de los hechos. Hutchinson había dicho al Senado que Vernon Jordan comenzó a ayudar a Monica Lewinsky a conseguir un trabajo solo después de que se hubiera enterado de que sería un testigo en el caso Jones. Las pruebas demostraban que Vernon la había comenzado a ayudar semanas antes de que supiera o pudiera haber sabido que iba a testificar, y que cuando la juez Wright tomó la decisión de permitir que se llamara a Lewinsky (una decisión que luego rectificó), Vernon estaba en un avión que volaba hacia Europa. No sabía si Asa había inducido a error al Senado porque creía que los senadores no se iban a dar cuenta o porque creía que a ellos, como a los encargados de la Cámara, no les iba a importar si la presentación era precisa o no.

Al día siguiente, Greg Craig y Cheryl Mills se enfrentaron a los cargos concretos. Greg se había dado cuenta de que en el artículo que me acusaba de perjurio no se citaba ni un solo ejemplo específico de ello y en lugar de eso se trataba de hacer entrar en juego mi declaración en el caso Jones, a pesar de que la Cámara había votado en contra del artículo de *impeachment* que se refería a ella. Craig también señaló que algunas de las acusaciones de perjurio que se hacían ahora en el Senado nunca fueron expuestas por Starr ni por ningún otro miembro de la Cámara durante los debates en el Comité Judicial o en el pleno de la Cámara. Iban inventando su caso conforme avanzaban.

Cheryl Mills, una joven afroamericana graduada en la Facultad de Derecho de Stanford, habló el día en que hacía seis años que había comenzado a trabajar en la Casa Blanca. Se enfrentó brillantemente con dos de los cargos de obstrucción a la justicia; aportó hechos que los engargados de la Cámara no podían discutir pero que tampoco los habían contado al Senado, lo que demostraba que sus acusaciones de obstrucción a la justicia eran absurdas. El mejor momento de Cheryl llegó en el cierre de su intervención. En respuesta a una insinuación de la republicana Lindsey Graham, de Carolina del Sur, y de algunos otros, de que mi absolución parecería enviar el mensaje de que nuestros derechos civiles y nuestras leyes contra el acoso sexual no eran importantes, dijo: «No puedo permitir que sus comentarios queden sin respuesta». La gente negra de todo el país sabía que la iniciativa de someterme a un *impeachment* procedía de los sudistas blancos de derechas que nunca habían movido un dedo por los derechos civiles.

Cheryl señaló que Paula Jones ya había tenido su oportunidad en un juicio y que una juez, que era también una mujer, le dijo que no tenía caso. Dijo que todos admirábamos a hombres como Jefferson, Kennedy y King, que eran imperfectos pero «se esforzaban por hacer el bien a la humanidad», y que mi trayectoria en derechos civiles y derechos de las mujeres era «imposible de someter a *impeachment*»: «Yo estoy hoy aquí ante ustedes porque el presidente Bill Clinton creyó que podía representarle... Sería un error condenarle por ello».

Durante el tercer y último día de nuestra presentación, David Kendall empezó desmontando de forma fría, lógica y sistemática la acusación de que yo había obstruido a la justicia; citó las repetidas afirmaciones de Monica Lewinsky de que yo jamás le había pedido que mintiera y detalló de nuevo las omisiones y tergiversaciones de hechos fundamentales en las que habían incurrido los encargados de la Cámara.

Cerró mi defensa Dale Bumpers. Le había pedido a él que lo hiciera porque era un excelente abogado, un dedicado estudioso de la Constitución y uno de los mejores oradores de Estados Unidos. También le conocía desde hacía mucho tiempo y acababa de abandonar el Senado después de pasar allí veinticuatro años. Después de relajar a sus ex colegas con unos cuantos chistes, Dale dijo que había tenido sus dudas sobre si ir o no porque él y yo habíamos sido amigos durante veinticinco años y habíamos trabajado juntos por las mismas causas. Dijo que aunque sabía que los senadores no escucharían su defensa porque pensarían que fueran las palabras de un amigo hacia otro, él no había ido allí a defenderme a mí, sino a la Constitución, «para mí el documento más sagrado después de la Biblia».

Bumpers abrió su alegato arremetiendo contra la investigación de Starr: «En comparación de la cual palidece la persecución de Javert a Jean Valjean en *Les Misérables*». Y prosiguió: «Después de todos estos años... no se encontró al presidente culpable de nada, ni oficial ni personal... estamos hoy aquí solo porque el presidente tuvo un terrible descuido moral».

Censuró a los encargados de la Cámara por carecer de compasión. Luego llegó el momento más dramático de su discurso: «Póngase ustedes en su lugar... ninguno de nosotros es perfecto... él debió haber pensado todo esto de antemano. Y de hecho debió de hacerlo, igual que debieron de haberlo Adán y Eva», y, señalando a los senadores, prosiguió, «como *usted* y *usted* y *usted* y millones de otras personas que se han visto en circunstancias similares debieron haber hecho de antemano. Como digo, nadie es perfecto».

Dale dijo entonces que ya se me había castigado severamente por mi error, que la gente no quería que se me apartara del cargo y que el Senado debería escuchar a los líderes mundiales que me apoyaban, entre ellos Havel, Mandela y el rey Hussein.

Cerró su alegato con una erudita y detallada historia de las deliberaciones de la Convención Constitucional sobre la cláusula del *impeachment*; dijo que los legisladores la tomaron de la ley inglesa, en la que cubría simplemente delitos «claramente "políticos" contra el estado». Rogó al Senado que no profanara la Constitución y que en lugar de ello escuchara al pueblo norteamericano que «les pide que se eleven por encima de la lucha política... y cumplan con su solemne deber».

El discurso de Bumpers fue magnífico, a veces erudito y emotivo, a veces práctico y profundo. Si la votación se hubiera celebrado en ese mismo momento no hubiera habido demasiados votos a favor de mi sustitución. Sin embargo, el proceso se alargó tres semanas más, mientras los encargados de la Cámara y sus aliados trataban de hallar la forma de convencer a más senadores republicanos de que votaran con ellos. Después de que ambas partes acabaran de hacer su presentación, estaba claro que todos los senadores demócratas y algunos senadores republicanos iban a votar que no.

Mientras el Senado celebraba el juicio, yo estaba haciendo lo que siempre hacía en esas fechas del año: prepararme para el discurso del Estado de la Unión y promocionar a lo largo de todo el país las nuevas iniciativas que pensaba incluir en él. El discurso estaba previsto para el diecinueve, el mismo día en que empezaba mi defensa en el Senado. Algunos senadores republicanos me habían pedido que retrasara el discurso, pero yo no estaba dispuesto a hacerlo. El *impeachment* ya le había costado al pueblo norteamericano muchos de sus duramente ganados dólares en impuestos, había apartado al Congreso de otros asuntos más urgentes y había debilitado el tejido de la Constitución. Si hubiera retrasado el discurso, habría enviado a los ciudadanos el mensaje de que sus problemas ya no eran lo más importante.

Aunque parezca imposible, la atmósfera de este Estado de la Unión fue incluso más surrealista que la del año anterior. Como siempre, entré en el Capitolio y me llevaron a las oficinas del portavoz, que ahora ocupaba Dennis Hastert, de Illinois, un fornido ex entrenador de lucha libre que era bastante conservador, pero menos áspero y agresivo que Gingrich, Armey y DeLay. Al cabo de un rato, una delegación bipartita de senadores y representantes vino para llevarme a la Cámara. Nos dimos la mano y hablamos como si no estuviera pasando nada más en el mundo. Cuando me presentaron y comencé a bajar por el pasillo, los demócratas me vitorearon mientras la mayoría de los republicanos se limitaba a aplaudir educadamente. Puesto que el pasillo divide a los republicanos y a los demócratas, esperaba hacer el recorrido hasta la tarima estrechando manos del lado demócrata, pero para mi sorpresa vi que muchos republicanos también me alargaban la mano.

Comencé saludando al nuevo portavoz, que había dicho que quería trabajar con los demócratas con un espíritu de urbanidad y bipartidismo. Sonaba bien y puede que lo dijera en serio, pues el voto sobre el *impeachment* en la Cámara había tenido lugar antes de que se convirtiera en portavoz. Acepté su oferta.

Hacia 1999, nuestro crecimiento económico era el mayor de nuestra historia; se habían creado dieciocho millones de nuevos empleos desde que yo había llegado al cargo, los salarios aumentaban en términos reales, la diferencia de ingresos por fin se reducía un poco y la tasa de paro era la más baja en tiempos de paz desde 1957. El estado de nuestra unión era más fuerte que nunca, y yo esbocé un programa para aprovecharnos al máximo de ello; comenzaba con una serie de iniciativas para asegurar la jubilación de la generación del *baby boom*. Propuse dedicar el 60 por ciento del superávit durante los siguientes quince años a ampliar la solvencia del Fondo de Financiación de la Seguridad Social hasta 2055, un aumento de más de veinte años, una pequeña parte del cual debía invertirse en fondos de inversión mobiliaria; acabar con el límite sobre lo que los perceptores de la Seguridad Social podían ganar sin penalización y pagos más generosos a las mujeres ancianas, que estadísticamente tenían el doble de posibilidades que los hombres de vivir en la pobreza. También propuse usar el 16 por ciento del superávit para añadir diez años a la vida del Fondo de Financiación de Medicare; aplicar, a largo plazo, una rebaja fiscal de mil dólares para los ancianos y los discapacitados; dar la opción a la gente entre los cincuenta y cinco y los sesenta y cinco años de que se apuntaran a Medicare; una nueva iniciativa de pensiones, USA Accounts, que tomaría el 11 por ciento del superávit para aplicar rebajas fiscales a los ciudadanos que abrieran sus propios planes de pensiones y para complementar una parte de los ahorros de los trabajadores con ingresos más bajos. Se trataba quizá de la mayor propuesta jamás realizada para ayudar a las familias de ingresos modestos a ahorrar y crear riqueza.

También propuse un gran paquete de reformas educativas: debíamos cambiar la forma en la que gastábamos más de quince mil millones al año en ayudas educativas para «apoyar lo que funciona y dejar de apoyar lo que no funciona», exigiendo a los estados que acabaran con la promoción social, que reformaran o cerraran las escuelas que no iban bien, que mejoraran la calidad del profesorado, que emitieran informes sobre todas las escuelas y que adoptaran políticas razonables de disciplina. De nuevo pedí al Congreso fondos para construir o modernizar cinco mil escuelas y para aprobar un aumento que multiplicaría por seis el número de becas para estudiantes que se comprometieran a enseñar en zonas desfavorecidas.

Para dar más apoyo a las familias, recomendé un aumento del salario mínimo, una ampliación de la baja familiar, una rebaja fiscal por el cuidado de niños y seguros en los gatillos de las armas para que los críos no las pudieran disparar por error. También pedí al Congreso que aprobara las leyes de Igual Sueldo y Contra la Discriminación en el Empleo; que estableciera una nueva Corporación Privada Norteamericana de Inversiones para ayudar a recaudar quince mil millones con los que crear nuevas empresas y puestos de trabajo en las comunidades pobres; que entrara en vigor la Ley de Desarrollo y Comercio con África para abrir más nuestros mercados a los productos africanos y que financiara una iniciativa de mil millones de dólares de Legado Natural para preservar nuestros tesoros naturales y un paquete de bajadas de impuestos y dinero para investigación para luchar contra el calentamiento global.

Sobre seguridad nacional, pedí fondos para proteger nuestras redes de ordenadores contra los terroristas y para proteger a las comunidades de ataques químicos o biológicos, impulsar la investigación de vacunas y tratamientos, aumentar el programa de seguridad nuclear Nunn-Lugar en dos tercios, apoyar el acuerdo de Wye y revertir la bajada del gasto militar que se había iniciado al final de la Guerra Fría.

Antes de concluir, felicité a Hillary por su dirección del Proyecto Milenio y por representar tan bien a Estados Unidos por todo el mundo. Estaba sentada en su palco junto a la estrecha bateadora de los Chicago Cubs, Sammy Sosa, que la había acompañado en su reciente viaje a la República Dominicana, donde él había nacido. Después de todo lo que había tenido que soportar, Hillary recibió una ovación incluso mayor que Sammy. Acabé «el último discurso del Estado de la Unión del siglo XX» recordando al Congreso que «quizá, en el fragor de la prensa diaria, en el enfrentamiento y la controversia, no vemos nuestra propia época como lo que realmente es: un nuevo amanecer para América».

El día después del discurso, con los mayores índices de aprobación a mi gestión que jamás había tenido, volé hacia Buffalo, con Hillary y Al y Tipper Gore, para hablar ante una desbordante multitud de más de veinte mil personas en el Marine Midland Arena. Una vez más, a pesar de todo lo que estaba pasando, el discurso del Estado de la Unión, con su completo programa para el año entrante, había tocado la fibra del pueblo norteamericano y le había hecho responder.

Acabé el mes con un importante discurso en la Academia Nacional de las Ciencias, en el que expliqué mis propuestas para proteger a Estados Unidos de ataques terroristas con armas biológicas o químicas y del ciberterrorismo; un viaje a casa a Little Rock para ver los daños que había causado un tornado en mi viejo vecindario, entre ellos la pérdida de varios viejos árboles de los terrenos de la mansión del gobernador; una visita a St. Louis para dar de nuevo la bienvenida a Estados Unidos al papa Juan Pablo II; una reunión con una gran delegación bipartita del congreso en la Sala Este para debatir sobre el futuro de la Seguridad Social y Medicare y un funeral por mi amigo el gobernador Lawton Chiles, de Florida, que había muerto súbitamente hacía poco. Lawton me había dado valor para la lucha en la que estaba metido con uno de sus dichos favoritos: Si no puedes correr con los perros grandes será mejor que te quedes en el porche.

El 7 de febrero, el rey Hussein perdió la batalla contra el cáncer. Hilary y yo partimos inmediatamente hacia Jordania con una delegación en la que estaban los presidentes Ford, Carter y Bush. Les estaba muy agradecido por su disposición, sin apenas mediar aviso, a honrar a un hombre con el que todos habíamos trabajado y al que todos admirábamos. Al día siguiente caminamos en la procesión funeraria durante casi kilómetro y medio, asistimos al funeral y dimos el pésame a la reina Noor, que tenía el corazón partido. Igual nos sentíamos Hillary y yo. Habíamos pasado algunos momentos maravillosos con Hussein y Noor en Estados Unidos. Recuerdo con particular placer una comida que los cuatro compartimos en el balcón Truman de la Casa Blanca no mucho antes de la muerte del rey. Ahora se había ido y con su marcha el mundo era un lugar más pobre.

Después de reunirnos con el nuevo monarca, Abdullah, hijo de Hussein, así como con el primer ministro Netanyahu, el presidente Assad, el presidente Mubarak, Tony Blair, Jacques Chirac, Boris Yeltsin y el presidente Suleyman Demirel, de Turquía, volvimos a Estados Unidos para esperar el voto del Senado sobre mi futuro. A pesar de que no había dudas sobre el resultado, las maniobras tras el telón habían sido muy interesantes. Muchos senadores republicanos estaban molestos con los republicanos de la Cámara por haber hecho que se celebrara el juicio, pero cuando el ala más a la derecha del partido aumentaba la presión, la mayoría de ellos retiraba sus críticas y seguía alargando todo el asunto. Cuando el senador Robert Byrd presentó una moción para que se desestimaran los cargos porque no tenían ninguna base, la socia de David Kendall, Nicole Seligman, expuso un razonamiento sobre la ley aplicable y los hechos que la mayoría de los senadores sabían que era inatacable. Sin embargo, la moción de Byrd no prosperó. Cuando el senador Strom Thurmond dijo a sus colegas republicanos desde un buen principio que no contaban con los votos para destituirme y que deberían detener el proceso, el *caucus* republicano le desautorizó.

Un senador republicano que se oponía al *impeachment* nos mantenía informados de lo que se discutía entre sus colegas. Algunos días antes de la votación, dijo que solo había treinta votos republicanos para el cargo de perjurio y entre cuarenta y cuarenta y cinco para el cargo de obstrucción a la justicia. Ni siquiera andaban cerca de la mayoría de dos tercios que la

Constitución exige para la destitución. Unos días antes de la votación, el senador nos dijo que los republicanos de la Cámara serían humillados si ninguno de los cargos conseguía la mayoría de los votos, y que sus colegas del Senado harían mejor en no humillarlos si querían que la Cámara permaneciera en manos republicanas tras las siguientes elecciones. El senador me informó que iban a tener que reducir el número de «no» republicanos.

El 12 de febrero ambas mociones de *impeachment* fracasaron. La votación por el cargo de perjurio fracasó por veintidós votos, 45 a 55, y la votación sobre obstrucción a la justicia fracasó por diecisiete votos, 50 a 50. Todos los demócratas y los senadores republicanos Olympia Snowe y Susan Collins, de Maine; Jim Jeffords, de Vermont; Arlen Specter, de Pennsylvania, y John Chafee de Rhode Island, votaron no a ambos cargos. Los senadores Richard Shelby, de Alabama; Slade Gorton, de Washington; Ted Stevens, de Alaska; Fred Thompson, de Tennessee, y John Warner, de Virginia, votaron no en el cargo de perjurio.

La votación en sí fue un anticlímax, pues llegaba tres semanas después de que se hubiera cerrado mi defensa. Solo se dudaba del margen por el que el *impeachment* sería derrotado. Yo simplemente estaba contento de que el calvario se hubiera acabado para mi familia y para mi país. Tras la votación dije que estaba profundamente arrepentido de cualquier cosa que hubiera podido hacer para desencadenar aquellos acontecimientos y de la pesada carga que habían impuesto sobre el pueblo norteamericano, y que me iba a dedicar a «un tiempo de reconciliación y renovación para Estados Unidos». Me preguntaron: «En su corazón, señor, ¿puede usted perdonar y olvidar?». Contesté: «Creo que quien pide perdón debe estar preparado para ofrecerlo».

Después del tormento del *impeachment*, la gente a menudo me preguntaba cómo lo soporté sin perder la cabeza o, al menos, sin perder la capacidad de seguir con el trabajo. Podría haberme perdido si el equipo de la Casa Blanca y el gobierno, incluso aquellos que estaban disgustados con mi comportamiento, no se hubieran mantenido firmes a mi lado. Hubiera sido mucho más duro si el pueblo norteamericano no hubiera decidido desde muy pronto que quería que yo siguiera siendo presidente y resistiera. Hubiera sido difícil si más demócratas del Congreso se hubieran pasado de bando en enero, cuando surgió la historia y parecía lo más juicioso, o en agosto, después de que declarase ante el gran jurado, sin embargo, se crecieron ante las dificultades. Tener el apoyo de líderes mundiales como Mandela, Blair, el rey Hussein, Havel, el príncipe Abdullah, Kim Dae Jung, Chirac, Cardoso, Zedillo y otros a los que también admiraba me ayudó a mantener el ánimo. Cuando les comparaba con mis enemigos, por disgustado que estuviera conmigo mismo, pensaba que las cosas no podían ir mal.

El cariño y el apoyo de los amigos y de los desconocidos marcó las diferencias; aquellos que me escribieron o que, desde una multitud, me dijeron unas palabras amables significaron para mí más de lo que nunca podrán imaginar. Los líderes religiosos que me aconsejaron, que me visitaron a la Casa Blanca o que me llamaron para rezar conmigo, me recordaron que, a pesar de las condenas que había recibido desde algunos sectores, Dios es amor.

Pero los factores más importantes en mi capacidad para sobrevivir y seguir funcionando fueron personales. Los hermanos de Hillary y mi propio hermano me apoyaron de forma maravillosa. Roger bromeaba diciendo que era fantástico ser por fin el hermano que no andaba metido en líos. Hugh venía de Miami cada semana para jugar a UpWords, hablar sobre deporte y hacerme reír. Tony venía para nuestras partidas familiares de pinacle. Mi suegra y Dick Kelley fueron muy importantes para mí.

A pesar de todo, nuestra hija seguía queriéndome y quería que no cediera y resistiera. Y, lo más importante, Hillary aguantó a mi lado y me siguió amando durante todo el tiempo. Desde la primera vez que nos vimos me enamoré de su risa. En medio de todo aquel absurdo, volvíamos a reír, unidos de nuevo por nuestras sesiones semanales de terapia de pareja y por nuestra determinación común de luchar contra ese golpe de estado de la extrema derecha. Casi acabé agradecido a nuestros torturadores: probablemente eran los únicos que podían hacer que le volviera a parecer bueno a Hillary. Incluso dejé el sofá.

Durante el largo año que transcurrió entre la declaración en el caso Jones y mi absolución en el Senado, la mayor parte de las noches que estaba en la Casa Blanca, pasé dos o tres horas solo en mi despacho, leyendo la Biblia y libros sobre la fe y el perdón, y releyendo *La imitación de Cristo*, de Thomas à Kempis, las *Meditaciones* de Marco Aurelio y muchas de las cartas más reflexivas que había recibido, entre ellas unos pequeños sermones del rabino Menachem Genack, de Englewood, New Jersey. Me conmovió particularmente *Seventy Times Seven*, un libro sobre el perdón escrito por Johann Christoph Arnold, el decano de Bruderhof, una comunidad cristiana cuyos miembros estaban en el nordeste de Estados Unidos y en Inglaterra.

Todavía conservo poemas, oraciones y citas que la gente me envió o me dio en mano en actos públicos. Y tengo dos piedras con el versículo Juan 8:7 inscrito sobre ellas. En lo que habitualmente se cree que fue el último encuentro de Jesús con sus críticos, los fariseos le llevaron a una mujer que habían sorprendido cometiendo adulterio y le dijeron que la ley de Moisés les ordenaba que la apedrearan hasta matarla. Hostigaron a Jesús: «¿Y tú que dices?». En lugar de responderles, Jesús se inclinó y escribió sobre el suelo con el dedo, como si no les hubiera oído. Cuando siguieron preguntándole, se puso en pie y les dijo: «Aquel que esté libre de pecado, que tire la primera piedra». Aquellos que lo oyeron, «siendo reos de su propia conciencia, se fueron alejando, comenzando por los más viejos, hasta que no quedó ninguno». Cuando Jesús estuvo solo con la mujer, le preguntó: «Mujer, ¿dónde están? ¿Nadie te ha condenado?». Ella contestó: «Nadie, Señor», y Jesús le dijo: «Tampoco yo te condeno».

A mí me habían tirado muchas piedras, y a través de las heridas que yo mismo me había infligido había quedado expuesto ante el mundo entero. En cierta forma fue liberador; ya no tenía nada más que ocultar. Y a medida que traté de entender por qué había cometido mis propios errores, intenté comprender también por qué a mis adversarios les consumía el odio y estaban dispuestos a decir y a hacer cosas que no eran coherentes con las convicciones morales que defendían. Yo siempre había observado con cinismo los intentos de otras personas de psicoanalizarme, pero me parecía que muchos de mis más acérrimos adversarios de la Extrema Derecha política y los grupos religiosos y los miembros más sentenciosos de la prensa habían buscado la seguridad y la tranquilidad en posiciones desde las que podían juzgar sin ser juzgados, hacer daño y no recibirlo.

Mi sentido de mi propia mortalidad y fragilidad humana y el amor incondicional que había recibido siendo niño me habían evitado la necesidad de juzgar y condenar a los demás. Y creía que mis defectos, no importaba lo profundos que fueran, eran mucho menos peligrosos para nuestro gobierno democrático que las ansias de poder de mis acusadores. A finales de enero recibí una carta conmovedora de Bill Ziff, un empresario de Nueva York al que no conocía, pero cuyo hijo era amigo mío. Me dijo que sentía el dolor que Hillary y yo habíamos tenido que soportar, pero que de él había nacido mucho bien, porque el pueblo norteamericano había demostrado madurez y buen juicio y había sabido ver más allá de «los mulás satanizadores que nos rodean. A pesar de que nunca fue su intención, ha hecho más para que sus intenciones ocultas salieran a la luz que ningún otro presidente de la historia, incluido Roosevelt».

Fueran cuales fueran los motivos de mis adversarios, en aquellas noches solitarias en mi oficina del piso de arriba, me quedó claro que si quería compasión de los demás, también yo tenía que mostrar compasión, incluso hacia aquellos que no respondían con la misma moneda. Además, ¿de qué podía quejarme? Nunca sería una persona perfecta, pero Hillary volvía a reír, a Chelsea le iba bien en Stanford, yo seguía haciendo el trabajo que más me gustaba y la primavera estaba en camino.

CINCUENTA Y DOS

El día 19 de febrero, una semana después del voto del Senado, concedí el primer indulto póstumo presidencial de la historia, a Henry Flipper, el primer graduado negro de West Point, que, por motivos de raza, fue acusado injustamente de conducta impropia de un oficial hacía 117 años. Este tipo de acciones por parte de un presidente pueden parecer poco importantes, comparadas con el poder de los acontecimientos de la actualidad, pero corregir los errores históricos también es esencial, no solo para los descendientes de los agraviados, sino para todos nosotros.

En la última semana del mes, Paul Begala anunció que se marchaba de la Casa Blanca. Yo había disfrutado mucho de la presencia de Paul, pues había estado en mi equipo desde New Hampshire y era listo, divertido, combativo y eficiente. También tenía hijos pequeños que merecían pasar más tiempo con su padre. Paul había estado a mi lado apoyándome durante la batalla del *impeachment*; ahora, había llegado el momento de irse.

Las únicas novedades del caso Whitewater fueron una votación muy sesgada del Colegio de Abogados, de 384 contra 49, contra una resolución que reclamaba la revocación de la ley del fiscal independiente, y una noticia según la cual el Departamento de Justicia estaba investigando si Kenneth Starr había engañado a Janet Reno acerca de la implicación de su oficina en el caso Jones, y sobre las razones que él había aducido para llevar el caso Lewinsky a su jurisdicción.

Marzo empezó con el anuncio de que después de meses de complejas negociaciones, la administración había logrado preservar la mayor reserva de antiguas secuoyas del mundo, en el bosque de Headwaters, en el norte de California. La semana siguiente me fui de viaje durante cuatro días a Nicaragua, El Salvador, Honduras y Guatemala, para inaugurar el principio de una nueva era de cooperación democrática en una zona en la que, hasta hacía poco tiempo, Estados Unidos había apoyado a regímenes represivos que cometían horribles atentados contra los derechos humanos, siempre con la única condición de que fueran anticomunistas. Durante mi viaje, supervisé la colaboración de las tropas estadounidenses en las tareas de socorro después de los desastres naturales que asolaban la zona y pronuncié un discurso en el parlamento de El Salvador, donde los que antaño eran enemigos enfrentados en una sangrienta guerra civil ahora se sentaban juntos en paz. También me disculpé oficialmente por las pasadas acciones de Estados Unidos en Guatemala; me parecía que todo eran señales de una nueva etapa de progreso democrático que yo me había comprometido a apoyar.

A mi regreso, nos encontrábamos inmersos en otra guerra en los Balcanes, esta vez en Kosovo. Los serbios habían lanzado, hacía un año, una ofensiva contra los albanokosovares rebeldes y habían matado a muchos inocentes; mujeres y niños murieron quemados en sus propias casas. La última oleada de agresiones serbias había desatado otro éxodo de refugiados y había aumentado el deseo de los albanokosovares de alcanzar la independencia. La matanza recordaba demasiado a los primeros días del conflicto de Bosnia, que, al igual que Kosovo, agrandó la brecha entre los musulmanes europeos y los cristianos ortodoxos serbios, una frontera en la que se habían producido conflictos regularmente durante los últimos seiscientos años.

En 1974, Tito había concedido la autonomía a Kosovo, la soberanía sobre el gobierno del país y el control sobre sus escuelas. En 1989, Milosevic les había arrebatado esa autonomía. Desde entonces, las tensiones habían crecido paulatinamente hasta que explotaron después de que se aprobara la independencia de Bosnia, en 1995. Yo estaba decidido a evitar que Kosovo se convirtiera en una nueva Bosnia; Madeleine Albright compartía mi postura.

Hacia abril de 1998, Naciones Unidas impuso un embargo de armas y Estados Unidos y sus aliados habían impuesto sanciones económicas contra Serbia porque no había puesto fin a las hostilidades ni había empezado a dialogar con los albanokosovares. Hacia mediados de junio, la OTAN había empezado a planificar opciones militares para terminar con la violencia. Cuando llegó el verano, Dick Holbrooke regresó a la zona para intentar encontrar una solución diplomática a aquel punto muerto.

A mediados de julio, las fuerzas serbias volvieron a atacar a los kosovares, armados y desarmados, y empezó un verano de agresiones que obligó a más de 300.000 albanokosovares a dejar atrás sus hogares. A finales de septiembre, el Consejo de Seguridad de Naciones Unidas aprobó otra resolución en la que exigía el fin de las hostilidades; al terminar el mes enviamos a Holbrooke a otra misión en Belgrado para que tratara de razonar con Milosevic.

El 13 de octubre, la OTAN amenazó con atacar a Serbia en cuatro días a menos que obedeciera las resoluciones de Naciones Unidas. Los ataques aéreos se pospusieron cuando cuatro mil miembros de la policía especial yugoslava fueron retirados de Kosovo. Las cosas mejoraron durante un breve espacio de tiempo pero en enero de 1999 volvieron a repetirse las matanzas de inocentes en Kosovo a manos de los serbios; los ataques aéreos de la OTAN parecían inevitables. Decidimos intentarlo una vez más por la vía diplomática, pero yo no era demasiado optimista, pues los objetivos de las partes eran muy distintos. Estados Unidos y la OTAN querían que Kosovo recuperara la autonomía política de la que había disfrutado según la Constitución yugoslava entre 1974 y 1989, hasta que Milosevic se la arrebató; queríamos que unas fuerzas de paz lideradas por la OTAN garantizaran la paz y la seguridad de los civiles de Kosovo, incluida la minoría serbia. Milosevic, por su parte, quería conservar el control de Kosovo y se oponía a que una fuerza extranjera se desplegara en la zona. Los albanokosovares querían la independencia, pero también estaban divididos entre ellos. Ibrahim Rugova, el jefe del gobierno en la sombra, era un hombre de hablar suave y tenía la costumbre de llevar un pañuelo alrededor del cuello. Yo estaba convencido de que podíamos llegar a un acuerdo de paz con él, pero no estaba tan seguro respecto a la otra gran facción kosovar, el Ejército de Liberación de Kosovo (ELK), liderado por un joven llamado Hacim Thaci. El ELK quería la independencia y creía que podía medirse con el ejército serbio.

Las partes se reunieron el 6 de febrero en Rambouillet, en Francia, para negociar los detalles de un acuerdo que devolviera la autonomía y protegiera a los kosovares de la opresión, mediante una operación dirigida por la OTAN; paralelamente, el ELK tenía que desarmarse y los serbios podrían seguir patrullando por la frontera. Madeleine Albright y su homólogo británico, Robin Cook, trataron de seguir esa vía de negociación por todos los medios. Después de una semana de conversaciones coordinadas por el embajador estadounidense Chris Hill y sus colegas de la Unión Europea y de Rusia, Madeleine llegó a la conclusión de que nuestra posición era rechazada por ambas partes: los serbios no querían una fuerza de paz encabezada por la OTAN y los kosovares no querían aceptar la autonomía a menos que también se les garantizara un referéndum sobre la independencia. Al ELK tampoco le gustaba en absoluto la idea de desarmarse, en parte porque desconfiaban de que las fuerzas de la OTAN les protegieran. Nuestro equipo decidió redactar el acuerdo de forma que el referéndum se postergara, pero no se denegara para siempre.

El 23 de febrero, los albanokosovares, incluido Thaci, aceptaron el acuerdo en principio y regresaron a sus casas para explicárselo a su gente. A mediados de marzo viajaron de nuevo a París para firmar el documento definitivo. Los serbios boicotearon la ceremonia, pues cuarenta mil soldados serbios se concentraron en Kosovo y sus alrededores y Milosevic afirmó que jamás aceptaría la presencia de tropas extranjeras en territorio yugoslavo. Envié de nuevo a Dick Holbrooke para que se entrevistara una última vez con él, pero ni siquiera Dick pudo convencerle de que cediera ni un milímetro.

El 23 de marzo, después de que Holbrooke abandonara Belgrado, el secretario general de la OTAN, Javier Solana, con mi total apoyo, dio órdenes al general Wes Clark para que empezaran los ataques aéreos. El mismo día, por una mayoría bipartita de 58 contra 41, el Senado votó a favor de la intervención militar. A principios de ese mes la Cámara había votado por 219 contra 191 a favor de enviar tropas estadounidenses a Kosovo si se producía un acuerdo de paz. Entre los destacados republicanos que apoyaron la propuesta se encontraban el nuevo portavoz, Dennis Hastert, y Henry Hyde. Cuando el congresista Hyde dijo que Estados Unidos debía oponerse a Milosevic y a la limpieza étnica, sonreí para mis adentros y pensé que después de todo quizá había un doctor Jekyll por ahí.

Mientras la mayoría del Congreso y todos nuestros aliados en la OTAN se mostraban a favor de los ataques, Rusia estaba en contra. El primer ministro, Yevgueni Primakov, estaba de camino a Estados Unidos para reunirse con Al Gore. Cuando Al le notificó que era inminente un ataque de la OTAN contra Yugoslavia, Primakov ordenó que su avión diera la vuelta y regresara a Moscú.

El día 24, expliqué al pueblo norteamericano qué estaba haciendo y por qué. Dije que Milosevic había arrebatado a los kosovares su autonomía; les había negado su derecho garantizado por la Constitución a hablar en su propia lengua, llevar sus escuelas y gobernarse a sí mismos. Describí las atrocidades que los serbios habían llevado a cabo: las matanzas de civiles, la quema de aldeas y los refugiados expulsados de sus hogares, al menos sesenta mil en las últimas cinco semanas y en total un cuarto de millón. Finalmente, puse los últimos acontecimientos en el contexto de las guerras que Milosevic ya había librado contra Bosnia y Croacia, y el impacto destructivo de sus asesinatos en el futuro de Europa.

La campaña de bombardeos tenía tres objetivos: demostrar a Milosevic que íbamos en serio y queríamos detener una nueva limpieza étnica, impedir una ofensiva aún más sangrienta contra los civiles inocentes de Kosovo y, si Milosevic no arrojaba pronto la toalla, perjudicar seriamente la capacidad militar de los serbios.

Esa noche empezaron los ataques aéreos de la OTAN, que duraron unas once semanas; mientras, Milosevic siguió matando a albanokosovares y expulsó a casi un millón de personas más de sus hogares. Las bombas causaron un grave daño a la infraestructura económica y militar de Serbia. Lamentablemente, hubo algunas ocasiones en que los objetivos fijados no se alcanzaron y segaron la vida de las mismas personas a las que trataban de proteger.

Algunos sectores afirmaron que nuestra posición habría sido más defendible si hubiéramos enviado tropas de tierra. Había dos problemas con ese argumento. En primer lugar, cuando los soldados hubieran llegado a sus posiciones, en la cantidad adecuada y con el apoyo apropiado, los serbios ya habrían causado un terrible daño. En segundo lugar, las bajas civiles de una campaña por tierra probablemente habrían sido mucho mayores que el precio que se pagó por algunas bombas que no llegaron a su objetivo. No me pareció muy convincente el argumento de que yo debía decantarme por una opción que costaría más vidas estadounidenses y no aumentaría las perspectivas de una victoria. La gente cuestionó a menudo nuestra estrategia, pero nosotros no la cambiamos.

A finales de mes, el mercado de valores se cerró por encima de 10.000 puntos por primera vez en la historia —había subido desde los 3.200 puntos en los que estaba cuando tomé posesión del cargo— y concedí una entrevista a Dan Rather, en la CBS, para hablar de ello. Después de un largo intercambio de pareceres sobre Kosovo, Dan me preguntó si esperaba convertirme en el marido de una senadora de Estados Unidos. Por entonces, muchos destacados cargos de Nueva York se habían sumado a Charlie Rangel para pedirle a Hillary que considerara la idea de presentarse. Le dije a Rather que no tenía ni idea de qué pensaba hacer ella, pero que si decidía presentarse y ganaba, «sería una senadora magnífica».

En abril, el conflicto en Kosovo se intensificó y ampliamos la zona de bombardeos hasta el centro de Belgrado, donde alcanzamos el Ministerio del Interior, la sede de la televisión estatal serbia y el cuartel general del partido de Milosevic, así como su casa. También aumentamos espectacularmente el apoyo financiero y la presencia de tropas en las vecinas Albania y Macedonia, para ayudarles a hacer frente al enorme número de refugiados que llegaba a sus fronteras. Hacia finales de mes, cuando Milosevic aún no se había rendido, nuestra política tenía opositores en ambos extremos. Tony Blair y algunos miembros del Congreso pensaban que había llegado la hora de enviar tropas de tierra, mientras que la Cámara de Representantes votó en contra del uso de tropas sin previa aprobación del Congreso.

Yo aún creía que la campaña aérea iba a funcionar y que con ella evitaríamos el envío de tropas de tierra hasta que su única misión fuera mantener la paz. El 14 de abril llamé a Boris Yeltsin para solicitar la participación de tropas rusas en la gestión de la paz después del conflicto, como en Bosnia. Pensé que la presencia rusa protegería a la minoría serbia y quizá daría a Milosevic una salida airosa para olvidarse de su anterior oposición al despliegue de tropas extranjeras.

En abril también sucedieron muchas otras cosas. El día 5, Libia finalmente entregó a los dos sospechosos de ser los autores del atentado del vuelo Pan Am 103 que cayó sobre Lockerbie, en Escocia, en 1988. Serían juzgados por jueces escoceses en La Haya. La Casa Blanca había estado muy implicada en el asunto durante años. Yo había presionado a los libios para que los entregaran; también habíamos establecido contacto con las familias de las víctimas y las habíamos mantenido informadas permanentemente. Se aprobó erigir un monumento en homenaje a sus seres queridos en el cementerio nacional de Arlington. Fue el principio del deshielo en las relaciones entre Estados Unidos y Libia.

La segunda semana del mes, el primer ministro chino, Zhu Rongji, realizó su primer viaje a la Casa Blanca con la esperanza de solucionar los obstáculos que todavía había pendientes para que China ingresara en la Organización Mundial de Comercio. Habíamos obtenido notables progresos suavizando las divisiones entre nuestros países, pero seguía habiendo problemas, entre ellos nuestro deseo de acceder más ampliamente al mercado automovilístico de China y la insistencia de ellos en un límite de cinco años para nuestro acuerdo del «aumento», según el cual Estados Unidos podía limitar un incremento importante y rápido de las importaciones chinas cuando se producía por razones ajenas a las normales circunstancias económicas. Era un tema importante para Estados Unidos, pues ya lo habíamos experimentado con las importaciones de acero de Rusia, Japón y otros lugares.

Charlene Barshefsky me dijo que los chinos habían hecho muchos progresos y que debíamos cerrar el trato ahora que Zhu estaba en Estados Unidos, para evitar que una vez de regreso se debilitara su posición dentro de China. Madeleine Albright y Sandy Berger estaban de acuerdo con ella. El resto del equipo económico —Rubin, Summers, Sperling y Daley— junto con John Podesta y mi adjunto legislativo, Larry Stein, discrepaban. Pensaban que si no realizábamos más avances, el Congreso rechazaría el trato e impediría la entrada de China en la OMC.

Me reuní con Zhu en la Sala Oval Amarilla la noche anterior al principio de su visita oficial. Le dije francamente que mis asesores estaban divididos, pero que trabajaríamos toda la noche si era importante que el trato se cerrara durante su estancia en Estados Unidos. Zhu dijo que si el momento era inoportuno podíamos esperar.

Desafortunadamente, se filtró la falsa noticia de que había alcanzado un acuerdo, de modo que cuando eso no ocurrió, a Zhu le perjudicaron las concesiones que había hecho y a mí me criticaron por rechazar un buen acuerdo a causa de la presión de los que se oponían a la entrada de China en la OMC. La historia se vio reforzada por una serie de noticias contrarias a China que circularon por los medios de comunicación. Las acusaciones de que el gobierno de China había aportado fondos a la campaña de 1996 aún no se habían aclarado, y se acusó a Wen Ho Lee, un empleado norteamericano de origen chino que trabajaba en nuestro laboratorio de energía nacional en Los Álamos, Nuevo México, de robar tecnología confidencial para China. Todo mi equipo quería que China entrara en la OMC ese año; ahora sería mucho más difícil lograrlo.

El 12 de abril, un jurado emitió su veredicto sobre el caso de Kenneth Starr contra Susan McDougal, que había sido acusada de obstrucción a la justicia y desacato al tribunal por su continuada negativa a testificar ante el gran jurado. Se la declaró inocente del cargo de obstrucción a la justicia y, de acuerdo con las noticias publicadas en la prensa, el resultado de la votación del jurado quedó en 7 contra 5 y la absolvió de la acusación de desacato. Fue un veredicto asombroso. McDougal admitió que se había negado a obedecer una orden del tribunal para testificar porque no confiaba en Starr ni en su ayudante principal, Hick Ewing. Testificó que ahora, en el tribunal público, estaba dispuesta a responder a cualquier pregunta que la OFI quisiera hacerle en relación con las sesiones secretas del gran jurado. Dijo que a pesar de que le habían ofrecido inmunidad, ella se había negado a cooperar con la OFI porque Starr y su equipo habían tratado repetidamente de obligarla a mentir para incriminarnos a Hillary o a mí, y que creía que si testificaba diciendo la verdad frente al gran jurado, él la acusaría en represalia por su negativa a mentir. Para poner punto final a su defensa, llamó a declarar a Julie Hiatt Steele; dijo que Starr le había hecho exactamente lo mismo, acusarla después de que se negara dos veces a mentir para él en una sesión del gran jurado.

La victoria no podía devolver a Susan McDougal los años que había perdido, pero su reivindicación fue un asombroso revés para Starr y un dulce triunfo para todas las personas cuyas vidas y ahorros había destruido.

El día 20 ocurrió otra terrible matanza escolar en Estados Unidos. En el instituto de Columbine, en Littleton, Colorado, dos estudiantes fuertemente armados abrieron fuego sobre sus compañeros; mataron a diez estudiantes e hirieron a más de veinte antes de suicidarse. Podría haber sido muchísimo peor. Uno de los profesores, que posteriormente murió a causa de las heridas, llevó a muchos estudiantes a un lugar seguro. Los miembros de los servicios de atención médica y los oficiales de policía salvaron muchas vidas. Una semana después, junto con un grupo bipartito de miembros del Congreso y alcaldes, anuncié algunas medidas para hacer que fuera más difícil que las armas fueran a parar a manos equivocadas. Dichas medidas incluían que la prohibición de la Ley Brady sobre la propiedad de las armas de fuego se hiciera extensiva a los jóvenes con antecedentes de violencia; cerrar la «laguna del festival de armas», para que también se exigiera la verificación del historial del comprador de armas en ese tipo de acontecimientos, en lugar de en las tiendas de armas; la lucha contra el tráfico ilegal de armas y la prohibición para los jóvenes de poseer rifles de asalto. También propuse la creación de fondos para ayudar a las escuelas a desarrollar programas efectivos de prevención de violencia y de resolución de conflictos, como el que había visto en el instituto T. C. Williams, en Alexandria, Virginia.

El líder de la mayoría del senado, Trent Lott, tachó mi iniciativa de «típica reacción refleja», y Tom DeLay me acusó de explotar lo de Columbine para beneficiarme políticamente. Pero el principal impulsor de la legislación, la congresista Carolyn McCarthy, de Nueva York, no estaba interesada en la política; su marido había sido asesinado y su hijo había resultado gravemente herido cuando viajaban en tren de cercanías, por un desequilibrado con una pistola que jamás tendría que haber podido adquirir. La ANR y sus seguidores culparon a la cultura de la violencia. Yo estaba de acuerdo en que los niños estaban expuestos a demasiada violencia; por eso apoyaba el programa de Al y Tipper Gore para que se incorporaran chips V en los nuevos televisores, de modo que los padres pudieran controlar lo que veían sus hijos. Pero esa violencia presente en nuestra cultura solo reforzaba el argumento de que debíamos hacer más por evitar poner armas al alcance de los niños, los criminales y las personas mentalmente inestables.

A finales de mes, Hillary y yo fuimos los anfitriones de la mayor reunión de jefes de Estado que jamás hubo en Washington: los dirigentes de la OTAN y de los estados de la Asociación para la Paz se reunieron para celebrar el quincuagésimo aniversario de la OTAN y para reafirmar nuestra determinación de prevalecer en Kosovo. Después, Al From, del Consejo de Liderazgo Demócrata, y Sidney Blumenthal organizaron otra de nuestras conferencias de la «Tercera Vía», para poner de relieve los valores, las ideas y las estrategias que Tony Blair y yo compartíamos, junto con Gerhard Schroeder, de Alemania; Wim Kok, de los Países Bajos, y el nuevo primer ministro italiano, Massimo D'Alema. En aquel momento, yo estaba concentrado en conseguir un consenso global sobre las políticas económicas, sociales y de seguridad que sirvieran bien a Estados Unidos y al mundo más allá del final de mi mandato; debían reafirmar las fuerzas de la interdependencia positiva y debilitar las de la destrucción y la desintegración. El movimiento de la Tercera Vía y la ampliación de la alianza de la OTAN y de su misión nos habían hecho avanzar un buen trecho en la dirección correcta, pero, como siempre sucede con los mejores planes, más tarde los acontecimientos tomaron el mando y alteraron la situación, principalmente a causa de la creciente hostilidad contra la globalización y la naciente oleada de terror.

A principios de mayo, poco después de que Jesse Jackson convenciera a Milosevic para que dejara en libertad a los tres oficiales estadounidenses que los serbios habían capturado en su frontera con Macedonia, perdimos a dos soldados cuando su helicóptero Apache se estrelló en un ejercicio de entrenamiento. Fueron las únicas bajas de nacionalidad estadounidense durante todo el conflicto. Boris Yeltsin envió a Victor Chernomirdin para que se entrevistara conmigo y habláramos del interés de Rusia de que se pusiera fin a la guerra y de su aparente disposición a participar en una fuerza multinacional de mantenimiento de la paz después del conflicto. Mientras, seguimos con la presión militar y autoricé el envío de 176 aviones más para Wes Clark.

El 7 de mayo, sufrimos el peor revés político del conflicto cuando la OTAN bombardeó la embajada de China en Belgrado y mató a tres ciudadanos chinos. Rápidamente, me informaron de que las bombas habían alcanzado el objetivo fijado, que había sido identificado erróneamente, utilizando unos antiguos mapas de la CIA, como un edificio gubernamental serbio utilizado para fines militares. Era el tipo de error que nos esforzábamos en no cometer. Los militares empleaban sobre todo fotografías aéreas para fijar sus objetivos. Yo había empezado a celebrar reuniones varias veces por semana con Bill Cohen, Hugh Shelton y Sandy Berger con el fin de repasar los objetivos principales e intentar maximizar el daño para las fuerzas de Milosevic, y a la vez minimizar las bajas civiles. El error me dejó de piedra y tremendamente disgustado; llamé de inmediato a Jiang Zeming para presentarle mis disculpas. No se puso al teléfono, de modo que me disculpé públicamente y repetidas veces.

Durante los tres días siguientes, se produjo una escalada de protestas por toda China. Fueron especialmente intensas en los alrededores de la embajada norteamericana en Pekín, donde el embajador Sasser terminó sitiado. Los chinos creían que el ataque había sido deliberado y se negaron a aceptar mis disculpas. Cuando finalmente pude hablar con el presidente Jiang el día 14, me excusé de nuevo y le dije que estaba seguro de que él sabía que no habíamos atacado su embajada adrede. Jiang replicó que él sabía que yo no haría tal cosa, pero que creía que había gente en el Pentágono o en la CIA que no estaba a favor de mi intento por mejorar las relaciones con China y que podría haber falsificado los mapas intencionadamente para crear un conflicto entre ambos países. A Jiang le costaba mucho creer que una nación como la nuestra, tan avanzada tecnológicamente, hubiera cometido un error así.

A mí también me resultaba difícil creerlo, pero eso era lo que había sucedido. Finalmente logramos superarlo, pero durante un tiempo no fue fácil. Yo acaba de nombrar al almirante Joe Prueher, que se retiraba de su cargo de comandante en jefe de nuestras fuerzas en el Pacífico, nuevo embajador norteamericano en China. El estamento militar chino le respetaba mucho y tenía la esperanza de que Prueher ayudara a reparar nuestra relación con el país asiático.

Hacia finales de mayo, la OTAN aprobó la creación de una fuerza de paz compuesta por 48.000 soldados para que entrara en Kosovo una vez el conflicto hubiera terminado. Habíamos empezado a debatir discretamente la posibilidad de enviar tropas de tierra un poco antes, si se demostraba que la campaña aérea no lograba decantar la balanza antes de que la gente quedara atrapada en las montañas cuando llegara el invierno. Sandy Berger estaba preparando un memorándum para mí con las opciones disponibles; yo estaba dispuesto a enviar tropas si era necesario, pero aún creía que los ataques aéreos tendrían éxito. El día 27, el fiscal de crímenes de guerra del tribunal de La Haya acusó a Milosevic.

El resto del mundo pasó por una etapa muy activa en mayo. A mediados de mes, Boris Yeltsin sobrevivió a su propio *impeachment* en la Duma. El día 17, el primer ministro Netanyahu fue derrotado y perdió la reelección ante el líder del Partido Laborista, el general retirado Ehud Barak, el soldado más condecorado de la historia de Israel. Barak parecía un hombre del Renacimiento: durante su carrera había estudiado ingeniería de sistemas económicos en Stanford, era un buen pianista de música clásica y su afición era reparar relojes. Llevaba pocos años en la política; su pelo rapado casi al cero, su mirada intensa y directa y su estilo discursivo entrecortado eran más un reflejo de su pasado militar que de las pantanosas aguas políticas en las que tenía que navegar ahora. Su victoria era una clara señal de que lo que los israelíes veían en él era la imagen de su modelo, Yitzhak Rabin, y lo que ello comportaba: la posibilidad de conseguir una paz con seguridad. Igual de importante era el amplio margen de victoria de Barak, que le daba la oportunidad de tener una coalición de gobierno en el Knesset que apoyara los difíciles pasos hacia la paz, algo que el primer ministro Netanyahu jamás había tenido.

Al día siguiente, vino a visitarme el rey Abdullah de Jordania, lleno de esperanza por la paz y decidido a ser el digno sucesor de su padre. Era consciente de los retos a los que se enfrentaba su nación y el proceso de paz. Me impresionó su conocimiento de la economía y que comprendiera la contribución que un mayor crecimiento podía aportar a la paz y a la reconciliación. Después de la reunión me quedé convencido de que el rey y su esposa, la reina Rania, que era igual de admirable, serían fuerzas positivas en la región durante mucho tiempo.

El 26 de mayo, Bill Perry entregó una carta mía a Kim Jong Il, el dirigente de Corea del Norte, en la que se incluía un programa para el futuro: Estados Unidos proporcionaría una gama de ayudas más amplia si se avenía, y solo si se avenía, a abandonar sus intentos de desarrollar armas nucleares y misiles de largo alcance. En 1998, Corea del Norte tomó la sabia decisión de poner fin a las pruebas de ese tipo de misiles; pensé que la misión de Perry tenía probabilidades de éxito.

Dos días más tarde, Hillary y yo nos encontrábamos en un acto del CLD en la Plantación de White Oak, en el norte de Florida, la mayor reserva salvaje de Estados Unidos. Me levanté a las cuatro de la mañana para ver la ceremonia de investidura del nuevo presidente de Nigeria, el ex general Olusegun Obasanjo, por televisión. Desde su independencia, Nigeria había sido un país asediado por la corrupción, los conflictos regionales y religiosos y el deterioro de las condiciones sociales. A pesar de su gran producción de petróleo, el país sufría periódicos cortes de luz eléctrica y escasez de gasolina. Obasanjo se había hecho brevemente con el poder tras un golpe militar en los años setenta, y había cumplido con su promesa de dejarlo tan pronto como se pudieran celebrar elecciones. Más tarde, le encarcelaron por sus opiniones políticas; durante su estancia en prisión, se convirtió en un devoto cristiano y escribió libros acerca de su fe. Resultaba difícil imaginar un futuro brillante para el África subsahariana si Nigeria no conseguía prosperar, pues era de lejos su nación más poblada. Después de escuchar su emocionante discurso de inauguración, esperaba que Obasanjo tuviera éxito allí dónde otros habían fracasado.

En el frente interior, empecé el mes con un importante anuncio respecto a la limpieza del aire. Ya habíamos reducido la contaminación tóxica del aire que provocaban las plantas químicas en un 90 por ciento y habíamos fijado severos estándares para reducir el *smog* y el hollín, con lo que se evitarían millones de casos de asma infantil. El 1 de mayo dije que, después de amplias negociaciones con los sectores industriales, los grupos de defensa del medio ambiente y las organizaciones de consumidores, Carol Browner, la administradora de la Agencia de Protección Medioambiental, promulgaría una regulación para exigir a todos los vehículos de pasajeros, incluidos los 4x4, que tanta gasolina consumen, que cumplieran con los mismos estándares de contaminación, y que rebajaríamos el contenido de azufre de la gasolina en un 90 por ciento en los siguientes cinco años.

Anuncié una nueva iniciativa contra el crimen: proporcionaríamos fondos para completar nuestros esfuerzos de poner cien mil policías en las calles (más de la mitad ya estaban desplegados) y también se ampliaría el programa COPS con la contratación de 50.000 nuevos agentes de policía que se destinarían a las zonas con mayores índices de criminalidad. Igualmente, impulsé una propuesta para que constituyera un delito federal la posesión, sin una justificación legítima y pacífica para ello, de agentes biológicos que los terroristas pudieran convertir en armas.

El día 12 fue un día que yo había deseado que no llegara jamás: Bob Rubin se reincorporaba a la vida privada. En mi opinión, había sido el mejor y el más importante secretario del Tesoro desde Alexander Hamilton, en los principios de nuestra República. Bob también había sido el primer director del Consejo Económico Nacional. En ambos cargos desempeñó un papel decisivo en nuestros esfuerzos por recuperar el crecimiento económico y difundir sus beneficios entre más ciudadanos norteamericanos, así como en la prevención y contención de las crisis económicas en el extranjero y la modernización del sistema económico global para que éste pudiera hacer frente a una economía interdependiente, en la que más de un billón de dólares cruzaba las fronteras de las naciones diariamente. También había sido una roca de estabilidad durante el suplicio del *impeachment*, no solamente por la forma en que había hablado durante la reunión en la que me disculpé frente a mi gabinete, sino por recordar constantemente a la gente que tenían que estar orgullosos de su labor y por advertirles de que no se erigieran en jueces de la conducta ajena. Uno de los más jóvenes dijo que Bob le había dicho que si vivía lo suficiente, él también terminaría haciendo algo de lo que se avergonzaría.

Cuando Bob llegó a la administración, era probablemente la persona más rica de nuestro equipo. Después de su apoyo al plan económico de 1993, con el aumento de impuestos para las rentas más elevadas, yo solía bromear diciendo que «Bob Rubin ha venido a Washington para ayudarme a salvar a la clase media y cuando se marche se habrá convertido en uno de ellos». Ahora que Bob regresaba a la vida privada, ya no tendría que seguir preocupándome por ello.

Designé a Larry Summers, que había sido un hábil adjunto al secretario, su sucesor. Larry había estado metido en los asuntos económicos más importantes de los últimos seis años, y estaba preparado. También nombré a Stu Eizenstat, el subsecretario de Estado para asuntos económicos, adjunto al secretario del Tesoro. Stu había manejado muchas misiones de relevancia con mano izquierda, y ninguna más importante que el llamado asunto del «oro nazi». Edgar Bronfman Sr. había despertado nuestro interés por el tema cuando se puso en contacto con Hillary, la cual activó las cosas con una reunión inicial. Después, Eizenstat encabezó nuestra iniciativa en busca de justicia y compensación para los supervivientes del Holocausto y sus familias cuyas pertenencias y propiedades hubieran sido confiscadas durante su internamiento en los campos de concentración.

Poco después, Hillary y yo volamos a Colorado para reunirnos con estudiantes y familias del instituto Columbine. Unos días después, el Senado aprobó mis propuestas para prohibir la importación de cargadores de munición de gran calibre que se empleaban para esquivar la legislación de armas de asalto, y también la prohibición de que los jóvenes pudieran poseer armas de asalto. Frente a la intensa presión de la ANR, Al Gore había roto el empate de 50 votos contra 50 para aprobar la propuesta y poner fin a la laguna que las exhibiciones organizadas de armas dejaban abierta en la Ley Brady respecto a la exigencia de verificar el historial del comprador.

Aunque la comunidad aún sufría, los estudiantes de Columbine regresaban poco a poco del horror y ellos y sus padres parecían decididos a hacer algo para evitar que hubiera más casos como aquel. Sabían que, aunque se habían producido algunas matanzas escolares antes que la suya, lo que había sucedido en Columbine había roto el corazón de Estados Unidos. Les dije que podían ayudar a la nación a construir un futuro más seguro debido a lo que habían tenido que soportar. Aunque el Congreso no aceptó aprobar la laguna de la Ley Brady, en las elecciones de 2000, a causa de Columbine, los votantes de Colorado, generalmente conservadores, aprobaron una medida a tal efecto para que se instaurara en su estado, por un margen abrumador.

El caso Whitewater todavía estaba vivo y coleando en mayo, cuando a pesar de su derrota en el juicio de Susan McDougal, Kenneth Starr siguió avanzando contra Julie Hiatt Steele. El caso terminó con el jurado incapaz de llegar a un veredicto, en el conservador norte de Virginia, y fue otro revés para el fiscal independiente y sus tácticas. Después de todos los esfuerzos de Starr para meterse en el caso Jones, la única persona a la que pudo acusar fue a Steele, otra inocente que estaba allí por casualidad, y que se negó a mentir. La oficina de Starr llevaba cuatro juicios a sus espaldas, de los cuales había perdido tres.

En junio, los ataques aéreos de castigo sobre los serbios finalmente rompieron la voluntad de resistencia de Milosevic. El día 2, Victor Chernomirdin y el presidente finlandés, Martti Ahtisaari, se encargaron personalmente de las demandas de la OTAN para Milosevic. Al día siguiente, Milosevic y el parlamento serbio las aceptaron. Como era de prever, los siguientes días estuvieron llenos de tensión y disputas acerca de los detalles, pero el día 9 la OTAN y los cargos militares serbios aceptaron una retirada rápida de las fuerzas serbias de Kosovo y el despliegue de una fuerza de seguridad internacional con una cadena de mando unificada en la OTAN. Al día siguiente de que Javier Solana diera instrucciones al general Clark de que suspendiera las operaciones aéreas de la OTAN, el Consejo de Seguridad de Naciones Unidas aprobó una resolución en la que celebraba el final de la guerra; yo anuncié al pueblo norteamericano que, después de setenta y nueve días, la campaña de bombardeos había terminado, las fuerzas serbias estaban en retirada y un millón de hombres, mujeres y niños expulsados de su país podrían regresar a sus casas. En un discurso directamente desde el Despacho Oval me dirigí a la nación para agradecer a nuestro ejército su magnífica actuación, así como al pueblo norteamericano su firme oposición a la limpieza étnica y el generoso apoyo que habían brindado a los refugiados, muchos de los cuales habían venido a Estados Unidos.

El comandante aliado Wes Clark había dirigido la campaña con habilidad y decisión, y él y Javier Solana habían prestado un valioso servicio al conservar la unión de la alianza y no vacilar jamás en nuestro inquebrantable compromiso con la victoria, ni en los días buenos ni en los malos. Mi equipo de seguridad nacional también se había comportado igual. Incluso cuando los bombardeos no terminaron en una semana y se comenzó a cuestionar constantemente nuestra línea de actuación, Bill Cohen y Hugh Shelton siguieron convencidos de que la campaña aérea funcionaría si lográbamos que la coalición aguantara durante dos meses. Al Gore, Madeleine Albright y Sandy Berger habían conservado una calma extrema bajo presión durante la angustiosa montaña rusa que habían sido las semanas que acabábamos de pasar juntos. Al fue clave para salvaguardar nuestra relación con Rusia, y estuvo en contacto permanente con Victor Chernomirdin. Fue Al quien se aseguró de que nosotros y los rusos mantuviéramos una posición común cuando Chernomirdin y Ahtisaari fueron a Serbia para tratar de convencer a Milosevic de que abandonara su inútil resistencia.

El día 11, llevé a una delegación del Congreso a la base aérea de Whiteman, en Missouri, para pronunciar unas palabras de agradecimiento a las tripulaciones y al personal de apoyo de los bombarderos *stealth* B-2, que volaban ida y vuelta desde Missouri hasta Serbia, sin una parada en todo el trayecto, para realizar las operaciones de bombardeo nocturno para las que los B-2 estaban bien equipados. En total, se realizaron 30.000 salidas durante la campaña de Kosovo; solo se perdieron dos aviones, cuyas tripulaciones pudieron ser rescatadas sanas y salvas.

Después de los ataques, John Keegan, quizá el historiador militar vivo más importante, escribió un fascinante artículo en la prensa británica acerca de la campaña de Kosovo. Admitió francamente que no había creído en que los bombardeos funcionaran, y que se había equivocado. Dijo que la razón por la que ese tipo de campañas había fracasado en el pasado era que la mayoría de bombas erraban su objetivo. El armamento utilizado en Kosovo fue más preciso que el empleado en la primera guerra del Golfo y, aunque algunas bombas se desviaron en Kosovo y Serbia, murieron muchos menos civiles que en Irak. También sigo convencido de que murieron menos civiles que si hubiéramos enviado tropas de tierra, un paso que sin embargo hubiera dado sin pestañear con tal de evitar que Milosevic se saliera con la suya. El éxito de la campaña aérea de Kosovo marcó un nuevo capítulo en la historia militar.

Hubo otro momento más de tensión antes de que se calmaran las cosas. Dos días después de que las hostilidades finalizaran oficialmente, cincuenta vehículos y doscientos soldados rusos cayeron sobre Kosovo desde Bosnia y ocuparon el aeropuerto de Pristina, sin el acuerdo previo con la OTAN, cuatro horas antes de que llegaran las tropas de la OTAN autorizadas por Naciones Unidas. Los rusos se reafirmaron en su intención de mantener el control del aeropuerto.

Wes Clark estaba furioso. Yo no le culpaba, pero sabía que no estábamos al borde de la Tercera Guerra Mundial. A causa de su colaboración con nosotros, los ultranacionalistas, cuyas simpatías se decantaban por los serbios, estaban criticando duramente a Yeltsin. Pensé que sencillamente estaba tratando de mantenerlos a raya con un gesto que les tranquilizara. El comandante británico, el teniente general Michael Jackson, resolvió rápidamente la situación sin más incidentes y, el 18 de junio, el secretario Cohen y el ministro de Defensa ruso alcanzaron un acuerdo por el cual las tropas rusas se reunirían con las fuerzas de la OTAN aprobadas por Naciones Unidas en Kosovo. El 20 de junio, el ejército yugoslavo completó su retirada; apenas dos semanas más tarde, el Alto Comisionado para Refugiados de Naciones Unidas estimó que más de 765.000 refugiados ya habían regresado a Kosovo.

Como habíamos aprendido de nuestra experiencia en Bosnia, incluso después del conflicto tendríamos una importante labor por delante en Kosovo: lograr que los refugiados llegaran a sus hogares con seguridad; limpiar los campos de minas antipersona; reconstruir las casas; garantizar alimento, medicinas y un techo para los que lo habían perdido todo; desmilitarizar el Ejército de Liberación de Kosovo; crear un entorno seguro tanto para los albanokosovares como para la minoría serbia; organizar una administración civil y reconstruir una economía que funcionara. Era una tarea ingente y la mayor parte de ella quedó en manos de nuestros aliados europeos, pues Estados Unidos había cargado con la casi total responsabilidad de la guerra aérea.

A pesar de los retos que nos esperaban, sentí un inmenso alivio y una gran satisfacción. La sangrienta campaña de diez años de Slobodan Milosevic para explotar las diferencias étnicas y religiosas de la región con objeto de imponer su voluntad en la ex Yugoslavia estaba llegando a su fin. Los pueblos incendiados y la matanza de inocentes ya eran historia. Yo sabía que era solo cuestión de tiempo que el propio Milosevic también fuera historia.

El día que llegamos a un acuerdo con Rusia, Hillary y yo nos encontrábamos en Colonia, en Alemania, con motivo de la cumbre anual del G-8. Resultó ser una de las reuniones más importantes en mis ocho años de presidencia. Además de celebrar el satisfactorio final del conflicto de Kosovo, apoyamos las recomendaciones de nuestros ministros de Finanzas de modernizar las instituciones financieras internacionales y nuestras políticas nacionales, para poder hacer frente a los retos de la economía global; también anunciamos una propuesta que yo aprobaba firmemente: una iniciativa para condonar parte de la deuda de los países en vías de desarrollo a las puertas del milenio si éstos aceptaban invertir todos sus ahorros en educación, sanidad o medidas para el desarrollo económico. La iniciativa era coherente con el coro de llamamientos a condonar la deuda que surgían por todo el mundo, impulsados por el papa Juan Pablo II y mi amigo Bono.

Después de la cumbre, volamos a Eslovenia para agradecer a sus ciudadanos que apoyaran a la OTAN en Kosovo, así como su ayuda a los refugiados. Luego fuimos a Macedonia, donde el presidente, Kiro Gligorov, a pesar de los problemas económicos y las tensiones étnicas que su país sufría, había aceptado a 300.000 refugiados. En el campamento de Skopje, Hillary, Chelsea y yo pudimos visitar a algunos de ellos y escuchar las horribles historias de lo que habían pasado. También conocimos a miembros de las fuerzas internacionales de seguridad que estaban destacadas en la zona. Fue mi primera oportunidad de dar las gracias a Wes Clark en persona.

La política empezó a caldearse en junio. Al Gore anunció su candidatura a la presidencia el día 16. Su oponente más probable era el gobernador George W. Bush, el candidato preferido tanto de la extrema derecha del Partido Republicano como de sus estamentos oficiales. Bush ya había conseguido recaudar más fondos que Al y su oponente en las primarias, el ex senador de New Jersey Bill Bradley, juntos. Hillary se acercaba a la posibilidad de entrar en la carrera del Senado por el escaño de Nueva York. En el momento de dejar la Casa Blanca, llevaba ayudándome en mi carrera política durante más de veintiséis años. Nada me haría más feliz que ayudarla yo a ella durante los siguientes veintiséis.

Cuando nos adentramos en la temporada política, me preocupaba sobre todo conservar el impulso activo del Congreso y mi propio gobierno. Tradicionalmente, cuando se empieza a animar la cuestión de las elecciones presidenciales y el presidente no forma parte de ello, se instala cierta inercia. Algunos demócratas pensaban que estarían mejor si no se aprobaba demasiada legislación nueva, porque entonces podrían acusar al Congreso republicano de «no haber hecho nada». Por otra parte, muchos republicanos sencillamente no querían darme más victorias. Me sorprendió el resentimiento que algunos de ellos aún albergaban, cuatro meses después de la batalla del *impeachment*, especialmente dado que yo no les había estado martilleando con aquella cuestión ni en público ni en privado.

Trataba de levantarme cada mañana sin amargura e intentaba seguir trabajando con espíritu de reconciliación. Los republicanos parecían haberse retrotraído al tema que llevaban pregonando desde 1992: que yo era una persona sin carácter en quien no se podía confiar. Durante el conflicto de Kosovo, daba la sensación de que algunos republicanos querían que fracasáramos. Un senador republicano justificó la falta de entusiasmo de sus colegas por la labor que nuestro ejército estaba llevando a cabo, diciendo que yo había perdido su confianza; hasta me echaban la culpa de que ellos mismos no hubieran condenado la limpieza étnica.

Tenía la impresión de que los republicanos intentaban colocarme en una situación en que no pudiera ganar de ninguna manera. Si iba por ahí llevando un cilicio, decían que estaba demasiado desgastado para dirigir el país. Si me sentía feliz, decían que me estaba regodeando y actuaba como si me hubiera podido salir con la mía acerca de algo. Seis días después de que el Senado me declarara inocente, fui a New Hampshire para celebrar el séptimo aniversario de mis primarias en ese estado. Algunos de mis detractores en el Congreso dijeron que no tendría que haberme mostrado tan feliz, pero la verdad es que lo estaba, y por muy buenas razones. Todos mis viejos amigos vinieron a verme; conocí a un joven que dijo que su primer voto había sido para mí, y que yo había cumplido con mis promesas electorales, haciendo exactamente lo que dije que haría. También conocí a una mujer que dijo que la había inspirado para salirse de la asistencia social y volver a estudiar para hacerse enfermera. En 1999, era miembro de la Junta de Enfermeras de New Hampshire. Me metí en política por personas así.

Al principio no me cabía en la cabeza cómo era posible que los republicanos y algunos comentaristas políticos dijeran que me había salido con la mía respecto a algo. La humillación pública, el dolor para mi familia, las enormes deudas a causa de las minutas de los abogados y el trato que tuvimos que sufrir en el caso Jones después de que yo lo ganara, los años de acoso legal y de la prensa que Hillary había tenido que sufrir y la indefensión que sentía al ver cómo se perseguía y arruinaba a un sinfín de personas inocentes en Washington y en Arkansas fueron experiencias por las que tuve que pagar un alto precio. Me había disculpado y había tratado de demostrar mi sinceridad en la forma en que trataba y trabajaba con los republicanos. Pero nada era suficiente. Jamás lo sería, por una sencilla razón: yo había sobrevivido, y seguía actuando y luchando por las cosas en las que creía. En primer y último lugar, y en todo momento, mi enfrentamiento con los republicanos de la Nueva Derecha siempre fue acerca del poder. Yo pensaba que el poder procedía de la gente y que era ella la que debía otorgarlo o retirarlo. Ellos pensaban que la gente había cometido un error al elegirme dos veces y estaban decididos a utilizar mis errores personales para justificar sus continuos ataques.

Estaba seguro de que mi estrategia, más positiva, era la correcta para mí como persona y para mi capacidad de realizar mi labor. No estaba tan seguro de que fuera una buena estrategia política. Cuanto más me atacaban los republicanos, más se borraba el recuerdo de lo que Ken Starr había hecho, o la forma en que se habían comportado durante el proceso de *impeachment*. La prensa está por naturaleza centrada en la noticia de hoy, no en la de ayer, y los conflictos son la fuente de las noticias. Esto tiende a recompensar al agresor sin importar si el ataque subyacente es justo o no. Al cabo de poco tiempo, en lugar de preguntarme si podía olvidar y perdonar, la prensa volvía a hacerme esas preguntas llenas de ansiedad acerca de si yo tenía autoridad moral para ser el máximo dirigente del país. Los republicanos también la emprendieron con Hillary, ahora que en lugar de ser una figura comprensiva que permanecía al lado de su imperfecto marido, era una mujer fuerte tratando de abrirse su propio camino en la política. Sin embargo, en conjunto, me sentía satisfecho de cómo estaban las cosas: el país iba por buen camino, la valoración de mi gestión en las encuestas era positiva y aún nos quedaban muchas cosas por hacer.

Aunque siempre lamentaré los errores que he cometido, me iré a la tumba orgulloso de las cosas por las que luché durante la batalla del *impeachment*, mi último gran enfrentamiento con las fuerzas a las que me había opuesto durante toda mi vida: las que defendieron el viejo orden de la discriminación racial y de la segregación en el Sur; las que jugaron con las inseguridades y los miedos de la clase trabajadora blanca en la que crecí; las que se opusieron al movimiento feminista, a los ecologistas y a los luchadores en defensa de los derechos de los homosexuales; las que consideraron otros esfuerzos por ampliar nuestra comunidad nacional como asaltos contra el orden natural de las cosas; en fin, las que creyeron que los gobiernos deberían favorecer a poderosos intereses ocultos y arbitrar medidas fiscales beneficiosas para los ricos por encima de la sanidad y una mejor educación para nuestros hijos.

Desde niño había estado en el otro lado. Al principio, las fuerzas reaccionarias, de división, defensoras del statu quo eran los demócratas contrarios a los derechos civiles. Cuando la organización nacional del partido, dirigida por Truman, Kennedy y Johnson, empezó a abrazar la causa de los derechos civiles, los conservadores sureños emigraron al Partido Republicano, el cual, al principio de los años setenta, se alió con el creciente movimiento de la extrema derecha religiosa.

Cuando los republicanos de la Nueva Derecha se hicieron con el poder en el Congreso, en 1995, yo bloqueé sus propósitos más extremistas e hice del progreso en la justicia económica, social y del medio ambiente el precio de nuestra cooperación. Comprendía por qué me odiaba la gente que creía que el conservadurismo político, económico y social era voluntad de Dios. Yo quería un país con beneficios y responsabilidades compartidas, así como una participación igualitaria en una comunidad democrática. Los republicanos de la Nueva Derecha querían que Estados Unidos fuera un país donde la riqueza y el poder estuvieran concentrados en manos de las personas «adecuadas», que conservaban el apoyo de la mayoría gracias a la satanización sistemática de unas minorías cuyas demandas de inclusión amenazaban su control del poder. También me odiaban porque yo era un apóstata, un sureño protestante blanco que podía apelar precisamente a aquellos que siempre habían pensado que ya tenían en el bolsillo.

Ahora que mis pecados privados habían sido aireados públicamente, podrían lanzarme piedras hasta el día de mi muerte. Mi ira por ello se había ido reduciendo paulatinamente, pero me alegraba de haber tenido, bien por accidente o por historia, la buena fortuna de enfrentarme a la última encarnación de las fuerzas reaccionarias y de la división y haber luchado a favor de una unión más perfecta.

CINCUENTA Y TRES

A principios de junio, pronuncié un discurso por la radio para ayudar a que la gente tomase conciencia de los temas de salud mental. Junto a mí intervino Tipper Gore, a quien había nombrado mi asesora oficial sobre estas cuestiones y que recientemente había tenido el valor de revelar que también ella había sufrido una depresión. Dos días más tarde, Hillary y yo nos unimos a Al y a Tipper para una conferencia en la Casa Blanca sobre salud mental, en la que denunciamos los abrumadores costes personales, económicos y sociales de las enfermedades mentales que no recibían tratamiento.

Durante el resto del mes, insistí en nuestras propuestas para el control de armas, nuestros intentos de desarrollar una vacuna para el SIDA, mis esfuerzos para incluir los derechos laborales y el medio ambiente en las negociaciones comerciales, el informe de la Junta Asesora de Inteligencia Extranjera sobre seguridad en los laboratorios de armas del Departamento de Energía, un plan para devolver las prestaciones sanitarias y de discapacidad a los inmigrantes legales, una propuesta que permitiera que Medicaid cubriera a los norteamericanos discapacitados que no podrían hacer frente a los costes de sus tratamientos si perdían la cobertura sanitaria porque habían conseguido un trabajo, legislación para ayudar a los niños de más edad que abandonaban una casa de acogida para que realizaran sin problema la transición a la vida independiente y un plan para modernizar Medicare y prolongar durante más tiempo su fondo de financiación.

Estaba ansioso de que llegara julio. Pensaba que sería un mes predecible, positivo. Anunciaría que íbamos a sacar al águila calva de la lista de especies protegidas, y Al Gore esbozaría nuestro plan para completar la recuperación de los Everglades de Florida. Hillary iniciaría su «gira para escuchar» en la granja del senador Moynihan en Pindars Corners, en el norte del estado de Nueva York, y yo haría una gira por las comunidades pobres de todo el país para promocionar mi iniciativa de los «Nuevos Mercados» para atraer más inversiones a zonas que todavía no formaban parte de nuestra recuperación. En efecto, todas esas cosas sucedieron en julio, pero también pasaron otras que fueron imprevistas, problemáticas o incluso trágicas.

El primer ministro Nawaz Sharif, de Pakistán, me llamó y me preguntó si podía venir a Washington el 4 de julio para hablar del peligroso

pulso con la India que había comenzado varias semanas atrás, cuando
fuerzas paquistaníes bajo el mando del general Pevez Musharraf habían
cruzado la Línea de Control, que había sido la frontera reconocida y
generalmente respetada entre la India y Pakistán en Cachemira desde
1972. Sharif estaba preocupado por si la situación que Pakistán había
creado se les iba de las manos, y esperaba poder contar con mi interme-
diación no solo para resolver la crisis sino para que le ayudara a negociar
con los indios la cuestión de Cachemira. Incluso antes de la crisis, Sharif
me había pedido que le ayudara en Cachemira; me había dicho que
merecía tanto mi atención como Oriente Próximo o Irlanda del Norte.
Le expliqué entonces que Estados Unidos intervenía en aquellos procesos porque ambas partes lo habían querido. En este caso, la India se había
negado reiteradamente a que cualquier otro país se implicase en aquella
cuestión.

La actitud de Sharif era muy extraña porque, en febrero, el primer
ministro de la India, Atal Behari Vajpayee, había viajado hasta Lahore, en
Pakistán, para impulsar conversaciones bilaterales con el objetivo de
resolver el problema de Cachemira y otras diferencias entre ambas naciones. Al cruzar la Línea de Control, Pakistán había desbaratado las negociaciones. No sabía si Sharif había autorizado la invasión para provocar
una crisis que obligara a Estados Unidos a implicarse en el conflicto o si
simplemente la había permitido para evitar enfrentarse a las poderosas
fuerzas armadas de Pakistán. Fuera como fuera, se había metido en un
brete del que le iba a resultar complicado salir.

Le dije a Sharif que siempre sería bienvenido en Washington, incluso
el 4 de julio, pero que si quería que me pasara el Día de la Independencia
con él, debía tener en cuenta dos cosas antes de venir a Estados Unidos:
en primer lugar, tenía que aceptar retirar a sus tropas a posiciones tras la
Línea de Control; y, en segundo lugar, yo no tenía la intención de intervenir en la disputa de Cachemira, especialmente teniendo en cuenta que
con ello parecería recompensar la injustificada incursión militar de Pakistán.

Sharif me dijo que aun así quería venir. El 4 de julio nos reunimos en
la Blair House. Era un día caluroso, pero la delegación paquistaní estaba
acostumbrada al calor y, vestidos con sus tradicionales pantalones blancos
y largas túnicas, parecían estar más cómodos que mi equipo. Una vez
más, Sharif me apremió a que interviniera en Cachemira y, de nuevo, le
expliqué que sin el consentimiento de la India sería contraproducente,
pero que hablaría con Vajpayee para pedirle que reanudara las conversaciones bilaterales si Pakistán retiraba sus tropas. Se mostró de acuerdo, e
hicimos pública una declaración conjunta en la que anunciamos los pasos
que se tomarían para volver a la Línea de Control; añadí que apoyaría e

impulsaría la reanudación e intensificación de las conversaciones bilaterales una vez la violencia hubiera cesado.

Tras la reunión pensé que quizá Sharif había utilizado la presión de Estados Unidos para tener una coartada y poder ordenar a su ejército que regresara. Sabía que en su país se movía en arenas movedizas y esperaba que pudiera superar esa crisis, pues necesitaba su cooperación en la lucha contra el terrorismo.

Pakistán era uno de los pocos países que tenía estrechos lazos con los talibanes de Afganistán. Antes de nuestra reunión del 4 de julio le había pedido ayuda a Sharif en tres ocasiones para capturar a Osama bin Laden: en nuestra anterior reunión en diciembre, durante el funeral del rey Hussein y en una conversación telefónica en junio y en la carta de seguimiento que le envié. Teníamos informes de los servicios de inteligencia que nos decían que al-Qaeda estaba planeando ataques contra los representantes e instalaciones de Estados Unidos en varios lugares del mundo y quizá también en el propio país. Habíamos conseguido desarticular sus células y arrestar a cierto número de miembros de al-Qaeda, pero si no capturábamos o eliminábamos a bin Laden y a sus principales lugartenientes, la amenaza permanecería. El 4 de julio le dije a Sharif que a menos que hiciera más para colaborar, me vería obligado a anunciar que Pakistán estaba apoyando el terrorismo en Afganistán.

El día que me reuní con Sharif también firmé un decreto presidencial que imponía sanciones económicas a los talibanes, congelaba sus activos y prohibía los intercambios comerciales. Aproximadamente en ese momento, con el apoyo de Sharif, funcionarios de Estados Unidos comenzaron a entrenar a sesenta soldados paquistaníes para formar un comando que entrara en Afganistán y capturara a bin Laden. Yo era escéptico sobre aquel proyecto; incluso si Sharif quería ayudar, en el ejército paquistaní había muchos simpatizantes de al-Qaeda y de los talibanes. Pero creímos que no perdíamos nada por probar todas las opciones.

El día después del encuentro con Sharif, inicié la gira de los Nuevos Mercados; empecé por Hazard, Kentucky, con una gran delegación que incluía a diversos ejecutivos de empresas, congresistas, miembros del gobierno, al reverendo Jesse Jackson y a Al From.

Me gustaba mucho que Jackson nos acompañara durante la gira y también que comenzáramos en los Apalaches, la región blanca más pobre de Estados Unidos. Jesse llevaba trabajando desde hacía mucho tiempo en hacer llegar inversiones privadas a las zonas pobres; por otra parte, nuestra relación se había intensificado durante el año del proceso de *impeachment*, en el cual había apoyado firmemente a toda mi familia y había hecho un esfuerzo muy especial para llegar hasta Chelsea. Desde

Kentucky, fuimos a Clarkdale, Mississippi; East St. Louis, Illinois; la Reserva Pine Ridge, en Dakota del Sur; un vecindario hispano en Phoenix, Arizona, y al barrio de Watts, en Los Ángeles.

A pesar de que Estados Unidos llevaba dos años con la tasa de paro justo por encima del 4 por ciento, en todas las comunidades que visité, y muchas otras parecidas, había un índice de desempleo mucho mayor y unos ingresos *per capita* muy por debajo de la media nacional. La tasa de paro en Pine Ridge estaba por encima del 70 por ciento. Sin embargo, en todos los lugares que visité conocimos a gente inteligente y trabajadora que podría contribuir mucho más a la economía.

Pensé que invertir más en esas zonas era lo más correcto e inteligente desde un punto de vista económico. Disfrutábamos de la expansión económica más prolongada de la historia, y la productividad aumentaba rápidamente. Me parecía que teníamos tres formas de seguir creciendo sin provocar inflación: podíamos vender más productos y servicios en el extranjero, podíamos aumentar la participación en la población activa de ciertos grupos, como los receptores de asistencia social, y podíamos llevar el crecimiento a los nuevos mercados de Estados Unidos en los que la inversión era demasiado reducida y el desempleo demasiado alto.

Lo estábamos haciendo muy bien en las primeras dos áreas, con más de doscientos cincuenta acuerdos comerciales y la reforma de la asistencia social. También habíamos comenzado con buen pie en la tercera, con más de ciento treinta zonas de desarrollo y comunidades emprendedoras, bancos de desarrollo comunitario y una aplicación estricta de la Ley de Reinversión Comunitaria. Pero había demasiadas comunidades que se habían quedado atrás. Estaba preparando una propuesta legislativa para aumentar en quince mil millones el capital disponible para los barrios degradados, los pueblos rurales y las reservas indias. Puesto que la medida favorecía a la libre empresa, esperaba obtener un sólido apoyo en ambos partidos; también me animó que el portavoz Hastert pareciera especialmente interesado en el proyecto.

El 15 de julio, Ehud y Nava Barak aceptaron una invitación para pasar la noche en Camp David con Hillary y conmigo. Disfrutamos de una cena muy agradable y Ehud y yo nos quedamos hablando hasta casi las tres de la mañana. Me quedó claro que quería completar el proceso de paz y que creía que su gran victoria electoral le daba la autoridad necesaria para hacerlo. Quería hacer algo importante en Camp David, especialmente después de que le mostrara el edificio en el que tuvieron lugar la mayor parte de las negociaciones en las que el presidente Carter medió entre Anuar el Sadat y Menahem Begin, en 1978.

Al mismo tiempo, estaba ocupado volviendo a encarrilar el proceso de paz de Irlanda del Norte. Se había llegado a un punto muerto por culpa de un desacuerdo entre el Sinn Fein y los Unionistas sobre si la entrega de armas del IRA podía realizarse después de que se formase el nuevo gobierno o debía tener lugar antes. Le expliqué la situación a Barak, que estaba intrigado por las diferencias y las similitudes entre los problemas de los irlandeses y los suyos propios.

Al día siguiente, John Kennedy Jr., su esposa, Carolyn, y su hermana, Lauren, murieron cuando el pequeño avión que pilotaba John se estrelló junto a la costa de Massachusetts. John me gustó desde que le conocí, en la década de 1980, cuando era un estudiante de derecho que trabajaba de becario en el bufete de Mickey Kantor, en Los Ángeles. Había venido a uno de mis primeros actos electorales en Nueva York, en 1991, y poco antes de que murieran le había enseñado a él y a Carolyn la zona residencial de la Casa Blanca. Ted Kennedy hizo otro magnífico panegírico por un miembro desparecido de su familia: «Como su padre, no carecía de ningún don».

El 23 de julio, el rey Hassan II de Marruecos murió a la edad de setenta años. Había sido un constante aliado de Estados Unidos y un firme apoyo del proceso de paz de Oriente Próximo, y yo había tenido una buena relación personal con él. De nuevo, a pesar de que le avisamos con muy poca antelación, el presidente Bush aceptó volar a Marruecos para el funeral junto a Hillary, Chelsea y yo mismo. Yo caminé tras el coche de caballos que tiraba del féretro junto con el presidente Mubarak, Yasser Arafat, Jacques Chirac y otros líderes en un paseo de cinco kilómetros hasta el centro de Rabat. Bastante más de un millón de personas abarrotaban las calles, gritando de dolor y ofreciendo sus últimos respetos al monarca fallecido. El ensordecedor estruendo de la emocionada multitud hizo que aquella marcha fuera uno de los acontecimientos más increíbles en los que jamás he participado. Creo que a Hassan le habría gustado.

Después de una breve reunión con el hijo y heredero de Hassan, el rey Mohammed VI, volé de vuelta a Estados Unidos, trabajé allí un par de días y luego volví a partir hacia Sarajevo, donde me reuní con varios líderes europeos para comprometernos en un pacto de estabilidad por los Balcanes. Se trataba de un acuerdo para solucionar tanto las necesidades a corto plazo de la región como su crecimiento a largo plazo y garantizaba un mayor acceso a nuestros mercados de los productos fabricados en los Balcanes. También me esforcé con mis socios europeos para que las naciones del sudeste de Europa entraran en la OMC y contaran con los fondos y garantías de crédito suficientes para atraer a inversores extranjeros.

El resto del verano pasó volando mientras seguía enzarzado con los republicanos por el presupuesto y la cuantía y la distribución de las rebajas de impuestos que los republicanos proponían. Finalmente, se confirmó a Dick Holbrooke como nuestro embajador ante Naciones Unidas, y Hillary fue madurando la idea de presentarse candidata al Senado.

En agosto, hicimos dos viajes a Nueva York para buscar una casa. El día 28, visitamos una granja de finales del siglo XIX a la que se le había añadido un ala en 1989, en Chappaqua, a unos sesenta y cinco kilómetros de Manhattan. La parte antigua de la casa era muy bonita; la nueva era espaciosa y muy luminosa. En el instante en que subí al dormitorio principal le dije a Hillary que teníamos que comprar la casa. Era parte de la ampliación de 1989; tenía un techo altísimo, un panel de puertas de vidrio que daban al jardín posterior y en las otras paredes había dos enormes ventanas. Cuando Hillary me preguntó por qué estaba tan seguro de que teníamos que comprarla, le contesté: «Porque estás a punto de empezar una campaña muy dura y habrá días malos. Esta maravillosa habitación está llena de luz. Te despertarás cada mañana sintiéndote de buen humor».

A finales de agosto, viajé a Atlanta para entregar la Medalla de la Libertad al presidente y a la señora Carter por la extraordinaria labor que habían desarrollado como ciudadanos normales desde que dejaron la Casa Blanca. Un par de días más tarde, en una ceremonia en la Casa Blanca, concedí el galardón a otros distinguidos norteamericanos, entre ellos al presidente Ford y a Lloyd Bentsen. Los otros premiados eran activistas en defensa de la democracia, los derechos civiles, sindicalistas y defensores del medio ambiente. Todos eran menos conocidos que Ford y Bentsen, pero cada uno de ellos había realizado una aportación única y duradera a Estados Unidos.

Me dediqué a hacer un poco de campaña; viajé a Arkansas para reunirme con los granjeros locales y los líderes negros de todo el Sur; también asistí a un acto de recaudación de fondos donde había mucha gente que había colaborado en mis anteriores campañas. También hablé y toqué el saxo en un acto organizado para Hillary en Martha's Vineydard, y la acompañé a los actos de Nueva York, incluida una parada en la feria estatal de Syracuse, donde me encontré muy cómodo entre los granjeros. Disfruté mucho haciendo campaña tanto para Hillary como para Al, pues tras una vida de recibir la ayuda de los demás, podía poner fin a mi vida política de la forma como había empezado, haciendo campaña por la gente en la que creía.

A principios de septiembre, Henry Cisneros finalmente resolvió su caso con el fiscal independiente David Barrett, que, increíblemente, le había acusado de dieciocho cargos por subestimar sus gastos personales ante el FBI durante una entrevista en 1993. El día antes de que empezara su juicio, Barrett, que sabía que no podía ganar, ofreció un trato a Cisneros: que se declarara culpable de un delito menor y pagara una multa de

10.000 dólares y no iría a la cárcel. Henry lo aceptó, para evitar los enormes gastos legales que supondría un juicio largo. Barrett se había gastado más de 9 millones de dólares de los contribuyentes para atormentar a un buen hombre durante cuatro años. Apenas unas semanas atrás, la ley del fiscal independiente había expirado.

La mayor parte de la actividad del mes de septiembre se centró en la política exterior. A principios de mes, Madeleine Albright y Dennis Ross fueron a Gaza para apoyar a Ehud Barak y Yasser Arafat en sus negociaciones respecto a los pasos necesarios para implementar los acuerdos de Wye. Se aprobó un puerto para los palestinos, una carretera que conectara Gaza y Cisjordania, la entrega del 11 por ciento del territorio de Cisjordania y la liberación de 350 prisioneros. Albright y Ross viajaron luego a Damasco para exhortar al presidente Assad a que respondiera al deseo de Barak de mantener pronto conversaciones de paz con él.

El día 9, realicé mi primer viaje a Nueva Zelanda, con motivo de la cumbre de la Organización de Cooperación Económica Asia-Pacífico (APEC). Chelsea vino conmigo; Hillary se quedó en casa para hacer campaña. La gran noticia de la cumbre estuvo relacionada con Indonesia y el apoyo que su ejército había dado a la violenta supresión del movimiento en pro de la independencia de Timor del Este, una zona con un largo historial de conflictos, en un enclave católico romano situado en el país con el mayor número de musulmanes del mundo. Gran parte de los líderes de la APEC estaban a favor de emprender una misión de paz internacional para Timor del Este, y el primer ministro australiano, John Howard, estaba dispuesto a encabezar la propuesta. Al principio los indonesios se oponían, pero pronto se vieron obligados a ceder. Se formó una coalición internacional para enviar tropas a Timor del Este, dirigidas por Australia, y me comprometí con el primer ministro Howard a enviar unos doscientos soldados norteamericanos para proporcionar el apoyo logístico que nuestros aliados necesitaban.

También me reuní con el presidente Jiang para comentar temas relativos a la OMC, y mantuve negociaciones a dos bandas con Kim Dae Jung y Keizo Obuchi para reafirmar nuestra postura común sobre Corea del Norte. También me reuní por primera vez con el nuevo primer ministro de Boris Yeltsin y su sucesor declarado, Vladimir Putin, que contrastaba notablemente con Yeltsin. Éste era ancho y fornido, mientras que Putin era más compacto y estaba muy en forma, pues había practicado artes marciales durante años. Yeltsin era voluble; el ex agente de la KGB era comedido y muy preciso. Salí de la reunión convencido de que Yeltsin había elegido a un sucesor que poseía la habilidad y las capacidades necesarias para desarrollar el duro trabajo que comportaba gestionar la turbulenta vida política y económica de Rusia mejor de lo que ahora podía hacer el propio Yeltsin, dados sus problemas de salud. Putin también era

suficientemente duro para defender los intereses de Rusia y proteger el
legado de Yeltsin.

Antes de dejar Nueva Zelanda, Chelsea y mi equipo nos tomamos un
tiempo para disfrutar de ese bello país. La primera ministra, Jenny Shipley, y su marido, Burton, fueron nuestros anfitriones en Queenstown,
donde jugué al golf con Burton; Chelsea, por su parte, se dedicó a explorar las cuevas con los chicos de los Shipley, y algunos miembros de mi
equipo se fueron a hacer «puenting». Gene Sperling trató de convencerme para que lo intentara, pero le dije que ya había vivido todas las caídas libres que podía soportar.

Nuestra última parada fue el Centro Internacional Antártico, en
Christchurch, la estación de lanzamiento de nuestras operaciones en la
Antártida. En el centro había un enorme módulo de entrenamiento al
que se había dotado de la temperatura y el entorno de la Antártida. Fui
allí para poner de relieve el problema del calentamiento global. La Antártida es la gran torre de refrigeración de nuestro planeta; el grosor del
hielo es de más de tres mil metros. Un enorme pedazo del hielo de la
Antártida, aproximadamente del tamaño de Rhode Island, se había des-
prendido recientemente a causa del deshielo. Decidí difundir fotografías
por satélite del continente, que anteriormente eran confidenciales, para
ayudar a estudiar los cambios que se estaban produciendo. Lo más emocionante del acontecimiento para Chelsea y para mí fue la presencia de
Sir Edmund Hillary, que había explorado el Polo Sur en los años cincuenta, había sido el primer hombre en alcanzar la cima del Everest. Nos
hacía recordar a otra Hillary, con quien Chelsea y yo amábamos y quien
estuvo trabajando en la campaña de ella en casa.

Poco después de regresar a Estados Unidos, fui a Nueva York para
inaugurar la última Asamblea General de Naciones Unidas del siglo XX
e instar a los delegados a que adoptaran tres resoluciones: luchar más
contra la pobreza y humanizar la economía global; aumentar nuestros
esfuerzos para prevenir, o poner fin con mayor rapidez, a la matanza de
inocentes en los conflictos tribales, raciales, religiosos o étnicos e intensi-
ficar la prevención del uso de armas nucleares, químicas o biológicas por
parte de naciones irresponsables o de grupos terroristas.

A finales de mes, volví a los asuntos internos y veté la última rebaja fiscal
republicana porque era «demasiado amplia e hinchada», y representaba
una carga excesiva para la economía de Estados Unidos. Según la reglamentación presupuestaria, la ley habría comportado grandes recortes en
educación, sanidad y protección medioambiental. Nos habría impedido
prolongar más tiempo los fondos de financiación de la Seguridad Social y
de Medicare, y tampoco podríamos añadir una muy necesaria cobertura
de prescripción de medicamentos con Medicare.

Ese año esperábamos un superávit de unos cien mil millones de dólares, pero la propuesta de rebaja fiscal del GOP nos costaría casi un billón
de dólares en una década. La justificación de los republicanos se basaba
en la estimación del superávit. Sobre esta cuestión yo era mucho más
conservador que ellos, pues si las proyecciones eran erróneas, volveríamos a tener déficit, y con él llegaría el aumento de los tipos de interés y
un menor crecimiento. Durante los cinco años anteriores, las estimaciones de la Oficina Presupuestaria del Congreso se habían equivocado una
media del 13 por ciento anual, aunque las de nuestra administración
habían acertado más. En definitiva, se trataba de un riesgo irresponsable.
Pedí a los republicanos que colaboraran con la Casa Blanca y con los
demócratas con el mismo espíritu que había dado sus frutos en la ley
bipartita de reforma de la asistencia social en 1996 y la Ley del Equilibrio
Presupuestario en 1997.

El 24 de septiembre, Hillary y yo fuimos los anfitriones de una celebración en el edificio del Old Executive para conmemorar el éxito de los
esfuerzos bipartitos para aumentar las adopciones de niños de nuestro sistema de orfanatos; lo habían hecho casi un 30 por ciento en los dos años
que habían pasado desde que aprobamos la legislación. Reconocí la esencial contribución de Hillary, que había estado trabajando en ese tema
durante más de veinte años, y también mencioné al que era el impulsor
quizá más ardiente de las refomas en la Cámara, Tom DeLay, cuyos hijos
eran adoptados.

Me habría gustado que hubiera habido más momentos como aquel,
pero, aparte de esa única excepción, DeLay no creía en confraternizar
con el enemigo.

Las posiciones partidistas volvieron a principios de octubre, cuando el
Senado rechazó en una votación, en una muestra de disciplina de partido,
mi nominación del juez Ronnie White a la judicatura de distrito federal.
White era el primer afroamericano al que se había nombrado para el tribunal supremo de Missouri y era un juez muy respetado. Fue derrotado
después de que el senador conservador de Missouri, John Ashcroft, que se
enfrentaba a una dura reelección contra el gobernador Mel Carnahan,
distorsionara gravemente la trayectoria de votaciones sobre la pena de
muerte que había realizado White. Éste había votado a favor de mantener
la sentencia de pena de muerte en el 70 por ciento de los casos que se presentaban en su tribunal. En más de la mitad de los que había votado para
revocar, formaba parte de una sentencia unánime de los tribunales supre-
mos estatales. Ashcroft logró que sus colegas republicanos se apuntaran a
la campaña de difamación porque pensaban que le ayudaría y que perjudicaría al defensor de White, el gobernador Carnahan, respecto a los
votantes que estaban a favor de la sentencia de muerte en Missouri.

Ashcroft no era el único que politizaba totalmente el proceso de confirmación. En aquel momento, el senador Jesse Helms ya llevaba años negándose a permitir que el Senado votara a favor de un juez negro para el cuarto circuito de la Corte de Apelación, aun cuando jamás había habido un afroamericano en la corte. ¡Y los republicanos se preguntaban por qué los afroamericanos no les votaban!

Nuestras diferencias entre los partidos se extendían incluso al tratado de prohibición de pruebas nucleares, que, desde Eisenhower, todos los presidentes republicanos y demócratas habían apoyado. La Junta de Jefes del Estado Mayor también lo defendía y nuestros expertos nucleares decían que no hacía falta hacer pruebas para garantizar la fiabilidad de nuestro armamento. Pero no teníamos los votos de los dos tercios de los senadores necesarios para ratificar el tratado; Trent Lott intentó que le prometiera que no volvería a sacarlo durante el resto de mi mandato. Yo no podía entender si los senadores republicanos habían escorado realmente tan a la derecha de la posición tradicional de su propio partido o si simplemente se negaban a entregarme otra victoria. Sea como fuere, su negativa a ratificar el tratado de prohibición de pruebas debilitó la capacidad de Estados Unidos para exigir a otras naciones, y argumentarlo, que no se desarrollaran armas o realizaran pruebas nucleares.

Seguí participando en actos de campaña para Al Gore y los demócratas. Dos de ellos fueron con activistas gays, que nos apoyaban muchísimo a Al y a mí a causa del importante número de gays y lesbianas declarados que trabajaban en la administración. Otro motivo de su apoyo era la firmeza con la que habíamos impulsado la Ley de No Discriminación del Empleo y la ley contra los crímenes por odio, que convirtió en delito federal los delitos cometidos por motivos de raza, discapacidad u orientación sexual. También iba a Nueva York siempre que podía para apoyar a Hillary. Su oponente más probable era el alcalde de Nueva York, Rudy Giuliani, un hombre combativo y polémico, pero mucho menos conservador que los republicanos nacionales. Yo había mantenido una relación cordial con él, en gran parte debido a nuestra complicidad acerca del programa COPS y las medidas de seguridad sobre la posesión de armas.

George W. Bush parecía bien posicionado para hacerse con la nominación republicana, pues algunos de sus contendientes abandonaron la carrera; el único que quedaba con posibilidades de deternerle era el senador John McCain. La campaña de Bush me impresionó desde que le vi articular por primera vez su lema de «conservadurismo compasivo» en una granja en Iowa. Pensaba que era una formulación brillante; prácticamente era el único argumento que tenía para convencer a los electores indecisos de que le entregaran su voto frente a una administración cuya gestión recibía índices de aprobación del 65 por ciento. Tampoco podía negar que habíamos creado 19 millones de nuevos empleos, que la economía seguía creciendo y que el índice de criminalidad había bajado por séptimo año consecutivo. En lugar de eso, sus mensajes de conservadurismo compasivo, orientados a los votantes indecisos, decían: «Les daré las mismas condiciones que ahora, con menos gobierno y más rebajas fiscales. ¿Acaso no les gustaría eso?». En la mayoría de temas, Bush estaba alineado con los republicanos conservadores del Congreso, aunque había criticado su presupuesto porque era demasiado severo con los pobres, pues aumentaba los impuestos para las rentas inferiores, reducía la rebaja fiscal del impuesto sobre la renta y además reducía también paralelamente los impuestos de los ciudadanos más ricos.

Aunque Bush era un político notable, yo aún pensaba que Al Gore ganaría, a pesar de que anteriormente solo dos vicepresidentes —Martin Van Buren y George H. W. Bush— habían sido elegidos directamente desde sus cargos; lo creía porque el país estaba pasando por una buena etapa y nuestra administración contaba con amplio apoyo. Todos los vicepresidentes que se presentan candidatos a la presidencia se enfrentan a dos problemas: la mayoría de la gente no sabe la labor que han desarrollado, por lo que no reconoce los méritos y logros de la administración, y suelen ser tipificados como el número dos. Yo hice todo lo posible para evitar que Al tuviera esos problemas; le encomendé varias misiones de relevancia pública y me aseguré de que recibiera el reconocimiento que se le debía por su valiosa contribución a nuestros éxitos. Sin embargo, pese a que había sido indiscutiblemente el vicepresidente más activo e influyente de la historia, aún existía una distancia entre la percepción y la realidad.

El mayor reto de Al era demostrar su independencia y al mismo tiempo capitalizar los beneficios de nuestra trayectoria gubernamental. Él ya había dicho que no estaba de acuerdo con mi mala conducta personal, pero que estaba orgulloso de lo que habíamos logrado para el pueblo norteamericano. Ahora, yo creía que debía decir que, sin que importara quién fuera el siguiente presidente, el cambio era inevitable. La pregunta para los votantes era si íbamos a seguir cambiando por el buen camino o si realizaríamos un giro radical de vuelta hacia las políticas equivocadas del pasado. El gobernador Bush estaba claramente defendiendo el regreso a la economía de cascada. Lo habíamos intentado durante doce años con ese enfoque, y a nuestra manera durante siete. Nuestro sistema funcionaba mejor, y teníamos pruebas de ello.

La campaña le dio a Al la oportunidad de recordar a los votantes que yo me iba, pero que los republicanos que habían impulsado el *impeachment* y apoyado a Starr se quedaban. Estados Unidos necesitaba a un presidente que supiera frenarles para que jamás volvieran a abusar de su poder de ese modo, o para lograr la aprobación de las duras políticas que yo había conseguido detener durante las batallas presupuestarias, y que motivaron el cierre de las oficinas del gobierno. Había sobradas pruebas, de hacía menos de un año, de que si los votantes veían las elecciones como una opción para el futuro, y se les recordaba la trayectoria de los republicanos, la ventaja se decantaría marcadamente hacia los demócratas.

Cuando algunos miembros de la prensa empezaron a plantear la posibilidad de que yo pudiera costarle a Al las elecciones, mantuve una divertida conversación telefónica con él acerca de eso. Dije que yo solo quería que ganara y que si pensaba que podía ayudar, me iría a la puerta de la sede del *Washington Post* y dejaría que me azotara con un látigo de siete colas. Sin inmutarse, me soltó: «Quizá deberíamos hacer una encuesta al respecto». Me eché a reír y le dije: «Y hay que ver si funciona mejor con o sin camisa».

El 12 de octubre, el primer ministro de Pakistán, Nawaz Sharif, fue derrocado por un golpe militar encabezado por el general Musharraf, que había llevado al ejército paquistaní más allá de la Línea de Control de Cachemira. A mí me preocupaba el perjuicio para la democracia que esto implicaba, y exhorté a que se restaurara la legislación civil tan pronto como fuera posible. La supremacía de Musharraf tuvo una consecuencia inmediata: el programa para enviar comandos paquistaníes a Afganistán con objeto de apresar o eliminar a Osama bin Laden se canceló.

A mediados de mes, Ken Starr anunció su dimisión. El tribunal del juez Sentelle le sustituyó con Robert Ray, que había pertenecido al equipo de Starr y anteriormente trabajó para Donald Smaltz durante el fallido intento de condenar a Mike Espy. Casi hacia el final de mi mandato, Ray también quiso su pedazo de pastel: un comunicado por escrito en el que yo admitiera que había prestado falso testimonio en mi declaración, y que aceptase una suspensión temporal de mi licencia para ejercer la abogacía a cambio de que Ray cerrara la investigación del fiscal independiente. Yo dudaba de que realmente me acusara, teniendo en cuenta que un grupo bipartito de fiscales había testificado en las sesiones del *impeachment* que ningún fiscal responsable haría tal cosa. Aunque estaba dispuesto a seguir con mi vida y no quería complicar la nueva carrera política de Hillary, no podía aceptar tener que declarar que había prestado falso testimonio intencionalmente, porque no creía haber actuado así. Después de releer cuidadosamente mi declaración y ver que había un par de respuestas que no eran exactas, le entregué a Ray una declaración en la que afirmaba que, pese a que había intentado testificar legalmente, algunas de mis respuestas no se ajustaban a la verdad. Él aceptó esa declaración. Después de casi seis años y 70 millones de dólares de los contribuyentes, Whitewater había acabado.

No todos querían un pedazo de pastel. A mitad de mes, invité a mis ex compañeros del instituto a la Casa Blanca para celebrar nuestra reunión número treinta y cinco, tal como había hecho cinco años antes, para el treinta aniversario. Yo había disfrutado mucho durante mis años de instituto, y siempre que veía de nuevo a mis compañeros me lo pasaba bien. En esta ocasión, algunos me dijeron que su vida había mejorado mucho durante los últimos siete años. El hijo de uno de ellos me confesó que pensaba que yo había sido un buen presidente, pero «jamás me sentí tan orgulloso de usted como cuando se enfrentó a todo el proceso del *impeachment*». A menudo me han dicho lo mismo personas que se sentían indefensas frente a sus propios errores e infortunios. De algún modo, que yo hubiera seguido adelante les conmovió profundamente, pues era precisamente lo que ellos habían tenido que hacer.

A finales de mes, una maniobra obstruccionista del Senado impidió nuevamente que se aprobara la reforma de la financiación de las campañas; celebramos el quinto aniversario de AmeriCorps, donde habían servido ya 150.000 norteamericanos; Hillary y yo organizamos una Conferencia sobre Filantropía en la Casa Blanca con la esperanza de aumentar el número y el impacto de las donaciones caritativas y celebramos su cumpleaños con un acto de «Broadway para Hillary» que recordaba el apoyo que las estrellas de Broadway me habían ofrecido en 1992.

Empecé noviembre desplazándome a Oslo, donde se habían iniciado las negociaciones entre israelíes y palestinos, para conmemorar el cuarto aniversario del asesinato de Yitzhak Rabin, honrar su memoria y sumarme a las partes para volver a dedicarnos enteramente al proceso de paz. El primer ministro noruego, Kjell Bondevik, había pensado que un acto en Oslo quizá podría hacer que las conversaciones avanzaran. Nuestro embajador, David Hermelin, un hombre indomable de origen noruegojudío, trataba de hacer su parte sirviendo perritos calientes *kosher* tanto a Barak como a Arafat. Shimon Peres y Leah Rabin también estaban allí. Las negociaciones tuvieron el efecto deseado, aunque yo estaba convencido de que tanto Barak como Arafat querían completar de una vez el proceso de paz, y que así lo harían en el año 2000.

Por esa época algunos miembros de la prensa empezaron a hacerme preguntas sobre mi legado. ¿Sería recordado por haber traído la prosperidad? ¿Por mis iniciativas a favor de la paz? Traté de formular una respuesta que no solo recogiera los éxitos concretos, sino también el sentido de posibilidades y de comunidad que yo quería que Estados Unidos encarnara. Sin embargo, lo cierto era que no tenía tiempo de pensar en eso. Quería seguir adelante, avanzar hasta el último día. El legado ya cuidaría de sí mismo, probablemente mucho tiempo después de mi muerte.

El 4 de noviembre, volví a irme de viaje para el proyecto Nuevos Mercados, esta vez a Newark, Hartford y Hermitage, Arkansas, el pequeño pueblecito donde yo había ayudado a que se construyeran alojamientos para los inmigrantes que iban allí a recoger el tomate a finales de los setenta. El recorrido terminó en Chicago con Jesse Jackson y el portavoz

Hastert, que habían decidido apoyar la iniciativa. Jesse tenía un aspecto espléndido con un elegante traje de pinzas, y le tomé el pelo porque se había vestido «como un republicano», para el portavoz. Me animó el apoyo de Hastert y confié en que durante el año siguiente lograríamos aprobar la legislación.

Durante la segunda semana del mes, me uní a Al From en la primera sesión popular presidencial por internet. Desde que me convertí en presidente, el número de páginas web había crecido de 50 sitios a 9 millones, y se añadían nuevas páginas a un ritmo de 100.000 a la hora. Los programas de reconocimiento de la voz que tecleaban automáticamente mis respuestas son algo corriente hoy en día, pero entonces eran muy novedosos. Dos personas me preguntaron qué pensaba hacer después de dejar la Casa Blanca. Aún no lo había decidido, pero había empezado a hacer planes para mi biblioteca presidencial.

Había reflexionado mucho acerca de la biblioteca y sus contenidos durante mis años como presidente. Cada presidente debe recaudar todos los fondos necesarios para construir su propia biblioteca, además de realizar una donación para la conservación de las instalaciones. Entonces, Archivos Nacionales dota a la biblioteca del personal necesario para organizar y cuidar el contenido. Yo había estudiado la obra de diversos arquitectos y había visitado muchas de las bibliotecas presidenciales que ya existían. La abrumadora mayoría de gente que las visitaba lo hacía para ver las exposiciones, pero el edificio debe construirse de forma que los archivos puedan conservarse debidamente. Yo quería que el espacio de exposición fuera abierto, hermoso y lleno de luz, y que el material se presentara de manera que demostrara el avance de Estados Unidos hacia el siglo XXI.

Me decanté por el estudio del arquitecto Jim Polshek, en gran parte a causa de su trabajo en el Centro Rose para la Tierra y el Espacio en Nueva York, una enorme estructura de acero y vidrio con un inmenso globo en su interior. Pedí a Ralph Applebaum que se ocupara de las exposiciones, porque pensaba que su trabajo para el Museo del Holocausto en Washington era de lo mejor que jamás había visto. Empecé a colaborar con ambos. Antes de que terminara la obra, Polshek me dijo que era el peor cliente que había tenido en toda su carrera: si venía a verme después de una pausa de seis meses y había aunque solo fuera un ligero cambio en los bocetos, yo me daba cuenta y le preguntaba el motivo.

Yo quería que la biblioteca estuviera situada en Little Rock, porque sentía que se lo debía a mi estado natal y porque pensaba que la biblioteca debía estar en el corazón de Estados Unidos, en un lugar donde la gente que no viajaba a Washington ni a Nueva York pudiera tener acceso a ella. La ciudad de Little Rock, por iniciativa del alcalde Jim Daley y del miembro de la junta ciudadana el doctor Dean Kumpuris, había ofrecido unas

11 hectáreas de terreno a lo largo del río Arkansas, en la parte antigua del pueblo, que se estaba revitalizando y no se encontraba lejos del Old State Capitol, el escenario de muchos hechos importantes de mi vida.

Aparte de la biblioteca, yo sabía que quería escribir un libro sobre mi vida y la presidencia, y que tendría que trabajar mucho durante tres o cuatro años para pagar las facturas de abogados, comprar nuestro hogar —dos hogares, si Hillary ganaba la carrera al Senado— y ahorrar algo de dinero para ella y para Chelsea. Luego quería dedicar el resto de mi vida al servicio público. Jimmy Carter había realizado una labor de enorme relevancia durante los años posteriores a la presidencia, y yo pensaba que podía hacer lo mismo.

A mediados de mes, el día en que me fui para un viaje de diez días por Turquía, Grecia, Italia, Bulgaria y Kosovo, saludé con satisfacción el anuncio de Kofi Annan de que el presidente Glafcos Clerides, de Chipre, y el líder turcochipriota Rauf Denktash empezarían unas «conversaciones de proximidad» en Nueva York a principios de diciembre. Chipre había obtenido la independencia del Reino Unido en 1960. En 1974, el presidente de Chipre, el arzobispo Makarios, fue derrocado por un golpe orquestado por un régimen militar griego. En respuesta, el ejército turco envió tropas a la isla para proteger a los turcos chipriotas, dividió el país y creó un enclave turco independiente *de facto* en el norte. Muchos griegos de la zona norte de Chipre abandonaron sus hogares y se trasladaron al sur. La isla vivía dividida desde entonces, y las tensiones seguían siendo muy fuertes entre Turquía y Grecia; este país quería poner fin a la presencia militar turca en Chipre y hallar una solución que al menos dejara abierta para los ciudadanos griegos la posibilidad de regresar al norte. Yo había tratado de resolver el problema durante años, y esperaba que el esfuerzo del secretario general tuviera éxito. No fue así; cuando dejé la presidencia, seguía decepcionado de que Chipre siguiera siendo un obstáculo para la reconciliación entre Grecia y Turquía, y para que esta última fuera plenamente aceptada por Europa.

También logramos alcanzar un acuerdo con los líderes republicanos sobre tres de mis prioritarios objetivos en el presupuesto: financiar la contratación de 100.000 nuevos maestros, doblar el número de alumnos que asistiera a los programas extraescolares y, por fin, pagar nuestra deuda económica con Naciones Unidas. De algún modo, Madeleine Albright y Dick Holbrooke habían podido cerrar un trato con Jesse Helms y otros escépticos acerca de Naciones Unidas. A Dick le llevó más trabajo hacer que pagáramos lo que debíamos que lograr la paz en Bosnia, pero estoy prácticamente seguro de que ninguna otra persona hubiera sido capaz de hacerlo.

Hillary, Chelsea y yo llegamos a Turquía para una visita de cinco días, una estancia inusualmente larga. Yo quería dar mi apoyo a los turcos, que acababan de sufrir el devastador impacto de dos terribles terremotos, y animarles a seguir colaborando con Estados Unidos y Europa. Turquía era un aliado de la OTAN, y esperaba ser admitido en la Unión Europea, algo que yo había estado impulsando durante años. Era uno de esos pocos países cuyo desarrollo futuro tendría un enorme impacto en el mundo del siglo XXI. Si se podía resolver el problema chipriota con Grecia, obtener un espacio para la minoría kurda, intranquila y a menudo reprimida, y conservar su identidad como una democracia musulmana secular, Turquía podría ser la puerta de entrada de Occidente a un nuevo Oriente Próximo. Si la paz en el Oriente Próximo se convertía en una creciente oleada de extremismo islámico, una Turquía estable y democrática podía actuar de baluarte e impedir su propagación por Europa.

Me alegró ver al presidente Demirel de nuevo. Era un hombre de miras abiertas que quería que Turquía fuera un puente entre el Este y el Oeste. Hablé de mi visión al primer ministro, Bülent Ecevit, y también ante la Gran Asamblea Nacional turca; les exhorté a rechazar el aislacionismo y el nacionalismo para solucionar sus problemas con los kurdos y con Grecia y avanzar hacia la integración en la Unión Europea.

Al día siguiente, expliqué los mismos argumentos a los principales empresarios norteamericanos y turcos en Estambul, después de una parada en un campamento cerca de Izmit, para conocer a las víctimas del terremoto. Visitamos a algunas familias que lo habían perdido todo, y agradecí la ayuda de todas las naciones que habían prestado asistencia a las víctimas, incluida Grecia. Poco después de los terremotos en Turquía, Grecia también sufrió su propio terremoto; los turcos les devolvieron el favor. Si los desastres naturales podían acercarles, tenían que ser capaces de seguir colaborando cuando la tierra dejara de temblar.

Los turcos definieron todo mi viaje por mi visita a las víctimas del terremoto. Cuando sostuve a un niño pequeño entre mis brazos, él estiró la mano y me agarró la nariz, igual que solía hacerlo Chelsea cuando era bebé. Un fotógrafo logró captar aquella imagen, que se publicó en todos los periódicos turcos al día siguiente. Uno de los titulares decía: «¡Es turco!».

Después de visitar con mi familia las ruinas de Efesos, donde se encuentra una de las mayores bibliotecas del mundo romano y un anfiteatro abierto donde predicó San Pablo, participé en la conferencia de las cincuenta y cuatro naciones que componen la Organización para la Seguridad y la Cooperación en Europa. La OSCE se fundó en 1973 para defender la democracia, los derechos humanos y la legislación internacional. Nosotros estábamos allí para apoyar el Pacto de la Estabilidad para los Balcanes y la resolución de la crisis permanente en Chechenia que pusiera fin al terrorismo contra Rusia y al uso excesivo de la fuerza contra los chechenos no combatientes. También firmé un acuerdo con los líderes del Kazajstán, Turkmenistán, Azerbayán y Georgia, en el que Estados Unidos se comprometía a apoyar la construcción de dos oleoductos que transportaran petróleo desde el mar Caspio hasta Occidente sin pasar por Irán. En función del futuro que Irán eligiera para sí, el acuerdo del oleoducto podía tener una enorme importancia para la estabilidad futura de los países productores y compradores de petróleo.

Estambul y su rica historia como capital del Imperio Otomano y del Imperio Romano del Este me fascinaron. En otro intento por impulsar la reconciliación, visité al patriarca ecuménico de todas las iglesias ortodoxas, Bartolomé de Constantinopla, y pedí a los turcos que reabrieran las puertas del monasterio ortodoxo de Estambul. El patriarca me regaló un bellísimo pergamino con uno de mis pasajes favoritos de las Escrituras, como él ya sabía, del capítulo once de la Epístola a los hebreos. Empieza diciendo: «La fe es la garantía de lo que se espera y la prueba de las realidades que no se ven».

Mientras me encontraba en Turquía, la Casa Blanca y el Congreso llegaron a un acuerdo presupuestario que, además de mis anteriores iniciativas para la educación, aportaban más financiación para la policía, la iniciativa del Legado Territorial, nuestros acuerdos de Wye y la nueva propuesta para condonar parcialmente la deuda de los países en vías de desarrollo. Los republicanos también aceptaron abandonar sus recomendaciones más perjudiciales para el medio ambiente a cambio de que se aprobaran las leyes presupuestarias.

También llegaron buenas noticias de Irlanda del Norte, donde George Mitchell había alcanzado un acuerdo con las partes para proceder simultáneamente a la formación de un nuevo gobierno y a la deposición de las armas, con el apoyo de Tony Blair y Bertie Ahern. Bertie estaba conmigo en Turquía cuando nos enteramos.

En Atenas, después de una emocionante visita a primera hora de la mañana por la Acrópolis con Chelsea, deploré públicamente el apoyo de Estados Unidos al régimen represivo y antidemocrático que se hizo con el control en Grecia en 1967 y reafirmé mi compromiso para encontrar una solución justa para el problema de Chipre, como condición para que Turquía entrara en la Unión Europea. También agradecí al primer ministro Costas Simitis que permaneciera al lado de los aliados en Kosovo. Dado que griegos y serbios compartían la fe ortodoxa, no le había resultado nada fácil. Me fui del encuentro animado porque el primer ministro se mostraba abierto a la reconciliación con Turquía y a su entrada en a la Unión Europea, previa resolución del conflicto chipriota. En parte, se debía a que los dos ministros de Asuntos Exteriores de ambos países, George Papandreou e Ismael Cem, eran líderes jóvenes, miraban hacia el futuro y querían cooperar con miras a construir una relación común: el único camino que tenía sentido.

Desde Grecia volé a Florencia, donde el primer ministro D'Alema fue el anfitrión de otra de nuestras conferencias sobre el Tercer Mundo. Ésta tuvo un sabor inequívocamente italiano, pues Andrea Bocelli cantó durante la cena y el actor Roberto Benigni, ganador de un Oscar, nos hizo reír todo el rato. Él y D'Alema hacían una buena pareja: los dos eran hombres esbeltos, intensos y apasionados que siempre encontraban un motivo para reír. Cuando conocí a Benigni, dijo: «Le amo», y me dio un abrazo. Pensé que quizá tendría que pensar en presentarme a la presidencia de Italia: es un país que siempre me ha gustado mucho.

Fue con diferencia nuestra reunión Tercera Vía más fructífera. Tony Blair; el presidente de la Unión Europea, Romano Prodi; Gerhard Schroeder; Fernando Henrique Cardoso y el primer ministro francés, Lionel Jospin, estaban allí para articular un consenso progresivo en las políticas interiores y exteriores del siglo XXI, y para acordar reformas del sistema financiero internacional que minimizaran las crisis financieras e intensificaran nuestros esfuerzos por repartir los beneficios de la globalización, y reducir sus cargas.

El día 22, Chelsea y yo volamos a Bulgaria, en lo que fue la primera visita de un presidente norteamericano a dicho territorio. En un discurso ante más de treinta mil personas, a la sombra de la Catedral Alexander Nevsky, brillantemente iluminada, prometí la ayuda de Estados Unidos para conservar su libertad tan duramente obtenida, así como para conseguir sus aspiraciones económicas y la voluntad de unirse a la OTAN.

Mi última parada antes de regresar a Estados Unidos para el Día de Acción de Gracias fue en Kosovo, donde Madeleine Albright, Wes Clark y yo recibimos una bienvenida cálida y abrumadora. Hablé con un grupo de ciudadanos que no paraban de interrumpir mi discurso, gritando mi nombre. No me gustó interrumpir aquel ambiente, pero quería que escucharan mi ruego de que no se produjeran represalias contra la minoría serbia como venganza por los errores del pasado; expresé esta preocupación en privado a los líderes de varias facciones políticas de Kosovo. A última hora de ese día, fui al campamento Bondsteel para agradecer su ayuda a las tropas y compartir una cena temprana de Acción de Gracias con ellos. Estaban realmente orgullosos de lo que habían logrado, pero Chelsea tuvo más éxito entre los jóvenes soldados que yo.

Durante nuestro viaje, envié a Charlene Barshefsky y a Gene Sperling a China para que intentaran cerrar el acuerdo de su entrada en la OMC. El trato debía ser lo suficientemente bueno como para que se aprobara una legislación que nos permitiera establecer relaciones comerciales normales con China. La presencia de Gene garantizaría a los chinos que yo apoyaba las negociaciones. Fueron muy complejas hasta casi el final, cuando por fin obtuvimos protección contra el *dumping* y el aumento súbito de las importaciones, así como acceso al mercado automovilístico, cosa que nos granjeó el apoyo del congresista demócrata de Michigan, Sandy Levin. Su respaldo garantizó que el Congreso aprobara el establecimiento de relaciones comerciales normales y, por ende, la entrada de China en la OMC. Gene y Charlene habían hecho una labor magnífica.

Poco después del Día de Acción de Gracias, el Partido Unionista del Ulster de David Trimble aprobó el nuevo acuerdo de paz, y se formó el nuevo gobierno de Irlanda del Norte, con David Trimble de primer ministro y Seamus Mallon, del Partido Social Demócrata de John Hume, de adjunto al primer ministro. Martin McGuinness, del Sinn Fein, fue nombrado Ministro de Educación, algo que hubiera resultado impensable no mucho tiempo atrás.

En diciembre, cuando los miembros de la Organización Mundial del Comercio se reunieron en Seattle, se produjeron violentas protestas por parte de las fuerzas antiglobalización que sacudieron todo el centro de la ciudad. Sin embargo, la mayoría de los manifestantes eran pacíficos y sus reclamaciones eran legítimas, como les dije a los delegados de la convención. El proceso de la interdependencia mundial probablemente no podría revertirse, pero la OMC tenía que ser más abierta y más sensible respecto al comercio y a los temas del medio ambiente. Los países ricos que se habían beneficiado de la globalización tendrían que hacer más para repartir esos beneficios con la otra mitad del mundo, que seguía sobreviviendo con menos de dos dólares al día. Después de Seattle, hubo más manifestaciones en las reuniones económicas internacionales. Yo estaba convencido de que seguirían produciéndose a menos que diéramos respuesta a las quejas y preocupaciones de los que se habían quedado atrás y al margen.

A principios de diciembre, pude anunciar que, después de siete años, nuestra economía había creado más de veinte millones de puestos de trabajo, un 80 por ciento de los cuales pertenecían a categorías laborales en las que el sueldo estaba por encima del salario mínimo; también teníamos la tasa de desempleo entre afroamericanos e hispanos más baja de la historia, y la tasa de paro de las mujeres más bajo desde 1953, cuando el porcentaje de las que estaban registradas en la población activa era mucho menor.

El 6 de diciembre, recibí una visita especial: Fred Sanger, de once años, que procedía de St. Louis. Fred y sus padres vinieron a verme acompañados de representantes de la fundación Make-a-Wish, que ayuda a que niños gravemente enfermos puedan realizar sus sueños. Fred sufría un problema cardíaco que le obligaba a quedarse en casa durante largos períodos de tiempo. Solía mirar las noticias y conocía una gran cantidad de detalles acerca de mi trabajo. Mantuvimos una interesante conversación y, después, seguimos en contacto durante mucho tiempo. En mis ocho años de mandato, la gente de Make-a-Wish trajo a cuarenta y siete niños para que me conocieran. Siempre me alegraban el día y me recordaban por qué quería ser presidente.

La segunda semana del mes, después de una conversación telefónica con el presidente Assad, anuncié que, al término de la semana, Israel y Siria reanudarían las negociaciones en Washington, en un lugar que aún había que decidir, con el objetivo de alcanzar un acuerdo lo más pronto posible.

El día 9 regresé a Worcester, Massachusetts, la ciudad que me había dado la bienvenida durante los sombríos días de agosto de 1998, con motivo del funeral de seis bomberos que habían muerto mientras cumplían con su deber. La desgarradora tragedia había movilizado a la comunidad y a todos los bomberos de Estados Unidos. Cientos de ellos, procedentes de todo el país y del extranjero, llenaron el centro de convenciones de la ciudad, un conmovedor recordatorio de que la tasa de mortalidad de los bomberos es áun más alta que la de los agentes de la ley.

Una semana después, en el monumento a Franklin Roosevelt, firmé la legislación que hacía extensiva la cobertura sanitaria de Medicare y Medicaid a la gente discapacitada de la población activa. Era el avance legislativo más importante para la comunidad de discapacitados desde que se aprobó la Ley de Ciudadanos Discapacitados, y permitía que gente que de otro modo no obtendría un seguro médico —porque padecían SIDA, distrofia muscular, la enfermedad de Parkinson, diabetes u otras enfermedades de similares consecuencias— pudieran acogerse al programa Medicare. Esa ley mejoraría la calidad de vida de innumerables personas que ahora podrían ganar un sueldo y mejorar su vida. Era un tributo a la ardua labor de los activistas a favor de los derechos de los discapacitados y, especialmente, a mi amigo Justin Dart, un republicano de Wyoming que iba en silla de ruedas y que jamás salía sin sus botas y su sombrero de vaquero.

Durante las navidades teníamos ganas de que llegara la noche de Fin de Año y con ella el nuevo milenio. Por primera vez en muchos años, nuestra familia se perdería el fin de semana del Renacimiento; nos quedamos en Washington para las celebraciones del milenio. Se financiaron con dinero privado: mi amigo Terry McAuliffe recaudó varios millones de dólares para que pudiéramos ofrecer a los ciudadanos la oportunidad de disfrutar de las festividades, que incluían dos días de actividades familiares abiertas al público en el Instituto Smithsonian y, el día 31, una fiesta para los niños por la tarde y un concierto en el Mall, producido por Quincy Jones y George Stevens, con grandes fuegos artificiales. También ofrecimos una gran cena en la Casa Blanca, en la que había gente fascinante de los círculos civiles, militares, académicos, musicales, artísticos y literarios; también hubo un largo baile después de los fuegos artificiales.

Fue una velada maravillosa, pero yo estuve muy nervioso todo el tiempo. Nuestro equipo de seguridad había estado en alerta máxima durante semanas, debido a numerosos informes de inteligencia que indicaban que Estados Unidos sería el blanco de diversos ataques terroristas. Especialmente desde las bombas en las embajadas, en 1998, yo me había concentrado intensamente en bin Laden y sus seguidores de al-Qaeda. Habíamos descubierto algunas células de al-Qaeda, capturado a agentes terroristas y desactivado planes en contra nuestra, y seguíamos presionando a Pakistán y a Arabia Saudí para que nos entregaran a bin Laden. Ahora, con esta nueva advertencia, Sandy Berger convocaba a los principales cargos de mi equipo de seguridad nacional en la Casa Blanca prácticamente cada mes.

Se arrestó a un hombre mientras trataba de cruzar la frontera canadiense por el estado de Washington, llevando materiales para fabricar una bomba. Había planeado ponerla en el aeropuerto de Los Ángeles. Se desmantelaron dos células, una en el nordeste y otra en Canadá. También se frustraron ataques planificados contra Jordania. El milenio llegó a Estados Unidos con muchas celebraciones y sin terror, algo que debe agradecerse al intenso trabajo de miles de personas y quizá a un poco de suerte también. Sea como fuere, cuando empezaron el nuevo año, el nuevo siglo y el nuevo milenio, me sentí lleno de alegría y gratitud. Nuestro país estaba en una etapa de crecimiento y nos adentrábamos en la nueva era en buena forma.

CINCUENTA Y CUATRO

Hillary y yo comenzamos el primer día del nuevo siglo y el último año de mi presidencia con un discurso por radio conjunto para el pueblo norteamericano, que también fue televisado en directo. Nos habíamos quedado de fiesta en la Casa Blanca hasta las dos y media de la madrugada y estábamos cansados, pero aún así teníamos muchas ganas de celebrar este día. La noche anterior había sido testigo de una notable celebración mundial: miles de millones de personas habían visto por televisión cómo llegaba la media noche primero en Asia, luego en Europa y África, luego en Sudamérica y finalmente en Norteamérica. Estados Unidos estaba entrando en un nuevo siglo de interdependencia global con una combinación única de éxito económico, solidaridad social y confianza en las posibilidades de la nación. Nuestros valores de apertura, dinamismo y democracia eran celebrados en todo el mundo. Hillary y yo dijimos que nosotros, los norteamericanos, teníamos que sacar el máximo provecho de esta oportunidad para seguir mejorando nuestro propio país y para distribuir los beneficios y compartir las cargas del mundo del siglo XXI. Eso es lo que yo esperaba hacer durante mi último año.

Desafiando las tendencias históricas, el séptimo año de mi presidencia había sido un año lleno de éxitos, porque no habíamos dejado de trabajar en los asuntos de los ciudadanos ni durante ni después del proceso de *impeachment*. Me esforcé por llevar a la práctica el programa dibujado en el discurso del Estado de la Unión, y me enfrentaba con los problemas y las oportunidades conforme iban surgiendo. No hubo la tradicional pérdida de impulso de la segunda mitad del segundo mandato de un presidente. Y estaba decidido a hacer que tampoco se perdiera impulso durante este último año.

Con el año nuevo, perdí a uno de mis viejos socios, pues Boris Yeltsin dimitió y fue sustituido por Vladimir Putin. Yeltsin nunca había recuperado por completo su fuerza y su resistencia tras su operación de corazón, y creía que Putin estaba listo para sucederle y podría trabajar tantas horas como el cargo requería. Boris también sabía que darle al pueblo ruso la oportunidad de ver cómo trabajaba Putin aumentaría sus oportunidades de ganar las siguientes elecciones. Fue un movimiento sabio y astuto, pero de todas formas iba a echar de menos a Yeltsin. A pesar de todos sus problemas físicos y de su esporádica impredecibilidad, había sido un dirigente valiente y con visión de futuro. Confiábamos el uno en el otro y habíamos logrado grandes cosas juntos. El día que dimitió, hablamos por teléfono durante veinte minutos, y comprobé que se sentía a gusto con su decisión. Dejó el cargo de una forma tan singular como había sido su vida y su gobierno.

El 3 de enero fui a Shepherdstown, en West Virginia, para abrir conversaciones de paz entre Siria e Israel. Ehud Barak había presionado mucho para que celebráramos las conversaciones a principios de año. Comenzaba a mostrarse impaciente en el proceso de paz con Arafat y daba muestras de no estar seguro de que pudieran resolver sus diferencias sobre Jerusalén. Por el contrario, me había dicho meses atrás que estaba dispuesto a devolver los altos del Golán a Siria mientras se dieran garantías a Israel sobre su puesto de alerta rápida del Golán y sobre su dependencia del lago Tiberíades, también conocido como mar de Galilea, para un tercio de sus necesidades de agua.

El mar de Galilea es una masa de agua muy peculiar: el fondo es de agua salada y se alimenta por afluentes subterráneos, mientras que la capa superior es agua dulce. Puesto que el agua dulce es más ligera que la salada, se debe ir con cuidado de no drenar demasiado el lago ningún año, pues de lo contrario la capa de agua dulce se volvería demasiado ligera y no podría mantener debajo el agua salada. Si el agua dulce se reducía más allá de un punto crítico, el agua salada subiría hacia arriba y se mezclaría con ella, eliminando una fuente de suministro de agua que era esencial para Israel.

Antes de ser asesinado, Yitzhak Rabin se había comprometido conmigo a retirarse del Golán a las fronteras del 4 de junio de 1967, siempre que se solucionaran algunas cuestiones que preocupaban a Israel. Se comprometió con la condición de que yo guardase el trato «en el bolsillo» hasta que pudiera presentársele formalmente a Siria en el contexto de una solución global del problema. Tras la muerte de Yitzhak, Shimon Peres reafirmó el compromiso «de bolsillo» y sobre esta base patrocinamos las conversaciones entre los sirios y los israelíes en Wye River. Peres quería que yo firmara un tratado de seguridad con Israel si entregaba el Golán, una idea que luego me sugeriría también Netanyahu y que sería luego vuelta a plantear por Barak. Les dije que estaba dispuesto a hacerlo.

Dennis Ross y nuestro equipo hicieron progresos hasta que Bibi Netanyahu derrotó a Peres en las elecciones celebradas durante una erupción de atentados terroristas. Luego las negociaciones con Siria se rompieron. Ahora Barak quería reemprenderlas, aunque todavía no estaba dispuesto a reafirmar las palabras exactas del compromiso del «bolsillo» de Rabin.

Barak tenía que enfrentarse con un electorado israelí muy diferente del que había escogido a Rabin. Había muchos más inmigrantes, y los rusos en particular se oponían a entregar el Golán. Natan Sharansky, que se había convertido en un héroe en Occidente debido a su largo cautiverio en la Unión Soviética y que había acompañado a Netanyahu a Wye en 1998, me explicó el porqué de la actitud de los judíos rusos. Me dijo que habían pasado del país más grande del mundo a uno de los más pequeños y que no les gustaba la idea de hacer a Israel todavía más pequeño entregando el Golán o Cisjordania. También creían que Siria no era ninguna amenaza para Israel. No estaban en paz, pero tampoco en guerra. Si Siria atacaba a Israel, los israelíes vencerían con facilidad. Entonces, ¿por qué tenían que renunciar al Golán?

Aunque Barak no compartía su opinión, tenía que lidiar con ella. Pero Barak deseaba la paz con Siria y por ello confiaba en que se podrían solucionar las diferencias que les separaban. Quería que yo iniciara las negociaciones lo antes posible. Al llegar enero, ya llevaba más de tres meses trabajando con el ministro de Asuntos Exteriores de Siria, Faruk al-Shara, y hablando por teléfono con el presidente Asad para disponer el escenario adecuado para las conversaciones. Asad no estaba bien de salud y quería recuperar el Golán antes de morir, pero tenía que ir con cuidado. Quería que su hijo Bashir le sucediera y, aparte de que estaba personalmente convencido de que era justo que Siria recuperase todo el territorio que ocupaba antes del 4 de junio de 1967, debía obtener un acuerdo que no fuera a costarle luego a su hijo el apoyo de ninguna de las fuerzas vivas de Siria.

La fragilidad de Asad y el derrame que sufrió su Ministro de Asuntos Exteriores, Shara, en otoño de 1999 aumentaron las prisas de Barak. A petición suya, envié a Asad una carta diciéndole que creía que Barak estaba dispuesto a llegar a un trato si podíamos solucionar la cuestión de la definición de la frontera, el control del agua y el puesto de aviso rápido, y que si llegaban a un acuerdo Estados Unidos estaría dispuesto a establecer relaciones bilaterales con Siria, una decisión que Barak deseaba que tomáramos. Ése era un gran paso para nosotros, ya que en el pasado Siria había apoyado el terrorismo. Por supuesto, Asad debería dejar de apoyar el terrorismo si quería establecer relaciones normales con Estados Unidos, pero si se le devolvía el Golán ya no tendría ningún motivo para apoyar a los terroristas de Hezbollah que atacaban a Israel desde el Líbano.

Barak también quería la paz con el Líbano, pues se había comprometido a retirar las fuerzas israelíes de aquel país hacia finales de año y un acuerdo de paz haría que Israel estuviera más seguro frente a los ataques de Hezbollah a lo largo de la frontera y evitaría que pareciera que Israel se retiraba debido a los ataques. Barak sabía perfectamente que todo acuerdo con el Líbano necesitaba del consentimiento y la implicación de Siria.

Asad contestó un mes más tarde en una carta en la que parecía retractarse de su postura anterior, quizá por las incertidumbres que habían generado en Siria sus problemas de salud y los de Shara. Sin embargo, unas pocas semanas después, cuando Madeleine Albright y Dennis Ross fueron a ver a Asad y Shara, que parecían completamente recuperados, Asad les dijo que quería continuar con las negociaciones y que estaba dispuesto a firmar la paz porque creía que Barak iba en serio. Incluso permitió que Shara negociara, algo que no había hecho antes, siempre que Barak llevara personalmente la parte israelí.

Barak aceptó encantado y quería comenzar inmediatamente. Yo les expliqué a ambos que no podíamos empezar durante las vacaciones de Navidad y se mostraron de acuerdo con nuestro calendario: charlas preliminares en Washington a mediados de diciembre, que se reemprenderían a poco de haber comenzado el año nuevo con mi participación, y que continuarían sin interrupciones hasta que se llegara a un acuerdo. Las conversaciones de Washington comenzaron de forma un tanto incierta por unas agresivas declaraciones de Shara. Sin embargo, en las conversaciones privadas, cuando Shara sugirió que deberíamos empezar donde acabaron las conversaciones en 1996, con el compromiso «de bolsillo» de Rabin de volver a las fronteras del 4 de junio siempre que se respetasen las necesidades de Israel, Barak respondió que, aunque él no había contraído ningún compromiso sobre el territorio, «no renegamos de la historia». Los dos hombres acordaron que yo decidiera el orden en el que los temas —incluyendo fronteras, seguridad, agua y paz— serían debatidos. Barak quería que las negociaciones continuaran ininterrumpidamente; eso requeriría que los sirios trabajaran hasta final del Ramadán, el 7 de enero, y que no volvieran a casa para celebrar la tradicional festividad de Aid al-Fitr al final del período de ayuno. Shara accedió y las dos partes regresaron a casa para prepararse.

Aunque Barak había presionado para que las negociaciones comenzaran lo antes posible, pronto le comenzaron a preocupar las consecuencias políticas de ceder los altos del Golán sin haber preparado antes a la opinión pública israelí para ello. Quería algún tipo de cobertura, como, por ejemplo: la reanudación de la vía libanesa de las negociaciones de paz, con los sirios como interlocutores, aunque luego consultasen con los libaneses; el anuncio de al menos un estado árabe de que mejoraría sus relaciones con Israel; garantías explícitas de seguridad por parte de Estados Unidos y una zona de libre comercio en el Golán. Me mostré de acuerdo en apoyar todas estas peticiones e incluso di un paso más: llamé a Asad el 19 de diciembre para pedirle que reanudase las negociaciones de la cuestión libanesa al mismo tiempo que comenzaban las conversaciones con Siria y que ayudara a recuperar los restos de tres israelíes que todavía figuraban como desaparecidos en combate en la guerra del Líbano, casi veinte años atrás. Asad se mostró de acuerdo en la segunda petición y envió un equipo de forenses a Siria, pero desgraciadamente los restos no estaban donde los israelíes creían que podían encontrarse. Sobre el primer tema, Asad respondió con evasivas, diciendo que las conversaciones libanesas se reanudarían una vez que se hubiera logrado algún avance en las negociaciones con Siria.

Shepherdstown es una comunidad rural que está a poco más de una hora de auto desde Washington; Barak había insistido en que se escogiera un lugar aislado para minimizar las filtraciones, y los sirios no querían ir ni a Camp David ni a Wye River por las otras negociaciones de alto nivel sobre Oriente Próximo que ya se habían llevado a cabo en aquellos lugares. A mí me parecía perfecto; las instalaciones para conferencias de Shepherdstown eran muy cómodas y yo podía desplazarme allí desde la Casa Blanca en unos veinte minutos en helicóptero.

Pronto se hizo evidente que no había desacuerdos insalvables entre las partes. Siria quería que se le devolviera todo el Golán, pero estaba dispuesta a dejarles a los israelíes una pequeña franja de tierra de 10 metros de anchura a lo largo de la frontera del lago; Israel quería una franja mayor de tierra. Siria quería que Israel se retirara en dieciocho meses; Barak quería disponer de tres años. Israel quería quedarse en el puesto de alerta rápida; Siria quería que el puesto quedara bajo personal de la ONU, o quizá de Estados Unidos. Israel quería garantías de la calidad y la cantidad del agua que bajaría del Golán al lago; Siria estaba de acuerdo en darlas, siempre que recibiera las mismas garantías del agua que le llegaba desde Turquía. Israel quería relaciones diplomáticas completas tan pronto como comenzara la retirada; Siria no quería llegar hasta ese punto hasta que la retirada se hubiera completado.

Los sirios habían venido a Shepherdstown con una mentalidad abierta y positiva, deseando llegar a un acuerdo. Por el contrario, Barak, que era quien había presionado para que se celebraran las negociaciones, había decidido, al parecer a partir de unos datos que le habían proporcionado unas encuestas, que necesitaba hacer que el proceso avanzara lentamente durante unos días para convencer a la opinión pública israelí de que él era un negociador duro. Quería que yo usara mi buena relación con Shara y Asad para mantener a los sirios contentos mientras él decía tan poco como le era posible durante el período de espera que él mismo se había impuesto.

Yo estaba, por decirlo suavemente, decepcionado. Si Barak hubiera tratado con los sirios antes, o si nos hubiera dado algún aviso previo, puede que hubiéramos podido controlar la situación. Quizá, como líder democráticamente elegido, tenía que prestar más atención a su opinión pública que Asad, pero éste también tenía sus propios problemas políticos y había vencido su notoria resistencia a tener contactos a alto nivel con los israelíes porque confiaba en mí y se había creído las garantías que le había ofrecido Barak.

Barak no llevaba mucho tiempo metido en política y yo creía que le aconsejaban muy mal. En política exterior, las encuestas a menudo no valen para nada; la gente contrata a sus dirigentes para que ganen para ellos y son los resultados lo que importa. Muchas de mis decisiones más importantes de política exterior no habían sido populares al principio. Si Barak sellaba una paz de verdad con Siria, su prestigio en Israel y en todo el mundo aumentaría, y mejorarían sus posibilidades de tener éxito en las conversaciones con los palestinos. Si fracasaba, los pocos días con resultados positivos en las encuestas se los llevaría el viento. Aunque lo intenté a fondo, no pude hacer cambiar de opinión a Barak. Él quería que mantuviera a Shara a bordo mientras él esperaba, y que lo hiciera en el aislado marco que ofrecía Shepherdstown, donde había pocas distracciones respecto al tema que nos ocupaba.

Madeleine Albright y Dennis Ross trataron de encontrar formas creativas para al menos clarificar el compromiso de Barak con el acuerdo "de bolsillo" de Rabin, entre ellas la posibilidad de abrir un canal de comunicación secreto entre Madeleine y Butheina Shaban, la única mujer de la delegación siria. Butheina era una mujer elocuente e impresionante que siempre había trabajado como la intérprete de Asad cuando nos reuníamos. Llevaba años con Asad, y yo estaba seguro de que estaba en Shepherdstown para que el presidente recibiera una versión fidedigna de lo que estaba pasando.

El viernes, quinto día, presentamos una propuesta de acuerdo de paz con las diferencias de ambas partes entre corchetes. Los sirios respondieron positivamente el sábado por la noche y comenzamos las reuniones sobre temas fronterizos y de seguridad. De nuevo, los sirios se mostraron muy flexibles en ambas cuestiones, y dijeron que aceptarían una modificación de la franja de tierra que bordeaba Galilea hasta ampliarla a 50 metros, siempre que Israel aceptara las fronteras del 4 de junio como la base de la negociación. Todo aquello tenía algunas consecuencias prácticas; al parecer el lago se había reducido durante los últimos treinta años. Yo me animé ante aquellas propuestas, pero pronto se hizo evidente que Barak no había autorizado todavía a nadie de su equipo a aceptar la frontera del 4 de junio, no importa lo que ofrecieran a cambio los sirios.

El domingo, en una comida con Ehud y Nava Barak en la granja de Madeleine Albright, Madeleine y Dennis hicieron un último intento con Barak. Siria había demostrado flexibilidad respecto a lo que deseaba Israel, una vez fueran satisfechas sus necesidades; Israel no había respondido con la misma moneda. ¿Qué hacía falta para ello? Barak dijo que quería reanudar las negociaciones libanesas. Y si no era posible, quería hacer un descanso de varios días y luego regresar.

Shara no estaba de humor para oír cosas como esa. Dijo que Shepherdstown era un fracaso, que Barak no era sincero y que debería decirle exactamente eso al presidente Asad. En la última cena traté de nuevo de arrancarle a Barak algo positivo que Shara pudiera llevarse a Siria, pero se negó a decir nada y luego me dijo en privado que yo podía llamar a Asad una vez nos hubiéramos marchado de Shepherdstown y decirle que aceptaríamos la frontera del 4 de junio una vez las negociaciones libanesas se reanudaran o estuvieran a punto de empezar. Eso quería decir que Shara iba a volver a casa con las manos vacías de las negociaciones que le habían hecho creer que iban a ser decisivas, tanto que los sirios habían aceptado quedarse durante el final del Ramadán y el Aid al-Fitr.

Para acabar de empeorar las cosas, el último acuerdo, con los corchetes, se filtró a la prensa israelí, mostrando las concesiones que había hecho Siria sin obtener nada a cambio. Shara recibió unas críticas durísimas en su país. Era una situación embarazosa para él y para Asad. Incluso los gobiernos autoritarios no son inmunes a la opinión popular y a los poderosos grupos de presión.

Cuando llamé a Asad para contarle la oferta de Barak de reconocer el compromiso de Rabin y definir la frontera sobre la base de aquel pacto si paralelamente se iniciaban las conversaciones sobre el Líbano, me escuchó sin decir nada. Unos pocos días más tarde, Shara llamó a Madeleine Albright y rechazó la oferta de Barak, afirmando que los sirios abrirían negociaciones sobre el Líbano solo después de que se hubiera llegado a un acuerdo sobre la demarcación de la frontera. Ya habían salido escaldados por ser flexibles y abiertos, y no iban a cometer el mismo error dos veces.

Por el momento, estábamos atascados, aunque yo creía que debíamos seguir intentándolo. Parecía que Barak todavía quería la paz con Siria, y era cierto que el público israelí no estaba preparado para los compromisos que aquella paz requería. La paz también le convenía a Siria, y la necesitaba pronto. La salud de Asad se deterioraba, y tenía que preparar la sucesión de su hijo. Mientras tanto, quedaba mucho por hacer en las negociaciones con Palestina. Le pedí a Sandy, Madeleine y Dennis que pensaran en qué debería ser lo siguiente que hiciéramos y concentré mi atención en otras cosas.

El 10 de enero, después de una fiesta en la Casa Blanca con los musulmanes para celebrar el fin del Ramadán, Hillary y yo fuimos a la Capilla de la Academia Naval de Estados Unidos en Annapolis, Maryland, para asistir al funeral del ex jefe de operaciones navales Bud Zumwalt, con el que habíamos entablado amistad en los fines de semana del Renacimiento. Después de que yo llegara al cargo, Bud había trabajado con nosotros para proveer ayuda a las familias de los soldados que, como su difunto hijo, se habían enfermado por verse expuestos al agente naranja durante la guerra en Vietnam. También, él había presionado al Senado para ratificar la Convención de Armas Químicas. Su apoyo personal a nuestra familia durante y después del proceso del *impeachment* fue un generoso regalo que nunca olvidaremos. Mientras me vestía para el funeral, uno de mis ayudas de cámara, Lito Bautista, un filipinoamericano que había pasado treinta años en la marina, me dijo que le hacía feliz que yo fuera al entierro porque Bud Zumwalt «fue el mejor que jamás tuvimos. Siempre nos defendió».

Esa noche, volé al Gran Cañón y me alojé en el hotel El Tovar en una habitación con un balcón que daba justo al borde del cañón. Casi treinta años atrás, había visto el sol ponerse sobre el Gran Cañón; ahora quería ver como salía, iluminando las capas multicolores de rocas desde arriba hasta el fondo. A la mañana siguiente, tras un amanecer tan bonito como había imaginado, Bruce Babbit, que era mi secretario del Interior, y yo designamos tres nuevos monumentos nacionales y ampliamos un cuarto en Arizona y California, incluyendo unas cuatrocientas mil hectáreas alrededor del Gran Cañón y una franja de miles de pequeñas islas y arrecifes al descubierto a lo largo de la costa de California.

Habían transcurrido noventa y dos años desde que el presidente Theodore Roosevelt había hecho el Gran Cañón monumento nacional. Bruce Babbit, Al Gore y yo habíamos hecho lo que habíamos podido para permanecer fieles a la política de conservación de Roosevelt y a su consejo de acostumbrarse a «mirar muy hacia adelante».

El día quince conmemoré el nacimiento de Martin Luther King Jr. en mi discurso radiofónico a la nación del sábado por la mañana; en él subrayé el progreso social de los afroamericanos y los hispanos durante los últimos siete años y señalé el lejano punto hasta el que teníamos que llegar: aunque el desempleo y la pobreza entre las minorías estaban en niveles mínimos históricos, todavía estaban muy por encima de la media nacional. También habíamos sufrido recientemente una avalancha de crímenes con motivaciones racistas o étnicas: James Byrd, un hombre negro, había sido arrastrado desde la parte trasera de una camioneta *pickup* y había sido asesinado por racistas blancos en Texas; en Los Ángeles habían disparado contra una escuela judía; habían asesinado a un estudiante coreanoamericano, a un entrenador de baloncesto afroamericano y a un empleado de correos filipino por causa de su raza.

Unos pocos meses antes, en una de las veladas del milenio en la Casa Blanca, el doctor Eric Lander, director del Centro del Instituto Whitehead para la Investigación de Genoma en el MIT, y el ejecutivo de empresas de alta tecnología Vinton Cerf —conocido como el «Padre de Internet»— debatieron sobre como la tecnología de chips digitales había hecho que el proyecto genoma humano fuera un éxito. Lo que más claramente recuerdo de aquella tarde es la afirmación de Lander de que todos los seres humanos tenemos el 99,9 por ciento de los genes idénticos. Desde que me dijo eso, pienso en toda la sangre que se ha vertido, toda la energía que se ha desperdiciado y toda la gente que se ha obsesionado en mantenernos divididos por una mísera décima de un porcentaje.

En el discurso radiofónico le volví a pedir al Congreso que aprobara la propuesta de ley sobre los crímenes de odio y le pedí al Senado que confirmara a un prestigioso abogado chinoamericano, Bill Lann Lee, como nuevo asistente del fiscal general para derechos civiles. La mayoría republicana había bloqueado su nombramiento; parecía que tenían cierta aversión a mis designados que no pertenecían a la raza caucásica. Mi principal invitada esa mañana fue Charlotte Fillmore, una ex empleada de la Casa Blanca que había cumplido cien años y que décadas atrás tenía que entrar en el edificio por una puerta especial debido a su raza. Esta vez hicimos pasar a Charlotte por la puerta principal del Despacho Oval.

En la semana previa al discurso del Estado de la Unión, seguí mi costumbre de hacer hincapié en las iniciativas más importantes a las que me referiría en el discurso. Esta vez había incorporado dos propuestas que Hillary y Al Gore habían defendido durante la campaña electoral: recomendé que se permitiera a los padres de los niños susceptibles de recibir cobertura sanitaria bajo el programa CHIP que compraran cobertura para sí mismos, un plan que impulsaba Al, y propuse también que los primeros diez mil dólares de la matrícula universitaria fueran desgravables en la declaración de renta, una idea que el senador Chuck Schumer defendía en el Congreso y Hillary en la campaña electoral.

Si todos los padres y niños que, por su nivel de ingresos, podían participar en el programa CHIP —unos catorce millones de personas— se apuntaban, habríamos conseguido dar cobertura a un tercio del total de gente que carecía de seguro. Si se permitía, como yo había recomendado, que la gente de cincuenta y cinco años y más pudiera comprar su entrada en Medicare, los dos programas combinados reducirían la cantidad de norteamericanos sin seguro médico a la mitad. Si se adoptaba la desgravación por matrícula universitaria, junto con la ampliación de la ayuda universitaria que ya había convertido en ley, podríamos afirmar con todo derecho que habíamos abierto las puertas de las universidades a todos los norteamericanos. La tasa de matriculación universitaria ya había subido al 67 por ciento, casi un 10 por ciento más que cuando yo llegué al cargo.

En un discurso frente a una audiencia compuesta por científicos en el Instituto de Tecnología de California, desvelé una propuesta para incrementar en casi tres mil millones el presupuesto de investigación, en lo que incluía mil millones para investigar el SIDA y otras cuestiones biomédicas y quinientos millones para nanotecnología, además de importantes aumentos en ciencia básica, espacio y energías ecológicas. El día veinticuatro, Alexis Herman, Donna Shalala y yo le pedimos al Congreso que ayudara a reducir ese 25 por ciento de diferencia salarial que hay entre hombres y mujeres a través de la aprobación de la Ley de Igualdad

Salarial, que otorgaría los fondos para acabar con el gran atasco de casos de discriminación laboral que se habían acumulado en la Comisión de Igualdad de Oportunidades en el Empleo, y apoyando los esfuerzos del Departamento de Trabajo para aumentar el porcentaje de mujeres en empleos con salarios altos, en los que estaban infrarrepresentadas. Por ejemplo, en la mayoría de empleos de alta tecnología, los hombres superaban en número a las mujeres por más de dos a uno.

El día antes del discurso, me senté con Jim Lehrer, de *NewsHour*, de la PBS, por primera vez desde nuestra entrevista dos años atrás, justo después de que hubiera estallado el escándalo de mi testimonio. Después de que repasáramos los logros de la administración durante los anteriores siete años, Lehrer me preguntó si me preocupaba lo que los historiadores fueran a escribir sobre mí. El *New York Times* acababa de publicar un editorial diciendo que yo era un político con un gran talento natural y algunos logros significativos que había «dejado escapar la grandeza que tuvo a su alcance».

Me preguntó sobre mi reacción a esa afirmación respecto a lo que «habría podido ser». Le dije que el momento histórico más parecido al nuestro fue el cambio del anterior siglo, cuando también estábamos entrando en una nueva era de cambios económicos y sociales, y cada vez estábamos más involucrados en el mundo más allá de nuestras orillas. Basándonos en lo que había pasado entonces, creía que los ejes sobre los que se juzgaría mi trabajo serían: ¿Manejamos bien la transición de Estados Unidos a la nueva economía y a una era de globalización o no? ¿Logramos avances sociales y cambiamos la forma de enfrentarnos a los problemas para adaptarnos a los nuevos tiempos? ¿Fuimos buenos guardianes del medio ambiente? ¿Y cuáles fueron las fuerzas a las que nos enfrentamos? Le dije que me sentía muy bien con las respuestas a esas preguntas.

Más todavía, había leído la suficiente historia como para saber que ésta se está reescribiendo constantemente. Mientras yo era presidente se habían publicado dos grandes biografías de Grant que revisaban su presidencia, y la valoraban de una forma mucho más positiva de lo habitual. Eso sucedía constantemente. Además, como le dije a Lehrer, estaba mucho más centrado en lo que todavía podría lograr durante mi último año que en lo que la historia dijera de mí.

Más allá del programa interior, le dije a Lehrer que quería preparar a nuestra nación para los importantísimos desafíos a nuestra seguridad que planteaba el siglo XXI. La primera prioridad de los republicanos del Congreso era construir un sistema nacional de defensa de misiles, pero yo dije que la principal amenaza a la que nos enfrentábamos era «la posibilidad de que tuviéramos terroristas, narcotraficantes y mafiosos cooperando los unos con los otros, con armas de destrucción masiva cada vez más pequeñas y más difíciles de detectar y potentes armas convencionales. Así que habíamos tratado de disponer un armazón que nos permitiera luchar contra el ciberterrorismo, el bioterrorismo, el terrorismo químico... Ahora bien, esto no sale en los titulares, pero... creo que los enemigos del estado-nación en este mundo interconectado son probablemente la mayor amenaza a nuestra seguridad».

Yo volvía a tener muy presente el terrorismo por los dos meses frenéticos que habían concluido con las celebraciones del nuevo milenio. La CIA, la Agencia de Seguridad Nacional, el FBI y todo nuestro grupo antiterrorista habían trabajado muy duro para frustrar varios ataques planeados contra Estados Unidos y Oriente Próximo. Ahora había dos submarinos en el norte del mar de Arabia, listos para disparar misiles a cualquier lugar que la CIA identificase como un posible refugio en el que se hallara bin Laden. El grupo antiterrorista de Dick Clarke y George Tenet trabajaban de firme para encontrarlo. Yo creía que teníamos controlada la situación, pero aun así carecíamos de las habilidades ofensivas o defensivas que necesitábamos para combatir a un enemigo mortal que cada vez mostraba mayor capacidad para encontrar y explotar las oportunidades de atacar a gente inocente que ofrece un mundo tan abierto como el nuestro.

Antes de que concluyera la entrevista, Lehrer me preguntó la pregunta que yo sabía que iba a hacerme: si, dos años antes, hubiera contestado su pregunta y otras preguntas de forma distinta desde un buen principio, ¿creía que el resultado podría haber sido distinto y que no habría sido sometido a un *impeachment*? Le dije que no lo sabía, pero que me arrepentía profundamente de haberle engañado a él y al pueblo norteamericano. Todavía no conocía la respuesta a su pregunta, dada la atmósfera de histeria que se había apoderado de Washington en aquel entonces. Como le dije a Lehrer, me había disculpado y había tratado de rectificar mis errores. Eso era todo lo que yo podía hacer.

Entonces Lehrer me preguntó si me sentía satisfecho de que, si había una conspiración para echarme del cargo, ésta hubiera fracasado. Creo que eso es lo más cerca que ningún periodista ha llegado jamás en mi presencia a admitir la existencia de la conspiración que todos sabían que existía pero que se negaban a admitir. Le dije a Jim que había aprendido la dureza con que la vida te humilla cuando te rindes a la ira, si muestras demasiado placer por haber derrotado a alguien o si piensas que, por muy graves que sean tus pecados, los de tus adversarios son peores. Todavía me quedaba un año por delante; no tenía tiempo para estar enfadado o satisfecho.

Para mí, pronunciar mi último discurso del Estado de la Unión fue un verdadero placer. Habíamos creado más de veinte millones de nuevos empleos, teníamos el paro y la cifra de personas que dependían de la asistencia social más bajos de los últimos treinta años, la tasa de criminalidad más baja de los últimos veinticinco, el menor índice de pobreza de los últimos veinte años y la administración tenía menos funcionarios con nuestro gobierno que con cualquier otro de los últimos cuarenta años. Además, habíamos conseguido los primeros superávits consecutivos del presupuesto en cuarenta y dos años y siete años consecutivos en los que habían bajado los embarazos de adolescentes y habían subido en un 30 por ciento las adopciones, y podíamos enorgullecernos de que ciento cincuenta mil jóvenes habían servido en AmeriCorps. En menos de un mes, habríamos alcanzado el período de expansión económica continua más largo de toda la historia de Estados Unidos, y hacia finales de año tendríamos el tercer superávit consecutivo por primera vez en más de cincuenta años.

Me preocupaba que Estados Unidos se confiara en la prosperidad, así que le pedí a la gente que no la diera por hecha, sino que supiera «mirar muy hacia delante», a esa nación que podíamos construir en el siglo XXI. Propuse más de sesenta iniciativas para conseguir una serie de ambiciosos objetivos: todo niño comenzaría la escuela preparado para aprender y se graduaría preparado para tener éxito; toda familia tendría la posibilidad de alcanzar sus metas, tanto en casa como en el trabajo y ningún niño sería educado en la pobreza; haríamos frente al desafío de la jubilación de la generación del *baby boom*; todos los norteamericanos tendrían acceso a atención médica de calidad a un precio razonable; Estados Unidos sería la gran nación más segura de la Tierra y estaría libre de deudas por primera vez desde 1835; llevaríamos la prosperidad a todas las comunidades; se revertiría el cambio climático; Estados Unidos conduciría el mundo a la prosperidad y la seguridad compartidas y a las más lejanas fronteras de la ciencia y de la tecnología; seríamos por fin una sola nación, unida en nuestra diversidad.

Hice cuanto pude para llegar tanto a republicanos como a demócratas, recomendando una combinación de bajadas de impuestos y programas de gastos para avanzar hacia los objetivos; mayor apoyo para las iniciativas religiosas para luchar contra la pobreza y la drogadicción y para ayudar a las madres adolescentes; exenciones fiscales para las donaciones a obras de caridad hechas por ciudadanos de ingresos moderados o bajos que no podían solicitarlas ahora porque no detallaban sus deducciones; desgravación fiscal para la llamada penalización por matrimonio y una nueva ampliación de la rebaja fiscal; mayores incentivos para enseñar inglés y conducta cívica a los nuevos inmigrantes y aprobación de la Ley contra los Crímenes de Odio y la Ley Contra la Discriminación en el Empleo. También agradecí al Portavoz su apoyo a la iniciativa de Nuevos Mercados.

Por última vez, presenté a la gente que estaba sentada junto a Hillary y que representaban lo que estábamos tratando de conseguir: el padre de uno de los estudiantes asesinados en Columbine, que quería que el Congreso acabase con la laguna legal de las ferias de armas; un padre hispano que estaba orgulloso de pagar la manutención de su hijo y que se beneficiaría del paquete de ayudas fiscales a las familias trabajadoras que yo había propuesto; un capitán de las fuerzas aéreas que había rescatado a un piloto derribado en Kosovo, para ilustrar la importancia que tenía que acabáramos nuestra tarea en los Balcanes; y mi amigo Hank Aaron, que había dedicado su vida, después de dejar el béisbol, ayudando a los niños pobres a superar la desigualdad racial.

Cerré mi intervención con una llamada a la unidad y arranqué risas de los miembros del Congreso al recordarles que hasta los republicanos y los demócratas eran genéticamente iguales en un 99,9 por ciento. Les dije: «La ciencia moderna ha confirmado lo que las viejas fes siempre nos habían enseñado: el hecho más importante de la vida es nuestra compartida humanidad».

Un congresista criticó el discurso y afirmó que me había parecido a Calvin Coolidge cuando hablaba de librar de deudas a Estados Unidos. También lo criticaron algunos conservadores, que me echaban en cara que estaba gastando demasiado dinero en educación, sanidad y medio ambiente. La mayoría de los ciudadanos, sin embargo, parecieron sentirse más tranquilos sabiendo que iba a trabajar mucho durante mi último año. Parecían interesados en las nuevas ideas que les proponía y favorables a mis esfuerzos por hacer que siguieran pensando en el futuro.

La última vez que Estados Unidos parecía navegar con viento tan favorable fue a principios de los años sesenta, con la economía en expansión, leyes de derechos civiles que ofrecían la promesa de un futuro más justo y cuando Vietnam solo era un pequeño parpadeo distante en el monitor. Seis años después, la economía se hundía, había disturbios raciales en las calles, John y Robert Kennedy, así como Martin Luther King Jr., habían sido asesinados; Vietnam desangraba el país, forzaba a retirarse al presidente Johnson y nos hacía entrar en una nueva era de división política. Los buenos tiempos tienen que aprovecharse para construir el futuro, no para limitarse a disfrutar la comodidad y tranquilidad que ofrecen.

Tras una breve parada en Quincy, Illinois, para subrayar los puntos más destacados de mi programa, volé hasta Davos, en Suiza, para dirigirme al Foro Económico Mundial, una reunión anual de líderes políticos y empresariales de todo el mundo que cada vez cobraba mayor importancia. Llevé conmigo a cinco miembros del gobierno para discutir el alzamiento popular contra la globalización que habíamos visto en las calles de

Seattle durante la reciente cumbre de la Organización Mundial del Comercio. Las multinacionales y sus partidarios políticos se habían contentado con crear una economía global que satisfacía sus necesidades, creyendo que el crecimiento que se derivaba del comercio crearía riqueza y empleo por todas partes.

El comercio en las naciones bien gobernadas había ayudado a mucha gente a salir de la pobreza, pero había dejado de lado a demasiados: la mitad del mundo todavía vivía con menos de dos dólares al día, mil millones de personas vivían incluso con menos de un dólar al día y más de mil millones de personas se iban a la cama hambrientas cada noche. Una de cada cuatro personas no tenía acceso a agua potable. Unos ciento treinta millones de niños no iban a la escuela, y diez millones morían cada año por enfermedades que podrían haberse evitado.

Incluso en las naciones ricas, los constantes giros de la economía siempre dejaban descolocados a algunos, y Estados Unidos no estaba haciendo lo suficiente para recolocarlos en el mundo laboral con un sueldo igual o superior al que tenían. Por último, las instituciones financieras globales no habían sido capaces de desactivar o mitigar las crisis de los países en desarrollo de una forma que minimizara los daños a los trabajadores, y se tenía la percepción de que la OMC dependía demasiado de las naciones ricas y de las multinacionales.

En mis primeros dos años, con mayoría demócrata en las cámaras, había conseguido más dinero para formar a los trabajadores a los que la evolución de la economía había dejado sin trabajo y había firmado los acuerdos complementarios del TLC sobre medio ambiente y estándares laborales. Después, el Congreso de mayoría republicana se mostró menos comprensivo ante tales iniciativas, especialmente respecto a las que se proponían reducir la pobreza y crear empleo en las naciones pobres. Ahora parecía que teníamos la oportunidad de llegar a un consenso bipartito sobre al menos tres iniciativas: el programa de Nuevos Mercados, la propuesta de ley de comercio para África y el Caribe y la iniciativa sobre la Reducción de Deuda del Milenio.

La gran pregunta era si se podía tener una economía global sin políticas sociales y medioambientales globales y sin que los que tomaban las decisiones económicas, sobre todo la OMC, lo hicieran de una forma más transparente. Yo creía que las fuerzas anticomercio y antiglobalización se equivocaban al creer que el comercio había incrementado la pobreza. De hecho, el comercio había ayudado a mucha gente a salir de la pobreza y había roto el aislamiento de más naciones. Por otra parte, aquellos que pensaban que lo que hacía falta era quitar las trabas a las transferencias de capital de más de un billón de dólares diarios también se equivocaban.

Yo defendía que la globalización conllevaba para sus beneficiarios la responsabilidad de compartir los beneficios y no solo sus cargas. Los más favorecidos por la globalización debían garantizar que el mayor número posible de personas pudiera participar en ella. En esencia, yo defendía una Tercera Vía hacia la globalización: comercio, más un esfuerzo concertado para dar a las personas y a las naciones las herramientas y condiciones necesarias para que aprovecharan al máximo las oportunidades de la nueva coyuntura internacional. Había que darle esperanzas a la gente a través del crecimiento económico y la justicia social, pues esa era la única forma en que podríamos persuadir al mundo del siglo XXI de que abandonara el camino de los horrores modernos del terrorismo y las armas de destrucción masiva y acabase con los viejos conflictos basados en odios raciales, religiosos o tribales.

Cuando acabé el discurso no sabía si había logrado convencer a los miles de dirigentes empresariales que había allí, pero sí sentí que me habían escuchado y que al menos eran conscientes de los problemas que acarreaba nuestra interdependencia global y de sus propias obligaciones para crear un mundo más unido. Lo que necesitaban quienes construían el mundo era una visión conjunta. Cuando la gente buena dedica su energía a perseguir una visión conjunta, se solucionan la mayoría de los problemas.

En casa, había llegado el momento de mi último Desayuno Nacional de Oración. Joe Lieberman, el primer orador judío que participaba en el acto, dio una charla fantástica sobre los valores comunes a todas las fes. Yo debatí las aplicaciones prácticas de sus comentarios: si se nos decía que no debíamos darle la espalda a los extraños, que debíamos tratar a los demás como nos gustaría que nos tratasen a nosotros y que amásemos a nuestros vecinos como a nosotros mismos, «¿Quiénes eran nuestros vecinos y qué quería decir amarles?» Si éramos virtualmente idénticos genéticamente y nuestro mundo se había vuelto tan interdependiente que un primo mío de Arkansas jugaba al ajedrez dos veces por semana con un hombre de Australia, obviamente teníamos que ampliar nuestros horizontes en los años venideros.

La dirección de esos años, por supuesto, estaría condicionada por el resultado de las elecciones que íbamos a celebrar. Tanto Al Gore como George W. Bush habían ganado cómodamente en Iowa, como se esperaba. Entonces la campaña pasó a New Hampshire, donde a los votantes de los dos partidos les encanta desbaratar los pronósticos. La campaña de Al había empezado de forma un tanto irregular, pero cuando trasladó su cuartel general a Nashville y comenzó a celebrar mítines informales en New Hampshire, comenzó a conectar de verdad con los votantes, la prensa le hizo más caso y le sacó ventaja al senador Bradley. Después del Estado de la Unión, en el que hice hincapié en algunos de sus importantes logros, subió unos pocos puntos más gracias al «bote» que siempre dábamos en las encuestas gracias al discurso. Luego Bradley empezó a lanzar ataques muy duros contra él. Al no respondió, y eso hizo que Bradley recortara distancias, pero Al resistió lo suficiente como para ganar por el 52 al 47 por ciento. A partir de ese momento, supe que tenía la nominación en el bolsillo. Iba a llevarse de calle el Sur y California, y creía que también le iría bien en los grandes estados industriales, especialmente después de que consiguiera el apoyo de la AFL-CIO.

John McCain derrotó a George W. Bush por un 49 contra un 31 por ciento en New Hampshire. Era un estado hecho a medida para McCain. Allí gustaba su vena independiente y su apoyo a la reforma de la financiación de las campañas. El siguiente gran combate era en Carolina del Sur, donde a McCain le ayudaría su pasado militar y el apoyo de dos congresistas, pero Bush tenía el apoyo tanto de la jerarquía del partido como de la derecha religiosa.

El domingo 6 de febrero por la tarde, Hillary, Chelsea, Dorothy y yo fuimos desde Chappaqua hasta el campus de la Universidad Estatal de Nueva York, que estaba en la cercana Purchase, para asistir al anuncio formal de Hillary de su candidatura al Senado. La presentó el senador Moynihan. Dijo que él había conocido a Eleanor Roosevelt y que ella «te habría adorado». Fue un elogio sincero y gracioso, pues a Hillary le habían tomado mucho el pelo, aunque sin mala intención, por haber dicho que mantenía conversaciones imaginarias con la señora Roosevelt.

El discurso de Hillary fue excelente. Lo había escrito cuidadosamente y lo había ensayado muchas veces; demostraba lo mucho que había aprendido sobre las preocupaciones de las distintas regiones del estado y lo claramente que comprendía las alternativas a las que se enfrentaban los electores. También tenía que explicar por qué se presentaba; demostrar que había entendido por qué los neoyorquinos podían ser reticentes a votar a un candidato, por mucho que les gustase, que no había vivido en su estado hasta hacía unos pocos meses y explicar lo que pensaba hacer como senadora. Nueva York era uno de mis mejores estados; en aquellos momentos, más del 70 por ciento de los neoyorquinos aprobaba mi gestión y mi índice de popularidad personal estaba en el 60 por ciento. Pero decidimos que yo no debía hablar. Era el día de Hillary y a quien querían escuchar los votantes era a ella.

Durante el resto del mes, mientras la política dominaba las noticias, yo me dediqué a una serie de temas de política exterior e interior. En el interior apoyé una propuesta de ley bipartita para que Medicaid diera cobertura para tratamientos de cáncer cervical y cáncer de pecho a mujeres con rentas bajas. Sellé también un trato con el senador Lott para que se sometieran a votación en el Senado las candidaturas de seis de mis designados para ocupar puestos en la judicatura a cambio de nominar a la persona que él deseaba, un rabioso enemigo de la reforma de la financia-

ción de las campañas, para dirigir la Comisión Federal de Elecciones. Me
seguí peleando con los republicanos sobre la Ley de Derechos de los
Pacientes, pues ellos decían que la aprobarían solo si nadie podía plantear
una demanda ante un tribunal para forzar a que se aplicase, y yo les replicaba que eso haría que se convirtiera en una propuesta de «sugerencias»
y no de ley. Durante este período dediqué la sala de prensa de la Casa
Blanca a James Brady, el valiente secretario de prensa del presidente Reagan; anuncié un aumento récord de los fondos para la educación de los
nativos americanos y para el cuidado de sus niños; apoyé un cambio en los
reglamentos de los cupones de comida que permitiera a los que recibían
asistencia social e iban a trabajar que poseyeran un coche usado sin por
ello perder los cupones de comida; recibí un premio de la Liga de Ciudadanos Latinoamericanos Unidos (LULAC) por mis políticas económicas
y sociales y por haber designado a hispanos para cargos importantes y
recibí por última vez a la Asociación Nacional de Gobernadores.

En el ámbito internacional, nos encontramos con muchos dolores de
cabeza. El día 7 Yasir Arafat suspendió las conversaciones de paz con
Israel. Estaba convencido de que Israel estaba postergando los asuntos
palestinos y dando prioridad a la paz con Siria. Había algo de verdad en
ello y, en aquel momento, el pueblo israelí estaba mucho más dispuesto a
hacer las paces con los palestinos, con todas las dificultades que ello comportaba, que a ceder los altos del Golán y arriesgar las conversaciones con
los palestinos. Nos pasamos el resto del mes tratando que las cosas volvieran a ponerse en marcha.

El día 11, el Reino Unido suspendió el autogobierno de Irlanda del
Norte, a pesar de las garantías de último minuto del IRA, que entregó sus
armas al general John de Chastelain, el canadiense que supervisaba el proceso de paz. Yo había hecho que John Mitchell se volviera a implicar en el
asunto, y habíamos hecho cuanto pudimos para ayudar a Bertie Ahern y
Tony Blair a evitar la suspensión. El problema fundamental, según Gerry
Adams, era que el IRA quería desarmarse porque su gente había votado
hacerlo, no porque David Trimble y los Unionistas hubieran hecho de la
entrega de las armas el precio de seguir participando en el gobierno. Por
supuesto, sin la entrega de armas los protestantes perderían la fe en el
proceso, y al final reemplazarían a Trimble, que era un resultado al que
Adams y el Sinn Fein no querían llegar. Puede que Trimble fuera adusto y
pesimista, pero tras su severa fachada mezcla de escocés e irlandés se
escondía un valiente y un idealista que se estaba arriesgando mucho por la
paz. En cualquier caso, el tema del momento de la entrega de las armas
había retrasado el establecimiento del gobierno durante más de un año y
ahora había provocado que se volviera a una situación en la que no había
gobierno. Fue frustrante, pero yo confiaba en que superaríamos ese
momento de impás, pues nadie quería volver a los malos viejos tiempos.

El 5 de marzo, celebramos el trigésimo quinto aniversario de la manifestación por el derecho al voto en Selma, Alabama, caminando a lo largo del puente Edmund Pettus, como habían hecho los manifestantes pro derechos civiles aquel Domingo Sangriento, arriesgando sus vidas para conseguir que todos los norteamericanos tuvieran derecho al voto. Muchos de los veteranos del movimiento pro derechos civiles que se habían manifestado junto a Martin Luther King Jr., o que le habían apoyado, marcharon de nuevo entrelazando los brazos ese día, entre ellos Coretta Scott King, Jesse Jackson, John Lewis, Andrew Young, Joe Lowery, Julian Bond, Ethel Kennedy y Harris Wofford.

En 1965, la manifestación de Selma había galvanizado la conciencia de la nación. Cinco meses después de aquello, el presidente Johnson había sancionado la Ley del Derecho al Voto. Antes de ella, solo había trescientos cargos públicos negros en cualquier nivel y solo tres congresistas afroamericanos. En el año 2000, había casi 9.000 cargos públicos electos negros, y el *caucus* Negro del Congreso contaba con 39 miembros.

En mi intervención subrayé que Martin Luther King Jr. tenía razón cuando dijo que cuando los norteamericanos negros «ganaran su lucha por la libertad, aquellos que los habían oprimido también serían libres por primera vez». Después de Selma, los sureños blancos y negros cruzaron el puente hacia el Nuevo Sur, dejando atrás el odio y el aislamiento para ganar nuevas oportunidades, prosperidad e influencia política: sin Selma, Jimmy Carter y Bill Clinton jamás hubieran sido presidentes de Estados Unidos.

Ahora, cuando cruzábamos el puente hacia el siglo XXI con el desempleo y las tasas de pobreza más bajos y la tasa de propiedad de casas y empresas más altas jamás registradas entre los afroamericanos, le pedí a la gente que recordara lo que nos quedaba por conseguir. Mientras hubiera grandes diferencias raciales en ingresos, educación, salud, propensión a la violencia y percepción de desigualdades en el sistema de justicia criminal «nos quedará todavía otro puente por cruzar».

Me encantó aquel día en Selma. Una vez más, me devolvió al deseo y la creencia de mi infancia en un Estados Unidos que no estuviera dividido por la raza. Una vez más, regresé al núcleo emocional de mi vida política al decirle adiós a la gente que tanto había hecho para alimentarlo: «Mientras los estadounidenses estemos dispuestos a darnos la mano, podremos avanzar a pesar de las adversidades, podremos cruzar cualquier puente. En lo más profundo de mi corazón habita el convencimiento de que venceremos».

Me pasé la mayor parte de la primera mitad del mes haciendo campaña a favor de medidas para mejorar el control de armas: acabar con la laguna legal de las ferias de armas, instalar el seguro de gatillo para niños y exigir a los poseedores de armas que tuvieran un carné con foto que acreditara que habían pasado la comprobación de antecedentes de la Ley Brady y que habían tomado parte en un curso de uso seguro de las armas. Estados Unidos se había visto sacudido por una serie de muertes en tiroteos, una de ellas provocada por un niño muy pequeño que había disparado un arma que había encontrado en su casa. La tasa de muertes por accidente con arma de fuego en niños de menos de quince años en Estados Unidos era nueve veces mayor que la que resultaba de sumar las tasas de las siguientes veinticinco mayores economías del mundo.

A pesar de la acuciante necesidad y del cada vez mayor apoyo del público al control de armas, la Asociación Nacional del Rifle había conseguido evitar que el Congreso tomase ninguna medida. Hay que decir, para crédito de los fabricantes de armas, que la mayoría de ellos ya incluían seguros para niños en el gatillo. Respecto a la laguna legal de las convenciones de armas, la ANR argumentaba, al igual que había hecho al oponerse a la Ley Brady, que no tenía ninguna objeción a que se llevaran a cabo revisiones de antecedentes instantáneas, pero que se oponía a las molestias que comportaba el período de espera de tres días solo por causa de la seguridad pública. De hecho, el 70 por ciento de las comprobaciones ya se realizaban en menos de una hora y el 90 por ciento en un día. Unas pocas llevaban algo más de tiempo. Si no existiera un período de espera, la gente con antecedentes podría comprar sus armas los viernes por la tarde poco antes de la hora de cerrar. La ANR también se oponía tajantemente a que los propietarios de armas tuvieran que tener un carné o una licencia, diciendo que eso no era sino un primer paso en el proceso de negarles el derecho a poseer armas. Era un argumento espurio: hacía tiempo que exigíamos un carné para conducir y nadie había sugerido jamás que fuéramos a prohibir la posesión de automóviles.

Aún así, sabía que la ANR podía asustar a mucha gente. Yo había crecido en el mundo de la caza, en la que su influencia era mayor, y había visto el devastador impacto que la ANR había tenido en las elecciones al Congreso de 1994. Pero siempre había pensado que la mayoría de los cazadores y de los que practicaban el tiro por deporte eran buenos ciudadanos que me escucharían si les explicaba mis argumentos de forma clara y razonada. Sabía que tenía que intentarlo, porque creía en lo que estaba haciendo y porque Al Gore ya se había puesto a sí mismo en el punto de mira de la ANR al apoyar la idea del carné incluso antes de que lo hiciera yo.

El día 12, Wayne LaPierre, el vicepresidente ejecutivo de la ANR, dijo que yo necesitaba un «cierto nivel de violencia» y estaba «dispuesto a aceptar cierto número de muertes» con tal de conseguir mis objetivos políticos, «y su vicepresidente también está dispuesto a ello». La postura de LaPierre sobre el problema consistía en decir que debíamos perseguir los crímenes por arma de fuego de forma más severa y castigar a los adultos que permitieran con su negligencia que los niños tuvieran acceso a armas de fuego. Al día siguiente, en Cleveland, le respondí diciendo que estaba de acuerdo con sus propuestas de castigos más severos, pero que creía que su postura sobre las medidas preventivas que necesitábamos era absurda. La ANR estaba en contra incluso de prohibir las balas asesinas de policías. Eran ellos los que estaban dispuestos a aceptar cierto nivel de violencia y muertes para mantener alta su afiliación y pura su ideología. Declaré que me gustaría que LaPierre mirara a los ojos de los padres que habían perdido a sus hijos en Columbine, o en Springfield, Oregon, o en Jonesboro, Arkansas, y les dijera esas mismas cosas a la cara.

La verdad, no creía que pudiera derrotar a la ANR en la Cámara de Representantes, pero me lo estaba pasando bien intentándolo. Le pregunté a la gente cómo se sentiría si la estrategia de la ANR de «nada de prevención, solo castigos» se aplicase en los demás aspectos de nuestras vidas: nos desharíamos de los cinturones de seguridad, airbags y límites de velocidad, añadiendo cinco años a las sentencias de los conductores temerarios que mataban a gente; y nos libraríamos de los detectores de metales en los aeropuertos, añadiendo diez años a la sentencia de cualquiera que volase un avión.

En mi anterior viaje a Cleveland había visitado una escuela elemental donde los voluntarios de AmeriCorps enseñaban a los niños pequeños a leer. Un niño de seis años me miró y me preguntó: «¿De verdad eres el presidente?». Cuando le dije que sí, exclamó: «¡Pero si aún no estás muerto!». Le habían hablado de George Washington y Abraham Lincoln. A mí se me estaba acabando el tiempo, pero con un tema de altos vuelos como este en mis manos, sabía que el chico tenía razón. Todavía no estaba muerto.

El 17 de marzo, anuncié un gran acuerdo entre Smith & Wesson, uno de nuestros mayores fabricantes de armas, y los gobiernos federales, estatales y locales. La empresa se mostró de acuerdo en incluir seguros en sus armas, en desarrollar «armas inteligentes» que solo pudieran ser disparadas por su dueño adulto, a acabar con los traficantes de armas que vendían un número increíblemente alto de armas usadas en crímenes, a exigir a sus distribuidores que no vendieran las armas en ferias a menos que se llevaran a cabo en ellas comprobaciones de los antecedentes de los compradores y a diseñar nuevas armas que no admitieran cargadores de gran capacidad. Era una decisión muy valiente de la empresa. Sabía que Smith & Wesson recibiría duras críticas de sus competidores y de la ANR.

El proceso de nominación presidencial acabó hacia la segunda semana de marzo, cuando John McCain y Bill Bradley se retiraron después de que Al Gore y George W. Bush lograran el día 16 un gran triunfo en las primarias y *caucus* del Supermartes. Bill Bradley había llevado una campaña muy seria y al presionar a Al Gore le había convertido en un candidato mejor, haciendo que Al abandonase su enfoque basado en conseguir buenos apoyos oficiales por un esfuerzo por hacer campaña entre las bases que le había hecho parecer un candidato más natural y más agresivo. Después de haber perdido en New Hampshire, Bush había enderezado su campaña ganando en Carolina del Sur, donde se valió de una campaña orientada a los hogares conservadores blancos en la que les recordaba que el senador McCain tenía un «bebé negro». McCain había adoptado un niño de Bangladesh, otra de las muchas razones por las cuales yo le admiraba.

Antes de que hubieran concluido las primarias, un grupo de veteranos constituido expresamente para la ocasión y que apoyaba a Bush acusó a McCain de traicionar a su país durante los cinco años y medio en los que fue prisionero de guerra en Vietnam del Norte. En Nueva York, el equipo de Bush atacó a McCain por oponerse a la investigación sobre el cáncer de mama. De hecho, había votado sobre una propuesta de ley de financiación de defensa que incluía solo un poco de dinero para el cáncer de mama para protestar contra el despilfarro exagerado que representaba aquella ley; el senador tenía una hermana con cáncer de mama y había votado a favor de las leyes de asignaciones presupuestarias que otorgaban más del 90 por ciento de los fondos para investigar ese cáncer. El senador McCain no contestó a los ataques de la campaña de Bush ni a los de los radicales de extrema derecha hasta que fue demasiado tarde.

La evolución del frente internacional en marzo fue básicamente positiva. Barak y Arafat acordaron reiniciar sus conversaciones. En mi último día de San Patricio como presidente, Seamus Heaney leyó su poesía, todos cantamos «Danny Boy» y quedó claro que aunque todavía no se había restaurado el autogobierno de Irlanda del Norte, nadie estaba dispuesto a permitir que el proceso de paz muriera. Hablé con el rey Fahd de Arabia Saudí sobre la posibilidad de que la OPEP aumentara su producción. Un año antes el precio del petróleo había descendido hasta doce dólares el barril, una cantidad demasiado exigua como para compensar las necesidades básicas de los países productores. Ahora estaba oscilando entre treinta y un y treinta y cuatro dólares, demasiado alto para evitar efectos adversos en las naciones consumidoras. Yo deseaba que el precio se estabilizase entre veinte y veintidós dólares el barril, y esperaba que la OPEP pudiera aumentar su producción lo suficiente como para alcanzar ese objetivo; de lo contrario, Estados Unidos podría sufrir importantes perturbaciones económicas.

El 18 partí en un viaje que iba a durar toda una semana y durante el que iba a visitar la India, Pakistán y Bangladesh. Iba a la India a poner los cimientos de lo que yo esperaba que fuera una larga etapa de buenas relaciones. Habíamos perdido demasiado tiempo desde el final de la Guerra

Fría, durante la cual la India se había alineado con la Unión Soviética, principalmente como contrapeso a China. Bangladesh era el país más pobre del sudeste asiático, pero era una nación muy grande, con algunos innovadores programas económicos y una actitud amistosa hacia Estados Unidos. A diferencia de Pakistán y de la India, Bangladesh era una nación no nuclear que había firmado el Tratado de Prohibición Total de Pruebas Nucleares, que era más de lo que se podía decir de Estados Unidos. Mi escala en Pakistán fue la más polémica debido al reciente golpe militar que se había producido allí, pero decidí ir por varios motivos: para animar a que se volviera rápidamente a un gobierno civil y para reducir las tensiones sobre Cachemira; para apremiar al general Musharraf a que no ejecutara al depuesto primer ministro Nawaz Sharif, al que estaba juzgando y podrían condenar a pena de muerte y para presionar a Musharraf para que cooperara con nosotros para luchar contra bin Laden y al-Qaeda.

El Servicio Secreto se oponía totalmente a que viajara a Pakistán o Bangladesh, porque la CIA tenía información que indicaba que al-Qaeda quería atacarme en una de esas escalas, bien en tierra o bien durante los despegues o los aterrizajes. Pero yo creía que tenía que ir a aquellos países, porque ir solo a la India tendría consecuencias negativas para los intereses norteamericanos en la zona y porque me negaba a cambiar mis planes por la amenaza de los terroristas. Así pues, tomamos las precauciones adecuadas y seguimos adelante. Creo que fue la única petición del Servicio Secreto que jamás rechacé.

Dorothy, madre de Hillary, y Chelsea vinieron conmigo a la India. Volamos primero allí, donde las dejé en las buenas manos de nuestro embajador, mi viejo amigo Dick Celeste, ex gobernador de Ohio, y de su mujer, Jacqueline. Luego fui con un reducido grupo en dos aviones hasta Bangladesh, donde me reuní con la primer ministro, la jeque Hasina. Me vi forzado luego a hacer otra concesión a la seguridad. Tenía previsto visitar la aldea de Joypura con mi amigo Muhammad Yunus para ver en directo como funcionaban algunos de los proyectos de microcréditos del banco Grameen. El Servicio Secreto había advertido que estaríamos indefensos si circulábamos por aquellas estrechas carreteras o si volábamos en helicóptero hasta la aldea, así que hicimos que la gente de la aldea, entre ellos algunos niños estudiantes de la escuela, viniera a la embajada estadounidense en Dacca, donde se dispuso una clase y algunas vitrinas en el patio interior.

Mientras estaba en Bangladesh, treinta y cinco sijs fueron asesinados en Cachemira por asesinos desconocidos que querían aprovecharse de la publicidad que estaba generando mi visita. Cuando regresé a Delhi, en mi reunión con el primer ministro Vajpayee, expresé lo ultrajado y profundamente dolido que me sentía por el hecho de que los terroristas hubieran usado mi viaje como pretexto para matar. Me llevaba bien con

Vajpayee y esperaba que le dieran una oportunidad de volver a dialogar con Pakistán antes de que abandonara el cargo. No nos pusimos de acuerdo sobre el Tratado de Prohibición de Pruebas Nucleares, pero ya sabía que iba a ser así porque Strobe Talbott llevaba meses trabajando con el ministro de Asuntos Exteriores, Jaswant Singh, y otros sobre asuntos de no proliferación. Sin embargo, Vajpayee sí se unió a mí en el compromiso de renunciar a futuras pruebas, y acordamos una serie de principios positivos que gobernarían en adelante nuestras relaciones bilaterales, que habían sido un poco frías durante mucho tiempo.

También visité a la líder del partido de la oposición, Sonia Gandhi. Su marido y su suegra, nieto e hija de Nehru, habían sido victimas de asesinatos políticos. Sonia, italiana de nacimiento, había sido valiente y había permanecido en la vida pública.

El cuarto día de mi viaje tuve la oportunidad de dirigirme al parlamento indio. El edificio del parlamento es una gran estructura circular en la que varios cientos de parlamentarios se sientan muy apretados en fila tras fila de estrechas mesas. Hablé sobre mi respeto a la democracia, la diversidad y los impresionantes pasos de la India orientados a formar una economía moderna; debatí abiertamente nuestras diferencias sobre los asuntos nucleares y les apremié a llegar a una solución pacífica del problema de Cachemira. Para mi sorpresa, acogieron mi discurso con entusiasmo. Aplaudieron dando palmadas a las mesas, demostrando que los indios estaban tan ansiosos como yo de que concluyera nuestro largo alejamiento.

Chelsea, Dorothy y yo visitamos el monumento a Gandhi, donde nos dieron unos ejemplares de su autobiografía y otros escritos, y viajamos a Agra, donde el Taj Mahal, quizá la estructura más bella de todo el mundo, estaba amenazado por la contaminación medioambiental. La India estaba trabajando intensamente para establecer una zona libre de contaminación alrededor del Taj Mahal, y el ministro de Asuntos Exteriores Singh y Madeleine Albright firmaron un acuerdo de cooperación indoestadounidense en energía y medio ambiente, mediante el cual Estados Unidos aportaría cuarenta y cinco millones de dólares de ayuda del fondo USAID y doscientos millones del Banco de Exportación e Importación para potenciar energías ecológicas en la India. El Taj Mahal era sobrecogedor, y no me gustó tener que marcharme.

El día 23 visité Naila, una pequeña aldea cerca de Jaipur. Después de que las mujeres de la aldea salieran a recibirme vestidas con sus saris de brillantes colores y me rodearan y me ducharan con una lluvia de pétalos de flores, me reuní con los cargos públicos que estaban trabajando para superar las divisiones de casta y de género que tradicionalmente habían dividido a los indios y conversé sobre la importancia de los microcréditos con las mujeres de la cooperativa lechera local.

El día siguiente, fui a la efervescente ciudad de Hyderabad —dedicada a la tecnología punta— como huésped del ministro jefe del estado, Chandrababu Naidu, un líder político muy coherente y moderno. Visitamos el Hitech Center, donde me sorprendió ver la enorme variedad de empresas que estaban creciendo allí, a un ritmo verdaderamente salvaje. Fuimos también a un hospital donde, junto con el administrador de USAID, Brady Anderson, anuncié una subvención de cinco millones de dólares para contribuir a que se enfrentara al SIDA y la tuberculosis. En aquellos momentos, el SIDA apenas se estaba empezando a reconocer en la India, y todavía había mucha gente que se negaba a aceptar la realidad. Esperaba que nuestra modesta subvención aumentara la conciencia pública del problema y la disposición a actuar antes de que el problema del SIDA alcanzase en la India las proporciones epidémicas que tenía en África. Mi última etapa fue Mumbai (Bombay), donde me reuní con líderes del sector empresarial y sostuve una conversación interesante con jóvenes líderes en un restaurante local. Me fui de la India sintiendo que nuestras naciones habían establecido una relación sólida, pero deseando haber tenido otra semana para absorber la belleza y el misterio de aquel país.

El día 25 volé a Islamabad, la parte del viaje que el Servicio Secreto creía más peligrosa. Llevé conmigo al menor número de personas posible, dejando atrás a la mayor parte de nuestra expedición para que volasen en nuestro avión más grande a Omán, nuestra escala para repostar. Sandy Berger bromeó diciendo que era un poco mayor que yo y que, puesto que había pasado por tantas cosas durante treinta años de amistad, lo mínimo que se había ganado era un viaje gratis a Pakistán. De nuevo volamos hasta allí en dos aviones pequeños, uno con las enseñas de las Fuerzas Aéreas de Estados Unidos y el otro, en el que viajaba yo, pintado completamente de blanco y sin ningún distintivo. Los paquistaníes habían despejado un área de kilómetro y medio de anchura alrededor de la pista de aterrizaje para asegurarse de que no nos podrían disparar con un lanzacohetes. Sin embargo, el aterrizaje fue una experiencia tremenda.

Nuestra caravana de automóviles viajó por una autopista desierta hasta el palacio presidencial para reunirnos con el general Musharraf y su gobierno y para dar un discurso televisado al pueblo paquistaní. En el discurso, destaqué nuestra larga amistad a lo largo de toda la Guerra Fría y pedí a los paquistaníes que se alejaran del terror de las armas nucleares y optaran por el diálogo con la India sobre Cachemira, por aprobar el tratado de prohibición de pruebas nucleares y por invertir más en educación, salud y desarrollo que en armas. Dije que venía como amigo de Pakistán y del mundo musulmán. Me había opuesto firmemente a la matanza de musulmanes en Bosnia y Kosovo, había hablado frente al Consejo Nacional Palestino en Gaza, había caminado junto a los dolientes en los funerales del rey Husein y del rey Hasan, y había celebrado el fin del Ramadán en la Casa Blanca con los norteamericanos musulmanes. Lo que intentaba comunicarles es que nuestro mundo no estaba dividido según diferencias religiosas, sino entre aquellos que deciden vivir con el dolor del pasado y aquellos otros que prefieren la promesa del futuro.

En mis reuniones con Musharraf, llegué a comprender por qué había emergido de entre la compleja y a menudo violenta cultura de la política paquistaní. Era un hombre evidentemente inteligente, fuerte y sutil. Si optaba por seguir un curso pacífico y progresista, creía que tenía muchas posibilidades de tener éxito. Pero le previne que creía que, si no luchaba con firmeza contra él, el terrorismo acabaría destruyendo Pakistán.

Musharraf dijo que no creía que se ejecutara a Sharif, pero no se comprometió a nada en los demás temas. Yo sabía que todavía estaba afianzándose en su cargo y que era un momento delicado. Sharif fue puesto en libertad al poco tiempo y forzado a exiliarse en Yida, en Arabia Saudí. Cuando, tras el 11 de septiembre de 2001, Musharraf comenzó a cooperar en serio con Estados Unidos en la guerra contra el terrorismo, continuaba tomando un rumbo peligroso para él. En 2003, sobrevivió a dos intentos de asesinato separados por apenas unos días.

De camino a casa, tras una escala en Omán para ver al sultán Qabus y para reunir a nuestra delegación de nuevo en el *Air Force One*, volé a Ginebra para reunirme con el presidente Asad. Nuestro equipo había estado trabajando para lograr que Barak hiciera alguna propuesta concreta que yo pudiera presentarle a Siria. Yo sabía que no se trataría de una oferta final, y los sirios también lo sabían, pero confiaba en que si Israel por fin respondía con la misma flexibilidad que los sirios habían demostrado en Shepherdstown, todavía podríamos cerrar un trato. No iba a ser así.

Cuando me reuní con Asad, me recibió con toda amabilidad y me agradeció la corbata azul con un perfil de león en rojo que le regalé, en honor al significado en inglés de su nombre. Fue una reunión pequeña: con Asad estaba su ministro de Asuntos Exteriores, Shara, y Butheina Shaban; a mí me acompañaban Madeleine Albright y Dennis Ross, con Rob Malley, del Consejo Nacional de Seguridad, tomando notas de la reunión. Después de un poco de charla trivial, le pedí a Dennis que extendiera los mapas que había estudiado cuidadosamente para preparar nuestra conversación. En comparación con la postura que adoptó en Shepherdstown, Barak estaba dispuesto ahora a aceptar menos tierra alrededor del lago, aunque todavía quería mucha, 400 metros; menos gente en la estación de escucha y un período de retirada más rápido. Asad no quería dejarme ni terminar la exposición. Se comenzó a impacientar y, contradiciendo la posición siria en Shepherdstown, dijo que nunca cedería ni un palmo de terreno, que quería poder sentarse a la orilla del lago y poner los pies en el agua. Tratamos de hacerles salir de su inmovilismo durante horas, pero fracasamos. El rechazo israelí en Shepherdstown, y la filtración del documento de trabajo en la prensa israelí habían avergonzado a Asad y habían destruido su frágil confianza. Su salud se había deteriorado incluso más de lo que yo creía. Barak había hecho una oferta aceptable. Si hubiera llegado en Shepherdtown es posible que hubiéramos logrado un acuerdo. Ahora, sin embargo, la principal prioridad de Asad era la sucesión de su hijo, y obviamente había decidido que una nueva ronda de negociaciones, no importa cual fuera su resultado, podría poner en peligro esa sucesión.

En menos de cuatro años, había visto cómo las posibilidades de paz entre Siria e Israel se derrumbaban en tres ocasiones: por el terrorismo en Israel y la derrota de Peres en 1996, por el rechazo israelí a la actitud abierta de Siria en Shepherdstown y por la preocupación que a Asad le causaba su propia desaparición. Después de que nos despidiéramos en Ginebra, ya no volví a verle.

Ese mismo día, Vladimir Putin resultó elegido presidente de Rusia en la primera vuelta con un 52,5 por ciento de los votos. Le llamé para felicitarle y cuando colgué el teléfono pensé que era lo suficientemente duro como para mantener a Rusia unida; solo esperaba que además fuera lo suficientemente sabio como para encontrar una salida al problema de Chechenia y estuviera lo suficientemente comprometido con la democracia como para defenderla. Comenzó muy bien, pues la Duma ratificó tanto el START II como el Tratado de Prohibición Total de Pruebas Nucleares. Ahora hasta la Duma rusa era más progresista en el tema del control de armas que el Senado de Estados Unidos.

En abril, continué viajando por todo el país promocionando las medidas para la educación, la seguridad en las armas y el acceso a la tecnología que había enunciado en el discurso del Estado de la Unión. Declaré monumento nacional a la Gran Secuoya, en California; veté la propuesta de ley para concentrar todos los residuos nucleares de baja actividad en Nevada, porque no creía que se hubiera dado respuesta a todas las preguntas legítimas que la medida había generado; firmé la ley que acababa con las limitaciones de ganancias para retirados beneficiarios de la Seguridad Social; visité a la gente de la nación de los navajo en Shiprock, en el norte de Nuevo México, para hablarles de los esfuerzos que estábamos realizando para usar internet para ofrecer oportunidades de educación, acceso a la sanidad y mejora económica a las comunidades más apartadas e inauguré el sencillo pero imponente monumento a las víctimas del atentado de Oklahoma City, 168 sillas vacías en filas en una suave pendiente flanqueadas por dos grandes entradas y asomando a una gran piscina sobre la que se reflejaban.

Abril también trajo el final de la larga aventura del pequeño Elián González. Varios meses antes, su madre había huido de Cuba con él a

Estados Unidos a bordo de un desvencijado bote. El bote volcó y ella murió ahogada después de poner a Elián en una cámara para salvarle. El niño fue llevado a Miami, y se le puso bajo la custodia temporal de un tío abuelo que estaba dispuesto a cuidar de él. Su padre, en Cuba, quería que volviera. La comunidad cubanoamericana convirtió el caso Elián en una cruzada, diciendo que su madre había muerto para traer a su hijo a la libertad y que estaría mal devolverlo a la dictadura de Castro.

La ley aplicable al caso parecía muy clara. El Servicio de Inmigración y Naturalización debía decidir si el padre del niño reunía las condiciones necesarias para hacerse cargo de su custodia; si las reunía, Elián debía volver con él. Un equipo del SIN fue a Cuba y descubrió que, a pesar de que los padres de Elián estaban divorciados, habían mantenido una buena relación entre ellos y compartían el cuidado del niño. De hecho, Elián había pasado casi la mitad de su tiempo con su padre, que vivía más cerca de la escuela del niño. El SIN dictaminó que Juan Miguel González podía hacerse cargo de su custodia.

Los abogados de los parientes norteamericanos llevaron el caso a juicio en un intento de cuestionar la validez del proceso en Cuba, pues creían que la presencia de la gente de Castro en las audiencias podría haberle condicionado. Algunos buscaron aplicar la ley estatal vigente sobre los casos de custodia: ¿Qué es lo que más favorece al niño? El Congreso se metió en el asunto, con varias propuestas que proponían mantener a Elián en Estados Unidos. Mientras tanto, la comunidad cubanoamericana fue llevada a un estado de histeria por las constantes manifestaciones frente a la casa de los parientes de Elián y las entrevistas de televisión que regularmente concedía una de ellas, una mujer joven y muy emotiva.

Janet Reno, que había trabajado como fiscal en Miami y había sido un personaje popular entre los cubanoamericanos, los enfureció al declarar que la ley federal debía aplicarse al caso y que Elián debía ser devuelto a su padre. No fue fácil para Janet. Me dijo que una de sus ex secretarias casi había dejado de hablarle; el marido de la mujer había pasado quince años en las prisiones de Castro y ella había esperado todo ese tiempo que le liberaran para reunirse con él. Muchos cubanoamericanos y otros inmigrantes creían que al chico le iría mucho mejor quedándose aquí.

Yo apoyaba a Reno, pues creía que el hecho de que el padre de Elián le quisiera y hubiera sido un buen padre debía contar más que la pobreza o la política cerrada y represiva de Cuba. Más aún, Estados Unidos trataba constantemente que se le devolvieran niños que habían sido sacados del país habitualmente por el progenitor que había perdido el juicio para la custodia. Si nos quedábamos a Elián, debilitaríamos nuestras solicitudes para que aquellos niños regresaran con sus progenitores norteamericanos.

Al final, el caso entró en el debate electoral. Al Gore disintió públicamente de nosotros, diciendo que había algunas cosas del proceso del SIN que no le gustaban, y que incluso si el padre de Elián reunía los requisitos para la custodia, sería mejor para el niño quedarse en Estados Unidos. Era una posición defendible por méritos propios, y comprensible, dada la importancia de Florida en las elecciones. Yo había trabajado durante ocho años para reforzar nuestra posición en ese estado y entre los cubanoamericanos; al menos en esa comunidad, el caso Elián desbarató la mayor parte de nuestras ganancias. Hillary veía el caso como defensora de la infancia y como madre: apoyaba nuestra decisión de que el niño volviera con su padre.

A principios de mes, Juan Miguel González vino a Estados Unidos con la esperanza de recuperar la custodia de su hijo, como disponía una orden de una corte federal. Unas semanas más tarde, después de que Janet Reno tratara durante varios días de asegurar la entrega voluntaria del muchacho, un grupo de cuatro líderes ciudadanos —el presidente de la universidad de Miami, un abogado de reconocido prestigio y dos respetados cubanoamericanos— propusieron que la familia de Miami entregara la custodia al padre en un lugar apartado donde pudieran estar todos juntos durante unos días para suavizar la transición. La noche del Viernes Santo hablé con Reno a media noche y todavía estaban negociando, pero se le estaba acabando la paciencia. A las dos en punto de la mañana del sábado, John Podesta llamó para decirme que todavía proseguían las negociaciones. A las cinco menos cuarto, Podesta volvió a llamar y me dijo que la familia de Miami se negaba ahora incluso a reconocer el derecho de custodia del padre. Treinta minutos después, a las cinco y cuatro, recibí otra llamada de John diciendo que todo había acabado. Reno había autorizado una entrada en la casa antes del amanecer de policías federales. Tardaron solo tres minutos, nadie salió herido y Elián volvió con su padre. Un niño pequeño se había convertido en un peón en el interminable enfrentamiento contra Castro.

Las fotografías de un Elián obviamente feliz con su padre se hicieron públicas y el sentimiento popular cambió a ojos vista a favor de la reunificación familiar. Yo estaba convencido de que habíamos seguido el único camino posible, pero todavía me preocupaba que mi decisión pudiera costarle Florida en noviembre a Al Gore. Juan Miguel y Elián González se quedaron en Estados Unidos unas pocas semanas más, hasta que el Tribunal Supremo finalmente aprobó la orden de custodia del tribunal inferior. El señor González podría haberse quedado en Estados Unidos, pero quería llevarse a su hijo de vuelta a Cuba.

En mayo, hice una gira por escuelas de Kentucky, Iowa, Minnesota y Ohio para impulsar nuestro paquete de medidas educativas; fui el anfitrión de Thabo Mbeki, que acababa de ser elegido presidente de Sudá frica y venía en visita de Estado e impulsé la propuesta de ley de comercio con China, que era necesaria para que este país fuera admitido en la OMC. Los presidentes Ford y Carter, junto con James Baker y Henry Kissinger, acudieron a la Casa Blanca para apoyarla. Ésta resultó ser una batalla legislativa muy difícil, de las más duras que tuvimos que librar —un voto especialmente complicado para los demócratas que dependían del apoyo de los sindicatos—, y estuve invitando a distintos grupos de una docena aproximada de miembros del Congreso a la residencia privada durante varias semanas, en un esfuerzo intensivo para explicarles la importancia de integrar a China en la economía global.

El 17 de mayo, pronuncié mi último discurso en la Academia Militar de Guardacostas en New London, Connecticut. En ocho años, había hablado a cada una de las academias militares dos veces. Cada promoción me llenaba de orgullo por la calidad de los hombres y mujeres jóvenes que querían servir de uniforme a nuestro país. También estaba orgulloso de toda la gente joven que venía a nuestras academias militares procedente de todos los lugares del mundo. Esta promoción incluía graduados de nuestros adversarios durante la Guerra Fría: Rusia y Bulgaria.

Hablé con los nuevos oficiales sobre la trascendental lucha en la que se verían envueltos, una lucha entre las fuerzas de la integración y la armonía y aquellas de la desintegración y el caos, una lucha en la que la globalización y las tecnologías de la información habían ampliado tanto el poder creativo como la capacidad de destrucción de la humanidad. Expuse los ataques que Osama bin Laden y al-Qaeda habían planeado para el milenio, ataques que habíamos conseguido desactivar tras un trabajo muy duro y contando con total cooperación, tanto interior como internacional. Para seguir mejorando en ese ámbito, dije que iba a ampliar en otros trescientos millones de dólares nuestro presupuesto antiterrorista, además de la petición de nueve mil millones que ya había enviado al Congreso y que comportaba un incremento de más del 40 por ciento en tres años.

Tras hablar de otros desafíos a nuestra seguridad, defendí lo mejor que supe que debíamos implicarnos activamente en la política internacional y cooperar con los demás en un mundo en que ninguna nación se podía sentir ya protegida por su situación geográfica o por su poderío militar convencional.

A finales de mayo, justo antes de que partiera en un viaje a Portugal, Alemania, Rusia y Ucrania, fui a Assateague Island, en Maryland, a anunciar una nueva iniciativa para proteger nuestros arrecifes de coral y otros tesoros marinos. Ya habíamos cuadruplicado la financiación de nuestros santuarios marinos. Firmé un decreto presidencial para crear una red de protección nacional para nuestras costas, arrecifes, bosques subacuáticos y otras estructuras importantes, y dije que íbamos a proteger permanentemente los arrecifes del noroeste de las islas Hawai, que constituían más del 60 por ciento de todos los que poseía Estados Unidos y se prolongaban a lo largo de dos mil kilómetros. Fue la mayor empresa de conservación del medio ambiente que había tomado desde que decidimos proteger diecisiete millones y medio de hectáreas de nuestros bosques que no estaban cruzadas por carreteras y, además, se trataba de una medida necesaria, pues la contaminación oceánica estaba amenazando a los arrecifes de todo el mundo, incluida la Gran Barrera de Coral en Australia.

Fui a Portugal para la reunión anual entre Estados Unidos y la Unión Europea. El primer ministro portugués, Antonio Guterres, era el presidente de turno del Consejo Europeo. Era un joven progresista y brillante que formaba parte de nuestro grupo de la Tercera Vía, al igual que el presidente de la UE, Romano Prodi. Veíamos la mayoría de las cosas de la misma manera y disfruté mucho con la reunión, al igual que con mi primera visita a Portugal, un país precioso y cálido, con gente amable y una historia fascinante.

El dos de junio, acompañé a Gerhard Schroeder a la antigua ciudad de Aquisgrán para recibir el premio Carlomagno. En una soleada ceremonia celebrada en el exterior en un espacio público cerca del ayuntamiento y de la antigua catedral donde estaban enterrados los restos de Carlomagno, agradecí al canciller Schroeder y al pueblo alemán que me otorgaran una distinción con la que habían galardonado anteriormente a Václav Havel y el rey Juan Carlos y que en pocas ocasiones se había concedido a un norteamericano. Yo había hecho cuanto había podido para ayudar a que Europa avanzase en el camino de la unidad, la democracia y la seguridad, para afianzar y reforzar la alianza transatlántica, para que se acercara a Rusia y para que pusiera fin a la limpieza étnica en los Balcanes. Fue gratificante que me reconociera ese esfuerzo.

Al día siguiente, Gerhard Schroeder fue el anfitrión de otra de nuestras conferencias de la Tercera Vía, en Berlín. Esta vez a Gerhard, Jean Chrétien y a mí se nos unieron tres latinoamericanos —Fernando Henrique Cardoso de Brasil, el presidente Ricardo Lagos de Chile y el presidente Fernando de la Rúa de Argentina—, con los que esbozamos el tipo de asociaciones progresistas que los líderes de países desarrollados debían formar con los de países en vías de desarrollo. Tony Blair no acudió porque él y Cherie, que ya eran padres de tres hijos, habían traído recientemente al mundo a un cuarto, un niño llamado Leo.

Volé a Moscú para mi primer encuentro con Vladimir Putin desde su elección. Acordamos destruir otras treinta y cuatro toneladas de plutonio de uso militar cada uno, pero no pudimos alcanzar ningún acuerdo en lo relativo a añadir una enmienda al tratado ABM que permitiera a Estados Unidos desplegar un sistema nacional de defensa con misiles. No era algo que me preocupase demasiado; Putin probablemente quería esperar a ver cómo acababan las elecciones norteamericanas. Los republicanos estaban enamorados de su sistema de defensa de misiles desde la era Reagan, y muchos de ellos no dudarían un segundo en derogar el tratado ABM si suponía un obstáculo para desplegarlo. Al Gore estaba básicamente de acuerdo conmigo. Putin no quería tener que negociar sobre este tema dos veces.

En aquellos tiempos no teníamos ningún sistema de defensa de misiles lo suficiente fiable como para desplegarlo. Como había dicho Hugh Shelton, derribar a un misil que se dirigiera a Estados Unidos era como «acertar a una bala con otra bala». Si alguna vez desarrollábamos un sistema practicable, creía que debíamos ofrecer la tecnología a otras naciones y que, al hacerlo, probablemente convenciéramos a los rusos de enmendar el tratado ABM. No estaba del todo seguro de que, incluso en el caso de que funcionara, construir un sistema de defensa de misiles era la mejor manera de gastar las sumas estratosféricas de dinero que costaría. Era mucho más probable que tuviéramos que enfrentarnos a ataques terroristas que tuvieran armas nucleares, químicas o biológicas más pequeñas.

Más aún, desplegar un sistema tal de misiles podía exponer al mundo a un peligro todavía mayor. Por lo que sabíamos, lo más que haría el sistema en el futuro cercano sería, en el mejor de los casos, derribar unos pocos misiles. Si Estados Unidos y Rusia construían un sistema de ese tipo, lo más probable es que China fabricara más misiles para poder sobrepasarlo y mantener su capacidad disuasoria. Luego le seguiría la India, y luego Pakistán. Los europeos estaban convencidos de que era una idea horrorosa. Pero no teníamos por qué enfrentarnos a esos problemas hasta que no tuviéramos un sistema que funcionase y, por el momento, no lo teníamos.

Antes de abandonar Moscú, Putin celebró una pequeña cena en el Kremlin seguida de un concierto de jazz en el que actuaron músicos rusos, desde adolescentes hasta un octogenario. El final del concierto empezó con el escenario a oscuras y con una hechizante serie de melodías de mi saxofonista tenor contemporáneo favorito, Igor Butman. John Podesta, al que le gustaba el jazz tanto como a mí, coincidió conmigo en que jamás había oído una actuación en directo mejor.

Partí hacia Ucrania para anunciar el apoyo financiero de Estados Unidos a la decisión del presidente Leonid Kuchma de cerrar el último reactor de la planta nuclear de Chernobil el 15 de diciembre. Había tomado mucho tiempo, y me alegró saber que al menos el problema se solucionaría antes de que me fuera. Mi última parada fue un discurso al aire libre frente a una gran multitud de ucranianos, a los cuales exhorté a seguir por la vía de la libertad y de la reforma económica. Kiev era un lugar hermoso a la luz del sol de finales de primavera, y yo esperaba que su gente pudiera conservar el espíritu animado que había observado. Aún tenían que superar muchos obstáculos.

El 8 de junio, volé hacia Tokio para terminar el día allí y presentar mis respetos en la misa fúnebre de mi amigo el primer ministro Keizo Obuchi, que había fallecido de un ataque unos días antes. El servicio se ofició en la sección interior de un estadio de fútbol con unos miles de asientos dispuestos en el campo, divididos por un pasillo en el medio, y varios cientos de personas sentados en las tribunas. Habían construido un estrado con una larga rampa hasta la primera fila, y otras más pequeñas a los lados. Detrás de la tarima había una pared cubierta de flores de unos siete u ocho metros de altura. Las flores estaban bellamente colocadas, y mostraban el sol naciente japonés en el fondo de un cielo azul claro. En la parte superior había un espacio vacío en el cual al principio de la ceremonia un adjunto militar puso solemnemente una caja que contenía las cenizas de Obuchi. Después de que sus colegas y amigos le hubieran rendido homenaje, varias jóvenes japonesas aparecieron llevando bandejas llenas de flores blancas. Empezando por la esposa y los hijos de Obuchi, los miembros de la familia imperial y los dirigentes gubernamentales, todos los dolientes subimos por la rampa central, nos inclinamos frente a sus cenizas en señal de respeto y pusimos nuestras flores en una estantería de madera, situada a la altura de la cintura que recorría toda la longitud de la pared ornamentada con flores.

Después de inclinarme frente a mi amigo y de entregar mi flor, volví a la embajada norteamericana para ver a nuestro embajador, el ex portavoz de la Cámara Tom Foley. Encendí la televisión para ver como se desarrollaba el resto de la ceremonia. Miles de conciudadanos de Obuchi crearon una nube de flores sagradas contra el sol naciente. Fue uno de los tributos más conmovedores que jamás he presenciado. Me detuve brevemente en la recepción para expresar mis condolencias a la señora Obuchi y a los hijos de Keizo, una de las cuales también se dedicaba a la política. La señora Obuchi me agradeció mi presencia y me regaló una preciosa caja esmaltada para cartas, que había pertenecido a su esposo. Obuchi había sido un amigo para mí y para Estados Unidos. Nuestra alianza era importante, y él la había sabido valorar, incluso de joven. Ojalá hubiera podido disfrutar de más tiempo de servicio.

Varios días más tarde, mientras participaba en los ensayos de la ceremonia de graduación del Carleton College en Minnesota, un ayudante me pasó una nota informándome de que el presidente Hafiz al-Asad acababa de morir en Damasco, solo diez semanas después de nuestra última reunión en Ginebra. Aunque habíamos mantenido algunas discrepancias, él siempre había sido muy franco conmigo, y yo le creí cuando me dijo que había realizado una elección estratégica a favor de la paz. Las circunstancias, la falta de comunicación y las barreras psicológicas habían impedido que sucediera, pero al menos ahora sabíamos lo que haría falta para que Israel y Siria llegaran a ese punto, una vez ambas partes estuvieran en disposición de hacerlo.

Cuando la primavera se convirtió en verano, fui el anfitrión de nuestra cena oficial más numerosa, con más de cuatrocientos invitados reunidos bajo una carpa en el Jardín Sur para honrar al rey Mohammed VI de Marruecos, uno de cuyos ancestros fue el primer soberano en reconocer a Estados Unidos poco después de que nuestros trece estados originales se unieran.

Al día siguiente corregí una vieja injusticia, y concedí la Medalla de Honor del Congreso a veintidós norteamericanos de origen japonés que se presentaron voluntarios para combatir en Europa durante la Segunda Guerra Mundial, después de que sus familias fueran internadas en campos de detención. Uno de ellos era mi amigo y aliado el senador Daniel Inouye, de Hawai, que había perdido un brazo y casi la vida en la guerra. Una semana más tarde, nombré a mi primer miembro del gabinete de origen asiático, el ex congresista Norm Mineta, de California, que aceptó ser durante el resto de mi mandato el secretario de Comercio, reemplazando a Bill Daley, que se había convertido en el jefe de la campaña de Al Gore.

La última semana del mes, organicé una reunión en la Sala Este de la Casa Blanca, donde casi doscientos años antes Thomas Jefferson había extendido el innovador mapa del oeste de Estados Unidos que su ayudante Meriwether Lewis había elaborado durante su valiente expedición desde el río Mississippi hasta el océano Pacífico en 1803. El grupo de científicos y diplomáticos allí reunidos había venido a celebrar un mapa del siglo XXI: más de mil investigadores de Estados Unidos, el Reino Unido, Alemania, Francia, Japón y China habían descodificado el genoma humano, e identificado casi todas las secuencias de los tres mil millones que forman nuestro código genético. Después de luchar entre sí durante años, Francis Collins, jefe del proyecto internacional del genoma humano que recibía fondos gubernamentales, y el presidente de Celera, Craig Venter, habían aceptado publicar sus datos genéticos conjuntamente hacia finales de ese año. Craig era un viejo amigo mío, y yo había hecho todo lo posible por propiciar la colaboración. Tony Blair se unió a nosotros en una conexión por satélite, y me dio la oportunidad de bromear, diciendo que la esperanza de vida de su recién nacido hijo acababa de dispararse unos veinticinco años más.

Cuando el mes se acercaba a su fin, anuncié que nuestro superávit presupuestario estaría por encima de los doscientos mil millones de dólares, con un superávit que, proyectado diez años más, sería de cuatro billones de dólares. Una vez más, recomendé que se utilizase para garantizar la seguridad social, en una cantidad aproximada de 2,3 billones de dólares, y que también ahorráramos quinientos cincuenta mil millones para Medicare. Empezábamos a creer que, después de todo, podríamos hacer frente a la jubilación de los *baby boomers*.

También llevé a cabo una serie de actos de campaña en apoyo de los demócratas en Arizona y California, y para ayudar a Terry McAuliffe a que terminara de recaudar el resto del dinero que necesitaríamos para montar nuestra convención en Los Ángeles en agosto. Estábamos trabajando muy estrechamente con él y la campaña de Gore a través de mi director político, Minyon Moore.

En la mayoría de encuestas, Gore aparecía por detrás de Bush, y en mi conferencia de prensa del 28 de junio, un periodista de las noticias de la NBC me preguntó si Al estaba pagando los «escándalos» de la administración. Le dije que no había ningún indicio que diera a pensar que le castigaban por mis errores, que la única falta de la que le habían acusado estaba relacionada con la financiación de la campaña, que no era culpable y que los así llamados escándalos restantes eran todos puro aire: «La palabra "escándalo" ha sido arrojada por doquier y sin miramientos como una tetera ruidosa durante siete años». También dije que sabía tres cosas de Al Gore: había sido el vicepresidente con mayor impacto en su país, muchísimo más que cualquiera de sus antecesores; su postura sobre una serie de temas importantes era la adecuada, y sin duda conservaría la época de prosperidad para el país y, finalmente, comprendía el futuro, tanto sus posibilidades como sus peligros. Yo creía que si los votantes lograban entender eso, Al ganaría.

Durante la primera semana de julio, anuncié que nuestra economía ya había creado veintidós millones de puestos de trabajo desde que tomé posesión de mi cargo, y me dirigí a la Residencia de los Veteranos, unos kilómetros al norte de la Casa Blanca, para asegurar la protección de la vieja cabaña que habían utilizado Abraham Lincoln y su familia como casa veraniega cuando el Potomac producía hordas de mosquitos y no había aire acondicionado. Varios presidentes también la habían utilizado. Pertenecía a uno de los proyectos de Hillary Salvar los Tesoros de América y queríamos saber cómo se atendería el lugar cuando nosotros dejásemos la Casa Blanca.

El 11 de julio, inauguré una cumbre con Ehud Barak y Yasir Arafat en Camp David, en un intento por resolver los obstáculos restantes para la paz, o al menos reducir las diferencias de modo que pudiéramos terminar antes de que yo dejara mi cargo, un resultado que ambos líderes dijeron que deseaban.

Se presentaron a la cumbre con actitudes muy distintas. Barak había presionado mucho para que se celebrase, porque el enfoque relativamente poco sistemático del acuerdo de 1993 y el de Wye no resultaban para él. Había ciento ochenta mil colonos israelíes en Cisjordania y Gaza, una fuerza formidable. Cada concesión israelí que no lograba poner fin al terror ni traer un reconocimiento formal por parte de los palestinos de que el conflicto había terminado era como una tortura china. Barak acababa de superar una moción de censura en el Knesset por solo dos votos. También estaba ansioso por cerrar un acuerdo antes de septiembre, cuando Arafat había amenazado con declarar unilateralmente el estado palestino. Barak creía que si podía presentar un plan de paz integral a los ciudadanos israelíes, ellos votarían a favor siempre que se defendieran los intereses fundamentales de Israel: la seguridad, la protección de sus emplazamientos religiosos y culturales en el Monte del Templo y el fin de las reclamaciones palestinas de un derecho de retorno ilimitado frente a Israel, así como una declaración de que el conflicto había terminado.

Arafat, por otra parte, no quería ir a Camp David, al menos aún. Se había sentido abandonado por los israelíes cuando éstos se volvieron hacia Siria, y estaba furioso porque Barak no había mantenido los compromisos previos de entregar más territorios de Cisjordania, incluyendo algunos pueblos cerca de Jerusalén. A los ojos de Arafat, la retirada unilateral de Barak del Líbano y su oferta de retirarse del Golán le habían debilitado. Mientras Arafat esperaba pacientemente para poder seguir adelante con el proceso de paz, el Líbano y Siria se habían beneficiado adoptando una línea dura. Arafat también dijo que necesitaba dos semanas más para desarrollar sus propuestas. Quería obtener una extensión lo más cercana posible al cien por cien en Cisjordania y Gaza; la soberanía completa sobre el Monte del Templo y Jerusalén Oriental, exceptuando los barrios judíos que había en esa área, y una solución al problema de los refugiados que no le obligara a abandonar el principio del derecho de retorno.

Como de costumbre, cada uno de los líderes veía su propia postura como mucho más justificada que la de la otra parte. No había grandes probabilidades de éxito en esta cumbre. La convoqué porque creía que el colapso del proceso de paz era inminente, una certidumbre casi absoluta si no celebrábamos aquel encuentro.

El primer día, traté de hacer que Arafat dejara atrás sus agravios para concentrarnos en el trabajo que teníamos por delante y que Barak aceptara cómo abordar los temas, especialmente los más delicados: territorios, colonias, refugiados, seguridad y Jerusalén. Como ya había hecho en Shepherdstown, Barak quería darle vueltas a las cosas durante un par de días. Esta vez no importaba demasiado, pues Arafat no había venido con una lista de puntos para negociar; todo esto era territorio desconocido para él. En las anteriores negociaciones, él se limitaba a esperar la mejor oferta que Israel le planteaba en relación a la tierra, el aeropuerto, las carreteras y la liberación de prisioneros, y luego prometía esforzarse al máximo en el tema de la seguridad. Ahora, si íbamos a sacar aquella negociación hacia delante, Arafat tendría que comprometerse un poco más en puntos concretos: no podría obtener el cien por cien de Cisjordania, ni un derecho ilimitado de retorno a un estado de Israel mucho más pequeño. También tendría que satisfacer algunas de las preocupaciones de seguridad de Israel acerca de los potenciales enemigos al este del río Jordán.

Pasé el primer par de días tratando de poner a Arafat y a Barak en el estado de ánimo adecuado, mientras Madeleine, Sandy, Dennis, Gemal Helal, John Podesta y el resto de nuestro equipo empezaron a trabajar con sus homólogos israelíes y palestinos. A mí me impresionó inmensamente el nivel de ambas delegaciones. Todos eran gente patriótica, inteligente y esforzada, y parecía que realmente querían alcanzar un acuerdo. La mayoría de ellos se conocían entre sí desde hacía años, y la química entre ambos grupos era bastante buena.

Nos esforzamos por crear un ambiente informal y cómodo para los israelíes y los palestinos. Además de nuestro equipo de Oriente Próximo habitual, le pedí a la ayudante de Hillary, Huma Abedin, que se sumara a la conferencia. Huma era una joven musulmana norteamericana que hablaba árabe y había sido criada en Arabia Saudí; era admirable por lo mucho que comprendía la región y lo efectiva que fue, pues hizo sentir a los delegados palestinos e israelíes como en casa. Capricia Marshall, la secretaria social de la Casa Blanca, organizó la plantilla de mayordomos, cocineros y ayudas de cámara de la Casa Blanca para que colaboraran con el personal de Camp David y asegurar de que las comidas fueran memorables. Chelsea estuvo conmigo constantemente, entreteniendo a nuestros invitados, y ayudándome mucho en las inacabables horas de tensión.

La mayoría de noches, cenábamos todos juntos en Laurel, la gran cabaña familiar de Camp David, que disponía de comedor, una sala de estar, una sala de reuniones y mi despacho privado. El desayuno y el almuerzo eran más informales, y a menudo se veía a los israelíes y los palestinos hablando entre sí en grupos pequeños. A veces lo hacían de trabajo; lo más habitual era que se contaran historias o chistes, o que estuvieran narrando la historia de su familia. Abu Ala y Abu Mazen eran los asesores más antiguos y fieles de Arafat. A Abu Ala le tomaron mucho el pelo tanto los israelíes como los norteamericanos, a causa de su familia. Su padre era tan prolífico que el palestino de sesenta y tres años tenía un hermano de ocho; el niño era más joven que los propios nietos de Abu. Eli Rubinstein, el fiscal general de Israel, sabía más chistes que yo y los contaba mucho mejor.

Aunque la química entre los equipos era buena, no podía decirse lo mismo de Arafat y Barak. Les puse en cabañas cercanas a la mía y visitaba largamente a los dos cada día, pero ellos no se visitaban el uno al otro. Arafat seguía sintiéndose agraviado y Barak no quería reunirse a solas con Arafat. Temía caer en las viejas pautas en las que Barak hacía todas las concesiones y Arafat no correspondía bajo ninguna forma. Ehud se pasaba casi todo el día en su cabaña, y la mayor parte al teléfono con Israel tratando de conservar su coalición.

Para ese entonces yo había llegado a comprender mejor a Barak. Era brillante y valiente, y estaba dispuesto a ir muy lejos en el tema de Jerusalén y del territorio. Pero le costaba escuchar la opinión de los que estaban en desacuerdo con él, y su forma de hacer las cosas era diametralmente opuesta a las costumbres respetadas entre los árabes con los que yo había tratado. Barak quería que los demás esperaran hasta que él decidía que había llegado el momento oportuno. Entonces, cuando él hacía su mejor oferta, esperaba que la aceptasen porque era obviamente un buen trato. Sus socios de negociación querían cortesías y conversación sobre los que construir la confianza, y muchos regateos.

La diferencias culturales dificultaron aún más la labor de mi equipo. A éste se le ocurrieron una serie de estrategias para romper el impase, y progresamos un poco después de distribuir a las delegaciones en distintas unidades para negociar separadamente aspectos específicos, pero ninguna parte tenía permiso para superar cierto límite.

El sexto día, Shlomo Ben-Ami y Gilead Sher, con la bendición de Barak, fueron mucho más allá de las posiciones anteriormente fijadas por Israel, con la esperanza de obtener alguna reacción por parte de Saeb Erekat y Mohammed Dahlan, los miembros más jóvenes del equipo de Arafat, que todos creíamos que querían un trato. Cuando los palestinos no ofrecieron nada a Barak a cambio de sus ofertas sobre Jerusalén y el territorio, fui a ver a Arafat, y me llevé a Helal conmigo de intérprete y a Malley para que tomara notas. Fue una entrevista dura, y terminé diciéndole a Arafat que pondría fin a las conversaciones y declararía que él se había negado a negociar a menos que me diera algo para Barak, que estaba contra la pared porque Ben Ami y Sher habían llegado al límite de su capacidad de oferta y no habían obtenido nada a cambio. Después de un rato, Arafat me entregó una carta que parecía dar a entender que si él estaba satisfecho con la cuestión de Jerusalén, yo podía tomar la decisión última de cuánto territorio conservarían los israelíes para sus colonias y qué constituiría un intercambio de tierras justo. Llevé la carta a Barak y me pasé largo rato hablando con él, a menudo solos o con Bruce Reidel, del CNS para Israel, tomando notas de la reunión. Finalmente, Barak aceptó que la carta de Arafat quizá podía significar algo.

El séptimo día, el 17 de julio, casi perdimos a Barak. Estaba comiendo y trabajando cuando se atragantó con un cacahuete y dejó de respirar durante cuarenta segundos, hasta que Gid Gernstein, el miembro más joven de su delegación, le aplicó la maniobra de Heimlich. Barak era un tipo duro; cuando recuperó el aliento, se puso a trabajar como si nada hubiera sucedido. Para el resto de nosotros, de hecho no *sucedía* nada. Barak tuvo a toda su delegación trabajando con él todo el día hasta bien entrada la noche.

En cualquier proceso como este, siempre existen períodos de bajón, cuando algunos trabajan y otros no; y hay que hacer algo para romper la tensión. Yo me pasé varias horas de mis momentos libres jugando a las cartas con Joe Lockhart, John Podesta y Doug Band. Doug había trabajado en la Casa Blanca durante cinco años, mientras se graduaba en la facultad de Derecho yendo a clases nocturnas; en primavera se había convertido en mi ayudante presidencial. Estaba muy interesado en Oriente Próximo y me fue de gran ayuda. Chelsea también jugaba a las cartas; sacó la puntuación más alta en las dos semanas en Camp David.

Después de medianoche, Barak por fin vino a mí con una propuesta que contenía menos que lo que Ben-Ami y Sher ya le habían ofrecido a los palestinos. Ehud quería que se la presentara a Arafat como si fuera idea de Estados Unidos. Yo comprendía su decepción con Arafat, pero no podía hacer eso. Hubiera sido un desastre, y así se lo dije. Hablamos hasta las dos y media. A las tres y cuarto volvió, y mantuvimos una conversación de una hora solos en el porche trasero de mi cabina. Esencialmente, me dio luz verde para ver si podía cerrar un trato sobre Jerusalén y Cisjordania que fuera factible y coherente con lo que Ben-Ami y Sher habían hablado previamente con sus homólogos. Por eso había valido la pena quedarse la noche en vela.

La mañana del octavo día, me sentía angustiado y esperanzado a la vez; lo primero, porque tenía que irme para asistir a la cumbre del G8 en Okinawa, donde tenía que estar por una serie de razones, y esperanzado porque el sentido de oportunidad de Barak y su gran valentía por fin habían obtenido resultados. Retrasé mi partida hacia Okinawa un día más y me reuní con Arafat. Le dije que pensaba que podría obtener un 91 por ciento de Cisjordania; una capital en Jerusalén Oriental; la soberanía de los distritos musulmanes y cristianos de la Ciudad Vieja y los vecindarios exteriores de Jerusalén Este; la capacidad de planificar, diseñar zonas y hacer cumplir la ley en el resto de la parte oriental de la ciudad y la custodia, aunque no la soberanía, del Monte del Templo, conocido como Haram al-Sharif por los árabes. Arafat se quejó por lo de no tener soberanía sobre la totalidad de Jerusalén Oriental, incluyendo el Monte del Templo. Rechazó la oferta, y yo le pedí que lo pensara. Mientras él se dedicaba a reflexionar y Barak echaba humo, yo solicité el apoyo de los líderes árabes. La mayoría no quiso realizar muchas declaraciones por miedo a debilitar la posición de Arafat.

El noveno día, volví a la carga con Arafat. De nuevo me dijo que no.

Israel había cedido mucho más que él, y ni siquiera quería aceptar sus avances como la base para futuras negociaciones. De nuevo llamé a varios líderes árabes para que me ayudaran. El rey Abdullah y el presidente Ben Ali, de Túnez, trataron de animar a Arafat. Me dijeron que tenía miedo a comprometerse. Parecía que las conversaciones estaban muertas y en los peores términos. Ambas partes querían a todas luces alcanzar un acuerdo, de modo que les pedí que se quedaran y que siguieran trabajando durante mi estancia en Okinawa. Aceptaron, aunque después de mi marcha, los palestinos siguieron negándose a negociar a partir de las ideas que yo había avanzado, afirmando que ya las habían rechazado. A continuación, los israelíes se plantaron. Eso fue en parte culpa mía. Al parecer, no había sido tan claro con Arafat como yo creía acerca de cómo debía desarrollarse la negociación durante la ampliación de la estancia.

Había dejado a Madeleine y al resto de nuestro equipo en un buen aprieto. Ella decidió llevar a Arafat a su granja y a Barak al famoso campo de batalla de la Guerra Civil en el cercano Gettysburg. Les animó, pero no sucedió nada. Shlomo Ben-Ami y Amnon Shahak, también él ex general, sostuvieron conversaciones positivas con Muhammad Dahlan y Muhammad Rashid, pero eran los más flexibles de sus respectivos grupos. Aun si llegaran a ponerse de acuerdo en todo, probablemente no podrían convencer a sus jefes de que les respaldaran.

Volví el decimotercer día de las discusiones, y nos pasamos de nuevo toda la noche trabajando, sobre todo en temas de seguridad. Lo repetimos al día siguiente hasta pasadas las 3 de la madrugada, antes de abandonar cuando el control efectivo del Monte del Templo y de todo Jerusalén Oriental no fue suficiente para Arafat sin la palabra «soberanía». En un esfuerzo de última hora, me ofrecí a tratar de convencer a Barak de que ofreciera soberanía plena para los barrios del extrarradio de Jerusalén Oriental, soberanía limitada para los interiores, y soberanía de «custodia» sobre el Haram. De nuevo Arafat se negó, y di por cerradas las negociaciones. Fue decepcionante y profundamente triste. En realidad, había muy poca diferencia entre ambas partes sobre cómo debían llevarse los asuntos relativos a Jerusalén; todo se reducía a quién poseía la soberanía.

Emití una declaración afirmando que había llegado a la conclusión de que las partes no podían llegar a ningún acuerdo en este momento, dadas las dimensiones emocionales, políticas, religiosas e históricas del conflicto. Para respaldar un poco a Barak frente a su oposición interior y apuntar lo que había sucedido, dije que, aunque Arafat había dejado claro que quería seguir en la vía de la paz, Barak había demostrado «un valor y una visión especiales, y una comprensión de la importancia histórica de este momento».

Dije que ambas delegaciones habían mostrado genuino respeto y un entendimiento respectivo como había visto pocas veces durante mis ochos años de mediador por la paz en todo el mundo, y que por primera vez habían discutido abiertamente de los temas más sensibles que estaban en juego. Ahora teníamos una idea más precisa de los límites de cada parte, y yo aún creía que teníamos la oportunidad de lograr un acuerdo antes de final de año.

Arafat hubiera querido continuar con las negociaciones, y en más de una ocasión había admitido que era difícil que volviera a producirse una conjunción de un gobierno israelí y un equipo norteamericano tan volcados en la paz. Resultaba difícil comprender por qué se había movido tan poco. Quizá su equipo no había trabajado a fondo los compromisos más duros; o quizá querían otra sesión para ver qué más podían obtener de Israel antes de mostrar su jugada. Por las razones que fueran, habían dejado a Barak expuesto a una situación política muy precaria. No por nada era el soldado más condecorado de la historia de Israel. A pesar de toda su tozuda brusquedad, había corrido muchos riesgos para obtener un futuro con más seguridad para Israel. En mis comentarios a la prensa, aseguré al pueblo de Israel que no había hecho nada para comprometer su seguridad, y afirmé que debían estar muy orgullosos de él.

Arafat era famoso porque esperaba hasta el último segundo, o «cinco minutos para la medianoche» como solíamos decir, para tomar su decisión. A mí solo me quedaban seis meses en la presidencia. Desde luego esperaba que el reloj de Arafat no atrasara.

CINCUENTA Y CINCO

Mientras proseguían las conversaciones de Camp David, también se producían acontecimientos positivos en otros lugares. Charlene Barshefsky puso punto y final a un amplio tratado comercial con Vietnam, y la Cámara aprobó una enmienda propuesta por Maxine Walters, que me respaldaba desde había mucho tiempo, para la financiación en un único pago de nuestra parte del esfuerzo para la reducción de la deuda en el milenio. Para ese entonces, la condonación de la deuda se había granjeado una variada panoplia de defensores, encabezados por el cantante Bono.

Bono ya se había convertido en un habitual de la vida política en Washington. Resultó ser un político de primera categoría, en parte gracias al elemento sorpresa. Larry Summers, que lo sabía todo de la economía, pero muy poco de la cultura popular, vino al Despacho Oval un día y comentó que acababa de tener una reunión sobre la condonación de la deuda con «un tipo llamado Bono, con un solo nombre, que vestía tejanos, camiseta y gafas de sol enormes. Ha venido a verme por lo de la deuda, y sabe de lo que habla».

El viaje de Okinawa fue un gran éxito, pues el G-8 se puso manos a la obra respecto a nuestro compromiso de que todos los niños del mundo tuvieran acceso a la educación primaria hacia el 2015. Yo lancé un programa de 300 millones de dólares para garantizar una comida sustanciosa diaria para nueve millones de niños, a condición de que asistieran a la escuela a cambio de la comida. La iniciativa me la habían propuesto nuestro embajador de los programas alimentarios de la ONU en Roma, George McGovern; el viejo socio de McGovern en el programa de cupones de comida, Bob Dole, y el congresista Jim McGovern, de Massachusetts. También visité a las fuerzas estadounidenses destacadas en Okinawa, agradecí al primer ministro Yoshiro Mori que las dejara permanecer allí y prometí reducir las tensiones que nuestra presencia había originado. Era mi última cumbre del G-8, y lamenté tener que acelerar mis actos allí para poder regresar a Camp David. Los otros dirigentes mundiales habían apoyado mucho mis iniciativas a lo largo de aquellos ocho años y habíamos logrado muchas cosas juntos.

Chelsea había viajado a Okinawa conmigo. Una de las mejores cosas de ese año, tanto para Hillary como para mí, fue que Chelsea estuvo en casa durante casi la mitad del tiempo. Durante sus primeros tres años, había acumulado muchos más créditos lectivos en Stanford de los que necesitaba para graduarse, de modo que pudo pasar los últimos seis meses en la Casa Blanca con nosotros. Ahora dividía su tiempo entre la campaña de su madre y los actos que se desarrollaban en la Casa Blanca, aparte de acompañarme en mis viajes al extranjero. Hizo un espléndido trabajo en ambos aspectos; su presencia hizo que la vida de sus padres fuera mucho mejor.

A finales de mes, reanudé mi batalla contra los republicanos a causa de las rebajas fiscales. Ellos querían gastarse los superávits estimados de toda una década en esas reducciones de impuestos, argumentando que el dinero pertenecía a los contribuyentes y que deberíamos devolvérselo. Era un razonamiento muy convincente, excepto por una sola cosa: los superávits eran proyecciones, y las rebajas fiscales propuestas tendrían lugar tanto si se materializaba ese dinero como si no. Traté de ilustrar el problema, pidiéndole a la gente que se imaginara que acababa de recibir una de esas cartas de promoción comercial tan agresivas, por ejemplo del presentador televisivo Ed McMahon, que empezara diciendo: «Usted quizá ya ha ganado 10 millones de dólares». Dije que la gente que pensara gastarse esa cantidad nada más recibir la carta debía apoyar el plan republicano; todos los demás deberían «quedarse con nosotros para que la prosperidad siguiera».

Agosto fue un mes muy complicado. Empezó con la nominación de George W. Bush y Dick Cheney en Filadelfia. Hillary y yo fuimos a Martha's Vineyard para un par de actos de recaudación de fondos para la campaña de Hillary y luego, en solitario, volé a Idaho para visitar a los bomberos que estaban librando una larga y peligrosa batalla contra un incendio forestal. El día 9, concedí la Medalla de la Libertad a quince norteamericanos, entre ellos el ya fallecido senador John Chafee; el senador Pat Moynihan; la fundadora del Fondo en Defensa de la Infancia, Marian Edelman; la activista por el SIDA, la doctora Mathilde Krim; Jesse Jackson, abogado por los derechos civiles; el juez Cruz Reynoso; y el general Wes Clark, que como colofón a su brillante carrera militar fue el comandante de nuestra ardua campaña contra Milosevic y la limpieza étnica en Kosovo.

En medio de una continua cascada de acontecimientos políticos, hice algo completamente alejado del campo de la política. Fui a la Iglesia Comunitaria Willow Creek de mi amigo Bill Hybel, en South Barrington, Illinois, cerca de Chicago, para una charla frente a varios cientos de personas en la conferencia sobre liderazgo de los ministros de Bill. Hablamos del tiempo en que había decidido entrar en política, de qué iglesia frecuentaba mi familia y lo que significaba para mí y también de por qué tanta gente creía aún que yo jamás me había disculpado por mi mala conducta. Comentamos el sistema de utilización de las encuestas, de cuáles eran los elementos más importantes de la cualidad del liderazgo y de cómo deseaba que me recordasen. Hybels tenía una forma extraordinaria de ir a la raíz de los problemas y de hacerme abordar cosas que generalmente no suelo comentar. Disfruté pasando unas pocas horas lejos de la política y reflexionando acerca de la vida interior que la política a menudo deja a un lado.

El 14 de agosto, la noche de inauguración de la convención demócrata, Hillary pronunció un emocionante discurso de agradecimiento a los demócratas por su apoyo, y una enérgica declaración en torno a lo que nos jugábamos en las elecciones de ese año. Luego, después de que se proyectara mi tercer vídeo, producido por Harry y Linda Thomason, en donde se enumeraban los éxitos y logros de nuestros ocho años, me hicieron salir al escenario en medio de una música estruendosa y estimulante. Cuando los aplausos y el ruido se apagaron, yo dije que las elecciones giraban alrededor de una pregunta muy sencilla: «¿Vamos a seguir conservando el ritmo de progreso y de prosperidad?».

Pedí a los demócratas que se aseguraran de que aplicábamos el criterio del presidente Reagan de 1980 para saber si un partido debía o no seguir controlando la presidencia: «¿Estamos mejor hoy que ocho años antes?». La respuesta demostró que Harry Truman tenía razón cuando dijo: «Si quieres vivir como un republicano, más te vale votar por un demócrata». La multitud respondió con un aplauso ensordecedor. Estábamos mejor, y no solo económicamente. Había más puestos de trabajo, y también más adopciones. La deuda se había reducido, al igual que los embarazos de adolescentes. Nos estábamos convirtiendo en una sociedad más diversa, pero también más unida. Habíamos construido un puente y lo habíamos cruzado para llegar al siglo XXI, «y no íbamos a volver atrás».

Defendí la bondad de un Congreso demócrata, afirmando que lo que hiciéramos con la prosperidad de la que ahora gozábamos era una prueba tan válida del carácter, los valores y el buen juicio del pueblo norteamericano como lo había sido la forma en que nos habíamos enfrentado en el pasado. Si obteníamos un Congreso demócrata, Estados Unidos podría contar con la Declaración de Derechos del Paciente, un incremento del salario mínimo, una mayor igualdad salarial para las mujeres y rebajas fiscales para que la clase media pudiera costear la educación superior de sus hijos y la atención médica continua de sus mayores.

Alabé a Hillary por los treinta años que había pasado al servicio de la gente y especialmente por su labor desde la Casa Blanca a favor de las familias y la infancia, y dije que al igual que siempre había estado ahí para nuestra familia, también lo estaría para las familias de Nueva York y de todo el país.

Luego hablé a favor de Al Gore, haciendo hincapié en sus firmes convicciones y buenas ideas, la clara noción que tenía del futuro y su carácter fundamentalmente honesto y decente. Le agradecí a Tipper su defensa de los enfermos mentales, y elogié la elección de Al para la vicepresidencia: Joe Lieberman. Hablé de la amistad de treinta años que me unía con Joe, y de la labor de éste en defensa de los derechos civiles en el Sur durante la década de los sesenta. En tanto que el primer norteamericano de origen judío que jamás entraba a formar parte de la candidatura nacional de uno de los dos principales partidos, Joe era la clara prueba del compromiso de Al Gore de construir un país unido.

Terminé mi discurso con un agradecimiento y un ruego personal:

Amigos míos, esta misma semana, cincuenta y cuatro años atrás, nací en medio de una tormenta de verano, hijo de una joven viuda, en un pequeño pueblo del Sur. Estados Unidos me dio la oportunidad de vivir mis sueños. He tratado, lo mejor que he sabido, de darles una oportunidad mejor para realizar los suyos. Ahora mi cabello es un poco más gris, y mis arrugas un poco más profundas, pero con el mismo optimismo y esperanza que aporté al trabajo que tanto amaba, ocho años atrás, quiero que sepan que mi corazón rebosa gratitud.

Conciudadanos, el futuro de nuestro país queda ahora en sus manos. Tienen que reflexionar seriamente, sentir profundamente, escoger con sabiduría. Y recuerden: pongan siempre primero a la gente. Sigan construyendo puentes. Y no dejen de pensar en el mañana.

Al día siguiente, Hillary, Chelsea y yo volamos hacia Monroe, Michigan, para un mitin de «entrega del testigo» con Al y Tipper Gore. La multitud que asistió al acto, que tenía lugar en un estado en contienda, envió a Al a Los Ángeles para recibir la nominación y convertirse en líder de nuestro partido, y a mí al McDonald's local, una parada que no había hecho en muchos años.

La candidatura Bush-Cheney se había decantado por una campaña con un mensaje doble. El argumento positivo era el «conservadurismo compasivo», es decir, garantizar al país las mismas condiciones sociales y económicas positivas que nosotros les habíamos proporcionado, pero con un gobierno más reducido y una reducción de impuestos más alta. El negativo era que elevarían el tono moral y pondrían fin al amargo enfrentamiento entre ambos partidos en Washington. Eso era, por decirlo suavemente, poco sincero. Yo había hecho todo lo que había podido y más para establecer un diálogo con los republicanos de Washington; ellos habían tratado de satanizarme desde el primer día. Ahora venían a decir: «Dejaremos de portarnos mal si nos devuelven la Casa Blanca».

El tema de la moralidad no debería haber tenido ninguna repercusión, a menos que la gente creyera que Gore había hecho algo malo, especialmente teniendo en cuenta que Lieberman, un hombre irreprochable, formaba parte de su candidatura. Yo no aparecía en esa papeleta de voto; era injusto y un perjuicio para los votantes culparles a ellos por mis errores personales. Yo sabía que su estrategia no funcionaría a menos que los demócratas aceptasen la legitimidad del argumento republicano y no les recordaran a los votantes el fiasco del *impeachment,* y todo el daño que la derecha podía causarles si llegaba a controlar tanto la Casa Blanca como el Congreso. Un vicepresidente de la Asociación Nacional del Rifle ya se había vanagloriado de que si Bush resultaba elegido, la ANR tendría una oficina en la Casa Blanca.

Después de nuestra convención, las encuestas decían que Al Gore superaba ligeramente a su contrincante. Yo acompañé a Hillary al área de los Finger Lakes, en el norte del estado de Nueva York, para pasar un par de días de vacaciones, y de campaña. Su carrera electoral se estaba desarrollando de un modo muy distinto a como había empezado. El alcalde Giuliani se había retirado, y su nuevo oponente, el congresista de Long Island Rick Lazio, presentaba un nuevo reto: era atractivo e inteligente, y una figura menos polémica que Giuliani, aunque era más conservador que éste.

Terminé el mes con dos cortos viajes. Después de una reunión en Washington con Vicente Fox, el presidente electo de México, volé a Nigeria para entrevistarme con el presidente Olusengun Obasanjo. Quería apoyar sus esfuerzos para reducir la incidencia del SIDA antes de que las tasas de infección de Nigeria alcanzaran el nivel de las naciones del sur de África, y también hacer énfasis en la reciente aprobación de la ley de comercio africano, que yo esperaba que ayudase a la maltrecha economía de Nigeria, que luchaba por salir adelante. Obasanjo y yo asistimos a una reunión sobre el SIDA en la que una joven habló de sus esfuerzos por educar a sus compañeros de clase sobre la enfermedad, y un hombre llamado John Ibekwe nos contó la conmovedora historia de su matrimonio con una mujer que padecía VIH y le infectó el virus, así como su frenética búsqueda para encontrar una medicina para su mujer que permitiera al hijo de ambos nacer libre del mal. Finalmente, John tuvo éxito, y la pequeña María nació sin el VIH. El presidente Obasanjo le pidió a la señora Ibekwe que subiera al escenario, donde la abrazó. Fue un gesto conmovedor y una clara señal de que Nigeria no caería en la trampa de negar la realidad, que tanto había contribuido al contagio del SIDA en otros países.

De Nigeria volé a Arusha, Tanzania, para participar en las conversaciones de paz de Burundi, que Nelson Mandela estaba presidiendo. Mandela quería que me sumara a él y otros dirigentes africanos en la sesión de clausura, para exhortar a los líderes de las numerosas facciones de Burundi para que firmaran el acuerdo y evitaran otro Ruanda. Mandela me dio instrucciones muy claras: estábamos jugando a poli bueno y poli malo. Mi discurso sería positivo, animándoles a hacer lo correcto, y luego Mandela pediría a las partes que firmasen la propuesta. Funcionó: el presidente Pierre Buyoya y trece de las diecinueve partes enfrentadas aceptaron firmar. Pronto, solo se negaron dos. Aunque era un viaje agotador, ir a la conferencia de paz de Burundi era una manera importante de demostrarle a África y al mundo que Estados Unidos quería ayudar a mantener la paz. Como me dije para mis adentros antes de empezar nuestras conversaciones de Camp David, "o lo logramos, o que nos atrapen en el intento".

El 30 de agosto viajé hasta Cartagena, en Colombia, junto con el portavoz Dennis Hastert y seis otros miembros de la Cámara, el senador Joe Biden y otros tres senadores, y varios miembros del gabinete. Todos queríamos reforzar el compromiso de Estados Unidos con el Plan Colombia del presidente Andrés Pastrana, cuyo objetivo era liberar a su país de los narcotraficantes y los terroristas que controlaban cerca de un tercio del territorio. Pastrana había arriesgado su propia vida yendo solo a reunirse con la guerrilla en su territorio. Cuando fracasó, pidió a Estados Unidos que le ayudase a derrotarles con el Plan Colombia. Fuertemente respaldado por Hastert, yo había obtenido más de mil millones de dólares del Congreso para poner nuestro grano de arena.

Cartagena es una ciudad preciosa, rodeada de viejas murallas. Pastrana nos llevó a dar una vuelta para conocer a los agentes que luchaban contra los narcotraficantes y a algunos de los afectados por la violencia, incluyendo la viuda de un oficial de policía asesinado en el cumplimiento de su deber, uno de cientos que murieron por su integridad y su bravura. Andrés también nos presentó a Chelsea y a mí a un adorable grupo de jóvenes músicos que se hacían llamar los Niños del Vallenato, su pueblo natal en un área a menudo gobernada por la violencia. Cantaron y bailaron por la paz, ataviados con el traje tradicional; esa noche, en las calles de Cartagena, Pastrana, Chelsea y yo bailamos con ellos.

A finales de la primera semana de septiembre, después de vetar una ley que revocaba el impuesto estatal, anuncié que dejaría en manos de mi sucesor la decisión de desplegar un sistema de defensa de misiles. Me dediqué a hacer campaña por Hillary en la Feria Estatal de Nueva York, y fui a las Naciones Unidas para la cumbre del Milenio. Fue la mayor asamblea de dirigentes mundiales que se había celebrado jamás. Mi último discurso en la ONU fue un llamamiento breve pero apasionado para que aumentara la cooperación internacional en los temas de seguridad, paz y prosperidad compartida, con el fin de construir un mundo que funcionase a partir de reglas sencillas: «Todo el mundo cuenta, todo el mundo tiene un papel que desempeñar y todos estamos mejor cuando nos ayudamos mutuamente».

Después del discurso, me dirigí a la sala de sesiones para sentarme al lado de Madeleine Albright y Dick Holbrooke, y escuchar al siguiente orador: el presidente Mohammed Jatamí de Irán. En los últimos años, se habían celebrado varias elecciones en Irán: para la presidencia, el parlamento y municipales. En cada caso, los reformadores habían ganado entre dos tercios y el 70 por ciento de los votos. El problema era que, según la constitución iraní, por encima del presidente estaba un consejo de fundamentalistas islámicos dirigido por el ayatolá Sayyed Ali Jamenei, que gozaba de un tremendo poder: podía anular ciertas medidas legislativas y rechazar candidaturas a cargos públicos. También controlaba el funcionamiento del servicio secreto exterior de Irán y financiaba y apoyaba al terrorismo. Habíamos tratado de dialogar con Jatamí e impulsar los contactos personales. Yo también había declarado que Estados Unidos cometió un error al respaldar el derrocamiento del gobierno electo en Irán durante los años cincuenta. Esperaba que mi gesto de respeto pudiera dar sus frutos en forma de más avances durante la siguiente presidencia.

Kofi Annan y yo ofrecimos el tradicional almuerzo; cuando terminó, seguí mi costumbre habitual, la de quedarme de pie al lado de mi mesa para estrechar la mano de los líderes que desfilaban hacia la salida. Pensé que había terminado cuando le di la mano a un funcionario namibio gigante, que se inclinó hacia mí desde su impresionante altura. Se apartó y apareció un último dirigente que había quedado oculto detrás de él: Fidel Castro. Castro alargó la mano y yo la estreché; era el primer presidente norteamericano que lo hacía en más de cuarenta años. Dijo que no quería causarme ningún problema, pero que quería presentarme sus respetos antes de que yo dejara mi cargo. Le respondí que esperaba que algún día nuestras naciones se reconciliaran.

Después de las reuniones de la ONU, la OPEP anunció un incremento de la producción de petróleo de 800.000 barriles diarios, y el primer ministro Vajpayee, de la India, vino a Washington en una visita oficial. El 19 de septiembre, el Senado siguió el ejemplo de la Cámara y aprobó la ley que establecía la normalización de relaciones comerciales con China, despejando la vía para que entrara en la OMC. Yo estaba convencido de que con el tiempo terminaría siendo uno de los resultados de política exterior más importantes de mis ocho años.

Hillary pasó un buen mes de septiembre. Ganó las primarias el día 12 y derrotó fácilmente a Lazio en el debate moderado por Tim Russert en Buffalo. Lazio tenía tres problemas: afirmaba que la aún maltrecha economía de la zona norte de Nueva York ya había superado la mala racha, emitió un anuncio engañoso (por el cual le llamaron la atención) que implicaba que el senador Moynihan le apoyaba a él y no a Hillary y además se metió con ella y trató de obligarla a comprometerse a una financiación de campaña que simplemente no era creíble. Todo lo que Hillary tenía que hacer era conservar la compostura y responder a las preguntas, lo cual hacía muy bien. Una semana más tarde, una nueva encuesta decía que iba a vencer a Lazio por 48 contra 39 por ciento de los votos con el nuevo apoyo de las mujeres que vivían en las áreas residenciales.

El 16 de septiembre, me despedí emocionado frente a un amplio público, formado en su mayoría por afroamericanos, en la cena del *caucus* afroamericano del Congreso, en donde repasé nuestra trayectoria de éxitos y defendí la candidatura de Gore y Lieberman; también les pedí su apoyo para los jueces negros que estaban bien cualificados pero cuyas nominaciones aún no habían sido confirmadas. Luego tiré el guión y cerré mi discurso con estas palabras:

> Les doy las gracias desde el fondo de mi corazón. Una vez, Toni Morrison dijo que yo era el primer presidente negro que había tenido este país. Yo prefiero eso a un premio Nobel, y déjenme que les diga la razón: porque en algún lugar, escondidas entre los hilos perdidos de mi propia memoria, están las raíces de la comprensión de lo que ustedes han pasado. En algún lugar, subyace la profunda necesidad de compartir el destino de la gente que ha sido dejada de lado, que ha quedado atrás, a veces con brutalidad, y demasiado a menudo ignorada y olvidada.
>
> No estoy muy seguro de todas las personas a las que tengo que agradecérselo. Pero sí sé que no merezco ningún elogio por ello, pues lo que he hecho, sea lo que sea, ha sido porque sentía que no me quedaba elección.

Repetí esas ideas unos días más tarde, el 20 de septiembre, frente a los asistentes a la cena del *caucus* hispano del Congreso, y en la conferencia de obispos de la Iglesia de Dios en Cristo, donde señalé que solo quedaban 120 días para que terminara mi mandato, y les dije que serían «120 días muy duros», en los que me dedicaría a colaborar con el Congreso y a intentar obtener la paz en Oriente Próximo. Sabía que tenía la oportunidad de lograr algunas victorias más cuando el Congreso se relajara, pero no estaba tan seguro acerca de Oriente Próximo.

Varios días más tarde, mi equipo económico estaba conmigo cuando anuncié que el ingreso medio había crecido en más de 1.000 dólares durante el año anterior, situándose por encima de los 40.000 dólares por primera vez en nuestra historia, y que el número de norteamericanos sin cobertura sanitaria había descendido en 1,7 millones de personas en ese mismo período, la mayor reducción en doce años.

El 25 de septiembre, después de semanas de esfuerzos por parte de nuestro equipo para que las conversaciones de paz se reactivaran, Barak invitó a Arafat a su casa a cenar. Hacia el final de la comida, yo llamé por teléfono y mantuve una larga conversación con ambos. Al día siguiente, ambas partes enviaron negociadores a Washington para retomar las conversaciones en el punto en que las habían dejado en Camp David. Todo cambió el día 28, cuando Ariel Sharon se convirtió en el primer dirigente político israelí en hacer acto de presencia en el Monte del Templo (conocido por los musulmanes como la Explanada de las Mezquitas) desde que Israel se hiciera con el territorio en la guerra de 1967. En esa época, Moshe Dayan había dicho que los emplazamientos religiosos musulmanes debían ser respetados, y por lo tanto el monte quedaba bajo control musulmán.

Arafat dijo que le había pedido a Barak que impidiera el paseo de Sharon, cuyo objetivo evidente era afirmar la soberanía de Israel sobre la zona y reforzar su posición frente al desafío que el ex primer ministro Netanyahu, que ahora parecía más halcón que el propio Sharon, representaba para su liderazgo en el Likud. Yo también había esperado que Barak pudiera evitar la provocadora escapada de Sharon, pero Barak me confesó que no pudo. En lugar de eso, a Sharon le prohibieron que entrara en la Cúpula de la Roca, o mezquita de al-Aqsa, y fue escoltado hasta el Monte por un gran número de policías fuertemente armados.

Tanto yo como otros miembros de mi equipo instaron a Arafat para que impidiera que se desatara la violencia. Era una gran oportunidad para que los palestinos, por una vez, se negaran a ser provocados. Pensaba que a Sharon tendrían que haberlo recibido niños palestinos con flores, y decirle que cuando el Monte del Templo quedara bajo control palestino, él siempre sería bien recibido. Pero como Abba Eban había dicho hacía tiempo, los palestinos jamás pierden la oportunidad de perder una oportunidad. Al día siguiente, se produjeron multitudinarias manifestaciones de palestinos cerca del Muro de las Lamentaciones, durante las cuales la policía israelí disparó pelotas de goma contra la gente que tiraba piedras y otros proyectiles. Al menos cinco personas murieron y cientos resultaron heridas. Los enfrentamientos se prolongaron; dos imágenes vívidas por el dolor y la futilidad que expresan surgieron entre otras muchas: un niño palestino de doce años herido a causa del fuego cruzado, agonizando en brazos de su padre, y dos soldados israelíes a los que sacaron a la fuerza de un edificio para ser apaleados hasta la muerte; sus cuerpos sin vida fueron arrastrados por las calles y uno de sus asaltantes mostraba orgulloso al mundo, a través de las cámaras de televisión, sus manos manchadas de sangre.

Mientras Oriente Próximo estaba en llamas, los Balcanes mejoraban. Durante la última semana de septiembre, Slobodan Milosevic perdió las elecciones a la presidencia de Serbia a manos de Vojislav Kostunica en una campaña que nos habíamos asegurado de que fuera legal para que Kostunica pudiera transmitir su mensaje. De todos modos, Milosevic trató de manipular las elecciones, pero las manifestaciones masivas le convencieron de que no podría salirse con la suya, así que, el 6 de octubre, el principal impulsor de las matanzas en los Balcanes admitió su derrota.

A principios de octubre, organicé una reunión en la Sala del Gabinete para los impulsores de la iniciativa de la condonación de la deuda. Asistió el reverendo Pat Robertson; su firme apoyo, así como el de la comunidad cristiana evangélica, demostraba el amplio consenso público que se había forjado sobre la condonación de la deuda. En la Cámara, el esfuerzo lo respaldaba Maxine Waters, uno de nuestros miembros más progresistas, y el presidente conservador del Comité Presupuestario, John Kasich. Incluso Jesse Helms estaba a favor, en gran medida gracias a la estrecha relación personal que mantenía con Bono. Los resultados iniciales eran alentadores: Bolivia había invertido 77 millones de dólares en salud y educación, Uganda había doblado la asistencia a la escuela primaria y Honduras pasó de seis a nueve años de escolarización obligatoria. Yo quería obtener el resto de nuestra contribución en el acuerdo presupuestario final.

En la segunda semana del mes, Hillary lo hizo muy bien en su segundo y más civilizado debate con Rick Lazio. Firmé la ley de tratado de comercio con China, y agradecí a Charlene Barshefsky y a Gene Sperling su extenuante desplazamiento a China para cerrar los flecos de nuestro acuerdo a ultimísima hora. También firmé la legislación de la iniciativa de Legado Territorial y las nuevas inversiones para las comunidades nativas americanas. Y el día 11 de octubre, en Chappaqua, me reuní con Hillary para celebrar nuestro veinticinco aniversario de boda. Parecía que era ayer, cuando éramos jóvenes y estábamos empezando. Ahora nuestra hija estaba a punto de terminar la carrera y los años de la Casa Blanca ya casi habían acabado. Yo confiaba en que Hillary ganaría la carrera del Senado, y era optimista acerca de lo que el futuro nos depararía.

Mi breve ensueño quedó destrozado al día siguiente, cuando un pequeño bote cargado con explosivos explotó al lado del *USS Cole*, en un puerto en Adén, Yemen. Diecisiete marineros murieron en lo que obviamente era un ataque terrorista. Todos pensamos que era obra de bin Laden y al-Qaeda, pero no podíamos estar seguros. La CIA se puso a investigarlo, y yo envié a miembros de los departamentos de Defensa y del Estado, así como del FBI, a Yemen, donde el presidente, Ali Saleh, había prometido una absoluta cooperación durante la investigación y el proceso de captura para llevar a los responsables frente a la justicia.

Mientras, seguí presionando al Pentágono y al equipo de seguridad nacional para que me dieran más ideas sobre cómo atrapar a bin Laden. Estuvimos muy cerca de lanzar otro ataque de misiles contra él en octubre, pero la CIA recomendó que lo suspendiéramos en el último minuto, pues pensaban que las pruebas de su presencia no eran lo suficientemente sólidas. El Pentágono desaconsejó el envío de fuerzas especiales a Afganistán, dadas todas las dificultades logísticas asociadas a la operación, a menos que dispusiéramos de información secreta más fiable sobre el paradero de bin Laden. Eso nos dejaba con opciones de intervención militar de mayor importancia: una campaña de bombardeo masivo de todos los presuntos campos de entrenamiento o una invasión a gran escala. En mi opinión, ninguna de las dos alternativas era factible sin antes determinar fehacientemente que al-Qaeda estaba detrás de lo del *Cole*. Me sentía muy irritado y esperaba que antes de terminar mi mandato pudiéramos localizar a bin Laden y lanzar un ataque con misiles contra él.

Después de realizar algunas paradas de campaña en Colorado y Washington, volé a Sharm al-Sheij, en Egipto, para una cumbre sobre la violencia en Oriente Próximo con el presidente Mubarak, el rey Abdullah, Kofi Annan y Javier Solana, entonces responsable de Asuntos Exteriores de la Unión Europea. Todos querían el fin de la violencia, como el príncipe Abdullah de Arabia Saudí, que no se encontraba allí pero ya había declarado su postura sobre el tema. Barak y Arafat también estaban, pero fue como si estuvieran separados por todos los océanos del mundo. Barak quería que la violencia acabara; Arafat quería una investigación sobre el supuesto uso excesivo de la fuerza por parte de los policías y el ejército israelíes. George Tenet diseñó un plan de seguridad con ambas partes, y yo tenía que convencer a Barak y Arafat de que lo apoyaran, así como la declaración que se realizaría al final de la cumbre.

Le dije a Arafat que mi intención había sido presentar una propuesta para resolver los temas pendientes más destacados durante las negociaciones de paz, pero que no podía hacerlo hasta que aceptara el plan de seguridad. No podía haber paz sin antes rechazar de plano la violencia. Arafat aceptó, y a continuación trabajamos hasta primera hora de la mañana en la declaración que yo emitiría en nombre de todas las partes. Contenía tres secciones: un compromiso para poner fin a la violencia; el establecimiento de un comité de investigación para analizar el origen de los enfrentamientos y la conducta de ambas partes, nombrado por Estados Unidos junto con los israelíes y los palestinos, y asesorado por Kofi Annan y el compromiso de avanzar en las conversaciones de paz. Puede sonar muy sencillo, pero no lo era. Arafat quería un comité de la ONU y la reanudación inmediata de las conversaciones. Barak quería un comité estadounidense y un plazo suficiente para ver si la situación se calmaba. Mubarak y yo terminamos reuniéndonos a solas con Arafat, y le convencimos de que aceptara la declaración. No podría haberlo hecho sin Hosni. Yo creía que a veces se resistía demasiado a implicarse en serio en el proceso de paz, pero esa noche fue firme, claro y eficaz.

Cuando regresé a Estados Unidos, Hillary, Chelsea y yo fuimos a Norfolk, Virginia, para una misa fúnebre en honor de las víctimas de la bomba en el *USS Cole*; también nos reunimos en privado con las familias, que estaban destrozadas. Como los pilotos de las Torres Khobar, nuestros marineros habían muerto en un conflicto muy distinto de los que habían sido entrenados para luchar. En éste, el enemigo era huidizo, todo el mundo era un objetivo en potencia, nuestro enorme arsenal no tenía ningún poder disuasorio sobre los ataques y la libre circulación y la tecnología de la información del mundo moderno se utilizaban en contra nuestra. Yo sabía que acabaríamos por prevalecer en nuestra lucha contra Bin Laden, pero ignoraba cuánta gente inocente perdería la vida antes de que lográsemos descubrir el modo de vencerle.

Dos días más tarde, Hillary, Al y Tipper Gore y yo fuimos a Jefferson City, Missouri, para una misa fúnebre en memoria del gobernador Mel Carnahan, su hijo y un joven ayudante que habían muerto al estrellarse su avioneta. Carnahan y yo habíamos estado muy unidos desde que me respaldó a principios de la campaña de 1992. Había sido un excelente gobernador y un impulsor de la reforma de la asistencia social, y en el momento de su muerte se enfrentaba a una ajustada carrera con John Ashcroft por el escaño en el Senado. Era demasiado tarde para nombrar a otro candidato. Unos días más tarde, Jean Carnahan dijo que si la gente de Missouri votaba por su marido, ella ejercería su cometido. Así lo hicieron, y Jean realizó una labor notable.

En los últimos días de octubre, mientras las elecciones presidenciales aumentaban de intensidad, firmé un acuerdo comercial con el rey Abdullah de Jordania, y seguí firmando y vetando leyes. Además, hice campaña por Indiana, Kentucky, Massachusetts y Nueva York, donde asistí a varios actos para Hillary. El más divertido fue una celebración de cumpleaños en la que Robert de Niro me dio instrucciones para hablar como un verdadero neoyorquino.

Desde la convención, Al Gore había planteado las elecciones como un concurso de «el pueblo contra los poderosos». Era eso, efectivamente: todos y cada uno de los grupos de interés concebibles —las compañías aseguradoras sanitarias, las empresas de tabaco, las industrias altamente contaminantes, la Asociación Nacional del Rifle y muchos más— estaban a favor del gobernador Bush. El problema de ese eslogan era que Al no podía apoyarse totalmente en nuestra trayectoria de éxitos sociales y económicos, ni tampoco poner claramente de relieve el compromiso explícito que Bush había adquirido para desbaratar ese progreso. Igualmente, el sesgo populista daba la impresión a algunos votantes indecisos de que también Al podía optar por cambiar la dirección económica del país. Hacia finales de mes, Al empezó a decir: «No arriesguen nuestra prosperidad». Alrededor del 1 de noviembre, subía en las encuestas, aunque seguía cuatro puntos por detrás.

En la última semana de campaña, a petición del gobernador Gray Davis, volé a California para hacer campaña durante dos días a favor de la candidatura nacional y nuestros candidatos del Congreso; también participé en un importante acto en Harlem a favor de Hillary. El domingo fui a casa, a Arkansas, para apoyar a Mike Ross en su campaña; Mike había sido mi conductor durante mi campaña de gobernador de 1982, y se presentaba contra el congresista republicano Jack Dickey.

Pasé el día antes de las elecciones, y la propia jornada electoral, haciendo más de sesenta entrevistas de radio por todo el país animando a la gente a que votara por Al, Joe y nuestros demócratas locales. Ya había grabado más de 170 anuncios de radio y mensajes telefónicos que se enviarían a los hogares de los demócratas del núcleo duro y a las minorías, solicitando su voto para nuestros candidatos.

El día de las elecciones, Hillary, Chelsea y yo votamos en la escuela primaria Douglas Grafflin, nuestro centro electoral en Chappaqua. Fue una experiencia extraña y maravillosa: extraña porque aquella escuela era el único lugar en el que había votado fuera de Arkansas, y después de veintiséis años de vida política, mi nombre no estaba en la papeleta de voto. Maravilloso, porque pude votar por Hillary. Chelsea y yo votamos primero, luego nos abrazamos al mirar a Hillary correr la cortina y emitir un voto para ella.

La noche electoral fue una montaña rusa. Hillary ganó sus elecciones, por 55 contra 43 por ciento, un margen mucho más amplio del que le habían otorgado todas las encuestas previas, excepto una. Yo estaba tremendamente orgulloso de ella. Nueva York la había sometido al tercer grado, como había hecho conmigo en 1992. Había ido de arriba a abajo y otra vez arriba, pero se había mantenido en sus trece y seguido adelante.

Mientras celebrábamos su victoria en el hotel Grand Hyatt en Nueva York, Bush y Gore estaban empatados. Durante semanas, todo el mundo sabía que las elecciones serían muy ajustadas, y muchos comentaristas decían que Gore quizá perdería el voto popular, pero lograría los suficientes electores como para ganar. Dos días antes de las elecciones, mientras miraba el mapa electoral y las últimas encuestas, le dije a Steve Ricchetti que temía que sucediera lo contrario. Nuestros votantes de base se habían movilizado e irían a votar con tanta determinación como los republicanos que querían recuperar la Casa Blanca. Al ganaría en los estados grandes por amplios márgenes, pero Bush se llevaría los estados rurales más pequeños, que tenían ventaja en el colegio electoral, pues cada estado obtenía un voto electoral por cada miembro de la Cámara más dos extra por sus senadores. Cuando nos acercábamos a la jornada electoral, aún creía que Al ganaría porque contaba con el impulso del momento y su programa era el adecuado.

Gore ganó por más de 500.000 votos, pero el voto electoral quedó en el aire. Las elecciones terminaron decidiéndose en Florida, después de que Gore ganara por una estrecha victoria de 366 votos en Nuevo México, otro de los estados que de no estar Ralph Nader en la papeleta de voto no hubieran quedado tan apretados. Yo le había pedido a Bill Richardson que se pasara la última semana en su estado natal, y es muy posible que él marcara la diferencia.

De los estados que yo había ganado en 1996, Bush se hizo con Nevada, Arizona, Missouri, Arkansas, Tennessee, Kentucky, Ohio, Virginia Occidental y New Hampshire. Tennessee se había ido tornando progresivamente más republicano. En 1992, 1996 y 2000, el voto demócrata se había estabilizado entre el 47 y el 48 por ciento. La Asociación Nacional del Rifle perjudicó gravemente a Al en esa zona y en otros estados, entre ellos Arkansas. Por ejemplo, el condado de Yell, donde los Clinton se habían instalado hacía un siglo, era un condado populista y culturalmente conservador que un demócrata tiene que ganar para llevarse todo el estado en unas elecciones apretadas. Gore lo perdió contra Bush por 50 contra 47 por ciento, y eso fue obra de la ANR. Quizá yo podría haberle dado la vuelta, pero no habría bastado con recorrer las zonas rurales durante dos o tres días, y yo ignoraba lo serio que era el problema hasta que volví a casa justo antes de las elecciones.

El lobby de las armas trató de vencer a Al en Michigan y Pennsylvania, y quizá lo hubieran logrado de no ser por el esfuerzo heroico de los sindicatos locales, que contaban con muchos miembros de la ANR en sus filas. Presentaron batalla diciendo: «¡Gore no se va a llevar tus armas, pero Bush sí te quitará tus derechos sindicales!». Desafortunadamente, en las áreas rurales de Arkansas, Tennessee, Kentucky, Virginia Occidental, Missouri y Ohio no habían suficientes afiliados a los sindicatos como para librar la batalla al pie del cañón.

En Kentucky nos perjudicó mucho nuestra firme postura contra la promoción dirigida a los adolescentes de las grandes compañías tabacaleras, sobre todo en las zonas de cultivo de tabaco. En Virginia Occidental le hizo daño el cierre de la Weirton Steel, una cooperativa; los empleados y sus familiares estaban convencidos de que había sido consecuencia de mi incapacidad para limitar las importaciones de acero barato desde Rusia y Asia durante la crisis financiera asiática. La documentación demostraba que la compañía había quebrado por otras razones, pero los trabajadores de la Weirton opinaban de otro modo y Al pagó el precio.

New Hampshire votó por Bush, por un margen de poco más de 7.000 votos, porque Nader obtuvo 22.198 votos. Aún peor, Nader se hizo con más de 90.000 votos en Florida, donde Bush pendía de un hilo en un resultado polémico que tardó más de un mes en conocerse.

Cuando empezó la batalla electoral por Florida, quedó claro que nos habíamos quedado con cuatro escaños en el Senado y uno en la Cámara de Representantes. Tres cargos actuales de los republicanos en la Cámara fueron derrotados, entre ellos Jay Dickey, que perdió frente a Mike Ross en Arkansas, y los demócratas lograron cuatro escaños en California, venciendo en todas las elecciones ajustadas excepto en una. Al partía con desventaja cuando empezó el recuento electoral en Florida porque el principal funcionario electoral, la secretaria de Estado Katherine Harris, era una republicana conservadora muy cercana al gobernador Jeb Bush, y la asamblea estatal que tenía que certificar a los electores estaba dominada por republicanos conservadores. Por otra parte, el tribunal supremo estatal, que presumiblemente tendría la última palabra en el recuento de papeletas, contaba con más jueces nombrados por gobernadores demócratas, y se creía que no era tan partidista.

Dos días más tarde, aún sin saber quién sería mi sucesor, me entrevisté con Arafat en el Despacho Oval. La violencia estaba disminuyendo y yo pensaba que quizá iba en serio sobre la paz. Le dije que solo me quedaban diez semanas para llegar a un acuerdo. En un momento en privado le tomé del brazo, le miré fijamente a los ojos y le dije que también tenía la oportunidad de cerrar un acuerdo con Corea del Norte para poner fin a su producción de misiles de largo alcance, pero que tendría que ir allí para lograrlo. Todo el viaje me llevaría una semana o más, teniendo en cuenta las paradas obligatorias en Corea del Sur, Japón y China.

Yo sabía que para alcanzar la paz en Oriente Próximo tendría que cerrar el acuerdo personalmente. Le dije a Arafat que había hecho todo lo que podía para obtener un estado palestino en Cisjordania y Gaza, a la vez que protegía la seguridad de Israel. Después de todos mis esfuerzos, si Arafat no pensaba apostar por la paz, al menos debía decírmelo claramente, de modo que yo pudiera partir para Corea del Norte y tratar de resolver otro grave problema de seguridad. Me rogó que me quedara, diciéndome que teníamos que terminar la paz, y que si no lo hacíamos antes de que terminara mi mandato, pasarían al menos cinco años hasta que volviéramos a rozar la paz tan de cerca.

Esa noche, celebramos una cena para conmemorar el segundo centenario de la Casa Blanca. Lady Bird Johnson y los presidentes Ford, Carter y Bush, junto con sus respectivas esposas, estaban todos allí para poner de relieve el cumpleaños de la casa del pueblo, en la que todos los presidentes desde John Adams se habían alojado. Fue un momento maravilloso en la historia de Estados Unidos, pero tenso para el presidente y la señora Bush, que sin duda debían estar muy nerviosos a causa de la elección de su hijo, que aún estaba pendiente de un hilo. Yo me alegré de que hubieran venido.

Unos pocos días después, Chelsea y yo fuimos a Brunei para la cumbre anual de la APEC. El sultán Hasan al-Bolkiah fue el anfitrión de la reunión en un espléndido hotel nuevo, con un centro de convenciones.

Hicimos algunos avances en las reformas, necesarios para evitar otra crisis financiera asiática, y el primer ministro de Singapur, Goh Chok Tong, y yo aceptamos empezar a negociar un tratado de libre comercio bilateral. También disfruté de una partida de golf con el primer ministro Goh en un circuito nocturno especialmente diseñado para que los jugadores pudieran soportar el intenso calor. Yo había instituido las reuniones de la APEC allá en el año 1993 y estaba satisfecho de la ampliación del grupo y del trabajo que habíamos realizado. En mi última cumbre de la APEC pensé que los esfuerzos habían dado su fruto, no solo en términos de acuerdos específicos, sino también construyendo una institución que ligaba a Estados Unidos y a Asia en su marcha hacia el nuevo siglo.

Después de Brunei, Chelsea y yo viajamos a Vietnam, para una visita histórica a Hanoi, Ciudad Ho Chi Minh (la antigua Saigón) y un emplazamiento donde los vietnamitas colaboraban con los norteamericanos para desenterrar los restos de nuestros soldados que aún constaban como desaparecidos en combate. Hillary vino desde Israel, adonde había viajado para asistir al funeral de Leah Rabin, y se sumó a nosotros.

Me reuní con el líder del Partido Comunista, el presidente, el primer ministro y el alcalde de Ciudad Ho Chi Minh. Cuanto más alto era el cargo, más aumentaban las probabilidades de que el dirigente se expresara en un lenguaje parecido al viejo estilo comunista. El líder del partido, Le Kha Phieu, trató de utilizar mi oposición a la guerra de Vietnam para condenar lo que Estados Unidos había hecho, calificándolo de acto imperialista. Eso me disgustó, especialmente porque lo dijo en presencia de nuestro embajador, Pete Peterson, que había sido prisionero de guerra. Le dije al dirigente en términos inequívocos que a pesar de que estaba en desacuerdo con nuestra política en Vietnam, los que la habían impulsado no eran imperialistas ni colonialistas, sino buena gente convencida de que luchaba contra el comunismo. Le señalé a Pete y dije que él no se había pasado seis años y medio en la prisión conocida como Hanoi Hilton porque quisiera colonizar Vietnam. Habíamos empezado una nueva página con relaciones normalizadas, acuerdos comerciales y una cooperación bilateral sobre soldados desaparecidos en combate. Ahora no era el momento de reabrir viejas heridas. El presidente, Tran Duc Luong, era un hombre solo ligeramente menos dogmático.

El primer ministro, Phan Van Khai, y yo habíamos desarrollado una buena relación en las reuniones de la APEC; un año antes me había dicho que agradecía mi oposición a la guerra. Cuando le dije que los norteamericanos que no estaban de acuerdo conmigo y que habían apoyado la guerra eran buena gente que quería la libertad para los vietnamitas, respondió: «Lo sé». Khai estaba interesado en el futuro y esperaba que Estados Unidos proporcionara a Vietnam ayuda para atender a las víctimas del agente naranja y para el desarrollo de su economía. El alcalde de Ciudad Ho Chi Minh, Vo Viet Thanh, era como los buenos alcaldes agresivos de Estados Unidos que yo conocía. Se llenó la boca hablando del equilibrio presupuestario, de la reducción del funcionariado y de obtener más inversiones extranjeras. Además de los funcionarios, también vi y estreché la mano a un montón de gente que se había reunido espontáneamente para saludarnos después de un almuerzo informal en un restaurante local. También querían construir un futuro en común.

El viaje al emplazamiento de los desaparecidos en combate fue una experiencia que ninguno de nosotros olvidaría jamás. Recordé mis años en el instituto y los compañeros que habían muerto en Vietnam y recordé el hombre al que le presté ayuda cuando estaba en Moscú en 1970, buscando información acerca de su hijo desaparecido. Los norteamericanos que trabajaban con el equipo vietnamita creían, basándose en información de los habitantes locales, que un piloto de caza desaparecido, el teniente coronel Lawrence Evert, se había estrellado allí más de treinta años atrás. Ahora, sus hijos ya adultos nos acompañaron al lugar. Hundidos hasta las rodillas en el fango, nuestros soldados trabajaban codo con codo con los vietnamitas cortando el barro en grandes pedazos, apartándolo a un lugar cercano, y tamizándolo. Ya habían logrado recuperar fragmentos de un avión y un uniforme, y estaban cerca de contar con material suficiente como para realizar una identificación. La operación era supervisada por un arqueólogo norteamericano que también eran veterano del Vietnam. Dijo que era la excavación que más le compensaba en todo el mundo. El cuidado y el detalle que invertían en su labor eran asombrosos, así como los esfuerzos para colaborar por parte de los vietnamitas. Pronto, los Evert encontraron a su padre.

De vuelta a casa desde Vietnam, me enteré de que Chuck Ruff, mi abogado de la Casa Blanca durante el proceso de *impeachment*, había fallecido repentinamente. Cuando aterricé, fui a ver a su esposa, Sue; Chuck fue un hombre extraordinario que había sabido dirigir nuestro equipo defensor en el Senado con habilidad y valentía.

El resto del mes de noviembre lo dediqué a Oriente Próximo y al recuento de votos de Florida, que se quedó a medias, con miles de votos sin contar en tres condados grandes, lo cual era una injusticia para Gore, puesto que era obvio, en función de los votos anulados debido a errores como consecuencia de papeletas electorales confusas y máquinas de perforación defectuosas, que había muchos miles de ciudadanos más en Florida que tenían intención de votar a Gore en lugar de a Bush. Gore presentó una apelación en los tribunales contra el resultado de las elecciones. Al mismo tiempo, Barak y Arafat volvían a reunirse. Yo tampoco tenía claro si íbamos a ganar o a perder la batalla por Florida ni la lucha por la paz.

El 5 de diciembre, Hillary fue a Capitol Hill para estrenarse como senadora. La noche antes, le tomé el pelo sobre su primer día de la «Escuela de Senadores», diciéndole que tenía que descansar mucho y llevar un bonito vestido. Estaba muy animada y yo me sentía verdaderamente feliz por ella.

Tres días más tarde, viajé a Nebraska, el único estado que aún no había visitado como presidente, para hablar en la universidad de Nebraska en Kearney. De hecho fue un discurso de despedida dirigido al interior del país, para animar a sus ciudadanos a conservar el liderazgo norteamericano en el mundo más allá de nuestras fronteras. Mientras, el tribunal supremo de Florida ordenó la inclusión de más votos procedentes del recuento en los condados de Palm Beach y Dade, así como el recuento de 45.000 votos más según el criterio de la legislación de Florida: una papeleta solo valía si la intención del votante era clara. El margen de Bush se redujo a 154 votos.

El gobernador Bush apeló de inmediato al Tribunal Supremo de Estados Unidos para detener el recuento. Varios abogados me dijeron que el alto tribunal no aceptaría la demanda; la mecánica electoral era una cuestión de legislación estatal a menos que se utilizara para discriminar a un grupo de ciudadanos, como las minorías raciales. Además, resulta difícil obtener una orden judicial contra lo que de otro modo es una acción completamente legal, como un recuento electoral o derribar un edificio si el propietario acepta. Para ello, una de las partes debe demostrar que se produciría un daño irreparable a menos que la actividad se detuviera. En una sentencia de 5 votos contra 4, el juez Scalia redactó una sentencia sorprendentemente honesta concediendo la orden judicial. ¿Cuál era el daño irreparable?, se preguntaba Scalia. Pues que contar los votos podía «arrojar dudas sobre lo que [Bush] afirma es la legitimidad de su elección». Bueno, la verdad es que tenía razón al respecto. Si Gore obtenía más votos que Bush en Florida, le iba a resultar más difícil al Tribunal Supremo darle a Bush la presidencia.

Celebramos una fiesta de Navidad en la Casa Blanca esa noche, y le pregunté a cada abogado que asistió, durante la línea de recepción, si él o ella se habían encontrado jamás con una sentencia parecida. A nadie le había sucedido. El Tribunal tenía que entregar otra sentencia en breve, esta vez pronunciándose sobre el fondo de la cuestión, es decir, si el recuento en sí era constitucional. Ahora sabíamos que cerrarían el tema con un voto de 5 a 4. Le dije a Hillary que no le dejarían volver a redactar una segunda opinión a Scalia; había sido demasiado franco en la primera.

El 11 de diciembre, Hillary, Chelsea y yo volamos a Irlanda, el país de mis antepasados y el escenario de tantas gestiones por la paz que yo había impulsado. Nos detuvimos en Dublín para ver a Bertie Ahern, y luego fuimos a Dundalk, cerca de la frontera, para un multitudinario mitin en una ciudad que antaño era un hervidero de actividad del IRA y ahora era una fuerza de la paz. Las calles brillaban con la iluminación navideña, mientras el gentío vitoreaba alegremente y me cantaba «Danny Boy». Seamus Heaney dijo una vez de Yeats: «Su interés era dejar un espacio en la mente y en el mundo para lo milagroso». Agradecí a los irlandeses que llenaran ese espacio con el milagro de la paz.

Nos dirigimos a Belfast, donde me reuní con los líderes de Irlanda del Norte, entre ellos David Trimble, Seamus Mallon, John Hume y Gerry Adams. Luego fuimos con Tony y Cherie Blair, Bertie Ahern y George Mitchell a una gran reunión de católicos y protestantes en la Odyssey Arena. Aún era poco habitual para ellos estar juntos en Belfast. Quedaban algunas fuertes discrepancias en relación con la nueva fuerza policial, y el calendario y la metodología que seguirían para deponer las armas. Les pedí que siguieran trabajando en todos esos puntos y que recordaran que los enemigos de la paz no necesitaban su aprobación. «Solo necesitan vuestra apatía». Le recordé al público que el acuerdo del Viernes Santo había dado esperanzas y aliento a los que ansiaban y luchaban por la paz en todo el mundo, y cité el recién anunciado acuerdo que ponía fin al sangriento conflicto entre Eritrea y Etiopía que Estados Unidos había propiciado. Terminé diciendo lo mucho que había disfrutado trabajando con ellos para conseguir la paz, «pero la cuestión no es lo que sienta yo; es la vida que tendrán vuestros hijos».

Después del acto, mi familia regresó a Inglaterra para pasar unos días con los Blair en Chequers, y escuchar a Al Gore pronunciar su discurso de aceptación de los resultados. A las 10 de la noche anterior, el Tribunal Supremo había sentenciado por 7 votos contra 2 que el recuento de Florida era anticonstitucional porque no existían criterios uniformes que pudieran definir la intención clara del votante a efectos de un recuento, y por lo tanto distintos miembros de la junta de recuento quizá podrían contar o interpretar las mismas papeletas de forma distinta. Por lo tanto, continuaba, admitir que cualquiera de los votos en disputa pasara el recuento, sin importar lo clara que fuera la intención del votante, negaría la protección igualitaria de la ley a aquellas papeletas que no entraran en el recuento. Yo estaba muy en desacuerdo con esa decisión, pero me animó el hecho de que los jueces Souter y Breyer quisieran devolver el caso al tribunal supremo de Florida para fijar un criterio y proceder al recuento lo más rápidamente posible. El colegio electoral se reuniría pronto. Los otros cinco jueces de la mayoría no estaban de acuerdo. Por 5 contra 4, los mismos cinco jueces que habían detenido el recuento tres días antes ahora decían que tenían que conceder las elecciones a Bush porque, de todos modos, según la ley de Florida, el recuento debía terminarse antes de las doce de la noche del mismo día.

Fue una decisión vergonzosa. Una reducida mayoría conservadora que había hecho prácticamente un fetiche de los derechos de los estados acababa de negar a Florida una clara función estatal: el derecho al recuento de votos, una función que siempre había realizado. Los cinco jueces que no querían que se hiciera un recuento bajo ningún criterio afirmaron que estaban protegiendo la igualdad de derechos, mientras privaban a miles de personas de su derecho constitucional a que sus votos contaran, aun si sus intenciones eran tan claras como el agua. Decían que había que darle la presidencia a Bush porque no podían contarse los votos en las dos horas siguientes cuando, después de detener casi tres días de recuentos, habían retrasado la emisión de su opinión judicial hasta las 10 de la noche para asegurarse por todos los medios de que el recuento no pudiera completarse a tiempo. La mayoría de cinco votos no trató de ocultar lo que intentaba: la opinión establecía claramente que esa sentencia no podría ser utilizada en futuros casos relacionados con la legislación electoral. Su razonamiento se limitaba «a las circunstancias actuales, pues el problema de la protección igualitaria en los procesos electorales suele presentar muchas complejidades». Si Gore hubiera ido por delante en el recuento y Bush por detrás, no tengo la menor duda de que el mismo Tribunal Supremo habría votado 9 contra 0 para activar el recuento de votos. Y yo habría apoyado esa decisión.

«Bush contra Gore» pasará a la historia como una de las peores decisiones judiciales que el Tribunal Supremo ha tomado jamás, junto con el caso «Dred Scott», que decía que un esclavo que huía para ser libre aún era un objeto que debía ser devuelto a su propietario. O como «Plessy contra Ferguson», que defendía la legalidad de la segregación racial, e igual de pésima que los casos de las décadas de los veinte y los treinta que invalidaban la protección legal de los trabajadores —como los salarios mínimos y las leyes de jornada semanal máxima— por considerarse violaciones de los derechos de propiedad de los empleadores. Y pareja al caso «Korematsu», en el cual la Corte Suprema aprobó el internamiento sistemático de los estadounidenses de origen japonés en campamentos de detención después de Pearl Harbor. Habíamos vivido y rechazado las premisas de todas esas decisiones reaccionarias anteriores. Yo sabía que Estados Unidos también superaría ese día oscuro en el que cinco jueces republicanos robaron a miles de sus conciudadanos su derecho al voto solo porque podían hacerlo.

Al Gore pronunció un maravilloso discurso de aceptación. Fue auténtico, elegante y patriótico. Cuando le llamé para felicitarle, me dijo que un amigo suyo, cómico de profesión, le había dicho en broma que se llevaba lo mejor de ambos mundos: había ganado la votación popular y no tenía que hacer el trabajo.

Al día siguiente, después de que Tony Blair y yo conversáramos un poco, salí al exterior, elogié a Al y prometí colaborar con el presidente electo Bush. Luego Tony y Cherie nos acompañaron a Hillary, Chelsea y a mí a la universidad de Warwick, donde volví a pronunciar otro de mis discursos de despedida, esta vez sobre el enfoque de la globalización que nuestro grupo de la Tercera Vía había elegido: el comercio, más un contrato global para el desarrollo y la capacitación económica, la educación, la sanidad y la gobernabilidad democrática. El discurso también me dio la oportunidad de agradecer públicamente a Tony su amistad y su colaboración. Recordaba con afecto los momentos que habíamos vivido juntos y los echaría de menos.

Antes de irnos de Inglaterra, fuimos al palacio de Buckingham, aceptando la gentil invitación de la reina Isabel para tomar el té. Fue una visita muy plácida, en la que hablamos de las elecciones y del estado del mundo. Luego Su Majestad dio el poco frecuente paso de acompañarnos hasta la planta baja del palacio y escoltarnos hasta el coche para despedirse. Ella también había sido cortés y amable conmigo durante los anteriores ocho años.

El 15 de diciembre, llegué a un acuerdo presupuestario global con el Congreso, la última gran victoria legislativa de mis ocho años. El presupuesto de educación fue un logro especialmente positivo. Finalmente, obtuve más de mil millones de dólares para reparar las escuelas, además del mayor incremento de financiación de la historia de los programas Head Start, y suficiente dinero para que 1,3 millones de estudiantes pudieran asistir a programas extraescolares después del horario lectivo. La ley incluía un 25 por ciento de incremento del fondo para la contratación de 100.000 profesores, así como más fondos para las becas Pell, para nuestros programas de fomento de la enseñanza superior entre los alumnos de rentas bajas, como el GEAR UP y para nuestros esfuerzos de reforma de las escuelas con bajos rendimientos de aprendizaje. En la ley también aparecía la iniciativa Nuevos Mercados, un drástico incremento de la investigación biomédica, cobertura sanitaria para los receptores de la asistencia social y los discapacitados que se reincorporasen a la población activa y la Reducción de la Deuda del Milenio.

John Podesta, Steve Ricchetti, mi ayudante legislativo Larry Stein y todo nuestro equipo había hecho una labor fantástica. Mi último año de mandato, que se suponía que no contaría para nada, había terminado con la aprobación de un sorprendente número de recomendaciones incluidas en el Estado de la Unión. Además de las que he mencionado más arriba, el Congreso había aprobado la ley de comercio afrocaribeño, la ley de comercio con China, la iniciativa Legado Territorial y un notable aumento de las ayudas a la infancia para las familias trabajadoras.

Me sentía profundamente decepcionado por el resultado de las elecciones, y preocupado por Oriente Próximo, pero después de la visita a Irlanda e Inglaterra y las victorias presupuestarias, finalmente estaba empezando a sentir el espíritu de la Navidad.

El día 18, Jacques Chirac y Romano Prodi vinieron a la Casa Blanca para mi última reunión con los dirigentes de la Unión Europea. Para entonces ya éramos viejos amigos, y me alegró recibirles por última vez. Jacques me agradeció mi apoyo al desarrollo de la UE y las relaciones transatlánticas. Le respondí que habíamos sabido solucionar muy bien tres cuestiones esenciales: el crecimiento y expansión de la UE; la ampliación de la OTAN y la nueva relación con Rusia y los problemas en los Balcanes.

Mientras yo me reunía con Chirac y Prodi, los equipos de negociación de Oriente Próximo iniciaron nuevas negociaciones en la base aérea de Bolling, en Washington; Hillary recibió a Laura Bush en la Casa Blanca y nuestra familia se fue de compras en Washington. La gente de Nueva York había decidido que no se iba a ir de la ciudad después de todo. Al final, encontramos una casa encantadora al lado del parque Rock Creek, en la zona de las embajadas, por Massachusetts Avenue.

Al día siguiente, el presidente electo Bush vino a la Casa Blanca para la misma reunión que yo había mantenido con su padre ocho años antes. Hablamos de la campaña, de las actividades de la Casa Blanca y de la seguridad nacional. Él estaba reuniendo a un experimentado equipo procedente de las antiguas administraciones republicanas, que creían que los temas de seguridad más importantes eran el sistema de defensa con misiles e Irak. Yo le dije que pensaba que sus problemas de seguridad serían, por orden de importancia, Osama bin Laden y al-Qaeda; la falta de paz en Oriente Próximo; el pulso entre las potencias nucleares de India y Pakistán; los lazos entre los paquistaníes, los talibanes y al-Qaeda; Corea del Norte y, finalmente, Irak. Le dije que mi mayor decepción era no haber podido atrapar a Bin Laden, que aún estábamos a tiempo de lograr un acuerdo de paz en Oriente Próximo y que casi habíamos alcanzado un acuerdo con Corea del Norte para poner fin a su programa de misiles, pero que probablemente él tendría que desplazarse al país para cerrarlo.

Escuchó mis palabras sin hacer demasiados comentarios; luego cambió de tema y me preguntó cómo hacía el trabajo. Mi único consejo fue que reuniera un buen equipo y tratara de hacer lo mejor para el país. Luego hablamos un poco más de política.

Bush había sido un político muy hábil en el año 2000 al construir una coalición con retórica moderada y propuestas dirigidas a los conservadores. La primera vez que le vi hablando de su «conservadurismo compasivo» en Iowa pensé que tenía una oportunidad de ganar. Después de las primarias partió desde una mala posición, muy a la derecha y por detrás en las encuestas, pero había sabido encontrar el camino hacia el centro moderando su retórica, instando al Congreso republicano a que no equilibrara el presupuesto a costa de los desfavorecidos e incluso apoyando mi postura en un par de temas de política exterior. Cuando era gobernador, su conservadurismo se había suavizado a fuerza de tener que cooperar con una asamblea estatal demócrata y a causa del apoyo del teniente del gobernador demócrata, Bob Bullock, que ejercía mucho poder en el día a día del gobierno bajo el sistema tejano. Ahora gobernaría con un Congreso republicano conservador, y tendría libertad para elegir su propio camino. Después de nuestra reunión, comprendí que era totalmente capaz de encontrar esa opción personal, pero no podía adivinar si sería el camino que había seguido como gobernador o el que había elegido para derrotar a John McCain en las primarias de Carolina del Sur.

El 23 de diciembre fue un día aciago para el proceso de paz de Oriente Próximo. Después de que ambas partes estuvieran negociando durante varios días en la base aérea de Bolling, mi equipo y yo nos convencimos de que, a menos que estrecháramos la serie de temas que nos ocupaban, lo que de hecho pondría sobre el tapete los compromisos relevantes, jamás alcanzaríamos un acuerdo. Arafat tenía miedo de que los demás líderes árabes le criticaran; Barak estaba perdiendo terreno frente a Sharon en su país. De modo que llevé a los equipos israelí y palestino a la Sala del Gabinete y les leí mis «parámetros» para seguir adelante. Habían sido desarrollados después de largas y detalladas conversaciones con las partes, por separado, desde lo de Camp David. Si aceptaban esos parámetros en cuatro días, avanzaríamos. Si no, estábamos acabados.

Las leí lentamente de modo que ambas partes pudieran tomar nota cuidadosamente. Respecto al territorio, recomendé que entre el 94 y el 96 por ciento de Cisjordania pasara a manos palestinas, con un cambio de territorios del 1 al 3 por ciento y el entendimiento de que la tierra que Israel conservara incluiría el 80 por ciento de los colonos en bloques. Sobre la seguridad, dije que el ejército israelí debería retirarse a lo largo de un período de tres años, a la vez que se introducía gradualmente una fuerza internacional, con la condición de que quedara un pequeño destacamento israelí en el Valle del Jordán durante otros tres años bajo la autoridad de fuerzas internacionales. Los israelíes también podrían conservar su puesto de avanzadilla en Cisjordania con la presencia de un coordinador palestino. En el caso de que se produjera «una amenaza inminente y demostrada para la seguridad de Israel», existía una cláusula que permitía el despliegue de fuerzas de emergencia en Cisjordania.

El nuevo estado de Palestina sería «no militarizado», pero poseería una buena fuerza de seguridad, soberanía sobre su espacio aéreo, con acuerdos especiales para garantizar las necesidades operativas y de entrenamiento de los israelíes y contaría con una fuerza internacional para asegurar las fronteras y actuar como elemento disuasorio.

En el tema de Jerusalén, recomendé que los barrios árabes se quedaran en la zona palestina, y los judíos en la de Israel, y que los palestinos debían tener soberanía sobre el Monte del Templo/Haram al-Sharif; propuse la soberanía israelí sobre el Muro de las Lamentaciones y el «espacio sagrado» del cual forma parte, sin ninguna excavación alrededor del muro ni debajo del Monte, al menos no sin el consentimiento mutuo.

Respecto a los refugiados, dije que el nuevo estado de Palestina debería ser la patria para los refugiados expulsados a partir de la guerra de 1948, sin descartar la posibilidad de que Israel aceptara algunos de los refugiados según sus propias leyes y decisiones soberanas, dando prioridad a las poblaciones refugiadas procedentes del Líbano. Recomendé un esfuerzo internacional para compensar a los refugiados y ayudarles a encontrar casas en el nuevo estado de Palestina, en las zonas de intercambio que serían transferidas a Palestina, en sus actuales países de acogida, en otras naciones dispuestas a recibirles o en Israel. Ambas partes debían acordar que esta solución significaría el cumplimiento de la Resolución 194 del Consejo de Seguridad de la ONU.

Finalmente, el acuerdo debía marcar claramente el final del conflicto y poner fin a toda violencia. Sugerí que se aprobase una nueva resolución del Consejo de Seguridad de la ONU, afirmando que este acuerdo, junto con la liberación final de prisioneros palestinos, equivaldría a cumplir los requisitos de las Resoluciones 242 y 338.

Declaré que estos parámetros no eran negociables, y que eran lo mejor que podía hacer, y quería que ambas partes negociaran un acuerdo de status definitivo en el marco de los mismos. Después de que me fuera, Dennis Ross y otros miembros de nuestro equipo se quedaron atrás para clarificar cualquier malentendido, pero se negaron a escuchar las quejas. Yo era consciente de que se trataba de un plan difícil para los dos, pero ya era hora —más que eso— de jugársela o de callarse. Los palestinos tendrían que renunciar a su reivindicación del derecho de retorno; siempre habían sabido que tendrían que hacerlo, pero jamás lo habían admitido. Los israelíes renunciarían a Jerusalén Oriental y a partes de la Ciudad Vieja, pero sus emplazamientos religiosos y culturales serían protegidos; desde hacía algún tiempo era obvio que para alcanzar la paz, tendrían que ceder en eso. Los israelíes también entregarían una porción mayor de Cisjordania, y probablemente se produciría un intercambio de tierras más grande que el incluido en la mejor oferta de Barak, pero conservarían una zona suficiente como para acoger al menos a un 80 por ciento de colonos. Y obtendrían un final formal al conflicto. Era un trato duro, pero si querían la paz, yo pensaba que era justo para ambas partes.

De inmediato, Arafat empezó a andarse con rodeos, pidiendo «aclaraciones». Pero los parámetros estaban muy claros: o bien negociaba dentro de los límites fijados, o no. Como siempre, trataba de ganar tiempo.

Llamé a Mubarak y a él también le leí la lista de puntos. Dijo que eran un hito histórico y que animaría a Arafat a que los aceptara.

El día 27, el gabinete de Barak refrendó los parámetros con reservas, pero todas ellas estaban dentro de los parámetros, y por lo tanto sujetas a negociación inmediata. Era histórico: un gobierno israelí había aceptado que para que hubiera paz, debía existir un estado palestino en aproximadamente el 97 por ciento de Cisjordania, contando el intercambio territorial, y todo Gaza, donde Israel también tenía colonias. La pelota estaba en el campo de Arafat.

Yo llamaba a los demás líderes árabes diariamente para exhortarles a que presionaran a Arafat para que dijera que sí. Todos estaban muy impresionados por la afirmativa de Israel y me dijeron que creían que Arafat debía aceptar el trato. Yo no tenía manera de saber lo que le decían a él, aunque el embajador saudí, el príncipe Bandar, me dijo más tarde que él y el príncipe real Abdullah tenían la impresión clara de que Arafat estaría dispuesto a aceptar los parámetros.

El día 29, Dennis Ross se reunió con Abu Ala, al que todos respetábamos, para asegurarnos de que Arafat comprendía las consecuencias de rechazar los parámetros. Yo ya no estaría, ni Ross tampoco. Barak perdería las próximas elecciones frente a Sharon. Y Bush no querría tocar el tema después de que yo hubiera invertido tantos esfuerzos y fracasara.

Aún así, yo no podía creer que Arafat fuera a cometer un error tan monumental. El día anterior, anuncié que no viajaría a Corea del Norte para cerrar el acuerdo de prohibición de fabricación de misiles de largo alcance, afirmando que estaba convencido de que la próxima administración consumaría el acuerdo en base a la buena labor que se había llevado a cabo. Odiaba tener que dejar a un lado el final del programa de misiles de Corea del Norte. Habíamos detenido sus programas de plutonio y de pruebas de misiles y nos habíamos negado a negociar con ellos otros temas sin implicar a Corea del Sur, haciendo que Kim Dae Jung pudiera poner en práctica su «política del sol radiante». El valiente paso hacia el diálogo de Kim ofrecía más esperanzas para la reconciliación que en ningún otro momento posterior a la guerra de Corea, y acababan de concederle el Premio Nobel de la Paz por ello. Madeleine Albright había realizado un viaje a Corea del Norte y estaba convencida de que si yo iba, podíamos lograr el acuerdo sobre los misiles. Aunque quería dar el siguiente paso, sencillamente no podía arriesgarme a irme a viajar hacia la otra punta del mundo cuando estábamos tan cerca de la paz en Oriente Próximo, especialmente después de que Arafat me asegurara de que estaba ansioso por cerrar un trato y me había rogado que no fuera.

Además de Oriente Próximo y del presupuesto, durante los últimos treinta días se produjeron una sorprendente cantidad de acontecimientos. Celebré el séptimo aniversario de la Ley Brady con el anuncio que hasta la fecha había impedido a 611.000 delincuentes, fugitivos y acosadores comprar armas de fuego. Asistí al Día Mundial del SIDA en la universidad Howards con representantes de veinticuatro países africanos, y declaré que habíamos rebajado la tasa de mortalidad en más del 70 por ciento en Estados Unidos, aunque ahora nos quedaba mucho por hacer en África y otras zonas en donde se extendía velozmente. Desvelé el diseño de mi biblioteca presidencial, un largo y estrecho «puente hacia el siglo XXI» de acero y de vidrio que sobresalía por encima del río Arkansas. También anuncié un esfuerzo para incrementar la inmunización entre los niños de las áreas urbanas deprimidas, cuyas tasas de vacunación seguían muy por debajo de la media nacional. Firmé mi último veto contra una ley de reforma de las bancarrotas, que era mucho más dura con los deudores de ingresos bajos que con los más ricos, y emití severas regulaciones para proteger la privacidad de los historiales médicos. Saludé con alegría la decisión de India de mantener el alto el fuego en Cachemira, y la próxima retirada de tropas de Pakistán de la Línea de Control. Anuncié nuevas regulaciones para reducir las emisiones contaminantes de diesel procedente de camiones y autobuses. Junto con los criterios de emisiones para coches y 4x4 que habíamos aprobado hacía un año, la nueva reglamentación garantizaba que hacia finales de la década los nuevos vehículos serían un 95 por ciento más limpios que los que ahora estaban en circulación, impidiendo muchos miles de casos de enfermedades respiratorias y muertes prematuras.

Tres días antes de Navidad, concedí un indulto ejecutivo o conmutación de la pena a sesenta y dos personas. No había dado muchos indultos durante mi primer mandato y tenía ganas de recuperar el retraso. El presidente Carter había concedido 566 indultos en cuatro años, y el presidente Ford 409 en dos años y medio. El total del presidente Reagan ascendió a 406 en sus ocho años de mandato. El presidente Bush solo concedió 77, incluyendo los polémicos indultos para los implicados del caso Irán-Contra y la liberación de Orlando Bosch, un cubano anticastrista al que el FBI creía culpable de varios asesinatos.

Mi filosofía sobre los indultos y la conmutación de sentencias, que desarrollé durante mi etapa de fiscal general y gobernador de Arkansas, era conservadora cuando se trataba de reducir las sentencias y progresista en la concesión de indultos por delitos no violentos, una vez la gente hubiera cumplido su pena y pasado un tiempo razonable después como ciudadanos respetuosos de la ley, aunque solo fuera para devolverles su derecho al voto. Había una oficina de indultos en el Departamento de Justicia que revisaba las solicitudes y emitía recomendaciones. Yo las había recibido durante ocho años y había aprendido dos cosas: la gente del Departamento de Justicia se pasaba demasiado tiempo evaluando las solicitudes y casi siempre recomendaba denegarlas.

Yo comprendía por qué sucedía eso. En Washington todo era política y casi cada indulto era una polémica en potencia. Si uno era un funcionario civil, la única manera de no crearse problemas era decir no. La oficina de indultos del Departamento de Justicia sabía que no sufriría ninguna crítica por retrasarse en el estudio de los casos o por recomendar que no se concediera la solicitud. Así, una función constitucional otorgada al Presidente se estaba transfiriendo lentamente a los circuitos internos del Departamento de Justicia.

Durante los últimos meses, habíamos presionado a Justicia para que nos enviara más archivos, y lo estaban haciendo mejor. De las cincuenta y nueve personas que indulté y de las tres sentencias que conmuté, la mayoría era de gente que había cometido un error, cumplido la pena y luego se habían convertido en buenos ciudadanos. También emití indultos en los casos conocidos como «de las novias». Las mujeres implicadas habían sido arrestadas porque sus maridos o novios cometían un delito, generalmente relacionado con drogas. Eran amenazadas con largas penas, incluso si ellas no habían participado directamente en el crimen, a menos que testificaran en contra de sus parejas. Las que se negaban o no sabían lo suficiente como para resultar útiles se pasaban una larga temporada en prisión. En varios casos, los hombres en cuestión terminaron cooperando con los fiscales y recibieron penas más reducidas que las que les habían caído a las mujeres. Habíamos trabajado durante meses en casos parecidos, y yo había indultado ya a cuatro el verano anterior.

También indulté al ex presidente del Comité de Medios y Arbitrios, Dan Rostenkowski. Éste había hecho mucho por su país y había pagado por sus errores. Archie Schaffer también recibió mi indulto; Archie era un ejecutivo de Tyson Foods que había quedado atrapado en la investigación Espy y se enfrentaba a una sentencia judicial de cárcel por violar una vieja ley que Schaffer ignoraba que existía, porque había realizado algunas gestiones organizando un viaje, como le habían ordenado, para que Espy fuera a un refugio de Tyson.

Después de las clemencias de Navidad, nos vimos invadidos con peticiones, muchas procedentes de gente enfadada por el retraso en los procesos regulares de evaluación. Durante las siguientes cinco semanas, estudiamos cientos de solicitudes, rechazamos otras tantas y terminamos concediendo 140, con lo cual mi total de indultos de mis ocho años de mandato subió a 456, de entre más de 7.000 peticiones de clemencia. Mis abogados de la Casa Blanca, Beth Nolan y Bruce Lindsey, y mi abogado de indultos, Meredith Cabe, revisaron tantas como pudieron, con información y autorización del Departamento de Justicia. Algunas de las decisiones resultaron más sencillas, como los casos de Susan McDougal y Henry Cisneros, que habían sido terriblemente maltratados por los fiscales independientes. También era fácil tomar una determinación en los casos de las «novias», y en un gran número de peticiones rutinarias que probablemente deberían haberse concedido mucho tiempo antes. Una de ellas era un error basado en información inadecuada porque el Departamento de Justicia ignoraba que el hombre en cuestión estaba siendo investigado en otro estado. La mayoría de los indultos eran para gente con pocos medios que no tenía manera de abrirse paso en el sistema.

Los indultos más polémicos fueron los de Marc Rich y su socio, Pincus Green. Rich, un empresario adinerado, había abandonado Estados Unidos para instalarse en Suiza poco antes de ser acusado de delitos fiscales y otros cargos por presunta información falsa sobre el precio de ciertas transacciones de petróleo, con el fin de minimizar su pasivo. Hubo varios casos parecidos en los años ochenta, cuando una parte de la producción de petróleo estaba en régimen de control de precios, mientras que otra no, lo que invitaba a los granujas a subestimar sus ingresos o inflar los precios para sus clientes. Durante esa época, varias personas y compañías fueron acusadas de violar la ley, pero los individuos generalmente solo recibían cargos por delitos civiles. Era extremadamente raro que las acusaciones de delito fiscal se presentaran bajo el estatuto del crimen organizado, como les sucedió a Rich y a Green, y después de sus casos el Departamento de Justicia ordenó a los fiscales de todo el país que dejaran de hacerlo. Despues de la acusación, Rich se quedó en el extranjero, sobre todo en Israel y en Suiza.

El gobierno había permitido que el negocio de Rich siguiera funcionando una vez él aceptó pagar los 200 millones de dólares de multa, casi cuatro veces la cifra de los 48 millones de dólares de impuestos que según el gobierno había evadido. El profesor Marty Ginsburg, un experto fiscal y marido de la juez Ruth Bader Ginsburgh, y el profesor de Derecho de Harvard Bernard Wolfman habían revisado las transacciones en cuestión y llegaron a la conclusión de que las compañías de Rich habían realizado correctamente sus cálculos impositivos, lo que significaba que el propio Rich no debía ningún impuesto sobre las transacciones. Rich aceptó rechazar el estatuto de limitaciones para que el gobierno pudiera demandarle por lo civil como todos los demás acusados. Ehud Barak me pidió tres veces que le indultara a causa de los servicios de Rich a Israel y su ayuda con los palestinos, y varias destacadas figuras israelíes de los dos partidos principales también me pidieron su liberación. Finalmente, el Departamento de Justicia dijo que no tenía objeciones y que se inclinaría por el indulto si eso coadyuvaba a nuestros intereses de política exterior.

La mayoría de la gente pensó que yo me equivocaba al conceder un indulto a un fugitivo rico cuya ex mujer me apoyaba y que había conservado a uno de mis antiguos abogados de la Casa Blanca en su equipo legal, junto con dos prominentes abogados republicanos. Rich también había sido representado recientemente por Lewis «Scooter» Libby, el jefe de gabinete del vicepresidente electo Cheney. Quizá cometiera un error, al menos por la forma en que dejé que el caso llegara a mis oídos, pero tomé la decisión basándome únicamente en la información. En mayo de 2004, el Departamento de Justicia aún no había demandado a Rich, un suceso sorprendente, pues es más fácil para el gobierno demostrar la culpabilidad del acusado en un caso civil que en uno penal.

Aunque más tarde me criticaron por algunos de los indultos que concedí, me preocupaban más los pocos que no concedí. Por ejemplo, pensé que el caso de Michael Milken planteaba serias dudas, a causa del excelente trabajo que había realizado sobre el cáncer de próstata cuando fue liberado de la prisión, pero el Departamento del Tesoro y la Comisión de Intercambio y Valores estaban firmemente en contra del indulto; afirmaban que enviaría una señal errónea en un momento en que trataban de poner en marcha unos criterios de comportamiento más restrictivos en el sector financiero. Los dos casos que más lamenté rechazar fueron los de Webb Hubbell y Jim Guy Tucker. El caso de Tucker estaba en fase de apelación y Hubbell realmente había violado la ley y no había pasado tiempo fuera de la cárcel durante el período habitual antes de ser considerado candidato al indulto. Pero ambos habían sufrido el acoso de la oficina de Ken Starr por sus negativas a mentir. Ninguno de los dos hubiera tenido que pasar ni una fracción de lo que sufrieron si yo no hubiera sido elegido presidente, y ellos no hubieran caído en las zarpas de Starr. David Kendall y Hillary insistieron repetidas veces en que les indultara. El resto estaba muy en contra de la idea. Finalmente, cedí frente al duro juicio de mi equipo. Lo he lamentado desde entonces. Más tarde me disculpé con Jim Guy Tucker cuando le vi y haré lo mismo con Webb algún día.

Nuestras Navidades fueron como todas las demás, pero las saboreamos más a fondo porque sabíamos que serían las últimas que pasaríamos en la Casa Blanca. Yo disfruté más de esas últimas celebraciones y de la oportunidad de ver a tanta gente que había compartido nuestra etapa en Washington. Ahora observaba más detenidamente los ornamentos que Chelsea, Hillary y yo poníamos en nuestro árbol: las campanas, los libros, los platillos de Navidad, las medias, los dibujos y las figuritas de Santa Claus con las que llenamos la Sala Oval Amarilla. Me descubrí tomándome una pausa para pasear por todas las habitaciones del segundo y el tercer piso, para mirar más de cerca todas las pinturas y el mobiliario antiguo. Y finalmente logré que los ujieres de la Casa Blanca me proporcionaran la historia de todos los relojes de pie de la Casa Blanca, que utilicé a medida que los fui estudiando. Los retratos de mis predecesores y de sus esposas adquirieron un nuevo significado cuando Hillary y yo comprendimos que dentro de poco también estaríamos entre ellos. Los dos escogimos a Simmie Knox para que nos pintara; nos gustaba el estilo verosímil de Knox, y sería el primer retratista afroamericano cuyo trabajo colgaría de las paredes de la Casa Blanca.

La semana después de Navidad firmé algunas leyes más y nombré a Robert Gregory el primer juez afroamericano del cuarto circuito del Tribunal de Apelaciones. Gregory estaba bien cualificado, y Jesse Helms ya había bloqueado la entrada de un juez negro durante bastante tiempo. Era un nombramiento de «receso», que el presidente puede efectuar una vez al año, cuando el Congreso no está reunido en sesión. Apostaba a que el nuevo presidente no querría un Tribunal de Apelaciones completamente blanco en el sudeste.

También anuncié que con el presupuesto que acababa de entrar en vigor habría suficiente dinero como para reducir en seiscientos mil millones la deuda a lo largo de cuatro años, y que si seguíamos así estaríamos libres de deuda hacia el 2010, liberando casi doce centavos de cada dólar de los contribuyentes para rebajas fiscales o nuevas inversiones. Gracias a nuestra responsabilidad fiscal, los tipos de interés a largo plazo estaban, después de todo el crecimiento económico, un 2 por ciento más bajos que cuando tomé posesión del cargo, lo cual reducía el coste de las hipotecas, de los plazos de los coches, de los préstamos empresariales y de los créditos estudiantiles. Los bajos tipos de interés habían puesto más dinero en el bolsillo de la gente de lo que hubieran conseguido las rebajas fiscales.

Finalmente, el último día del año firmé el tratado por el que Estados Unidos se sumaba al Tribunal Penal Internacional. El senador Lott y la mayoría de senadores republicanos se oponían, temiendo que los soldados estadounidenses enviados al extranjero fueran arrastrados frente a un tribunal por motivos políticos. A mí eso también me había preocupado, pero la redacción del tratado había sido modificada de manera que me convencí de que no sucedería. Yo había estado entre los primeros dirigentes mundiales que reclamaron la creación de un tribunal internacional de crímenes de guerra, y pensaba que Estados Unidos debía apoyar la iniciativa.

Volvimos a saltarnos el fin de semana del Renacimiento ese año para que nuestra familia pudiera pasar el último Fin de Año en Camp David. A todo esto, aún no había recibido noticias de Arafat. El Día de Año Nuevo, le invité a venir a la Casa Blanca al día siguiente. Antes de venir, recibió al príncipe Bandar y al embajador de Egipto en su hotel. Uno de los ayudantes más jóvenes de Arafat nos contó que le habían presionado mucho para que aceptara los parámetros. Cuando Arafat vino a verme, me hizo un montón de preguntas sobre mi propuesta. Aceptaba que Israel se quedara con el Muro de las Lamentaciones, a causa de su significado religioso, pero se reafirmó en que los últimos dieciséis metros del Muro deberían quedar en manos palestinas. Le dije que estaba equivocado, que Israel tenía que conservar todo el muro para protegerse de la posibilidad de que alguien utilizara una entrada para adentrarse por debajo de él y dañar los restos de los templos que había debajo del Haram. La Vieja Ciudad tiene cuatro distritos: el judío, el musulmán, el cristiano y el armenio. Se suponía que Palestina se quedaría con el musulmán y el cristiano, y que Israel obtendría los otros dos. Arafat argumentó que él debería quedarse con algunos bloques del distrito armenio porque había iglesias cristianas allí. No podía creer que realmente me estuviera hablando de esas cosas.

Arafat también trataba de esquivar la renuncia al derecho de retorno. Sabía que tenía que hacerlo, pero temía las críticas que le llegarían si cedía. Le recordé que Israel había prometido aceptar a algunos refugiados del Líbano cuyas familias habían vivido en lo que ahora era el norte de Israel durante cientos de años, pero que ningún líder israelí dejaría entrar a tantos palestinos en su territorio como para que llegaran a amenazar el carácter del estado judío, al cabo de unas pocas décadas, debido a la alta tasa de natalidad palestina. No habría dos estados de mayoría árabe en Tierra Santa; Arafat así lo había reconocido al firmar el acuerdo de paz de 1993, con su solución implícita de los dos estados. Además, el acuerdo debían aprobarlo los ciudadanos israelíes en un referéndum. El derecho de retorno podía constituir un serio obstáculo para el acuerdo, y a mí ni se me ocurría pedirles a los israelíes que votaran por ello. Por otra parte, sí creía que los israelíes votarían por un acuerdo final en el marco de los parámetros que yo había establecido. Si había acuerdo, incluso cabía la posibilidad de que Barak volviera y ganara la reelección, aunque estaba muy por detrás de Sharon en las encuestas, con un electorado asustado por la Intifada y furioso por la negativa de Arafat a hacer las paces.

A veces me parecía que Arafat estaba confuso, y que no dominaba completamente los hechos. Durante algunos momentos, me pareció que quizá ya no estaba en su mejor momento, después de todos aquellos años pasando la noche en lugares distintos para esquivar las balas de los asesinos, todas las incontables horas en los aviones y las noches sin fin de conversaciones llenas de tensión. O quizá sencillamente no podía dar el último y definitivo paso que le llevaría de ser un revolucionario a convertirse en un hombre de estado. Se había acostumbrado a volar de un sitio a otro, obsequiando a los líderes mundiales con regalos de nácar hechos por los artesanos palestinos y apareciendo por televisión a su lado. Sería muy distinto si el final de la violencia apartaba a Palestina de los titulares, y en lugar de eso debía preocuparse de proporcionar trabajo, escuelas y servicios básicos a su país. La mayoría de la gente joven del equipo de Arafat quería que aceptara el acuerdo. Creo que Abu Ala y Abu Mazen también lo hubieran hecho, pero no querían enfrentarse a Arafat.

Cuando se fue, yo aún no tenía ni idea de lo que Arafat pensaba hacer. Su lenguaje corporal decía no, pero el trato era tan bueno que no podía creer que nadie fuera lo suficientemente imprudente como para dejarlo pasar. Barak quería que yo viajara a la región, pero yo quería que primero Arafat les dijera que sí a los israelíes en los grandes problemas que planteaban mis parámetros. En diciembre, las partes se habían reunido en la base aérea de Bolling para unas conversaciones que no habían tenido éxito porque Arafat no quiso aceptar los parámetros que le colocaban en una situación complicada.

Por fin, Arafat aceptó ver a Shimon Peres el día 13, después de que Peres se hubiera reunido primero con Saeb Erekat. No sucedió nada. Como red de protección, los israelíes trataron de preparar una carta que contuviera el mayor grado de acuerdo posible con los parámetros, bajo la suposición de que Barak perdería las elecciones y que al menos ambas partes estarían obligadas a seguir un camino que podía desembocar en un acuerdo. Arafat ni siquiera aceptó eso, porque no quería que percibieran que estaba cediendo en nada. Las partes prosiguieron sus conversaciones en Taba, en Egipto. Estuvieron a punto, pero no lo lograron. Arafat jamás dijo que no; sencillamente no pudo decir que sí. El orgullo precede a la caída.

Justo antes de que dejara mi mandato, en una de las últimas conversaciones con Arafat, éste me agradeció todos mis esfuerzos y me dijo que yo era un gran hombre. «Señor presidente —le dije—, no soy un gran hombre. Soy un fracaso, y usted me ha convertido en eso.» Advertí a Arafat que la elección de Sharon sería su única responsabilidad, y que cosecharía las tempestades que ahora estaba sembrando.

En febrero de 2001, Ariel Sharon fue elegido primer ministro con una victoria arrolladora. Los israelíes habían decidido que si Arafat no aceptaba mi oferta, tampoco aceptaría nada más, y que si no tenían socio para la paz, era mejor que los dirigiera el más agresivo e intransigente que tuvieran. Sharon se instaló en una línea dura contra Arafat, y Ehud Barak y Estados Unidos le apoyarían en eso. Casi un año después de que yo dejara mi cargo, Arafat dijo que estaba dispuesto a negociar sobre la base de los parámetros que yo le había presentado. Al parecer, Arafat pensó que el tiempo de decidir —cinco minutos antes de la medianoche— había llegado finalmente. Su reloj llevaba parado mucho tiempo.

El rechazo de Arafat a mi propuesta después de que Barak la hubiera aceptado fue un error de dimensiones históricas. Sin embargo, muchos palestinos e israelíes siguen hoy comprometidos con la paz. Algún día llegará, y cuando suceda, el acuerdo final se parecerá mucho a las propuestas que salieron de las conversaciones de Camp David y de los seis largos meses posteriores.

El 3 de enero, me senté en el Senado con Chelsea y el resto de la familia de Hillary, mientras Al Gore tomaba juramento a la nueva senadora por

Nueva York. Estaba tan contento que casi salté por encima de la verja. Durante diecisiete días más, los dos estaríamos en un cargo oficial, la primera pareja que ejercía su deber en la Casa Blanca y en el Senado de toda la historia de Estados Unidos. Pero ahora Hillary estaba sola. Todo lo que podía hacer era pedirle a Trent Lott que no se pasara con ella y ofrecerme a ser el asistente de Hillary por el condado de Westchester.

Al día siguiente, celebramos un acto en la Casa Blanca que para mí trataba sobre todo de Madre: era una conmemoración de la Ley de Tratamiento y Protección del Cáncer de Pecho y Cervical, del 2000, que permitía a las mujeres sin cobertura sanitaria a las que se les diagnosticaba estas enfermedades que pudieran acogerse totalmente a Medicaid para obtener atención médica.

El día 5, anuncié que protegeríamos doscientos cuarenta y dos mil millones de hectáreas de bosques nacionales no contaminados en treinta y nueve estados de la construcción de carreteras y la tala de árboles, incluyendo el Bosque Nacional de Tongass en Alaska, la última gran selva tropical templada del continente. Los intereses madereros estaban en contra de la iniciativa, y pensé que quizá la administración Bush trataría de deshacerla aduciendo motivos económicos, pero solo el 5 por ciento de la madera de la nación procede de los bosques nacionales, y nada más el 5 por ciento de esa cantidad viene de áreas sin carreteras. Podíamos pasarnos sin esa pequeña cantidad de madera con tal de preservar otro tesoro nacional de inestimable valor.

Después del anuncio, conduje hasta Fort Myer para recibir el tradicional tributo de despedida de las fuerzas armadas, una hermosa ceremonia militar que incluye la ofrenda de una bandera estadounidense, de otra con el sello presidencial y medallas de cada uno de los cuerpos del ejército. También le dieron una medalla a Hillary. Bill Cohen destacó que, al nombrarle, yo me convertí en el único presidente que le había pedido a un funcionario elegido por el partido contrario que se convirtiera en secretario de Defensa.

No hay mayor honor en el cargo de Presidente que ser el comandante en jefe de los hombres y mujeres de todas las razas y religiones cuyos antepasados se reparten por todos los rincones de la Tierra. Son la viva encarnación de nuestro credo nacional: *E pluribus unum*. Había sido testigo de la bienvenida que recibieron en los campos de refugiados, de cómo ayudaron a las víctimas de los desastres en Centroamérica y de su lucha contra los narcotraficantes en Colombia y en el Caribe. En los antiguos países comunistas de Europa Central les habían recibido con los brazos abiertos, habían dirigido centros alejados en Alaska, montado guardia en los desiertos de Oriente Próximo y patrullado el Pacífico.

Los ciudadanos son informados de nuestras fuerzas cuando van a la batalla. Jamás habrá un informe completo de las guerras que no se libraron, las bajas que jamás se sufrieron, y las lágrimas no derramadas porque los hombres y las mujeres norteamericanos hicieron guardia por la paz. Quizá empecé con mal pie con el ejército, pero me esforcé mucho en ser un buen comandante en jefe, y confiaba en que dejaba a nuestro ejército mucho mejor de como lo había encontrado.

El sábado, 6 de enero, después de una visita al Zoo Nacional para ver a los pandas, Hillary y yo ofrecimos una fiesta de despedida en el Jardín Sur con Al y Tipper para todas las personas que habían trabajado o sido voluntarias en la Casa Blanca durante aquellos ocho años. Vinieron cientos de personas, muchas desde lejos. Hablamos y recordamos historias durante horas. Al obtuvo una cálida bienvenida cuando le presenté como la elección del pueblo en las recientes elecciones. Cuando él pidió que levantara la mano toda la gente que se había casado o tenido hijos durante nuestra etapa en la Casa Blanca, me sorprendió el número de manos que se alzó. No importaba lo que dijeran los republicanos, éramos un partido a favor de la familia.

La secretaria social de la Casa Blanca, Capricia Marshall, que me había apoyado desde 1991 y que había estado con Hillary desde principios de nuestra primera campaña, había arreglado una sorpresa especial para mí. La cortina a nuestras espaldas se levantó, y reveló al grupo Fletwood Mac cantando «Don't Stop (Thinkin' About Tomorrow)», una vez más.

El domingo, Hillary, Chelsea y yo fuimos a la iglesia Metodista Unida Foundry, donde el reverendo Phil Wogaman nos invitó a Hillary y a mí para que pronunciáramos algunas frases de despedida para la congregación que nos había acogido durante ocho años. Chelsea había hecho buenos amigos allí, y aprendido mucho trabajando en un lejano valle del Kentucky rural durante el Proyecto de Servicio Apalache de la iglesia. Los miembros de la iglesia procedían de muchas razas y naciones, eran ricos y pobres, heterosexuales y homosexuales, viejos y jóvenes. Foundry había apoyado a la población de los sin techo de Washington y de los refugiados en algunas partes del mundo en las que yo había tratado de lograr la paz.

Yo no sabía qué iba a decir, pero Wogaman le había contado a la congregación que les hablaría de cómo esperaba que sería mi nueva vida. Así que les dije que pondría a prueba mi fe volviendo a utilizar los vuelos comerciales y que me desorientaría un poco cuando entrase en una estancia amplia y no hubiera ninguna banda tocando «Hail to the Chief». También les dije que me esforzaría por ser un buen ciudadano, por levantar el ánimo y mejorar la fortuna de los que se merecían más suerte de la que les había tocado, que seguiría trabajando por la paz y la reconciliación. A pesar de mis esfuerzos durante los últimos ocho años, parecía haber mucha demanda para ese tipo de trabajo.

Esa noche, más tarde, en Nueva York, hablé frente al Foro Político de Israel, cuya tendencia era a favor de la paz. En ese momento aún albergábamos esperanzas de llegar a la paz. Arafat había dicho que aceptaba los parámetros con reservas. El problema era que sus reservas, a diferencia de las de Israel, no estaban dentro de los parámetros, al menos respecto a los refugiados y el Muro de las Lamentaciones, pero yo traté la aceptación como si fuera real, basándome en su promesa de que él quería la paz antes de que yo dejara mi cargo. La comunidad judía norteamericana había sido muy buena conmigo. Algunos, como mis amigos Haim Saban y Danny Abraham, estaban profundamente implicados con Israel, y me habían brindado consejos útiles a lo largo de los años. Muchos otros simplemente estaban a favor de mi labor en pro de la paz. Sin importar lo que sucediera, pensaba que les debía una explicación de mi propuesta.

Al día siguiente, tras entregar la Medalla Ciudadana a veintiséis norteamericanos que se la merecían, incluyendo a Muhammad Ali, me fui a la sede general del Partido Demócrata, para dar las gracias a los presidentes, el alcalde Ed Rendell de Filadelfia y Joe Andrew, y también para hacerle algo de propaganda a Terry McAuliffe, que tanto había hecho por Al Gore y por mí, y ahora estaba haciendo campaña para ser el nuevo presidente del partido. Después de todo lo que había trabajado, no podía creer que Terry quisiera ese puesto, pero si lo quería, yo estaba a su lado. También le dije a toda la gente que se había deslomado trabajando, sin recibir ninguna gloria ni reconocimiento a cambio, lo mucho que yo les valoraba y se lo agradecía.

El día 9, empecé un recorrido de despedida por los lugares que habían sido especialmente buenos conmigo: Michigan e Illinois, donde las victorias en las primarias del día de San Patricio en 1992 prácticamente me habían garantizado la nominación. Dos días más tarde, fui a Massachusetts, donde conseguí el porcentaje estatal más alto en 1996, y a New Hampshire, que me había convertido en el «Comeback Kid» a principios de 1992. Mientras, inauguré una estatua de Franklin Roosevelt en su silla de ruedas en el Monumento a FDR en el Mall. La comunidad de discapacitados llevaba tiempo impulsando la iniciativa, y la mayor parte de la familia de Roosevelt la había apoyado. De las más de diez mil fotos de FDR que había en sus archivos, solo cuatro le mostraban en silla de ruedas. Los norteamericanos con discapacidades habían mejorado sustancialmente su situación desde entonces.

Me despedí de New Hampshire en Dover, donde casi nueve años antes prometí estar con ellos «hasta que el barco se hunda». Muchos de mis antiguos seguidores estaban entre el público. Llamé a muchos de ellos por su nombre, les agradecí su apoyo y les enumeré una por una todas las medidas legislativas que su trabajo duro en ese invierno tan lejano habían hecho posible. Y les pedí que no se olvidaran jamás de que «aunque ya no seré presidente, seguiré estando a vuestro lado hasta que el barco se hunda».

Desde el 11 al 14, celebré fiestas para el gabinete, el personal de la Casa Blanca y los amigos en Camp David. La noche del 14, Don Henley nos obsequió con un maravilloso concierto solista después de cenar, en la capilla de Camp David. La mañana siguiente fue la última de nuestra familia en esa hermosa capilla, donde habíamos compartido tantos servicios con los jóvenes marinos y los excelentes soldados que trabajaban en el campo, y sus familias. Incluso me habían dejado cantar en el coro, y siempre me dejaban las partituras en Aspen, nuestra cabaña familiar, el viernes o el sábado, para que pudiera aprendérmelas con antelación.

El lunes hablé en la celebración de la festividad de Martin Luther King Jr., en la Universidad del Distrito de Columbia. Generalmente, recordaba ese día haciendo algún tipo de trabajo para la comunidad, pero quería aprovechar esa oportunidad para agradecerle al Distrito de Columbia que hubiera sido mi hogar durante ocho años. La representante del distrito en el Congreso, Eleanor Holmes Norton, y el alcalde, Tony Williams, eran buenos amigos míos, al igual que varios miembros del ayuntamiento. Había trabajado para ayudarles a conseguir la tan necesaria legislación en el Congreso y para evitar que se aprobaran leyes innecesariamente entrometidas. El distrito todavía tenía muchos problemas, pero estaba en muchas mejores condiciones que ocho años antes, cuando realicé mi paseo preinaugural bajando por la avenida Georgia.

También envié mi último mensaje al Congreso: «El trabajo inacabado de construir una América». Se basaba en buena parte en el informe final de la Comisión sobre la Raza e incluía un amplio abanico de recomendaciones: más medidas para acabar con las diferencias raciales en la educación, sanidad, empleo y el sistema de justicia penal; un esfuerzo especial para ayudar a los padres ausentes de bajos ingresos a que tuvieran éxito; más inversiones para las comunidades nativas indiasamericanas; mejores políticas de información; aprobación de la propuesta de ley sobre crímenes de odio; la reforma de las leyes electorales y la continuación de AmeriCorps y de la Oficina de la Casa Blanca para Una América. Habíamos avanzado mucho en ocho años, pero Estados Unidos seguía siendo cada vez más diversa y todavía quedaba mucho trabajo por hacer.

El diecisiete celebré mi última ceremonia en la Sala Este, cuando Bruce Babbit y yo anunciamos ocho monumentos nacionales más, dos de ellos a lo largo de la línea por la que Lewis y Clark se abrieron camino junto con su guía, Sacagawea, y un esclavo llamado York. Para entonces habíamos protegido más tierra en los cuarenta y ocho estados inferiores que ninguna administración desde la de Roosevelt.

Después del anuncio, dejé la Casa Blanca para el último viaje de mi presidencia, y regresé a mi hogar, Little Rock, para pronunciar un discurso frente a la asamblea estatal de Arkansas. Algunos de mis viejos amigos aún estaban en la Cámara estatal o en el Senado, igual que la gente que había empezado en la política colaborando para mí, y unos pocos que lo hicieron en contra. Más de veinte oriundos de Arkansas que en ese momento trabajaban o que habían trabajado con anterioridad en Washington conmigo se sumaron a la reunión, así como tres de mis compañeros de instituto que vivían en la zona de Washington y varias personas más de Arkansas que habían sido mis contactos con la asamblea estatal cuado fui gobernador. Chelsea tambien vino conmigo. Pasamos por delante de dos de sus escuelas yendo desde el aeropuerto, y pensé en lo mucho que había crecido desde que Hillary y yo asistíamos a sus programas de arte escolar en la escuela concertada Booker Arts.

Traté de darles las gracias a todos los que me habían ayudado a llegar hasta este día, empezando por dos hombres que ya no vivían, el juez Frank Holt y el senador Fulbright. Insté a los representantes para que siguieran pidiéndole al gobierno federal que apoyara a los estados en los temas de educación, desarrollo económico, sanidad y reforma de la asistencia social. Finalmente, les dije a mis viejos amigos que dejaría mi cargo en tres días, agradecido porque «de algún modo el misterio de esta gran democracia me ha dado la posibilidad de ser un joven de South Hervey Street, en Hope, Arkansas, y llegar a la Casa Blanca... Quizá sea la única persona jamás elegida que le debe esa elección única y exclusivamente a sus amigos personales, sin los cuales jamás podría haber ganado». Dejé a mis amigos y volé de nuevo a casa para terminar mi trabajo.

A la noche siguiente, después de un día dedicado a los asuntos de última hora, pronuncié un breve discurso de despedida a la nación desde el Despacho Oval. Tras agradecer al pueblo norteamericano que me diera la oportunidad de servirle y de repasar rápidamente mi filosofía y mi trayectoria legislativa, ofrecí tres observaciones acerca del futuro, afirmando que debíamos permanecer en el camino de la responsabilidad fiscal; que nuestra seguridad y prosperidad nos exigían que fuéramos los líderes en la lucha por el bienestar y la libertad contra el terrorismo, el crimen organizado, el narcotráfico, la difusión de armas mortales, la degradación medioambiental, las enfermedades y la pobreza global y, finalmente, dije que debíamos continuar «tejiendo los hilos de nuestro abrigo con muchos colores, para obtener el tejido de una única nación».

Le deseé al presidente electo Bush y a su familia lo mejor y dije que «dejaba la presidencia más idealista, y más lleno de esperanza que el día en que llegué, y confiado en que los mejores días de Estados Unidos están aún por llegar».

El día 19, mi último día como presidente, emití una declaración sobre minas antipersonales en la que decía que desde 1993 Estados Unidos había eliminado más de 3,3 millones de nuestras propias minas antipersonales, gastado 500 millones de dólares para eliminar minas en treinta y cinco países y que estábamos realizando un enérgico esfuerzo para hallar alternativas sensatas que también protegieran a nuestras tropas. Le pedí a la nueva administración que prosiguiera nuestro esfuerzo por limpiar de minas el mundo durante otros diez años.

Cuando regresé a la residencia era tarde, y aún no habíamos terminado de hacer las maletas. Había cajas por todas partes, y yo aún tenía que decidir a dónde enviar qué ropa: si a Nueva York, Washington o Arkansas. Hillary y yo no queríamos dormir, solo ansiábamos pasear de habitación en habitación. Nos sentimos tan honrados de vivir en la Casa Blanca durante esa última noche como cuando habíamos regresado allí después de nuestros bailes de investidura. Todo aquello jamás dejó de asombrarme; parecía casi increíble que hubiera sido nuestro hogar durante ocho años. Ahora casi había terminado.

Volví al dormitorio Lincoln y leí la copia manuscrita de Lincoln del discurso de Gettysburg por última vez, y contemplé la litografía de él firmando la Proclama de Emancipación, en el mismísimo lugar en donde yo estaba de pie. Fui a la Sala de la Reina y pensé en Winston Churchill, que se había pasado tres semanas allí durante los difíciles días de la Segunda Guerra Mundial. Me senté a la Mesa de Tratados de mi despacho, observando las estanterías vacías y las paredes desnudas, pensando en todas las reuniones y llamadas que había celebrado entre aquellas paredes, sobre Irlanda del Norte, Oriente Próximo, Rusia, Corea y problemas nacionales. Era en esta habitación donde leía mi Biblia, mis libros y mis cartas, y donde rezaba en busca de la fuerza y la guía necesarias para sobrevivir durante todo el año 1998.

A primera hora de ese día, había pregrabado mi último discurso por radio, que debía emitirse poco antes de que tuviera que dejar la Casa Blanca para ir a la ceremonia de investidura. En él agradecía al personal de la Casa Blanca y de la residencia, al servicio secreto, al gabinete y a Al Gore todo lo que habían hecho para que mi labor pública fuera posible. Y mantuve mi promesa de trabajar hasta la última hora del último día, pues garanticé 100 millones de dólares más para la financiación de agentes de policía; los mismos que habían colaborado para que Estados Unidos tuviera las tasas de criminalidad más bajas en un cuarto de siglo.

Bien entrada la medianoche, regresé al Despacho Oval de nuevo para asearme, recoger mis enseres y contestar algunas cartas. Mientras estaba sentado a solas en mi mesa, pensé en todo lo que había sucedido durante aquellos ocho años, y lo rápidamente que terminarían. Pronto se cumpliría el traspaso de poderes, y yo me despediría. Hillary, Chelsea y yo subiríamos a bordo del Air Force One para realizar un último vuelo con la excelente tripulación que nos había acompañado hasta los confines del mundo, junto con los miembros más cercanos de nuestro equipo; mi nuevo equipo del servicio secreto; algunos miembros del personal militar como Glen Maes, el ayudante naval que se encargaba de hornear todos mis pasteles de cumpleaños especialmente decorados, y Glenn Powell, el sargento de las fuerzas aéreas que se aseguraba de que jamás perdiéramos una maleta; así como unos pocos amigos que me habían «sacado a bailar»: los Jordan, los McAuliffe, los McLarty y Harry Thomason.

También estaba previsto que me acompañasen varios miembros de la prensa en ese último viaje. Uno de ellos, Mark Knoller de la radio CBS, llevaba ocho años ejerciendo de corresponsal en la Casa Blanca, y se había encargado de muchas de las entrevistas de cierre que yo había concecido durante las semanas anteriores. Mark me había preguntado si tenía miedo de que «la mejor parte de mi vida hubiera terminado». Le dije que había disfrutado de cada una de las partes de mi vida, y que en cada etapa «había estado absorto, interesado, y había hallado una tarea útil a la cual dedicarme».

Tenía ganas de empezar mi nueva vida, de dedicarme a construir mi biblioteca y a la labor pública a través de mi fundación, de apoyar a Hillary y de disponer de más tiempo para la lectura, el golf, la música y los viajes sin prisas. Yo sabía que me lo pasaría bien, y creía que si conservaba la salud aún podía hacer mucho bien. Pero Mark Knoller había acertado en un punto delicado con su pregunta. Iba a echar de menos mi viejo trabajo. Había disfrutado mucho siendo Presidente, incluso en los días malos.

Reflexioné sobre la nota que iba a escribirle al presidente Bush, para dejársela en el Despacho Oval, al igual que su padre había hecho conmigo ocho años atrás. Quería ser generoso y lleno de ánimos, como en su nota lo fue George Bush. Pronto, George W. Bush sería presidente de todos los ciudadanos, y yo le deseaba lo mejor. Había prestado atención a lo que Bush y Cheney habían dicho durante la campaña. Sabía que veían el mundo de una forma muy distinta a la mía, y que querrían deshacer mucho de lo que yo había logrado, especialmente en el campo del medio ambiente y de la política económica. Pensaba que aprobarían su gran rebaja fiscal, y que dentro de poco tiempo volveríamos a estar con los grandes déficits de la década de los ochenta, y a pesar de los alentadores comentarios de Bush sobre la educación y los AmeriCorps, pronto sentiría la presión para recortar todos los gastos interiores, entre ellos educación, asistencia a la infancia, programas extraescolares, patrullas policiales, investigación innovadora y el entorno. Pero ya no me correspondía a mí tomar esas decisiones.

Pensé que la coalición internacional que habíamos desarrollado después de la Guerra Fría podría verse amenazada por el enfoque más unilateral de los republicanos, pues se oponían al tratado de prohibición de armas, al tratado del cambio climático, al tratado en contra de los misiles balísticos y al Tribunal Penal Internacional.

Yo había observado a los republicanos de Washington durante ocho años, y me imaginaba que desde el principio de su mandato, el presidente Bush recibiría presiones para abandonar su conservadurismo compasivo, sobre todo desde los líderes de derechas y los grupos de interés que ahora controlaban su partido. Ellos tenían unas convicciones tan profundamente arraigadas como yo las mías, pero mi opinión era que la realidad, y el peso de la historia, estaban de nuestro lado.

Ya no podría controlar lo que sucediera con mis medidas políticas y mis programas; hay pocas cosas permanentes en la política. Tampoco podría influir en las tempranas valoraciones sobre mi llamado legado. La trayectoria de Estados Unidos desde el fin de la Guerra Fría hasta el inicio del milenio sería escrita y reescrita una y otra vez. Lo único que me importaba de mi presidencia era si yo había hecho una buena labor para el pueblo norteamericano en una era nueva y muy distinta de interdependencia global.

¿Había colaborado para formar una «unión más perfecta», ampliando el círculo de oportunidades, profundizando en el significado de la libertad y reforzando los lazos de la comunidad? Desde luego yo había tratado de hacer de Estados Unidos la fuerza líder del siglo XXI a favor de la paz y la prosperidad, de la libertad y de la seguridad. Había tratado de ponerle un rostro más humano a la globalización, animando a las demás naciones a unirse a nosotros para construir un mundo más integrado, de responsabilidades y beneficios y valores compartidos. Y había tratado de conducir a Estados Unidos por la transición hacia esa nueva era, con un sentido de esperanza y optimismo acerca de lo que éramos capaces de lograr, y con plena conciencia de lo que las fuerzas de la destrucción podían hacernos a nosotros. Finalmente, había tratado de construir una nueva política progresista, basada en nuevas ideas y valores tradicionales, y apoyar los movimientos de tendencia similar en todo el mundo. No importaba cuántas medidas específicas podrían eliminar la nueva administración y su mayoría en el Congreso; yo creía que si seguíamos en el lado adecuado de la historia, la dirección que yo había marcado para nuestra entrada en el milenio terminaría por prevalecer.

En mi última noche en el ahora desnudo Despacho Oval, pensé en la caja de cristal que conservaba en la mesita de café que había entre los dos sofás, a unos metros de distancia. Contenía una pedazo de roca que Neil Armstrong se había traído de la Luna en 1969. Cuando las discusiones en el Despacho Oval se ponían tensas, yo interrumpía y decía, «¿Ven esa roca? Tiene 3.600 millones de años de antigüedad. Nosotros solo estamos de paso. Vamos a calmarnos y volver al trabajo».

Esa roca lunar me dio una perspectiva completamente distinta sobre la historia y el proverbial «largo plazo». Nuestra labor es vivir lo mejor y tanto tiempo como podamos, y ayudar a los demás a hacer lo mismo. Lo que sucede después de eso, y cómo nos perciben los demás, es algo que escapa a nuestro control. El río del tiempo nos arrastra a todos, y solo tenemos el momento presente. Era tarea de otros juzgar si yo había aprovechado al máximo el mío. Casi amanecía cuando volví a la residencia para acabar de hacer la maleta y compartir algunos momentos privados con Hillary y Chelsea.

A la mañana siguiente, volví al Despacho Oval para escribir mi nota al presidente Bush. Hillary también vino. Contemplamos la vista desde las ventanas, admirando largamente el bello paisaje en donde habíamos compartido tantos momentos memorables y yo había lanzado incontables pelotas de tenis a Buddy. Luego me dejó a solas para que escribiera mi carta. Cuando puse la misiva en la mesa, llamé a mi equipo para despedirme. Nos abrazamos, sonreímos, derramamos algunas lágrimas y nos hicimos algunas fotografías. Luego salí del Despacho Oval por última vez.

Al salir por la puerta con mis brazos abiertos, me saludaron los miembros de la prensa que estaban allí para captar el momento. John Podesta me acompañó por la columnata para sumarse a Hillary, Chelsea y los Gore en el piso principal, donde pronto recibiríamos a nuestros sucesores. Todo el personal de la residencia se había reunido para decirnos adiós: los trabajadores de intendencia, de la cocina, los floristas, los jardineros, los ujieres, los mayordomos y mi ayuda de cámara. Muchos de ellos eran casi como de la familia. Contemplé sus rostros y guardé sus recuerdos, sin saber cuándo volvería a verlos, y consciente de que si sucedía, ya no sería exactamente lo mismo. Ellos pronto tendrían una nueva familia que les necesitaría tanto como nosotros lo habíamos hecho.

Una pequeña banda de música de la Marina estaba tocando en el vestíbulo principal. Me senté al piano con el sargento primero Charlie Corrado, que había tocado para los Presidentes durante cuarenta años. Charlie siempre había estado allí cuando le necesitamos, y su música nos había alegrado en muchas ocasiones. Hillary y yo compartimos un último baile, y hacia las diez y media, los Bush y los Cheney llegaron. Tomamos café y charlamos durante unos minutos, y luego los ocho nos subimos a las limusinas, y yo fui en el coche con George W. Bush por Pennsylvania Avenue hasta el Capitolio.

En una hora, el pacífico traspaso de poder que había conservado la libertad de nuestro país durante más de doscientos años ya había tenido lugar. Mi familia se despidió de la nueva primera familia, y fuimos a la base aérea de Andrews para un último vuelo en el avión presidencial que para mí ya no era el *Air Force One*. Después de ocho años como presidente, y la mitad de una vida en política, volvía a ser un ciudadano normal, pero uno que rebosaba agradecimiento, seguía luchando por mi país y seguía pensando en el mañana.

EPÍLOGO

Escribí este libro para contar mi historia y para contar la historia de Estados Unidos en la segunda mitad del siglo XX; para describir tan bien como pudiera las fuerzas que competían por hacerse con el corazón y la mente de la nación; para explicar los desafíos del nuevo mundo en el que vivimos y cómo creo que nuestro gobierno y nuestros ciudadanos pueden responder a ellos, y para dar a la gente que nunca ha participado en la vida pública una idea de lo que representa ocupar un cargo público y muy especialmente de lo que representa ser Presidente.

Mientras escribía, me descubrí viajando hacia atrás en el tiempo, reviviendo los acontecimientos conforme los contaba, sintiéndome como me sentí entonces y escribiendo lo que sentía. Durante mi segundo mandato, mientras las batallas partidistas que yo había intentado abolir seguían implacables, traté de entender también cómo encajaba mi etapa en la presidencia en la corriente de la historia de Estados Unidos.

La historia es básicamente la historia de nuestros esfuerzos para honrar el encargo de nuestros fundadores de formar «una unión más perfecta». En tiempos más tranquilos, a nuestra nación le ha bastado nuestro sistema bipartito, con progresistas y conservadores debatiendo qué debía cambiar y qué debía preservarse. Pero cuando los acontecimientos nos imponen los cambios, todos nos enfrentamos a un desafío y volvemos a nuestra misión fundamental de ampliar el círculo de oportunidades, profundizar en el significado de la libertad y reforzar los lazos que unen a nuestra comunidad. Para mí, eso es lo que quiere decir hacer nuestra unión más perfecta.

En todos los momentos decisivos hemos elegido la unión frente a la división: en los primeros días de la República, construyendo un sistema legal y económico nacional; durante la Guerra Civil, preservando la Unión y poniendo fin a la esclavitud; a principios del siglo XX, conforme pasábamos de ser una sociedad agrícola a una industrial, haciendo a nuestro gobierno más fuerte para que pudiera garantizar la competencia, impulsar las medidas de protección básicas para los trabajadores y adoptar iniciativas para ayudar a los pobres, los ancianos y los enfermos, y para evitar el saqueo de nuestros recursos naturales y en los años sesenta y setenta, abogando por la causa de los derechos civiles y de las mujeres. En cada uno de esos casos, mientras ayudábamos a definir, defender y expandir nuestra unión, las fuerzas conservadoras subsistían, y mientras el resultado era incierto, los conflictos personales y políticos eran intensos.

En 1993, cuando llegué al cargo, nos encontrábamos inmersos en otro de los cambios históricos de la Unión, pues se trataba del paso de la era industrial a la era de la información global. El pueblo estadounidense se enfrentaba a grandes cambios en la forma en que vivía y trabajaba y con grandes preguntas que necesitaban respuesta: ¿Escogeríamos la vinculación con la economía global o el nacionalismo económico? ¿Usaríamos nuestro poder militar, político y económico sin rival para difundir los beneficios y enfrentarnos a las nacientes amenazas del mundo interdependiente o convertiríamos Estados Unidos en una fortaleza? ¿Abandonaríamos nuestra política de la era industrial, con sus compromisos con la igualdad de oportunidades y la justicia social, o la reformaríamos para conservar sus éxitos, al tiempo que le dábamos a la gente las herramientas necesarias para triunfar en una nueva era? ¿Fracturaría o reforzaría a nuestra comunidad su creciente diversidad étnica y religiosa?

Como Presidente, traté de responder a estas preguntas de modo que siguiéramos avanzando hacia una unión más perfecta, enriqueciendo la visión del futuro de la gente y uniéndola para crear un nuevo centro vital de la política norteamericana en el siglo XXI. Dos tercios de nuestros ciudadanos apoyaban mi enfoque general, pero en las polémicas cuestiones culturales y en las siempre tentadoras bajadas de impuestos, el electorado estaba mucho más dividido. Con el resultado en duda, los ataques personales partidistas se recrudecieron, de forma sorprendentemente parecida a lo que sucedió en los primeros tiempos de la República.

Sea mi análisis histórico correcto o no, juzgo mi presidencia primordialmente en función del impacto que ha tenido en la vida de la gente. Así es como llevo la cuenta: todos los millones de personas con nuevos empleos, nuevos hogares y ayudas para la universidad; los niños que obtuvieron cobertura sanitaria y programas extraescolares; la gente que salió de la asistencia social y consiguió un trabajo; las familias a las que ayudó la ley de baja familiar; los habitantes de barrios que se volvieron más seguros... Toda esa gente tenía historias, y ahora eran mejores historias. La vida se había vuelto mejor para todos los norteamericanos porque el aire y el agua estaban más limpios y conservábamos mejor nuestro legado natural. Además, llevamos más esperanzas de paz, libertad, seguridad y prosperidad a gente de todo el mundo. Y esa gente también tiene sus historias.

Cuando me convertí en Presidente, Estados Unidos se adentraba en aguas desconocidas, en un mundo lleno de fuerzas positivas y negativas aparentemente desconectadas. Puesto que yo había pasado toda la vida tratando de conciliar mis propias vidas paralelas, me habían educado para valorar a todos. Como gobernador, había visto tanto la mejor como la peor cara de la globalización, y estaba convencido de que comprendía, sentía que sabía en qué situación estaba mi país y lo que necesitábamos para avanzar hacia el siglo siguiente. Sabía cómo hacer que las cosas encajasen y lo difícil que sería hacerlo.

El 11 de septiembre, todo pareció derrumbarse cuando al-Qaida aprovechó las posibilidades de la interdependencia —fronteras abiertas, inmigración y viajes fáciles, acceso fácil a la información y a la tecnología— para asesinar a casi tres mil personas de más de setenta países, en Nueva York, Washington y Pensilvania. El mundo entero se unió alrededor del pueblo estadounidense en nuestro dolor y en nuestra determinación de luchar contra el terrorismo. En los años que han pasado desde entonces, la batalla se ha intensificado, con diferencias de opinión comprensibles y honestas, tanto en casa como en el resto del mundo, sobre cuál es el mejor camino de continuar la guerra contra el terrorismo.

El mundo interdependiente en el que vivimos es inestable por naturaleza; está lleno de oportunidades y de fuerzas destructivas. Y seguirá siendo así hasta que logremos hallar el camino que nos lleve de la interdependencia a una comunidad global más integrada que comparta responsabilidades, beneficios y valores. No podemos construir ese mundo ni derrotar al terrorismo rápidamente; será el gran reto de la primera mitad del siglo XXI. Creo que hay cinco cosas que Estados Unidos debería hacer para abrir el camino: luchar contra el terrorismo y la proliferación de armas de destrucción masiva y mejorar nuestras defensas contra ellas; hacer más amigos y menos terroristas ayudando a la mitad del mundo que no recibe ningún beneficio de la globalización a superar la pobreza, la ignorancia, la enfermedad y el mal gobierno; reforzar las instituciones de cooperación global y trabajar a través de ellas para impulsar la seguridad y la prosperidad y para luchar contra nuestros problemas comunes, desde el terrorismo y el SIDA al calentamiento global; continuar haciendo de Estados Unidos un modelo mejor de cómo queremos que funcione el mundo y trabajar para acabar con el prejuicio tan enraizado en nosotros desde tiempo inmemorial que afirma que nuestras diferencias son más importantes que la humanidad que todos compartimos.

Creo que el mundo continuará su marcha desde el aislamiento hasta la interdependencia y de ahí a la cooperación, pues no hay ninguna otra salida. Hemos avanzado mucho desde que nuestros antepasados se irguieron por primera vez en la sabana africana, hace más de cien mil años. En solo los quince años que han transcurrido desde el final de la Guerra Fría, Occidente se ha reconciliado con sus viejos adversarios, Rusia y China; por primera vez en la historia, más de la mitad de la gente del mundo vive bajo gobiernos que ellos mismos han escogido; se ha producido una cooperación sin precedentes en la lucha contra el terrorismo y en el reconocimiento de que debemos hacer más para luchar contra la pobreza, la enfermedad y el calentamiento global y para hacer que todos los niños vayan a la escuela; Estados Unidos y muchas otras sociedades libres han demostrado, en fin, que gente de todo tipo de razas y religiones pueden convivir en armonía y respeto.

El terrorismo no podrá con nuestra nación. Lo derrotaremos, pero debemos cuidarnos de que al hacerlo no comprometamos el carácter de nuestro país ni el futuro de nuestros hijos. Nuestra misión de formar una unión más perfecta es ahora una misión global.

Por lo que a mí respecta, todavía sigo trabajando en aquella lista de objetivos que me propuse siendo joven. Convertirse en una buena persona es el esfuerzo de toda una vida y requiere liberarse de la ira hacia los demás y aceptar la responsabilidad por los errores que se han cometido. Después del perdón que he recibido de Hillary, Chelsea, mis amigos y de millones de personas en Estados Unidos y por todo el mundo, es lo menos que puedo hacer. Cuando, siendo un político joven, comencé a frecuentar iglesias negras, oí por primera vez a la gente referirse a los funerales como «viajes a casa». Todos regresamos a casa, y yo quiero estar preparado.

Mientras tanto, disfruto mucho asistiendo a la vida que Chelsea construye para sí, al magnífico trabajo de Hillary en el Senado y los constantes esfuerzos de mi fundación para que las comunidades pobres de Estados Unidos y de todo el mundo disfruten de mayores oportunidades económicas, educativas y de servicio; para luchar contra el SIDA y llevar medicinas a bajo precio a aquellos que las necesitan y para continuar con mi firme compromiso para conseguir la reconciliación racial y religiosa.

¿Me arrepiento de algo? Por supuesto, tanto de cosas públicas como privadas, como he contado en este libro. Dejo a otros el papel de juzgar hacia dónde se decanta la balanza.

He tratado de contar la historia de mis alegrías y mis penas, de mis sueños y mis miedos, de mis triunfos y mis fracasos. Y he tratado de explicar la diferencia entre mi forma de ver el mundo y la de aquellos de la extrema derecha contra los que me enfrenté. En esencia, ellos creen honestamente que están en posesión de la verdad, de toda la verdad. Yo veo las cosas de forma distinta. Creo que san Pablo tenía razón cuando dijo que en esta vida «vemos a través de un espejo, en enigma» y que «conocemos de un modo parcial». Por eso alabó las virtudes de la «fe, la esperanza y el amor».

He llevado una vida imprevisible y maravillosa, llena de fe, esperanza y amor, además de haber recibido más gracia y buena fortuna de lo que merecía. Pero por imprevisible que haya resultado, no hubiera sido posible en ningún otro país que no fuera Estados Unidos. A diferencia de muchas otras personas, he tenido el privilegio de trabajar todos los días de mi vida por las cosas en las que creía desde que era un niño que pasaba el rato en la tienda de su abuelo. Crecí con una madre fascinante que me adoraba, aprendí directamente de grandes maestros, he hecho una legión de amigos leales, he construido una vida de amor con la mujer más maravillosa que he conocido jamás y tengo una hija que sigue siendo la luz de mi vida.

Como he dicho, creo que es una buena historia; y me lo he pasado bien contándola.

AGRADECIMIENTOS

Estoy particularmente en deuda con las muchas personas sin cuya ayuda este libro nunca se hubiera escrito. Justin Cooper me dio más de dos años de su joven vida para trabajar conmigo todos los días y, en muchas ocasiones durante los últimos seis meses, también toda la noche. Clasificó y recuperó montañas de material, investigó datos, corrigió muchos errores y mecanografió el manuscrito una y otra vez desde los incomprensibles garabatos con los que yo había llenado más de veinte gruesos cuadernos. Muchas de las partes se rescribieron media docena de veces o más. Nunca perdió la paciencia, nunca desfalleció y, cuando llegamos a la recta final, a veces parecía conocerme y saber qué quería decir mejor que yo mismo. A pesar de que no es responsable de sus defectos, este libro es un monumento a sus dones y su esfuerzo.

Antes de que empezáramos a trabajar juntos me dijeron que mi editor, Robert Gottlieb, era el mejor de su oficio. Resultó que era eso y mucho más. Solo desearía haberle conocido treinta años antes. Bob me enseñó a construir momentos mágicos y a cortar. Sin su criterio y sensibilidad, este libro hubiera sido el doble de largo y la mitad de bueno. Se leyó mi historia como una persona interesada, pero no obsesionada, con la política. Siguió insistiendo en que me adentrara en la parte más humana de mi vida. Y me convenció de eliminar los nombres de muchísimas personas que me habían ayudado durante mi trayectoria, porque el lector medio se vería desbordado con tantos personajes. Si tú eres uno de ellos, espero que le perdones a él y me perdones a mí.

Un libro tan largo y pleno como éste requiere una labor titánica de comprobación de datos. La parte del león la realizó Meg Thompson, una joven brillante que navegó cuidadosamente entre los detalles de mi vida durante un año más o menos; durante los últimos pocos meses, recibió la ayuda de Caitlin Klevorick y otros jóvenes voluntarios. Ahora poseen muchos ejemplos que demuestran que mi memoria está muy lejos de ser perfecta. Si ha quedado en estas páginas algún error factual, desde luego no ha sido porque no se esforzaran en corregirlos.

Nunca le podré dar suficientemente las gracias a la gente de Knopf, comenzando con Sonny Mehta, el presidente y editor jefe. Creyó en el proyecto desde el principio y puso todo de su parte para hacer que no se parase, incluyendo mirarme con asombro cada vez que nos cruzamos durante los últimos dos años; una mirada que quería decir algo así como,

«¿De verdad vas a acabar a tiempo?» o «¿Por qué estas aquí en lugar de en casa escribiendo?». La mirada de Sonny siempre logró el efecto deseado.

También estoy en deuda con la mucha gente que me ayudó en Knopf. Le estoy agradecido al equipo editorial y de producción de Knopf, que está tan obsesionado con la precisión y los detalles como lo estoy yo (incluso con un libro con un ritmo ligeramente acelerado como era el mío) y agradezco especialmente los incansables esfuerzos y meticuloso trabajo de mi editora responsable, Katherine Hourigan; del noble director de producción, Andy Hughes; de la incansable editora de producción, Maria Massey; de la directora de correctores Lydia Buechler, de la correctora Charlotte Gross y de los lectores de pruebas Steve Messina, Jenna Dolan, Ellen Feldman, Rita Madrigal y Liz Polizzi; del director de diseño, Peter Andersen; del director de diseño de cubierta, Carol Carson; de los siempre serviciales Diana Tejerina y Eric Bliss, así como de Lee Pentea.

Además, quiero dar las gracias a las muchas otras personas de Knopf que me han ayudado: Tony Chirico, por sus valiosos consejos; Jim Johnston, Justine LeCates y Anne Diaz; Carol Janeway y Suzanne Smith; Jon Fine; y el talento en promoción y marketing de Pat Johnson, Paul Bogaards, Nina Bourne, Nicholas Latimer, Joy Dallanegra-Sanger, Amanda Kauff, Sarah Robinson y Anne-Lise Spitzer. Y gracias a la gente de North Market Street Graphics, Coral Graphics y R. R. Donnelley & Sons.

Robert Barnett, un gran abogado y viejo amigo, negoció el contrato con Knopf; él y su socio, Michael O'Connor, trabajaron con el proyecto conforme editoriales extranjeras fueron uniéndose a nosotros. Les estoy muy agradecido. También valoro la cuidadosa revisión técnica y legal que David Kendall y Beth Nolan dieron al manuscrito.

Cuando estaba en la Casa Blanca, a partir de finales de 1993, me reunía una vez al mes con mi viejo amigo Taylor Branch para confeccionar una historia oral. Aquellas conversaciones me ayudaron a recordar momentos particulares de mi presidencia. Después de que dejara la Casa Blanca, Ted Widmer, un excelente historiador que trabajaba en la Casa Blanca como escritor de discursos, realizó una historia oral de mi vida antes de la presidencia que me ayudó a recuperar y organizar viejos recuerdos. Janis Kearney, la cronista de la Casa Blanca, me dejó una gran cantidad de notas que me permitieron reconstruir los acontecimientos del día a día.

Seleccionamos las fotografías con la ayuda de Vincent Virga, quien encontró muchas que captaban algunos de los momentos más notables de los que se habla en el libro, y con Carolyn Huber, que estuvo con nuestra familia a lo largo de todos nuestros años en la mansión del gobernador y en la Casa Blanca. Mientras fui presidente, Carolyn se encargó también de organizar todos mis documentos y cartas privados desde 1974, cuando era niño, una ardua labor sin la cual buena parte de la primera parte de este libro hubiera sido imposible.

Estoy profundamente en deuda con todos aquellos que leyeron todo o parte del libro y me hicieron indicaciones útiles para añadidos, recortes, reorganizaciones, contextualizaciones e interpretación, entre ellos Hillary, Chelsea, Dorothy Rodham, Doug Band, Sandy Berger, Tommy Caplan, Mary DeRosa, Nancy Hernreich, Dick Holbrooke, David Kendall, Jim Kennedy, Ian Klaus, Bruce Lindsey, Ira Magaziner, Cheryl Mills, Beth Nolan, John Podesta, Bruce Reed, Steve Ricchetti, Bob Rubin, Ruby Shamir, Brooke Shearer, Gene Sperling, Strobe Talbott, Mark Weiner, Maggie Williams y mis amigos Brian y Myra Greenspun, que estaban conmigo cuando escribí la primera página.

Muchos de mis amigos y colegas se tomaron la molestia de improvisar historias orales conmigo, entre ellos Huma Abedin, Madeleine Albright, Dave Barram, Woody Bassett, Paul Begala, Paul Berry, Jim Blair, Sidney Blumenthal, Erskine Bowles, Ron Burkle, Tom Campbell, James Carville, Roger Clinton, Patty Criner, Denise Dangremond, Lynda Dixon, Rahm Emanuel, Al From, Mark Gearen, Ann Henry, Denise Hyland, Harold Ickes, Roger Johnson, Vernon Jordan, Mickey Kantor, Dick Kelley, Tony Lake, David Leopoulos, Capricia Marshall, Mack McLarty, Rudy Moore, Bob Nash, Kevin O'Keefe, Leon Panetta, Betsey Reader, Dick Riley, Bobby Roberts, Hugh Rodham, Tony Rodham, Dennis Ross, Martha Saxton, Eli Segal, Terry Schumaker, Marsha Scott, Michael Sheehan, Nancy Soderberg, Doug Sosnik, Rodney Slater, Craig Smith, Gayle Smith, Steve Smith, Carolyn Staley, Stephanie Street, Larry Summers, Martha Whetstone, Delta Willis, Carol Willis y muchos de mis lectores. Estoy seguro de que hay muchos otros a los que he olvidado; si es así, lo siento y agradezco también su ayuda.

Me ayudaron mucho en mi investigación los muchos libros escritos por miembros de la administración y otros, y, por supuesto, las memorias de Hillary y de mi madre.

David Alsobrook y la plantilla del Proyecto de Materiales Presidenciales de Clinton fueron pacientes y perseverantes en la recuperación de materiales. Quiero darles las gracias a todos ellos: Deborah Bush, Susan Collins, Gary Foulk, John Keller, Jimmie Purvis, Emily Robison, Rob Seibert, Dana Simmons, Richard Stalcup y Rhonda Wilson. Y al historiador de Arkansas David Ware. También fueron de gran ayuda los archiveros y los historiadores de Georgetown y Oxford.

Mientras yo pasé absorto en la escritura la mayor parte de los últimos dos años y medio, y muy especialmente los últimos seis meses, el trabajo de mi fundación continuó conforme construíamos la biblioteca y perseguíamos nuestros objetivos: luchar contra el SIDA en África y en el

Caribe y hacer que hubiera disponibles en todo el mundo pruebas de detección y medicamentos baratos contra la enfermedad; aumentar las oportunidades económicas de las comunidades pobres de Estados Unidos, India y África; impulsar la educación y el servicio ciudadano entre los jóvenes, tanto en casa como en el extranjero y promover la reconciliación religiosa, racial y étnica por todo el mundo. Quiero dar las gracias a todos aquellos cuyas donaciones han hecho posible el trabajo de mi fundación y la construcción de la Biblioteca Presidencial y de la Escuela Clinton de Servicio Público en la Universidad de Arkansas. Estoy profundamente en deuda con Maggie Williams, la jefe de mi equipo, por todo lo que hizo para que las cosas siguieran avanzando y por toda su ayuda con el libro. Quiero darles las gracias a los miembros de mi fundación y a su personal de oficina por todo lo que hicieron para que prosiguiera el trabajo y los programas de la fundación mientras yo estaba escribiendo el libro. Un agradecimiento muy especial para Doug Band, mi orientador, que me ayudó desde el día en que dejé la Casa Blanca a construir mi nueva vida y que se esforzó para que siempre tuviera tiempo para escribir durante nuestros viajes por Estados Unidos y por todo el mundo.

También estoy en deuda con Oscar Fiores, que hizo que todo marchara bien en mi hogar de Chappaqua. En las muchas noches en que Justin Cooper y yo trabajábamos hasta la madrugada, Oscar se tomaba todo tipo de molestias para que no nos saltáramos la cena y para que nunca nos faltase café.

Por último, es imposible mencionar a toda la gente que ha hecho posible la vida que se narra en estas páginas: a todos los profesores y mentores de mi juventud; a la gente que trabajó y contribuyó a todas mis campañas; a aquellos que trabajaron conmigo en el Consejo de Liderazgo Demócrata, la Asociación Nacional de Gobernadores y todas las demás organizaciones que contribuyeron a formarme como político; a aquellos que trabajaron conmigo por la paz, la seguridad y la reconciliación en todo el mundo; a aquellos que hicieron que la Casa Blanca funcionase y mis viajes salieran bien; a los miles de personas inteligentes que trabajaron en mis administraciones como fiscal general, gobernador y presidente sin cuya dedicación tendría poco que decir sobre mis años como político; a aquellos que cuidaron de mi seguridad y la de mi familia y a mis amigos de toda la vida. Ninguno de ellos es responsable de los fracasos de mi vida, pero sí merecen buena parte del mérito por todo lo bueno que haya salido de ella.

ÍNDICE ALFABÉTICO

Los nombres de las personas que aparecen en los cuadernillos de ilustraciones aparecen con un I (primer cuadernillo) o un II (segundo cuadernillo).

PERMISOS FOTOGRÁFICOS

Los encartes fotográficos se investigaron, editaron y diseñaron por
Vincent Virga con la ayuda de Carolyn Huber.
Se ha hecho cada esfuerzo para identificar los poseedores de copyright;
en caso de descuido se notificará a la editorial y se harán correciones a
impresos posteriores.

ENCARTE I
Todas las fotos son parte de la colección del autor, a menos que se señale lo contrario.
AP/Wide World Photos: página 15, abajo a la derecha.
Arkansas Democrat-Gazette: página 5, parte superior a la derecha; página 6, parte superior
a la izquierda; página 10, parte superior a la derecha; página 15, parte superior.
Arsenio Hall Show, cortesía de Paramount Pictures: página 15, abajo a la izquierda.
PF BENTLEY Archive, Center for American History, UT-Austin: página 13, centro a la
izquierda y a la derecha; página 14, centro a la derecha y al pie.
PF BENTLEY / PFPIX.com: página 13, al pie.
Donald R. Broyles / Office of Governor Clinton: página 9, centro a la izquierda.
Clinton Presidential Materials Project: página 14, parte superior a la izquierda y a la dere-
cha y arriba a la izquierda.
Tipper Gore: página 13, parte superior.
Morning News of Northwest Arkansas: página 7, parte superior.
Jim Perry, *The Hope Star:* página 3, abajo a la derecha.
Brooke Shearer: página 6, abajo a la izquierda.
Joseph Sohm / visionsofamerica.com: página 15, parte superior a la derecha.
Jerry Staley: página 16, centro a la derecha y al pie.

ENCARTE II
Todas las fotos son parte de Clinton Presidential Materials Project, Little Rock, Arkansas,
a menos que se señale lo contrario.
AP/Wide World Photos: página 10, al pie a la derecha; página 15, parte superior a la
izquierda.
The Architect of the Capitol: página 1, parte superior a la izquierda.
Colección del autor: página 5, parte superior a la derecha; página 15, centro a la derecha.
Diana Walker / *Time:* página 2, parte superior a la izquierda; página 13, al pie; página 16,
parte superior a la izquierda.

NOTA DE IMPRENTA

Este libro fue compuesto en Janson, un tipo de letra que desde hace tiempo creía haber
sido inventada por el holandés Anton Janson, que fue fundador de letras de imprenta en
Leipzig de 1668 a 1687. Sin embargo, se ha demostrado de manera concluyente que en
realidad es obra del húngaro Nicholas Kis (1650–1702) que aprendió su oficio del maestro
fundador de letras holandés Dirk Voskens. Janson es un ejemplo excelente de letras holan-
desas influyentes y robustas que predominaron en Inglaterra hasta la época de William
Caslon (1692–1766), que desarrolló diseños incomparables de ellas.

Compuesto por North Market Street Graphics,
Lancaster, Pennsylvania
Impreso y encuadernado por R. R. Donnelley & Sons,
Harrisonburg, Virginia, y Crawfordsville, Indiana